Grundthemen der Literaturwissenschaft: Fiktionalität

Grundthemen der Literaturwissenschaft

―

Herausgegeben von
Klaus Stierstorfer

Wissenschaftlicher Beirat
Martin Huber, Barbara Korte, Schamma Schahadat,
Christoph Strosetzki und Martina Wagner-Egelhaaf

Lut Missinne, Ralf Schneider,
Beatrix van Dam (Hrsg.)

Grundthemen der Literaturwissenschaft: **Fiktionalität**

DE GRUYTER

ISBN 978-3-11-128177-3
e-ISBN (PDF) 978-3-11-046657-7
e-ISBN (EPUB) 978-3-11-046633-1
ISSN 2567-241X

Library of Congress Control Number: 2020939070

Bibliografische Information der Deutschen Nationalbibliothek
Die Deutsche Nationalbibliothek verzeichnet diese Publikation in der Deutschen Nationalbibliografie; detaillierte bibliografische Angaben sind im Internet über http://dnb.dnb.de abrufbar.

© 2023 Walter de Gruyter GmbH, Berlin/Boston
Dieser Band ist text- und seitenidentisch mit der 2020 erschienenen gebundenen Ausgabe.
Satz: Dörlemann Satz, Lemförde
Druck und Bindung: CPI books GmbH, Leck

www.degruyter.com

Die Reihe bietet substanzielle Einzeldarstellungen zu Grundthemen und zentralen Fragestellungen der Literaturwissenschaft. Sie erhebt den Anspruch, für fortgeschrittene Studierende wissenschaftliche Zugänge zum jeweiligen Thema zu erschließen. Gleichzeitig soll sie Forscherinnen und Forschern mit speziellen Interessen als wichtige Anlaufstelle dienen, die den aktuellen Stand der Forschung auf hohem Niveau kartiert und somit eine solide Basis für weitere Arbeiten im betreffenden Forschungsfeld bereitstellt.

Die Bände richten sich nicht nur an Studierende und WissenschaftlerInnen im Bereich der Literaturwissenschaften. Von Interesse sind sie auch für all jene Disziplinen, die im weitesten Sinn mit Texten arbeiten. Neben den verschiedenen Literaturwissenschaften soll sie LeserInnen im weiten Feld der Kulturwissenschaften finden, in der Theologie, der Philosophie, der Geschichtswissenschaft und der Kunstgeschichte, in der Ethnologie und Anthropologie, der Soziologie, der Politologie und in den Rechtswissenschaften sowie in der Kommunikations- und Medienwissenschaft. In bestimmten Fällen sind die hier behandelten Themen selbst für die Natur- und Lebenswissenschaften relevant.

Münster, im November 2017　　　　　　　　　　　　　　　　Klaus Stierstorfer

Dank

Das Handbuch *Fiktionalität* ist das Produkt eines langjährigen Projektes, in das eine große Gruppe Menschen involviert war. Die Herausgeber/innen dieses Bandes danken den Herausgeber/innen der Reihe „Grundthemen der Literaturwissenschaft" für ihre Initiative, den Mitarbeiter/innen des de Gruyter Verlages für ihre redaktionelle Begleitung und besonders den Autor/innen für ihr großes Engagement, die gute Zusammenarbeit und den langen Atem auf dem Weg vom ersten Entwurf bis zur Fertigstellung dieses Handbuchs. Für die Unterstützung bei der Redaktion, den Korrekturen, den administrativen Aufgaben und der Erstellung der Register danken die Herausgeber/innen Theresa Walczak, Nele Demedts, Sarah Maria Lejeune, Bruno Quast, Lieselot de Taeye, Kristina Weyer, Dirk de Geest, Bart Vervaeck, Anna Eble, Stella Diedrich, Anja Michalski, Stephanie Osterheider und Katja Warstat-Willms.

Inhaltsverzeichnis

I	**Einleitung**
	Einleitung – *Lut Missinne, Ralf Schneider, Beatrix van Dam* —— **3**

II	**Historische Entwicklungslinien**
II.1	Fiktionalität in der Antike – *Stefan Feddern* —— **53**
II.2	Fiktionalität im Mittelalter – *Christian Schneider* —— **80**
II.3	Fiktionalität in der Renaissance/Frühmoderne – *Gerd Bayer* —— **103**
II.4	Zur Fiktionalität realistischen Erzählens – *Helmut Galle* —— **122**

III	**Allgemeine Fragestellungen**
III.1	Fiktionalität und Authentizität – *Susanne Knaller* —— **155**
III.2	Fiktionalität und Erzählen: Funktionen von Fiktionalität – *Henrik Skov Nielsen* —— **178**
III.3	Fiktionalität und Performance – *Adam Czirak* —— **203**
III.4	Fiktionalität und Gattungen – *Gunther Martens* —— **231**
III.5	Fiktionalität und Unnatürliches Erzählen – *Rüdiger Heinze* —— **254**
III.6	Fiktionalität und Metafiktionalität – *Doris Pichler* —— **268**
III.7	Fiktionalität und Leseprozesse – *Sven Strasen* —— **297**
III.8	Fiktionalität und Pragmatik – *Christiana Werner* —— **324**

IV	**Interdisziplinäre Implikationen und Konzepte**
IV.1	Fiktionalität und Philosophie/Phänomenologie/Ontologie – *Maria E. Reicher* —— **355**
IV.2	Fiktionalität und Theologie – *Mirja Kutzer* —— **380**
IV.3	Fiktionalität und Psychologie: Erinnern, Erzählen, Träumen – *Brigitte Boothe* —— **409**
IV.4	Fiktionalität und Geschichtswissenschaft – *Daniel F. Schley* —— **433**
IV.5	Fiktionalität und Politikwissenschaft – *Oliver Kohns* —— **460**
IV.6	Fiktionalität und Soziologie – *Thorsten Benkel* —— **481**
IV.7	Fiktionalität und Bildwissenschaft – *Jens Schröter* —— **502**
IV.8	Fiktionalität in Film- und Medienwissenschaft – *Jan-Noël Thon* —— **520**
IV.9	Fiktionalität und Ethnologie – *Wouter Schrover* —— **545**
IV.10	Fiktionalität und Rechtswissenschaft – *Claudia Lieb* —— **571**

V **Anhang**
  Beiträgerinnen und Beiträger —— **593**
  Personenregister —— **601**
  Sachregister —— **612**

Einleitung

Lut Missinne, Ralf Schneider, Beatrix van Dam

Einleitung

1 Einführung

1.1 Positionierung

Fiktionalität ist in der Literaturwissenschaft ein grundlegendes Konzept, das sich in seiner Vielschichtigkeit eindeutigen Begriffsfestlegungen entzieht. Es scheint nahezu unmöglich und auch nicht sinnvoll, feste Definitionen von Fiktionalität zu bieten. Begriffsbildungen sind divers und historisch variabel, Theorien widersprechen und überschneiden sich und zeigen dabei ihre Inhomogenität im Hinblick auf Inhalt, Funktion und Objekt der Begriffe. Dieser Band verfolgt das Ziel einer explorativen Perspektive. Sie soll Diskurse und Praktiken, die Fiktionalität annehmen, ablehnen oder diskursiv voraussetzen, in den Blick nehmen und dabei Fiktionalität als spezifisch westliche Verhandlung des Verhältnisses von Aussagen zu Wirklichkeit und Wahrheit sichtbar machen (vgl. SCHLEY).[1] Aus der Beobachtung dieser Diskurse heraus soll ein Überblick über diverse Positionen – auch außerhalb der Literaturwissenschaften – geboten werden, so dass implizite Annahmen sichtbar werden. Die Analyse und Darstellung theoretischer Ansätze in den Diskursen soll dabei auch den Zusammenhang mit Praktiken und den ästhetisch-programmatischen beziehungsweise medialen Kontext berücksichtigen (vgl. KNALLER).[2]

1.2 Fiktionalität: Definitionen

Morphologisch deutet der Begriff ‚Fiktionalität' als Nominalisierung eines Adjektivs mit seinem Suffix auf eine Eigenschaft, einen Zustand beziehungsweise auf eine Modalität hin, nämlich ‚Fiktion zu sein' – was jedoch sehr divers interpretiert werden kann. Zudem kann aus ‚Fiktion' neben dem Adjektiv ‚fiktional' auch das Adjektiv ‚fiktiv' gebildet werden, woraus das Nomen ‚Fiktivität' geformt wird.

---

[1] Namen in Kapitälchen verweisen auf Beiträge in diesem Band.
[2] Der besseren Lesbarkeit halber verwenden wir auf unseren Seiten in der Regel das generische Maskulinum. Maskuline Personen- und Funktionsbezeichnungen gelten für alle Geschlechter.

Auch den Umgang mit den Adjektiven betreffend kann von Konsens nicht die Rede sein (vgl. KNALLER).

1.2.1 Fiktion und Fiktionalität

Die Begriffe ‚Fiktion' und ‚Fiktionalität' sind gerade in ihrer wechselseitigen Bezogenheit schwierig zu fassen. Der Duden geht von der Fiktion aus, die er in der ersten Bedeutung (bildungssprachlich) als „etwas, was nur in der Vorstellung existiert; etw. Vorgestelltes, Erdachtes" definiert (*Duden* 2007). Gabriel spitzt das Erdachte auf das Erfundene zu, indem Fiktion (lateinisch: *fingere*) als „ein erfundener (‚fingierter') einzelner Sachverhalt oder eine Zusammenfügung solcher Sachverhalte zu einer erfundenen Geschichte" begriffen wird (Gabriel 1997, 594). Fiktionalität (so wie in ‚fiktionaler Text', ‚fiktional erzählen') grenzt der Duden als „auf einer Fiktion beruhend" ein. Während sich Fiktionalität hier von der Fiktion herleitet, etwa eine Erzählung also aufgrund ihres erfundenen oder nicht erfundenen Erzählinhalts als fiktional oder nicht fiktional eingeordnet wird, legt Richard Walshs Definition der Fiktionalität als Modus (vgl. Walsh 2007), der in unterschiedlichsten Medien und Diskursformen die Erfundenheit des Repräsentierten markiert, den Schwerpunkt auf die Fiktionalität: Verstanden als Modus ermöglicht Fiktionalität erst die Fiktion, da durch sie Fiktion als *ausgestellte* (und damit erkennbare) Erfindung zustande kommt. In der Alltagskommunikation kann beispielsweise der Satz „Stellen wir uns jetzt einmal vor, dass..." signalisieren, dass eine Äußerung mit fiktivem Inhalt folgt. In gewisser Weise verselbstständigt sich in dieser literaturwissenschaftlichen Akzentuierung der Fiktionalitätsbegriff, indem er prozessual die Frage, wie Fiktion entsteht, in den Vordergrund rückt. Fiktionalität ist dabei nicht mehr nur die Zustandsbeschreibung einer Eigenschaft, die sich aus der Fiktion ergibt.

Die Fiktion als markierte Erfindung macht es möglich, sie etwa von der Lüge zu unterscheiden, die ja durchaus auch etwas nur in der Vorstellung Existierendes, Vorgestelltes, Erdachtes präsentiert, aber eben ohne dieses als solches kenntlich zu machen (vgl. NIELSEN). In ihrem Zusammenspiel ergeben die Begriffe eine klassische Definition von Fiktion und Fiktionalität, in der das Dargestellte erfunden und diese Erfindung in ihrer Offenlegung *legitimiert* ist (vgl. FEDDERN, vgl. SCHNEIDER in Bezug auf das Legitimitationsproblem der Fiktion im Mittelalter). Diese Legitimierung der Erfindung ist auch im nicht-ästhetischen Bereich möglich, etwa im juristischen Diskurs über Fiktion: Fiktion (*legal fiction, fictio iuris*) bezeichnet im juristischen Sinn eine falsche Annahme, die als Hilfsmittel zur Begründung juristischer Entscheidungen dient (vgl. Köbler 1997, 115). Diese Bedeutung lässt sich auch in der zweiten Begriffsbestimmung von Fiktion finden, welche der Duden als philosophische Definition anführt: „bewusst gesetzte widerspruchsvolle oder falsche Annahme als methodisches Hilfsmittel bei der Lösung eines Problems".

Die Begriffsbildung wird dadurch erschwert, dass die Begriffe ‚Fiktion' und ‚Fiktionalität' auch von breiteren, nicht spezialisierten Diskursgemeinschaften benutzt werden, was zu Bedeutungsverschiebungen und neuen, auch negativen Konnotationen in der Aufhebung der Unterscheidung zwischen Fiktion und Fiktionalität und damit zwischen Fiktion und Lüge führt. So arbeitet ein *New York Times*-Artikel über den Irak mit dem Gegensatz ‚actual reality'/‚fictional reality', wobei die ‚fiktionale Realität' negativ aufgeladen ist (vgl. Lavocat 2016, 42). Diese schon seit Platon bekannte negative Konnotation der Lügenhaftigkeit kommt auch im zeitgenössischen Diskurs um das ‚Postfaktische' zum Tragen, der nicht nur den Unterschied zwischen Fiktion und Lüge aufhebt, sondern ganz generell suggeriert, eine Unterscheidung zwischen Tatsache, Lüge und Fiktion sei nicht (mehr) möglich. Damit wird irrelevant, ob etwas wahr oder erfunden ist (Unterscheidung Tatsache/Lüge) und zugleich, ob diese Erfindung markiert und legitimiert ist oder nicht (Unterscheidung Fiktion/Lüge).

Aus internationaler Perspektive tut sich noch ein weiteres Problemfeld in der Begriffsbestimmung auf, wenn man die Bedeutung der Begriffe ‚Fiktion' und ‚Fiktionalität' in verschiedenen Sprachen vergleicht. Vor allem der englische Begriff *fiction* führt hier zu Verwirrung. *Fiction* bezieht sich in erster Instanz auf eine Gattungsbezeichnung, die in breitem Sinne einen narrativen Text, einen Roman, eine Kurzgeschichte, aber auch eine TV-Serie oder einen Spielfilm umfasst. Auch im Deutschen findet sich diese Bedeutung von ‚Fiktion' als Bezeichnung für genannte „Gattungen [...] und andere kulturelle Artefakte, die bis zu dem Grad konventionalisiert sind, dass das Publikum typische Vertreter erkennt und von diesen Erfundenes erwartet und keine Präsentation von [...] Fakten" (vgl. NIELSEN). Walshs (beziehungsweise Nielsens oder beider) Betonung der Unterscheidung von Fiktionalität im Sinne eines kulturtheoretischen Konzepts und Fiktion im Sinne einer Gattungsbezeichnung lässt sich vor diesem Hintergrund einordnen.

1.2.2 Fiktivität und Fiktionalität

Fiktivität bezieht sich auf das, was ausgesagt wird, Fiktionalität auf die Aussage in ihrer spezifischen Form. Andreas Kablitz spricht vom Fiktiven als einer Eigenschaft des Dargestellten und dem Fiktionalen als einer Eigenschaft der Darstellung (vgl. Kablitz 2013, 166), Frank Zipfel von „der *Fiktivität des Dargestellten* und der *Fiktionalität eines Textes*" (Zipfel 2001, 19 [orig. kursiv]).

Fiktivität bezeichnet damit den ontologischen Status des Erfundenen und bezieht sich auf die Frage, ob etwas in der Wirklichkeit existiert oder nicht. Innerhalb der Idee des Erfundenen sind noch unzählige Unterscheidungen und graduelle Unterteilungen möglich: Baumgarten (1735) unterscheidet „*figmenta vera*", die in der existierenden Welt möglich sind, „*figmenta heterocosmica*", die nur in einer hypothetischen Welt möglich sind, und „*figmenta utopica*", die auch in erdachten Welten unmöglich sind (vgl. GALLE). Das Phantastische signalisiert Elemente der Fiktion am deutlichsten, wenn offenkundig Unmögliches, Naturwidriges kommuniziert wird und nicht-menschliche Protagonisten als anthropomorphisierte Figuren auftreten (sprechende Tiere in der Fabel oder Tierepik, personifizierte Abstrakta in allegorischer Dichtung, rückwärts laufende Zeit). Andere Elemente werden erst im Verlauf der Zeit als fiktiv empfunden. Fiktion konstituiert sich aber nicht nur wesentlich im Erfinden möglichst phantastischer Zusammenhänge, sondern auch im Finden des relevanten Realen, also im Erfinden realistisch scheinender Welten. So kann man sich in Bezug auf die Literatur des 20. Jahrhunderts die Frage stellen, welcher Ort fiktiver ist – das im fiktionalen Text stark veränderte New York von Paul Auster oder das erfundene, aber ‚realistische' Yoknapatawpha County von William Faulkner (vgl. HEINZE).

Wenn Fiktionalität hingegen die Aussage, Darstellung oder den Text – zusammenfassend: das Medium – bezeichnet, welches eine fiktive Welt hervorbringt, ergeben sich zwei Blickrichtungen. Einerseits kann die spezifische Form des Mediums in den Mittelpunkt der Aufmerksamkeit rücken: Um was für ein Medium handelt es sich? Welche Ausdrucksmöglichkeiten gibt es in diesem Medium (etwa in einem Film gegenüber einem Text)? Und von welchen Ausdrucksmöglichkeiten macht ein spezifisches Medium Gebrauch (etwa Bewusstseinswiedergabe in einer Erzählung)? Bezogen auf einen Text als Medium können so bestimmte Formen des Erzählens wie die direkte Bewusstseinswiedergabe als spezifisch ‚fiktionale' Ausdrucksmöglichkeiten identifiziert werden (vgl. 2.2 Textorientierte Sichtweise). Erzähltheoretisch bezeichnet man dann Elemente auf der Ebene des *discours* (Erzählung) als schon oder eben nicht fiktional. Elemente auf der Ebene der *histoire* (Erzählwelt) befinden sich hingegen auf der Ebene des Ausgesagten und können daher nur fiktiv oder nicht fiktiv sein.

In der zweiten Blickrichtung von Fiktionalität rückt die Perspektive weg vom Medium und seiner Form. Anstatt dessen tritt der kommunikative Kontext, in dem ein Medium von Menschen produziert und rezipiert wird, in den Vordergrund. Dann verweist Fiktionalität auf eine bestimmte Art der Einstellung zu und des Umgangs mit dem, wovon gesprochen wird. Es geht im Kern darum, dass im fiktionalen Modus die Geltung der Aussagen nicht daran gebunden ist, ob sie in der Wirklichkeit zutreffen oder nicht; vielmehr „[ist] das Äußerungssubjekt vom

Rezipienten von der Verpflichtung entbunden, Sachverhalte zu berichten, die konventionell zur Wirklichkeit gerechnet werden" (Glauch 2014, 387).

Als fiktional oder gerade nicht gilt dann der Kommunikationskontext einer kürzeren oder längeren Äußerung (zum Beispiel ‚Roman', vgl. 2.3 Institution Fiktionalität), also die Haltung, welche Menschen gegenüber dem Wirklichkeitswert der Aussage einnehmen. Angenommen wird ein spezifischer fiktionaler *Kommunikationsmodus* (vgl. 2.3 Institution Fiktionalität), der sich auch in der Wahl eines bestimmten Mediums wie zum Beispiel dem Roman als fiktionaler Gattung äußern kann. Fiktionalität als form- und als kontextbezogenes Konzept decken sich nicht zwangsläufig. Fiktionale Verfahren auf der Ebene des *discours* deuten nicht automatisch darauf hin, dass ein Text als ganzer in den fiktionalen Kommunikationsmodus eingeordnet werden muss, dass er also etwa als fiktional produziert und rezipiert wird. So kann ein faktualer Text wie eine Reportage stellenweise auf der textuellen Darstellungsebene das fiktionale Verfahren der direkten Bewusstseinswiedergabe verwenden, ohne damit im spezifischen Kommunikationskontext den Anspruch aufzugeben, dass die Geltung der Aussage des Textes daran gebunden ist, in der Wirklichkeit zuzutreffen.

1.3 Transmedialität und Interdisziplinarität

Wenn man Fiktionalität nicht als Texteigenschaft definiert, sondern als eine rhetorische Strategie, als Diskursmodus oder Kommunikationsmodus versteht (vgl. 1.2.2 Fiktivität und Fiktionalität), dann müsste sie nicht nur in Texten, sondern über alle Gattungen, Diskurse und Medien hinweg zu finden sein. Dann ist Fiktionalität eine Kommunikationsstrategie, die auf Erfundenes hinweist und also auch außerhalb der im engeren Sinne fiktionalen Gattungen verbreitet sein kann: „[I]t is a communicative strategy, and as such it is apparent on some scale within many nonfictional narratives" (Walsh 2007, 7). Mit Walton kann man sogar noch darüber hinausgehen und sagen, dass Fiktionalität gar nicht an narrative Medien und nicht einmal an Sprachlichkeit gebunden sein muss: Sie kann etwa auch in Bildern auftreten (Walton 1990, 75).

Transmediale Positionen von Fiktionalität vertreten etwa Kendall L. Walton, Gregory Currie und Marie-Laure Ryan (vgl. THON). K. Waltons (1990) Theorie, die Fiktion als ‚make believe'-Spiel betrachtet (vgl. 2.3.1 Produktionsorientierte Ansätze), umfasst auch Bilder, weil Walton *fiction* mit *representation* gleichsetzt. Dies ruft kritische Positionen auf, nach denen transmediale Fiktionalitätstheorien wie die von Walton letztlich transmediale Darstellungstheorien seien (vgl. THON). Ein so weiter Fiktionalitätsbegriff betrifft im Grunde nur die ‚Vermitteltheit' von Darstellungen. Jede konstruktive Leistung der Wahrnehmung bezeichnet dann bereits Fiktionalität. Für Walton ist jegliche Art von Bild „fiction by definition" (Walton 1990, 351).

Verstanden als Kommunikationsmodus muss Fiktion nicht vorrangig im ästhetischen Kontext betrachtet werden (vgl. 5.2 Funktionalität). Fiktionen sind auch im nicht-ästhetischen Kontext äußerst relevant, etwa politikwissenschaftlich in Bezug auf Rousseaus *Contrat Social* als staatstragende Fiktion des Zusammenschlusses der Menschen zu einem gesellschaftlichen Körper (vgl. Kohns). Auch im juristischen Kontext greifen Fiktionen im faktualen, ja geradezu Fakten schaffenden Zusammenhang (vgl. Lieb). Durch die juristische ‚Fiktion der Nichteinreise' etwa können Schutzsuchende an Flughäfen und in ‚Transitzentren' in Deutschland als im juristischen Sinne nicht eingereist betrachtet und dadurch abgewiesen werden, auch wenn sie körperlich die Kontrollstationen passiert haben.

Fiktionalität spielt, wie die Beiträge dieses Bandes zeigen, nicht nur in Politik (Kohns) und Rechtswissenschaft (Lieb), sondern zum Beispiel auch in der Bildenden Kunst, in den Medien und im Theater (Schröter, Thon, Czirak) eine Rolle. Mit Phänomenen der Fiktionalität befassen sich so unterschiedliche Disziplinen wie Philosophie (Reicher), Geschichtswissenschaft (Schley) und Theologie (Kutzer), Psychologie (Boothe), Soziologie (Benkel) und Ethnologie (Schrover).

1.4 Fiktionalität in historischer Perspektive

Am offensichtlichsten zeigt sich die Variabilität und Kontextgebundenheit der Konzepte Fiktion und Fiktionalität in historischer Perspektive. In der historischen Dimension verschärft sich das Problem der Frage, wie ‚Fiktion(alität)' verstanden werden muss, wenn der Begriff eine gleichermaßen historisch begründete wie überzeitlich gültige und hermeneutisch sinnvolle Kategorie zur Beschreibung von Texten darstellen soll (vgl. Schneider). Seit wann spricht man von ‚Fiktion' und ‚Fiktionalität'? Viele moderne Fiktionstheorien weisen antike Vorläufer auf, auch wenn diese nicht mit dem Fiktion(alität)sbegriff arbeiten. Der Versuch, eine Entwicklung seit der Antike zu rekonstruieren, erweist sich daher als wenig sinnvoll (vgl. Feddern), schon weil es sich bei dem Begriffspaar Fiktion/Fiktionalität um eine moderne begriffliche Ausdifferenzierung handelt. Insofern muss man wie im Englischen Fiktion mit einer bestimmten literarischen Gattung, in diesem Fall der klassischen Prosadichtung, engführen, um etwa Aristoteles' Überlegungen zur Legitimation der Dichtung in Bezug zum modernen Begriff der Fiktion(alität) zu setzen. Dabei zeichnet sich die Dichtung laut Aristoteles nicht vorrangig dadurch aus, dass sie erfindet, sondern dadurch, dass sie in der Mimesis handelnde Menschen nachahmt, was Erfindung beinhalten kann, aber nicht muss (vgl. 3.2 Fiktionalität und Mimesis). In seiner berühmten Gegenüberstellung unterscheidet sich der Dichter darum folgerichtig nicht dadurch vom Geschichtsschreiber, dass er erfindet beziehungsweise ‚Fiktion' hervorbringt, sondern darin, dass er schildert, was nach Maßgabe der Wahrscheinlichkeit oder Notwendigkeit möglich sei. Mit der Notwendigkeit als Extremfall der Wahrscheinlichkeit ist der Dichter demnach in besonderem Maße verpflichtet seine Geschichte zu motivieren und dadurch eine plausible Handlung nachzuweisen. Dabei ist er wiederum der Mimesis und mit ihr der Ethik zur Erkenntnis menschlichen Handelns verpflichtet, wobei er allgemeine Erkenntnisse anhand einer individuellen Handlung illustriert (vgl. Aristoteles in FEDDERN). Sofern sie hierfür eingesetzt wird, ist Fiktion dabei Mittel zum Zweck und ergibt sich zum Teil auch aus der besonderen Verpflichtung zur Kohärenz der Geschichte (vgl. CZIRAK).

Die Zweckgebundenheit der Erfindung findet sich in mehreren Epochen. Sie reicht von dem rhetorischen Konzept der *fictio*, bei dem Fiktion eingesetzt werden kann, um Argumente zu gewinnen, über die antike Redekunst bis ins Mittelalter. Dort wird eine legitimierte, nicht der Lüge verdächtige *fictio* nur denjenigen Erzählungen zugestanden, die wie Fabel oder Allegorie offensichtlichen Gleichnischarakter tragen und damit die für mittelalterliche Erzählungen obligatorische theologisch definierte Wahrheit nicht unterlaufen (vgl. SCHNEIDER). Dabei hatte jedoch im mittelalterlichen Wirklichkeitsverständnis vor dem Hintergrund der theologisch-heilsgeschichtlichen Weltanschauung „das Übernatürlich-Wunderbare, sofern es nach damaligem Verständnis hinreichend bezeugt war, einen selbstverständlichen Platz, sei es in Form der *miracula* oder der *mirabilia*" (SCHNEIDER). Abweichend vom historischen Konzept der *fictio* kann jedoch auch hier nach textuellen oder pragmatischen, also kontextgebundenen Eigenschaften mittelalterlicher Literatur gesucht werden, die, etwa im Falle von Haugs These zur impliziten Fiktionalität bei Chrétien de Troyes, auf Fiktionalität als kulturelle Praxis verweisen, ohne dass diese Texte im zeitgenössischen Verständnis als fiktional eingestuft worden wären (vgl. Haug ²1992). Solche Entdeckungen der Fiktionalität im Mittelalter deuten die Komplexität der Begrifflichkeit an, da sich die Frage stellt, ob die Rückprojizierung eines modernen Konzepts von Fiktionalität auf die vormoderne Textkultur des Mittelalters überhaupt sinnvoll ist.

In der Frühmoderne formiert sich die spezifisch moderne Positionierung des Fiktionsbegriffs, die sich schließlich auch begrifflich in der Ausdifferenzierung von Fiktion und Fiktionalität niederschlägt. Grundlegend ist dabei die Verschiebung des Wahrheitsdiskurses, da Wahrheit nun weniger moralisch, ideologisch oder theologisch aufgefasst wird, sondern sich in ihrer Korrespondenz zur Wirklichkeit definiert (vgl. BAYER). Während also der mittelalterliche Wahrheitsdiskurs das Erzählen über nicht mit der empirischen Wirklichkeit korrespondierende Elemente als nicht-fiktional zuließ, bedurfte es im neuzeitlichen Kontext einer neuen Legitimation des Erzählens über Nicht-Wirkliches. Einerseits löst sich die Literatur von diesem neuen Wahrheitsbegriff, indem sie sich wie in Thomas Morus' *Utopia* (1516) mit dem Ziel der fortschrittlichen Verbesserung der Gesellschaft dem szientistischen Anspruch auf Korrespondenz mit der Wirklichkeit entzieht und einen eigenen fiktionalen Geltungsbereich beansprucht, in dem Relevanz nicht auf Referenz im Sinne der Wirklichkeitskorrespondenz beruht (vgl. BAYER). Dieser neu behauptete fiktionale Modus erlaubt jedoch andererseits, durch ebendiesen Modus der Fiktionalität die Problematik des neuen Wahrheitsbegriffs auszustellen: Miguel de Cervantes' *El Quixote* (1605/1615) etwa zeigt auf, wie schwierig die Beantwortung der Frage ist, ob etwas mit der Wirklichkeit übereinstimmt oder nicht (vgl. BAYER).

Die Widersprüchlichkeiten des neuen Wahrheitsbegriffs schlagen sich auch in einer Art Wetteifern der Literatur mit nicht-fiktionalen Gattungen nieder. Dies tritt in der Unterscheidung zwischen als künstlich abgewerteter ‚unrealistischer' Fiktionalität und gelungener, weil individualisierte Innerlichkeit zum Ausdruck bringender Fiktionalität zu Tage. Fiktionale Texte machen etwa durch Herausgeberfiktionen Anleihen an das faktuale Schreiben und etablieren so eine „effektive Gemengelage aus fiktionalen und faktualen Diskursen", die ein feines Gespür für die Unterscheidung von Fiktionalität und Faktualität von Seiten der Leserschaft voraussetzen (vgl. BAYER). So konnte eine fingierte Herausgeberschaft von Leserinnen und Lesern zwar als solche erkannt, zugleich jedoch symbolisch für den Wahrheitsanspruch des Textes trotz Fiktionalität gelesen werden (vgl. GALLE): Lies den Text, *als ob* er wahr wäre (im neuzeitlichen Wahrheitsverständnis also mit der Wirklichkeit korrespondiere).

Im Realismus des 19. Jahrhunderts wird dieser Wahrheitsanspruch im Paradoxon der wirklichkeitsgetreuen Fiktion durch die behauptete maximale Nähe zu Lebenswelt und Erfahrungen der Leserschaft auf die Spitze getrieben. Der Realismus kann insofern als eine Reaktion auf die disziplinäre Ausdifferenzierung der akademischen Disziplinen aufgefasst werden, welche die wissenschaftliche Erfassung der Wirklichkeit dem Laien entzog. Im Medium der ‚realistischen' Fiktion sollte diese Wirklichkeit wieder eingeholt, strukturiert und vermittelt werden (vgl. GALLE). Somit beansprucht der realistische Roman bis heute, durch den Modus der Fiktionalität ‚näher' an die (Lebens-)Wirklichkeit der Menschen heranzukommen und setzt an die Stelle von glaubwürdiger Korrespondenz mit der Wirklichkeit Authentizität in Bezug auf Wirklichkeit *und* menschliche Erfahrung (vgl. Arnheim 1993, 537). Der Anspruch auf die Echtheit der Fiktion verwickelt den realistischen Roman in den interessanten Widerspruch einer verstärkten Illusionsbildung zur Herstellung von Authentizität, wofür durchaus zu ‚unnatürlichen' Erzählverfahren wie dem allwissenden Erzähler gegriffen wird (vgl. HEINZE). Erst im postmodernen Zusammenhang wird die Strategie etabliert, gerade durch Illusionsbruch Authentizitätseffekte herbeizuführen (etwa im filmischen Found-Footage-Erzählverfahren, bei dem scheinbar gefundenes Filmmaterial gerade durch seine Amateurhaftigkeit pseudo-dokumentarische Authentizität hervorrufen soll). Dies entspricht dem postmodernen Verdacht gegen die Verlässlichkeit von Wirklichkeitsdarstellung im Allgemeinen, der zum Teil in panfiktionalistischen Positionen mündet (vgl. 2.1.2 Possible Worlds).

2 Verortung von Fiktionalität: Philosophie, Text und Institution

Je nach Schwerpunktsetzung und Perspektive kann man Fiktion und Fiktionalität *semantisch* (Pavel 1986), *ontologisch*, von *strukturellen* und *formalen* Modi her (Hamburger ²1968 [1957], Schaeffer 2013), in Bezug auf *produktive* Intentionen (Searle 1975), auf *rezeptive* Praktiken (Walton 1990) und schließlich auf *institutionelle* Bedingungen (= institutionalisierte Produktions- und Rezeptionsbedingungen) (Lamarque und Olsen 1994) bestimmen.

2.1 Ontologische Sichtweise

2.1.1 Realitätsbezug

Fiktion wird auf der Basis ihres Realitätsbezuges betrachtet. Die Frage, ob etwas fiktiv ist, will dann wissen, ob es existiert oder nicht. Diese Fragen werden in der analytischen Philosophie gestellt, wenn sie Fiktivität reflektiert. Dort ist von Interesse, welche logischen Systeme und Regeln greifen um ein Paradox wie das folgende zu erklären: Wie können die Aussagen „Pegasus ist ein geflügeltes Pferd" und „Pegasus existiert nicht" zugleich gültig sein? Die klassische Logik sucht Lösungen hierfür unter anderem durch die Einführung von ‚Fiktionsoperatoren', zum Beispiel der Formel „In einer fiktionalen Erzählung ist es so, dass..." oder durch die Unterscheidung von empirischer Wahrheit und begrifflicher Wahrheit (vgl. REICHER).

2.1.2 *Possible Worlds*

Diskussionspunkt in diesem Zusammenhang ist die Beziehung zwischen ‚echter' und ‚fiktiver' Welt. Sollen wir von diversen *possible worlds* (Ryan 1991) ausgehen, die neben der ‚eigentlichen' Welt existieren? Das Konzept der möglichen Welten setzt voraus, dass die fiktive Welt als eine Parallelwelt begriffen wird, „als eigenständiges System mit einem selbständigen Wirklichkeitsstatus" (PICHLER). Wenn jedoch die mögliche und die echte Welt einen unterschiedlichen ontologischen Status haben, wie können sie dann aufeinander bezogen werden? Und was ist der ontologische Status fiktiver Gegenstände?

Es wurden verschiedene Lösungen vorgeschlagen, um zu erklären, warum wir das, was in einer fiktiven Welt passiert, begreifen können. In der Eine-Welt-Semantik wird unterstellt, dass es eine Kontinuität zwischen den Welten gibt (vgl. Kablitz 2013, 175–176 in KNALLER).

Ryan führt für die *possible worlds* das Prinzip der minimalen Abweichung *(principle of minimal departure)* ein, demzufolge auf die möglichen Welten alles projiziert wird, was über ‚die' Realität bekannt ist. Nur wenn der Text ausdrücklich Dinge konstruiert, die nicht mit ihrem Realitätsverständnis übereinkommen, passen Leserinnen und Leser ihr Textverständnis dementsprechend an (Ryan 1991, 48–60). Auch Schematheorien und Weltbildungsmechanismen (vgl. STRASEN) werden als Erklärungen für das Funktionieren von Brücken zwischen echter und fiktiver Welt gesehen und helfen uns, Lücken in der fiktiven Welt zu füllen, um sie so besser verstehen zu können. In extremen Fällen, wenn uns kein Wissensmuster zur Verfügung steht, zum Beispiel, wenn der Erzähler eines Textes ein Tier ist, benutzt die kognitive Literaturwissenschaft die Blending-Theorie. Diese knüpft bei unserer Intuition an: „Auch [...] noch die seltsamsten fiktiven Welten [setzen] einen strukturellen Bezug auf die diffus irgendwie immer schon bekannte Normalwelt voraus, sonst wären sie gar nicht mehr verständlich" (SCHRÖTER). Im ‚Blending' werden zwei bekannte kulturelle Modelle, in diesem Falle das des Tiers und das des Erzählens, überblendet, um das unbekannte Modell des erzählenden Tieres vorstellbar zu machen (vgl. STRASEN). Das Resultat dieser Überblendung kann dann selbst zum kulturellen Modell werden, so dass Diskursgemeinschaften entstehen können, in denen erzählende Tiere keinerlei Besonderheit darstellen.

Über die Beziehung zwischen realer und fiktiver Welt herrscht keine Einigkeit; die möglichen Positionen lassen sich in drei Kategorien einteilen: Autonomisten, Panfiktionalisten und Kompositionalisten. „Die Autonomisten gehen davon aus, dass keinerlei Objekte, die in fiktionalen Texten genannt werden, als Referenzen auf Dinge oder Personen der realen Welt zu verstehen sind" (Blume 2004, 16). Für Panfiktionalisten dagegen sind alle Texte ‚Konstruktionen' und damit fiktional, so dass sie nicht in fiktional und faktual unterschieden werden können. Dies lässt sich herleiten aus poststrukturalistischen Positionen, die Erzählungen mit Fiktionalität gleichsetzen. Der Panfiktionalismus wurde aus verschiedenen Gründen kritisiert, etwa mit dem Argument, dass von einer echten Welt ausgegangen werden müsse, um Fiktion als Beschreibung einer möglichen Welt betrachten zu können. Diese ist zwar nicht mit ‚der Realität' identisch, fungiert aber in der Praxis als die zu einem jeweiligen Zeitpunkt gültige Art und Weise, von Realität zu sprechen, was sich etwa im Bereich des Films durch die Unterscheidung in Spiel- und Dokumentarfilme äußert (Carroll 1995, 97–98). Auch juristisch gesehen bleibt eine Unterscheidung in Kraft. Wenn wir uns voll hinter panfiktionalistische Annahmen stellen würden, wäre der Begriff Fiktionalität obsolet.

Kompositionalisten würden auch in fiktionalen Texten einzelne Referenzen auf reale Dinge und Personen anerkennen. Diese Annahme spiegelt sich schon in Theodor Fontanes Anspruch, dass fiktive Figuren sich „in die Gestalten des wirklichen Lebens einreihen" sollen (Fontane, zit. nach Aust 2000, 449). Die Illusion soll so perfekt sein, dass wir „das Gefühl haben, unser wirkliches Leben fortzusetzen, und daß zwischen dem erlebten und erdichteten Leben kein Unterschied ist als der jener Intensität, Klarheit, Übersichtlichkeit und Abrundung" (Fontane zit. nach Eisele 1984, 24). Auch zahlreiche Autorinnen und Autoren des englischen realistischen Romans im 19. Jahrhundert äußerten sich darüber, dass sie bei der Entwicklung ihrer Figuren keine genauen Abbilder schufen, sich aber von der Wirklichkeit inspirieren ließen, indem sie von lebenden Menschen abstrahierten und deren Merkmale bei der Figurenzeichnung neu zusammenstellten. So schrieb etwa Charlotte Brontë an ihren Verleger mit Bezug auf die Figuren in ihrem Roman *Shirley*, „[w]e only suffer reality to suggest, never to dictate", und George Eliot notierte zu ihrem Roman *Adam Bede*, dass die Figuren darin keine Porträts seien, sondern „the suggestions of experience wrought up into new combinations" (zit. in Schneider 2000, ix). Ähnlich wie Fontane kommt Edward Morgan Forster in *Aspects of the Novel* zu dem Schluss, dass man Romanfiguren meist besser verstehe als seine Mitmenschen, da bei ersteren im Gegensatz zu letzteren das Innenleben sichtbar werde: „But people in a novel can be understood completely by the reader, if the novelist wishes; their inner as well as their outer life can be exposed." (1974 [1927], 57). Fiktionalität ergibt sich dann nicht aus der Abwesenheit von Referenz, sondern aufgrund eines spezifischen Umgangs mit ihr, der einem bestimmten Darstellungszweck dienen kann.

2.2 Textorientierte Sichtweise

Das Phänomen Fiktionalität lässt sich auch in Bezug auf den Text als Zeichensystem und dessen Bedeutungsbildungsprozess betrachten. In den Fokus treten hier formale und semantische Eigenschaften von fiktionalen Texten.

2.2.1 Fiktionalitätssignale

Der Begriff Fiktionalitätssignale geht auf Harald Weinrich (1975, 526) zurück, einen wichtigen Beitrag liefern die Arbeiten Dorrit Cohns (1990 und 1999) zu den *signposts of fictionality*/Fiktionalitätssignalen, welche vor allem darauf zielte, die „differential nature of fiction" (1999, 131) herauszustellen. Die Suche nach textuellen Eigenschaften, die anzeigen oder nahelegen, dass ein Text fiktional ist, wurde danach vielfältig weitergeführt (Riffaterre 1993, Zipfel 2001) beziehungsweise modifiziert im Hinblick auf die Frage, ob diese Merkmale eine fiktionalen Texten angemessene Rezeptionshaltung befördern.

In der Literaturwissenschaft gibt es eine ganze Reihe von Versuchen der Taxonomierung und Kategorisierung von Texteigenschaften der Fiktionalität. Dabei werden diverse Parameter genutzt: semantisch, syntaktisch, pragmatisch, textuell, paratextuell, kontextuell (Zipfel 2001, 234–247; Zipfel 2014; Bareis 2008, 72–82; Köppe 2008, 39; Jacquenod 1988, 86–103; Wildekamp et al. 1980, 556; Genette 1991, 89). Traditionell werden textuelle (textimmanente) und paratextuelle (extratextuelle) Signale unterschieden (s. u.) und bei den textuellen Eigenschaften wird ein Unterschied zwischen formal bestimmt (auf der Ebene des *discours*) und inhaltlich bestimmt (auf der Ebene der *histoire*) gemacht.

Spezifika von Fiktionalität auf *Discours*ebene als erzähltechnische Phänomene (vgl. 1.2.2 Fiktivität und Fiktionalität) wurden von Käte Hamburger identifiziert (1968, 56–117): das epische Präteritum, Verben innerer Vorgänge, die erlebte Rede, ein poetischer Sprachgebrauch. Dorrit Cohn (1995, 110–112) fügte die Bewusstseinsdarstellung hinzu, außerdem die Verdoppelung der Sprachhandlung in Erzähler und Autor, die Möglichkeit des Wechsels von chronologischer beziehungsweise a-chronologischer Erzählweise (zum Beispiel Prolepsen, Analepsen, Leerstellen) sowie die Möglichkeit der Veränderung des Verhältnisses von von erzählter Zeit und Erzählzeit (Bareis 2008, 78; Zipfel 2014, 113). Auch der Einsatz eines „unzuverlässigen Erzählers" sowie Metafiktionalität gelten als Hinweise auf Fiktionalität (PICHLER).

Wo Fiktion semantisch in Bezug auf den Inhalt bestimmt wird, geht es um das ‚Was?' des Dargestellten, also um Fiktivität (vgl. 1.2.2 Fiktivität und Fiktionalität). Besonderheiten liegen hier auf der Ebene der *histoire*, etwa die Unwahrscheinlichkeit oder Unmöglichkeit der Ereignisse oder Elemente in der Erzählwelt wie sprechende Namen für Personen (vgl. Zipfel 2001, 234) oder sprechende Tiere in Fabeln, wobei Unwahrscheinlichkeit und Unmöglichkeit kontextgebunden sind: Sie hängen davon ab, was in einem bestimmten Produktions- und Rezeptionskontext als ‚wahr' erfahren oder angenommen wird.

Zu den *paratextuellen Signalen*, die auf Fiktionalität hinweisen können, gehören unter anderem die Aufmachung eines Buches, der Umschlag, der Name des Autors, der Titel, die Gattungsbezeichnung (‚Roman', ‚Kurzgeschichten' etc.), das Vorwort, das Nachwort, Reihentitel oder juristische Absicherungsformeln (vgl. Anderegg 1977, 106). Zu den epitextuellen Hinweisen zählen Interviews, Autorenporträts, Pressemappen des Verlags und so weiter.

Diese Aufzählung ist nicht erschöpfend. ‚Klassiker' wurden genannt, jedoch kommen in diesem Kontext auch weniger beachtete sprachliche Phänomene vor, die als mögliches Zeichen von Fiktionalität betrachtet werden können. In Bezug auf die textuellen Fiktionalitätssignale ist festzuhalten, dass ihre Stichhaltigkeit immer wieder erfolgreich in Frage gestellt werden kann: Praktisch lässt sich kaum ein Fiktionalitätssignal finden, das wirklich *nur* in fiktionalen Gattungen vorkommt. Dies muss nicht bedeuten, dass Fiktionalitätssignale keine Zeichen von Fiktionalität mehr sind, sobald sie außerhalb fiktionaler Gattungen vorkommen. Nielsen argumentiert, dass aus einer rhetorischen Perspektive Fiktionalitätsmarker wie die erlebte Rede auch außerhalb von *fiction* Fiktionalität signalisieren (vgl. NIELSEN).

Im Theater kann neben textuellen und außertextuellen Fiktionalitätssignalen auch noch eine andere Kategorie von Fiktionalitätssignalen auf der Ebene der *performance* eine Rolle spielen. Zu denken ist hier an theaterspezifische und mediale Strategien der Fiktionalisierung (Birkenhauer 2005, 108–109) wie der halluzinierte Dialog oder die eingebildete Stimme in der antiken Tragödie, die Verkörperung zweidimensionaler Bilder in theatralen Tableaus des 18. Jahrhunderts, die Skulpturwerdung des lebendigen Körpers in der Performancekunst oder der Einsatz von kinematografischen Großaufnahmen (vgl. CZIRAK).

Fiktionalitätssignale dürfen nicht aus einer essentialistischen Perspektive heraus betrachtet werden. Damit sie Wirkung zeigen, muss es ein Zusammenspiel von Textmerkmalen und pragmatischen Bedingungen geben. Denn sie können abhängig von Rezipient und Kontext anders oder falsch interpretiert werden. Sie haben keinen „Anspruch auf Allgemeingültigkeit" (Zipfel 2014, 99), mit anderen Worten kann keine formale Technik oder ein anderes Textmerkmal ein notwendiger oder hinreichender Anlass für die Identifizierung eines fiktionalen Diskurses sein. Weinrich sprach von „Orientierungssignalen" (1975, 525), die Rezeptionshinweise geben, Zipfel vom „Potential" dieser Signale „als solche aufgefasst zu werden" (2014, 105). Sie können auch umgekehrt oder pervertiert werden wie in der Ironie. Ebenso wenig haben sie einen zwingenden oder eindeutigen Charakter.

Der Gedanke der Kontextabhängigkeit liegt den Modellen fiktionaler Verstehensprozesse zugrunde, von Iser bis zur heutigen kognitiven Literaturwissenschaft (vgl. STRASEN). Um die historische Variabilität zur erfassen schlug Hempfer (2002) vor, zwischen Fiktionssignalen und -merkmalen zu unterscheiden: „Fiktionssignale sind kommunikativ relevant und damit notwendig historisch variabel, sie garantieren, daß ein Text von den Rezipienten bei adäquater Kenntnis der zeitgenössisch jeweils gültigen Diskurskonventionen als ein fiktionaler verstanden wird – Fiktionsmerkmale sind demgegenüber Komponenten einer Theorie, die ein solches Verständnis zu rekonstruieren versucht, indem sie explizit die Bedingungen formuliert, die vorliegen müssen, um einen Text als – mehr oder weniger – fiktional einzustufen" (Hempfer 2002, 118–119).

2.2.2 Metaphänomene/Metafiktion

Eine schwierige und vieldiskutierte Kategorie sind die ‚metafiktionalen' Verfahren (Schmid ²2008; Martínez und Scheffel ²2005), die als Fiktionssignale angeführt werden können, wie die Metalepse oder Autor- oder Erzählerkommentare.

Parallel zum Konzept der Fiktionalität zeigt sich auch hier zur Zeit der Trend, für Metaphänomene ein gattungs- und medienübergreifendes Begriffsinventar zu finden (vgl. PICHLER). Parallel zu Fiktion wird Metafiktion auch als Gattungsbegriff verwendet, wobei L. Hutcheons Definition von Metafiktion als „narcissistic narrative" am bekanntesten ist: „fiction about fiction – that is, fiction that includes within itself a commentary on its own narrative and/or linguistic identity" (Hutcheon 1984, 1). Auch Werke der bildenden Kunst können „die fiktiven Welten und Figuren, die sie präsentieren, wesentlich nutzen, um die Form ihrer Gemachtheit auszustellen" (SCHRÖTER). Um die Eigenschaften (Selbstreferentialität, Selbstreflexivität) und die Wirkung von Metafiktion (Fiktionalität offenzulegen) zu unterscheiden, plädieren neuere Positionen für eine Unterscheidung von Metafiktion und Metafiktionalität (Fludernik 2003, 12).

Zudem wird zwischen Metanarration und Metafiktion unterschieden (vgl. A. Nünning 2001, 18): *Metanarration* ist „die Thematisierung des Erzählens während des Erzählens bzw. die Reflexion des Erzählers auf den Akt des Erzählens" (Zipfel 2014, 115), mit *Metafiktion* wird die „Thematisierung der Fiktionalität des Textes, d. h. der Erfundenheit der Geschichte oder der fiktionsspezifischen Konstruktion der Erzählung" angedeutet (Zipfel 2014, 115). Die beiden Verfahren haben unterschiedliche Fiktionalitätseffekte. Metanarrative Verfahren können illusionsaffirmierend wirken, während metafiktionale Verfahren das Gegenteil leisten und den Fiktionscharakter offenlegen. Doch dieser letzte Effekt der metafiktionalen Verfahren auf die Fiktionsillusion ist gekennzeichnet durch eine Paradoxie: Der Text gibt nämlich das widersprüchliche Rezeptionssignal, den Text als fiktionalen zu rezipieren, das heißt dessen Artefaktcharakter bewusst zu ignorieren und sich gleichzeitig die Fiktionalität bewusst zu machen (Penzenstadler 1987, 50). Bewusstmachung der Fiktionalität ist genau das, was oftmals auch mit dem Terminus „Illusionsbruch" beziehungsweise „anti-illusionistisch" beschrieben wird.

Werner Wolf (1993, 111–114) betrachtet dieses Paradox als ein ständiges Oszillieren aus Distanz, dem Wissen um Illusionshaftigkeit, und Nähe, dem willentlichen Einlassen und Mitspielen in dieser Illusion (vgl. 5 Fiktionalität zwischen Ästhetik und Funktionalität).

2.3 Institution Fiktionalität

Als Institution wird eine soziale Praxis verstanden, die das Wissen um und die geteilte Akzeptanz bestimmter Konventionen und Regeln als Basis hat. Fiktionalität als ‚Institution' oder ‚soziale Praxis' bezeichnet also die Annahme, dass die Produktion und Rezeption bestimmter Gattungen von konventionellen Regeln gesteuert wird (Lamarque und Olsen 1994, 37). Diese Annahme kann in verschiedenen Formulierungen auftauchen. Umberto Eco (2004, 103) spricht, Philippe Lejeunes autobiografischem Pakt nachfolgend, von einem „Fiktionspakt" und Frank Zipfel (2001, 280) von der „etablierten Sprachhandlungspraxis Fiktion". In einem solchen pragmatischen Theorieansatz ist Fiktionalität nicht eine substantielle Eigenschaft von Texten, sondern ein Set von sozialen Regeln im Umgang mit Fiktionen. Laut Tilman Köppe lässt sich schon im 17. Jahrhundert eine „Institution Fiktionalität" als soziale Praxis erkennen, die der modernen sehr ähnelt, wenngleich sie noch in anderer Begrifflichkeit thematisiert wird (Köppe 2014). Auch bei Cicero könnte man schon von einer Art Pakt zwischen Sprecher und Empfänger sprechen: Für die Dichtung gelten eigene Gesetze, weswegen das Phänomen der Fiktion als eine Übereinkunft zwischen Textproduzent und -rezipient beschrieben wird (vgl. FEDDERN).

Eine institutionelle Perspektive nehmen alle sprachpragmatischen Fiktionalitätstheorien an. „Pragmatische Fiktionalitätstheorien, die das Moment des ‚Handelns', des ‚Tuns' stark machen, sprechen sich daher gegen ontologische und textimmanente (darstellungsbezogene) Zugänge aus, die Fiktionalität vorwiegend anhand ihrer Fiktivität (also Inhalte) oder anhand gewisser diskursiver Besonderheiten dingfest machen wollen" (PICHLER). Allerdings ergeben sich auch hier Querverbindungen, welche etwa eine produktionsorientierte Perspektive mit der Frage nach dem ontologischen Status fiktiver Gegenstände verbinden (vgl. WERNER).

In den pragmatischen und institutionellen Fiktionstheorien könnte man im Prinzip von intentionalistischen (produktionsorientierten) und rezeptionsorientierten Ansätzen sprechen, obwohl die Theorien, die Produktion von Fiktion als intentionalen Akt sehen, streng genommen nicht von rezeptionsorientierten unterschieden werden können, denn unterstellt man eine Intention, so muss diese auch wahrgenommen, interpretiert oder eventuell abgelehnt werden.

2.3.1 Produktionsorientierte Ansätze

Sprechakttheorien (vgl. Searle 1969 in WERNER) betrachten Fiktionalität als Sprachhandlung und stellen die Frage, welchen illokutionären Akt, welche intentionsgeleitete Sprach*handlung* also, ein Sprecher (Autor) vollzieht, der sich fiktional äußert. Die Absicht des Autors, sich fiktional zu äußern, ist dabei eine notwendige Bedingung für die Fiktionalität der Äußerung. Um einen illokutionären Akt gelingen zu lassen, muss die Intention des Äußernden in Bezug auf die beabsichtige Sprachhandlung auf der Seite der Rezeption erkannt werden. Ob fiktionale Aussagen mit der Sprechakttheorie zu erfassen sind, wird kontrovers diskutiert. Die Zugänge, welche Fiktionalität sprechakttheoretisch beschreiben, teilen sich auf in Ansätze, die nicht annehmen, dass fiktionale Äußerungen illokutionäre Akte vollziehen (sondern nur so tun als ob) und solche, die annehmen, dass fiktionale Äußerungen schon illuktionäre Akte vollziehen (Currie 1990, García-Carpintero 2013, Genette 1992, Reicher 2012, Werner 2012). Letztere verteidigen die These, dass die Sprachhandlung von Autoren fiktionaler Werke darin besteht, ihre Leser aufzufordern, sich das Erzählte vorzustellen (vgl. Currie 1990 in WERNER), sie sollten also so tun als ob. Eine andere These lautet, dass die Sprachhandlung einer fiktionalen Äußerung darin besteht, eine fiktive Welt zu erschaffen, deren Existenz im Sinne eines sozialen Gegenstandes nach Searle von Menschen abhängig ist (vgl. WERNER).

Die Frage, warum Menschen fiktionale Äußerungen in dem Maße hervorbringen wollen, dass ganze fiktionale Gattungstraditionen entstehen, welche die Jahrhunderte überdauern, ist aus unterschiedlichen Perspektiven beleuchtet worden, die sich aber im weitesten Sinne als anthropologisch bezeichnen lassen. So sieht Wolfgang Iser (1991) das Fingieren als menschliches Grundbedürfnis, weil das Imaginäre nur im Fiktiven real werden kann. Dieses scheinbare Paradox löst Iser dahingehend auf, dass er den fiktionalen Text als Übergang zwischen der realen, außertextlichen Welt einerseits und dem Imaginären andererseits betrachtet: Was der Mensch sich vorstellen kann, ist auf die reale Welt bezogen, es muss aber in einer Fiktion ausgedrückt werden, um greifbar zu sein und weist dadurch gleichzeitig über einen simplen Realitätsbezug hinaus. Es sind laut Iser besonders diejenigen Bereiche menschlicher Existenz, die dem Menschen kaum anschaulich werden, aber doch fundamental sind (etwa Liebe, Schmerz, Tod), welche das Bedürfnis nach Realwerdung des Imaginären im Fiktiven bedingen. Einen anderen Ansatz vertritt Lisa Zunshine (2006), die davon ausgeht, dass die Fähigkeit, fiktionale Äußerungen zu produzieren, eine evolutionäre Errungenschaft darstellt. Das Ausdenken fiktionaler Welten trainiere die Fähigkeit, anderen Menschen Ziele und Intentionen zuzuschreiben, was für das Zusammenleben und Überleben schon in frühesten Verbünden von Menschen von zentraler

Bedeutung gewesen sei. Verkürzt könnte man sagen, dass Menschen fiktionale Äußerungen hervorbringen (und rezipieren) wollen, weil sie gar nichts anders können, als dies zu tun.

Gegner einer sprechaktbasierten Fiktionalitätstheorie, jedoch durchaus Befürworter eines intentionalistisch und zugleich an der Rezeption orientierten Ansatzes, ist Kendall Walton in *Mimesis as Make-Believe* (1990). Er verwendet ein weites Fiktionalitätskonzept, das medienübergreifend ist und im Wesentlichen besagt, dass Fiktion als So-tun-als-ob-Spiel ähnlich der So-tun-als-ob-Spiele von Kindern aufzufassen ist. Wesentlich für diese Spiele ist, dass es Gegenstände gibt, die als Requisite („prop") fungieren (vgl. Walton 1990).

Diese „Mimesis as Make-Believe"-Auffassung ermöglicht es, auch nichtsprachliche Artefakte, etwa Gemälde oder Filme, in ihrer Fiktionalität zu betrachten und deren Funktion als Requisiten (*props*) in Imaginationsspielen (*games of make-believe*) zu beschreiben. Basis ist zunächst die Annahme, dass Darstellungen (*representations*) immer fiktional sind. Auch Currie, in Nachfolge von Walton, folgt einer intentionalistischen Spur und wählt ebenfalls die medienübergreifende Perspektive, die bereits im Titel seines Buches *Arts and Minds* (2004) explizit auf ‚darstellende Künste' im Allgemeinen zu beziehen ist (vgl. Currie 2004 in THON).

Pragmatische, institutionelle Ansätze bieten allgemein das Potential, das Phänomen Fiktionalität weder auf literarische noch auf sprachliche Artefakte zu beschränken. So wie Currie sich in Richtung transmedial und narratologisch orientierter Darstellungstheorien bewegt, entwickelt sich Ryan in Richtung einer transmedialen Narratologie (vgl. Ryan 2001 und 2006 in THON), wobei hier die Gleichsetzung von Erzählen mit Fiktionalität problematisiert werden muss (vgl. 3.5 Fiktionalität und Narrativität). Auch nicht-sprachliche Fiktionalitätstheorien, wie die gegenwärtige Filmwissenschaft, betrachten das Phänomen der (Nicht-)Fiktionalität nicht als intrinsische Eigenschaft der Medialität bestimmter Darstellungen, sondern erklären ihr Objekt aus einem semio-pragmatischen beziehungsweise rezeptionsästhetisch gewendeten Verständnis von (Nicht-)Fiktionalität (vgl. Carroll 1996, 1999; Currie 1995, 1999; Plantinga 1987, 1997; Odin 1990, 2000).

2.3.2 Rezeptionsorientierte Ansätze

Im Fokus steht hier die Haltung, die Rezipienten gegenüber einer fiktionalen Äußerung einnehmen. Das Konzept des *make-belief* impliziert, dass sie so tun, als sei das Geäußerte wahr, auch wenn dieser Wahrheitsgehalt im fiktionalen Äußerungszusammenhang gerade nicht gesichert ist. Für die Frage, ob ein Text als fiktional einzustufen ist oder nicht, kommt es weniger darauf an, ob die in ihm geäußerten Sachverhalte faktisch wahr sind oder nicht, sondern darauf, ob er von Rezipienten als fiktional eingestuft wird. Eine frühe rezeptionsorientierte Theorie der Fiktion findet sich bei Coleridge in der „willing suspension of disbelief", die oft als Quintessenz der Rezeptionshaltung gegenüber Fiktion zitiert wird (vgl. Schaeffer 1999), wenngleich es Coleridge eher darum ging, sich als Autor, der in einer stark vom Rationalismus geprägten Epoche schrieb, die Verwendung übernatürlicher Elemente in seiner Dichtung zu ermöglichen. Spätere rezeptionstheoretische Ansätze gingen, bei aller Unterschiedlichkeit ihrer Interessen und Konzepte, noch immer davon aus, dass Leserinnen und Leser, wenn sie einen Text als fiktional eingestuft haben, in eine sprachliche, kognitive und/oder emotionale Interaktion mit dem Text treten (siehe Strasen 2008). Die Zuschreibung von Fiktionalität zu einem Text beinhaltet also die Bereitschaft, sich aktiv sowohl auf das Geschehen in der fiktiven Welt als auch auf die Art ihrer Vermittlung einzulassen.

Neuere Ansätze sind unter anderem in der kognitiven Literaturwissenschaft zu finden, die über kognitive (Prozess-)Modelle fiktionaler Kommunikation nachdenkt. Sie stellt sich die Frage, wie Rezipienten fiktionale Welten verstehen und interpretieren können, welchen Regeln die Bildung eines kognitiven Modells der fiktionalen Welt folgt und wie sich dies zu den Modellen für nicht-fiktionale Kommunikation verhält. Grob kann man sagen, dass die Bildung von Situationsmodellen zu fiktionalen Texten zwar grundsätzlich den gleichen Regeln gehorcht wie die zu nicht-fiktionalen Texten, aber doch einige Besonderheiten aufweist. Fiktive Welten können immerhin stark von unserer normalen Welt und unseren kognitiven Mustern und Wahrnehmungsschemata abweichen, und es sind genau diese Abweichungen, die aus Sicht einer kognitiven Rezeptionstheorie von Interesse sind. Je stärker die fiktiven Welten vom „principle of minimal departure" (s. o. 2.1.2) abweichen, desto weniger funktioniert die automatische Aktivierung lebensweltlicher Schemata zur Erklärung der Welt in der Fiktion. Die aktive Suche nach Erklärungsschemata wird damit zur zentralen Rezeptionswirkung fiktionaler Texte. Überlegungen zum Verhältnis von automatisierter und de-automatisierter Wahrnehmung hatten allerdings auch schon die Formalisten angestellt (siehe STRASEN).

Betrachtet man Fiktionalität als Rezeptionsphänomen, muss man die Aufmerksamkeit auch dem kulturellen Umfeld, der sozialen Praxis und spezifischen Erwartungshaltungen seitens der Leserschaft widmen, da diese mitbestimmen, was unter Fiktionalität verstanden wird (vgl. MARTENS). Laut Walsh ist Fiktionalität „a contextual assumption by the reader" (Walsh 2007, 36). Diese Erwartungshaltungen werden zum Teil in der individuellen Auseinandersetzung mit fiktionalen Texten von Kindheit an entwickelt. Sie sind aber auch das Ergebnis sozialer, geistig-körperlicher Praktiken des Erwerbs, der Lektüre und des Sprechens über fiktionale Texte im privaten Bereich und in den Medien und nicht zuletzt der Erfahrung mit der materiellen Beschaffenheit der Artefakte, die typischerweise Fiktionalität transportieren. Aus rezeptionsorientierter Perspektive wäre also ein integrativer Ansatz vielversprechend, der Wissen, Erfahrung, Körperlichkeit, Materialität und soziale Praxis im Umgang mit Fiktionalität verbindet, wie es Ansätze der praxistheoretischen Sozialforschung vorschlagen (Reckwitz 2003, Schäfer 2016).

Auch beim Betrachten von bildlicher Fiktionalität ist der pragmatische Kontext von zentraler Bedeutung. Fiktionalität ist hier genauso wenig eine Eigenschaft isolierter Bilder (welcher Medialität auch immer) oder Bildsequenzen, sondern von intermedialen Bild-Text- (oder Bild-Klang-)Konfigurationen abhängig (vgl. SCHRÖTER). Auf eine andere Art verkompliziert sich die Rolle des Zuschauers und des Kontexts bei theatraler Fiktionalität, da die Fiktionalisierungsleistung stark an die partikulare Wahrnehmung der Zuschauer gebunden ist (vgl. CZIRAK). Szenische Fiktionalität soll gesehen werden als eine Modalität der Betrachtung. Wichtig ist hier, inspiriert von Austins Sprachakttheorie, die Perspektive auf ‚Performanz' im Theater, in der die Aufführung immer erst in ihrem Verlauf vor dem Publikum entsteht.

2.4 Gattungen

Das Phänomen der Fiktionalität tritt auch unabhängig von fiktionalen Gattungen auf (vgl. NIELSEN). Dennoch ist nicht zu leugnen, dass Gattungen als Erwartungsrahmen für die Wirkung von Fiktionalität wichtig sind. Leserinnen und Leser können ohne große analytische Bemühungen realistische und unrealistische Elemente in einer fiktiven Erzählwelt identifizieren, was mit Gattungskonventionen zusammenhängt: Wenn die Gattung des realistischen Romans bekannt ist, kann man diese daran erkennen, dass die Darstellung der Erzählwelt möglichst nahe an der Wirklichkeit bleibt (vgl. REICHER), auch wenn der Text insgesamt als fiktionaler gelesen wird. Bestimmte Genres und Formate triggern eine fiktionale Lesart (vgl. den englischen Begriff der *fiction* für diese Medien in 1.2.1).

Andererseits gibt es von Beginn der frühen Neuzeit an immer wieder Gattungen, welche die eindeutige Einordnung in eine fiktionale oder faktuale Lesart auf die Probe stellen (vgl. BAYER). Der Fiktionalitätsgehalt (oder vielmehr dessen Offenlegung) erweist sich in Bezug auf Gattungen damit als wandelbare Größe (vgl. MARTENS). Gerade im postmodernen Zusammenhang sind Gattungen kultiviert, die eine Unterscheidung von Fiktionalität und Faktualität systematisch unterlaufen (z. B. das postdramatische Theater, vgl. CZIRAK), dabei jedoch in ihrer

Experimentierfreude der Gattungstheorie zufolge die Konventionen eher bestätigen als außer Kraft setzen (vgl. MARTENS).

Fiktionalität ist dabei nicht unbedingt ausschlaggebend für die generische Unterscheidung von Texten, in der Gattungstheorie wird ihr keine zentrale Bedeutung zugewiesen (vgl. MARTENS). Dies ist insofern einleuchtend, als dass Fiktionalität etwa im Hinblick auf die traditionelle Gattungstrias Epik, Dramatik und Lyrik kein unterscheidendes Merkmal ist, sofern man auch die Lyrik als (wenn auch nicht ausschließlich) fiktional ansieht (zu Einstufungen der Lyrik als nicht-fiktional vgl. Käte Hamburger in MARTENS).

Sehr wohl gibt es jedoch eine lebhafte Diskussion um die Rolle von Gattungen in der Diskussion um Fiktionalität in der Narratologie. Die Unterscheidung von fiktionalen und faktualen Texten steht dabei im Mittelpunkt. Monika Fludernik etwa identifiziert absolute und graduelle Merkmale von fiktionalen Texten (Fludernik 2015). Absolute Merkmale wären eine besondere Art und Bedeutung der Bewusstseinsdarstellung, die Differenzierung zwischen Autor und Erzähler sowie die ästhetische Polyvalenz, welche Fiktion von Instrumentalisierung befreit. Die graduellen Merkmale sind narratologische Kennzeichen der Faktualität wie kollektive und nicht-anthropomorphe Handlungsträger, die geringere Signifikanz von Immersion und Emotivität und die andersartige Funktion von Beschreibungen. Diese Einteilung in graduelle Merkmale soll exklusive Gattungszuordnungen als „package deals" vermeiden und anstatt dessen verschiedene Fiktionalitätsgrade für unterschiedliche Textsorten bereitstellen (vgl. MARTENS).

3 Fiktionalität als relationaler Begriff

Neben der zu Beginn erwähnten Schwierigkeit, Fiktionalität in verschiedenen Kontexten zu bestimmen, ruft Fiktionalität als Differenzbegriff auch andere, gegenübergestellte Begriffe wie Wirklichkeit, Faktizität oder Authentizität auf (vgl. KNALLER). Je nach Gegensatzpaar werden dabei unterschiedliche Nuancen von Fiktionalität hervorgehoben.

3.1 Fiktion und Wirklichkeit/Fakt und Fiktion

Die Gegenüberstellung von Fiktion und Wirklichkeit impliziert oft eine Gleichsetzung von Fiktion und erzählerischer Konstruktion. In einer klassischen Definition von Fiktion brauchen nur fiktionale Erzählungen überhaupt einen Konstruktionsaufwand zu betreiben, um ihren Gegenstand hervorzubringen, indem sie ihn erfinden. In ihrer Funktion der Wirklichkeitsrepräsentation scheinen faktuale Texte dabei keiner erzählerischen Konstruktion zu bedürfen, da sie mit ihrem Erzählgegenstand – der Wirklichkeit – scheinbar zusammenfallen, indem sie ihn ‚einfach' wiedergeben. Eine eher im postmodernen Kontext vertretene, breite Definition von Fiktion fasst alle Erzählungen, auch faktuale, als fiktional auf, weil sie ihren Erzählgegenstand konstruieren. Beide Positionen implizieren dabei eine Gleichsetzung von erzählerischer Konstruktion und Fiktion (Van Dam 2016, 28–31). Diese Sichtweise verschiebt sich, wenn Fiktion nicht mit Wirklichkeit kontrastiert wird, sondern mit dem Faktischen als *dargestellter* Wirklichkeit (vgl. 3.3 Fiktionalität und Faktualität). Fiktion wird dann zu einem Darstellungsgegenstand, der im Gegensatz zum Faktischen nicht zwingend Wirklichkeitskorrespondenz beansprucht. Sowohl Fiktion wie Faktisches sind dabei konstruierte Elemente einer Darstellung, ohne dadurch jedoch ununterscheidbar zu werden. Sie treten dann zusammen in einen Gegensatz zur Wirklichkeit als uneinholbarer Größe, auf die sie sich in unterschiedlicher Weise beziehen.

In der Gegenüberstellung von Fakt und Fiktion rückt der Wirklichkeitswert von Darstellungen in den Vordergrund. Fakten beanspruchen Korrespondenz mit der Wirklichkeit. Aber auch Fiktionen kann keineswegs jeglicher Wirklichkeitswert abgesprochen werden. In der philosophischen Disziplin der Ontologie lässt sich lebhaft diskutieren, inwiefern es fiktive Gegenstände beziehungsweise Figuren gibt und wovon ihre Existenz abhängt (vgl. 2.1 Ontologische Sichtweise; vgl. REICHER und WERNER). Unabhängig davon, welcher Wirklichkeitswert fiktiven Gegenständen zugesprochen wird, ist soziologisch unbestritten, dass Fiktionen Teil der sozialen Wirklichkeit sind und diese formen (vgl. BENKEL). Zudem weisen fiktionale Darstellungen kompositionalistisch betrachtet (vgl. 2.1.2 Possible Worlds) nicht nur fiktive Elemente auf, sondern können Faktisches beinhalten (vgl. WERNER).

Diese Mischung fiktiver und faktischer Elemente stellt für den Leser in der Regel kein Problem dar. Aus Sicht der Blending-Theorie (Coulson und Oakley 2000, Fauconnier und Turner 2002) gehört die Fähigkeit, mentale Gehalte unterschiedlichster Qualität ineinander zu projizieren, zu den Grundausstattungen menschlicher Kognition. Ob man sich eine Vorstellung von sich selbst in der Zukunft macht, unterschiedliche Ausgänge einer Geschichte vor dem geistigen Auge durchspielt oder eben faktische Inhalte mit fiktiven in Verbindung bringt, das ‚Zusammendenken' zweier oder mehrerer gedanklicher Inhalte läuft zumeist automatisch und unbewusst ab.

Dieser heterogene Charakter fiktionaler Darstellungen kann äußerst unterschiedlich gefasst und gewertet werden. Das Bild einer „in der Schwebe gehaltenen Analogie" zur Wirklichkeit konzeptualisiert den indirekten, ungreifbaren und labilen Bezug der Fiktion zur Wirklichkeit als positiv konnotierten Möglichkeitsraum, in dem theologisch betrachtet Gotteserfahrung erst kommunizierbar wird (vgl. KUTZER). Aus soziologischer Perspektive kann der unsichere Wirklichkeitsbezug des Romans als Krisenexperiment negativ konnotiert werden. Dann wird die fiktionale Geschichte bedrohlich, da sie ihre Maske fallen lassen und sich als realitätsverbundener herausstellen kann, als erfundenen Erzählungen allgemeinhin zugestanden wird (vgl. BENKEL).

3.2 Fiktionalität und Mimesis

Dass Fiktion etwas mit Wirklichkeit zu tun hat, wird im Konzept der Mimesis deutlich, mit dem in antiken Kunst- und Literaturtheorien der Wirklichkeitsbezug auch von Dichtung gefasst wird. Bei Plato hat Mimesis zwei Bedeutungen: (1) Art des Redens: so tun als ob jemand anders spricht; (2) eine ontologische Bedeutung der platonischen Ideenwelt: als „das dritte von der Wahrheit Entfernte". Bei Aristoteles (in der berühmten Passage des 9. Kapitels) stellen wir eine Aufwertung der Dichtung in der positiven Einschätzung der schöpferischen Kraft des Fingierens als produktiv fest. Dabei erhält auch die Mimesis als Nachahmung von handelnden Menschen einen besonderen Stellenwert und wird nicht wie bei Platon als Abbild vom Abbild weit von der Wahrheit entfernt abgewertet. Wenn davon ausgegangen wird, dass menschliches Handeln auch Wahrnehmung, Denken und Bewusstsein umfasst, findet sich hier eine Überschneidung mit zeitgenössischen Definitionen von fiktionalen Erzählungen, wenn herausgestrichen wird, dass die erzählerische Verarbeitung von Erfahrungen und Bewusstsein Fiktionalität voraussetzt (vgl. Fludernik 2015 in MARTENS, vgl. 3.5 Fiktionalität und Narrativität).

Um ästhetischen Genuss zu erzielen, muss das Schaffen von Welten in der *poiēsis*, so Aristoteles, in den Dienst der *mimēsis* treten, damit die *poiēsis* gleichzeitig den Vorschriften der (Ver-)Dichtung (der ‚Übersichtlichkeit' und der ‚Kontinuität') unterworfen bleibt. Dabei löst sich die Nachahmung von einer „tatsächlichen Referentialität" und verschiebt sich in die Kategorie der Wahrscheinlichkeit (vgl. Lehmann 2005, 148). Diese Kategorie der Wahrscheinlichkeit betrifft jedoch nicht den Gegenstandsbereich, sondern den Verlauf der Handlung, was bedeutet, dass die Verknüpfung der Ereignisse plausibel oder motiviert sein muss. Mimesis bezieht sich also entgegen der neuzeitlichen Auffassung nicht auf die bloße Wiedergabe von wirklichen Gegenständen, sondern auf das Schaffen von Zusammenhängen, welche in der Wirklichkeit so nicht vorhanden sind (vgl. Kablitz 2009).

Dieses klassische Erbe hatte eine langanhaltende Wirkung. Für die frühe Neuzeit erweist insbesondere das bis in den Klassizismus hinein wirkmächtige poetologische Erbe der Antike als bedeutsam. Es hat – in der Verschiebung des Mimesiskonzepts auf die neuzeitliche Wahrheit als Wirklichkeitskorrespondenz hin – Einfluss auf die Hierarchisierung von Gattungen bis in die Klassik: Die vermeintlich wirklichkeitsnahen und damit verlässlicheren Werke sehen sich weniger dem herabwürdigenden Vorwurf ‚künstlicher' Fiktionalität ausgesetzt (vgl. BAYER).

Die Kategorie ‚Mimesis' funktioniert anders, wenn sie nicht auf Literatur, sondern auf Künste mit einer visuellen Dimension wie Theater, Film, bildende Kunst oder Fotografie bezogen wird. Die Relation von Fiktionalem und Realem im Theater geht „keineswegs in einem Abbildungsverhältnis auf [...], sind doch ‚real' vorhandene Körper, Stimmen, Räume oder Objekte vonnöten, um ein imaginäres Universum konstellieren zu können" (CZIRAK). Darum spricht man in Bezug auf das Theater von einer Verdopplung (doppelte Fiktionalität) (Birkenhauer 2005, 107): Einerseits in der dramatischen Handlung, welche von einer textuellen Grundlage motiviert auf der Bühne in Szene gesetzt wird. Andererseits in der Hervorbringung einer Aufführungsrealität durch Kostümierung, Bewegung, stimmliche Intonation oder gestische Zeichen. Die Verunsicherung, die dadurch entsteht, bietet in der Ästhetik der Verunsicherung Spielraum für Interpretation und führt zu einer Vermengung von Fiktionalität und Faktualität beziehungsweise zu einer Hybridität zwischen den beiden. Der Zuschauer muss sich immer häufiger fragen, „ob er auf den Bühnenvorgang als Fiktion (ästhetisch) oder als Realität (also zum Beispiel moralisch) reagieren soll" (Lehmann 2005, 177). Diese besondere Situation führt dazu, dass die Unterscheidung zwischen fiktionalen und faktualen Äußerungskontexten im Akt des theatralen Sprechens unbeherrschbar wird.

3.3 Fiktionalität und Faktualität

Wenn der Fiktion nicht Wirklichkeit, sondern dargestellte Wirklichkeit gegenübergestellt wird (vgl. 3.1 Fiktion und Wirklichkeit), verweisen Fiktionalität und Faktualität auf unterschiedliche Darstellungsmodi in Bezug auf Wirklichkeit. Faktuale Darstellungsstrategien blieben dabei gegenüber den fiktionalen lange Zeit unsichtbar, da der Gegensatz von Fiktion und Wirklichkeit impliziert, dass nur im Bereich der Fiktion überhaupt ein Konstruktionsvorgang nötig sei. In einer Art „Textpositivismus" (Geertz 1990, 139–140) schienen dabei nicht-fiktionale Darstellungsformen die Wirklichkeit nahezu unvermittelt darzustellen. Die Gegenüberstellung von Fiktionalität und Faktualität streicht hingegen den Konstruktionscharakter beider Darstellungsformen heraus, ohne dabei faktualen Erzählungen ihren Anspruch auf Wirklichkeitskorrespondenz abzusprechen. Die Offenlegung dieses Konstruktionscharakters wird dabei jeweils sehr unterschiedlich gehandhabt. Wenn Fiktionalität als Markierung und Legitimierung von

Erfindung betrachtet wird, scheint die faktuale Darstellung als der unmarkierte ‚Normalfall': Sofern ich *nicht* signalisiere, fiktional zu sprechen, kann davon ausgegangen werden, dass ich eine Korrespondenz des Gesagten mit der Wirklichkeit beabsichtige.

Dabei kann die faktuale Darstellung nicht beanspruchen, Wirklichkeit im Gegensatz zur fiktionalen Darstellung unmittelbarer zu repräsentieren. Sehr wohl kann sie jedoch eine Erzählhaltung der Ernsthaftigkeit einnehmen, in der nicht der Wahrheitsgehalt sondern der Wahrheitsanspruch entscheidend ist (vgl. Van Dam 2016, 50–55). Die Erwartung ist, dass das Dargestellte wahr und epistemisch gerechtfertigt ist. Genau diese Regeln sind in der fiktionalen Darstellung außer Kraft gesetzt, was nicht die Abwesenheit von Bezugnahme auf die Wirklichkeit bedeutet, jedoch keine ‚ernsthafte' Bezugnahme (vgl. REICHER). Als Darstellungsmodi konstruieren also sowohl fiktionales als unernstes wie faktuales Sprechen als ernsthaftes Sprechen ihre Gegenstände, erheben jedoch unterschiedliche Ansprüche in Bezug auf deren Korrespondenz mit der Wirklichkeit.

Dass das Hauptanliegen von Wirklichkeitserzählungen die verlässliche Repräsentation von Wirklichkeit ist, bedeutet jedoch eben gerade nicht, dass sie ‚einfach' wiedergeben (vgl. Barthes 1968). Der Hinweis auf den Konstruktcharakter der faktualen Erzählung, die in der Selektion, Anordnung und Vermittlung ihres auf die Wirklichkeit bezogenen Erzählgegenstandes einen erheblichen Gestaltungsspielraum hat, zielt auf die Betonung ihrer Deutungsmacht, da letztlich sich keine Erzählung darin erschöpfen kann, ‚nur' Wirklichkeit wiedergeben zu wollen.

Da der Anspruch, die Wirklichkeit wiedergeben zu wollen, nicht zwingend eine Darstellungsform festlegt, impliziert das Erzählen von Wirklichkeit keinen bestimmten erzählerischen Konstruktionsvorgang. Vielmehr ist auch der Verfasser faktualer Texte zu Entscheidungen in Bezug auf Auswahl, Anordnung und Darstellung, kurz zu einer spezifischen Konstruktion des Erzählten gezwungen. Genau wie die fiktionale fordert die faktuale Erzählung eine ideologische Positionierung ein, aufgrund derer darstellerische Entscheidungen gefällt werden (vgl. White 1982). So erfordert es eine ideologische Positionierung, in Bezug auf das nordkoreanisch/US-amerikanische Gipfeltreffen am 12. Juni 2018 die darstellerische Entscheidung zu treffen, ob Kim Jong-un, Donald Trump, beide Staatsführer oder keiner von ihnen als Hauptfigur(en) präsentiert werden sollten. Dadurch, dass eine Journalistin als Verfasserin eines Zeitungsartikels zu dieser darstellerischen Entscheidung gezwungen ist, wird ihre Darstellung jedoch nicht fiktional, da sie den Anspruch, die Wirklichkeit wiederzugeben, nicht aufgibt.

Analog zu den Begriffen ‚Fiktion' als Erfundenes, ‚Fiktivität' als Erfundensein und ‚Fiktionalität' als Fiktionsein (siehe 1.4) ließen sich nach der Dudendefinition des Faktums als „etw., was [...] nachweisbar vorhanden [...] ist" die Begriffe

‚Fakt(isches)' als Nachweisbares, ‚Faktizität' als Nachweisbarsein und ‚Faktualität' als Faktsein bestimmen. Dabei vermischen sich die Ebenen, indem sowohl im fiktionalen wie im faktualen Kommunikationsmodus sowohl faktische/fiktive Elemente auf der Ebene der *histoire* wie faktuale/fiktionale Verfahren auf der Ebene des *discours* enthalten sein können. In der Werbung sind fiktive Elemente im faktualen Zusammenhang durchaus möglich, wenn etwa in einem Werbespot Unmögliches wie die sekundenschnelle Glättung faltiger Haut dargestellt wird, ohne dabei global den Anspruch aufzugeben, die Eigenschaften eines Produkts korrekt zu beschreiben (vgl. BOOTHE).

Auch die Kondensierung von Wirklichkeit in eine exemplarische oder allegorische Erzählung stellt eine Form von Fiktionalität im faktualen Zusammenhang dar, wie sie etwa in der Ethnografie gängig ist. Aus Anschaulichkeitsgründen, aber auch zur Systematisierung und Anonymisierung empirischer Daten, wird ein Erzählverfahren gewählt, das mehrere Fallbeispiele in *einer* Fallgeschichte zusammenfasst, deren Protagonisten als Zusammenfassung mehrerer wirklicher Menschen also nur indirekt, aber doch nachweislich mit wirklichen Personen und Gegebenheiten korrespondieren (vgl. SCHROVER). In der Ethnografie etablierte sich gar ein eigenes Genre in diesem Bereich, die „ethnografische Vignette – eine Verdichtung relevanter Aussagen über das Feld, also eine Komposition empirischen Materials, welche den Lesenden zwar wie eine Momentaufnahme erscheint, die jedoch Beobachtungen über einen längeren Zeitraum hinweg voraussetzt" (Faust 2015, für eine Diskussion des Genres vgl. Rabbiosi und Vanolo 2017, allgemeiner zum ethnografischen Schreiben vgl. Pratt 1986).

Die Frage, ob nun das fiktionale oder das faktuale Erzählen größere Beschränkungen mit sich bringt, wird je nach Perspektive unterschiedlich beantwortet. Einerseits kann wie bei Aristoteles hervorgehoben werden, dass Verfasser fiktionaler Texte einer höheren Kohärenz verpflichtet sind, was ihre Gestaltungsfreiheit durchaus auch einschränkt. Andererseits begrenzt der nachweisliche Wirklichkeitsbezug wiederum die Gestaltungsfreiheit der Verfasser faktualer Erzählungen, wobei die Erzählung als Organisationsschema für Informationen (vgl. SCHLEY) im Gegensatz zu anderen Schemata wie der Tabelle eine größere Offenheit für die unterschiedlichsten Bezüge zwischen einzelnen Elementen aufweist und dadurch ein hohes Maß an Flexibilität in der Ausgestaltung zulässt.

3.4 Fiktionalität und Authentizität

Die Kombination der zwei Kategorien Fiktionalität und Authentizität kann unterschiedliche Wertigkeiten haben: Wenn sie als ästhetische Grundbegriffe benutzt werden, dann fungieren sie beide als Wertungskategorie (und verstärken einander): Authentische Literatur steht dann für ‚echte' Literatur, Fiktionalität für eine literarische Qualität. Dagegen handelt es sich um Differenzkategorien, wenn sie ontologisch betrachtet werden: Sie bedeuten dann fiktional ‚erfunden, nicht wirklich' gegenüber authentisch im Sinne von ‚empirisch basiert, real existierend'. In letzterer Bedeutung kann Authentizität die Nachweisbarkeit von Ursprungsbestimmtheit (unverfälscht, original) meinen, der Begriff kann jedoch auch gebraucht werden um Referenzauthentizität (objektiv, wahrhaftig) anzudeuten (vgl. KNALLER).

Seit der zweiten Hälfte des 19. Jahrhunderts wird Authentizität neben der Bedeutung als autorisierte Zuschreibung auch als ästhetischer Grundbegriff relevant. Kunstauthentizität kann dann zu einem normativen Kriterium werden, das ein künstlerisches Subjekt voraussetzt, welches sich künstlerisch selbst verwirklichen will (Subjektauthentizität) (vgl. KNALLER). Der Realismus und die Erfindung der Fotografie sind wichtige Entwicklungen, durch die Authentizität zu einer bestimmenden Kunstkategorie gemacht wurde. In der doppelten Authentizität, die für Fotografie und Malerei kennzeichnend ist, wird Authentizität wie folgt beschrieben: „They [the figurative arts] are authentic to the extent that they do justice to the facts of reality, and they are authentic in quite another sense by expressing the qualities of human experience by any means suitable to that purpose" (Arnheim 1993, 539). In letzterer Bedeutung kann Fiktionalität Anschluss an Authentizität finden.

In poetologischen Strategien und Darstellungsmodi der Moderne kommt eine Verschränkung von Fiktionalität und Authentizitätskonstellationen oft vor. Dies macht sich in Romanen und anderen narrativen Medien bemerkbar, die hybride Formationen zwischen Selbst- oder Fremdbiografien, Geschichtsschreibung und Literatur darstellen (vgl. KNALLER). Gemeint sind hier Autofiktionen, Dokufiktion, ‚hybride' Dokumentarfilme, Mockumentaries, *graphic memoirs* (vgl. THON), *documentary games*, historische Romane und die inszenierte Fotografie.

3.5 Fiktionalität und Narrativität

Fiktionalität als Kommunikationsmodus, der eingesetzt wird, um über erfundene, eingebildete oder nicht-gegenwärtige Angelegenheiten zu sprechen, hat oft eine narrative Dimension, obwohl Fiktionalität und Narrativität unterschiedliche Kategorien sind. Das heißt, dass nicht alle Narrative fiktional sind und dass viele, aber nicht alle Formen von Fiktionalität narrativ sind. In diesem Sinne sollte nicht eine unvermeidliche Konstruiertheit *aller* Erzählungen mit der offensichtlichen Erfindung *einiger* Erzählungen vermischt werden (vgl. 3.3 Fiktionalität und Faktualität; vgl. NIELSEN), ein Standpunkt, der oft mit Hayden Whites Analyse historischer Narrative, *Metahistory*, assoziiert wird (vgl. White 1973). Andererseits ist jedoch eine gewisse Nähe der Fiktions- zur Erzähltheorie nicht zu übersehen.

Narrativität wird auf verschiedene Art und Weise definiert (vgl. NIELSEN): Narrativität wird konzipiert a) als Handlung und Kausalität (darunter Ansätze von Aristoteles über Paul Ricœur bis hin zu Peter Brooks und anderen, vgl. Kukkonen 2014); b) vorrangig im Sinne von Monika Fluderniks Konzept der Erfahrungshaftigkeit (*experientiality*) und David Hermans „What it is like" als Repräsentationen menschlicher Erfahrung; c) als ein rhetorischer Akt, im Sinne von James Phelan: „[...] narrative itself can be fruitfully understood as a rhetorical act: somebody telling somebody else on some occasion and for some purpose(s) that something happened" (Phelan 2005, 18).

Die enge Verbindung zwischen Narrativität und Fiktionalität wurde auf verschiedene Art und Weise erklärt. In dem Maße, in dem das Schaffen narrativer Handlung und Kausalität (Definition a) durch Ordnung und Auslassung als ‚Erfindung' einer Geschichte betrachtet wird, kann Fiktionalität mit Narrativität verschaltet werden. Insofern durch erzählerische Entscheidungen eine narrative Eigengesetzlichkeit entsteht, die eine gewisse Schwerkraft entwickeln kann, stellt die narrative Struktur zumindest eine Einladung zu Fiktionalität dar, etwa wenn ausgeschmückt wird, um die Kohärenz der Geschichte zu wahren. Kablitz (2008, 27) hat den Grund für die Verbindung von Fiktionalität und Narrativität in der besonderen Zeitstruktur der Erzählung gesehen: Es sei die Verbindung von – und zugleich Distanz zwischen – einer Sprechsituation und einer Handlungssituation, *discours* und *histoire*, die ein Spiel mit der Existenzbehauptung des Erzählten bei gleichzeitigem Entzug seiner Referenzialisierbarkeit ermöglicht. Fludernik sieht den Zusammenhang zwischen den beiden in der Darstellung von Bewusstsein (Definition b): „Insofern als Erzählung Bewusstsein darstellt, ist sie fiktional, da Bewusstsein nicht eigentlich darstellbar ist außer durch fiktionale Strategien [...]. Schließlich ist Bewusstsein konstituierend für Narrativität – Erfahrungshaftigkeit und Bewusstsein bedingen einander" (Fludernik 2010, 73; vgl. auch 1996, 36). Die dritte Definition von Narrativität als rhetorischer Akt (c) kann insofern mit Fiktionalität in Verbindung gebracht werden, als die Erzählung immer einer rhetorischen Absicht unterliegt. Dieser zweckgebundene Kontext der Erzählung beinhaltet zumindest die Möglichkeit, Fiktion einzusetzen, um die Erzählabsicht zu erreichen.

Gerade wegen der oben beschriebenen engen Verbindung mit Fiktionalität wird Narrativität im außerliterarischen, zum Beispiel juristischen Kontext oft argwöhnisch betrachtet, da sie mit Fiktionalität gleichgestellt wird. Als epistemologische Problematik tauchte Narrativität in der Rechtswissenschaft Mitte der 1970er Jahre auf. Die als Problem begriffene Frage, ob die Rechtswissenschaften

Texte erzeugen, die narrative Elemente aufweisen, wird dann im anglo-amerikanischen Raum seit den 1980er Jahren breit diskutiert. Schließlich kommen Binder und Weisberg in *Literary Criticisms of Law* (2000) zu dem positiven Fazit, „that the inclusion of narratives, whether fictional or factual, in legal scholarship can morally improve the law, subvert its claims to impartiality, and advance the interests of subordinated groups" (vgl. LIEB).

Nichtsdestotrotz gibt es Positionen, die Fiktionalität enger an Narrativität koppeln, und Fiktionalität aus dem Vermögen der narrativen Texte heraus betrachten, die Immersion des Lesers in die Erzählwelt zu fördern. Die Neigung des Lesers, in die Textwelt einzutauchen, wird auch durch bestimmte narrative Strategien bewirkt, die der Beförderung von Wirklichkeitsillusion dienen (Autor-/Erzähler-Profilierung, Metalepsen, Tempuswechsel, Vergegenwärtigung, Visualisierung etc.) (vgl. 5.1 Fiktionalität und Immersion; vgl. SCHNEIDER).

4 Skalierbare Fiktionalität?

4.1 Dichotomie und Gradualität

Gibt es eine scharfe Trennung zwischen Faktualität und Fiktionalität, oder stellt man die Kategorien eher als fließende Übergänge dar? Knaller sieht es „[a]ls eine Konstante im Umgang mit Fiktionalität [...], den Begriff Fiktionalität auf Dichotomien zu gründen" (KNALLER). Die Praxis lässt diese Unterscheidung oft hinter sich. Avantgarden, autofiktionale Texte und Docufiction sind in der Einebnung dieser Grenze „offener und offensiver als die Theorien der Literaturwissenschaften. [...] [Sie] lassen Fiktionalitätskonzepte oftmals nur mehr als Folie tradierter Verhältnisse erkennen, während literaturwissenschaftliche Argumente häufig Dichotomien – sowohl im Hinblick auf epistemologische Annahmen als auch Poetiken betreffend – betonen" (KNALLER). Die ganze Geschichte des Romans ist eine lange Reflexion auf die Grenzen der Romanillusion und zugleich auf das dynamische Grenzgebiet zwischen Realem und Fiktion [„Toute l'histoire du roman n'est qu'une longue réflexion sur les limites de l'illusion romanesque et, ce faisant, sur la frontière mouvante qui sépare le réel et la fiction."] (Salmon 1999, 43 zit. in Lavocat 2016, 47) Auch im Theater wird der prozesshaften, performativen und pragmatischen Dimension von Fiktionalität Aufmerksamkeit geschenkt: „Häufig entsteht im Gegenwartstheater ein dynamisches Verhältnis von Realitäts- und Fiktionalitätsebenen, eine Dialektik" (CZIRAK).

Für ihre Verortung als Endpunkte einer Skala, mit graduell variierenden Möglichkeiten des Umgangs mit den Texten dazwischen, wird in letzter Zeit verstärkt argumentiert (vgl. Weinrich 1975, 525; Müller 2004, bes. 295; Herweg 2010, 190, Anm. 650; Glauch 2009, 185–195). Schon bei Wolfgang Iser sehen wir Bestrebungen eine strikte Dichotomie beiseite zu schieben im Übergang von oppositioneller Struktur zur *pragmatisch handlungsperspektivisch* inspirierten Triade Reales-Fiktives-Imaginäres: „If fiction and reality are to be linked, it must be in terms not of opposition but of communication, [...] fiction is a means of telling us something about reality" (Iser 1975, 7). Die Kategorie des Imaginären soll den Gegensatz zwischen Fiktivem und Realen entschärfen, da im Akt des Fingierens das Reale irrealisiert wird. Ebenso kann das Imaginäre real werden (vgl. Iser 1991, 22–23). Paul Ricœur nimmt ebenfalls eine vermittelnde Position ein. Über die Dichotomie von Fakten und Fiktionen hinausgehend führt er ein triadisches Mimesismodell ein, in dem die Vergangenheit als Gegenüber der historiografischen Repräsentation im Zeichen des Selben, des Anderen und des Analogen gedacht werden kann. Im Zeichen des Analogen treten Subjektivität und Objektivität in ein wechselseitiges Abhängigkeitsverhältnis, in dem Phantasie das Mittel ist, die Repräsentanzabsicht des historischen Erzählens zu realisieren (vgl. Ricœur 1991, 294–304). Stephan Jaeger schlägt in seiner Studie von performativen Aspekten der Geschichtsschreibung vor, die Dichotomie von Geschichte gegen Fiktion besser durch ein triadisches Schema von Geschichte-Text-Fiktion zu ersetzen, insofern Geschichtsschreibung „nicht nur auf etwas Vorläufiges referiert, sondern zugleich explizit im Akt entwirft, erschafft, erschreibt" (Jaeger 2011, 60).

Auch die Darstellungstheorien der Als-Ob-Zugänge von Bareis und Walton kann man als mögliche Auswege aus der Opposition Fiktionalität/Faktualität betrachten, wiederum über den Begriff der Vorstellung beziehungsweise Imagination: „Man kann sich Wirkliches, teilweise Wirkliches oder Nicht-Wirkliches vorstellen; es bleibt dennoch allein eine Vorstellung" (Bareis 2008, 62). Insgesamt fällt auf, dass Versuche, aus der strikten Dichotomie auszubrechen, Fiktionalität produktions- und rezeptionsseitig oft in einen pragmatischen Zusammenhang stellen. Im Kommunikationszusammenhang scheint eine strikte Trennung zwischen Fiktionalität und Faktualität nicht aufrecht zu erhalten zu sein, doch auch aus analytischer Perspektive wird in der Heterogenität der Theoriebildung deutlich, dass klare Grenzen schwierig zu ziehen sind.

4.2 Modelle

Die Unterscheidung von Fiktionalität und Faktualität ergibt kein sich ausschließendes Gegensatzpaar und lädt zur Einführung weiterer Kategorien ein. „[D]as Gegenteil fiktionalen Erzählens [ist] nicht etwa faktuales Erzählen, sondern nichtfiktionales Erzählen", betont Bareis (2014, 61). Greimas' Modell des semiotischen Vierecks (siehe Abb. 1) erfasst ebendiese Eigenschaft des Gegensatzpaares Fiktionalität/Faktualität, dass das Gegenteil der einen Seite nicht zusammenfällt mit der anderen Seite (1. und 3. sowie 2. und 4. fallen nicht zwangsläufig zusammen), so dass Fiktionalität (1.) und Faktualität (2.) als ‚konträre' Begriffe betrachtet werden (sie bilden die Basisopposition des Schemas), während nur Fiktionalität (1.) und Nicht-Fiktionalität (4.) (bzw. Faktualität [2.] und nicht-Faktualität [3.]) in einem kontradiktorischen Verhältnis (*relation of exclusion*) stehen. Das Verhältnis von 3. zu 4. ist ein ‚subkonträres' Verhältnis. In einem subkonträren Verhältnis können beide Begriffe wahr sein, aber nicht beide falsch. Dies trifft etwa auf die Artusepik zu, die zugleich nicht-faktual *und* nicht-fiktional ist. Die vertikale Dynamik zeigt *implication*.

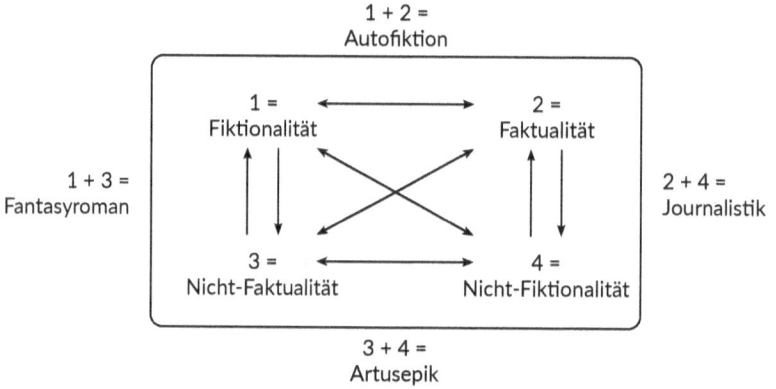

Abb. 1: ‚Fiktionalität', ‚Faktualität' und ihre Negativbegriffe im Schema von A. J. Greimas.

Zudem zeigt das Schema auf, dass Fiktionalität (1.) und Faktualität (2.) etwa in Autofiktion zusammen auftreten können. Autofiktion ginge damit noch über Grenztexte, oder „Borderline-Texte" hinaus, die Klein und Martínez so definieren, dass sie die Grenze zwischen fiktional und faktual nur umspielen und nicht aufheben (vgl. Klein und Martínez 2009, 4–5).

Klein und Martínez weisen auf den wichtigen Umstand hin, dass in Borderline-Texten sowohl im Bereich der erzählten Geschichte als auch im Bereich der Erzählrede Hybridisierungen vorkommen können. Wie bereits festgestellt wurde (vgl. 1.2.2 Fiktivität und Fiktionalität), kann auch im faktualen Kommunikationsmodus (sprachpragmatischer Kontext) sowohl mit fiktiven Elementen auf der Ebene der *histoire* wie mit fiktionalen Verfahren auf der Ebene des *discours* (textinterne Perspektive) gearbeitet werden. Ebenso sind im fiktionalen Kommunikationsmodus auf der Textebene faktische Elemente (*histoire*) und faktuale Verfahren (*discours*) kombinierbar. Aus dieser Gemengelage ergäbe sich eine Skala mit binären Gegenpolen Fiktionalität ohne faktische oder faktuale Elemente (etwa ein Fantasyroman) und Faktualität ohne fiktive oder fiktionale Elemente (etwa ein Zeitungsartikel). Dazwischen ließen sich auf der einen Seite fiktionale Texte mit faktischen Elementen (ein historischer Roman) oder fiktionale Texte mit faktualen Verfahren (ein Roman im Stil einer Reportage) ansiedeln. Auf der anderen Seite wären faktuale Texte mit fiktiven Elementen (Otto Normalverbraucher in einem statistischen Bericht) und faktuale Texte mit fiktionalen Verfahren (eine szenische Erzählung in einer Gerichtsrede) einzuordnen. In ähnlicher Weise setzt Per Krogh Hansen (2005, 288) fiktionale und faktuale Texte in Beziehung zueinander, indem er sie auf zwei Achsen anordnet: einerseits auf einer „aesthetic axis" mit einem „content-concerned pole" (vergleichbar mit der *histoire*) und einem „form-concerned pole" (vergleichbar mit dem *discours*) und andererseits auf einer referentiellen Achse, die Fakt und Fiktion im pragmatischen Kontext unterscheidet. Es wird hier also unterschieden zwischen Fiktionalität/Faktualität auf der sprachpragmatischen Ebene des Kommunikationskontextes (die Frage also, ob dem Text Korrespondenz mit der Wirklichkeit zugesprochen wird) und Fiktionalität/Faktualität auf der Ebene des Textes in Bezug auf Erzählwelt und Erzählverfahren (etwa das faktuale Erzählverfahren des Protokolls, das im fiktionalen Kommunikationskontexts eines Romans eingesetzt werden kann) (siehe Abb. 2).

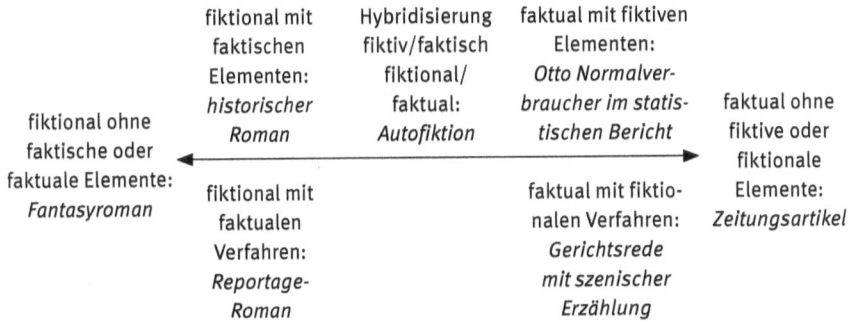

Abb. 2: ‚Fiktionalität' und ‚Faktualität': Pragmatisch-kontextbezogene Perspektive und textbezogene Perspektive auf einer Skala.

Trotz des Aufzeigens von Gradualität bleibt eine solche Skala einer binären Logik eingeschrieben, selbst wenn für die Mitte der Skala ein Grenzbereich angenommen wird, in dem sich sogar ein Text der Einordnung in einen fiktionalen oder faktualen Kommunikationskontext entzieht. Die beiden Pole der Skala, das ‚rein' fiktionale beziehungsweise faktuale Erzählen, erscheinen als Start- beziehungsweise Endpunkte und sind damit den anderen, vermischteren Erzählformen vorgeordnet.

Im Bereich der transkulturellen Kommunikationswissenschaften wurden zyklische Modelle entwickelt, die dieses ‚westlich' markierte, lineare Denken durchbrechen sollen (vgl. Herdin 2012, 607). In der Übertragung der Fiktionalität/Faktualität-Skala in ein solches Kreismodell erscheinen die ‚rein' fiktionalen beziehungsweise faktualen Texte nicht als übergeordnet, die Mischformen treten gleichwertig auf. Zudem wird deutlich, dass sich in der Skala eine pragmatisch-kontextbezogene Perspektive mit einer textbezogenen Perspektive vermengt (siehe Abb. 3):

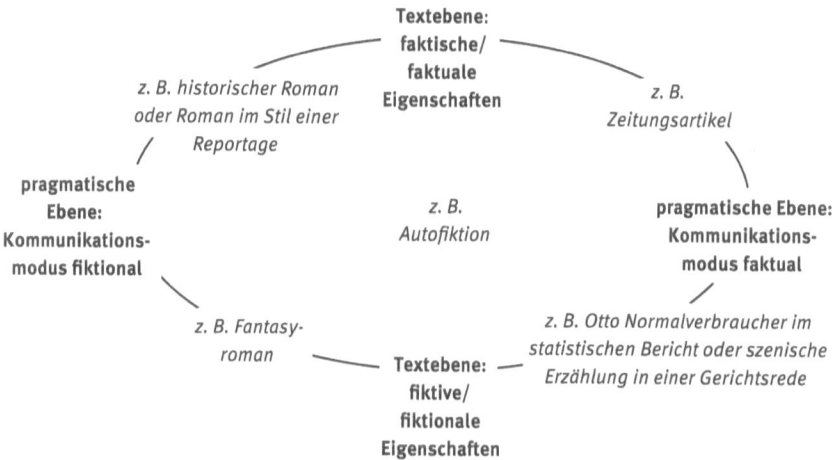

Abb. 3: ‚Fiktionalität' und ‚Faktualität': Pragmatisch-kontextbezogene Perspektive und textbezogene Perspektive im Kreismodell.

Zwischen fiktionaler und faktualer Textebene verläuft eine vertikale Achse, auf der ein Text aufgrund seiner Erzähleigenschaften eingeordnet werden kann: nach oben, je mehr faktische beziehungsweise faktuale Eigenschaften er besitzt, beziehungsweise nach unten, je mehr fiktive beziehungsweise fiktionale Eigenschaften überwiegen. Zwischen dem fiktionalen und dem faktualen Kommunikationsmodus verläuft eine horizontale Achse, auf der ein Text nach links eingeordnet wird, je mehr Wirklichkeitskorrespondenz ihm abgesprochen beziehungsweise nach rechts, je eher er als wirklichkeitsadäquat eingeordnet wird. Dabei werden etwa faktische Elemente nicht unbedingt ‚fiktionalisiert', wenn sie im fiktionalen

Kommunikationsmodus auftauchen: Eine fiktionale Aussage kann zugleich etwas über die Welt sagen (vgl. WERNER, vgl. 2.1.2 Possible Worlds).

Es wäre zu diskutieren, ob die horizontale Achse (Fiktionalität und Faktualität als Kommunikationsmodi) in diesem Schema eine kategorialere Unterscheidung beinhaltet als die graduellere Unterscheidung der vertikalen Achse (fiktive/fiktionale Eigenschaften versus faktische/faktuale Eigenschaften auf Textebene). Kablitz vertritt den Standpunkt, dass das in einem Text Dargestellte in seinem Fiktionsgrad durchaus variieren könne, er hält Fiktionalität jedoch für einen klassifikatorischen Begriff, da ein Text von der Anforderung, wahre Sachverhalte zum Inhalt zu haben, entweder entbunden sei oder nicht (vgl. Kablitz 2008, 17). Auch Genette und Schmitt weisen den Gedanken ab, dass ein Text zugleich im fiktionalen und im faktualen Modus rezipiert werden könne (Schmitt 2017, 31).

Die kategoriale Einordnung eines Texts in Bezug auf den Kommunikationsmodus bemisst sich daran, ob ihm (als Ganzem) der Anspruch zugesprochen wird, gültige Aussagen über die Wirklichkeit zu machen (faktual) oder nicht (fiktional). Die kategoriale Einordnung in Bezug auf den Kommunikationsmodus bezieht sich also auf eine faktuale oder fiktionale *Lesart*. Grundsätzlich kann eine fiktionale oder faktuale Lesart auf jeden Text angewendet werden. So ist es nicht verboten, den niederländischen Briefroman *Sara Burgerhart* aus dem Jahr 1782 entgegen der paratextuellen Einordnung als ‚Roman' als faktualen Text zu lesen. Diese (naive) Lesart beinhaltet die Annahme, dass alle Figuren des Romans auf reale historische Personen verweisen. Liest jedoch eine Historikerin diesen Text als Quelle für die weibliche Briefkultur des 18. Jahrhunderts, so kann sie dem Text in einer fiktionalen Lesart den fiktionalen Status belassen, jedoch zugleich davon ausgehen, dass der Roman in Bezug auf die Briefkultur faktische Elemente enthält, die sich im Abgleich mit anderen historischen Quellen authentifizieren lassen. Eine fiktionale Lesart kann also nicht gleichgesetzt werden mit der Annahme, der Text beziehe sich ausschließlich auf Fiktives. Schleicht sich hier jedoch nicht eine faktuale in eine (dominant) fiktionale Lesart ein?

In der Praxis ist es auch bei Lesern, die keine Geschichtswissenschaft betreiben, der Normalfall, dass sie einen Text zwar im Ganzen als fiktionalen lesen, sich dadurch aber dennoch nicht davon abhalten lassen, durchaus auch auf spekulativer Basis, in einer faktualen Lesart faktische Elemente im Fiktionalen zu identifizieren. Die gängigste Art dieser dominant fiktionalen, jedoch nicht ausschließlichen und damit *auch* faktualen Lektüre wäre der Rückbezug der Fiktion auf einen autobiografischen Zusammenhang, etwa in der spekulativen Annahme, dass ein fiktionaler Text über den Verlust des eigenen Kindes trotz Fiktionalität nur dann überzeugend sein könne, wenn der Autor ‚wirklich' Erfahrungen in diesem Bereich gemacht habe. Hier tritt wieder die Kategorie der Authentizität in Kraft (vgl. KNALLER), über die Fiktionalität in einem faktualen Modus indirekt Referentialität zugesprochen werden kann.

Wenn in diesem Fall noch argumentiert werden kann, dass die fiktionale Lesart trotz der versuchten Identifizierung eines faktualen Zusammenhangs intakt bleibe, so sind Situationen möglich, in denen eine fiktionale Lesart in eine faktuale Lesart kippt oder umgekehrt. Dies ist einerseits der Fall, wenn in Benkels Sinn des „Krisenexperiments" (vgl. BENKEL) in einem fiktionalen Text so viele faktische Elemente identifiziert werden, dass dieser letztlich im Sinne des Schlüsselromans als ‚getarnter' faktualer Text gelesen wird. Im Bereich des Horrorgenres wird dieses Kippen einer fiktionalen in eine faktuale Lesart oft und gerne in schauriger Art innerhalb einer fiktiven Erzählwelt vorgeführt, etwa wenn in Stanley Kubricks *The Shining* (1980) der fiktive Status von Tony, dem imaginären Freund des Kindes Danny, auf unheimliche Weise unsicher wird. Mutter Wendy muss in äußerst bedrohlicher Weise beginnen, in Bezug auf Dannys Erzählungen über Tony an ihrer fiktionalen Lesart, dass Tony imaginiert sei, zu zweifeln.

Gattungen wie die Autofiktion versuchen, genau solche Situationen des Zweifels zwischen faktualer und fiktionaler Lesart in Bezug auf reale Leserinnen und Leser zu evozieren, und können in diesem Sinne von autobiografischen Romanen unterschieden werden (Missinne 2018, 468–469). Felicitas Hoppes *Hoppe* (2012) stimuliert durch den Titel eine faktuale, autobiografische Lesart. Die Gattungseinteilung ‚Roman' gibt eine fiktionale Lesart vor. Ob in diesem fortwährenden Oszillieren (vgl. Wagner-Egelhaaf 2013, 12) nicht doch eine *Gleichzeitigkeit* faktualer und fiktionaler Lesart entsteht, wäre zu diskutieren. Dies schließt bei der Position von Hempfer an, der in dieser Diskussion Fiktionssignale eine Rolle spielen lässt. Hempfer (2002, 116) findet, dass ein Blick auf Fiktionssignale den Weg freimache zu einem „skalierten" beziehungsweise „graduellen" Fiktionsbegriff. Das ist gerade deswegen so, weil Fiktionalität Signale und Merkmale benutzt um Texte als – mehr oder weniger – fiktional einzustufen (Hempfer 2002, 118–119).

Fiktionalität als kategoriale Wahl braucht also nicht für einen ganzen Lektürevorgang zu gelten. Mit filmwissenschaftlichen Theorien kann man davon ausgehen, „dass insbesondere die Zuschauerinnen und Zuschauer hinsichtlich der Unterscheidung zwischen fiktionaler und nicht-fiktionaler Darstellung hybrider Filme zwischen einer ‚fiktionalisierenden' und einer ‚dokumentarisierenden' Lektüre' oszillieren können" (vgl. THON). Diese flexible Rezeptionshaltung ist jedoch nicht nur auf ‚Borderline'-Fälle wie Docufiction zu beziehen, sondern gilt, wie gezeigt wurde, auch für ‚rein' fiktionale Gattungen wie den Roman, der einmal als fiktionaler Text und dann wieder im faktualen Modus als Hinweis etwa auf die Autobiografie der Autorin rezipiert werden kann.

5 Fiktionalität zwischen Ästhetik und Funktionalität

Es besteht eine Tendenz, fiktionale Erzählungen in den ästhetischen-künstlerischen Bereich der Literatur einzuordnen, während faktuale Texte eher dem nicht-ästhetischen beziehungsweise nicht-literarischen Bereich zugerechnet werden. Auch diese Grenze lässt sich jedoch nicht aufrechterhalten, da es einerseits literarische Texte wie Tatsachenromane gibt, die faktual sind (bekanntestes Beispiel ist Truman Capotes *In Cold Blood* von 1966) und andererseits nicht-literarische Texte, etwa die Textsorte des Witzes, die fiktional sind (vgl. WERNER). Mit Fiktionalität und Faktualität sind in diesem Zusammenhang wiederum nicht bestimmte Merkmale des Erzählens gemeint, sondern der sprachpragmatische Kommunikationsmodus, also die Frage, ob ein glaubwürdiger Wirklichkeitsbezug hergestellt werden soll oder nicht. Wie diese Frage beantwortet wird, ist demnach nicht entscheidend für die Zuordnung einer Äußerung in einen ästhetischen oder nicht-ästhetischen Zusammenhang. So spielt Fiktionalität im nicht-ästhetischen Bereich der Alltagskommunikation eine fundamentale Rolle, wobei Stilelemente wie die erlebte Rede zum Einsatz kommen, die klassischerweise der literarischen Fiktion zugerechnet werden (vgl. NIELSEN).

Während Fiktionalität auch im nicht-ästhetischen Kontext also eine wesentliche Rolle spielt, ist auffälligerweise umgekehrt gerade das Prekär- und Unsicherwerden, das nicht stabile Etablieren von Fiktionalität Indiz für einen ästhetischen Kontext: Untergräbt ein Text, etwa in der Autofiktion, konsequent die Grenze von Fiktionalität und Faktualität, wird dies eher dazu führen, ihn dem ästhetisch-literarisch Bereich zuzuordnen. In manchen Gattungen wie dem Schlüsselroman ist es ein Hauptanliegen, Leserinnen und Leser darüber zu verunsichern, ob sie es mit einem fiktionalen Text zu tun haben oder nicht. Wenn Fiktionalität hier nicht eindeutig etabliert wird, weist dies die ästhetische Qualität des Textes geradezu aus (vgl. WERNER). Dies wird verständlich, wenn man mit Werner Wolf die ästhetische Illusion als „ambivalentes Phänomen" begreift, die einerseits den „Schein des Erlebens von Wirklichkeit" bewirke, „in die sich der Rezipient hineinversetzt fühlen kann." Im Gegensatz zur Halluzination beinhalte die Illusion allerdings andererseits immer auch eine Distanz, in welcher Rezipienten nicht nur teilnehmen, sondern sich mehr oder weniger bewusst sind, einer Illusion zu erliegen (vgl. 2.2.2 Metaphänomene, vgl. Wolf 1993, 32–34). Erzählungen, die offenlassen, ob sie fiktional sind oder nicht, beanspruchen daher umso stärker den Raum der ästhetischen Illusion, in welchem etwas zugleich behauptet und zurückgenommen werden kann.

5.1 Fiktionalität und Immersion

Es gibt noch relativ wenig Forschung zur Beziehung zwischen Fiktionalität und Emotionen oder Immersion. Wie fesselt ein Text seine Leser? Wie kommt es zur Immersion in den Text? Immersion, Transfer oder narrative Transportation deuten auf den mentalen Zustand, in dem der Rezipient seine reale Umgebung nur noch im Hintergrund wahrnimmt und sich von der Imagination des Erzählten verführen lässt, als „Reisender" in die fiktive Raum-Zeit der Diegese „eintaucht" und verändert aus ihr zurückkehrt (Gerrig 1993, 10–11). Wie ist Fiktionalität als Modus der ästhetischen Erfahrung (vgl. SCHNEIDER) verbunden mit Emotionalität? Wie können fiktionale Charaktere zu „empathic experiences" beim Leser führen? (Keen 2007, 69)

Der realistische Roman des 19. Jahrhunderts gilt als besonders geeignet, „illusionistische Immersion hervorzurufen" (Wolf 2014, 276). Was in realistischen Erzählungen die Immersion des Lesers in die fiktive Welt erleichtert, ist die Dominanz der Inhalts- über die Ausdrucksebene, der *histoire* über den *discours*. Doch damit sind die Probleme nicht gelöst: Die Philosophie spricht vom emotionstheoretischen Paradoxon der Fiktion: Wie können wir echte Emotionen haben in Bezug auf fiktive Gegenstände? Wir erleben bei der Rezeption fiktionaler Werke tatsächlich echte Emotionen, aber diese sind nicht auf reale Gegenstände gerichtet, sondern auf fiktive Wesen, Dinge, Ereignisse etc. Fiktionale Werke können zudem Emotionen wecken, die noch lange nach dem Ende des eigentlichen Rezeptionsprozesses bestehen (vgl. REICHER).

Auch die kognitive und empirische Erzählforschung hat sich mit Phänomenen des ‚Eintauchens' in fiktionale Welten befasst, wobei es unterschiedliche Termini und Schwerpunktsetzungen gibt, die entweder von Seiten der Rezipienten gedacht werden (*immersion*) oder die Macht des Textes ansprechen, eine Sogwirkung auszuüben (*absorption, transportation*). Ein wichtiges Konzept in dieser Diskussion ist das der *experientiality*, das die Qualität der Erfahrungshaftigkeit bezeichnet, die sich bei der Lektüre fiktionaler Texte einstellen kann. Dabei geht man in Weiterentwicklung der ursprünglichen Konzeption von Fludernik (1996), die *experientiality* als das quasi-mimetische Hervorrufen lebensweltlicher Erfahrungen vor allem der Figuren in den Texten fasste, davon aus, dass Erzählungen den Erfahrungshaushalt der Leser aktivieren können (Caracciolo 2014). Dieser wird, dem neueren kognitivistischen Ansatz zur *embodied cognition* zufolge als die Summe geistiger, emotionaler und körperlich-raum-zeitlicher Erfahrungen konzipiert, deren Spuren durch die Rezeption fiktionaler Erzählungen reaktiviert werden (vgl. Zwaan 2008; Kukkonen und Caracciolo 2014). Man geht inzwischen davon aus, dass Immersion nicht nur durch das Eintauchen in die fiktionale Welt (*story*) gewissermaßen durch eine als transparent empfundene Erzählung (*dis-

course) hindurch entsteht, sondern dass auch die Machart des Artefakts dazu beiträgt, dass sich diese Qualität der Erfahrungshaftigkeit einstellt (Kuijpers et al. 2017). Es wird also weniger ‚die' Wirklichkeit imitiert, als das Erfahren von Wirklichkeit.

Möglicherweise können wir aus dem immersiven Performancetheater lernen, das Illusionsräume kreiert oder fiktive Institutionen simuliert um dem Publikum ein emotionales Eintauchen in eine virtuelle Wirklichkeit zu bieten. Typisch dabei ist die partizipative Logik, die Teilnahme der Zuschauerinnen und Zuschauer an den partikularen Begegnungsszenen. „Die Performances beziehen ihre immersive Kraft zum einen aus der atmosphärischen Wirkung des multisensorischen Settings, in dem akustische Atmo-Kulissen und olfaktorische Reizüberflutungen – wie etwa Wodkageruch, Zigarettenrauch oder der Gestank angebrannten Essens – an eine intakte Körpererfahrung appellieren, zum anderen aus der Kommunikation mit den Akteurinnen und Akteuren [...]" (CZIRAK), also aus der Kombination von fiktionalem Setting und Partizipation.

Die Art der Darstellung kann Immersionsbereitschaft fördern oder nicht, im Bereich der Erzählung etwa durch die Innensicht von Figuren, szenische Darstellung und das Ansprechen der Sinne durch die Beschreibung etwa akustischer und visueller Reize. In der Vergegenwärtigung kann diesen erzählerischen Mitteln ein fiktionales Moment unterstellt werden, denn die Darstellung fordert den Rezipienten dazu auf so zu tun als sei das Dargestellte wirklich anwesend (vgl. MARTENS). Immersive Erzählstrategien werden oft mit einem fiktionalen sprach-pragmatischen Kontext assoziiert, kommen jedoch auch im nicht-fiktionalen Zusammenhang vielfach zum Einsatz. Die rhetorische Strategie der *energeia* weist darauf hin, dass gerade Veranschaulichung, Vergegenwärtigung und Verlebendigung überzeugende Beweismittel im nicht-fiktionalen Kommunikationsmodus sein können. Wird etwa im Gerichtssaal versucht, die Grausamkeit einer Straftat durch eine szenische Erzählung im Präsenz zu demonstrieren, so kann die Evozierung der Situation der Straftat, als sei sie zum Erzählzeitpunkt anwesend, als eine Form des fiktionalen Erzählens betrachtet werden, auch wenn jedes einzelne genannte Detail nachgewiesen werden kann und die Immersion im Dienste einer Darstellungsabsicht steht, die beansprucht, Wirklichkeitswert zu haben. Ein anderes, klassisches Beispiel wäre Platons Zurückweisung und Degradierung von Fiktion auf der einen Seite, und die Wahl des platonischen Dialogs mit fingierten Gesprächen in wortwörtlicher Wiedergabe als fiktional-ästhetisches, immersionsförderndes Darstellungsverfahren andererseits.

5.2 Funktionalität

Wird Fiktionalität auf Ästhetik bezogen, stellt sich auch die Frage nach der Funktionalität von Fiktionalität: Wozu dient Fiktionalität und warum teilen wir etwas Unwahres mit *ohne* den Versuch jemanden zu täuschen? Im dezidiert nicht-ästhetischen Bereich wird Fiktionalität zweckgerichtet mit einem bestimmten Ziel eingesetzt wie in Vaihingers Konzept der bewussten Falschannahme (vgl. Vaihinger 1911). So wurde in der antiken juristischen Fiktion des ungeborenen Kindes so getan, als sei ein noch ungeborenes Kind schon geboren, um es etwa in Erbangelegenheiten als Person (und nicht als Sache) behandeln zu können (vgl. LIEB). Doch auch im ästhetischen Bereich werden Fiktionalität Funktionen zugeschrieben, zum Beispiel die besondere Qualität, im Modus der Fiktionalität andere oder tiefere Wahrheiten zu finden. Seit Platons Zurückweisung von Fiktionalität aufgrund des Umstandes, dass sie keine Wahrheit wiedergebe, hat sich eine lange Geschichte der wechselseitigen Beeinflussung zwischen Diskursen der Wahrheit und der Fiktionalität vollzogen (vgl. BAYER). Wichtig ist dabei, wie Wahrheit konstituiert wird. Bei Aristoteles ist das Erdichtete nicht zwingend wahr, jedoch wahrscheinlich und somit aussagekräftig in Bezug auf das Allgemeine und nicht auf das Besondere. Indem fiktionalen Texten eine andere Form der Wahrheit zugeschrieben wird, werden sie vom Vorwurf der Lügenhaftigkeit befreit, wie Philip Sidney in seiner *Defence of Poesie* (c. 1579) argumentiert: „Now for the poet, he nothing affirmeth, and therefore never lieth" (Sidney 2002, 103).

Bereits hier zeichnet sich ab, dass eine Funktion von Fiktionalität das Herstellen einer Wahrhaftigkeit ist, die nicht in Opposition zum Lügen steht, da sie nicht in vollem Maße den Ansprüchen genügen muss, denen Schilderungen von ‚Wahrheit' unterliegen. Die Gattungen autobiografischen Schreibens sind hierfür ein gutes Beispiel, weil darin, wie es Lejeune ([1975] 1994) mit dem Konzept des „autobiographischen Pakts" konzipiert hat, eine Art Abkommen zwischen Lesern und Autoren geschlossen wird, dem zufolge Rezipientinnen und Rezipienten sich darauf verlassen können, dass die geschilderten Ereignisse durch das Leben des Autors verifiziert sind. Autor beziehungsweise Autorin sind mit der Erzählstimme gleichzusetzen, welche die Schilderung so ehrlich wie möglich gestaltet. Es wird dabei eingerechnet, dass Erinnerungslücken oder andere Umstände zu Abweichungen zwischen der erlebten Realität des Autors/Erzählers und den objektiv gegebenen Fakten führen können. Hält man sich dann noch vor Augen, dass Lebenserzählungen grundsätzlich keine reine Faktenschilderungen sind, sondern intentionale und strukturierte Konstruktionen (Bruner 1995), dann erscheinen fiktionalisierende Elemente in solchen Erzählungen nicht als Abweichungen von der Wahrheit, sondern als Mittel der Gewinnung von Erkenntnissen, in diesem Fall über das Selbst. Goethe formuliert dementsprechend, Fiktion sei ein bewusst eingesetztes Mittel, um „das eigentliche Grundwahre" seines Lebens darstellen zu können (Wagner-Egelhaaf 2005, 3). Im Begriff der ‚Wahrhaftigkeit' löst sich der Wahrheitsbegriff von der Referentialität: Eine erzählte Szene muss nicht ‚wirklich' genau so passiert sein, sie kann aber dennoch Wahrheitswert haben in der Art, wie sie zum Beispiel eine ‚reale' Charaktereigenschaft des autobiografischen Ich-Erzählers mit fiktionalen Mitteln verdeutlicht oder das ‚reale' Elend der Fabrikarbeiterinnen und -arbeiter des 19. Jahrhunderts exemplarisch ausdrückt.

Im 18. Jahrhundert entsteht in der epistemischen Konkurrenz fiktionaler Literatur zu den Wissenschaften ein neuer philosophischer Wahrheitsbegriff, der auf Empirie, Wahrnehmung, Widerspruchsfreiheit und Wirklichkeitskorrespondenz beruht (vgl. 1.4 Fiktionalität in historischer Perspektive). Dies führt zu einer erneuten Anpassung des Wahrheitsbegriffs in der Kunst. Die neue „ästhetische Wahrheit als sinnlich erfaßte Kohärenz" (Damerau 2001, 412) wurde von Baumgarten in seiner *Aesthetica* von 1750 ausgearbeitet und dreht sich um die „innere Kohärenz der fiktiven Welt des Kunstwerks", die, im Einklang mit dem neuzeitlichen philosophischem Wahrheitsbegriff, „der äußeren Realität entspricht" (GALLE).

Der poetische Realismus des 19. Jahrhunderts positioniert sich als eine „Literatur, die weder bloße Wirklichkeitsnachahmung (‚Naturalismus') noch romantische Spekulation (‚Idealismus') sein wollte" (Fontane 1985, 147). Ihr Wahrheitsanspruch besteht darin, dass dem realistischen Roman die Möglichkeit zugesprochen wird „Fiktion im Sinne eines imaginierenden Neuschöpfens [...] zur Chance [werden zu lassen], dem menschlichen Bewusstsein das wahre Ganze zu erschließen" (GALLE).

Beiträge aus der kognitiven Narratologie (V. Nünning 2014) und aus einem in der Philosophie verankerten *ethical criticism* (Nussbaum 1990 und 1998) gehen gegenwärtig davon aus, dass das Lesen bestimmter Erzählungen unsere Fähigkeit zur Übernahme der Perspektiven anderer und damit zu Mitgefühl und Anteilnahme befördert. Damit erhält Fiktionalität, insbesondere im Format der fiktionalen Erzählprosa, vorrangig des Romans, eine moralisch-ethische Funktion.

Jenseits von ihrem Wahrheitswert kann gefragt werden, ob die offensichtlichste Funktion fiktionaler Kommunikation im literarischen Kontext nicht ästhetisches Vergnügen ist. Wer Leserinnen und Leser fragt, warum sie lesen, wird als Grund nicht selten ‚zum Vergnügen' hören, wobei dieses Vergnügen etwa aus der Erfahrung von Spannung oder aus ästhetischer Befriedigung bestehen kann. Eine solche ästhetische Funktionsbeschreibung von Fiktionalität bedeutet nicht zwangsläufig, dass die Produktion und Rezeption von Kunst und Literatur autonomieästhetisch als Selbstzweck betrachtet werden. Kognitionswissenschaftlich wird der ästhetischen Lust am Kunstwerk die Funktion zugeschrieben, Menschen evolutionsbiologisch zu einer Tätigkeit zu motivieren, die erhöhte kognitive Tätigkeiten erfordert, ohne damit direkt etwas zu bewirken (vgl. STRASEN). Dass Fiktionalität eine Erfindung signalisiert, bedeutet dabei nicht, dass sie nichts mit der Wirklichkeit und unserem Handeln in der Welt zu tun habe. „Die Fähigkeit sich das nicht-Gegenwärtige vorzustellen – und durch Fiktionalisierung die Vorstellungskraft anderer wachzurufen – ist eine der fundamentalsten kognitiven Fähigkeiten des Menschen" (NIELSEN) und kann in allen Bereichen der Kommunikation, also auch der nicht-literarischen, nicht-künstlerischen eingesetzt werden. Fiktionalität wird als eine Art Training betrachtet, bei dem unvertraute Situationen simuliert, die Perspektive Anderer übernommen und die Fähigkeit geübt wird, unterschiedlich wahre Informationen zu verarbeiten (vgl. STRASEN). Fiktionales Erzählen ist dann Erzählen im Organisationsmodus im Gegensatz zum nicht-fiktionalen Erzählen im Funktionsmodus: Es kann Verhaltensprogramme reflektieren, modifizieren und einüben anstatt sie innerhalb von Schemata nur auszuführen (vgl. Eibl 2009). Es bleibt dadurch (indirekt) auf das Handeln in der Wirklichkeit bezogen.

Die kognitive Funktion von Fiktionalität erhält heute vermehrte Aufmerksamkeit. Es wird der Frage nachgegangen, wie verschiedenste Fähigkeiten über Fiktionalität geübt werden können. Die Philosophie nähert sich der Frage aus erkenntnistheoretischer Perspektive: Wie kann kognitives Wissen aus einer fiktionalen Welt generiert werden? Pragmatische Ansätze gehen von der Relevanztheorie aus. Dabei geht es darum, dass durch Fiktionalität „extrem hohe kognitive Effekte oder solche kognitiven Effekte erzielt werden, die auf andere Weise gar nicht zu erzielen sind" (STRASEN). Literaturwissenschaftlich sind die Texteigenschaften interessant, welche die Leser zu Wissen führen. Die zentrale Frage ist dabei eigentlich: Wie bringt ein fiktionaler Text, über den Umweg einer komplexeren Gestaltung, den Leser zu Wissen und Fähigkeiten und warum ist ihm dieses Wissen nicht woanders zugänglich? Fiktionalen Texten wird dabei ein besonderer kognitiver Wert zugesprochen:

> Fiktionale Werke können unseren Blick auf die Welt verändern und im Idealfall schärfen; sie können unsere Phantasie anregen und unser begriffliches Repertoire erweitern; sie können uns helfen, unser sprachliches Ausdrucksvermögen und unser Gedächtnis zu verbessern, unsere moralischen Intuitionen zu verfeinern, uns mit neuen Handlungsoptionen vertraut zu machen und unsere Aufmerksamkeit auf Fragestellungen zu lenken, denen wir sonst vielleicht niemals Beachtung geschenkt hätten; sie können uns Dinge anschaulich vor Augen führen, die wir vorher nur in unanschaulicher Weise wussten; und nicht zuletzt lehren sie uns etwas über die Gattung der fiktionalen Werke (beziehungsweise deren Subgattungen) selbst. All dies sind (im engeren oder weiteren Sinn) Funktionen, die zum kognitiven Wert fiktionaler Werke beitragen. (REICHER)

Um die Ubiquität von Fiktion zu erklären, müsste man kognitive Effekte finden, die durch das Verarbeiten fiktionaler Texte und nur (oder zumindest besonders gut) durch sie zu erzielen sind. Der Gedanke der Verfremdung der russischen Formalisten, kombiniert mit den Relevanztheorien von kommunikationsbasierten

Zugängen, ist hier hilfreich, um diese Funktion fiktionaler Texte im ästhetischen Kontext zu ergründen in der „Entautomatisierung der Bedeutungszuweisung durch Verfremdung und damit durch die Erhöhung der Schwierigkeit beim Verständnis des Textes" (STRASEN).

6 Ausblick

Eine Perspektive, die Fiktionalität explorativ in unterschiedlichen ontologischen, textuellen und institutionellen Zugängen verortet (2) und sie als relationalen (3), graduellen (4) und nur teilweise ästhetischen (5) Begriff auffasst, könnte leicht als Ausdruck eines prekär gewordenen Verständnisses von Fiktion und Wirklichkeit verstanden werden, denn ein dynamisiertes Konzept von Fiktionalität setzt einen ebenso dynamischen Wirklichkeitsbegriff voraus. KNALLER problematisiert vor diesem Hintergrund den Fiktionalitätsbegriff:

> Angesichts der medialen Entwicklungen seit der zweiten Hälfte des 20. Jahrhunderts könnte man zwar einen starken Fiktionalitätsschub, der in alle Medienformationen eingreift, feststellen. Allerdings ist die Frage, ob in Anbetracht der Unaufhaltsamkeit der sozialen Netzwerke, der Realitätsformate des Fernsehens und des Internets, der Begriff tatsächlich noch auf allen Feldern sinnvoll operabel ist. Denn berücksichtigt werden muss auch die Frage, inwieweit Fiktionalität nicht schon von einem starken, aber offenen Realitätsbegriffs ersetzt wurde, der nach anderen oder gar keinen Differenzen/Dichotomien verlangt. Daraus ergibt sich wiederum die Anschlussfrage, ob Fiktionalität überhaupt ein allgemein gültiges diskursives oder Poetik konstituierendes Konzept bildet. Auch der Umstand, dass die Gegenwart uns mit einer Vielzahl hybrider Gattungen wie Dokuroman und Autofiktion konfrontiert, könnte als Hinweis darauf gelesen werden, dass die Grenze zwischen Fiktion und Wirklichkeit verschwimmt. (KNALLER)

Lavocat verteidigt den Gegensatz zwischen Fakt und Fiktion. Sie sieht vor allem in kognitiv orientieren Ansätzen eine Entwicklung zur Verleugnung dieser Grenze, da sich die Wahrnehmung von Fiktion und von Wirklichkeit nicht zwangsläufig unterscheidet. Auch Emotionen müssen sich nicht deshalb unterscheiden, weil sie auf Fiktion oder auf Wirklichkeit reagieren (Lavocat 2016, 148). Für Lavocat ist eines der wenigen Phänomene, bei dem tatsächlich ein *blending* stattfindet, die *virtual reality*. Computerspiele könnten wirklich als hybride betrachtet werden, also als teilweise Fiktion und teilweise Wirklichkeit, eben weil sie auf Interaktivität basieren: „en combinant l'association de représentations référentielles et de représentations non référentielles avec l'interactivité. Ce sont cet assemblage et ses variations qui sont inédits" (2016, 315) [indem sie die Verbindung von referentiellen und nicht-referentiellen Repräsentationen mit Interaktivität verbinden. Gerade diese Konvergenz und ihre Variationen sind in dieser Form neuartig].

Dennoch ist der Fiktionalitätsbegriff nicht obsolet, sondern muss gerade aufgrund gestiegener Anforderungen feiner und kontextbezogener bestimmt werden. Es ergibt sich die Notwendigkeit eines genauen Konzepts von Fiktionalität: „In unserer enthierarchisierten Medieninformationslandschaft brauchen wir mehr denn je ein genaues Konzept von Fiktionalität, das uns hilft zwischen Fake News und Nachrichtensatire sowie zwischen Wahrheit, Lüge und Erfindung zu unterscheiden. Wir brauchen eine klare Trennung zwischen dem Signalisieren von Erfindung in Kommunikation zu einem Zweck auf der einen Seite und dem Irreführen von Menschen auf der anderen Seite" (NIELSEN). Gerade in Bezug auf die vermeintlichen Überschneidungen zwischen Virtualität und Fiktionalität ist ein scharfer Fiktionalitätsbegriff nötig: Wer mit FaceTime das Live-Bild seines Gesprächspartners vor sich sieht oder im Online-Computerspiel seine Gegnerin am anderen Ende der Welt virtuell zum Kampf herausfordert, dessen Gegenüber ist zwar medial vermittelt und damit nicht ‚echt', aber dadurch nicht per se fiktiv im Sinne des Erfunden- oder Vorgestelltseins. Virtualität muss damit nicht zwangsläufig mit Fiktionalität zusammenfallen, auch wenn virtuelle Welten fiktive Welten sein können oder eben fiktive und faktische Elemente mischen. In historischer Sicht sind hybride Gattungen zwischen Fiktionalität und Faktualität kein Novum, sondern etwa in den frühneuzeitlichen Herausgeberfiktionen geradezu ein Indiz für ein verfeinertes Gespür für Fiktionalität (vgl. BAYER). In gewisser Weise stellen diese Zweifelsfälle zwar die Grenze zwischen Fiktionalität und Faktualität zur Diskussion, jedoch rufen sie zugleich zur Neujustierung der Grenzbestimmungen auf und bestätigen noch einmal die Offenheit des fiktionalen Modus, der Wirklichkeitsbezug nicht ausschließt, aber auch nicht zwingend einfordert.

Um Fiktionalität in verschiedenen Kontexten differenziert bestimmen zu können, ist gerade die intermediale und interdisziplinäre Perspektive gewinnbringend. Es bleibt, insbesondere aus intermedialer Perspektive, eine relevante Frage, ob der Fiktionalitätsbegriff so breit definiert werden kann, dass er mit Darstellung zusammenfällt. Verschiedene Disziplinen zeigen, wie der Fiktionalitätsbegriff innerhalb und außerhalb des ästhetischen Kontextes Phänomene beschreibbar macht, die schwierig ohne diesen Begriff gefasst werden können. Auch aus systematischer und historischer Perspektive wird zwar einerseits der Facettenreichtum und auch die Kontextgebundenheit des Fiktionalitätsbegriffes deutlich, andererseits führt dies jedoch nicht zur Entwertung des Begriffs, sondern unterstreicht vielmehr seine vielfältigen Funktionen. Im vorliegenden Handbuch sammeln sich Beiträge, die einen ebenso flexiblen wie differenzierten Fiktionalitätsbegriff umreißen.

Literaturverzeichnis

Anderegg, Johannes (1977). *Fiktion und Kommunikation. Ein Beitrag zur Theorie der Prosa*. Göttingen.
Arnheim, Rudolph (1993). „The Two Authenticities of the Photographic Media". *The Journal of Aesthetics and Art Criticism* 51.4 (1993): 537–540.
Aust, Hugo (2000). „Fontanes Poetik". *Fontane-Handbuch*. Hg. von Christian Grawe und Helmuth Nürnberger. Stuttgart: 412–465.
Bareis, Alexander J. (2008). *Fiktionales Erzählen. Zur Theorie der literarischen Fiktion als Make-Believe*. Göteborg.
Bareis, J. Alexander (2014). „Fiktionen als *Make-Believe*". *Fiktionalität. Ein interdisziplinäres Handbuch*. Hg. von Tobias Klauk und Tilmann Köppe. Berlin: 50–67.
Barthes, Roland (1968). „Die Historie und ihr Diskurs". Übers. von Erika Höhnisch. *Alternative: Zeitschrift für Literatur und Diskussion* 11 (1968): 171–180.
Baumgarten, Alexander Gottlieb (2007). *Ästhetik*. Übers. von Dagmar Mirbach. Hamburg.
Birkenhauer, Theresia (2005). „Fiktion". *Metzler Lexikon Theatertheorie*. Hg. von Erika Fischer-Lichte, Doris Kolesch und Matthias Warstat. Stuttgart: 107–109.
Blume, Peter (2004). *Fiktion und Weltwissen. Der Beitrag nichtfiktionaler Konzepte zur Sinnkonstitution fiktionaler Erzählliteratur*. Berlin.
Bruner, Jerome (1995). „The Autobiographical Process". *Current Sociology* 43.2 (1995): 161–177.
Caracciolo, Marco (2014). *The Experientiality of Narrative*. Berlin.
Carroll, Noël (1995). „Review. Mimesis as Make Believe". *The Philosophical Quarterly* 45.178 (1995): 93–99.
Carroll, Noël (1996). „Nonfiction Film and Postmodernist Skepticism". *Post-Theory: Reconstructing Film Studies*. Hg. von David Bordwell und Noel Carroll. Madison, WI: 283–306.
Carroll, Noël (1999). „Fiction, Non-Fiction, and the Film of Presumptive Assertion: A Conceptual Analysis". *Film Theory and Philosophy*. Hg. von Richard Allen und Murray Smith. Oxford: 173–202.
Cohn, Dorrit (1990). „Signposts of Fictionality: A Narratological Perspective". *Poetics Today* 11.4 (1990): 775–804.
Cohn, Dorrit (1995). „Narratologische Kennzeichen der Fiktionalität". *Sprachkunst. Beiträge zur Literaturwissenschaft* 26.1 (1995): 105–112.
Cohn, Dorrit (1999). *The Distinction of Fiction*. Baltimore.
Coulson, Seana und Todd Oakley (2000). „Blending Basics". *Cognitive Linguistics* 11.3/4 (2000): 175–196.
Currie, Gregory (1990). *The Nature of Fiction*. Cambridge.
Currie, Gregory (1995). *Image and Mind: Film, Philosophy, and Cognitive Science*. Cambridge.
Currie, Gregory (1999). „Visible Traces: Documentary and the Contents of Photographs". *Journal of Aesthetics and Art Criticism* 57.3 (1999): 285–297.
Currie, Gregory (2004). *Arts and Minds*. Oxford.
Damerau, Burghard (2001). „Wahrheit/Wahrscheinlichkeit". *Ästhetische Grundbegriffe. Historisches Wörterbuch in sieben Bänden*. Hg. von Karlheinz Barck. Stuttgart: 398–436.
Duden: Deutsches Universalwörterbuch (^{6}2007). Mannheim.
Eco, Umberto (2004). *Im Wald der Fiktionen. Sechs Streifzüge durch die Literatur*. München.
Eibl, Karl (2009). „Fiktionalität – bioanthropologisch". *Grenzen der Literatur. Zu Begriff und Phänomen des Literarischen*. Hg. von Simone Winko, Fotis Jannidis und Gerhard Lauer. Berlin: 267–284.

Eisele, Ulf (1984). *Die Struktur des modernen deutschen Romans*. Tübingen.
Fauconnier, Gilles und Mark Turner (2002). *The Way We Think. Conceptual Blending and the Mind's Hidden Complexities*. New York.
Faust, Friederike (2015). „Methoden-Werkstatt für Promovierende: Von der Deskription zur Interpretation". Humboldt-Universität zu Berlin 2015. https://www.euroethno.hu-berlin.de/de/forschung/promovieren/termine/methoden-werkstatt-fuer-promovierende-von-der-deskription-zur-interpretation (01.03.2020).
Fludernik, Monika (1996). *Towards a 'Natural' Narratology*. London.
Fludernik, Monika (2003). „Metanarrative and Metafictional Commentary: From Metadiscursivity to Metanarration and Metafiction". *Poetica* 35.1/2 (2003): 1–39.
Fludernik, Monika (^{3}2010 [2006]). *Erzähltheorie: Eine Einführung*. Darmstadt.
Fludernik, Monika (2015). „Narratologische Probleme des faktualen Erzählens". *Faktuales und fiktionales Erzählen: Interdisziplinäre Perspektiven*. Hg. von Monika Fludernik, Nicole Falkenhayner und Julia Steiner. Würzburg: 115–138.
Fontane, Theodor (1985). „Realismus" [1853]. *Theorie des bürgerlichen Realismus: Eine Textsammlung*. Hg. von Gerhard Plumpe. Stuttgart: 140–148.
Forster, E.M. (^{3}1974 [1927]). *Aspects of the Novel*. London.
Gabriel, Gottfried (1997). „Fiktion". *Reallexikon der deutschen Literaturwissenschaft*. Bd. 1. Berlin: 594–598.
Garcia-Carpintero, Manuel (2013). „Norms of Fiction-Making". *British Journal of Aesthetics* 53.3 (2013): 339–357.
Geertz, Clifford (1990). *Die künstlichen Wilden. Der Anthropologe als Schriftsteller*. München.
Genette, Gérard (1991). *Fiction et diction*. Paris.
Genette, Gérard (1992). *Fiktion und Diktion*. Aus dem Frz. v. Heinz Jatho. München.
Gerrig, Richard J. (1993). *Experiencing Narrative Worlds. On the Psychological Activities of Reading*. New Haven.
Glauch, Sonja (2009). *An der Schwelle zur Literatur: Elemente einer Poetik des höfischen Erzählens*. Heidelberg.
Glauch, Sonja (2014). „Fiktionalität im Mittelalter". *Fiktionalität: Ein interdisziplinäres Handbuch*. Hg. von Tobias Klauk und Tilmann Köppe. Berlin: 385–418.
Hamburger, Käte (^{2}1968 [1957]). *Die Logik der Dichtung*. Stuttgart.
Hansen, Per Krogh (2005). „When Facts Become Fiction: Facts, Fiction and Unreliable Narration". *Fact and Fiction in Narrative: An Interdisciplinary Approach*. Hg. von Lars-Åke Skalin. Örebro: 283–307.
Haug, Walter (^{2}1992 [1985]). *Literaturtheorie im deutschen Mittelalter: Von den Anfängen bis zum Ende des 13. Jahrhunderts*. Darmstadt.
Hempfer, Klaus W. (2002). „Zu einigen Problemen einer Fiktionstheorie". *Grundlagen der Textinterpretation*. Hg. von Stefan Hartung. Stuttgart: 107–133.
Herdin, Thomas (2012). „Deconstructing Typologies: Overcoming the Limitations of the Binary Opposition Paradigm." *International Communication Gazette* 74/7 (2012): 603–618.
Herweg, Mathias (2010). *Wege zur Verbindlichkeit: Studien zum deutschen Roman um 1300*. Wiesbaden.
Hutcheon, Linda (1984). *Narcissistic Narrative. The Metafictional Paradox*. New York.
Iser, Wolfgang (1975). „The Reality of Fiction: a Functionalist Approach to Literature". *New Literary History* 7.1 (1975): 7–39.
Iser, Wolfgang (1991). *Das Fiktive und das Imaginäre. Perspektiven literarischer Anthropologie*. Frankfurt a. M.

Jacquenod, Claudine (1988). *Contribution à une étude du concept de fiction*. Bern.
Jaeger, Stephan (2011). *Performative Geschichtsschreibung. Forster, Herder, Schiller, Archenholtz und die Brüder Schlegel*. Berlin.
Kablitz, Andreas (2008). „Literatur, Fiktion und Erzählung – nebst einem Nachruf auf den Erzähler". *Im Zeichen der Fiktion. Aspekte fiktionaler Rede aus historischer und systematischer Sicht*. Hg. von Irina O. Rajewsky, Ulrike Schneider und Klaus W. Hempfer. Stuttgart: 13–44.
Kablitz, Andreas (2009). „Mimesis versus Repräsentation: Die Aristotelische Poetik in ihrer neuzeitlichen Rezeption." *Aristoteles: Poetik*. Hg. von Otfried Höffe. Berlin. 218–224.
Kablitz, Andreas (2013). *Kunst des Möglichen. Theorie der Literatur*. Freiburg im Breisgau.
Keen, Susanne (2007). *Empathy and the Novel*. Oxford.
Klauk, Tobias und Tilmann Köppe (2014). *Fiktionalität. Ein interdisziplinäres Handbuch*. Berlin.
Klein, Christian und Matías Martínez (Hgg., 2009). *Wirklichkeitserzählungen: Felder, Formen und Funktionen nicht-literarischen Erzählens*. Weimar.
Köbler, Gerhard (1997). *Lexikon der europäischen Rechtsgeschichte*. München.
Köppe, Tilmann (2008). *Literatur und Erkenntnis. Studien zur kognitiven Signifikanz fiktionaler literarischer Werke*. Paderborn.
Köppe, Tilmann (2014). „Fiktionalität in der Neuzeit". *Fiktionalität. Ein interdisziplinäres Handbuch*. Hg. von Tobias Klauk und Tilmann Köppe. Berlin: 419–439.
Kuijpers, Moniek M., Frank Hakemulder, Katalin Bálint, Miruna M. Doicaru und Ed S. Tan (2017). „Towards a New Understanding of Asorbing Reading Experiences". *Narrative Absorption*, Hg. von Frank Hakemulder et al. Amsterdam: 29–47.
Kukkonen, Karin (January 2014). „Plot". *The living handbook of narratology*. Hg. von Peter Hühn et al. http://www.lhn.uni-hamburg.de/article/plot (01.09.2019).
Kukkonen, Karin und Marco Caracciolo (Hgg., 2014). „Introduction: What is the Second Generation?" *Style* 48.3 (2014): 262–274.
Lamarque, Peter und Stein Haugom Olsen (1994). *Truth, Fiction, and Literature. A Philosophical Perspective*. Oxford.
Lavocat, Françoise (2016). *Fait et Fiction. Pour une frontière*. Paris.
Lehmann, Hans-Thies (2005 [1999]). *Postdramatisches Theater*. Frankfurt a. M.
Lejeune, Philippe. *Der autobiographische Pakt* [*Le pacte autobiographique*, 1975] (1994), übers. von Dieter Hornig und Wolfram Bayer. Frankfurt a. M.
Martínez, Matias und Michael Scheffel ([5]2005). *Einführung in die Erzähltheorie*. München.
Missinne, Lut (2019). „Autobiographical Novel". *Autobiography/Autofiction: An International and Interdisciplinary Handbook*. Hg. von Martina Wagner-Egelhaaf. Berlin: 464–472.
Müller, Jan-Dirk (2004). „Literarische und andere Spiele: Zum Fiktionalitätsproblem in vormoderner Literatur". *Poetica* 36 (2004): 281–311.
Nünning, Ansgar (2001). „Metanarration als Lakune der Erzähltheorie: Definition, Typologie und Grundriss einer Funktionsgeschichte metanarrativer Erzähläußerungen". *Arbeiten aus Anglistik und Amerikanistik* 26.2 (2001): 125–164.
Nünning, Vera (2014). *Reading Fictions, Changing Minds: The Cognitive Value of Fiction*. Heidelberg.
Nussbaum, Martha C. (1990). *Love's Knowledge: Essays on Philosophy and Literature*. Oxford.
Nussbaum, Martha C. (1998). „Exactly and Responsibly: A Defense of Ethical Criticism". *Philosophy and Literature* 22 (1998): 343–365.
Odin, Roger (1990). „Dokumentarischer Film – dokumentarisierende Lektüre". *Sprung im Spiegel: Filmisches Wahrnehmen zwischen Fiktion und Wirklichkeit*. Hg. von Christa Blüminger. Wien: 125–146.

Odin, Roger (2000). *De la fiction*. Brüssel.
Pavel, Thomas G. (1986). *Fictional Worlds*. Cambridge, MA.
Penzenstadler, Franz (1987). *Der Mambriano von Francesco Cieco da Ferrara als Beispiel für Subjektivierungstendenzen im Romanzo vor Ariost*. Tübingen.
Phelan, James (2005). *Living to Tell about It*. New York.
Plantinga, Carl R. (1987). „Defining Documentary: Fiction, Non-Fiction, and Projected Worlds". *Persistence of Vision* 5 (1987): 44–54.
Plantinga, Carl R. (1997). *Rhetoric and Representation in Non-Fiction Film*. Cambridge.
Pratt, Marie-Luise (1986). „Fieldwork in Common Places". *Writing Culture*. Hg. von James Clifford und George Marcus. Berkeley: 27–50.
Rabbiosi, Chiara und Alberto Vanolo (2017). „Are We Allowed to Use Fictional Vignettes in Cultural Geographies?". *Cultural Geographies* 24/2 (2017): 265–278.
Reicher, Maria E. (2012). „Knowledge from Fiction". *Understanding Fiction*. Hg. von Eva-Maria Konrad, Thomas Petraschka, Hans Rott und Jürgen Daiber. Paderborn: 114–132.
Riffaterre, Michael (1993). *Fictional Truth*. Baltimore.
Ricoeur, Paul (1991). *Zeit und Erzählung, Bd. III (Die erzählte Zeit)*, übersetzt von Andreas Knop, München.
Reckwitz, Andreas (2003). „Grundelemente einer Theorie sozialer Praktiken: Eine sozialtheoretische Perspektive". *Zeitschrift für Soziologie* 32.4 (2003): 282–301.
Ryan, Marie-Laure (1991). *Possible Worlds, Artificial Intelligence and Narrative Theory*. Bloomington.
Ryan, Marie-Laure (2001). *Narrative as Virtual Reality: Immersion and Interactivity in Electronic Media*. Baltimore.
Ryan, Marie-Laure (2006). *Avatars of Story*. Minneapolis.
Schaeffer, Jean-Marie (1999). *Pourquoi la fiction?* Paris.
Schaeffer, Jean-Marie (2013). „Fictional vs. Factual Narration". *The Living Handbook of Narratology*. Hg. von Peter Hühn et al. http://www.lhn.uni-hamburg.de/article/fictionalvs-factual-narration (25.06.2017).
Schäfer, Hilmar (Hg., 2016). *Praxistheorie. Ein soziologisches Forschungsprogramm*. Bielefeld.
Schmid, Wolf (^{2}2008). *Elemente der Narratologie*. Berlin.
Schmitt, Arnaud (2017). *The Phenomenology of Autobiography*. New York.
Schneider, Ralf (2000). *Grundriß zur kognitiven Theorie der Figurenkonzeption am Beispiel des viktorianischen Romans*. Tübingen.
Searle, John R. (1975). „The Logical Status of Fictional Discourse". *New Literary History* 6.2 (1975): 319–332.
Sidney, Philip (2002). *An Apology for Poetry, or The Defence of Poesy*. 3. Hg. von R.W. Maslen. Manchester.
Strasen, Sven (2008). *Rezeptionstheorien. Literatur-, sprach- und kulturwissenschaftliche Ansätze und kulturelle Modelle*. Trier.
Vaihinger, Hans (1911). *Die Philosophie des Als-Ob. System der theoretischen, praktischen und religiösen Fiktionen der Menschheit auf Grund eines idealistischen Positivismus. Mit einem Anhang über Kant und Nietzsche*. Berlin.
Van Dam, Beatrix (2016). *Geschichte erzählen: Repräsentation von Vergangenheit in deutschen und niederländischen Texten der Gegenwart*. Berlin.
Wagner-Egelhaaf, Martina (2005). *Autobiographie*. Stuttgart.
Wagner-Egelhaaf, Martina (2013). „Einleitung: Was ist Auto(r)fiktion?" *Auto(r)fiktion: Literarische Verfahren der Selbstkonstruktion*. Hg. von Martina Wagner-Egelhaaf. Bielefeld: 7–23.

Walsh, Richard (2007). *The Rhetoric of Fictionality. Narrative Theory of the Idea of Fiction*. Columbus.
Walton, Kendall (1990). *Mimesis as Make-Believe*. Cambridge.
Weinrich, Harald (1975). „Fiktionssignale". *Positionen der Negativität*. Hg. von Harald Weinrich. München: 525–526.
Werner, Christiana (2012). „On Referring to Ferraris. The Act of Reference and Predication in Fictional Discourse". *Understanding Fiction*. Hg. von Eva-Maria Konrad, Thomas Petraschka, Hans Rott und Jürgen Daiber. Paderborn: 204–219.
White, Hayden (1973). *Metahistory: The Historical Imagination in Nineteenth-Century Europe*. Baltimore.
White, Hayden (1982). „The Politics of Historical Interpretation: Discipline and De-Sublimation." *Critical Inquiry* 9 (1982): 113–37.
Wildekamp, Ada, Ineke van Montfoort und Willen van Ruiswijk (1980). „Fictionality and Convention". *Poetics* 9.5/6 (1980): 547–567.
Wolf, Werner (1993). *Ästhetische Illusion und Illusionsdurchbrechung in der Erzählkunst: Theorie und Geschichte mit Schwerpunkt auf englischem illusionsstörenden Erzählen*. Tübingen.
Wolf, Werner (2014). „Illusion (Aesthetic)". *Handbook of Narratology*. Bd. 1. Hg. von Peter Hühn, Jan Christoph Meister, John Pier und Wolf Schmid. Berlin: 270–287.
Zipfel, Frank (2001). *Fiktion, Fiktivität, Fiktionalität. Analysen zur Fiktion in der Literatur und zum Fiktionsbegriff in der Literaturwissenschaft*. Berlin.
Zipfel, Frank (2014). „Fiktionssignale". *Fiktionalität. Ein interdisziplinäres Handbuch*. Hg. von Tobias Klauk und Tilmann Köppe. Berlin: 97–124.
Zunshine, Lisa (2006). *Why We Read Fiction. Theory of Mind and the Novel*. Columbus.
Zwaan, Rolf (2008). „Experiential Traces and Mental Simulations in Language Comprehension". *Symbols and Embodiment: Debates on Meaning and Cognition*. Hg. von Manuel de Vega, Arthur Glenberg und Arthur Graesser. Oxford: 165–180.

II Historische Entwicklungslinien

Stefan Feddern
II.1 Fiktionalität in der Antike

1 Einleitung

Am Anfang der griechischen Literaturgeschichte stehen mit Homers Epen, der *Ilias* und der *Odyssee*, und mit Hesiods *Theogonie* fiktionale Erzählungen. Die Ansicht, dass es sich hierbei um fiktionale Erzählungen handelt, ist nicht nur die moderne, sondern bereits die antike Anschauung, wobei das Ausmaß der Fiktivität in der Antike geringer als in der Moderne eingeschätzt wurde und sich nicht eindeutig beweisen lässt, dass die genannten Werke bereits von ihren Verfassern und den Zeitgenossen als fiktionale Erzählungen eingestuft worden sind. Der Trojanische Krieg und seine Protagonisten wie Agamemnon, Achill und Odysseus wurden als historisches Geschehen bzw. als historische Personen aufgefasst, und *dass* Odysseus auf der Heimfahrt von Troja nach Ithaka umhergeirrt ist, bis er zu seiner Frau Penelope zurückgekehrt ist, galt in der Antike als Tatsache. Das historische Grundgerüst der *Ilias* und der *Odyssee* wurde aber nach antikem Urteil fiktional ausgeschmückt, wie paradigmatisch Polybios in Strabos Referat erläutert (Polybios 34,2,4 = Strabo 1,2,15 [zum bei Strabo überlieferten 34. Buch der *Historien* des Polybios vgl. den Text und Kommentar von Radt 2002 und 2006]):

> ταῦτα δὲ προοικονομησάμενος οὔκ ἐᾷ τὸν Αἴολον ἐν μύθου σχήματι ἀκούεσθαι οὐδ' ὅλην τὴν Ὀδυσσέως πλάνην, ἀλλὰ μικρὰ μὲν προσμεμυθεῦσθαι καθάπερ καὶ τῷ Ἰλιακῷ πολέμῳ, τὸ δ' ὅλον περὶ Σικελίαν καὶ τῷ ποιητῇ πεποιῆσθαι καὶ τοῖς ἄλλοις συγγραφεῦσιν, ὅσοι τὰ περιχώρια λέγουσι τὰ περὶ τὴν Ἰταλίαν καὶ Σικελίαν. οὐκ ἐπαινεῖ δὲ οὐδὲ τὴν τοιαύτην τοῦ Ἐρατοσθένους ἀπόφασιν, διότι φησὶ τότ' ἂν εὑρεῖν τινα ποῦ Ὀδυσσεὺς πεπλάνηται, ὅταν εὕρῃ τὸν σκυτέα τὸν συρράψαντα τὸν τῶν ἀνέμων ἀσκόν.

> [Nachdem er (sc. Polybios) so den Boden bereitet hat, erklärt er, man dürfe weder Aiolos noch die ganze Irrfahrt des Odysseus als Fiktion verstehen, sondern ein paar Dinge seien zwar hinzuerfunden – wie auch zu dem Trojanischen Krieg –; im Ganzen aber spiele die Irrfahrt sich bei dem Dichter ebenso wie bei allen übrigen Autoren, die die Lokalgeschichte Italiens und Siziliens behandeln, in der Gegend von Sizilien ab. Auch hat er kein Lob übrig für das Diktum des Eratosthenes, man könne erst dann herausfinden, wo Odysseus herumgeirrt sei, wenn man den Riemer gefunden habe, der den Sack der Winde genäht habe.]

Insbesondere die vielen Stationen von Odysseus' Irrfahrt, von denen der intradiegetische Erzähler Odysseus in einer Analepse in Buch 9–12 der *Odyssee* den Phäaken erzählt (die Kikonen, das Land der Lotophagen, die Insel der Kyklopen, die Äolischen Inseln, wo Odysseus den Windschlauch erhalten hat, die Laistrygonen, Kirkes Heimat Aiaia, die Reise an den Rand des Okeanos zum Reich der Toten, die

Sirenen, die Rinderinsel Thrinakia, Skylla und Charybdis, Kalypsos Insel Ogygia), sind daher voll von Fiktionen, ohne dass die Historizität und die Geografie der Irrfahrt als gänzlich erfunden angesehen wurden (Eratosthenes hingegen erklärt nahezu die gesamte Geografie der von Homer dargestellten Irrfahrt zur Fiktion).

Die verschiedenen antiken Reflexionen über die Fiktionalität lassen sich am besten als Diskurs beschreiben (zum Diskursbegriff vgl. Titzmann 1989, 51–53; zum antiken Fiktionalitätsdiskurs vgl. Feddern 2018). Gegen den Ansatz einer Entwicklungsgeschichte der Fiktionalität – zumindest in der Form, dass die Entdeckung der Fiktionalität untersucht wird (in dieser Form wurde die Fiktionalität in der Antike zumeist behandelt; vgl. Zimmermann 2015; Rösler 2014 und 1980; Müller 2012, 95–117; Primavesi 2009; Hose 1996; Kannicht 1996 [1980]; Bowie 1993; Puelma 1989) – spricht zum einen der Umstand, dass nur wenige Texte über die Fiktionalität überliefert worden sind, die eine verlässliche Darstellung einer Entwicklungsgeschichte zuließen. Erschwerend kommt hinzu, dass der antike Fiktionalitätsdiskurs ein abhängiger Diskurs ist, der in Kontexte eingebettet ist, in denen schwerpunktmäßig andere Themen behandelt werden. Zum anderen stellt sich bei einer Entwicklungsgeschichte der Fiktionalität das Problem, dass die (literarische) Fiktion – zumindest heutzutage in unserem Kulturraum – ein implizites Wissen darstellt, das Kinder erlernen (vgl. Groeben und Christmann 2014, 340–341). Daher kann die Frage nach der Entdeckung der Fiktionalität aufgrund der schwierigen Quellenlage erstens nicht sicher beantwortet werden und erweist sich zweitens als wenig adäquate Fragestellung, da ein Fiktionalitätsbewusstsein in historischer Zeit aufgrund allgemeiner Überlegungen wohl vorausgesetzt werden kann.

Der folgende Beitrag gliedert sich in einen historischen und in einen systematischen Teil. Im Einklang mit den gerade angestellten Vorüberlegungen darf der historische Abriss nicht als Entwicklungsgeschichte im strengen Sinn verstanden werden, sondern soll einige wichtige Positionen von Platon bis Strabo beleuchten. Weder der historische noch der systematische Teil erhebt Anspruch auf Vollständigkeit; vielmehr soll ein Überblick einerseits über die konstanten Aspekte und andererseits über die sich wandelnden Bewertungen von literarischer Fiktion in der Antike gewonnen werden.

Der folgenden Analyse wird ein Kommunikationsmodell zugrunde gelegt, dem zufolge der (fiktionale) Text ein Medium zwischen dem Produzenten und dem Rezipienten darstellt. Die Orientierung an diesem Modell bietet sich in besonderem Maße deshalb an, weil es auf Aristoteles zurückgeht. Aristoteles hat nämlich in seiner Rhetorik ein Kommunikationsmodell entworfen, um die drei Redegattungen (τρία γένη τῶν λόγων; *genera causarum*), die gerichtliche Rede (γένος δικανικόν; *genus iudiciale*), die politische Rede (γένος συμβουλευτικόν; *genus deliberativum*) und die Prunkrede (γένος ἐπιδεικτικόν; *genus demonstrativum*), voneinander zu unterscheiden, indem er diese drei Redegattungen systematisch aus zwei Grundformen herleitete und als unterschiedliche Realisierungen der drei Parameter Sprecher, Zuhörer und Redegegenstand beschrieb, wobei die Zuhörer das ausschlaggebende Kriterium bilden (vgl. Arist. rhet. 1358a36–b8).

Da dieses triadische Kommunikationsmodell leicht auf literarische und somit auch auf fiktionale Texte übertragen werden kann, empfiehlt es sich, anhand dieses Modells Antworten auf die Frage zu diskutieren, was die literarische Fiktion ist bzw. wo sie liegt. Dabei legen unterschiedliche (antike ebenso wie moderne) Fiktionstheorien unterschiedliche Schwerpunkte auf die drei Parameter Sprecher, Zuhörer und Redegegenstand, so dass sich produktionsorientierte, rezeptionsorientierte und textzentrierte Fiktionstheorien unterscheiden lassen. Wenn in diesem Beitrag von „(Fiktions-)Theorien" die Rede ist, sind hierunter in einem allgemeineren Sinn Reflexionen über die literarische Fiktion gemeint, da die meisten (wenn nicht alle) hier untersuchten derartigen Reflexionen nicht den Anforderungen entsprechen, um als Theorien im strengen Sinn gelten zu können (zum Theoriebegriff in der Literaturwissenschaft vgl. Köppe und Winko ²2013, 6–18).

Der folgende Überblick über die Fiktionalität in der Antike wird zeigen, dass viele moderne Fiktionstheorien antike Vorläufer aufweisen (vgl. Rösler 2014, 363). Einschränkend muss allerdings betont werden, dass dies für den Komplex der traditionellen Fiktionstheorien gilt, die die literarische Fiktion so definieren, dass das Dargestellte erfunden ist, diese Erfindung aber – anders als bei anderen Formen der Unwahrheit – in irgendeiner Form legitimiert ist. Daher sind die traditionellen Fiktionstheorien in dem Sinne traditionell, dass sie sich bis in die Antike zurückverfolgen lassen, während dies für die postmodernen Fiktionstheorien, die die Fiktion nicht mehr als Differenz zur Wahrheit bzw. Wirklichkeit begreifen, nicht gilt (für einen Überblick über die modernen Fiktionstheorien vgl. Klauk und Köppe 2014; Gertken und Köppe 2009; Stierle 2001; Zipfel 2001; Lamarque und Olsen 1994). Die Betrachtung der Fiktionalität in der Antike ist also nicht mit dem Problem des Anachronismus verbunden, sofern die literarische Fiktion so definiert wird, dass das Dargestellte erfunden und die Erfindung legitimiert ist. Vielmehr wird in der Antike ebendieser Fiktionalitätsbegriff begründet.

2 Historischer Abriss

Platons Dichterkritik
Der Platonische Sokrates unterscheidet in der Dichterkritik (grundlegende Literatur zur Dichterkritik: Palumbo 2008; Büttner 2004; Halliwell 2002; Büttner 2000; Gill 1993, 42–51; Ferrari 1989; Nehamas 1982; vgl. auch den Kommentar von

Murray 1996 und den Forschungsüberblick bei Harth 1965, 5–28) zwischen dem Inhalt der Dichtung – was wird erzählt? (rep. 376e–392c6) – und der Darstellungsweise – wie wird es erzählt? (rep. 392c7–398b; zur expliziten Unterscheidung vgl. rep. 392c7–9) Was den Inhalt der Dichtung betrifft, unterscheidet der Platonische Sokrates zwischen zwei Arten von sprachlichen Äußerungen (rep. 376e10): „λόγων δὲ διττὸν εἶδος, τὸ μὲν ἀληθές, ψεῦδος δ' ἕτερον" [Es gibt doch zwei Arten von sprachlichen Äußerungen: eine wahre und eine falsche?].

Hinter dieser Zweiteilung ist nicht die Unterscheidung zwischen fiktionalen und nicht-fiktionalen Äußerungen zu sehen. Vielmehr unterscheidet der Platonische Sokrates indifferent zwischen falschen und fiktionalen Äußerungen auf der einen Seite und wahren Äußerungen auf der anderen Seite, wobei am Anfang der Dichterkritik der Fokus auf fiktionalen Erzählungen liegt, wohingegen sich der größere zweite Teil mit den falschen Erzählungen der Dichter beschäftigt.

Als der Platonische Sokrates fragt, ob man in beiden Arten von Literatur erziehen soll, zuerst aber in derjenigen, die er ψεῦδος (,Unwahrheit' oder ,Lüge') nennt (vgl. rep. 377a1), antwortet der Gesprächspartner Adeimantos, dass er die Frage nicht versteht. Daraufhin formuliert Sokrates seine Frage um (rep. 377a3–6):

> οὐ μανθάνεις, [...] ὅτι πρῶτον τοῖς παιδίοις μύθους λέγομεν; τοῦτο δέ που ὡς τὸ ὅλον εἰπεῖν ψεῦδος, ἔνι δὲ καὶ ἀληθῆ. πρότερον δὲ μύθοις πρὸς τὰ παιδία ἢ γυμνασίοις χρώμεθα.
>
> [Verstehst du nicht, [...] dass wir den Kindern zuerst fiktive Geschichten erzählen? Dabei handelt es sich allgemein gesprochen um Unwahrheit, es findet sich darin aber auch Wahres. Fiktive Geschichten benutzen wir aber eher für die (sc. Erziehung der) Kinder als gymnastische Übungen.]

Wenn Sokrates davon spricht, dass den Kindern zuerst fiktive Geschichten (μῦθοι) erzählt werden, bezieht er sich wohl auf Fabeln und literarische (Sub-)Gattungen, die den Fabeln ähnlich sind und die häufig eine moralische Wahrheit transportieren, wie andere Stellen zeigen (vgl. rep. 377c3–4; 378c8–d1; 381e1–6; Chrysipp SVF 3,313 von Arnim = Plut. mor. 1040b; Dion. Chrys. 5,16; Quint. inst. 1,9,2; Hermog. Progym. 1,1 Patillon 2008, 180; Strabo 1,2,3 und 8). Daher spricht vieles für die Annahme, dass der Platonische Sokrates die Fiktionalität als Vehikel einer allgemeinen Wahrheit versteht. Obwohl die allegorische Fabel eine typische Kindererzählung darstellt, ist aber insgesamt gesehen nicht davon auszugehen, dass der Platonische Sokrates unter fiktionalen Erzählungen grundsätzlich allegorische Erzählungen versteht und die Fiktionalität somit auf die Allegorie reduziert. Von einer Autonomie der literarischen Fiktion kann bei ihm keine Rede sein, da sie der moralischen Wahrheit im Rahmen eines Erziehungsprogramms untergeordnet ist.

Im größeren zweiten Teil der Dichterkritik kritisiert Platon „Hesiod, Homer und die anderen Dichter" und ist nicht bereit, ihre fiktionalen Darstellungen anzuerkennen (vgl. rep. 377d3–5). Vielmehr überprüft er anhand von normativen Bestimmungen, welche Literatur in seinem Idealstaat zugelassen werden soll. Paradigmatisch für diese Vorgehensweise ist die folgende Stelle (rep. 377c1–6):

> πρῶτον δὴ ἡμῖν, ὡς ἔοικεν, ἐπιστατητέον τοῖς μυθοποιοῖς, καὶ ὃν [sc. μῦθον] μὲν ἂν καλὸν ποιήσωσιν, ἐγκριτέον, ὃν [sc. μῦθον] δ' ἂν μή, ἀποκριτέον. τοὺς δ' ἐγκριθέντας πείσομεν τὰς τροφούς τε καὶ μητέρας λέγειν τοῖς παισίν, καὶ πλάττειν τὰς ψυχὰς αὐτῶν τοῖς μύθοις πολὺ μᾶλλον ἢ τὰ σώματα ταῖς χερσίν. ὧν δὲ νῦν λέγουσι τοὺς πολλοὺς ἐκβλητέον.
>
> [Zuerst müssen wir, wie es scheint, Aufsicht über die Autoren von Geschichten führen, und diejenige Geschichte, die sie gut dichten, zulassen, diejenige Geschichte aber, die sie nicht gut dichten, verbieten. Die Ammen und Mütter werden wir überreden, die zugelassenen Geschichten den Kindern vorzulesen und ihre Seelen mit den Geschichten viel stärker zu formen als die Körper mit den Händen. Von denjenigen Geschichten aber, die nun vorgelesen werden, müssen die meisten verworfen werden.]

Platon kritisiert aber nicht die Fiktion an sich, sondern den groben Verstoß gegen ethische Leitlinien, der zumindest mit dem Risiko verbunden ist, schlechten Einfluss auf die Kinder und Jugendlichen auszuüben. Insbesondere dürfen die fiktionalen Erzählungen der Dichter nicht dem Grundsatz widersprechen, dass die Götter immer gut sind, immer gut handeln und folglich nur Ursache für das Gute sind (vgl. rep. 379a5–379c8). Diese Beobachtungen zeigen, dass man Platons Äußerungen, die er in der Dichterkritik über die Fiktionalität trifft, differenziert betrachten muss und dass das weit verbreitete Bild des Philosophen, der fiktionale Erzählungen nicht anerkennt, sondern rigoros kritisiert und zensiert, in dieser Form nicht zutrifft.

Wichtiger für die Literaturtheorie als für die Fiktionstheorie ist der Platonische Begriff der Mimesis (zur μίμησις bei Platon vgl. Halliwell 2002, 37–147; Zimbrich 1984; Else 1986, 3–73; zur μίμησις von der Antike bis zur Moderne vgl. Gebauer und Wulf 1992). Dabei müssen zwei Bedeutungen des Platonischen Mimesis-Begriffes unterschieden werden: Im dritten Buch der *Politeia* unterscheidet Platon anhand des Redekriteriums, also der Frage, wer spricht, drei Arten der Erzählung (διήγησις), also der Darstellungsweise, voneinander (vgl. rep. 392d5–6), wobei er die Mimesis als Art der Rede definiert, bei der der Dichter den Eindruck erweckt, nicht als er selbst zu sprechen, sondern jemand anderes zu sein, den er nachahmt. Als Beispiele für die Mimesis werden die Rede des Chryses am Anfang der *Ilias* (vgl. Hom. Il. 1,17–21) und die Gattungen Tragödie und Komödie genannt (vgl. rep. 393a7–b2 und 394b9–c2). In moderner Terminologie würden wir sagen, dass die Figurenrede als Mimesis bezeichnet wird. Genette ([3]2010, 104) sieht in der einfachen Erzählung die vom Erzähler vermittelte, verdichtete und distanzierte Geschichte (vgl. auch Margolin [2]2014, 647; Stanzel [6]1995, 191). Diese Ansicht hat de Jong ([2]2004, 4) zu Recht zurückgewiesen (vgl. auch Halliwell [2]2014,

130–131). Denn für die verdichtete Form der Erzählung ist die Tatsache verantwortlich, dass in einer kurzen Prosaparaphrase ein Eindruck von der einfachen Erzählung gegeben werden soll. Außerdem spricht Platon davon, dass der Dichter in der einfachen Erzählung als er selbst spricht; folglich wäre eine Vermittlung – wenn überhaupt – in der Figurenrede (μίμησις) zu erkennen. Eine Unterscheidung zwischen dem Autor und dem Erzähler lässt sich bei Platon ebenso wenig wie an irgendeiner anderen Stelle der antiken Literatur erkennen (vgl. Nünlist 2009, 132–133).

Im zehnten Buch der *Politeia* wird der Mimesis-Begriff in einer ontologischen Bedeutung verwendet. Dort werden die Darstellungen der Dichter und anderer Künstler als „das dritte von der Wahrheit Entfernte" abgewertet: Das eigentlich Seiende sind die Ideen, wovon die irdischen Dinge nur Abbilder sind. Da der Dichter die Abbilder nachahmt, entsteht durch diesen zweiten Abbildungsvorgang „das dritte von der Wahrheit Entfernte" (vgl. rep. 595–608b, v. a. 597a–602c). Dieser ontologische Mimesis-Begriff hat insofern (über Aristoteles) Einfluss auf den modernen Fiktionsbegriff ausgeübt, als in der Moderne der Vorgang des Fingierens und derjenige des Darstellens (nicht nur fiktiver Dinge) einander angenähert wurden. So geht Schmid (³2014, 31–43) zwar nicht so weit, Fiktion als Darstellung zu definieren, und zwar unabhängig davon, ob die dargestellten Dinge in der Realität existieren oder nicht. Aber dadurch, dass die fiktive Welt so konzipiert wird, dass sie sowohl die offen ausgedachten als auch die ‚quasi-historischen' Figuren, Handlungen etc. umfasst und letztere dadurch ebenso fiktiv werden wie erstere, rückt die Fiktionalität in die Nähe der Darstellung.

Aristoteles' Legitimierung der dichterischen Fiktion

Eine wieder andere Bedeutung trägt der Mimesis-Begriff in Aristoteles' *Poetik*. Aristoteles ist der Ansicht, dass sich die Dichtung nicht äußerlich über ihr Versmaß, sondern über einen spezifischen Inhalt definiert. Aristoteles zufolge konstituiert nämlich die Dichtung eine Form der Mimesis (μίμησις; lat. *imitatio*; dt. ‚Nachahmung' und ‚Darstellung'), indem handelnde Menschen nachgeahmt werden (vgl. Poet. 1448a1 und 1450a16–17). Den Begriff der Mimesis führt Aristoteles im ersten Kapitel seiner *Poetik* ein (Poet. 1447b13–20):

> πλὴν οἱ ἄνθρωποί γε συνάπτοντες τῷ μέτρῳ τὸ ποιεῖν ἐλεγειοποιοὺς τοὺς δὲ ἐποποιοὺς ὀνομάζουσιν, οὐχ ὡς κατὰ τὴν μίμησιν ποιητὰς ἀλλὰ κοινῇ κατὰ τὸ μέτρον προσαγορεύοντες· καὶ γὰρ ἂν ἰατρικὸν ἢ φυσικόν τι διὰ τῶν μέτρων ἐκφέρωσιν, οὕτω καλεῖν εἰώθασιν· οὐδὲν δὲ κοινόν ἐστιν Ὁμήρῳ καὶ Ἐμπεδοκλεῖ πλὴν τὸ μέτρον, διὸ τὸν μὲν ποιητὴν δίκαιον καλεῖν, τὸν δὲ φυσιολόγον μᾶλλον ἢ ποιητήν.

[Die Leute hingegen verknüpfen mit dem Metrum das Verb ποιεῖν („dichten") und nennen die einen Elegiendichter, die anderen Ependichter, wobei sie sie nicht gemäß der Mimesis Dichter nennen, sondern gemäß dem Metrum pauschal so bezeichnen. Denn auch wenn sie ein medizinisches oder naturwissenschaftliches Werk metrisch verfasst veröffentlichen, sind sie gewohnt, sie so zu bezeichnen. Homer und Empedokles haben aber nichts gemeinsam außer dem Metrum; daher muss man den einen (sc. Homer) als Dichter bezeichnen, den anderen (sc. Empedokles) aber eher als Naturwissenschaftler als als Dichter.]

Daher handelt es sich bei der Aristotelischen Mimesis um ein anderes, nämlich weiteres Konzept als bei der dichterischen Fiktion (vgl. Schmitt 2004, 65): um die Nachahmung und Darstellung von menschlichem Handeln. Mit der Fiktionalität setzt sich Aristoteles am Anfang des neunten Kapitels auseinander, und zwar in einem Zusammenhang, in dem er den Allgemeinheitscharakter der Dichtung behandelt (Poet. 1451a36–b32):

Φανερὸν δὲ ἐκ τῶν εἰρημένων καὶ ὅτι οὐ τὸ τὰ γενόμενα λέγειν, τοῦτο ποιητοῦ ἔργον ἐστίν, ἀλλ' οἷα ἂν γένοιτο καὶ τὰ δυνατὰ κατὰ τὸ εἰκὸς ἢ τὸ ἀναγκαῖον. ὁ γὰρ ἱστορικὸς καὶ ὁ ποιητὴς οὐ τῷ ἢ ἔμμετρα λέγειν ἢ ἄμετρα διαφέρουσιν (εἴη γὰρ ἂν τὰ Ἡροδότου εἰς μέτρα τεθῆναι καὶ οὐδὲν ἧττον ἂν εἴη ἱστορία τις μετὰ μέτρου ἢ ἄνευ μέτρων)· ἀλλὰ τούτῳ διαφέρει, τῷ τὸν μὲν τὰ γενόμενα λέγειν, τὸν δὲ οἷα ἂν γένοιτο. διὸ καὶ φιλοσοφώτερον καὶ σπουδαιότερον ποίησις ἱστορίας ἐστίν· ἡ μὲν γὰρ ποίησις μᾶλλον τὰ καθόλου, ἡ δ' ἱστορία τὰ καθ' ἕκαστον λέγει. ἔστιν δὲ καθόλου μέν, τῷ ποίῳ τὰ ποῖα ἄττα συμβαίνει λέγειν ἢ πράττειν κατὰ τὸ εἰκὸς ἢ τὸ ἀναγκαῖον, οὗ στοχάζεται ἡ ποίησις ὀνόματα ἐπιτιθεμένη· τὸ δὲ καθ' ἕκαστον, τί Ἀλκιβιάδης ἔπραξεν ἢ τί ἔπαθεν.
ἐπὶ μὲν οὖν τῆς κωμῳδίας ἤδη τοῦτο δῆλον γέγονεν· συστήσαντες γὰρ τὸν μῦθον διὰ τῶν εἰκότων οὕτω τὰ τυχόντα ὀνόματα ὑποτιθέασιν, καὶ οὐχ ὥσπερ οἱ ἰαμβοποιοὶ περὶ τὸν καθ' ἕκαστον ποιοῦσιν. ἐπὶ δὲ τῆς τραγῳδίας τῶν γενομένων ὀνομάτων ἀντέχονται. αἴτιον δ' ὅτι πιθανόν ἐστι τὸ δυνατόν· τὰ μὲν οὖν μὴ γενόμενα οὔπω πιστεύομεν εἶναι δυνατά, τὰ δὲ γενόμενα φανερὸν ὅτι δυνατά· οὐ γὰρ ἂν ἐγένετο, εἰ ἦν ἀδύνατα. οὐ μὴν ἀλλὰ καὶ ἐν ταῖς τραγῳδίαις ἐν ἐνίαις μὲν ἓν ἢ δύο τῶν γνωρίμων ἐστὶν ὀνομάτων, τὰ δὲ ἄλλα πεποιημένα, ἐν ἐνίαις δὲ οὐθέν, οἷον ἐν τῷ Ἀγάθωνος Ἀνθεῖ· ὁμοίως γὰρ ἐν τούτῳ τά τε πράγματα καὶ τὰ ὀνόματα πεποίηται, καὶ οὐδὲν ἧττον εὐφραίνει. ὥστ' οὐ πάντως εἶναι ζητητέον τῶν παραδεδομένων μύθων, περὶ οὓς αἱ τραγῳδίαι εἰσίν, ἀντέχεσθαι. καὶ γὰρ γελοῖον τοῦτο ζητεῖν, ἐπεὶ καὶ τὰ γνώριμα ὀλίγοις γνώριμά ἐστιν, ἀλλ' ὅμως εὐφραίνει πάντας. δῆλον οὖν ἐκ τούτων ὅτι τὸν ποιητὴν μᾶλλον τῶν μύθων εἶναι δεῖ ποιητὴν ἢ τῶν μέτρων, ὅσῳ ποιητὴς κατὰ τὴν μίμησίν ἐστιν, μιμεῖται δὲ τὰς πράξεις. κἂν ἄρα συμβῇ γενόμενα ποιεῖν, οὐδὲν ἧττον ποιητής ἐστι· τῶν γὰρ γενομένων ἔνια οὐδὲν κωλύει τοιαῦτα εἶναι οἷα ἂν εἰκὸς γενέσθαι καὶ δυνατὰ γενέσθαι, καθ' ὃ ἐκεῖνος αὐτῶν ποιητής ἐστιν.

[Aus dem Gesagten wird deutlich, dass es nicht die Aufgabe des Dichters ist, das, was geschehen ist, zu sagen, sondern, was von der Art ist, dass es geschehen könnte, und zwar das, was nach Maßgabe der Wahrscheinlichkeit oder Notwendigkeit möglich ist. Denn der Historiker und der Dichter unterscheiden sich nicht dadurch, dass sie im Versmaß bzw. ohne Versmaß sprechen (es wäre nämlich möglich, Herodots Werk mit Metren zu versehen, und nichts desto weniger würde es sich um ein Geschichtswerk mit Metrum oder ohne Metren handeln). Vielmehr liegt der Unterschied darin, dass der eine [sc. der Historiker] das sagt,

was geschehen ist, der andere aber, was von der Art ist, dass es geschehen könnte. Deshalb ist die Dichtung auch philosophischer und besser als die Geschichtsschreibung. Denn die Dichtung sagt eher das Allgemeine, die Geschichtsschreibung das Einzelne. Das Allgemeine ist in der Darstellung zu sehen, dass es auf einen so Beschaffenen zutrifft, Derartiges zu sagen oder zu machen nach Maßgabe der Wahrscheinlichkeit oder Notwendigkeit; darauf zielt die Dichtung ab, indem sie Namen hinzufügt. Das Einzelne ist in der Darstellung zu sehen, was Alkibiades getan oder was er erlitten hat.
Bei der Komödie ist dies schon deutlich geworden. Denn indem sie [sc. die Komödiendichter] die Handlung durch das Wahrscheinliche konzipieren, fügen sie so [sc. nachträglich] die zufälligen Namen hinzu und machen es nicht so, wie es die Jambendichter über den Einzelnen machen. Bei der Tragödie halten sie [sc. die Tragödiendichter] sich an die überlieferten Namen. Der Grund hierfür ist, dass das Mögliche überzeugend ist. Was nicht geschehen ist, halten wir ja nicht ohne weiteres für möglich, es ist aber offensichtlich, dass das, was geschehen ist, möglich ist. Denn es wäre nicht geschehen, wenn es unmöglich wäre. Nun kommen in einigen Tragödien ein oder zwei von den bekannten Namen vor, die anderen aber sind erfunden, in einigen Tragödien aber keiner wie in Agathons *Antheus*. Auf gleiche Weise sind in diesem Stück die Geschehnisse und die Namen erfunden, und nichts desto weniger erfreut es. Folglich muss man sich nicht vollständig darum bemühen, sich an die überlieferten Geschichten zu halten, über die die Tragödien handeln. Denn es wäre sogar lächerlich, dies zu versuchen, weil auch das Bekannte nur wenigen bekannt ist, aber trotzdem alle erfreut. Daraus wird deutlich, dass der Dichter eher ein Dichter der Geschichten als der Metren sein muss, insofern er Dichter entsprechend der Mimesis ist und die Handlungen nachahmt. Selbst wenn es vorkommen sollte, dass er Geschehenes dichtet, ist er nichts desto weniger Dichter. Denn nichts hindert daran, dass einiges vom Überlieferten so beschaffen ist, dass es wahrscheinlich geschieht und möglich ist zu geschehen; nach dieser Maßgabe ist er Dichter hiervon.]

In der Forschung ist die Deutung des neunten Kapitels umstritten (vgl. v. a. Kloss 2003; Schwinge 1996). Am plausibelsten erscheint die folgende Interpretation: Aristoteles stellt keine derartige Opposition zwischen der Geschichtsschreibung und der Dichtung auf (zum Fortleben von Aristoteles' Gegensatz zwischen Geschichtsschreibung und Dichtung im Mittelalter und in der Moderne vgl. Heitmann 1970), dass der Historiker Fakten schildert und der Dichter Fiktionen. Vielmehr schildert der Historiker Fakten und der Dichter dasjenige, was nach Maßgabe der Wahrscheinlichkeit oder Notwendigkeit möglich ist. Die Modalkategorie der Möglichkeit bewegt sich dabei auf einer anderen Ebene als diejenigen der Wahrscheinlichkeit und Notwendigkeit. Das Mögliche gehört zu derjenigen Klasse von Ausdrücken, die das Verhältnis zur Realität beschreiben, und umfasst sowohl dasjenige, was geschehen ist (das Geschehene ist möglich), als auch dasjenige, was zwar nicht geschehen ist, aber grundsätzlich als realisierbar eingeschätzt wird: die mögliche Fiktion (vgl. Arist. rhet. 1363a21–23; zum Geschehenen gehört nach antiker Anschauung auch der historische Kern des Mythos). Der Gegensatz zwischen dem Objektbereich des Historikers und demjenigen des Dichters ist also kein ausschließender in dem Sinne, dass der Historiker das Geschehene darstellt und der Dichter das Nicht-Geschehene. Vielmehr verhalten sich die beiden Objektbereiche im Sinne einer Inklusion zueinander (das Mögliche enthält das Geschehene).

Die wegweisenden Erkenntnisse zu den Modalkategorien des Wahrscheinlichen und Notwendigen haben Kablitz (1989) und Kloss (2003) gewonnen. Während Kablitz eher beiläufig das neunte Kapitel der *Poetik* in einem Aufsatz zur Poetologie des Cinquecento herangezogen hat, hat Kloss anhand von Parallelen für die Verknüpfung des Ausdrucks der Wahrscheinlichkeit mit demjenigen der Notwendigkeit innerhalb der *Poetik* gezeigt, dass die Wahrscheinlichkeit (oder Notwendigkeit) nach Aristoteles' Verständnis die Verknüpfung der Ereignisse im Sinne der Plausibilität bzw. Motivierung bezeichnet (vgl. u. a. Poet. 1451a24–30; Kloss 2003, 173–174). Dabei ist die Notwendigkeit als Extremfall der Wahrscheinlichkeit anzusehen (vgl. Kloss 2003, 161).

Aristoteles stellt also im ersten Satz des neunten Kapitels zwei Forderungen auf: Der Dichter soll als Stoff das Mögliche wählen und es bearbeiten „unter Beachtung der Regeln von Wahrscheinlichkeit oder gar Notwendigkeit", also in bestmöglicher Motivierung des Geschehenszusammenhangs. Daher impliziert Aristoteles' Begriff der Handlung (ὁ μῦθος), die er als Verknüpfung der Ereignisse (ἡ τῶν πραγμάτων σύστασις oder σύνθεσις) definiert und der er den Vorrang vor allen anderen Komponenten der dichterischen Produktion gibt, die plausible Handlung (vgl. Poet. 1450a4–5; 15; 22–23; 38–39). Während die erste Differenz zwischen dem Historiker und dem Dichter derart zu verstehen war, dass der Dichter durch die Darstellung des Möglichen einen größeren Objektbereich als der Historiker abdeckt, der das Geschehene darstellt, ist die in der zweiten Forderung enthaltene Differenz eine Einschränkung des Gegenstandsbereiches des Dichters. Denn der Historiker ist nicht darauf angewiesen, dass die von ihm geschilderten Ereignisse in einem kausalen Zusammenhang zueinander stehen.

Die Fiktionalität stellt daher teilweise einen Unterschied zwischen dem Gegenstandsbereich des Historikers und demjenigen des Dichters dar. Dabei ist die Fiktionalität in zwei Umständen zu sehen, und zwar in einer Option und in einer Verpflichtung: (1) Der Dichter kann – wie im Falle der Komödie – eine Handlung frei erfinden. Der Dichter muss die Handlung aber nicht frei erfinden, sondern kann sich – wie im Falle der Tragödie – an die Überlieferung halten. (2) In beiden Fällen muss aber die Ereignissequenz bestmöglich motiviert sein; da diese Motivation zumeist die Operation des Dichters ist, liegt auch hierin Fiktionalität. Während es bei einer fiktionalen Handlung nicht zu Überschneidungen zwischen der Geschichtsschreibung und der Dichtung kommen kann, ist dies bei denjenigen historischen Ereignissen möglich, denen eine kausale Verknüpfung der Ereignisse zugrunde liegt, wie Aristoteles im zweiten Teil des neunten Kapitels erklärt (vgl. v. a. Poet. 1451b30–32).

Aristoteles' Legitimierung der dichterischen Fiktion begründet diese aber nicht in einem Zusammenhang, der erlauben würde, von einer Autonomie der dichterischen oder literarischen Fiktion zu sprechen. Vielmehr handelt es sich für Aristoteles bei der dichterischen Fiktion um die Fiktion von etwas Möglichem, die der Mimesis, also der Nachahmung bzw. Darstellung des menschlichen Handelns, untergeordnet ist. Insofern stellt die Dichtung nach Aristoteles eine Lehrstunde in der praktischen Ethik dar, da sie einerseits in den Bereich der theoretischen Künste gehört, und zwar zur Ethik als Erkenntnis menschlichen Handelns, andererseits aber nicht allgemein die Ethik behandelt, sondern diese anhand einer mehr oder minder individuellen Handlung illustriert (Aristoteles unterscheidet drei Grundakte menschlichen Handelns: Erkennen, Handeln und Herstellen; vgl. Arist. met. 1025b18–1026a23 und 1064a16–b6; Schmitt ²2011, 92–97).

Die Fiktionalität in den Konzepten der Geografen Eratosthenes, Agatharchides und Strabo sowie des Historikers Polybios

Eine Begründung der Autonomie der dichterischen Fiktion lässt sich bei den Geografen Eratosthenes (3. Jh. v. Chr.), Agatharchides (2. Jh. v. Chr.) und Strabo (ca. 63 v. Chr. – nach 23 n. Chr.) sowie bei dem Historiker Polybios (ca. 200–120 v. Chr.) finden. Auch wenn diese Autoren über das genaue Verhältnis zwischen Wahrheit und Fiktion in der Dichtung streiten, teilen sie den Grundsatz, dass den Dichtern die uneingeschränkte Freiheit zu fingieren zugestanden ist.

Polybios' diesbezügliche Aussagen sind bei Strabo überliefert, der sich am Anfang seines geografischen Werkes (Strabo 1,2) im Anschluss an Polybios in einer Eratosthenes-Kritik auch mit der literarischen Fiktion (insbesondere der Homerischen Epen) auseinandersetzt. Polybios begründet die Autonomie der dichterischen Fiktion, wenn er mit Blick auf die von Homer dargestellten Irrfahrten des Odysseus den Gegenstandsbereich des Dichters auf die folgende Weise definiert (Polyb. 34,3,12–4,4 = Strabo 1,2,17; zu Text und Übersetzung vgl. Radt 2002; zu dieser Textstelle vgl. Pédech 1964, 583):

> Καὶ τὰ ἐν τῇ Μήνιγγι δὲ τοῖς περὶ τῶν Λωτοφάγων εἰρημένοις συμφωνεῖν. εἰ δέ τινα μὴ συμφωνεῖ, μεταβολὰς αἰτιᾶσθαι δεῖν ἢ ἄγνοιαν ἢ καὶ ποιητικὴν ἐξουσίαν, ἢ συνέστηκεν ἐξ ἱστορίας καὶ διαθέσεως καὶ μύθου. τῆς μὲν οὖν ἱστορίας ἀλήθειαν εἶναι τέλος, ὡς ἐν νεῶν καταλόγῳ τὰ ἑκάστοις τόποις συμβεβηκότα λέγοντος τοῦ ποιητοῦ, τὴν μὲν πετρήεσσαν τὴν δὲ ἐσχατόωσαν πόλιν, ἄλλην δὲ πολυτρήρωνα, τὴν δ' ἀγχίαλον· τῆς δὲ διαθέσεως ἐνέργειαν εἶναι τὸ τέλος, ὡς ὅταν μαχομένους εἰσάγῃ, μύθου δὲ ἡδονὴν καὶ ἔκπληξιν. τὸ δὲ πάντα πλάττειν οὐ πιθανόν, οὐδ' Ὁμηρικόν· τὴν γὰρ ἐκείνου ποίησιν φιλοσόφημα πάντας νομίζειν, οὐχ ὡς Ἐρατοσθένης φησί κελεύων μὴ κρίνειν πρὸς τὴν διάνοιαν τὰ ποιήματα, μηδ' ἱστορίαν ἀπ' αὐτῶν ζητεῖν.

[Und ferner stimme die Situation auf Meninx zu dem, was über die Lotophagen erzählt wird. Und wenn etwas nicht stimmt, müsse man den Grund in Veränderungen suchen oder in Unkenntnis oder auch im dichterischen Gegenstandsbereich, der aus Geschichte, Darstellung und Fiktion besteht. Die Geschichte habe als Ziel die Wahrheit, wie wenn im Schiffskatalog der Dichter die Besonderheiten der einzelnen Orte angibt, indem er diese Stadt „felsig", jene „zu äußerst liegend", eine andere „taubenreich" und wieder eine andere „meeresnah" nennt. Ziel der Darstellung sei die Anschaulichkeit – wie wenn er Kämpfende auftreten lässt – und Ziel der Fiktion Vergnügen und Erstaunen. Alles zu erfinden sei nicht plausibel und nicht Homerisch. Denn alle betrachten seine Dichtung als einen Gegenstand philosophischer Betrachtung – im Gegensatz zu Eratosthenes' Aufforderung, seine Dichtungen nicht nach ihrem Sinn zu beurteilen und keine historische Wahrheit in ihnen zu suchen.]

Sowohl Polybios als auch Strabo gehen davon aus, dass die Insel Meninx (heute Djerba) aufgrund ihrer geografischen Lage dem Land der Lotophagen entspricht, wie auch an anderen Stellen deutlich wird (vgl. Polyb. 1,39,2; Strab. 17,3,17; Walbank 1979, 584; Radt 2006, 102 ad Strabo 1,2,17 = Polyb. 34,3,12). Die Lotophagen stellen bei Homer, wie der Name es sagt, ein Volk der Lotosesser dar. Der Konsum des Lotos führt dazu, dass die Gefährten des Odysseus, die davon kosten, ihre Heimat vergessen und den Wunsch verspüren, immer im Land der Lotophagen zu bleiben (vgl. Hom. Od. 9,80–104).

Anders als bei Platon und Aristoteles lässt sich bei Eratosthenes und Polybios insofern eine Begründung der autonomen Fiktion erkennen, als diese (fast) keinen anderen literar-ästhetischen oder sozialen Parametern Rechnung tragen muss. Bei Eratosthenes tritt dieser Grundsatz in seiner Aussage zu Tage, dass man in Homers Dichtung keine historische Wahrheit suchen darf. Somit betrachtet er die literarische Fiktion nahezu als Spinnerei. Polybios betrachtet die Dichtung differenzierter, wenn er den Gegenstandsbereich des Dichters (den Ausdruck ποιητικὴ ἐξουσία verwendet er in diesem Sinn) in Geschichte (ἱστορία), Darstellung (διάθεσις) und Fiktion (μῦθος) gliedert. Durch dieses Konzept wird die literarische Fiktion nur dadurch eingeschränkt, dass sie mit Realien interagiert (eine fiktionale Erzählung ist eine Vermischung aus Realien und Fiktionen); unter der Kategorie der Darstellung (διάθεσις) versteht Polybios die ausführliche und anschauliche Darstellung (vgl. Polyb. 2,61,1–3; 15,36,1–3). Der Umstand, dass die fiktionale Erzählung nur durch ihren historischen Kern in ihrer Autonomie eingeschränkt wird, wird auch in Polybios' Aussage deutlich, dass es nicht plausibel und nicht Homerisch sei, alles zu erfinden. Auch die Wirkziele der Fiktion, nämlich Vergnügen und Erstaunen zu bereiten, sind so allgemein gehalten, dass die Autonomie der Fiktion nicht nennenswert eingeschränkt wird.

Die Ansicht, dass Homers Epen eine fiktionale Ausgestaltung eines im Kern historischen Geschehens darstellen, expliziert Polybios auch an der eingangs zitierten Stelle, an der er über den Sack der Winde spricht (Polybios 34,2,4 =

Strabo 1,2,15). Damit ist diejenige Episode aus der *Odyssee* gemeint, in der geschildert wird, dass Aiolos für Odysseus' Heimfahrt nach Ithaka günstige Winde in einem Schlauch eingeschlossen und ihm diesen übergeben hat (vgl. Hom. Od. 10,1–76). Das Diktum des Eratosthenes, dass man erst dann herausfinden könne, wo Odysseus herumgeirrt sei, wenn man den Riemer gefunden habe, der den Sack der Winde genäht habe (vgl. Eratosthenes, fr. I A 16 Berger 1880, 36 = fr. 5 Roller 2010, 43), ist ironisch zu verstehen: Da es Eratosthenes zufolge jeder Dichter auf Gemütsbewegung, nicht auf Belehrung abgesehen hat (vgl. Strabo 1,1,10 und 1,2,3 = Eratosthenes, fr. I A 20 Berger 1880, 37 = fr. 2 Roller 2010, 41), sei (nahezu) die gesamte Darstellung der Irrfahrt als Fiktion anzusehen und der Versuch, aus Homers *Odyssee* Odysseus' Irrfahrt zu rekonstruieren, von vornherein zum Scheitern verurteilt. Polybios und – an ihn anschließend – Strabo folgen Eratosthenes nicht, da sie die Geografie der Irrfahrt ebenso wie die gesamten Homerischen Epen als Vermischung von Realien und Fiktionen verstehen. Folglich müsse man die fiktiven Ausschmückungen subtrahieren, um zu erkennen, dass die Irrfahrt in der Gegend von Sizilien stattgefunden hat.

Agatharchides entwirft in dem nur fragmentarisch (vor allem durch Photius) überlieferten Werk Περὶ τῆς Ἐρυθρᾶς θαλάσσης („Über das Rote Meer") das Konzept der dichterischen Lizenz (zum Fachausdruck ποιητικὴ ἐξουσία vgl. Agatharchides GGM I 4 p. 112 Müller 1882). Im Zusammenhang dieser Stelle erörtert Agatharchides die Etymologie des „Roten Meeres" und weist die Erklärung der Historiker im Anschluss an Deinias (textkritisch unsicher) als Fiktion zurück, nach der sich der Name vom eponymen Erythras, dem Sohn des Perseus, herleitet. Diese Frage führt Agatharchides zu allgemeinen Überlegungen über die literarische Fiktion, die er folgendermaßen zusammenfasst (GGM I 8 p. 117 Müller 1882):

Ὅτι αὐτός, φησίν, ἑαυτῷ αἴτιος καθίστατο ἐλέγχων ὁ τὴν τῶν μυθοποιῶν ἐξουσίαν εἰς πραγματικὴν μετάγων ἐνάργειαν. [...] Ἐπεὶ διὰ τίνα αἰτίαν Ὅμηρον οὐκ εὐθύνω, Διὸς καὶ Ποσειδῶνος φράζοντα διαφοράν, ἀδύνατον ἀνθρώπῳ πίστιν παραδοῦναι· οὐδ' Ἡσιόδῳ μέμφομαι δηλοῦν τολμῶντι θεῶν γένεσιν· [...] οὐδὲ τοὺς ἄλλους εἰς ἐπιτίμησιν ἄγω, διασκευαῖς ἐν τοῖς δράμασι χρωμένους ἀδυνάτοις; ὅτι πᾶς ποιητὴς ψυχαγωγίας <μᾶλλον> ἢ ἀληθείας ἐστὶ στοχαστής.

[Er selbst, sagt er, habe sich zu seinem eigenen Widerleger gemacht, der die Lizenz der Verfasser von fiktiven Geschichten auf eine historische Darstellung übertragen hat. [...] Aus welchem Grund kritisiere ich nicht Homer, der von einem Streit zwischen Zeus und Poseidon berichtet, obwohl es unmöglich ist, dies einem Menschen glaubhaft zu machen? Warum kritisiere ich nicht Hesiod, der es gewagt hat, die Abstammung der Götter darzustellen? [...] Warum unterziehe ich auch die anderen [sc. Dichter] keiner Kritik, die in ihren Dramen unmögliche Ausschmückungen verwendet haben? Weil jeder Dichter <mehr> auf die Gemütsbewegung als auf die Wahrheit abzielt.]

Während der Historiker daher Agatharchides zufolge nicht dazu berechtigt ist, Fiktionen in sein Werk zu übernehmen, sondern die Wahrheit darstellen muss, haben die Dichter die Lizenz, frei zu erfinden. Auch in diesem Fall wird die Autonomie der dichterischen Fiktion nicht signifikant eingeschränkt.

Der Geograf Strabo folgt im Wesentlichen den Ansichten des Polybios und stellt sich gegen die Einschätzungen des Eratosthenes (zu Strabos Äußerungen zur Fiktionalität vgl. Jolivet 2013; Kim 2010, 47–84; Soler 2010). In leichter Abwandlung von Polybios' Dreiteilung zwischen Geschichte (ἱστορία), lebendiger Darstellung (διάθεσις) und Fiktion (μῦθος) entwickelt Strabo in Auseinandersetzung mit der Geografie der *Odyssee* die Opposition zwischen dem historischen Kern einer Geschichte (ἱστορία) und ihrer fiktionalen Ausgestaltung (διασκευή) (Strabo 1,2,11):

> Δεῖ δὲ ταῦτα προϋποθέμενον σκοπεῖν τί λέγουσιν οἱ φήσαντες περὶ Σικελίαν ἢ Ἰταλίαν γενέσθαι τῷ Ὀδυσσεῖ τὴν πλάνην καθ' Ὅμηρον· ἔστι γὰρ ἀμφοτέρως τοῦτο δέξασθαι, καὶ βέλτιον καὶ χεῖρον· βέλτιον μέν, ἂν οὕτω δέχηταί τις ὅτι πεισθεὶς ἐκεῖ τὴν πλάνην τῷ Ὀδυσσεῖ γενέσθαι, λαβὼν ἀληθῆ ταύτην τὴν ὑπόθεσιν ποιητικῶς διεσκεύασε· τοῦτο γὰρ οἰκείως ἂν λέγοιτο περὶ αὐτοῦ· καὶ οὐ μόνον γε περὶ Ἰταλίαν, ἀλλὰ καὶ μέχρι τῶν ἐσχάτων τῆς Ἰβηρίας ἐστὶν εὑρεῖν ἴχνη τῆς ἐκείνου πλάνης καὶ ἄλλων πλειόνων. χεῖρον δέ, ἐάν τις καὶ τὴν διασκευὴν ὡς ἱστορίαν δέχηται, ἐκείνου ὠκεανὸν καὶ ᾅδην καὶ Ἡλίου βόας καὶ παρὰ θεαῖς ξενίας καὶ μεταμορφώσεις καὶ μεγέθη Κυκλώπων καὶ Λαιστρυγόνων καὶ μορφὴν Σκύλλης καὶ διαστήματα πλοῦ καὶ ἄλλα πλείω τοιαῦτα τερατογραφοῦντος φανερῶς.

> [Nachdem dies vorausgeschickt worden ist, müssen wir uns fragen, was diejenigen meinen, die behauptet haben, die Irrfahrt des Odysseus habe sich nach Homer in der Gegend von Sizilien oder Italien abgespielt. Man kann das nämlich auf zwei Arten, eine richtige und eine falsche, verstehen. Die richtige ist, wenn man es so versteht, dass der Dichter in der Überzeugung, die Irrfahrt des Odysseus habe sich dort abgespielt, dies als Grundlage in der Wirklichkeit genommen und sie dichterisch bearbeitet hat. Denn das ist, was man angemessener Weise von ihm behaupten darf, und nicht nur in der Gegend von Italien, sondern auch bis an die äußersten Enden Iberiens kann man Spuren seiner Irrfahrt und der mehrerer anderer finden. Die falsche ist, wenn man auch die Ausgestaltung als Wirklichkeit nimmt, während der Dichter doch den Ozean, den Hades, die Rinder des Helios, Aufenthalte bei Göttinnen, Verwandlungen, riesenhafte Zyklopen und Laistrygonen, die ungestalte Skylla, Fahrtentfernungen und mehreres andere dieser Art ganz offenkundig als Wunderdinge darstellt.]

Die richtige Art, Homer und dessen Ausleger zu verstehen, besteht also Strabo zufolge darin, die literarischen Produkte als Vermischung von realen Begebenheiten mit fiktiven Elementen zu verstehen. Dabei benutzt er wie Agatharchides (an der zuvor zitierten Stelle: GGM I 8 p. 117 Müller 1882) den Begriff διασκευή im Sinne der „fiktionalen Ausschmückung" (für die Termini technici διασκευή und διασκευάζω vgl. auch Strabo 1,2,7; 23 und 36).

Die in diesem historischen Abriss analysierten Reflexionen über die literarische Fiktion zeigen daher ein differenziertes Verständnis von Literatur und insbesondere von Dichtung, wobei die Bewertungen der und Zugeständnisse an die Fiktionalität im Einzelnen divergieren. Teilweise sind die sich wandelnden Bewertungen der Fiktionalität auf die Kontexte zurückzuführen, in denen sich die Fiktionstheorien finden. So erklären sich bspw. Platons Anforderungen an die Dichter durch die allgemeinen ethischen Grundsätze, die für die Erziehung der Kinder und Jugendlichen im Idealstaat aufgestellt werden. In einleitenden und allgemeinen Überlegungen, wie es bei den Geografen Eratosthenes, Agatharchides und Strabo sowie bei dem Historiker Polybios der Fall ist, wird die Fiktionalität keinen oder kaum anderen literar-ästhetischen oder sozialen Parametern unterworfen.

3 Einzelne systematische Aspekte

Fiktionalität vs. Faktizität

Die Geschichtsschreibung gilt im antiken Fiktionalitätsdiskurs grundsätzlich als Darstellung von wahren Sachverhalten, also als faktuale Erzählgattung (*historia* / ἱστορία). Der Locus classicus für diese Anschauung ist das neunte Kapitel der Aristotelischen *Poetik*, in dem die Aufgabe des Dichters und diejenige des Historikers, der das Geschehene referiert, gegenübergestellt werden (s. unter Punkt 2). Aber auch an vielen anderen Stellen des antiken Fiktionalitätsdiskurses lässt sich diese Auffassung wiederfinden. Hier sind u. a. die Skalierungen der dargestellten Geschichte zu nennen, in denen die *historia* (ἱστορία), zu der zweifellos die Geschichtsschreibung gehört, als faktuale Erzählgattung definiert und den fiktionalen Erzählgattungen gegenübergestellt wird (s. den nächsten Unterpunkt). Auch Ciceros Äußerungen über die Geschichtsschreibung (vgl. Cic. de orat. 2,62–64; leg. 1,5 [s. weiter unten zum Fiktionsvertrag]) machen deutlich, dass er hierunter eine faktuale Erzählgattung versteht (anders: Woodman 2012; zu Cicero und der Geschichtsschreibung vgl. auch Brunt 2011; Woodman 2011; Krebs 2009; Northwood 2008; Woodman 2008; Fox 2007, v. a. 111–148; Woodman 1988). Wenn der Geschichtsschreibung konzediert wird, dass in ihr nicht nur wahre Sachverhalte dargestellt werden, bezieht sich dieser Umstand auf die fiktionalen Reden. Denn der Historiker Thukydides (vor 454 v. Chr. – zwischen 399 und 396 v. Chr.) gibt im sog. Methodenkapitel zu erkennen, dass seine Figurenreden realistische Fiktionen sind (Thuk. 1,22; zur Redenfiktion vgl. auch Luk. hist. conscr. 58; Polyb. 2,56,10–12; 12,25a4 f. und 12,25i2–5):

Καὶ ὅσα μὲν λόγῳ εἶπον ἕκαστοι ἢ μέλλοντες πολεμήσειν ἢ ἐν αὐτῷ ἤδη ὄντες, χαλεπὸν τὴν ἀκρίβειαν αὐτὴν τῶν λεχθέντων διαμνημονεῦσαι ἦν ἐμοί τε ὧν αὐτὸς ἤκουσα καὶ τοῖς ἄλλοθέν ποθεν ἐμοὶ ἀπαγγέλλουσιν· ὡς δ᾿ ἂν ἐδόκουν ἐμοὶ ἕκαστοι περὶ τῶν αἰεὶ παρόντων τὰ δέοντα μάλιστ᾿ εἰπεῖν, ἐχομένῳ ὅτι ἐγγύτατα τῆς ξυμπάσης γνώμης τῶν ἀληθῶς λεχθέντων, οὕτως εἴρηται. (2) τὰ δ᾿ ἔργα τῶν πραχθέντων ἐν τῷ πολέμῳ οὐκ ἐκ τοῦ παρατυχόντος πυνθανόμενος ἠξίωσα γράφειν, οὐδ᾿ ὡς ἐμοὶ ἐδόκει, ἀλλ᾿ οἷς τε αὐτὸς παρῆν καὶ παρὰ τῶν ἄλλων ὅσον δυνατὸν ἀκριβείᾳ περὶ ἑκάστου ἐπεξελθών. (3) ἐπιπόνως δὲ ηὑρίσκετο, διότι οἱ παρόντες τοῖς ἔργοις ἑκάστοις οὐ ταὐτὰ περὶ τῶν αὐτῶν ἔλεγον, ἀλλ᾿ ὡς ἑκατέρων τις εὐνοίας ἢ μνήμης ἔχοι. (4) καὶ ἐς μὲν ἀκρόασιν ἴσως τὸ μὴ μυθῶδες αὐτῶν ἀτερπέστερον φανεῖται· ὅσοι δὲ βουλήσονται τῶν τε γενομένων τὸ σαφὲς σκοπεῖν καὶ τῶν μελλόντων ποτὲ αὖθις κατὰ τὸ ἀνθρώπινον τοιούτων καὶ παραπλησίων ἔσεσθαι, ὠφέλιμα κρίνειν αὐτὰ ἀρκούντως ἕξει. κτῆμά τε ἐς αἰεὶ μᾶλλον ἢ ἀγώνισμα ἐς τὸ παραχρῆμα ἀκούειν ξύγκειται.

[Was nun die Reden betrifft, die sie (sc. die Kriegsteilnehmer) jeweils entweder vor dem oder während des Krieges gehalten haben, war es mir als Ohrenzeugen sowie meinen Berichterstattern schwierig, den genauen Wortlaut im Gedächtnis zu behalten. Ich habe sie so sprechen lassen, wie sie mir jeweils am ehesten das zu sagen schienen, was angesichts der Umstände gesagt werden musste, indem ich mich so eng wie möglich an die Gesamtaussage des wirklich Gesprochenen hielt. (2) Die Geschehnisse, also das, was in dem Krieg passiert ist, glaubte ich nicht nach Maßgabe einer zufälligen Informationsquelle oder, wie es mir beliebte, niederschreiben zu dürfen, sondern (sc. ich glaubte, die Geschehnisse in der Weise niederschreiben zu müssen) indem ich – so weit möglich – mit Genauigkeit im Einzelnen überprüfte, was ich selbst miterlebte und von anderen erfuhr. (3) Das waren mühevolle Untersuchungen, weil die jeweiligen Augenzeugen nicht dasselbe über dasselbe gesagt haben, sondern (sc. so gesprochen haben) wie Wohlwollen und Erinnerung es ihnen jeweils eingaben. (4) Für einen öffentlichen Vortrag ist meine Darstellung der Kriegsgeschehnisse wahrscheinlich zu wenig unterhaltsam, da ihr sagenhafte Erzählungen fehlen. Wenn all diejenigen, die die Vergangenheit genau betrachten und die Zukunft (sc. vorhersehen) wollen, die sich gemäß der menschlichen Natur so und so ähnlich (sc. wie die Vergangenheit) verhält, meine Darstellung der Kriegsgeschehnisse als nützlich beurteilen werden, so wird das genügen. Als Besitz für alle Zeiten liegt sie vor, weniger als etwas, das dazu bestimmt ist, bei einem Vortragswettkampf nur für den Augenblick gehört zu werden.]

Die andere Konzession an die Geschichtsschreibung, von der Wahrheit abzuweichen, besteht darin, dass einzelne Passagen bei bzw. einzelne Autoren wie Herodot und Theopomp (zu Herodot und Theopomp vgl. z. B. Cic. leg. 1,5 [s. weiter unten zum Fiktionsvertrag]; Strabo 1,2,35; Theon RhG II 66,16–25 Spengel; Patillon und Bolognesi 1997, 10) oder einzelne Formen der Geschichtsschreibung wie die Genealogie gemeint sind (zu den historischen Subgattungen wie der Genealogie vgl. Sext. Emp. adv. math. 1,252 f.; Polyb. 9,1 f.; Isokr. 12,1 f.; zur Genealogie vgl. Thomas 2011). So gibt Cicero an einer anderen Stelle (vgl. Cic. div. 2,115 f.) zu erkennen, dass das von Herodot geschilderte doppeldeutige Orakel, dass Croesus ein großes Reich zerstören wird (vgl. Herodot 1,53; 71; 75; 86; 91), eine Fiktion darstellt. Was Theopomp (4. Jh. v. Chr.) betrifft, dessen Geschichtswerk (*Philippika*) nur fragmentarisch überliefert ist, gewährt Aelian in der *Varia Historia* (2./3. Jh. n. Chr.)

einen Einblick in eine fiktive Geschichte (vgl. Ail. var. 3,18 = Theopompos FGrHist II B, 115 F 75c p. 551 f. Jacoby): Unter den in der fernen Welt lebenden Menschen gebe es die Meropen. An dem äußersten Ort des von ihnen bewohnten Gebietes, Anostos, gebe es zwei Flüsse, den Freudenfluss und den Trauerfluss. An beiden Flüssen würden Bäume mit Früchten wachsen. Wer die Früchte am Trauerfluss genieße, würde das ganze Leben lang weinen und auf diese Weise sterben. Wer von den Früchten am Freudenfluss kosten würde, würde alle vorigen Begierden verlieren, und sein Leben würde rückwärts verlaufen: aus dem Greis werde ein Mann, aus dem Mann ein Jugendlicher und so fort, bis er als Säugling sterben würde.

Skalierung der dargestellten Geschichte

Die typische antike Skalierung der dargestellten Geschichte ist eine Dreiteilung zwischen *fabula* (μῦθος), *historia* (ἱστορία) und *argumentum* (πλάσμα). Diese Dreiteilung ist zum ersten Mal in Ciceros Rhetorikhandbuch De inventione („Über die (Er-)Findung [sc. des Stoffes]") und in der Rhetorik des unbekannten Auctor ad Herennium überliefert, bei denen sie in eine umfassende Unterteilung der Erzählung (*narratio*) integriert ist (Cic. inv. 1,27; vgl. auch rhet. Her. 12–13; vgl. hierzu Barwick 1928):

> Narratio est rerum gestarum aut ut gestarum expositio. Narrationum genera tria sunt: [...]. Tertium genus est remotum a civilibus causis, quod delectationis causa non inutili cum exercitatione dicitur et scribitur. Eius partes sunt duae, quarum altera in negotiis, altera in personis maxime versatur. Ea, quae in negotiorum expositione posita est, tres habet partes: fabulam, historiam, argumentum. Fabula est, in qua nec verae nec veri similes res continentur, cuiusmodi est: «Angues ingentes alites, iuncti iugo...». Historia est gesta res, ab aetatis nostrae memoria remota; quod genus: «Appius indixit Carthaginiensibus bellum». Argumentum est ficta res, quae tamen fieri potuit. Huiusmodi apud Terentium: "Nam is postquam excessit ex ephebis, Sosia ...". Illa autem narratio, quae versatur in personis, eiusmodi est, ut in ea simul cum rebus ipsis personarum sermones et animi perspici possint [...].

> [Eine Erzählung ist die Darstellung von Dingen, die geschehen sind oder bei denen so getan wird, als seien sie geschehen. Es gibt drei Arten von Erzählungen: [...]. Die dritte Art hat nichts mit öffentlichen Fällen zu tun; sie wird mündlich oder schriftlich um des Vergnügens willen ausgeführt und ist mit einem nicht unnützen Übungseffekt verbunden. Sie (sc. die Erzählung) hat zwei Teile, von denen sich der eine mit Ereignissen, der andere vor allem mit den Personen befasst. Derjenige Teil, der in der Darstellung der Ereignisse liegt, hat drei Teile: *fabula, historia, argumentum. Fabula* ist das, worin weder wahre noch wahrscheinliche Sachen enthalten sind, wie z. B. „Riesige fliegende Schlangen, an ein Joch zusammengebunden...". *Historia* ist eine geschehene Sache, die weit vor unserer Zeit liegt; zu dieser Art gehört „Appius erklärte den Karthagern den Krieg". *Argumentum* ist eine erfundene Sache, die trotzdem hätte geschehen können. Von dieser Art ist die Terenzstelle „Denn nachdem er aus dem Ephebenalter herausgekommen war, Sosia, ...". Diejenige Erzählung aber, die

sich mit den Personen befasst, ist von der Art, dass in ihr zugleich mit den Sachen selbst die Gespräche und Charaktere der Menschen durchschaut werden können [...].]

Die dritte Gattung der Erzählung, die literarische Erzählung, wird in zwei Kategorien eingeteilt: Sie wird entweder durch die Ereignisse (*in negotiis*) oder durch die Personen (*in personis*) bestimmt. Die ereigniszentrierte literarische Erzählung wird nach dem Kriterium der Fiktivität in drei Arten untergliedert: In einer *fabula* werden unwahrscheinliche, wenn nicht sogar unmögliche Ereignisse geschildert. Als Beispiel dient ein Vers aus Pacuvius' Tragödie *Medus*, in dem offensichtlich der Schlangenwagen geschildert wird, in dem Medea nach Kolchis entkommt (vgl. Pacuvius, fr. 171 Schierl 2006, 366–367; Hyg. fab. 27, 3). Bei der *historia* handelt es sich um ein in der Vergangenheit liegendes Ereignis. Ein solches wird z. B. von Ennius geschildert, wenn er in seinem Epos schreibt, dass Appius [sc. Claudius Caudex] den Karthagern den Krieg erklärte, womit wahrscheinlich der Auftakt des ersten Punischen Krieges gemeint ist (vgl. ann. fr. 216 Skutsch 1985, 385–388; fr. 223 Vahlen 1903, 40). Ein *argumentum* ist eine Fiktion, von der es heißt, dass sie „trotzdem hätte geschehen können", d. h. eine mögliche, vielleicht sogar wahrscheinliche Fiktion. Als Beispiel dient eine Stelle aus Terenz' Komödie *Andria* (Andr. 51). Da auch die faktuale Erzählung (*historia*) Teil der Skalierung ist, handelt es sich bei der antiken Skalierung nicht nur um eine Skalierung der Fiktivität in die realistische und die phantastische Fiktion, sondern um eine Skalierung des gesamten Spektrums der dargestellten Geschichte.

Da das Beispiel für die *fabula* aus dem Bereich der Sage stammt, darf man hieraus schließen, dass unwahrscheinliche Ereignisse vornehmlich, aber nicht ausschließlich in der Sage vorkommen. Die erfundenen und zugleich möglichen Ereignisse (*argumentum*) werden vornehmlich in der Komödie geschildert – Terenz' Komödie *Andria* steht hier stellvertretend für die neue Komödie (Nea) mit ihren stereotypen Figuren wie dem jugendlichen Liebhaber, dem Kuppler, der Hetäre, dem cleveren Sklaven etc. Zur *historia* gehören die geschichtlichen Ereignisse sowie der Großteil der Sage; nur derjenige Bereich der Sage, der unwahrscheinliche, wenn nicht sogar unmögliche Ereignisse enthält, gehört nicht zur *historia*, sondern zur *fabula*.

Der Gültigkeitsbereich der ereigniszentrierten wie überhaupt der literarischen Erzählung ist vermutlich in der gesamten erzählenden Literatur, nicht nur in der Dichtung zu sehen. Zwar ist zumindest ein starker Bezug zur Dichtung in dem Umstand zu erkennen, dass sämtliche Beispiele für die literarische Erzählung in *De inventione* der Dichtung entstammen. Trotzdem liegt der Gültigkeitsbereich der dritten Gattung der Erzählung vermutlich in der gesamten Literatur, da man der Gesamtunterteilung der Erzählung das Anliegen ablesen kann, jede Form der Erzählung abzudecken. Gerade bei der *historia* kann man sich nicht vorstellen, dass die (Prosa-)Geschichtsschreibung nicht hierzu zählte. Für die Tatsache, dass sämtliche Beispiele für die literarische Erzählung der Dichtung entstammen, sind wohl zwei Gründe verantwortlich: Zum einen kann man hierin das Erbe der Dichtungstheorie erkennen. Zum anderen wurden die jungen Menschen im Schulunterricht durch die Dichterlektüre mit den dichterischen Texten vertraut gemacht.

Was die Historizität der Dreiteilung zwischen *fabula* (μῦθος), *historia* (ἱστορία) und *argumentum* (πλάσμα) betrifft, muss der griechische Grammatiker Asklepiades aus Myrlea in Bithynien (2./1. Jh. v. Chr.) als deren Urheber angesehen werden (vgl. Sext. Emp. adv. math. 1,252f. und 263), soweit der Ursprung dieser Dreiteilung auf einen namentlich bekannten Rhetor bzw. Grammatiker-Philologen zurückverfolgt werden kann. Eine Skalierung der dargestellten Geschichte anhand dieser drei Kategorien findet sich auch an vielen anderen Stellen der griechischen und lateinischen Literatur (vgl. Quint. inst. 2,4,2; Hermog. Progym. 2,3 Patillon 2008, 183; Anon. Seg. 53–55 Dilts und Kennedy 1997, 18; Mart. Cap. 5,550; Schol. Dionys. Thr. GG I 3, 449,10–14 Hilgard; Schol. in Ter. 167,31–168,1 Schlee; Priscian, *Praeexercitamina*, 34 Passalacqua 1987; Nikolaos RhG XI 12,17–13,4 Felten; Isid. orig. 1,44,5).

Fiktion auf der Ebene der Textproduktion: Die allgemeine Definition der Erzählung bei Cicero und in der rhetorischen Tradition
Die Einsicht, dass nicht jede Erzählung eine wahre Geschichte schildert, sondern auf literarischer Fiktion beruhen kann, wird auch in der soeben zitierten Definition der Erzählung reflektiert. Die Erzählung wird in der rhetorischen Tradition, und zwar sowohl in der lateinischen als auch in der griechischen Erzähltheorie, allgemein so definiert, dass sie „die Darstellung von geschehenen oder quasi geschehenen Ereignissen ist" (vgl. Cic. inv. 1,27 [s. den vorigen Unterpunkt]; rhet. Her. 1,4; Theon RhG II 78,15f. Spengel; Patillon und Bolognesi 1997, 38; Aphth. Progym. 2,1 Patillon 2008, 113; Hermog. Progym. 2,1 Patillon 2008, 183; Nikolaos RhG XI 11,14f. Felten; Schol. Dionys. Thr. GG I 3, 180,4–7 Hilgard; Priscian, *Praeexercitamina*, 34 Passalacqua 1987).

Es hat den Anschein, als würde in der allgemeinen Definition der Erzählung das Phänomen der Fiktion auf der Ebene der Textproduktion reflektiert werden, da das Substantiv ‚Darstellung' auf den erzählenden Autor verweist, wobei bedacht werden muss, dass die antike Definition der Erzählung sowohl die faktuale als auch die fiktionale Erzählung umfasst: Eine Erzählung besteht darin, dass der Erzähler etwas darstellt, was stattgefunden hat, oder darin, dass er so tut, als hätte das entsprechende Ereignis stattgefunden. Die antike Definition der Erzählung ist daher *in nuce* eine *pretence*-Theorie. Denn die Hauptthese der von Searle entwickelten *pretence*-Theorie besagt, dass der Autor eines fiktionalen Textes nur vorgibt (*pretends*), Behauptungen zu äußern, d. h. dass er so tut, als ob (*as if*) das zutreffen würde, was er behauptet, allerdings ohne eine Täuschungsabsicht zu verfolgen (vgl. Searle 1975, 324).

Der Fiktionsvertrag: Ciceros Prolog zu De legibus

In der modernen Fiktionstheorie wird die literarische Fiktion häufig im Rahmen eines ‚Fiktionsvertrages' beschrieben und legitimiert (vgl. Zipfel 2001, 279–287), wobei der Ausdruck ‚stillschweigende Übereinkunft' bevorzugt werden sollte, da ein Vertrag explizit ist, wohingegen sich die Autoren von fiktionalen Erzählungen auf ein ungeschriebenes Regelwerk berufen, nämlich auf eine anerkannte soziale Praxis. Ein Vorläufer des modernen Fiktionsvertrages findet sich in Ciceros Prolog zum ersten Buch von *De legibus*, in dem zwar nicht von einem ‚Vertrag' die Rede ist, aber von den eigenen ‚Gesetzen', die für die Dichtung gelten.

Im Prolog wird ein Gespräch zwischen (Marcus Tullius) Cicero, seinem Bruder Quintus und seinem Freund Atticus referiert, das in Arpinum, dem Geburtsort von Cicero und dem Feldherrn Marius, stattfindet und in dem u. a. der Gegensatz zwischen der Geschichtsschreibung und der Dichtung diskutiert wird (vgl. Cic. leg. 1,1–5). Das Gespräch entwickelt sich aus der Tatsache, dass Atticus (in der realen Welt des fiktiven Dialogs) einen Hain und eine Eiche mit der entsprechenden Darstellung eines Adleromens in Ciceros Epos *Marius* identifiziert (in dem Adleromen des fragmentarisch überlieferten Epos kämpft ein Adler siegreich gegen eine Schlange; vgl. Cic. div. 1,106). Das Verhältnis zwischen den Dingen in der Wirklichkeit und ihrer dichterischen Darstellung wird nun im weiteren Verlauf des Gesprächs problematisiert. Quintus, der ebenso wie Cicero Gedichte verfasst hat, äußert den Gedanken, dass es an diesem Ort immer eine Eiche geben wird, die man die Marianische Eiche nennen wird, da sie als Produkt von Ciceros Imagination unsterblich sein wird (vgl. Cic. leg. 1,1–2). Den skeptischen Atticus beschäftigt aber die fragwürdige Historizität des Omens (Cic. leg. 1,3–5):

> (3) Atticvs: Non dubito id quidem. Sed hoc iam non ex te, Quinte, quaero, verum ex ipso poeta, tuine versus hanc quercum severint, an ita factum de Mario, ut scribis, acceperis.
> Marcvs: Respondebo tibi equidem, sed non ante quam mihi tu ipse responderis, Attice, certene non longe a tuis aedibus inambulans post excessum suum Romulus Proculo Iulio dixerit se deum esse et Quirinum vocari templumque sibi dedicari in eo loco iusserit, et verumne sit <ut> Athenis non longe item a tua illa antiqua domo Orithyiam Aquilo sustulerit; sic enim est traditum.
> (4) Atticvs: Quorsum tandem aut cur ista quaeris?
> Marcvs: Nihil sane, nisi ne nimis diligenter inquiras in ea quae isto modo memoriae sint prodita.
> Atticus: Atqui multa quaeruntur in Mario fictane an vera sint, et a nonnullis quod et in recenti memoria et in Arpinati homine versere, veritas a te postulatur.

Marcvs: Et mehercule ego me cupio non mendacem putari, sed tamen nonnulli isti, Tite noster, faciunt imperite, qui in isto periculo non ut a poeta sed ut a teste veritatem exigant, nec dubito quin idem et cum Egeria collocutum Numam et ab aquila Tarquinio apicem impositum putent.
(5) Qvintvs: Intellego te, frater, alias in historia leges observandas putare, alias in poemate.
Marcvs: Quippe, cum in illa ad veritatem, Quinte, referantur, in hoc ad delectationem pleraque; quamquam et apud Herodotum patrem historiae et apud Theopompum sunt innumerabiles fabulae.

[(3) Atticus: Daran zweifle ich nicht. Aber dies frage ich nicht dich, Quintus, sondern den Dichter selbst, nämlich ob deine Verse diese Eiche gesät haben oder ob du weißt, dass es, was Marius betrifft, so geschehen ist, wie du schreibst.
Marcus: Ich werde dir zwar antworten, aber nicht bevor du mir selbst geantwortet hast, Atticus, ob Romulus, als er nach seinem Tod nicht weit von deinem Haus entfernt spazierte, zu Proculus Julius gesagt hat, dass er [sc. Romulus] ein Gott ist, und veranlasst hat, dass er Quirinus genannt und ihm ein Tempel an dem besagten Ort geweiht wird, und ob wahr ist, wie Aquilo, ebenfalls nicht weit von deinem alten Haus entfernt, Orithyia entführt hat; so ist es nämlich überliefert.
(4) Atticus: Worauf willst du denn hinaus oder wozu fragst du danach?
Marcus: Nichts Besonderes, außer damit du nicht allzu kritische Fragen stellst über das, was auf diese Weise überliefert worden ist.
Atticus: Aber bei vielem im *Marius* fragt man sich, ob es fiktiv oder wahr ist, und von manchen Leuten wird die Wahrheit von dir verlangt, da du dich mit der jüngeren Vergangenheit und einem Menschen aus Arpinum beschäftigen würdest.
Marcus: Und fürwahr habe ich das Verlangen, nicht für einen Lügner gehalten zu werden, aber dennoch handeln einige von diesen Leuten da, unser Titus, unklug, weil sie in dieser Situation nicht wie von einem Dichter, sondern wie von einem Zeugen die Wahrheit einfordern, und ich zweifle nicht daran, dass dieselben Leute glauben, dass sich Numa mit Egeria unterhalten hat und ein Adler Tarquinius eine Kappe aufgesetzt hat.
(5) Quintus: Ich sehe ein, dass du, Bruder, der Meinung bist, dass andere Gesetze in der Geschichtsschreibung gelten als in der Dichtung.
Marcus: Ja, weil sich in der zuerst genannten [sc. Gattung] das meiste auf die Wirklichkeit bezieht, Quintus, in der zuletzt genannten [sc. Gattung] auf die Unterhaltung; trotzdem finden sich bei Herodot, dem Vater der Geschichtsschreibung, und bei Theopomp unzählige fiktive Geschichten.]

Cicero nutzt Atticus' Frage zur Gegenfrage, ob er an Romulus' Epiphanie und an Orithyias Entführung durch Aquilo glaubt, und stellt die Geschichte von Marius' Omen in eine Reihe mit jenen Legenden (vgl. Cic. rep. 2,18–20; Plat. Phaidr. 229c). Atticus gibt sich aber mit Ciceros Rechtfertigung (Dichtern ist es erlaubt zu fingieren) nicht zufrieden. Er würde einen fiktionalen Bericht akzeptieren, wenn es sich um Ereignisse handeln würde, die weit zurückliegen. Da aber mit Marius eine lokale Person, die erst dreißig Jahre vorher verstorben ist, die zentrale Figur des Epos ist, betrachtet Atticus ebenso wie andere Leute Ciceros Epos unter Vorbehalt.

Cicero gibt nun Atticus die Antwort, dass diejenigen, die von ihm eine vollständig wahre Darstellung einfordern, einem Missverständnis unterliegen. Er möchte nicht, dass seine Leser ihn als Lügner betrachten, wenn er einzelne Elemente schildert, die nicht der Wahrheit entsprechen. Somit stellt er die Diskursform und – um den Begriff vorwegzunehmen – deren Gesetze zur Diskussion, wie Cicero deutlich macht, wenn er seine Kritiker mit dem Argument zurückweist, dass sie unangemessenerweise in dieser Situation nicht wie von einem Dichter, sondern wie von einem Zeugen die Wahrheit einfordern (vgl. Ov. am. 3,12,19–20).

Wenn Quintus nun Ciceros eher implizite Andeutungen dahingehend zusammenfasst, dass in der Geschichtsschreibung andere Gesetze eingehalten werden müssen als in der Dichtung, gibt er treffend dessen Standpunkt wieder, wie auch die folgende Antwort zeigt. Die Rede von den eigenen Gesetzen, die für die Dichtung gelten, beschreibt das Phänomen der Fiktion als Übereinkunft zwischen dem Textproduzenten und dem -rezipienten: Der Dichter schildert zwar nicht nur die Wahrheit, will aber nicht für einen Lügner gehalten werden; von den Rezipienten fordert er daher, ihn nicht wie einen Zeugen, sondern wie einen Dichter anzuhören, womit gemeint ist, dass er die Lizenz zu fingieren besitzt (zur *licentia poetica* / ποιητικὴ ἐξουσία vgl. v. a. Agatharchides GGM I 4 p. 112 Müller 1882; Hor. ars 1–13; Ov. am. 3,12,19–44).

Die Unterscheidung zwischen dem historischen Autor und dem fiktiven Erzähler

An drei prominenten Stellen hat die Forschung versucht, die (moderne) Dissoziierung zwischen dem historischen Autor und dem fiktiven Erzähler und somit die narratologische Verdoppelung der Sprachhandlungssituation zu sehen: Zum einen in Platons Dichterkritik innerhalb der Beschreibung der Ebene der Darstellung (vgl. rep. 392c7–398b, v. a. 392d5–6; s. Punkt 2 zur Platonischen Mimesis). Zum zweiten im dritten Kapitel der Aristotelischen *Poetik* (vgl. Poet. 1448a19–24; Lattmann 2005). An diesen beiden Stellen besteht jedoch die näherliegende Deutung darin, dass anhand des sog. Platonischen Redekriteriums zwischen der Rede des Autors und der Rede einer Figur unterschieden wird (vgl. Halliwell ²2014). Eine derartige Unterscheidung lässt sich u. a. auch bei den Grammatikern Dositheus und Diomedes, bei dem Progymnasmatiker Nikolaos und bei Isidor von Sevilla erkennen (vgl. Diomedes: GL I 482,14–25 Keil; Dositheus: GL VII 428,6–14 Keil; Nikolaos: RhG XI 12,7–17 Felten; Isidor: orig. 8,7,11).

Auch in Catulls *carmen* 16 hat die Forschung versucht, die (moderne) Dissoziierung zwischen dem historischen Autor und dem fiktiven Erzähler – in diesem Fall: dem lyrischen Ich – zu entdecken (zu diesem kurzen, aber schwierigen Gedicht vgl. zuletzt Williams 2013, 251–252; Steenblock 2013, 131–135):

Pedicabo ego vos et irrumabo,
Aureli pathice et cinaede Furi,
qui me ex versiculis meis putastis,
quod sunt molliculi, parum pudicum.
nam castum esse decet pium poetam 5
ipsum, versiculos nihil necesse est;
qui tum denique habent salem ac leporem,
si sunt molliculi ac parum pudici,
et quod pruriat incitare possunt,
non dico pueris, sed his pilosis   10
qui duros nequeunt movere lumbos.
vos, quod milia multa basiorum
legistis, male me marem putatis?
pedicabo ego vos et irrumabo.

[Von hinten und von oben werd' ich es euch besorgen, Tunte Aurelius und Schwuchtel Furius, die ihr aus meinen Verschen geschlossen habt, dass ich, weil sie schlüpfrig sind, unanständig bin. (5) Denn der rechtschaffene Dichter selbst muss anständig sein, für seine Verschen gilt das nicht; diese haben dann erst Witz und Biss, wenn sie schlüpfrig und unanständig sind und wenn sie zur Geilheit anregen können, (10) ich meine nicht die Jungs, sondern diese behaarten Herren, die ihre lahmen Lenden nicht mehr bewegen können. Ihr glaubt wirklich, weil ihr von den vielen tausend Küssen gelesen habt, dass es mir an Männlichkeit fehlt? Von hinten und von oben werd' ich es euch besorgen.]

In diesem Gedicht wird aber nicht die Unterscheidung zwischen dem historischen Autor und dem lyrischen Ich thematisiert, sondern Catull macht für sich geltend, dass er in seinem Leben ein rechtschaffener Mann ist und dass aus dem Thema, das er behandelt (Erotik), nicht direkt auf sein Verhalten geschlossen werden darf. Obwohl unklar ist, auf welche Gedichte (wahrscheinlich sind es mehrere) Aurelius und Furius Bezug nehmen, und folglich der genaue Vorwurf, auf den Catull reagiert, ebenso unklar ist, scheint so viel festzustehen: Die Fiktionalität bzw. das lyrische Ich spielt in diesem obszönen Gedicht keine Rolle, da für eine stimulierende Wirkung (vgl. V. 7–9) weder die Homodiegese noch die Fiktionalität notwendig ist. Wenn Catull sich insofern von seinen eigenen Gedichten distanzieren würde, als er bekräftigen würde, dass er nicht auf sich selbst referiert, wenn er in der ersten Person spricht, könnte man von einem Theorem des lyrischen Ich sprechen. Über seine homodiegetischen Aussagen äußert er sich aber, soweit erkenntlich, nur in den Versen 12–13, da diese Verse wohl auf die Kussgedichte anspielen (Catull. 5 und 7), in denen Catull Lesbia auffordert, ihm unzählige Küsse zu geben. Die Historizität seiner eigenen Aufforderung zieht Catull aber nicht in Zweifel. Vielmehr verwahrt er sich gegen den Schluss, dass er nur küssen kann, und reagiert mit einer wüsten Beschimpfung auf die Unterstellung, dass es ihm an Männlichkeit fehlt.

4 Schlussbemerkung

Der Überblick über die Fiktionalität in der Antike hat daher gezeigt, dass sich für viele moderne Fiktionstheorien bereits antike Vorläufer ausfindig machen lassen, sofern die Fiktion in Opposition zum wirklich Geschehenen als Erfindung verstanden wird, die durch eine soziale Praxis legitimiert ist. Zugleich wurde zumindest angedeutet, dass viele Begriffe wie ‚Fiktion' und ‚Mimesis' bis zur Gegenwart einen nicht unbedeutenden Bedeutungswandel erfahren haben. Die Fiktionalität wurde in der Antike text-, produktions- und rezeptionsorientiert beschrieben. Auf der Textebene der Darstellung (wie wird etwas erzählt?) – in Opposition zur Geschichte (was wird erzählt?) – lassen sich keine Fiktionstheorien vorfinden, wie insbesondere daran ersichtlich ist, dass keine Theorie des fiktiven Erzählers oder des lyrischen Ich konzipiert wurde.

Literaturverzeichnis

Barwick, Karl (1928). „Die Gliederung der *narratio* in der rhetorischen Theorie und ihre Bedeutung für die Geschichte des antiken Romans". *Hermes* 63 (1928): 261–287.
Berger, Ernst Hugo (1880). *Die geographischen Fragmente des Eratosthenes*. Leipzig.
Bowie, Ewen L. (1993). „Lies, Fiction and Slander in Early Greek Poetry". *Lies and Fiction in the Ancient World*. Hg. von Christopher Gill und Timothy P. Wiseman. Exeter: 1–37.
Brunt, Peter A. (2011). „Cicero and Historiography". *Greek and Roman Historiography*. Hg. von John Marincola. Oxford: 207–240.
Büttner, Stefan (2000). *Die Literaturtheorie bei Platon und ihre anthropologische Begründung*. Tübingen.
Büttner, Stefan (2004). „Literatur und Mimesis bei Platon". *Mimesis, Repräsentation, Imagination. Literaturtheoretische Positionen von Aristoteles bis zum Ende des 18. Jahrhunderts*. Hg. von Jörg Schönert und Ulrike Zeuch. Berlin: 31–63.
Dilts, Mervin R. und George A. Kennedy (1997). *Two Greek Rhetorical Treatises from the Roman Empire. Introduction, Text, and Translation of the Arts of Rhetoric Attributed to Anonymous Seguerianus and to Apsines of Gadara*. Leiden.
Else, Gerald F. (1986). *Plato and Aristotle on Poetry*. Chapel Hill.
Feddern, Stefan (2018). *Der antike Fiktionalitätsdiskurs*. Berlin.
Ferrari, Giovanni R.F. (1989). „Plato and Poetry". *The Cambridge History of Literary Criticism*. Vol. 1: *Classical Criticism*. Hg. von George A. Kennedy. Cambridge: 92–148.
Fox, Matthew (2007). *Cicero's Philosophy of History*. Oxford.
Gebauer, Gunter und Christoph Wulf (1992). *Mimesis. Kultur – Kunst – Gesellschaft*. Reinbek.
Genette, Gérard (1972). „Discours du récit. Essai de méthode". *Figures III*. Paris: 67–267.
Genette, Gérard (^{3}2010). *Die Erzählung. Aus dem Französischen von Andreas Knop, mit einem Nachwort von Jochen Vogt, überprüft und berichtigt von Isabel Kranz*. Paderborn.

Gertken, Jan und Tilmann Köppe (2009). „Fiktionalität". *Grenzen der Literatur. Zu Begriff und Phänomen des Literarischen*. Hg. von Simone Winko, Fotis Jannidis und Gerhard Lauer. Berlin: 228–266.

Gill, Christopher (1993). „Plato on Falsehood – not Fiction". *Lies and fiction in the Ancient World*. Hg. von Christopher Gill und Timothy P. Wiseman. Exeter: 38–87.

Groeben, Norbert und Ursula Christmann (2014). „Empirische Rezeptionspsychologie der Fiktionalität". *Fiktionalität. Ein interdisziplinäres Handbuch*. Hg. von Tobias Klauk und Tilmann Köppe. Berlin: 338–360.

Halliwell, Stephen (2002). *The Aesthetics of Mimesis. Ancient Texts and Modern Problems*. Princeton.

Halliwell, Stephen (^{2}2014). „Diegesis – Mimesis". *Handbook of Narratology*. Bd. 1. Hg. von Peter Hühn, Jan Christoph Meister, John Pier und Wolf Schmid. Berlin: 129–137.

Harth, Helene (1965). *Dichtung und Arete. Untersuchungen zur Bedeutung der musischen Erziehung bei Plato*. Diss. Frankfurt a. M.

Heitmann, Klaus (1970). „Das Verhältnis von Dichtung und Geschichtsschreibung in älterer Theorie". *Archiv für Kulturgeschichte* 52 (1970): 244–279.

Hose, Martin (1996). „Fiktionalität und Lüge. Über einen Unterschied zwischen römischer und griechischer Terminologie". *Poetica* 28 (1996): 257–274.

Jolivet, Jean-Christophe (2013). „Fiction, merveilleux et allégorie: Homère, Strabon, Virgile". *Théories et pratiques de la fiction à l'epoque impériale*. Hg. von Christophe Bréchet, Anne Videau und Ruth Webb. Paris: 81–97.

Jong, Irene J.F. de (^{2}2004). *Narrators and Focalizers. The Presentation of the Story in the Iliad*. London.

Kablitz, Andreas (1989). „Dichtung und Wahrheit – Zur Legitimität der Fiktion in der Poetologie des Cinquecento". *Ritterepik der Renaissance. Akten des deutsch-italienischen Kolloquiums, Berlin 30.3.–2.4.1987*. Hg. von Klaus W. Hempfer. Stuttgart: 77–122.

Kannicht, Richard (1996 [1980]). „,Der alte Streit zwischen Philosophie und Dichtung'. Grundzüge der griechischen Literaturauffassung". *Paradeigmata. Aufsätze zur griechischen Poesie*. Hg. von Richard Kannicht, Lutz Käppel und Ernst A. Schmidt. Heidelberg: 183–223.

Kim, Lawrence (2010). *Homer between History and Fiction in Imperial Greek Literature*. Cambridge.

Klauk, Tobias und Tilmann Köppe (Hgg., 2014). *Fiktionalität. Ein interdisziplinäres Handbuch*. Berlin.

Kloss, Gerrit (2003). „Möglichkeit und Wahrscheinlichkeit im 9. Kapitel der Aristotelischen Poetik". *RhM* 146 (2003): 160–183.

Köppe, Tilmann und Simone Winko (^{2}2013). *Neuere Literaturtheorien. Eine Einführung*. Stuttgart.

Krebs, Christopher B. (2009). „A Seemingly Artless Conversation: Cicero's *De Legibus* (1.1–5)". *CPh* 104 (2009): 90–106.

Lamarque, Peter und Stein H. Olsen (1994). *Truth, Fiction, and Literature. A Philosophical Perspective*. Oxford.

Lattmann, Claas (2005). „Die Dichtungsklassifikation des Aristoteles. Eine neue Interpretation von Aristot. poet. 1448a19–24". *Philologus* 149 (2005): 28–51.

Margolin, Uri (^{2}2014). „Narrator". *Handbook of Narratology*. Bd. 2. Hg. von Peter Hühn et al. Berlin: 646–666.

Müller, Karl (1882). *Geographi Graeci Minores*. Vol. 1. Paris.

Müller, Roman (2012). *Antike Dichtungslehre. Themen und Theorien*. Tübingen.
Murray, Penelope (1996). *Plato on Poetry. Ion; Republic 376e–398b9; Republic 595–608b10*. Cambridge.
Nehamas, Alexander (1982). „Plato on imitation and poetry in Republic 10". *Plato on Beauty, Wisdom, and the Arts*. Hg. von Julius M. E. Moravcsik und Philip Temko. Totowa, NJ: 47–78.
Northwood, S.J. (2008). „Cicero *de oratore* 2.51–64 and Rhetoric in Historiography". *Mnemosyne* 61 (2008): 228–244.
Nünlist, René (2009). *The Ancient Critic at Work. Terms and Concepts of Literary Criticism in Greek Scholia*. Cambridge.
Palumbo, Lidia (2008). μίμησις. *Rappresentazione, teatro e mondo nei dialoghi di Platone e nella Poetica di Aristotele*. Neapel.
Passalacqua, Marina (1987). *Prisciani Caesariensis opuscula I*. Rom.
Patillon, Michel und Giancarlo Bolognesi (1997). *Aelius Théon. Progymnasmata*. Paris.
Patillon, Michel (2008). *Anonyme, Préambule à la rhétorique. Aphthonios, Progymnasmata. En annexe: Pseudo-Hermogène, Progymnasmata*. Paris.
Pédech, Paul (1964). *La méthode historique de Polybe*. Paris.
Primavesi, Oliver (2009). „Zum Problem der epischen Fiktion in der vorplatonischen Poetik". *Fiktion und Fiktionalität in den Literaturen des Mittelalters. Jan-Dirk Müller zum 65. Geburtstag*. Hg. von Ursula Peters und Rainer Warning. Paderborn: 105–120.
Puelma, Mario (1989). „Der Dichter und die Wahrheit in der griechischen Poetik von Homer bis Aristoteles". *MH* 46 (1989): 65–100.
Radt, Stefan (2002). *Strabons Geographika*. Bd. 1: *Prolegomena, Buch I–IV: Text und Übersetzung*. Göttingen.
Radt, Stefan (2006). *Strabons Geographika*. Bd. 5: *Abgekürzt zitierte Literatur, Buch I–IV: Kommentar*. Göttingen.
Roller, Duane W. (2010). *Eratosthenes' Geography*. Princeton.
Rösler, Wolfgang (1980). „Die Entdeckung der Fiktionalität in der Antike". *Poetica* 12 (1980): 283–319.
Rösler, Wolfgang (2014). „Fiktionalität in der Antike". *Fiktionalität. Ein interdisziplinäres Handbuch*. Hg. von Tobias Klauk und Tilmann Köppe. Berlin: 363–384.
Schierl, Petra (2006). *Die Tragödien des Pacuvius. Ein Kommentar zu den Fragmenten mit Einleitung, Text und Übersetzung*. Berlin.
Schmid, Wolf (³2014). *Elemente der Narratologie*. Berlin.
Schmitt, Arbogast (2004). „Was macht Dichtung zur Dichtung? Zur Interpretation des neunten Kapitels der Aristotelischen *Poetik* (1451 a36–b11)". *Mimesis, Repräsentation, Imagination. Literaturtheoretische Positionen von Aristoteles bis zum Ende des 18. Jahrhunderts*. Hg. von Jörg Schönert und Ulrike Zeuch. Berlin: 65–95.
Schmitt, Arbogast (²2011). *Aristoteles. Poetik*. Berlin.
Schwinge, Ernst-Richard (1996). „Aristoteles über Struktur und Sujet der Tragödie. Zum 9. Kapitel der Poetik". *RhM* 139 (1996): 111–126.
Searle, John R. (1975). „The Logical Status of Fictional Discourse". *New Literary History* 6.2 (1975): 319–332.
Skutsch, Otto (1985). *The annals of Q. Ennius*. Oxford.
Soler, Joëlle (2010). „Strabon et les voyageurs : l'émergence d'une analyse pragmatique de la fiction en prose". *Mythe et fiction*. Hg. von Danièle Auger und Charles Delattre. Paris: 97–114.
Stanzel, Franz K. (⁶1995). *Theorie des Erzählens*. Göttingen.

Steenblock, Maike (2013). *Sexualmoral und politische Stabilität. Zum Vorstellungszusammenhang in der römischen Literatur von Lucilius bis Ovid.* Berlin.
Stierle, Karlheinz (2001). „Fiktion". *Ästhetische Grundbegriffe.* Bd. 2. Hg. von Karlheinz Barck. Stuttgart: 380–429.
Thomas, Rosalind (2011). „Genealogy and the Genealogists". *Greek and Roman Historiography.* Hg. von John Marincola. Oxford: 72–99.
Titzmann, Michael (1989). „Kulturelles Wissen – Diskurs – Denksystem. Zu einigen Grundbegriffen der Literaturgeschichtsschreibung". *Zeitschrift für französische Sprache und Literatur* 99 (1989): 47–61.
Vahlen, Johannes (1903). *Ennianae poesis reliquiae.* Leipzig.
Walbank, Frank W. (1979). *A Historical Commentary on Polybius.* Vol. 3: *Commentary on Books XIX – XL.* Oxford.
Williams, Craig A. (2013). „The Meanings of Softness. Some Remarks on the Semantics of *mollitia*". *Eugesta* 3 (2013): 240–263.
Woodman, Anthony J. (1988). *Rhetoric in Classical Historiography. Four Studies.* London.
Woodman, Anthony J. (2008). „Cicero on Historiography: *De oratore* 2.51–64". *CJ* 104 (2008): 23–31.
Woodman, Anthony J. (2011). „Cicero and the Writing of History". *Greek and Roman Historiography.* Hg. von John Marincola. Oxford: 241–290.
Woodman, Anthony J. (2012). „Poetry and History. Cicero, *De Legibus* 1.1–5". *From Poetry to History. Selected Papers.* Oxford: 1–16.
Zimbrich, Ulrike (1984). *Mimesis bei Platon. Untersuchungen zu Wortgebrauch, Theorie der dichterischen Darstellung und zur dialogischen Gestaltung bis zur Politeia.* Frankfurt a. M.
Zimmermann, Bernhard (2015). „Der Macht des Wortes ausgesetzt, oder: Die Entdeckung der Fiktionalität in der griechischen Literatur der archaischen und klassischen Zeit". *Faktuales und fiktionales Erzählen. Interdisziplinäre Perspektiven.* Hg. von Monika Fludernik, Nicole Falkenhayner und Julia Steiner. Würzburg: 47–57.
Zipfel, Frank (2001). *Fiktion, Fiktivität, Fiktionalität. Analysen zur Fiktion in der Literatur und zum Fiktionsbegriff in der Literaturwissenschaft.* Berlin.

Weiterführende Literatur

Bowie, Ewen L. (1993). „Lies, Fiction and Slander in Early Greek Poetry". *Lies and Fiction in the Ancient World.* Hg. von Christopher Gill und Timothy P. Wiseman. Exeter: 1–37.
Feddern, Stefan (2018). *Der antike Fiktionalitätsdiskurs.* Berlin.
Hose, Martin (1996). „Fiktionalität und Lüge. Über einen Unterschied zwischen römischer und griechischer Terminologie". *Poetica* 28 (1996): 257–274.
Kannicht, Richard (1996 [1980]). „,Der alte Streit zwischen Philosophie und Dichtung'. Grundzüge der griechischen Literaturauffassung". *Paradeigmata. Aufsätze zur griechischen Poesie.* Hg. von Richard Kannicht und Lutz Käppel und Ernst A. Schmidt. Heidelberg: 183–223.
Müller, Roman (2012). *Antike Dichtungslehre. Themen und Theorien.* Tübingen.
Primavesi, Oliver (2009). „Zum Problem der epischen Fiktion in der vorplatonischen Poetik". *Fiktion und Fiktionalität in den Literaturen des Mittelalters. Jan-Dirk Müller zum 65. Geburtstag.* Hg. von Ursula Peters und Rainer Warning. Paderborn: 105–120.

Puelma, Mario (1989). „Der Dichter und die Wahrheit in der griechischen Poetik von Homer bis Aristoteles". *MH* 46 (1989): 65–100.
Rösler, Wolfgang (1980). „Die Entdeckung der Fiktionalität in der Antike". *Poetica* 12 (1980): 283–319.
Rösler, Wolfgang (2014). „Fiktionalität in der Antike". *Fiktionalität. Ein interdisziplinäres Handbuch*. Hg. von Tobias Klauk und Tilmann Köppe. Berlin: 363–384.
Zimmermann, Bernhard (2015). „Der Macht des Wortes ausgesetzt, oder: Die Entdeckung der Fiktionalität in der griechischen Literatur der archaischen und klassischen Zeit". *Faktuales und fiktionales Erzählen. Interdisziplinäre Perspektiven*. Hg. von Monika Fludernik, Nicole Falkenhayner und Julia Steiner. Würzburg: 47–57.

Christian Schneider
II.2 Fiktionalität im Mittelalter

1 Einleitung

Hat das Mittelalter die Fiktionalität entdeckt? Spätestens seit den 1980er Jahren wird diese Frage in der mediävistischen Literaturwissenschaft ebenso intensiv wie kontrovers diskutiert. Im Jahr 1985 erschien in erster Auflage Walter Haugs *Literaturtheorie im deutschen Mittelalter*. Darin formulierte Haug erstmals seine, später in mehreren Aufsätzen weiter ausgeführte, These einer „Entdeckung der Fiktionalität" im 12. Jahrhundert (Haug ²1992 [1985], 105; 2003). Haugs Behauptung rief unmittelbar Gegenstimmen hervor (vgl. z. B. Huber 1988; Heinzle 1990) und setzte damit die Diskussion darüber, inwieweit es Fiktionalität in den Literaturen des Mittelalters – und insbesondere in der volkssprachigen Erzählliteratur – gegeben hat, in Gang. Abgeschlossen erscheint sie auch heute, gut dreißig Jahre später, nicht, auch wenn es inzwischen Stimmen gibt, die Sinn und Ertrag einer fortgesetzten Debatte über die Fiktionalität (oder Nicht-Fiktionalität) mittelalterlicher volkssprachlicher Texte, jedenfalls in ihrer bisherigen Form, infrage stellen (vgl. Kiening 2012). Die Persistenz und Heftigkeit der Auseinandersetzung freilich hat ihren Grund in der Sache selbst. Schon die Ausgangspunkte sind umstritten: Lässt sich das moderne literaturwissenschaftliche Konzept der Fiktionalität überhaupt sinnvoll auf eine vormoderne Textkultur wie die des Mittelalters anwenden, ohne in methodische Anachronismen zu verfallen? Sowie, und im Zusammenhang damit: Was soll unter ‚Fiktionalität' verstanden werden, wenn der Begriff eine gleichermaßen historisch begründete wie überzeitlich gültige und hermeneutisch sinnvolle Kategorie zur Beschreibung mittelalterlicher Texte abgeben soll?

Ein Konsens zeichnet sich inzwischen darüber ab, dass das Konzept nur bedingt zur literaturgeschichtlichen Periodisierung geeignet ist – Fiktionalität also als spezifisch neuzeitliche, an die Entwicklung einer autonomen Ästhetik seit etwa 1800 gebundene Erscheinung –, sondern prinzipiell auch zur Beschreibung von Phänomenen verwendet werden kann, die, wenn nicht dem Begriff, so doch der Sache nach, auch in der textuellen Kultur des Mittelalters bestanden haben können (vgl. zusammenfassend Reuvekamp-Felber 2013; kritisch Kleinschmidt 1982; Haferland 2007). Klar ist aber auch, dass die genauere Bestimmung des Begriffs dem historischen Verständnis von *fictio* Rechnung trägt, das heißt die epistemischen, weltanschaulichen, kognitiven und kommunikationspragmatischen Bedingungen berücksichtigen muss, die für die mittelalterliche Textkultur im Hinblick auf den Umgang mit Erfundenem anzusetzen sind. Dabei ist deutlich zwischen den Begriffen ‚Fiktion' und ‚Fiktionalität' zu unterscheiden, auch wenn zeitgenössische Einstellungen gegenüber literarischer Fiktion für eine historisch adäquate Beschreibung eines mittelalterlichen Fiktionalitätsbewusstseins nicht außer Betracht bleiben dürfen. Als Fiktion lässt sich, ausgehend von lat. *fingere*, „ein erfundener (‚fingierter') einzelner Sachverhalt oder eine Zusammenfügung solcher Sachverhalte zu einer erfundenen Geschichte" bezeichnen (Gabriel 1997, 594). Damit ist zwar der traditionelle Gegensatz von Fiktion und Wirklichkeit (bzw. Wahrheit) aufgerufen, doch ist die Opposition wahr–richtig/unwahr–falsch mit derjenigen von fiktional/nicht-fiktional nicht in eins zu setzen. Während der Fiktionsbegriff sich auf den ontologischen Status des Ausgesagten bezieht – darauf also, ob es in der Wirklichkeit ‚ist' oder nicht –, zielt der Fiktionalitätsbegriff, als kunstspezifischer Terminus, auf eine bestimmte Art der Einstellung zu und des Umgangs mit dem, wovon gesprochen wird. Worin diese Einstellung besteht, ist im Einzelnen unterschiedlich ausbuchstabiert worden, doch geht es im Kern darum, dass im fiktionalen Modus die Geltung der Aussagen des Textes nicht daran gebunden ist, ob sie in der Wirklichkeit zutreffen oder nicht; vielmehr „[ist] das Äußerungssubjekt vom Rezipienten von der Verpflichtung entbunden, Sachverhalte zu berichten, die konventionell zur Wirklichkeit gerechnet werden" (Glauch 2014b, 387; ähnlich Müller 2004b; Kablitz 2008, 2009).

Ohne die Unterscheidung zwischen Fiktion und Fiktionalität immer hinreichend zu berücksichtigen, stehen sich in der mediävistischen Diskussion gegenwärtig im Wesentlichen drei Positionen gegenüber. Die erste behandelt die Frage textueller Fiktionalität im Mittelalter vor dem Hintergrund seiner theologisch-heilsgeschichtlichen Weltanschauung und der antik-mittelalterlichen Dichtungstheorie. Ausgehend von dem Befund, dass die vor-, früh- und hochscholastische Erkenntnistheorie keine andere Wahrheit als die theologisch begründete Wahrheit des Seins gekannt habe, kommt sie zu dem Ergebnis, dass es echte, nämlich auf eine Wahrheit eigenen Rechts setzende Fiktionalität im Mittelalter nur in wenigen Ausnahmefällen, eigentlich nur bei Chrétien de Troyes gegeben habe, wo sie allerdings ohne theoretische Begründung und daher im Großen und Ganzen folgenlos geblieben sei (vgl. zusammenfassend Knapp 2005, 225–256). Die zweite Position nimmt das Konzept der Fiktionalität auch für die mittelalterliche Erzählliteratur sehr großzügig in Anspruch und entdeckt in verschiedenen Fiktionalitätssignalen, die sie dem volkssprachlichen Romanerzählen seit dem ausgehenden 12. Jahrhundert entnimmt, eine zunehmend selbstbewusste Selbstausstellung von Fiktionalität (vgl. Reuvekamp-Felber 2013 u. a.). Die dritte Position versucht zu ordnen und zu differenzieren. Dabei nimmt sie Fiktionalität vorrangig als textpragmatische und epistemische Praxis in den Blick und betont den unfesten, graduellen Status mittelalterlicher Dichtungsproduktion zwischen den Polen von Fiktionalität und Faktualität (vgl. exemplarisch Glauch 2014a, 2014b).

So kontrovers der Gegenstand diskutiert wird, so zahlreich sind auch die Beiträge zur mediävistischen Fiktionalitätsdebatte, und entsprechend unübersichtlich ist die Literatur. Geschichte und Stand der Diskussion ebenso wie die drei genannten Positionen sind am besten in einigen dem Thema gewidmeten Sammelbänden sowie in der, allerdings nicht sehr vielfältigen, Handbuchliteratur dokumentiert. Zu nennen sind insbesondere die Sammelbände von Knapp (1997, 2005) und Knapp und Niesner (2002), in denen die historische Beschäftigung mit mittelalterlichen Kategorien wie *fictio* und *fabula* im Vordergrund steht, sowie der Band von Peters und Warning (2009), dessen Beiträge einem allgemeineren, stärker theoriegeleiteten Zugang den Vorzug geben. Einen bilanzierenden Überblick bieten die schon genannten Aufsätze von Reuvekamp-Felber (2013) und Glauch (2014a, 2014b). Aus der angloamerikanischen Handbuchliteratur sei darüber hinaus der Artikel von Carey (2010) zitiert, der betont, dass die Kommunikation von Wahrheit Anliegen fast aller mittelalterlicher Erzählliteratur gewesen sei, dass es dabei aber weniger um verifizierbare Faktenwahrheit als um eine ideologische Wahrheit gegangen sei. Carey verweist für diese These auf die Ausdifferenzierung verschiedener Sinn- und Wahrheitsebenen in der Auslegungspraxis der mittelalterlichen Bibelexegese.

Um mittelalterliche Stellungnahmen zum Fiktionsproblem soll es zunächst gehen, einerseits aus der Sicht der zeitgenössischen Poetologie (1), andererseits vor dem Hintergrund des mittelalterlichen Wahrheits- bzw. Wirklichkeitsbegriffs (2). In einem dritten Schritt betrachte ich die Frage der Fiktionalität für einzelne Gattungen volkssprachigen Dichtens – das Heldenepos, den Roman, die Lyrik – genauer. Ausgehend von der These, dass Fiktionalität primär ein Rezeptionsphänomen ist, dessen Wahrnehmung im Auge des Betrachters liegt, diskutiert der vierte Abschnitt Signale für Fiktion, und zwar sowohl auf der erzähltheoretischen Ebene der *histoire* als auch des *discours*. Der letzte Abschnitt versucht sodann Perspektiven für die weitere Diskussion des Fiktionalitätsthemas in Bezug auf die mittelalterliche Textkultur anzudeuten (5).

2 Fiktion und Fiktionalität in der mittelalterlichen Dichtungstheorie

Auch wenn das Mittelalter einen ausgearbeiteten Begriff von Fiktionalität nicht kennt, gibt es einen vielstimmigen Diskurs über den Stellenwert literarischer *fictio*. Die Quellen dieses Diskurses liegen in der antiken römischen Rhetoriklehre, deren Begriffsdistinktionen einerseits aufgegriffen, andererseits vor dem Hintergrund der christlichen Weltanschauung modifiziert werden. Als Grundlagentext kann eine Stelle aus den im Mittelalter vielbenutzten *Etymologien* des westgotischen Bischofs Isidor von Sevilla (um 560–636) gelten. Sie fasst die Haltung der früh- und hochmittelalterlichen lateinischen Poetologie gegenüber der dichterischen Erfindung bündig zusammen. Isidor verknüpft die Gegenüberstellung von Fiktivem und Faktischem mit einer gattungspoetologischen Unterscheidung und definiert: „Die Dichter haben die *fabulae* nach *fari* benannt, weil es sich nicht um Tatsachen handelt, sondern um im Sprechen erfundene Dinge" [*fabulas poetae a fando nominaverunt, quia non sunt res factae, sed tantum loquendo fictae*] (Isidor von Sevilla 1911 [1962], I,xl). Anknüpfend an Cicero, die *Rhetorica ad Herennium* und Quintilian, differenziert er dann zwischen den drei Erzählarten der *fabula*, des *argumentum* und der *historia*: „*historiae* bestehen aus wahren Dingen, die geschehen sind; *argumenta* aus Dingen, die, wenn sie auch nicht geschehen sind, doch geschehen können; die der *fabulae* aber sind solche, die weder geschehen sind noch geschehen können, weil sie gegen die Natur sind" [*Nam historiae sunt res verae quae factae sunt; argumenta sunt quae etsi facta non sunt, fieri tamen possunt; fabulae vero sunt quae nec factae sunt nec fieri possunt, quia contra naturam sunt*] (Isidor von Sevilla 1911 [1962], I,xliv). Wenngleich die *fabula* ‚naturwidrig' sei – Isidor denkt hier insbesondere an die äsopischen Fabeln mit ihren sprechenden Tieren –, könne sie durch die erfundene Erzählung (*per narrationem fictam*) eine wahre Bedeutung (*verax significatio*), zum Beispiel eine moralische Wahrheit, zur Anschauung bringen. In diesem Fall hat die dichterische Erfindung ihre Berechtigung und entgeht dem Verdikt der Lüge, das sie seit der Antike über Augustinus bis in die Frühe Neuzeit hinein begleitet (vgl. Mehtonen 1996, 123–139). Für Fiktion, die nicht ohne Weiteres als solche erkennbar oder, in Augustinus' Worten, nicht als eine *figura veritatis* referenzierbar ist (so Augustinus [1980] in den *Quaestiones evangeliorum*, II,li [116–117]), ist in dieser Distinktion, wie sie nach Isidor im Mittelalter unzählige Male wiederholt wurde, kein Platz.

Auch die Kategorie des *argumentum* – der Darstellung von Dingen, die zwar nicht geschehen sind, aber geschehen könnten – lässt sich, entgegen früherer Auffassungen (vgl. Jauß 1983; Strasser 1989, bes. 239–240), für eine poetologisch abgesicherte Entdeckung mittelalterlicher Erzählfiktionalität nicht in Anspruch nehmen. Weder hat das Konzept in der mittelalterlichen Dichtungstheorie eine systematische und einheitliche Entfaltung erfahren, noch lässt sich überzeugend nachweisen, dass die Autoren in der Praxis den Anschluss an das *argumentum verisimile* gesucht hätten (vgl. Knapp 1997, 171–174). Umstrittener ist dies für den im 12. Jahrhundert, insbesondere im Umfeld der Schule von Chartres (Wilhelm von Conches, Bernardus Silvestris), entwickelten Begriff des *integumentum* (oder auch *involucrum*). Als poetologischer Terminus technicus diente er der Bezeichnung von Texten, die in fiktivem Gewand eine verborgene philosophische Wahrheit zum Ausdruck bringen sollten. Anknüpfend an eine Stelle in dem 1215/16 verfassten mittelhochdeutschen Lehrgedicht *Der Welsche Gast* des Thomasin von Zerklaere, wonach in den Aventiureromanen Wahres mit Lüge umkleidet werde (Thomasin von Zerklaere 1965 [1852], V. 1107–1126), hat man erwogen, Thomasins Äußerungen bezögen sich auf das Konzept des *integumentum* und zielten auf eine rechtfertigende Anwendung dieser Theorie auf den höfischen Versroman (vgl. Brinkmann 1971, 322–323; Huber 1986, 1994). Aber auch hier geht die überwiegende Meinung inzwischen dahin, dass Thomasin nicht an eine philosophische Wahrheit im Sinne der Integumentum-Theorie, sondern ausschließlich an einen moralischen Sinn gedacht habe (vgl. Knapp 1997, 65–74, 165–166; Haug ²1992 [1985], 228–240). Es ist zwar nicht auszuschließen, dass der ein oder andere Autor sein Werk als *integumentum* verstanden wissen wollte, doch insgesamt lässt die mittelalterliche Poetik keine Ansätze erkennen, die der volkssprachlichen fiktionalen Erzählliteratur systematisch einen integumentalen Zweitsinn zusprechen würden. In der Sicht des gelehrten Diskurses blieb der Raum für – legitime, nichtlügenhafte – *fictio* also sehr begrenzt; beschränkt im Wesentlichen auf diejenigen Erzählarten, die sich untrüglich als gleichnishaft auswiesen und ihren Als-ob-Charakter gewissermaßen auf der Stirn geschrieben trugen: die (äsopische und pseudoäsopische) Fabel, das Integumentum, die Allegorie. Im Übrigen war der Referenzhorizont, auf den sich alle Dichtung beziehen lassen musste, die Wahrheit des Faktischen.

Allerdings fragt sich, inwieweit die volkssprachlichen Autoren sich in ihrer Arbeit den Setzungen der lateinischen Dichtungstheorie tatsächlich verpflichtet fühlten, selbst wenn sie diese, wovon man grundsätzlich wohl ausgehen darf, kannten oder sogar ernst zu nehmen vorgaben. Ebenso fraglich ist, ob die Rezipienten – und darauf käme es für eine sinnvolle Rede von mittelalterlicher Fiktionalität schließlich an – die Werke nicht dennoch in einem fiktionalen Texten entsprechenden Modus zu rezipieren in der Lage waren. Mit anderen Worten: Das überwiegend negative Urteil der Gelehrten über Fiktion schließt einen, von Fall zu Fall, fiktionalen Rezeptionsmodus noch nicht aus. Doch wird man nicht zu weit gehen mit der Vermutung, dass die wieder und wieder formulierte Verpflichtung der Dichtung auf historische Faktizität einen fiktionalen Modus der Textrezeption nicht begünstigt haben dürfte: Wem wieder und wieder gesagt wird, er werde Fakten und nichts als Fakten zu hören bekommen, der wird nicht darin geschult, systematisch von der Erwartung, konventionell-wirkliche Sachverhalte dargestellt zu erhalten, abzusehen – das aber wäre die Voraussetzung für echte Fiktionalität.

3 ‚Wahrheit' und ‚Wirklichkeit' im Mittelalter

Wenn man sagt, dass der Referenzhorizont aller Dichtung die Wahrheit des Faktischen war, muss man freilich ergänzen, dass dieser Referenzhorizont im Mittelalter anders gesteckt war als heute. Das gilt in zweierlei Hinsicht: zum einen im Hinblick auf mittelalterliche Vorstellungen davon, was als faktual gelten konnte; zum andern im Hinblick auf ein Zusammenfallen der Begriffe des ‚Wirklichen' und des ‚Wahren'.

Der Bezirk dessen, was als wirklich existierend wahrgenommen oder geglaubt wird, ist historisch und kulturell variabel. In der mittelalterlichen Wirklichkeitsauffassung hatte das Übernatürlich-Wunderbare, sofern es nach damaligem Verständnis hinreichend bezeugt war, einen selbstverständlichen Platz, sei es in Form der *miracula* oder der *mirabilia*. Mirabilien sind, nach einer auf patristische Tradition zurückgehenden Unterscheidung, Absonderlichkeiten der Schöpfung, dem Menschen nicht einsichtig, aber doch naturgesetzlichen Regeln folgend, während Mirakel die wunderhaften Taten Gottes bezeichnen, Taten, die Gott einmalig und unter Aufhebung der Naturgesetze wirkt. Und während *miracula* vor allem das legendarische Erzählen prägen und *mirabilia* die Enzyklopädie und Reiseliteratur, finden sich beide Formen doch auch in der Epik und Chronistik. Ein Beispiel dafür stellt der *Herzog Ernst* dar, einer der bis in die Frühe Neuzeit hinein am weitesten verbreiteten und in verschiedenen deutschen und lateinischen, Fassungen überlieferten Stoffe des Mittelalters. Er erzählt die Geschichte eines jugendlichen Herzogs und kaiserlichen Stiefsohns, der sich, in der Heimat verleumdet und geächtet, auf eine Kreuzfahrt ins Heilige Land aufmacht, auf der Reise jedoch durch einen heftigen Sturm in einen wunderhaften Orient verschlagen wird, wo ihm und seinen Begleitern eine ganze Reihe fabulöser Abenteuer begegnet: die Kranichschnäbler in *Grippîâ*, der Magnetberg, ein Greifenflug und unterirdischer Strom, einäugige Arimaspen, Platthüfe, Langohren, Giganten und Pygmäen. Doch unterminiert die schon im Prolog formulierte Ankündigung, „viele wunderliche Dinge" [*michel wunder*] zu erzählen (Herzog Ernst 2009, V. 2), nicht den grundsätzlich faktualen Geltungsanspruch des Dargestellten.

Es wäre daher verfehlt, wunderhafte und monströs-absonderliche Erscheinungen oder Begebenheiten, die nicht oder nur ungenau belegt sind und einem heutigen Realitätsempfinden widersprechen, wenn sie in mittelalterlichen Texten in narrativierter Form oder in einem Romanzusammenhang vorkommen, sogleich als Fiktionssignale zu interpretieren. Nicht nur waren beide Formen, sowohl Mirabilien als auch Mirakel, durch traditionelle Autoritäten wie die Bibel, Bestiarien, Herbarien, Legendarien, Karten, Reiseberichte, Heiligenviten beglaubigt. Auch dort, wo eine unmittelbare Beglaubigung womöglich fehlte, konnten solche Fiktionen als „Realitätskorrekturen" fungieren (Herweg 2010, 196). Wie ätiologische

Sagen, fiktive Genealogien oder Gründungserzählungen auch, machten sie reale Phänomene durch fiktionale Ausdeutung begreifbar und dienten dem Verständnis von Fakten, die andernfalls verstörend oder unverständlich geblieben wären. Das Mirabilienhaft-Absonderliche und das Mirakulös-Wunderbare in mittelalterlichen Fiktionen konnte eine ‚Wahrheit' zur Anschauung bringen, die die Evidenz einer unverständlichen Wirklichkeit überstieg, indem sie diese Wirklichkeit in ihrem tieferen Sinn erschloss. Mirabilien und Wunder partizipierten so an der „Entgrenzung der wahrnehmbaren zur ‚deutenden' Realität" (Herweg 2010, 196), wie sie für die epistemologische Alterität des mittelalterlichen Wirklichkeitsverständnisses kennzeichnend ist.

In direktem Zusammenhang damit steht der zweite Aspekt, der das Verhältnis von Wirklichkeit und Wahrheit betrifft: Beide nämlich fallen im Mittelalter tendenziell in eins und erscheinen weitgehend austauschbar. Während der moderne Wirklichkeitsbegriff im Wesentlichen auf das empirisch-experientiell Faktische abstellt, ist der mittelalterliche „stärker diskursiv denn empirisch" geprägt (Glauch 2014a, 131). Er ist durchsichtig auf alles, was als wahr gewusst wird, insbesondere auf das transzendental Wahre, also die höhere Wahrheit Gottes, die in allem Geschaffenen in unterschiedlichen Abstufungen vorfindbar und, nach Augustinus, dem Menschen auch prinzipiell erkennbar ist (vgl. Knapp 2005, 228–232). Letzteres zeigt sich unter anderem in der mittelalterlichen Auffassung von Natur und Schöpfung als einem ‚Buch' (*liber naturae* bzw. *creaturae*), in dem man, wie in dem *liber scripturae*, der Bibel, lesen könne und in dem insbesondere der nicht Schriftkundige, der *illitteratus*, lesen solle. Die Zuverlässigkeit der sinnlichen Wahrnehmung wird in der Augustinischen Tradition, die bis ins 13. Jahrhundert hinein wirkmächtig blieb, dabei nicht an sich infrage gestellt. Nicht die Sinneseindrücke sind es, die nach Augustinus der Erkennbarkeit der materiellen Realität im Wege stehen, sondern, in einer sprachskeptischen Wendung, die Fehlinterpretation, die durch die Übermittlung durch Wörter und andere arbiträre Zeichen hervorgerufen wird (wenngleich die wahre Welt die intelligible, nicht die sensible, ist, und, der Augustinischen Illuminationsthese zufolge, die Teilhabe am göttlichen Licht der Wahrheit durch Reflexion auf unseren Intellekt, nicht auf die sinnlich wahrnehmbare Materie gewonnen wird [vgl. Schulthess und Imbach 1996, 76]).

Für die Dichtungspraxis ergibt sich daraus zweierlei: Sprachliche Äußerungen müssen sich auf Seiendes beziehen. Wenn sprachliche Äußerungen etwas ohne deutlichen Bezug zu real Seiendem aussprechen, also Fiktionen sind, dann setzen sie sich dem Verdacht der Sünde aus, weil sie auf eine Wirklichkeit rekurrieren, die nicht die Wirklichkeit Gottes ist und die daher, wenn nicht böse, so doch entweder lügenhaft oder im wahrsten Sinn des Wortes bedeutungslos ist. Zum zweiten: Wo sich nach heutigem Verständnis in mittelalterlichen Texten

Fiktion darbietet und als Fiktionalitätssignal gedeutet wird, dürften mittelalterliche Rezipienten dieses Fiktive vielfach nicht als Wechsel in ein fiktionales Erzählregister empfunden haben, weil entscheidend nicht die Referenz auf wahrnehmbare Wirklichkeit, sondern auf Wahrheit im Sinne einer ‚gedeuteten' Realität war. Eine schulmäßige Ausdifferenzierung hat diese, auf mehrere Wahrheitsebenen des Historisch-Faktischen abstellende Sichtweise in der Tradition der Allegorese und der Lehre vom mehrfachen Schriftsinn gefunden, wenngleich umstritten blieb, inwieweit außerbiblische Dichtung in den Genuss einer solchen Hermeneutik kommen konnte (vgl. Knapp 1997, 46–54, 167–170; Carey 2010, 1501–1503). Die Wahrheit des Faktischen ist im Mittelalter also eine ontologische Wahrheit des Seins. Diese ontologische Wahrheit umfasst mehr als die materiell sichtbare Realität, ist aber zugleich nicht beliebig ausweitbar auf jede Form lebensweltlicher Wahrheit, wie sie nach heutigen Begriffen das Eigenrecht fiktionaler Texte begründet. Anders gesagt: Mittelalterliche Dichtung konnte sich einerseits in mancher Hinsicht indifferent gegenüber dem Anspruch auf Wirklichkeitsübereinstimmung verhalten, ohne damit schon als fiktional beschreibbar zu sein; andererseits gab es außerhalb des Kriteriums der Wirklichkeits-/Wahrheitsreferenz zumindest theoretisch wenig Spielräume für Fiktion.

4 Fiktionalität und Gattung

Anders als in dem institutionell ausdifferenzierten Literaturbetrieb, wie er sich etwa seit dem 18. Jahrhundert entwickelt hat, in dem der fiktionale oder faktuale Status eines Textes in der Regel schon durch paratextuelle Beigaben, wie etwa den Untertitel ‚Roman', gekennzeichnet ist, fehlt es an einer solchen paratextuellen Markierung in der textuellen Überlieferung des Mittelalters regelmäßig. Jedenfalls ist sie uns bei Texten, die primär für den Vortrag bestimmt waren, nicht greifbar, sondern wäre – wenn dies denn möglich wäre – außerhalb der Schriftlichkeit zu suchen. Ersatzweise können manchmal Überlieferungsverbünde herangezogen werden, Sammelhandschriften etwa, die aufgrund des gemeinsamen Zusammenschlusses von Texten in der Überlieferung Rückschlüsse darüber erlauben, ob diese von den historischen Rezipienten als fiktional oder faktual eingestuft wurden. Doch bleiben solche Indizien spärlich und interpretationsbedürftig. Sicher diente die Zugehörigkeit von Texten zu einer bestimmten Gattung als Hinweis auf ihren referentiellen Status. Tierfabeln etwa, wie Isidor von Sevilla sie erwähnt, waren ohne Weiteres als *fictio* erkennbar und dürften entsprechend als fiktional rezipiert worden sein; Gleiches ist für allegorische Erzählungen anzunehmen. Sie waren aber zugleich unproblematisch, weil ihr

Referenzhorizont – im Sinne der Referenz auf eine höhere, zum Beispiel moralische Wahrheit – offenkundig war.

Heldensage und Heldenepik

Schwieriger zu beurteilen ist der zeitgenössische Umgang mit anderen Erzählgattungen, wie der früh- und hochmittelalterlichen Heldenepik und *Chanson de geste*. Auch wenn sie nach heutigem Ermessen viel Fiktives enthält, konnte sie doch bis ins späte Mittelalter hinein nachweislich als historisch wahr rezipiert werden. Ein Kronzeuge dafür ist Jean Bodel, spielmännischer Berufsdichter aus Arras, der am Ende des 12. Jahrhunderts im Prolog seiner *Chanson des Saisnes*, einem Epos über den Sachsenkrieg Karls des Großen, für die französische Großepik drei Stoffe unterscheidet und ihnen einen je anderen Wahrheitswert zuschreibt: „Die Erzählungen der Bretagne sind nichtig und unterhaltsam (*vain et plaisant*) und die von Rom weise und von lehrreichem Gehalt (*sage et de sens aprendant*), diejenigen von Frankreich aber sind wahr, wie jeden Tag offenkundig wird (*voir chascun jour aparant*)" (Bodel 1989, V. 9–11). Den historischen Wahrheitsanspruch der *matière de France*, der französischen Heldenepik, bestätigen im Tenor ähnliche Äußerungen für die deutsche Heldensage. So schreibt zu Beginn der 1160er Jahre der Kustos Thioderich von Deutz in seinem *Chronicon universale brevissimum*, dass die Taten des Hunnenkönigs Attila und der Gotenkönige Ermanarich und Theoderich als „Erzählungen der Alten und Gesänge der Tragiker" [*veterum narrationibus tragicorumque decantationibus*] auf der ganzen Welt [*orbe toto*] vorgetragen würden, und vergleicht diese *narrationes* mit den Darstellungen der Geschichtsschreiber [*scriptorum historiae*] (Thioderich von Deutz 1883, 573). Jedoch scheint die Heldensage nicht unisono als Geschichtsüberlieferung angesehen worden zu sein. Während klerikal-literate Kreise sie im Frühmittelalter, trotz vereinzelter Zweifel an ihrem Wahrheitsgehalt, offenbar grundsätzlich als *historia* und Vorzeitkunde der Laien anerkannten (ein Paradebeispiel ist die Übertragung germanisch-deutscher Heldensage ins Lateinische, und damit ihre Nobilitierung für *litterati*, in Gestalt des *Waltharius*-Epos aus dem 9./10. Jahrhundert), fand sie im Spätmittelalter, mit Ausnahme der volkssprachlichen Weltchronistik, kaum noch Eingang in die Historiografie und wurde, etwa bei Engelbert von Admont (um 1250–1332), auch theoretisch der *fabula* zugerechnet.

Die jüngere Forschung ist daher mit der Annahme, Heldensage sei bis zum Ende des Mittelalters fast immer als *historia* überliefert worden, vorsichtiger geworden. Es fragt sich auch, was die Etikettierung als Geschichtsüberlieferung für das Verständnis des Referenzhorizonts – und damit der Rezeptionspraxis – dieses archaisch-traditionalen und, zumindest im früheren Mittelalter, ganz überwiegend in der Mündlichkeit lebenden Erzählens tatsächlich zu leisten vermag.

Gegenstand der Heldensage war existenziell, zeitlich oder räumlich fernes Wissen, Wissen also, das, wie im Mythos, als gesetztes Wissen erscheint und sich der Verifikation von vornherein entzieht. Dasselbe gilt für religiöse Dichtung, Legenden und Mirakelerzählungen: „Sie konstituierten Wissen über die Welt, aber unter dem Vorzeichen einer vorwissenschaftlichen Wirklichkeitsauffassung" (Glauch 2014a, 97). Damit kommt aber auch der Begriff des Faktualen an seine Grenzen. Heldensage und Mythos wurden wohl geglaubt, aber weniger als Faktenerzählungen denn als narrative Emanationen eines andersartigen Welt- und Geschichtsverständnisses, für das die Dichotomie faktual/fiktional nur bedingt Geltung beanspruchen kann. Wenn das zutrifft, dann entziehen sich aber auch die entsprechenden Erzählformen, insbesondere die früh- und hochmittelalterliche Heldenepik, einer einsinnigen Verortung zwischen den Polen von Faktualität und Fiktionalität.

Romanerzählen
Am ausführlichsten ist die Frage der Fiktionalität für den volkssprachigen Roman diskutiert worden, vor allem für jene Texte, die, nach Jean Bodel, der *matière de Bretagne* zuzuordnen sind, also der Gattung des Artusromans (vgl. u. a. Haug ²1992 [1985], 2003; Burrichter 1996, 2010; Grünkorn 1994; Green 2002; Raumann 2010; Knapp 2014). Im Blick auf den Artusroman hat auch Walter Haug 1985 seine aufsehenerregende These von der „Entdeckung der Fiktionalität" im Mittelalter formuliert. Haugs Argument ist ein strukturales. Ausgehend von der Ankündigung Chrétiens de Troyes im Prolog zu seinem *Erec*-Roman, er wolle aus der Geschichte eine *mout bele conjointure*, eine „sehr schöne Verbindung", herausholen (Chrétien de Troyes 1979, V. 14) – ein Ausdruck, dessen genaue Bedeutung umstritten ist –, sah Haug den fiktionalen Status des Chrétien'schen Romanerzählens begründet in der Komposition oder Struktur, der der Stoff unterworfen wird. Sie funktioniert, gemäß dem arturischen Doppelwegmodell, über erzählstrukturelle Wiederholungen, Parallelen, Korrespondenzen oder Kontrastierungen und konstituiert eine Sinngebung, bei der Bedeutung nicht durch die Referenz auf außertextuelle Sachverhalte – eine „präexistente Wahrheit" – gegeben ist, sondern, so Haug, „der Sinn sich vielmehr im Akt der poetischen Gestaltung [realisiert]" (Haug 2003, 137–138; ²1992 [1985], 104). Die Kritik an Haugs Entwurf hat auf dessen verkürzten Fiktionalitätsbegriff hingewiesen, der ‚Fiktionalität' auf das frei setzende Verfügen über einen Stoff mit offener Sinnbildung beschränkt und rezipientenorientierte Kriterien wie das eines *willing suspension of disbelief* ignoriert. Kritisch diskutiert wurde auch das Gewicht, das in der Haug'schen Argumentation für Fiktionalität auf der Erzählsyntax liegt, sowie seine Vernachlässigung des exemplarisch-lehrhaften Charakters der Gattung ‚Artusroman' (vgl. z. B. Huber 1988,

bes. 64–65; Heinzle 1990). Trotz dieser Einschränkungen hat Haugs Fiktionalitätsthese, wenn auch mit von Fall zu Fall anderer Begründung und einmal mehr, einmal weniger eingegrenzt auf den Chrétien'schen Artusroman, überwiegend Zustimmung gefunden.

Auffällig ist in der Tat, dass der Artusroman unter allen Romantypen des Mittelalters den geringsten Gebrauch von „Historizität als Wahrheitskriterium" (Schmitt 2005, 137) macht. Doch verdient auch dieser Befund eine differenzierende Betrachtung. Am radikalsten verfährt diesbezüglich sicherlich Chrétien de Troyes. Im Prolog zu seinem *Erec* ignoriert er die topische – und daher erwartbare – Berufung auf eine die Glaubwürdigkeit des Erzählten verbürgende Quelle schlicht. Worauf er sich bezieht, das sind ältere, wohl mündlich umlaufende Kurzerzählungen des Stoffes, doch nicht um die eigene Stoffgestaltung zu beglaubigen, sondern um sie von diesen früheren, seiner Meinung nach verstümmelnden und die Geschichte verderbenden [*depecier et corronpre*] Gestaltungen des *conte d'avanture* abzugrenzen (Chrétien de Troyes 1979, V. 19–22). Die Quellenberufung, wenn man sie denn so nennen kann, steht hier im Dienst einer Behauptung nicht des Wahr-, sondern des Richtig-Erzählens. Er will „gut erzählen und gut belehren" [*a bien dire et a bien aprandre*] und setzt darum auf eine sehr schöne „Zusammenfügung" [*conjointure*] der Geschichte (Chrétien de Troyes 1979, V. 9–14). Zwar ist nicht auszuschließen, dass einzelne Rezipienten dieses Richtig-Erzählen mit dem Wahrheitsdiskurs in Verbindung brachten. Aber Chrétien sieht so auffällig von der Zitation des Wahrheitstopos ab, dass sein Wiedererzählen (vgl. Worstbrock 1999) als ein Richtig-Erzählen wohl tatsächlich auf die ästhetisch-poetische Gestaltung gemünzt ist und sich, in diesem Sinne, von vorgängigen Historizitätsansprüchen unabhängig macht.

Weniger eindeutig ist dies für andere Vertreter der Gattung des Artusromans. Kaum ein Autor verzichtet vollständig auf Strategien der Authentifizierung des Erzählten. Selbst wenn diese nicht unmittelbar der Anbindung der Texte an den historiografischen Diskurs dienen, delegieren Quellenberufungen die Verantwortlichkeit für den Inhalt des Erzählten an eine vorgängige, in der Regel schriftliche Überlieferung: ein *buoch*, eine *âventiure* (im Sinne von ‚Geschehens-' oder ‚Ereignisbericht'), ein allgemeines Sagen. Natürlich ist die Frage, wie diese Autorisierungs- und, von Fall zu Fall, auch Historisierungsstrategien zu deuten sind: Sind sie ernst gemeint oder vielmehr ironisch? Gerade dort, wo, wie etwa im *Parzival* Wolframs von Eschenbach oder auch in Ulrich von Zatzikhovens *Lanzelet*, offenkundig Banales und für den Fortgang der Geschichte Unerhebliches mit Quellenberufungen versehen wird, muss dies nicht geradewegs eine ironische Selbstausstellung von Fiktionalität bedeuten. Es kann auch ‚nur' ein Witz auf Kosten eines Publikums sein, das alles und jedes beglaubigt haben wollte, ohne damit schon eine Aussage über den Wahrheitsstatus des erzählten Stoffs insgesamt zu treffen (siehe dazu auch weiter unten die Unterscheidung zwischen *funktionaler* und *autonomer* Fiktionalität). Gottfried von Straßburg, im Prolog zu seinem *Tristan*, jedenfalls zielt mit seiner Berufung auf Thomas von Britannien ausdrücklich auf eine Richtigkeit im Sinne von Wahrheit: „Wie der [d. i. Thomas] über Tristan sprach, richtig und wahr (*die rihte und die wârheit*), das begann ich eifrig in beiderlei Büchern, französischen und auch lateinischen, zu suchen" (Gottfried von Straßburg 2004, V. 146–162). Und auch Hartmann von Aue, dem man noch am ehesten zutrauen möchte, ein gelehriger Schüler Chrétiens gewesen zu sein, geht zu Beginn seines *Iwein*-Romans fraglos von einer, wie auch immer gearteten, Historizität der Artusfigur und ihres Kreises aus. Die von Haug (²1992 [1985], 125–126) so sehr hervorgehobene – und interpretatorisch mit einigem Gewicht befrachtete – Prologaussage, er, Hartmann, habe damals, zu Artus' Zeiten, nicht leben wollen, wenn das bedeute, dass er auf die Geschichten verzichten müsse, die es heute von Artus gebe (Hartmann von Aue 2001, V. 53–58), lässt sich ebenso gut als witziges Bonmot interpretieren, das aus der Not der späten Geburt eine Tugend macht, aber noch keine Überlegenheit der Literatur über und damit ihre Unabhängigkeit von der bloßen Faktizität formuliert. Treffender dürfte sein: Dem arturischen Erzählen eignet eine Gestalt, die, bei viel fiktiver Auffüllung im Einzelnen und ohne dass die Autoren notwendig immer selbst an die historische Verbürgtheit des von ihnen Erzählten glauben mussten, zwischen ästhetischer Selbstreferenzialität, bloßem Unterhaltungsinteresse sowie historischen oder sonstwie höheren Wahrheitsansprüchen changierte und damit die Frage der Fiktionalität oder Nicht-Fiktionalität vielfach unscharf ließ.

Was für die Artusepik gilt, gilt umso mehr für die übrigen Formen höfischer Epik, ganz abgesehen von den vielen anderen Erzähltraditionen des Mittelalters – etwa legendarischem Erzählen oder der Tierepik –, die im Hinblick auf ihre Fiktionalität viel weniger erforscht sind als der Artusroman. So sehr es also, das Beispiel Jean Bodels zeigt es, eine Vorstellung von einem unterschiedlichen Fiktionalitätsstatus verschiedener Erzählgattungen gab, so sehr entzieht sich selbst das mittelalterliche Romanerzählen diesbezüglich einer eindeutigen Bestimmung (vgl. Glauch 2014a, 111). Bemerkenswert ist jedoch, dass in der Weiterentwicklung dieses Erzählens im 13. Jahrhundert, wie Mathias Herweg (2010, 432) überzeugend gezeigt hat, die Integration naturkundlichen, enzyklopädisch-polyhistorischen und anderen gelehrten Wissens immer wichtiger wird und das Pendel des Erzähltyps des Versromans deutlich in die Richtung einer ‚(Re-)Historisierung' ausschlagen lässt. Auch historisch-diachron also erweist sich der Chrétien'sche Artusroman mit seinem Fiktionalitätspotential als nicht schulbildend. Allerdings ist die Frage nach dem fiktionalen oder nicht-fiktionalen Status eines Textes auch gattungsintern nicht allein anhand – vorgeblicher oder ernst gemeinter – Historizitäts- und sonstiger Wahrheitsbehauptungen, sondern nur im Kontext möglicher weiterer Fiktionsanzeigen zu beantworten, wie sie für mittelalterliches Romanerzählen in den Volkssprachen geltend gemacht wurden (siehe unten). Dem entspricht, dass die Grenzen zwischen nicht-fiktionalen Gattungen wie der Geschichtsschreibung und der Geschichtsepik und solchen Gattungen wie dem Artusroman, deren Fiktionalität sich diskutieren lässt, fließend sind.

Lyrik
Thematisiert wurde und wird die Frage auch für die mittelalterliche Lyrik (vgl. u. a. Warning 1983; Müller 1994, 2004a; Reuvekamp-Felber 2001; Haferland 2004; Grubmüller 2009). Der entscheidende Unterschied zum epischen Erzählen besteht hier darin, dass in den lyrischen Texten, insbesondere im Minnesang, jemand ‚Ich' sagt, und zwar nicht als Äußerungssubjekt einer Binnenerzählung, intradiegetisch also, wie es dies auch in der Epik gibt (z. B. die Ich-Erzählung des Kalogrenant im *Iwein*-Roman), sondern als Äußerungssubjekt erster Ordnung, während das epische Erzählen des Mittelalters einen primären Ich-Erzähler, von wenigen Ausnahmen abgesehen, nicht kennt. Folgerichtig entspinnt die Kontroverse der Forschung sich daran, welcher epistemische Status dem Ich der lyrischen Rede zuzumessen ist. Besonders ins Gewicht fällt dabei der kommunikationspragmatische Kontext mittelalterlicher Lyrik, also die Aufführungssituation (vgl. Müller 1996). Wiewohl Einigkeit darüber besteht, dass das Ich des Minnesangs ein Rollen-Ich ist und den Autor in verschiedenen Rollen zeigt – als liebendes Ich, als Bote, als Frau –, werden die referentiellen Implikationen dieser Sprechhaltung unterschiedlich bewertet. Wie, so lautet die Frage, ist die offen gehaltene Referenz des Sprecher-Ichs – zwischen empirisch-biografischem Autor-Ich und rein fiktiver Ich-Figuration – im Hinblick auf die Fiktionalität der Ich-Rede zu beurteilen? Klaus Grubmüller will in dieser Offenheit „gerade nicht das Einfallstor der Fiktionalität in den Minnesang" erkennen, da es weder eine Instanz noch die Kriterien gebe zu entscheiden, ob der Sänger über sich spricht oder nicht, ob die von ihm vorgetragenen Gedanken und Erfahrungen seine eigenen sind oder nicht: „Sein Vortrag kann ‚authentisch' sein, auch wenn ein anderer den Text formuliert hat" (Grubmüller 2009, 273). Fiktionalität – „im Sinne einer personalen Nicht-Referentialisierbarkeit" – bleibt in dieser Sicht ausschließlich der markierten Rollenrede vorbehalten, während sich ansonsten ein breites Spektrum unterschiedlicher Rezeptionsmöglichkeiten darbietet, bis hin zu der kurzschlüssigen Identifizierung des Sängers mit dem Aussage-Ich (vgl. Grubmüller 2009, 287). Demgegenüber betonen andere den *make-believe*-Charakter des Minnesangs und, in einem weiteren Sinne, mittelalterlicher Lyrik: Der Autor schaffe seinen Text im Ich-Gestus mit der Absicht, „dass sich sein Rezipient für die Zeit des Vortrags bzw. der Lektüre spielerisch auf das Dargelegte in der

Form einlässt, dass er die Ich-Rede und das in ihr sich Artikulierende in gewisser Weise für wahr hält" (Reuvekamp-Felber 2013, 440). Aus dieser Perspektive ist es gerade das potentielle Auseinandertreten von textinterner Sprecherrolle und Autor, genauer: das „Spiel mit Authentizitätsbehauptungen" (Hausmann 1999, 99, Anm. 50) und der empirisch-biografischen Suggestion, wie sie etwa auch in den Autorbildern der Liederhandschriften fassbar wird, das den fiktionalen Status mittelalterlicher Lyrik begründet.

Es wäre zu überlegen, ob nicht der Befund, dass die Liedlyrik ein Ich-Sagen kennt, während es im literarischen Erzählen des Mittelalters auf ganz wenige Texttypen beschränkt bleibt, den grundsätzlich anderen epistemischen Status lyrischer Rede erhärten könnte. Ein Ich-Erzählen im Sinne eines autodiegetischen Erzählens, bei dem der (primäre) Erzähler zugleich Protagonist der erzählten Handlung ist, gibt es nämlich eigentlich nur in allegorischen Erzählungen und Traumerzählungen, insbesondere der im Spätmittelalter verbreiteten Gattung der Minnerede (vgl. Glauch 2010). Wo von Träumen oder allegorischen Szenen die Rede ist, werden aber Vorgänge einer irrealen Welt dargestellt. In beiden Fällen ist die *fictio* klar als solche erkennbar und konnte eine Historizitäts- oder Faktizitätssuggestion von vornherein gar nicht entstehen. Solcherart Fiktion war dem Mittelalter aber immer schon unproblematisch, und die Fiktionalität der entsprechenden Textgruppen – Allegorie, Traumerzählung, Tierfabel – gattungsbestimmend und auch dichtungstheoretisch anerkannt. Außerhalb solcher markiert fiktiver Rahmung aber, und insbesondere im epischen Erzählen, dürfte es der autodiegetischen Ich-Rede an Autorität und Bezeugungskraft gefehlt haben. Zumindest fällt die Behauptung individuell-subjektiven Erlebens gegen den Verweis auf vorgängiges Buch- oder Sagenwissen in ihrer Autorisierungsmacht zurück und unterliegt damit stärker dem Verdacht, bloße Erfindung zu sein. Wenn das mit ein Grund dafür ist, dass das epische Erzählen des Mittelalters die primäre autodiegetische Ich-Form nicht kennt, dann wäre dies eben letztlich auf ein fehlendes oder zumindest sehr eingeschränktes Fiktionalitätsverständnis zurückzuführen, während umgekehrt die Präsenz der (rollenhaften) Ich-Rede in der Lyrik die Autonomie von jenem Wahrheitsdiskurs anzeigen würde, der die Folie nicht-lyrischen Dichtens darstellte, also als Fiktionssignal zu deuten wäre.

5 Fiktionssignale

Für die Frage, ob ein Text als fiktional anzusprechen ist oder nicht, kommt es weniger darauf an, ob die in ihm geäußerten Sachverhalte faktisch wahr sind oder nicht, sondern vor allem darauf, ob die Rezipienten ihn als fiktional verstehen. Mit anderen Worten: Für die Fiktionalitätsfrage ist entscheidend, ob ein Text einen Rezeptionsmodus hervorzurufen in der Lage ist, bei dem „die (jederzeit mögliche) Aufdeckung des Fiktionscharakters den Geltungs- und Wahrheitsanspruch der Aussage nicht nur nicht zerstört, sondern überhaupt nicht tangiert" (Müller 2004b, 285). In diesem Sinne ist Fiktionalität ein Rezeptionsphänomen. In der allgemeinen und/oder mediävistischen Fiktionalitätsforschung sind verschiedene Eigenschaften geltend gemacht worden, die ein Text aufweisen kann, um eine solche, fiktionalen Texten angemessene, Rezeptionshaltung zu befördern. Dabei wird gemeinhin zwischen textuellen (textimmanenten) und paratextuellen (extratextuellen) Signalen unterschieden (siehe oben; vgl. außerdem Zipfel 2014). Die textimmanenten Fiktionsanzeigen wiederum liegen auf zwei Ebenen, entsprechend dem Befund, dass Fiktionalität einerseits „eher formal" (auf der Ebene des *discours*), andererseits „eher stofflich" (auf der Ebene der *histoire*) bedingt sein kann (Glauch 2014a, 113): Wo Fiktionalität eine Funktion des Stoffes ist, ist es das Was des Dargestellten, das die fiktionale Sinngebung nahelegt; wo Fiktionalität eine Funktion des *discours* ist, also an dem Wie der Darstellung hängt, erscheint sie formal bestimmt (vgl. zum Folgenden auch Glauch 2014a, 113–120).

Die Ebene der Geschichte

Auf der Ebene der Geschichte liegt vor allem die materielle oder kulturelle Unmöglichkeit der erzählten Welt oder die Phantastik der in ihr dargestellten Ereignisse; sie gelten heute als sichere Fiktionsindikatoren. In mittelalterlichen Texten hingegen können sie Fiktion anzeigen, sie müssen dies aber nicht. Grundsätzlich ist in diesem Zusammenhang zu berücksichtigen, was weiter oben über die historisch andere Wirklichkeitsauffassung des Mittelalters festgestellt wurde: dass sie nämlich auch das Mirakulöse, Mirabilienhafte und Magische umschließt. Am sichersten signalisieren Elemente des Phantastischen Fiktion dann, wenn sie offenkundig Unmögliches oder, Isidor von Sevilla zitierend, ‚Naturwidriges' zum Gegenstand haben: wenn etwa nicht-menschliche Protagonisten wie menschliche Figuren auftreten (sprechende Tiere in der Fabel oder Tierepik, personifizierte Abstrakta in allegorischer Dichtung). In einem weiteren Sinne gehören in den Zusammenhang dieses Fiktionssignals auch Rahmungen wie Traum- oder Visionserzählungen, die das innerhalb eines solchen Rahmens Berichtete als Teil einer ‚anderen' Wirklichkeit erscheinen lassen. Allerdings mussten auch solche (Traum- oder Visions-)Rahmungen, vor allem in einem religiösen Kontext wie der Mystik, nicht notwendig Kontrafaktizität signalisieren, sondern verwiesen, sofern sie durch kirchliche Autorität gedeckt waren, auf die höhere Wirklichkeit Gottes.

Die Ebene des Diskurses

Fiktionsanzeigen auf der Ebene des *discours* sind vor allem verschiedene erzähltechnische Phänomene, wie eine fiktionsspezifische Informationsvergabe, die Autor-Erzähler-Unterscheidung, die Erzählsituation und die Phänomene der Metanarration und Metafiktion. Auch sie gelten in neuzeitlichen Texten gemeinhin als typisch für Fiktion. In der textuellen Kultur des Mittelalters hingegen stellen sie im Allgemeinen wohl keine Fiktionssignale dar, entweder weil sie dort kaum anzutreffen sind oder weil sie anderen Funktionen folgen als in neuzeitlichem Erzählen.

Für mittelalterliches Erzählen ist charakteristisch, dass die Konturen der modernen erzähltheoretischen Kategorien vielfach nur schwach ausgeprägt und die Grenzen zwischen ihnen dementsprechend fließend sind. Das gilt insbesondere für die Unterscheidung zwischen Autor und Erzähler. Nur selten lässt sich eine Erzählerstimme eindeutig von der des Autors unterscheiden. Besonders interessant – und entsprechend viel diskutiert – ist in dieser Hinsicht der Fall, bei dem sich in den Texten ein Erzähler zu Gehör bringt, der mit dem Autor namentlich identisch ist oder dessen Haltungen zumindest ohne Weiteres auch dem Autor selbst zugewiesen werden können, wie im *Parzival* Wolframs von Eschenbach: *ich bin Wolfram von Eschenbach, / unt kan ein teil mit sange* (1998, 114, 12–13). Es müssen in diesem Fall, der mindestens bis ins 14. Jahrhundert hinein der Normalfall gewesen zu sein scheint, besondere Gründe geltend gemacht werden, warum es sinnvoll ist, zwischen Autor und Erzähler (bzw. Autorrolle und Erzählerrolle) zu unterscheiden (vgl. zum Ganzen Glauch 2009, 77–105; Spearing 2005). Entsprechend prekär ist die Autor-Erzähler-Unterscheidung als Signal für Fiktion, für mittelalterliches Erzählen noch mehr als für neuzeitliches, wo sie allerdings inzwischen auch bereits infrage gestellt wird (vgl. Kablitz 2008, bes. 28–42).

Fließend erscheinen in mittelalterlichem Erzählen auch die Grenzen im Hinblick auf die Kategorie der Fokalisierung, also die Auswahl oder Beschränkung von narrativer Information in Bezug auf die Erfahrungen und das Wissen des Autors/Erzählers, der Figuren oder anderer Entitäten in der erzählten Welt (vgl. Hübner 2003). Das sogenannte Erzählerwissen stellt dabei für neuzeitliches Erzählen das am meisten besprochene und am häufigsten ins Feld geführte Fiktionssignal dar. Auch hier fällt in mittelalterlichen Erzähltexten auf, dass die Informationsvergabe sich keineswegs immer strikt an die dafür vorgesehenen erzähltheoretischen Kategorien (Autor/Erzähler, Figur etc.) hält, dass Figuren von Dingen Kenntnis haben, die eigentlich nur die Erzählinstanz und/oder das Publikum weiß, oder umgekehrt, so dass eine eindeutige Bestimmung, was an den von der Erzählinstanz über die Geschichte und ihre Figuren verlauteten Informationen, in Menge und Art, die für einen realen Erzähler verfügbaren Informationen übersteigt, schwer fällt.

Ebenso stellen metanarrative und metafiktionale Äußerungen – die gelegentlich miteinander vermischt werden – kein sicheres Fiktionssignal dar. Versteht man unter ersteren die „Thematisierung des Erzählens während des Erzählens bzw. die Reflexion des Erzählers auf den Akt des Erzählens" (Zipfel 2014, 115), so findet sich Metanarration in mittelalterlichen Erzähltexten ausgesprochen häufig. Allerdings kommt eine Selbstthematisierung des Erzählens auch in faktualen Erzähltexten vor und stellt insoweit kein Fiktionssignal dar. Metafiktionale Einlassungen hingegen, Einlassungen also, die der „Thematisierung der Fiktionalität des Textes, d. h. der Erfundenheit der Geschichte oder der fiktionsspezifischen Konstruktion der Erzählung" gelten (Zipfel 2014, 115), setzen ein klar ausgebildetes Fiktionalitätsbewusstsein – und ein entsprechendes Begriffsinstrumentarium – voraus und sind schon aus diesen Gründen in mittelalterlichen Texten so gut wie nicht anzutreffen.

Genau das Gegenteil gilt für Aussagen der Beglaubigung, die in der Erzählliteratur des Mittelalters nun ausgesprochen häufig begegnen. Dass sie auch dann, wenn sie sich als ironisch interpretieren lassen, noch nicht Fiktionalität indizieren müssen, darauf wurde bereits hingewiesen (siehe oben, 90–91). Aber auch der umgekehrte Fall tritt wiederholt auf: die Infragestellung der Verbürgtheit einzelner Elemente der Geschichte, deren Ironisierung oder auch Reflexionen über ausschmückendes Fingieren. Auch hier hat man von einer bewussten Ausstellung des Fiktionalitätsbewusstseins der Autoren gesprochen. Demgegenüber muss man aber feststellen, dass derartige Äußerungen sich fast durchweg auf die narrative oder rhetorische Stilisierung eines Textes beziehen. Die Forschung hat, einem Vorschlag Brigitte Burrichters (1996, 15–22) folgend, in diesem Zusammenhang die Unterscheidung zwischen *funktionaler* und *autonomer* Fiktionalität vorgenommen; alternative Begriffsoppositionen wurden von Knapp (2002, 158: suppletive vs. freie Fiktionalität) und Glauch (2009, 181–182: oberflächliche vs. massive Fiktionalität) ins Spiel gebracht. Gemeint ist jeweils Ähnliches: Autonome Fiktionalität ist Fiktionalität im modern-literaturwissenschaftlichen Sinne. Funktionale *fictio* hingegen bezieht sich auf die Praxis, einen gegebenen, als historisch verbürgten Stoff dichterisch-rhetorisch um- und auszugestalten und/oder ihn mit erfundenem Material anzureichern (wofür Green 2002, 189, den Begriff *episodic fiction* verwendet). Funktionale Fiktionalität ist aber auch nach mittelalterlicher Auffassung eine selbstverständliche Lizenz des Dichters; sie entspricht dem mittelalterlichen Selbstverständnis des Dichters als *artifex*, ist auch in anerkanntermaßen faktualen Darstellungsformen üblich und bewirkt daher nicht notwendig Fiktionalität (zu paratextuellen Fiktionssignalen wie der Gattungszugehörigkeit und dem kommunikationspragmatischen Kontext siehe oben, 87–93).

Ebenfalls auf der Ebene des *discours* liegt das Kriterium des Märchenhaften, jedenfalls wenn man es, im Sinne von Max Lüthi, nicht stofflich-motivlich bestimmt, sondern auf die besondere poetische Gestalt des Märchens bezieht (vgl. Lüthi ¹¹2005, 6). Als Fiktionssignal wurde es in der mediävistischen Forschung insbesondere von Fritz Peter Knapp (vgl. u. a. 2005, 191–224; 2012; 2014, 25–32) für den Chrétien'schen Artusroman vorgeschlagen. Die Charakterisierung als märchenhaft bezieht sich hier auf das „märchenhaft Wunderbare", das „im Gegensatz zum Wunderbaren der Sage und der Legende unerklärbar und auch unerklärt, weil keiner Erklärung bedürftig [ist]" (Knapp 2005, 196); bei Chrétien führe es zu einer, in ihrer Substanz freilich noch genauer zu bestimmenden, Aura des frei Schwebenden und Spielerisch-Rätselhaften und signalisiere auf diese Weise Wahrheitsindifferenz (vgl. Knapp 2005, 196, 255).

6 Schlussbemerkung

Als wesentliches (Zwischen-)Ergebnis der gegenwärtigen Fiktionalitätsdiskussion in der Mittelalterforschung darf gelten, dass Fiktionalität kein Attribut ist, das dem Gros der mittelalterlichen Erzählproduktion eindeutig zuschreibbar wäre (vgl. Müller 2004b, 285). Inwieweit ein Text als fiktional oder faktual angesehen wurde – wenn er sich gegenüber dieser Opposition nicht überhaupt indifferent verhielt (Mythos, Sage, Legende) –, dürfte maßgeblich vom kulturellen Umfeld und der sozialen Praxis bestimmt gewesen sein, und ein und derselbe Text stand wohl vielfach verschiedenen Rezeptionsweisen offen.

Auf diesen Befund versucht das Konzept einer skalierbaren Fiktionalität zu reagieren, für das jüngst verschiedentlich plädiert wird (vgl. zuerst Weinrich 1975, 525; dann u. a. Müller 2004b, bes. 295; Herweg 2010, 190, Anm. 650; Glauch 2009, 185–195). Demnach gibt es zwar einen kategorialen Unterschied zwischen Faktualität (oder Historizität) und Fiktionalität, aber die Kategorien stellen sich nicht als scharf gegeneinander abgegrenzt dar, sondern als die beiden Endpunkte einer Skala, mit graduell variierenden Möglichkeiten des Umgangs mit den Texten dazwischen. Dem wurde vor allem von Kablitz (vgl. 2008, 17) die Unterscheidung zwischen Fiktion und Fiktionalität entgegengehalten: Während das in einem Text Dargestellte in seinem Fiktionsgrad durchaus variieren könne, sei ‚Fiktionalität' ein klassifikatorischer Begriff; ein Text sei von der Anforderung, wahre Sachverhalte zum Inhalt zu haben, entweder entbunden oder nicht. Bei näherem Hinsehen jedoch erweist sich die Kontroverse um die skalierte Fiktionalität als ein Spiegelgefecht: Insofern die mittelalterlichen Texte zeitgenössisch offenbar verschiedenen Umgangsformen zugänglich waren – nämlich sie einerseits für rein fiktional, andererseits für Wirklichkeitsdarstellungen zu halten –, ist die Vorstellung einer skalierten Fiktionalität plausibel. Dem widerspricht jedoch nicht, dass die

Kategorie der Fiktionalität *an sich* – ob sich ein individueller Rezipient also dafür entschied, einen Text als Aussage über tatsächliche Sachverhalte zu verstehen oder nicht – ein Entweder-Oder ist. Nur waren angesichts eines Kommunikationsraums, in dem die ‚Institution' Fiktion nicht als autonomer Bezirk säuberlich abgegrenzt war, vielfältige Rezeptionsmöglichkeiten denkbar, was eine eindeutige Aussage darüber, ob ein Text als fiktional oder faktual angesehen wurde, erschwert – von wenigen Ausnahmen, wie etwa der Tierfabel oder der Allegorie, abgesehen.

Angesichts der Offenheit mittelalterlicher Texte im Hinblick auf ihren Status als mehr oder weniger fiktional wäre es vielleicht einen Versuch wert – anschließend an jüngere Ansätze aus der anglistischen Narratologie und das, ursprünglich aus der Virtual-Reality-Theorie stammende, Konzept der Immersion –, Fiktionalität enger an Narrativität anzubinden (ohne freilich das eine im anderen aufgehen zu lassen). Ausgangspunkt solcher Überlegungen ist, dass Fiktionalität und Narrativität regelmäßig Hand in Hand miteinander gehen. Kablitz (2008, 27) hat den Grund hierfür in der besonderen Zeitstruktur der Erzählung gesehen: Es sei die Verbindung von – und zugleich Distanz zwischen – einer Sprechsituation und einer Handlungssituation, *discours* und *histoire*, die ein Spiel mit der Existenzbehauptung des Erzählten bei gleichzeitigem Entzug seiner Referenzialisierbarkeit ermöglicht. Monika Fludernik wiederum sieht die Korrelation von Fiktionalität und Narrativität entscheidend in den bewusstseinsdarstellenden Möglichkeiten der Erzählung und ihrer Erfahrungshaftigkeit begründet: „Insofern als Erzählung Bewusstsein darstellt, ist sie fiktional, da Bewusstsein nicht eigentlich darstellbar ist außer durch fiktionale Strategien. Schließlich ist Bewusstsein konstituierend für Narrativität – Erfahrungshaftigkeit und Bewusstsein bedingen einander" (Fludernik [3]2010, 73; vgl. auch 1996, 36). Zwar wird man die fiktionalen Techniken, derer sich erzählende Texte zur Bewusstseinsdarstellung bedienen, eher der funktionalen *fictio* zurechnen wollen, doch wird Erfahrungshaftigkeit nicht nur durch Bewusstseinsdarstellung bewirkt, sondern auch durch bestimmte narrative Strategien, die der Beförderung von Wirklichkeitsillusion dienen (Autor-/Erzähler-Profilierung, Metalepsen, Tempuswechsel, Vergegenwärtigung, Visualisierung etc.), dazu, „beim Rezipienten die Bereitschaft zu evozieren, sich auf das Erzählte einzulassen, beim Leseakt oder Vortrag der Dichtung die Romanwelt *wie* etwas Wirkliches zu erleben" (Kern 1993, 17; ähnlich Schneider 2013). Indem die dargestellte Welt als eine Welt *sui generis* erscheint, entstehen dort, wo ein Text Erfahrungshaftigkeit und Immersion evoziert, Spielräume für fiktionale Sinngebung, also einer Sinngebung, die sich nicht in der Referenz auf außertextuelle Sachverhalte erschöpft. Auch in dieser Sicht jedoch stellt sich Fiktionalität als ein Modus der ästhetischen Erfahrung dar, der sich in der Erzählliteratur des Mittelalters eher punktuell – und im Zusammenwirken mit bestimmten Formen der Narrativität – denn als globales Textmerkmal beobachten lässt.

Literaturverzeichnis

Augustinus (1980). *Quaestiones evangeliorum cum appendice quaestionum XVI in Matthaeum.* Hg. von Almut Mutzenbecher. Turnhout.
Bodel, Jehan (1989). *La Chanson des Saisnes.* 2 Bde. Hg. von Annette Brasseur. Genf.
Brinkmann, Hennig (1971). „Verhüllung (*integumentum*) als literarische Darstellungsform im Mittelalter". *Der Begriff der Repraesentatio im Mittelalter: Stellvertretung, Symbol, Zeichen, Bild.* Hg. von Albert Zimmermann. Berlin: 314–339.
Burrichter, Brigitte (1996). *Wahrheit und Fiktion: Der Status der Fiktionalität in der Artusliteratur des 12. Jahrhunderts.* München.
Burrichter, Brigitte (2010). „Fiktionalität in französischen Artustexten". *Historische Narratologie: Mediävistische Perspektiven.* Hg. von Harald Haferland und Matthias Meyer. Berlin: 263–279.
Carey, Stephen Mark (2010). „Fictionality". *Handbook of Medieval Studies: Terms – Methods – Trends.* Bd. 2. Hg. von Albrecht Classen. Berlin: 1500–1504.
Chrétien de Troyes (1979). *Erec und Enide.* Hg. von Ingrid Kasten. München.
Fludernik, Monika (1996). *Towards a ‚Natural' Narratology.* London.
Fludernik, Monika (³2010). *Erzähltheorie: Eine Einführung.* Darmstadt.
Gabriel, Gottfried (1997). „Fiktion". *Reallexikon der deutschen Literaturwissenschaft.* Bd. 1. Berlin: 594–598.
Glauch, Sonja (2009). *An der Schwelle zur Literatur: Elemente einer Poetik des höfischen Erzählens.* Heidelberg.
Glauch, Sonja (2010). „Ich-Erzähler ohne Stimme: Zur Andersartigkeit mittelalterlichen Erzählens zwischen Narratologie und Mediengeschichte". *Historische Narratologie: Mediävistische Perspektiven.* Hg. von Harald Haferland und Matthias Meyer. Berlin: 149–185.
Glauch, Sonja (2014a). „Fiktionalität im Mittelalter; revisited". *Poetica* 46 (2014): 85–139.
Glauch, Sonja (2014b). „Fiktionalität im Mittelalter". *Fiktionalität: Ein interdisziplinäres Handbuch.* Hg. von Tobias Klauk und Tilmann Köppe. Berlin: 385–418.
Gottfried von Straßburg (2004). *Tristan.* Bd 1: *Text.* Hg. von Karl Marold. Unveränderter fünfter Abdruck nach dem dritten, mit einem auf Grund von Friedrich Rankes Kollationen verbesserten kritischen Apparat besorgt und mit einem erweiterten Nachwort versehen von Werner Schröder. Berlin.
Green, Dennis Howard (2002). *The Beginnings of Medieval Romance: Fact and Fiction, 1150–1220.* Cambridge.
Grubmüller, Klaus (2009). „Was bedeutet Fiktionalität im Minnesang?" *Fiktion und Fiktionalität in den Literaturen des Mittelalters: Jan-Dirk Müller zum 65. Geburtstag.* Hg. von Ursula Peters und Rainer Warning. München: 269–287.
Grünkorn, Gertrud (1994). *Die Fiktionalität des höfischen Romans um 1200.* Berlin.
Haferland, Harald (2004). „Minnesang als Posenrhetorik". *Text und Handeln: Zum kommunikativen Ort von Minnesang und antiker Lyrik.* Hg. von Albrecht Hausmann. Heidelberg: 65–105.
Haferland, Harald (2007). „Gibt es einen Erzähler bei Wickram? Zu den Anfängen modernen Fiktionsbewusstseins. Mit einem Exkurs: Epistemische Zäsur, Paratexte und die Autor/Erzähler-Unterscheidung". *Vergessene Texte – Verstellte Blicke: Neue Perspektiven der Wickram-Forschung.* Hg. von Maria E. Müller und Michael Mecklenburg. Frankfurt a. M.: 361–394.

Hartmann von Aue (⁴2001). *Iwein*. Text der siebenten Ausgabe von G. F. Benecke, K. Lachmann und L. Wolff. Hg. von Thomas Cramer. Berlin.

Haug, Walter (²1992 [1985]). *Literaturtheorie im deutschen Mittelalter: Von den Anfängen bis zum Ende des 13. Jahrhunderts*. Darmstadt.

Haug, Walter (2003). „Die Entdeckung der Fiktionalität". *Die Wahrheit der Fiktion: Studien zur weltlichen und geistlichen Literatur des Mittelalters und der frühen Neuzeit*. Tübingen: 128–144.

Hausmann, Albrecht (1999). *Reinmar der Alte als Autor: Untersuchungen zur Überlieferung und zur programmatischen Identität*. Tübingen.

Heinzle, Joachim (1990). „Die Entdeckung der Fiktionalität: Zu Walter Haugs *Literaturtheorie im deutschen Mittelalter*". *Beiträge zur Geschichte der deutschen Sprache und Literatur* 112 (1990): 55–80.

Herweg, Mathias (2010). *Wege zur Verbindlichkeit: Studien zum deutschen Roman um 1300*. Wiesbaden.

Herzog Ernst (2009). *Herzog Ernst: Ein mittelalterliches Abenteuerbuch*. Hg. von Bernhard Sowinski. Stuttgart.

Huber, Christoph (1986). „Höfischer Roman als Integumentum? Das Votum Thomasins von Zerklaere". *Zeitschrift für deutsches Altertum* 115 (1986): 79–100.

Huber, Christoph (1988). Rez. Walter Haug. *Literaturtheorie im deutschen Mittelalter*. *Anzeiger für deutsches Altertum und deutsche Literatur* 99 (1988): 60–68.

Huber, Christoph (1994). „Zur mittelalterlichen Roman-Hermeneutik: Noch einmal Thomasin von Zerklaere und das Integumentum". *German Narrative Literature of the Twelfth and Thirteenth Centuries: Studies presented to Roy Wisbey on his Sixty-fifth Birthday*. Hg. von Volker Honemann, Martin H. Jones, Adrian Stevens und David Wells. Tübingen: 27–38.

Hübner, Gert (2003). *Erzählform im höfischen Roman: Studien zur Fokalisierung im ‚Eneas', im ‚Iwein' und im ‚Tristan'*. Tübingen.

Isidor von Sevilla (1911 [1962]). *Etymologiae sive Origines*. Hg. von Wallace Martin Lindsay. Oxford.

Jauß, Hans Robert (1983). „Zur historischen Genese der Scheidung von Fiktion und Realität". *Funktionen des Fiktiven*. Hg. von Dieter Henrich und Wolfgang Iser. München: 423–431.

Kablitz, Andreas (2008). „Literatur, Fiktion und Erzählung – nebst einem Nachruf auf den Erzähler". *Im Zeichen der Fiktion: Aspekte fiktionaler Rede aus historischer und systematischer Sicht. Festschrift für Klaus W. Hempfer zum 65. Geburtstag*. Hg. von Irina O. Rajewsky und Ulrike Schneider. Stuttgart: 13–44.

Kablitz, Andreas (2009). „*Bella menzogna*: Mittelalterliche allegorische Dichtung und die Struktur der Fiktion (Dante, *Convivio* – Thomas Mann, *Der Zauberberg* – Aristoteles, *Poetik*)". *Literarische und religiöse Kommunikation in Mittelalter und Früher Neuzeit: DFG-Symposion 2006*. Hg. von Peter Strohschneider. Berlin: 222–271.

Kern, Peter (1993). „Leugnen und Bewußtmachen der Fiktionalität im deutschen Artusroman". *Fiktionalität im Artusroman: Dritte Tagung der Deutschen Sektion der Internationalen Artusgesellschaft in Berlin vom 13.–15. Februar 1992*. Hg. von Volker Mertens und Friedrich Wolfzettel. Tübingen: 11–28.

Kiening, Christian (2012). Rez. Ursula Peters und Rainer Warning (Hg.). *Fiktion und Fiktionalität in den Literaturen des Mittelalters*. *Beiträge zur Geschichte der deutschen Sprache und Literatur* 134 (2012): 116–118.

Kleinschmidt, Erich (1982). „Die Wirklichkeit der Literatur: Fiktionsbewußtsein und das Problem der ästhetischen Realität von Dichtung in der Frühen Neuzeit". *Deutsche Vierteljahrsschrift für Literaturwissenschaft und Geistesgeschichte* 56 (1982): 174–197.
Knapp, Fritz Peter (1997). *Historie und Fiktion in der mittelalterlichen Gattungspoetik: Sieben Studien und ein Nachwort.* Heidelberg.
Knapp, Fritz Peter (2002). „Historiographisches und fiktionales Erzählen im Mittelalter: Ein Nachwort in eigener Sache". *Historisches und fiktionales Erzählen im Mittelalter.* Hg. von Fritz Peter Knapp und Manuela Niesner. Berlin: 147–159.
Knapp, Fritz Peter (2005). *Historie und Fiktion in der mittelalterlichen Gattungspoetik (II): Zehn neue Studien und ein Vorwort.* Heidelberg.
Knapp, Fritz Peter (2012). „Verborgene Märchen des Hochmittelalters". *Beiträge zur Geschichte der deutschen Sprache und Literatur* 134 (2012): 73–88.
Knapp, Fritz Peter (2014). *Die Geburt des fiktionalen Romans aus dem Geiste des Märchens.* Heidelberg.
Knapp, Fritz Peter und Manuela Niesner (Hgg. 2002). *Historisches und fiktionales Erzählen im Mittelalter.* Berlin.
Lüthi, Max (¹¹2005). *Das europäische Volksmärchen: Form und Wesen.* Tübingen.
Mehtonen, Päivi (1996). *Old Concepts and New Poetics:* Historia, Argumentum, *and* Fabula *in the Twelfth- and Early Thirteenth-Century Latin Poetics of Fiction.* Helsinki.
Müller, Jan-Dirk (1994). „‚Ir sult sprechen willekomen': Sänger, Sprecherrolle und die Anfänge volkssprachlicher Lyrik". *Internationales Archiv für Sozialgeschichte der deutschen Literatur* 19.1 (1994): 1–21.
Müller, Jan-Dirk (Hg. 1996). *‚Aufführung' und ‚Schrift' in Mittelalter und Früher Neuzeit.* Stuttgart.
Müller, Jan-Dirk (2004a). „Die Fiktion höfischer Liebe und die Fiktionalität des Minnesangs". *Text und Handeln: Zum kommunikativen Ort von Minnesang und antiker Lyrik.* Hg. von Albrecht Hausmann. Heidelberg: 47–64.
Müller, Jan-Dirk (2004b). „Literarische und andere Spiele: Zum Fiktionalitätsproblem in vormoderner Literatur". *Poetica* 36 (2004): 281–311.
Peters, Ursula und Rainer Warning (Hgg. 2009). *Fiktion und Fiktionalität in den Literaturen des Mittelalters: Jan-Dirk Müller zum 65. Geburtstag.* München.
Raumann, Rachel (2010). Fictio *und* historia *in den Artusromanen Hartmanns von Aue und im ‚Prosa-Lancelot'.* Tübingen.
Reuvekamp-Felber, Timo (2001). „Fiktionalität als Gattungsvoraussetzung: Die Destruktion des Authentischen in der Genese der deutschen und romanischen Lyrik". *Text und Kultur: Mittelalterliche Literatur 1150–1450.* Hg. von Ursula Peters. Stuttgart: 377–402.
Reuvekamp-Felber, Timo (2013). „Zur gegenwärtigen Situation mediävistischer Fiktionalitätsforschung: Eine kritische Bestandsaufnahme". *Zeitschrift für deutsche Philologie* 132 (2013): 417–444.
Schmitt, Stefanie (2005). *Inszenierungen von Glaubwürdigkeit: Studien zur Beglaubigung im späthöfischen und frühneuzeitlichen Roman.* Tübingen.
Schneider, Christian (2013). „Fiktionalität, Erfahrung und Erzählen im *Lanzelet* Ulrichs von Zatzikhoven". *Fiktionalität im Artusroman des 13. bis 15. Jahrhunderts: Romanistische und germanistische Perspektiven.* Hg. von Martin Przybilski und Nikolaus Ruge. Wiesbaden: 61–82.
Schulthess, Peter und Ruedi Imbach (1996). *Die Philosophie im lateinischen Mittelalter: Ein Handbuch mit einem bio-bibliographischen Repertorium.* Zürich.

Spearing, Anthony C. (2005). *Textual Subjectivity: The Encoding of Subjectivity in Medieval Narratives and Lyrics*. Oxford.
Strasser, Ingrid (1989). *Vornovellistisches Erzählen: Mittelhochdeutsche Mären bis zur Mitte des 14. Jahrhunderts und altfranzösische Fabliaux*. Wien.
Thioderich von Deutz (1883). „Thioderici aeditui Tuitiensis opuscula". *MGH Scriptores* 14: Supplementa tomorum 1–12. Pars 2: *Gesta episcoporum. Historiae*. Hg. von Oswald Holder-Egger. Hannover: 560–577.
Thomasin von Zerklaere (1965 [1852]). *Der Wälsche Gast*. Hg. von Heinrich Rückert. Mit einer Einleitung und einem Register von Friedrich Neumann. Berlin.
Warning, Rainer (1983). „Der inszenierte Diskurs: Bemerkungen zur pragmatischen Relation der Fiktion". *Funktionen des Fiktiven*. Hg. von Dieter Henrich und Wolfgang Iser. München: 183–206.
Weinrich, Harald (1975). „Fiktionssignale". *Positionen der Negativität*. Hg. von Harald Weinrich. München: 525–526.
Wolfram von Eschenbach (1998). *Parzival*. Studienausgabe: Mittelhochdeutscher Text nach der sechsten Ausgabe von Karl Lachmann. Übers. von Peter Knecht. Einführung zum Text von Bernd Schirok. Berlin.
Worstbrock, Franz Josef (1999). „Wiedererzählen und Übersetzen". *Mittelalter und frühe Neuzeit: Übergänge, Umbrüche und Neuansätze*. Hg. von Walter Haug. Tübingen: 128–142.
Zipfel, Frank (2014). „Fiktionssignale". *Fiktionalität: Ein interdisziplinäres Handbuch*. Hg. von Tobias Klauk und Tilmann Köppe. Berlin: 97–124.

Weiterführende Literatur

Glauch, Sonja (2014). „Fiktionalität im Mittelalter; revisited". *Poetica* 46 (2014): 85–139.
Grubmüller, Klaus (2009). „Was bedeutet Fiktionalität im Minnesang?" *Fiktion und Fiktionalität in den Literaturen des Mittelalters: Jan-Dirk Müller zum 65. Geburtstag*. Hg. von Ursula Peters und Rainer Warning. München: 269–287.
Haug, Walter (^{2}1992 [1985]). *Literaturtheorie im deutschen Mittelalter: Von den Anfängen bis zum Ende des 13. Jahrhunderts*. Darmstadt.
Knapp, Fritz Peter (1997). *Historie und Fiktion in der mittelalterlichen Gattungspoetik: Sieben Studien und ein Nachwort*. Heidelberg.
Knapp, Fritz Peter (2005). *Historie und Fiktion in der mittelalterlichen Gattungspoetik (II): Zehn neue Studien und ein Vorwort*. Heidelberg.
Müller, Jan-Dirk (2004). „Literarische und andere Spiele: Zum Fiktionalitätsproblem in vormoderner Literatur". *Poetica* 36 (2004): 281–311.
Reuvekamp-Felber, Timo (2013). „Zur gegenwärtigen Situation mediävistischer Fiktionalitätsforschung: Eine kritische Bestandsaufnahme". *Zeitschrift für deutsche Philologie* 132 (2013): 417–444.

Gerd Bayer

II.3 Fiktionalität in der Renaissance/ Frühmoderne

1 Einleitung

Wie für frühere und spätere Epochen gilt ebenso für die Renaissance und frühe Neuzeit, dass Fiktionalität immer auch eine Zuweisung im Rahmen der Rezeption impliziert. Ob und wie Leser ein literarisches Werk als fiktional einstufen, bleibt dabei von einer Vielzahl an Faktoren abhängig. Eine entscheidende Rolle kommt hier jedoch der jeweiligen Gattung eines Werkes zu: Die Zuschreibung, implizit oder explizit, von Fiktionalität folgt in weiten Teilen den jeweils genrespezifisch induzierten Erwartungshaltungen seitens der Leserschaft. Dafür erweist sich für die frühe Neuzeit insbesondere das bis in den Klassizismus hinein wirkmächtige poetologische Erbe der Antike als bedeutsam. Die über den Themenkomplex der Mimesis verortete Debatte zum Verhältnis von Text und Wirklichkeit kann nicht nur auf eine lange Tradition in westlichen Literaturformen zurückblicken (vgl. Auerbach 1968); sie zeitigt zudem eine klare Hierarchisierung literarischer Formen – mit Epos, hoher Lyrik und Tragödie als klare Gewinner den bestenfalls zweitrangigen Formen wie Romanze, Roman oder Komödie gegenüber – und eine damit einhergehende positiv oder eben negativ kodierte Wertschätzung bis hinein in die schulischen und universitären Curricula (vgl. Dolven 2007, 15–64). Die vermeintlich wirklichkeitsnahen und damit verlässlicheren Werke sehen sich zudem weniger dem herabwürdigenden Vorwurf der Fiktionalität ausgesetzt. Legt diese Differenzierung nach bestimmten Schreibformen eine eindeutige Zuweisung von Fiktionalitätsmerkmalen nahe, so wird diese vermeintliche Eindeutigkeit zugleich von Entwicklungen in der frühen Neuzeit unterlaufen, die aufgrund des allmählichen Entstehens einer breiteren Gattungspalette (etwa auch durch populäre Formen der Prosafiktionen oder Entwicklungen bei dramatischen Texten) und eines Abwendens von den eindeutigen antiken Wertesystemen auch zunehmend weniger eindeutig abwertende Fiktionalitätszuweisungen erlauben.

Diese Unentschiedenheit ist jedoch zumindest in Teilen in der Antike schon vorweggenommen. Dort steht auf der einen Seite der mit Plato in Verbindung gebrachte Vorwurf gegen die lügenden Dichter, ihre Werke stünden in keinem eindeutig faktualen Verhältnis zur Realität und könnten damit keine höheren Wahrheiten vermitteln. In letzter Konsequenz spricht Plato der Kunst damit ab, gesellschaftlich positiv wirksam zu sein, und schließt ihre Praktikanten konsequenterweise aus der Republik aus. Auf der anderen Seite sieht dagegen

Aristoteles in seiner Gegenüberstellung von rein darstellenden und historisierenden Textlichkeiten und den über sie klar hinausreichenden visionären und philosophischen Darstellungsverfahren ein potentiell positives Differenzierungsmerkmal. Aus der Fiktionalität könnten dieser Vorstellung entsprechend wertvolle Impulse für die Ausgestaltung gesellschaftlicher Prinzipien erfolgen. Sieht Plato also in der Fiktionalität eine Abwendung von der Realität, lässt sich aus der aristotelischen Sichtweise ein Auftrag an die Kunst ableiten, sich jenseits von reiner Faktualität mit den besten aller möglichen Welten auseinanderzusetzen und darüber Direktiven für weltliches Handeln aus literarischen Werken zu entwickeln.

Die wechselseitigen Beeinflussungsfaktoren zwischen Diskursen der Wahrheit und der Fiktionalität erfahren nach dem Mittelalter noch die Spätauswirkungen einer substantiellen Neuausrichtung dazu, wie Wahrheit verlässlich konstituiert wird. Wohl maßgeblich beeinflusst vom grundlegenden Medienwandel der nunmehr zunehmend verschriftlichten Kultur- und Verwaltungsvorgänge vormals primär mündlich kommunizierender Gesellschaften (vgl. Clanchy 1979), kommt es mit Ausgang des Mittelalters zu einer zunehmenden Bedeutungsverschiebung bzw. -ergänzung des Begriffsfelds rund um ‚Wahrheit'. Hatte der Begriff ursprünglich vor allem Bedeutungskomponenten aus den juristischen (Versprechen, Ehrenwort etc.), ethischen (im Sinne eines wahren Charakters) und religiösen Bezugsfeldern (etwa einer göttlichen Wahrheit), so kam nun eine primär intellektuelle Bedeutung hinzu, die Wahrheit in ihrem Kern als Korrespondenz mit der Wirklichkeit zu verstehen sucht (vgl. Green 1999, 9). Im literarischen Bereich tangiert diese Bedeutungserweiterung konkret die Frage nach der Fiktionalität dahingehend, dass Realitätsbezug über die Nähe zu Wahrheitsdiskursen nun nicht mehr allein im moralischen Spannungsfeld zwischen Gut und Böse existiert, sondern darüber hinaus schlicht als richtig oder falsch diskutiert werden konnte. Die daraus resultierende Selbstpositionierung literarischer Werke entwickelte aus dieser Auseinandersetzung eine eigene Vorgehensweise, die der historischen ‚Wahrheitskrise' der frühen Neuzeit Tribut zollte (vgl. McKeon 1987, 25–64). Diese Vorgehensweise wird spätestens im neunzehnten Jahrhundert mit dem Realismus poetologisch-wirkmächtig verschränkt, zeitigt jedoch in der frühen Neuzeit noch eine wenig eindeutige Gemengelage aus fiktionalen und faktualen Darstellungsformen, die insbesondere in den Frühformen der Prosafiktionen der Wahrheitskrise ihrer Zeit ein textliches Äquivalent entgegensetzten.

2 Antike und Humanismus

Die Fortschreibung des antiken Erbes (vgl. Halliwell 2002) erfährt dagegen durch den Humanismus anhaltende Unterstützung. Hier kommt es jedoch auch zu gegenläufigen Entwicklungen: Zum einen perpetuiert die Rückführung auf klassische Formen und Differenzierungen auch die Bedeutungszuschreibungen etwa im Hinblick auf den Realitätsgehalt und den Fiktionalisierungsgrad bestimmter Formen und Gattungen. Gerade der Klassizismus verschreibt sich dieser Verstetigung und unternimmt durch seinen konservativen Gestus den Versuch, eine Hierarchisierung literarischer Formen auch über ihren vermeintlichen Fiktionalitätsgrad zu begründen. Diesem Verfahren läuft die Neukodierung der Gattungskonventionen, beginnend in der Renaissance und etwa in den Prosafiktionen bis in das 18. Jahrhundert fortgeführt, klar entgegen. Die zunehmende Rationalisierung gesellschaftlicher und individueller Entscheidungsprozesse und die in ihren Grundzügen schon aufklärerische Ausrichtung der frühneuzeitlichen Kunstauffassung führen konsequenterweise auch zu einer Vermengung und dadurch Veränderung der Gattungsgrenzen. Die zunehmenden Formalexperimente der Renaissance bezeugen konsequenterweise neben der empfundenen Notwendigkeit eines an historische Realitäten angepassten Kunstverständnisses auch das Fortbestehen der historischen Formen, gegen die es sich nun unter bestimmten Situation auch klar zu positionieren gilt (vgl. Colie 1973).

Die Auseinandersetzung mit Gattungsneuerungen ruft neben Enthusiasmus für die Möglichkeiten innovativer Formen selbstredend auch nostalgisch-kritische Stimmen auf den Plan. Im England der Jahrhundertwende vom 17. zum 18. Jahrhundert lässt sich diese kontrastive Dynamik zum einen an dem sich stetig vergrößernden Berufsstand der professionellen Schriftsteller nachvollziehen, deren Arbeitsethos jedoch vielfach stärker von kommerziellen denn von ästhetisch-evaluativen Entscheidungsfaktoren geprägt scheint (vgl. Hammond 1997; Rogers 1972); zum anderen lässt sich in der kritischen Auseinandersetzung mit derartigen Schreiberlingen, wie sie etwa Alexander Pope in seinem *Essay on Criticism* (1711) unternimmt (vgl. Bayer 2011), ein deutlicher Unmut über den vermeintlichen Sittenverfall (nicht nur) innerhalb der Literatur erkennen. Während die durch Pope und andere ästhetisch-konservative Kräfte geführte Auseinandersetzung klare Züge eines letzten Aufbegehrens gegen Fortschritt und Zukunft trägt, klingt in der primär in Frankreich geführten *Querelle des anciens et des modernes* neben der als notwendig erachteten Fortschreibung antiker Kunstformen auch eine Diskussion über das Grundprinzip der Nachahmung an: Wollen die Vertreter des Glaubens an eine Überlegenheit des Altertums das mimetische Prinzip primär an den Formvorbildern antiker Autoren geübt sehen, so drängen die Verfechter einer zeitgenössischen Moderne darauf, Nachahmung an den Dringlichkeiten der Gegenwart ausgerichtet zu sehen. Je nach zugrunde gelegtem Wertungsprinzip erfährt so auch das Moment der Fiktionalität eine je unterschiedliche Einschreibung. Mögen an klassischen Vorbildern geschulte Autoren übernatürliche und sogar fantastische Elemente aufgrund ihrer Etabliertheit im Kanon als nicht-fiktional entschuldigen, orientieren sich progressive Autoren eher am Realitätsverständnis der zeitgenössischen Leserschaft (vgl. Rivers 1982), wenngleich dies im Gegenlauf zu Vorwürfen der Missachtung vorgeblich zeitloser Kompositionsprinzipien führen kann. Das Fortleben der antiken Ästhetik führt durch die frühe Neuzeit deswegen zu einer nach unterschiedlichen Maßstäben geführten Debatte darüber, welche Textaspekte mit welchen Wertvorstellungen als fiktional bzw. faktual einer positiven oder eben negativen Wertung zu unterziehen sind.

3 Literarische Frühformen

Diese Kontrastierung lässt sich in ganz unterschiedlichen Textkontexten beobachten. Die Veröffentlichung der beiden Bände von Miguel de Cervantes' *El Quixote* (1605/1615) markiert nicht nur einen möglichen Ursprung für eine literarische Moderne (vgl. Lukács 1963 [1920]); das Werk greift auch explizit das Fiktionalitätsverständnis seiner historischen Leser auf. Während die mittelalterliche Romanze (bzw. der Ritterroman, etwa in der Tradition von *Amadis de Gaula*) sich klar eines fantastischen Gestus bemühte, dabei aber wie das historische Epos stets hehre Ziele eines von Bakhtin als monologisch kritisierten Gesellschaftsverständnisses propagierte, erfuhr die Form durch Cervantes eine explizite Neuausrichtung gerade auch in Bezug auf ihr Fiktionalitätsverständnis. Die metafiktionale Auflösung des Faktualitätsglaubens allzu bereitwilliger Leser verweist bereits auf eine Schwächung der Verbindung zwischen Literatur und unbedingtem Realitätsbezug voraus. Wenn Quixote die vorgeblichen Tatsächlichkeiten ritterlicher Herausforderungen in wahnhafte und vor allem literarisch induzierte Vorstellungen transformiert, dann ermutigt diese textliche Geste auch Leser, den unbedingten Nexus zwischen fiktional dargestellter Weltlichkeit und ihrer tatsächlichen Realität unter einen bedingten Vorbehalt zu stellen.

Ähnlich gerichtete Zersetzungsdynamiken entstehen schon etwas früher im Umfeld der italienischen Prosafiktionen und der sie begleitenden poetologischen Diskussionen. Diese Absetzungsbewegungen lassen sich bereits im literarischen Selbstverständnis von Veröffentlichungen wie Dante Alighieris *La Commedia* (ca. 1321), Ludovico Ariostos *Orlando furioso* (1516–1532) und Torquato Tassos *Gerusalemme liberata* (1574) nachverfolgen, deren Texte teils als radikale Neuausrichtung auch des Verhältnisses zur Fiktionalität rezipiert wurden. In der Vermengung fantastischer und realistischer Elemente schrieben diese Werke zugleich die wenigen überlieferten und zu dieser Zeit auch weitgehend unbekannten Prosafiktionen der hellenistischen Welt unbewusst fort (vgl. Doody 1996), etwa Heliodors *Aithiopika* oder das *Satyricon* von Petronius, dessen Titel über *satura* bereits auf eine thematisch-formale Vielfalt hinweist. In der Vermengung bekannter literarischer Formen stellt diese satirische Form nicht nur poetologische Konventionen in neue wechselseitige Bezüge; sie schafft zudem in ihrer textlichen Geschlossenheit eine Einheit von Darstellungsmodi, die realistische und fantastische Zugänge zusammenträgt. Diese Verbindung vermeintlich sich ausschließender Herangehensweisen untergräbt damit auch das Verständnis einer essentiellen Gegensätzlichkeit von fiktionalen und faktualen Ästhetiken.

Indem sie diese antiken Spannungen thematisieren und aufgreifen, lösen die frühneuzeitlichen italienischen Prosaautoren auch die Gegensätzlichkeit mimetischer und poietischer Nachahmungsformen weiter auf. Insbesondere antizipieren diese Werke somit bereits die zukünftigen Entwicklungen einer Eigenpositionierung der Literatur, die der vorgängigen Zuschreibung von Kunst als (bestenfalls) Teil der Moralphilosophie eine Verortung näher den rational und diskursiv verfahrenden szientistischen Disziplinen vorzunehmen suchten (vgl. Weinberg I 1961, 30–31). Das Selbstverständnis einer weltlich-politisierenden Kunst, die Realitäten direkt und zugleich deutend darstellt, spiegelt dabei die einsetzende Klitterung religiös-absolutistischer Diskursformen und Lebenswelten, die durch Reformation und Glaubenskriege weitere Legitimationsverluste erleidet. Zugleich beerbt dieses Kunstverständnis theologische Textlichkeiten durch die zunehmende Verbreitung profaner Formen der Weltdeutung (vgl. Frye 1976), die als eine einsetzende Ablösung von theologischen Erklärungsformen hin zu literarischen Weltinterpretationen gesehen werden können. Die weniger stark doktrinär steuerbaren Leseerfahrungen literarischer Werke eröffnen dabei zusätzlich die Möglichkeit, Lektüren persönlich zu erleben und zu erklären. Die zu dieser Zeit erscheinenden und teils sehr positivistisch-präskriptiv vorgehenden Poetiken – etwa A.S. Minturnos *De poeta* (1559) oder J.C. Scaligers *Poetices libri septem* (1561) – lassen dementsprechend zunehmend auch eine aus der Rhetorik entlehnte Einbeziehung des Rezeptionsprozesses erkennen, der insbesondere bei L. Castelvetro zu einer tatsächlichen Wertschätzung des Rezeptionsmoments und seiner potentiell genussbringenden Affektivierung führt (vgl. Harland 1999). Dieser einsetzende Demokratisierungsprozess der literarischen Deutungshoheit trägt den Lesern auch eine stärkere Freiheit bei der Wertzuschreibung von Fiktionalität an.

4 Renaissance

In Fortführung dieser Re-Evaluierung des Verhältnisses zwischen Text und Wirklichkeit, das nunmehr einem primär fiktionalen Duktus philosophisch ambitionierte und damit positiv konnotierte Auswirkungen attestiert, erlaubt sich das literarische Werkschaffen der späten Renaissance und der frühen Neuzeit eine Rekalibrierung der Fiktionalitätsdebatte, die zumindest in Teilen schon die vorgebliche Fiktionalitätsinnovation des bürgerlichen Romans des frühen achtzehnten Jahrhunderts vorwegnimmt (vgl. Fludernik 2018). Expliziten Niederschlag findet diese Neujustierung des Fiktionalitätsverständnisses der Renaissance etwa schon in Philip Sidneys *Defence of Poesie* (c. 1579). Sidney greift in seinem poetologischen Pamphlet nicht nur die jüngere Literaturdebatte in Italien sowie das antike Kunstverständnis der platonischen Schule auf, er unternimmt zudem einerseits eine Apologie der Poesie – das Titelwort steht bei ihm klar als Chiffre für alle Gattungsformen literarischen und explizit auch fiktionalen Schaffens – als eine persönlich und sozial charakterbildende Kunstform und andererseits, darüber hinausgehend, eine praxeologische Ausrichtung der Literaturrezeption, welche die einem Werk zuzusprechende Wertschätzung nicht mehr primär an seinem Wirklichkeitsgehalt (also seiner Nicht-Fiktionalität), sondern vielmehr an seiner handlungsorientierenden Wirkmächtigkeit bemisst. In der pädagogisch-didaktischen Tradition der Renaissancedenker Petrus Ramus und Philipp Melanchthon sieht Sidney im literarischen Werk ein potentielles Versprechen, das sich als auf eine progressive Gesellschaftsveränderung ausgerichtet verstanden sehen möchte (vgl. Stillman 2008, 7). Dieser rezeptions-didaktische Paradigmenwechsel tangiert implizit das Fiktionalitätsverständnis der gesamten frühen Neuzeit, kommt es aufgrund der dadurch entstehenden Verschiebungen doch zu einer Auflösung der zwingenden Verbindung zwischen direkter Referenz (bzw. verifizierbarer Korrelation mit der Realität) und leserseitig erfahrbarer Anwendung der erdachten Textsituation auf die eigene Lebenswelt.

Nicht zufällig fällt diese Entwicklung mit der über die Wortgültigkeit biblischer Aussagen hinausführenden Lektüre religiöser Texte im Kontext der Reformation zusammen, schließt also an das explizit nicht-allegorische exegetische Modell Melanchthons an (vgl. Meerhoff 1994, 52–53). Das hermeneutische Verfahren schreitet dadurch von einem Interesse an der (mimetisch ausgerichteten und dadurch moralisch wertbaren) Textbedeutung zu einer Frage nach der Textrelevanz voran, wodurch sich die Bedeutung der Fiktionalitätszuschreibung nunmehr nach anderen (nämlich affektiv-rezeptionsästhetischen) Parametern bemessen lassen muss. Damit greift die Literatur der frühen Neuzeit auch einen Renaissancetopos auf, findet sich doch schon in elisabethanischen Prosawerken eine wiederkehrende Faszination an Momenten der (katholischen) Wandlung,

Transformation und des Transvestitentums (vgl. Wald 2011), denen gemein ist, dass sie die uneinheitliche Bedeutungszuschreibung einzelner Textmomente nicht nur semiotischer Unschärfe, sondern bewusst auch einem inhärenten Streben nach einer Darstellung eben dieser Uneinheitlichkeit anheften.

Sidneys *Defence* lässt diese Verschiebung von Schreib- und Lesekonventionen wiederholt explizit anklingen. Bei ihm schwingt dabei die neuzeitliche Verschiebung des Wahrheitsbegriffs hin zur Korrespondenztheorie zumindest noch implizit mit, sieht er in nachahmenden künstlerischen Darstellungen doch nicht notwendigerweise einen Konflikt zu richtig-falsch Differenzierungen. Sidney stellt den Poeten vielmehr in eine klare Opposition zum Wissenschaftler oder Arzt, die beide irren können, auch wenn sie aufrichtig der Wahrheit folgen: „Now for the poet, he nothing affirms, and therefore never lieth. For, as I take it, to lie is to affirm that to be true which is false" [Nun aber zum Dichter; der behauptet nichts und lügt deswegen niemals; denn, so wie ich es verstehe, ist lügen, das als wahr zu behaupten, was falsch ist] (2002, 103).

Sidneys etwas spitzfindige Differenzierung verweist dennoch scharfsinnig auf die aktuelle Bedeutungsverschiebung im Bereich der Fiktionalität, die es Dichtern nun erlaubt, zwar Fiktives zu sagen, damit aber Wahres zu meinen. Fiktionalität steht damit nicht mehr in einem unauflösbaren Gegensatz zur Faktualität. Für moderne Leser bekräftigt diese frühneuzeitliche Aussage zusätzlich, dass die vermeintlich textimmanente Bedeutung eines Werkes zudem erst im Rezeptionsakt erkenntlich und damit existent wird, dem Autor also ohnehin nur indirekt der Vorwurf der Lüge bzw. Unwahrheit zu machen ist. Schon für Sidney und sein Publikum gilt jedoch, jenseits dieses anachronistischen rezeptionsästhetischen Verständnisses, dass Fiktionalität allein am Fehlen einer vordergründigen Korrelation mit (nur vorläufig verstehbaren) Wirklichkeiten, also einer traditionell verstandenen Faktualität, nicht mehr zu bemessen ist.

Dass sich Sidney nicht nur in seiner *Defence* abstrakte Gedanken zum Wirklichkeitsverständnis und -verhältnis der Literatur seiner Zeit macht, zeigt sich überzeugend in seiner *Arcadia* (c. 1580), einer an höfische Ideale angelehnten Romanze, die vorgeblich der Unterhaltung seiner Schwester dient, in der Tat jedoch eine klare Neuausrichtung pastoraler Formen und des griechischen Romans in der Tradition von Heliodor unternimmt. Anders als Edmund Spensers primär allegorisch konstruiertes Großwerk *Fairie Queene* (1590/1596), dessen an mittelalterliche Fantastik angelehnter Duktus wiederholt von direkten Realitätsbezügen (etwa auf Königin Elisabeth) begleitet scheint, lädt Sidneys Text weniger zu einer expliziten Bezugnahme auf Figuren und Situationen der konkreten Realität ein, sondern misst seiner Leserschaft ein aktiveres und zugleich aufgeklärteres Fiktionalitätsverständnis zu. Die hellenisierenden und phantastischen Elemente von Sidneys Erzählung legen ohnehin den Bedarf nahe, erst über einen aktiven

Prozess der Vergegenwärtigung den Transfer einer weiterhin als negativ konnotierten Fiktionalisierung hin zu einer aktiven Implementierung der Werkinhalte zu unternehmen. Sidney gesteht damit der von zeitgenössischen Intellektuellen wie Roger Ascham, immerhin Tutor der späteren Königin, abgelehnten Form der Romanze trotz (oder auch gerade wegen) ihrer fiktionalisierenden Elemente ein positives Einwirken auf ihre Leser zu (vgl. Smith 1904). Die Bezugnahme auf Fiktionalität steht für ihn klar in einem zumindest potentiell positiven Einwirken auf die Leser, das jedoch auf deren aktive und produktive Anwendung der Textinhalte rekurriert.

Auch wenn man Sidney kaum als einen radikalen Reformer oder Revolutionär verklären sollte, zeigen seine poetologischen Reflexionen und formalen Innovationen dennoch, dass er sich zu einem progressiven Literaturverständnis hingezogen fühlte. Sieht man im marxistischen Sinne Literatur und Kunst allgemein als der visionären Verbesserung sozialer Verhältnisse verpflichtet, so kommt auch die frühe Neuzeit nicht umhin, das Problem der Fiktionalität dem Obligat zur Optimierung unterzuordnen: Will Literatur eine neue, bessere und vor allem andere Welt evozieren, so kann sie gar nicht anders, als sich auf ein Unterlaufen des Fiktionalitätsverbots einzulassen. Von dieser Warte betrachtet verfolgt Sidneys *Arcadia* ähnliche Ziele wie ein bereits 1516 auf Latein erschienenes gattungsstiftendes Werk von Thomas Morus, sein *Utopia*. Auch für die Form der Utopie gilt, dass ihre verfälschende und transponierende Darstellung der Wirklichkeit, die sich dem Anspruch direkter Faktualität entzieht, letztlich doch dem Ziel dient, Leser an die erlebte Wirklichkeit zurückzuführen. Über den Umweg utopischer Verzerrungen tritt Fiktionalität so in den Dienst der Faktualität, verlässt sich für die zu erzielende Wirkung und Rückbindung an die Wirklichkeit jedoch ebenso wie Sidneys Werke auf die aktive Lektüre durch ihre Leser.

5 Buchkulturen

Das Konfliktpotential sich neu formierender Formen und Zielsetzungen versetzt die Literatur in eine der Reformation ähnliche Entwicklungskurve; und ebenso wie Martin Luther von den technischen Neuerungen des Buchdrucks profitierte, so beflügelte Gutenbergs revolutionäre Multiplikationsmaschinerie auch den Austausch innerhalb einzelner Sprach- und Kulturräume sowie über sie hinaus. Erst die Gutenberg-Galaxie (vgl. McLuhan 1962) ermöglichte es überhaupt, dass gedruckte und vervielfältigte Schriften sich in der um das Vielfache beschleunigten Kürze der Zeit verbreiten konnten. Als das Buch (oder vielmehr, die auf einfachste Art hergestellten Druckerzeugnisse textlichen Inhalts wie etwa Pamphlete, Bauernkalender und simple Kurzerzählungen) verstärkt an das alltägliche Leben der Menschen herantrat (vgl. Febvre und Martin 2010), es insbesondere den gebildeten Schichten und der Wissenschaft ihrer Zeit Austausch und Erkenntnisgewinn brachte (vgl. Eisenstein 1979), ließ es zugleich die auratisch aufgeladene Zeit der Manuskripte hinter sich. Die Wiederverwendbarkeit von (billig hergestellten) Papierprodukten als Verpackungsmaterial oder für die Körperhygiene machte die Konsumierbarkeit des Buchs augenfällig. Nicht nur deswegen legten Autoren zunehmend ein direktes Interesse an der Materialität des Buchdrucks und der letztendlichen Papierhaftigkeit ihres Produktes in seinem Bezug zu den Lesern an den Tag (vgl. Flint 2011). Galt zu Beginn der frühen Neuzeit noch die Patronage als ein entscheidender Entscheidungsfaktor für die anzunehmende Respektabilität eines Autors – üblicherweise über die überschwängliche Widmung einer Person aus dem höfischen Umfeld bezeugt – und damit über die Verlässlichkeit der dargestellten Inhalte (vgl. Zwicker 1993), so übernahm zunehmend der Autor seine eigene Vertreterschaft für die zu setzende Qualität des eigenen Produkts, unterstützt durch seinen Verleger oder Drucker. Hatte das Patronagesystem sich auf persönliche Beziehungen und Verantwortlichkeiten im Kontext der *coterie*-Kultur verlassen, in dem (faktuale) Verlässlichkeit an gesellschaftlich gut positionierte Persönlichkeiten rückgebunden blieb, so übermittelte die Buchdruckkultur ihre Inhalte deutlich anonymer. Die Entscheidungsprozesse gerade der nach Marktprinzipien operierenden Unterhaltungstexte wurden von tatsächlichen Lesern bestimmt, die sich ihre eigenen Urteile bildeten (wenn auch nicht immer auf Grundlage ausreichender Informationen oder Bildung; siehe Ginzburg 1980), auch in Bezug auf die Fiktionalität und Wertigkeit einzelner Publikationen.

Diese Demokratisierung der (populären) Literatur, die zunehmend auch zu einer Beeinflussung der Hochkultur durch die Volkskultur führte (vgl. Chartier 1987), befreite Textformen von der zumeist lediglich in elitären Kreisen praktizierten Ablehnung fiktionaler Texte. So erfreuten sich etwa die in zahllosen Exemplaren verkauften *chapbooks* nicht nur einer breiten Leserschaft in niedrigeren sozialen Schichten, wo sie oft durch Vorleser performativ zur Aufführung kamen (vgl. Würzbach 1990); sie fanden generationenüberspringend durch die aus der eigenen Jugendzeit beibehaltene Lektüre nicht-elitärer Textformen innerhalb der gebildeteren Schichten oft auch indirekt Eingang in das Werkschaffen angesehener Literaten (vgl. Spufford 1985). Durch diese Übernahme populärer Kunstformen und ihrer weniger restriktiv praktizierten Wirklichkeitsdarstellung in die höheren gesellschaftlichen Sphären literarischen Schaffens fand auch ein loser strukturiertes Fiktionalitätsverständnis Eingang in die Hochkultur. Über die Aufnahme der oft an mittelalterlichen Themen und Volkserzählungen orientierten Inhalte dieser Kolportagewerke erreichten somit Topoi mit großer Nähe zur Fiktionalität Eingang etwa in frühe Romanformen. Die Faszination an mittelalterlicher

Fantastik, etwa genährt durch die fortdauernde Verwendung von illustrativen älteren Holzschnitten für stärker an ökonomischen denn ästhetischen Prinzipien ausgerichteten Publikationsformen, setzt sich später auch direkt in Themen und Merkmalen etwa der Schauerliteratur fort. Das Übernatürliche innerhalb dieser Gattungstradition stellt ebenso wie das romantisch Erhabene eine positive Wertzuschreibung von nicht-faktualen Ästhetiken dar, wobei die Abwendung der Romantik von der rationalistischen Ästhetik aufklärerischer Faktualität immer auch im Kontext eben dieses Paradigmenwechsels zu sehen ist.

6 Gattungen

Im Ringen um die Deutungshoheit darüber, welche Rolle Fiktionalität in literarischen Darstellungsmodi einnehmen könne, kam es zum Ende des 17. Jahrhunderts z. B. in Großbritannien auch zu Verschiebungen zwischen den Großgattungen. So bezogen sowohl lyrische als auch narrative Darstellungsmodi voneinander Inspirationen (vgl. Starr 2004), wodurch es zu einem wechselseitigen Transfer der Wertigkeiten der beiden Gattungen kam, die insbesondere zu einer Aufwertung des (fiktionalen) Romans durch die emotional-intellektuelle Aufrichtigkeit der Lyrik führte, dem Roman also zunehmend auch Faktualität zusprach. Bald nach dem Zeitpunkt, als das literaturkonsumierende Publikum sich in Folge der Restauration von 1660 gerade mit der Wiedereröffnung der Theater nach den strengen Jahren der Puritanerherrschaft angefreundet hatte, kam es bereits zu einer Desillusionierung mit dramatischen Darstellungsformen. Wenngleich die zunehmende Sexualisierung des Theaterbetriebs sicherlich in Kontradistinktion zum Illusionstheater der elisabethanischen Bühne eine sehr körperliche Form des Realismus etabliert hatte und damit der stofflichen Fiktionalität so manchen Dramas eine performative Faktualität zur Seite stellte, reagierten Zuschauer wie auch Leser zunehmend reserviert auf die gattungstechnischen Beschränkungen theatralischer Darstellungsformen. In dem Maße, in dem Rezipienten eine individualisierte Innerlichkeit literarischer Figuren als eine Ästhetisierung realer Wirklichkeiten ersehnten, verschob sich auch der Interessenschwerpunkt des auf Spektakel und soziale Konflikte ausgelegten Theaterkonsums auf eine private Lektüre narrativer Texte. Auf das Drama folgte als breitenwirksamste Literaturform der Roman, inklusive seines eigenen Fiktionalitätsverständnisses.

Die Vorformen des Romans erlaubten es Autoren und Lesern, sich in vermeintlich direkter Nähe zu den Erlebnissen und insbesondere Innerlichkeiten der Protagonisten zu wähnen. Verglichen mit den geradezu intimen Einblicken in die Motivationen und Besorgnisse der Romanfiguren erschienen die stilisierten und oft ins leichter darstellbare Extrem verzerrten Bühnenfiguren zunehmend als unrealistisch (vgl. Zimbardo 1986) und damit in einem negativen Sinne fiktional. Auch wenn die Theaterapparaturen der Restaurationszeit – mit ihren elaborierten Szenerien ausgerichtet auf eine lineare Tiefenperspektive sowie mit der stärker atmosphärisierenden neu eingeführten künstlichen Beleuchtung – darauf ausgelegt waren, die Künstlichkeit des Theaters in ein virtuelles Nacherleben des auf der Bühne lediglich Dargestellten zu erhöhen, wollte sich der intendierte Effekt einer immersiven Fiktionsblase zunehmend weniger einstellen. Während es dem elisabethanischen Theater offenbar gelang, sich trotz minimaler Illusionsbemühungen (man denke an die Tageslichtaufführungen, die vernachlässigbaren Kulissen und die durchgehend von männlichen Schauspielern verkörperten weiblichen Figuren) als in positiver Weise relevant für das Publikum zu präsentieren, führte der Versuch des Restaurationstheaters, aktive Illusionsarbeit der Rezipienten und damit verbundene Fiktionalität aus dem Theatergeschehen zu verdrängen, zu einem zunehmenden Abwenden der literarischen Kultur von dramatischen Darstellungsformen. Die im 18. Jahrhundert sich verbreitende Krise des Theaterschaffens, das erst zu Ende des 19. Jahrhunderts (mit Autoren wie G.B. Shaw, Henrik Ibsen, Anton P. Tschechow und Bertolt Brecht) wieder eine prominente Position im kritischen literaturwissenschaftlichen Diskurs annehmen wird, antizipiert das späte 17. Jahrhundert in England bereits durch eine intensiv geführte poetologische und ästhetische Auseinandersetzung über die formalen und sozialen Belange der literarischen Bühnenformen. Insbesondere John Drydens umfassendes Reflektieren über den Stand des Dramas, von ihm vor allem in ausführlichen Paratexten und gesondert publizierten Aufsätzen unternommen, lässt ein Ringen um die Bedeutung der Literatur im allgemeinen erkennen (Frank 2003), zeigt aber ebenso, dass selbst die Weltlichkeit des Theaters, dessen Ermöglichung eines performativen Erlebens eine Diskussion von Fiktionalität vermeintlich überflüssig machen könnte, die Gattung nicht vollständig davor schützen kann, sich dem impliziten Vorwurf eines Realitätsverlusts ausgesetzt zu sehen.

Der einsetzende Siegeszug der Prosafiktionen, der auch aus der Krise der dramatischen Formen entsteht, orientierte sich jedoch ebenso an der Frage nach dem Fiktionalitätsgrad seiner Texte. In der allmählichen Entwicklung eines generischen Selbstverständnisses, das in Abwesenheit regelkonstituierender Poetiken für diese neue Gattung primär über den paratextuellen Apparat der in immer größerer Zahl erscheinenden Werke verhandelt wurde (vgl. Stockhorst 2008; Bayer 2016), nahm konsequenterweise die späterhin beinahe gattungskonstituierende Verleugnung des eigenen Fiktionalitätsgrads eine zentrale Rolle ein. Eingedenk der Horaz'schen Vorgabe, dass Kunst sowohl erfreue als auch sich als nützlich erweise, versuchten Autoren tunlichst, den Eindruck zu vermeiden, ihr Werk könnte für lediglich erfunden und damit fiktional gehalten werden. Der allerorten anzutreffende Ton der paratextuellen Präliminarien, die sich zu dieser Zeit gerne einer barocken Fülle hingeben, ist einer oft sogar brüsken Zurückweisung jeglichen Verdachts der Fingiertheit der nachfolgenden Erzählungen geschuldet. Ein Autor wie Daniel Defoe, dessen *Robinson Crusoe* (1719) als eines der frühesten Exemplare des schon neuzeitlichen Romans gelten darf, präsentiert sich dementsprechend lediglich als der Herausgeber einer ihm angetragenen autobiografischen Schrift, die aufgrund der persönlichen Zeugenschaft des (fiktiven) Autors Crusoe von dem verwerflichen Vorwurf der Fiktionalität freizustellen sei. Defoe suchte klar die Nähe zur Historiografie, und der Roman als Gattung profitierte von dieser Annäherung, konnte er doch von der moralisch über Zweifel erhabenen Geschichtsschreibung nur profitieren, wohl wissend, dass zeitgenössische historische Erzählformen bereits Raum geschaffen hatten, um auch fantastische und somit fiktionale Begebenheiten mit einzubeziehen (vgl. Mayer 1997). Auch den historisierenden Erzählungen von Madeleine de Scudéry war es gelungen, Elemente des Schlüsselromans für Leser aus dem inneren Zirkel ihrer höfischen Kultur mit galanten Episoden zu verbinden, die ihrer Leserschaft auch unterschiedliche Teile der damals vertrauten Welt teils sehr anschaulich näherbrachten. Die Konzentration auf Liebesnarrative, die auf weitverbreitete Muster der an weiblichen Lesern orientierten Romanzen zurückgreifen konnte (vgl. Ballaster 1992), verband sich mit exotisierenden Digressionen rund um das Mittelmeer (vgl. Stanivukovic 2016); und beide Aspekte lieferten damit ebenso einen wichtigen Beitrag zu der wachsenden Beliebtheit von Reiseberichten.

7 Historizität und Fiktionalität

Das Bemühen um Historizität, das Lesern in fiktionalen Prosafiktionen präsentiert wurde, erweist sich somit weniger als eine vollkommene Abwendung von fiktionalen Repräsentationsmodi; vielmehr konnten die frühen Romanformen unter dem Deckmantel historiografischer Rezeptionsprozesse eine publikumswirksame und effektive Gemengelage aus fiktionalen und faktualen Diskursen etablieren. Die ostentative Zurückweisung des Verdachts der Fiktionalität, die in Defoes Herausgeberfiktion deutlich anklingt, sowie das gleichzeitig anzutreffende Bemühen, in Prosafiktionen der Zeit einen mimetisch höchst ambitionierten Realismus zu etablieren, erklären auch, warum bereits Aphra Behns *Love-Letters between a Nobleman and His Sister* (1684, 1685, 1687) im ursprünglichen ersten Band als sensationslüsterner Schlüsselroman konzipiert war, der bezeichnenderweise kaum Raum für die vermittelnde Erzählerinstanz einräumt und sich fast ausschließlich auf die Wiedergabe der vermeintlich persönlichen Briefe zwischen den unverheirateten Liebenden beschränkt. Der zweite und dritte Teil der Erzählung nimmt dagegen zunehmend von diesem fiktionalitätsleugnenden Gestus Abstand. Er etabliert darüber hinaus zum einen Behn als die Autorin der Bücher; und er ersetzt zum anderen die Nähe und Authentizität erzeugende Innenperspektive der intimen Briefe durch eine berichtende und kommentierende Erzählerstimme. Der Grad der Fiktionalität nimmt durch diese narratologischen Verschiebungen wohl auch in der Wahrnehmung der ursprünglichen Leser zu; dass Behns Publikum dieser Kehrtwende zu folgen bereit war, zeigt jedoch zudem, dass schon der erste Teil wohl nur latent als nicht fiktional rezipiert wurde.

Die oftmals spielerische Verhandlung des Fiktionalitätsstatus frühneuzeitlicher Prosafiktionen bezeichnet klar, dass sowohl Autoren als auch Leser zu dieser Zeit ein feinsinniges Gespür für die Bedeutung dieser Kategorien und für das Potential ihrer ironischen Unterlaufung hatten. Diese Dynamik erklärt auch die Rolle des Briefs in den Wirklichkeitskonstrukten der Buchkultur im 17. Jahrhundert. Während das 18. Jahrhundert den Briefroman eindeutig als ein generisch-mediales Konvolut entdeckte, das Lesern – man denke an Samuel Richardsons *Pamela: or, Virtue Rewarded* (1740) und J.W. von Goethes *Die Leiden des jungen Werther* (1774) – voyeuristische Innenperspektiven auf die mentale und emotionale Zerrissenheit der jeweiligen Protagonisten erlaubt (vgl. Bray 2003), so begegneten die Leser früherer Generationen dem Medium Brief in weniger eindeutiger Weise als einer Textform, die zwingendermaßen ein verlässliches und damit faktuales Verhältnis zur Realität pflegt. Der Brief in der frühen Neuzeit verfolgt zwar in Veröffentlichungen wie den gattungsbegründenden Briefen der portugiesischen Nonne Mariana in *Les Lettres Portugaises* (1669) sowie Charles Gildons einem italienischem Original nachempfundenen *The Post-boy Rob'd of his Mail* (1692) ein realistisches Programm fern jeder Fiktionalität; zugleich legt die Vielzahl epistolarischer Momente in Prosafiktionen der Zeit nahe, dass Autoren die Hinzuziehung dieses nicht-fiktionalen Mediums als Warnung vor naivem Leservertrauen in die Repräsentationskraft verschriftlichter und damit unpersönlicher Kommunikationsmittel verstanden.

Die Form des Briefs wirkte auch in die entstehende Zeitschriften- und Wochenschriftenkultur hinein, etwa in Peter Motteux' *Gentleman's Journal*, dessen Hefte in Gänze jeweils als Brief konstruiert waren, wiewohl doch Leser klar erkennen konnten, dass die einzelnen Teile eigenständige Entstehungsgeschichten hatten. Der Brief galt also auch als vorgeblich verlässlicher Garant für die ehrenhafte Übertragung wahrheitsgemäßer Inhalte: Dass er in so offensichtlich überzogener Geste herangezogen wurde, lässt jedoch zugleich seine potentielle Manipulierbarkeit durchscheinen. Ein Zeitgenosse von Motteux, der Buchdrucker, Verleger und Autor John Dunton, begründete ebenfalls im ausgehenden 17. Jahrhundert eine Zeitschrift, *The Athenian Mercury*, die den Anschein erwecken wollte, vollständig aus von Lesern eingeschickten Briefen und ihrer Beantwortung zu bestehen. Die von Dunton in zahllosen Fällen klar fingierten Briefe sowie die rein erfundenen Experten, die ihre Beantwortung in den einzelnen Heften der Zeitschrift übernahmen, bedienten sich der Verlässlichkeit des Mediums Brief, das den Vorwurf der rein frivolen Erfindung vermeidet, um diese Verlässlichkeit gerade durch fingierte Briefe zu unterlaufen. In vielen der frühneuzeitlichen Zeitschriftenpublikationen traten ähnlich geartete Kommunikationsformen zutage, die einen direkten Dialog zwischen Autoren und Lesern vorgaben, und sich teils durch direkte Ansprachen in der zweiten Person sogar in den gedruckten Text integrierten; jedoch erwuchs dadurch mittelfristig weniger ein Verlässlichkeitsvertrauen seitens der Leser, sondern eher die Bereitschaft, bei der Lektüre literarischer Werke eine nur erfundene Relation zur tatsächlichen Realität zu akzeptieren. Das Einbeziehen von Briefen in die Prosaformen der frühen Neuzeit führte so weniger zu einem geringeren Grad an Fiktionalität, vielmehr entstand eine verringerte Hemmschwelle dafür, Fiktionales als Nicht-Erdachtes in das literarische Schriftwerk der Zeit einzubeziehen.

Die Leserschaft der frühen Neuzeit schien diese Metafiktionalisierung im Spannungsfeld zwischen fiktionalen und faktualen Modi nicht nur zu goutieren, sondern klar zu präferieren: Stanley Fishs Analyse der diesbezüglichen Textualitäten bei Autoren wie Francis Bacon, John Bunyan oder John Milton zeigt, dass selbst die heute kanonisierten Werke der Bildungsoberschicht ein prominent entwickeltes Faible für die ludische Platzierung des Artifiziellen kultivierten (vgl. Fish 1972). Die hohe Frequenz, die der Auseinandersetzung mit diesem Topos zugesprochen wird, unterstreicht, dass Fragen nach der Fiktionalität zu dieser Zeit eine hohe Bedeutung beigemessen wird, wie auch grundsätzlich Kontingenzformen ein häufiges Merkmal in der literarischen Kultur des 17. Jahrhunderts ausmachen (vgl. Berensmeyer 2007). Der spielerische Gestus dieser Aushandlungsprozesse, der eine dem barocken Reichtum paratextueller Gattungsselbstzuschreibungen ähnelnde Ästhetik zu verfolgen scheint, verweist auf die Unentschiedenheit, mit der die frühe Neuzeit dem Problem der Fiktionalität begegnet. Wie in anderen Bereichen löste sich auch zum Thema der Fiktionalität der ehemalige und ausschließliche Zwang, klar zwischen sich gegenseitig ausschließenden Alternativen zu unterscheiden, allmählich auf.

Dieser konzeptionelle Umbruch im Denken der Epochenschwelle tritt quer durch die unterschiedlichsten Diskursformen zutage. Hatten die scholastisch und hellenistisch geprägten Denkschulen des Mittelalters noch eindeutige Zuweisungen und zweifelsfreie Wertungen essentieller Qualitäten präferiert, so entwickelt sich im 17. Jahrhundert ausgehend von szientistischen, religiösen und politologischen Neuerungen eine Neubewertung dessen, was Wolfram Schmidgen (2012) als „exquisite mixture" ideengeschichtlich aufgearbeitet hat. Konflikte zwischen innerchristlichen Religionstraditionen sowie beispielsweise auch chemischen Entdeckungen über die sprichwörtliche Sprengkraft bestimmter Stoffmischungen führten zu einer Ummünzung vormals negativ präjudizierter Mischformen. Ähnlich wie die Bühnenautoren das Potential der Tragikomödie als eine nunmehr nicht ausschließlich zweitrangige Entwertung reiner Vorformen begriffen, so begegneten Denker in ganz verschiedenen Kontexten der Vermengung älterer Formen und Traditionen sehr viel unvoreingenommener. Diese Bereitschaft, der uneindeutigen Semiotik offener entgegen zu treten, tangiert auch die Wertzuschreibung bei Fiktionalität, die sich immer seltener einer präjudizierten Ablehnung ausgesetzt sieht, auch wenn Texte sie nicht notwendigerweise mit einer direkten Ausrichtung an faktualen Modi ersetzen.

8 Zensur und Journalismus

Besondere Brisanz kommt der Frage nach dem Fiktionalitätsstatus einer Veröffentlichung in der frühen Neuzeit jedoch weiterhin dann zu, wenn Autoren oder Buchverleger sich der Verfolgung durch die Zensurbehörde ausgesetzt sehen. Die Vehemenz, mit der die britische Krone Bereiche wie Religion oder Monarchie vor einer uneingeschränkten Volksmeinung zu schützen suchte, beschränkte sich nicht allein auf explizit faktuale Veröffentlichungen, auch wenn man meinen könnte, dass lediglich in diesem Texttypus nach einklagbaren Elementen zu suchen wäre. Der Zensor saß vielmehr auch Verlegern und Autoren von Satiren, fiktionalen Erzählungen und selbstverständlich den Theatern im Nacken (vgl. Schwoerer 2001). Aus der nahezu undifferenzierten Justiziabilität von Sach- und Literaturtexten lässt sich somit erkennen, dass die frühe Neuzeit ein sehr feines Bewusstsein dafür entwickelt hatte, dass die vermeintlichen Gegensätze zwischen fiktionalen und faktualen Textvermittlungsinstanzen sehr wohl auch in einem einzelnen Text nebeneinander existieren konnten: auch ein vorgeblich rein fiktionaler Text stellt sich aufgrund dieser Verschränkung in ein direktes Bezugsverhältnis zur faktualen Realität. Die Verfolgung textlicher Straftaten baut in diesem Sinne auf die frühneuzeitliche Verschränkung faktualen und fiktionalen Weltschaffens auf, die oben bereits für Sidney und die Utopie angeführt wurde.

Die von vielen Autoren gewählte Publikationsform des anonymen Textes hatte deswegen auch darin seinen Grund, für mögliche rechtliche Folgeerscheinungen einer Veröffentlichung (in vielen Schlüsselromanen etwa auch in Form von Verleumdungsklagen) nicht belangbar zu sein. Die Anonymisierung schützte so zumindest einige Autoren vor rechtlichen Konsequenzen; zugleich zielt die strafrechtliche Verfolgung von Autoren jedoch immer auf die mögliche Wirkung ihrer Texte. Auch hier zeigt sich, dass schon die frühe Neuzeit ein klares Verständnis davon hatte, dass erst der Rezeptionsprozess über den Fiktionalitätsgrad eines Textes entscheidet: Nur wenn eine vermeintlich rein fiktionale Publikation von tatsächlichen Lesern direkt auf die Realität bezogen wird, bzw. werden kann, treten auch rechtliche Konsequenzen ein. Fiktionalität lässt sich dementsprechend nicht eindeutig als ein textinternes Merkmal definieren.

Die Grauzone zwischen den beiden Grundparadigmen nahm auch einen nicht zu unterschätzenden Raum in den Frühformen sowohl des Journalismus als auch der Reiseliteratur ein. Beiden Publikationsformen ist gemein, dass sie ihrer Leserschaft unter dem ostentativen Deckmantel der verlässlichen Faktualität gerne auch Erfundenes zu vermitteln suchten (vgl. Davis 1983). Diese Fiktionalitätsvermengung entstand oft aus rein kommerziellen Interessen an Verkaufszahlen, die aus einer geschickt gewählten Mixtur von Exotik und Sensationellem erwachsen können. Seine erste Blüte erlebt der Journalismus auf dem Kontinent zur Zeit des Dreißigjährigen Kriegs, als ein europaweites Lesepublikum die Dramatik der kriegerischen Entwicklungen nicht mehr allein durch individuelles Erleben oder persönlichen Bericht rezipierte, sondern sich in zunehmendem Maße auf gedruckte und vielfach verbreitete Schriftformen verließ. Diese gedruckten Nachrichten hatten weitgehend Berichtcharacter, der auf direkte Zeugenschaft der jeweiligen Beiträger rekurrierte. Die Lektüre journalistischer Beiträge, die bald auch in Form von essayistischen Wochenzeitschriften vorlagen, lässt ähnlich der Entwicklung im Briefroman ein deutliches Interesse an privaten und persönlichen Anekdoten erkennen, deren vermeintliche Faktualität den jeweiligen Texten sowohl vertrauenswürdige Gültigkeit als auch Relevanz für das eigene Leben und Umfeld antrug (vgl. Hunter 1990). Die fiktionale Literatur leistete durch diese Vermengung von literarischen Ambitionen mit kommerziellen Interessen sogar einen zentralen Beitrag zur Entstehung eines (mehr oder weniger faktualen) Europabildes (vgl. Kläger und Bayer 2016).

9 Schlussbemerkungen

Die Einflussnahme zwischen faktualen und fiktionalen Darstellungsformen verlief jedoch nicht nur einseitig. Während etwa Frühformen des Romans klar von Reiseberichten, lyrischen Sprachverwendungen und anderen Traditionen profitierten, kam es umgekehrt auch zu Absetzungsbewegungen (vgl. Korte 2000). Die Entstehung einer auf rationale Erkenntnismodelle setzenden Aufklärung setzte sich zum Ziel, in wissenschaftlichen Schriften ein möglichst realistisches und verlässliches Bild der Wirklichkeit zu zeichnen. Um diesem Anspruch gerecht zu werden, entstand etwa im Umfeld der Royal Society eine von Thomas Sprat verantwortete Vorgabe darüber, wie sich Wissenschaftsprosa einer klaren, eindeutigen und präzisen Ausdrucksform verpflichtet sehen sollte. Die in diesem Kontext geführte Auseinandersetzung mit der in sprachlichen Äußerungen gegebenen Fiktionalität mag man auch als Reaktion auf die wachsende semiotische Unsicherheit in der frühen Neuzeit sehen, lässt sie doch deutlich werden, wie fragile die Differenzierung zwischen Ausdrucksformen geworden ist, die sich nicht eindeutig einem faktualen oder fiktionalen Modus verpflichtet fühlen. In den Bestrebungen der Royal Society, später unterstrichen von Sprachphilosophen und unterschiedlichsten Vertretern der Aufklärung, zeigt sich, dass die Frage nach dem Status der Fiktionalität stets in dem Verständnis von Wahrheit und ihrem Bezug zur Realität impliziert bleibt.

Literaturverzeichnis

Auerbach, Erich (1968). *Mimesis: The Representation of Reality in Western Literature*. Übers. von Willard R. Trask. Princeton.
Bakhtin, Michail M. (1984). *Rabelais and His World*. Übers. von Hélène Iswolsky. Bloomington.
Ballaster, Ros (1992). *Seductive Forms: Women's Amatory Fiction from 1684 to 1740*. Oxford.
Bayer, Gerd (2011). „Early Modern Prose Fiction and the Place of Poetics". *Anglia* 129.3/4 (2011): 362–377.
Bayer, Gerd (2016). *Novel Horizons: The Genre Making of Restoration Fiction*. Manchester.
Berensmeyer, Ingo (2007). *‚Angles of Contingency': Literarische Kultur im England des 17. Jahrhunderts*. Tübingen.
Bray, Joe (2003). *The Epistolary Novel: Representations of Consciousness*. London.
Chartier, Roger (1987). *The Cultural Uses of Print in Early Modern France*. Übers. von Lydia G. Cochrane. Princeton.
Clanchy, Michael T. (1979). *From Memory to Written Record: England, 1066–1307*. Cambridge.
Colie, Rosalie (1973). *The Resources of Kind: Genre-Theory in the Renaissance*. Hg. von Barbara K. Lewalski. Berkeley.
Davis, Lennard J. (1983). *Factual Fictions: The Origins of the Novel*. New York.
Dolven, Jeffrey Andrew (2007). *Scenes of Instruction in Renaissance Romance*. Chicago.
Doody, Margaret Anne (1996). *The True Story of the Novel*. New Brunswick.
Dunn, Kevin (1994). *Pretexts of Authority: The Rhetoric of Authorship in the Renaissance Preface*. Stanford.
Eisenstein, Elizabeth L. (1979). *The Printing Press as an Agent of Change: Communications and Cultural Transformations in Early-Modern Europe*. 2 Bde. Cambridge.
Febvre, Lucien und Henri-Jean Martin (2010). *The Coming of the Book: The Impact of Printing, 1450–1800*. London.
Fish, Stanley E. (1972). *Self-Consuming Artifacts: The Experience of Seventeenth-Century Literature*. Berkeley.
Flint, Christopher (2011). *The Appearance of Print in Eighteenth-Century Fiction*. Cambridge.

Fludernik, Monika (2018). „The Fiction of the Rise of Fictionality". *Poetics Today* 39.1 (2018): 67–92.
Frank, Marcie (2003). *Gender, Theatre, and the Origin of Criticism: From Dryden to Manley.* Cambridge.
Frye, Northrop (1976). *The Secular Scripture: A Study of the Structure of Romance.* Cambridge.
Ginzburg, Carlo (1980). *The Cheese and the Worms: The Cosmos of a Sixteenth-Century Miller.* Baltimore.
Green, Richard Firth (1999). *A Crisis of Truth: Literature and Law in Ricardian England.* Philadelphia.
Halliwell, Stephen (2002). *The Aesthetics of Mimesis: Ancient Texts and Modern Problems.* Princeton.
Hammond, Brean (1997). *Professional Imaginative Writing in England, 1670–1740: ‚Hackney for Bread'.* Oxford.
Harland, Richard (Hg., 1999). *Literary Theory from Plato to Barthes: An Introductory History.* Houndmills.
Hunter, J. Paul (1990). *Before Novels: The Cultural Contexts of Eighteenth-Century English Fiction.* New York.
Kläger, Florian und Gerd Bayer (Hgg., 2016). *Early Modern Constructions of Europe: Literature, Culture, History.* New York.
Korte, Barbara (2000). *English Travel Writing: From Pilgrimages to Postcolonial Explorations.* London.
Lukács, Georg (1963 [1920]). *Die Theorie des Romans: Ein geschichtsphilosophischer Versuch über die Formen der großen Epik.* Neuwied.
Mayer, Robert (1997). *History and the Early English Novel: Matters of Fact from Bacon to Defoe.* Cambridge.
McKeon, Michael (1987). *The Origins of the English Novel, 1600–1740.* Baltimore.
McLuhan, Marshall (1962). *The Gutenberg Galaxy: The Making of Typographic Man.* Toronto.
Meerhoff, Kees (1994). „The Significance of Philip Melanchthon's Rhetoric in the Renaissance". *Renaissance Rhetoric.* Hg. von Peter Mack. New York: 46–62.
Rivers, Isabel (1982). *Books and Their Readers in Eighteenth-Century England.* New York.
Rogers, Pat (1972). *Grub Street: Studies in a Subculture.* London.
Schmidgen, Wolfram (2012). *Exquisite Mixture: The Virtues of Impurity in Early Modern England.* Philadelphia.
Schwoerer, Lois G. (2001). *The Ingenious Mr. Henry Clare, Restoration Publicist.* Baltimore.
Sidney, Philip (2002). *An Apology for Poetry, or The Defence of Poesy.* 3. Editiert von R.W. Maslen. Manchester.
Smith, Gregory G. (Hg., 1904). *Elizabethan Critical Essays.* 2 Bde. Oxford.
Spufford, Margaret (1985). *Small Books and Pleasant Histories: Popular Fiction and Its Readership in Seventeenth-Century England.* Cambridge.
Stanivukovic, Goran (2016). *Knights in Arms: Prose Romance, Masculinity, and Eastern Mediterranean Trade in Early Modern England, 1565–1655.* Toronto.
Starr, G. Gabrielle (2004). *Lyric Generations: Poetry and the Novel in the Long Eighteenth Century.* Baltimore.
Stillman, Robert E. (2008). *Philip Sidney and the Poetics of Renaissance Cosmopolitanism.* Aldershot.
Stockhorst, Stefanie (2008). *Reformpoetik: Kodifizierte Genustheorie des Barock und alternative Normenbildung in poetologischen Paratexten.* Tübingen.

Wald, Christina (2011). „Transubstantiation, Transvestism, and the Transformative Power of Elizabethan Prose Fiction". *Narrative Developments from Chaucer to Defoe*. Hg. von Gerd Bayer and Ebbe Klitgard. New York: 235–254.
Weinberg, Bernard (1961). *A History of Literary Criticism in the Italian Renaissance*. 2 Bde. Chicago.
Würzbach, Natascha (1990). *The Rise of the English Street Ballad, 1550–1650*. Übers. von Gayna Walls. Cambridge.
Zimbardo, Rose A. (1986). *A Mirror to Nature: Transformations in Drama and Aesthetics 1660–1732*. Lexington.
Zwicker, Steven N. (1993). *Lines of Authority: Politics and English Literary Culture, 1649–1689*. Ithaca.

Weiterführende Literatur

Davis, Lennard J. (1983). *Factual Fictions: The Origins of the Novel*. New York.
Doody, Margaret Anne (1996). *The True Story of the Novel*. New Brunswick.
Febvre, Lucien und Henri-Jean Martin (2010). *The Coming of the Book: The Impact of Printing, 1450–1800*. London.
Hunter, J. Paul (1990). *Before Novels: The Cultural Contexts of Eighteenth-Century English Fiction*. New York.
McKeon, Michael (1987). *The Origins of the English Novel, 1600–1740*. Baltimore.

Helmut Galle
II.4 Zur Fiktionalität realistischen Erzählens

1 Einleitung

Realistische Fiktion – das scheint ein Widerspruch in sich zu sein, denn im geläufigen Wortgebrauch ist Fiktion „etwas, was nur in der Vorstellung existiert", realistisch hingegen bedeutet „der Wirklichkeit entsprechend" (Duden). Tatsächlich zeichnet sich jedoch das fiktionale Erzählen, seit es im 18. Jahrhundert seine moderne Ausprägung gefunden hat, gerade durch seine Orientierung an der Wirklichkeit aus. Erfundene Geschichten, die sich den Anschein von Realität geben, sind zur Hauptströmung der Literatur geworden, auch wenn Realismus nicht immer – wie in der zweiten Hälfte des 19. Jahrhunderts – erklärtes Programm war, und mit dem Aufkommen der Avantgarden das realistische Erzählen von der akademischen Kritik für lange Zeit als zweitrangig oder obsolet eingestuft wurde. In der deutschen Gegenwartsliteratur wurde er zuletzt durch den in den 1990er Jahren einsetzenden „Neuen Realismus" wieder legitimiert und hat anspruchsvolle Literatur erneut einem größeren Publikum zugänglicher gemacht (vgl. Tommek 2015, 238). Bei der Masse der Leser hatte der realistische Roman ohnehin stets mehr Kredit als die von Germanisten geschätzten romantischen und avantgardistischen Experimente (vgl. Schlaffer 2002, 122; Baßler 2013a). Realistische Erzählungen lassen sich gewissermaßen als prototypisch für moderne Fiktion ansprechen und werden in der Fiktionstheorie gern als Beispiele angeführt. Von der Revolution 1848 bis in die 1890er Jahre war der bürgerliche oder poetische Realismus im deutschen Sprachraum das maßgebliche ästhetische Paradigma, und die damals entstandenen kanonischen Texte bieten sich bis heute als Grundlage einer Analyse von Fiktion an.

Im Folgenden werden charakteristische Aspekte von Fiktionalität in der Neuzeit beschrieben. Zunächst soll skizziert werden, wie sich im 18. Jahrhundert das ‚moderne' Bewusstsein von Fiktionalität etabliert und der Roman von einem subliterarischen Genre zur Leitgattung avanciert (2). Bei der Analyse einzelner Erzähltexte von Auerbach, Keller und Fontane wird das Medium berücksichtigt, in dem diese publiziert und rezipiert wurden, nämlich die Kulturzeitschrift *Deutsche Rundschau* (3). Auf diese Weise soll die für jene Zeit typische epistemische Konkurrenz fiktionaler Literatur zu den Wissenschaften in den Blick kommen (4). Zu den behandelten Aspekten gehören weiterhin die pragmatischen Fiktionsmerkmale und die narrativen Eigenschaften der Erzählungen (5). Ergänzend wird das Verhältnis von realer und fiktiver Welt beleuchtet (6) und zuletzt auf die aktuellen Tendenzen der Philosophie verwiesen, wo sich – wie schon in der Gegenwartsliteratur – eine Wende abzeichnet hin zu einem „Neuen Realismus" (7).

2 Wandel des Fiktionalitätsbewusstseins und der Aufstieg des Romans

Schon in der griechischen Antike sieht Wolfgang Rösler einen Prozess, in dem sich allmählich „ein differenzierendes Kommunikationsverhalten" herausbildete, „fundiert in der Bereitschaft zum Verzicht darauf, allen Texten bzw. Textsorten einen einheitlichen Bezug zur Wirklichkeit abzuverlangen" (Rösler 1980, 283). Deutlich wird das in Aristoteles' Unterscheidung von Geschichte und Poesie (*Poetik* 9, 1451a36–b7). Der Begriff der „Mimesis", verstanden als „(künstlerische) Darstellung" und nicht als ‚Nachahmung', kommt der modernen Idee von Fiktion sehr nahe (Rösler 1980, 310). Es wäre jedoch irrig, für dieses Fiktionsbewusstsein eine Kontinuität von der Antike bis heute anzusetzen. Mit dem Christentum entstand eine neue Haltung zu den heidnischen Fiktionen, und die in oralen Traditionen wurzelnde Kultur des Mittelalters schuf neue kommunikative und mediale Verhältnisse, deren Fiktionsverständnis aus heutiger Sicht kontrovers beurteilt wird (vgl. Glauch 2014). Die erneute Rezeption des Aristoteles in der Renaissance lenkte den Blick erneut auf den epistemischen Sonderstatus von Dichtung, die zwar nicht das Wahre, aber doch das Wahrscheinliche darstelle (vgl. Damerau 2001, 405–409).

Im 17. Jahrhundert lässt sich Tilman Köppe zufolge (2014) bereits eine „Institution Fiktionalität" erkennen, die der modernen sehr ähnelt, wenngleich sie noch in anderer Begrifflichkeit thematisiert wird. Als „Institution" oder „soziale Praxis" bezeichnet man Fiktionalität heute, insofern die Produktion und Rezeption bestimmter Gattungen von konventionellen Regeln gesteuert wird (Lamarque und Olsen 1994, 37); Umberto Eco (2004, 103) spricht dann von einem „Fiktionspakt" und Frank Zipfel (2001, 280) von der „etablierten Sprachhandlungspraxis Fiktion". In einem solchen pragmatischen Theorieansatz ist Fiktionalität nicht eine substantielle Eigenschaft von Texten, sondern ein Set von sozialen Regeln im Umgang mit Fiktionen. Zipfel (2001, 297) fasst diese Praxis so zusammen: „Ein Autor produziert einen Erzähl-Text, in dem eine Geschichte dargeboten wird, die sich nicht wirklich zugetragen hat, mit der (Griceschen) Intention, daß der Rezipient diesen Text in der Haltung des *make-believe* aufnimmt." Unter *make-believe* wird im Sinne von Kendall Walton (1990) verstanden, dass in ähnlicher Weise wie Kinder für die Dauer eines Spiels „der Leser für die Zeit der Lektüre [...] daran glaub[t], daß das, was er liest, eine wahre Geschichte ist" (Zipfel 2001, 216). Als fiktional bezeichnet Zipfel diesen spezifischen Modus der Kommunikation, als fiktiv den ontologischen Status des Erfundenen; dem stellt er das analoge Begriffspaar faktual (Kommunikation) und real (Ontologie) gegenüber. Wesentlicher Aspekt des Fiktionspaktes ist, die erzählende Instanz und ihre Aussagen vom Autor und seinen ‚echten' Ansichten zu unterscheiden.

Schon in der Barockpoetik wurde den Dichtern das Erfinden von Personen und ausschmückenden Details zugestanden, wenngleich sie ihren Stoff großenteils aus Quellen schöpften, die als „zuverlässig" und „daher als wirklichkeitsgetreue Schilderungen" galten (Köppe 2014, 425). Köppe kommt zum Schluss, der „[früh-]neuzeitliche poetologische Diskurs kenn[e] die Unterscheidung zwischen ‚erfundenen' und ‚nicht erfundenen' Geschichten" (2014, 426), auch wenn nicht klar sei, „ob die Erfundenheit als eigentliches (oder alleiniges) Kriterium der Abgrenzung von fiktionalen und nicht-fiktionalen Texten angesehen wird" (2014, 428). Der eigentliche Unterschied zur Moderne bestehe folglich nicht darin, ob überhaupt Texte als fiktional eingeschätzt werden sollten, sondern welche Kriterien hierbei angewandt werden (2014, 434). Köppe (2014, 432) zitiert freilich auch die Polemik des calvinistischen Geistlichen Gotthard Heidegger von 1698: „wer *Romans* list / der list Lügen".

Wenn der besondere Status von Literatur schon vor dem 18. Jahrhundert diskutiert und anerkannt wurde, so geschah das in einer eher kleinen gelehrten Elite, für die nicht Fiktionalität, sondern Poetizität im Vordergrund stand. Grundsätzlich ist damit ein „Sprachgebrauch" gemeint, der „die ‚spezifische Sprache der Literatur' von der Alltagssprache oder der Gebrauchssprache" abhebt (Winko 2009, 375). Gemäß der Regelpoetik des Barock war jeder Text nach den Prinzipien der humanistischen Rhetorik zu komponieren, in anspruchsvollem Stil zu formulieren und zu versifizieren – vor allem die *res fictae* (Kleinschmidt 1982, 188). Erst die technische Kunstfertigkeit machte die eigentliche Dichtung aus.

Als sich der neue ‚realistische' Roman im 18. Jahrhundert zunehmend gegenüber dem galanten und heroischen Barockroman durchsetzte, entbehrte er jedoch weitgehend des ‚Redeschmucks'. Er war in einfacher, verständlicher Prosa verfasst und so kaum als Dichtung zu identifizieren. Umso mehr musste nun die Produktion und Rezeption von Büchern gerechtfertigt werden, die schon formal minderwertig schienen: wenigstens ihr Inhalt sollte bedeutend sein. Worin aber konnte der bestehen, wenn es sich nur um Erfindungen irgendwelcher Zeitgenossen handelte? Gestützt auf Leibniz' Konzept der möglichen Welten, ordnete Alexander Gottlieb Baumgarten 1735 in der *Meditatio* die „*figmenta*" [Phantasien] in drei verschiedene Kategorien: in „*figmenta vera*", die in der existierenden Welt möglich sind, „*figmenta heterocosmica*", die nur in einer hypothetischen Welt möglich sind, und „*figmenta utopica*", die auch in erdachten Welten unmöglich sind; nur die beiden ersten galten ihm, wie H.-E. Friedrich (2009, 345) bemerkt, als „poetisch". Damit war die Fiktion von Wahrscheinlichem aufgewertet, was andere Autoren aufgriffen wie etwa J. J. Breitinger in seiner *Critischen Dichtkunst* von 1740: „Dagegen hat der Poet zur Absicht, durch wohlerfundene und lehrreiche Schildereyen die Phantasie des Lesers angenehm einzunehmen, und sich seines Gemüthes zu bemächtigen; Diese Absicht zu erreichen wird eben nicht erfordert, daß seine poetischen Erzehlungen würckliche und historische Wahrheiten seyen; sondern es ist schon genug, wenn sie nur nicht unmöglich und unwahrscheinlich sind." (zit. n. Friedrich 2009, 345)

Eine zweite wichtige Veränderung im Verlauf des 18. Jahrhunderts bestand in der kontinuierlichen Ausweitung des Lesepublikums. Rolf Grimminger (1984, 687, 906) verzeichnet für Deutschland eine zunächst zögerliche, aber von 1770 bis 1790 dann rapide ansteigende Produktion von Romanen. Diese ‚lesewütige' Masse, „die bereit und in der Lage war, für unterhaltende Literatur freies Geld auszugeben, ist verstärkt in ökonomisch besonders erfolgreichen Einflußzentren des Protestantismus zu suchen, wo die Reserve gegen Dichtung insgesamt ausgeprägt war", so Christian Berthold (1993, 67). Jetzt wurde gerade in der Differenz der Fiktion die ‚spezifische Wahrheit' der Romane ausgemacht. Zusätzlicher Druck entstand nach Damerau (2001, 407) durch den neuen philosophischen Wahrheitsbegriff, der auf Empirie, Wahrnehmung und Widerspruchsfreiheit beruhte. Theoretisch ausgearbeitet wurde diese neue „ästhetische Wahrheit als sinnlich erfaßte Kohärenz" (Damerau, 2001, 412) ebenfalls von Baumgarten, in seiner *Aesthetica* von 1750. Weil diese innere Kohärenz der fiktiven Welt des Kunstwerks der Kohärenz der äußeren Realität entspricht, so die Idee, ist seine Wahrheit nicht nur illusionär. „Es ist ästhetisch wahr, nicht nur, insofern es kohärent ist, sondern auch, insofern es als solches isomorph ist: Seine Gestalt gibt mit der Harmonie ein metaphysisches Charakteristikum der Welt zu erkennen." (Damerau 2001, 412)

In den Briefen *Über die ästhetische Erziehung des Menschen* von 1795 sind „Spiel" und „Schein" die dem Fiktionalen analogen Begriffe, mit denen Schiller (2008, 660) seine ästhetische Anthropologie entwickelt. Das Spiel ist eine der Naturnotwendigkeit enthobene, aber regelgeleitete Tätigkeit, die im Verein mit dem Formtrieb den schönen Schein des Kunstwerks hervorbringt. Vom ästhetischen Schein, „den man von der Wirklichkeit und Wahrheit unterscheidet, nicht von dem logischen, den man mit derselben verwechselt" (Schiller 2008, 661–662), erhofft er sich jene pädagogische und befreiende Wirkung, die dem Menschen die Annäherung an das Reich der Freiheit und Vernunft eröffnet. Der ästhetische Schein fiktionaler Kunst muss allerdings „*aufrichtig*" sein und „sich von allem Anspruch auf Realität ausdrücklich lossag[en]" – für den Leser als Fiktion eindeutig erkennbar werden; und er muss „*selbständig*" sein und „allen Beistand der Realität entbehren" – sich also ausschließlich auf Elemente stützen, die der Imagination des Künstlers entstammen (Schiller 2008, 664; kursiv im Original). Denn die Wahrheit und Schönheit des Kunstwerks beruht nicht auf seiner Ähnlichkeit mit der Realität, sondern auf der „innern Gesetzgebung" des bildenden Subjekts, dessen autonome Phantasie sich zwar von „äußern Eindrücken" (Schiller 2008, 670) unabhängig macht, aber gleichwohl der strukturierenden Gesetzmäßigkeit der Natur verpflichtet bleibt, denn nur „wo die Einbildungskraft der Wirklichkeit ewig entflieht und dennoch von der Einfalt der Natur nie verirret – hier allein werden sich Sinne und Geist, empfangende und bildende Kraft in dem glücklichen Gleichmaß entwickeln" (Schiller 2008, 660), wenn Kunst gelingen soll. Die Fiktionalität des autonomen Kunstwerks hat sich von der Nachahmung der Wirklichkeit emanzipiert, wird aber nur dann zu ‚wahrer' Kunst, wenn Beobachtung und Erfindung im Künstler sich harmonisch ergänzen.

Von Ian Watt (1957) auf den Beginn des 18. Jahrhunderts veranschlagt, ist der Übergang zum neuen Romantypus im Englischen auch durch die begriffliche Differenzierung zwischen älterer *romance* und neuer *novel* markiert. Etabliert von Defoe, Richardson und Fielding, basiert die neue Gattung auf dem von Descartes und Locke postulierten subjektiven Zugang zur Wirklichkeit (Watt 1957, 12). Der Roman wird damit zum Medium der Darstellung menschlicher Erfahrung, vermittelt durch die fiktive Biografie eines individualisierten Protagonisten in einer zeitgenössischen, detailliert beschriebenen Umwelt. Das Realistische dieser Erzählfiktionen beruht zum einen auf ihrer Nähe zur sozialen und kulturellen Umgebung von Autor und Leser und zum andern auf narrativen Verfahren, die sich eher an der referentiellen als an der poetischen Funktion der Sprache (Watt 1957, 30) orientieren und damit einen Grenzbereich zwischen der eigentlichen (poetischen elaborierten) Literatur und historiografischer Prosa bilden. Eine scheinbar ambivalente Gattungszuordnung wird auch von der zeittypischen Herausgeberfiktion nahegelegt, mit der ein Autor seine Fiktion als authentische Briefe, Manuskripte oder Tagebücher ausgibt, wie Schnabel die *Wunderlichen Fata einiger See-Fahrer* und noch Goethe *Die Leiden des jungen Werthers*; dieselbe Ambivalenz entsteht, wenn Karl Philipp Moritz den von ihm ‚herausgegebenen' „psychologischen Roman" *Anton Reiser* zugleich als „Biographie" bezeichnet. Die Zweideutigkeit wird genährt durch eine wachsende Zahl von authentischen Memoiren, Konfessionen und Tagebüchern, die ihrerseits – im faktualen Modus – aus subjektiver Perspektive Gegenwartsrealität erzählen (Auerbach 1994 [1946], 386–388). Autobiografie und Roman stehen nun in einer Austauschbeziehung hinsichtlich der Darstellungsformen und Beglaubigungsstrategien (Müller 1976).

Das Versteckspiel mit einer fiktiven Herausgeberfigur (Wirth 2008) beabsichtigte eher selten, den Leser direkt zu täuschen, sondern war Ausdruck des ambivalenten Umgangs mit den realistischen Fiktionen: zwar handelte es sich nicht um authentische Berichte aus der Wirklichkeit, sondern um erfundene Geschichten. Aber dieses Erfundene beanspruchte, als wahr zu gelten, und wurde auch von einer wachsenden Leserschaft so empfunden. Der Eindruck von Wahrheit beruht einerseits auf der bereits benannten Nähe zur Lebensrealität der Leser, dem referentiellen Sprachgebrauch und der Imitation pragmatischer Textsorten, andererseits aber auf textinterner Wahrscheinlichkeit, die durch Kausalität und konsequente Motivierung der Handlung hergestellt wurde (Berthold 1993, 115).

Eine wichtige Differenz zum späteren bürgerlichen Realismus liegt laut Grimminger (1984) in der Handlungskonstruktion der Romane des 18. Jahrhunderts. Zwar weisen sie bereits einen gewissen Detailrealismus und ab 1770 eine Situierung in der konkreten deutschen Gegenwart auf, doch die konventionell konzipierten Fabeln vom „Kampf der Tugend mit dem Laster" oder vom „Zwist der objektiven Wahrheit mit dem subjektiven Schein" zwingen selbst den ‚gemischten Charakteren' einen gewissen „Schematismus" auf (Grimminger 1984, 703–704). Selbst in Werken wie Goethes *Wilhelm Meisters Lehrjahre* sind die Protagonisten noch erkennbar nach bestimmten Typen konzipiert, wenngleich sie im Vergleich zu ihren Vorgängern bereits so individualisiert sind, als wären sie im Alltag ‚beobachtet'. Den Anspruch auf Wahrheit freilich bezieht der Roman nicht primär aus der Erfahrungshaftigkeit der Oberflächenbeschreibung, sondern aus der symbolischen Tiefenstruktur; für Goethe bleiben beide Ebenen miteinander verschränkt: das von der Imagination erfasste Realitätsfragment offenbart dem Leser den verborgenen Aufbau der Welt. Fiktion im Sinne eines imaginierenden Neuschöpfens wird nun zur Chance, dem menschlichen Bewusstsein das wahre Ganze zu erschließen.

In der anschließenden Epoche der Romantik äußert sich einerseits ein verstärktes und differenziertes Fiktionalitätsbewusstsein in metafiktionalen Experimenten und Spielereien, andererseits tritt der Bezug auf die Gegenwartsrealität zeitweise in den Hintergrund; stattdessen bringen die Autoren gezielt das Wunderbare und die Phantasie gegen das Erfassen des ‚bloß' Wirklichen in Stellung: der utopische Impuls der Aufklärung stemmt sich hier noch einmal radikal gegen die ‚Macht der Verhältnisse'. Diese Tendenz weicht spätestens um 1850 der neuen Generation von Autoren, die wieder dezidiert an die realistischen Tendenzen des 18. Jahrhunderts und damit auch an diesen Aspekt bei Goethe und Schiller anknüpfen, wie der programmatische Theoretiker des Realismus Julian Schmidt in der Zeitschrift *Die Grenzboten* (1858, 405).

3 Die Kulturzeitschrift als Medium von Literatur und Wissenschaft

Im Oktober 1874 erschien in der Reichshauptstadt Berlin das erste Heft der *Deutschen Rundschau*, herausgegeben von dem ambitionierten Publizisten Julius Rodenberg, der bis 1914 im Monatsrhythmus noch 480 Ausgaben folgen ließ; unter wechselnden Editoren und mit einer kurzen Unterbrechung in der Nazizeit behauptete sich die *Rundschau* bis in die 1960er Jahre. Unter den vielen Kulturzeitschriften der Wilhelminischen Zeit war sie nicht die auflagenstärkste, wohl aber die angesehenste. Das meistgelesene Blatt war die *Gartenlaube*, die sich mit ihren Illustrationen an die ganze Familie und ein breites bürgerliches Publikum ohne spezifisch literarische Interessen richtete; daneben gab es weitere bedeutende Magazine mit unterschiedlichem Profil (Becker 1996, 116–123). Die *Deutsche Rundschau* hatte den Anspruch, als „Revue großen Stils [...] den ähnlichen Unternehmungen des Auslandes ebenbürtig", eine Plattform für die „Größen des öffentlichen Lebens und der Wissenschaft [...] neben den berühmten Dichtern und Erzählern" zu bilden, um „zu den Gebildeten ihrer Nation zu sprechen" (DR XLI.1 1884). In der Tat finden sich unter ihren Autoren neben Berthold Auerbach, Paul Heyse, Theodor Storm, Gottfried Keller, Conrad Ferdinand Meyer, Theodor Fontane und Marie von Ebner-Eschenbach auch die Namen Hermann von Helmholtz, Ernst Haeckel, Ernst Robert Curtius, Heinrich von Treitschke, Rudolf Virchow und Gustav Nachtigal, um nur einige der heute noch bekannten Forscher zu nennen. Jedes der ca. 170 Seiten starken Hefte bestand aus einem Dutzend substantieller, an ein allgemein gebildetes Publikum gerichteter wissenschaftlicher Beiträge und chronikartigen Rubriken zu Politik, Wirtschaft und Kulturleben. Hinzu kam jeweils ein ‚substantieller' literarischer Beitrag, in der Regel eine Novelle oder ein in Fortsetzungen erzählter Roman, ergänzend zuweilen Gedichte, Übersetzungen und Humoristisches.

Die Kultur- und Familienzeitschriften bildeten das literarische Leitmedium der zweiten Jahrhunderthälfte (vgl. Becker 1996; Butzer et al. 1999). Für die Autoren waren Vorabdrucke lukrativ, weil Zeitschriften aufgrund zahlreicher fester Abonnenten mehr zahlen konnten als Buchverlage (Helmstetter 1998, 37). Die *Gartenlaube* kam auf Auflagen von über 300.000, die *Rundschau* immerhin auf 10.000, während Romane oft nur in tausend Exemplaren gedruckt und sehr langsam abgesetzt wurden. Die meisten Rezipienten lasen die damalige Gegenwartsliteratur in Zeitschriften und damit in unmittelbarer Nachbarschaft zu den anderen dort publizierten Texten. Angesichts der wissenschaftlichen Fortschritte und der breiten Teilhabe des Publikums an der positivistischen Durchdringung der physischen, historischen und politischen Welt, ist es nicht selbstverständlich, dass Literatur überhaupt noch eine Erkenntnisfunktion zugeschrieben wurde. Zwischen all den mit wissenschaftlichen Erträgen gesättigten Berichten musste sich der spezifische Wahrheitsanspruch der Fiktion gegen die Übermacht des Faktischen behaupten und die Leser Monat für Monat davon überzeugen, dass Literatur mehr zu bieten hatte als Unterhaltung. 1873 konstatierte Friedrich Spielhagen (1967 [1883], 40) eine drohende Marginalisierung der Literatur durch die Wissenschaften und warnte zugleich, der Romancier solle sich vor der Verführung hüten, „das gleiche Ziel auch mit dem gleichen Mittel, auf dem gleichen Wege erreichen zu wollen" (1967, 55). Während für Literatur und Wissenschaft sowohl das Ziel – die Darstellung des Menschen „in der vollen Breite und Tiefe seiner Beziehungen zu seinesgleichen und zur Natur" – als auch das Mittel – „dasselbe Organon, das prosaische Wort" – identisch seien, müsse für die Literatur der „Weg" festgelegt werden auf den „einzelne[n] konkrete[n] Fall", „die Thätigkeit der Phantasie" und „die künstlerische Darstellung" (Spielhagen 1967 [1883], 55).

Die anwachsenden Wissensbestände hatte Alexander von Humboldt noch im monumentalen *Kosmos. Entwurf einer physischen Weltbeschreibung* (1845–1862) zu einer beschreibenden Synthese zusammenführen wollen. Julian Schmidt sprach dem Werk literarische Qualitäten zu (Rohe 1996, 222) und die realistischen Theoretiker der *Grenzboten* erhofften sich für die Literatur einen immensen Stoffzuwachs durch die Wissenschaft (Rohe 1996, 226). Es zeigte sich jedoch schon bald, dass selbst der formal so proteische Roman nicht aufnahmefähig war für Forschungsergebnisse, die in dieser Zeit bereits einen enormen Grad an Abstraktion und Allgemeinheit erreicht hatten und sich nicht mehr fiktional „individualisieren und veranschaulichen" ließen (Rohe 1996, 226). Humboldt selbst war sich bewusst, dass die Natur als Ganzes „für die intellectuellen Anlagen der Menschheit ein nicht zu fassendes, und in allgemeiner *ursachlicher* Erkenntniß von dem Zusammenwirken *aller* Kräfte ein unlösbares Problem" ist (2004, 39). Er hatte daher eine hybride, dem fiktionalem Modus angenäherte, Darstellungskunst entwickelt, und betonte, dass „Naturbeschreibungen [...] scharf umgrenzt und wissenschaftlich genau sein [können], ohne daß ihnen darum der belebende Hauch der Einbildungskraft entzogen bleibt" (2004, 223). Doch Humboldt war ein Sonderfall wissenschaftlich anspruchsvoller und ästhetisch ansprechender Vermittlung von Forschung, weshalb es bei der Spezialisierung der Diskurse blieb: wissenschaftliche Fachprosa für die Objektbereiche der einzelnen Disziplinen und literarische Fiktionen für die Alltagsrealität.

Während sich die wissenschaftliche Erfassung die Welt in Disziplinen auffächerte und immer mehr von der Wahrnehmung des Laien entfernte, blieb der Blick der Literatur auf die menschliche Alltagswirklichkeit des *Common Sense* gerichtet und beobachtete diese aus einer ‚mittleren Distanz', in der „die behandelten Sachverhalte weder detaillierter noch allgemeiner, weder wichtiger noch unwichtiger, weder komplexer noch einfacher dargestellt werden dürfen, als sie uns im großen und ganzen wirklich erscheinen" (Seiler 1989, 380). Was im Dickicht tatsächlichen Erlebens unübersichtlich, sinnlos und brutal erschien, konnte aus dem Abstand realistischer Fiktion geordnet, bedeutungsvoll und auch milder wirken. Dabei bestand die Gefahr, sich in der Wiederholung und Affirmation des allgemein Geglaubten zu erschöpfen, sofern der Autor sich auf vorgeprägte Formeln und Schemata verließ. Schöpfte er allerdings aus dem noch weitgehend Unverstandenen und Vorsprachlichen seiner Erfahrung, konnte seine fiktionale Darstellung von Lebenswirklichkeit durchaus Zugänge zu neuer Erkenntnis bieten.

Das Gros der damals in den Familienblättern publizierten Literatur gehört aus heutiger Sicht in die erste Kategorie und ist nur noch von historischem Interesse, wenn es nicht Gegenstand des *distant reading* wird. Erstaunlich viele Autoren der *Deutschen Rundschau* behaupten sich jedoch noch immer im Kanon. Um die Liste der heute noch relevanten Autoren des bürgerlichen Realismus nach 1870 zu komplettieren, fehlt unter den bereits aufgeführten Namen nur der Wilhelm Raabes; dieser wurde vom Herausgeber Julius Rodenberg nicht geschätzt und brachte die meisten seiner Texte in *Westermanns Monatsheften* unter. Das Zeitschriftenformat favorisierte Novellen mit einem Umfang von ca. 30 Seiten. In der *Rundschau* erschienen elf Novellen von Storm (darunter *Der Schimmelreiter*), sieben von Conrad Ferdinand Meyer (u. a. *Die Versuchung des Pescara*), zwei Novellenzyklen von Gottfried Keller (Band 1 der *Züricher Novellen; Das Sinngedicht*) sowie dessen letzter Roman; hier fanden sich ebenfalls einundzwanzig Erzählungen von Marie von Ebner-Eschenbach (z. B. *Das Gemeindekind*) und drei späte Romane Theodor Fontanes: *Unwiederbringlich, Frau Jenny Treibel* und *Effi Briest*. Julius Rodenbergs Konzept einer die verschiedenen Nationen integrierenden deutschsprachigen Literatur hat wohl dazu beigetragen, dass diese Autoren heute „als Vertreter des ‚deutschen Realismus' firmieren" (Butzer et al. 1999, 58–59). Zum Zeitpunkt der Gründung war die programmatische Phase der literarischen Bewegung bereits abgeschlossen, und der spezifische ‚poetische Realismus' etabliert, eine Literatur, die weder bloße Wirklichkeitsnachahmung („Naturalismus") noch romantische Spekulation („Idealismus") sein wollte: Fontane (1985, 147) formulierte diesen Mittelweg 1853 als „Widerspiegelung alles wirklichen Lebens, aller wahren Kräfte und Interessen im Elemente der Kunst"; und ergänzte: „er [der Realismus] will am allerwenigsten das bloß Handgreifliche, aber er will das Wahre".

Woran erkannten die Leser der *Rundschau* überhaupt, dass sie es mit einem fiktionalen Text zu tun hatten? Bestand nicht die Möglichkeit einer Verwechslung mit den faktualen Beiträgen der Zeitschrift? Im ähnlich gelagerten Fall des Feuilletonromans konstatiert Bachleitner (2012, 11–12) eine gewisse Diffusion: „Da die beiden Programmbereiche demselben Kommunikationssystem angehören, kann der Roman ohne weiteres in den Nachrichtenmodus wechseln, die Zeitung sich andererseits der Unterhaltung widmen". In der *Rundschau* sind allerdings derartige Verwirrungen nicht denkbar, da die Zeitschrift von der ersten Ausgabe an systematisch den obligatorischen fiktionalen (Erzähl-)text vor die wissenschaftlichen Beiträge gesetzt hat. Man rechnete also damit, beim Aufschlagen des Heftes als erstes einen fiktionalen Text vorzufinden. Diese Kopfposition und die Singularität des literarischen Beitrags markieren zugleich die Besonderheit und die Autorität, die den Schriftstellern immer noch eingeräumt wurde. Einer eindeutigen Einordnung diente außerdem die reguläre Gattungsbezeichnung, zumeist ‚Novelle' oder ‚Roman'. Schließlich dürften den Lesern die Namen der Autoren und geläufig gewesen sein, was den belletristischen Charakter der Texte zusätzlich klarstellte. In pragmatischer Hinsicht werden die in aller Regel gebildeten Leser der Zeitschrift also keine Probleme gehabt haben, einen fiktionalen Beitrag von einem faktualen Artikel zu unterscheiden und beide angemessen zu rezipieren.

4 Literarischer und historiografischer Diskurs

Die erste Ausgabe der *Rundschau* eröffnete Berthold Auerbachs kurze Novelle „Auf Wache" (DR 1.1 1874). Nur wenige Jahre älter als Otto Ludwig, Gustav Freytag und Gottfried Keller, wird dieser Vorläufer des Realismus von manchen Autoren auch zur „Kernzone des Realismus" gezählt (Aust 2006, 10); seine frühen *Schwarzwälder Dorfgeschichten* (1843–1854) galten Julian Schmidt als „ein sehr heilsames, ja ein notwendiges Korrektiv" (1985, 110) zur Literatur der Romantik und des Vormärz. Auerbachs Novelle von 1874 wird man kaum zu den herausragenden Exemplaren der Gattung zählen, doch lassen sich gerade an ihr typische Elemente realistischen Erzählens aufzeigen.

Protagonist ist ein Leutnant, der auf dem Ball des Kommandanten mit dessen Tochter, seiner heimlichen Verlobten, tanzt und etwas später, in Verletzung seiner Dienstpflichten als wachhabender Offizier der Festung, einem politischen Häftling den Besuch bei der todkranken Ehefrau erlaubt. Als das Vergehen durch die verspätete Rückkehr des Sträflings auffliegt, erwirkt die Verlobte des Leutnants durch einen Brief an den Fürsten eine Begnadigung des Häftlings. Der Gefangene wandert aus, der Leutnant heiratet die Retterin. – Vieles weist den Text als realistisch aus: einfache Sprache, gleichmäßig linearer Erzählfluss, leicht distanzierte Erzählerposition, Beschreibung von Alltagssituationen, historische Situierung in der deutschen Gegenwart. Der Plot erinnert freilich an Schillers „Bürgschaft" und mutet einen heutigen Leser eher idealistisch als realistisch an: die militärische und feudale Obrigkeit reagiert hier deutlich humaner, als es dem gängigen Bild von den Eliten deutscher Kleinstaaten und des Kaiserreichs entspricht. Diese Unwahrscheinlichkeit mag noch durch Goethes Gattungsregel gedeckt sein, bei der Novelle handele es sich um eine „sich ereignete unerhörte Begebenheit" (Eckermann 1999, 221). Aber auch dann wirkt die Konstruktion der Fabel simpel und bewegt sich nahezu widerstandslos auf das *Happy Ending* zu. Alle Beteiligten bekommen schließlich, was sie aus ihrer eigenen Sicht verdienen: der Revolutionär ein neues Vaterland, der menschliche Offizier seine Karriere und den sozialen Aufstieg, die Kommandantentochter ihren Geliebten, und auch das Fürstenpaar darf sich zu seiner Großmut gratulieren. Wären nicht die deutliche Erwähnung der Revolution von 1848, nach der die Gefängnisse mit politischen Gefangenen gefüllt sind, und der vom Offizier auf dem Ball berichtete Zwischenfall eines von zaristischen Agenten ermordeten polnischen Freiheitskämpfers, würde die Geschichte wenige Spuren historischer Realität aufweisen. Dem Autor geht es zwar durchaus darum, das Elend seiner Zeit darzustellen: es gibt politische Verfolgung und soziale Misere in unerträglichem Ausmaß. Doch welcher Weg führt aus dieser Misere zum Glück der Protagonisten? Die Geschichte insinuiert, der Einzelne brauche nur seinen menschlichen Intuitionen nachzugeben, auch wenn das mal gegen die Regeln verstößt. Die Logik der Erzählung fordert zwar auch das Respektieren der Ordnung; daher muss der junge Offizier für sein Fehlverhalten zunächst selbst in Haft. Aber nachdem die Obrigkeit über die genaueren Umstände informiert wurde und ihrerseits humane Regungen gezeigt hat, darf er sich „auf den Düppeler Schanzen" bewähren – dem ersten wichtigen Schritt Preußens auf dem Weg zur Reichsbildung, die 1874 – bei Erscheinen der Novelle – bereits vollzogen ist. Auch der politische Häftling handelt nicht egoistisch, sondern wird durch die Umstände gehindert, sein Ehrenwort sofort einzulösen. Die verschiedenen sozialen Klassen angehörenden Figuren bezeugen sich gegenseitig ihre Achtung und Solidarität, sogar dem polnischen Unabhängigkeitskämpfer wird von den deutschen Offizieren für seinen unbedingten Enthusiasmus Respekt gezollt. Die deutsche Staatsmacht ist auf eine verblüffende Weise nachsichtig, während die Härte des Politischen exterritorialisiert wird: kaltblütigen Mord am politischen Gegner begehen jenseits der Grenze die Schergen der zaristischen Despotie. Es ist kaum möglich, diese allzu optimistische Sicht als Ironie aufzufassen. Der Erzähler sympathisiert ganz offenbar mit den Figuren, die sich mit ihrer erstaunlichen Integrität den versöhnlichen Schluss verdienen. Man kann nicht umhin, hierin eine ideologische Verklärung des Militärs und der Staatsmacht zu sehen, was biografisch vor dem Hintergrund von Auerbachs nationalkonservativer Wendung nach der Reichsgründung plausibel wird (vgl. Selbmann 1992, 247).

Auf Auerbachs Novelle folgt im ersten Heft der *Rundschau* der Aufsatz Heinrich von Sybels über „Die erste Theilung Polen's" (DR I.1 16–35). Gesättigt mit historiografischem Wissen, aber an ein nichtfachliches Publikum gerichtet, weist der Beitrag Sybels in seiner diskursiven Struktur keine Anhaltspunkte für Fiktionalität oder auch nur Narrativität auf: es wird im Wesentlichen nicht nur nichts erfunden, sondern auch kaum erzählt. Vielmehr werden Erklärungen und Argumente dafür präsentiert, wie es zur politischen Krise Polens kam und warum Friedrich II. bestimmte Entscheidungen traf und treffen musste. Sybel tut dies anhand der Memoiren des Königs von Preußen und der vielen verfügbaren Quellen (drei historiografische Werke werden bereits eingangs aufgeführt), um die „öffentliche Meinung Europa's" (DR I.1 16) zu korrigieren und die Teilung im Sinne Friedrichs als „rasch ergriffenes Auskunftsmittel gegen einen drohenden europäischen Krieg" zu interpretieren. Der ganze Text ist ein dichtes Gewebe aus Referenzen auf historische Personen, Handlungen und Orte und konnte vom damaligen Publikum nur als faktualer Diskurs aufgefasst werden, wenn Autorname und der Titel des Aufsatzes nicht schon von vornherein diesbezüglich Klarheit geschaffen hätten. Zudem haben die Leser keinen Zweifel, dass sich das „wir" auf den Autor selbst (und z. T. auf sein Publikum) beziehen soll, dass er also für die Aussagen des Textes verantwortlich gemacht werden kann, während Auerbachs Novelle mit wörtlicher Rede und dann mit einer Erzählerstimme einsetzt, die gewissermaßen aus dem Nichts kommt und deren Aussagen sicher nicht als Realitätsaussagen Auerbachs gewertet wurden, auch wenn die Unterscheidung zwischen Erzähler und Autor im 19. Jahrhundert noch nicht in gleicher Weise ausgeprägt war wie in der Gegenwart. Für den heutigen Leser sind Sybels Auslassungen über den „polnischen Nationalcharakter" (DR 1.1, 17) Stereotypen ohne Beweiskraft, und er könnte geneigt sein, sie als ‚Konstruktionen' oder, bei laxeren Sprachgebrauch, eben auch als ‚Fiktionen' zu apostrophieren; im 19. Jahrhundert freilich gehörten sie zum festen Wissensbestand der Gebildeten (und Ungebildeten) und ließen sich, wenn nötig, mit ‚empirischen Beispielen' unterfüttern. Es mag sich bei solchen Aussagen um kollektive Konstruktionen handeln, aber sie wurden damals – im Sinne des *„mutual reality principle"* (Walton 1990, 152–153) – von Autor und Publikum als Wahrheiten behandelt und sollten daher von der Fiktionalität literarischer Texte unterschieden werden. Es ist deutlich, dass Sybel seine Aussagen auf *res facta* bezieht, der Autor der Novelle dagegen eine imaginierte Erzählerstimme von *res ficta*, also erfundenen Vorgänge, sprechen lässt. Erstere lassen sich verifizieren, letztere nicht. Die Novelle ermöglicht als Ganzes die Imagination einer fiktiven Welt, die Ausführungen Sybels müssen vom Leser kognitiv auf dem Hintergrund seiner eigenen Weltkenntnis nachvollzogen oder zurückgewiesen werden.

Die Polenfrage ist jedoch ein thematischer Berührungspunkt zwischen der Novelle und dem Aufsatz, an dem der unterschiedliche Realitätsbezug von Fiktion deutlich wird. Wenn der historiografische Text positivistisch die Konstellation rekonstruiert, die zur realen Annexion Polens geführt hat, zeichnet die Novelle den fiktiven polnischen Freiheitskämpfer als „hochgebildeten, schwärmerischen, aber leider in fixe Ideen verrannten jungen Mann", zu dem der Protagonist „im Laufe dieser Jahre ein freundliches Verhältnis" ausbildet (DR 1.1, 4). Der positiven Schilderung dieser „noble[n] Natur" aus der Perspektive deutscher Offiziere wird vom Erzähler nicht widersprochen, und so ist die naheliegende Reaktion Empathie mit dem Opfer. Beide Texte werden vom damaligen Leser auf das ihm bekannte reale Polen bezogen, das zu jener Zeit noch immer zwischen den Großmächten aufgeteilt ist. Beide Texte wollen ihr deutsches Publikum im Hinblick auf das am polnischen Volk verübte Unrecht entlasten; Sybel tut dies, indem er den Anteil Friedrichs II. an der Teilung zur politischen Notwendigkeit erklärt, und Auerbach, indem er einen fiktiven deutschen Staat vor der Kontrastfolie der brutalen Zarenherrschaft als human charakterisiert. Beide Autoren verfolgen ein persuasives Ziel, aber in unterschiedlichen diskursiven Modi: Sybel durch Selektieren und logisch-kausales Erörtern von Fakten, Auerbach durch eine fiktive Handlung, die Wahrscheinlichkeit reklamiert und eine emotionale Leserreaktion nahelegt. Beide Autoren wollen den Glauben an die Humanität der deutschen Elite stärken, doch nur Sybels Darstellung stützt sich auf Fakten und ist widerlegbar. Das Handeln des Leutnants in der Novelle kann der Leser nur aufgrund seiner eigenen Erfahrungen mit deutschen Offizieren als mehr oder weniger wahrscheinlich und repräsentativ einstufen; er kann es aber auch für wünschenswert halten. Aus heutiger Sicht handelt es sich um eine Verklärung, eine euphemistische Verzerrung der Wirklichkeit, die vom Programm des deutschen *poetischen* Realismus durchaus gedeckt ist – im Unterschied etwa zu der radikal desillusionistischen Variante Gustave Flauberts. So verteidigte Gottfried Keller die Verklärung in pädagogischer Absicht, wenn er mit Blick auf seine *Züricher Novellen* erklärte, „man [müsse], wie man schwangeren Frauen etwa schöne Bildwerke vorhält, dem allezeit trächtigen Nationalgrundstock stets etwas Besseres zeigen, als er schon ist" (Brief an Auerbach, 25.6.1860; Keller 1952, 195). Die Idee, dass die dynamische Praxis einer Gesellschaft (der „trächtige Nationalgrundstock") idealistische Narrative braucht, mit deren Hilfe sie sich der Utopie annähern kann, ist natürlich ein Erbe der deutschen Klassik und führt zugleich vor, wie sehr das ‚Poetische' und das Realistische sich wechselseitig destabilisieren. Die Analogie von Schwangerschaft und Phantasie unter dem übergreifenden Konzept der „Einbildungskraft" hat übrigens eine lange Tradition und spielt für die Theorie der Imagination im 18. Jahrhundert keine geringe Rolle (Dürbeck 1998, 98–104; ich bedanke mich bei Moritz Baßler für diesen Hinweis).

5 Erzählstrukturen

Zur möglichst getreuen und unverzerrten „Widerspiegelung alles wirklichen Lebens" (Fontane 1985, 147) bedienen sich die Realisten der sprachlichen Zeichen in einer Weise, die bei den Lesern den Eindruck herstellen soll, einem beobachtbaren Geschehen beizuwohnen. Die fiktiven Figuren sollen sich „in die Gestalten des wirklichen Lebens einreihen" (Fontane, zit. nach Aust 2000, 449), und die Illusion soll so perfekt sein, dass wir „das Gefühl haben, unser wirkliches Leben fortzusetzen, und daß zwischen dem erlebten und erdichteten Leben kein Unterschied ist als der jener Intensität, Klarheit, Übersichtlichkeit und Abrundung und infolge davon jener Gefühlsintensität, die die verklärende Aufgabe der Kunst ist" (Fontane zit. nach Eisele 1984, 24).

Klarheit und Übersichtlichkeit erreicht die Fiktion dadurch, dass der Autor auf der inhaltlichen Ebene aus der Fülle und Kontingenz der ihm verfügbaren Erfahrungsdaten einen in sich kohärenten Ausschnitt zeitlich und räumlich konfiguriert und in diesem Weltfragment eine überschaubare Gruppe von Akteuren so interagieren lässt, wie es – in Übereinstimmung mit den psychologischen, politischen und historischen Vorstellungen der Zeit – auch in der wirklichen Welt geschehen könnte (s. u., Kap. 6). „Intensität" der Darstellung und die daraus resultierende „Gefühlsintensität" beim Rezipienten lassen sich mit Begriffen der psychologischen Leseforschung als Immersion bzw. narrative Transportation (oft synonym gebraucht) verstehen. Diese bildlichen Ausdrücke stehen für einen mentalen Zustand, in dem der Rezipient seine reale Umgebung nur noch im Hintergrund wahrnimmt und stattdessen so sehr von der Imagination des Erzählten absorbiert wird, dass er als „Reisender" in die fiktive Raum-Zeit der Diegese „eintaucht" und verändert aus ihr zurückkehrt (Gerrig 1993, 10–11). Der realistische Roman des 19. Jahrhunderts gilt als besonders geeignet, „illusionistische Immersion hervorzurufen" (Wolf 2014, 276). Auch empirische Studien sehen eine Verbindung zwischen dem Grad der Transportation und dem von den Lesern wahrgenommenen Realismus einer Geschichte, wobei unter Realismus Plausibilität und Nähe zur Lesererfahrung verstanden wird (Green 2012, 51–54).

Was in realistischen Erzählungen die Immersion des Lesers in die fiktive Welt (Diegese) erleichtert, ist die Dominanz der Inhalts- über die Ausdrucksebene, der *histoire* über den *discours*. Dies wird unter anderem dadurch erreicht, dass auf der Diskursebene systematisch der Zeichencharakter und damit die ‚Gemachtheit' der Fiktion ausgeblendet wird. Die Diskursebene des realistischen Textes muss gewissermaßen transparent werden, damit die Geschichte umso deutlicher hervortreten kann. Oder, mit einer Formulierung von Moritz Baßler (2015, 20): „Der realistische Text setzt dem Verständnis keinen Widerstand entgegen." Erreicht wird dies durch eine Wortwahl und eine Syntax, die sich an den Alltagsgebrauch der Sprache anlehnt und gerade das vermeidet, was als genuin poetisch verstanden wird: uneigentliches Sprechen, Metaphorik und *Ornatus* in der traditionellen Literatur, abweichender Sprachgebrauch und verfremdende Experimente in der Moderne.

Roman Jakobson (1979, 116) sah die „sogenannte realistische [Literatur] eng mit dem Prinzip des Metonymischen" verknüpft im Gegensatz zum „metaphorischen Stil romantischer Poesie". Anders als die Metapher ersetzt die Metonymie ein Wort durch ein anderes, das aus dem gleichen semantischen Feld stammt; anders gesagt: das bezeichnete Objekt wird ersetzt durch ein „benachbartes" oder logisch zugeordnetes Objekt, das demselben Gegenstandsbereich angehört: die Metonymie ist eine Trope, die eine Kontiguitätsbeziehung in der Wirklichkeit anzeigt und diese beim Leser aktiviert. Baßler erweitert Jakobsons Idee und übersetzt sie in das Vokabular der *Frames*-Semantik. *Frames* im Sinne von Busse (2012) sind die in Netzen miteinander verknüpften Konzepte, in denen Bedeutung mit der Erfahrung von Lebensrealität vermittelt ist. Metonymisch vorgehende realistische Literatur benutzt in einer konkreten Textsequenz im Wesentlichen sprachliches Material, das die Leser einem bestimmten lebensweltlichen Bereich zuordnen können: „Als metonymisches Verfahren bezeichnen wir also generell, auch wenn keine Ersetzungen stattfinden, die Organisation eines Textes in einer Weise, die uns seine Zeichen problemlos auf gemeinsame Frames und Skripte beziehen lässt." (Baßler 2015, 20) Metaphorik dagegen beruht auf einer Ähnlichkeitsbeziehung zwischen dem ersetzten und dem zu ersetzenden Begriff; diese Ähnlichkeit ‚existiert' nicht in der Alltagsrealität, sie muss durch eine gedankliche Operation ermittelt werden – ein kognitiv sehr viel weniger automatisierter Schritt. Er impliziert zugleich Mehrdeutigkeit und dadurch wird die Referenzialisierung der Aussagen des metaphorisch organisierten Textes problematischer: der Bezug zur Wirklichkeit und zu den Frames, die diese Wirklichkeit organisieren wird brüchig. Das eröffnet ein ‚kreativeres' Imaginieren und Nachdenken über die Welt, als es bei metonymisch-realistischen Texten möglich ist. Es entfernt sich aber auch von den konkreten Sachverhalten, mit denen wir in der Alltagsrealität und in der realistischen Literatur konfrontiert sind.

Zu Beginn von Auerbachs Novelle wird in der besagten metonymischen Verknüpfung die Szene eines Balls beschrieben: ein trivialer Wortwechsel zwischen Gast und Diener, die Ankunft der Gäste mit ihren Garderoben, der gastgebende Gouverneur usw. (DR I.1, 1). Es ist eine Szene, die der Leser aus seiner Alltagserfahrung oder aus Lektüren kennt. Zwar würde es – in einem faktual-informativen Text – genügen, mitzuteilen, dass ein Ball gegeben wird, um dem Leser die Situation hinreichend klar zu machen, aber die Details – der geöffnete „Kutschschlag", „Frauen, in Mäntel gehüllt, das blumengeschmückte Haupt freitragend", die „atlasbeschuhte[n] Füßchen", brennende „Pechfackeln" usw. evozieren im

Gedächtnis gespeicherte Bilder, Szenen und Zusammenhänge. Die Sequenz von Beschreibungen simuliert eine Bewegung, als würde ein Beobachter sich in der fiktiven Szene allmählich von der Straße ins Innere der Räume des Gouverneurspalastes und unter die Gäste begeben; damit folgt die Darstellung einem lebensweltlich vorgeprägten Ablauf. Es entsteht die für realistische Texte charakteristische Erlebnisqualität, die Immersion auslöst.

Der Überschuss an Konkretheit („*atlas*beschuhte Füßchen", „*Pech*fackeln") ist also nicht nötig zur Beschreibung der fiktiven Welt oder gar zur Entwicklung der Handlung, aber er ruft im Leser den Eindruck hervor, es würde eine wirkliche Situation beschrieben; da gegenwärtige Wirklichkeit sich ja immer durch ein Übermaß an Information auszeichnet, das erst durch die kognitive Selektion der Sinnesdaten und Erinnerung bzw. Vergessen gefiltert wird. Roland Barthes hat diese realistische Technik als ‚Wirklichkeitseffekt' bezeichnet. Die dadurch hervorgerufene „*referentielle Illusion*" (Barthes 2006, 171) wird von ihm allerdings negativ bewertet, weil sie über den Zeichencharakter hinwegtäuscht und das Fiktive des Dargestellten verschleiert, vor allem aber weil so das Wirklichkeitsbild des *Common Sense* perpetuiert wird (s. u.). Man sollte jedoch zunächst sehen, dass die realistische Erzählung auf diese Weise überhaupt anschlussfähig wird für die Alltagserfahrung des Lesers. Emotionale Effekte (Katharsis, Empathie) entstehen durch Immersion; sie werden reduziert oder sogar blockiert durch distanzierte Beobachtung, die vor allem von Kunstwerken hervorgerufen wird, die ihre eigene Textur in den Vordergrund stellen.

Erzählstrukturen wie die von Auerbachs Novelle gelten als typisch für Erzähltexte des Realismus: ein heterodiegetischer auktorialer Erzähler, der die Figuren mit interner Fokalisierung beobachtet und sich kaum mit seinen Reflexionen und Urteilen ‚einmischt'. Die Diegese erscheint so als eine nicht vermittelte Wirklichkeit, die genau so ist, wie sie beobachtet wird. Diese Art der nicht durch eine explizite Erzählinstanz vermittelten Darstellung wird von den zeitgenössischen Theoretikern des Realismus als „objektive" besonders geschätzt (Stanzel 1991 [1979], 165). Friedrich Spielhagen (1967 [1883], 94) lehnte z. B. „diese[...] diskreten und indiskreten Mitteilungen des Autors hinter dem Rücken seiner Personen in das Ohr des Publikums" „aus ästhetischen Gründen" ab, ausgenommen den „Ich-Roman", eine vom Protagonisten selbst (rückblickend) vorgetragene Erzählung. Die systematische Trennung von Autor und Erzähler ist bekanntlich erst vor relativ kurzer Zeit in die Literaturtheorie eingeführt worden (Kayser 1958 [1957]). Für Spielhagen und seine Zeitgenossen wurde der Roman vom Autor erzählt, es sei denn, dieser schlüpfte – wie eben im „Ich-Roman" – in die fiktionale Rolle seines Protagonisten. Reflexionen und Kommentare des Erzählers innerhalb der auktorialen Erzählung bedeuteten aus dieser Sicht Einmischungen des Autors in die Handlung, also einen Bruch in der Homogenität der fiktionalen Welt, mit anderen Worten: eine Verminderung der immersiven Qualität. Allerdings zielt die von Spielhagen gesetzte Norm eher auf die logisch-ästhetische ‚Reinheit', denn schließlich stellen auch im autodiegetischen Roman die Erzählerkommentare Unterbrechungen der Handlung dar, nur sind sie hier für den Leser leichter zu akzeptieren – ‚realistischer' –, insofern der Protagonist selbst rückblickend sein eigenes Leben beurteilt und nicht eine außerhalb der fiktionalen Welt stehende Person oder eine unpersönliche Erzählinstanz.

Viele Novellen des Realismus weisen eine deutlich komplexere Erzählstruktur auf als die Auerbachs. Insbesondere Theodor Storm verlagert die eigentliche Geschichte – wie in *Aquis submersus*, Oktoberheft 1876 der *Rundschau* (DR IX.1, 1–49) – oft auf eine intradiegetische Ebene, die eingefasst wird von einem Rahmen. Die primäre Rahmenerzählung steht dann der Realität des Autors und des Lesers noch so nahe, dass man an ein Kontinuum denken könnte, während die Binnenerzählung in einer schon ferngerückten Vergangenheit spielt. Häufig haben diese Geschichten einen nostalgisch-entsagenden Charakter: das Glück oder zumindest die interessante Periode des Lebens gehört einer verflossenen, nur als Erinnerung darstellbaren Welt an, zu der es keinen anderen Zugang gibt, als im Erzählen (Baßler 2015, 34–35). Die dem Autor und Leser unmittelbar zugängliche Realität ist die des Erzählens und Erinnerns, die eigentliche Geschichte präsentiert sich nicht als Realität, sondern eben als Geschichte.

Im Novemberheft der *Rundschau* von 1876 (DR IX.2 1876) erschien der erste Teil von Gottfried Kellers *Züricher Novellen*, gefolgt von vier Fortsetzungen (entsprechend dem 1. Band der späteren Buchausgabe). Auch hier gibt es eine Rahmenerzählung, situiert im Zürich der 1820er Jahre, und drei von ihr eingefasste intradiegetische historische Novellen, deren Handlung ins 13., 14. bzw. 18. Jahrhundert fällt. Kellers Text ist durch genaue Zeit- und Ortsangaben mit der historischen Wirklichkeit der Zeitgenossen verknüpft: der Protagonist Jacques gehört derselben Generation an wie Keller, ist aber zugleich sein Gegenbild, insofern er als bemühter Epigone der Romantiker ein „Originalgenie" werden möchte (Andermatt 2013, 106). Diese Sehnsucht wird systematisch mit seiner tatsächlichen Kaufmannsmentalität kontrastiert, und so alle seine künstlerischen Vorhaben als grotesk und vermessen persifliert. Um ihn von seiner Illusion zu kurieren, teilt ihm sein Pate, Magister Jakobus, die drei Geschichten mit, die von der Vergangenheit der Stadt Zürich handeln und von der mal erfolgreichen, mal scheiternden, Tüchtigkeit ihrer Bewohner. Die Figuren sind historisch belegt und von Keller mit Rücksicht auf die Quellen konstruiert.

Die Binnenerzählungen sind innerhalb der Diegese des Rahmens als Fiktionen ausgewiesen, indem Keller den Magister sagen lässt, es habe ihn „in jüngeren Jahren gereizt, mir die Geschichte etwas zusammen zu denken und auszumalen, also daß ich dieselbe fast so erzählen kann, als ob ich sie aufgeschrieben hätte und ich will Dir sie jetzt erzählen" (DR IX.2, 178). Auch die dritte Novelle wird in dieser Art angekündigt als eine von Magister Jakobus schriftlich verfasste „ergänzende Erzählung [...], um den merkwürdigen Mann [den historischen Salomon Landolt] auch nach dieser Seite hin vor uns aufleben zu sehen" (DR I.3, 336). Die Fiktionalität besteht für Jakobus offenbar darin, etwas an sich Reales, das aber in seiner vergangenen Faktizität nicht verfügbar ist, mit Hilfe der Imagination darstellbar zu machen. Fiktion konstituiert sich hier nicht wesentlich im Erfinden, sondern im Finden des relevanten Realen und seiner plausiblen ‚Ausstattung' durch individualisierende und detaillierende Einzelheiten. Aus den fragmentarischen Informationen des Ausgangsmaterials – im Fall des „Hadlaub" sind dies auch die Bilder der Manesse-Handschrift – wird eine kohärent verknüpfte Sequenz von Ereignissen hergestellt. Keller lässt also seinen Erzähler durch diese einleitende Rede die Narrativität (vgl. Porter Abbott 2014) der Geschichte betonen, während ihre Fiktionalität heruntergespielt wird. Die so zur Darstellung gebrachten historischen Exempel führt Jakobus seinem Mündel Jacques aus pädagogischen Gründen als gelingendes (oder misslingendes) Leben vor Augen wie der Autor das Ganze seinen Lesern.

Lars Korten (2009, 62) hat in narrativen Rahmungen wie bei Storm und Keller „explizit herausgestellte Künstlichkeit der Prosa" gesehen, also ein „ästhetisierende[s] Moment", das tendenziell dem realistischen Erzählprinzip widerstrebt. Im Unterschied zur gängigen Forschungsmeinung, in realistischen Texten würden die Hinweise auf Fiktionalität ausgeblendet, kann man mit Korten die angeführten Stellen so interpretieren, dass sich hier „der literarische Text als ‚poietisch' zu erkennen [gibt]: künstlich, ‚gemacht', und weder Wirklichkeit noch literarische Wirklichkeit darstellend, sondern literarische Künstlichkeit" (Korten 2009, 63). Allerdings bleiben diese Markierungen von ‚Gemachtheit' hier auf die Übergänge zwischen Rahmen- und Binnenerzählung verwiesen, ohne die Immersion in die fiktive Realität wirklich zu behindern. Das liegt auch daran, dass die Binnenerzählungen denselben Detailreichtum aufweisen wie professionell ausgearbeitete literarische Texte, auch wenn sie z. T. mit archaisierender Sprache (*Aquis submersus*) der Fiktion eines alten Manuskripts Rechnung tragen.

Für Claus-Michael Ort tendiert schon die Form der Novelle dazu, „die Beziehungen von Zeichen und Realität innerhalb ihrer fiktionalen Realitätskonstruktionen zu thematisieren"; vor allem aber erhalten die Darstellungen durch die komplexen Rahmungen, „den Status bloßer Repräsentationen absenter Realität [...], wodurch sich die fingierte Realität auf Reproduktion sprachlicher Zeichen oder erinnerter Bilder beschränkt, deren Referenz auf die je vergangene und eigentlich zu erzählende Realität mehr oder weniger zweifelhaft erscheint" (Ort 2007, 23). Diese an den Texten konstatierte Autoreferentialität und Metafiktionalität sieht Ort im Widerspruch zur Programmatik des Realismus, da in der fiktionalen Wirklichkeit zweiter Ordnung nicht Realität als solche, sondern die Realitäten von Zeichen dargestellt werden. Doch auch in der lebensweltlichen Realität werden Geschichten in Geschichten erzählt, ohne dass sich dadurch prinzipiell der referentielle Bezug auf Wirklichkeit verflüchtigen würde und die erzählte Erzählung zum bloßen Zeichengeflecht würde. Die inszenierte Indirektheit der Darstellung dürfte bei Storm und Keller eher auf den Modus des Fiktionalen als auf die Unmöglichkeit sprachlicher Weltrepräsentation hinzuweisen. Obwohl die Erzählstrukturen im poetischen Realismus also eine deutliche Dominanz der *Histoire* über den *Discours* aufweisen, ist die Geschichte in vielen Fällen – vor allem im Spätrealismus und bei bestimmten Autoren (Wilhelm Raabe) – durch narrative Rahmungen oder die ironische Haltung des Erzählers ‚eingeklammert', so dass die Fiktionalität des Erzählten markiert wird, auch wenn solche Ansätze zu Metafiktionalität die Immersion in die fiktionale Welt der Binnenerzählung nicht aufheben.

6 Fiktive und wirkliche Welt

Der problematische Punkt aller realistischen Programmatik ist der Begriff der Realität. In der kritischen Auseinandersetzung mit den Realisten des 19. Jahrhunderts wurde in letzter Zeit nicht nur deren spezifische Vorstellung von Wirklichkeit in Frage gestellt, sondern – im Zuge verbreiteter epistemologischer Zweifel – die Möglichkeit überhaupt, in gehaltvoller Weise von Wirklichkeit zu sprechen. Realistische Literatur wurde in den vergangenen Jahrzehnten vorwiegend im Hinblick auf ihre Textstrukturen und -verfahren untersucht, während der Realitätsbezug eher als irrelevant galt. Ausgehend von der Realismuskritik schon bei Roman Jakobson (1994) und den Arbeiten Roland Barthes' (2006, 2012) sind neben den Beiträgen Baßlers (2013a, 2013b, 2015) vor allem die Studien von Hans Vilmar Geppert (1994), Claus-Michael Ort (1998, 2007, 2013) und Marianne Wünsch (2007) maßgeblich für diese semiotische Betrachtungsweise des poetischen Realismus.

Aus der Sicht der Fiktionstheorie scheint es allerdings problematisch, wenn die Beschränkung auf die Textverfahren dazu führt, Beschreibungen von Adelssitzen bei Fontane und vom Treiben der Hobbits bei Tolkien als gleichermaßen realistisch einzustufen. Man darf es zudem mit Stein Haugom Olsen befremdlich finden, dass realistische Literatur prinzipiell in Misskredit geraten ist, obwohl „the majority of readers in the last two hundred years have found in the novel the literary form which most closely satisfies their wishes for a close correspondence between life and art." (Ian Watt zit. bei Olsen 2015, 15–16) Wie aber lässt sich die spezifische Beziehung realistischer Fiktionen zur Realität beschreiben?

In Roland Barthes' Analyse der Balzac-Novelle *Sarrasine* wird „Realität" als solche gar nicht thematisiert, sondern nur Zitate „kulturelle[r] Codes" (Barthes 2012, 23), die „durchweg aus Büchern kommen" (Barthes 2012, 203). So etwas wie „Realität" existiert ausschließlich in sprachlicher Form, und trägt den Charakter von stereotypem Schulbuchwissen, das mit „Dummheit" konnotiert ist (Barthes 2012, 204). Die „kulturellen Codes" Barthes' entsprechen dem, was in der Systemtheorie als „Realitätssemantiken" bezeichnet wird. Remigius Bunia hat in *Faltungen* (2007) einen anspruchsvollen Versuch unternommen, pragmatisch-narrative und (de-)konstruktivistische Theorien der Fiktionalität zusammenzudenken. Wo es für die Poststrukturalisten kein „außerhalb des Textes" gibt, sieht Bunia den Ausweg in Luhmanns Differenzierung von sozialen Semantiken (Luhmann 1992, 369). In der „Realitätssemantik" haben sich jene Widerstände verdichtet, die allen Systemoperationen von „der Welt in ihre[r] Härte, ihre[r] Schicksalhaftigkeit" (Luhmann 1997, 219) auferlegt werden. Die Realitätssemantik bestimmt nicht nur unser Alltagsverständnis, sie ist in allen gesellschaftlichen Bereichen relevant, einschließlich der Natur- und Kulturwissenschaften. Sie setzt unter anderem voraus, dass „Realität stets als *die* Realität, als *die* Wirklichkeit, als *die* reale Welt auftritt" (Bunia 2007, 77). Nur vor dem Hintergrund der Realitätssemantik ist es überhaupt sinnvoll, Fiktionen als Beschreibungen möglicher Welten und nicht einfach als andere Beschreibungen der wirklichen Welt aufzufassen. Realitätssemantik ist zwar keineswegs mit ‚der Realität' identisch, fungiert aber in der Praxis als die zu einem jeweiligen Zeitpunkt gültige Art und Weise, von Realität zu sprechen.

Über die Beziehung zwischen Realität (bzw. Realitätssemantik) und fiktionaler Welt herrscht keine Einigkeit; die möglichen Positionen lassen sich in drei Kategorien einteilen: Panfiktionalisten, Autonomisten und Kompositionalisten (Blume 2004, 12–28; Konrad 2014, 16). Für die Panfiktionalisten sind alle Texte ‚Konstruktionen', die nicht in faktuale oder fiktionale unterschieden werden können. Die Autonomisten gehen davon aus, dass keinerlei Objekte, die in fiktionalen Texten genannt werden, als Referenzen auf Dinge oder Personen der realen Welt zu verstehen sind (Blume 2004, 16). Kompositionalisten würden auch in fiktionalen Texten einzelne Referenzen auf reale Dinge und Personen anerkennen. Steigt etwa in Kellers Rahmennovelle der Herr Jacques in Zürich auf „eine hohe Bastion, die sogenannte Katze, an welcher jetzt der botanische Garten liegt" (DR IX.2, 170), so handelt es sich um den entsprechenden Ort, der den Lesern in der Gegenwart des Erzählens („jetzt") bekannt ist, obwohl sich die fiktive Person Jacques dort nie aufgehalten hat. Reale Personen, Orte und Ereignisse werden aus dieser Sicht als nicht erfunden aufgefasst; Autor und Leser gehen vielmehr davon aus, dass die ‚wesentlichen' Eigenschaften historischer Orte, Ereignisse und Personen in der Fiktion dieselbe Rolle spielen wie in der Wirklichkeit. Gemäß dem Realitätsprinzip (Walton 1990, 144) extrapoliert der Leser ohnehin ständig, indem er die Leerstellen durch Elemente aus der Realitätssemantik ausfüllt, da jede Fiktion nur eine ausschnitthafte Beschreibung der fiktiven Welt liefern kann. In der Novelle Auerbachs sind „Polen", „Amerika" und „das Jahr 1850", bei Keller „die Stadt Zürich" und ihre „Ende der achtzehnhundert und zwanziger Jahre" noch vorhandenen „weitläufigen Festungsanlagen" Elemente, die nicht durch den fiktionalen Text konstituiert werden, sondern durch ihre Entsprechungen in der realen Welt.

Für Friedrich Spielhagen war es „von entscheidendster Wichtigkeit", dass die Handlung im realistischen Roman „in eine ganz bestimmte Zeit" gelegt werde (1967 [1883], 56). Gleich ob es sich um eine historische oder eine Gegenwartserzählung handelte, die Geschichte musste in eine Welt eingebettet werden, die mit eindeutigen geschichtlichen Merkmalen ausgestattet war. In diesem Sinn bedeutet das Realitätsprinzip für realistische Erzählungen eine möglichst weitgehende Kongruenz mit dem im 19. Jahrhundert gültigen Geschichtsverständnis. In Frank Zipfels grundlegender Arbeit zur Fiktionalität wird diese Art von Übereinstimmung der *Histoire* mit dem „Wirklichkeitskonzept" als „*Realistik*" bezeichnet und der „*Phantastik*" gegenübergestellt (Zipfel 2001, 107–113), was die Unterscheidung der Epoche des „Realismus" von realistischer Literatur schlechthin erleichtert. Entscheidend ist für ihn, dass „Ereignisträger, Ort und Zeit, im Bereich des in Bezug auf die Realitätskonzeption Möglichen liegen" (2001, 108). Bilden die Konkretisierungen von Raum und Zeit in der realistischen Erzählung im semiotischen Fokus auf die Textverfahren lediglich unterschiedliche ‚Körnungen' der fiktionalen Realität, lassen sie sich im Rahmen der Fiktionalitätstheorie als Grade von Realistik verstehen.

Auch wenn in Auerbachs und Kellers Erzählungen vieles erfunden ist, bleiben sie immer problemlos als Beschreibungen der (historischen) Realität lesbar, gerade weil sie sich eng an die Realitätssemantik anschließen. Die Zeitgenossen haben selbst in so absonderlichen Figuren wie Kellers Meister Jacques, dem „Narren auf Manegg" und dem Vogt Landolt noch das Paradigmatische erkennen können, wie die 1879 in der *Rundschau* erschienene Rezension zur Buchausgabe der *Züricher Novellen* von Wilhelm Scherer zeigt. Diese seien „im edelsten Sinne symbolisch, d. h. sie geben in typischer Ausprägung Charakterformen und Schicksale, die uns an Reihen von ähnlichem erinnern; zum Theile sind sie ganz singulär, und da treten die wunderlichen Käuze auf, deren gleichen wir nie gesehen haben und an die wir doch glauben oder auch nicht glauben, aber auch ungläubig uns daran erfreuen." (DR 17.2, 326)

Die Anbindung an die Realitätssemantik gilt in besonderem Maße für Fontanes Roman *Effi Briest*, der ab Oktober 1894 in sechs Fortsetzungen in der *Rundschau* veröffentlicht wurde. Die Welt des Romans ist dicht durchsetzt mit Elementen, die direkt auf historische Orte, Ereignisse, Personen und Dinge verweisen:

Bismarck, Varzin, Markennamen und Berliner Modehäuser sind bekannte Beispiele (vgl. Seiler 1983, 287). Zwar sind Hohen-Cremmen, Kessin und die Figuren der Handlung durchweg erfunden, aber sie sind so sorgfältig aus Elementen der Realität des Deutschen Reichs konstruiert, dass sie wie authentische Darstellungen eines märkischen Herrenhauses bzw. einer Hafenstadt in Hinterpommern wirken. Die beschreibenden Details vermitteln auch in *Effi Briest* die Illusion von miterlebten Szenen und bewirken im Sinne Roland Barthes' einen Realitätseffekt, der immer wieder eine ganz konkrete, geschichtliche Alltagsrealität evoziert, die von den Lesern als die ihre wiedererkannt wird. Wie oft bei Fontane, basiert das Handlungsgerüst auf einem realen Fall; der Autor erfindet nur die konkreten Umstände, die individuellen Züge der Personen und die psychologischen Motivierungen, durch die das konkret Historische zum Allgemeingültigen wird. Die Zweckehe, der Ehebruch und das Duell sind häufig behandelte Themen des europäischen Realismus und wurden als relevante soziale Probleme wahrgenommen, die Fontane für die deutsche Literatur in maßgeblicher Weise ‚formuliert' hat.

Durch das Kessiner Haus und die gesamte Handlung ‚spukt' ein namenloser Chinese, der mit der realistischen Darstellung nicht recht vereinbar scheint. Eine übernatürliche Erscheinung ist er jedoch allenfalls für die junge Ehefrau und die Dienstbotin Johanna, die ein Bildchen mit einem traditionell und stereotyp dargestellten Chinesen in dem Dachgeschoss angebracht hat, wo der vermeintliche Geist umgeht. Der rationale Innstetten glaubt zwar angeblich auch an Spuk, nicht aber an diesen, und die verdächtigen nächtlichen Geräusche lassen sich eindeutig auf von Zugluft bewegte Vorhänge zurückführen. Ein Chinese ist für Effi – wie sicher für viele Deutsche in jener Zeit – der Inbegriff des extrem Exotischen und Unheimlichen; diese Phantasie wird jedoch konterkariert durch die Geschichte jenes Chinesen, dessen Geist da angeblich sein Wesen treibt. Diese Figur ist motiviert durch die Fernbeziehungen der Hafenstadt Kressin und den Vorbesitzer des Hauses, einen Kapitän, dessen Diener und Freund dieser Chinese war. Die von Innstetten nacherzählte mysteriöse Episode von der Kapitänsnichte oder -enkelin, die in ihrer Hochzeitsnacht „mit jedem und zuletzt auch mit dem Chinesen" tanzte, um dann spurlos zu verschwinden, endet mit dem nach 14 Tagen erfolgenden Tod des Chinesen und deutet eine illegitime und bestrafte Liebesbeziehung an, in Analogie zu Effis noch bevorstehendem Ehebruch. Während Effi selbst zeittypische Vorurteile gegenüber dem nichtchristlichen Asiaten äußert, referiert ihr Mann die Worte eines Geistlichen, der als „Berliner" offenbar fortschrittlicher konnotiert werden soll als die konservativen Hinterpommern; für diesen sei der „Chinese ein sehr guter Mensch gewesen und geradeso gut wie die anderen" (Kap. 10, DR 81.2, 185). Dass die Leser der *Rundschau* gleich diesem Pastor und dem Autor selbst über bessere Informationen verfügten als die furchtsamen jungen Frauen in der Romanhandlung, zeigt ein Aufsatz in derselben

Ausgabe der Zeitschrift. Autor Max von Brandt (1835–1920), ein deutscher Diplomat und Ostasienexperte, hat selbst 33 Jahre in Japan, China und Korea gelebt und die Kulturen eingehend studiert. In „Ostasiatische Probleme" (1894) kommentiert er auf dreißig Seiten detailliert die prekäre politische Situation des Kaiserreichs, in die es unter dem Einfluss der europäischen Kolonialmächte geraten ist. Brandt sympathisiert durchaus mit dieser alten Kultur, und seine Sachlichkeit lässt keinerlei Raum für exotistische Projektionen wie das bunte Bildchen im Roman. In der Spukgestalt ist eine Wirklichkeit jener Zeit repräsentiert, nämlich die der kollektiven Imagination, doch in den hinzukommenden Informationen zeichnet sich eine andere, ‚realere' Figur ab, die sich problemlos mit von Brandts wissenschaftlichen Blick auf die Chinesen verbindet.

7 Schlussbemerkung

In der Kategorie der Realität berühren sich literaturgeschichtlicher Realismus und fiktionstheoretische Realistik mit dem Realismus der Erkenntnistheorie. Zur Beschreibung des spezifischen Realitätsbezugs von realistischen Fiktionen schien es erforderlich, von Realitätssemantik zu sprechen, denn der naive Glaube an eine ‚wirkliche Realität', die unabhängig von unseren Vorstellungen und Beschreibungen existiert und zu der wir durch die Sinne einen direkten Zugang haben, ist im Verlauf der vergangenen drei Jahrhunderte für obsolet erklärt worden. Es sei in diesem Zusammenhang aber daran erinnert, dass die philosophische Diskussion über unseren Zugang zur Wirklichkeit weder mit Kant noch mit Derrida zum Abschluss gekommen ist. In der analytischen Philosophie wird seit einigen Jahren verstärkt über Modelle nachgedacht, wie die Aporie zwischen dem – theoretisch – in sich eingeschlossenen Bewusstsein und dem gleichwohl wie selbstverständlich praktizierten Alltagsrealismus aufgelöst werden kann. Autoren wie John Searle, Hilary Putnam, John McDowell und Robert Brandom haben auf unterschiedlichen Wegen an der Formulierung von logisch haltbaren ‚Realismen' gearbeitet, und auch in Europa zeichnet sich seit ein paar Jahren ein Trend zur Rehabilitierung des Realismus ab (Avanessian 2013; Meillassoux 2014; Gabriel 2013; Gabriel 2014). Der Realismus, so scheint es inzwischen, ist „keine fragwürdige Theorie, sondern schlicht eine Alltagswahrheit, die durch philosophische Argumente und Theorien nicht ernsthaft erschüttert werden kann" (Willaschek 2003, X). Das eigentliche Problem besteht folglich nicht darin, ob es die Realität gibt und ob sie so beschaffen ist, wie wir glauben, sondern „wie man *verstehen* kann, daß wir zu einer denkunabhängigen Wirklichkeit gleichwohl einen mentalen (intentionalen und epistemischen) Zugang haben" (Willaschek 2003, 4).

Unter den verschiedenen Realismuskonzepten wurde der direkte Realismus lange Zeit für die unhaltbarste Variante gehalten. Anstelle der seit dem 18. Jahrhundert geläufigen Vorstellung, dass unsere sprachlichen Ausdrücke auf mentalen Repräsentationen und Sinnesdaten fußen, die ihrerseits kausal von Gegenständen in der Außenwelt verursacht werden – einer mehrstufigen Indirektheit also –, sehen Vertreter des direkten Realismus eine direkte kognitive Beziehung zwischen dem Wahrgenommenen und der Wahrnehmung, indem ‚äußere' Gegenstände, Sinnesorgane und Gehirn von vornherein in derselben Realität existieren und nicht durch irgendeine Kluft voneinander getrennt sind. Der direkte Realismus rehabilitiert den „naiven" oder Alltagsrealismus, eben unser Alltagsverständnis (*Common Sense*) von der Wirklichkeit, indem er ihn auf anspruchsvolle Weise expliziert.

In diesem Sinne unternehmen Charles Taylor und Hubert Dreyfus in dem kürzlich erschienenen Buch *Die Wiedergewinnung des Realismus* den Versuch, im Rekurs auf Heidegger und Merleau-Ponty einen „pluralistische[n], robuste[n] Realismus" (2016, 285) zu begründen; dieser verwirft die cartesianische Unterscheidung von *res cogitans* (erkennendes Subjekt) und *res extensa* (äußere Objektwelt) und sieht stattdessen den menschlichen (und tierischen) Körper ursprünglich auf un- und vorbegriffliche Weise in seiner Umwelt „zurechtkommen" (Dreyfus und Taylor 2016, 88). Dieses „Zurechtkommen" vollzieht sich in einer Einheit von Leib und äußerer Realität und bildet einen unbewussten Hintergrund aus, in den alle spätere Begrifflichkeit eingebettet bleibt. Insofern kann der Alltagsrealismus als Zugang zur Wirklichkeit ‚für uns' angesehen werden – mit den allfälligen kulturellen Differenzen, die dann in den sprachlichen Interpretationen dieser Wirklichkeit auftreten. Auch die scheinbar mit dem Alltagsrealismus brechenden Naturwissenschaften sehen die Autoren durchaus in einer Kontinuität zu diesem Alltagsrealismus, da sie auf ihm aufbauen und „bessere Beschreibungen" für dieselben Dinge und Sachverhalte liefern, Beschreibungen, die auf eine Darstellung der Realität „an sich" hinauslaufen, auch wenn sie jeweils nur eine spezifische und „begrenzte Form" von Wirklichkeitserschließung anbieten können (Dreyfus und Taylor 2016, 282).

Ein wichtiger Aspekt von Dreyfus' und Taylors Ansatz ist die Ausdehnung des Gegenstandsbereichs, der von ihrem Realismus erfasst wird. Denn ginge es nur – mit einem ironischen Ausdruck John Austins – um „Kurzwaren mittlerer Größe" (Dreyfus und Taylor 2016, 223), also triviale materielle Gegenstände in unserer Umgebung, wäre diese Theorie zum Verständnis des literarischen Realismus bzw. der Realistik nur von begrenztem Wert. Dreyfus und Taylor bemühen sich aber auch um die Frage, wie komplexe kulturelle Realitäten als Wirklichkeitselemente und nicht nur als sprachliche Konstrukte aufgefasst werden können. Die gedankliche Konstruktion, mit der sie das Problem zu erfassen versuchen, ist der Kontakt zwischen zwei einander fremden Kulturen, die nicht über eine gemeinsame Sprache verfügen. Die könnten zwar mit Hilfe des Zeigens und der Körpersprache sich über die Referenz von Objektbezeichnungen und Handlungen verständigen, nicht aber über komplexere soziale Institutionen, die in der jeweils anderen Kultur kein Analogon finden.

Dreyfus und Taylor lösen dieses Problem mit Gadamers Begriff der Horizontverschmelzung (2016, 206–216). Ähnlich wie die physische Realität als Ganzes den „Hintergrund" unserer Vorstellungen und Intentionen bildet, bildet die Gesamtheit der sozialen Konstruktionen einer Kultur den „Horizont", vor dem alle Handlungen und Äußerungen interpretiert werden. Beim Kontakt zwischen zwei Kulturen kann es durch die allmähliche Annäherung der zunächst verschiedenen Horizonte, Gadamers „Verschmelzung", zu einem Verstehen der fremden Praktiken und Vorstellungen kommen. In der Horizontverschmelzung werden dann etwa die christliche Messe und das aztekische Opferritual auf ein „X" abgebildet, das in beiden Kulturen dieselbe Stelle im Gefüge der sozialen Institutionen einnimmt. „X" wäre das Reale, auf das sich beide Kulturen gleichermaßen beziehen; es wäre auf eine Weise zu beschreiben, die keine ethnozentristische Reduktion vornimmt und zugleich für beide Kulturen eine Erweiterung ihres Realitätsverständnisses bedeutet.

Mit dieser Erweiterung des Alltagsrealismus lassen sich literarische Fiktionen verstehen als sprachliche Darstellungen einer fiktiven Realität, die gleichwohl konstituiert wird durch die von einem Autor an der Wirklichkeit gemachten Beobachtungen und dem ihm verfügbaren Wissen seiner Zeit. Realistisch wären diese Fiktionen in dem Maße, in dem sie zurückgebunden bleiben, an das, was der Autor im Rahmen seiner Wirklichkeitserfahrung für ‚möglich' und relevant oder auch für wünschenswert hält. Die fiktive Realität wird vom Leser im Sinne der Horizontverschmelzung verstanden, indem er den Horizont seiner eigenen Wirklichkeitserfahrung dem der Fiktion annähert. Wenn dabei mehr herauskommt als ein Verstehen der imaginativen Produktion des Künstlers, liegt das an der tatsächlichen Welthaltigkeit der Fiktion. Natürlich fällt diese unterschiedlich aus, je nachdem, wie sehr sich der Autor bemüht hat, im Horizont des zeitgenössischen Bildes von Mensch und Welt zu bleiben, wie er in der bisherigen Literatur, der Wissenschaft und den Medien vorlag und das allgemeine Bewusstsein bestimmte, oder ob er sich von seinen eigenen Beobachtungen und Erfahrungen (mit der unmittelbaren Wirklichkeit und den kulturellen Repräsentationen) hat leiten lassen. Hinzu kommt in jedem Fall die Anpassung des sprachlichen Repertoires, das zur Darstellung der abweichenden Beobachtungen herangezogen bzw. zugerichtet wird. Im schlechtesten Fall, handelt es sich um die Wiederholung bekannter Schemata, im besten um die Beschreibung von Realitätsaspekten, die der Beobachtung der meisten Menschen bis dahin entgangen waren und von den Lesern als Erkenntnisfortschritt angesehen werden.

Die philosophische Rehabilitierung des Alltagsrealismus könnte also zu einer Neubewertung des poetischen Realismus des 19. Jahrhunderts, aber auch der Tendenzen zur Realistik der Gegenwartsliteratur beitragen. Erzählungen mit dem Anspruch, die Wirklichkeitserfahrung durch fiktionale Versionen zu erweitern, könnten gleichberechtigt neben jene Werke treten, die es vor allem auf ästhetische Innovation absehen, ohne dass eine der beiden Spielarten von Literatur höher als die andere bewertet werden müsste, weil beide eine wichtige Funktion erfüllen, komplementär zu den Wissenschaften vom Menschen.

Die Arbeit an diesem Text wurde ermöglicht durch ein Stipendium des DAAD und der Kooperation zwischen der WWU Münster und der Universidade de São Paulo. Der Verfasser bedankt sich bei Moritz Baßler für die Gastfreundschaft und anregende Gespräche über den Realismus.

Literaturverzeichnis

Deutsche Rundschau, Bd. 1–160. Hg. von Julius Rodenfeld. Berlin: Gebr. Paetel. 1874–1914. https://de.wikisource.org/wiki/Deutsche_Rundschau [DR] (01.03.2020).
Amrein, Ursula und Regina Dieterle (Hgg., 2008). *Gottfried Keller und Theodor Fontane. Vom Realismus zur Moderne*. Berlin.
Andermatt, Michael (2013). „Züricher Novellen" (1878). *Gottfried Keller-Handbuch: Leben – Werk – Wirkung*. Hg. von Ursula Amrein. Stuttgart: 104–117.
Aristoteles (1994). *Poetik. Griechisch / Deutsch*. Übers. und hg. von Manfred Fuhrmann. Stuttgart.
Auerbach, Berthold (1874). „Auf Wache. Novelle". *Deutsche Rundschau* 1.1 (1874): 1–12.
Auerbach, Berthold (1875). „Gottfried Keller's Neue Schweizergestalten". *Deutsche Rundschau* 1.10 (1875): 33–48.
Auerbach, Erich (1994 [1946]). *Mimesis. Dargestellte Wirklichkeit in der abendländischen Literatur*. Tübingen.
Aust, Hugo (2000). „Fontanes Poetik". *Fontane-Handbuch*. Hg. von Christian Grawe und Helmuth Nürnberger. Stuttgart: 412–465.
Aust, Hugo (2006). *Realismus. Lehrbuch Germanistik*. Stuttgart.
Avanessian, Armen (2013). *Realismus jetzt. Spekulative Philosophie und Metaphysik für das 21. Jahrhundert*. Berlin.
Bachleitner, Norbert (2012). *Fiktive Nachrichten. Die Anfänge des europäischen Feuilletonromans*. Würzburg.
Barthes, Roland (2006). *Das Rauschen der Sprache (Kritische Essays IV)*. Übers. von Dieter Hornig. Frankfurt a. M.
Barthes, Roland (2012). *S/Z*. Übers. von Jürgen Hoch. Frankfurt a. M.
Baßler, Moritz (2013a). „Die Unendlichkeit des realistischen Erzählens. Eine kurze Geschichte moderner Textverfahren und die narrativen Optionen der Gegenwart". *Die Unendlichkeit*

des Erzählens: Der Roman in der deutschsprachigen Gegenwartsliteratur seit 1989. Hg. von Carsten Rohde und Hansgeorg Schmidt-Bergmann. Bielefeld: 27–46.

Baßler, Moritz (2013b). „Realismus – Serialität – Fantastik. Eine Standortbestimmung gegenwärtiger Epik". *Poetiken der Gegenwart: Deutschsprachige Romane nach 2000*. Hg. von Silke Horstkotte und Leonhard Herrmann. Berlin: 31–46.

Baßler, Moritz (Hg. 2013c). *Entsagung und Routines*. Berlin.

Baßler, Moritz (2015). *Deutsche Erzählprosa 1850–1950. Eine Geschichte literarischer Verfahren*. Berlin.

Baumgarten, Alexander Gottlieb (2007). *Ästhetik*. Übers. von Dagmar Mirbach. Hamburg.

Becker, Eva D. (1996). „Literaturverbreitung". *Bürgerlicher Realismus und Gründerzeit 1848–1890*. Hg. von Edward McInnes und Gerhard Plumpe. München: 108–143.

Benjamin, Walter (1991). „Gottfried Keller. Zu Ehren einer kritischen Gesamtausgabe seiner Werke (1927)" *Gesammelte Schriften*. Bd. II.1. Hg. von Rolf Tiedemann. Frankfurt a. M.: 283–295.

Berthold, Christian (1993). *Fiktion und Vieldeutigkeit. Zur Entstehung moderner Kulturtechniken des Lesens im 18. Jahrhundert*. Tübingen.

Blume, Peter (2004). *Fiktion und Weltwissen. Der Beitrag nichtfiktionaler Konzepte zur Sinnkonstitution fiktionaler Erzählliteratur*. Berlin.

Brandt, Max von (1894). „Ostasiatische Probleme". *Deutsche Rundschau* 21.2 (1894): 241–273.

Bunia, Remigius (2005). „Überlegungen zum Begriff des Realismus am Beispiel von Uwe Johnsons Jahrestage und Rainald Goetz' Abfall für alle". *Zeitschrift für Literaturwissenschaft und Linguistik: LiLi* 139 (2005): 134–152.

Bunia, Remigius (2007). *Faltungen. Fiktion, Erzählen, Medien*. Berlin.

Bunia, Remigius (2015). „Truth in Fiction". *How to Make Believe: The Fictional Truths of the Representational Arts*. Hg. von J. Alexander Bareis und Lene Nordrum. Berlin: 113–138.

Busse, Dietrich (2012). *Frame-Semantik. Ein Kompendium*. Berlin.

Butzer, Günter, Manuela Günter und Renate von Heydebrand (1999). „Strategien zur Kanonisierung des ‚Realismus' am Beispiel der Deutschen Rundschau". *Internationales Archiv für Sozialgeschichte der deutschen Literatur* 24.1 (1999): 55–81.

Cohn, Dorrit (1999). *The Distinction of Fiction*. Baltimore.

Damerau, Burghard (2001). „Wahrheit/Wahrscheinlichkeit". *Ästhetische Grundbegriffe. Historisches Wörterbuch in sieben Bänden*. Hg. von Karlheinz Barck. Stuttgart: 398–436.

Dreyfus, Hubert und Charles Taylor (2016). *Die Wiedergewinnung des Realismus*. Berlin.

Duden. „Fiktion." https://www.duden.de/rechtschreibung/Fiktion (14.05.2019).

Dürbeck, Gabriele (1998). *Einbildungskraft und Aufklärung. Perspektiven der Philosophie, Anthropologie und Ästhetik um 1750*. Tübingen.

Eckermann, Johann Peter (1999). *Gespräche mit Goethe in den letzten Jahren seines Lebens 1823–1832*. Hg. von Christoph Michel und Hans Güters. Frankfurt a. M.

Eco, Umberto (2004). *Im Wald der Fiktionen. Sechs Streifzüge durch die Literatur*. München.

Eisele, Ulf (1984). *Die Struktur des modernen deutschen Romans*. Tübingen.

Fontane, Theodor (1894a). „Effi Briest. Roman. I/VI". *Deutsche Rundschau* 21.1 (1894): 1–32.

Fontane, Theodor (1894b). „Effi Briest. Roman. VII./XI.". *Deutsche Rundschau* 21.2 (1894): 161–191.

Fontane, Theodor (1894c). „Effi Briest. Roman. XII./XVII". *Deutsche Rundschau* 21.3 (1894): 321–354.

Fontane, Theodor (1895a). „Effi Briest. Roman. XVIII./XXII". *Deutsche Rundschau* 21.4 (1895): 1–35.

Fontane, Theodor (1895b). „Effi Briest. Roman. XXIX./XXXVI". *Deutsche Rundschau* 21.5 (1895): 161–196.
Fontane, Theodor (1895c). „Effi Briest. Roman. XXIX/XXXVI (Schluß)". *Deutsche Rundschau* 21.6 (1895): 321–359.
Fontane, Theodor (1985). „Realismus" [1853]. *Theorie des bürgerlichen Realismus: Eine Textsammlung*. Hg. von Gerhard Plumpe. Stuttgart: 140–148.
Friedrich, Hans-Edwin (2009). „Fiktionalität im 18. Jahrhundert. Zur historischen Transformation eines literaturtheoretischen Konzepts". *Grenzen der Literatur. Zu Begriff und Phänomen des Literarischen*. Hg. von Simone Winko, Fotis Jannidis und Gerhard Lauer. Berlin: 338–373.
Gabriel, Markus (2013). *Warum es die Welt nicht gibt*. Berlin.
Gabriel, Markus (2014). *Der neue Realismus*. Berlin.
Geppert, Hans Vilmar (1994). *Der realistische Weg. Formen pragmatischen Erzählens bei Balzac, Dickens, Hardy, Keller, Raabe und anderen Autoren des 19. Jahrhunderts*. Tübingen.
Gerrig, Richard J. (1993). *Experiencing Narrative Worlds. On the Psychological Activities of Reading*. New Haven.
Glauch, Sonja (2014). „Fiktionalität im Mittelalter". *Fiktionalität. Ein interdisziplinäres Handbuch* (Revisionen, Bd. 4). Hg. von Tobias Klauk und Tilmann Köppe. Berlin: 285–418.
Goethe, Johann Wolfgang (1994). *Die Leiden des jungen Werthers; Die Wahlverwandtschaften; Kleine Prosa; Epen*. Frankfurt a. M.
Goethe, Johann Wolfgang (1992). *Wilhelm Meisters theatralische Sendung; Wilhelm Meisters Lehrjahre; Unterhaltungen deutscher Ausgewanderten*. Hg. von Wilhelm Voßkamp und Bernd Jaumann. Frankfurt a. M.
Green, Melanie C. (2012). „Emotion and transportation into fact and fiction". *Scientific Study of Literature* 2.2 (2012): 37–59.
Grimminger, Rolf (1984): „Roman". *Deutsche Aufklärung bis zur Französischen Revolution 1680–1789*. (Hansers Sozialgeschichte der deutschen Literatur vom 16. Jahrhundert bis zur Gegenwart, Bd. 3). Hg. von Rolf Grimminger. München: 635–715.
Günter, Manuela (2007). „Die Medien des Realismus". *Realismus: Epoche, Autoren, Werke*. Hg. von Christian Begemann. Darmstadt: 45–62.
Hamburger, Käte (³1980 [1957]). *Die Logik der Dichtung*. Berlin.
Helmstetter, Rudolf (1998). *Die Geburt des Realismus aus dem Dunst des Familienblattes. Fontane und die öffentlichkeitsgeschichtlichen Rahmenbedingungen des poetischen Realismus*. München.
Humboldt, Alexander von (2004 [1845]). *Kosmos – Entwurf einer physischen Weltbeschreibung. Mit Berghaus-Atlas*. Frankfurt a. M.
Jahraus, Oliver (2003). „Unrealistisches Erzählen und die Macht des Erzählers. Zum Zusammenhang von Realitätskonzeption und Erzählinstanz im Realismus am Beispiel zweier Novellen von Raabe und Meyer. Ein Beitrag zur Literarhistoriographie des Realismus". *Zeitschrift für deutsche Philologie* 122.2 (2003): 218–236.
Jakobson, Roman (1979). *Poetik. Ausgewählte Aufsätze 1921–1971*. Übers. von Elmar Holenstein. Frankfurt a. M.
Jakobson, Roman (1994). „Über den Realismus in der Kunst". *Russischer Formalismus: Texte zur allgemeinen Literaturtheorie und zur Theorie der Prosa*. Hg. von Jurij Striedter. München: 374–391.

Kayser, Wolfgang (1958 [1957]). „Wer erzählt den Roman?". Wolfgang Kayser. *Die Vortragsreise. Studien zur Literatur.* Bern: 82–101.

Keller, Gottfried (1876). „Zürcher Novellen. I. Herr Jacques. II. Hadlaub". *Deutsche Rundschau* 3.11 (1876): 169–203.

Keller, Gottfried (1877a). „Züricher Novellen. IV. Der Landvogt von Greifensee II". *Deutsche Rundschau* 3.11 (1877): 20–55.

Keller, Gottfried (1877b). „Züricher Novellen. III. Der Narr auf Manegg". *Deutsche Rundschau* 3.10 (1877): 169–182.

Keller, Gottfried (1877c). „Züricher Novellen. IV. Der Landvogt von Greifensee. I". *Deutsche Rundschau* 3.10 (1877): 335–361.

Keller, Gottfried (1952). *Gesammelte Briefe in vier Bänden.* Bd. 3,2. Hg. von Carl Helbling. Bern.

Kleinschmidt, Erich (1982). „Die Wirklichkeit der Literatur. Fiktionsbewußtsein und das Problem der ästhetischen Realität von Dichtung in der Frühen Neuzeit". *Deutsche Vierteljahresschrift für Literaturwissenschaft und Geistesgeschichte* 56.2 (1982): 174–197.

Köppe, Tilmann (2014). „Fiktionalität in der Neuzeit". *Fiktionalität. Ein interdisziplinäres Handbuch.* Hg. von Tobias Klauk und Tilmann Köppe. Berlin: 419–439.

Konrad, Eva-Maria (2014). *Dimensionen der Fiktionalität. Analyse eines Grundbegriffs der Literaturwissenschaft.* Münster.

Korten, Lars (2009). *Poietischer Realismus. Zur Novelle der Jahre 1848–1888. Stifter, Keller, Meyer, Storm.* Tübingen.

Krah, Hans (2007). „Die Realität des Realismus. Grundlegendes Beispiel von Theodor Storms ‚Aquis Submersus'". *Realismus: (1850–1890). Zugänge zu einer literarischen Epoche.* Hg. von Marianne Wünsch. Kiel: 61–90.

Kreyßig, Friedrich (1875). „Literarische Rundschau". *Deutsche Rundschau* 4.2 (1875): 300–315.

Lamarque, Peter und Stein Haugom Olsen (1994). *Truth, Fiction and Literature. A Philosophical Perspective.* Oxford.

Luhmann, Niklas (1992). *Die Wissenschaft der Gesellschaft.* Frankfurt a. M.

Luhmann, Niklas (1997). *Die Gesellschaft der Gesellschaft.* Frankfurt a. M.

Meillassoux, Quentin (2014). *Nach der Endlichkeit. Versuch über die Notwendigkeit der Kontingenz.* Zürich.

Meyer, Adolf Bernhard (1875). „Lawson's ‚Wanderungen im Innern von Neu-Guinea'". *Deutsche Rundschau* 1.10 (1875): 65–77.

Moritz, Karl Philipp (2006 [1785–1790]). *Anton Reiser.* Frankfurt a. M.

Müller, Klaus-Detlef (1976). *Autobiographie und Roman. Studien zur literarischen Autobiographie der Goethezeit.* Tübingen.

Olsen, Stein Haugom (2015). „The Concept of Literary Realism". *How to Make Believe: The Fictional Truths of the Representational Arts.* Hg. von J. Alexander Bareis und Lene Nordrum. Berlin: 15–39.

Ort, Claus-Michael (1998). *Zeichen und Zeit. Probleme des literarischen Realismus.* Tübingen.

Ort, Claus-Michael (2007). „Was ist Realismus?". *Realismus: Epoche, Autoren, Werke.* Hg. von Christian Begemann. Darmstadt: 11–26.

Ort, Claus-Michael (2013). „Realistische re-entries. Thesen zur ‚realistischen' Episteme und zu ihrer Transformation um 1900". *Entsagung und Routines.* Hg. von Moritz Baßler. Berlin.

Parsons, Terence (1980). *Nonexistent objects.* New Haven.

Porter Abbott, Henry (2014). „Narrativity". *Handbook of Narratology.* Bd. 2. Hg. von Peter Hühn, Jan Christoph Meister, John Pier und Wolf Schmid. Berlin: 587–607.

Reicher, Maria E. (2012). „Knowledge from Fiction". *Understanding Fiction. Knowledge and Meaning in Literature*. Hg. von Jürgen Daiber, Eva Maria Konrad, Thomas Petraschka und Hans Rott. Paderborn: 114–132.

Rohe, Wolfgang (1996). „Literatur und Naturwissenschaft". *Bürgerlicher Realismus und Gründerzeit 1848–1890*. (Hansers Sozialgeschichte der deutschen Literatur vom 16. Jahrhundert bis zur Gegenwart, Bd. 6). Hg. von Edward McInnes und Gerhard Plumpe. München: 211–242.

Rösler, Wolfgang (1980). „Die Entdeckung der Fiktionalität in der Antike". *Poetica* 12 (1980): 283–319.

Schaeffer, Jean-Marie (2014). „Fictional vs. Factual Narration". *Handbook of Narratology*. Bd. 1. Hg. von Peter Hühn, Jan Christoph Meister, John Pier und Wolf Schmid. Berlin: 179–196.

Schafarschik, Walter (1986). *Theodor Fontane. Effi Briest. Erläuterungen und Dokumente*. Stuttgart.

Scherer, Wilhelm (1879). „Gottfried Keller's Züricher Novellen". *Deutsche Rundschau* XVII.2 (1879): 324–329.

Schiller, Friedrich (2008). *Theoretische Schriften*. Hg. von Rolf-Peter Janz. Frankfurt a. M.

Schlaffer, Heinz (2002). *Die kurze Geschichte der deutschen Literatur*. München.

Schmidt, Julian (1985). „Die Verwirrungen der Romantik und die Dorfgeschichte Auerbachs" [1860]. *Theorie des bürgerlichen Realismus: Eine Textsammlung*. Hg. von Gerhard Plumpe. Stuttgart: 106–110.

Schmidt, Julian (1858). „Schiller und der Idealismus". *Die Grenzboten* 17.4 (1858): 401–410.

Schmidt, Julian (1875). „Schiller in seinen Briefen". *Deutsche Rundschau* 4.3 (1875): 387–410.

Schnabel, Johann Gottfried (1985 [1731]). *Insel Felsenburg*. Hg. von Volker Meid. Stuttgart.

Searle, John R. (1975). „The Logical Status of Fictional Discourse". *New Literary History* 6.2 (1975): 319–332.

Seiler, Bernd W. (1983). *Die leidigen Tatsachen. Von den Grenzen der Wahrscheinlichkeit in der deutschen Literatur seit dem 18. Jahrhundert*. Stuttgart.

Seiler, Bernd W. (1988). „,Effi, du bist verloren!' Vom fragwürdigen Liebreiz der Fontaneschen *Effi Briest*". *Diskussion Deutsch* 19 (1988): 586–605.

Seiler, Bernd W. (1989). „Das Wahrscheinliche und das Wesentliche. Vom Sinn des Realismus-Begriffs". *Zur Terminologie der Literaturwissenschaft*. Hg. von Christian Wagenknecht. Stuttgart: 373–392.

Selbmann, Rolf (1992). „Berthold Auerbach". *Literaturlexikon. Begriffe – Realien – Methoden*. Hg. von Walter Killy. Gütersloh: 246–248.

Spielhagen, Friedrich (1967 [1883]). *Beiträge zur Theorie und Technik des Romans*. Göttingen.

Spielhagen, Friedrich (1985). „Das Gebiet des Romans". *Theorie des bürgerlichen Realismus: Eine Textsammlung*. Hg. von Gerhard Plumpe. Stuttgart: 249–256.

Stanzel, Franz K. (^{5}1991 [1979]). *Theorie des Erzählens*. Göttingen.

Storm, Theodor (1874). „Waldwinkel. Novelle". *Deutsche Rundschau* 1.1 (1874): 94–131.

Storm, Theodor (1876). „Aquis submersus. Novelle". *Deutsche Rundschau* 9.1 (1876): 1–49.

Sybel, Heinrich von (1874). „Die erste Theilung Polen's". *Deutsche Rundschau* 1.1 (1874): 16–35.

Tommek, Heribert (2015). *Der lange Weg in die Gegenwartsliteratur. Studien zur Geschichte des literarischen Feldes in Deutschland von 1960 bis 2000*. Berlin.

Walton, Kendall (1990). *Mimesis as Make-Believe. On the Foundations of the Representational Arts*. Cambridge, MA.

Watt, Ian (1957). *The Rise of the Novel*. Berkeley.

Weissberg, Liliane (2013). „Bild und Tod in Theodor Storms ‚Aquis submersus'". *Wirklichkeit und Wahrnehmung: Neue Perspektiven auf Theodor Storm*. Hg. von Elisabeth Strowick und Ulrike Vedder. Bern: 169–186.
Willaschek, Marcus (2000). „Die neuere Realismusdebatte in der analytischen Philosophie". *Realismus*. Hg. von Marcus Willaschek. Paderborn: 9–32.
Winko, Simone (2009) „Auf der Suche nach der Weltformel. Literarizität und Poetizität in der neueren literaturtheoretischen Diskussion". *Grenzen der Literatur. Zu Begriff und Phänomen des Literarischen*. Hg. von Simone Winko, Fotis Jannidis und Gerhard Lauer. Berlin: 374–396.
Wirth, Uwe (2008). *Die Geburt des Autors aus dem Geist der Herausgeberfiktion. Editoriale Rahmung im Roman um 1800. Wieland, Goethe, Brentano, Jean Paul und E.T.A. Hoffmann*. München.
Wolf, Werner (2014). „Illusion (Aesthetic)". *Handbook of Narratology*. Bd. 1. Hg. von Peter Hühn, Jan Christoph Meister, John Pier und Wolf Schmid. Berlin: 270–287.
Wünsch, Marianne (Hg., 2007). *Realismus (1850–1890). Zugänge zu einer literarischen Epoche*. Kiel.
Zipfel, Frank (2001). *Fiktion, Fiktivität, Fiktionalität. Analysen zur Fiktion in der Literatur und zum Fiktionsbegriff in der Literaturwissenschaft*. Berlin.

Weiterführende Literatur

Bassler, Moritz (2015). *Deutsche Erzählprosa 1850–1950. Eine Geschichte literarischer Verfahren*. Berlin.
Bunia, Remigius (2007). *Faltungen. Fiktion, Erzählen, Medien*. Berlin.
Geppert, Hans Vilmar (1994). *Der realistische Weg. Formen pragmatischen Erzählens bei Balzac, Dickens, Hardy, Keller, Raabe und anderen Autoren des 19. Jahrhunderts*. Tübingen.
Köppe, Tilmann (Hg., 2011). *Literatur und Wissen. Theoretisch-methodische Zugänge*. Berlin.
Korten, Lars (2009). *Poietischer Realismus. Zur Novelle der Jahre 1848–1888 Stifter, Keller, Meyer, Storm*. Tübingen.
Ort, Claus-Michael (1998). *Zeichen und Zeit. Probleme des literarischen Realismus*. Tübingen.

III Allgemeine Fragestellungen

Susanne Knaller
III.1 Fiktionalität und Authentizität

1 Prämissen

Die konjunktive Zusammenführung von Fiktionalität und Authentizität kann Mehrfaches meinen: eine Verknüpfung von Gemeinsamkeiten, eine Gegenüberstellung von Gegensätzen und schließlich eine dichotomische Markierung. Alle drei Möglichkeiten sind aufgrund der gegenwärtigen Verwendungs- und Zuschreibungsweisen von Fiktionalität und Authentizität gängig. Die Paarung ist insofern denkbar, als beide Begriffe als ästhetische Grundbegriffe fungieren, mit denen künstlerische Texte und Arbeiten wertend kategorisiert werden können. Authentizität im Sinne von künstlerisch wahrhaftig und unverfälscht würde dann Fiktionalität legitimieren und beide Begriffe verknüpfen. Eine Konjunktion im Sinne einer Konfrontation von Gegensätzen wäre demgegenüber herauslesbar, wenn auf Basis bestimmter Realitätsannahmen Fiktionalität mit Fiktivem und Authentizität mit Faktischem/empirisch Realem gleichgesetzt würden. Eine Dichotomisierung schließlich wäre eine Steigerung dieses Gegensatzes im Sinne einer *ontologischen* Differenzierung zwischen fiktionalen, nicht-wirklichen und authentischen, empirischen Objekten, denen unterschiedliche Seinsbereiche zugewiesen werden. Wie die Beispiele zeigen, eignen sich die Bedeutungs- und Verwendungsfacetten von Authentizität dazu, einige Grundlagen und Wertigkeiten des Fiktionalitätsbegriffs vorzuführen und zu diskutieren. Anhand von Authentizität lässt sich demonstrieren, dass Fiktionalitätskonzepte abhängig sind von jeweils verwendeten Realitäts- und Kunstbegriffen, bestimmt werden von dichotomischen Annahmen oder deren Ablehnung und auf unterschiedlichen wie veränderbaren Legitimierungsinstanzen basieren. Das Verhältnis von Fiktionalität und Authentizität ist für die Moderne grundlegend und entsprechend der variablen epistemologischen wie ästhetischen Bestimmtheiten stark changierend. Im Folgenden zunächst ein paar grundsätzliche Überlegungen zu Fiktionalität.

2 Fiktionalität

Den Begriff Fiktionalität bestimmt ein Suffix, das semantisch eine Eigenschaft, einen Zustand bzw. eine Modalität ebenso bezeichnet, wie es morphologisch die Nominalisierung eines Adjektivs signalisiert. Die Eigenschaft, um die es geht, ist die „Fiktion zu sein". Das kann, wie zahllose Abhandlungen in Philosophie, Wissenschaftstheorie, in den Natur-, Literatur- und Kulturwissenschaften zeigen, vieles bedeuten: Denkentwürfe, heuristische Annahmen, Modelle, Sätze, Formeln, literarische Texte, bewegte und unbewegte Bilder, Alltagserzählungen, Visionen, Computerspiele usw. Dass darüber, was, wie, wann und warum etwas eine Fiktion sein kann, keine disziplinäre Einigkeit herrscht und damit auch jegliche wissenschaftliche Übereinkunft über theoretische und methodologische Modelle, sei es im Hinblick auf Forschungsbereiche, sei es auf Objektfelder bezogen, fehlen muss, ist ein immer wieder angeführter Topos der Forschung (vgl. z. B. Klauk und Köppe 2014a, 30; Blume 2004; Hempfer 2002, 107–109; 11; Nickel-Bacon et al. 2000, 267).

Mit Fiktionalität kann man unterschiedlich umgehen. Die Wortkonstruktion enthält eine ontologische Fragestellung (Was ist Fiktion?) und lässt damit Zugangsweisen zu, mit denen für das hier interessierende Objektfeld ‚Literatur' strukturelle und semantische Alleinstellungsmerkmale von Texten entdeckt und beschrieben werden wollen (vgl. etwa Cohn 1990). Fiktionalität kann aber auch auf produktive, rezeptive und institutionelle/praktische Intentionen wie Ereignisse zurückgeführt werden, sie basiert dann auf einer jeweiligen Zuschreibung und/oder einer bestimmten Praxis. Die Wortbildung verspricht also die Möglichkeit einer bestimmten Beschaffenheit wie die einer bestimmten Praktik. Damit geht jedoch eine weitere definitorische Schwierigkeit einher, nämlich die Tatsache, dass das Substantiv Fiktion sowohl das Adjektiv fiktiv als auch fiktional bilden kann. Daraus formt sich dann das Nomen Fiktionalität, um den Zustand, die Eigenschaft, fiktiv und/oder fiktional zu sein, benennen zu können. Jedoch kann auch den Umgang mit den Adjektiven betreffend nicht von Konsens die Rede sein: weder im Hinblick auf die Semantik noch auf mögliche Relationen und Überschneidungen der beiden Adjektive. Gerade aufgrund dieser linguistischen Vorgaben und der gleichzeitigen Uneinigkeit der Wissenschaften im Hinblick auf den Wortstamm ‚Fiktion' wie auf die daraus ableitbaren Adjektive ‚fiktiv' und ‚fiktional' scheint es nicht angebracht, eine enge Definition voranzustellen, sondern vielmehr 1.) Diskurse und Praktiken zu beobachten, die Fiktionalität als a) gegeben annehmen oder b) als nicht operabel ablehnen, c) diskursiv voraussetzen und/oder d) als Grundbegriff befürworten. Abgesehen von wissenschaftlichen Klärungs- und Beschreibungsversuchen sind im Zusammenhang mit Praktiken auch 2.) ästhetisch programmatische Sprach- und mediale Handlungen zu berücksichtigen. Letztere können die Fiktionalitätsfrage mit unterschiedlichen poetologischen Strategien und Modi zur Darstellung bringen – etwa im Kontext von Metafiktionen, durch avantgardistische Entgrenzungen zwischen Medien und Realitätsdimensionen oder durch dezidiert hybride Formen wie autobiografische Modi, dokumentarische Strategien usw. In diesem Zusammenhang lässt sich vermerken, dass die für Fiktionalitätsdiskurse und -praktiken wichtigen Zuordnungen zu Literatur/Kunst bzw. Nicht-Literatur/Nicht-Kunst nicht immer streng festgeschrieben sein müssen und sich im Laufe der Zeit auch ändern können. In all den genannten Fällen poetologischer Fragestellungen und Modi spielt, wie noch zu zeigen ist, der Authentizitätsbegriff als Ergänzungs- und Gegenbegriff eine wichtige Rolle.

Ad 1.) Blickt man auf die Begriffsordnungsversuche in den Literatur- und Kunstwissenschaften, zeigt sich, dass in der gegenwärtigen Diskussion folgende Kategorien Anhaltspunkte für Systematisierungen bilden: Fiktionalität wird je nach Schwerpunkten und Beobachtungsstandorten von der semantischen und Gehaltsseite (Pavel 1986), von strukturellen und formalen Modi (Hamburger 1987 [1957]), von produktiven Intentionen (Searle 1975), von rezeptiven Praktiken (Walton 1990) und schließlich von institutionellen Bedingungen her (Lamarque und Olsen 1994) bestimmbar. Einen Überblick über die unterschiedlichen Ansätze geben in dezidierter Systematisierungsabsicht Klauk und Köppe (2014b), Konrad (2014), Gertken und Köppe (2009) oder Zipfel (2001).

Da sich die einzelnen Theorien auch innerhalb bestimmter Zugangsweisen widersprechen oder mit den anderen überschneiden, sortieren diese Systematiken die allgemeine Forschungs- und Problemlage und zeigen dabei eine unübersehbare Inhomogenität im Hinblick auf Inhalt, Funktion und Objekt des Begriffs. Dabei erweist sich, dass Fiktionalität entweder andere Objekte – wie etwa Literatur oder Literarizität – mitbegründet (z. B. Stierle 1983, 2010) oder als Differenzbegriff andere Begriffe – z. B. Realität, Faktizität – aufruft. Eva-Maria Konrad (2014, 18) etwa legt darauf ihre Systematik an. Authentizität wiederum kann in diesem Begriffsspiel sowohl als Wertungskategorie für ‚echte' Literatur (authentische Literatur) als auch als Differenzkategorie im Sinne von ‚empirisch nachweisbar/ gegeben' an Fiktionalität anschließbar gemacht werden. Diese Überschneidung von Fiktionalität und Authentizität soll im Folgenden kurz erläutert werden.

Als eine Konstante im Umgang mit Fiktionalität zeigt sich der Vorgang, den Begriff auf Dichotomien zu gründen. Die prominenteste dichotomische Konstruktion bildet der Gegensatz von Fiktionalität zu Faktizität bzw. Wirklichkeit. Das hängt damit zusammen, dass Fiktion die Eigenschaften von erfunden, nichtreferentiell, möglich zugestanden wird – ein Umstand, den sie aber auch mit anderen Texten und Modi teilt. Andreas Kablitz (2013, 166) spricht in seiner Definition des Fiktionalen vom Fiktiven als einer Eigenschaft des Dargestellten und dem Fiktionalen als einer Eigenschaft der Darstellung. Wesentlich sei dabei die Relation von Fiktivem und Fiktionalem, eine Besonderheit, die nur die Literatur aufweisen würde. Diese Beschreibung impliziert allerdings, dass die Fiktivität des Dargestellten eine Grundbedingung des Fiktionalen ist. An anderer Stelle relativiert Kablitz diese These zur Aussage, dass Fiktionalität eine diskursive Struktur zur Ermöglichung von Aussagen über Fiktives sein kann, sie indessen solche Aussagen nicht immer erfordere. Fiktionale Erzählungen können ebenso gut von Faktualem handeln. Literarische Fiktionen bilden ihre Eigenheit aus dem spezifischen Verhältnis zwischen Fiktionalität und Fiktivität, ohne dass alle als literarisch verstandenen Texte strikt fiktiv sein müssen (vgl. Kablitz 2008, 14). Die Konsequenz dieses Paradoxons: Das Dargestellte entgeht nicht der Fiktivität. Die Besonderheit dieser Fiktivität liegt für Kablitz nun darin, dass fiktionale Texte eine Vergleichgültigung gegenüber dem Wahrheitswert ihrer Sätze und damit der Existenz der in ihnen behaupteten Sachverhalte charakterisiert (vgl. Kablitz 2013, 167). Das heißt: fiktionale Fiktivität kennt nur die Literatur. Das hier ausgespielte Paradoxon, das Fiktionale muss nicht fiktiv sein, aber es gründet auf einem bestimmten Verhältnis von Fiktionalität und Fiktivität, ist jedoch nur auflösbar, wenn man wie Kablitz davon ausgeht, dass Fiktivität wie Fiktionalität/ Literatur keine alternative Welt, kein Anderes zu der einen Realität bedeutet, sondern eine Eine-Welt-Semantik voraussetzt. Denn Fiktionales bezieht sich stets auf die eine Welt: „Eben diese Struktur einer Ermöglichung des Fiktiven, welche Fiktionalität etabliert, aber steht im Gegensatz zu einer Fiktionstheorie, die sich auf mögliche Welten beruft, weil diese *possible worlds* stets die Abgegrenztheit der fiktiven Welt(en) voraussetzen." (Kablitz 2013, 175–176) Die eine, gemeinsame Welt bestehe stets ungebrochen fort (vgl. Kablitz 2013, 176). Nelson Goodman, der mit *possible world*-Theorien angesprochen ist, würde nicht von Abgrenzung sprechen, sondern nur von unterschiedlichen Versionen. Wenn es keine eine Welt in Goodmans Auffassung geben kann, so deshalb, da Realitätsbegriffe auf Versionen und Vorstellungen beruhen, deren Prinzip nicht die Abgrenzung zwischen real und fiktiv ist – „Worldmaking as we know it always starts from worlds already on hand; the making is a remaking" (Goodman 1992, 6). Die Künste sind Realitätskonstruktionen, die aufeinander bezogen bleiben müssen.

Mit diesem Beispiel lässt sich zeigen, dass die grundlegende Frage von Fiktionalität die jeweilige Konzeption der Wirklichkeitswerte all ihrer Komponenten ist. Damit ist allerdings nicht eine dichotomische Relation zur aktualen, empirischen Realität des Nicht-Fiktionalen gemeint (etwa in Klauk und Köppe 2014a, 4). Die komplexe Frage nach dem Realitätswert von Fiktionen bzw. Fiktionalität führt vielmehr in das Problem, welchen Realitätsbegriff die jeweiligen beobachteten Texte und beobachtenden Wissenschaften für ihre Fiktionalität annehmen, voraussetzen, abhandeln oder ablehnen. Tradierte realistische Grundannahmen setzen meist eine starke Dichotomie Fiktion-Realität voraus, da kann sich Authentizität als Gegenbegriff, aber auch als Anschlussbegriff im Sinne von Referenzierbarkeit von Orten, Namen, Geschichten etc. ergeben. Realismus schließt Authentizität als ästhetische Wertkategorie nicht aus. Ein Beispiel wäre der bürgerliche Realismus eines Fontane, aber auch die Poetik des Sturm und Drang. Literatur kann dann ihre Besonderheit durch Fiktionalität reklamieren. Ganz anders als im Falle dieser Realismus-Episteme führt ein konstruktiver Realitätsbegriff in Entgrenzungen von Realitätswerten zwischen empirischen Realitätsdimensionen, medialen Formationen und Subjekt-Objekt-Annahmen. Beispiele dafür wären die Avantgarden und der Modernismus. Letztere zeigen zudem, dass Realitätswerte nicht nur semantische Dimensionen betreffen (also Fiktivität oder Faktizität), sondern auch das künstlerische Material selbst. Diese Texte (oder Arbeiten) verweisen dann nicht auf ein Anderes oder referieren auf ein Vorgängiges, bauen auch keine symbolische Semantik oder narrative Systeme auf. Es fällt sowohl die Grundannahme einer Differenz zwischen Realität und Fiktion wie auch radikaler noch die von Kunst und Nicht-Kunst. Der Surrealismus ist ein Beispiel dafür. Authentizität changiert hier zwischen Faktizität und Subjektauthentizität. Ein Beispiel aus Bretons *Amour fou*: „C'est sur le modèle de l'observation médicale que le surréalisme a toujours proposé que la relation en fût entreprise. [...] La mise en évidence de l'irrationalité immédiate, confondante, de certains événements nécessite la stricte authenticité du document humain qui les enregistre." (Breton 2013 [1937], 58–59) [„Der Surrealismus hat immer empfohlen, den Bericht solcher Fakten nach dem Muster der ärztlichen Beobachtung vorzunehmen. [...] Damit die unverhüllte, bestürzende Irrationalität gewisser Vorkommnisse zutage tritt, ist die strengste Authentizität des sie verzeichnenden menschlichen Dokuments unerläßlich." (Breton 1985 [1937], 47)]

Als relationaler Differenzbegriff verstanden, ist Fiktionalität also abhängig von Realitätsbegriffen wie von Kunstbegriffen. Seine Diskussion impliziert immer auch eine Positionierung im Hinblick auf Realitäts- und Kunstkonzepte. Es ist daher zu beobachten, dass Fiktionalität als relationaler Differenzbegriff im strengen Sinn keine besondere ontologische Qualität aufweisen kann. Fiktionalität ist deshalb variabel und steht in einem changierenden, produktiven Verhältnis von Konvention und Kontingenz. Differenzen und daraus resultierende Dichotomien können auch aufgelöst werden; dann werden tradierte Differenzverhältnisse ungültig bzw. kann Fiktionalität auch ohne dichotomische Grundannahmen auskommen und sogar als Begriff obsolet werden (vgl. dazu etwa aus der Film- und Medienwissenschaft Thon 2014, 460–461).

Ad 2.) Wie die kurzen Beispiele schon gezeigt haben, sind, abgesehen von den genannten epistemologischen Grundannahmen und wissenschaftlichen Praktiken, auch künstlerische Programmatiken und Poetiken für die Bildung oder Ablehnung von Fiktionalitätskonzepten verantwortlich. Das Problem Fiktionalität ist also nicht nur ein theoretisch-epistemologisches, sondern auch ein poetologisch motiviertes. Dabei zeigen sich letztere Programme oft offener und offensiver als die Theorien der Literaturwissenschaften. So lassen sich im Kontext der Avantgarden oder von Literatur, die mit autobiografischen und dokumentarischen ebenso wie mit metafiktionalen oder intertextuellen Strategien arbeiten, Fiktionalitätskonzepte oftmals nur mehr als Folie tradierter Verhältnisse erkennen, während literaturwissenschaftliche Argumente häufig Dichotomien – sowohl im Hinblick auf epistemologische Annahmen als auch Poetiken betreffend – betonen. In literarischen Programmen erweist sich Fiktionalität einmal als poetikbildender Begriff (etwa im Falle des bürgerlichen Realismus), einmal als entbehrliches oder obsoletes Argument (etwa im Falle dokumentarischen Realismus, Avantgarden) oder als Hintergrundbegriff (etwa im Falle von Autofiktionen).

Fiktionalität bedeutet im ersten Fall die Vorstellung einer konstruktiven Kraft des Poetischen und Literarischen mittels besonderer Darstellungsverfahren, die ansonsten verborgene oder nicht einsehbare Realitäten enthüllen. Realität bildet also ein Ganzes, wenngleich als solches nicht immer erfahrbar oder darstellbar. Entbehrlich werden solche Vorstellungen des besonderen Formierens dann, wenn die poetischen/künstlerischen Verfahren konsequent Materialität und Entgrenzungen zwischen Kunst und Nicht-Kunst forcieren. Vor allem in der bildenden und filmischen Kunst setzen sich Dokumentationsformen durch, die auf Kunst und Leben radikal auflösende Handlungs- und Aktionsszenarien bauen. Die Surrealisten und Dadaisten machen hier einen Anfang. Aber der Dokumentarismus ist zugleich eine Steigerung des schon im Realismus produktiven Wechselverhältnisses zwischen ästhetischen und alltäglichen Realitätsbegriffen. Kunst ist seit den Avantgarden auch Aktionismus und Spurensuche im Alltag, Durchspielen von Handlungsmustern, Dokumentation wie Inszenierung von Alltagssituationen. Während bei tradierten Formen von Fiktionalität davon ausgegangen wird, dass Kunst eine (explizite) Realitätsdifferenz zwischen Wirklichkeit und Kunst impliziert, setzt der Dokumentarismus z. B. auf austauschbare, gestaltbare und auch wechselseitige Identität bereithaltende Realitätsverhältnisse. Damit entgleitet in der Folge auch das, was Lukács im Zusammenhang mit seiner Postulierung eines streng repräsentativen Realismus fordert, nämlich eine epochale Synthese, einen umfassenden Blick auf das Ganze der Gesellschaft und des Menschen zugunsten von kontingenten, nicht planbaren, perspektivischen Verhältnissen, die zudem die Oberfläche, das Materielle, das Nicht-Notwendige zulassen und begünstigen. Lukács (1970, 137–138) lehnt daher, wie Plumpe (2008) nachweist, die Dokumentation als Verfahren ab, denn das Künstlerische soll eine strenge Grenze zum Nicht-Künstlerischen ziehen, das nur als Referent, als Kontext in die Kunst Eingang finden darf (vgl. Knaller 2015, 94).

Fiktionalität ist dort spielerisch eingesetzt, wo dezidiert faktische mit dezidiert fiktiven Elementen kombiniert werden. Das wird z. B. im Falle von literarischen Autofiktionen oder literarischen Biografien programmatisch gemacht. Dass dabei grundsätzliche Neubewertungen im Hinblick auf Versprachlichung und mediale Konstruktionen, wie sie seit dem Strukturalismus und *linguistic turn* (vgl. Knaller 2015, 45–46) diskutiert werden, eine Rolle spielen, und ein konstruktiver Realitätsbegriff stark wird, der Fiktionalität weniger als besondere transzendierende Darstellungsform, sondern als unabdingbar hervorstreichen kann, zeigen auch die Poetiken des *Nouveau roman*.

So verdeutlicht z. B. Claude Simon (1982, 14–15), dass jede Darstellung eine radikale Selektion auf der Ebene der Syntax wie auf der Ebene der Beschreibung ist. Die Sprache kann nur, so wird gefolgert, Objekte produzieren, die es davor nicht gab (vgl. zum Folgenden auch Knaller 2015, 137–141). Gleichzeitig ist damit jedes noch so scheinbar irrelevante Element textuell aktiv. Diese Literatur stellt sich dem konstruktiven Moment des Textes und zeichnet sich dabei durch besondere Verwendung von Beschreibung aus. Das Handlungsmoment der *fable* (Liebkind der Strukturalisten wie Realisten) in seiner Illusionierung eines „*projet préexistant à l'écriture*" [vor der Schrift existierenden Projekts] steht einem Handlungsmoment der Beschreibung gegenüber, das in und durch die Sprache („*dans et par la langue*") [in und für die Sprache] Bezüge einführen würde (Simon 1982, 17). Das Faktisch-Werden der Textkomponenten und Authentizität als Effekt des Beschreibungsmodus gehen dabei ein ständiges Wechselverhältnis ein. Daran lässt sich auch Alain Robbe-Grillet anschließen, für den das Material eines Films begrenzt bleibt, wie es unendlich wiederholbar wird: „C'est un monde sans passé, qui se suffit à lui-même à chaque instant et qui s'efface au fur et à mesure. Cet homme, cette femme commencent à exister seulement lorsqu'ils apparaissent sur l'écran pour la première fois; [...] Leur existence ne dure que ce que dure le film. Il ne peut y avoir de réalité en dehors des images que l'on voit, des paroles que l'on entend." (Robbe-Grillet 1963b, 165) [„Es ist eine Welt ohne Vergangenheit, die sich in jedem Augenblick selbst genügt und die in fortschreitendem Maß wieder verlöscht. Der Mann und die Frau beginnen erst zu existieren, als sie zum erstenmal auf der Leinwand erscheinen[...]. Ihre Existenz dauert nur so lange wie der Film. Außerhalb der Bilder, die man sieht, außerhalb der Worte, die man hört, kann es keine Wirklichkeit geben." (Robbe-Grillet 1965b, 103)]

Eine solcherart material-realistische Poetik findet sich kondensiert in Robbe-Grillets Manifest „Du réalisme à la réalité" (1963a und 1965a), in dem ein unabdingbares Realismusinteresse, die Variabilität der Realitätsmodelle, die Historizität der Wissenschafts- und Wahrscheinlichkeitsparadigmen, die Relevanz des Irrelevanten, die Technik des Beschreibens, die Realität des Materials, die Verweigerung von ‚tieferem' Sinn, die Akzeptanz der Vergänglichkeit, die Kraft der Visualität, Perspektivität und Simultaneität, die Konstruktivität der Sprache proklamiert werden. Robbe-Grillet beschreibt diesen neuen Realismus am Beispiel Kafkas: „Or, ce dont une lecture non prévenue nous convainc, au contraire, c'est de la réalité absolue des choses que décrit Kafka. Le monde visible de ses romans est bien, pour lui, le monde réel, et ce qu'il y a derrière (s'il y a quelque chose) paraît sans valeur, face à l'évidence des objets, gestes, paroles, etc. [...]".

Rien n'est plus fantastique, en définitive, que la précision." (Robbe-Grillet 1963a, 179–180) [Wir werden durch eine unbefangene Lektüre Kafkas aber im Gegenteil gerade von der absoluten Realität der Dinge überzeugt, die er beschreibt. Die sichtbare Welt seiner Romane ist für ihn durchaus die wirkliche Welt, und was dahinter liegt (falls es da etwas gibt), scheint ohne Wert gegenüber der Evidenz der Objekte, Gesten, Wörter usw. [...]. Im Endeffekt ist nichts phantastischer als die Genauigkeit." (Robbe-Grillet 1965a, 117–118)]

Mit einem so verstandenen neuen Realismuskonzept wird sich die Literatur nicht durch die Wahrscheinlichkeitsoptionen der Realität irritieren lassen: „Mais dès le premier oiseau de mer aperçu, je compris mon erreur: d'une part les mouettes que je voyais à présent n'avaient que des rapports confus avec celles que j'étais en train de décrire dans mon livre, et d'autre part cela m'était bien égale. Les seules mouettes qui m'importaient, à ce moment-là, étaient celles qui se trouvaient dans ma tête." (Robbe-Grillet 1963a, 176) [„Doch in dem Augenblick, als ich die erste Möwe wahrnahm, begriff ich meinen Irrtum: zum einen hatten die Möwen, die ich nun sah, nur sehr unbestimmte Beziehungen zu denen, die ich gerade in meinem Buch beschrieb, und zum andern war mir das sehr gleichgültig. Die einzigen Möwen, die für mich in diesem Augenblick Bedeutung hatten, waren die in meinem Kopf." (Robbe-Grillet 1965a, 113–114)]

In den genannten Fällen von Realismusprogrammen zeigt sich, wie sehr gerade unter Berücksichtigung der Entwicklungen seit der zweiten Hälfte des 19. Jahrhunderts Authentizität als ein ästhetischer Grundbegriff relevant wird und als Anschlussbegriff, wenn nicht als Ersatz für Fiktionalität zur Geltung kommen kann. Das soll im Folgenden genauer beschrieben werden. Zunächst allgemein zu Authentizität.

3 Authentizität

Wie ‚Fiktionalität' wird auch ‚Authentizität' von einem Suffix bestimmt, das eine Eigenschaft benennt wie es die Nominalisierung eines Adjektivs zum Ausdruck bringt. Authentizität ist der Zustand eines authentischen Subjekts oder Objekts. Im Gegensatz zu Fiktionalität, aber parallel zu Fiktivität kann Authentizität auch auf Personen und Sachen bezogen werden.

Authentizität fragt stets nach den konkreten Legitimierungs- und Beglaubigungsinstanzen, nach dem Ort und dem Modus des Zusammenspiels der einzelnen kunstkonstituierenden Faktoren im Produktions- und Rezeptionsprozess wie der künstlerischen/literarischen Arbeit selbst und wird damit dem offenen Feld der Künste seit dem 20. Jahrhundert besonders gerecht. Auf dem Spiel stehen dabei jeweils Beglaubigungsinstanzen wie Autor, Zeuge, Medien, Recht, Ökonomie usw. Zum Tragen kommen dabei die im Begriff verankerten Bedeutungskomponenten echt, wahrhaftig, unverfälscht, original. Authentisch ist daher das Ergebnis eines an einem bestimmten Ort und zu einer bestimmten Zeit stattfindenden Beglaubigungsprozesses, der garantielos immer wieder einzusetzen hat und für den man allenfalls schwache, formale, transzendentale Bedingungen angeben kann.

Mit dem Authentizitätsbegriff können konkrete Eigenschaften eines Objekts (Objektauthentizität) oder Subjekts (Subjektauthentizität) ebenso erfasst werden wie Zuordnungen (Referenzauthentizität) und abstrakte Zuschreibungen (Kunstauthentizität), die über empirische Attribute hinausgehen (vgl. dazu Knaller 2006; 2007, 8–23). Im modernen Begriff der Kunstauthentizität führt das Verhältnis von Künstler, Autor (Urheber) und Werk über die Nachweisbarkeit von Ursprungsbestimmtheit hinaus und kann zu einem normativen Kriterium werden, das nicht nur einen autonomen Kunstbegriff voraussetzt, sondern auch ein künstlerisches Subjekt, das der Wille zu (künstlerischer) (Selbst)Verwirklichung auszeichnet. Daher ist die Entwicklung des Konzepts Kunstauthentizität vielfach an die Begriffsreihe Original/Fälschung/echt/falsch/unecht gebunden. Mit diesen werden wie im Fall von Authentizität empirische Nachweisbarkeiten und Realitätsqualitäten (Original/Kopie) ebenso wie normative Wertkategorien (Originalität) bezeichnet.

Mögliche Differenzen innerhalb von Authentizitätsbegriffen ergeben sich u. a. durch den jeweiligen Umgang mit dem Paradoxon zwischen Selbst- und Fremdbeglaubigung wie auch aufgrund der unterschiedlichen Beglaubigungsinstanzen in ihrem wandelbaren Zusammenspiel. Jonathan Culler (1981, 137) beschreibt das Paradoxon als ein Dilemma von Authentizität „[...] that to be experienced as authentic it must be marked as authentic, but when it is marked as authentic it is mediated, a sign of itself, and hence not authentic in the sense of unspoiled."

Diese Authentizitätskonzepte stets bestimmende Prozessualität zwischen Beglaubigungs- und Geltungskategorie, Wahrheitsbegriff und Inszenierung zeigt, dass dem Begriff Authentizität generelle wie individuelle, performative wie referentielle Momente inhärent sind, die gemeinsam einen Komplex bilden, der selbst wiederum legitimierende, begründende, verweisende, kompensatorische wie repräsentative Funktion haben kann. Authentizität als Prozess (allerdings ohne den referentiellen Aspekt) findet sich auch in der Definition von Jan Berg (2005, 70): „Authentizität lässt sich verstehen als Verlängerung des alten metaphysisch Wahren, als Relikt der unhinterfragbaren Allmacht, Herrlichkeit und Heiligkeit. Authentizität lässt sich aber auch auffassen als eine spezifisch moderne Wahrheitsfigur, eine Kompensationsfigur, die in der Moderne an jene Stelle rückt, die durch die Aufklärung und Entgötterung leer wurde. Schliesslich [sic!] lässt sich Authentizität verstehen als Effekt, Resultat einer authentifizierenden Darstellungstechnik [...]." Das Potential des Authentizitätsbegriffs zeigt sich nicht zuletzt in der Kombination von normativen, evaluativen, interpretativen, deskriptiven und referentiell-empirischen Elementen.

Zeitgenössische Authentizitätsbegriffe (vgl. Knaller 2006) sind oft dezidiert raum- und zeitgebundene Konzepte, die zudem sowohl Medialität als auch Formation reflektieren. Beispiele dafür lassen sich im Dokumentarischen finden, wo unterschiedliche Authentizitätsaspekte zusammenkommen können: die Zuschreibung von Objektivität und Faktizität (also Referenzauthentizität), als Attribution subjektiver Komposition und eines individuellen Wahrnehmungsausdrucks (Subjektauthentizität) sowie schließlich ein ästhetisches, poetologisches Grundkonzept (Kunstauthentizität).

Authentizität ist vor allem als Relationsbegriff für das Verhältnis von Realität und Kunst, Vorbild und Abbild usw. produktiv. Denn für den Kunstdiskurs relevant wird Authentizität im 19. Jahrhundert in seiner Grundbedeutung der Zuschreibung von beglaubigt, autorisiert durch Personen, Institutionen, Eigenschaften und Objekte, also von Referentialität in unterschiedlichen Facetten, was, ohne dass der Begriff ästhetisch verwendet werden würde, im 18. Jahrhundert vorbereitet wurde als Inszenierung von Authentizität im Spiel mit Echtheit, Wahrhaftigkeit und Glaubwürdigkeit (etwa des Briefromans mit seinen Identifikationsangeboten über Realitätseffekte).

Einen ersten Schritt zur Etablierung eines weitreichenden, modernen Authentizitätsbegriffes im Kunstsystem ermöglicht die Neudefinition der fremdreferentiellen Komponente im künstlerischen Prozess – Werk- und Produzentenseite betreffend. Wie die Wort- und Begriffsgeschichte zeigt, bestimmen neben anderen Komponenten unverzichtbar empirische Relationen den Authentizitätsbegriff – Raum-Zeitgebundenheit, Rückführbarkeit auf einen Urheber, Referentialität. Mit dem Realismus und der Erfindung der Fotografie wird Authentizität schließlich zu einer bestimmenden Kunstkategorie. Das wird unterstützt vom rechtlichen und ökonomischen Authentizitätsterminus (im Sinne von Echtheit, nicht kopiert). Eine Entwicklung, die zu weitreichenden Veränderungen im Kunst- und Literatursystem führt. Referenzauthentizität, nicht mehr Wahrscheinlichkeit und Einbildungskraft, wird zu einer bestimmenden Komponente. Gleichzeitig führt die Fotografie zu neuen Formen medialer Bewusstheit (vgl. Knaller 2015, 197). Die Fotografie setzt eine moderne Bildentwicklung in Gang, die individuelle wie kollektive Fremd- und Selbstwahrnehmung neu und auch auf andere Medien übergreifend rekonfiguriert. Denn das fotografische Bild entwickelt eine Vorstellung von Welt- und Subjektverhältnissen als abhängig von visuellen wie visualisierenden medialen Prozessen. Diese konstruktive Dynamik im Zusammenhang mit Bildformen vermag der Begriff der Authentizität in der Folge insofern zu fassen, als in ihm das Moment der Inszenierung, des In-Form-Setzens ebenso präsent ist wie das der individuellen Perspektivierung und der sozialen wie medialen Beglaubigung. Ausgehend von der Prämisse, dass Authentizität etwas mit Erfahrung und Darstellung, mit der Konstruktion von Selbst und Wirklichkeit zu tun hat, dass der inszenatorische Charakter dieses interaktiven Vorgangs der Wirklichkeitswahrnehmung und -darstellung eng mit der Authentifizierung des konstruierten Wirklichen verknüpft ist, kommt das „Wirkliche" in einem doppelten Ereignis in den Blick; das beschreibt Gerhard Neumann (2000, 95) so: „Denn in einem solchen Vorgang der Weltwahrnehmung wäre dann ein performativer Akt, als das Handeln *in der Situation*, mit einem legitimierenden Akt, als dem Verankern der Situation *in einem Beglaubigungskontext*, auf unlösbare Weise ineinander verschmolzen: als implizite wie explizite Dynamik der Authentifizierung."

Der Begriff Authentizität verdeutlicht, wie Konzepte der Fremd- und Selbstwahrnehmung, also Konzepte von Wirklichkeit und Ich, in einem reziproken Verhältnis zwischen Erfahrung, Inszenierung und Beglaubigung stehen. Gerade im Kontext von Fotografie und fotografischen Bildern, denen von Anfang an ein Spannungsverhältnis zwischen Faktizität/Objektivität und Konstruktion/Inszenierung eingeschrieben ist, ergänzen einander Authentizitäts- und Fiktionalitätskonzepte auf mehreren Ebenen. Dazu könnte man auf Rudolf Arnheim (1993, 537) zurückgreifen, der sich in seinen späteren Jahren mehr und mehr einer realistischen Konzeption von Fotografie und Kunst zuwandte, um festzuhalten, dass sich in Kunst und Fotografie notwendigerweise zwei Formen von Authentizität überlappen: „They [the figurative arts] are authentic to the extent that they do justice to the facts of reality, and they are authentic in quite another sense by expressing the qualities of human experience by any means suitable to that purpose."

Für Fotografie wie Malerei wäre es daher wichtig, über ihre doppelte Authentizität lesbar zu sein „by creating convincing images" (Arnheim 1993, 539). Gleichzeitig zeigen diese Überschneidungen die Notwendigkeit, Fiktionalität nicht als Differenzbegriff anzulegen, sondern als interrelationale Kategorie, die auch ersetzt oder aufgelöst werden kann. Daher im Folgenden beispielhaft für das Verhältnis Fiktionalität und Authentizität ein paar weitere Überlegungen zur Fotografie.

Die Fotografie eröffnet im 19. Jahrhundert mit ihren neuen Bildformen neue Blickformen und macht damit Bildlichkeit und Medialität zum Thema. Der Erfinder und Pionier der Fotografie, W. F. Talbot bestimmt die Fotografie als beschreibendes und gleichzeitig zu beschreibendes Bild, fremdreferentielles wie selbstreferentielles Bild. Was Talbot mit seiner Auffassung vom fotografischen Bild verdeutlicht, ist die Tatsache, dass die Fotografie nicht für sich selbst spricht, sondern zur Entzifferung auffordert, während sie ihre ‚Authentizität' rekursiv durch die Indexikalität des Bildes gewinnt (vgl. Busch 2003, 501). Damit zeigt sich für Talbot die fiktionale Bedingtheit des Bildes: Medialität, Selbstreferenz und rezeptive Wahrnehmung als Träger semiotischer Vorgänge.

Darin liegt dann zu Beginn des 20. Jahrhunderts eine der Grundlagen für die Bestimmung der Kunstfotografie. Die Fotografie ist zwar weiterhin ‚realistisch', aber als Repräsentation einer psychologisch oder physiologisch definierten, die Wirklichkeit konstruierenden Wahrnehmung. Dieser medialen Konstruktdimension nehmen sich verstärkt die Avantgarden an. Sie verstehen die neuen Apparate und ihre Bilder als Abstraktion von Seh- und Raumerfahrung und verlagern konsequent Fragen der Mimesis und Repräsentation zu Fragen nach der Materialität und den Wahrnehmungsmöglichkeiten der Objekte wie der Bilder selbst. Rodtschenko polemisiert nicht nur mit seinen Bildern, sondern auch in seinen Texten gegen perspektivische Bilder und tradierte Motive. Die Fotografie zeige im Gegensatz dazu, was wir nicht sehen, aber wahrnehmen. Und das gelingt nur durch multiple Standorte und offene Perspektivität (vgl. Rodtschenko 1993, 158). László Moholy-Nagy zum Beispiel führt mit seinem Postulat von Produktion und Reproduktion 1922 diese zwei Gesichter der Fotografie vor: produktive Gestaltung und Wiederholung bereits existierender Relationen (vgl. Moholy-Nagy 1967 [1925], 28–29). Also auch im avantgardistischen Kontext ergibt sich ein starkes Spannungsverhältnis zwischen Fiktionalität und Authentizität.

4 Fiktionalität und Authentizität

Aus dem bisher Gesagten ergibt sich folgendes Zwischenfazit: Fiktionalität ist eine Eigenschaft von medialen Einheiten, Handlungen und Ereignissen und steht in einem besonderen Verhältnis zum Dargestellten (das fiktiv und/oder faktisch sein kann) wie zu Darstellungsmöglichkeiten und formalen Modi in ihrem jeweiligen Diskurskontext (Wissenschaft, Philosophie, Literatur, Kunst) und Medienzusammenhang. Fiktionalität verfolgt unterschiedliche Funktionen (je nach medialem und diskursivem Kontext) und basiert auf unterschiedlichen Realitätsbegriffen und unterschiedlichen Verhältnissen zu Realitätsbegriffen. Im Kontext der Künste ist dieses Verhältnis nicht nur Voraussetzung bestimmter fiktionaler Formen und Konzepte, sondern geradezu Poetiken bildend. Fiktionale Verfahren zur Bildung von Fiktionalität sind daher stets Modelle von Verhältnissen von Kunst und Nicht-Kunst, Kunst und Realität bzw. Modelle von Infragestellungen wie Auflösungen solcher Dichotomien. Angesichts der komplexen Funktionen bzw. Einsatzbereiche des Begriffs, aus denen auch seine Nicht-Definierbarkeit, die starke Uneinigkeit der Wissenschaften resultieren, erscheint es sinnvoll, ihn mit Anschlussbegriffen zu stärken, indem ein konstellatives Feld gebildet wird. Authentizität eignet sich deshalb dazu, da dem Konzept Variabilität wie Performativität eingeschrieben ist. Authentizität platziert sich immer an mehreren Stellen in einem Netzwerk unterschiedlicher Akteure und Ereignisse. Authentizität ist nur im performativen Modus möglich. Daher impliziert die authentische Äußerung auch immer eine produktiv-konstruktive wie evaluative, normierende, konfirmierende etc. Funktion. Sie schafft Konstrukte wie Sachverhalte. Fiktionalitätsverfahren sind dabei an all die genannten Authentizitätstypen anschließbar. Fiktionalität ist als Verfahren der Moderne unweigerlich an Authentizitätskonzepte gebunden und lässt sich in seiner Wertigkeit und Gültigkeit durch diese beschreiben. Damit wird Fiktionalität auch in gegenwärtige Formate gerettet. Angesichts der medialen Entwicklungen seit der zweiten Hälfte des 20. Jahrhunderts könnte man zwar einen starken Fiktionalitätsschub, der in alle Medienformationen eingreift, feststellen. Allerdings ist die Frage, ob in Anbetracht der Unaufhaltsamkeit der sozialen Netzwerke, der Realitätsformate des Fernsehens und des Internets, der Begriff tatsächlich noch auf allen Feldern sinnvoll operabel ist. Denn berücksichtigt werden muss auch die Frage, inwieweit Fiktionalität nicht schon von einem starken, aber offenen Realitätsbegriffs ersetzt wurde, der nach anderen oder gar keinen Differenzen/Dichotomien verlangt. Daraus ergibt sich wiederum die Anschlussfrage, ob Fiktionalität überhaupt ein allgemein gültiges diskursives oder Poetik konstituierendes Konzept bildet. Im Falle virtuell-digitaler Konstruktionen bzw. solcher mit interaktiven, intervenierenden Modi ist der Begriff allerdings wenig anschlusstauglich.

Für den Kunstbereich lassen sich interaktive Medienprojekte nennen, die Mitspieler auffordern, simultan zwischen Realwelt (Körper, Raum- Zeiterfahrung) und Simulation zu agieren (vgl. Knaller 2015, 51–52). Für die moderne Medienkunst gilt, was Thomas Dreher (1994, 100) zu Peter Weibel und Jeffrey Shaw bemerkt: „Vor die Frage nach spezifischen, historisch bedingten Kontextbedingungen wird die Frage gerückt, wie mentale Kontextvorstellungen beziehungsweise Weltbilder in einer Umwelt konstruierbar sind, in der (massen-)medial vermittelte Raumsimulationen mindestens ebenso prägend sind wie unmittelbare Realraumerfahrung [...]."

Daher lässt sich die Neue Medienkunst von der Meta-Kunst seit Duchamp ebenso absetzen wie von partizipativen Formen seit Dada bis heute. Während der Beobachterstandpunkt der Meta-Kunst extern ist, kann man mit Rössler (1992, 109) von einer endogenen Perspektive bei computergenerierten Installationen sprechen (vgl. auch Dreher 1994, 109). Diese lassen die Rezipienten als Datenmenge ins Bild kommen und gestalten sie zugleich als Körper im Echt-Raum. Damit bewegen sich die Betrachter synchron in empirischen wie simulierten Räumen (vgl. Frohne 2004, 86). Das, was Götz Großklaus (1995, 141–142) den Fall der Widerspiegelung nennt, ist die Ablösung eines tradierten Wirklichkeitscodes, der auf Zweiteilung (zwischen Objekt und Repräsentation, zwischen Realität und Fiktion) zugunsten eines *Netzwerks* simultan möglicher Informationsprozesse basiert: also eine als Medienrealität wahrgenommene Wirklichkeit mit permanenten Verschiebungsmöglichkeiten.

Was nicht heißt, dass Fiktionalität nicht auch weiterhin spielerisch eingesetzt werden kann, gerade auch im Kontext digitaler Kommunikationsmodi. Ein Beispiel dafür ist die Arbeit *Prenez soin de vous* von Sophie Calle. Ausgehend von einem Email eines Freundes der Künstlerin, in dem er ihr die Beziehung aufkündigt, lässt Calle 107 Frauen unterschiedlichster Berufe das Schreiben interpretieren, performieren, bearbeiten. Das beschreibt Calle (2007, o.S.) so:

> J'ai reçu un mail de rupture. Je n'ai pas su répondre.| C'était comme s'il ne m'était pas destiné.| Il se terminait par les mots: Prenez soin de vous.| J'ai pris cette recommandation au pied de la lettre.| J'ai demandé à 107 femmes, dont une à plumes et deux en bois –, choisies pour leur métier, leur talent, d'interpréter la lettre sous un angle professionnel.| L'analyser, la commenter, la jouer, la danser, la chanter.| La disséquer. L'épuiser. Comprendre pour moi.| Parler à ma place.| Une façon de prendre le temps de rompre.| A mon rythme.| Prendre soin de moi.
>
> [Ich habe eine Trennungs-Mail erhalten. Ich wusste nicht, wie ich antworten sollte.| Es war, als ob sie nicht für mich gedacht war.| Sie endete mit den Worten: Passen Sie auf sich auf.| Ich habe diese Empfehlung wörtlich genommen.| Ich fragte 107 Frauen (zwei davon aus Holz und eine mit Federn), die ich wegen ihres Berufs, ihrer Fähigkeiten, den Brief zu interpretieren, ausgesucht hatte: Ihn zu analysieren, zu kommentieren, zu tanzen, zu sezieren, ihn auszureizen.| Für mich zu verstehen. An meiner Stelle zu antworten.| Eine Art, sich die Zeit zur Beendigung der Beziehung zu nehmen.| In meinem Rhythmus.| Mich um mich selbst zu kümmern. (Übers. S.K.)]

In der Dokumentation der Antworten geht sie akribisch und genau vor, zeigt in mehreren Installationen (Biennale Venedig und alte Bibliothèque Nationale 2007) sowie in einem großen Bildband die Frauen in Porträts wie deren Texte, Videos und Bilder auf verschiedenen Datenträgern. Besonders der letzte, für die Arbeit titelgebende Satz wird aus vielen Perspektiven und in seinen sprachlichen und stilistischen Details zerlegt und analysiert. Dieser Vorgang der Wahrheitsfindung – was will der Schreiber sagen, was darf man davon halten – wird zu einem Prozess, der nicht nur tradierte Formen der Briefromane und der autobiografischen Selbstfindung, sondern auch den Objektivitätszwang, den Archivierungs- und Historisierungswillen der Moderne aufruft. Sophie, deren Geschichte autobiografisch wie faktisch markiert ist, verschwindet geradezu in einem Meer an Dokumenten und Interpretationen, wie auch das Mail selbst sich auflöst. In diesem Sinn sind die Authentizitätsspiele Calles auch solche mit Fiktionalitäten, die selbst in ‚faktisch' angelegten Texten enthalten sein können, wenn man sie nur entsprechend behandelt. Calle steht damit auch ganz in der surrealistischen Tradition (und der der Situationisten, auf die ihre Arbeiten ebenfalls verweisen).

Als ein Beispiel für die Auflösung von tradierten, dichotomen Fiktionalitätsverfahren zugunsten starker Authentizitätsspiele lässt sich ein gemeinsames Projekt von Sophie Calle mit Paul Auster nennen. Das Projekt ist gleichsam ein Höhepunkt in Calles autobiografisch-(selbst)dokumentarischem Schaffen, in dem stets eine reziproke Prozessualität zwischen Fiktion und Realität in Gang gehalten wird, durch die beide Begriffe differenziert bleiben, um gleichzeitig einer Polarisierung entzogen zu werden. In diesen Differenzraum installiert Calle ein Spiel mit Authentizitätskonstellationen, das in der Kooperation mit Paul Auster kulminiert (vgl. Knaller 2003, 244–249). In dessen Roman *Leviathan* tritt Sophie Calle als Maria Turner auf. Am Titelblatt des Buchs vermerkt Auster (1992): „The author extends special thanks to Sophie Calle for permission to mingle fact with fiction." Damit beschreibt er nicht nur sein eigenes Vorgehen, Fakten (nicht nur Calle, sondern Auster selbst ist durch autobiografische Referenzen präsent) und historische Figuren (neben Hobbes, Thoreau) mit imaginären Sequenzen zu vermischen, sondern auch Sophie Calles ästhetische Strategie, Verfahren, die der Faktenfindung und ihrer Erklärung dienen, zu fiktionalisieren. Wie Calles Arbeiten bestimmen auch Austers Texte eine detektivische Haltung, die Perspektive des Beobachtens und Erinnerns und die Anwendung von spielerischen Verfahren. Einige Beispiele zur Illustration von Calles Poetik: Sophie Calle unterzieht ihren Freundeskreis Geburtstagsritualen, die mehrere Jahre dauern, stellt Fremden Aufgaben oder Fragen, deren Ausführungen in Fotografien und Texten dokumentiert werden. Sie verfolgt Unbekannte durch Paris, reist ihnen bis nach Venedig nach und führt genaue Aufzeichnungen davon. Schließlich lässt sie sich selbst von einem Detektiv beobachten. Die dokumentarische Seite wird ergänzt durch Tagebuchaufzeichnungen und autobiografisch formierte Bild- und Texterzählungen. Kunst ist hier inszeniertes Leben, wie umgekehrt Leben inszenierte Kunst ist. Auch wenn sich Sophie Calle in ihren Tagebüchern und in ihren *Autobiographies* (1988–2003) dem Dokumentarismus verpflichtet, so lösen sich tradierte Autobiografiemuster auf. Weder der längere Zeitraum der Selbst- und Fremdbeobachtung noch die chronologische Struktur oder der narrative Modus führen in das größere Ganze eines Lebenszusammenhangs. In Austers *Leviathan* kommentieren literarischer Text und künstlerische Arbeiten einander wechselseitig.

Auster beschreibt und verwendet in abgewandelter Form mehrere Projekte Sophie Calles für seinen eigenen Text. Am wichtigsten dafür ist *L'Homme au Carnet*. 1983 beauftragt die Zeitung *Libération* Calle mit der Publikation von mehreren Artikeln. Kurz davor hatte Calle ein Adressbuch gefunden, das sie heimlich kopiert, bevor sie es an den Besitzer zurücksendet. In der Folge kontaktiert sie die vermerkten Leute und bittet sie, den Besitzer zu beschreiben. Daraus entstehen

28 Artikel und der Ärger des Besitzers, der seinerseits ein Nacktfoto von Sophie publiziert. Er verbittet sich in der Folge, sehr zum Leidwesen von Sophie, die sich in die aus den Beschreibungen entstandene Kunstfigur verliebt hat, jede weitere Publikation dieser Arbeit. Elemente dieses Adressbuch-Projekts bilden in *Leviathan* den Plot mit aus. Dieses Kunst-Projekt Marias greift auch in die Schicksale von Figuren über. Auf diese Weise wiederholt Auster die Vermischung von Fakten (Sophies Kunstprojekt und ihre Biografie) und Fiktion (der Roman) auch innerhalb der Narration.

Sophie Calles Aktionen sind die einer Privatdetektivin. Allerdings handelt es sich bei ihren dafür typischen Akten des Beobachtens und Dokumentierens um Gesten ohne jede Zweckorientierung; die Funktion des Unterfangens liegt in den Ritualen der Dokumentation und Detektion selbst. Das Eindringen in fremde Geschichten oder in die eigene Geschichte wie in eine fremde führen in einen Voyeurismus (der Künstlerin wie der Rezipienten), der die eigene Position in das Bild oder die Narration mittransponiert. Die Verwischung der Grenzen gelingt in Calles Arbeiten wie in Austers Romanen durch die Aufhebung der Trennungslinien zwischen eigenen (autobiografischen) Geschichten, den Erzählungen anderer und den Fantasmen von Selbst und Anderen, die durch das Spiel von Beobachten und Beobachtet-Werden zustande kommen. Was Calle im Gegensatz zu Auster, dem die literarische Narration die Grenzen des sprachlichen Mediums setzt, dabei noch verstärken kann, ist der Aspekt der Praxis, der sozialen, kognitiven und sensitiven Dimensionen, die der Arbeit zugrunde liegen. Wie Guy Scarpetta (1987) festhält, ist bei Calle nicht der Text oder die Fotografie das Material, sondern die Situation, die sich aus den für die Gelegenheit kreierten Ritual- und Spielbedingungen ergibt, wie es in *Leviathan* durch die Verwandlung von Sophie Calle zu Maria Turner und der Arbeiten der realen Künstlerin Sophie Calle in die Arbeiten der fiktiven Künstlerin Maria Turner initiiert wird. Der Roman wird in der Folge zur Vorgabe für weitere Arbeiten: Sophie Calle publiziert unter Mitwirkung von Paul Auster (1999) *Double Game*, in dem sie, auf ihre ‚Fiktionalisierung' zu Maria Turner reagierend, eine Neuaufbereitung der in *Leviathan* zitierten Arbeiten inszeniert.

Die Titel und Untertitel der einzelnen Kapitel geben die Bedingungen für das Spiel vor: „I. The life of Maria and how it influenced the life of Sophie; II. The life of Sophie and how it influenced the life of Maria; III. One of the many ways of mingling fact with fiction, or how to try to become a character out of a novel." (Calle und Auster 1999, o.S.) Calle korrigiert auf einer eingehefteten Faksimileausgabe der von ihr im Roman besetzten Seiten die biografischen Fakten Turners mit ihren eigenen autobiografischen, inszeniert die von Auster für Maria Turner erfundene chromatische Diät und das Buchstabenspiel und publiziert schließlich eine Dokumentation des *Homme au Carnet* unter Berücksichtigung des vom Besitzer des Adressbuches erlangten Publikationsverbots. Am Ende beauftragt Auster Calle mit einem eigenen Spiel, dem Gotham Handbook.

Paul Austers Instruktionen sind folgende: Smiling, Talking to Strangers, Beggars and Homeless People, Cultivating a Spot. Calle erweitert in der Folge die Instruktionen um einige Aufgaben. Als besonderen Ort wählt sie eine Telefonzelle an der Ecke Greenwich und Harrison Street, dekoriert sie und übernimmt sie ab 20. September 1990. Für sieben Tage verteilt sie, wie von Auster beauftragt, vormittags Lächeln, Gespräche, Zigaretten und Sandwichs. Nachmittags betreut sie die Telefonzelle und belauscht Gespräche. Die von Calle erbetenen Kommentare sind zumeist positiv. Viele ignorieren das Ganze einfach. Empörung über die Aneignung einer öffentlichen Telefonzelle ist selten. Der eigentliche Vandalismus kommt von der Telefongesellschaft selbst, welche die Zelle unangemeldet säubert. Calle muss ihr öffentliches Service einstellen: „We are sorry to inform you that we will no longer be able to continue serving you as we have. On Tuesday 27 of September at 9:30 A.M. some AT&T agents put an end to it all by threatening us and throwing the arrangement (flowers, newspaper, magazine, pen and paper, drinks, cigarettes, etc.) in the garbage. We thank you so much for having used our services and for the generosity of your comments. Goodbye." (Calle und Auster 1999, 288)

Die im Projekt Auster-Calle verwendete Intertextualität ist grundsätzlich eine fiktionalitätsfördernde Strategie. Sie hebt den Darstellungsprozess hervor, hat selbstreflexive Komponenten, ist medialitätsverweisend und zeigt auch die Kraft der literarischen Konstruktion auf formaler wie semantischer Ebene. Im Gegensatz dazu sind die intertextuellen Verfahren im vorliegenden Projekt fiktionalitätsstörend, da anders als in streng literarisch/ästhetisch orientierten Intertextualitätsformen, die Differenzen zu einem Nicht-Fiktionalen nicht gezogen werden können. Deshalb geht es, anders als in metafiktionalen Intertextualitäten nicht um die Aufhebung von sicheren Referenzen zugunsten eines offenen, weiten Textbegriffs, sondern um die Stärke des Faktischen, die die Frage, ob fiktiv, fiktional oder faktisch als falsch gestellte zeigen möchte. Auster-Calles Strategien sind also weniger künstlerische Fiktionalitätsspiele, sondern solche mit den verschiedenen Facetten von Authentizität, mit denen Legitimations-, Beglaubigungs- und Normierungsstrategien auf den Plan treten. Diese Authentizitätsstrategien basieren auf Fiktionalitätsverfahren (Auster schreibt einen Roman, Calle bearbeitet eine Telefonzelle und macht Installationen mit bestimmten Materialien, schafft Serien und Bilder etc.), die damit zugleich zum Thema werden. Sie werden aber gleichzeitig durch die mehrfachen Produktionsprozesse zwischen Literatur und Kunst, Künste und Alltagsszenerien auflösbar.

Die wechselseitige Relation zwischen Fiktionalität und Authentizitätskonstellationen als poetologische Strategie macht sich in der Moderne besonders dort bemerkbar, wo der Roman oder der narrative Text hybride Formationen zwischen

Selbst- oder Fremdbiografien, Geschichtsschreibung und Literatur schafft. Das Problemfeld der sprachlichen Transformation von Subjektivität und/oder Fakten kann dabei das Fiktionalitätskonzept der jeweiligen Texte stark prägen. Das ist etwa in Marguerite Yourcenars *Mémoires d'Hadrien* (1982b) der Fall, ein Meisterwerk historiografisch und philologisch basierter Erzählung, die aus einem langen Brief des Kaiser Hadrian an seinen Nachfolger Marc Aurelius besteht. In diesem resümiert der Imperator, an der Schwelle zum Tode stehend, sein politisches und persönliches Leben. Untrennbar von diesem fiktionalen Text sind die durch lange Jahre geführten Notizen, in denen Yourcenar ihren Geschichtsbegriff und die jahrzehntelange Arbeit am Text reflektiert. Wie schon im Beispiel von Auster und Calle bildet Intertextualität eine wichtige Basis. Einerseits auf implizite Weise, wenn Yourcenar einschlägige historische Wissenschaftstexte verarbeitet. Explizit dort, wo die Autorin auf – mehr oder weniger authentische – Texte aus der Kaiserzeit selbst zurückgreift. Hadrian gilt als ein hoch gebildeter, kunstaffiner Kaiser, der selbst dichtete. Anhand des von Yourcenar inszenierten Intertextualitätsspiels verschwimmen die Grenzen zwischen der Autorin und der historischen Person Hadrian, die zum Ich-Erzähler bzw. Briefschreiber versprachlicht wird. Yourcenar beschreibt das in den *Carnets de notes* so: „De notre temps, le roman historique, ou ce que, par commodité, on consent à nommer tel, ne peut être que plongé dans un temps retrouvé, prise de possession d'un monde intérieur." (Yourcenar 1982a, 527) [Heutzutage kann der historische Roman, oder das, was man aus Bequemlichkeit übereinkommt so zu nennen, nur in eine wiedergefundenen Zeit getaucht sein, die von einer Innenwelt ergriffen ist. (Übers. S.K.)]

Hadrians Brief kann zudem als ein langer Kommentar zur Geschichtsschreibung und zu den Schwierigkeiten eines literarischen Textes gelten, der das Verhältnis von Gesellschaft, Kultur, Politik und Einzelnen beschreiben will. Aus Yourcenars Sicht lässt sich das nur als Fusion von Selbst- und Fremdbiografie verstehen: „Prendre une vie connue, achevée, fixée (autant qu'elles peuvent jamais l'être) par l'Histoire, de façon à embrasser d'un seul coup la courbe tout entière; bien plus choisir le moment où l'homme qui vécut cette existence la soupèse, l'examine, soit pour un instant capable de la juger. Faire en sorte qu'il se trouve devant sa propre vie dans la même position que nous." (Yourcenar 1982a, 520) [Ein bekanntes, vollendetes Leben nehmen, das durch die Geschichte festgeschrieben ist (soweit das jemals möglich ist), und zwar so, dass mit einem Schlag der gesamte Bogen ganz umfasst wird; zudem den Moment wählen, in dem der Mensch, der diese Existenz gelebt hat, sie abwägt, sie untersucht, für einen Moment fähig ist, sie zu beurteilen. Es so anlegen, dass er sich seinem Leben in derselben Position gegenübersteht wie wir. (Übers. S.K.)]

Auf diese Weise werden Autorin wie Figur gleichermaßen fiktionalisiert wie historisiert. In einer solchen Konstruktion zeigen sich gerade die streng historischen, objektiven Geschehnisse und Umstände in ihrem prekären Status zwischen Fiktionalität und Referenzauthentizität. Denn längst hat sich im Vergleich mit den von Yourcenar eingesehenen Quellen die historische und philologische Faktenlage verändert, wurden alte Gewissheiten als falsch entlarvt und lange als authentisch angesehene zeitgenössische Texte als zumindest unsicher zuschreibbare kategorisiert (vgl. Geerts 2014, 51). Authentizitätskonstellationen auf Subjekt- wie Objektebenen legitimieren das Verhältnis von Faktum und Fiktum bzw. von Geschichtsschreibung und Fiktion, wie sie es ebenfalls verschieben können.

Zuletzt ein Beispiel aus der zeitgenössischen Fotografie (vgl. Holschbach 1999; Knaller 2007, 86–93). Wolfgang Tillmans beschreibt sein Bildkonzept so: „Authentisch ist immer eine Frage des Standpunkts. [...] Für mich sind meine Bilder authentisch, da sie ‚authentisch' meine Fiktion dieses Moments wiedergeben. [...] Ein interessantes Bild zur Rolle von Fotografie ist für mich ‚Michael Bergin & Fan.' [...] Das ist ein gutes Beispiel dafür, daß ein traditioneller Authentizitätsbegriff nicht mehr anwendbar ist, da das Wissen um Fotografie das Bild selbst bestimmt." (zitiert in Pesch 1996, 258–259)

Das Foto zeigt das Unterwäschemodel von Calvin Klein, Michael Bergin, mit einer jungen Frau, die ein Calvin-Klein-T-Shirt trägt und eine rote Signalflagge in der Hand hält. Das Bild ist ein perfektes Beispiel für Tillmanns Fähigkeit, Symbole mit der Materialität der Dinge und ihrer puren Form zu verbinden. Auf diese Weise wird das Genre Street-Photography (das Paar hat sich zufällig neben einer Baustelle getroffen) und Porträt zu einem medienreflexiven Zitat wie zu einem Raum, in dem die Dinge zueinander passen und ins rechte Lot geraten. Was Tillmans gegen die Zuschreibung von straighter Referenzauthentizität einbringt, ist eine Subjektauthentizität, die den Komplex des künstlerischen Prozesses, der Mediendynamiken und der rezeptiven Wahrnehmung von Dingen und Bildern berücksichtigt. Kunstauthentizität ist nicht auktorial, sondern ein beide Seiten – Produzenten wie Rezipienten – einbeziehender Wahrnehmungsprozess.

5 Schlussbemerkung

Wie die vorangegangen theoretischen Überlegungen und künstlerischen wie literarischen Beispiele gezeigt haben, ist die Verbindung von Authentizität und Fiktionalität nicht zu vereindeutigen, sondern vielmehr stark abhängig von wechselnden, jeweils gültigen Realitäts- und Kunstbegriffen. Fiktionalität und Authentizität können dichotomisch und different (fiktional vs. faktisch) oder einander ergänzend bzw. identifizierend (fiktional ist authentisch, authentisch ist fiktional) verwendet werden. Man kann diese Verwendungsformen jeweils analytisch und/oder poetologisch gutheißen, sie negieren oder sie programmatisch bzw. spielerisch einsetzen.

Nicht erreichen lässt sich also mit der Konjunktion von Fiktionalität und Authentizität eine eindeutige Definition von Fiktionalität. Das liegt an den unterschiedlichen Möglichkeiten der beiden Begrifflichkeiten. Die Stärke des Authentizitätsbegriffs liegt darin, dass er als relationaler Begriff zwischen Formfragen, ästhetischen Anliegen und nicht-ästhetischen, epistemologischen und ethischen Konzepten unterschiedlichste Beziehungen herstellt. Seine Schwäche der willigen Formbarkeit resultiert aus der nahezu ubiquitären Anwendbarkeit auf Subjekte, Objekte und Konzepte in stets wechselnden historischen und performativen Prozessen. Gleichzeitig liegt aber in dieser weiten Applikabilität von Authentizität, das heißt in der Offenheit hinsichtlich ästhetischer, ethischer und kognitiver Relationen, wiederum eine Erklärung für seine Durchsetzungskraft – vor allem dann, wenn man bedenkt, dass Authentizität die Paradoxa des Subjektiven, Referentiellen und Medialen produktiv auszutragen vermag. Hingegen ist die offene Anschlussfähigkeit von Fiktionalität nicht von derselben Produktivität. Denn Fiktionalität ist weder im Hinblick auf die Legitimationsinstanzen (Produktionsprozess, Rezeption, Text/Bild, Institutionen?) zu bestimmen, noch im Hinblick auf die Objektebenen (Literatur, Alltag, Wissenschaft?), welche semiotische Ebene betroffen ist (Form, Modus, Inhalt?), und schließlich auch nicht hinsichtlich der Wahrheitsfrage (mit oder ohne, mit starkem oder schwachem Wahrheitsanspruch?). Die Auseinandersetzung mit den begrifflichen und konzeptuellen Unschärfen von Fiktionalität konnte jedoch in der Konjunktion mit den Unschärfen von Authentizität wichtige gegenwärtige Herausforderungen aufzeigen: Das sind Fragen der Referenz in Zeiten der digitalen Technik, der Subjektivität in Zeiten der massiven Medienbestimmtheit, der Kunst in Zeiten der Globalisierung und der Realität in Zeiten der Virtualität.

Literaturverzeichnis

Arnheim, Rudolph (1993). „The Two Authenticities of the Photographic Media". *The Journal of Aesthetics and Art Criticism* 51.4 (1993): 537–540.
Auster, Paul (1992). *Leviathan*. New York.
Berg, Jan (2005). „Techniken der medialen Authentifizierung Jahrhunderte vor der Erfindung des ‚Dokumentarischen'". *Techniken der medialen Authentifizierung Jahrhunderte vor der Erfindung des ‚Dokumentarischen'*. Hg. von Susanne Neubauer. Frankfurt a. M.: 66–78.
Blume, Peter (2004). *Fiktion und Weltwissen. Der Beitrag nichtfiktionaler Konzepte zur Sinnkonstitution fiktionaler Erzählliteratur*. Berlin.
Breton, André (1985 [1937]). *L'Amour fou*. Frankfurt a. M.
Breton, André (2013 [1937]). *L'amour fou*. Paris.

Busch, Bernd (2003). „Fotografie/fotografisch". *Ästhetische Grundbegriffe. Historisches Wörterbuch in sieben Bänden*. Bd. 2: *Dekadent bis Grotesk*. Hg. von Karlheinz Barck, Martin Fontius, Dieter Schlenstedt und Burkhardt Steinwachs. Stuttgart: 494–534.
Calle, Sophie (2007). *Prenez soin de vous*. Arles.
Calle, Sophie und Paul Auster (1999). *Double Game*. London.
Cohn, Dorrit (1990). „Signposts of Fictionality. A Narrotological Perspective". *Poetics Today* 11 (1990): 733–804.
Culler, Jonathan (1981). „Semiotics of Tourism". *The American Journal of Semiotics* 1 (1981): 127–140.
Dreher, Thomas (1994). „Kontextreflexive Kunst. Selbst- und Fremdbezüge in intermedialen Repräsentatiomsformen". *Kontext Kunst. Katalog zur Ausstellung „Trigon '93", Neue Galerie am Landesmuseum Joanneum Graz 02.10.-07.11.1993*. Hg. von Peter Weibel. Köln: 79–113.
Frohne, Ursula (2004). „Diskursräume und Handlungsfelder". *Digitale Transformationen, Medienkunst als Schnittstelle von Kunst, Wissenschaft, Wirtschaft und Gesellschaft*. Hg. von Monika Fleischmann und Ulrike Reinhard. Heidelberg: 84–89.
Geerts, Walter (2014). „L'Embarras du choix. Marguerite Yourcenar et ses lectures historiographiques préparant Mémoires d'Hadrien". *Les Miroirs de l'altérité dans l'œuvre de Yourcenar*. Hg. von Rémy Poignault und Vicente Torres. Clermont-Ferrand: 49–68.
Gertken, Jan und Tilmann Köppe (2009). „Fiktionalität". *Grenzen der Literatur. Zu Begriff und Phänomen des Literarischen*. Hg. von Simone Winko, Fotis Jannidis und Gerhard Lauer. Berlin: 228–266.
Goodman, Nelson (1992). *Ways of Worldmaking*. Indianapolis.
Großklaus, Götz (1995). *Medien-Zeit, Medien-Raum. Zum Wandel der raumzeitlichen Wahrnehmung in der Moderne*. Frankfurt a. M.
Hamburger, Käte (1987 [1957]). *Die Logik der Dichtung*. München.
Hempfer, Klaus W. (2002). *Grundlagen der Textinterpretation*. Stuttgart.
Holschbach, Susanne (1999). „Die Wiederkehr des Wirklichen? Pop(uläre) Photographie im Kunstkontext der 90er Jahre". *Konfigurationen. Zwischen Kunst und Medien*. Hg. von Sigrid Shade und Georg Christoph Tholen. München: 400–412.
Kablitz, Andreas (2008). „Literatur, Fiktion und Erzählung – nebst einem Nachruf auf den Erzähler". *Im Zeichen der Fiktion. Aspekte fiktionaler Rede aus historischer und systematischer Sicht*. Hg. von Irina O. Rajewsky, Ulrike Schneider und Klaus W. Hempfer. Stuttgart: 13–44.
Kablitz, Andreas (2013). *Kunst des Möglichen. Theorie der Literatur*. Freiburg im Breisgau.
Klauk, Tobias und Tilmann Köppe (2014a). „Bausteine einer Theorie der Fiktionalität". *Fiktionalität. Ein interdisziplinäres Handbuch*. Hg. von Tobias Klauk und Tilmann Köppe. Berlin: 3–31.
Klauk, Tobias und Tilmann Köppe (2014b). *Fiktionalität. Ein interdisziplinäres Handbuch*. Berlin.
Knaller, Susanne (2003). *Zeitgenössische Allegorien. Literatur, Kunst, Theorie*. München.
Knaller, Susanne (2006). „Genealogie des ästhetischen Authentizitätsbegriffs". *Authentizität. Diskussion eines ästhetischen Begriffs*. Hg. von Susanne Knaller und Harro Müller. München: 17–35.
Knaller, Susanne (2007). *Ein Wort aus der Fremde. Theorie und Geschichte des Begriffs Authentizität*. Heidelberg.
Knaller, Susanne (2015). *Die Realität der Kunst. Programme und Theorien zu Literatur, Kunst und Fotografie seit 1700*. Paderborn.

Konrad, Eva-Maria (2014). *Dimensionen der Fiktionalität. Analyse eines Grundbegriffs der Literaturwissenschaft*. Münster.
Lamarque, Peter und Stein Haugom Olsen (1994). *Truth, Fiction, and Literature. A Philosophical Perspective*. Oxford.
Lukács, Georg (1970). „Reportage oder Gestaltung? Kritische Bemerkungen anläßlich des Romans von Ottwalt". *Schriften zur Literatursoziologie*. Hg. von Peter Ludz. Berlin: 122–142.
Moholy-Nagy, László (1967 [1925]). *Malerei, Fotografie, Film*. Mainz.
Neumann, Gerhard (2000). „Erzähl-Theater. Inszenierte Authentizität in Brechts kleiner Prosa". *Inszenierung von Authentizität*. Hg. von Erika Fischer-Lichte und Isabell Pflug. Tübingen: 93–108.
Nickel-Bacon, Irmgard, Norbert Groeben und Margrit Schreier (2000). „Fiktionssignale pragmatisch. Ein medienübergreifendes Modell zur Unterscheidung von Fiktion(en) und Realität(en)". *Poetica* 32.3/4 (2000): 267–299.
Pavel, Thomas G. (1986). *Fictional Worlds*. Cambridge, MA.
Pesch, Martin (1996). „Wolfgang Tillmans. ‚Authentisch ist immer eine Frage des Standpunkts'. Ein Gespräch von Martin Pesch". *Kunstforum* 133 (1996): 256–269.
Plumpe, Gerhard (2008). „Der Widerstand der Welt. Realismus und Literatur der Moderne". *Realitätseffekte. Ästhetische Repräsentationen des Alltäglichen im 20. Jahrhundert*. Hg. von Alexandra Kleihues. Paderborn: 13–23.
Robbe-Grillet, Alain (1963a). „Du réalisme à la réalité". *Pour un nouveau roman*. Hg. von Alain Robbe-Grillet. Paris: 171–183.
Robbe-Grillet, Alain (1963b). „Temps et description dans le récit d'aujourd'hui". *Pour un nouveau roman*. Hg. von Alain Robbe-Grillet. Paris: 155–169.
Robbe-Grillet, Alain (1965a). „Vom Realismus zur Realität". *Argumente für einen neuen Roman. Essays*. Hg. von Alain Robbe-Grillet. München: 109–121.
Robbe-Grillet, Alain (1965b). „Zeit und Beschreibung im heutigen Roman". *Argumente für einen neuen Roman. Essays*. Hg. von Alain Robbe-Grillet. München: 93–107.
Rodtschenko, Aleksander Michajlovitsch (1993). „Die Wege der modernen Photographie". *Aufsätze, Autobiographische Notizen, Briefe, Erinnerungen*. Hg. von Hans-Joachim Lambrecht. Dresden: 153–159.
Rössler, Otto E. (1992). *Endophysik. Die Welt des inneren Beobachters*. Berlin.
Scarpetta, Guy (1987). „Sophie Calle, le jeu et la distance". *Art Press* 111.16 (1987): 16–19.
Searle, John R. (1975). „The Logical Status of Fictional Discourse". *New Literary History* 6.2 (1975): 319–332.
Simon, Claude (1982). „Roman, description et action". *Studi di letteratura francese* 8 (1982): 12–27.
Stierle, Karlheinz (1983). „Die Fiktion als Vorstellung, als Werk und als Schema – eine Problemskizze". *Funktionen des Fiktiven*. Hg. von Dieter Henrich und Wolfgang Iser. München: 172–182.
Stierle, Karlheinz (2010). „Fiktion". *Ästhetische Grundbegriffe. Studienausgabe*. Bd. 2. Hg. von Karlheinz Brack, Martin Fontius und Dieter Schlenstedt. Stuttgart: 380–428.
Thon, Jan-Noel (2014). „Fiktionalität in Film- und Medienwissenschaft". *Fiktionalität. Ein interdisziplinäres Handbuch*. Hg. von Tobias Klauk und Tilmann Köppe. Berlin: 443–466.
Walton, Kendall L. (1990). *Mimesis as Make-Believe. On the Foundations of the Representational Arts*. London.

Yourcenar, Marguerite (1982a). „Carnet de notes de ‚Mémoires d'Hadrien'". *Œuvres romanesques*. Hg. von Yvon Bernier. Paris: 519–541.
Yourcenar, Marguerite (1982b). „Mémoires d'Hadrien". *Œuvres romanesques*. Hg. von Yvon Bernier. Paris: 285–515.
Zipfel, Frank (2001). *Fiktion, Fiktivität, Fiktionalität. Analysen zur Fiktion in der Literatur und zum Fiktionsbegriff in der Literaturwissenschaft*. Berlin.

Weiterführende Literatur

Gertken, Jan und Tilmann Köppe (2009). „Fiktionalität". *Grenzen der Literatur. Zu Begriff und Phänomen des Literarischen*. Hg. von Simone Winko, Fotis Jannidis und Gerhard Lauer. Berlin: 228–266.
Klauk, Tobias und Tilmann Köppe (Hgg., 2014). *Fiktionalität. Ein interdisziplinäres Handbuch*. Berlin.
Knaller, Susanne (2007). *Ein Wort aus der Fremde. Theorie und Geschichte des Begriffs Authentizität*. Heidelberg.
Knaller, Susanne (2015). *Die Realität der Kunst. Programme und Theorien zu Literatur, Kunst und Fotografie seit 1700*. Paderborn.
Konrad, Eva-Maria (2014). *Dimensionen der Fiktionalität. Analyse eines Grundbegriffs der Literaturwissenschaft*. Münster.
Zipfel, Frank (2001). *Fiktion, Fiktivität, Fiktionalität. Analysen zur Fiktion in der Literatur und zum Fiktionsbegriff in der Literaturwissenschaft*. Berlin.

Henrik Skov Nielsen
III.2 Fiktionalität und Erzählen: Funktionen von Fiktionalität

1 Einleitung

Betrachtet man Fiktionalität als rhetorische Strategie um Nicht-Gegenwärtiges und offenkundig Erfundenes zu kommunizieren, statt als eine Eigenschaft, die allein fiktionalen Erzählgattungen zukommt, stellt man fest, dass sie über alle Diskurse und Medien hinweg allgegenwärtig ist. Ein Politiker beispielsweise kann Träume, Gedankenexperimente, Szenarien und ausgedehnte kontrafaktische Erfindungen nutzen, um das Publikum in seiner Wahrnehmung von dem was richtig ist und was wahr ist zu beeinflussen. Barack Obama bediente sich solcher Fiktionalität recht häufig vor und während seiner Präsidentschaft, etwa als er nach der Veröffentlichung seiner Geburtsurkunde behauptete, dass er nun bereit wäre, einen Schritt weiterzugehen, und ankündigte, eine echte Aufnahme seiner Geburt zu zeigen. Obama spielte dann in Wirklichkeit die Geburtsszene aus dem Disney-Animationsfilm *Der König der Löwen* ab. Obama hatte eindeutig nicht vor, jemanden zu täuschen. Stattdessen präsentierte er sich selbst als das Äquivalent zum gutherzigen Simba – als jemand, der praktisch geboren wurde um zu herrschen. Obama nutzte Fiktionalität um Einfluss auf eine Angelegenheit in der wirklichen Welt, nämlich die Debatte über seine Wählbarkeit, auszuüben und dabei seine Integrität zu wahren; gleichzeitig schaffte er es, Trump als Verschwörer darzustellen, der unfähig ist, zwischen Phantasie, Realität und Illusion zu unterscheiden, ohne dass er dies explizit aussprach.

Fiktionalität signalisiert demnach eine Erfindung – aber nicht eine von der Welt abgewandte, sondern eine, die einen Zweck in der Welt erfüllt. Ausgehend von diesen allgemeinen Überlegungen wird in diesem Kapitel zwischen den Begriffen ‚Narrativ', ‚Fiktion' und ‚Fiktionalität' unterschieden, weil nicht alle Narrative fiktional und viele, aber nicht alle Fälle von Fiktionalität Narrative sind. Zusätzlich wird hier vom Standpunkt eines rhetorischen Ansatzes davon ausgegangen, dass es sinnvoll ist zwischen Fiktion und Fiktionalität zu unterscheiden. Die theoretische Beschäftigung mit Fiktionalität hat eine lange und abwechslungsreiche Geschichte in der Literaturwissenschaft, der Philosophie und den verwandten Disziplinen. Seit der Veröffentlichung von Richard Walshs *The Rhetoric of Fictionality* (2007) haben Wissenschaftler aus dem weiten Gebiet rhetorischer Ansätze der Erzähltheorie eine neue Herangehensweise zur Fiktionalität vorgeschlagen. Diese basiert auf der wesentlichen Unterscheidung zwischen fiktionalen Gattungen wie dem Roman, der Kurzgeschichte oder dem Spielfilm einerseits, und der Eigenschaft von Fiktionalität andererseits, wobei der Begriff einen Diskursmodus über Gattungen und Medien hinweg bezeichnet. Diese Unterscheidung zwischen Fiktion und Fiktionalität macht fiktionale Gattungen zu einer Unterkategorie der großen Gruppe von Diskursen, in denen Fiktionalität eingesetzt wird, um über erfundene, eingebildete oder nicht-gegenwärtige Angelegenheiten zu sprechen, und die oft eine narrative Dimension haben. Die Unterscheidung ist meiner Ansicht nach unabdingbar für die neue Herangehensweise, die andeutet, dass Fiktionalität als Kommunikationsstrategie, um auf Erfundenes hinzuweisen, auch außerhalb der im engeren Sinne fiktionalen Gattungen verbreitet ist. Zusätzlich hat diese Herangehensweise Folgen für einige zentrale Konzepte der Literaturwissenschaft, wie unten gezeigt wird.

Zunächst gibt es einen Unterschied zwischen Narrativität und Fiktionalität. Grob gesagt wurde Narrativität konzipiert a) als Handlung und Kausalität (darunter Ansätze von Aristoteles über Paul Ricoeur bis hin zu Peter Brooks und anderen, vgl. Kukkonen 2014); b) vorrangig im Sinne von Monika Fluderniks Konzept der Erfahrungshaftigkeit (*experientiality*) und David Hermans ‚What it is like?' (‚Wie fühlt es sich an?') und daher als Repräsentationen menschlicher Erfahrung; c) als ein rhetorischer Akt, bei dem jemand etwas zu einem bestimmten Anlass und mit einer bestimmten Absicht erzählt. Unabhängig davon, welchen dieser Denkansätze zu Narrativität man bevorzugt, scheint es klar zu sein, dass sie alle ein Verständnis davon beinhalten, dass erstens alle Erzählungen künstlich und konstruiert und das Ergebnis erzählerischer Entscheidungen sind, die Ordnung und Auslassung einschließen; und dass zweitens manche, aber nicht alle Erzählungen den Empfänger einladen zu verstehen, dass sie nicht unmittelbar über Ereignisse aufklären, die in der wirklichen Welt passiert sind (viele Romane, Actionfilme, Fernsehserien, etc.), wohingegen andere Erzählungen (obwohl noch immer konstruiert) die Behauptung aufstellen, historische Begebenheiten darzustellen (diese Kategorie beinhaltet u. a. viele Biografien, Autobiografien, historische Berichte und viele Augenzeugenberichte in Form von Zeugenaussagen), während wieder andere die Grenzen bewusst verwischen (einige Autofiktionen, historische Romane, etc.). Dies beinhaltet nicht den Anspruch, dass wir irgendeinen direkten Zugang zur ‚wirklichen Welt' hätten, oder dass Darstellungen offenkundige Fenster zur Realität seien. Was vielmehr behauptet wird ist, dass Geschichtenerzähler verschiedene Absichten verfolgen, verschiedene Mittel einsetzen und verschiedene Aufforderungen herstellen, ihre Erzählung als erfunden oder als so wahr wie möglich entsprechend ihrer gelebten, subjektiven, wahrgenommenen Realität zu verstehen. Empfänger tendieren dementsprechend dazu, Vermutungen über diese Absichten anzustellen und manchmal den Wahrheitsgehalt einiger Erzählungen zu überprüfen, wie zum Beispiel bei historischen Erzählungen über den Zweiten Weltkrieg, wohingegen andere Erzählungen derartige Reaktionen nicht herausfordern, weil sie – wie es bei den meisten Romanen der Fall ist – offen als erfunden und nicht wahr präsentiert werden. Aus den oben genannten Gründen scheint es klar, dass wir nicht den Fehler machen sollten, die unvermeidliche Konstruiertheit *aller* Erzählungen mit der offensichtlichen Erfindung *einiger* Erzählungen zu vermengen, und dass dementsprechend einige Erzählungen fiktional sind und andere nicht, so dass wir die Unterscheidung zwischen Narrativität und Fiktionalität brauchen.

Zunächst sollte die Unterscheidung zwischen Fiktion und Fiktionalität unterstrichen werden. Mit ‚Fiktion' werden Gattungen wie Romane, Spielfilme, Kurzgeschichten und andere kulturelle Artefakte definiert, die bis zu dem Grad konventionalisiert sind, dass das Publikum typische Vertreter erkennt und von diesen etwas Erfundenes erwartet und keine Präsentation *von* oder Information *über* Fakten. Das bedeutet, dass bereits paratextuelle Signale der Zugehörigkeit zu einem Genre, wie etwa zum ‚Roman', Hinweise darauf enthalten, dass die Erzählung erfunden ist (ein Hinweis, der – wie die meisten Kommunikationssignale – selbstverständlich auch irreführend sein kann).

Wie erwähnt wurde in den letzten Jahren zunehmend vorgeschlagen, die Eigenschaft der Fiktionalität von einer eindeutigen Beziehung mit Fiktion als Gattung zu trennen. Dies geht von der Beobachtung aus, dass Menschen häufig auch außerhalb der etablierten Gattungsgrenzen über erfundene und eingebildete Sachlagen kommunizieren, so z. B. in sozialen Medien und vielen anderen verbreiteten Diskursformen, einschließlich Politik und Werbung. So wird anerkannt, dass Kommunikation über Ausgedachtes nicht nur in einem Roman, einer Fernsehserie, oder anderen konventionellen fiktionalen Gattungen stattfindet. Aus dieser Perspektive ist Fiktionalität nicht nur eine Eigenschaft von Fiktion, weshalb wir sie unabhängig von einzelnen Gattungen beschreiben müssen. Im Sinne der vorangegangenen Argumentation und der in Nielsen und Gjerlevsen Zetterberg (im Erscheinen) vorgeschlagenen Definition, ist es sinnvoll, Fiktionalität als *bewusst markierte Erfindung in der Kommunikation* zu definieren. Beim Gebrauch von Fiktionalität signalisiert ein Absender einem Empfänger bewusst, dass das, was kommuniziert wird, nicht referentiell wahr sein muss, wohingegen solche expliziten Signale bei Lügen abwesend sind. Anders als Wahrheitsbehauptungen über tatsächliche Angelegenheiten wirken fiktionale Äußerungen unabhängig vom Wahrheitsgehalt.

Die Definition von Fiktionalität als bewusst markierte Erfindung in der Kommunikation zeigt, dass obwohl diese Art der Kommunikation häufig die Form einer Erzählung annimmt, sie dieses nicht tun muss. Das Bild eines Einhorns beispielsweise, oder eines Drachens – wenn nicht dazu bestimmt, jemanden dazu zu bringen die tatsächliche Existenz derartiger Tiere zu glauben, sondern um die Bilderwelt von Märchen heraufzubeschwören – wären Beispiele für Fiktionalität in nicht-erzählerischer Form. Gleichermaßen ist Fiktionalität auch nicht auf sprachlicher Darstellung angewiesen, da neben Bildern auch Stummfilme, Pantomimen, etc. Kommunikationsakte sein können, die bewusst Erfindung markieren.

Zusätzlich zu einer abgrenzenden Bestimmung von Fiktionalität als Antwort auf die Frage ‚was ist Fiktionalität?', soll man grundlegend versuchen, Fiktionalität im Hinblick auf die Fragen zu definieren, was, wo, wann und wie Fiktionalität ist. Mein wichtigster Beitrag zu dieser neuen Herangehensweise ist die Beschreibung und Analyse der Funktionen, Absichten und Aufforderungen von Fiktionalität außerhalb fiktionaler Gattungen, während auch die wechselseitige Beziehung von Fiktionalität innerhalb und außerhalb solcher Gattungen von Interesse ist. Die Art und Weise, in welcher erfundene Geschichten und Szenarien unsere Annahmen über die wirkliche Welt zu einem überraschenden Maß beeinflussen, steht dabei im Fokus. Fiktionalität ist einflussreich und trägt dazu bei Risiken abzuschätzen, Wahlen zu gewinnen (oder zu verlieren), Werte zu vermitteln, Produkte zu verkaufen und vieles mehr. Diese Seite der Thematik wird im letzten Abschnitt des Artikels noch einmal angesprochen.

2 Die Rhetorik der Fiktionalität

Nachdem wir zwischen Erzählung und Fiktionalität und Fiktion und Fiktionalität unterschieden haben, können wir nun die Grundlagen einer spezifisch rhetorischen Herangehensweise an das Thema Fiktionalität umreißen, und auch weiterverfolgen, was durch eine strikte Trennung der Begriffe Fiktion und Fiktionalität erreicht werden kann. Diese Unterscheidung muss radikal genug sein, sowohl Fiktionalität außerhalb fiktionaler Gattungen zu erfassen als auch die Untersuchung von Fiktionalität *innerhalb* solcher Gattungen als etwas von der fiktionalen Gattung an sich Unterschiedenes zuzulassen.

Traditionell ist Fiktionalität im Sinne der Eigenschaften, Besonderheiten und des Aufforderungscharakters fiktionaler Gattungen untersucht worden, welche wiederum dadurch definiert wurden, wie sie sich von anderen Gattungen unterscheiden. Um zu erläutern wie Fiktion und Fiktionalität zu unterscheiden sind, sagt Walsh:

> Not that fictionality should be equated simply with ‚fiction,' as a category or genre of narrative: it is a communicative strategy, and as such it is apparent on some scale within many nonfictional narratives, in forms ranging from something like an ironic aside, through various forms of conjecture or imaginative supplementation, to full-blown counterfactual narrative examples. (Walsh 2007, 7)

> [...] [A] pragmatic theory of fictionality does not require detachment of fictive discourse from real-world context. [...] Fictionality is neither a boundary between worlds, nor a frame dissociating the author from the discourse, but a contextual assumption by the reader [...].
> (Walsh 2007, 36)

Walsh zufolge betrachten moderne Darstellungen von Fiktionalität Fiktion generell als ein Problem der Wahrhaftigkeit und situieren Fiktion als zweitrangig gegenüber der wirklichen Welt (2007, 13). Um Fiktionalität als ein Kommunikationsmittel und nicht als Problem der Wahrhaftigkeit oder als Negation von Grices Konversationsmaxime der Qualität zu behandeln, verwendet Walsh die Relevanztheorie nach Dan Sperber und Deirdre Wilson (1986):

> Most fundamentally, it allows me to say that the problem of fictionality is not, after all, a problem of truthfulness, but a problem of relevance [...] The relevance theory model allows for a view of fiction in which fictionality is not a frame separating fictive discourse from ordinary or ‚serious‘ communication, but a contextual assumption: that is to say, in the comprehension of a fictive utterance, the assumption that it is fictive is itself manifest. (Walsh 2007, 30)

Walshs radikal pragmatischer Ansatz hindert ihn daran, auf spezifische textuelle Fiktionalitätsmarkierungen und auf die Frage einzugehen, inwiefern Fiktionalität die Interpretation eines Textes, einer Erzählung oder einer Aussage beeinflusst, wenn der Kontext klarmacht, dass diese fiktional sind. Wenn Fiktionalität allein eine Frage von kontextabhängiger Relevanz ist, bleibt die Frage offen, warum und wie ein Kontext es für einen Empfänger relevant werden lässt, einen Diskurs als fiktional zu interpretieren und auf welche Art dies dessen Verständnis verändert (vgl. Nielsen und Zetterberg Gjerlevsen [im Erscheinen]).

Trotzdem stützt sich Walsh stark, beinahe ausschließlich, auf Werke die paratextuell als Fiktion bezeichnet oder irgendwie als Fiktion präsentiert werden:

> The contextual assumption of fictionality also informs the processing of this sentence [the first sentence in *The Trial*] (because we found the book in the fiction section of the bookshop, or we are reading it for a course on the modern novel, or we have prior general knowledge of Kafka). (2007, 33)

Auch wenn Walsh Fiktionalität sorgfältig von Fiktion unterscheidet und zutreffend andeutet, dass dies zu einem anhaltenden Paradigmenwechsel beitragen könnte, bedeutet seine pragmatische Herangehensweise, dass er unentwegt Gefahr läuft, die Frage nach der Fiktionalität mit der Frage nach der Fiktion zu vermischen. Das Zitat kommt der Aussage nahe, dass wir etwas als Fiktion lesen, weil wir wissen, dass es Fiktion ist. Das gleiche gilt bereits auf Seite 1: „I conceive of *fictionality* as a distinctive rhetorical resource, functioning directly as part of the pragmatics of serious communication. I argue the possibility of such a view of *fiction* [...]" (Walsh 2007, 1; meine Hervorhebung). Damit das Konzept der Fiktionalität das volle Erklärungspotential sowohl außerhalb als auch innerhalb fiktionaler Gattungen erhält, muss es zunächst vollständig von dem abgelöst werden, zu dessen Beschreibung es verwendet wurde. Dies ist eine der Motivationen für die Definition, die ich gemeinsam mit Simona Zetterberg und in Zusammenarbeit mit James Phelan vorgeschlagen habe („Fiktionalität = bewusst markierte Erfindung in der Kommunikation", Nielsen und Zetterberg Gjerlevsen [im Erscheinen]).

Wie erwähnt ist die Verwendung von Fiktionalität in dieser Auffassung klar getrennt sowohl von der Lüge als auch von der Wahrheit, und ihre grundlegende Eigenschaft ist nicht zu täuschen, sondern emotionale und imaginative Reaktionen auf eine als erfunden ausgegebene und angenommene Geschichte hervorzurufen. Dies wirft natürlich die Frage nach dem kommunikativen Nutzen von Fiktionalität auf. Im Vergleich dazu scheint es auf der Hand zu liegen, warum wir häufig die Wahrheit sagen, und beinahe genauso einfach zu verstehen, warum wir manchmal lügen. Dennoch erscheint es merkwürdig, dass wir etwas Unwahres mitteilen *ohne* den Versuch jemanden zu täuschen, wenn wir Fiktionales erfinden. Ein kurzer Vergleich der drei Kommunikationsformen könnte erhellend sein.

Weite Teile menschlicher Kommunikation, einschließlich beinahe aller Wissenschaften, basieren auf der Annahme, dass wir die Realität wahrheitsgemäß so beschreiben können wie wir sie verstehen und daher mit Hilfe von Sätzen wie „17 ist eine Primzahl" oder „Spinnen haben 8 Beine" Wissen zwischen Individuen übermitteln. Ebenso ist es recht einfach zu erkennen, warum jemand manchmal versucht aktiv zu verbergen, dass man die Realität nicht beschreibt wie sie ist und Dinge sagt wie „ich habe die Kekse nicht gegessen" oder „ich hatte keinen Sex mit dieser Frau". Fiktionalisierung unterscheidet sich von beiden, hat jedoch mit beiden auch etwas gemeinsam. Genau wie die Lüge beschreibt Fiktionalisierung nicht die Realität so wie sie ist. Genau wie die wahre Aussage beabsichtigt Fiktionalisierung nicht, irgendjemanden zu täuschen. Anders als die Lüge stellt Fiktionalisierung daher die Tatsache in den Vordergrund, dass sie, anders als die Wahrheit, die Realität nicht genauso beschreibt wie sie ist. Sie kann Formen annehmen wie „es war einmal vor langer Zeit, da gab es ein verzaubertes Schloss" oder „heute sind wir alle Norweger". Beide Aussagen sind eindeutig falsch. Dennoch ist es gleichzeitig offenbar sinnlos, genau dies zu behaupten. Behandelt man sie eher als eine Eigenschaft anstatt als Gattung, fordert uns Fiktionalisierung auf, etwas als erfunden anstatt als berichtet und referentiell zu begreifen.

Vergleichen wir Fiktionalität in diesem Sinne mit Ironie: In ihrer einfachsten und grundlegendsten Konzeption kann man sagen, dass Ironie signalisiert, dass der Sender in etwa das Gegenteil von dem meint, was er sagt. Und Ironie verändert ganz bestimmt die Interpretationsstrategien des Empfängers. Offensichtlicht ist die Fiktionalität etwas von der Ironie sehr Verschiedenes. Dennoch haben die beiden rhetorischen Modi viel gemeinsam. Wahrscheinlich würde niemand glauben, dass es zwei ontologisch verschiedene Arten von Texten gäbe, ironische und nicht-ironische. Doch diese Argumentation beinhaltet nicht die Annahme, dass eine ironische Person oder ein ironischer Text keinen großen Unterschied bei der Interpretation ausmachen. Das gleiche gilt für die Fiktionalität. Genau wie die Ironie ist sie eine Eigenschaft, von der wir annehmen können, dass ein Text oder ein Abschnitt sie besitzt um ihm Bedeutung zu verleihen und ihn zu verstehen. Und genau wie bei der Annahme, dass ein Text oder ein Absatz ironisch ist, verändern sich unsere Vermutungen grundlegend, wenn wir annehmen, dass ein Text oder ein Absatz fiktionalisiert ist. Wenn wir richtiger- oder fälschlicherweise annehmen, dass ein Text ironisch ist, nehmen wir an, dass er etwas anderes meint als er sagt. Wenn wir richtiger- oder fälschlicherweise von einem Text annehmen, dass er fiktionalisiert ist, lesen wir ihn als uns zu der Annahme herausfordernd, dass er (in Teilen oder als Ganzes) in dem Sinne erfunden ist, dass er sich nicht direkt auf die wirkliche Welt bezieht, sondern eingebildete Ereignisse und Dinge erschafft. Fiktionalität anzunehmen verändert unsere Interpretationsstrategien ebenso wie es die Ironie tut. Wir nehmen an, dass bewusst signalisiert wird, dass die Geschichte erfunden ist.

3 Fiktionalitätssignale

Im Gegensatz zu Ansätzen, die auf der Annahme einer gattungsmäßigen und ontologischen Bestimmung von Fiktion beruhen, die durch bestimmte Signale angezeigt wird, besteht die hier beschriebene Herangehensweise darin, dass keine formale Technik oder ein anderes Textmerkmal ein notwendiger oder hinreichender Anlass für die Identifizierung eines fiktionalen Diskurses ist. Dies ist eine der Thesen in dem Artikel „Ten Theses about Fictionality":

> A rhetorical conception of fictionality makes it a cultural variable rather than a logical or ontological absolute; fictionality is therefore relative to communicative contexts rather than intrinsic to the discourse itself. No technique is found in all fiction and/or only in fiction, even though *within certain cultural and historical contexts* certain textual features can become strong conventional indices of a fictive communicative intent (e. g., zero focalization in the era of the realist novel). (Nielsen et al. 2015, 66; vlg. auch Nielsen und Phelan 2017)

Einerseits stellt der Wechsel von einer gattungstheoretischen zu einer rhetorischen Herangehensweise jegliche Annahme einer notwendigen Beziehung zwischen Textsorte und Fiktionalitätssignalen in Frage, wie Walsh es bereits 2007 ausdrückte:

> Of course it is the case that most fictions do in fact exhibit characteristics indicative of their fictional status [...] but these are neither necessary nor sufficient conditions of fictionality. [...] Even within the terms of the familiar, modern fictional contract, though, fictionality has no determinate relation to features of the text itself [...]. (44)

Andererseits fordert die rhetorische Herangehensweise dazu auf, genau auf die Hinweise und Signale zu achten, die Leser und Empfänger zu Schlussfolgerungen und Annahmen über den Status des Textes und die Intentionen des Autors anregen. Wir behaupten, dass es möglich ist der pragmatischen Auffassung von Fiktionalität zu folgen, bei der die Interpretation der Signale vom kontextuellen Rahmen abhängig ist, und gleichzeitig textuelle Zeichen zu suchen und zu finden, die auf den fiktionalen Status einer Äußerung hinweisen (Nielsen und Zetterberg Gjerlevsen [im Erscheinen]).

Als Dorrit Cohn das erforschte, was sie Fiktionalitätssignale (*signposts of fictionality*) nannte (1990 und 1999), untersuchte sie verschiedene mögliche Signale und folgerte, dass es vor allem drei ‚signposts' gebe, die ihrer Meinung nach alle auf die „differential nature of fiction" (1999, 131) hindeuten. Cohns Theorie ist beispielhaft für Theorien von Fiktionalitätssignalen: Die Signale wurden gleichgesetzt mit und erforscht als Zeichen von Fiktion; es sollten Zeichen gefunden werden, die nur zur Fiktion gehören können und sie daher als Gattung auszeichnen. Die Beschränkung der Frage nach Fiktionalitätssignalen darauf, ob sie als stabile Gattungsindizien fungieren können oder nicht, hat dazu geführt, dass Theoretiker häufig die Existenz möglicher Fiktionalitätssignale in nicht-fiktionalen Gattungen und Kontexten behauptet haben. Dabei war der Grundgedanke, dass wann immer Zeichen von Fiktionalität außerhalb fiktionaler Gattungen gefunden werden, diese nicht länger Zeichen von Fiktionalität sein können. Genette beispielsweise tut genau dies, wenn er schließt, dass „the devices of ‚fictionalization' which Käte Hamburger enumerates have in recent years become widespread in certain forms of factual narrative" (1990, 772). Dasselbe gilt für Riffaterre (1990), Schaeffer (2010 [1999]), Fludernik (2005), Schmid (2010), Hamburger (1993 [1957]) und Banfield (1982).

Der wichtigste Punkt in diesem Abschnitt ist, dass dasselbe Argument nicht auf Zeichen der Fiktionalität zutrifft. Die Trennung von Fiktionalität und Fiktion lässt Signale der Fiktionalität auch außerhalb von fiktionalen Gattungen und ihre Untersuchung als ebensolche zu. Sie bleiben nur dann Fiktionalitätssignale, wenn sie bewusst etwas Erfundenes in der Kommunikation signalisieren. Sie dienen nicht notwendigerweise dazu, eine gattungsmäßige Zuordnung zu signalisieren, sondern die Interpretation zu lenken. Diese Art solche Signale zu betrachten erlaubt uns eine Neubewertung von Kandidaten, die als Fiktionalitätssignale vorgeschlagen wurden, bezüglich ihrer Funktion, auf kommunizierte Erfindung hinzuweisen.

Erlebte Rede soll hier als Hauptbeispiel dafür dienen, wie diese Herangehensweise die Art der Diskussion verändert. Das Beispiel soll zeigen, wie sich diese Punkte auch auf andere Kandidaten für Fiktionalitätssignale wie auktoriale Einmischung, Metasprache, Nullfokalisierung, paratextuelle Markierungen wie ‚Roman', gnostische Aussagen, Bewusstseinsdarstellung usw. anwenden lassen. Manche Fiktionalitätssignale erscheinen in einer Form, die üblicherweise mit erkennbaren Erzählgattungen, wie dem Roman, in Verbindung gebracht werden oder Erfundenes durch typische Redewendungen wie zum Beispiel: „Es war einmal..." anzeigen. Semantisch weist in diesem Satz nichts auf den erfundenen Charakter der Aussage hin. Es ist in der Tat sogar das Gegenteil der Fall. Aber seine konventionelle Assoziation mit dem Genre des Märchens, von dem man erwartet, dass es gänzlich frei erfunden ist, trägt zur Prägung unserer Erwartung dessen, was folgt, bei. Andere Fiktionalitätssignale funktionieren auf rein semantischer Ebene, wenn Äußerungen wie „was wäre wenn?", „stell dir vor" oder „betrachte das folgende Szenario", unmittelbar signalisieren, dass das Folgende als Phantasie kommuniziert wird und daher nicht als wahre Aussage behandelt werden sollte, selbst wenn es offensichtlich sinnlos wäre, es als Lüge zu bezeichnen.

Im zweiten Teil dieses Abschnitts wird Erlebte Rede weiter im oben vorgeschlagenen Rahmen diskutiert. Erlebte Rede wurde üblicherweise als eine spezifische literarische Technik oder gar als Fiktionalitätssignal betrachtet. Dies ist weiterhin keine unübliche Sichtweise, aber wie wir sehen werden, ist dies eine offensichtlich völlig unhaltbare Position, die von McHale, Fludernik, Dawson und vielen anderen angefochten wurde. Gleichermaßen ist oft gezeigt worden, dass die gebräuchliche Auffassung von Erlebter Rede als eine Umwandlung vom Präsens in der ersten Person hin zum Präteritum in der dritten viel zu eng ist. Monika Fludernik zeigt bereits 1993 in *The Fictions of Language and the Languages of Fiction* unter Berufung auf frühere Studien, dass Erlebte Rede auch in Erzählungen der ersten Person (85), Du-Erzählungen (85), Erzählungen im Präsens (89) und außerhalb der Literatur (92) stattfinden kann und untersucht, ob die Ursprünge in der Literatur oder der mündlichen Erzähltradition liegen (93). Geht man davon aus, dass Erlebte Rede eindeutig nicht nur in Literatur und fiktionalen Gattungen zu finden ist und offensichtlich nicht auf den fiktionalen Status einer Gattung oder eines Textes hinweist, kann man sich eine völlig andere Frage, in Übereinstimmung mit der Unterscheidung zwischen Fiktion und Fiktionalität stellen: „Signalisiert Erlebte Rede Fiktionalität immer in dem Sinne, dass sie den Diskurs weder als wahr noch als falsch, sondern als Erfindung kennzeichnet?" Bei der Begrenzung Erlebter Rede nähert sich beinahe jeder Theoretiker dem Problem mit Hilfe von Beispielen statt einer Definition. Wörterbücher, Wikis und Handbücher hingegen bieten umfangreiche Definitionen an, die aber unglücklicherweise zwangsläufig falsch sind oder viel zu eng gefasst scheinen. Das gilt zum Beispiel auch für *The Oxford Dictionary of Literary Terms*, wo es heißt:

> free indirect style (free indirect discourse)
> A manner of presenting the thoughts or utterances of a fictional character as if from that character's point of view by combining grammatical and other features of the character's ‚direct speech' with features of the narrator's ‚indirect' report.
> („free indirect style" *Oxford Dictionary of Literary Terms* 2008))

Diese Definition setzt nicht nur voraus, dass Erlebte Rede sich a) grundsätzlich auf fiktionale Charaktere bezieht und b) daher nur mit fiktionalen Gattungen assoziiert werden kann, sondern auch dass c) solche Texte in Fällen von Erlebter Rede immer eine Erzählinstanz haben, die d) ‚indirekt' berichtet. Darüber hinaus ist e) Erlebte Rede demnach ein Mittel um Gedanken und Äußerungen zu übermitteln, die angeblich von einer Figur stammen, aber nur f) ‚als ob' es die Perspektive der Figur sei und in einer abgeleiteten Form, die sich auf Merkmale der g) ‚direkten Rede' dieses Charakters bezieht. Jede der Annahmen a) bis g) ist entweder gänzlich falsch und trifft nur manchmal zu. Zum Beispiel stellt Erlebte Rede nicht immer die Gedanken fiktionaler Charaktere dar und definitiv nicht immer in Verbindung mit dem ‚indirekten' Bericht des Erzählers.

Selbstverständlich ist es leicht, gegenüber falschen Darstellungen und Definitionen kritisch zu sein, dennoch scheint es beinahe unmöglich, eine gute Definition zu entwickeln. Das Problem dabei scheint ein unentschlossener und unklarer (oder manchmal einfach nicht durchdachter) Bezug zur Frage der Gattung und zum Verhältnis zwischen Gattungskonventionen einerseits und der Semantik eines bestimmten sprachlichen Merkmals auf der anderen Seite zu sein. Die folgenden Beispiele sollen den Weg für eine Beschreibung der Funktionen Erlebter Rede als mögliche Zeichen von Fiktionalität innerhalb und außerhalb fiktionaler Gattungen bereiten:

1) „Du könntest sterben, sagtest du." Wenn dies als Reflektion der Worte der Person interpretiert wird, auf die sich das Pronomen „du" bezieht, dann ist dies ein Fall von Erlebter Rede in der zweiten Person.
2) „Ich fragte sie, ob sie dich kennt. Nein, sie kannte dich nicht." Auch hier handelt es sich wieder um Erlebte Rede, doch dieses Mal in der zweiten Person und mit der Funktion, die angeblichen Worte eines Sprechers der dritten Person wiederzugeben (der wahrscheinlich nicht das Wort „du" benutzt haben wird, sondern etwas im Sinne von „nein, ich kenne ihn/sie nicht").
3) „Ich starb vor Durst. Es war eine Oase! Ich war gerettet! Ach, als ich näherkam, war dort nichts als Sand." Interpretiert man diese Aussge als die irrtümlichen Gedanken eines Charakters, im Sinne von „Ich glaube, dass dies eine Oase ist; Ich bin mir dessen sicher, ich bin gerettet" – dann handelt es sich hierbei um

einen Fall von Erlebter Rede in der ersten Person, bei dem das Präteritum statt des Präsens aber nicht die dritte Person anstatt der ersten Person verwendet wird.

4) „Ich war viel, viel besser als du!" „Du warst **besser** als ich?" Wenn der letzte Satz als die Wiederholung dessen interpretiert wird, was der Sprecher als irrige Annahme betrachtet, dann ist dies ein Fall von Erlebter Rede in der Frageform der zweiten Person.

All diese Beispiele könnten sowohl in der Literatur vorkommen als auch außerhalb; sie könnten ebenso aus fiktionalen wie nicht-fiktionalen Gattungen stammen. Nichts an ihnen bestimmt eine Gattung. Stattdessen stellt sich erneut die Frage, die sich aus dem Rahmen der rhetorischen Herangehensweise an Fiktionalität ergibt: Signalisieren die vier Beispiele im Besonderen und die Erlebte Rede im allgemeinen Erfindung? Die Antwort auf diese Frage ist vom Kontext und von der Interpretation abhängig. Dies macht es aber trotzdem nicht sinnlos über Fiktionalitätssignale in diesen kontextspezifisch gedeuteten Situationen zu sprechen. Um vorläufige Antworten auf diese Fragen von einem rhetorischen Standpunkt aus zu finden, der Fiktionalität zweifelsohne außerhalb von Literatur und fiktionalen Gattungen erlaubt, kann ein Blick auf zwei eindeutig nicht-fiktionale Beispiele helfen. Das erste stammt aus der *Stanford Encyclopedia of Philosophy* wo es über die antike Ethiktheorie („Ancient Ethical Theory") heißt – und dies ist nur ein Beispiel unter vielen:

> Virtue is a general term that translates the Greek word *aretê*. Sometimes *aretê* is also translated as excellence. Many objects, natural or artificial, have their particular *aretê* or kind of excellence. There is the excellence of a horse and the excellence of a knife. Then, of course, there is human excellence. (Parry 2014)

Man kann feststellen wie die Gedanken und Meinungen eines anderen (nämlich der antiken Theoretiker der Ethik) beinahe unmerklich mit dem Diskurs verschmolzen sind, so sehr, dass behauptet wird, dass es ‚natürlich' menschliche Exzellenz in Form menschlicher *aretê* gibt. Dies ist keineswegs eine Ausnahme in philosophischen Erklärungen und Abhandlungen. Bemerkenswerter Weise finden wir das gleiche Phänomen in einem kürzlich erschienenen Text von McHale, dreißig Jahre nach dem Überblicksartikel, der versuchte die Frage „Why study literature?" zu beantworten:

> Why study literature? Among the most compelling reasons is one that derives from the work of the contemporary Israeli cultural theorist, Itamar Even-Zohar. [...] Literary study allows us to glimpse how a culture organizes itself and the non-human world around it, and this applies not only to historically or geographically distant cultures, whose models of reality might be alien to us, but also to our own contemporary culture, whose models might pass unnoticed [...]. (McHale 2011, 135)

Hier fragt man sich, wer „Literary studies allows us to..." sagt – Even-Zohar oder McHale oder beide oder keiner von beiden? Zumindest scheint es eine vernünftige Interpretation sein, dies als die Wiedergabe eines hypothetisch vorhandenen Glaubens über das zu lesen, was die Literaturwissenschaft tut. Zu untersuchen, ob Erlebte Rede immer ein Ausdruck von bewusst markierter Erfindung in der Kommunikation ist, erlaubt uns Fragen zu stellen wie: signalisiert sie immer Fiktionalität (im Sinne der Markierung von Erfindung anstatt einer Gattungszuschreibung) und funktioniert dies innerhalb und außerhalb fiktionaler Gattungen auf die gleiche Weise? *Innerhalb* der Konvention (im Gegensatz zur vermeintlichen Ontologie) des Romans als einer Gattung, für die Erfindung in der Kommunikation vollständig zutrifft, schafft Erlebte Rede häufig Zweideutigkeit darüber, ob Sätze Fakten oder Sichtweisen ausdrücken. *Außerhalb* solcher Gattungen schafft Erlebte Rede Mehrdeutigkeit darüber, ob ein Sprecher seine eigene Meinung ausdrückt oder ob er (aufrichtig oder spöttisch) den tatsächlichen oder erfundenen und parodierten Diskurs eines anderen widergibt.

Erlebte Rede belässt es im Unklaren, was – wenn überhaupt – jemand gedacht oder gesagt hat; ob tatsächlich etwas vorausgeht, das dann durch Erlebte Rede wiedergegeben wird, oder ob Erlebte Rede eine Einladung ist, sich vorzustellen, was jemand gesagt haben könnte, das aber weder gedacht noch gesagt hat. In solchen Fällen stellen Empfänger Hypothesen darüber auf, *was* erfunden wurde. Im zweiten Beispiel der obigen Liste mit den Punkten 1 bis 4 beispielsweise, ob die gefragte Person geradeheraus jegliches Wissen leugnete oder einfach nicht antwortete, etc.; und im dritten Beispiel, ob jemand zum Zeitpunkt des Berichts tatsächlich den festen Glauben an die Existenz der Oase im besonderen und sein Überleben im Allgemeinen hatte; und ob es für den Autor des Eintrags über „Ancient Ethical Theory" selbstverständlich scheint, dass es so etwas wie eine menschliche Ausnahmestellung gibt, oder ob dies bloß als die Ansicht von einer anderen Person dargestellt wird.

Erlebte Rede ist daher weit davon entfernt immer eindeutig Erfundenes zu signalisieren und Fiktionalität auszudrücken. Stattdessen lässt sie Fiktionalität sehr oft zweideutig erscheinen und bietet sich für eine kontextuelle Interpretation an. Wieder wird dies vor dem Hintergrund einer theoretischen Landschaft gesagt, in welcher sich die hauptsächliche Diskussion darum drehte, ob Erlebte Rede immer eine Gattungszuweisung mit sich bringt und daher ein Hinweis auf Fiktionalität im Sinne Cohns ist. Erlebte Rede ist kein literarisches Mittel und ist keineswegs bezeichnend für fiktionale Gattungen.

In dem oben genannten Artikel macht McHale umfangreichen Gebrauch von der Unterscheidung zwischen einem Modell *von* etwas im Sinne der Darstellung von etwas bereits Vorhandenem mit Hilfe eines Modells auf der einen Seite, und einem Modell *für* etwas in dem Sinne, dass das Modell vorgefasst und eine Voraussetzung für etwas ist, dass dann nach dem Modell und wegen ihm zustande kommt, auf der anderen. McHale fragt, ob Literatur jemals die Funktion haben kann, als Modell *für* die Realität zu dienen. Der Fall der Erlebten Rede ist prototypisch für genau die Frage, ob etwas ein Modell von oder ein Modell für etwas ist, und unterzieht diese Frage einer kontextuellen Interpretation und Hypothesenbildung. Sie bewegt sich zwangsläufig auf dem Grat zwischen Vorstellung und Referentialität. Erlebte Rede weicht der Verantwortung für den Diskurs aus, weil sie dazu gedacht ist als möglicherweise erfunden und nicht eindeutig darstellend verstanden zu werden. Es ist ihr Zweck, als ein Modell *für* das Verständnis sowie ein Modell *von* dem, was gesagt wurde, verstanden zu werden. Sie bestimmt Meinungen, in dem sie Fragen stellt wie z. B.: Wie würde es meine Vorurteile über diese Person oder diese Art von Person oder jene Art von Problem bestätigen oder widerlegen, wenn er oder sie etwas Derartiges sagte? Oder noch allgemeiner: „Wie würde es generell meine Meinungen beeinflussen, wenn ich mir vorstellen würde, dass dies oder jenes der Fall wäre?"

Aus rhetorischer Sicht kann Erlebte Rede als Ausdruck einer fundamentalen Eigenschaft der menschlichen Kommunikation betrachtet werden, sich offen oder versteckt als einen Diskurs zu präsentieren, der zu ein und der selben Zeit als ein Modell *von* und als ein Modell *für* Meinungen, Gedanken, Worte und Diskurse in der wirklichen Welt interpretiert werden kann. Erlebte Rede ist das Resultat einer dynamischen und fortlaufenden Entwicklung einer bestimmten Art der Kommunikation.

Diesen Abschnitt abschließend kann festgehalten werden: Fiktionalitätssignale im Hinblick darauf zu untersuchen, ob diese immer oder manchmal auf Erfundenes hinweisen, anstatt zu fragen, ob sie immer zu einer fiktionalen Gattung gehören, eröffnet neue Fragen und Antworten. Erlebte Rede wurde teilweise aus dieser Perspektive betrachtet und dies kann auch für andere Fiktionalitätssignale angewandt werden, die von früheren Theoretikern vorgeschlagen wurden, wie etwa Bewusstseinsdarstellungen, der Gebrauch von bestimmten Namen, idiomatischen Ausdrücken, und Meta-Narrativen, wenn man das beachtet, was sie kommunizieren, anstatt sie im Hinblick auf die Grenzen von Fiktion und nicht-Fiktion zu betrachten.

Einige Probleme von Cohns grundlegendem und beeindruckendem Ansatz sind, dass sie nicht eindeutig zwischen notwendigen und hinreichenden Kriterien für Fiktionalität unterscheidet. Auch wenn die Nullfokalisierung in Gestalt der Darstellung des Geistesinhalts anderer Menschen ein *ausreichendes* Signal sein sollte, um einen Text als einer fiktionalen Gattung zugehörig zu bestimmen, so ist es sicherlich kein *notwendiges* Merkmal von Fiktionalität, da wir wissen, dass Romane in der dritten Person auch ohne Gedankendarstellung auskommen können, und dass figurale Erzähler häufig die Grenzen des Bewusstseins der erzählenden Figur berücksichtigen. Zweitens hindert nichts Sätze wie „dachte sie sich" oder „er schämte sich sehr" oder gar *mnemonic overkill* (um Cohns markanten Ausdruck zu verwenden) daran, außerhalb fiktionaler Gattungen in nicht-fiktionalen Kontexten aufzutauchen und es ist für Genette und anderen allzu leicht, darauf als empirisch überprüfbare Wahrheit hinzuweisen.

Allerdings, und wichtiger als die Einwände gegen Cohn selbst, könnten solche potentiellen Kandidaten auf eine andere Weise wirksam sein oder zu anderen Interpretationen innerhalb und außerhalb der Grenzen fiktionaler Gattungen führen; und zweitens biete sich hier ein Weg, um wichtige Einsichten von Cohn, Hamburger, Banfield und anderen zu retten, indem wir darüber diskutieren, ob sie kommunizierte Erfindung sind, statt nur einer fiktionalen Gattung anzugehören. In diesem Sinne gibt es eine starke Affinität zwischen den Bestrebungen von Cohns Ansatz und dem hier vorgestellten Ansatz in Bezug auf die Unterscheidung von Fiktionalität, auch wenn die Rahmenbedingungen völlig andere sind: der eine ontologisch und gattungsbezogen, der andere pragmatisch und rhetorisch.

4 Fiktionalität und Literatur

Aus dieser pragmatischen Sicht ist etwas Erfundenes essentiell für Fiktionalität und dieser Punkt hat eine Reihe bedeutender Folgen für die Art und Weise in der wir über Formen kommunizierter Erfindung, einschließlich Fiktionalität, nachdenken. In dem Artikel „Natural Authors, Unnatural Narration" (2010) wird behauptet, dass das narratologische Standardmodell der Beziehung zwischen Erzähler und Autor dazu gedient hat, das Verständnis fiktionaler Erzählungen und von Fiktionalität in dem Sinne zu naturalisieren, dass fiktionale Erzählungen im Sinne eines alltäglichen Berichts verstanden werden, da ein Erzähler vermeintlich berichtet, was er oder sie ‚weiß'. In ihrem Versuch Fiktionalität als Form der Kommunikation durch den Erzähler zu verstehen, hat die Erzählforschung dem Autor nur selten Aufmerksamkeit gewidmet. Das Hauptargument in diesem Abschnitt rekapituliert, paraphrasiert und rekonsolidiert die These, dass der wirkliche Autor das erzählende Medium darstellt, welches erfinden kann, was niemand weiß und erzählen kann, was niemand (vom Autor abgesehen) kommuniziert. Ein Modell, in dem die verantwortlichen Vermittler Autoren und Figuren sind, und nicht einer von diesen unterschiedenen Erzählern, erscheint daher einfacher und konsistenter als vorherrschende Modelle fiktionalen Erzählens.

Es gibt einen ziemlich banalen und offensichtlichen Sinn, in dem wirkliche Autoren zu wirklichen Lesern sprechen. Sie schreiben ein Buch, das die Geschichte erzählt, die der Leser liest. Der Leser mag einige Autoren und andere nicht, weil er zu Recht dem Autor die Erzählleistung zuschreibt, die er im Buch findet. Es ist eine gleichermaßen selbstverständliche Tatsache, dass Figuren in Büchern sich oft gegenseitig etwas erzählen. Ob es neben Autoren und Figuren noch weitere Erzähler gibt, ist aus dem Grund umstritten, dass sie nicht offensichtlich für jedermann zu sehen sind. Die Existenz eines Erzählers zu postulieren, um eine fiktionale Erzählung als einen Bericht über etwas und als tatsächliche kommunikative Handlung eines Erzählers zu verstehen („Person", Walsh 2007, 39), ist eine Möglichkeit, Fiktion als gerahmte Tatsachenäußerung zu konzipieren. Nimmt man stattdessen aber an, dass eine fiktionale Erzählung eine Erfindung des Autors ist, geht der Leser davon aus, dass er eingeladen ist, die Geschichte als erfunden und nicht als berichtet zu interpretieren. Die Aussagen des Autors werden dann nicht als Aussagen über die wirkliche oder irgendeine andere bereits existierende Welt interpretiert. Sie sind daher in der Regel nicht anzuzweifeln.

Trotzdem ist der Autor in den meisten fiktionalen Werken nicht die einzige erzählende Instanz. Figuren haben häufig Unterhaltungen, Gedanken, Ideen und erzählen sich gegenseitig Geschichten. Im Gegensatz zur Erzählung des Autors, beziehen sich diese Gedanken, Ideen und Geschichten sehr wohl auf Ereignisse und Figuren, die ihnen vorausgehen, z. B. die fiktionalen Ereignisse und Figuren, die der Autor erfunden hat. Daher können sie auf ihrer eigenen diegetischen Ebene wahr sein, oder auch nicht.

Diese grundlegende Konzeption bedeutet, dass fiktionales Erzählen sich gut für eine rhetorische Modellierung eignet, die an der Untersuchung (unter anderem) der Mittel, Zwecke und Techniken interessiert ist, mit denen ein Autor erfolgreich oder erfolglos seine Intentionen verfolgt. Gleichfalls ist das rhetorische Modell geeignet auf Figurenebene zu beschreiben warum, wie und zu welchem Zweck jemand jemandem erzählt, dass etwas passiert ist, wie Phelan gezeigt hat. Phelans häufig zitierte Definition der Erzählung lautet: „First, narrative itself can be fruitfully understood as a rhetorical act: somebody telling somebody else on some occasion and for some purpose(s) that something happened" (Phelan 2005, 18). Dennoch lautet der Einwand, dass wir das rhetorische Modell nicht auf nichtbeobachtbare Vermittler wie Erzähler anwenden sollten. Die Aufmerksamkeit vom Erzähler zum Autor verschiebend beendet Phelan einen späteren Text mit den Worten: „[...] it's all about a specific somebody, an implied author, telling to somebody else, an actual audience, for some purposes" (2011, 74). Abgesehen von dem Wort ‚implied' ist dieser späteren Bewertung vollkommen zuzustimmen.

Aus der Perspektive einer rhetorischen Herangehensweise an Fiktionalität gewinnt die Rolle des Autors als ein autorisiertes und erzählendes Medium mit Zwecken und Absichten erneut an Bedeutung und erfordert neue Aufmerksamkeit. Aus dieser Perspektive werden Fiktion und fiktionaler Diskurs im Allgemeinen vergleichbar mit Sachtext und nicht-fiktionalem Diskurs, womit ich etwas völlig anderes meine, als zu sagen, dass sie ähnlich und nicht zu unterscheiden sind. Eine rhetorische Herangehensweise dieser Art setzt allerdings voraus, dass es sinnvoll ist die Entscheidungen des Autors, einschließlich seiner Entscheidung, Fiktionalität einzusetzen oder nicht, zu untersuchen. Fiktionalität als das Ergebnis einer rhetorischen Handlung und genauer als absichtlich signalisierte, kommunizierte Erfindung zu definieren, ermöglicht zweierlei: zum einen wird es möglich sich mit den Zielen von Autoren zu beschäftigen, die sich dagegen entscheiden, den Einschränkungen informativer und referentieller Diskurse zu folgen; zum anderen kann der Aufforderungscharakter des erfundenen Diskurses und die Art und Weise beschrieben werden, in welcher Autoren und Redner sich gegenüber spezifischen Einwänden und Gegenargumenten immun zeigen. Die Definition gestattet auch die Untersuchung der Absichten, mit denen verschiedene Signale von Fiktionalität verwendet werden sowie der Beziehung zwischen Kontext und Autor/Absender/Absicht. Im letzten Abschnitt wird die Verwendung von Fiktionalität außerhalb fiktionaler Gattungen behandelt. Bleiben wir bei literarisch-fiktionalen Gattungen, dann führt der Vorschlag zum dem folgenden, sehr einfachen Modell, das anerkennt, dass der Autor nicht das einzige erzählende Medium in vielen Werken der Fiktion ist:

> Wirklicher Autor => Erzählung (in der Figuren anderen Figuren etwas erzählen können) => Wirklicher Leser.

Im vorgeschlagenen Modell ist der Autor die erzählerische Hauptinstanz und Erzählung durch Figuren ist als ein Mittel gedacht, dessen sich ein Autor bedienen kann. Figuren sind Autoren im Modell untergeordnet. Wenn wir anfangen nach dem Anlass und dem Zweck des mutmaßlichen Erzählers zu fragen, führt uns dies entweder in die Irre oder zurück zu einem Autor oder einer Figur. Dies ist der Fall, weil ‚der Erzähler' (wenn es ein extradiegetischer Erzähler ist) üblicherweise keinen identifizierbaren oder vorstellbaren Anlass hat, einem fiktiven Adressaten geschehene Ereignisse zu erzählen.

Der Ausgangspunkt liegt bei Walshs Argumenten über den Erzähler (im vierten Kapitel von *The Rhetoric of Fictionality*): zunächst gibt es Genettes Einteilung zufolge vier mögliche Arten des Erzählers (intradiegetisch homodiegetisch, intradiegetisch heterodiegetisch, extradiegetisch homodiegetisch und extradiegetisch heterodiegetisch). „The two intradiegetic classes are relatively straightforward: these narrators are simply characters, within a narrative, who relate a story in which (respectively) they are and are not themselves involved" (Walsh 2007, 72). Für die extradiegetisch homodiegetische Kategorie hingegen gilt: „Such narrators, because they are represented, *are* characters, exactly as intradiegetic narrators are" (Walsh 2007, 72). Letztlich schreibt Walsh, der einzige Grund die extradiegetisch homodiegetische Kategeorie getrennt vom Autor zu denken, sei:

> [...] to allow the narrative to be read as something known rather than something imagined, something reported as fact rather than something told as fiction. [...] But such a view suffers from the embarrassment that some of the things such an extradiegetic heterodiegetic narrator is required to ‚know' [characters minds, for instance] are clear indices of the narrative's fictional status [...]. [T]he reader is not obliged to hypothesize a narrator who is really omniscient in order to naturalize the authorial imaginative act. (Walsh 2007, 73)

Die Schlussfolgerungen, die nicht ohne Bravour präsentiert werden, lauten: „[...] the narrator is always either a character who narrates, or the author. There is no intermediate position. The author of a fiction can adopt one of two strategies: to narrate a representation, or to represent a narration" (Walsh 2007, 78).

Den groben Umrissen dieser Darstellung ist zuzustimmen. Dennoch kann man vor allem hinsichtlich einer Überbetonung der Erzählung durch Figuren Bedenken haben: In seiner Schematisierung von Genettes vier Möglichkeiten gelangt Walsh zu drei Fällen, in denen der Erzähler eigentlich eine Figur und einem, in dem er eigentlich der Autor ist. Während diese Beschreibung in einem Sinne auf einer streng logischen Ebene richtig erscheint, bringt sie wenigstens zwei Probleme mit sich. Erstens, selbst wenn die Erzähler in drei der Fälle logischer- und technischerweise Figuren sind, erzählen sie *als* Figuren nicht notwendigerweise das, was wir lesen und wie wir es lesen. Anders ausgedrückt: Die Ausdrucksweise und Struktur des Erzählten, die wir in Erzählungen dieser Art lesen, unterscheiden sich oft deutlich von dem, was wir erwarten würden, wenn eine Figur auf ihrer fiktionalen Ebene einer anderen etwas erzählen würde. Die Erzählung scheint häufig auch von anderen Absichten beeinflusst zu sein, als solchen, die sich aus der Situation der Figur ergeben. Zwei Beispiele, die sich in entgegengesetzter Richtung bewegen, sind auf der einen Seite die häufige Verwendung dessen, was James Phelan als ‚redundant telling' bezeichnet hat (die erzählende Figur berichtet, was der Angesprochene bereits weiß) und auf der anderen Seite die ebenso häufige Abwesenheit jeglicher vorstellbarer Kommunikationssituation, in welcher die Figur irgendeinem fiktiven Adressaten tatsächlich etwas erzählen könnte. In diesem spezifischen Sinne droht die Vorstellung vom Erzähler als Figur die Probleme, die mit der Vermenschlichung des Erzählers und der Darstellung von Erzählen als Kommunikation zusammenhängen, zu übernehmen und eventuell zu verstärken. Zweitens scheint die Schlussfolgerung „Mein Argument gegen den Erzähler beläuft sich somit auf folgendes: fiktionale Erzählungen werden entweder von ihren Autoren, oder von Figuren erzählt" eine grundsätzliche Entweder-oder Option zu postulieren. Obwohl diese Formel auf einer Ebene präzise ist, verschleiert oder überschattet sie die Tatsache, dass Figuren Autoren untergeordnet sind. Die Wahl liegt dann gewissermaßen nicht zwischen dem Erzählen der Darstellung und der Darstellung des Erzählens, sondern bei der Frage, ob sich die Erzählung in die Darstellung einbetten lässt oder nicht, das heißt, ob sie die Erzählung einer Darstellung darstellt. Dieser scheinbar unbedeutende Aspekt ist daher so wichtig, weil es deutliche Konsequenzen hat, ob man die Worte des Autors oder der Figur auf der untersten Ebene verortet, wenn es um die Vermischung von Stimmen, Techniken und Absichten geht.

Daher der Vorschlag, vom Diskurs des Autors auszugehen; eine Fiktionalitätsannahme schließt dann die Annahme ein, dass der Autor eine ernstgemeinte, fiktionale Äußerung von sich gibt, die niemand anders ausspricht (es sei denn, es handelt sich um die Darstellung einer Erzählung) und die niemand anderen als den Leser adressiert (es sei denn, es handelt sich um eine spezifisch an jemand gerichtete Erzählung), selbst wenn sie sich auf jemand, inner- oder außerhalb des diegetischen Universums mit „ich" oder „du" bezieht.

Auf diese Weise funktioniert das Modell über Diskurse und fiktionale und nicht-fiktionale Gattungen hinweg. Der Vorschlag bringt Autoren und Instanzen auktorialen Sprechens auf eine Linie. Sie sind vergleichbar mit aber nicht identisch mit schriftstellerischen Instanzen in nicht-fiktionalen Gattungen.

5 Fiktionalität jenseits fiktionaler Gattungen

Die Betonung liegt hier also auf der Besonderheit der Kommunikation, die ihre eigene erfundene Natur signalisiert. Die Fähigkeit sich das Nicht-Gegenwärtige vorzustellen – und durch Fiktionalisierung die Vorstellungskraft anderer wachzurufen – ist eine der fundamentalsten kognitiven Fähigkeiten des Menschen. Das Hervorheben der Besonderheit und des Aufforderungscharakters von fiktionalen Diskursen macht auch sichtbar, wie Fiktionalität über Gattungen und Medien hinweg um sich greift und wie sie – zusätzlich zu ihrer Funktion in Kunst und Ästhetik – ein Mittel ist Werte zu vermitteln, Überzeugungen und Meinungen mitzuteilen, didaktische Ziele in allen Bereichen der Kommunikation zu verfolgen, auch wenn sie außerhalb fiktionaler Gattungen weder untersucht noch anerkannt ist.

Die Denkweise über Fiktionalität der Aarhus-Schule unterstützend ist eine Herangehensweise, die ihren Ausgangspunkt in der Funktion von Fiktionalität in der menschlichen Kommunikation einnimmt und daher an der Untersuchung der Ähnlichkeiten und Unterschiede zwischen ihren Erscheinungen interessiert ist, wodurch eine erstaunliche Bandbreite menschlicher Interaktion sichtbar wird. Wir finden die Anwendung von Fiktionalität in politischen Reden, Fernsehserien, Werbung, auf Frühstücksflockenschachteln, in Alltagskommunikation, Dokumentarfilmen, Szenarien, Gesundheits- und anderen Kampagnen, GIFS,

Pornografie, Kinderliedern, Graffiti, philosophischen Exempla und religiösen Gleichnissen, um nur einige Beispiele auf einer endlosen Liste zu nennen.

All diese Fälle haben gemein, dass das Kommunizierte nicht als Lüge angenommen wird, sogar wenn sie eindeutig und offensichtlich nicht wirklich wahr sind. Vom Cornflakes essenden Hahn, über das Bild eines Babys im Uterus mit Zigarette im Mund, bis hin zu Old McDonald, der angeblich eine Farm hatte, über das Höhlengleichnis zu verlorenen Schafen und Münzen und verlorenen Söhnen in Jesus' Gleichnissen, machen all diese Beispiele Gebrauch von Fiktionalität. Sie kommunizieren etwas offensichtlich Erfundenes mit einem völlig anderen Ziel als ihren Zuhörern die tatsächliche Existenz besagter Schafe, Münzen, Söhne, Babies, Farmer und Hähne glaubhaft zu machen.

Diese Art der Kommunikation findet also nicht nur in Fiktionen wie Romanen und Filmen statt, und Fiktionalität greift auch außerhalb fiktionaler Gattungen um sich. Werbung liefert eindeutige Beispiele für das Wesen dieser Art von Kommunikation, da sie routinemäßig Szenarien darstellt, in denen etwa Schokoladentafeln, die aus ihrer Verpackung fliegen und miteinander singen, in denen eine körperliche Verwandlung in Superhelden als Folge von Ernährungsentscheidungen stattfindet oder spärlich bekleidete Frauen im Zusammenhang mit erfrischenden Getränken aus einem Hubschrauber fallen. Die Tatsache, dass sich Konsumenten nicht betrogen fühlen (obwohl die Werbung offensichtlich so gestaltet ist, damit sie das Produkt erwerben) erbringt den Nachweis, dass die Kommunikation als offensichtlich erfunden angesehen wird, statt als nicht-vertrauenswürdig und irreführend.

Der Rest dieses Abschnittes bietet ein Beispiel für die vielfältige Landschaft von Fiktionalität außerhalb fiktionaler Gattungen speziell konzentriert auf die Ausprägung von Fiktionalität, die für politische Zwecke verwendet wird. Wie in der Einleitung festgestellt wurde, setzen Politiker häufig Fiktionalität ein, um das Publikum zu bewegen. Fiktionalität kann aus bewussten politischen Motiven den Empfänger herausfordern eine vermutete Zukunft oder erfundene Vergangenheit auf eine Gegenwart zu projizieren, die vollkommen anders ist. Ein sehr direktes Beispiel von Fiktionalität, das für Propagandazwecke benutzt wurde, stammt aus Schweden, aus dem Wahlwerbespot der rechtsradikalen Partei Sverigedemokraternes, aus dem Jahre 2010 („Sverigedemokraternas valfilm 2010", http://www.youtube.com/watch?v=XkRRdth8AHc). Es zeigt einen kafkaesken Raum, in dem ein Rennen zwischen einer älteren schwedischen Frau und einigen Frauen, deren Äußeres einen Migrationshintergrund suggerieren soll hin zu einer Handbremse stattfindet, mit der man – so scheint es – die Versorgung des anderen abschneiden kann, so dass der Sieger bestimmt, ob der Geldfluss für die Rentner oder für die Migranten versiegt. Währenddessen geht die Menge des angeblich in der Schatzkammer liegenden Geldes schnell zurück. Das Video verfolgt offensichtlich einen Zweck in der wirklichen Welt und ist mit dem eindeutigen Ziel konzipiert Wähler davon zu überzeugen für die Partei Sverigedemokraterne zu stimmen. Die Absicht ist praktisch, politisch und weltorientiert. Zur gleichen Zeit wird Fiktionalität als ein Mittel verwendet um diese Absicht in der wirklichen Welt zu erreichen, da jeder erkennen wird, dass es in Wirklichkeit einen solchen Raum, eine solche Handbremse, eine solche rückläufige Zahl und ein solches Rennen nicht gibt. Im Vergleich zu anderen kommunikativen Strategien bietet Fiktionalität hier als ein sehr effizientes Mittel Vorteile, ein gelinde gesagt zweifelhaftes Ziel zu erreichen.

Das Video geht von der unausgesprochenen Prämisse aus, dass die beiden Gruppen Rentner und Migranten nichts zur Wirtschaft beitragen, sondern eine Belastung sind. Die Handlung stellt eine subtile Variation der aristotelischen Forderung nach Anfang, Mitte und Ende dar, weil sie, kurz bevor eine Gruppe eine der Handbremsen erreicht, mit den Worten für den Zuschauer schließt: „Jetzt hast du eine Wahl, wähle lieber die Migrantenbremse, als die Rentnerbremse. Wähle Sverigedemokraterne". Dies bedeutet, dass der Verlauf am Ende in den Händen des Zuschauers liegt, abhängig davon, welche Bremse er wählt und für wen er stimmt. Der Zuschauer wird in die Lage versetzt, der Handlung ein ‚happy' Ending für die ältere Frau zu verschaffen.

Fiktionalität ermöglicht eine Kommunikation, die eindeutig Dinge impliziert, die nicht explizit und geradeheraus gesagt werden können. Wenn die Migranten im Video wohlgenährt sind, Ringe und Juwelen tragen und kräftig nach vorne drängen und dabei drohen die ältere Dame umzuwerfen, ist die Aussage genauso klar, als wenn man gesagt hätte „Migranten sind dreiste, gierige, reiche, selbstsüchtige Schmarotzer, die den bedürftigen Bürgern die Sozialhilfe wegnehmen". Wo die ältere Dame sich auf einen Rollator verlassen muss um sich aufrecht zu halten, kommen die Migranten nicht nur in der Masse, sondern bringen auch etliche Kinderwagen mit sich, so dass das Klischee und Vorurteil „sie vermehren sich wie die Kaninchen" auch visuelle Unterstützung findet. Fiktionalität wird verwendet um eine recht komplexe und subtile, aber unmittelbar verständliche, politische Kommunikation zu erreichen. Sie impliziert keine Abkehr von der Realität (obwohl man natürlich sagen kann, dass sie die Realität verzerrt darstellt), sondern vertritt einen bestimmten Blickwinkel auf die Realität, bei dem es sehr deutlich ist, wozu der Zuschauer aufgefordert wird; nämlich zum Ziehen der Migrationsbremse, was einer migrationskritischen politischen Perspektive gleichgesetzt wird, was wiederum dem Abstimmen für Sverigedemokraterne bei der Wahl gleichgesetzt wird. Fiktionalität wird hier eindeutig für bewusste politische Zwecke eingesetzt.

Generell ist Politik oft ein Kampf um Fiktionalität und eine häufige Strategie in politischen Kampagnen ist es sich selbst und Gegner mit fiktionalen Figuren zu vergleichen und zu behaupten, dass diese und diese Person wie Sauron aus *Der Herr der Ringe*, wie der Hai aus *Der Weisse Hai* oder wie sympathische oder niederträchtige Charaktere aus *Game of Thrones* sei. Wieder und wieder verwenden Politiker, Medien und Kampagnen Fiktionalität, um das Verständnis von der Realität zu beeinflussen. Fiktionalität außerhalb der Literatur, aber auch sehr viel in Literatur wird benutzt, um unsere Wahrnehmung von zwei sehr allgemeinen Dingen zu formen: wie die Gesellschaft sein sollte und was spezifische politische Fragen für einen Menschen ausmachen. In diesem Kontext der Verwendung von Fiktionalität für politische Zwecke hat das Konzept der Fake News heute eine zentrale Rolle; Fiktionalität kann wesentlich dazu beitragen unser Verständnis des Bedeutungsgehalts von Fake News zu lenken.

6 Fiktionalität und Fake News

Spätestens seit den Amerikanischen Präsidentschaftswahlen 2016 hat der Begriff ‚Fake News' die Bedeutung absichtlich irreführender Nachrichten angenommen, die das Publikum bewusst fehlinformieren. Es ist eine *conditio sine qua non* der Fiktionalität, dass sie Erfundenes bewusst signalisiert. Umgekehrt sind solche bewussten Signale bei Fake News *per definitionem* abwesend. Wenn Trump CNN und andere etablierte Medien als Verbreiter von Fake News beschuldigt, dann meint er eindeutig, dass diese die Realität bewusst anders darstellen, als die Menschen sie seiner Ansicht nach wahrnehmen sollen. In ähnlicher Weise will er nicht, dass es fingiert und erfunden wirkt, wenn er Barack Obama in einer Reihe von Tweets des illegalen Abhörens beschuldigt. Dasselbe gilt, als er sagte, dass Clinton inhaftiert werden solle, und dass Mexiko für eine Mauer zwischen den beiden Ländern zahlen würde. Es können keine Signale ausgemacht werden, dass diese Aussagen anders gedacht sind, als wörtlich genommen zu werden.

Eine Form der Nachrichtensatire wiederum produziert absichtlich Nachrichten, die nicht wahr sind und auch nicht dazu bestimmt sind als wahr angenommen und gelesen zu werden. Sie sind sehr häufig politisch. Dies gilt für Teile von *The Daily Show* und eine Nachrichtenquelle wie *The Onion*. Nachrichtensatiren wie diese zirkulieren sehr häufig in sozialen Medien. Sie werden von den Nutzern immer wieder verbreitet und tragen zu deren Identitäts- und Bewusstseinsbildung bei. Als Gattung macht diese Art der Nachrichtensatire beinahe immer Gebrauch von Fiktionalität. Dies geschieht mit der Idee eine Nachricht zu schaffen, von der man möchte, dass der Leser sie als unwahr erkennt. Schauen wir uns ein Beispiel näher an. In den Fake News „Politician calls for women's quotas in the prisons" sagt eine Politikerin:

> We need to encourage women to commit crimes and not to be afraid of being discovered, because otherwise the recruitment base will be missing. [...] Fortunately we see strong pioneer women who are sent to prison for drug-related crime and economic crime. But there is still a glass ceiling so you only rarely see women commit murder and other heavy crimes that trigger the very long prison sentences. („Politiker kræver kvindekvoter i fængslerne", 2012; Übersetzung des Verfassers)

Die Nachricht ist in einer Weise und mit einer Rhetorik gestaltet, die es sehr unwahrscheinlich macht, dass irgendjemand annehmen wird, ein echter Politiker habe tatsächlich geglaubt, es sei eine gute Idee, nach Wegen zu suchen, wie man Frauen zu Verbrechen anstiften kann, um auf diese Weise Geschlechtergerechtigkeit in Gefängnissen zu erreichen. Dies wirft die unmittelbare Frage auf, wofür Fake News dieser Art existieren und welchen Zwecken sie dienen.

Nachrichtensatire ist humorvoll und hat oft Unterhaltungsqualitäten, aber für einen großen Teil gilt, dass sie ideologische Zwecke verfolgt und die Absicht hat, Ansichten über die Welt zu beeinflussen, manchmal sogar, um Standpunkte gegeneinander abzuwägen. Was das Beispiel zur Frauenquote in Gefängnissen anbelangt, lässt sich höchstwahrscheinlich leicht erkennen, dass es sich auf ein echtes Problem bezieht, obwohl in der Nachricht selbst nichts wahr ist. Man könnte in der Tat behaupten, dass Nachrichtensatire ein ausgesprochen wirksames Mittel ist um das Verständnis des Empfängers davon, worum es geht, zu beeinflussen, indem man von dem spricht, worum es an sich nicht geht. Niemand glaubt, dass irgendein Politiker jemals Quoten für Frauen in Gefängnissen gewollt habe. Dies ist niemals passiert und wir wissen das. Trotzdem beeinflusst diese Nachricht unser Verständnis von politischen Sachverhalten. Eine Analyse des damit verbundenen Denkprozesses könnte in etwa so aussehen:

a) Es erscheint als eine plausible vernünftige Annahme, dass Gleichheit überall und unter allen Umständen wünschenswert ist.
b) Wenn dies wirklich wahr ist, dann muss es sowohl für Gefängnisse als auch Unternehmen, Universitäten, Kindergärten, etc. gelten.
c) Wenn man aber darüber nachdenkt ist es vielleicht absurd – in Gefängnissen zum Beispiel?
d) Könnte es auch woanders absurd oder zumindest nicht selbstverständlich sein – zum Beispiel an Universitäten?

Wir übertragen von etwas Unechtem auf unser Verständnis etwas, das echt ist. Dies ist beispielhaft für eine Art und Weise wie Fiktionalität funktioniert.

Während ich die Frage nach Fiktionalität von der nach fiktionalen Gattungen loslöse, ist zu betonen, dass ich den Wert fiktionaler Gattungen nicht aus den Augen verlieren möchte. Im Gegenteil, die Herangehensweise hilft uns zu verstehen was diese Gattungen tun und wie sie dazu beitragen unsere Wahrnehmung der wirklichen Welt zu formen, ihre Vergangenheit, Gegenwart und ihre zukünftigen Möglichkeiten. In unserer enthierarchisierten Medieninformationslandschaft brauchen wir mehr denn je ein genaues Konzept von Fiktionalität, das uns hilft zwischen Fake News und Nachrichtensatire sowie zwischen Wahrheit, Lüge und Erfindung zu unterscheiden. Wir brauchen eine klare Trennung zwischen dem Signalisieren von Erfindung in Kommunikation zu einem Zweck auf der einen Seite und dem Irreführen von Menschen auf der anderen Seite. Nach dieser Auffassung funktioniert Fiktionalität unter den gleichen Bedingungen wie Wahrheit, da sie vor dem Hintergrund einer Annahme existiert, dass einige Erzählungen Tatsachen und Wahrheiten darstellen, während andere das Eingebildete, das Gefürchtete, das Mögliche und die Hoffnung vermitteln. Im Kontext der Ängste einer post-faktischen Gesellschaft und der Fake News, die von sachlichen Informationen nicht unterscheidbar sind, sehe ich die Unterscheidung zwischen Erzählung, Fiktion und Fiktionalität als höchst relevant an und betrachte das rhetorische Konzept der Fiktionalität als einer absichtlich signalisierten Erfindung in der Kommunikation als festen Bestandteil des Aufklärungsprojekts, das in diesen Jahren unter solch einem hohen Druck steht.

Übersetzt von Dominik Frielinghaus und Ralf Schneider

Literaturverzeichnis

Alber, Jan (2011). *Unnatural Narratives – Unnatural Narratology*. Berlin.
Associated Press in Beijing (2012). „China's People's Daily falls for Kim Jong-un ‚sexiest man alive' spoof". *The Guardian*, 27. November 2012. https://www.theguardian.com/world/2012/nov/27/china-kim-jong-un (02.09.2019).
Banfield, Ann (1982). *Unspeakable Sentences: Narration and Representation in the Language of Fiction*. Boston.
Bixby, Scott (2016). „Mike Huckabee's Hillary Clinton Jaws analogy bites him on the behind". *The Guardian*, 11. Oktober 2016. https://www.theguardian.com/us-news/2016/oct/11/mike-huckabee-hillary-clinton-analogy-jaws-trump-megyn-kelly (04.09.2019).
Brooks, Peter (^{7}2002 [1938]). *Reading for the Plot: Design and Intention in Narrative*. Cambridge.
Brøndum-Nielsen, Johannes (1953). *Dækning – oratio tecta i dansk litteratur før 1870*. Kopenhagen.
Carson, James (2017). „What is fake news? Its origins and how it grew in 2016". *The Telegraph*, 16. März 2017. http://www.telegraph.co.uk/technology/0/fake-news-origins-grew-2016/ (03.09.2019).
Cohn, Dorrit (1990). „Signposts of Fictionality: A Narratological Perspective". *Poetics Today* 11.4 (1990): 775–804.
Cohn, Dorrit (1999). *The Distinction of Fiction*. Baltimore.

Fludernik, Monika (2014 [1993]). *The Fictions of Language and the Languages of Fiction: The Linguistic Representation of Speech and Consciousness.* London.
Fludernik, Monika (2005). „Time in Narrative". *Routledge Encyclopedia of Narrative Theory.* Hg. von David Herman, Manfred Jahn und Marie-Laure Ryan. Abingdon: 608–612.
„Free Indirect Style (free indirect discourse)" (³2008). *The Oxford Dictionary of Literary Terms.* Hg. von Chris Baldick. Oxford. http://www.oxfordreference.com/view/10.1093/acref/9780198715443.001.0001/acref-9780198715443-e-483?rskey=rtp7ru&result=3 (25.09.2019).
Genette, Gérard (1990). „Fictional Narrative, Factual Narrative". *Poetics Today* 11.4 (1990): 755–774.
Hamburger, Käte (1993 [1957]). *The Logic of Literature.* Übers. von Marilyn J. Rose. Bloomington.
Kukkonen, Karin (2014). „Plot". *The Living Handbook of Narratology.* Hg. von Peter Hühn et al. Hamburg. http://www.lhn.uni-hamburg.de/article/plot (01.09.2019).
Margolin, Uri (2013). „Narrator". *The Living Handbook of Narratology.* Hg. von Peter Hühn et al. Hamburg. http://wikis.sub.uni-hamburg.de/lhn/index.php/Narrator (01.09.2019).
McHale, Brian (1978). „Free Indirect Discourse: A Survey of Recent Accounts". *PTL: A Journal for Descriptive Poetics and Theory of Literature* 3 (1978): 249–287.
McHale, Brian (2011). „Models and Thought Experiments". *Why Study Literature.* Hg. von Jan Alber, Louise Brix Jacobsen, Rikke Anderson Kraglund, Henrik Skov Nielsen und Camilla Mohring Reestorff. http://unipress.dk/udgivelser/w/why-study-literature/ (25.09.2019).
Nielsen, Henrik Skov (2010). „Natural Authors, Unnatural Narratives". *Post-Classical Narratology: Approaches and Analyses.* Hg. von Monika Fludernik und Jan Alber. Columbus: 275–302.
Nielsen, Henrik Skov (2013). „Naturalizing and Un-naturalizing Reading Strategies: Focalization Revisited". *A Poetics of Unnatural Narrative.* Hg. von Jan Alber, Henrik Skov Nielsen und Brian Richardson. Columbus: 67–93.
Nielsen, Henrik Skov und Simona Zetterberg Gjerlevsen (im Erscheinen). „Distinguishing Fictionality". *Exploring Fictionality: Conceptions, Test Cases, Discussions.*
Nielsen, Henrik Skov und James Phelan (2017). „Why There are No One-to-One Correspondences Among Fictionality, Narrative, and Techniques: A Response to Mari Hatavara and Jarmila Mildorf". *Narrative* 25.1 (2017): 83–91.
Nielsen, Henrik Skov, James Phelan und Richard Walsh (2015). „Ten Theses about Fictionality". *Narrative* 23.1 (2015): 61–73.
Parry, Richard (2014). „Ancient Ethical Theory". *The Stanford Encyclopedia of Philosophy,* 3. August 2014. Editiert von Edward N. Zalta. https://plato.stanford.edu/archives/fall2014/entries/ethics-ancient/ (03.09.2019).
Phelan, James (2005). *Living to Tell about It.* New York.
Phelan, James (2011). „RHETORIC, ETHICS, AND NARRATIVE COMMUNICATION: Or, from Story and Discourse to Authors, Resources, and Audiences". *Soundings: An Interdisciplinary Journal* 94.1 (2011): 55–75.
„Politiker kræver kvindekvoter i fængslerne" (2012). *RokokoPosten,* 08. März 2012. http://rokokoposten.dk/2012/03/08/politiker-kraever-kvindekvoter-i-faengslerne/ (01/03/2020).
Ricoeur, Paul (1984). *Time and Narrative: Volume 1.* Chicago.
Riffaterre, Michael (1990). *Fictional Truth.* Baltimore.
Ryan, Marie-Laure (1997). „Interactive drama: Narrativity in a highly interactive environment". *Modern Fiction Studies* 43.3 (1997): 677.

Schaeffer, Jean-Marie (2010 [1999]). *Why Fiction*. Lincoln.
Schmid, Wolf (2010). *Narratology: An Introduction*. Berlin.
Schönert, Jörg (2011). „Author". *The Living Handbook of Narratology*. Hg. von Peter Hühn et al. Hamburg. http://wikis.sub.uni-hamburg.de/lhn/index.php/Author (06.09.2019).
Sperber, Dan and Deirdre Wilson (1986). *Relevance: Communication and Cognition*. Cambridge, MA.
„Sverigedemokraternas valfilm 2010". Hochgeladen von SDReklam2010 am 26. August 2010. http://www.youtube.com/watch?v=XkRRdth8AHc (25.09.2019).
The Independent Online (2016). „Donald J. Trump fits into Game of Thrones scarily well". Facebook post, 25. Februar 2016. https://www.facebook.com/TheIndependentOnline/videos/10153435367316636/ (01.03.2020).
„The Real Story of ‚Fake News'" (2017). *Merriam Webster*. https://www.merriam-webster.com/words-at-play/the-real-story-of-fake-news (03.09.2019).
Trump, Donald J. (RealDonaldTrump) (2017). „Terrible! Just found out that Obama had my „wires tapped" in Trump Tower just before the victory. Nothing found. This is McCarthyism!". Tweet, 4. März 2017. https://twitter.com/realdonaldtrump/status/837989835818287106?lang=da (01.03.2020).
Trump, Donald J. (RealDonaldTrump) (2017). „How low has President Obama gone to tapp my phones during the very sacred election process. This is Nixon/Watergate. Bad (or sick) guy!". Tweet, 4. März 2017. https://twitter.com/realdonaldtrump/status/837996746236182529?lang=da (01.03.2020).
Walsh, Richard (2007). *The Rhetoric of Fictionality: Narrative Theory and the Idea of Fiction*. Columbus.

Weiterführende Literatur

Alber, Jan, Henrik Skov Nielsen und Brian Richardson (Hgg., 2013). *A Poetics of Unnatural Narrative*. Columbus.
Cohn, Dorrit (1999). *The Distinction of Fiction*. Baltimore.
Phelan, James (2005). *Living to Tell about It*. New York.
Walsh, Richard (2007). *The Rhetoric of Fictionality: Narrative Theory and the Idea of Fiction*. Columbus.

Adam Czirak
III.3 Fiktionalität und Performance

Fiktionalität bezeichnet eine Qualität von sprachlichen, räumlichen oder körperlichen Figurationen, über das faktisch Verifizierbare hinauszuweisen, und gilt somit als eine verbreitete Modalität theatralen Darstellens. Sie ist aber auch konstitutiv für die Wahrnehmung dort, wo dramaturgisch geordnete Zusammenhänge fehlen bzw. wo aus Zufälligkeiten und Wirklichkeitsfragmenten eine Kohärenz gebildet werden soll. Im Zentrum der folgenden Überlegungen wird daher nicht nur die Analyse von dramen- und theatergeschichtlichen Fiktionalisierungsprozessen stehen, die sich im Dienste einer glaubhaften Mimesis etabliert haben, sondern ebenfalls das Argument, dass Fiktion stets in der antimimetischen Ästhetik des Gegenwartstheaters und der Performancekunst als Horizont der Bedeutungsproduktion aufscheinen kann. Bedenkt man, dass jede Form von Fiktion ein wie auch immer geartetes Verhältnis zu Wirklichkeitsbildern und sozialen Praktiken unterhält, kommt ihr in vielen Facetten der theatralen Darstellungspraxis eine zentrale dramaturgische und repräsentationspolitische Bedeutung zu.

Aus medialer Sicht verläuft die (ästhetische) Grenze zwischen Realität und Fiktion vermutlich in keiner anderen Kunstform so diffus bzw. ist keiner größeren Instabilitäten ausgesetzt wie im Theater, sind doch Darstellende und Darstellung in der szenischen Realisation auf das Engste miteinander verwoben und einer gegenseitigen Interdependenzrelation unterworfen. Fiktion kommt auf der Bühne immer als anschauliche Wirklichkeit zum Vorschein, d.h. sie wird verkörpert, szenografisch gestaltet bzw. akustisch artikuliert, sodass Ästhetisches und Außerästhetisches, Gezeigtes und (Sich-)Zeigendes sich einer trennscharfen Differenzierung häufig entziehen. Vor diesem Hintergrund wird deutlich, dass die Relation von Fiktionalem und Realem im Theater keineswegs in einem Abbildungsverhältnis aufgeht, sind doch ,real' vorhandene Körper, Stimmen, Räume oder Objekte vonnöten, um ein imaginäres Universum konstellieren zu können. Unabhängig davon, aus welchen referenziellen Verweisen die szenische Fiktion entsteht, gewinnt sie regelrecht in einer plastischen Bühnenrealität Gestalt und wird zwangsläufig Teil einer dynamischen Spannung zwischen An- und Abwesenheit, Szenischem und Außerszenischem. Die Dynamiken der Fiktionalisierung rühren aber auch daher, dass sich theatrale Aufführungen durch eine „doppelte Fiktionalität" (Birkenhauer 2005, 107) auszeichnen: Einerseits können sie der dramatischen Handlung entspringen, d.h. von jener textuellen Grundlage motiviert sein, die auf der Bühne in Szene gesetzt wird. Andererseits entfachen sich Fiktionalisierungsprozesse auch in der Hervorbringung einer Aufführungsrealität durch Kostümierung, Bewegung, stimmliche Intonation oder gestische Zeichen, die aber von der dramentextuellen Diegese nicht zwingend abhängig sein muss. Eine dritte Instanz, die in der theatralen Fiktionalisierung eine Rolle spielt – so könnte man Birkenhauers Doppelaspekt erweitern –, ist die Wahrnehmung des Bühnengeschehens, d. h. jene Assoziationsleistungen und Bedeutungszuschreibungen, die die Zuschauenden erbringen, aber von der dramatischen Handlung oder der szenischen Darbietung nicht notwendig vorgegeben sind.

Angesichts ihrer vielschichtigen Erscheinungsebenen soll Fiktionalität in einem ersten Schritt an der Schnittstelle von Textualität und szenischer Darstellung, Referenzialität und Performanz systematisch ausgelotet werden. Um für die Fallstudien dieses Handbucheintrags eine theoretische Grundlage zu etablieren, werden im ersten Kapitel die historischen Wandlungen und theoretischen Konzeptualisierungen des Fiktionalitätsbegriffs erläutert. Anschließend an diesen begriffs- und theatergeschichtlichen Überblick stehen poststrukturalistische Überlegungen im Mittelpunkt, die den Konstruktcharakter performativer Sprach- und Körperhandlungen hervorheben und damit die fiktionalen Dimensionen menschlichen Agierens auf differenzierte Weise aufschlüsseln (Abschnitt 2: Fiktionalität und Performanz). Abschließend soll es in kurzen Fallbeispielen um das Spannungsverhältnis von Sich-Zeigen und referenziellem Verweisen, Faktizität und Fiktionalität in zeitgenössischen Performances gehen, um einen Einblick in aktuelle Fragen der Fiktionsanalyse zu geben (Abschnitt 3: Fiktionalität und Performance).

1 Theatertheoretische und -historische Perspektiven

Theoretische Annäherungen an den Fiktionalitätsbegriff

Mit Blick auf die abendländische Theater- und Körpergeschichte ist der Fiktionalitätsbegriff vornehmlich für Figurationen vorgetäuschter Identitäten vorbehalten, um die Evokationen einer Verstellung im Modus des ‚Als-Ob' bzw. in der Differenz zu einer ‚realen' oder ‚authentischen' Seinsweise zu fokussieren. Mit dem Register des Fiktionalen und Mimetischen werden erfundene bzw. mögliche Identitätsformen assoziiert, die seit Platons und Aristoteles' Ausführungen zur Praxis der Nachahmung im Vorgang des Spiel(en)s hervorgebracht und daher epistemologisch von der historischen Wahrheit und Wirklichkeit, d. h. einer nachweisbaren Referenzialität abgegrenzt werden. Während der Fiktionalitätsbegriff in philosophischen, literatur- und kulturwissenschaftlichen Diskursen als fest verankerter Terminus mit systematischem Wert in Gebrauch ist, fällt seine Verwendung im

Feld der Theaterwissenschaft ohne kategoriale Schärfe und ausgesprochen sporadisch aus. Im Folgenden sollen drei methodisch diverse Ansätze vorgestellt werden, die markante Eigenschaften der Bühnenfiktion aus produktions-, rezeptions- bzw. psychoanalytischer Perspektive hervorkehren und konzeptualisieren.

Nähert man sich den Fragen der Fiktionalität aus produktionsästhetischer Perspektive, so gerät die künstlerische Formierung einer Theaterinszenierung in den Mittelpunkt, die das szenische Universum als eine Welt des Möglichen organisiert: Hierbei ist entscheidend, welche Darstellungskonventionen der Maskerade, der Kostümierung, der (Selbst-)Inszenierung oder des Rollenspiels am Werk sind, damit eine mimetische oder anti-mimetische Bühnenfiktion entsteht. Damit taucht die Frage auf, ob die Inszenierung eher illusionistische oder distanzgeladene Welten eröffnet, d. h. ob in der Regie immersive oder verfremdende Strategien für die Zuschauerinvolvierung angelegt sind. Darüber hinaus ist maßgebend, inwiefern Diskurse des Dokumentarischen und des Fingierten, Techniken der Authentifizierung und der Täuschung Eingang in die Szenengestaltung finden. Und es gilt zu überlegen, wie sich die Grenzziehung zwischen Szene und Off, zwischen theatraler und außerästhetischer Wirklichkeit, zwischen Bühne und Publikum gestaltet. Vor dem komplexen Hintergrund all dieser Analyseaspekte wird im produktionsästhetischen Ansatz das Augenmerk auf die diachrone Darstellungsvielfalt gelegt, die in der Geschichte des theatralen Dispositivs die Fiktionalität körperlichen Agierens geprägt und aufgrund sich verändernder architektonischer, medialer oder affektiver Möglichkeiten des Zeigens einen entscheidenden Einfluss auf die Normen der Zur-Schau-Stellung genommen hat. Unter diesem Blickwinkel ist es folgerichtig, „das Fiktionalisierungspotenzial theatraler Formen in deren Verhältnis zu anderen visuellen und narrativen Darstellungsweisen [zu befragen]" (Birkenhauer 2005, 108) und die szenische Bedeutungsproduktion intermedial zu erkunden. Die Theaterwissenschaftlerin Theresia Birkenhauer identifiziert „fiktive Konstruktionen" (2005, 108), die die Prozesse des Fingierens in der Theatergeschichte nach historisch variablen Eigengesetzlichkeiten reguliert haben: Der halluzinierte Dialog oder die eingebildete Stimme in der antiken Tragödie, die Verkörperung zweidimensionaler Bilder in theatralen Tableaus des 18. Jahrhunderts, die Skulpturwerdung des lebendigen Körpers in der Performancekunst, der Einsatz von kinematografischen Großaufnahmen in postdramatischen Theaterformen stellen theater- und medienhistorisch modulierende Strategien der Fiktionalisierung dar, die die Konventionen theatraler Bedeutungsproduktion jenseits der dramtextuellen Verankerung einer Bühnenfiktion bestimmt haben (vgl. Birkenhauer 2005, 108–109).

Worauf Birkenhauer ebenfalls hinweist, ist der Perspektivenwechsel auf Fiktionalisierungsprozesse seit der Etablierung postdramatischer Theaterformen, insofern jene „nicht primär werkästhetisch", sondern „vor allem als Strukturierung der Aktivität der Zuschauer" (Birkenhauer 2005, 108) untersucht werden. Im Einklang mit der literaturwissenschaftlichen Einsicht, der zufolge das Fingieren stets auch eine Rezeptionsweise voraussetze und keine Texteigenschaft bezeichne (vgl. Zipfel 2001, 16–17), plädiert Hans-Thies Lehmann im Bezug auf die Fiktionsanalyse für die Inblicknahme der Wahrnehmungsdisposition des Zuschauers. Angesichts einer seit den 1960er Jahren dominierenden Ästhetik der Verunsicherung muss sich der Zuschauer immer häufiger fragen, „ob er auf den Bühnenvorgang als Fiktion (ästhetisch) oder als Realität (also z. B. moralisch) reagieren soll" (Lehmann 2005 [1999], 177). Ob beispielsweise eine längere Sprechpause als Hänger (Ebene des Realen) oder als Inszenierungsabsicht (Ebene der Fiktion) interpretiert wird, bleibt für die Zuschauenden häufig unentscheidbar. Fiktion und Realität erweisen sich demnach in der zeitgenössischen Theaterpraxis keineswegs als obsolete Kategorien, ihre Bestimmung entzieht sich jedoch einer klaren Grenzziehung zwischen ‚Theater' bzw. ‚Realität' und bindet die Fiktionalisierungsleistung stark an die partikulare Wahrnehmung der Zuschauenden.

Aus rezeptionsästhetischer Perspektive erweist sich szenische Fiktionalität als eine Modalität der Betrachtung, die den Einbruch der Realität in die Bühnenwirklichkeit – sei es Lapsus oder Kalkül – in das Register der Fiktionalität verschiebt. Denn wechselt die Rezeptionshaltung in den Modus der Fiktionalisierung, so lässt sich mit Samuel Taylor Coleridge von einem „willing suspension of disbelief" (Coleridge 1907 [1807], 6) sprechen, einer Wahrnehmungsleistung, die Störungen gegenüber resistent ist und die Kongruenz der Fiktion aufrechterhält. Jacques Rancière perspektiviert in seinem viel beachteten Buch *Der emanzipierte Zuschauer* den politischen Aspekt von Fiktionalisierungsprozessen und weigert sich, die „Arbeit der Fiktion" (2009, 79) als die Erschaffung einer imaginären Welt jenseits der Realität des Zuschauers aufzufassen. Vielmehr führe sie zu repräsentationspolitisch relevanten Veränderungen, die das konsensuelle Repertoire des Darstellbaren veränderten: „Die Formen ästhetischer Erfahrung und die Formen der Fiktion erschaffen [...] eine neue Landschaft des Sichtbaren, neue Formen von Individualitäten und von Verbindungen, unterschiedliche Rhythmen der Wahrnehmung, neue Maßstäbe." (Rancière 2009, 79) Vor diesem Hintergrund gilt die Aktivität des Zuschauens nicht länger als „das Gegenteil von Wissen [und] Handeln" (36) und muss vielmehr mit den Prozessen der Fiktionalisierung in Verbindung gebracht werden: „[Der Zuschauer] nimmt an der Aufführung teil, wenn er eine eigene Geschichte über die ihm dargebotene Geschichte erzählen kann." (36) Somit eröffnet die Theateraufführung für Rancière ein „Spiel von Assoziationen und Dissoziationen" (47) oder, um es mit Hans-Thies Lehmann zu formulieren, einen „Möglichkeitsraum", in dem der Zuschauer und „sein (nicht exakt vorhersehbarer) Beitrag [zum] Bestandteil der Inszenierung eines Möglichkeits-Spielraums" (2001, 13) werden.

Die auf psychoanalytische Ansätze rekurrierende Aufwertung der Bühnenfiktion durch den Theaterwissenschaftler Gerald Siegmund bringt das Argument in Anschlag, dass sogar in zeitgenössischen Formen des dokumentarischen Theaters, in denen statt Schauspielern Laien auftreten, Fiktion als ‚Verführung zur Realität' eingesetzt wird. Historische Fakten und Erinnerungen kommen – etwa in den Arbeiten des Regiekollektivs Rimini Protokoll – trotz des Realitätsindexes der auftretenden Zeugen oder eingeladenen Experten „immer schon als ‚Gemachtes' (lat. *factum*)" zum Tragen und können „nur über den Umweg der Fiktion" (Siegmund 2007, 184) aufblitzen. Häufig entsteht im Gegenwartstheater ein dynamisches Verhältnis von Realitäts- und Fiktionalitätsebenen, eine Dialektik, die nach psychoanalytischer Logik Symbolisierungsprozesse in Gang setzt. Was wir im Theater zu sehen bekommen, ist nie ‚die Sache selbst', vielmehr aber eine Stütze für das Gewesene, die im Moment des referenziellen Zeigens ‚der Sache' eine Form verleiht, d.h. sie zugleich her- und ent-stellt. In diesem Sinne ist die Fiktionalisierung – verstanden als die inszenatorische Organisation von nachweisbaren oder erfundenen Referenzen auf der Bühne – eine konstitutive Kraft, die uns den Eindruck einer Realität vermittelt: „Die Akte des Fingierens erzeugen ein Gebilde, das als Reizschutz funktioniert, weil es Affekte regelt und dosiert, um sie in ein Allgemeines zu überführen, in das wir unsere individuellen Erfahrungen qua Metaphorisierung integrieren können." (Siegmund 2007, 203) Der für produktions- wie rezeptionsanalytische Fragen sensibilisierte Ansatz von Siegmund dynamisiert die Grenze zwischen Bühnenrealität und -fiktion nicht nur, er unterstreicht die gegenseitige Interdependenz der beiden Dimensionen: Fiktionalisierung stellt sich nicht als Illusionierung dar, sondern als ein produktiver Prozess der Symbolisierung, die im psychoanalytischen Sinne eine Vermittlung durch Ent-Stellung bedeutet und sich stets lückenhaft vollzieht.

Literarische und szenische Fiktionalität im historischen Wandel

Das Spannungsverhältnis zwischen der literarischen (textbasierten) und der szenischen (aufführungsbezogenen) Fiktionalitätsebene unterliegt diachronen Wandlungen und Umwertungsprozessen. Die historisch modulierenden Einstellungen gegenüber dem Fingieren fielen bereits zu Beginn der abendländischen Theaterpraxis widersprüchlich und komplex aus, könnten doch Platons und Aristoteles' Perspektiven auf theatrale Nachahmung kaum kontroverser sein. Für Aristoteles verbindet sich die Entstehung der Fiktionalität wesentlich mit der Erfahrung der griechischen Tragödie (vgl. Birkenhauer 2005, 107), denn den Künsten der Mimesis (Theater, Dichtung, Tanz, Chorgesang) eigne das Potenzial, Wirklichkeiten hervorzubringen und Erkenntnisse zu generieren, die aufgrund ihrer Allgemeingültigkeit der Geschichtsschreibung überlegen seien. Für die

Bedeutungshorizonte, die sich im lateinischen Begriff der *fictio* kreuzen, stehen im Griechischen diskrete Bezeichnungen: Fingieren heißt zum einen, ein Werk zu erschaffen, in dem das Ungeformte der Wirklichkeit an künstlerischer Gestalt gewinnt (*poiēsis*) und zum anderen das nachahmende Spiel (*mimēsis*), d. h. die unmittelbare Wiedergabe der poetischen Textur, die ein Imaginäres freisetzt (vgl. Stierle 2001, 381–387). Um ästhetischen Genuss zu erzielen, muss *poiēsis*, so Aristoteles, in den Dienst der *mimēsis* treten, damit die Fiktionalisierung gleichzeitig den Vorschriften der (Ver-)Dichtung (der ‚Übersichtlichkeit' und der ‚Kontinuität') wie auch den Konventionen der Mimesis unterworfen bleibt (vgl. Lehmann 2005 [1999], 148). Entsprechend löst sich in der Aristotelischen Regelpoetik die Nachahmung von einer tatsächlichen Referenzialität, und unterliegt dem Gesetz der Wahrscheinlichkeit. Die Aufgabe des Dichters ist nicht, „mitzuteilen, was wirklich geschehen ist, sondern vielmehr, was geschehen könnte, d. h. das nach den Regeln der Wahrscheinlichkeit oder Notwendigkeit Mögliche" (Aristoteles 1994, 29). Die Aristotelische Aufwertung der Fiktion im Grenzbereich von Lüge und Wahrheit steht im Einklang mit den Vorschriften der antiken Rhetorik und Jurisprudenz, die die schöpferische Kraft des Fingierens für produktiv erklären. So dürfen nach Quintilian innerhalb einer Rede „Beweise nicht nur von zugestandenermaßen Geschehenem (*a confessis*), sondern auch von nur Unterstelltem (*a fictione*) hergeleitet werden [...]. Denn ‚fingieren' bedeutet hier zunächst etwas unterstellen, das, falls es wirklich der Fall wäre, die Frage lösen oder fördern könnte [...]" (Quintilian 1995, 585).

Doch während Quintilian in der Überzeugung des Richters durch Lüge bzw. Gorgias in der Täuschung des Zuschauers durch die Tragödie (Gorgias 1952, 288–294) konstitutive Dimensionen der Fiktion anerkennen, wird der mimetischen Kunst im Idealstaat von Platon die Lizenz entzogen. Platon nimmt gewissermaßen Hans-Thies Lehmanns dekonstruktivistische Überlegungen zu einer Ästhetik der Unentscheidbarkeit zwischen Fiktion und Realität, übertragener und buchstäblicher Bedeutung vorweg, wenn er die Wirkung des Theaters mit der Gefahr der Verunsicherung kurzschließt und Mimesis mit eindeutig negativem Vorzeichen versieht. Künste und Künstler der Nachahmung müssen Platon zufolge deshalb diskreditiert werden, weil sie eine Mimesis der Mimesis anstrebten und folglich ‚an dritter Stelle' von der Wahrheit, ja vom Reich der Ideen, entfernt seien. Im Sinne Platons richte die szenische Fiktion aus zweierlei Hinsicht Schaden an: Das Theater weise sowohl eine *ontologische* wie auch eine *ethische* Differenz zur philosophischen Wahrheit auf, weil eine für die Wahrheit verbürgende Erzählstimme fehle, d. h. weil der tragische Diskurs „nur die Wechselreden übrig ließe" (Platon 2000 [1958], 394b). Die tragische Form sei bedrohlich, da die Mimesis, die für Aristoteles als unschuldiges, angeborenes Vermögen des Menschen gilt, die Ordnung des Logos angreift: „Als unheimliches Mischprodukt aus Logos und

Spiel, Aussage und Zweideutigkeit, Bestätigung und Infragestellung erscheint sie [die Mimesis] dem Philosophen als noch raffiniertere Schwester des Mythos" – pointiert Hans-Thies Lehmann und fährt fort: „Weder ist das Theater ganz außerhalb, noch ganz innerhalb des Bereiches des Logos, und diese Mischung und Unentscheidbarkeit, gefährlicher als das reine, nicht-seiende Unwahre, ist das Problem der Mimesis." (1991, 154)

Die Gefahr dieser Problematik wird deutlicher, wenn man einen Blick auf die antike Theaterpraxis wirft und sich die zahlreichen Aktualitätsbezüge der Tragödien zu der Zeit ihrer Entstehung vor Augen hält. Indem sie den Mythos umdeuteten und auf die Angelegenheiten der Polis bezogen, spielten die Tragödien immer wieder auf konkrete gesellschaftliche Spannungen zwischen den demokratischen und aristokratischen Fraktionen in Athen an. Platons Absage an die mimetische Fiktion rührt also daher, dass es unentscheidbar wird, ob der tragische Diskurs, der im Theater zur anschaulichen Realität wird, die aktuelle Wirklichkeit verlässt oder nicht. Die epistemologische Eigengesetzlichkeit der Tragödie, Wahrscheinlichkeiten in eine eigene (Bühnen)Realität zu überführen, ja, dichterische Fiktion in szenische Fiktion zu verwandeln, verunsichert die Logik der Referenzialität, weil „man zwischen Sache und Name, Realität und Einbildung, Außen und Innen" (Lehmann 1991, 156) nicht mehr scharf sondern kann.

Wenn Augustinus in seinem *De civitate Dei* an der Epochenschwelle zum Mittelalter die platonische Verurteilung des Theaters aufgreift, schlägt er den Ton für den minderen Legitimitätsstatus der Fiktion im christlichen Zeitalter an: Gegenüber der transzendentalen oder der historischen Wahrheit geriet die Poetik der Wahrscheinlichkeit in „Anklagestand" (Stierle 2001, 389) und die szenische Nachahmung wird vor allem aufgrund der falschen Leidenschaften und sinnlichen Reize, die sie erregt, um den Menschen vom Wesentlichen abzulenken, diskreditiert. In den Worten von Augustinus: „Unsere Religion sei nicht ein Haften an Phantasiebildern. Denn besser ist jedes beliebige Wahre als alles, was man sich willkürlich ausdenken kann." (1983, 179) Menschliche Dichtung und Mimesis sind mit der Wahrheit von Gottes Wort aus dem Alten und Neuen Testament deswegen unvereinbar, weil sie den Menschen verwirren oder sogar vom ‚wahren' Glauben abzuwenden drohen. Ein Blick auf die Theaterpraxis des Mittelalters macht jedoch deutlich, dass diese kategoriale Unvereinbarkeit in den geistlichen Spielen hinfällig wurde, insofern die Bühnenhandlung Fiktionsschichten aufwies, die von der Kirche entwertet und mit der transzendentalen Wahrheit inkommensurabel waren. Der *Ostertropus*, der vom Beginn des 10. bis in das 16. Jahrhundert als fester Bestandteil der Liturgie zur Aufführung gebracht wird und die Evangelienberichte in dialogischer Form vergegenwärtigt, weist zahlreiche Referenzen aus der heidnischen Volkskultur auf, sodass Jesus beispielsweise in den Passionsspielen als Gärtner erscheinen, mit Zaubersprüchen heilen und simultan drei Marien-Gestalten begegnen kann. Auch wenn die dramatische Dialogstruktur des geistlichen Spiels darauf zielt, den Wortlaut der Heiligen Schrift in seiner unhinterfragbaren ‚Wahrheit' zu exponieren, kommt in der szenischen Aufführungspraxis des Mittelalters eine große Textvariabilität zum Tragen (vgl. Kotte 2013, 95), die die Autorität einer singulären Gewissheit unterwandert und trotz der philosophisch scharfen Trennung zwischen Wahrheit und Fiktion zu einer spannungsvollen Schichtung unterschiedlicher Wirklichkeitsebenen, Text- und Motivtraditionen führt.

In der Renaissance setzt die Tendenz ein, dass im theatralen Spiel nicht mehr auf ein biblisches oder historisches Sujet referiert wird: Die Bühne öffnet sich für jene dichterischen Fiktionen, die zwar den Prinzipien der Wahrscheinlichkeit unterworfen bleiben, aber die Autonomie einer ‚zweiten Natur', d. h. einer von Menschen erfundenen, konstruierten Realität gewinnen. Die Schauspielkunst ordnet sich zwar dem (literarischen) Text unter und das Spiel von Mimik und Gestik synchronisiert sich mit dem Gesagten, doch, wie Max Herrmann betont, entsteht aufgrund des „philiströsen Dilettantismus" (1914, 137) der Akteure (noch) keine kongruente Bühnenfiktion: „In der höchst primitiven Kunst der Meistersingerbühne [...] fallen die spießbürgerlichen Persönlichkeiten der Darsteller und ihre stilisierten Leidenschaftsgebärden unorganisch auseinander" (246). Herrmann stellt damit eine Diskrepanz in der ‚doppelten Fiktionalität' des Theaters (vgl. Birkenhauer 2005, 107) fest und deutet an, dass die dramenbasierte Fiktionalität szenisch nicht hinreichend realisiert werden konnte. Die sich zu dieser Zeit verbreitende zentralperspektivische Bühnendarstellung, die die Welt in eine einheitliche und fiktive Ordnung verwandelt, geht mit der dramaturgischen Vereinheitlichung von Ort, Zeit und Handlung Hand in Hand. Im Zuge dieser Entwicklung erfolgt eine zweifache Abgrenzung der szenischen Repräsentationswelt im Theater: Zum einen kommt es zur Trennung von der Wahrnehmungswelt des Zuschauers, zum anderen von der außerszenischen Realität (vgl. Esposito 1998, 271–272). Diese Tendenz, die sich bis zur Herausbildung des Illusionstheaters im 18. Jahrhundert verfolgen lässt und ihren Höhe- und Endpunkt im naturalistischen Theater findet, verläuft allerdings nicht ohne Brüche und Diskontinuitäten.

Im Laufe des 17. Jahrhunderts gestaltet sich die Grenze zwischen mimetischer Fiktion und Realität außerordentlich diffus, und zwar nicht nur in Anbetracht des Konflikts zwischen den mittelalterlich-christlichen und neuzeitlich-wissenschaftlichen Weltbildern, die sich zeitlich überlagern und „[d]ie Scheidung des ‚Wahren' von ‚Falschen' [zu einem] zentrale[n] intellektuelle[n] Problem" (Assmann 1980, 31) werden lassen, sondern vor allem durch die Verbreitung des Theaters als allegorische Figur in allen Lebensbereichen. In der barocken Experimentalkultur verbreitet sich die Vorstellung des *theatrum* – verstanden als ein begrenzter Schauplatz, an dem etwas gezeigt wird – und dient der Systematisierung des Wissens: Von der Medizin (*theatrum anatomicum*) über die Philosophie (*theatrum philosophicum*) bis zu den schönen Künsten (*theatrum pictorium*) reicht die Expansion der Theatermetapher, die sich nicht nur auf Räume des Zeigens und Schauens bezieht, sondern auch in zahlreichen Buchtiteln mit Abbildungscharakter auftaucht. Theatrum wird als ‚Schau-Spiel-Ort' verstanden, in dem das Gezeigte die Scheinhaftigkeit der Welt widerspiegeln soll und auf das Nicht-Sichtbare zu schließen erlaubt; es handelt sich also um einen „Gedankenspielort, in dem erzählt, gedeutet, geordnet, demonstriert, besichtigt, reflektiert und bewundert wird" (Weber 2008, 340). Aber nicht nur das: Das Theater wird zur Allegorie des menschlichen Lebens, wie Calderón es in seinem Mysterienspiel *Das große Welttheater* zur Anschauung bringt. Demnach entspricht die Welt einem *theatrum mundi*, einer universalen Bühne, auf der Gott als Spielleiter jeden Menschen nach einem zugewiesenen sozialen Stand Rollen spielen lässt. Dass der Alltag außerdem an den europäischen Höfen als Theaterinszenierung gestaltet wird, dass in den Feierlichkeiten der Kirche die Formen der Selbstinszenierung zunehmen und dass in den Karnevalen der Festkultur die Gesellschaftsordnung verkehrt wird, sind deutliche Anzeichen einer Theatralisierung bzw. Fiktionalisierung der Welt und der zunehmenden Relevanz von Schein und Täuschung in der sozialen Praxis. Es verwundert daher nicht, dass Strategien des Fingierens bzw. die Spannungen zwischen Schauspielerinnen und Schauspielern und Rolle auch in diversen Spieltraditionen der Zeit zu zentralen ästhetischen Themen erhoben werden: In Shakespeares mit der Inschrift „Totus mundus agit histrionem [Die ganze Welt ist ein Theater]" versehenem Globe Theatre sind es die Verwandlungen, Verkleidungen und Verstellungen, die die Dramaturgie der Stücke vorantreiben; und auf ähnliche Weise stehen in der Commedia dell'arte das Fingieren und das Rollenspielen im Dienste eines als souverän wahrgenommenen Handelns. Ohne eine Illusionierung zu erwirken, vollziehen die Akteurinnen und Akteure ihre Rollenwechsel mit distanzgeladener Reflexion und Kalkül, um die Scheinhaftigkeit menschlichen Verhaltens auszustellen oder die Verfügungsgewalt über die Formung der eigenen gesellschaftlichen Identität ins Bewusstsein zu holen.

Im Zuge der Literarisierung des Theaters nach der Frühen Neuzeit bildet sich die Synchronisierung dramatischer und szenischer Fiktion als theaterästhetisches Ideal heraus. Der Als-ob-Chrakter der Repräsentation, d.h. die Konstruiertheit der Bühnenfiktion, tendiert im Laufe des 18. Jahrhunderts dazu, unsichtbar zu werden. Was die illusionistische Wirkung einer natürlichen Expressivität jedoch voraussetzt, ist ein wahrscheinlicher Handlungsverlauf (auf der Ebene der dramatischen Fiktion) und eine psychologisch-realistische Darstellungsweise (auf der Ebene der szenischen Verkörperung). In Gottscheds Poetik der *Critischen Dichtkunst* hat der Dichter zur Aufgabe, die moralische Wahrheit ästhetisch so zu gestalten, dass eine erkenntnisstiftende fiktionale Welt zustande kommt (1962, 97). Die Fiktion erhält somit einen autonomen Status, verweist auf sich selbst und kaschiert die Geste des Trugs, die sie hervorbringt. Aus Gottscheds Regelpoetik wird deutlich, dass eine ideale fiktionale Kohärenz erst durch den Ausschluss von Unwahrscheinlichkeit, Widersprüchlichkeit und Unnatürlichkeit entsteht. Eine illusionistische Bühnenfiktion kann wiederum erst dann entstehen, wenn der Körper in den Dienst des Textes gestellt und die sinnliche Natur des Schauspielerkörpers nicht mehr wahrnehmbar wird. Der Schauspieler Conrad Ekhof fasst die Anforderungen gegenüber einer sich im 18. Jahrhundert ausbildenden realistischen Spielweise pointiert zusammen: „[D]ie Schauspielkunst ist: durch Kunst der Natur nachahmen, und ihr so nahe kommen, daß Wahrscheinlichkeiten für Wahrheiten angenommen werden müssen oder geschehene Dinge so natürlich wieder vorstellen, als wenn sie erst jetzt geschehen." (1954, 144) Der Darsteller muss seinen Körper als Geflecht von ‚natürlichen Zeichen' gestalten, damit das Publikum in der Lage ist, die kalkulierten äußeren Indikatoren eines Gefühls als ‚authentisch' zu ‚lesen'. Wie Diderot in seinem *Paradox über den Schauspieler* schreibt, haben die Akteure die ‚äußeren Zeichen' zu kennen und zu reproduzieren, um das Publikum Abend für Abend täuschen zu können: „[Der Schauspieler] gleicht einem Spiegel, der immer bereit ist, die Gegenstände zu zeigen, und zwar immer mit der gleichen Genauigkeit, der gleichen Kraft und der gleichen Wahrhaftigkeit". (Diderot 1968, 489) Um Perfektion in der Täuschung zu erlangen muss er ‚kalt' bleiben, jede körperliche Regung minutiös planen und die Zuschauenden dadurch emotional in den Stand der Illusion versetzen.

Der Anspruch an das Theater, Zeit- und Raumverhältnisse möglichst realitätsgetreu zur Anschauung zu bringen, verliert bis ins angehende 20. Jahrhundert nicht an seiner hegemonialen Dominanz. Der Wunsch nach Illusionierung prägt den historisch-realistischen Stil des Meininger Hoftheaters, begründet die sinnliche Involvierung des Publikums im Wagner'schen Gesamtkunstwerk und findet eine Verabsolutierung in Konstantin Stanislawskis vollkommener Psychologisierung des Schauspiels nach dem Ideal der Naturgesetze. Im Laufe dieser Entwicklung bildet sich die Figur des Regisseurs heraus, der als schöpferisches Pendant des Autors für die realistische Herrichtung der Bühnenfiktion Sorge tragen muss, ohne eine eigene ästhetische Handschrift ins Spiel zu bringen: „[U]m so besser die Regie, je weniger bemerkt man sie" – schreibt der Schauspieler Karl Grube (1904, 50), sodass sich zwischen Bühne und Zuschauerraum immer konsequenter eine unsichtbare vierte Wand verfestigt, die die Geschlossenheit der szenischen Fiktion sichert. Die hermetische Qualität der vierten Wand wird im Naturalismus ad extremum geführt, denn André Antoine oder Otto Brahm setzen einen Zusammenfall von Natur und Kunst zum Ziel, um soziale Milieus minutiös nachzubilden und Lebenswirklichkeiten exakt zu reproduzieren.

Das Ideal einer geschlossenen Repräsentation gerät im Laufe des 20. Jahrhunderts insofern in eine Krise, als dass die Kongruenz der Fiktionalität von zahlreichen Vertretern der Theateravantgarde einer ideologischen Kritik unterzogen und aufgebrochen wird. Man könnte von einem Paradigmenwechsel sprechen, insofern die Realität der Theateraufführung – in Korrespondenz mit einer zu dieser Zeit aufkommenden Sprachkrise – nicht mehr dem fiktiven Universum des dramatischen Textes untergeordnet wird, sondern nach einer autonomen Eigenlogik strebt. Im symbolistischen Theater von Edward Gordon Craig emanzipiert sich die darstellende Kunst vom Imperativ der Realitätsabbildung und konstelliert eine nach musikalischen Prinzipien und visueller Formalisierung geordnete Traumwelt. Antonin Artauds Theaterkonzeption rechnet mit der Idee der Mimesis durch die Evokation einer Realität ab, die weniger mit dem Naturalismus als vielmehr mit dem Ritus, der Magie und dem Delirium in Nachbarschaft gerückt wird und Anspruch erhebt auf eine gestische, die Grenzen des Literarischen überschreitende Sprache (vgl. Artaud 1969, 100). Durch die Rhythmisierung des gesprochenen Textes und der ausgeführten Bewegungen löst Wsewolod Meyerhold das Theater ebenfalls von der Herrschaft der fiktionalen Metamorphosen ab und sieht dem Schauspieler die Aufgabe vor, den *eigenen* Körper so zu organisieren, dass vor allem der Zuschauer und seine Phantasietätigkeit affiziert werden. Nicht zuletzt reihen sich auch Bertolt Brechts Verfremdungseffekte in die Geschichte der gebrochenen Bühnenillusion ein, verschieben sie doch das Spiel in den Modus der Demonstration und weisen immer auf die Fiktionalität der Darstellung hin.

Mit der Etablierung der Performancekunst (vgl. Abschnitt 3) bzw. postdramatischer Theaterformen in der zweiten Hälfte des 20. Jahrhunderts verliert das Primat des dramatischen Textes zwar weiterhin an Bedeutung, aber dennoch kann das Register der Fiktionalität in den Darstellenden Künsten keineswegs gänzlich überschritten werden. In progressiveren Inszenierungen des Gegenwartstheaters sind ebenfalls Prozesse der Fiktionalisierung am Werk, obwohl sie ein verlässliches Referenzverhältnis zur außertheatralen Wirklichkeit aufkündigen und auf sich selbst beziehen. Nicht ohne Grund verweist Hans-Thies Lehmann in der Beschreibung der Ästhetik des postdramatischen Theaters immer wieder auf Stéphane Mallarmés Literaturtheorie, in der Fiktionalität autoreferenziell, im antiken Sinne der poetischen Formung ins Spiel gebracht wird (vgl. Stierle 2001, 418–422). Konstitutives Element einer selbstreferenziellen Fiktionalität ist nicht mehr die Semantik, sondern die Konkretheit der theatralen Zeichen, wie dies etwa in zeremoniellen Tableaus und akustischen Klanglandschaften (Robert Wilson), in der Rhythmisierung des Körpers (Einar Schleef) oder in der a-hierarchischen Collagierung theatraler Mittel (Jan Lauwers) in Erscheinung tritt, um poetische Welten zu erzeugen, die Referenzbezüge ins Virtuelle und Assoziativ-Mögliche verschieben. Ohne einer diegetischen Logik von Zeit, Raum und Handlung zu folgen, entfalten solche Theaterformen eine ästhetisch autonome Eigengesetzlichkeit ihrer Fiktionalität.

2 Fiktionalität und Performanz

Performanz, Performativität, Performance
Die Frage nach referenzieller und autoreferenzieller Fiktionalität theatralen Zeigens im diskursiven Feld von *performance* zu situieren, setzt eine Differenzierung von Bedeutungszusammenhängen voraus, die sich im englischen Wort *performance* kreuzen und im deutschen Begriffspaar Performanz/Performance ausdifferenziert werden. *Performanz* (engl. *performance*) steht als sprach- und kulturwissenschaftliche Kategorie für einen individuellen, sozialen Handlungsakt, der den Normen und Regeln der Sozialisation und der Kommunikation unterworfen ist. Die Performanz von Geschlecht, gesellschaftlichem Status oder sozialer Zugehörigkeit geht zwar mit der Wiederholung von Konventionen Hand in Hand, vermag diese aber auch in der Wiederholung willentlich oder unwillentlich zu verschieben oder zu subvertieren. Diese poststrukturalistische Perspektive hinterfragt soziale Handlungsmuster als Konstrukte oder Fiktionen und wird – vor allem in den sozialwissenschaftlichen, anthropologischen, feministischen oder postkolonialistischen Theoriebildungen – mit der Dynamik der *Performativität* in Verbindung gebracht. Performativität bezeichnet in diesem Zusammenhang eine nicht-intentionale, mehr noch: unbeherrschbare Dimension sprachlichen und körperlichen Handelns, die eine zentrale Rolle dabei spielt, dass Bedeutungsproduktion und -vermittlung nicht verlässlich realisierbar, individuell beherrschbar oder kalkulierbar sind. *Performance* (engl. *performance*) ist hingegen als ein Gattungsbegriff zu verstehen, unter dem man eine ästhetische Tendenz a-mimetischer Präsentationsmodi in der bildenden und darstellenden Kunst subsumiert: Performancekünstlerinnen und Performancekünstler distanzieren sich seit den angehenden 1960er Jahren programmatisch vom Paradigma der theatralen Fiktionalisierung, die sie in der Regel als Täuschung, Illudierung und in einer ‚Gesellschaft des Spektakels' (Debord 1996 [1967]) als kommerzielle Strategien der Passivierung von Zuschauenden entlarven.

Die Fiktionalitätsebenen der Performanz in der Sprechakttheorie (Austin, Derrida)
Im Kontrast zu der Idee einer illusionistischen Fiktionalisierung, die im Theater Abend für Abend exakt wiederholbar bleiben muss, geriet im Zuge der Avantgardebewegungen des 20. Jahrhunderts die partikulare, nicht exakt reproduzierbare Aufführung ins Zentrum der Aufmerksamkeit: Eine Theateraufführung bezeichnet den einmaligen, im Hier und Jetzt stattfindenden Akt, der trotz eines festgelegten Inszenierungsverlaufs vor dem jeweiligen Publikum stets anders aktualisiert wird. „Was immer die Akteure tun, es hat Auswirkungen auf die Zuschauer,

und was immer die Zuschauer tun, es hat Auswirkungen auf die Akteure und die anderen Zuschauer. In diesem Sinne entsteht die Aufführung immer erst in ihrem Verlauf." (Fischer-Lichte 2004, 12) Die theaterwissenschaftliche Annahme, dass szenisches Zeigen und Wahrnehmen situativ verfasst sind und eine autonome, nicht gänzlich kalkulierbare Wirklichkeit hervorbringen, wurde wesentlich von der Performativitätstheorie John L. Austins inspiriert. In seiner Sprechakttheorie wird sprachliches Handeln im Vollzug perspektiviert und hinsichtlich seiner wirklichkeitskonstituierenden Effekte untersucht (vgl. Austin 1985 [1972]). Eine performative Äußerung vollzieht das, was mit ihr beschrieben wird, und zwar im Akt der Äußerung selbst, wie z. B. die Aussage des Priesters „Hiermit erkläre ich Sie zu Mann und Frau", die im Moment ihrer Artikulation als wirklichkeitskonstituierend gilt, ohne sich *auf* eine außersprachliche Wirklichkeit referenziell zu beziehen. Was performative Äußerungen in die Nähe der Fiktionalität rückt, ist ihre Resistenz gegenüber den formallogischen Kategorien von ‚wahr' und ‚falsch'. Während konstatierende Äußerungen einen Sachverhalt behaupten und aufgrund ihrer Referenzen überprüfbar sind, haftet dem Sprecher eines Sprechakts keine Beweislast an, denn er agiert ohne den Anspruch auf einen Wahrheitswert (vgl. Krämer 2001, 11). Im Laufe seiner Argumentation weist Austin darauf hin, dass performative Äußerungen rein grammatikalisch nicht identifiziert werden können, weil sie von außersprachlichen Praktiken und institutionellen Kontexten abhängig sind, sodass Austin sich aufgefordert fühlt, zwischen einzelnen Sprechsituationen zu differenzieren, die er je nach dem Gelingen oder Mißlingen von performativen Äußerungen ordnen kann. Aufgrund dieser Ausdifferenzierung weist Austin in den Sprechhandlungen im Theater eine parasitäre Logik nach: „In einer *ganz besonderen* Weise sind performative Äußerungen unernst oder nichtig, wenn ein Schauspieler sie auf der Bühne tut" (Austin 1985 [1972], 43). Worauf die Diskreditierung der Bühnenäußerung aus dem Bereich der performativen Handlungen offensichtlich hinausläuft, ist das Bestreben, zwischen intendierten und fingierten Sprachhandlungen zu unterscheiden bzw. die Absichten eines Sprechers aufgrund des Kommunikationskontextes als wirksam oder nichtig klassifizieren zu können.

Jacques Derrida hat in seiner dekonstruktiven Lektüre von Austins Unterscheidung zwischen performativ-wirksamen und zitathaft-parasitären Äußerungen darauf hingewiesen, dass ein Zeichen im strukturellen Sinne mit seinem Kontext brechen kann (und muss), ja, dass Bedeutungen – auch im Falle von geglückten performativen Handlungen – erst durch eine allgemeine Zitathaftigkeit, durch die Iterierbarkeit von Zeichen entstehen können. „Diese Zitathaftigkeit [...] ist kein Zufall und keine Anomalie, sondern das (Normale/Anormale), ohne welche ein Zeichen (marque) sogar nicht mehr auf sogenannt ‚normale' Weise funktionieren könnte. Was wäre ein Zeichen (marque), das man nicht zitieren könnte?" (Derrida

1999, 339) Aus diesem Argument wird deutlich, dass Austins geglückte verbale Performanzen – wie etwa der Sprechakt eines Priesters bei der Eheschließung – eigentlich Wiederholungen von rituellen Äußerungen sind. Damit ein Sprechakt ‚glückt' und gesellschaftlich anerkannt wird, muss er in der Regel nach einem vorgegebenen Muster zitiert werden. Dementsprechend unterliegen alle Sprechakte jener parasitären Wiederholungslogik, die Austin zur Diskreditierung der theatralen Fiktionalität aus dem Bereich der performativen Handlungen führte.

Als Beispiel für die unmögliche Distinktion von referenziellen und fingierten Äußerungen lässt sich das Gedankenexperiment von Donald Davidson anführen, in dem der Kontext einer Bühnensituation keine Garantie mehr für das Gelingen einer eigentlichen oder uneigentlichen Sprecherabsicht gibt: Stellen wir uns vor, dass ein Akteur den Satz „Es brennt!" mehrere Male wiederholt – wie etwa in Edward Albees *Tiny Alice* (1964) –, aber damit auf ein reales Feuer im Theatergebäude zu verweisen sucht (vgl. Davidson 1979, 7). Der Sinn der Äußerung ist im Moment ihrer Wiederholung unentscheidbar, insofern sie sich einer klaren Differenzierung zwischen Referenzialität und Fiktionalität, Realem und Imaginiertem entzieht. Ähnlich ist die Produktion von Bedeutung für Derrida nicht an Kontexte, sondern an die Wiederholung von Zeichen gebunden, die eine intakte Sinnübertragung nicht gewährleisten können. Die Dynamiken der Wiederholung sind daher nicht vollständig durch kontextuelle Absicherungen oder individuelle Verfügungsgewalt zu regulieren, weil der Zeichengebrauch, einer Maschine ähnlich, der möglichen Gefahr des Misslingens unterworfen sein muss, um gelingen zu können. Auf die Frage, inwiefern die Intentionalität eines Autors, eines Regisseurs oder eines Schauspielers darüber entscheiden könne, ob die jeweilige Bühnenäußerung als fiktional oder referenziell wirkt, lässt sich mit Derrida wie folgt antworten: „In dieser Typologie [der Iterationen] wird die Kategorie der Intention nicht verschwinden, sie wird ihren Platz haben, aber von diesem Platz aus wird sie nicht mehr den ganzen Schauplatz und das ganze System der Äußerung beherrschen können." (1999, 346) Gerade mit den aporetischen Spannungen, die aus der Unauslotbarkeit des ‚Gemeinten' ergeben, wird in postdramatischen Theaterformen gespielt.

Seit den 1980er Jahren ist eine dominante textdramaturgische Praxis in Theater und Performance zu beobachten, die die Problematik ins Zentrum rückt, *wer in wessen Namen, mit wessen Stimme und in wessen Verantwortung* spricht. So lesen in der Dauerperformance *Speak Bitterness* (1994) von dem Performancekollektiv Forced Entertainment sieben Akteure aus unzähligen Papierstapeln Geständnisse vor, die einem gewaltigen Katalog von Missetaten entsprechen und sich auf den Schuld an Mord oder Genozid ebenso beziehen wie auf das Essen des letzten Kekses aus der Dose. Es geht dabei um die Erkundung von sprachlichen Konventionen des Bekenntnisses, insofern man zwischen wahr und falsch genauso wenig unterscheiden kann, wie hinsichtlich der Frage, ob ein Zitat als leere Entschuldigung oder verantwortungsvolles Geständnis zu identifizieren ist. Derartige Bühnenäußerungen produzieren einen semantischen Überschuss, der in den immateriellen Dimensionen einer sprachlichen Performativität nistet und dazu führt, dass die Sonderung zwischen fiktionalen und faktischen Äußerungskontexten im Akt des Sprechens unbeherrschbar wird.

Kulturtheoretische Perspektiven (Butler)

Die Illusion einer gesicherten Referenzialität und souveränen Sprecheridentität systematisch zu enthüllen, liegt im Herz weiterer Performanztheorien, die neben verbaler Äußerungen v. a. die Aufführung bzw. den Vollzug menschlicher Handlungen in den Blick nehmen. Am prominentesten hat Judith Butler Derridas Performativitätsverständnis von der Iteration der Zeichen auf symbolische Praktiken jenseits von Sprechakten übertragen und weitreichende Konsequenzen für die diskursive Regulierung der Geschlechterdifferenz gezogen. Butler konstatiert eine seit dem 19. Jahrhundert etablierte Allianz zwischen Medizin und Rechtsprechung, die zur Annahme zweier biologischer Geschlechter (*sex*) geführt hat und soziale Verhaltensweisen der Geschlechtsidentität (*gender*) nach einer vermeintlich ‚von Natur aus' gegebenen Differenz zwischen Männern und Frauen normiert (vgl. Butler 1991, 59). „Geschlecht und Geschlechtsidentität werden dabei stets als regulierende Fiktionen begriffen, die die konvergierenden Machtsysteme der männlichen und heterosexistischen Unterdrückung festigen und naturalisieren." (Butler 1991, 61) Butler sieht in der Herausbildung eines binären und heteronormativen Systems der Geschlechterdifferenz jene Macht der Iteration am Werk, die idealisierte und gesellschaftlich anerkannte Normen der Geschlechtsidentität festigt: Die konsolidierten Verhaltensweisen sind performative Handlungen, insofern sie erst durch ihre iterative Struktur eine Fiktion oder ein Phantasma von den ‚natürlichen Eigenschaften' einer sexuellen Zugehörigkeit erzeugen. Gesten, Konventionen der Verkleidung oder der Intonation, in denen sich die Inszenierung einer kulturspezifischen Geschlechtsidentität materialisiert, zementieren in der Permanenz der Wiederholung jene imaginären Fiktionen, die nur „Wahrheits-Effekte" (Butler 1991, 201) sind, aber als solche im Laufe der Sozialisation regulierend auf die Annahme und Verkörperung des Geschlechts einwirken. Es ist die Genese und Bestätigung von „Wahrheits-Effekten", die nachträglich die Idee eines ursprünglichen biologischen Geschlechts hervorbringt und diese „an einem vorsprachlichen Ort [...], zu dem es keinen unmittelbaren Zugang gibt" (Butler 1997, 26) naturalisiert. Vor diesem Hintergrund kommt die Macht der Mimesis zum Vorschein, besteht sie doch darin, dass sie einer Fiktion durch ihre Wiederholung ein ontologisches Fundament zu verleihen bzw. mit einem Wahrheitswert zu versehen vermag.

Ähnlich wie Derrida weist auch Butler auf die Möglichkeit des Misslingens hin und sieht hierin sogar eine Chance dafür, die regulierenden Normen der Geschlechtsinszenierung in der Wiederholung zu verfehlen oder zu subvertieren. Unter anderem in theatralen Performanzen der Travestie, des Kleidertauschs, der sexuellen Stilisierung oder der Parodie erkennt Butler ein politisches Potenzial, das darin besteht, die binäre Geschlechtsordnung als Konstruktion sichtbar zu machen und somit als eine fiktive Wahrheit zu entlarven. Die Travestie eröffnet den Raum für die Entnaturalisierung eines ‚natürlichen' Geschlechts, indem sie „die kulturellen Mechanismen [einer] fabrizierten/erfundenen Einheit [von biologischem Geschlecht und Geschlechtsidentität] auf die Bühne bringt" (Butler 1991, 203). Wohlgemerkt, eine Parodie ist nicht per se subversiv. Im Gegensatz zu Hollywood-Komödien, in denen – wie etwa in Billy Wilders *Manche mögen's heiß* (1959) – eine temporäre Verkleidung rückgängig gemacht und letztlich im Dienst der Verfestigung der heterosexuellen Matrix steht, führt Butler Jennie Livingstons Film *Paris is Burning* (1990) als Beispiel an, in dem der Auftritt von *drags* (‚dressed as a girl/guy') die Konstruiertheit scheinbar natürlichen Verhaltens demonstriert. Die Figuren im Film „scheitern [daran], getreu zu wiederholen" (Butler 1997, 168) und beharren auf einer bestimmten Ambivalenz jenseits der Geschlechterbinarität und der idealen Genderperformanz. *Drag* ist nach Butler „in dem Maße subversiv, in dem es die Imitationsstruktur widerspiegelt, von der das hegemoniale Geschlecht produziert wird" (1997, 170), d. h. *drag* wird dann zur kritischen Praxis, wenn es die Fiktion von ‚natürlich' gegebenen Identitäten stört oder angreift. Die theatrale Umkehrung, Stilisierung, Häufung oder Kombinierung von Merkmalen unterschiedlicher Geschlechter im zeitgenössischen Tanz und Theater werden mit dem Ziel eingesetzt, konsolidierte Zuschreibungen zu verunsichern und die machtvolle Fiktion naturalisierter Gender-Identitäten zu untergraben.

Das ‚Theater der radikalen Fiktionalität'. Referenzielle Verwirrungen in textuellen und theatralen Performanzen (de Man)
Seit den 1950er und 1960er Jahren avanciert das Zitat zum zentralen ästhetischen Mittel postmoderner Kunst. Die hermetisch geschlossene Form des Dramas bzw. eine Gegenwärtigkeit des Bühnengeschehens wird durch Unterbrechungen, Einlagerungen oder außerszenische Verweise unterlaufen. Während das neuzeitliche Drama sich als „primär" vorgibt, insofern „[s]eine Handlung wie auch jede seiner Repliken [...] ‚ursprünglich' [und] in ihrem Entspringen realisiert" (Szondi 2004 [1956], 16) sein muss, kehrt die antike Botenfigur des Berichtens in ihrer dramaturgischen Funktion auf die Bühnen der Gegenwart in Form zahlreicher Metamorphosen zurück: Ohne den Auftritt zusätzlicher Figuren lagert sich der

Botengang durch implizite Allusionen oder explizites Zitieren in die Sprechakte der Bühnenfiguren ein (Czirak 2014). Doch in welch forciertem Grad die außerszenischen Rekursionen zu Verwirrungen von Innen und Außen, Sagen und Gesagtem, Sprechakt und Diskurs führen können, soll in einer kurzen Analyse der Bühnenfiktionalität von Elfriede Jelineks *Ulrike Maria Stuart* (2006) in der Regie von Nicolas Stemann erörtert werden.

Jelinek hat das Theaterstück *Ulrike Maria Stuart* als literarischen Text nie veröffentlicht, es existiert ausschließlich in der theatralen Performanz und stellt eine experimentelle Auseinandersetzung mit der Geschichte der RAF und deren Repräsentation dar. Im Vordergrund der Inszenierung steht weniger die dokumentarische Absicht, mithilfe überlieferter Berichte oder nachweisbarer Aussagen ein Abbild von den Mitgliedern der RAF zu präsentieren, als vielmehr die notwendige Polyphonie und Mehrdeutigkeit des zur Verfügung stehenden Materials zu akzentuieren. Stemann nimmt in seiner Inszenierung eine zwei- und dreifache Besetzung einzelner Rollen vor und potenziert somit die akustisch vernehmbaren Sprechstimmen, die demselben Sprecher zuzuordnen sind. Gleichzeitig baut er die komplexen Referenzstrukturen der Figurenreden aus und lässt jeden Akteur oder jede Akteurin an Stelle von mehreren bekannten historischen oder zeitgenössischen Persönlichkeiten reden, sodass man in der Verwirrung der Eigennamen kaum exakt benennen kann, wer sich eigentlich zu Wort meldet. Bereits im Prolog oszilliert die Identität des Akteurs Sebastian Rudolph zwischen den RAF-Terroristinnen Ulrike Meinhof und Gudrun Ensslin sowie zwischen Maria Stuart, Königin von Schottland, und Elisabeth I. Die Vielstimmigkeit der Reden destabilisiert gleichzeitig die Ebene der visuellen Repräsentation, die sich aus wenigen, aber überdeutlichen mimischen Verweisen – wie etwa Perücken und Schminke – entfaltet. Man könnte das gesamte figurale System der Inszenierung mit der Ästhetik der Abwesenheit in Verbindung bringen, insofern Stemann „die fragmentierten Zeichensysteme des Theaters – Stimme, Körper, Kostüm, Requisiten – [benutzt], um daraus Figuren zu konstruieren, die immer ihr Nichtsein mit ausstellen" (Siegmund 2010, 146) bzw. die Illusion einer kohärenten Rollendarstellung torpedieren.

Jelineks und Stemanns Spiel mit Zitaten führt dazu, dass die Sprecherinnen und Sprecher im Moment der Artikulation eine Spaltung zwischen Rolle und Darstellerin oder Darsteller markieren und dadurch die rhetorische Figur der Prosopopoiia (von ‚prosopon poien': eine Maske/ein Gesicht geben) in ihrem sinnkonstituierenden wie sinnentstellenden Charakter einsetzen. Während die Prosopopoiia in der antiken Rhetorik im Dienste der Personifikation steht und Gedanken, Toten oder leblosen Gegenständen ein Gesicht verleiht, d.h. qua Sprache diejenigen belebt, „denen die Natur das Reden nicht gestattet" (Quintilianus ²1975, 283), hat der Literaturwissenschaftler Paul de Man nachdrücklich darauf hingewiesen, dass sich die Funktion der Prosopopoiia nicht in der konstitutiven Hervorbringung einer Sprecherinstanz erschöpft, weil „die Wiederherstellung der Sterblichkeit" in der Prosopopoiia „genau in dem Maße [entstellt], wie sie wiederherstellt" (de Man 1993 [1992], 145). Anders formuliert: Die Verlebendigung einer nicht (mehr) artikulationsfähigen Instanz basiert auf Vorgängen des Fingierens, des Zitierens oder des Nachahmens, sodass die personale Geschlossenheit im Laufe ihrer fiktionalen Hervorbringung notwendig auch brüchig wird. Jelineks/Stemanns Figuren legen mit jeder Äußerung offen, dass sie mit fremder Stimme sprechen, und obwohl sie den Abwesenden ein Gesicht verleihen, distanzieren sie sich sofort wieder von diesem Gesicht. Mit anderen Worten: Sie ermöglichen den Toten eine ‚Auferstehung' durch fiktionalisierende Rede, gleichzeitig markieren sie aber die Wiederbelebung als eine Konstruktion. Indem das Spiel mit personaler Referenz so radikal verläuft, dass ein (Schauspieler-)Gesicht für mehrere Personen stehen kann, argumentiert die Inszenierung, so könnte man mit Paul de Man formulieren, „gegen die Verwendung [ihrer] eigenen hauptsächlichen rhetorischen Figur" (1993, 142) im antiken Sinn und somit gegen die dominante Fiktion einer verlässlichen Vertretung von Abwesenden. Die Theaterwissenschaftlerin Evelyn Annuß weist darauf hin, dass das ‚dramatische Theater' nie ohne die Trope der Prosopopoiia auskam, insofern es „die sichtbare Kontur des Schauspielers" (Annuß 2005, 26) als eine Maske für fiktive oder historische Personen einsetzte und den Eindruck vermittelte, als wäre die Maske mit der Person originär verbunden. Im Gegensatz zu dieser illusionistischen Theatertradition tritt der Aspekt der Entstellung bei Jelinek/Stemann ins Zentrum, um zu verdeutlichen, dass das Geben von Gesichtern immer auch ein Nehmen derselben ist und Maskierung nicht ohne Demaskierung bzw. Fiktionalisierung nicht ohne Entstellung gedacht werden kann.

Das Spiel mit (Sprach-)Figuren tritt in *Ulrike Maria Stuart* besonders dann in Erscheinung, wenn die beiden Akteurinnen, Susanne Wolff und Judith Rosmair, die in ihrer Rede zwischen Ulrike Meinhof und Maria Stuart bzw. Gudrun Ensslin und Königin Elisabeth changieren, gemorphte Zitate artikulieren, Zitate also, die ihre Originalität nur vortäuschen: „Wir wollen Taten. Das Sprechen reicht nicht mehr aus" oder „Besser einer mehr ist tot als einer weniger." Nicht nachzuweisen ist auch der immer wiederkehrende Satz, der in der Inszenierung Gudrun Ensslin zugewiesen wird: „Ich weiß nicht, was passieren muss, bis endlich was passiert". Es handelt sich um kein wirkliches Zitat, sondern um das Ergebnis einer Verdichtung, die den RAF-Diskurs auf kreative Weise pointiert und mit den Freuden und Irritationen einer rezeptionsästhetischen Wiedererkennung spielt. Jelineks und Stemanns Texte nehmen somit die Stellen oder Leer-Stellen ‚ursprünglicher' Diskursformationen ein und erproben die Möglichkeit einer neuen Geschichtsschreibung, die ihre Fiktionalität offen ausstellt. Die Verwirrung der stimmlichen Referenzialität wird ferner in dem Moment deutlich, wenn Susanne Wolff Meinhoff zitierend anstelle von einer Person spricht, die wiederum auf Andere rekurriert: „Ich bin die Vorstandsvorsitzende der Ausgebeuteten. [...] Ich spreche für sie, die Ausgebeuteten. Das muss ich wohl, denn keiner spricht noch als er selber." (Gallas 2007, 100) Trotz ihrer Heterogenität werden hier zahlreiche Ausgebeuteten in einer singulären Redefigur zusammengeschlossen und ihre Vertretung aus zweiter Hand notwendig entstellt, weil das Sprechen im Namen einer Gesellschaftsgruppe keineswegs ohne eine fiktionalisierende Generalisierung auskommt. Die Rhetorik des Textes gewinnt hier Oberhand über die Logik der Sprecheridentitäten und „eröffnet schwindelerregende Möglichkeiten referentieller Verirrung" (de Man 1988 [1979], 40), die die Momente des In-die- und Aus-der-Rolle-Geratens vollkommen verwischt.

Im Rekurs auf Paul de Mans Überlegungen zur Prosopopoiia könnte man Jelineks und Stemanns Schauspiel der (verbalen) Maskeraden als ein „Theater der radikalen Fiktionalität" (de Man 2012 [1979], 253) bezeichnen, in dem die Verkörperung von Figuren durch das Spannungsverhältnis von Faktischem und Fiktionalem, Biografischem und Erfundenem verunmöglicht wird. Radikal ist diese Fiktionalität, weil einfache und geschlossene Referenzrelationen permanent als Phantasmen entlarvt werden und jeder Sprechakt seine Polyphonie zutage fördert. Trotz der unmöglichen Verifizierbarkeit der Stimmen treten in der Rezeption permanent Wiedererkennungseffekte ein: Seien es Parazitate, Pseudozitate oder faktisch belegbare Rekursionen, sie eröffnen allesamt einen Raum für kollektive Erinnerungen und Identifizierungen, die fortwährend verschoben und relativiert werden.

Vor dem Hintergrund der vorangegangenen performanzanalytischen Überlegungen kann festgehalten werden, dass das Potenzial der Fiktionalisierung sowohl in der subversiven Geschlechter- wie auch in der theatralen Performanz darin gesehen wird, keine geschlossenen Identitäten zu fingieren, sondern die (politischen) Aspekte der Verschiebung oder Irritation autonomen Handelns und Sprechens in den Vordergrund zu rücken und damit die Hegemonie ‚dominanter Fiktionen' von Identität und Geschichte kritisch zu hinterfragen.

3 Fiktionalität und Performance

Während das englische Wort *performance* für einen gesellschaftlichen Handlungs- oder einen theatralen Darstellungsakt steht, bezeichnet der Begriff der *Performance Art* ein Kunstgenre, dessen Vertreterinnen und Vertreter seit den angehenden 1960er Jahren die theatrale Fiktionalisierung programmatisch hinter sich zu lassen versuchten, doch trotz der Emanzipation von einfachen mimetischen Referenzen nicht verhindern konnten, dass ihre Arbeiten gerade die symbolischen Deutungsmöglichkeiten und ästhetischen Rahmungen potenziert haben. Am deutlichsten kommt diese Paradoxie bei Selbstverletzungsperformances zum Tragen, die – wie z. B. der Schuss, dem sich Chris Burden in *Shoot* aussetzt (1971) oder die endlosen Gesichtsoperationen, denen sich Orlan unterzieht (seit 1978) – zwar *tatsächlich* und nicht mehr im Register des ‚Als-Ob' realisiert werden, aber komplexe symbolische Zusammenhänge – etwa den Vietnamkrieg oder die Objektifizierung der Frau – aufrufen bzw. in einem ästhetischen Rahmen problematisieren. Performances basieren nicht mehr auf einer literarischen Vorlage, sie stellen die Körperlichkeit des Menschen in den Vordergrund und meiden die Illudierung der Zuschauenden genauso wie die Psychologisierung der auftretenden Akteurinnen und Akteure. Vier kürzere Fallbeispiele, die das spannungsreiche Verhältnis von Mimesisfeindlichkeit und Fiktionalisierung akzentuieren, dienen im Folgenden dazu, Spielräume des Fiktiven jenseits einer geschlossenen Referenzrelation zu beleuchten.

Fotoperformance
Seit ihrer Entstehung fordert die Performancekunst als Kunstgattung die akademischen Zugriffe heraus. Das Aufkommen von künstlerischen Reenactments ließ in den letzten Jahren die Bestimmungskriterien der Unwiederholbarkeit und Ephemeralität von Performances (vgl. Phelan 1993) genauso als hinfällig erscheinen, wie die Verbreitung von Performance-Fotografien seit den 1970er Jahren das Signum der Performancekunst, ‚live' (vgl. Goldberg 2004) und ‚vor einem Publikum' (vgl. Marvin Carlson 1996) statt zu haben, unterlief. Die allein für die Kamera inszenierten Fotoaktionen setzen in der Regel Fiktionalisierungsprozesse dadurch in Gang, dass sie von den konsolidierten Gesellschaftsidealen abweichende Körperidentitäten, alternative Zeitlichkeiten, intermediale Raumerfahrungen und konstruierte Geschichtskonzepte exponieren. Eine besondere Aufmerksamkeit verdienen daher die Fotoperformances der Erfurter Künstlerin Gabriele Stötzer, die im Untergrund der DDR viele ihrer feministischen Aktionen einer fortwährenden Recherche nach Identitäten jenseits der Geschlechterdichotomie gewidmet hat. In ihrem *Mackenbuch* (1985), einer ganzen Serie inszenierter Fotografien, lichtete sie u. a. einen jungen Transvestiten ab, der sich für ihre Kamera outete (Abb. 1). Im geschützten Raum der Performancefotografie zielten die Körperinszenierungen an der Grenze von Maskulinem und Femininem auf eine kritische Revision von typischen weiblich-erotischen Posen, und indem sie eine Bilderwelt der Übergänge eröffneten, konnten sie als Experimentalfeld abseits der realsozialistischen Genderpolitik der DDR betrachtet werden. Die

Fiktionalität und Performance —— 223

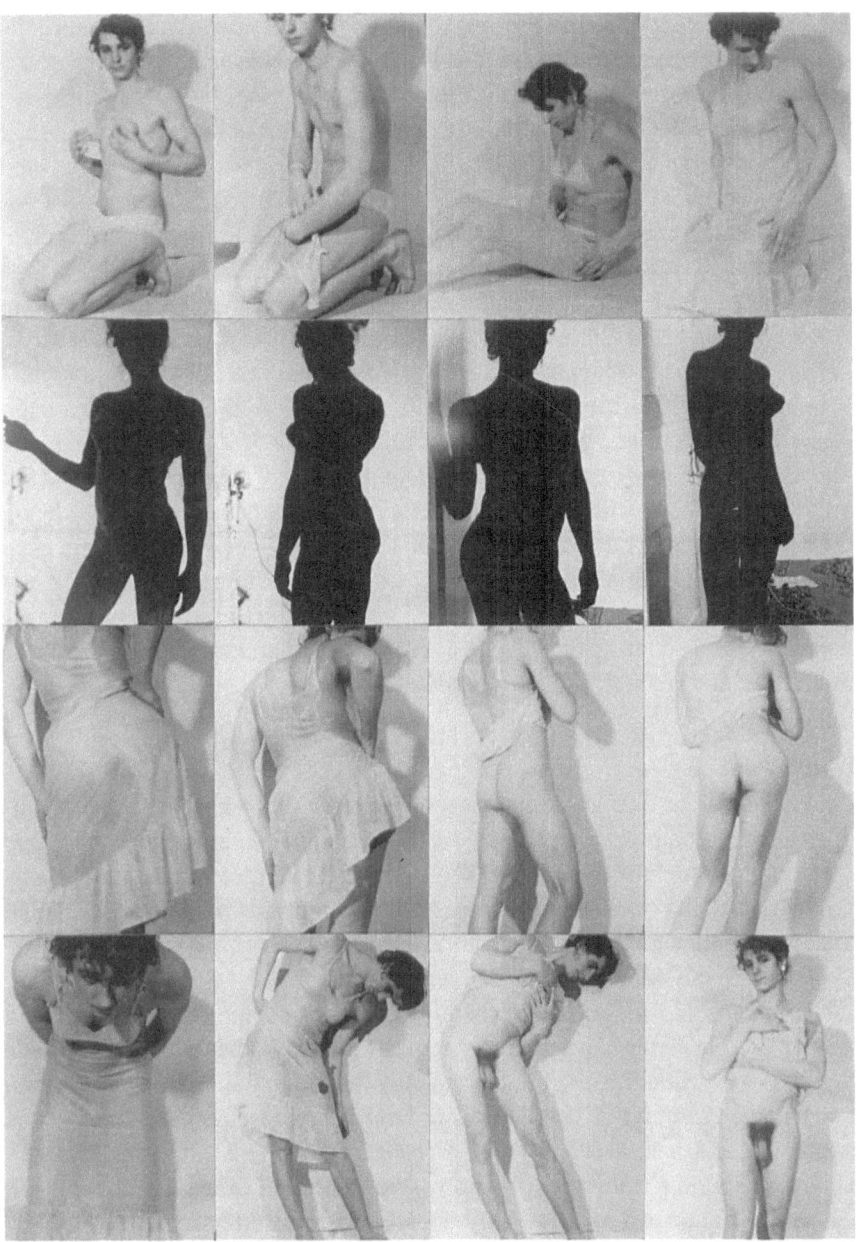

Gabriele Stötzer: *Mackenbuch, Trans in weiß* (1985); Bildnachweis für das Abbildungsverzeichnis: Gabriele Stötzer: *Mackenbuch, Trans in weiß* (1985), aus: Gabriele Stötzer: Schwingungskurve Leben, Weimar: Klassik Stiftung 2013, S. 137)

Performancefotografien von Stötzer können daher im Spannungsfeld von Fiktionalität und Wirklichkeit angesiedelt werden, da sie zum einen im Rückzug und unter Ausschluss der Öffentlichkeit aufgenommen wurden, zum anderen aber als Produkte eines Mediums der ontologischen Evidenz, ja, der Fotografie angesehen werden müssen und als existenzielle Beweise einer abweichenden Geschlechterperformanz gelten.

Gabriele Stötzers Fotografien schaffen einen Raum für den Auftritt gesellschaftlich ausgegrenzter Identitäten an der Schnittstelle des Zeigens und Verbergens: Die modulierende Aneinanderreihung von plastischen bis hin zu silhouette-artigen Gestalten führen zu einer Theatralisierung des abgelichteten Körpers, der in der Maskerade immer wieder auch das männliche Glied enthüllend die Fabrikation der Geschlechtsidentität mit ausstellt. Die Fotografien irritieren ferner aufgrund ihrer Autor*innen*schaft und ihrer ambivalenten Bildsemantik die symbolisch überdeterminierte Fiktion männlichen Schöpfertums (Ebene der Produktion) und weiblicher Objekthaftigkeit im Bild (Ebene des Werks), denen Gabriele Stötzer nicht nur in der offiziellen Öffentlichkeit der DDR, sondern auch im künstlerischen Untergrund als dominante Konstruktionen begegnet ist. Im Rahmen ihrer Kunst erzeugte sie szenisch verfasste Gegenentwürfe zu den vorherrschenden Genderrollen und wies damit auf den phantasmatischen Charakter unhinterfragter gesellschaftlicher Rollenbilder hin.

Lecture Performance

Geprägt von einer Verschränkung autobiografischer und wissenschaftlicher Narrative changiert das seit den Nuller Jahren sich verbreitende Format der Lecture Performance ebenfalls zwischen Fiktion und Faktizität, Illustration und Evidenzproduktion. Sind Lecture Performances an der Schnittstelle von Wissenschaft und Theater, Theorie und Praxis, Epistemologie und Ästhetik angesiedelt, so rufen sie in der Regel eine autoreflexive Auseinandersetzung mit den Prozessen künstlerischen Zeigens und wissenschaftlichen Überzeugens auf den Plan. Entsprechend gerät in Lecture Performances immer auch die Rhetorik der beweisführenden Rede in den Vordergrund, insofern in diesem künstlerischen Genre Wissensfigurationen *und* die Präsentation von Evidenz *in actio* sichtbar werden. Im Zentrum von Ivana Müllers Arbeit *How Heavy Are My Thoughts* (2003) steht eine von der Performancekünstlerin formulierte (pseudo)wissenschaftliche Frage, die anhand von eingebetteten audiovisuellen Beweismaterialien beantwortet werden soll: „Wenn meine Gedanken schwerer sind, als üblich, ist dann mein Kopf auch schwerer als sonst?" Qua eingespielter Videodokumentation gewinnt man Einblick in Experimente, in denen etwa Ivana Müllers Kopf auf einer Waage liegt, die je nach den angekündigten ‚leichten' oder ‚schweren' Denkprozessen in Bewegung versetzt wird. Dieser absurde Beweis, der Müllers Hypothese stützen soll, ist in gängige Narrative der Evidenzproduktion eingebettet, erzielt jedoch einen ambivalenten Effekt, indem er Argumentationsverfahren aus der (natur)wissenschaftlichen Praxis als rhetorische Konventionen enthüllt. Wohlgemerkt, wir haben es in der Aufführungssituation mit wissenschaftlichen Inszenierungsstrategien zu tun, die die Überzeugungsrhetorik zu unterstützen scheinen: Skript, Tafel, Karteikarten, Zeigestock und Screen erwecken zunächst den Eindruck einer minutiösen Evidenzproduktion, sie entlarven sich jedoch als Requisite eines mimetischen Vorgangs. Denn eigentlich lebt die Performance davon, dass Wissensproduktion und schauspielerische Darbietung einander nicht mehr stärken, sondern sich gegenseitig hinterfragen.

In seiner Lektüre von Kleists *Über das Marionettentheater* stellt Paul de Man die aporetische Verfasstheit jener Theaterszenen heraus, in denen die Protagonistinnen und Protagonisten gezwungen sind, mittels Veranschaulichung oder beweisführender Rede auf etwas Außerszenisches Bezug zu nehmen; de Man bringt die Problematik der szenischen Persuasion luzide auf den Punkt: „Wenn ein Prozeß der Überzeugung zu einer Szene der Überzeugung werden muß, dann ist man nicht mehr einfach überzeugt von seinem Überzeugungscharakter." (de Man 1988 [1979], 211) Angesprochen ist damit die spannungsgeladene Beziehung von Mimesis und Diegesis, ja, die unabschließbare Dialektik zwischen einer im Hier und Jetzt situativ verankerten Figuration und dem referenziellen Bezug auf etwas Außerszenisches, zwischen Performanz und Referenz. Szenen der Überzeugung ist gemeinsam, dass sie die Rekursion auf etwas zeitlich Vergangenes oder räumlich Entferntes miteinbeziehen und ihre mimesisgeprägte Struktur mit Einlagerungen, Verweisen und Allusionen zugleich *erweitern* und *unterbrechen* müssen. Was Lecture Performances auf luminöse Weise vor Augen führen, ist somit der Umstand, dass die wissenschaftliche Praxis der Evidenzproduktion nicht selten szenisch verfasst und auf Ästhetisierung angewiesen ist bzw. auf Gesten und „Plotstrukturen spezifisch ‚fiktionaler' Art" (White 1991, 115) rekurriert, welche den Phänomenen der Evidenz allererst Sinn und Form verleihen. Vor diesem Hintergrund ist jede Demonstration, die im Dienste der Überzeugung steht, auf epistemische wie mimetische Valenzen angewiesen und bleibt als intakte Evidenzführung immer fest verankert auf einer Bühne der Spekulationen.

Dokumentarische Performance

Dokumentarische Ansätze in der Performance zeigen ebenfalls eine ambivalente Interdependenz von Mimetischem und Diegetischem. Künstlerkollektive wie Rimini Protokoll (bestehend aus Helgard Haug, Stefan Kaegi und Daniel Wetzel) überlassen die Bühne sogenannten ‚Experten des Alltags', die teilweise zum ersten Mal mit dem Theater in Berührung kommen und als Zeugen eines bestimmten historischen Vorfalls oder als Vertreter einer ästhetisch zu verhandelnden Profession wie ‚Readymades' auftreten. Zwar findet die Realität Eingang in die Performances von Rimini Protokoll, aber die dokumentarischen Inszenierungen der Gruppe kommen nie ohne Spielräume des Fiktionalen aus. Denn im Anschluss an eine kollektive Probenphase mit dem Regiekollektiv wird ein Inszenierungsskript erarbeitet, das die persönlichen Geschichten in eine dramaturgische Struktur bringt und als Grundlage der Aufführungen festgehalten wird. Es entsteht ein Konglomerat von monologisch vorgetragenen Stimmerhebungen, in dem Alltagsmenschen – wie paradox dies auch klingen mag – sich selbst spielen bzw. von ihrem ‚echten' Leben erzählen (vgl. Roselt 2007, 60).

In ihrer frühen Arbeit *Deutschland 2*, die der Gruppe eine größere mediale Aufmerksamkeit verschafft hat, ging es ursprünglich darum, den ehemaligen Bonner Plenarsaal wieder zu beleben und eine Bundestagsdebatte vom 27. Juni 2002 aus dem Berliner Reichstag von Bonner Bürgerinnen und Bürgern simultan nachsprechen zu lassen. Diese wurden gebeten, ihre politischen Vertreterinnen und Vertreter in Berlin an einem historischen, von der Politik aber verlassenen Ort der deutschen Demokratie *unmittelbar zu vertreten*, d. h. den Reden aus dem Bundestag per Kopfhörer zu lauschen und diese zeitgleich vor einem Mikro wiederzugeben. Es handelte sich um eine Szene der Repräsentation der Repräsentation, um die Erkundung einer unsicheren Differenz zwischen Repräsentation als Darstellung und Repräsentation als Vertretung, zwischen Theatralität und Politik. Als Wolfgang Thierse, der Vorsitzende des Deutschen Bundestags, die Nutzung des Bonner Plenarsaals verboten hatte, bemühte er sich um eine scharfe Trennung von Kunst und Realität. Die Teilnehmerinnen und Teilnehmer der Performance begaben sich jedoch in die Theaterhalle Bonn-Beuel, in der sie ihre Stimmen von 9 Uhr morgens bis 1 Uhr früh denjenigen Politikerinnen und Politikern liehen, die ihrem Beruf gemäß für sie sprechen. *Deutschland 2* vermochte die Normen, nach denen die politische und mimetische Praxis der Repräsentation funktionieren, in ein Register des Nicht-Perfekten zu verlagern, in dem die Pannen und Versprecher der Akteurinnen und Akteure nicht kaschiert, sondern als permanente Störungen der Redekohärenz ausgestellt wurden, um die rhetorischen und fiktionalen Ebenen der Souveränität politischen Sprechens zu reflektieren.

Immersives Performancetheater

In den letzten zehn Jahren hat sich ein Format des immersiven Performancetheaters etabliert, dessen Ziel es ist, kohärente Illusionsräume oder fiktive Institutionen zu simulieren und den Zuschauerinnen und Zuschauern ein emotionales Eintauchen in eine virtuelle Wirklichkeit zu erlauben. Als eine der einflussreichsten Vorreiter dieses Genres gilt das dänische Performancekollektiv Signa, das etwa psychologische Anstalten, Unternehmen oder Dorfgemeinden als begehbare Illusionswelten mit dem Ziel gestaltet, dass sich das Publikum in ein minutiös aufgebautes Arrangement einfindet und an zahlreichen fiktiv angelegten Situationen partizipiert.

In *Schwarze Augen, Maria* (2013) begaben sich die Zuschauenden in die Räumlichkeiten der leerstehenden Elise-Averdieck-Schule in Hamburg und wurden von einem musikalischen Auftritt der Insassen einer mysteriösen Anstalt namens ‚Haus Lebensbaum' empfangen. Man befand sich mitten auf der Geburtstagsfeier einer Handvoll Kinder, deren Beziehung zueinander erst im Laufe der Performance, und zwar aus den individuell geführten Konversationen mit den Bewohnern selbst rekonstruiert werden konnte. Allmählich setzte man die fiktionale Geschichte der Anstalt zusammen: Die Eltern verband das biografische Moment, dass sie vor zwanzig Jahren in einen schweren Autounfall verwickelt worden waren und 9 Monate nach dem Unfall ein Kind mit schwarzen Augen und seherischen Fähigkeiten bekommen hatten. Bemerkenswert sind Signas Dauerperformances hinsichtlich der partizipativen Logik, weil die Teilnahme der Zuschauenden u. a. aus partikularen Begegnungsszenen, Gesprächen und der gemeinsam mit Kuchenbacken, Trinkritualen und Familienbesuchen verbrachten Zeit besteht. Die Performances beziehen ihre immersive Kraft zum einen aus der atmosphärischen Wirkung des multisensorischen Settings, in dem akustische Atmo-Kulissen und olfaktorische Reizüberflutungen – wie etwa Wodkageruch, Zigarettenrauch oder der Gestank angebrannten Essens – an eine intakte Körpererfahrung appellieren, zum anderen aus der Kommunikation mit den Akteurinnen und Akteuren, die unter keinen Umständen aus der Rolle bzw. aus ihrer fiktionalen Welt fallen. Zwar baut das immersive Theater die vierte Wand zwischen Akteuren und Zuschauern gänzlich ab, gleichzeitig schaltet es aber Fiktionalitätsschichten mit Realitätseffekten so extrem kurz, dass das Publikum sogar jene minimale Distanzhaltung aufgeben muss, die eine Illudierung allererst herstellen kann: Sind die Zuschauenden unmittelbar in ein dialogisches Spiel verwickelt, verlieren sie notwendig das Privileg einer Gesamtsicht auf das theatrale Geschehen und werden aufgefordert, stets eine reflexive Haltung einzunehmen, d. h. die Kohärenz des fiktionalen Universums aus Situationsfragmenten und polyphonen Erzählungen zusammenzufügen.

4 Schlussbemerkung

Die Fallbeispiele aus der Performancekunst und der zeitgenössischen Theaterpraxis verbindet das künstlerische Anliegen, Fiktionalisierung als eine Modalität des Zeigens und Wahrnehmens zu installieren, die eine veränderte Sicht auf gesellschaftliche Konventionen bzw. die Automatismen theatraler Rezeption eröffnet. Geprägt von einem Bruch mit einfacher Referenzialität stehen Fiktionalisierungsprozesse nicht mehr im Dienste der Befriedigung von Unterhaltungsbedürfnissen oder, umgekehrt, in der avantgardistischen Tradition der kompromisslosen Abrechnung mit Illusionierung. Vielmehr bilden die Unentscheidbarkeiten und Diskontinuitäten zwischen Fiktion und Realität in der gegenwärtigen Darstellungspraxis ein wahrnehmungs- und medienreflexives Programm, das eine konzise Theorie bzw. ein kategoriales Abgrenzungskriterium von Fiktionalität und Wirklichkeit immer wieder ins Wanken bringt.

Literaturverzeichnis

Annuß, Evelyn (2005). *Elfriede Jelinek – Theater des Nachlebens*. München.
Aristoteles (1994). *Poetik*. Griechisch/Deutsch. Übers. von Manfred Fuhrmann. Stuttgart.
Artaud, Antonin (1969). *Das Theater und sein Double*. Frankfurt a. M.
Assmann, Aleida (1980). *Die Legitimität der Fiktion. Ein Beitrag zur Geschichte der literarischen Kommunikation*. München.
Augustinus (1983). *Über die wahre Religion*. Lateinisch/Deutsch. Übers. von Wilhelm Thimme. Stuttgart.
Austin, John L. (1985 [1972]). *Zur Theorie der Sprechakte (How to do Things With Words)*. Stuttgart.
Birkenhauer, Theresia (2005). „Fiktion". *Metzler Lexikon Theatertheorie*. Hg. von Erika Fischer-Lichte, Doris Kolesch und Matthias Warstat. Stuttgart: 107–109.
Butler, Judith (1991). *Das Unbehagen der Geschlechter*. Frankfurt a. M.
Butler, Judith (1997). *Körper von Gewicht. Die diskursiven Grenzen des Geschlechts*. Frankfurt a. M.
Carlson, Marvin (1996). *Performance. A Critical Introduction*. New York.
Coleridge, Samuel Taylor (1907 [1817]). *Biographia Literaria*. Bd. 2. Oxford.
Czirak, Adam (2014). „Falsche Freunde. Von der Unversöhnbarkeit von Theater und Theorie". *Theorie und Theater. Zum Verhältnis von wissenschaftlichem Diskurs und theatraler Praxis*. Hg. von Astrid Hackel und Mascha Vollhart. Wiesbaden: 7–35.
Davidson, Donald (1979). „Communication and Convention". *Synthese* 59.1 (1979): 3–17.
de Man, Paul (1988 [1979]). *Allegorien des Lesens*. Frankfurt a. M.
de Man, Paul (1993 [1992]). *Die Ideologie des Ästhetischen*. Frankfurt a. M.
de Man, Paul (2012 [1979]). *Allegorien des Lesens II. Die Rousseau-Aufsätze*. Berlin.
Debord, Guy (1996 [1967]). *Die Gesellschaft des Spektakels*. Berlin.
Derrida, Jacques (1999). *Randgänge der Philosophie*. Wien.

Diderot, Denis (1968). *Ästhetische Schriften*. Hg. von Friedrich Bassenge. Frankfurt a. M.
Ekhof, Conrad (1954). „Rede vom 2. Juni 1753". *Conrad Ekhof. Ein deutscher Schauspieler des achtzehnten Jahrhunderts*. Hg. von Hugo Fetting. Berlin: 144.
Esposito, Elena (1998). „Fiktion und Virtualität". *Medien, Computer, Realität: Wirklichkeitsvorstellungen und neue Medien*. Hg. von Sybille Krämer. Frankfurt a. M.: 269–296.
Fischer-Lichte, Erika (2004). „Einleitende Thesen zum Aufführungsbegriff". *Kunst der Aufführung – Aufführung der Kunst*. Hg. von Erika Fischer-Lichte, Clemens Risi und Jens Roselt. Berlin: 11–26.
Gallas, Helga (2007). „Suchfigur Ulrike Meinhof in Elfriede Jelineks *Ulrike Maria Stuart*". *Ulrike Maria Stuart von Elfriede Jelinek. Uraufführung am Thalia Theater Hamburg in der Inszenierung von Nicolas Stemann*. Hg. von Ortrud Gutjahr. Würzburg: 97–105.
Goldberg, RoseLee (2004). *Performance. Live Art since the 60s*. London.
Gorgias (1952). „Verteidigung der Helena". *Die Fragmente der Vorsokratiker*, Bd. 2. Hg. von Hermann Diels und Walther Kranz. Berlin: 288–294.
Gottsched, Johann Christoph (1962). *Versuch einer Critischen Dichtkunst*. Darmstadt.
Grube, Karl (1904). *Die Meininger*. Berlin.
Herrmann, Max (1914). *Forschungen zur deutschen Theatergeschichte des Mittelalters und der Renaissance*. Berlin.
Husemann, Pirkko (2005). „Die anwesende Abwesenheit künstlerischer Arbeitsprozesse. Zum Aufführungsformat der *lecture-performance*". *OB?SCENE. Zur Präsenz der Absenz im zeitgenössischen Tanz, Theater und Film*. Hg. von Krassimira Kruschkova. Wien: 85–97.
Kotte, Andreas (2013). *Theatergeschichte: Eine Einführung*. Köln.
Krämer, Sybille (2001). *Sprache, Sprechakt, Kommunikation. Sprachtheoretische Positionen des 20. Jahrhunderts*. Frankfurt a. M.
Lehmann, Hans-Thies (1991). *Theater und Mythos. Die Konstitution des Subjekts im Diskurs der antiken Tragödie*. Stuttgart.
Lehmann, Hans-Thies (2001). „Bruchstücke zu einem Denken des Theaters als Möglichkeitsraum". *Theater Etcetera*. Hg. von Tilmann Broszat und Gottfried Hattinger. München: 13–20.
Lehmann, Hans-Thies (2005 [1999]). *Postdramatisches Theater*. Frankfurt a. M.
Phelan, Peggy (1993). *Unmarked. The Politics of Performance*. London.
Platon (2000). *Der Staat (Politeia)*. Griechisch/Deutsch. Übers. von Karl Vretska. Stuttgart.
Quintilianus, Marcus Fabius (^{2}1975). *Institutionis Oratoriae/Ausbildung des Redners*. Lateinisch/Deutsch. Übers. von Helmut Rahn. Darmstadt.
Quintilianus, Marcus Fabius (1995). *Ausbildung des Redners. Zwölf Bücher*. Darmstadt.
Rancière, Jacques (2009). *Der emanzipierte Zuschauer*. Wien.
Roselt, Jens (2007). „In Erscheinung treten. Zur Darstellungspraxis des Sich-Zeigens". *Experten des Alltags. Das Theater von Rimini Protokoll*. Hg. von Miriam Dreysse und Florian Malzacher. Berlin: 46–62.
Schmidt, Detlev (2002). *Wovor haben Sie Angst, Herr Thierse? Bundestagspräsident verbietet Theaterprojekt*. http://www.rimini-protokoll.de/website/de/article_3147.html (13.08.2016).
Siegmund, Gerald (2007). „Die Kunst des Erinnerns. Fiktion als Verführung zur Realität". *Experten des Alltags. Das Theater von Rimini Protokoll*. Hg. von Miriam Dreysse und Florian Malzacher. Berlin: 182–205.
Siegmund, Gerald (2010). „Zwischen ‚So war es nicht' und ‚Das kann's doch nicht gewesen sein'. Abwesenheit spielen: Nicolas Stemanns Inszenierung *Ulrike Maria Stuart*". *Politik*

des Wissens und der Bilder (Welt – Bild – Theater, Bd. 1). Hg. von Kati Röttger. Tübingen: 143–152.

Stierle, Karlheinz (2001). „Fiktion". *Ästhetische Grundbegriffe*. Bd. 2. Hg. von Karlheinz Barck, Martin Fontius, Dieter Schlenstedt, Burkhart Steinwachs und Friedrich Wolfzettel. Stuttgart: 380–428.

Szondi, Peter (2004 [1956]). *Theorie des modernen Dramas (1880–1950)*. Frankfurt a. M.

Weber, Christian (2008). „‚Theatrum' Mundi. Zur Konjunktur der Theatrum-Metapher im 16. und 17. Jahrhundert als Ort der Wissenskompilation und zu ihrer literarischen Umsetzung im ‚Großen Welttheater'". *Dimensionen der Theatrum-Metapher in der frühen Neuzeit. Ordung und Reräsentationen von Wissen*. Hg. von Flemming Schock, Oswald Bauer und Ariane Koller. Hannover: 333–360.

White, Hayden (1991). *Auch Klio dichtet oder die Fiktion des Faktischen. Studien zur Tropologie des historischen Diskurses*. Stuttgart.

Zipfel, Frank (2001). *Fiktion, Fiktivität, Fiktionalität. Analysen zur Fiktion in der Literatur und zum Fiktionsbegriff in der Literaturwissenschaft*. Berlin.

Weiterführende Literatur

Aggermann, Lorenz, Georg Döcker, Gerald Siegmund (Hgg., 2017). *Theater als Dispositiv. Dysfunktion, Fiktion und Wissen in der Ordnung der Aufführung*. Frankfurt a. M.

Metzger, Stephanie (2010). *Theater und Fiktion: Spielräume des Fiktiven in Inszenierungen der Gegenwart*. Bielefeld.

Müller-Schöll, Nikolaus (2007). „(Un-)Glauben. Das Spiel mit der Illusion". *Forum Modernes Theater* 22.2 (2007): 141–152.

Tecklenburg, Nina (2014). *Performing Stories. Erzählen in Theater und Performance*. Bielefeld.

Wenninger, Regina (2014). „Fiktionalität in Kunst- und Bildwissenschaften". *Fiktionalität. Ein interdisziplinäres Handbuch*. Hg. von Tobias Klauk und Tilmann Köppe. Berlin: 468–495.

Gunther Martens
III.4 Fiktionalität und Gattungen

1 Prämissen

Ziel meines Beitrags ist es, den Fiktionalitätsbegriff vor dem Hintergrund der Debatten über Gattungshybridisierung und Gattungszuweisung zu erörtern. Dabei soll nicht das Auf und Ab der gattungstheoretischen Debatte an sich (vor dem Hintergrund der Repragmatisierung der Literaturwissenschaften) berücksichtigt werden. Fokussiert wird vielmehr die Frage, welche Rolle Gattungen in der Diskussion über Fiktionalität, besonders in ihrer Abgrenzung zu Faktualität, im Rahmen der Narratologie gespielt haben. In Genettes Oeuvre gibt es zunächst ein merkwürdigerweise unverbundenes Nebeneinander von Fiktionstheorie (‚discours du récit') und Gattungstheorie (‚paratexte'). Genette setzt Narrativität weitgehend mit Fiktionalität gleich. Genettes folgenreicher Panfiktionalismus des Erzählens ist typisch für die Autonomisierungstendenz der strukturalistischen Narratologie, hat aber bekanntlich großen Widerstand hervor- und mehr kontextbezogene Modelle auf den Plan gerufen. Das Bindeglied hat Genette später mit einer sprechakttheoretischen Grundlegung der Fiktionalität zu schaffen versucht. Seitdem sind Gattungsspezifik und Pragmatik intensiver in die Debatte eingeführt worden. Gattungsproblematik ist seit mehreren Jahrzehnten zu einem zentralen Bestandteil der narratologischen Debatte über Fiktionalität geworden. Narratologische Aussagen über die Fiktionalität bzw. Nicht-Fiktionalität von unterschiedlichen Gattungen haben eine lange Tradition. Im Folgenden werde ich nicht die Positionen chronologisch wiedergeben, sondern mich auf einen Versuch von Monika Fludernik beziehen, die Argumente systematisch als Zusammenspiel von Konstanten und Variablen zu beschreiben. Dieses Modell werde ich anschließend um neuere Ansätze erweitern. Insbesondere werde ich neuere Einsichten aus den Digital Humanities berücksichtigen, z. B. automatische Erkennung von Gattungen und Analyse von Redetypen.

Der Gattungsbegriff selbst soll hier zunächst sehr summarisch definiert werden. Hempfer (2018, 179–180) listet vier dominante Bedeutungen von ‚Gattung' auf, die auf unterschiedliche methodologische Zugriffe verweisen, nämlich (1) Gattung als Sammelbegriffe im Alltagsgebrauch für die von Goethe entwickelte (und unterschwellig an der Biologie orientierte) Differenzierung zwischen Epik, Dramatik, Lyrik; (2) „transhistorische Invarianten wie das Narrative, das Dramatische, das Komische", die als „prototypische Konstrukte" gelten, „die Phänomene einer transphrastischen kommunikativen Kompetenz abbilden, deren kulturell gebundener oder transkultureller Charakter nur durch Kulturvergleich ermittelt werden kann" (Hempfer 2018, 179), wobei vor allem das Erzählen als eine solche kommunikative Universalie gelten kann; (3) als produktions- bzw. rezeptionsorientierte Poetik, die auf Textgruppenbildungen wie Tragödie abzielt; (4) als Hyperonym von Untergattungen wie Briefroman, bürgerliches Trauerspiel, usw. Hempfer entscheidet sich für die zweite, transhistorische Begriffsverwendung; angesichts ihrer Vorgeschichte im Strukturalismus ist diese Verwendungsweise auch in der Narratologie die geläufigste. Hempfers Entscheidung kann insofern als salomonisch gelten, weil er mit dem konstruktivischen Ansatz sowohl diachrone als synchrone Aspekte einbeziehen kann. Hempfers pragmatisches Salomonurteil dürfte deswegen dem narratologischen Konsens entsprechen: „Im Hinblick auf einzelne Texte bzw. Textgruppen können die ‚judgments of prototypicality' unterschiedlich ausfallen. Graduierbar ist also der fiktionale Status des einzelnen Textes bzw. einer Gattung, nicht die Kategorie der Fiktionalität als solche" (Hempfer 2018, 103). Wenn man die narratologische Analysepraxis mit diesem Modell vergleicht, dann ähnelt der narratologische Alltagsgebrauch möglicherweise sogar eher dem Ansatz von Croce, der Gattungsbegriffe überhaupt ablehnt und im Namen des Einzelwerks jede Kategorisierung auf dem Spiel gesetzt sieht. Aus diesem definitorischen Spektrum kann man ableiten, dass Fiktionalität zwischen Fiktion bzw. Faktualität nicht als eine generische Unterscheidung empfunden wird. Es fällt auf, dass der Fiktionalität in den Handbüchern zur Gattungstheorie keine allzu große Bedeutung beigemessen wird (Scheffel 2010, 29–31).

2 Absolute Merkmale der Fiktionalität

Bewusstseinsdarstellung

Wie wohl kaum ein anderer Zweig der Literaturwissenschaft hat die Narratologie sich intensiv mit dem Fiktionalitätsbegriff auseinandergesetzt und dabei Gattungszuordnungen vorgenommen. Die umfangreiche Diskussion kann hier nur ansatzweise referiert werden. In einem Überblicksartikel vertritt Fludernik (2015) den Standpunkt, dass bestimmte Darstellungstechniken sowohl in fiktionalen als auch in faktualen Textsorten vorkommen können. Sie spricht sich somit gegen eine scharfe Trennung zwischen Fiktionalität und Faktualität aus. Sie identifiziert aber immerhin drei Prinzipien, die sie eindeutig der Fiktionalität zuordnet und die sie mit Gattungsspezifik verbindet. So listet Monika Fludernik drei absolute und nicht-fakultative Merkmale fiktionaler Texte aus narratologischer Sicht auf: Diese Merkmale ordnet sie jeweils auch bestimmten Gattungen, Textsorten und Genres zu. Zu den absoluten Merkmalen gehört zunächst die besondere Art und Bedeutung der Bewusstseinsdarstellung, die bereits Käte Hamburger hervorgehoben hat: „Die epische Fiktion ist der einzige erkenntnistheoretische Ort, wo die Ich-Originität (oder Subjektivität) einer dritten Person als einer dritten dargestellt werden kann" (1968, 115). Bewusstseinsdarstellung kommt zwar auch in faktualen Texten vor (Lagoni 2016); nur fiktionale Erzählungen können aber auf eine von referenziellen Zwängen oder Legitimierungsbedürfnissen befreite Weise Einblick in die Gedankenwelt von dritten Figuren bieten. Schiebt man die Frage der Referenzialität in den Vordergrund, so handelt es sich hier mithin um ein semantisches Merkmal der Fiktionalität. Dorrit Cohns Thesen bezüglich der *Distinction of Fiction* differenzierten zwar die Gattungszuordnung des ‚Epischen', um die Diskussion um Texttypen wie fiktionale Autobiografie und Autofiktion zu erweitern. Cohn hält fest, dass auch nicht-fiktionale Formen des Berichtens wie Journalismus und Geschichtsschreibung bis zu einem gewissen Grade zu diesen Mitteln der Bewusstseinsdarstellung greifen können. Solche Anleihen sind dabei aber gebunden an „a modal system that forbids the presentation of undocumented thoughts (although it can use inferred psychologies in must-have-thought-style)" (Elias 2010, 216–217). Dorrit Cohn ist allerdings der Meinung, dass die Anleihen der konventionellen Reportage bei literarischen oder fiktionalisierenden Stilformen den Referenzialitätsanspruch dieser Texte, dessen Abwesenheit (bzw. fehlende Dominanz) sie als die eigentliche *distinction of fiction* gelten lassen möchte, grundsätzlich nicht in Frage stelle. Wird die Grenze des Nachweisbaren überschritten, so werden vielmehr auf eklatante Weise institutionelle Grenzen markiert und erneut inszeniert: So kam es z. B. zum Eklat und zur Aberkennung des Henri-Nannen-Preises an den Journalisten René Pfister, als sich herausstellte, dass der Journalist den Hobbykeller eines bekannten Politikers niemals mit eigenen Augen gesehen hatte. In ihrer Rezension bringt Marie-Laure Ryan es auf diese Formel: „Trespassers help to defend the borders" (2002).

David Herman stellt das Kriterium der privilegierten Bewusstseinsdarstellung, wie es in Hamburgers Origo-These und in Dorrit Cohns *Distinction of Fiction* firmiert, radikal in Frage. Der von ihm so genannten Exzeptionalitätsthese (nur Fiktion ermögliche „direct access to the subjectivity of another", Herman 2011, 9) stellt Herman die sogenannte Kontinuitätsthese entgegen, der zufolge es eine strukturelle Ähnlichkeit zwischen nicht-fiktionalen und fiktionalen Bewusstseinsrepräsentationen gibt. Diese Argumentation schließt nahtlos an die kognitive Inspiration seiner Erzähltheorie an, die er zunächst in der Auseinandersetzung mit der kognitiven Linguistik entwickelt hat und allmählich zu einer umfassenden Konzeption von *storyworld* ausgebaut hat, die sehr stark an neurophänomenologische Konzeptionen *(storyworld* als Lebenswelt) gemahnt und die direkt zur kognitiven Wende in der Narratologie beigetragen hat. In diesem Umfeld ist das mit Autonomiebestrebungen in Verbindung gebrachte Konzept der Fiktionalität eher ein Hindernis; an dessen Stelle tritt ein aktives Verständnis von Fiktionalisierung, das z. T. mit probabilistischen Konzepten von Weltzugang kurzgeschlossen wird. Wenn, nach dem Motto „stories as a tool for thinking", das Narrative als Form der Wahrnehmung von Welt und Informationsverarbeitung und als Form des Zugriffes auf das Denken der Anderen stark gemacht wird, dann erübrigt sich die Differenzierung zwischen Fiktion und Nicht-Fiktion, weil laut Herman dabei die gleichen kognitiven Fähigkeiten zum Einsatz kommen, die in beiden Fällen das Material narrativ modellieren. Die Konsequenzen können an dieser Stelle nicht ausführlicher ausformuliert werden, ohne über den vorgegebenen Rahmen der Gattungsproblematik hinauszugehen. David Herman selbst hat sich insofern entdifferenzierend und gattungsübergreifend geäußert, als er über Text hinausgeht und sich in zunehmendem Maße auf Bildnarrative und auf die gattungsübergreifenden Beziehungen („interspecies encounters", Herman 2018, 213) in einem weiter ausgreifenden, biologischen Verständnis konzentriert.

Differenzierung Autor – Erzähler

Als zweites absolutes Merkmal listet Fludernik die Differenzierung zwischen Autor und Erzähler auf. Betrachtet man diese Differenz als fiktionsspezifisch, dann deswegen, weil sie eine Gattungsspezifik ins Spiel bringt. Es handelt sich hier nämlich (ex negativo) um das so genannte onomastische Kriterium, die Homonymie von Autor und Textsprecher, die auf Lejeunes Theorie vom autobiografischen Pakt zurückgeht: Ist der Name der Figur mit dem Namen und der Person des realen Autors identisch, so gilt der Text als autobiografisch und folglich nicht-fiktional. Selbstverständlich steht auch dieses Kriterium für gebrauchsgebundene Gattungshybridisierung offen, wie zum Beispiel die Autofiktion illustriert. Hier interessiert vorrangig die Frage, ob dieses Kriterium noch gattungsbezogen und auf der formalen Ebene des Diskurses verortet werden kann. So vertritt Dorrit Cohn ja die These, dass historiografische Texte sich nicht von dieser „homonymy between author and narrator" (Elias 2010, 217) befreien können. Dieses Kriterium ist seitdem, wie auch das vorige, weniger konsensfähig geworden, vor allem, seitdem über die Möglichkeit von erzählerlosen Erzählungen diskutiert wird. Die *no-narrator theory* besagt, dass es sich im Falle einer heterodiegetischen Erzählweise erübrigt, zwischen dem Erzähler und dem Autor zu unterscheiden (Köppe und Stühring 2011; Zipfel 2015). Geltend gemacht wurde diese Hypothese von Narratologen, die sich von der analytischen Philosophie und Ästhetik inspirieren lassen und folglich der Intentionalität weniger abgeneigt sind als manche eher kontinentalphilosophisch inspirierten Erzähltheorien. Damit entfiele selbstverständlich die (von Fludernik als der Tendenz nach allgemeingültig behauptete) Profilierung eines Erzählers im Unterschied zum Autor als trennscharfes Kriterium der Fiktionalität. Dieser Ausgangspunkt ist inzwischen kritisiert (Zipfel

2015), bzw. bestätigt und auf unterschiedliche Gattungen angewendet worden. Tom Kindt spricht spezifisch Volksmärchen die Fähigkeit ab, über eine Erzählstimme zu verfügen (Kindt 2014). Diese Geschichten seien Teil einer kollektiven Überlieferung; die darin enthaltenen Wertungen gäben keinen Anlass zu einer systematischen Profilierung einer individuellen Erzählinstanz. Die Narratologie bietet hier insofern eine leichte Angriffsfläche, da sich ihr Verständnis von Erzähler aus methodologisch höchst heterogenen Quellen speist: Wenn sie sich den ‚Erzähler' wie auch immer als personalisiert, d. h. als ‚mit Leib', Geschlecht oder Gender vorstellt, greift sie auf phänomenologische Ansätze zurück; aber zugleich gibt sie sich strukturalistisch und plädiert schon Hamburger dafür, eher von einer „Erzählfunktion" als von einem „Erzähler" zu sprechen (Scheffel 2003). Folglich erscheint der Begriff schon immer irgendwie als „primitiv" (Ryan 2001) und vor allem in Bezug auf andere Medien (wie zum Beispiel Film) als schwer umsetzbar, was dazu führt, dass in Debatten über die transmediale Definition von Fiktionalität die Differenz von Autor und Erzähler kaum noch thematisiert wird.

Fiktionalität und Medialität
Als drittes Kriterium macht Fludernik im Zuge ihrer Definition der Faktualität *ex negativo* aus dem Bereich der pragmatischen Theorien der Fiktionalität das Kriterium der ästhetischen Polyvalenz für Fiktion namhaft, die die Fiktion von Erwartungen der Instrumentalität, vom vormodernen Zwang, eine erbauliche Lehre bzw. eine normative, handlungsanleitende Botschaft zu enthalten, befreit. Hier klingen Theorien der Autonomisierung, aber auch Theorien der literarischen Sozialisation an, wie sie u. a. von Siegfried J. Schmidt entwickelt worden sind. Dieses Kriterium hat inzwischen eine Flut von Publikationen nach sich gezogen, die *the rise of fiction* (früher oder später) historisch zu datieren versuchen bzw. die früh- bzw. vormoderne Literatur vom Ruf ihres Mangels an Fiktionalitätsbewusstsein zu befreien versuchen. Dabei hat sich, im Zuge der Materialisierung der Kulturwissenschaften, der Fokus von textinternen Eigenschaften hin zu Fragen der Produktion und Vermarktung verlagert. So lassen Ansätze im Umfeld der Buchgeschichte die Entstehung der Fiktionalität mit der Erfindung des Buchdrucks zusammenfallen. Laut Martin Andree sei der Ursprung der Fiktionalität daher nicht als autonomer Prozess zu sehen, sondern vielmehr als „das textuelle und rezeptive Korrelat der Vervielfältigungsmöglichkeiten des Buchdrucks" (2005, 251). So wurde sie zunächst auch nicht als besonderes literarisches Merkmal herausgestellt, sondern eher im Gegenteil als „Bankert der Druckerpresse" verleugnet (Andree 2005, 251).

Mit seinem medienwissenschaftlichen Ansatz problematisiert Andrée die Prämissen der Autonomieästhetik, die in der gängigen These von *the rise of fiction* als Erfolgsgeschichte und Säkularisationsvorgang anklingt. Dieser These zufolge hätte die Fiktion sich aufgrund von neuen immanenten Merkmalen aus den geltenden Normen anderer Systeme herausdifferenziert und neue Ressourcen der Psychologisierung und Interiorisierung freigesetzt. Suggeriert die fiktionalisierende Lektürehaltung eine ontologisch vorhandene Freiheit von externen Zwängen, wie z. B. die von der Verpflichtung auf Wahrheit und Referenzialität, so unterschlägt diese These jedoch, wie voraussetzungsreich, mithin wie heteronom bedingt, diese Haltung aus medientechnischer und sozialer Sicht eigentlich ist. Die medienwissenschaftliche Theorie der Fiktion setzt hier also viel materialistischer an: Vielmehr habe der Buchdruck als Medium zu einem rasanten Anstieg der Verbreitung von Lesestoff geführt, wobei das lesehungrige Publikum dazu neigt, „die Frage nach dem Wirklichkeits- oder Wahrheitsgehalt medialer Inhalte zugunsten deren Neuigkeits- und Überraschungspotenzials zu suspendieren" (Schäfer 2010, 130). Schäfer argumentiert, dass erst die relative Geschlossenheit des Buches als materieller Gegenstand die fiktionalisierende Lektüre befördert habe, während gleichzeitig der Journalismus den Hunger nach dokumentarisierender Lektüre stillt. Auffällig ist auf jeden Fall, dass die mit *the rise of the novel* verbundene Fiktion zunächst sehr stark auf Beglaubigungs- und Authentizitätsstrategien aus anderen Diskursen (Wissenschaft und Religion) zurückgreift, um ihren ‚bloß' fiktionalen Charakter zu überspielen; diese Beteuerungen gelten inzwischen als Fiktionssignale schlechthin. Spätestens hier geraten historische Entwicklungslinien in den Blick, die den Fiktionalitätsgehalt von Gattungen als historisch wandelbare Größe sichtbar machen. Ein medienwissenschaftlicher bzw. mediengeschichtlicher Zugriff auf Fiktionalität ist weiterhin Desiderat. Angesichts der transmedialen Ausweitung der Narratologie liegt es mehr denn je auf der Hand, die Effekte des Medienformats oder des Medienverbundes in Betracht zu ziehen. Die Erfahrung der Immersion, des ‚Transports in eine andere Welt' wird in der institutionellen Fiktionstheorie ohnehin sehr stark mit Paratexten verbunden. Diese mediale Basis von Authentizitätserwartungen könnte auch mit Blick auf andere Epochen historisch als Ausfluss von Medienkonkurrenz konturiert werden: Becker hat z. B. poetologische Texte der Neuen Sachlichkeit ausgewertet und im Dialog mit zeitgenössischen Diskursen über Film und Fotografie als gemeinsame Stichworte aufgelistet: „Antiexpressionismus, Antiästhetizismus, Nüchternheit, Präzision, Realismus, Naturalismus, Beobachtung, Berichtform, Funktionalisierung und Materialisierung, Dokumentarismus, Antipsychologismus, Entsentimentalisierung und Antiindividualismus" (Becker 2000, 38).

3 Fakultative Merkmale der Fiktionalität

Bislang haben wir die laut Fludernik absoluten Merkmale der Fiktionalität und deren Diskussion behandelt. Zu den *fakultativen* Merkmalen zählt Fludernik u. a. folgende Kriterien auf, die man als ‚narratologische Kennzeichen der Faktualität' auffassen kann: die „Existenz von kollektiven und deanthropomorphen Handlungsträgern in faktualen Erzählungen"; die frequentere Nutzung der „Form der Wir-Erzählung"; die Verwendung von „Staaten oder Institutionen als Handlungsträger", die Fludernik eher auf Textsorten mit zumeist sehr geringen narrativen Anteilen einschränkt; die geringere Signifikanz von Immersion und Emotivität in Textsorten („focuses more on mentalities than on individual minds and produces discursive conventions e. g. prevalence of summary over scene" (Elias 2010, 217??); schließlich die andersartige „functionalization of description" (Elias 2010, 217); sowie schließlich „reliance on iterability (orientation, mapping)" (Elias 2010, 2017), die an die Wiederholbarkeit von Rezepten erinnere. Vor allem die andersartige Funktionalisierung von Beschreibungen macht eine klärende Bemerkung erforderlich: Narrative Texte und Wissenschaftsprosa enthalten beide Beschreibungen; in narrativen Texten verschaffen sie Orientierungswissen, das das Verhältnis von Hinter- und Vordergrund verändert, während sie in faktualen Texten vor allem informativ sind. (Vgl. dazu im Detail Fludernik 2000: 281)

Mit ihrem Modell versucht Fludernik zwischen zwei ‚extremen' Positionen zu vermitteln, nämlich einem institutionellen Verständnis von Fiktionalität, und syntaktischen Theorien, die ohne Anbindung an Rezeption auskommen. Die Extremform der institutionell verstandenen Fiktionalität setzt Fludernik mit Panfiktionalismus gleich: Darunter wird die u. a. von Hayden White im Zuge des *linguistic turn* und vor allem mit Blick auf die Historiografie entwickelte Ansicht verstanden, dass jede Form von (sprachlicher bzw. medialer) Berichterstattung über Ereignisse narrativisierend und folglich fiktionalisierend sei. Das Besondere ist, dass jeder Versuch, exklusive Gattungszuordnungen im Sinne von „package deals" (Tamar Yacobi) vorzunehmen, in der Regel eine Flut von narratologischen Untersuchungen nach sich gezogen hat, die sich gerade um den Nachweis der größeren Anwendbarkeit (d. h. auch für nicht-fiktionales Erzählen) der jeweiligen Begrifflichkeit bemüht haben. Lahn und Neu (2017, 174) beschreiben Fluderniks eigenen Ansatz hingegen als „similarisierend bzw. nonfiktionalistisch", weil sie das mündliche Erzählen im Alltag als Ausgangspunkt ihrer „Natural Narratology" betrachtet. Fluderniks Typologie fakultativer Merkmale entfaltet sie noch detaillierter anhand eines Modells von Textsorten, die gezielt die bisherige globale Rede von ‚Gattungen' ersetzen soll und so etwas wie Fiktionalitätsgrade für unterschiedliche Textsorten in Aussicht stellt. Zum Schluss schränkt Fludernik die Möglichkeit von Unzuverlässigkeit strikt auf Fiktion ein: „Nur in fiktionalen

Texten kann es einen unzuverlässigen Erzähler in der Art geben, wie dies typisch für fiktionale Erzählungen ist. Es stehen zwar alle Erzähler unter dem generellen Verdacht der Unzuverlässigkeit, aber in fiktionalen Erzählungen wird diese Unzuverlässigkeit als intendierter literarischer Effekt rezipiert und nicht als Zufall oder Rahmenbedingung interpretiert" (Fludernik 2015, 117–188).

Da die Narratologie sehr stark von einer Klassifikation von Textsorten und Genreerwartungen ausgeht, um diese ‚package deals' zu plausibilisieren, bewegt sie sich unvermeidlich auch stärker im Horizont der historischen (und historisch variablen) Gattungstheorie. Denn das frühmoderne Gattungssystem ist durchaus kompatibel mit der Existenz von kollektiven und nicht-anthropomorphen Handlungsträgern in faktualen Erzählungen, der Form der Wir-Erzählung, der Darstellung von Menschen als Vertretern von Generationen oder Allegorien von Werten. Insgesamt gibt es weder in den synchronen noch in den diachronen Ansätzen nennenswerte Versuche, zu der pauschalen Zuordnung von Gattungen zurückzukehren. Käte Hamburgers Ansicht, Lyrik sei grundsätzlich nicht fiktional, geht auf ihren sehr spezifischen Erlebnisbegriff zurück, der von einer strukturellen Identität des lyrischen Ich mit dem Dichter-Ich ausgeht und folglich Fiktion ausschließt. Zipfel identifiziert aber auch Gegenpositionen, denen zufolge Lyrik fiktional sei, und gelangt zu dem Kompromiss, dass Gegenstände „dann fiktional sind, wenn in ihnen fiktive Gegenstände dargestellt werden und wenn die Texte als innerhalb der Sprachhandlungspraxis als Fiktion produziert und rezipiert verstanden werden" (2001, 304). Am Dramatext hebt er allerdings den besonderen Status hervor, Partitur eines noch zu realisierenden Sprechaktes zu sein.

Im Folgenden soll noch auf Weiterentwicklungen von Fluderniks Modell eingegangen werden, die insbesondere die Kategorie der *experientiality* als absolutes Merkmal von Narrativität und mithin auch von Fiktionalität in den Vordergrund rücken. (Es fällt auf, dass die letztgenannten Begriffe in der Narratologie nahezu deckungsgleich verwendet werden; nur vereinzelt wird an diesem Sachverhalt Kritik geübt, vgl. Löschnigg 1999, 27; Müller 2018; Fludernik 86). In der kognitiven Narratologie hat das erste Kriterium, nämlich die Bewusstseinsdarstellung, zur Folge, dass auch innerhalb des Bereichs der Fiktion die Grenzen immer enger gezogen werden. Als besondere Fähigkeit von Fiktion gilt aus der Sicht der jüngsten kognitiven Narratologie, nämlich dem Paradigma der *embodied cognition*, die Möglichkeit, die geschilderte Erfahrung im Sinne der philosophischen *Qualia* nachempfinden zu können. Dieser kognitive Ansatz geht davon aus, dass die Erkenntnis von virtuellen Erfahrungen sich nach konkreten körperlichen Orientierungsmaßnahmen orientiert. Der Begriff Qualia stammt aus der Philosophie des Bewusstseins und zielt auf die subjektive Erfahrung eines mentalen Zustandes. Anhand eines Spektrums misst z.B. Caracciolos kognitiv-narratologischer *embodiment*-Ansatz Artefakte daran, wie sehr sie das Eintauchen in die Qualia der

Erfahrung ermöglichen (vgl. „a scale of fictionalization", Caracciolo 2017, 173). Er legt dabei u. a. die Resonanz des Körpers mit szenisch ausgeführten Handlungen im Text als Maßstab der Erfahrung an Fiktionen an. Aus seiner Schematisierung geht hervor, dass auch im engeren Bereich der literarischen Fiktion manche Texte mehr Anlass zu solchen Resonanzerfahrungen geben als andere. So gilt Flauberts *L'Éducation sentimentale* wegen der Verwendung von variabler Fokalisation als weniger fiktional als homogen strikt fokalisierte Texte (Caracciolo 2017, 173). Diese Vorgehensweise hat potenziell zur Folge, dass die definitorische Reichweite des Fiktionalen erheblich eingeschränkt wird. Andererseits ist es so, dass die traditionell übliche Einschränkung auf fiktionale Repräsentation in Texten in diesem Rahmen fast völlig unterbleibt, da *storyworlds* als transgenerische Räume gedacht werden, die, unabhängig von spezifischen Objekten oder Inhalten, als Zugriffsweise auf Wirklichkeit generell verstanden werden. Da *metacognition* für diese Art von Weltzugriff ausschlaggebend ist, kann unter Umständen in diesem Zusammenhang sogar die alte Unterscheidung zwischen illusionsstörender Metafiktionalität und illusionsaffirmierender Metanarrativität entfallen. Auffällig ist auf jeden Fall, dass auch *overt narrators*, die das Erzählen thematisieren und früher als illusionsstörend galten und deswegen als metafiktional (oder sogar: anti-fiktional) ausgegrenzt wurden, dieselbe verkörperte Resonanz bei der Leserschaft erzeugen können; diese Erzählformen werden jetzt angemessener beurteilt, weil – anders als in Wolfgang Isers Rezeptionsästhetik, die hier eher im Sinne der alten Debatte über „show, don't tell" argumentierte – nicht nur Interiorisierung und Leerstellen, sondern auch Abstraktionen und explizite Beschreibungen von Körpern und Bewegung als Anreiz für die Aktivierung motorisch-körperlicher Erlebnishaftigkeit beim Rezipienten anerkannt werden (vgl. dazu die Detailanalyse in Caracciolo et al., 2017, 440–444). Caracciolos Vorstoß löst die Paradoxie der Tatsache, dass jede gezielte Illusionsstörung auch als Intensivierung der Aufforderung bzw. der Möglichkeit, sich etwas vorzustellen, gesehen werden kann. Wenn die *causa efficiens* der Fiktionalisierung dermaßen auf die Rezeptionsebene verlagert wird, wie das in dieser Kombination von analytischer *philosophy of mind* und Phänomenologie durchaus auch vorgesehen ist, stellt sich natürlich die Frage, welche Objekte sich weniger oder nicht zur Fiktionalisierung eignen. Gleichwohl redet Caracciolo keinem Pannarrativismus (*radical narrativism*) das Wort, denn dieser wird (in einer Dennett zugeschriebenen Fassung, siehe Caracciolo 2014, 136) für unhaltbar und wenig praktikabel gehalten.

Wenn als Kriterium für gelungene Fiktionalisierung die ‚Immersion' bzw. die Erlebnishaftigkeit an Artefakte angelegt wird, dann geht die Narratologie entschieden über bislang geltende Gattungsdifferenzierungen hinaus, die Fiktion sehr stark auf Literatur bzw. Kunst einengen, und verortet graduelle Fiktionalisierbarkeit oder Fiktionalisierungspotenziale in einer größeren Vielfalt von kulturellen Artefakten, die anhand von mehreren Registern auch indirekt zur simulierten Erfahrung beitragen können. So beziehen Biebuyck und Martens (2011) und Caracciolo (2016) auch Aspekte der Indirektheit wie Figürlichkeit ein, die bislang als eher deskriptiv oder als ‚Fremdkörper' galten.

4 Faktualität

Obwohl Experimentierfreude, der Gattungstheorie zufolge, eher Konventionen bestätigt als außer Kraft setzt, kann man nicht um die Feststellung umhin, dass die Gattungshybridisierung sich auch und vor allem narrativer Techniken bedient, und zwar auch im Bereich des Faktualen. In einer einschlägigen Studie hat Doll akribisch nachgezeichnet, wie aus der zunächst avantgardistischen Praxis des Gonzo oder *New Journalism* ein Mainstream-tauglichen Phänomen geworden ist (Doll 2012). Als Merkmale von ‚gonzo journalism' listet Eberwein auf: „radikale Subjektivität als Gegenentwurf zum Objektivitätsideal des konventionellen Nachrichtenjournalismus" (2017, 286), homodiegetische Erzählweise, aktive Eingriffe in das Geschehen, „satirische Zuspitzungen und Übertreibungen, die eine klare Identifizierung von Fakten und Fiktionen schwierig machen" (2017, 286), und einen inhaltlichen Fokus auf marginale Milieus. Zunächst wurden Grenzverletzungen (wie z. B. Thomas Kummers fingierte Interviews mit Hollywood-Stars wie Pamela Anderson) mit Skandalisierung und Exkommunikation sanktioniert, woraufhin die mit Spex und Tempo assoziierten Journalisten und Kritiker mit ihrem launigen, gezielt fingierenden und tendenziellen Berichten (Christian Kracht, von Stuckrad-Barre) in das institutionelle ‚sicherere' Medium des Buches wechselten. Inzwischen gehören kaum als solche ausgewiesene Satirenachrichten, meinungsverliebter Journalismus und Infotainment zum Basisbestandteil des breit rezipierten Journalismus, und zwar nicht nur der um Aufmerksamkeit bzw. um ihr Überleben ringenden Papiermedien. Konstruktivistisch orientierte Theorieströmungen wie der Poststrukturalismus, der *performative turn* und die Akteur-Netzwerk-Theorie haben zu dem breiteren Bewusstsein geführt, dass jeder Bericht über Wirklichkeit nicht ohne narrative Selektion und zeitliche Anordnung der Information auskommt. In einer besonders ergiebigen Analyse von *In Cold Blood*, Truman Capotes Tatsachenroman, weist Galle mehrere Formen der Literarisierung, der temporalen Umorganisation und Überarbeitung nach, die den als faktischen Bericht verkauften Roman nach wie vor vom rein journalistischen Bericht (falls man diese Kategorie noch so gelten lassen kann) abheben (Galle 2016). Oft ist es so, dass Ereignisse, deren Erzählmotivation (*tellability*) zu einem Bericht Anlass gegeben haben, diese Formen der Dramatisierung oder der Virtualisierung (als Simulakrum und beliebig ausfüllbare Masche der Diskursivierung) bereits in sich tragen. Martin Doll (2012) rollt den exemplarischen Fall von Thomas Kummer auf, der maßgeblich zum Durchbruch des Gonzo im deutschen Kontext beitrug. Als sich aber herausstellte, dass Kummer die Hollywoodgrößen wie Pamela Anderson niemals interviewt hatte, fiel er vom Podest. Auch nach dieser Affäre entpuppte Kummer sich (aus der Sicht der Journalistik) mehrmals als ‚Wiederholungstäter'. Kummer operierte in einem postmodernen Umfeld, das es darauf anlegte, die Stilikonen zu Simulakren, zu beliebig ausfüllbaren und phantasmatisch (um-)besetzbaren Folien umzudeuten. Seine Fiktionalisierung der Interviewsituation (und seine Mashups) kommen bis auf den heutigen Tag bei Fachkollegen nicht gut an. Doll knüpft daran die interessante Beobachtung, dass im Gefolge dieses Skandals immer mehr Popjournalisten mit ihren halbfiktionalen Berichten auf das sichere Medium des Buches auswichen und so indirekt dem Medium des Popromans zum Durchbruch verhalfen (vgl. Christian Krachts als Reisebericht inszeniertem Roman *Faserland*, 1995). Andererseits gab der *Gonzo* den Ton an für die immer dicker werdenden Zeitungsbeilagen, in denen das im Gefolge von Hunter S. Thompson bewusst schräg-parteiisch und partizipativ präsentierte *human interest* omnipräsent geworden ist. Gleichwohl spielt in diesem Bereich der Begriff Fiktion (als bürgerlich konnotierte Institution) keine Rolle, wohl aber Authentizität und Realität. Begreift man so mit Frank Zipfel Fiktivität als „Nicht-Wirklichkeit des Dargestellten" (Zipfel 2001, 68), so ist in diesem Umfeld zu klären, weshalb das popliterarisch Transkribierte bzw. Abgefilmte als realitätsnah und ‚live' empfunden wird, denn vor allem die Form der Darstellung (z. B. die strikt subjektive Kamera, *found footage*, *grain*) ruft besondere Authentizitätseffekte hervor. Es kann kaum verifiziert werden, ob die dargestellte Handlung inszeniert, gestellt, *scripted* oder spontan ist.

Die bislang zitierten Studien zeigen, dass auch Faktualität ein Diskursmodus ist, der mit ästhetischen Mitteln einen Eindruck von Faktizität hervorruft, der je nach Ausrichtung der Medienkonkurrenz oder der jeweiligen Erinnerungsgemeinschaften bzw. *bubbles* andersartig ausfallen kann. Dem Narratologen Genette kommt die bereits erwähnte besondere Leistung zu, einer textbasierten Theorie der Fiktion eine kontextbasierte Theorie des Para- und Peritextes zur Seite gestellt zu haben. Letztere findet vor allem in Überlegungen zu dokumentarischer Interviewliteratur Anwendung.

5 Drama

Die bisherigen Ausführungen haben gezeigt, dass es quasi unmöglich ist, Gattungen insgesamt der Fiktion oder der Nicht-Fiktion zuzuschlagen. Eine solche gattungsspezifische Spezialisierung hatte Käte Hamburger vertreten. Hamburger sieht das lyrische Ich nicht als eine fiktive Ich-Origo und deswegen Lyrik – wie auch die Ich-Erzählung ohne deiktische Verschiebung – als nicht-fiktional; Drama und Epik fallen in ihrer Theorie diesbezüglich weitgehend zusammen. Konnte bei Hamburger noch „über das in der deutschsprachigen Gattungstheorie seltenere dyadische Konzept die epische und dramatische Fiktion qua Fiktion zur mimetischen ‚Gattung' zusammengefasst und der über die Aussagestruktur definierten nicht-fiktionalen Poesie, der lyrischen ‚Gattung' gegenübergestellt werden" (Korthals 2003, 30), so erschweren Rekonzeptualisierungen von Mimesis sowie neuere Tendenzen wie das Dokudrama und das postdramatische Theater diese einfache Gattungszuordnung. Solche Interpretationskonflikte treibt das Theaterkollektiv *Rimini Protokoll* auf die Spitze. *Rimini Protokoll* ist ein Autorenkollektiv, das aus dem Studiengang Angewandte Theaterwissenschaft an der Universität Gießen hervorgegangen ist und zu dem Helgard Haug, Stefan Kaegi und Daniel Wetzel gehören. *Rimini Protokoll* produziert dokumentarische Theater-, Performance- und Hörspiel-Projekte. Ausschlaggebendes Merkmal dieser Projekte ist die Arbeit mit Laiendarstellern, die keinen Dramentext, sondern sich selbst spielen, wobei „Menschen des Alltags auf der Bühne über ihre Lebens- und Berufszusammenhänge berichten" (Metzger 2014, 13). Zu verweisen ist hier auch auf die Infragestellung der Fiktion im Rahmen des postdramatischen Theaters. Das postdramatische Theater bricht bekanntlich mit dem Kanon bzw. mit der geläufigen Inszenierungspraxis des bürgerlich-psychologisch realistischen Erzähltheaters zugunsten des „Einbruchs der Realität in die Fiktion" (Metzger 2014, 13). Zum Teil ist die postdramatische Theoriedebatte hier auch auf missverständliche Weise geführt worden, denn als Angriffsziel wählt die postdramatische Theoriebildung ein karikaturhaft mimetisches Verständnis von Drama, wobei Fiktion mit Narrativität gleichgesetzt und Narrativität einseitig mit Kontinuität und chronologischer Darstellung assoziiert wird.

In einem neueren Artikel hat Doll angezweifelt, ob es überhaupt möglich sei, „eine Art Authentizität in Anführungszeichen" als Merkmal der dokudramatischen Theaterperformances von *Rimini Protokoll*, Milo Rau und Veiel zu handhaben. Er schlägt vor, die als „Schutzbehauptung" von ihm abqualifizierten „Anführungszeichen immer zu streichen", weil „die affektive Dimension der Seherfahrung" wie auch immer von der „Realität des beteiligten Personals bzw. der Authentizität der (wieder)verwendeten Materialien" abhängig sei. „Was würde passieren, wenn sich etwa herausstellte, dass die Interviewpassagen in Veiels *Der Kick* eine freie Erfindung wären, dass sämtliche Protagonisten aller Rimini-Protokoll-Inszenierungen ausgebildete Schauspieler oder Schauspielerinnen wären und dass die Darsteller von *Hate Radio* keine Überlebenden des Genozids wären?" (Doll 2016, 176). Doll moniert vor allem, dass „das Feld möglichen Zuschauerverhaltens maßgeblich vorstrukturiert ist, weil die Zuschauer durch die entsprechenden Emotionalisierungen regelrecht zu einer identifikatorischen Rezeptionshaltung der Betroffenheit gezwungen werden" (Doll 2016, 182). Interessant ist hier, wie die Vorstrukturierung der Rezeption mit Gattungskonventionen oder dem Widerstand gegen Gattungskonventionen zu tun hat. Dolls Kritik schöpft aus dem Reservoir der Argumente, die immer schon gegen Texte bzw. Artefakte vorgebracht worden sind, die Nicht-Fiktives einbeziehen. Die besondere Pointe ist, dass die bewusst ‚selbst-reflexive' Unterwanderung von Gattungskonventionen auf das erhöhte Metabewusstsein verweist, das bei RezipientInnen vorausgesetzt werden kann. Mit Blick auf die hybride Dokufiktion ist Dolls Kritik an der neuen Normalität des Dokumentarischen auch ein Symptom dafür, dass das Dokumentarische *mainstream* geworden ist und dass es sich von der Außenseiterposition in das Zentrum der kulturellen Produktion manövriert hat.

Wichtig ist, dass sich das Dokumentarische als überhaupt mit jener Mitleidsdramaturgie kompatibel herausstellt, deren Austreibung aus historischer Sicht als eines der Anliegen der dokumentarischen Avantgarden (sowohl der Vorkriegs- als auch der Nachkriegsavantgarden) betrachtet wurde. Im Zuge einer langen, hier nicht zu leistenden Entwicklungsgeschichte (Fludernik 2018; Festjens und Martens 2013) ist an die Stelle eines radikalen Verzichts auf Fiktionalisierung bzw. auf Fiktivität der abzubildenden Gegenstände (vgl. dazu die einschlägigen historischen Überblicksdarstellungen von Zeller 2010, mit Blick auf die niederländischsprachige Literaturgeschichte: De Taeye 2015) tatsächlich ein hybrides Zusammenspiel von fiktiven und bewusst-fiktionalisierenden Darstellungsstrategien getreten. Dementsprechend ist auch die Akzeptanz im ästhetisch orientierten Bereich gestiegen. Die Stadtraumaktionen von *Rimini Protokoll* lassen sich, erfolgreicher, als es die Stadttheater im herkömmlichen Sinne vermögen, in das globalisierte Festivalkarussell einbringen. Diese Analyse ließe sich mit kultursoziologischen Mitteln dokumentieren. Im Bereich der Theaterperformance ist auch die so genannte dokumentarische Inszenierung fiktionaler Stoffe hervorzuheben, so u. a. bei *Rimini Protokoll* (*Wallenstein. Eine dokumentarische Inszenierung*, 2006) und bei *She She Pop* (*Testament. Verspätete Vorbereitungen zum Generationswechsel nach Lear*, 2010).

Es ist also nicht möglich, wie Doll (2016, 190) es tut, dokumentarische Formen mit dem postdramatischen Theater schlechthin gleichzusetzen, obwohl eine dokumentarische Inszenierung sicherlich Anlass zu einer postdramatischen Desartikulation des realistisch-psychologischen Illusionstheaters bieten kann. Vor allem die Rückkehr zum (allerdings stärker am Biografischen bzw. am Nicht-

Fiktiven und an Anekdoten interessierten) Erzählen sperrt sich gegen eine solche Gleichsetzung. Dolls vorerwähnte Pauschalkritik liefert auf jeden Fall den Beweis dafür, dass die Berücksichtigung der Rezeption und Emotion für die Theoretisierung des Nicht-Fiktionalen und des Dokumentarischen unumgänglich geworden ist. Andererseits fällt es angesichts der reflexiven Transformation des Dokumentarischen als Performanz gar nicht mehr ins Gewicht, ob nun *Rimini Protokolls* Laien (fiktive) Rollen spielen oder nicht. Es ist durchaus denkbar, dass in Vorstellungen wie *Rimini Protokolls 100 % Berlin. Eine statistische Kettenreaktion* die Schauspieler die von ihnen scheinbar spontan und authentisch gesprochenen Texte anhand von *autocue* sprechen und so ‚zum Sprechen' gebracht werden und es angesichts dieser souffierten Rede eine mit dem fiktionalen Erzähler vergleichbare Instanz im Spiel gibt. Die Selbstreflexivität des Neodokumentarismus sieht Doll ausschließlich negativ. Es ist bemerkenswert, dass er die Argumente wiederholt, die am Ende der 1960er Jahre gegen die Vertreter des Dokumentartheaters geltend gemacht worden sind – bis hin zur moralischen Diskreditierung der personal beteiligten Autoren und Akteure. Dolls Kritik betrifft vor allem die kommerzielle Ausschlachtung des dokufiktionalen Formats.

Es fällt auf, dass die Abhandlungen über Borderline-Journalismus bzw. Doku-Fakes bislang um einen ziemlich kleinen Kanon von mustergültigen Beispielen kreisen. So werden in einschlägigen Studien immer wieder *C'est arrivé près de chez vous/Man bites dog* bzw. mockumentaries wie *Spinal Tap* und die *Yes Men* verhandelt (Roscoe 2002; Blum 2017). Als Zwischenfazit kann formuliert werden: Das neue dokumentarische Theater bestimmt das Verhältnis von Performance und Fiktion nicht grundlegend neu. Vielmehr werden Parameter verschoben: Nach einer polemischen Phase der Überbietungsästhetik drängt sich die Feststellung auf, dass auch im postdramatischen Theater erzählt wird, wenngleich nicht mehr der Plot der *well-made plays*, sondern vielmehr die autobiografische Erinnerung als quasi-ethnografische Selbstarchivierung des alltäglichen Lebens (vgl. *She She Pop*, Schubladen). Außerdem bleiben zwar traditionelle Mittel des dramatischen Spannungsaufbaus weitgehend außen vor, es werden aber (bevorzugt tatsächliche) Geschehnisse mit den Mitteln zum Aufbau fiktionaler Welten erzählt.

6 Immersion und parasoziale Effekte der Fiktion

Bezüglich des dritten, pragmatischen Pfeilers von Fluderniks Ansatz ist die Debattenlage wesentlich unübersichtlicher. In diesem Bereich grenzt Fludernik die Fiktion von faktualen Textsorten wie Anleitungen und Wegbeschreibungen ab, die anhand von Imperativen Ratschläge erteilen und direkte Handlungsmuster im Anschluss an die Lektüre aufgeben. Andererseits aber belegen zahlreiche Studien, dass auch die vormoderne, als erbaulich oder exemplarisch abqualifizierte ‚ältere' Literatur komplexe Formen der Inszenierung ihrer moralischen ‚Botschaft' vornimmt. Noch andere Studien weisen nach, dass diese exemplarisch-didaktische Absicht nie wirklich aus der Fiktion verschwunden ist und Spielarten des Exemplarischen auch in moderner Fiktion beflügelt. Zu berücksichtigen ist an dieser Stelle auch, dass die Narratologie der Definition der Fiktion als Simulation und entsprechenden interaktiven Formen der Fiktion (etwa in Online-Spielwelten) skeptisch gegenübersteht, da sie hier die intentionale narrative Organisation vermisst. Obwohl, in der Nachfolge von Kendall Walton, immer häufiger das (gattungsunabhängige) Spielen *an sich* als Analogon für eine bestimmte Fassung von Fiktionalität gehandhabt wird, lehnen auch und sogar die kognitiven Narratologen der *embodied cognition* eine Ausweitung der Fiktionalität auf nicht-vorstrukturierte Formen virtuellen Erlebens wie z. B. Tagträume ab: „Mind wandering, games of make believe, and mere inventions are not formed and structured with the complex layering of meaning that becomes available through fictional text" (Kukkonen 2018, 490).

Eine größere Aufgeschlossenheit für Interaktion und Handeln begegnet uns in Schaeffers ebenfalls auf Gattungsvielfalt hin entworfene Fiktionstheorie. Anders als in vielen anderen Ansätzen ist es Schaeffer zufolge keineswegs selbstverständlich, dass „la qualité de la fiction est intuitivement associée à la gratuité et au désintéressement esthétique" [die Eigenschaft des Fiktionalen intuitiv mit der Zwecklosigkeit und dem interesselosen Wohlgefallen verbunden ist; Übersetzung G.M.] (Lavocat 2016, 321). Schaeffer entwickelt seine Auffassung von Fiktion im Rahmen einer groß angelegten Kritik an der deutschen idealistischen Kunstphilosophie und deren religiös aufgeladenem Autonomieverständnis, was zu einer Ausgrenzung von weniger legitimen Formen der „feintise ludique partagée" [geteilte spielerische Vorspiegelung] (Schaeffer 1999, 145) geführt habe.

Anders als bei Walton und Schaeffer ist bei Lavocat Immersion kein Wesenszug von Fiktion, da sie dem fiktionalen Objekt jedes Handlungspotenzial abspricht. Die Argumentation von Lavocat zielt darauf, Fiktion von Simulation zu unterscheiden: „la simulation produit un effet d'immersion totale, sans récit ni fiction" [die Simulation produziert einen Effekt totaler Immersion, gleichwohl ohne Erzählen oder Fiktion (Lavocat 2016, 337). Beide teilen gewisse „embrayeurs de déplacement cognitif: le récit, la musique, le bruitage, la perspective en trois dimensions, la beauté de l'image, l'empathie pour un personnage et le jeu lui-même" [Schaltstellen, die das kognitive Sich-Hineinversetzen unterstützen: die Erzählung, die Musik; die Geräuschkulisse; die dreidimensionale Perspektivierung; die Schönheit des Bildes; die Empathie für Figuren und das Spiel selbst; Übersetzung G.M.] (Lavocat 2016, 337). Deren Anwesenheit reicht aber nicht aus, um Fiktionalisierung zu ermöglichen. Lavocat bezieht Videogames bzw. „metaverse" (virtuelle Räume) wie *Second Life* in ihre Analyse ein. Computerspiele seien aber, wie auch das Schachspiel, zwar hochgradig immersiv, aber nicht fiktional. Sie sieht in den interaktiven Cyberspielwelten zwar immersive Erfahrungen, die sie jedoch weder als fiktional noch als erzählend auffasst, da zur Fiktion immer ein Abstand zur Erzählwelt gehöre. Auch Lavocat zitiert die Unmöglichkeit, handelnd (etwa in den Selbstmord von Anna Karenina) einzugreifen (Lavocat 2016, 527), die immer wieder gerne als Evidenz herangezogen wird. Lavocat behauptet, dass generische Gattungshybridisierung keineswegs die ontologische Grenze zwischen Fiktionalität und Wirklichkeit auflöse. Ihre Intervention sticht dadurch hervor, dass sie mehrere Spielformen (auch Computerspiele und *cosplaying*) in die Analyse einbezieht, diese jedoch letztendlich nicht als Fiktionen betrachtet. Dabei ist allerdings nicht länger die Frage ausschlaggebend, ob Fiktion die Referenzialität ausschalte (wie Ricoeur behauptet, vgl. dazu Lavocat 2016, 321) oder lediglich reduziere (Cohn 2000), da Referenzialität jenseits der Grenze in unterschiedlichen Mengen vorhanden sein könne.

Diese Betonung der literarischen Selbstreflexivität und der ästhetischen Distanz begegnet einem viel weniger in *film & television studies*. Jennifer Hayward betont die parasozialen Effekte des Konsums von Seifenopern und argumentiert, dass die Prekarisierung der Grenze zwischen Fiktion und Wirklichkeit von der Serialisierung eher noch verstärkt werde (Hayward 2015). Der forensische Zuschnitt vieler Fernsehserien ermuntert zu einem partizipativen Rezeptionsmodus, der an anderer Stelle auch als ‚enzyklopädischer Zugriff' als Merkmal des transmedialen Erzählens (Bourdaa 2013) beschrieben worden ist. Die von Nielsen und Iversen vertretene Fassung der *unnatural narratology* befürwortet ebenfalls eine erweiterte Einsatzfähigkeit der Kategorie Fiktionalität als kommunikative Strategie, auch unabhängig von als literarisch oder ästhetisch konventionalisierten Gattungen (Nielsen et al. 2015). Auch die neurobiologisch inspirierten Erzähltheorien machen keinen Unterschied zwischen Faktualität und Fiktivität; vielmehr gehen sie davon aus, dass sogar „stories can lead readers to feel real uncertainty about known facts" (Tobin 2018, 41). Transmedial ausgerichtete medienwissenschaftliche Studien zu *storyworlds* lenken die Aufmerksamkeit auf Rezeptionsmodi, die der sog. „flow-Erfahrung" (Csikszentmihalyi 1990) Vorschub leisten und so den fiktionalen Entitäten Beständigkeit und Anschlussfähigkeit über das individuelle Medium hinaus verleihen, was das Entstehen parasozialer Effekte (z. B. Mitspielen oder „Co-creation" im Sinne von „fan fiction") befördert (Evans 2011; Roth 2018). Da wir jetzt bei den Studien angelangt sind, die Fiktion als ein Vehikel zur Erzeugung erhöhter Aufmerksamkeit bzw. zur Modulierung von Aufmerksamkeit betrachten, empfiehlt sich ein Blick auf die Biopoetik, die die Frage nach dem Status der Fiktion auf eine noch viel instrumentellere Art und Weise angeht. Den Anfang machte hier Lisa Zunshine mit ihrer Studie *Why We Read Fiction?* (2006), in der sie allerdings anhand der *Theory of Mind* eher noch mit textbasierten Eigenschaften operiert. In den von Darwin und der Evolutionstheorie inspirierten Ansätzen zur Fiktion dominiert allerdings eine radikal externalistische Sicht auf Fiktion: Flesch (2007) bringt eine Reihe von biologisch evolvierten Verhaltensweisen in Stellung, die sich mit dem menschlichen Interesse an Fiktionalität überschneiden: Menschen interessieren sich für fiktionale Darstellungen poetischer Gerechtigkeit (der Bösewicht wird am Ende bestraft), weil der Aspekt des Virtuellen auch im Sozialen bereits eine wichtige Rolle spielt. Flesch bezieht sich auf die sorgfältige Überwachung (*monitoring*) der Motivationen von Anderen, die zeitversetzte Wahrnehmung als prognostisches Interesse, die *vicarious experience* [Erfahrung aus zweiter Hand], die die sowohl für sozialökonomische Verteilungskämpfe im Alltag als auch für Tragödien und Detektivromane ausschlaggebende Rolle des altruistischen Helden herbeiführen, dessen Bereitschaft zu *costly punishment* [kostspieligem Bestrafen] menschliches Kooperationsverhalten fördere. Der Altruismus ist kostspielig, weil er Energie kostet und Trittbrettfahrer von ihm profitieren können. Deswegen gelingt er nur, wenn die Motivationen der Anderen überwacht werden, was Fiktionen auf besonders intensive Weise ermöglichen bzw. simulieren. Flesch entnimmt dem Kanon sowohl der Höhenkammliteratur (Shakespeare) als weniger ästhetisch prämierten Gattungen (Krimis, Superman). Diese Theorie wirft ein neues Licht auf jene Theorien, die den Umgang mit Fiktionen mit Empathiesteigerung in Verbindung bringen. Die von Flesch aufgelisteten ‚Signale' sind allerdings so basal (weinen), dass hier Unterschiede zwischen Reaktionen auf fiktionales oder auf reales Verhalten kaum noch ins Gewicht fallen; zugleich werden aber das besondere Interesse an Fiktion und deren parasoziale Effekte (wie z. B. im Falle von Seifenopern) als Einübung in evolutionär bedingtes Verhalten plausibel gemacht. Die Tendenz, den Anwendungsbereich der Fiktionalität auszuweiten, zieht immer weitere Kreise: Klein und Martinez (2009) haben die narrativen Aspekte von juristischen, medizinischen, ökonomischen, moralisch-ethischen und christlich-religiösen Diskursen untersucht. Im Gefolge von Joseph Vogls *Das Gespenst des Kapitals* (2010) hebt die Forschung auch die „Gemeinsamkeiten von Risiko- und Fiktionsbegriff" (Catani 2013: 181) hervor. Als „Affinität von Risiko und Fiktion" versteht Evi Zemanek „das mit dem Risiko stets verbundene Wissensdefizit, das zur Spekulation und damit auch zu fiktionaler Ausgestaltung einlädt" (2013, 280). Joseph Vogl erforscht mit den Mitteln der Literaturwissenschaft ökonomische Diskurse und stellt fest, dass diese den nur halbwegs säkularisierten *grand narratives* aus dem 17. Jahrhundert aufsitzen. Seine Kritik am unkritischen Selbstverständnis der finanziellen Märkte, die sich als objektiv und selbststeuernd geben, dabei aber unreflektierten liberalen Basiserzählungen aufsitzen, kommt allerdings ohne den Begriff der Fiktion aus; auch Jens Beckerts einschlägige Kritik an der Effizienz der Märkte rekurriert auf Fiktionalität, aber sein Ansatz ist nur noch schwer mit narratologischen Definitionen in Einklang zu bringen (Beckert 2016). Es drängt sich auch hier die Feststellung auf, dass die Begriffe Fiktion und Erzählen fast deckungsgleich geworden sind: In Albrecht Koschorkes *Wahrheit und Erfindung: Grundzüge einer Allgemeinen Erzähltheorie* (2018) taucht das Wort ‚Fiktion' nur fünfmal auf, obwohl die englischsprachige Übersetzung das Wort selbst prominent im Titel führt.

7 Digital Humanities

Andrew Piper hat einen ersten Ansatz präsentiert, Fiktionalität mit den Mitteln der Digital Humanities und des *distant reading* zu erfassen. Er präsentiert diesen Ansatz durchaus als Kritik an den vorhin besprochenen postklassischen narratologischen Ansätzen, die die Zuweisung von Fiktionalität gänzlich auf die Leserschaft verlagern. „Placing all of the emphasis on the reader's activity, overlooks the powerful and extensive ways that texts mark themselves for their readers according to their fictional nature" (Piper 2016). Die erneute Suche nach rein textinternen Kriterien konzentriert sich in der Folge auf Dialog, auf die Gegensätzlichkeit von *showing vs. telling*. Es fällt auf, wie sehr Piper sowohl strukturalistische als auch postklassische Analyseverfahren miteinander kombiniert. So werden einerseits, wie bei Genette, auf rein textimmanente Weise Sätze auf ihre Verben reduziert („Novels are marked by a much stronger use of mental states, captured in major verbs"), andererseits aber auch die Texte auf ihre Semantik und ihre Experientialität hin ausgewertet („the world's feltness – is what marks out the unique terrain of novelistic discourse when compared with other forms of classical fiction" (Piper 2016, 9)). Es ist noch nicht absehbar, ob es dieser EDV-basierten Heuristik gelingen kann, zwischen Fiktion und Nicht-Fiktion im literaturwissenschaftlichen Sinne zu unterscheiden, zumal, wenn Gattungshybridisierung in dem bislang analysierten Maße auftritt. Der so genannte *long-read* Journalismus macht deutlich Anleihen beim fiktionalen Erzählen und legt genauso viel Wert auf Szenenhaftigkeit. Mehrheitlich speist sich das Modell aus Heuristiken, die sich auf kleinste *differentia specifica* konzentrieren, die an sich für die Identifikation von Fiktion bzw. Nicht-Fiktion nicht oder nur wenig bedeutungsvoll sind, die aber auf unterschiedliche Weise kombiniert und gewichtet werden können, was die nähere Bestimmung von Fiktionalitätsgraden ermöglichen dürfte. Ein anderes Beispiel dafür ist die Analyse von Borgeson et al. (2018), die die An- bzw. Abwesenheit von metrischer Gestaltung als Indiz auffasst, Gattungszugehörigkeit vorherzusagen. Das allmähliche Verschwinden metrischer Form aus dem Literatursystem kommt in keiner der vorhin behandelnten Fiktionstheorien vor; nichtsdestotrotz ermöglicht die automatische Auswertung ihrer Schwundstufen in der Praxis eine feinmaschigere und konsensfähigere Analyse über den Umweg, der über wenig terminologische Trennschärfe in der Theorie zu verfügen scheint. Aus dem Verfahren lässt sich tatsächlich eine Restkategorie herausschälen, die mit dem Bereich der Fiktion zusammenfällt. „If verse becomes less metrical over the eighteenth and nineteenth centuries, these data reveal that, over the same period, fiction becomes more metrical—a fact that, as far as we know, is new to literary history." (Borgeson et al.) Typischerweise kommen die Ansätze von Piper und Borgeson et al. ohne die vorerwähnten, von Fludernik entweder als notwendig oder variabel betrachteten, Parameter aus. Da es zum Selbstverständnis der Digital Humanities gehört, interdisziplinär vorzugehen, lässt es sich absehen, dass das Verfahren nicht wirklich auf die Identifikation von Fiktion als Alleinstellungsmerkmal abhebt und Aussagen über Fiktionalität (wie im Falle von Borgeson et al.) eher nebenbei, als Restmenge von anderweitig ausgerichteten Heuristiken getätigt werden. Der digitale Ansatz, wie er von Moretti entworfen wurde, hebt ja programmatisch darauf ab, die bürgerlich-realistische Kunstauffassung, die sich seit dem Ende des 19. Jahrhunderts durchgesetzt hat und das sozial-ökonomische Pendant für die autonomistische Fiktionstheorie bildet, vor allem quantitativ zu relativieren. Denn die passive und individuelle kontemplative Versenkung, die als idealer Rezeptionsmodus für die psychologischen und emotionalen Tiefen der Fiktion betrachtet wird, ist mitnichten die einzig mögliche Haltung, sich auf Fiktion einzulassen.

8 Schlussbemerkung

Im Rahmen der Debatte über das Verhältnis von Fiktionalität und Gattungen hat insbesondere die Narratologie sehr deutliche Positionierungen vorgenommen, die sich als ein Schlagabtausch zwischen semantischen, syntaktischen und pragmatischen Ansätzen beschreiben lässt. Fluderniks Synthese hebt darauf ab, dass Fiktionalität zwar einige wenige Eigenschaften aufweist, die unstrittig für Fiktionalität stehen, viele Eigenschaften aber sowohl in fiktionaler als auch faktualer Literatur zu finden sind. Anhand von (räumlichen und zeitlichen) Beschreibungen zeigt Fludernik auf, dass eine Unterscheidung der Texte eher an die Frage des intendierten Gebrauches anschließt. Das wird in der jüngeren Zeit umso deutlicher, da sich Fiktion immer stärker auf Zielgruppen bezieht (*chick lit, up lit, young adult fiction*) und beim Phänomen des *fandom/fan culture* die parasozialen Effekte der Fiktion stärker aktiviert werden.

Im Zuge dieser Debatte hat die Narratologie sich zunehmend vom angestammten Gattungsbegriff losgesagt, zugunsten eines flexibel gehandhabten Verständnisses von Textsorten bzw. Diskurstypen, die den Einsatz von fiktionalisierenden Produktions- bzw. Rezeptionsstrategien ermöglichen, ohne sich noch um eine trennscharfe Unterscheidung zwischen Fiktionalität und Faktualität zu kümmern. Die Narratologie hat dabei selbst den Fokus von literarischen Texten und fiktionalen Filmen auf eine sehr breite Palette von Gegenständen verlagert, die jetzt auch Computerspiele, Performances und parasoziale Effekte von fiktionalen Universen sein können, die medienübergreifend bzw. medienunabhängig erforscht werden. Digitale Forschungsmethoden könnten auf den ersten Blick als Rückkehr zu einem immanenten Verständnis von textbasierten (miss)verstanden werden, verstärken aber unterschwellig die Orientierung an der *Funktionalisierung* von an sich variablen Parametern der Fiktionalität bzw. der Faktualität zu einem veritablen Diskursagnostizismus. Da sich aber dieses funktionale Verständnis stärker am Kontrast mit einer gleichermaßen dynamischen Auffassung von Faktualität orientiert, drängt sich umso stärker jene Öffnung und Ausweitung des Forschungsfeldes auf andere Diskurse (wie die des Rechtes und der Ökonomie) auf, die in vielen der hier beschriebenen Ansätzen anklingt. Ob diese Tendenz letztlich noch mit dem (im ästhetischen Bereich verorteten) Gattungsverständnis vereinbar ist, wird sich noch zeigen müssen.

Literaturverzeichnis

Andree, Martin (2005). *Archäologie der Medienwirkung: Faszinationstypen von der Antike bis heute (Simulation, Spannung, Fiktionalität, Authentizität, Unmittelbarkeit, Geheimnis, Ursprung)*. München.

Becker, Sabina (2000). *Neue Sachlichkeit. Bd. 1: Die Ästhetik der neusachlichen Literatur (1920–1933)*. Wien.

Beckert, Jens (2016). *Imagined Futures. Fictional Expectations and Capitalist Dynamics*. Cambridge, MA.

Biebuyck, Benjamin und Gunther Martens (2011). „Literary metaphor between cognition and narration: ‚The Sandman' revisited". *Beyond Cognitive Metaphor Theory: Perspectives on Literary Metaphor*. Hg. von Monika Fludernik. London: 58–76.

Blum, Philipp (2017). *Experimente zwischen Dokumentar- und Spielfilm: Zu Theorie und Praxis eines ästhetisch „queeren" Filmensembles*. Marburg.

Borgeson, Scott, Arto Anttila, Ryan Heuser und Paul Kiparsky (2018). „The Rise and Fall of Anti-Metricality". *Poetics*. http://arnoldzwicky.s3.amazonaws.com/Antimetricality-Poetics-Draft-2018-04-20.pdf (22.02.2019).

Bourdaa, Mélanie (2013). „‚Following the pattern': The creation of an encyclopaedic universe with transmedia storytelling". *Adaptation* 62 (2013): 202–214.

Caracciolo, Marco (2014). *The Experientiality of Narrative: An Enactivist Approach*. Berlin.

Caracciolo, Marco (2016). „Creative metaphor in literature". *The Routledge Handbook of Metaphor and Language*. Hg. von Elena Semino und Zsófia Demjén. London: 206–218.
Caracciolo, Marco, Cécile Guédon, Karin Kukkonen und Sabine Müller (2017). „The Promise of an Embodied Narratology: Integrating Cognition, Representation and Interpretation". *Emerging Vectors of Narratology*. Hg. von Per Krogh Hansen, John Pier, Philippe Roussin und Wolf Schmid. Berlin: 435–460.
Catania, Stefanie (2013). „Risikonarrative". *Literatur als Wagnis / Literature as a Risk DFG-Symposium 2011*. Hg. von Monika Schmitz-Emans. Berlin: 159–189
Cohn, Dorrit (2000). *The Distinction of Fiction*. Baltimore.
Csikszentmihalyi, Mihaly (1990). *Flow: The Psychology of Optimal Performance*. New York.
De Taeye, Lieselot (2015). „*Terug tot de werkelijkheid?*". *Nederlandse Letterkunde* 20 (2015): 1–24.
Doll, Martin (2016). „Wirklichkeitsfieber. Über aktuelle Wahrheitsansprüche, dokumentarisches Fühlen und postdramatische Super-Erzähler im Theater". *Beyond Evidence: Das Dokument in den Künsten*. Hg. von Daniela Hahn. Paderborn: 173–193.
Doll, Martin (2017). *Fälschung und Fake: Zur diskurskritischen Dimension des Täuschens*. Berlin.
Eberwein, Tobias (2017). „Gonzo-Journalismus (Gonzo-Journalism)". *Journalistische Genres*. Hg. vom Deutschen Fachjournalisten-Verband. Köln: 285–294.
Elias, Amy J (2010). „Historiographic Narratology". *Routledge Encyclopedia of Narrative Theory*. Hg von David Herman, Manfred Jahn und Marie-Laure Ryan. London: 216–217.
Evans, Elizabeth (2011). *Transmedia Television: Audiences, New Media, and Daily Life*. London.
Festjens, Thijs und Gunther Martens (2013). „Drie generaties documentaire literatuur : theorie en voorgeschiedenis van de experimentele documentaire". *Cahier voor Literatuurwetenschap* 5 (2013): 135–153.
Flesch, William (2007). *Comeuppance: Costly Signaling, Altruistic Punishment, and Other Biological Components of Fiction*. Cambridge, MA.
Fludernik, Monika (2000). „Genres, text types, or discourse modes? Narrative modalities and generic categorization". *Style* 342 (2000): 274–292.
Fludernik, Monika (2015). „Narratologische Probleme des faktualen Erzählens". *Faktuales und fiktionales Erzählen: Interdisziplinäre Perspektiven*. Hg. von Monika Fludernik, Nicole Falkenhayner und Julia Steiner. Würzburg: 115–138.
Fludernik, Monika (2018). „The Fiction of the Rise of Fictionality". *Poetics Today* 391 (2018): 67–92.
Galle, Helmut (2016). „Fiktionalität in hybriden Gattungen. Tatsachenroman und Dokudrama versus Reportage und Dokumentarfilm". *Fiktion im Vergleich der Künste und Medien*. Hg. von Anne Enderwitz und Irina O. Rajewsky. Berlin: 145–166.
Hamburger, Käte (1968). *Die Logik der Dichtung*. 2. stark veränd. Aufl. Stuttgart.
Hayward, Jennifer (2015). *Consuming Pleasures: Active Audiences and Serial Fictions from Dickens to Soap Opera*. Lexington.
Hempfer, Klaus W. (2018). *Literaturwissenschaft – Grundlagen einer systematischen Theorie*. Stuttgart.
Herman, David (2011). *Emergence of Mind: Representations of Consciousness in Narrative Discourse In English*. Lincoln, NE.
Herman, David (2018). *Narratology beyond the Human: Storytelling and Animal Life*. Oxford.
Kindt, Tom (2014). „Der *discours* des aufgeklärten Märchens. Märchenerzählen bei Wieland, Musäus und den Grimms". *Fabula* 55.1-2 (2014): 41–51.

Klein, Christian und Matías Martínez (Hgg., 2009). *Wirklichkeitserzählungen: Felder, Formen und Funktionen nicht-literarischen Erzählens*. Stuttgart.

Köppe, Tilmann und Jan Stühring (2011). „Against pan-narrator theories". *Journal of Literary Semantics* 401 (2011): 59–80.

Korthals, Holger (2003). *Zwischen Drama und Erzählung: Ein Beitrag zur Theorie geschehensdarstellender Literatur*. Berlin.

Koschorke, Albrecht (2018). *Fact and Fiction, Elements of a General Theory of Narrative*. Berlin.

Kukkonen, Karin und Henrik Skov Nielsen (2018). „Fictionality: Cognition and Exceptionality". *Poetics Today* 393 (2018): 473–494.

Lagoni, Frederike (2016). *Fiktionales versus faktuales Erzählen fremden Bewusstseins*. Berlin.

Lahn, Silke und Stefanie Neu (2017). „Towards a Crossing of the Divide between Fiction and Non-Fiction in European Television Series and Movies: The Examples of the Italian Romanzo Criminale and the Danish Klovn". *Emerging Vectors of Narratology*. Hg. von Per Krogh Hansen, John Pier, Philippe Roussin und Wolf Schmid. Berlin: 171–192.

Lavocat, Françoise (2016). *Fait et fiction : pour une frontière*. Paris.

Löschnigg, Martin (1999). „Narratological Categories and the (Non-) Distinction Between Factual and Fictional Narratives". *Recent Trends in Narratological Research*. GRAAT 21. Tours: 31–48.

Metzger, Stephanie (2014). *Theater und Fiktion: Spielräume des Fiktiven in Inszenierungen der Gegenwart*. Bielefeld.

Müller, Ralph (2018). „Gibt es spezifisch lyrische Äußerungsstrukturen? Anmerkungen zum Verhältnis von Redekriterium und Lyrikbegriff in der jüngeren Lyrikologie". *Grundfragen der Lyrikologie 1, Lyrisches Ich, Textsubjekt, Sprecher?*. Hg. von Claudia Hillebrandt, Sonja Klimek, Ralph Müller und Rüdiger Zymner. Berlin: 87–102.

Nielsen, Henrik Skov, James Phelan und Richard Walsh (2015). „Ten theses about fictionality". *Narrative* 231 (2015): 61–73.

Piper, Andrew (2016). „Fictionality". *Journal of Cultural Analytics*. 20. Dezember 2016. https://doi.org/10.22148/16.011.

Roscoe, Jane (2002). *Faking It: Mock-Documentary and the Subversion of Factuality*. Manchester.

Roth, Martin (2018). *Thought-Provoking Play: Political Philosophies in Science Fictional Videogame Spaces from Japan*. Pittsburgh.

Ryan, Marie-Laure (2001). „The narratorial functions: Breaking down a theoretical primitive". *Narrative* 92 (2001): 146–152.

Ryan, Marie-Laure (2002). „Fiction and its other: How trespassers help defend the border". *Semiotica* 138.1/4 (2002): 351–370.

Schaeffer, Jean-Marie (1999). *Pourquoi la fiction?*. Paris.

Schäfer, Christian (2010). *Erweiterte Wirklichkeit(en): Literatur lesen und unterrichten im Zeitalter der Virtualisierung*. Münster.

Scheffel, Michael (2003). „Käte Hamburgers ‚Logik der Dichtung' – ein ‚Grundbuch' der Fiktionalitäts-und Erzähltheorie? Versuch einer Re-Lektüre". *Käte Hamburger: Zur Aktualität einer Klassikerin*. Hg. von Johanna Bossinade und Angelika Schaser. Göttingen: 140–155.

Scheffel, Michael (2010). „Faktualität/Fiktionalität als Bestimmungskriterium". *Handbuch Gattungstheorie*. Hg. von Rüdiger Zymner. Stuttgart: 29–31.

Tobin, Vera (2018). *Elements of Surprise: Our Mental Limits and the Satisfactions of Plot*. Cambridge, MA.

Zeller, Christoph (2010). *Ästhetik des Authentischen: Literatur und Kunst um 1970*. Berlin.

Zemanek, Evi (2013). „Unkalkulierbare Risiken und ihre Nebenwirkungen. Zu literarischen Reaktionen auf ökologische Transformationen und den Chancen des Ecocriticism". *Literatur als Wagnis / Literature as a Risk DFG-Symposium 2011*. Hg. von Monika Schmitz-Emans. Berlin. 279–302.

Zipfel, Frank (2001). *Fiktion, Fiktivität, Fiktionalität: Analysen zur Fiktion in der Literatur und zum Fiktionsbegriff in der Literaturwissenschaft*. Berlin.

Zipfel, Frank (2015). „Narratorless Narration? Some reflections on the arguments for and against the ubiquity of narrators in fictional narration". *Author and Narrator: Transdisciplinary Contributions to a Narratological Debate*. Hg. von Dorothee Birke und Tilmann Köppe. Berlin: 45–80.

Zunshine, Lisa (2006). *Why We Read Fiction: Theory of Mind and the Novel*. Columbus.

Weiterführende Literatur

Fludernik, Monika (2018). „The Fiction of the Rise of Fictionality". *Poetics Today* 391 (2018): 67–92.

Flesch, William (2007). *Comeuppance: Costly Signaling, Altruistic Punishment, and Other Biological Components of Fiction*. Cambridge, MA.

Franzen, Johannes, Patrick Galke-Janzen, Frauke Janzen und Marc Wurich (2018). *Geschichte der Fiktionalität: Diachrone Perspektiven auf ein kulturelles Konzept*. Baden-Baden.

Korthals Altes, Liesbeth (2020). „Factual or Fictional? The Interpretive and Evaluative Impact of Framing Acts". *Narrative Factuality. A Handbook*. Hg. von Monika Fludernik und Marie-Laure Ryan. Berlin.

Lavocat, Françoise (2016). *Fait et fiction : pour une frontière*. Paris.

Martens, Gunther (2015). „Unreliability in non-fiction: the case of the unreliable addressee". *(Un)reliable Narration and (Un)trustworthiness: Intermedial and Interdisciplinary Perspectives*. Hg. von Vera Nünning. Berlin: 156–170.

Schaeffer, Jean-Marie (1999). *Pourquoi la fiction?*. Paris.

Rüdiger Heinze
III.5 Fiktionalität und Unnatürliches Erzählen

‚Natürliches' und ‚unnatürliches' Erzählen

1 Einleitung

Auf den ersten Blick scheint Fiktionalität bei narratologischen Ansätzen, die sich mit unnatürlichem Erzählen beschäftigen, keine wesentliche, explizite Rolle zu spielen. So taucht das Gegensatzpaar Fiktionalität/Faktizität oder, je nach Konzeptualisierung, Fiktionalität/Nicht-Fiktionalität zumeist gar nicht oder nur am Rande in den entsprechenden Beiträgen auf. Dies ist insofern nicht verwunderlich, als es den meisten dieser Ansätze primär um den Gegensatz von mimetisch/anti-mimetisch bzw. um unterschiedliche Arten fiktionalen Erzählens und um die inhärenten ‚Spielregeln' in fiktionalen Texten geht. Bei genauerem Hinsehen zeigt sich aber schnell, dass sich bei allen Theorien unnatürlichen Erzählens (der sogenannten *unnatural narratology*) grundsätzlich und zwingend die Frage nach Fiktionalität und Faktizität stellt. Am deutlichsten wird dies bei Jan Alber, der explizit das logisch und physikalisch (und damit faktisch) Unmögliche in den Fokus rückt. Aber selbst Ansätze, die auf die fiktionsinternen Spielregeln einer fiktionalen Welt abheben (wie bei Stefan Iversen), tun dies implizit in der Annahme, dass es *fiktionale* Welten gibt, die stark variierende, von uns erkennbare Spielregeln haben können, eben weil sie fiktional sind. Auch nicht-fiktionales Erzählen hat natürlich Spielregeln – aber das Brechen dieser Regeln führt auch in diesem Fall unweigerlich zur Frage nach Faktizität und Erfindung.

Entsprechend skizziert dieser Beitrag den Nexus von unnatürlichem Erzählen und Fiktionalität. Da es unterschiedliche Theorien und Konzeptualisierungen unnatürlichen Erzählens gibt, beleuchtet dieser Beitrag für jeden der wichtigsten Ansätze, mit welchen Annahmen und Konsequenzen hinsichtlich Fiktionalität der jeweilige Ansatz einhergeht. Da es darüber hinaus ebenfalls unterschiedliche Theorien, Konzeptualisierungen und Aspekte von Fiktionalität gibt, muss zudem diskutiert werden, welche Aspekte und Konzepte von Fiktionalität diese genau berühren. In Anbetracht der ausführlichen Einleitung und der anderen Beiträge dieses Bandes soll hier nicht im Einzelnen auf unterschiedliche Fiktionalitätstheorien eingegangen werden; stattdessen werden die wichtigsten Aspekte und Fragenkomplexe zusammengefasst. Zunächst wird allerdings geklärt, was unter unnatürlichem Erzählen zu verstehen ist und welche Ansätze es gibt.

2 Unnatürliches Erzählen

‚Unnatürliche' Erzählungen konfrontieren Leser mit Szenarien, die nicht, nicht gänzlich oder nur mit Mühe mithilfe unserer lebensweltlichen kognitiven Muster und Schemata verstanden und interpretiert werden können. Sie projizieren eine Welt, die im Sinne David Hermans (2002) nicht ‚realistisch' ist. So gibt es Erzählungen, die von Hunden (Paul Austers *Timbuktu*), Pferden (Lew Tolstois *Der Leinwandmesser*) oder Objekten erzählt werden (*The Dream of the Rood*); in denen ein menschlicher Ich-Erzähler die Gedanken anderer Figuren kennt oder andere Dinge weiß, die er/sie unmöglich wissen kann (Rick Moodys *The Ice Storm*); die in sich implizit oder explizit widersprüchlich sind, so dass sich keine logisch/kausal kohärente Handlung rekonstruieren lässt (Robert Coovers *The Babysitter*); in denen die Zeit rückwärts läuft (Martin Amis' *Time's Arrow*) oder so ‚chaotisch' präsentiert wird, dass sie nur sehr mühsam rekonstruierbar ist (Alejandro González Iñárritus *21 Grams*); die in der Gegenwartsform erzählt werden, gleich so, als ob die Geschichte in eben diesem Augenblick erzählt würde (Jhumpa Lahiris *The Namesake*); oder die eine zweite Person adressieren, jedoch eindeutig keine Briefe sind, und dieser Person ihre eigene Geschichte erzählen und deren Gedanken kennen (Jay McInerneys *Bright Lights, Big City*). All diesen Phänomenen ist gemein, dass sie eines oder mehrere der Brian Richardson (2011, 23) zufolge drei fundamentalen Konzepte der Erzähltheorie missachten: Eine einheitliche ‚Stimme' bzw. lokalisierbare Identität des Erzählers; eine logische, in sich widerspruchsfreie Geschichte, die auf Grundlage des *Plots*, also der konkreten diskursiven Ausformung, rekonstruierbar ist; und epistemische Konsistenz, d. h. eine Figur kann nicht die Gedanken einer anderen lesen bzw. wissen.

Für einige solcher Phänomene haben wir entweder Erklärungsmuster, oder wir haben uns an sie gewöhnt. So wundern wir uns als Leser nicht über sprechende Tiere, Hexen, Wurmlöcher, Drachen oder Menschen, die sich bei Wutanfällen in große, grüne Monster verwandeln, wenn wir ein generisches Skript zur Verfügung haben, in das sich solche Erzählungen einordnen lassen. Andere Phänomene lassen sich durch stilistische und/oder epochale Konzepte erklären (magischer Realismus/Moderne/Postmoderne); wieder andere durch einen von mehreren „Integrationsmechanismen" (Yacobi 1981). Und schließlich stolpern wir – zumindest als erfahrene Leser – nicht mehr über allwissende heterodiegetische Erzähler oder seitenweise wortgenau erinnerten Dialog („mnemonic overkill"; Cohn 1978, 162), weil beides hinreichend (quantitativ) ‚normal' bzw. (qualitativ) konventionell geworden ist.

Es verbleiben jedoch zahlreiche ‚unnatürliche' Erzählungen, Szenarien und Phänomene, die sich mit keinem dieser Erklärungsmuster angemessen beschreiben lassen, oder nur in Teilen. Darüber hinaus können diese Muster, selbst wenn sie eine Erklärung anbieten, sogar den Blick auf solche Phänomene verstellen oder sie unangemessen isolieren und verkürzen („unnatürliche' Temporalitäten in den Erzählungen von Philip K. Dick sind nie ‚einfach nur' Science-Fiction), denn ‚unnatürliche' Elemente gibt es in allen Arten von Texten, Genres und Medien – Roman, Comic, Film, fiktional, nicht-fiktional, realistisch, naturalistisch, phantastisch, modern, postmodern usw. – und das, je nach Textform und Medium, seit Jahrhunderten. Wie gehen wir als Leser mit solchen Erzählungen und Szenarien um? Welche Gemeinsamkeiten und Unterschiede gibt es zwischen den verschiedenen Phänomenen? Welche genau können überhaupt als ‚unnatürlich' gelten, in Abhängigkeit von welcher Definition? In welcher Beziehung stehen sie zu ‚realistischen' Szenarien bzw. Erzählungen? Warum fallen uns einige Phänomene nicht mehr auf bzw. sind relativ leicht naturalisierbar, während andere – zumindest gegenwärtig – immer noch irritierend sind?

Diese Fragen sind in den letzten Jahren zu einem eigenen Forschungsfeld in der ‚postklassischen' Narratologie geworden. Unter dem Namen *unnatural narratology* versammelt sich eine Reihe verschiedener, überwiegend induktiver Ansätze, Konzepte und Definitionen. Allerdings muss betont werden, dass der Terminus ‚unnatürlich' in diesem Zusammenhang keinerlei Verbindung zu problematischen Diskursen und Denkmustern hat, in denen die Gegenüberstellung von ‚natürlich' und ‚unnatürlich' dazu dient, bestimmte Verhaltensweisen, Praktiken und Identitäten herabzusetzen, zu marginalisieren oder zu unterdrücken. Unter anderem aufgrund dieser terminologischen Vorbelastung hat Monika Fludernik (2012, 362) die Verwendung von „non-natural" vorgeschlagen; jedoch sind das Forschungsfeld und seine Nomenklatur mittlerweile so etabliert und dahingehend eingeführt, dass ein entsprechend informierter Umgang mit dem Terminus ‚unnatürlich' vorausgesetzt werden kann (und daher ab nun die Markierung wegfällt).

Trotz zahlreicher Differenzen im Detail teilen die unter diesem Namen versammelten erzähltheoretischen Ansätze einige grundsätzliche Ansichten und Forschungsinteressen. Gemein ist allen Ansätzen

1. ein Interesse an „highly implausible, impossible, unreal, otherworldly, outrageous, extreme, outlandish, and insistently fictional narratives and their structure" (Alber et al. 2012, 380), gleichgültig, ob diese nun als unnatürlich, nicht-natürlich, anti-mimetisch, nicht-realistisch oder ähnliches bezeichnet werden;
2. ein Interesse an der Interpretation solcher Erzählungen sowie an der Frage, wie Leser allgemein mit solchen Erzählungen umgehen bzw. umgehen können und sollten (vgl. Alber et al. 2012, 380);
3. ein Interesse an der Frage und Untersuchung, wie solche Erzählungen sich zu allen anderen Arten von Erzählungen verhalten und welche Konsequenzen

dies für unser Verständnis von Narration im Allgemeinen hat (vgl. Alber et al. 2012, 380; 2013, 2–3).

Weiterhin teilen die Ansätze ihre Kritik an mimetisch bzw. realweltlich basierten erzähltheoretischen Auffassungen: „Generally speaking, unnatural narrative theorists oppose what one might call ‚mimetic reductionism', that is, the claim that the basic aspects of narrative can be explained primarily or exclusively by models based on realist parameter" (Alber et al. 2013, 1). Sie argumentieren im Gegenteil, „that narratives are particularly compelling when they depict situations and events that move beyond, extend, challenge, or defy our knowledge of the world" (Alber et al. 2013, 2).

Hieraus sollte man jedoch nicht ableiten, dass sich das Augenmerk dieser Ansätze allein auf unnatürliche bzw. anti- und nicht-mimetische Erzählungen richtet. Sie sind ebenfalls an derartigen konventionellen Strategien realistischen Erzählens interessiert, welche unserer lebensweltlichen Erfahrung nach unmöglich oder ausgesprochen unwahrscheinlich sind, also „phenomena such as omniscience, a streamlined plot, and literary dialogue" (Alber et al. 2013, 3), denn eigentlich ist schon ein allwissender Er-Erzähler ebenso eine Unmöglichkeit wie „unnatural and impossible elements [that] may also occasionally be found in nonfictional narrative" (Alber et al. 2013, 3). Kurz gesagt: „unnatural narrative analysis seeks to draw attention both to the unnatural in defiantly antimimetic texts as well as to the largely invisible unnatural elements cached within ostensibly mimetic works" (Alber et al. 2013, 3). Jenseits dieser grundsätzlichen Gemeinsamkeiten und Interessen gibt es jedoch deutlich unterschiedliche Ansichten, was genau unter unnatürlich zu fassen ist und warum; wie Leser damit umgehen bzw. umgehen können und sollten; und welche Konsequenzen all dies für Erzähltheorien und unser Verständnis von Narration allgemein hat.

Es gibt bisher vier fundamentale, voneinander verschiedene Definitionen von unnatürlich. Zwar listen Alber et al. in ihrem jüngsten Beitrag zur Debatte eine fünfte Definition von Maria Mäkelä, die betont, dass die Fiktionalisierung bzw. Literarisierung menschlichen Lebens, Denkens und Erfahrens grundsätzlich unnatürlich ist (2013, 7); diese Definition ist aber, obgleich als Hinweis grundsätzlich wichtig und korrekt, zu allgemein, um von analytischem Nutzen zu sein. Als unnatürlich können zunächst (1) nach Jan Alber (2009, 80) solche Erzählungen verstanden werden, die physisch, logisch oder menschlich unmögliche Szenarien und/oder Ereignisse enthalten. Solche Erzählungen verletzen die uns bekannten Naturgesetze (z. B. durch rückwärts laufende Zeit), halten sich nicht an grundsätzliche Prinzipien der Logik (z. B. Kausalität, Widerspruchsfreiheit), oder enthalten menschliche Figuren, die Wissen und/oder Fähigkeiten jenseits typischer menschlicher Beschränkungen aufzeigen (z. B. bei allwissenden Ich-Erzählern).

(2) Brian Richardson bezeichnet solche Erzählungen als unnatürlich, die die mimetischen Konventionen verletzen, welche für „conversational natural narratives, nonfictional texts, and realistic works that attempt to mimic the conventions of nonfictional narratives" gelten (Alber et al. 2013, 5). So wäre es in unserer realen Welt zumindest ausgesprochen ungewöhnlich und höchstwahrscheinlich auch irritierend, wenn wir einem Zuhörer Ereignisse, Handlungen und Gedanken aus ihrem eigenen Leben in der Gegenwartsform erzählten oder nicht zwischen tatsächlich Erlebtem und Erfundenem unterschieden. Interessanterweise sind wir als realweltliche Erzähler nachweislich ausgesprochen unzuverlässig. So erfinden wir in unseren vorgeblich nicht-fiktionalen Erzählungen regelmäßig Dinge, die sich nicht oder nicht in dieser Art zugetragen haben. Stefan Iversen zum Beispiel hat untersucht, wie nicht-fiktionale Trauma-Erzählungen über unnatürliche Erzählstrategien versuchen, sich dem Unaussprechlichen zu nähern (2011); ähnlich auch die Psychologin Gabriele Lucius-Hoene (2013).

(3) Henrik Skov Nielsen betont, dass unnatürliches Erzählen sowohl auf der inhaltlichen als auch der diskursiven Ebene lokalisiert sein kann. Für ihn sind unnatürliche Erzählungen „a subset of fictional narratives that may have temporalities, storyworlds, mind representations, or *acts of narration* that would have to be construed as physically, logically, *mnemonically*, or *psychologically* impossible or implausible in real-world storytelling situations" (Alber et al. 2013, 6; meine Hervorhebung). Diese Definition ist eher eine Ergänzung zu Alber, als eine wesentlich andere.

(4) Stefan Iversen schließlich definiert Erzählungen als unnatürlich, die sich, salopp gesagt, nicht an ihre eigenen Regeln – d. h. die von ihnen selbst projizierten Welt – halten bzw. den Leser mit unauflösbaren Widersprüchen innerhalb der Erzählung konfrontieren, also „clashes between the rules governing the storyworld in the narrative and events producing or taking place inside this storyworld, in other words, clashes that defy naturalization" (Alber et al. 2013, 6–7). Insbesondere vor dem Hintergrund dieser Definition wird deutlich, wie wichtig Genre und Medium für die Einschätzung einer Erzählung als unnatürlich sind: Sie geben aufgrund ihrer spezifischen Konventionen und Repräsentationsmodi grundsätzliche Regeln vor, deren Bruch einen Unnatürlichkeitseffekt hervorrufen kann, obwohl die physikalischen Naturgesetze durch eben diesen Bruch wiederhergestellt werden (vgl. Fehrle 2011; Thoss 2011; Heinze 2013). Dass Superman fliegen kann, ist natürlich; würde er ein Flugzeug benutzen, bedürfte gerade dies einer Erklärung (vgl. Fehrle 2011, 218–220). Ähnlich Monika Fludernik: „One notes that in alternative worlds operating according to different laws of physics, such scenarios might be ‚mimetic' in the sense of representing what is the case in that particular world" (2012, 363).

Es lässt sich generell also immer fragen, ob die fiktionale Welt einer Erzählung bzw. ein bestimmter Erzählakt in der jeweiligen Form in unserer realen Welt aktualisierbar wäre, d.h. stattfinden oder vorstellbar sein könnte. Deutliche Unterschiede gibt es auch hinsichtlich der Frage, wie wir als Leser mit solchen Szenarien umgehen und/oder umgehen sollten. Hier gibt es zwei grundsätzliche Positionen. Auf der einen Seite argumentiert Alber, dass wir, da wir grundsätzlich an unsere kognitive ‚Architektur' gebunden sind, gar nicht anders können, als unnatürlichen Erzählungen und Szenarien auf Grundlage unserer lebensweltlichen Existenz ‚Sinn' zu geben (vgl. Alber 2014, § 18). Hierzu, so Alber, steht uns eine ganze Reihe von Skripten und kognitiven Mustern zur Verfügung, die die Basis für Lesestrategien bilden (vgl. Alber 2009, 79–96). So können wir seltsame und irritierende Szenarien und Ereignisse in Erzählungen – wenn keine etablierten Skripte zur Verfügung stehen – als Traum interpretieren, oder als Metapher oder Allegorie (zum Beispiel auf die Seltsamkeit der menschlichen Existenz). Anhand dieser Position wird auch deutlich, dass Albers erzähltheoretischer Ansatz nicht per se anti-mimetisch ist und Grundannahmen mit Fluderniks Modell teilt, wie sowohl Alber als auch Fludernik betonen.

Auf der anderen Seite argumentieren Richardson (2011), Iversen (2013) und Mäkelä (2013), dass Effekte bleiben, die sich nur schwer oder gar nicht, nicht einmal mit diversen Lesestrategien, erklären lassen und die wir auch gar nicht erklären müssen oder sollten, sondern als Polysemie und Anti-Mimesis schlichtweg akzeptieren können. So schreibt Richardson: „[W]e need to recognize the anti-mimetic as such, and resist impulses to deny its protean essence and unexpected effects" (2011, 33). Iversen betont, dass wir die „affective power and resonance of such narratives" (2013, 96) nicht durch kognitiven Essentialismus reduzieren sollten; und Mäkelä weist darauf hin, dass wir den Leser nicht als „mere sense-making machine", sondern als jemanden, „who might just as well opt for the improbable and the indeterminate", begreifen sollten (2013, 145).

3 Fiktionalität

Spätestens jetzt sollte deutlich geworden sein, dass unnatürliches Erzählen ganz wesentlich Fragen und Aspekte der Fiktionalität berührt: Wenn unnatürliches Erzählen regelmäßig und gezielt die konventionellen Spielregeln fiktionalen Erzählens verletzt bzw. die Unnatürlichkeit vieler dieser Spielregeln – die wir als geübte Leser vielleicht gar nicht mehr wahrnehmen – in den Vordergrund rückt, dann stellt sich wiederum die Frage nach den Spielregeln von Fiktionalität selbst. Bevor nun aufgeschlüsselt wird, welche Spielregeln inwiefern tangiert sind, sollen kurz die wesentlichen Aspekte und Problemkomplexe von Fiktionalität vorgestellt werden.

Fiktionalität bezeichnet „die Eigenschaft von Medien [...] fiktional zu sein oder, anders gesagt, eine Fiktion zum Gegenstand zu haben" (Klauk und Köppe 2014, 3). Fiktionalität ist also eine Zuschreibung für einen (üblicherweise literarischen) Kommunikationsakt. Da dieser eine konventionalisierte soziale Praxis ist, mit einer Produktionsseite, einem ‚Text' (im weitesten Sinne) und einer Rezeptionsseite, folgt für Fiktionalität, dass sie ebenfalls eine konventionalisierte soziale – in diesem Fall nur weiter spezifizierte – Praxis ist, und zwar „der Produktion und Rezeption fiktionaler Medien" (Klauk und Köppe 2014, 5). Dies ist gemeint, wenn von Fiktionalität als Institution die Rede ist (Köppe 2014a, 35–43). Mit anderen Worten: Fiktionalität ‚passiert' auf allen ‚Seiten' eines derartigen Kommunikationsakts. Ein Text kann als fiktional gelten, wenn er als fiktional intendiert ist (1); er kann, unter anderem aufgrund von Konventionen und/oder persönlicher Lesesozialisation, als fiktional rezipiert werden – (beinahe) unabhängig davon, ob er so intendiert wurde (2); ebenso kann ein Text durch seinen Kontext als fiktional codiert sein (3); und schließlich gibt es textuelle Fiktionalitätssignale (4). Diese können sowohl intratextuell (syntaktisch, semantisch) als auch extratextuell sein (etwa in Form von den Text umgebenden Paratexten, insbesondere Peritexte; siehe Zipfel 2014, 98).

Ob etwas fiktional ist oder als fiktional wahrgenommen wird, hängt also von einer ganzen Reihe von Faktoren ab und ist weder zwingend widerspruchsfrei noch textinhärent; außerdem sind zahlreiche Texte in sich nicht homogen, d. h. sie bestehen sowohl aus nicht-fiktionalen als auch fiktionalen Komponenten in unterschiedlichen Zusammensetzungen und sind entsprechend eher Komposita als einheitliche ‚Blöcke'. Zwar wird fiktional oft schlicht als Synonym für ‚erfunden' oder ‚erdacht' benutzt, aber ein Text ist „nicht schon deshalb fiktional [...], weil er von Erfundenem handelt, denn das gilt schließlich auch für Lügen, Falschaussagen" (Klauk und Köppe 2014, 3) und andere kontra-faktische Aussagen. Daher auch die terminologische Differenzierung zwischen fiktional/nicht-fiktional und faktual/nichtfaktual: „Das Gegenteil von Fiktion ist Nicht-Fiktion. Infolgedessen ist das Gegenteil fiktionalen Erzählens nicht etwa faktuales Erzählen, sondern nichtfiktionales Erzählen" (Bareis 2014, 61).

Wenig überraschend gibt es, wie auch bei der *unnatural narratology*, eine ganze Reihe von verschiedenen Theorien und Erklärungsansätzen des Phänomens Fiktionalität. Wie schon angekündigt werden diese hier nicht im Detail vorgestellt. Es lassen sich aber vier Hauptproblemfelder bzw. Fragenkomplexe feststellen, mit denen sich die meisten Theorien befassen (vgl. Reicher 2007, 7):
1. Was ist der (sprechakttheoretische) Status fiktionaler Rede? Gibt es ‚wahre' Aussagen in fiktionalen Texten?

2. Was ist der ontologische Status fiktiver Gegenstände? Auf wen oder was genau beziehen sich Aussagen im Text über eine Figur? Denn die Figur existiert ja nicht als Person in der realen Welt. Oder auch: Welches Paris ist das Paris in einem fiktionalen Text? Kann man sagen, dass es in einem gewissen Sinne ‚existiert'?
3. Wie und wieso kommt es zu emotionaler Anteilnahme an Fiktionen? Wieso haben Menschen Angst während eines Horrorfilms oder spüren Mitleid bei einem Text über das Leid fiktiver Personen? Sind dies dann ‚echte' Emotionen oder diesen zumindest ähnlich?
4. Können Interpretationshypothesen über einen fiktionalen Text überhaupt objektiv gültig, korrekt oder ‚wahr' bzw. ‚falsch' sein?

Wie moralisch und politisch aufgeladen diese Fragen sein können, wird deutlich, wenn man sie konkretisiert und kontextualisiert. So gibt es zahlreiche Skandale zu erfundenen Memoiren und Autobiografien, die umso größere Wellen schlagen, wenn es sich um vorgebliche traumatische Erfahrungen handelt, wie z. B. bei Binjamin Wilkomirskis Holocaust-Memoiren oder JT LeRoys oder James Freys traumatischen Kindheiten; es gibt heftige Diskussionen bezüglich der angemessenen (fiktionalen/nicht-fiktionalen) Einordnung, Bezeichnung und Narrativierung traumatischer historischer Ereignisse (vor allem bei Genoziden, Bürgerkriegen und Attentaten); oder jüngst Debatten zu alternativen Fakten und Erzählungen. Mit anderen Worten: Die Einordnung eines Kommunikationsaktes als fiktional/nichtfiktional kann ganz konkret und wortwörtlich (über)lebenswichtige Bedeutung für Individuen und/oder Gruppen haben.

An dieser Stelle sei noch darauf hingewiesen, dass sich Theorien der Fiktionalität oft auf fiktionale Literatur bzw. Erzählliteratur konzentrieren; andere Medien, vor allem nicht-sprachliche, funktionieren allerdings wesentlich anders und sind zum Teil für das Konzept Fiktionalität gar nicht oder nur schwer zugänglich; man denke nur an ein Musikstück (der Begleittext ist wieder eine andere Sache). Dies muss nicht nur allgemein bedacht werden, sondern auch mit Blick auf den Nexus von Fiktionalität und unnatürlichem Erzählen, denn letzteres hängt ebenfalls von der Funktionsweise des jeweiligen Mediums ab.

4 Unnatürliches Erzählen und Fiktionalität

Die Interdependenz von unnatürlichem Erzählen und Fiktionalität lässt sich am anschaulichsten anhand der vier Aspekte des oben erwähnten Kommunikationsakts und der vier Hauptproblemfelder verdeutlichen.

Der Text
Unnatürliche Erzählungen sind oft auffällig. Allwissende Ich-Erzähler, Erzählungen in der zweiten Person im Präsens oder mit in sich widersprüchlicher Kausalität, Temporalität oder Logik sind in der großen Masse fiktionaler Literatur nicht der Normalfall, von nicht-fiktionaler Literatur ganz zu schweigen – es ist nur schwer vorstellbar, dass Leser sich auf eine solche Erzählform bei einem Reiseführer oder einem historiografischen Text einlassen würden (es gibt allerdings gänzlich fiktionale Reiseführer zu imaginären Ländern, die die Konventionen nicht-fiktionaler Reiseführer nutzen und zum Teil auch parodieren). Aber selbst bei fiktionaler Literatur senden solche Techniken und Formen ein starkes Signal ihrer eigenen ‚Fingiertheit'. Man kann also sagen, dass unnatürliche Erzählungen oft eher starke Fiktionalitätssignale aufweisen, sowohl syntaktisch als auch semantisch, bis hin zur (expliziten oder impliziten) Selbstreferenz. Allerdings ist dies nicht zwingend der Fall. Wie oben schon erwähnt, sind eine Reihe von unnatürlichen Erzählformen oder -inhalten längst konventionalisiert und/oder naturalisiert, z. B. über Skripte wie Genre, Stil oder Epoche. Sie sind dann zwar immer noch als fiktional markiert, aber eben nicht mehr als unnatürlich. Das ist ein Grund, warum zum Beispiel Richardson und Iversen, im Gegensatz zu Alber, solche Texte nicht als unnatürlich bezeichnen würden.

Die Produktionsseite
Unnatürliches Erzählen ist im Regelfall als Fiktion intendiert. Es ist, wie gesagt, unwahrscheinlich, dass wir innerhalb eines Kommunikationsakts, der als nichtfiktional markiert ist, eine nicht lokalisierbare Stimme, logische Widersprüche und epistemische Inkonsistenz akzeptieren würden. Außerhalb der Fiktion würden wir einen derartigen Kommunikationsakt wahrscheinlich als nicht-faktual bewerten. Es gibt allerdings Ausnahmen. Traumatisierte Erzähler oder Texte, die versuchen, faktuale traumatische Ereignisse zu repräsentieren, verwenden manchmal – nicht immer absichtlich – unnatürliche Erzählformen, um eine außergewöhnliche, jedoch nicht-fiktionale Geschichte zu erzählen (dies findet sich zum Beispiel typischerweise bei Berichten/Geschichten von Holocaust-Überlebenden, Kriegsveteranen oder auch bei Überlebenden und Zeugen des 11. Septembers 2001).

Die Rezeptionsseite
Bis auf die oben genannten Ausnahmen ist es schwer vorstellbar, dass beim Leser einer unnatürlichen Erzählung Unsicherheit besteht, ob ein solcher Text fiktional ist oder nicht, zumal viele dieser Texte nicht nur textuell sondern auch paratextuell sehr nachdrücklich markiert sind. Einem gänzlich unerfahrenen Leser könnte es höchstens passieren, dass er einen Text wie zum Beispiel Robert

Coovers „Babysitter" mit seiner a-chronischen Darstellung der Ereignisse schlicht als unlesbar oder unsinnig zur Seite legt und gar nicht erst als Fiktion akzeptiert.

Der Kontext

Ebenso wie bei Fiktionalität kann der Kontext eine wesentliche Rolle spielen in der Einordnung eines Textes als unnatürlich. Kulturspezifische, institutionelle Konventionen definieren in erheblichem Maße die Spielregeln für unsere Einschätzung eines Textes als unnatürlich oder nicht – wie sie es auch für die Institution Fiktionalität tun. Dies trifft auf jeden der unterschiedlichen Ansätze unnatürlichen Erzählens zu; selbst Albers Ansatz, der ja auf physische und logische Unmöglichkeit abhebt, ist nicht gänzlich kontextunabhängig, denn sogar die Einschätzung physischer und logischer Unmöglichkeit ist kulturabhängig, teils unabhängig von Naturgesetzen. So unterscheiden die mythischen Erzählungen australischer Ureinwohner insbesondere während ihrer Performanz regelmäßig nicht zwischen Traum und Realität, Gegenwart und Vergangenheit, (mythischer) Persona und Erzähler.

Zusammenfassend lässt sich feststellen, dass unnatürliches Erzählen mehr oder weniger unweigerlich den Blick auf die Institution Fiktionalität lenkt. Wenig überraschend verkompliziert unnatürliches Erzählen dann auch die vier wesentlichen Fragekomplexe zu Fiktionalität.

Hinsichtlich des Status fiktionaler Rede: Wenn wir als Leser so tun, ‚als ob' der Sprechakt in einem fiktionalen Text ‚ernst' gemeint ist (ihm aber keine Anwendung/Gültigkeit in der realen Welt zugestehen), was ist dann, zum Beispiel, mit dem Sprechakt eines ‚unmöglichen' Erzählers, den es nicht wirklich geben kann (ein Fötus oder eine Tote), oder der von Sachverhalten berichtet, die er/sie unmöglich wissen kann? Nicht immer kann man solche ‚unmöglichen Berichte' schlichtweg als innerhalb des Textes (also der Logik der fiktionalen Welt folgend) kontra-faktisch oder unzuverlässig kategorisieren. Die Aufforderung zum ‚als ob' müsste hier wesentlich ausgeweitet werden auf Sprechakte, die in der realen Welt niemals aktualisierbar wären.

Hinsichtlich des ontologischen Status fiktiver Gegenstände, Figuren und Sachverhalte: Das New York von Paul Auster oder Don DeLillo ist selbstredend fiktional und erhebt auch keinen Referenzanspruch wie, sagen wir, ein nicht-fiktionaler Reiseführer (vgl. Köppe 2014b, 195–196). Das gilt erst recht für Yoknapatawpha County von William Faulkner. Aber ist es dasselbe ‚fiktiv' wie eine fliegende oder verborgene Stadt, selbst wenn diese in einer fiktionalen Welt ist, die nicht eindeutig als Science-Fiction oder Fantasy naturalisierbar ist? Was ist mit dem Status ‚unmöglicher' Figuren (siehe oben)? Oder physisch unmöglicher Sachverhalte? Kann man hier von einer ontologischen Skala sprechen, von mehr oder weniger fiktiv (vgl. Reicher 2014, 183–186)? Oder sind derartige Figuren und Sachverhalte sozusagen doppelt unmöglich?

Hinsichtlich emotionaler Anteilnahme: Es steht außer Zweifel, dass fiktionale Erzählungen beim Rezipienten Emotionen hervorrufen können, auch wenn man diese Art Emotionen als sekundär oder subsidiär kategorisieren mag. Wenn allerdings ‚unmögliche' Figuren und Sachverhalte ebenso Emotionen hervorrufen können wie ‚realistische' – auch dies steht außer Zweifel, sonst könnten Horror oder zahlreiche Kinderbücher nicht funktionieren –, was sagt uns das allgemein über die durch Fiktionen evozierten Emotionen? Gibt es auch hier skalare Unterschiede (vgl. Neill 2007, 126)?

Hinsichtlich der objektiven Gültigkeit von Interpretationshypothesen: Spielt es für die Frage nach der ‚Wahrheit' bzw. Gültigkeit einer Interpretationshypothese überhaupt eine Rolle, ob der Text unnatürlich ist oder nicht? Dies ist insofern eine legitime Frage, als es für einige unnatürliche Szenarien – je nach Ansicht des jeweiligen Unnatürlichkeit-Konzeptes bezüglich der Rezeptionsseite – keine sinnvolle Interpretationshypothese gibt und man noch viel weniger sagen kann, ob eine Interpretationshypothese als ‚wahr' oder ‚falsch' gelten kann. Einige unnatürliche Erzählungen scheinen geradezu darauf angelegt zu sein, Interpretationshypothesen ins Leere laufen zu lassen bzw. eine beliebige Anzahl beliebiger Hypothesen zu provozieren. Hier wird nicht nur die Institution Fiktionalität markiert, sondern auch die Institution der Literaturwissenschaft.

Insgesamt, so scheint es, befördert unnatürliches Erzählen die (Selbst- und Meta-)Reflektion der sozialen Praxis literarischer Kommunikation, der sozialen Praxis fiktionalen Erzählens und der sozialen Praxis der Literaturwissenschaft.

5 Schlussbemerkung

Auf den ersten Blick scheint das Zusammenbringen von unnatürlichem Erzählen bzw. *unnatural narratology* und Fiktionalität mehr Fragen aufzuwerfen, als es Antworten liefert. Das liegt nicht nur daran, dass jedes Konzept für sich genommen reichlich komplex und umfangreich theoretisiert ist, sondern auch daran, dass es für jedes Konzept verschiedene, teilweise sehr unterschiedliche, teilweise sich explizit widersprechende Ansätze und Konzeptualisierungen gibt. Bringt man nun beide Konzepte zusammen, vervielfältigen sich die Fragen, mit denen man sich auseinandersetzen muss, sodass die grundsätzliche Frage nach der Sinnhaftigkeit berechtigt scheint.

Der Nexus von unnatürlichem Erzählen und Fiktionalität bringt jedoch auch einen klaren Erkenntnisgewinn. Zum einen verdeutlicht er, dass Theorien, die sich unter dem Sammelbegriff der *unnatural narratology* einordnen, eben auch mehr oder weniger explizite (Vor-)Annahmen hinsichtlich Fiktionalität machen – diese aber nicht immer klar genug reflektieren. Auf der anderen Seite wird deutlich, dass auch Fiktionalitätstheorien von der Einbindung unnatürlichen Erzählens profitieren können, da letzteres Aspekten und Fragen der Fiktionalität in wesentlichen Bereichen noch mehr Trennschärfe und Kontur verleiht. Unnatürliches Erzählen verdeutlicht zudem die Stärken und Schwächen von Fiktionalitätstheorien. Panfiktionalismus, zum Beispiel, stößt bei der Berücksichtigung unnatürlichen Erzählens schnell auf logische und epistemische Probleme, es sei denn, man postuliert eine Extremform des Konstruktivismus, die selber wiederum zu Paradoxien führt. Waltons „Make-Believe-Theorie" hingegen, nach der „representations" Anleitungen und „props" sind in einem Spiel des „make-believe" (Bareis 2014, 53), scheint für unnatürliche Szenarien besonders treffend. Denn diese Art Szenarien erfordert erst recht ein Einlassen auf das Spiel, bei dem im Falle unnatürlichen Erzählens nicht nur gegebenenfalls Fiktionalität generiert (und praktiziert) wird, sondern auch ein mehr oder weniger explizites Bewusstsein für die Regeln des Spiels – auch wenn oder gerade weil diese konsequent unterlaufen werden.

Literaturverzeichnis

21 Grams. Reg. Alejandro González Iñárritu (2003). This is That Productions.
Alber, Jan, Stefan Iversen, Henrik Skov Nielsen und Brian Richardson (2012). „What is Unnatural About Unnatural Narratology? A Response to Monika Fludernik". *Narrative* 20.3 (2012): 371–382.
Alber, Jan, Henrik Skov Nielsen und Brian Richardson (Hgg., 2013). *A Poetics of Unnatural Narrative*. Columbus.
Alber, Jan und Rüdiger Heinze (Hgg., 2011). *Unnatural Narratives, Unnatural Narratology*. Berlin.
Alber, Jan (2009). „Impossible Storyworlds – and What to Do with Them". *Storyworlds: A Journal of Narrative Studies* 1: 79–96.
Alber, Jan (2014). „Unnatural Narrative". *The Living Handbook of Narratology*. Hg. von Peter Hühn et al. Hamburg: 1–19. http://www.lhn.uni-hamburg.de/article/unnatural-narrative (21.11.2016).
Amis, Martin (1991). *Time's Arrow*. London.
Auster, Paul (1999). *Timbuktu*. New York.
Bareis, Alexander (2014). „Fiktionen als *Make-Believe*". *Fiktionalität. Ein interdisziplinäres Handbuch*. Hg. von Tobias Klauk und Tilmann Köppe. Berlin: 50–67.
Cohn, Dorrit (1978). *Transparent Minds. Narrative Modes for Presenting Consciousness in Fiction*. Princeton.
Coover, Robert (2018). *Going for a Beer: Selected Short Fictions*. New York.
Fehrle, Johannes (2011). „Unnatural Worlds and Unnatural Narration in Comics? A Critical Examination". *Unnatural Narratives, Unnatural Narratology*. Hg. von Jan Alber und Rüdiger Heinze. Berlin: 210–245.

Fludernik, Monika (1996). *Towards a 'Natural' Narratology*. London.
Fludernik, Monika (2012). „How Natural is ‚Unnatural Narratology'; or, What is Unnatural About Unnatural Narratology?" *Narrative* 20.3 (2012): 357–370.
Heinze, Rüdiger (2013). „The Whirligig of Time: Toward a Poetics of Unnatural Temporality". *A Poetics of Unnatural Narrative*. Hg. von Jan Alber, Henrik Skov Nielsen und Brian Richardson. Columbus: 31–44.
Herman, David (2002). *Story Logic*. Lincoln.
Holler, Claudia und Martin Klepper (Hgg., 2013). *Rethinking Narrative Identity*. Amsterdam.
Iversen, Stefan (2011). „'In flaming flames': Crises of Experientiality in Non-Fictional Narratives". *Unnatural Narratives, Unnatural Narratology*. Hg. von Jan Alber und Rüdiger Heinze. Berlin: 89–103.
Iversen, Stefan (2013). „Unnatural Minds". *A Poetics of Unnatural Narrative*. Hg. von Jan Alber, Henrik Skov Nielsen und Brian Richardson. Columbus: 94–112.
Klauk, Tobias und Tilmann Köppe (2014). „Bausteine einer Theorie der Fiktionalität". *Fiktionalität. Ein interdisziplinäres Handbuch*. Hg. von Tobias Klauk und Tilmann Köppe. Berlin: 3–31.
Köppe, Tilmann (2014a). „Die Institution Fiktionalität". *Fiktionalität. Ein interdisziplinäres Handbuch*. Hg. von Tobias Klauk und Tilmann Köppe. Berlin: 35–49.
Köppe, Tilmann (2014b). „Fiktive Tatsachen". *Fiktionalität. Ein interdisziplinäres Handbuch*. Hg. von Tobias Klauk und Tilmann Köppe. Berlin: 190–208.
Lahiri, Jhumpa (2003). *The Namesake*. London.
Lucius-Hoene, Gabriele (2013). „Constructing Perspectives as Positioning Resources in Stories of the Self". *Rethinking Narrative Identity*. Hg. von Claudia Holler und Martin Klepper. Amsterdam: 85–102.
Mäkelä, Maria (2013). „Realism and the Unnatural". *Rethinking Narrative Identity*. Hg. von Jan Alber, Henrik Skov Nielsen und Brian Richardson. Columbus: 142–166.
McInerney, Jay (1984). *Bright Lights, Big City*. New York.
Moody, Rick (1994). *The Ice Storm*. New York.
Neill, Alex (2007). „Fiktionen und Emotionen". *Fiktion, Wahrheit, Wirklichkeit*. Hg. von Maria Reicher. Paderborn: 120–142.
Reicher, Maria (Hg., 2007). *Fiktion, Wahrheit, Wirklichkeit*. Paderborn.
Reicher, Maria (2014). „Ontologie fiktiver Gegenstände". *Fiktionalität. Ein interdisziplinäres Handbuch*. Hg. von Tobias Klauk und Tilmann Köppe. Berlin: 159–189.
Richardson, Brian (2006). *Unnatural Voices: Extreme Narration in Modern and Contemporary Fiction*. Columbus.
Richardson, Brian (2011). „What is Unnatural Narrative Theory?". *Unnatural Narratives, Unnatural Narratology*. Hg. von Jan Alber und Rüdiger Heinze. Berlin: 23–40.
„The Dream of the Rood" (2008). *The First Poems in English*. Hg. und übers. von Michael Alexander. London: 30–43.
Thoss, Jef (2011). „Unnatural Narrative and Metalepsis: Grant Morrison's *Animal Man*". *Unnatural Narratives, Unnatural Narratology*. Hg. von Jan Alber und Rüdiger Heinze. Berlin: 189–209.
Tolstoi, Leo (2017 [1886]). *Der Leinwandmesser – Die Geschichte eines Pferdes*. Übers. von Herrman Röhl. Berlin.
Yacobi, Tamar (1981). „Fictional Reliability as a Communicative Problem". *Poetics Today* 2, 113–126.
Zipfel, Frank (2014). „Fiktionssignale". *Fiktionalität. Ein interdisziplinäres Handbuch*. Hg. von Tobias Klauk und Tilmann Köppe. Berlin: 97–124.

Weiterführende Literatur

Alber, Jan (2016). *Unnatural Narrative: Impossible Worlds in Fiction and Drama*. Lincoln.
Richardson, Brian (2015). *Unnatural Narrative. Theory, History, and Practice*. Columbus.
Thon, Jan-Noël (2016). *Transmedial Narratology and Contemporary Media Culture*. Lincoln.
Walsh, Richard (2007). *The Rhetoric of Fictionality*. Columbus.
Wolf, Werner (2009). „Metareference Across Media. The Concept, its Transmedial Potentials and Problems, Main Forms and Functions". *Metareference Across Media*. Hg. von Werner Wolf, Katharina Bantleon und Jeff Thoss. Amsterdam: 1–85.

Doris Pichler
III.6 Fiktionalität und Metafiktionalität

1 Entwicklung des Metafiktionsbegriffs

In letzter Zeit ist es still um die Theoretisierung des Begriffs der Metafiktion geworden. Stattdessen wurde eine ‚neue' Begrifflichkeit vorgeschlagen, die einem allgemeinen Trend von (expliziter und/oder impliziter) Selbstreflexion in sämtlichen ästhetischen Gattungen und Medien gerecht werden will. Zur Auswahl stehen die fast synonym gebrauchten Schirmbegriffe wie „Metaisierung" (vgl. Hauthal et al. 2007), „Metareferenz" (vgl. Wolf 2007), „Metareflexivität" (vgl. Wolf 2007). Subsumiert wird unter diesen Begrifflichkeiten jegliche Art von Metaphänomenen, wie beispielsweise das Metadrama, die Metalyrik, der Metafilm oder gattungsspezifische Phänomene wie die Metabiografie, Metahistoriografie, der Metahorror u.v.m.; die Liste ließe sich scheinbar endlos erweitern. Einen transgenerischen und transmedial verhandelbaren Begriff schlug bereits Harald Fricke Anfang der 2000er mit der Wiederaufnahme des aus der Romantik stammenden Terminus der „Potenzierung" vor. Seine Behauptung, dass sich „Potenzierung" „gegen die Übermacht der terminologischen Konkurrenz internationaler, moderner bzw. postmoderner Vokabeln behauptet" (2003, 145) hat, kann zwar bestritten werden. Er ist aber zweifelsohne prominenter Vorbote eines gegenwärtigen Trends, ein gattungs- und medienübergreifendes Begriffsinventar zu finden. Metafiktion wäre demnach nur ein spezielles metareferentielles Phänomen unter vielen, in dieser Form vor allem verstanden als Gattungsspezifikum, nämlich die Metareferentialität in der Prosa.

Schaut man auf die Ursprünge des Metafiktionsbegriffs zurück, wird evident, dass er bereits aus einem Begriffsdickicht hervorgeht. Das Phänomen der Selbstthematisierung des Romans im Roman (der Prosa in der Prosa) mit oftmals paradoxen Ausformungen und daher illusionsbrechenden oder zumindest „illusionsthematisierenden" Tendenzen wird erstmals in seiner modernen Ausprägung 1970 innerhalb der amerikanischen Literaturwissenschaft relativ zeitgleich von Robert Scholes und William Gass beschrieben. William Gass verwendet den Begriff „metafiction" und versteht ihn als Ersatz für den gebräuchlichen allerdings pejorativ verwendeten Begriff der „antinovels": „[...] the forms of fiction serve as the material upon which further forms can be imposed. [...] [M]any of the so called antinovels are really metafictions" (1970, 25). Robert Scholes (1970, 106) beschreibt „metafiction" ebenfalls sehr allgemein als Fiktion, die Kritik mit Fiktion verbindet und sieht sie als eine Form der „experimental fiction" (1970, 100). Alternative Vorschläge aus den 1970er und 1980er Jahren für eine geeignete

Begrifflichkeit zur Beschreibung von metareferentiellen Tendenzen in der Prosa stammen u. a. von Raymond Federman (1975), der von einer „surfiction" spricht und von Robert Alter (1975), der stattdessen das Adjektiv „self-conscious" einführt. Etwas später, bereits in den 1990er Jahren, verweist Mark Currie auf eine „theoretical fiction" (1998, 51–70) und John Fletcher und Malcolm Bradbury (1991) nennen dasselbe Phänomen „introverted novel". Aufgezeigt wird das Phänomen der Metafiktion bei all diesen Autoren vor allem in Texten der englischsprachigen Postmoderne. Durchgesetzt hat sich aber zweifelsohne der von Gass und Scholes geprägte Begriff der „metafiction", in ihrer Begriffsdefinition bleiben sie aber noch sehr vage. Erste fundierte Studien zum Wesen und Funktion der Metafiktion vorgelegt zu haben, dieses Verdienst kommt zweifelsohne den beiden Literaturwissenschaftlerinnen Linda Hutcheon (1984) und Patricia Waugh (1985) zu. Linda Hutcheon beschreibt die paradoxe Selbstthematisierung der „metafiction" metaphorisch als „narcissistic narrative" und definiert Metafiktion als „fiction about fiction – that is, fiction that includes within itself a commentary on its own narrative and/or linguistic identity" (1984, 1).

Im Deutschen findet der Metafiktionsbegriff zum einen Eingang als Lehnübersetzung aus dem Englischen. Daher darf es auch nicht verwundern, dass es gerade auch die deutschsprachige englische und amerikanische Literaturwissenschaft ist, die sich als erste intensiv mit dem Phänomen befasst: Wegweisend sind u. a. die Arbeiten von Rüdiger Imhof (1986), Werner Wolf (1993), Ansgar Nünning (1995) und Christian Quendler (2001). Insofern liegt es nahe, dass mit ‚Fiktion' in Metafiktion meist eine spezielle Fiktion gemeint ist, nämlich die Fiktion des Romans, der Prosa, steht doch das englische *fiction* für beides, die Gattung ‚Roman' als auch den Modus des Fiktionalen. Gleichzeitig muss Metafiktion auch allgemeiner als Analogiebildung zu Tarskis Begriff der Metasprache gesehen werden, ebenso wie eine ganze Reihe weiterer Meta-Komposita wie Metalyrik, Metadrama, Metahistoriografie, Metafilm, Metanarration oder Metatextualität. Dirk Frank (vgl. 2001, 49) sieht die ‚Konjunktur' solcher Begriffserneuerungen einem „Reflexionsschub in den Kultur- und Geisteswissenschaften" geschuldet. Andere deutschsprachige Varianten wären „selbstreflexives Erzählen" (Scheffel 1997), „Autoreflexivität" (Hempfer 1982), „Autothematismus" (Schmeling 1978) „Rückbezüglichkeit" (Breuer 1985), „Antifiktion" (Marquard 1983) und die allgemeinen, nicht speziell auf die Literatur bezogenen Termini wie Selbstreferenz/ Selbstreferentialität und Selbstreflexion/Selbstreflexivität. Diese Begriffsvielfalt bedingt naturgemäß eine terminologische Ungenauigkeit und ist einer begrifflichen Konturierung wenig dienlich. In der deutschsprachigen Literaturwissenschaft wurde der Metafiktionsbegriff dennoch weitgehend konsensuell aufgenommen. Einschlägige Arbeiten dazu stammen u. a. von: Andreas Böhn (1963), Dirk Frank (2001), Mirjam Sprenger (1999) und Bareis und Grub (2010).

Genuin ‚deutsch' ist allerdings der Begriff ‚Metafiktionalität', wie auch Monika Fludernik (2003, 12) in ihrer Replik auf Nünnings Aufruf zur strikteren terminologischen Trennung von Metanarration und Metafiktion meint. Metafiktionalität hebt stärker als das engl. ‚metafiction' und auch das dt. ‚Metafiktion' die Gegenüberstellung zur Fiktionalität hervor und vermeidet eine zu starre Reduktion auf eine Gattung (Roman). Während Metafiktion auch gattungsspezifisch analog zu Metalyrik, Metadrama, Metafilm etc. verstanden werden muss, impliziert der Begriff Metafiktionalität einen *Modus*, der auf Fiktionalität beruht. Damit meint Metafiktionalität nicht nur selbstreflexive Textstrategien in den Prosagattungen, sondern v. a. den Effekt dieser textuellen Verfahren, nämlich Fiktionalität offenzulegen, d. h. den ontischen Status fiktiver Welten und fiktionaler Texte zu thematisieren und Dichotomien wie erfunden/nicht-erfunden, künstlich/echt, fiktiv/real zur Diskussion zu stellen. Der Begriff der Metafiktionalität beschreibt also die Eigenschaft und Wirkung von Metafiktion; Metafiktion hingegen ein gattungsspezifisches Metaverfahren, das natürlich Metafiktionalität impliziert.

Wie aus dem kurzen einleitenden Überblick zur Etablierung des Metafiktionsbegriffs und der Liste an ‚Parallelbegriffen' ersichtlich geworden ist, handelt es sich bei Metafiktion um ein vor allem der Prosa zugeschriebenes ästhetisches Verfahren, bei dem der Text, sei es auf der Ebene der *histoire*, sei es auf der Ebene des *discours*, auf sich selbst Bezug nimmt und sein Erfunden- und Gemachtsein thematisiert und diskutiert. Selbstreferentialität und Selbstreflexivität sind daher die die Metafiktion bestimmenden Merkmale. Selbstreferenz wird hier und im weiteren in seiner Ursprungsbedeutung des ‚Auf-sich-selbst-Bezug-Nehmens' als Überbegriff verstanden, der Metafiktion, aber auch andere Metaverfahren wie z. B. die Rahmenerzählung miteinschließt. Selbstreflexion in seiner Bedeutung „über sich selbst nachdenken" hingegen wird als spezielle Form der Selbstreferenz verstanden, die v. a. für die Metafiktion zutrifft (vgl. Pichler 2011, 94).

Dass Metafiktionalität eine Reflexion über den Status des Textes als Artefakt, als etwas Erfundenes, Gemachtes (vgl. Wolf ²2001, 429) bedingt, betont, auch Patricia Waugh, wenn sie feststellt: „Metafiction is a term given to fictional writing which self-consciously and systematically draws attention to its status as an artefact in order *to pose questions about the relationship between fiction and reality.* [...] *they explore a theory of fiction through the practice of writing fiction*" [meine Hervorhebung, D.P.] (1985, 2).

Die meisten Definitionen von Metafiktion und Metafiktionalität machen aber genau an dieser Stelle halt. Sie beschreiben die Funktions- und Wirkungsweise der Metaebene, stellen aber meist keine Beschreibung der Objektebene (d. h. der Fiktionalität) zur Verfügung. Um aber Metafiktion in ihren Funktionen und Verfahren bestimmen zu können, bedarf es vorab einer Klärung des Verständnisses von Fiktionalität.

2 Die Objektebene: Fiktion/Fiktionalität

Zwei Herangehensweisen an den Fiktionalitätsbegriff erweisen sich als besonders hilfreich, um metafiktionale Verfahren begreifen zu können: zum einen ein systemischer und, damit (indirekt) zusammenhängender, ontologischer Zugang, zum anderen eine pragmatische Perspektive.

In einem alltagssprachlichen Allgemeinverständnis wird Fiktionalität häufig als reiner Differenzbegriff gefasst: „Fiktional ist das, was es nicht ist, nämlich nicht-fiktional" – hieße demnach die paradox anmutende Formel. Wolfgang Iser spricht in diesem Zusammenhang von einem „stummen Wissen", stellt die Verlässlichkeit dieses Wissens aber grundlegend in Frage (vgl. Iser 1991, 18). In der Tat, Fiktionalität ausschließlich in Abgrenzung zu Nicht-Fiktionalität zu definieren, d. h. in Differenz zu Wirklichkeit oder, noch weniger hilfreich, zur Wahrheit, ist wenig aussagekräftig. Dienlicher ist die Auffassung von Fiktionalität als Darstellung fiktionaler Welten, wie es vor allem die Possible-worlds-Theorien (vgl. u. a. Eco 1979; Ryan 1991 und 1995; Pavel 1986) zum Ausdruck bringen. Fiktion wird in dieser Perspektive als Darstellung einer Parallelwelt begriffen, als eigenständiges System mit einem selbständigen Wirklichkeitsstatus, das daher auch immer nur auf diese fiktionale Welt referieren kann. Aus solch einer Perspektive heraus wurde der Fiktion auch eine „Referenz-Irrelevanz" (Cohn 1999, 13 und 1995, 106), „Intransitivität" (Genette 1991, 37), „kein [...] Anspruch auf Referentialisierbarkeit" (Gabriel 1975, 20), oder – etwas pejorativ – *non seriousness* (Searle 1975, 320) bescheinigt. Als *possible world* ist dem System Fiktion daher die Differenz Wirklichkeit – Nicht-Wirklichkeit bereits eingeschrieben.

Daher argumentiert auch Bareis (2008, 51–63) gegen eine allzu oberflächliche Fiktion-Realitäts-Dichotomie und vielmehr, in Anlehnung an Kendall Walton (1990, 37–43), für das Einbeziehen der „Vorstellung": „Man kann sich Wirkliches, teilweise Wirkliches oder Nicht-Wirkliches vorstellen; es bleibt dennoch allein eine Vorstellung" (Bareis 2008, 62). Dies wurde prominent von Wolfgang Iser theoretisiert und formuliert, der sich zum einen klar gegen eine oppositionelle und stattdessen für eine wechselseitige Relation von Fiktion und Realität stark macht: „If fiction and reality are to be linked, it must be in terms not of opposition but of communication, [...] fiction is a means of telling us something about reality" (Iser 1975, 7). Später verabschiedet er sich gänzlich von dieser Dichotomie und löst sie zugunsten einer Triade Reales-Fiktives-Imaginäres auf (vgl. Iser 1991, 19–23). Basal ist dabei für ihn, dass das Fiktive als Handlung zu begreifen ist, das durch unterschiedliche „Akte des Fingierens" entsteht, die eine „Irrealisierung von Realem" und ein „Realwerden von Imaginärem" bedingen (vgl. 1991, 23). Diese „Akte des Fingierens" als „Grenzüberschreitung" (vgl. 1991, 22) sind „intentional" und produktionsseitig verortet; das Imaginäre hingegen ist „spontan" (vgl. 1991,

15), einzigartig, hat performativen Charakter und ist damit auf beiden Seiten der literarischen Kommunikation zu verorten (rezeptions- wie produktionseitig): „[...] in der Überführung des Imaginären als eines Diffusen in bestimmte Vorstellungen geschieht ein Realwerden des Imaginären" (Iser 1991, 22).

Iser schreibt sich mit dem Fokussieren auf die Intentionalität in pragmatisch geprägte oder auch ‚institutionelle' Fiktionalitätstheorien ein, die Fiktionalität als ein bestimmtes geregeltes kommunikatives Handeln begreifen, und zwar als ein Handeln im Sinne des ‚Spiels'. Beim Spielen sind wir uns latent der Differenz Spiel – Nicht-Spiel bewusst, setzen das Wissen um diese Differenz für die Dauer des Spiels außer Kraft, um, so paradox das klingen mag, das Spiel ernsthaft abwickeln zu können. Fiktionalität muss daher als hybrides Konstrukt gesehen werden, das von einer, nach Luhmann, „Doppelrahmung für Täuschung und Enttäuschung" geprägt ist: eine Täuschung, die zugleich auf Grund besonderer Anhaltspunkte als solche durchschaut wird" (1995, 178). Die einem fiktionalen Text eingeschriebenen Differenzen werden vom Rezipienten erkannt. Wie in einer Spielsituation trifft er die Differenz echt vs. nicht-echt, ignoriert sie aber für die Dauer der Rezeption. Der ‚gelungene' fiktive Text sagt uns: ‚Tu so, als ob du glaubst, dass das, was du liest, echt ist'. Es muss also im Rezipienten ein Fiktionsbewusstsein vorhanden sein, das sich vorwiegend auf der (latent vorhandenen) Sichtbarkeit der Medialität und der ästhetischen Differenz begründet (d. h. darüber, was sie nicht ist). Mit dieser Differenz kann der (geübte) Rezipient umgehen, d. h. Fiktionalität hängt zu einem großen Teil von der Handhabung, die sie erfährt, ab: „[...] la fictionnalité dépendrait donc de l'usage qu'on en fait" [[...] die Fiktionalität hängt daher davon ab, wie man sie verwendet] (Pavel 2001, 5).

Aber nicht nur der Rezipient, sondern auch das Autorsubjekt muss die Intention haben, dass der fiktionale Text als ‚echt' rezipiert wird: Wir haben also eine bestimmte Sprachverwendung auf der einen und eine bestimmte Reaktion darauf auf der anderen Seite (vgl. Gertken und Köppe 2009, 249). Für ein gelungenes Fiktionsspiel, d. h. „make-believe" (im Sinne Kendall Waltons (1990)), bedarf es daher eines „props" [Text] (vgl. Walton 1990, 21–24, 51), einer bestimmten Intentionalität, der Vorstellung und einer bestimmten Kommunikationssituation und -haltung: „When we read and become absorbed by a work of fiction we may find compelling images before our minds, but a work of history or a newspaper article can stimulate the imagination the same way. What distinguishes the reading of fiction from the reading of nonfiction is [...] the attitude we adopt towards the content of what we read: make-belief in the one case, belief in the other" (Currie 1990, 21).

Pragmatische Fiktionalitätstheorien, die das Moment des Handelns, des Tuns stark machen, sprechen sich daher gegen ontologische und textimmanente (darstellungsbezogene) Zugänge aus, die Fiktionalität vorwiegend anhand ihrer Fiktivität (also Inhalte) oder anhand gewisser diskursiver Besonderheiten dingfest machen wollen. Stattdessen wird die Rezeption und Produktion von Fiktion als intentionales Handeln angenommen. Dies hat Umberto Eco mit seinem Konzept des Fiktionsvertrages formuliert: „Die Grundregel jeder Auseinandersetzung mit einem erzählenden Werk ist, daß der Leser stillschweigend einen *Fiktionsvertrag* mit dem Autor schließen muß. Der Leser muß wissen, daß das, was ihm erzählt wird, eine ausgedachte Geschichte ist, ohne darum zu meinen, daß der Autor ihm Lügen erzählt. Wie John Searle es ausgedrückt hat, der Autor tut *einfach so, als ob* er die Wahrheit sagt, wir akzeptieren den Fiktionsvertrag und tun so, als wäre das, was der Autor erzählt, wirklich geschehen" (Eco 1994, 103).

3 Fiktionssignale/Fiktionsmerkmale

Spiele wie auch Verträge – beides Metaphern für die durch die Fiktionalität ausgelöste Kommunikationssituation – bedürfen bestimmter (Spiel-)Regeln und Auflagen, die beiden Seiten bekannt sind. Die einschlägige Literatur spricht unter anderem von „Konventionen" (Schmidt 1980; Wildekamp et al. 1980), „Regeln" (Searle 1975), „Indizien" (Genette 1991, 74, 89), „Indikatoren" (Nickel-Bacon et al. 2000; Wildekamp et al. 1980, 556; Jacquenod 1988, 84), „Symptomen" (Hamburger ²1968, 64–65; Bareis 2008, 81; Schaeffer 2013) oder „Signalen" (als einem der ersten von Weinrich 1975, 525 so genannt), die für den Textstatus ‚fiktional' verantwortlich sind. Es geht also um die Frage, welcher Art die Hinweise sind, die „auf mehr oder weniger eindeutige Weise anzeigen oder nahelegen, daß ein Text fiktional ist" (Zipfel 2001, 232) bzw. wie es Riffaterre formuliert: „Signs pointing to the fictionality of fiction are many and well known" (Riffaterre 1993, 29). Diese Hinweise wiederum scheinen dafür verantwortlich zu sein, eine einem fiktionalen Text angemessene Rezeptionshaltung vorzuschlagen. Im Sinne Siegfried Schmidts (1980, 543) wären es also „kommunikationssteuernde" Hinweise, die Aufschluss darüber geben, ob – wie er es nennt – die „fact convention" (also Tatsachenkonvention) oder „aesthetic convention" (Ästhetikkonvention) vorrangig die Lektüre begleiten soll.

Der Begriff ‚Fiktionssignale' hat sich am stärksten behauptet und ist häufiger Erklärungs-Bestandteil unterschiedlicher Fiktionalitätstheorien (sowohl ontologisch als auch pragmatisch orientierter), ihr tatsächlicher Einfluss auf das Funktionieren einer fiktionalen Kommunikationssituation ist aber umstritten. Kritikpunkt ist dabei zum einen, dass bei einem allzu starken Beharren auf einer speziellen ‚Merkmalhaftigkeit' des und ‚Signalgebung' durch den fiktionalen Text ein essentialistischer Zugang favorisiert wird. „Signal" wird dabei grundlegend verstanden als „Zeichen mit einer bestimmten Bedeutung" (Duden ⁸2005, 956), Fiktionssignale wären demnach dann *eindeutige* Hinweise auf einen fiktionalen Text und Aufforderung für eine bestimmte Rezeptionshaltung. Zum anderen kann mit Recht an der Zuverlässigkeit und Undurchlässigkeit von Fiktionssignalen gezweifelt werden, v. a. auch im Hinblick darauf, dass zum einen nie ein Signal allein eine Fiktion zu erkennen gibt, sondern eine Kombination (vgl. Zipfel 2014, 102). Frank Penzenstadler (1987, 43–44) betont korrekterweise, dass das Signalisieren von Fiktionalität nie anhand einzelner Textstrukturen und -verfahren festgemacht werden kann, sondern dass eine gelungene Rezeption eines fiktionalen Textes immer nur aufgrund eines „komplexen Zusammenspiel[s] von Textstrukturen und pragmatischen Bedingungen" zustande kommt. Zum anderen gibt es – wie es Eco (1994, 166) formuliert – „keine unumkehrbaren Fiktionssignale", wie folgendes Beispiel illustrieren soll: Gelten tradierte Eingangsformeln à la ‚Es war einmal...' als klassische Fiktionssignale, können diese aber bewusst (meist als Ironiesignal) in faktualen Texten eingesetzt werden: „Es war in New York, an einem Tag im April des Jahres 2000. Die Zwillingstürme des World Trade Centers standen noch [...]" (Vogl 2010, 9) – so beginnt Joseph Vogl seinen Sachtext *Das Gespenst des Kapitals* über irrationale Elemente der modernen Finanztheorien. Beispiele dafür, dass Fiktionssignale auch in Sachtexten auffindbar sind, sind zahlreich, sie sind allerdings immer nur punktuell am jeweiligen Text festmachbar. Ein „Anspruch auf Allgemeingültigkeit" (Zipfel 2014, 99) von Fiktionssignalen fehlt also zwangsläufig. Dies gilt v. a. für auf sprachlicher und textueller Ebene festgemachte Merkmale (und damit auch für linguistisch orientierte Fiktionalitätstheorien). Schaeffer (2013, 31) schlägt daher vor: „[...] instead of interpreting the symptoms of fictionality in an essentialist way and trying to use them as definitional criteria of fiction, [...], we should study them in a historical, cultural, and cognitive perspective".

In seiner durchaus kritischen Analyse über den Stand der Forschung zum Fiktionsbegriff äußert sich Hempfer (2002) wiederum positiv über das Einbeziehen von und Reflektieren über Fiktionssignale in der Fiktionstheorie. Dieser Zugang ermögliche gerade eine Alternative zu einem klassifikatorischen Fiktionsbegriff, der auf eine allumfassende und endgültige Bestimmung von Fiktionalität abzielt. Stattdessen gibt der Blick auf Fiktionssignale den Weg frei zu einem ‚skalierten' bzw. ‚graduellen' Fiktionsbegriff: „Einerseits läßt sich dem skizzierten Fiktionsverständnis, das weder einen rein klassifikatorischen noch einen rein komparativen Begriff darzustellen scheint, unter Rekurs auf Überlegungen der neueren Sprachphilosophie ein exakt begrifflicher Status geben, und zum anderen wird die für die Rezeption entscheidende historische Variabilität der Konkretisierung von Fiktionalität mittheoretisierbar, denn es ist offensichtlich etwas grundsätzlich anderes, ob ein Text seine Fiktionalität verschleiert oder im Gegenteil herauskehrt" (Hempfer 2002, 116). Harald Weinrich (1975, 526), auf den der Begriff des Fiktionssignals zurückgeht und auf den sich Hempfer in seinen Ausführungen beruft, beschreibt Fiktionssignale daher auch nicht eindimensional, sondern spricht allgemeiner von „Orientierungssignalen" (1975, 525), die Rezeptionshinweise geben. Gleichzeitig macht er auch evident, dass ein fiktionaler (wie auch faktualer) Text eine „Mischung von Signalen, die auf Fiktionalität und Nicht-Fiktionalität deuten" (1975, 526) aufweist.

Daher schlägt Hempfer im weiteren auch eine präzisere begriffliche Differenzierung zwischen Fiktionssignalen und -merkmalen vor: „Fiktionssignale sind kommunikativ relevant und damit notwendig historisch variabel, sie garantieren, daß ein Text von den Rezipienten bei adäquater Kenntnis der zeitgenössisch jeweils gültigen Diskurskonventionen als ein fiktionaler verstanden wird – Fiktionsmerkmale sind demgegenüber Komponenten einer Theorie, die ein solches Verständnis zu rekonstruieren versucht, indem sie explizit die Bedingungen formuliert, die vorliegen müssen, um einen Text als – mehr oder weniger – fiktional einzustufen" (2002, 118–119).

Im Unterschied zu Fiktionsmerkmalen sind Fiktionssignale also historisch variabel und ‚potentiell'. Zipfel gelangt daher zu folgender (umfassenderen) Definition von Fiktionssignalen: „Potentielle Fiktionssignale sind demnach Werk-Informationen, denen man aufgrund systematisch-theoretischer Überlegungen das Potential zuschreiben kann, von einem (informierten) Rezipienten als Fiktionssignale aufgefasst zu werden – unabhängig davon, ob viele oder wenige reale Leser welchen Hintergrunds auch immer in tatsächlichen Rezeptionsprozessen ihre Entscheidung, ob ein Text fiktional ist oder nicht, mehr oder weniger oft mit diesem oder jenem Fiktionssignal begründen" (Zipfel 2014, 105). Voraussetzung ist eine Intentionalität auf Produktionsseite und ein Wissen – auch auf Rezipientenseite – um Kommunikationskonventionen und -normen. Mit dem Hinweis auf die Potentialität von Fiktionssignalen unterstreicht Zipfel auch die Tatsache, dass Fiktionssignale in engem Zusammenhang mit den jeweils aktuell geltenden Rezeptions- und Darstellungskonventionen und der „Fiktionskompetenz" des Rezipierenden stehen (vgl. Zipfel 2014, 105). Genau zu diesem Schluss kommen Wildekamp et al. am Ende ihres Versuches einer empirischen Studie über die Wirkung einzelner (sogenannter – müsste man in diesem Fall sagen) Fiktionssignale auf die Rezeptionshaltung: „[...] we have no reason to doubt the influence which level of education, discipline, and general and ‚literary' knowledge exercise on the activation of the fictionality convention" (1980, 561).

Der Begriff Fiktionssignal soll nun im Weiteren im Sinne Weinrichs verstanden werden, nämlich als eine Art Orientierungshilfe bei der Rezeption fiktionaler Texte, die je nach Zusammenspiel den Text stärker bzw. schwächer als fiktionalen ausweisen. Köppe (2008, 39) definiert Fiktionssignale daher als „epistemische"

Kriterien, die einen Text keineswegs zu einem fiktionalen *machen*, allerdings dabei helfen, ihn als fiktionalen zu *rezipieren*.

Die Literatur weist eine Menge an Systematisierungsversuche dieser Signale auf. Unterschiedliche zweiteilige Differenzierungen wurden vorgeschlagen wie, u. a., intrinsisch vs. paratextuell (Zipfel 2001, 234–247; Bareis 2008, 72–82), textimmanent vs. nicht-textimmanent (Köppe 2008, 39), intra- vs. extratextuell (Jacquenod 1988, 86–103), *syntactic-semantic* vs. *pragmatic* (Wildekamp et al. 1980, 556) und *indices textuels* und *paratextuels* (Genette 1991, 89). Daneben gibt es aber auch dreigliedrige Schemata bestehend aus: metakommunikativ, kontextuell und metafiktional (Schmid ²2008, 33–34), textuell, peritextuell und epitextuell (Zipfel 2014, 106–119) (letztere beiden Kategorien sind im Sinne von Genette als Spezifizierung von paratextuell zu verstehen) und das von Nickel-Bacon et al. (2000) vorgeschlagene Modell bestehend aus einer vorgelagerten pragmatischen Ebene und den beiden (untergeordneten) inhaltlich-semantischen und darstellungsbezogenen Ebenen. All diese Differenzierungen unterscheiden im Wesentlichen zwischen textuell, paratextuell und kontextuell.

Textuell wären zum einen auf Ebene des *discours* Spezifika eines „fiktionalen Diskurses", wie sie von Käte Hamburger (²1968, 56–117) dargelegt wurden (das epische Präteritum, Verben innerer Vorgänge, die erlebte Rede, ein poetischer Sprachgebrauch) sowie die Verdoppelung der Sprachhandlung in Erzähler und Autor (vgl. Cohn 1995, 110–112). Zu den textuellen Signalen auf *discours*-Ebene zählen auch die fiktionsspezifische Möglichkeit chronologischer bzw. a-chronologischer Erzählweise (z. B. Prolepsen, Analepsen, Leerstellen), das Verhältnis von erzählter und erzählender Zeit und das Verwenden einschlägiger Eingangs- und Schlussformeln à la ‚Es war einmal...'. Zipfel führt weitere Beispiele für eine „fiktionsspezifische Informationsvergabe" (2014, 112–113) an, die wiederum Fiktionalität signalisiert: Dazu zählt ein für einen faktualen Text implausibel extensives Erzählerwissen (wenn es z. B. um Gefühle, Gedanken oder gar um Geschehnisse geht, bei denen der Erzähler nicht anwesend war), der sogenannte „unzuverlässige Erzähler" (Bareis 2008, 78; Zipfel 2014, 113) oder auch – nach Riffaterre – ein „diegetic overkill" (1993, 30), also das Erzählen von scheinbar unnotwendigen Details wie in realistischen Texten üblich. Auf Ebene der *histoire* lassen sich nennen: Besonderheiten des Erzählten, also der Fiktivität, wie die Unwahrscheinlichkeit oder Unmöglichkeit der Ereignisse oder Elemente wie z. B. sprechende Namen für Personen (vgl. Zipfel 2001, 234).

Paratextuelle Signale, die auf Fiktionalität hinweisen können, sind u. a. die Aufmachung eines Buches, der Umschlag, der Name des Autors, der Titel, die Gattungsbezeichnung, ein Vorwort, ein Nachwort, juristische Absicherungsformeln (vgl. Anderegg 1977, 106). Diese Art paratextueller Fiktionssignale scheinen mitunter die eindeutigsten zu sein und sind am stärksten durch eine Ästhetikkonvention, im Sinne Schmidts, abgesichert. Gerade durch ihre Eindeutigkeit können sie aber zur Leserirreführung herangezogen werden, um den Leser von einer fiktionalen Rezeptionshaltung abzubringen. Dies ist u. a. Hans Traxler (2007 [1969]) mit seiner (fiktiven) Enquete über den historischen Hintergrund der Märchenfiguren Hänsel und Gretel: *Die Wahrheit über Hänsel und Gretel: Die Dokumentation des Märchens der Gebrüder Grimm* gelungen.

Zu den kontextuellen bzw. im Sinne Genettes epitextuellen Signalen zählen schließlich ‚äußere' Gegebenheiten wie der Literaturbetrieb selbst, d. h. Verlage, Herausgeber, Buchhandlungen aber auch Dichterlesungen, Interviews, Autorenporträts u. ä.

Die meisten Analysen und Kategorisierungen von Fiktionssignalen sind sich im Wesentlichen in ihren Einteilungen und Perspektiven einig. Das weiter oben erwähnte Modell von Nickel-Bacon et al. nimmt allerdings eine gewisse Sonderstellung ein, wenn die Autoren in Bezug auf das Lokalisieren von Fiktionssignalen richtigerweise auf die Wichtigkeit der pragmatischen Ebene pochen: „Die *pragmatische Perspektive* nimmt die Werk- oder Textkategorie *Fiction* bzw. *Non-Fiction* in den Blick, die von Autor(inn)en intendiert, im Text durch kommunikationssteuernde Signale indiziert und (im idealtypischen Fall) von Rezipient(inn)en dem Text kointentional zugeschrieben wird" (Nickel-Bacon et al. 2000, 291). Eine weitere Besonderheit im Modell von Nickel-Bacon et al. ist eine „beidseitige" Betrachtungsweise, wenn auf allen drei Ebenen (der pragmatischen, der inhaltlich-semantischen und der darstellungsbezogenen) sowohl Fiktions- als auch Realitätssignale angeführt werden und sie zwischen „eindeutigen Merkmalen" auf paratextueller Ebene (pragmatische Perspektive) und „uneindeutigen Indikatoren" auf textueller Ebene unterscheiden (2000, 291–296). Der scheinbare Merkmalcharakter der von ihnen auf pragmatischer Ebene gelisteten Realitäts- bzw. Fiktionsmerkmale ist allerdings fragwürdig: Es sind dies nämlich u. a. Gattungsbezeichnungen wie etwa ‚Biografie' als Realitätsmerkmal und ‚Roman' als Fiktionalitätsmerkmal. Dass aber gerade paratextuelle Gattungsangaben keineswegs eindeutige Rezeptionssignale sind, hat schon Wolfgang Hildesheimer mit seiner Marbot-Biografie bewiesen, die trotz der Gattungsangabe ‚Biografie' als fiktiver Text zu lesen ist (vgl. Pichler 2011, 85).

Abschließend und überleitend muss noch auf eine für unseren Zusammenhang wichtige Kategorisierung eingegangen werden, und zwar auf die Kategorie ‚metafiktionaler' Fiktionssignale, wie sie u. a. Wolf Schmid (^{2}2008, 34) und auch Martínez und Scheffel (^{5}2005) anführen. Letztere sehen in metafikionalen Textstrategien, durch die die Fiktionalität und/oder Fiktivität des Textes explizit gemacht werden, eindeutige Fiktionssignale: „Schließlich kann fiktionale Rede – und das wird in den entsprechenden Auflistungen von Fiktionssignalen meist übersehen – noch auf eine weitere Weise auf ihre Besonderheit aufmerksam machen: Indem sie nämlich durch verschiedene Formen der Selbstreflexion ihren besonderen Status in Form und Inhalt reflektiert und sowohl die Grundlagen ihrer Produktion explizit macht als auch Anweisungen für ihre Rezeption enthält" (Martínez und Scheffel ⁵2005, 16). In diversen anderen Kategorisierungen werden ‚metafiktionales Erzählen' und diverse metafiktionale Verfahren wie die Metalepse als Fiktionssignale angeführt. So scheinen sie bei Alexander Bareis (2008, 77) in der Liste intrinsischer Fiktionssignale auf, ebenso bei David Gorman (2008, 167), der in seiner relativ kurzen Liste von Fiktionssignalen auch die Metalepse nennt. Riffaterre (1993, 29) spricht zwar nicht explizit von ‚metafiction', nennt aber metafiktionale Verfahren wie u. a. Eingriffe durch den Autor bzw. den Erzähler („authors' intrusions; narrators' intrusions") oder auch Widersprüche zwischen den Erzähler- und Figurenperspektive als Fiktionssignale.

Wird Metafiktion verstanden als ein Verfahren, das Fiktionalität thematisiert, das den fiktionalen Charakter eines Textes explizit macht, dann liegt der Schluss nahe, Metafiktionalität als eines der genuinsten Fiktionssignale überhaupt zu sehen (vgl. auch Scheffel 2007, 163). Der wesentliche Unterschied, der allerdings zwischen genannten Fiktionssignalen und metafiktionalen Strategien besteht, ist, dass letztere eine Paradoxie inkludieren (Penzenstadler 1987, 50), nämlich das widersprüchliche Rezeptionssignal, den Text als fiktionalen zu rezipieren, d. h. dessen Artefaktcharakter bewusst zu ignorieren (um ein immersives Lektüreerlebnis zu bekommen) und gleichzeitig sich die Fiktionalität bewusst zu machen.

Allgemeiner lässt sich daher formulieren, dass Fiktionssignale (jeder Art) derart eingesetzt werden können, dass Fiktionalität explizit diskutiert wird. Metafiktionalität kann daher nicht als *ein* Fiktionssignal verstanden werden, sondern ist vielmehr ein Spiel mit konventionalisierten Fiktionssignalen, das dem Lesenden seinen Rezeptionsprozess vor Augen führt. Anderegg weist daher richtigerweise darauf hin, dass „[d]ie Wirkung der Fiktionssignale wie die Wirkung aller Signale auf Konventionen [beruht]. Unter verschiedenen historischen Bedingungen mögen verschiedene Signale den Vorzug finden. Überdies können Signale bewußt oder unbewußt falsch eingesetzt, sie können wie jede Mitteilung falsch oder gar nicht verstanden werden" (Anderegg 1977, 107).

4 Metafiktion und Metafiktionalität

Ausgangsbestimmend für Metafiktionalität ist, dass in den Köpfen der Rezipienten und Produzenten schon vorweg ein bestimmtes Fiktionalitätsverständnis verankert sein muss: Zum einen ein Verständnis, das Fiktion als Differenzbegriff fasst („Fiktion ist das, was es nicht ist") und Fiktion als eigenständige(s) „Welt"/

System („geschlossen" nach Anderegg, „referenzlos" nach Gabriel) begreift. Zum anderen funktioniert Fiktionalität nur dann, wenn von Seiten der Rezeption wie auch Produktion die Intentionalität zu einer fiktionalen Schreib- wie auch Lesehaltung gegeben ist. Produktionsseitig wurde diese Haltung mit jener des Spiels verglichen und bedarf eben gewisser „Regeln", „Signale", um „erfolgreich gespielt werden zu können".

Metafiktion als reflexive Ebene von und über Fiktion führt weitere Metaebenen innerhalb des Fiktionssystems vor. Aus einer systemtheoretischen Perspektive muss das „System Fiktion" als aus einem (oder mehreren) Objekt- und einen (oder mehreren) Metabereich(en) bestehend gesehen werden. Weniger denn um eine Störung handelt es sich bei Metafiktionalität um eine Aktualisierung der ästhetischen Differenz, die jeder Fiktion als grundlegendes Merkmal eingeschrieben ist. Systemtheoretisch argumentiert, ist daher jede Fiktion auch gleichzeitig ‚Meta'fiktion, denn jedes System inkludiert immer auch seine Beobachterebene. Metafiktionale Verfahren zeigen die jedem System inhärenten Metaebenen auf (vgl. Pichler 2011, 18). Das Aktivieren und Vorführen mehrerer Meta- und damit Beobachtungsebenen kann anhand einer Kurzgeschichte von Luigi Malerba exemplifiziert werden. Die Erzählung „Il plagio. Racconto in forma di incubo" [Das Plagiat. Erzählung in Form eines Alptraums] beginnt mit dem Traum eines gewissen Procopio, der von einer zweiten Stimme unterbrochen wird, die behauptet, der Autor zu sein: „A questo punto Procopio esce di scena e entro io, cioè l'autore di questo racconto. Secondo le regole l'autore dovrebbe adesso mettere la firma ed andarsene." (Malerba 1988, 90–91) [Nun verläßt Procopio den Schauplatz des Geschehens und statt dessen trete ich auf, der Autor dieser Erzählung. Den Regeln nach müßte der Autor jetzt seine Unterschrift unter die Erzählung setzen und gehen. (Malerba 1989 [1988], 48)] Dieser erzählt wiederum von seinem Leben als Leser und Autor, das maßgeblich von seinen Träumen beeinflusst ist. Diese Erzählebene wird abermals von der Wortmeldung eines Autors unterbrochen, der behauptet die beiden vorhergehenden Ebenen verfasst zu haben: „Dietro a Procopio e dietro al secondo personaggio ci sono io che li ho scritti tutti e due [...]." (1988, 94) [Hinter Procopio und hinter dieser zweiten Person stehe ich, der beide erfunden hat, und der jetzt seine Unterschrift unter diese zweifache Erzählung setzen sollte. (Malerba 1989 [1988], 54)] Aber auch er leidet wie sein Vorgänger darunter, nicht mehr klar unterscheiden zu können zwischen dem, was selbst erfahren bzw. selbst erfunden wurde oder was nur andernorts gelesen und deshalb fälschlicherweise für eine eigene Erfahrung gehalten wird. Er bezweifelt daher, der Urheber dieser Geschichte zu sein und bittet den Leser schießlich um Hinweise dahingehend, wer der tatsächliche Autor sein könnte. Dies impliziert eine weitere Metaebene und suggeriert gleichzeitig einen *regressus ad infinitum*. Was weiter oben mithilfe der „Ebenen-Metaphorik" beschrieben wurde, illustriert

Bunia (2007, 98–99) mit der Metapher der Falte. Er begreift Fiktion als Falte, d. h. als zweiseitiges Gebilde, das immer auch sein Gegenüber miteinschließt. Fiktion ist daher immer auch das, was es nicht ist, ein scheinbarer *circulus vitiosus*, ein dem Lügner-Paradoxon ähnliches Paradoxon. Wie bei allen Paradoxien bedarf es Lösungsversuchen – im Hinblick auf Fiktion spricht Bunia von verschiedenen Möglichkeiten der Entfaltung bzw. einem Faltungsmanagement –, um sich nicht in einer endlosen Schleife zu verfangen oder es schlichtweg als „nonsense" abtun zu müssen. Eine mögliche (vorübergehende) Lösung von Paradoxien gelingt durch das Aufdecken bzw. Explizitmachen von Ebenen bzw. dem Erstellen einer Ebenen-Hierarchie, wie es die Typentheorie von Whitehead und Russell (in Watzlawick et al. ^{9}2000, 176) beschreibt: Wir treffen eine Unterscheidung. Dass seltsame Schleifen damit aber keineswegs „abgeschafft" werden – wie Hofstadter Whitehead und Russell vorwirft – liegt auf der Hand, denn selten kann man zu einer letztmöglich höchsten Metaebene gelangen (vgl. Hofstadter 1986, 24). Durch die selbstreflexive Betrachtungsweise von Paradoxien kann dennoch Aufschluss über das Paradoxon in Form und Inhalt gewonnen werden. Und genau dies kann Metafiktionalität leisten, sie führt „den Zwang zur Entfaltung" vor, „der Fiktion inhärent ist" (Bunia 2007, 143). Das Paradoxon, das in fiktionalen Texten immer schon inkludiert ist, wird hier lediglich offen gelegt. Und dieses offene Moment des Widerspruchs (Heimrich 1968, 69, spricht in Bezug auf romantische Fiktionsironie daher auch vom „Aktualisieren eines Widerspruchs") unterscheidet metafiktionale von anderen selbstreferentiellen Textverfahren, wie z. B. der Herausgeberfiktion.

Linda Hutcheon, die nicht zufällig schon im Titel ihrer Studie auf das paradoxe Element hinweist (*Narcissistic narrative. The metafictional paradox*), präzisiert das Wesen dieses durch metafiktionale Verfahren generierten Widerspruchs insofern, als sie zwischen einem rezeptiven und einem textuellen Paradoxon unterscheidet: „In metafiction [...] this fact is made explicit and, while he reads, the reader lives in a world which he is forced to acknowledge as fictional. However, paradoxically the text also demands that he participate, that he engage himself intellectually, imaginatively, and effectively in its co-creation. This [...] is the paradox of the reader. The text's own paradox is that it is both narcissistically self-reflexive and yet focused outward, oriented toward the reader" (Hutcheon 1984, 7).

Metafiktion und Illusionsbruch

Metafiktionale Textstrategien bedingen also eine „Bewusstmachung von Fiktionalität" (Köppe 2010, 119). Das Fiktionsspiel, das darauf beruht, dass die Differenz Fiktion/Nicht Fiktion unterdrückt wird und so getan wird, als ob man – wie beim

Spiel – die Welt der Fiktion für ernst, echt hält, wird durch metafiktionale Strategien potenziert zu: „Tu so, als ob das, was du liest, echt ist und mache dir bewusst, dass es aber nicht so ist". Diese Bewusstmachung der Fiktionalität ist genau das, was oftmals auch mit dem Terminus „Illusionsbruch" bzw. „anti-illusionistisch" beschrieben wird. Ob Illusionsbrechung als bestimmende Funktion von Metafiktionalität angesehen wird oder nicht, darüber herrscht in der Forschung Uneinigkeit. Während sich u. a. Robert Alter (1975), Linda Hutcheon (1984), Werner Wolf (1993), Ansgar Nünning (2001), Monika Fludernik (2003) und Rainer Zaiser (2009) – mit Einschränkungen – für Illusionsbrechung als Kriterium von Metafiktionalität aussprechen, finden sich z. B. bei Tilmann Köppe (2010) und Janine Hauthal et al. (2007) abweichende Positionen. Diese unterschiedlichen Ansichten sind, meines Erachtens, primär einem divergierenden Verständnis von Metafiktionalität sowie ästhetischer Illusion und Illusionsbrechung geschuldet. Denn wird ästhetische Illusion in Zusammenhang mit Täuschung gebracht (vgl. Köppe 2010, 123), dann kann Illusionsbruch *nicht* als Funktion von Metafiktionalität angenommen werden. Entgegen dessen soll ästhetische Illusion hier, in Anlehnung an die Theorie von Werner Wolf (1993, 111–114), als ein ständiges Oszillieren aus Distanz, dem Wissen um Illusionshaftigkeit, und Nähe, dem willentlichen Einlassen und Mitspielen in dieser Illusion, verstanden werden. Die durch die Metafiktionalität bedingte Illusionsbrechung bewirkt keineswegs ein gänzliches Aufheben jeglicher ästhetischer Illusion – denn dann würden metafiktionale Texte gänzlich aus dem Bereich illusionistischer Fiktionen fallen –, vielmehr vertieft sie eine Eigenschaft der ästhetischen Illusion, nämlich jene der Distanz (vgl. Wolf 1993, 34). Illusionsstörung ist also eine Aktualisierung dieser während des gesamten Rezeptionsprozesses latent vorhandenen Distanz, die dem Leser das Eintauchen in die Geschichte und das Miterleben erschwert. Die Illusionsbrechung metafiktionaler Texte besteht dann primär darin, dass durch das Spiel mit mehreren Ebenen das Existieren unterschiedlicher Beobachterpositionen sichtbar gemacht und damit das Existieren von blinden Flecken exemplifiziert und die Subjektivität unserer Erfahrung und Wahrnehmung offengelegt wird (vgl. Pichler 2011, 86). Denkt man in diesen systemtheoretischen Termini weiter, nimmt im metafiktionalen Text auch der Rezipient eine explizite Beobachterposition ein und hat somit mehr als in illusionistischen Texten eine schon im Vorhinein mitgedachte Funktion.

Selbstreferenz und Selbstreflexion
Metafiktion darf nicht als Oberbegriff jeglicher selbstreferentieller Textverfahren begriffen werden, vielmehr ist Metafiktion ein selbstreferentielles Verfahren, das zur Selbstreflexion führt. Erst die Selbstreflexion, also das Nachdenken *über*, das Widerspiegeln *von*, führt zu einem – zumindest momentanen – Fokus auf die

ästhetische Distanz, anstatt auf die ästhetische Nähe. Denn nicht jede innerfiktionale Bezugnahme auf die Ebene der *histoire* oder des *discours* führt auch zwangsläufig zu einem Bloßlegen des Konstruktcharakters und damit der Fiktionalität des Textes. So sind z. B. auch Herausgeberfiktionen selbstreferentielle Bezugnahmen auf die vorliegende Fiktion. Anstatt aber zwangsläufig einen Illusionsbruch zu bewirken und damit eine selbstreflexive Metaebene zu eröffnen, können sie zumeist als Authentizitätssignal bzw. als Beglaubigungsstrategie wirken und sind daher nicht zur Metafiktion zu zählen (vgl. Pichler 2011, 92–94).

Metafiktion vollzieht also den Schritt von Selbstreferenz zur Selbstreflexion. Dem scheint auch Linda Hutcheon (1984, 7) Rechnung zu tragen, wenn sie zwischen *self-reflective* (= selbstreferentiell) und *self-conscious* (=selbstreflexiv) unterschieden wissen will. Ebenso ist die von Nünning (2001) vorgeschlagene begriffliche Trennung von Metafiktion und Metanarration einer präziseren Begriffsverwendung dienlich. Metanarration beschreibt das Thematisieren des Erzählens und des Erzählvorgangs, Metafiktion hingegen das Thematisieren der Fiktionalität des Erzählens und auch des Erzählten. Metanarrative Verfahren können nun gerade illusionsaffirmierend wirken, während metafiktionale Verfahren das Gegenteil leisten.

Nünnings Unterscheidung ist der Präzisierung des Metafiktionsbegriffs insofern dienlich, als sie eine Trennung moderner Metafiktion von rein metanarrativen Tendenzen älterer Texte ermöglicht – wie auch im folgenden historischen Abriss ersichtlich werden wird. Metanarration wäre nun, wenn man sich an ihrem Wirkungsbereich orientiert, ein Unterbegriff der Metafiktion, da sie nur einen Teil der Fiktion behandelt, nämlich den der Narration. Folglich kann Metafiktion auch Metanarration beinhalten, aber nicht umgekehrt (Nünning 2001, 148). Dies ist z. B. der Fall, wenn der Erzähler Unsicherheit über die Gestaltung seiner Erzählung äußert: „Il Narratore è onnisciente, s'intende; però ha poca memoria. […] Come si chiama la nostra eroina? […] Diciamo dunque Stefania" [Der Erzähler ist allwissend, versteht sich, aber er hat ein schlechtes Gedächtnis. […] Wie heißt unsere Heldin? […] Nennen wir sie einmal Stefania. (Arbasino 1974, 9, 11)] Dies ist zwar streng formal betrachtet eine metanarrative Äußerung, hat aber metafiktionalen Charakter.

Metafiktion als Spiel mit Fiktionssignalen

Metafiktion potenziert also das herkömmliche Fiktionsspiel und verweist implizit und/oder explizit auf die der Fiktionalität zugrundeliegende Pragmatik. Daher beruht Metafiktionalität immer auf einem gewieften Spiel mit konventionalisierten Fiktionssignalen. So kann z. B. mit der Differenz Autor – Erzähler gespielt werden, indem die beiden – als explizite Figuren im Text – in ein kokettierendes, rivalisierendes Verhältnis treten. Dies geschieht z. B. in Sebastiano Vassallis *Abitare il vento*, wo der Ich-Erzähler sich direkt an „seinen" Autor mit Beschwerden richtet: „[...] vorrei conferire con l'autore di questa storia perché c'è qualcosa qui che a me caldamente non piace e che lui forse nemmeno la capisce, autore! Autore per favore" [(...) ich möchte mich mit dem Autor dieser Geschichte unterhalten, denn es gibt hier etwas, das mir überhaupt nicht gefällt und das er vielleicht nicht einmal versteht, Autor! Autor, bitte] (1980, 72) und: „Ma chi è l'autore? Sono proprio sicuro di avere un autore? [...] Inzomma [...], gli autori sono personaggi anche loro. Nostri" [Aber wer ist der Autor? Bin ich mir wirklich sicher, einen Autor zu haben? (...) Schließlich (...) sind die Autoren auch Figuren. Unsere] (1980, 110).

Ebenso wird Metafiktionalität generiert, indem Fragen der Imagination, der Erschaffung von Fiktivem und damit die Ebene der *histoire* reflektiert wird, wie im berühmten 13. Kapitel von John Fowles' *The French Lieutenant's Woman*: „I do not know. This story I am telling is all imagination. These characters I create never existed outside my own mind. If I have pretended until now to know my characters' minds and innermost thoughts, it is because I am writing in [...] a convention universally accepted at the time of my story: that the novelist stands next to God" (Fowles 1996 [1969], 97). Auf ähnliche Weise wird in Italo Calvinos *Se una notte d'inverno un viaggiatore* (1994 [1979]) mit dem literarturtheoretischen Konzept des impliziten Lesers gespielt, wenn der Protagonist, der „tu lettore", der eben Figur ist, auch Parallelen zum realen Leser aufweist, der auch gerade das Buch „Se una notte d'inverno un viaggiatore" liest. Dieser „lettore" „entkommt" der Autorität seines Erzählers, da er ohne dessen Einwilligung eine sexuelle Beziehung mit einer anderen Figur eingeht: „Lettore, cosa fai? Non resisti? Non sfuggi? Ah, partecipi ... Ah, ti ci butti anche tu ... Sei il protagonista assoluto di questo libro, d'accordo, ma credi che ciò ti dia diritto d'aver rapporti carnali con tutti i personaggi femminili?" (1994 [1979], 258) [Leser, was tust du da? Widerstehst du nicht? Fliehst du nicht? Ach, du machst mit...? Ach, du wirfst dich ebenfalls rein...? Zugegeben, du bist der unumstrittene Held dieses Buches, aber glaubst du, das gibt dir das Recht zu körperlichen Beziehungen mit allen weiblichen Personen? (1983 [1979], 240)].

Metafiktionale Elemente kommen aber auch in Form von Reflexionen zu kontextuellen Faktoren zustande. Die Autorin-Erzählerin in Silvia Ballestras *La guerra degli Antò* sinniert und lamentiert beispielsweise über finanzielle Restriktionen von Seiten des Verlages: „(Anche qui, però, come rendere a parole quel che si vede? Ci vorrebbe Proust, oppure la Yourcenar, o almeno un trailer, una videocassetta. Ma non oso riproporlo ai tipi dell'editrice: ,I costi sarebbero inauditi' sosterrebbero – sbagliando – vili)" [(Wie kann man das nur in Worte fassen? Dafür bräuchte es wohl einen Proust oder eine Yourcenar, oder zumindest einen Trailer, eine Videokassette. Aber das wage ich denen vom Verlag gar nicht vorzuschlagen. ‚Die Kosten wären exorbitant hoch', würden diese Feiglinge fälschlicherweise behaupten] (1992, 54).

Auffallend in Zusammenhang mit metafiktionalen Strategien ist auch der Rückgriff auf Paratexte. Fällt die paratextuelle Ebene „normalerweise" aus dem direkten Fiktionsbereich heraus und dient vielmehr dazu, den Rezeptionsrahmen vorzugeben, wird in metafiktionalen Texten die paratextuelle Ebene schon mit Inhalten bzw. besonderen Hinweisen gespickt und muss in das Lektürespiel miteinbezogen werden. Wenn Irmtraud Morgners Roman *Die wundersamen Reisen Gustavs des Weltfahrers* (1972) schon am Umschlag die Gattungspräsizierung „Lügenhafter Roman mit Kommentaren" enthält, wird ein konventionalisiertes Fiktionssignal ironisiert, indem die Fiktivität (=Roman) des Nachfolgenden als erlogen deklariert wird, sprich: das Erfundene wäre eine Lüge. Wird es dadurch etwa „wahr"? In Sandro Veronesis *Venite venite B-52* werden mithilfe der unter die Kapitelzahl in Klammer gesetzten Kapitelkurzbeschreibungen praktische Überlegungen des Urhebers thematisiert: „CINQUE (*Niente da fare, troppo lungo anche questo. E qui bisognerà decidersi, o fare capitoli più brevi o rinunciare a questi sommarietti.*)" [FÜNF (*Nichts zu machen, auch dieses ist zu lang. Hier wird man sich wohl entscheiden müssen: entweder man macht kürzere Kapitel oder man verzichtet auf diese Kurzzusammenfassungen.*)] (1995, 49). In komisch-ironischem Widerspruch steht hier die künstlerisch-ästhetische mit der rein praktisch-nützlichen Ebene, letztere wird üblicherweise vollkommen ausgeklammert.

5 Historischer Abriss

Auch wenn das Verfahren der Metafiktion erst ab dem zweiten Drittel des 20. Jahrhunderts in theoretischen Studien verstärkt behandelt wurde und dabei vor allem in Bezug auf englischsprachige Romane der Postmoderne, wird dennoch immer wieder festgehalten, dass es sich bei metafiktionalen Schreibverfahren keineswegs um etwas „Neues", d. h. auf die Postmoderne zu Reduzierendes handelt, sondern vielmehr seit jeher in den Literaturen jeder Epoche zu finden ist. Während Patricia Waugh (1985, 5) überhaupt so weit geht, Metafiktionalität als ein jedem Roman inhärentes Merkmal zu bezeichnen und Anthony Stephens (1981, 362) meint, dass „die metafiktionale Funktion eine jederzeit verfügbare Möglichkeit des Erzählens" ist, sieht Michael Scheffel (2007, 159) die „narrative Selbstreflexion" (die er als Oberbegriff sowohl als Selbstbezüglichkeit wie auch als Selbstthematisierung versteht) als Bestandteil des „spezifischen ‚Kunstcharakters' literarischen Erzählens". Linda Hutcheon (1984, 2–3) wiederum sieht Metafiktionalität, wie sie

sie versteht, zwar nicht als ein prinzipielles Charakteristikum von Erzählliteratur, spricht sich aber auch gegen die, vor allem in englischsprachiger Literaturwissenschaft gängige, Gleichung: *metafiction = postmodernism* aus.

Andere Forschende versuchen sich im „Aufspüren" metafiktionaler Schreibweisen über die Jahrhunderte und literarischen Epochen hinweg. So skizziert Fricke (2003, 146) die Ursprünge der, wie er es nennt, „verbalen Potenzierung" bereits im antiken Orpheus-Mythos, bei Homer, über das Mittelalter, bis hin in die Frühe Neuzeit (Ariosto) und natürlich der Romantik. Der Ansicht einer Überzeitlichkeit von Metafiktion sind auch Martínez und Scheffel (⁵2005, 17), die zwar der postmodernen Metafiktion die elaborierteste Technik zuschreiben, es aber dennoch als eine „von Autoren fast aller Epochen in jeweils zeitspezifischer Form genutzte Technik" sehen. Jan-Dirk Müller (2004, 285–286) spricht zwar nicht explizit von Metafiktion, meint es aber indirekt, wenn er von der „Ausstellung des Fiktionscharakters" spricht. Dies sieht er ebenso als überzeitliches Phänomen, das aber besonders dann vorkommt, wenn es zu einem „Autonomisierungsschub" in der Literatur kommt, sprich: in der höfischen Literatur um 1200, in den Romanen des späten 18. Jahrhunderts und in der Romantik. Auf der anderen Seite stehen Stimmen, die einen ersten Höhepunkt metafiktionaler Strategien mit der Romantik ansiedeln (vgl. u. a. Schmeling 1978, 91–92) oder noch später z. B. Roland Barthes, der den Beginn einer Literatur, die sich selbst zum Thema macht, mit Flauberts bürgerlichem Roman ansetzt. In seinem Beitrag „Littérature et méta-langage" meint er: „Pendant des siècles [...] la littérature ne réfléchissait jamais sur elle-même [...], elle ne se divisait jamais en objet à la fois regardant et regardé [...]. Et puis, probablement avec les premiers ébranlements de la bonne conscience bourgeoise, la littérature s'est mise à se sentir double: à la fois objet et regard sur cet objet, parole et parole de cette parole, littérature-objet et méta-littérature." [Über Jahrhunderte hinweg [...] hat die Literatur nie über sich selbst nachgedacht [...], sie hat sich nie zum Objekt gemacht, das gleichzeitig sieht und gesehen wird [...]. Und dann, wahrscheinlich mit den ersten Erschütterungen des bürgerlichen Bewusstseins, hat die Literatur begonnen, sich als beides zu fühlen: gleichzeitig Objekt und der Blick auf dieses Objekt, Sprache und Sprache über diese Sprache, Objekt-Literatur und Meta-Literatur.] (Barthes 1964, 110)

Sind sich die Stimmen über das erstmalige Aufkommen metafiktionaler Tendenzen in der Literatur auch uneins – was vor allem einem jeweils unterschiedlich verwendeten Metafiktionsbegriff geschuldet ist – wird aus der Diskussion dennoch die Notwendigkeit einer Historisierung deutlich. Ein explizites „Plädoyer für eine historische Betrachtung metatextueller Reflexionsmodi" hält Rainer Zaiser (2009, 28, 30) in seiner Studie zu poetologischen Reflexionen in der italienischen Literatur der Frühen Neuzeit. Neben der Notwendigkeit einer historischen Perspektive weist er auch korrekterweise darauf hin, dass selbstreferentielle Textverfahren innerhalb ihres jeweiligen (literar-)historischen und kulturellen Kontextes betrachtet werden müssen, um Aufschlüsse über deren spezifische Funktionalität ermitteln zu können. Ein Gleichsetzen der Funktionen (post-)moderner metafiktionaler Textstrategien mit selbstreferentiellen vorangegangener Epochen kann nur in einer Sackgasse münden: „Es gilt also die Frage zu stellen, in welche Art von Auseinandersetzung der Autor mit den vorgängigen und zeitgenössischen Diskursen über Dichtung, Sprache und Wirklichkeit tritt, welche Poetik der aus dieser Auseinandersetzung gewinnt und warum er diese Auseinandersetzung in der Dichtung selbst austrägt [...]" (Zaiser 2009, 28–29).

Antike
Metafiktionale Strategien in antiken Texten (von denen z. B. Fricke spricht) sind bis dato in der Forschung vergleichsweise relativ wenig behandelt und beforscht, es lassen sich aber Beispiele finden, in denen sich die Fiktionalität selbst zum Thema macht. Prominentes Beispiel hierfür wäre der Prosatext *Wahre Geschichten* von Lukian von Samosanto. Auf paratextueller Ebene in der „Vorrede" wird der Fiktionscharakter des nachfolgenden, vor allem dessen Fiktivität, offen gelegt: „[...] ich werde nämlich in dem einen Punkt die Wahrheit sprechen, wenn ich sage, daß ich lüge. So glaube ich, einer Anklage von seiten der anderen entgehen zu können, wenn ich in keinem Punkt die Wahrheit zu sagen eingestehe. Ich schreibe also über Dinge, die ich weder selbst sah noch erlebte noch von anderen erfuhr, ja, die weder sind noch überhaupt vorkommen könnten. Deshalb sollen meine Leser ihnen unter keinen Umständen Glauben schenken" (Lukian 1954, 331). Die selbstironische Thematisierung der Fiktivität ist hier ein bewusst gesetzter Kunstgriff und ist als Reaktion in einer „moralisch motivierten" Fiktionalitätsdebatte zu sehen, in der sich der Dichter beim Erzählen von Erdichtetem noch den Vorwurf der Lüge gefallen lassen musste. Lukians Text ist daher als sarkastische Absage an platonische Ideen zu werten. Tatsächliche selbstreflexive Momente in der Literatur der Antike sind aber dennoch selten und auch die von Fricke (2003, 146) genannten Beispiele beziehen sich lediglich auf Rahmenerzählungen bzw. Dichtungen über Dichter (er nennt den antiken Orpheus-Mythos wie auch Homers Odysseus).

Mittelalter
Metafiktion im Mittelalter wird hingegen verstärkt in der germanistischen Literaturwissenschaft beforscht und thematisiert, vor allem seit Walter Haugs (2003) viel zitierter These von der „Entdeckung der Fiktionalität" im Mittelalter. Er datiert die Geburtsstunde der Fiktionalität mit dem höfischen Roman von Chrétiens de Troyes und dessen deutschsprachigen Versionen. Die meist genannten vormoder-

nen Beispiele entstammen also den deutschen Heldenepen und Artusromanen wie z. B. *Iwein* von Hartmann von Aue, *Reinfried von Braunschweig* und Chrétien de Troyes' *Erec*. Dennoch muss man, will man eine Linie von mittelalterlichen Romanen zu modernen metafiktionalen Texten ziehen, das gänzlich andere Kunstkonzept und noch keineswegs ausdifferenzierte Kunstsystems des Mittelalters mitreflektieren. Glauch (2014, 402) hält daher richtigerweise gegen ein allzu starkes Beharren auf einem mittelalterlichen Fiktionalitätsbewusstsein fest, dass zum einen die Erzähler – Autor Differenz kaum bis gar nicht existiert, sondern vielmehr Autor und Erzähler als eines gesehen werden. Gleichzeitig ist die Autor-, d. h. Urheberfrage, eine höchst komplexe, da der jeweilige Autor nicht auch der Urheber sein muss und mittelalterliche Texte in ihrem Hybridstatus zwischen Schriftlichkeit und Mündlichkeit betrachtet werden müssen. Damit hängt auch die Tatsache zusammen, dass die für eine fiktionale Rezeption so wesentliche Rahmengebung, d. h. paratextuelle Fiktionssignale, fehlen (Glauch 2014, 401).

Anne Sophie Meincke (2007, 326–327) rät deshalb zu Vorsicht in der durch Haug losgelösten Diskussion über das Fiktionalitätsbewusstsein in mittelalterlichen Texten, allzu voreilig selbstreferentielle Textpassagen als metafiktional zu bezeichnen: „Was nach modernen Begriffen wie Metafiktion aussieht, muß keine Metafiktion sein! Insbesondere bei Texten vergangener Epochen ist Vorsicht geboten. Eine Gewißheit, daß die Textproduzenten des Mittelalters sich von uns geläufigen narratologischen Konzepten leiten ließen (und leiten lassen konnten), gibt es nicht"; und eines dieser wesentlichen narratologischen Konzepte wäre gerade die Autor-Erzähler-Dichotomie.

Was es aber in mittelalterlichen Texten sehr wohl und sogar häufig gibt, ist Metanarration, d. h. Passagen in Form von selbstironischen Erzählerkommentare, in denen es meist um die Fiktivität des Erzählten geht (Meincke 2007, 312). Das meist zitierte Beispiel entstammt Hartmann von Aues *Iwein* und der Passage, in der der Erzähler vorgibt, noch mehr über den Kampf zwischen Iwein und dem Brunnenherrn zu wissen, aber es nicht erzählen zu wollen: „ich machete des strîtes vil / mit worten, wan daz ich enwil, / als ich iu bescheide" [Nun könnt ich Wunders viel berichten / von ihrem Kampf, doch ich wills mitnichten] (V 1029–1030).

Frühe Neuzeit

Während wir es im Mittelalter also vordergründig mit metanarrativen Aussagen zu tun haben, die als Ironiesignal oder auch als Untermauerung der Wahrscheinlichkeit und des Echtheitsstatus (wie üblich in Romanen mit Rahmenerzählung) dienen können, es sich aber weniger um Reflexionen gewisser narratologischer Konzepte geschweige denn ganzer Dichtungslehren handelt, ändert sich dies mit der Frühen Neuzeit. Parodistische Werke wie z. B. das italienische Epos von Ariosto *Orlando furioso* und Cervantes' *El Quixote* reagieren mithilfe selbstreflexiver, teils auch illusionsbrechender Erzählverfahren auf vorhergehende Dichtungskonzepte und -traditionen. So liest Hempfer (1982) Ariostos *Orlando furioso* als Reaktion auf antike Heldenepen und die mittelalterliche Ritterepik, und Rainer Zaiser sieht z. B. in fiktions-ironischen Erzählverfahren im Roman von Cervantes eine Parodie mittelalterlicher und rinascimentaler Ritterromane, die dazu dienen „ein anderes Verständnis von der Wirklichkeit und von der Wahrheit thematisch zu machen, als es durch die höfisch idealisierte Welt [...] überliefert ist" (Zaiser 2009, 21). Vor allem letzter Text wird daher in den wegweisenden Studien zu Metafiktion meist als „not only the first ‚realistic' novel but also the first self-reflexive one" (Hutcheon 1984, 4) genannt.

18. Jahrhundert
Ähnlich verhält es sich im Weiteren mit den großen Romanen des 18. Jahrhunderts wie u. a. Sternes *Tristram Shandy* und Diderots *Jacques le fataliste*. Stärker als in den zuvor genannten Beispielen kommt es hier aber durch eine Reflexion über das Dichten, die Rolle des Erzählers und des Rezipienten sowie die Romangattung selbst zu metafiktionalen Ironiesignalen, die zum Illusionsbruch führen. Ein Beispiel aus *Tristram Shandy* soll dies verdeutlichen. In einer Metalepse wendet sich hier der fiktive Autor an eine Leserin, deren Lektüre-Aufmerksamkeit zu wünschen übrig lässt. : „------ How could you, Madam, be so inattentive in reading, the last chapter? I told you in it, *That my mother was not a papist.* [...] Madam, I beg you leave to repeat it over again, That I told you as plain, at least, as words, by direct interference, could tell you no such thing. [...] That madam is the very fault I lay to your charge; and as a punishment for it, i do insist upon it, that you immediately turn back, that is, as soon as you get to the next full stop, and read the whole chapter over again. I have imposed this penance upon the lady, neither out of wantonness or cruelty, but from the best of motives" (Sterne 1980 [1767], 41–42).

Beide Romane werden daher als erste Vorläufer einer Metafiktion im modernen Sinne verstanden und sind vor allem prominente Boten der sich ankündigenden romantischen Ironie. Es ist kein Zufall, dass erste überzeugende Beispiele metafiktionaler Verfahren gerade im 18. Jahrhundert zu finden sind, muss doch Metafiktion immer im Zusammenhang mit der Gattung des Romans betrachtet werden und gerade im England und Frankreich des 18. Jahrhunderts kann sich der Roman als seriöse Gattung etablieren und nimmt einen „noch nie dagewesenen Aufschwung" (Wolf 1993, 509).

Romantik

Mit der deutschen Romantik und ihrer Theorie der romantischen Ironie erfährt die Metafiktion bzw. ihr „Vorgänger", die romantische (Fiktions-)Ironie (vgl. Heimrich 1968), ihren ersten großen Höhepunkt. „Poesie über Poesie" zu verfassen, wird zum ersten Mal auch theoretisch beschrieben und ist Teil des Programms der „progressiven Universalpoesie", wie sie Friedrich Schlegel im berühmten 116. Athenäums Fragment definiert: „Und doch kann auch sie [die romantische Poesie] am meisten zwischen dem Dargestellten und dem Darstellenden, frei von allem realen und idealen Interesse auf den Flügeln der poetischen Reflexion in der Mitte schweben, diese Reflexion immer wieder potenzieren und wie in einer endlosen Reihe von Spiegeln vervielfachen. [...]" (Schlegel 1972 [1798], 37–38).

Mit ihrer universellen und transzendentalen Ausrichtung ist die romantische Poesie Dichtung und Theorie in einem. Der Wahrscheinlichkeitsduktus der Aufklärung wird zugunsten des Spiels mit der Illusionshaftigkeit abgelehnt. Besonders gelungene Beispiele narrativer romantischer Ironie sind zweifelsohne E.T.A Hoffmanns *Lebensansichten des Katers Murr* und Christoph Martin Wielands *Der Sieg der Natur über die Schwärmerei oder die Abenteuer des Don Sylvio von Rosalva*.

Das Konzept der romantischen Ironie als Vorläufer der modernen Metafiktion ist insofern relevant, als damit eine frühe und fundierte theoretische Aufarbeitung vorgelegt wird (vgl. auch die Thesen von Strohschneider-Kohrs 1960, 434). Während aber die Romantiker durch ihre spielerisch selbstreflexiven Texte gerade einen transzendentalen Wahrheits- und Dichtungsbegriff propagieren wollen, ist der modernen Metafiktion dieser romantische Universalitäts- und Unendlichkeitsanspruch fremd. Die moderne Metafiktion übt eine vergleichsweise stärker konstruktivistische Kritik und zieht ein negativeres Resümee, indem sie sich gerade gegen ein transzendentales Kunstargument wie das der Romantiker wendet. Moderne Metafiktion bedient sich zwar ähnlicher formaler Mittel, bezweckt damit aber das Gegenteil: Quendler (2001, 168) spricht daher in seiner Studie von einer „Opposition von romantischer Transzendenz versus postmoderner Immanenz".

20. Jahrhundert

Von Metafiktion im hier verstandenen Sinne lohnt es sich dann vor allem ab Anfang und mehr noch ab Mitte des 20. Jahrhunderts zu sprechen, wo wir – vor allem, aber nicht nur, im Zusammenhang mit dem englischsprachigen *postmodernism* – einen Peek an Theorie zu Metafiktion als auch eine vermehrte Häufung an metafiktionalen Werken haben. Werke wie Luigi Pirandellos Novellen wie „La tragedia di un personaggio" (1911) und „Colloqui coi personaggi" (1915), Massimo Bontempellis *La vita intensa. Romanzo dei romanzi* (1919), Flann O'Briens *At swim two birds* (1939), Jorge Luis Borges' Erzählsammlung *Ficciones* (1944), John Fowles' *The French Lieutenant's Woman* (1969), Julio Cortázars *Rayuela* (1963), John Barths *Lost in the Funhouse* (1968), Italo Calvinos *Se una notte d'inverno un viaggiatore* (1979) – um nur einige zu nennen – führen durch ein gekonntes Spiel mit Erzählebenen und den Erzählkonstituenten nicht nur die Konstruktion von Fiktion, sondern auch der Realität vor, nehmen auf die Sprachkrise und „Kontingenzerfahrung" (Neuhaus 2013, 88) der Moderne Bezug und thematisieren die Subjektivität der Wahrnehmung und überhaupt den prekären Status des modernen Subjekts als ein Gespaltenes. Gleichzeitig thematisieren und ironisieren sie aber auch zeitgenössische literaturtheoretische Konzeptionen des Poststrukturalismus und spiegeln ironisch brüchig gewordene Konzepte wie die Autor- und Urheberschaft und den sinnstiftenden Leser. Dies ist in Besonderem in Calvinos *Se una notte d'inverno un viaggiatore* der Fall.

Zeitgenössische Funktionen von Metafiktion

Die genannten metafiktionalen Werke sind Beispiele, in denen die Bezugnahme und Thematisierung auf poetologische und philosophische Konzepte überwiegt und heteroreferentielle Aussagen (vgl. zu diesem Begriff Wolf 1993, 203), d. h. Aussagen über aktuelle außerliterarische gesellschaftliche und politische Gegebenheiten, stark in den Hintergrund treten. Das hat dazu geführt, dass metafiktionale Texte als Gegenpol zu realistischen Werken gesetzt wurden und ihnen jeglicher mimetischer Charakter abgesprochen wurde (vgl. Alter 1975, xi). Mag dies für einen Teil der oben genannten und weitere Texte der sogenannten Postmoderne stimmen, lässt sich für Texte Ende des 20. Jahrhunderts und Anfang des 21. Jahrhunderts ein anderes Urteil fällen. Bereits Linda Hutcheon spricht sich gegen allzu vorschnelle Etikettierung metafiktionaler Texte als „anti-mimetisch" aus, wenn sie meint: „[...] metafiction is less a departure from the mimetic novelistic tradition than a reworking of it" (Hutcheon 1984, 5).

In der Tat kann Metafiktion auch als eine Form „zeitgenössischen Realismus" (vgl. Pichler 2011, 165–220) fungieren. Dies zeigt sich unter anderem in Texten der italienischen Literatur der 1970er und 1980er Jahre, die über metafiktionale Textstrategien komplexe politische Systeme und soziale Gegebenheiten zum Thema machen. Hervorzuheben sind in diesem Zusammenhang die Werke Luigi Malerbas und Sebastiano Vassallis. In *Il pianeta azzurro* (1986) von Luigi Malerba wird über eine komplexe Ebenenstruktur und die Installation mehrerer *unreliable narrators* eine Realität dargestellt, die von terroristischen Anschlägen, undurchsichtigen politischen Strukturen, einer gespaltenen Zivilgesellschaft und damit einem Klima kollektiver Angst geprägt ist. Ähnliches problematisiert Sebastiano Vassalli in seinem Text *Abitare il vento* (1980), wenn über zahlreiche metaleptische Dialoge zwischen dem autodiegetischen Erzähler und seinem *autore/ padrone* die Opposition rechts vs links, herrschende vs nicht-herrschende Gesellschaftsschicht und die Machtasymmetrie zwischen Volk und scheinbar willkürlich operierendem Polizeiapparat gespiegelt werden. Ähnliches konstatiert Dirk Frank (vgl. 2001, 64) für Werke der DDR Literatur von Johannes Bobrowski, Volker Braun oder Irmtraud Morgner, die aufgrund eines repressiven Literatursystems den Ausweg über Metafiktion nehmen. In Bezug auf Christa Wolfs *Kindheitsmuster* fasst Stephens (1981, 368) daher die Funktion von Metafiktion folgendermaßen zusammen: „Erst als eine Auseinandersetzung mit der spezifischen Situation eines DDR-Autors gesehen gewinnt die metafiktionale Dimension des Romans an Prägnanz, weil sie nicht mehr als ästhetischer Leerlauf erscheint, sondern als eine Reihe von Metaphern für Konflikte, die nicht in einem in der DDR veröffentlichten Roman ausgetragen werden dürfen."

Über metafiktionale Strategien können aber auch andere heteroreferentielle Aussagen und brisante zeitgenössische Themen diskutiert werden, wie z. B. das Wesen der modernen Mediengesellschaft (Sandro Veronesi, *Venite venite B-52* [1995]), der Literaturbetrieb als solches, hier vor allem finanzielle Aspekte (Silvia Ballestra, *La guerra degli Antò* [1992]) und das Verhältnis Autor-Verleger (Guido Morselli, *Contro-passato prossimo. Un'ipotesi retrospettiva* [1987/1975]) oder Generationenkonflikte (Sandro Veronesi, *Gli sfiorati* [1990]).

Neben dieser „realistischen" Funktion metafiktionaler Strategien in jüngeren Texten fungieren sie in Texten, vor allem ab der Jahrtausendwende, zum einen als ironische Zitierung mittlerweile tradierter metafiktionaler Verfahren. Ein gelungenes Beispiel ist Wolf Haas' *Das Wetter vor 15 Jahren* (2006) – ein Roman, der zu Gänze auf Metaebene erzählt wird, indem sich die Handlung im Dialog über den Text zwischen einem Vertreter der Literaturbeilage und einem Autor Wolf Haas entfaltet. Zum anderen ist Metafiktion vor allem auch in populärkulturellen Gattungen wie den Comics aber auch Kinderbüchern aller Art (vgl. z. B. Richard Byrnes *Hilfe, dieses Buch hat meinen Hund gefressen* [2014]) gegenwärtig – womit natürlich der noch in den 1960ern Jahren allseits konstatierte spezielle „Innovationscharakter" metafiktionaler Texte klar widerlegt ist.

Wie bei allen Begriffsdiskussionen ist also auch im Zusammenhang mit Metafiktion ein Blick auf den jeweiligen historischen Kontext gewinnbringend. Es zeigt nämlich, dass Metafiktion – auch wenn es so wie sie hier verstanden wird ein Phänomen der Moderne aufwärts ist – in der Literatur seit ihrem Anfang seine Vorläufer und Wegbereiter findet, dass es unterschiedlichste „Grade" an selbstreferentiellen und selbstreflexiven Strategien gibt und dass diese immer in Bezug auf das jeweilig gängige Fiktionsverständnis, wenn nicht -bewusstsein verstanden werden müssen. Für Texte älteren Datums bietet es sich daher an, weniger „epochenspezifisch belastete" Begriffe zu verwenden, wie den allgemeineren der literarischen Selbstreferenz/Selbstbezüglichkeit oder zumindest zwischen Metanarration (Selbst-Bezugnahme) und Metafiktion (Selbst-Bezugnahme plus Selbst-Thematisierung) genauer zu unterscheiden.

Literaturverzeichnis

Alter, Robert (1975). *Partial Magic: The Novel as a Self-Conscious Genre*. Berkeley.
Anderegg, Johannes (1977). *Fiktion und Kommunikation. Ein Beitrag zur Theorie der Prosa*. Göttingen.
Arbasino, Alberto (1974). *Specchio delle mie brame*. Turin.
Ballestra, Silvia (1992). *La Guerra degli Antò*. Ancona.
Bareis, Alexander J. (2008). *Fiktionales Erzählen. Zur Theorie der literarischen Fiktion als Make-Believe*. Göteborg.
Bareis, Alexander J. und Frank Thomas Grub (Hgg., 2010). *Metafiktion. Analysen zur deutschsprachigen Gegenwartsliteratur*. Berlin.
Barthes, Roland (1964). „Littérature et méta-langage". *Essais critiques*. Paris. 110–111.
Böhn, Andreas (1963). *Vollendende Mimesis. Wirklichkeitsdarstellung und Selbstbezüglichkeit in Theorie und literarischer Praxis*. Berlin.
Breuer, Rolf (1985). „Rückbezüglichkeit in der Literatur. Am Beispiel der Romantrilogie von Samuel Beckett". *Die erfundene Wirklichkeit. Wie wissen wir, was wir zu wissen glauben? Beiträge zum Konstruktivismus*. Hg. von Paul Watzlawick. München: 138–158.
Bunia, Remigius (2007). *Faltungen: Fiktion, Erzählen, Medien*. Berlin.
Byrne, Richard (2014). *Hilfe, dieses Buch hat meinen Hund gefressen*. Weinheim.
Calvino, Italo (1983 [1979]). *Wenn ein Reisender in einer Winternacht*. München.
Calvino, Italo (1994 [1979]). *Se una notte d'inverno un viaggiatore*. Mailand.
Cohn, Dorrit (1995). „Narratologische Kennzeichen der Fiktionalität". *Sprachkunst. Beiträge zur Literaturwissenschaft* 26.1 (1995): 105–112.
Cohn, Dorrit (1999). *The Distinction of Fiction*. Baltimore.
Currie, Gregory (1990). *The Nature of Fiction*. Cambridge.
Currie, Mark (1998). *Postmodern Narrative Theory*. New York.
Duden ([8]2005). „Signal". *Das Fremdwörterbuch*. Bd. 5. Mannheim: 956.
Eco, Umberto (1979). *Lector in fabula. La cooperazione interpretativa nei testi narrativi*. Mailand.
Eco, Umberto (1994). *Im Wald der Fiktionen. Sechs Streifzüge durch die Literatur. Harvard Vorlesungen*. Wien.
Federman, Raymond (1975). „Surfiction – Four Propositions in Form of an Introduction". *Surfiction. Fiction Now and Tomorrow*. Hg. von Raymond Federman. Chicago: 5–15.
Fletcher, John und Malcolm Bradbury (1991). „The Introverted Novel". *Modernism. A Guide to European Literature 1890–1930*. Hg. von Malcolm Bradbury und James McFarlane. London: 394–415.
Fludernik, Monika (2003). „Metanarrative and Metafictional Commentary: From Metadiscursivity to Metanarration and Metafiction". *Poetica* 35.1/2 (2003): 1–39.
Fowles, John (1996 [1969]). *The French Lieutenants Woman*. London.
Frank, Dirk (2001). *Narrative Gedankenspiele. Der metafiktionale Roman zwischen Modernismus und Postmodernismus*. Wiesbaden.

Fricke, Harald (2003). „Potenzierung". *Reallexikon der dt. Literaturwissenschaft. Neubearbeitung des Reallexikons der deutschen Literaturgeschichte*. Bd. III. Hg. von Jan-Dirk Müller. Berlin: 144–147.
Gabriel, Gottfried (1975). *Fiktion und Wahrheit. Eine semantische Theorie der Literatur*. Stuttgart.
Gass, William (1970). *Fiction and Figures of Life*. New York.
Genette, Gérard (1991). *Fiction et diction*. Paris.
Gertken, Jan und Tilmann Köppe (2009). „Fiktionalität". *Grenzen der Literatur. Zum Begriff und Phänomen des Literarischen*. Hg. von Simone Winko, Fotis Jannidis und Gerhard Lauer. Berlin: 228–266.
Glauch, Sonja (2014). „Fiktionalität im Mittelalter". *Fiktionalität. Ein interdisziplinäres Handbuch*. Hg. von Tobias Klauk und Tilmann Köppe. Berlin: 385–418.
Gorman, David (2008). „Fiction, Theories of". *Routledge Encyclopedia of Narrative Theory*. Hg. von David Herman, Manfred Jahn, Marie-Laure Ryan. London: 163–167.
Haas, Wolf (2006). *Das Wetter vor 15 Jahren*. Hamburg.
Hamburger, Käte (^{2}1968). *Die Logik der Dichtung*. Stuttgart.
Hartmann von Aue (2012 [1200]). Iwein. Mittelhochdeutsch/Neuhochdeutsch. Übers. von Rüdiger Krohn. Stuttgart.
Haug, Walter (2003). „Die Entdeckung der Fiktionalität". *Die Wahrheit der Fiktion. Studien zur weltlichen und geistlichen Literatur des Mittelalters und der frühen Neuzeit*. Tübingen: 128–144.
Hauthal, Janine, Julijana Nadj, Ansgar Nünning, und Henning Peters (2007). „Metaisierung in Literatur und anderen Medien. Begriffsklärungen, Typologien, Funktionspotentiale und Forschungsdesiderate". *Metaisierung in Literatur und anderen Medien. Theoretische Grundlagen. Historische Perspektiven. Metagattungen. Funktionen*. Hg. von Janine Hauthal, Julijana Nadj, Ansgar Nünning und Henning Peters. Berlin: 1–21.
Heimrich, Bernhard (1968). *Fiktion und Fiktionsironie in Theorie und Dichtung der deutschen Romantik*. Tübingen.
Hempfer, Klaus W. (1982). „Die potentielle Autoreflexivität des narrativen Diskurses und Ariosts Orlando Furioso". *Erzählforschung*. Hg. von Eberhard Lämmert. Stuttgart: 130–156.
Hempfer, Klaus W. (2002). „Zu einigen Problemen einer Fiktionstheorie". *Grundlagen der Textinterpretation*. Hg. von Stefan Hartung. Stuttgart: 107–133.
Hofstadter, Douglas R. (1986). *Gödel, Escher, Bach. Ein endloses geflochtenes Band*. Stuttgart.
Hutcheon, Linda (1984). *Narcissistic Narrative. The Metafictional Paradox*. New York.
Imhof, Rüdiger (1986). *Contemporary Metafiction. A Poetological Study of Metafiction in English since 1939*. Heidelberg.
Iser, Wolfgang (1975). „The reality of fiction: a functionalist approach to literature". *New Literary History* 7.1 (1975): 7–39.
Iser, Wolfgang (1991). *Das Fiktive und das Imaginäre. Perspektiven literarischer Anthropologie*. Frankfurt a. M.
Jacquenod, Claudine (1988). *Contribution à une étude du concept de fiction*. Bern.
Köppe, Tilmann (2008). *Literatur und Erkenntnis. Studien zur kognitiven Signifikanz fiktionaler literarischer Werke*. Paderborn.
Köppe, Tilmann (2010). „Der Konjunktiv in Andreas Maiers Roman Wäldchestag und die Theorie der Metafiktionalität". *Metafiktion. Analysen zur deutschsprachigen Gegenwartsliteratur*. Hg. von Alexander J. Bareis und Frank Thomas Grub. Berlin: 115–133.
Luhmann, Niklas (1995). *Die Kunst der Gesellschaft*. Frankfurt am Main.

Lukian (1954). „Wahre Geschichten". *Die Hauptwerke des Lukian.* Hg. und übers. von Karl Mras. München: 328–419.
Malerba, Luigi (1986). *Il pianeta azzurro.* Mailand.
Malerba, Luigi (1988). „Il plagio. Racconto in forma di incubo". *Testa d'argento.* Mailand: 87–97.
Malerba, Luigi (1989 [1988]). „Das Plagiat. Erzählung in Form eines Alptraums". *Silberkopf.* Übers. von Karin Fleischanderl. Berlin: 45–57.
Marquard, Odo (1983). „Kunst als Antifiktion – Versuch über den Weg der Wirklichkeit ins Fiktive". *Funktionen des Fiktiven.* Hg. von Dieter Henrich und Wolfgang Iser. München: 35–54.
Martínez, Matias und Michael Scheffel (^{5}2005). *Einführung in die Erzähltheorie.* München.
Meincke, Anne Sophie (2007). „Narrative Selbstreflexion als poetologischer Diskurs. Fiktionalitätsbewußtsein im Reinfried von Braunschweig". *Zeitschrift für Deutsches Altertum und deutsche Literatur* 136.1 (2007): 312–351.
Morgner, Irmtraud (1972). *Die wundersamen Reisen Gustavs des Weltfahrers.* Berlin.
Morselli, Guido (1987 [1975]). *Contro-passato prossimo. Un'ipotesi retrospettiva.* Mailand.
Müller, Jan-Dirk (2000). „Literarische und andere Spiele. Zum Fiktionalitätsproblem in vormoderner Literatur". *Poetica* 36.3/4 (2004): 281–311.
Neuhaus, Stephan (2013). „'Eine Legende, was sonst'. Metafiktion in Romanen seit der Jahrtausendwende (Schrott, Moers, Haas, Hoppe)". *Die Unendlichkeit des Erzählens. Der Roman in der deutschsprachigen Gegenwartsliteratur seit 1989.* Hg. von Carsten Rohde und Hansgeorg Schmidt-Bergmann. Tübingen: 69–88.
Nickel-Bacon, Irmgard, Norbert Groeben und Magrit Schreier (2000). „Fiktionssignale pragmatisch. Ein medienübergreifendes Modell zur Unterscheidung von Fiktion(en) und Realität(en)". *Poetica* 32.3/4 (2000): 267–299.
Nünning, Ansgar (1995). *Von historischer Fiktion zu historiographischer Metafiktion.* Trier.
Nünning, Ansgar (2001). „Metanarration als Lakune der Erzähltheorie: Definition, Typologie und Grundriss einer Funktionsgeschichte metanarrativer Erzähläußerungen". *Arbeiten aus Anglistik und Amerikanistik* 26.2 (2001): 125–164.
Pavel, Thomas (1986). *Fictional worlds.* Cambridge, MA.
Pavel, Thomas (2001). „Comment définir la fiction". *Frontières de la fiction.* Hg. von Alexandre Gefen und René Audet. Bordeaux.
Penzenstadler, Franz (1987). *Der Mambriano von Francesco Cieco da Ferrara als Beispiel für Subjektivierungstendenzen im Romanzo vor Ariost.* Tübingen.
Pichler, Doris (2011). „Biographie, Autobiographie und Autofiktion zwischen Fiktion und Realität. Zum Wesen der (literarischen) Fiktion bei Francesca Duranti und Luigi Malerba". *Realitätskonzepte in der Moderne. Beiträge zu Literatur, Kunst, Philosophie und Wissenschaft.* Hg. von Susanne Knaller und Haro Müller. München: 77–95.
Pichler, Doris (2011). *Das Spiel mit Fiktion. Ästhetische Selbstreflexion in der italienischen Gegenwartsliteratur.* Heidelberg.
Quendler, Christian (2001). *From Romantic Irony to Postmodernist Metafiction.* Frankfurt a. M.
Riffaterre, Michael (1993). *Fictional Truth.* Baltimore.
Ryan, Marie-Laure (1991). *Possible Worlds, Artificial Intelligence and Narrative Theory.* Bloomington.
Ryan, Marie-Laure (1995). „Introduction: From Possible Worlds to Virtual Reality". *Style* 29.2 (1995): 173–185.
Schaeffer, Jean-Marie (2013). „Fictional vs. Factual Narration". *The Living Handbook of Naratology.* Hg. von Peter Hühn et al. http://www.lhn.uni-hamburg.de/article/fictional-vs-factual-narration (Abrufdatum 20.10.2016).

Scheffel, Michael (1997). *Formen selbstreflexiven Erzählens. Eine Typologie und sechs exemplarische Analysen*. Tübingen.
Scheffel, Michael (2007). „Metaisierung in der literarischen Narration: Überlegungen zu ihren systematischen Voraussetzungen, ihren Ursprüngen und ihrem historischen Profil". *Metaisierung in Literatur und anderen Medien. Theoretische Grundlange. Historische Perspektiven. Metagattungen. Funktionen.* Hg. von Janine Hauthal, Julijana Nadj, Ansgar Nünning und Henning Peters. Berlin: 155–171.
Schlegel, Friedrich (1972 [1798]). „Athenäums Fragment 116". *Schriften zur Literatur*. München.
Schmeling, Manfred (1978). „Autothematische Dichtung als Konfrontation. Zur Systematik literarischer Selbstdarstellung". *LiLi* 8.32 (1978): 77–97.
Schmid, Wolf (²2008). *Elemente der Narratologie*. Berlin.
Schmidt, Siegfried J. (1980). „Fictionality in Literary and Non-Literary Discourse". *Poetics* 9.5/6 (1980): 525–546.
Scholes, Robert (1970). „Metafiction". *Iowa Review* 1.4 (1970): 100–115.
Searle, John R. (1975). „The Logical Status of Fictional Discourse". *New Literary History* 6.2 (1975): 319–332.
Sprenger, Mirjam (1999). *Modernes Erzählen. Metafiktion im deutschsprachigen Roman der Gegenwart*. Stuttgart.
Stephens, Anthony (1981). „Vom Nutzen der zeitgenössischen Metafiktion: Christa Wolfs Kindheitsmuster". *Erzählung und Erzählforschung im 20. Jahrhundert*. Hg. von Rolf Kloepfer und Gisela Janetzke-Dillner. Stuttgart: 359–370.
Sterne, Laurence (1980 [1767]). *The Life and Opinions of Tristram Shandy, Gentleman*. London.
Strohschneider-Kohrs, Ingrid (1960). *Die romantische Ironie in Theorie und Gestaltung*. Tübingen.
Traxler, Hans (2007 [1969]). *Die Wahrheit über Hänsel und Gretel: Die Dokumentation des Märchens der Gebrüder Grimm*. Stuttgart.
Vassalli, Sebastiano (1980). *Abitare il vento*. Turin.
Veronesi, Sandro (1990). *Gli sfiorati*. Mailand.
Veronesi, Sandro (1995). *Venite venite B-52*. Mailand.
Vogl, Joseph (2010). *Das Gespenst des Kapitals*. Zürich.
Walton, Kendall (1990). *Mimesis as Make-Believe: On the Foundations of the Representational Arts*. Cambridge, MA.
Watzlawick, Paul, Janet H. Beavin und Don D. Jackson (Hgg., ⁹2000). *Menschliche Kommunikation. Formen, Störungen, Paradoxien*. Bern.
Waugh, Patricia (1985). *Metafiction. The Theory and Practice of Self-Conscious Fiction*. London.
Weinrich, Harald (1975). „Fiktionssignale". *Positionen der Negativität. Poetik und Hermeneutik VI*. Hg. von Harald Weinrich. München: 525–526.
Whitehead, Alfred North und Bertrand Russell (1910–1913). *Principia Mathematica*. 3 Bde. Cambridge.
Wildekamp, Ada, Ineke van Montfoort und Willen van Ruiswijk (1980). „Fictionality and convention". *Poetics* 9.5/6 (1980): 547–567.
Wolf, Werner (2007). „Metaisierung als transgenerisches und transmediales Phänomen: Ein Systematisierungsversuch metareferentieller Formen und Begriffe in Literatur und anderen Medien". *Metaisierung in Literatur und anderen Medien. Theoretische Grundlange. Historische Perspektiven. Metagattungen. Funktionen.* Hg. von Janine Hauthal, Julijana Nadj, Ansgar Nünning und Henning Peters. Berlin: 25–64.
Wolf, Werner (²2001). „Metafiktion". *Metzler Lexikon Literatur- und Kulturtheorie*. Hg. von Ansgar Nünning. Stuttgart: 429–430.

Wolf, Werner (1993). *Ästhetische Illusion und Illusionsdurchbrechung. Theorie und Geschichte mit Schwerpunkt auf englischem illusionsstörenden Erzählen*. Tübingen.
Zaiser, Rainer (2009). *Inszenierte Poetik. Metatextualität als Selbstreflexion von Dichtung in der italienischen Literatur der frühen Neuzeit*. Berlin.
Zipfel, Frank (2001). *Fiktion, Fiktivität, Fiktionalität. Analysen zur Fiktion in der Literatur und zum Fiktionsbegriff in der Literaturwissenschaft*. Berlin.
Zipfel, Frank (2014). „Fiktionssignale". *Fiktionalität. Ein interdisziplinäres Handbuch*. Hg. von Tobias Klauk und Tilmann Köppe. Berlin: 97–124.

Weiterführende Literatur

Hutcheon, Linda (1984). *Narcissistic Narrative. The Metafictional Paradox*. New York.
Nickel-Bacon, Irmgard, Norbert Groeben und Margrit Schreier (2000). „Fiktionssignale pragmatisch. Ein medienübergreifendes Modell zur Unterscheidung von Fiktion(en) und Realität(en)". *Poetica* 32.3/4 (2000): 267–299.
Waugh, Patricia (1985). *Metafiction. The Theory and Practice of Self-Conscious Fiction*. London.
Wolf, Werner (1993). *Ästhetische Illusion und Illusionsdurchbrechung. Theorie und Geschichte mit Schwerpunkt auf englischem illusionsstörenden Erzählen*. Tübingen.
Zipfel, Frank (2014). „Fiktionssignale". *Fiktionalität. Ein interdisziplinäres Handbuch*. Hg. von Tobias Klauk und Tilmann Köppe. Berlin: 97–124.

Sven Strasen
III.7 Fiktionalität und Leseprozesse

1 Einleitung

Kognitive Theorien zu den Leseprozessen fiktionaler Texte werden in erster Linie in der Literaturwissenschaft, und dort im jungen Teilbereich der kognitiven Literaturwissenschaft, erarbeitet. Die in diesem Bereich vertretenen Positionen zur Fiktionalität lassen sich gut aus ihrem grundsätzlichen Literaturverständnis ableiten, und auch die Unterschiede in den Auffassungen zur Fiktionalität kann man unter Rückgriff auf diese grundsätzlichen Überlegungen erklären.

Trotz der für junge, theoretische Ansätze typischen Differenzen über Gegenstand und Methoden der Disziplin gibt es auch einige Basisannahmen, die für die kognitive Literaturwissenschaft geradezu definierend sind. Die wichtigste dieser Annahmen besteht darin, dass Literatur, wie jede andere Textsorte, im Wesentlichen kein Objekt ist, sondern ein Prozess. Dieser Prozess besteht darin, dass Zeichen decodiert und die so ermittelten semantischen Bedeutungen mit Elementen des leserseitigen Wissensbestandes kombiniert werden, um so zu einem Modell der Bedeutung des Textes zu gelangen. Literatur unterscheidet sich von anderen Textsorten jedoch in mindestens zwei Hinsichten.

1. Literatur geht scheinbar rücksichtslos mit den kognitiven Ressourcen der Rezipienten um: Literarische Techniken erschweren häufig die schnelle, quasi-automatisierte Bedeutungszuweisung – ein Befund, den schon die russischen Formalisten zum Ausgangspunkt ihrer literaturtheoretischen Überlegungen gemacht haben. Automatisierung der Wahrnehmung, so heißt es bei Šklovskij (vgl. 1969 [1916], 13), sei zwar ein sehr ökonomisches Verfahren der Informationsverarbeitung, der wahrgenommene Gegenstand werde dabei aber auf einige wenige seiner Eigenschaften reduziert. Wenn ich also jemandem erzähle, draußen werde die Straße geteert, wird er dies in der Regel als Hinweis auf einen eventuell notwendigen Umweg auf dem Nachhauseweg o. ä. wahrnehmen, Attribute wie der Geruch von Teer oder die flimmernde Luft über der frischen Teerschicht werden aber sinnvollerweise nicht aktiviert. Doch so sinnvoll und effektiv ‚automatisierte' Wahrnehmung und Informationsverarbeitung sein mögen, sie haben auch Nachteile: „Unter dem Einfluß einer solchen Wahrnehmung trocknet der Gegenstand aus [...]. Die Automatisierung frißt die Dinge, die Kleidung, die Möbel, die Frau und den Schrecken des Krieges" (Šklovskij 1969 [1916], 13–15). Das Spezifikum und die Funktion der Literatur bestehe, so Šklovskij, darin, die Welt in ihrer ganzen sinnlichen Fülle wieder zugänglich zu machen, den Stein gleichsam steinern zu machen (vgl. Šklovskij 1969 [1916], 15). „Ziel der Kunst ist es, ein Empfinden des

Gegenstandes zu vermitteln [...]; das Verfahren der Kunst ist das Verfahren der ‚Verfremdung' der Dinge [...], ein Verfahren, das die Schwierigkeit und Länge der Wahrnehmung steigert, denn der Wahrnehmungsprozeß ist in der Kunst Selbstzweck und muß verlängert werden [...]" (Šklovskij 1969 [1916], 15). Daraus folgt natürlich auch, dass der Gegenstand von Literaturwissenschaft eben Prozesse und nicht Objekte sind, Prozesse allerdings, die durch von zu diesem Zweck produzierten Objekten ausgelöst werden. Dies ist auch unmittelbar einleuchtend, denn im Gegensatz zu Wegbeschreibungen oder Lehrbüchern werden literarische Texte ja nicht in erster Linie deshalb gelesen, um zu einem verbesserten mentalen Modell der Welt zu gelangen, sondern weil der Prozess der Verarbeitung – das Lesen – Vergnügen bereitet. Doch auch wenn die Erkenntnis des Prozesscharakters von Literatur also ebenso alt wie einleuchtend ist, wurde sie lange Zeit ignoriert. Ein wichtiger Grund dafür ist, dass der Leseprozess ein kognitiver Prozess ist, der im Gegensatz zu textuellen Objekten nicht unmittelbar beobachtet werden kann.

Erst mit der pragmatischen Wende in der Linguistik und dem Aufkommen rezeptionstheoretischer Strömungen in der Literaturwissenschaft in den 1970er und 1980er Jahren geriet der Prozesscharakter von Literatur wieder stärker in den Blick (vgl. z. B. Enkvist 1991, 24–25). Auch wenn Leseprozesse natürlich nach wie vor nicht direkt beobachtbar sind, so war mit den Fortschritten bildgebender Verfahren in der Medizin sowie den in den 1980er und 1990er Jahren verstärkt einsetzenden Forschungen im Bereich der ‚künstlichen Intelligenz' der Boden für eine kognitive Wende auch in der Literaturwissenschaft bereitet. Die Vorstellung, kognitive Prozesse zu beobachten und zu beschreiben, erschien plötzlich nicht mehr utopisch. Die kognitiven Ansätze in der Literaturwissenschaft können geradezu dadurch definiert werden, dass sie auf der Suche nach Bausteinen einer Prozessästhetik der Literatur sind, was sich dann auch in ihrer Sicht auf das Phänomen der Fiktionalität niederschlägt. Diese Überlegung führt zum zweiten Spezifikum literarischer Kommunikation.

2. Literarische Texte sind in aller Regel fiktional. Dies erleichtert es natürlich, ‚Verfremdung' und damit ‚Entautomatisierung' im Sinne Šklovskijs zu erreichen. Wenn aber Textverstehen aus der Anreicherung decodierter Zeichen mit Rezipientenwissen besteht, ist nicht leicht zu erkennen, wie dies im Falle von fiktionalen Texten funktionieren soll, denn das Wirklichkeitsmodell der Rezipienten bildet ja qua Fiktionalität eben nicht notwendigerweise den kontextuellen Rahmen der im Text geschilderten Welt. Es stellt sich somit die Frage, welchen Regeln die Bildung eines kognitiven Modells der fiktionalen Welt folgt und wie sich diese Regeln zu den entsprechenden Mechanismen bei der Rezeption nicht-fiktionaler Texte verhalten. Aus diesen einführenden Überlegungen leitet sich dann die Struktur des vorliegenden Textes ab.

Zunächst werden einige der literaturwissenschaftlichen, textlinguistischen und kognitionstheoretischen Grundlagen kognitiver, prozessorientierter Literaturwissenschaft vorgestellt, die einen notwendigen Hintergrund zum Verständnis aktueller Diskussionen bilden (vgl. Abschnitt 2). Zunächst sind das klassische Positionen in der literaturwissenschaftlichen Rezeptionstheorie (vgl. z. B. Iser ⁴1994 [1976]), die, wie zu zeigen sein wird, eine nicht haltbare Position zur Funktion fiktionaler Texte vertreten haben. Danach werden dort linguistische Modelle des Textverstehens präsentiert, die nach wie vor einen wichtigen Ausgangs- und Bezugspunkt für die Beschreibung von Bedeutungszuweisung zu und kognitiver Funktion von fiktionalen Texten bilden (vgl. z. B. van Dijk und Kintsch 1983). Den Abschluss von Abschnitt 2 bildet eine kurze Einführung in kognitionstheoretische Modelle zur Repräsentation, zur Speicherung und zum Abruf gespeicherten Wissens, ohne die keines der aktuellen kognitiven Modelle fiktionaler Kommunikation möglich wäre (vgl. Minsky 1979; Schank und Abelson 1977; Rumelhart et al. 1986).

Im Hauptteil dieses Kapitels (Abschnitt 3 und 4) werden die wichtigsten theoretischen Ansätze zu den kognitiven Mechanismen der Bedeutungszuweisung zu fiktionalen Texten (3) und zur kognitiven Funktion fiktionaler Kommunikationsprozesse (4) vorgestellt. So wird es in Abschnitt 3 unter anderem um die *Possible Worlds Theory* (vgl. z. B. Ryan 1991) und um *Conceptual Integration Networks* (vgl. z. B. Fauconnier und Turner 2002) gehen, die sich dominant mit dem ‚Wie' fiktionaler Kommunikation beschäftigen. In Abschnitt 4 werden dagegen verschiedene rezeptionsorientierte Antworten auf die Frage nach dem ‚Warum' von Fiktionalität vorgestellt. In diesem Kontext wären die wichtigsten Stichworte *Theory of Mind* (vgl. z. B. Zunshine 2006), evolutionäre Ansätze (vgl. z. B. Eibl 2009) oder Schemaerneuerung bzw. -überprüfung (vgl. z. B. Cook 1994 und Semino 1997). In Abschnitt 5 wird dann ein kurzer Ausblick gegeben, in dessen Rahmen mit einer jüngeren Arbeit Vera Nünnings (2014) auch noch ein Ansatz erwähnt wird, der einige der zuvor vorgestellten Ansätze miteinander zu verbinden versucht.

2 Grundlagen kognitiver Erklärungen fiktionaler Kommunikationsprozesse

Nach der langen Dominanz textimmanenter Methoden in der Literaturwissenschaft war der Aufstieg der Rezeptionstheorie in den 1970er Jahren eine geradezu revolutionäre Entwicklung, die mit großen Hoffnungen verbunden war. Kaum zehn Jahre später allerdings war die Rezeptionstheorie dabei, so Ulrich Suerbaum, „schon wieder aus der Mode zu kommen" (1984, 15). Die Gründe dafür lassen sich exemplarisch besonders gut an den Arbeiten Wolfgang Isers nachvollziehen. Dies ist auch deshalb hier sinnvoll, weil diese Gründe einen wichtigen Ausgangspunkt für das bilden, was später die pragmatische und die kognitive Wende in der Literaturwissenschaft genannt worden ist (vgl. auch Strasen 2008, 43–125).

Ausgangspunkt für Isers Rezeptionstheorie ist die von Roman Ingarden (vgl. z. B. 1968 [1937], 303–304) übernommene Erkenntnis, dass sprachliche Ausdrücke stets unterdeterminiert sind, dass sie sogenannte Unbestimmtheitsstellen enthalten. Wenn man also beispielsweise das Wort ‚Stuhl' liest, weiß man nicht, aus welchem Material er ist, welche Farbe er hat, wie viele Beine und so fort. Diese Informationen muss der Leser also ergänzen, wenn sie ihm relevant erscheinen (vgl. Ingarden 1968 [1937], 250). Die wichtigste Quelle für diese Ergänzungsleistungen ist der Kontext. Einerseits wird man Unbestimmtheitsstellen unter Rückgriff auf zuvor präsentierte Informationen auffüllen, andererseits wird man den nachfolgenden Text nach Informationen über den noch nicht hinreichend bestimmten Stuhl absuchen. In nicht-fiktionalen Texten ist dieser Ergänzungsprozess, so Iser, unproblematisch. Der „notwendige Abbau von Unbestimmtheitsbeträgen ist in handlungspragmatischer Sprachverwendung durch Konventionen, Prozeduren, Situationsangemessenheiten und Aufrichtigkeitsgarantien geregelt" (Iser ⁴1994 [1976], 98). Diese Regelungen sind aber nach Isers Ansicht in fiktionaler Kommunikation suspendiert. Die Regeln zur Ergänzung von sprachlichen Zeichen durch Kontextinformation, das, was in „der gebrauchssprachlichen Verwendung der Rede vorgegeben sein muß, gilt es hier erst zu erstellen" (Iser ⁴1994 [1976], 109). Der situative Kontext hilft nicht weiter, weil der fiktionale Text strenggenommen „situationslos" ist (Iser ⁴1994 [1976], 109). Das Regelwerk, mit dessen Hilfe man Text- und Kontext-Informationen im Verstehensprozess miteinander verbindet, muss aus dem Text, der mit seiner Hilfe erst verstanden werden soll, abgeleitet werden. Der fiktionale Verstehensprozess verläuft deshalb so, dass der Leser zunächst einmal Unbestimmtheitsstellen quasi-automatisiert auffüllt, als handele es sich um nicht-fiktionale Texte und als sei sein Weltwissen relevantes Kontextwissen für den zu verstehenden Text. Der literarische fiktionale Text ist so gestaltet, dass der Leser an einen Punkt kommt, wo er seine Kontextannahmen revidieren muss, was dazu führt, dass auch die Auffüllungen der Unbestimmtheitsstellen zu einem nennenswerten Teil revidiert werden müssen. Eine Stelle, an der eine Revision der bisherigen Annahmen nötig wird, ist das, was Iser eine Leerstelle nennt. Leerstellenreichtum ist ein Charakteristikum komplexer, Leerstellenarmut trivialer Texte (Iser ⁴1994 [1976], 300–312). Die Revision allzu schneller und selbstgewisser Bedeutungszuweisungsstrategien durch das, was er in einer nicht zufällig an den russischen Formalismus erinnernden Formulierung „Vorstellungserschwerung" nennt (z. B. Iser ⁴1994 [1976], 291–292), ist für Iser der eigentliche Sinn fiktionaler Texte. Sie läuft darauf hinaus, „den Leser von habituellen Dispositionen abzulösen, damit er sich das vorzustellen vermag, was durch die Entschiedenheit seiner habituellen Orientierungen vielleicht unvorstellbar schien" (Iser ⁴1994 [1976], 293).

Es ist deutlich geworden, dass mit Isers Rezeptionstheorie ein frühes Beispiel einer Theorie vorliegt, die a) den ästhetischen Wert fiktionaler Kommunikation im Lektüreprozess sucht, die b) Hypothesen über die Funktionsmechanismen fiktionaler Kommunikation bildet und c) auch Annahmen über die kognitive Funktion fiktionaler Kommunikation vorstellt. Problematisch ist Isers Position in zwei symptomatischen Hinsichten, die zugleich Hinweise darauf geben, in welche Richtungen sich eine Theorie fiktionaler Leseprozesse dann weiterentwickeln musste. 1.) Der Leser, von dem Iser spricht, ist kein empirischer Leser aus Fleisch und Blut, sondern ein hypothetischer Idealleser, der sich vom Text in seinen Sinnbildungsmechanismen auf vorhersehbare Weise verunsichern lässt (vgl. Iser ⁴1994 [1976], 246–247). 2.) Der kategoriale Unterschied – hier nicht-fiktionaler Text, bei dem der Kontext gegeben sei, dort fiktionaler Text, der kontextlos ist und daraus sein Potenzial zur Vorstellungserschwerung zieht – ist nicht haltbar. Mit der in den 1970er Jahren einsetzenden pragmatischen Wende in der Linguistik wurde immer deutlicher, dass der bedeutungsstiftende Kontext sprachlicher Äußerungen keineswegs unproblematisch gegeben ist, sondern auch in nicht-fiktionalen Kontexten, wie Hans-Jörg Schmid (vgl. 2003, 442–443) resümiert, stets subjektiv, dynamisch, reflexiv und potenziell unendlich ist. Das führt dazu, dass die Text-Kontext-Relationierung ein höchst komplexer Vorgang ist, der erst auf der Grundlage differenzierter Modelle der dabei notwendigen kognitiven Prozesse angemessen zu modellieren ist.

Das erstgenannte Phänomen hat mit der weitverbreiteten Sorge in der Literaturwissenschaft zu tun, der literarische Text könnte, wenn man Leseprozesse ganz normaler Leser als Gegenstand der Literaturwissenschaft ernstnimmt, in einer Vielzahl ganz beliebiger Bedeutungszuweisungen auf- und damit zugleich untergehen. Diese Sorge ist weitgehend unbegründet, weil nicht-fiktionale Äußerungen sehr viel weniger durch einen vorgegebenen Kontext in ihrer Bedeutung reglementiert sind, als etwa Iser das annimmt. Deshalb ist der Unterschied zwischen der Bedeutungszuweisung zu fiktionalen und nicht-fiktionalen Äußerungen nicht so groß wie gedacht. Dies, so muss man der Fairness halber festhalten, wurde erst durch Forschungsansätze zu Textverstehensprozessen klar, die in den späten 1970er und frühen 1980er Jahren ihren Ursprung haben. Das in diesem Kontext grundlegende Basismodell ist das Prozessmodell von van Dijk und Kintsch (1983), das die Grundlage für eine Reihe wichtiger Arbeiten in der kognitiven Literaturwissenschaft bildet (z. B. Meutsch 1986; Zwaan 1996; Schneider 2000; Culpeper 2001; Strasen 2008) und trotz seines fortgeschrittenen Alters noch Teile der Basisterminologie bereitstellt.

Die ‚Oberflächenstruktur' des Textes besteht im Wesentlichen aus der Repräsentation des Wortlautes des Textes im kognitiven System des Lesers (van Dijk und Kintsch 1983, 342–343). Dieses Format stellt allerdings (zu) hohe Anforderungen an die kognitiven Ressourcen des Rezipienten, sodass es in der Regel mit Hilfe einer semantisch-syntaktischen Analyse in logische Propositionen – die sogenannte Textbasis (vgl. van Dijk und Kintsch 1983, 11) – überführt und dann gelöscht wird. Eine dritte Ebene besteht aus dem ‚Situationsmodell'. Dieses Situationsmodell entsteht, wenn die Textbasis auf eine wirkliche oder mögliche Welt bezogen wird (vgl. van Dijk und Kintsch 1983, 11–12). Dabei wird der propositionale Gehalt des Textes mit aktivierten Elementen aus dem ‚Wissensbestand' der Rezipienten kombiniert, sodass ein Modell der im Text repräsentierten Situation entsteht, das weder auf die Textbasis noch auf das der Textrezeption vorgängige Wirklichkeitsmodell des Rezipienten reduzierbar ist. Die Bildung und die Weiterentwicklung des Situationsmodells geschehen dabei mit Hilfe einer Rückkopplungsschleife zwischen Textbasis und Wissensbestand. Hat der Rezipient erst einmal ein stabiles Situationsmodell entwickelt, so werden auch Teile der Textbasis aus dem Gedächtnis gelöscht und neue Elemente der Textbasis ‚nur' noch in das Situationsmodell integriert, wobei Letzteres Schritt für Schritt modifiziert wird. Dieser Prozess, die Bildung und ständige Revision von Situationsmodellen, ist das, was bei Iser ‚Auffüllen von Unbestimmtheitsstellen durch Kontextarrangierung' heißt. Es wird aber deutlich, dass dies eben nicht nur durch neue Elemente der Textbasis geschieht, sondern auch durch das Durchsuchen des eigenen Wissensbestandes. Dieser Prozess der Suche nach potenziellen Kontextelementen ist unhintergehbar, ganz gleich, ob es sich beim vorliegenden Text um einen fiktionalen oder um einen nicht-fiktionalen handelt. Diese Suche wird allerdings noch von einer fünften Ebene im Textverstehensprozess beeinflusst, dem ‚Kontrollsystem'. In diesen Bereich gehören etwa Informationen über Textsorten, literarische Gattungen usw. (vgl. van Dijk und Kintsch 1983, 12).

Wenn man dieses Modell auf die eingangs angestellten Überlegungen zu Prozessästhetik und Entautomatisierung zurückbezieht, so wird klar, dass die Bildung von Situationsmodellen zu fiktionalen Texten zwar grundsätzlich den gleichen Regeln folgt wie die zu nicht-fiktionalen Texten, aber doch einige Besonderheiten aufweist: Das, was die russischen Formalisten Verfremdung nennen, wäre nichts anderes als die Erschwerung der Konstruktion eines Situationsmodells. Dies kann durch eine besonders komplexe Gestaltung von Oberflächenstrukturen, Inkohärenzen auf der Ebene der Textbasis, die Aktivierung selten genutzter Teile des Wissensbestandes und die Suspendierung von sonst vorausgesetzten Teilen des Wissensbestandes geschehen. Zudem müssen die so erzielten kognitiven Effekte vergleichsweise groß sein, weil Rezipienten andernfalls nicht bereit wären, den in diesen Prozessen notwendigen hohen kognitiven Aufwand zu investieren (vgl.

Sperber und Wilson 1995 [1986], VII). Um nun nachzeichnen zu können, wie das gemäß verschiedener Theorien fiktionaler Leseprozesse funktioniert und worin diese kognitiven Effekte bestehen, müssen wir uns jedoch noch zumindest kursorisch mit der Struktur des Wissensbestandes befassen, denn nur so lassen sich Annahmen über Mechanismen der Aktivierung verschiedener Teile dieses Wissensbestandes durch Textstrategien angemessen nachvollziehen.

Das gegenwärtig dominante Paradigma zur Struktur der Repräsentation von Wissen durch das kognitive System ist die Schematheorie (die Darstellung folgt im Wesentlichen Minsky 1979). Diese geht davon aus, dass es für kognitive Systeme aus Gründen der Verarbeitungsökonomie nicht sinnvoll ist, Informationen einzeln und unverbunden zu verarbeiten und zu speichern. Vielmehr werden wiederholt in engem zeitlichem Zusammenhang wahrgenommene Ereignisse zu einem sogenannten Schema zusammengefasst. Dies geschieht automatisch und unbewusst auf der Grundlage ganz basaler neuronaler Prozesse. Ein Standardbeispiel für ein solches Schema ist das Hochzeits-Schema. Wie in jedem Schema gibt es Elemente, die notwendigerweise zu der kognitiv repräsentierten Situation gehören – etwa Ringe, Trauzeugen, das Ja-Wort usw. Darüber hinaus gibt es sogenannte Terminals, die durch verschiedene Elemente gefüllt werden können. Im Hochzeits-Schema wäre das beispielsweise das Geschenk-Terminal, an das verschiedene Gegenstände ‚passen' und andere nicht. Und schließlich gibt es Standardbelegungen (*default assignments*) der Terminals, den wahrscheinlichsten Fall, von dem ausgegangen wird, solange keine spezifischen Informationen vorliegen. So ist die Standardbelegung des Farb-Terminals im Hochzeitskleid-Schema ‚weiß', der *Default*-Wert des Material-Terminals am Ehering-Schema ‚gold'. Diese Schemata und mit ihnen ihre Standardbelegungen werden aktiviert, wenn zentrale Elemente wahrgenommen werden. Je stereotyper die Situation, desto weniger Elemente sind nötig, sodass etwa der Hochzeitsmarsch von Mendelssohn ausreicht, um das komplette Hochzeits-Schema zu aktivieren. Dieses Beispiel verdeutlicht zudem, dass die weitaus meisten dieser Schemata kulturspezifisch sind.

Die Relevanz des Schema-Begriffs für die hier behandelten Fragen ist offenkundig. Die meisten der oben formulierten Fragen lassen sich in die hier vorgestellten Begriffe aus Textverarbeitungs- und Schematheorie übersetzen. 1.) Wie funktioniert die Bildung eines Situationsmodells, wenn die im Kontakt mit der Umwelt erworbenen Schemata suspendiert sind? 2.) Worin besteht der ästhetische Reiz eines Prozesses, bei dem Situationsmodelle und Bedeutungshypothesen wiederholt zusammenbrechen und der vom kognitiven System zudem noch recht hohen Aufwand erfordert? 3.) Welche kognitive Funktion hat die Bildung von Situationsmodellen angesichts der Tatsache, dass die Situationen, um die es geht, fiktional sind? Diese drei Fragen werden das Gerüst der folgenden Darstellung kognitiver Prozessmodelle fiktionaler Kommunikation bilden. Im nächsten Abschnitt wird es zunächst um solche Ansätze gehen, die das Augenmerk besonders auf die erste dieser Fragen richten.

3 Mechanismen der Aktivierung von Elementen des Wissensbestandes bei der Rezeption fiktionaler Texte

Einen Lösungsvorschlag für das Problem, wie Bedeutungskonstruktion funktionieren kann, wenn die Gültigkeit von Echtweltwissen in fiktionaler Kommunikation partiell suspendiert ist, haben wir schon kennengelernt: der dem Text „unterliegende Code" muss, so Wolfgang Iser (⁴1994 [1976], 98), in eben diesem Text erst „entdeckt werden". Mit dem Siegeszug der Pragmatik in der Linguistik in den 1970er und 1980er Jahren wurde aber immer deutlicher, dass Sprache sehr viel weniger nach dem Modell klassischer Codes funktioniert als zuvor angenommen wurde. Dan Sperber und Deirdre Wilson fassen die in diesem Kontext zentrale Erkenntnis, die auf H.P. Grice (vgl. 1991) zurückgeht, so zusammen: „[A]s long as there is some way of recognizing the communicator's intentions, communication is possible. [...] [T]he inferential abilities that humans ordinarily use in attributing intentions to each other should make communication possible even in the absence of a code" (Sperber und Wilson 1995 [1986], 25). In einem ersten Schritt wird es hier also um Theorien gehen, die fiktionale Kommunikation mit Hilfe pragmatischer Überlegungen zu erklären versuchen:

Pragmatische Ansätze
Derjenige theoretische Ansatz der Pragmatik, der in der Literaturtheorie am häufigsten rezipiert wurde, ist Sperber und Wilsons Relevanztheorie. Deren Grundannahmen sind vergleichsweise einfach: Kognitive Ressourcen sind ein knappes Gut, mit dem ökonomisch umgegangen werden muss. Deshalb versuchen Menschen möglichst hohe kognitive Effekte pro kognitivem Aufwand zu erzielen. Es ist also weder sinnvoll, Reize zu verarbeiten, die mit dem gespeicherten Wissen in keinem Zusammenhang stehen, noch solche Reize, die schon gespeichert sind. Optimal ist die Verarbeitung solcher Reize, die, wenn sie mit bereits gespeichertem Wissen kombiniert werden, den Wissensbestand des Rezipienten um einen höheren Informationsbetrag erweitern, als sie selbst enthalten. Wenn ich nun als Autor oder Sprecher eine Zeichenfolge produziere, verändere ich die kognitive Umwelt von Rezipienten in der Absicht, dass die Verarbeitung dieser Veränderung bei ihnen kognitive Effekte verursacht. Wenn ich aber nicht in der sozialen

und kommunikativen Isolation landen will, tue ich gut daran, nur solche kommunikativen Akte zu vollziehen, deren Verarbeitung beim Rezipienten kognitive Effekte auslösen, die den mit der Verarbeitung verbundenen Aufwand rechtfertigen und sie darüber hinaus so zu vollziehen, dass die Effekte mit möglichst geringen kognitiven ‚Kosten' erreicht werden. Da der Rezipient das auch weiß, wird er aber im Normalfall unterstellen, dass ich meinen kommunikativen Akt tatsächlich so zu gestalten versucht habe. Kurzum, es ist wechselseitig manifest, dass in der Regel eine Relevanzgarantie implizit mitkommuniziert wird, wann immer ein Sender einen Empfänger mit einer Zeichenfolge konfrontiert (vgl. Sperber und Wilson 1995 [1986], 270). Diese Annahme bildet das Vorverständnis, den Punkt, an dem der hermeneutische ‚Hebel' bei der Zuweisung kommunikativer Absichten ansetzen kann. Immer wenn Rezipienten eine Zeichenfolge wahrnehmen, durchsuchen sie ihre kognitive Umwelt, die aus dem unmittelbaren situativen Kontext und ihrem gespeicherten Wissen besteht, nach einem Kontext, in dem die Äußerung kognitive Effekte auslöst. Dabei kommen nur solche Elemente der kognitiven Umwelt in Betracht, von denen der Sender wissen konnte, dass sie Teil der kognitiven Umwelt des Empfängers sind. Beim ersten solchen Kontext, bei dem ein hinreichend hoher kognitiver Effekt erzielt wird, wird die Suche abgebrochen und die entsprechende Bedeutung wird unterstellt. Senderseitig bedeutet dies, dass man, um erfolgreich zu kommunizieren, die Inhalte der kognitiven Umwelt des Rezipienten und die Reihenfolge, in der er sie nach einem bedeutungsstiftenden Kontext absuchen wird, prognostizieren muss. Wenn ich also beispielsweise jemanden auf dem Weg zu einer Party vor dem ungewöhnlichen Haustier des Gastgebers warnen will, und „Paul hat eine große Katze" sage, ist der Rezipient vermutlich zu Recht verstimmt, wenn er bei Paul einem Tiger begegnet, weil die Bedeutung Hauskatze, wie ich hätte voraussehen können, bei seiner Suche in der kognitiven Umwelt deutlich früher auftaucht und mir eine Äußerung zur Verfügung gestanden hätte, bei der die Bedeutung ‚Tiger' mit geringerem kognitiven Aufwand erreicht worden wäre.

Schon bei dieser sehr knappen Darstellung der Relevanztheorie werden zwei zentrale Probleme bei ihrer Anwendung auf fiktionale Texte deutlich. Zum einen ist nicht klar, wie das im Fall von medial vermittelter Massenkommunikation funktionieren kann. Wie soll ein Sender die kognitiven Umwelten und Suchroutinen einer ihm nicht bekannten Personengruppe prognostizieren können? Und wie sollen (literarische) fiktionale Texte angesichts des hohen kognitiven Aufwandes, den sie oft erfordern, und der Tatsache, dass die in ihnen gebildeten Situationsmodelle keine in der Außenwelt vorhandenen Situationen abbilden, jemals optimal relevant sein können?

Die erste der beiden Fragen lässt sich gut mit Hilfe des Konzepts der kulturellen Modelle, wie es in der kognitiven Kulturanthropologie entwickelt worden ist, beantworten (vgl. Holland und Quinn 1987, und Strauss und Quinn 1997). Es ist Sender und Rezipienten von Massenkommunikation bekannt, dass der Sender die kognitiven Umwelten der Empfänger nicht kennen kann. Deshalb werden Empfänger ganz individuelle kognitive Schemata nicht als Äußerungskontext unterstellen. Es gibt aber innerhalb jeder Kultur einen Fundus an geteilten kognitiven Schemata – ‚kulturelle Modelle' –, die einfach dadurch entstehen, dass die Mitglieder einer Kultur partiell gleiche Wahrnehmungen in engem zeitlichen Zusammenhang machen. Diese geteilten Schemata sind die einzigen, die für Sender und Empfänger wechselseitig manifeste kognitive Umwelten sein können, und bei ihnen beginnt also auch die Suche nach Kontexten, in denen kognitive Effekte auftreten.

Die zweite Frage ist deutlich schwerer zu beantworten. Wie sollte etwa die Äußerung, „Ich trete in die dunkelblaue Stunde – da ist der Flur, die Kette schließt sich zu und nun im Raum ein Rot auf einem Munde und eine Schale später Rosen – du!" (Benn 1986 [1956], 246), angesichts des extremen Verarbeitungsaufwandes je optimal relevant sein können? Doch eigentlich wohl nur, wenn bei ihrer Verarbeitung extrem hohe kognitive Effekte oder solche kognitiven Effekte erzielt werden, die auf andere Weise gar nicht zu erzielen sind. Dies ist auch der Grundgedanke, der Adrian Pilkingtons *Poetic Effects* (2000) zugrunde liegt: Im Grunde übersetzt Pilkington einen Grundgedanken der russischen Formalisten in relevanztheoretische Begriffe und verbindet das Ganze mit einem zentralen Begriff der Philosophie des Geistes. Er bezieht sich auf die Textstelle Šklovskijs, in der dieser erklärt, Literatur sei dazu da, den Stein steinern zu machen, und dies funktioniere nur mit Hilfe einer Entautomatisierung der Bedeutungszuweisung durch Verfremdung und damit durch die Erhöhung der Schwierigkeit beim Verständnis des Textes. Diese Überlegung lässt sich gut mit relevanztheoretischen Überlegungen vereinbaren. Wenn man verhindern will, dass Rezipienten sich mit der semantischen Bedeutung von ‚Stein' zufriedengeben, muss man eine sprachliche Form wählen, die so schwierig ist, dass eine auf der bloßen semantischen Bedeutung der Äußerung fußende Bedeutungshypothese nicht optimal relevant sein kann. Man muss also den Verarbeitungsaufwand für den Rezipienten erhöhen, sodass potenzielle Kontexte aktiviert werden, die sonst gar nicht ins Spiel kommen. Pilkington geht aber noch einen Schritt weiter: Er übernimmt von Damasio (1989) die Annahme, dass es im kognitiven System einen Bereich für die Speicherung qualitativer Eigenschaften von Wahrnehmungen gibt, also dafür, wie es sich für jemanden anfühlt, Zahnschmerzen zu haben, Teer zu riechen oder eben einen Stein zu fühlen (vgl. Pilkington 2000, 153). Dieser Bereich – bei Pilkington heißt er *phenomenal memory store* – wird bei der Suche nach bedeutungskonstituierenden Kontexten in der Regel aber nicht durchsucht, denn bei den in ihm abgelegten Erinnerungen handelt es sich um sogenannte Qualia, also individuelle Erfahrungsqualitäten, die Dritten, also auch dem Sender, aus grundsätzlichen erkenntnistheoretischen Gründen nicht zugänglich sein können und die der Sender deshalb auch nicht als bedeutungsstiftenden Kontext vorhergesehen haben kann. Erst wenn eine ganze Reihe von Kontexten erfolglos durchsucht worden ist, wird, so Pilkington (vgl. 2000, 181–182), doch der *phenomenal memory store* durchsucht. Sollten sich dabei kognitive Effekte ergeben, kommt es zu einem paradoxen Effekt: Es entsteht für den Rezipienten der Eindruck, dem Sender sei gelungen, was unmöglich ist, nämlich Qualia zu kommunizieren, während der Rezipient auf der Suche nach bedeutungsstiftenden Kontexten doch nur seinen eigenen Erfahrungsqualitäten begegnet ist.

Doch nicht nur für die Erklärung der Illusion, fiktionale Texte könnten Qualia kommunizieren, leistet die Relevanztheorie einen Beitrag. Sie schlägt auch Brücken zwischen Theorien, die Fiktionalität mit Hilfe von Textmerkmalen – *signposts of fictionality* – definieren wollen und solchen, die sie als eine besondere Lesestrategie im Lektüreprozess bestimmen. Für die letzteren stellt sich nämlich stets die Frage, wie denn die Anwendung der fiktionalen Lesestrategie überhaupt ausgelöst wird. Das geschieht einerseits etwa durch paratextuelle Signale, andererseits ist auf Grundlage der Relevanztheorie zu erwarten, dass bestimmte Charakteristika von Texten die Verwendung von Lesestrategien für fiktionale Texte nahelegen. Dies gilt einerseits für Entautomatisierungstechniken wie die Benutzung von Wiederholungsstrukturen oder Tropen, flagrante Widersprüche zum kulturell dominanten Wirklichkeitsmodell oder interne Fokalisierung, wie sie zum Teil schon in den 1950er Jahren von Käte Hamburger (vgl. ⁴1994 [1957]) beschrieben worden sind. Diese *signposts* sind aus relevanztheoretischer Sicht jedoch keineswegs konventionalisierte und kontextunabhängige Fiktionalitätsmerkmale. Sie sind vielmehr Textmerkmale, die im Gültigkeitsbereich bestimmter kultureller Modelle für Rezipienten die Vermutung nahelegen, dass sie mit der für fiktionale Texte vorgesehenen Suchstrategie durch ihre kognitive Umwelt schneller zu hinreichend großen kognitiven Effekten gelangen. Eine solche Sicht der Dinge vertritt beispielsweise Walsh (2007), wobei er weniger an der konkreten Ermittlung solcher sprachlicher Gestaltungsmerkmale interessiert ist. Erst in jüngerer Zeit wird versucht, Auslöser fiktionaler Lesestrategien in relevanztheoretischen Termini zu rekonzeptualisieren (vgl. Zetterberg Gjerlevsen 2016). Insbesondere ein jüngerer Aufsatz von Nielsen et al. (2015) fasst in zehn Thesen eine solche pragmatische Sicht auf das Phänomen Fiktionalität zusammen. Besonders die Thesen 4 bis 6 sind dort erkennbar relevanztheoretisch inspiriert: „From the perspective of a sender, fictionality is a flexible means to accomplish a great variety of ends. [...] From the perspective of the receiver, fictionality is an interpretive assumption about a sender's communicative act. [...] No formal technique or other textual feature is in itself a necessary and sufficient ground for identifying fictive discourse" (Nielsen et al. 2015, 65–67). Noch wichtiger ist aber wohl, dass These 8 auf den ebenfalls aus der Relevanztheorie ableitbaren impliziten Echtweltbezug fiktionaler Texte hinweist. Dort (Nielson et al. 2015, 68) heißt es: „Fictionality often provides for double exposure of imagined and real." („Double Exposure" ist hier im Sinne einer Doppelbelichtung von Filmmaterial zu verstehen.) Etwas einfacher ausgedrückt bedeutet dies, dass man nur bereit ist, ein komplexes Situationsmodell einer fiktionalen Situation zu bilden und weiterzuentwickeln, wenn man sich davon auch kognitive Effekte im Kontext der nicht-fiktionalen Welt erhofft. So fordert etwa der Satz „Stell Dir vor, Frauke Petry wäre Bundeskanzlerin" zur Bildung eines fiktiven Situationsmodells auf, dessen kognitiver Effekt sich aus dem Vergleich dieser fiktiven Welt mit der tatsächlichen Welt ergibt, in der Frauke Petry eben nicht Bundeskanzlerin ist. Dies führt zu einem zweiten Typus von Fiktionalitätstheorien.

Mögliche Welten, Textwelten, **Storyworlds**
Die Theorie möglicher Welten geht davon aus, dass wir ständig mit fiktionalen und kontrafaktischen Situationsmodellen operieren. Vor die Wahl gestellt, ob Handlung A oder Handlung B sinnvoll ist, um ein bestimmtes Ziel zu erreichen, spielen wir in der Regel die wahrscheinlichen Konsequenzen durch, die die jeweilige Handlung in unserer Welt gemäß der uns bekannten Regeln dieser Welt hätte. Das Ergebnis sind zwei Zustände – mögliche Welten – die wir dann mit dem angestrebten Zustand, man könnte von einer Wunschwelt sprechen, abgleichen. Wir wählen dann die Handlungsalternative, die wahrscheinlich zu einer möglichen Welt führt, die am wenigsten von unserer Wunschwelt abweicht. Bildung und *Updating* von möglichen Welten sind also keineswegs Prozesse, die ausschließlich bei der Bedeutungszuweisung zu literarischen Texten stattfinden. Sie sind vielmehr kognitive Routine-Aktivitäten, die allerdings im Fall von fiktionalen, literarischen Texten etwas komplexer sind, weil die Regeln, die in den zu konstruierenden Welten gelten, nennenswert von denen der tatsächlichen Welt abweichen und weil darüber hinaus zwischen die Rezipienten und die Informationen über die zu bildende Welt mehrere Vermittlungsinstanzen (Erzähler, Fokalisierer, Figurenrede etc.) geschaltet sind. Marie-Laure Ryans (1991) *Possible Worlds Theory* und die auf ihr aufbauende Textwelttheorie (Werth 1999) sowie auch David Hermans (2002) Überlegungen zu *Storyworlds* sind allesamt Versuche, die Prozesse, die bei der Bildung und Weiterentwicklung von fiktionalen, möglichen Welten relevant sind, zu systematisieren und zu beschreiben. Auch wenn sich diese Theorien im Detail zum Teil erheblich unterscheiden, so sind sie doch in ihren Grundannahmen ähnlich genug, um sie hier gemeinsam vorzustellen.

Narrative Universen bestehen nach Ryan aus einer zentralen Welt, die innerhalb des Textes als tatsächliche Welt zählt (*Textual Actual World* – kurz TAW), und zahlreichen weiteren Welten, die diese TAW als Satelliten umkreisen (vgl. Ryan 1991, 109–123). Diese Satelliten-Welten sind etwa die *knowledge-world* einzelner Charaktere, ihre *wish-world* oder *obligation-world*, also Welten, die den Wissensstand einzelner Figuren repräsentieren, ihre Wünsche oder eine Welt, in der sie alle ihre Verpflichtungen erfüllen würden. Das, was die klassische Narratologie einen *plot* genannt hat, ist letztlich die Verschiebung der Relationen zwischen der TAW und den verschiedenen Satelliten-Welten (vgl. Ryan 1991, 119). Die Aufgabe für Rezipienten besteht darin, diese verschiedenen Welten mit Hilfe textueller Signale ‚nachzubauen' und die sich ändernden Relationen zwischen ihnen zu verfolgen. Daraus folgt: Das, was bei van Dijk und Kintsch Situationsmodell hieß, besteht für die Welt-Theorien aus einer Vielzahl von Welten und ihren Beziehungen zueinander. Ein Kern der literaturwissenschaftlichen Welt-Theorien besteht nun darin, sprachliche Auslöser für die Bildung, das *Update* und die Relationierung der Welten zu identifizieren. So entwickelt etwa Paul Werth mit der Textwelttheorie ein System sprachlicher Strukturen, die entweder die leserseitige Konstruktion von Welten auslösen (*world-building elements*) oder die Handlung vorantreiben (*function-advancing propositions*) (vgl. Werth 1999, 180–209; zur Einführung vgl. Gavins 2007). Ebenfalls weite Verbreitung gefunden haben verschiedene Versionen der *deictic shift theory,* die unter anderem nachzuvollziehen versucht, wie mit Hilfe der Verschiebung des deiktischen Zentrums (also des ‚Ortes', auf den sich deiktische Bestimmungen wie ‚hier', ‚jetzt', ‚dort' etc. beziehen) Wechsel zwischen dem Bezug auf die TAW und verschiedene Satelliten-Welten angezeigt werden (vgl. z. B. Segal 1995, 15). David Hermans Konzept der *storyworlds* greift schließlich stark auf die klassische Schematheorie zurück. *Storyworlds* sind nämlich die von Erzählungen explizit oder implizit evozierten Welten (vgl. Herman 2002, 9–22). Dabei ist die Parallele zum Konzept des Situationsmodells augenfällig: „Storyworlds are global mental representations enabling interpreters to frame inferences about the situations, characters, and occurrences either explicitly mentioned in or implied by a narrative text or discourse. As such storyworlds are mental models of the situations and events being recounted" (Herman 2009, 106–107).

Wenn aber *storyworlds* ermöglichen, Inferenzen zu bilden, müssen die Regeln, nach denen diese Welten funktionieren, ja bekannt sein, was in fiktionaler Kommunikation nicht ohne Weiteres zu unterstellen ist. Bei der Ermittlung der relevanten Mechanismen der TAW sind zwei Sachverhalte hilfreich: Erstens macht sich der Leser, so Werth (vgl. 1999, 56), eine sprachliche Besonderheit bei der schemabasierten Kommunikation zunutze: Ist ein Schema einmal aufgerufen, kann man typische Elemente des Schemas sprachlich so behandeln, als wären sie im Kontext schon eingeführt worden. Ein Beispiel wäre etwa die Aussage „Sie standen vor dem Standesamt, die Ringe waren sehr schön", angesichts derer sich niemand über den bestimmten Artikel vor „Ringe" wundern würde, auch wenn zuvor nie von Ringen die Rede war. Solche Mechanismen kann man in fiktionalen Texten gut einsetzen, um die Existenz von Schemata in der TAW (oder auch in Satelliten-Welten) anzudeuten, und die Rezipienten so zur Suche nach Informationen über dieses Schema im weiteren Textverlauf aufzufordern (vgl. Herman 2009, 112–113). So würde etwa der Textanfang „Sie konnten unmöglich aus dem Haus gehen, die Selbstschussanlage war kaputt" ein Schema in der TAW andeuten, in dem Selbstschussanlagen ein notwendiges Attribut von Häusern sind. Der zweite Sachverhalt, der bei der Konstruktion der TAW extrem hilfreich ist, ist das von Ryan formulierte und inzwischen allgemein akzeptierte Prinzip der minimalen Abweichung (*principle of minimal departure*) (Ryan 1991, 48–60). Dieses Prinzip besagt, dass, unabhängig davon, wie merkwürdig die TAW ist, alle Schemata der AW, die nicht durch sprachliche Signale suspendiert sind, in die TAW transferiert werden können. Diese elementaren Weltbildungsmechanismen erklären dann auch, wie der rezipientenseitige Wissensbestand in die Bildung von Situationsmodellen eingehen kann, wenn die TAW oder irgendeine andere der im fiktionalen Text vorgestellten Welten nicht den Regeln der AW folgt. Diesem Thema hat sich in der deutschen Narratologie in erster Linie Jan Alber gewidmet. Seine *Unnatural Narratology* ist der Versuch, eine Erzähltheorie für fiktionale Texte zu etablieren, deren Welten besonders radikal von der AW abweichen. Gegen die Versuche, solche Texte geradezu als radikale Verunsicherung unserer Sinnbildungsmechanismen selbst zu verstehen, angesichts derer Lesestrategien ganz eigener Art und ein weitgehender Verzicht auf den Einsatz des aus der AW abgeleiteten Weltwissens nötig seien, setzt Alber ein Modell, in dem er zeigt, dass auch extrem anti-mimetische Texte auf Seiten der Leser zwar einen sehr hohen Prozessaufwand erfordern, die Mechanismen der Bildung einer TAW aber dieselben sind wie die angesichts aller anderen Texte, wenn auch im Grenzgebiet der Leistungsfähigkeit dieser Mechanismen operiert wird (vgl. z. B. Alber 2016). Angesichts dieser extremen Fälle wird allerdings auch deutlich, dass das bis hierhin entwickelte Modell kognitiver Bedeutungszuweisungsstrategien zu fiktionalen Texten noch unvollständig ist: Bislang war immer die Rede davon, dass kognitive Schemata vom Text aktiviert und in das Situationsmodell transferiert werden. Kognitive Schemata sind aber Repräsentationen stereotyp auftretender Ereignisse. Wie verarbeitet ein Rezipient aber die sprachliche Repräsentation von Situationen, für die ihm keine Schemata zur Verfügung stehen, weil sie eben gerade nicht stereotyp, sondern ganz ungewöhnlich sind? Was also etwa tun, wenn der Erzähler eines Textes etwa ein Tier, ein unbelebtes Objekt oder gar eine Leiche ist (vgl. Alber 2009, 82)? Die in der kognitiven Literaturwissenschaft vorherrschende Annahme zu diesem Problem trägt den Namen *Blending*-Theorie.

Blending-*Theorie* (*„Conceptual Integration Networks"*)

Wie wir bei der Beschäftigung mit der Relevanztheorie gesehen haben, müssen diejenigen Elemente des Wissensbestandes, die der Empfänger bei der Bildung des Situationsmodells einsetzen wird, für Sender und Empfänger wechselseitig manifest sein. Das heißt, der Sender muss davon ausgehen können, dass der Empfänger über das vorausgesetzte Wissen verfügt und der Empfänger muss wissen, dass der Sender Grund zu der Annahme hat, er, der Empfänger, verfüge über eben diese Wissensbestände. Insofern müssen im Falle von an eine nicht definierte Gruppe gerichteter Kommunikation kulturell geteilte Wissensbestände eine Rolle spielen. Wie aber kann Wissen über erzählende Leichen oder fliegende Schweine kulturell geteilt sein? Eine Antwort findet sich in einer Publikation mit dem wenig bescheidenen Titel *The Way We Think* (vgl. Fauconnier und Turner 2002): durch kognitives Überblenden – *cognitive blending*.

Der Vorgang der kognitiven Überblendung lässt sich gut mit Hilfe einer optischen Metapher verdeutlichen (vgl. Schneider 2012, 3): wenn ich mir vorstellen möchte, wie ein Teppich, den ich in einem Geschäft sehe, in meiner Wohnung aussehen würde, vollziehe ich eine kognitive Operation, die dem Überblenden zweier Bilder (Teppich und Wohnung), etwa indem man zwei Diaprojektoren auf denselben Punkt richtet, ähnelt. Solche Prozesse passieren aber nicht nur angesichts optischer Phänomene. Ich kann mir auch vorstellen, wie ich heute auf eine Provokation reagieren würde, der ich vor Jahren ausgesetzt war (vgl. Schneider 2012, 3 und Fauconnier und Turner 2002, 113). In diesem Fall überblende ich meine gegenwärtige Identität mit einer längst vergangenen Situation.

Die Relevanz dieser Überlegungen für die hier in Rede stehenden Fragen ist offensichtlich. Wenn ich kein kulturelles Modell für einen erzählenden Kühlschrank habe, in einem fiktionalen Text aber mit einem solchen konfrontiert bin, werde ich ihn als eine Überblendung meines kulturellen Modells von Erzählern und meines kulturellen Modells von Kühlschränken behandeln und Inferenzen mit Hilfe dieser kulturellen Modelle bilden. Ralf Schneider beschreibt diesen Prozess prägnant und weist zugleich implizit auf ein zentrales Problem hin: „In reading a narrative, we continually have to recruit mental spaces we fill with our knowledge of the world [...], and spaces filled with aspects of the imaginary world elicited by the narrative we read [...]. *Usually, this poses no problem as long as there is little clash in the organizing frames*, which tends to be the standard case" (Schneider 2012, 11; eigene Hervorhebung). Auch wenn das im Standardfall also kein Problem ist, stellt sich doch prinzipiell die Frage, von welchem *Input Space* der *Blended Space* seine Struktur bezieht. Einen Text, in dem fliegende Schweine vorkommen, kann ich zwar verarbeiten, indem ich das fliegende Schwein als Überblendung des kulturellen Modells von Schweinen mit dem kulturellen Modell von Vögeln verarbeite, das hilft mir aber nicht dabei, zu entscheiden, ob diese fliegenden Schweine etwa Eier legen. Im Falle der fliegenden Schweine lässt sich das noch vergleichsweise leicht mit Hilfe von Ryans Prinzip der minimalen Abweichung klären, aus dem sich ergibt, dass, wenn keine anderslautenden Textsignale vorhanden sind, auch fliegende Schweine *keine* Eier legen und sich dafür sehr wohl gerne im Matsch suhlen. Es liegt aber auf der Hand, dass diese Entscheidungen nicht immer so leicht zu treffen sind, zumal *Blends* auch aus mehr als zwei *Input-Spaces* zusammengesetzt sein können. Das führt uns auch gleich zu einem weiteren Problem der *Blending*-Theorie: Es ist nicht immer ganz leicht zu entscheiden, welche *Input-Spaces* in ein Phänomen eingegangen sind, das Rezipienten für einen *Blend* halten – ist ein fliegendes Schwein ein *Blend* aus Schwein und Vogel oder aus Schwein und Flugzeug, von Schwein und Hubschrauber ganz zu schweigen (vgl. z.B. Fludernik 2010 oder Hougaard 2008)? Zudem sind einige der Begriffe, mit denen die *Blending*-Theorie operiert, schwach bestimmt und/oder metaphorisch – was genau ein *mental space* ist, ist beispielsweise nicht präzise genug geklärt. Doch diese Einwände und die Erwiderungen darauf sowie die genauen Mechanismen des *Blending*-Prozesses führen für unsere Zwecke schon zu weit. Es bleibt abschließend allerdings festzuhalten, dass die *Blending*-Theorie nicht nur im Kontext der Erkundung der Konstruktion von Situationsmodellen hohes Erklärungspotenzial besitzt. Von der Gattungstheorie (vgl. Schneider und Hartner 2014) über die Perspektivenstruktur von narrativen Texten (vgl. Hartner 2012) bis zur Metapherntheorie (vgl. z.B. Sinding 2011) hilft sie, kognitive Verarbeitungsmechanismen und die Aktivierung von Weltwissen zu konzeptualisieren. Zudem bietet sie eine plausible Hypothese darüber an, wie wir Wissensbestände einsetzen, wenn wir mit Situationen konfrontiert sind, über die wir strenggenommen nichts wissen – eine Fähigkeit, die etwa aus evolutionsbiologischer Sicht ganz entscheidend ist. Dies führt zur zweiten und dritten der oben gestellten Fragen, oder, einfacher formuliert, vom ‚Wie' zum ‚Warum' fiktionaler Kommunikation.

4 Funktionen fiktionaler Kommunikationsprozesse

Wie schon im Kontext der Vorstellung von Ryans Theorie möglicher Welten gezeigt wurde, ist der Umgang mit kontrafaktischen und hypothetischen Szenarien eine der zentralen kognitiven Aufgaben, vor die Individuen immer wieder gestellt werden. Die Verarbeitung fiktionaler Kommunikate könnte deshalb als Training für strukturell ähnliche, nicht-fiktionale Situationen betrachtet werden. Andererseits könnte man auch fragen: Wenn die relevanten Prozesse doch ohnehin täglich in großer Zahl stattfinden, wozu ist dann noch ein ‚Training' durch das Verarbeiten von fiktionalen Texten nötig? Kurz gesagt: Um die Ubiquität von Fiktion zu erklären, müsste man kognitive Effekte finden, die durch das Verarbeiten fiktionaler Texte und nur (oder mindestens besonders gut) dadurch zu erzielen sind. Die Vorschläge, die diesbezüglich gemacht worden sind, lassen sich in drei Gruppen einteilen:

a) Fiktionale Kommunikation dient in erster Linie zum Ausbau der Fähigkeit, die Perspektive anderer Individuen übernehmen und so ihr Verhalten besser prognostizieren zu können. Dies hat erhebliche – auch evolutionär relevante – Vorteile, was die Allgegenwart von Fiktion in den verschiedensten kulturellen Formationen erklärt.

b) Fiktionale Kommunikation dient in erster Linie zur Überprüfung der Leistungsfähigkeit der eigenen kognitiven Schemata. Sie ist dazu deshalb besonders gut geeignet, weil in ihr auch ungewöhnliche, unvertraute Situationen simuliert werden können, sodass die zu überprüfenden Schemata sich gleichsam im Extremfall bewähren müssen.

c) Fiktionale Kommunikation dient in erster Linie dem ästhetischen Vergnügen, das seinerseits evolutionär begründet werden kann. Es wird ein evolutionär sinnvolles Verhalten durch Lustgewinn belohnt, das pragmatisch keine unmittelbare Belohnung nach sich zieht. Sport, Spiele und auch die Beschäftigung mit fiktionalen Texten sind Beispiele für Handlungen, die unmittelbar keinen, mittelfristig aber sehr wohl Nutzen bringen. Evolutionär waren – so etwa Eibl (2009) – diejenigen im Vorteil, denen diese Tätigkeiten Lust bereiten. Wir wären demnach dominant Nachkommen von besonders begeisterten Fiktionsrezipienten.

Perspektivenwechsel – Theory of Mind

Der gegenwärtig prominenteste Vorschlag zur Bestimmung der Funktion fiktionaler Kommunikation stammt von Lisa Zunshine (vgl. z. B. 2006). Ihre Überlegungen gehen von einem plausiblen Grundgedanken aus: Es gibt wenige kognitive Aufgaben, die wichtiger wären als die Prognose von Handlungen anderer. Insofern ist die Fähigkeit, die Intentionen anderer Menschen zu erkennen, sozusagen ihre Gedanken zu lesen, extrem hilfreich. Bis zu einem gewissen Grad ist diese Fähigkeit angeboren, etwa wenn es darum geht, Emotionen aus körperlichen Signalen abzuleiten, aber Individuen sind stets damit beschäftigt, sie auszubauen und zu erproben. Trotzdem werden wir nie zu einer perfekten Repräsentation der Gedanken Dritter kommen und wir werden uns nie sicher sein können, wie gut unsere Hypothesen über die Gedanken unseres Gegenübers waren. Hier kommen nun fiktionale Texte ins Spiel: Die Fähigkeit, anderen Menschen aufgrund von

Äußerungen und Verhalten mentale Zustände und Intentionen zuschreiben zu können, die man bildet – Zunshine spricht hier in Anlehnung an psychologische Theorien von einer *Theory of Mind* – ist gleichermaßen die Voraussetzung für die erfolgreiche Rezeption fiktionaler Texte, wie ihre Verfeinerung eine ihrer wichtigsten Funktionen ist (vgl. Zunshine 2006, 10). Fiktionale Texte sind dazu aus mehreren Gründen besser geeignet als die Erfahrungen, die man im Alltag macht. Dort können die Hypothesen über mentale Zustände nie perfekt sein und wir können letztlich auch nie genau wissen, wie gut sie waren. In Alltagssituationen reicht es aber auch völlig aus, wenn die Hypothese ‚gut genug' war, wie es Ellen Spolsky nennt (2002, 52). Jeder Versuch, noch genauere Hypothesen zu entwickeln, würde erstens nicht mehr zu sehr vielen erfolgreicheren Handlungen führen und zweitens würde das kognitive System unter dem erhöhten Prozessaufwand schnell zusammenbrechen. Autoren fiktionaler Texte geben sich aber oft mit ‚gut genug' nicht zufrieden. Sie führen die Gedankenlesefähigkeiten an den Rand ihrer Leistungsfähigkeit, versprechen dafür aber besonders hohe kognitive Effekte (vgl. Zunshine 2008, 72).

Zunshines Überlegungen sind zweifellos plausibel. Ja, ‚Gedankenlesen' ist eine überlebenswichtige Fähigkeit; ja, Leser lesen fiktionale Texte auch und gerade deshalb, um komplexe Charaktere zu beobachten und die Zuweisung von mentalen Zuständen zu genießen; und ja, hier liegt potenziell eine Prozessästhetik vor, die erklären kann, was am Leseprozess (und nicht etwa am textuellen Objekt) ästhetisches Vergnügen erzeugt. Allerdings ist damit erst gezeigt, dass die von Zunshine beschriebenen Mechanismen mit einer gewissen Wahrscheinlichkeit zu den Funktionen gehören, die das Rezipieren von fiktionalen Texten für Leser hat, nicht aber, dass sie die einzigen oder auch nur die wichtigsten Funktionen sind. Hier drängt sich ein Verdacht auf, der einen angesichts literaturtheoretischer Thesen häufiger beschleicht: Literaturtheoretiker haben zuweilen die Tendenz, literarische Texte, die ihnen besonders gut gefallen, mit der Literatur schlechthin zu verwechseln, und Leseprozesse so zu modellieren, wie sie sich diese wünschen und nicht so, wie sie in der Regel sind. Mit anderen Worten: Das, was Lisa Zunshine als *die* Funktion der Rezeption fiktionaler, literarischer Texte beschreibt, ist das, was passiert, wenn ein bestimmter Typus Leser auf eine bestimmte Sorte Text stößt, prototypisch repräsentiert durch komplexe Erzähltexte der klassischen Moderne. Aber gilt all das auch für die Lektüre eines Bastei-Lübbe Heftromans durch einen nicht-intellektuellen Leser, oder etwa die *Utopia*-Lektüre eines überzeugten Kommunisten? Geht es da auch ausschließlich oder in erster Linie um *Theory of Mind*? Es lohnt sich zumindest auch noch Ansätzen nachzugehen, die diese Frage mit ‚nein' oder mit ‚nur zum Teil' beantworten.

Schemaüberprüfung durch discourse deviation

Wie einleitend referiert wurde, entwickelt der russische Formalismus eines der frühesten Prozessmodelle literarischer Kommunikation. Seine Basisthesen sind so einleuchtend, dass sie in den letzten 100 Jahren immer wieder zum Ausgangspunkt literaturtheoretischer Überlegungen wurden. Auch Guy Cooks *Discourse and Literature* (1994) versucht die Erkenntnisse des Formalismus mit den damals noch recht neuen Überlegungen der Schematheorie zu verbinden, um so der Funktion von Literatur und Fiktionalität näher zu kommen. Er geht dabei von Šklovskijs Grundthese aus, dass literarische Texte formal anders gestaltet sind als gebrauchssprachliche Texte, um den Wahrnehmungsprozess zu verlängern und zu entautomatisieren (vgl. Šklovskij 1969 [1916], 15). Das ist aber nun nicht bei allen Texten der Fall, die der Literatur zugerechnet werden, und andersherum sorgt formale Abweichung von der gebrauchssprachlichen Norm nicht automatisch für Entautomatisierung. So bemüht sich etwa der klassische realistische Roman des 19. Jahrhunderts häufig um möglichst genaue Nachahmung der Alltagssprache, ohne dass man ihm deshalb den literarischen Anspruch aberkennen könnte. Und die Tatsache, dass Büttenreden in der Regel gereimt sind und einem festen Metrum folgen, sorgt bei vielen Rezipienten trotzdem nicht dafür, dass sie sie langsamer und auf einer tieferen Ebene verarbeiten als andere Texte. Will man also ‚Abweichung' weiter als Mittel zur Entautomatisierung verteidigen, muss die Norm, von der abgewichen wird, etwas komplexer sein als einfach ‚Alltagssprache'. An dieser Stelle setzt Cook mit seinen schematheoretischen Überlegungen an: Nicht nur unsere Erfahrungen mit der materiellen Welt führen zu Schemata, sondern auch unsere Erfahrungen mit Sprache. Cook (1994, 197) unterscheidet zwischen Welt-, Text- und Sprach-Schemata. Dabei sind in den Welt-Schemata unsere Erfahrungen mit der physischen Umwelt repräsentiert, in Text-Schemata sind Informationen über typische Textsorten, Textstrukturen oder literarische Gattungen abgelegt, während Sprach-Schemata Informationen über stilistische Mittel enthalten (etwa Reim, Parallelismen etc.). Cook wirft nun seinen theoretischen Vorgängern vor, Abweichungen und damit Verfremdungseffekte nur isoliert auf einer dieser Ebenen gesucht zu haben. Seine Position ist dagegen, dass die vom Formalismus prognostizierten Effekte zwar durch Abweichungen auf jeder dieser Ebenen erzeugt werden können, wichtiger sei es aber noch, dass es typische Konstellationen zwischen den drei Ebenen gebe. Werde von diesen Konstellationen abgewichen, so entstünden besonders starke Verfremdungseffekte. Ein Text wie Thomas Morus' *Utopia* erzielt die Entautomatisierung also vermutlich in erster Linie durch das Abweichen von den Welt-Schemata der Rezipienten seiner Zeit, während es bei James Joyces *Ulysses* vermutlich in erster Linie Text-Schemata sind. Beispiele für Abweichung von typischen Konstellationen wären etwa ein Text, der mit „Es war einmal" anfängt, in dem Tiere aber trotzdem nicht sprechen können (und damit unserem ganz normalen Tier-Schema *entsprechen*) oder vierzehnzeilige Texte in elisabethanischem Englisch mit drei Quartetten im Kreuzreim und einem abschließenden Paarreim, in dem es *nicht* um die Liebe oder die Unvergänglichkeit der Kunst geht. Solche Abweichung von typischen Schema-Konstellationen nennt Cook *discourse deviation* (vgl. 1994, 198).

Der Zweck, der mit *discourse deviation* erreicht werden soll, besteht nach Cook darin, die Unzulänglichkeit von Schemata sichtbar zu machen, und zu ihrer Reorganisation, zuweilen auch zu ihrer Zerstörung, beizutragen. Dies traut Literatur dann doch wohl mehr zu, als sie in der Regel vermag, sodass man dazu neigen könnte, im Anschluss an Elena Semino (vgl. 1997, 251) etwas vorsichtiger zu formulieren und von Schema*überprüfung* zu sprechen. Ganz gleich aber, ob die Verfremdung der Schemaerneuerung oder der Schemaüberprüfung dienen soll, beides lässt sich besonders gut mit fiktionalen Texten bewerkstelligen. Natürlich, so Cook, könne man Schemata auch mit Hilfe anderer Textsorten in Frage stellen, fiktionale Texte seien aber doch am besten dazu geeignet. Cook begründet dies wie folgt: „[I]n manipulation of the physical world, or in the establishment and maintenance of social relationships [...] it may be better to keep to established patterns rather than experiment with new ones. (Repairing the brakes of a car or greeting an old friend are not times to try out new procedures)" (Cook 1994, 183).

Cooks Ansatz mag etwas grobkörnig sein, aber er scheint zu Unrecht etwas in Vergessenheit geraten zu sein, insbesondere wenn man ihn mit dem heute weit populäreren Ansatz Zunshines vergleicht. Einerseits vermeidet er die Reduzierung der Funktion von fiktionalen Texten auf die Ausdifferenzierung der *Theory of Mind*. Zweitens kann er eben diesen Ansatz in sich aufnehmen, denn das, was Zunshine Gedankenlesen nennt, geschieht im Alltag in allererster Linie auf Grundlage von kulturellen, geteilten Schemata, wie jeder bestätigen kann, der schon einmal eine Gruppe schwergewichtiger, betrunkener, junger Männer hat singend auf sich zukommen sehen. Zudem kann er plausibel begründen, warum die Funktionen, die er konstatiert, am besten mit Hilfe fiktionaler Kommunikation erfüllt werden können. Allerdings bleibt anzumerken, dass seine Überlegungen doch recht abstrakt bleiben. Zudem wird nicht ausreichend geklärt, worin denn letztlich der Reiz besteht, sein Schemasystem ständig in Frage stellen zu lassen und dafür auch noch hohen kognitiven Aufwand betreiben zu müssen. Diese Probleme werden prominent im letzten der drei Ansätze, die in diesem Kapitel vorgestellt werden sollen, behandelt.

Bioanthropologische Funktionen: ein evolutionsbiologischer Ansatz
Karl Eibls Erklärungsansatz für die Funktion fiktionaler Kommunikation, wie er ihn in seinem kurzen, aber sehr dichten Aufsatz „Fiktionalität – bioanthropolo-

gisch" (2009) vorstellt, argumentiert auf noch höherem Abstraktionsniveau als Zunshine oder Cook – deren Erklärungsmodelle würde er allenfalls als Sonderfall eines allgemeineren Prinzips gelten lassen. Als Ausgangspunkt für die Darstellung seiner Position ist seine Auseinandersetzung mit dem Welt-Begriff, wie er bei Nelson Goodman und später bei Ryan verwendet wird, gut geeignet. Eibl macht sich über den ‚Panlinguismus' Goodmans lustig, der konstatiert, dass wir „zwar Wörter ohne eine Welt haben" können, nicht jedoch eine „Welt ohne Wörter oder andere Symbole" (Goodman 1990 [1978], 19). Eibl hält dem entgegen: „Was machen dann die armen Tiere, die keine Sprache haben; haben sie keine Welt? [...] [D]ass wir das von Sprache Verschnürte als unsere ‚Welt' bezeichnen, hat gute Gründe: es ist die Vergegenständlichungsleistung der Sprache, die es uns ermöglicht, sozusagen Weltkonserven [...] herzustellen. Aber eine Welt haben auch der Nacktmull und die Zecke" (Eibl 2009, 273). Die verschiedenen Welten im Sinne Ryans oder Goodmans sind nach Eibl in sehr unterschiedlichem Sinn Welten. Die Welt, die wir mit Nacktmull und Zecke teilen, und die bei Ryan *Actual World* (AW) heißt, ist diejenige, in der sich unser Überleben als Individuum und der evolutionäre Erfolg als Spezies entscheidet. All die anderen Satelliten-Welten sind instrumentell auf die AW bezogen. Im Anschluss an Cosmides und Tooby (vgl. z. B. 2000) geht Eibl davon aus, dass zu jeder der Satelliten-Welten das Verhältnis, in dem sie zur AW steht, sozusagen als Index mitgespeichert wird. In diesen Indizes werden Gültigkeitsbedingungen und Modalitäten dieser Welten (‚sicher', ‚vielleicht', ‚wahrscheinlich' u. ä.) abgelegt. Dieser Mechanismus ist dafür verantwortlich, dass die unterschiedlichen Welten ein enorm effektives Format für die Verwaltung und Verarbeitung von Informationen bereitstellen. „[A]uch unser eigenes Verhalten wird von solchen Geltungseinschränkungen geregelt, wenn wir unser Handeln auf wechselnde Umstände einstellen. Hierin liegt die eigentlich menschen-spezifische Fähigkeit, die für die immense Erfolgsgeschichte unserer Art verantwortlich ist, die Fähigkeit nämlich, einen Vorrat an (ganz unterschiedlich) bedingt ‚wahren' Informationen zu verarbeiten" (Eibl 2009, 278).

Bis zu diesem Punkt ist Eibls Argumentation wenig mehr als der Versuch, die Überlegungen Goodmans und Ryans evolutionsbiologisch weiterzudenken. Die verschiedenen Welten sind Instrumente zur effektiven Speicherung und Verarbeitung von Information, die jeweils durch Indizes auf die *Actual World* bezogen werden, die die Relation zwischen der jeweiligen Satelliten-Welt und der AW bezeichnen, eine Relation, die Eibl unter dem Begriff „Modus" fasst (vgl. Eibl 2009, 278–279). Das, was wir Fiktion nennen, und hier geht Eibl über Ryan und Goodman hinaus, ist ein solcher Modus, charakterisiert durch Indizes, die die Metainformation „das ist Spiel" vermitteln. Das, was in anderen Strömungen *Signposts of Fictionality* heißt, ist nach Eibl demnach nichts Anderes als eine historisch und kulturell kontingente Weise, diese Metainformation zu vermitteln. Es stellt sich dann aber immer noch die Frage, wozu es dieses fiktionalen ‚Modus' denn bedarf, denn die Bildung von Welten wird ja in anderen Modi schon hinreichend praktiziert. Eibl benutzt zu dieser Erklärung die Unterscheidung zwischen Funktions- und Organisationsmodus. Der Funktionsmodus ist dann aktiv, wenn Verhaltensprogramme zur Lösung von Problemen eingesetzt werden, zu deren Lösung sie entwickelt worden sind – etwa Sprache zum Kommunizieren oder Laufen zur Flucht. Im Organisationsmodus sind diese Programme aktiv, wenn sie deshalb eingesetzt werden, um sie zu trainieren, etwa das Lallen von Kleinkindern zur Entwicklung differenzierterer Artikulation oder der Wettlauf zur Verbesserung der Geschwindigkeit beim Laufen. Aktivitäten im Organisations-Modus sind, so Eibl, für alle Spezies notwendig, weil sich „jeder komplexe Organismus [...] nach seiner Geburt überhaupt erst einmal fertig bauen" muss. „Beim Menschen", so Eibl weiter, „hält sich dieser Organisationsmodus offenbar bis ans Lebensende durch, weil er wegen der höchst komplexen und heterogenen Struktur des menschlichen Gehirns auch nach der Fertigstellung zu Instandhaltungs- und Reparaturaufgaben benötigt wird" (2009, 282). Die Pointe dieser Überlegungen besteht darin, dass nicht-fiktionales Erzählen Erzählen im Funktions-Modus ist, fiktionales Erzählen dagegen Erzählen im Organisationsmodus. Während also nicht-fiktionale Erzählungen dazu dienen, Erfahrungen zu speichern und weiterzugeben, oft deshalb, weil in dieser Erfahrung ein „Allgemeines im Besonderen anschauend erkannt" werden kann und soll (Eibl 2009, 281), wäre fiktionales Erzählen eine Art Training dafür. Da Tätigkeiten im Organisationsmodus zwar nötig sind, aber keinen unmittelbar wahrnehmbaren Nutzen haben, muss das Belohnungssystem ins Spiel kommen, um eine hinreichende Betätigung im Organisationsmodus sicherzustellen – ein Grund dafür, warum die Beschäftigung mit erfundenen Geschichten oft als so befriedigend empfunden wird: „Mit dem Hinweis [...], dass man [...] die entsprechenden Fertigkeiten später einmal, ‚im Leben', gebrauchen kann, bringt man schon Menschenkinder schwer in Bewegung und Tiere haben für solch längerfristige Planungen erst recht keinen Sinn. Zum Organisationsmodus gehört deshalb unabdingbar die intrinsische Belohnung des momentanen Verhaltens – das ist die *Lust*" (Eibl 2009, 282). Die Funktion fiktionaler Kommunikation bestünde also aus drei evolutionär relevanten Dispositionen: der Fähigkeit, „Informationen durch Metainformationen zu relativieren, u. U. bis zur Nullstufe, ferner die Fähigkeit, Sachverhalte in eine narrative Ordnung zu bringen, und schließlich die intrinsische Belohnung, die aus der ‚zweckfreien' Betätigung dieser beiden Fähigkeiten erwächst" (Eibl 2009, 282).

Attraktiv an diesem Ansatz ist die Tatsache, dass er als einer von wenigen eine plausible Hypothese darüber vorzustellen hat, welche universellen Funktionen fiktionale Kommunikation hat, die nicht oder nicht genau so gut in anderen Kommunikationsmodi erfüllt werden könnten, und darüber hinaus auch noch den ästhetischen Reiz der Beschäftigung mit pragmatisch nutzlosen Geschichten berücksichtigt. Zudem spricht es auch für den Ansatz, dass er die Überlegungen Zunshines oder Cooks in sich einschließen kann. Die Veränderung von Schemata ist beispielsweise etwas, was man gut im Organisations-Modus erproben sollte, bevor man die neuen Schemata im Funktions-Modus einsetzt. Gegen Eibls Ansatz spricht sein extrem hoher Abstraktionsgrad – welche Arten von fiktionalen Erzählungen aktivieren, warum, mit welchen sprachlichen Mitteln, bei wem das Belohnungszentrum? – und die Schwierigkeit, ihn zu überprüfen. Mag sein, dass die Dinge so sind, wie Eibl annimmt, mag aber auch nicht sein. Wie sollte man das belegen oder widerlegen? Andererseits wird man bei der Erklärung universeller Phänomene um den Versuch einer evolutionären Erklärung kaum herumkommen, was stets die Gefahr birgt, in Bereiche zu geraten, in denen Falsifizierung schwierig ist.

5 Schlussbemerkung

Lexikon- und Handbuch-Artikel laufen immer Gefahr, solche Positionen überzurepräsentieren, die eine ‚reine Lehre' vertreten, weil mit deren Hilfe das vorzustellende Feld besonders anschaulich zu vermessen ist. Es wird beim Lesen aber schon aufgefallen sein: Nicht alle der vorgestellten Ansätze schließen einander aus, und wenn man jüngere Forschungsarbeiten sieht, wird klar, dass dort sehr oft mehrere der hier vorgestellten Erklärungsansätze miteinander kombiniert werden. So ist etwa Vera Nünnings *Reading Fictions, Reading Minds* (2014) geradezu eine Zusammenschau verschiedener Ansätze. Die von Nünning herausgearbeiteten Funktionen fiktionaler Kommunikation kombinieren schematheoretische Überlegungen aus der kognitiven Narratologie, mit *Theory of Mind*, – Ansätze, die Fiktion als wichtiges Werkzeug zur Vermittlung kultureller Modelle sehen – mit solchen, in denen es primär um die evolutionär unverzichtbare Empathiefähigkeit geht (vgl. Nünning 2014, 294–306). Zudem nimmt die Anzahl von Texten ab, die vermeintlich spektakuläre theoretische Innovationen verkünden, und die Anzahl derjenigen, die die neuen Ansätze konkret in der Arbeit mit Texten überprüfen, nimmt zu. Auch das ist ein Trend, der häufiger auftritt, wenn sich eine neue theoretische Strömung wie die kognitive Literaturwissenschaft zu verfestigen beginnt. So wird etwa die Textwelttheorie Werths in der kognitiven Stilistik extensiv bei der Interpretation von Texten eingesetzt. All dies spricht dafür, dass in der kognitiven Literaturwissenschaft und den aus ihr abgeleiteten Beschäftigungen mit fiktionaler Kommunikation eine Konsolidierungsphase bevorsteht. Man könnte allerdings prognostizieren, dass doch noch eine entscheidende Weiterentwicklung zu erwarten ist: die stärkere Öffnung zur empirischen Forschung. Aus institutionellen und pragmatischen Gründen waren empirische Methoden in der Literaturwissenschaft lange kein Thema. Die Beobachtung von Lesern aus Fleisch und Blut bei einem so komplexen kognitiven Prozess wie der Verarbeitung literarischer Texte und die Interpretation dieser Beobachtungen lagen lange weit jenseits der methodischen Möglichkeiten der Literaturwissenschaft. Mit den rapiden Fortschritten auf dem Gebiet der Datenverarbeitung wird es inzwischen aber möglich, große Mengen an multimodalen Daten automatisiert nach Mustern durchsuchen zu lassen. So können dann Leseprozesse auf der Ebene von physiologischen Reaktionen, Augenbewegungen und äußerstenfalls auch von Gehirnaktivitäten beobachtet werden, um tatsächliche Leserreaktionen auf unterschiedliche Texte zu untersuchen. Nach ersten noch etwas zögerlichen Anfängen durch Pioniere wie Miall und Kuiken (vgl. z. B. 1994) oder Hakemulder (2004) gewinnen solche Ansätze in der kognitiven Literaturwissenschaft stark an Bedeutung, wie sich etwa an der Gründung des Max-Planck-Instituts für empirische Ästhetik in Frankfurt, aber auch durch zahlreiche kleinere Projekte wie etwa dem Aachener T-Rex Projekt zeigt, in dem mit Hilfe einer Synthese hermeneutischer, empirischer und Big Data-Methoden textuelle Auslöser von Emotionen and *Experientiality* – was ungefähr dem entspricht, was Pilkington Evokation von Qualia nennt – untersuchen will. Man darf gespannt sein, ob in diesen Kontexten Methoden entwickelt werden, die die hier vorgestellten Aussagen zum ‚Wie' und zum ‚Warum' fiktionaler Kommunikationsprozesse tatsächlich empirisch überprüfbar machen. 100 Jahre nachdem Šklovskij erstmals die Hypothese formuliert hat, die Verlängerung des Wahrnehmungsprozesses führe dazu, dass der Stein steiniger werde, wäre es wohl an der Zeit, diese und ähnliche Hypothesen endlich einfach einmal mit einer großen Anzahl an Probanden empirisch zu überprüfen.

Literaturverzeichnis

Alber, Jan (2009). „Impossible Storyworlds – and What to Do with Them". *StoryWorlds. A Journal of Narrative Studies* 1 (2009): 79–96.
Alber, Jan (2016). *Unnatural Narrative. Impossible Worlds in Fiction and Drama.* Lincoln.
Benn, Gottfried (1986 [1956]). *Sämtliche Werke. Gedichte I.* Stuttgart.
Cook, Guy (1994). *Discourse and Literature. The Interplay of Form and Mind.* Oxford.
Cosmides, Leda und John Tooby (2000). „Consider the Source. The Evolution of Adaptations for Decoupling and Metarepresentations". *Metarepresentations. A Multidisciplinary Perspective.* Hg. von Dan Sperber. New York: 53–116.
Culpeper, Jonathan (2001). *Language and Characterisation. People in Plays and Other Texts.* Harlow.
Damasio, Antonio (1989). „Concepts in the Brain". *Mind and Language* 4 (1989): 24–28.

Eibl, Karl (2009). „Fiktionalität – bioanthropologisch". *Grenzen der Literatur. Zu Begriff und Phänomen des Literarischen*. Hg. von Simone Winko, Fotis Jannidis und Gerhard Lauer. Berlin: 267–284.
Enkvist, Nils Erik (1991). „On the Interpretability of Texts in General and of Literary Texts in Particular". *Literary Pragmatics*. Hg. von Roger D. Sell. London: 1–25.
Fauconnier, Gilles und Mark Turner (2002). *The Way We Think. Conceptual Blending And The Mind's Hidden Complexities*. New York.
Fludernik, Monika (2010). „Naturalizing the Unnatural. A View from Blending Theory". *Journal of Literary Semantics* 39 (2010): 1–27.
Gavins, Joanna (2007). *Text World Theory. An Introduction*. Edinburgh.
Goodman, Nelson (1990 [1978]). *Weisen der Welterzeugung*. Frankfurt a. M.
Grice, Herbert Paul (1991). *Studies in the Way of Words*. Cambridge.
Hakemulder, Jèmeljan Frank (2004). „Foregrounding and Its Effect on Readers' Perception". *Discourse Processes* 38.2 (2004): 193–218.
Hamburger, Käte (⁴1994 [1957]). *Die Logik der Dichtung*. Stuttgart.
Hartner, Marcus (2012). *Perspektivische Interaktion im Roman. Kognition, Rezeption, Interpretation*. Berlin.
Herman, David (2002). *Story Logic. Problems and Possibilities of Narrative*. Lincoln.
Herman, David (2009). *Basic Elements of Narrative*. Malden.
Holland, Dorothy und Naomi Quinn (Hgg., 1987). *Cultural Models in Language and Thought*. Cambridge.
Hougaard, Anders (2008). „Compression in Interaction". *Mental Spaces in Discourse and Interaction*. Hg. von Todd Oakley und Anders Hougaard. Amsterdam: 179–208.
Ingarden, Roman (1968 [1937]). *Vom Erkennen des literarischen Kunstwerks*. Tübingen.
Iser, Wolfgang (⁴1994 [1976]). *Der Akt des Lesens. Theorie ästhetischer Wirkung*. München.
Meutsch, Dietrich (1986). „Mental Models in Literary Discourse. Towards the Integration of Linguistic and Psychological Models of Description". *Poetics* 15 (1986): 307–331.
Miall, David und Don Kuiken (1994). „Foregrounding, Defamiliarization, and Affect: Response to Literary Stories". *Poetics* 22.5 (1994): 389–407.
Minsky, Marvin (1979). „A Framework for Representing Knowledge". *Frame Conceptions and Text Understanding*. Hg. von Dieter Metzing. Berlin: 1–25.
Nielsen, Henrik Skov, James Phelan und Richard Walsh (2015). „Ten Theses about Fictionality". *Narrative* 23.1 (2015): 61–73.
Nünning, Vera (2014). *Reading Fiction, Changing Minds: the Cognitive Value of Fiction*. Heidelberg.
Pilkington, Adrian (2000). *Poetic Effects. A Relevance Theory Perspective*. Amsterdam.
Rumelhart, David E., Paul Smolensky, James L. McClelland und G. E. Hinton (1986). „Schemata and Sequential Thought Processes in PDP Models". *Parallel Distributed Processing: Explorations in the Microstructure of Cognition*. Vol. 2: *Psychological and Biological Models*. Hg. von James L. McClelland, David E. Rumelhart und PDP Research Group. Cambridge: 7–57.
Ryan, Marie-Laure (1991). *Possible Worlds, Artificial Intelligence, and Narrative Theory*. Bloomington.
Schank, Roger und Robert Abelson (1977). *Scripts, Plans, Goals and Understanding. An Inquiry into Human Knowledge*. Hillsdale.

Schmid, Hans-Jörg (2003). „An Outline of the Role of Context in Comprehension". *Anglistentag 2002 Bayreuth. Proceedings*. Hg. von Ewald Mengel, Hans-Jörg Schmid und Michael Steppat. Trier: 435–445.

Schneider, Ralf (2000). *Grundriß zur kognitiven Theorie der Figurenkonzeption am Beispiel des viktorianischen Romans*. Tübingen.

Schneider, Ralf (2001). „Towards a Cognitive Theory of Literary Character. The Dynamics of Mental-Model Construction". *Style* 35.84 (2001): 607–640.

Scheider, Ralf (2012). „Blending and the Study of Narrative. An Introduction". *Blending and the Study of Narrative. Approaches and Applications*. Hg. von Ralf Schneider und Marcus Hartner. Berlin: 1–29.

Schneider, Ralf und Marcus Hartner (2014). „The Cognitive Theory of Literary Genres Revisited. Cues from Construction Grammar and Conceptual Integration". *Linguistics and Literary Studies/Linguistik und Literaturwissenschaft. Interfaces, Encounters, Transfers/ Begegnungen, Interferenzen und Kooperationen*. Hg. von Monika Fludernik und Daniel Jacob. Berlin: 385–403.

Segal, Erwin (1995). „Narrative Comprehension and the Role of Deictic Shift Theory". *Deixis in Narrative. A Cognitive Science Perspective*. Hg. von Judith F. Duchan, Gail A. Bruder und Lynne E. Hewitt. Hillsdale: 3–17.

Semino, Elena (1997). *Language and World Creation in Poems and Other Texts*. London.

Sinding, Michael (2011). „Storyworld Metaphors in Swift's Satire". *Beyond Cognitive Metaphor Theory. Perspectives on Literary Metaphor*. Hg. von Monika Fludernik. New York: 239–257.

Šklovskij, Viktor (1969 [1916]). „Kunst als Verfahren". *Texte der russischen Formalisten*. Bd. 1: *Texte zur allgemeinen Literaturtheorie und zur Theorie der Prosa*. Hg. von Jurij Striedter. München: 3–35.

Sperber, Dan und Deirdre Wilson (1995 [1986]). *Relevance: Communication and Cognition*. Oxford.

Spolsky, Ellen (2002). „Darwin and Derrida. Cognitive Literary Theory as a Species of Poststructuralism". *Poetics Today* 23.1 (2002): 43–62.

Strasen, Sven (2008). *Rezeptionstheorien. Literatur-, sprach- und kulturwissenschaftliche Ansätze und kulturelle Modelle*. Trier.

Strauss, Claudia und Naomi Quinn (1997). *A Cognitive Theory of Cultural Meaning*. Cambridge.

Suerbaum, Ulrich (1984). *Krimi. Eine Analyse der Gattung*. Stuttgart.

van Dijk, Teun und Walter Kintsch (1983). *Strategies of Discourse Comprehension*. London.

Walsh, Richard (2007). *The Rhetoric of Fictionality. Narrative Theory and the Idea of Fiction*. Columbus.

Werth, Paul (1999). *Text Worlds. Representing Conceptual Space in Discourse*. London.

Zetterberg Gjerlevsen, Simona (2016). „Fictionality". *The Living Handbook of Narratology*. Hg. von Peter Hühn et al. Hamburg. http://www.lhn.uni-hamburg.de/article/fictionality (20.8.2016).

Zunshine, Lisa (2006). *Why We Read Fiction. Theory of Mind and the Novel*. Columbus.

Zunshine, Lisa (2008). „Theory of Mind and Fictions of Embodied Transparency". *Narrative* 16.1 (2008): 65–92.

Zwaan, Rolf (1996). „Toward a Model of Literary Comprehension". *Models of Understanding Texts*. Hg. von Bruce K. Britton und Arthur C. Graesser. Mahwah: 241–255.

Weiterführende Literatur

Alber, Jan (2016). *Unnatural Narrative: Impossible Worlds in Fiction and Drama*. Lincoln.
Gavins, Joanna und Ernestine Lahey (Hgg., 2016). *World Building: Discourse in the Mind*. London.
Schneider, Ralf und Marcus Hartner (Hgg., 2012). *Blending and the Study of Narrative: Approaches and Applications*. Berlin.
Stockwell, Peter (2009). *Texture: A Cognitive Aesthetics of Reading*. Edinburgh.
Strasen, Sven (2008). *Rezeptionstheorien: Literatur-, sprach- und kulturwissenschaftliche Ansätze und kulturelle Modelle*. Trier.

Christiana Werner
III.8 Fiktionalität und Pragmatik

1 Einleitung

„Das Feldlager der Monicas besteht aus Sonnenschirmen, Badelaken [...] und Kühlboxen, die hausgemachte Eislutscher aus Fruchtsaft enthalten. Die Monicas sind entweder unverhohlen schwanger oder sehen so aus, als könnten sie schwanger sein, denn sie haben ihre Figur verloren. Sie watscheln ans Wasser und brüllen die Namen ihrer Kinder, die auf Baumstämmen oder den aufblasbaren Walfischen reiten oder gerade davon herunterfallen."

Die vorliegende Szene stellt das Treiben an einem Strand dar und situiert im Zentrum dieses Treibens eine Gruppe weiblicher Protagonistinnen, deren Uniformität durch den Einheitsnamen der „Monicas" unterstrichen wird. Die Frage, ob es diese „Monicas" wirklich gibt oder ob sie erfunden sind, lässt sich anhand von diesem Textausschnitt schwierig beantworten. Handelt es sich um eine journalistische (und nicht besonders freundliche) Beschreibung oder um einen Romanauszug? Tatsächlich stammt dieser kurze Text nicht aus der Kolumne einer Zeitschrift, in der eine Journalistin ihre Beobachtungen niederschreibt, sondern aus der fiktionalen Erzählung *Jakarta* (2013) der Literaturnobelpreisträgerin Alice Munro. Durch das Zusprechen der Fiktionalität wird der Autorin Munro erlaubt, etwas Erfundenes – Fiktion – zu erzählen, ohne dass ihr eine Täuschungsabsicht unterstellt würde.

Das Auffällige an fiktionalen Äußerungen ist, dass die geäußerten Sätze anhand ihrer grammatikalischen Oberfläche nicht von solchen unterschieden werden können, die in nicht-fiktionalen Kontexten vorkommen. Es ist sogar so, dass derselbe Satz sowohl in einem Roman als auch in einem (nicht-fiktionalen) Zeitungsartikel stehen könnte. Dennoch werden die Äußerungen normalerweise ganz unterschiedlich von der Leserschaft aufgefasst und offenbar wird von Autorinnen oder Autoren auch ganz Unterschiedliches damit beabsichtigt. In unserem Alltag unterscheiden wir zwischen fiktionalen und nicht-fiktionalen Texten, selbst kleine Kinder sind oft schon geübt in dieser Unterscheidung. Ein wichtiges Merkmal fiktionaler Texte, oder allgemein fiktionaler Äußerungen, scheint zu sein, dass das, wovon sie handeln, nicht tatsächlich passiert ist beziehungsweise die Personen, um die es geht, nicht existieren. Vielmehr nehmen wir an, dass zumindest das meiste erfunden ist. Es scheint, dass mit fiktionalen beziehungsweise nicht-fiktionalen Äußerungen zwei ganz unterschiedliche Handlungen vollzogen werden: Die Autoren und Autorinnen von Zeitungsartikeln berichten, informieren, stellen fest und so weiter. Was aber tun diejenigen, die fiktionale

Texte schreiben? Was genau ist eine fiktionale Äußerung? Was sind die Merkmale fiktionalen Erzählens und wie unterscheidet sich diese Handlung von der des nicht-fiktionalen Erzählens? Um diese Fragen zu beantworten, scheint eine sprachpragmatische Herangehensweise das Mittel der Wahl zu sein.

2 Pragmatik und Sprechakttheorie

Pragmatik ist neben Syntax und Semantik ein Teilbereich der Sprachphilosophie. Ein sprachpragmatischer Ansatz fokussiert, grob gesprochen, den Handlungscharakter sprachlicher Äußerungen. Die sogenannte Sprechakttheorie ist eine Theorie der Sprache, die diesen Ansatz verfolgt.

John L. Austin gilt als Begründer der Sprechakttheorie. Seine zentrale These ist, nicht gerade geizig bei der Einführung von neuen Fachtermini, dass sprachliche Äußerungen typischerweise als lokutionäre, illokutionäre und perlokutionäre Akte beschreibbar sind (vgl. Austin 1975 [1962]). Mit der Bezeichnung ‚lokutionärer Akt' wird eine Äußerung als eine sprachliche und bedeutungsvolle Äußerung charakterisiert. Mit dem Terminus ‚illokutionärer Akt' wird die Äußerung dagegen als eine Handlung charakterisiert, die kommunikativ vollzogen wird, indem sich die Sprecherin oder der Sprecher sprachlich bedeutungsvoll äußert. Mit Verben wie ‚behaupten', ‚befehlen', ‚versprechen' werden illokutionäre Akte explizit bezeichnet, die Sprechende vollziehen können. Mit der Bezeichnung ‚perlokutionärer Akt' schließlich wird die Äußerung als Erzielen bestimmter Effekte beim Hörer charakterisiert, wie ‚erschrecken', ‚amüsieren', ‚verärgern' und ‚überzeugen'. In Austins Worten zusammengefasst: „We first distinguished a group of things we do in saying something, which together we summed up by saying we perform a locutionary act, which is roughly equivalent to uttering a certain sentence with a certain sense and reference, which again is roughly equivalent to ‚meaning' in the traditional sense. Second, we said, that we also perform illocutionary acts such as informing, ordering, warning, undertaking, &c., i. e. utterances which have a certain (conventional) force. Thirdly, we may also perform perlocutionary acts: what we bring about or achieve by saying something, such as convincing, persuading, deterring, and even, surprising or misleading." (1975 [1962], 109)

John R. Searle greift wesentliche Aspekte von Austins Sprechakttheorie auf, entwickelt aber eine eigene Variante. In seiner Terminologie kann eine sprachliche Äußerung als Äußerungsakt, als propositionaler, als illokutionärer und als perlokutionärer Akt beschrieben werden. Unter dem Äußerungsakt versteht Searle die sprachliche Äußerung als bloßes Äußern von Worten, ohne dass deren Bedeutung für diese Beschreibung relevant wäre. Der propositionale Akt besteht typischerweise aus zwei Teilhandlungen, dem Akt der Bezugnahme und der Prädikation. Damit ist gemeint, dass eine Sprecherin oder ein Sprecher sich mit einem oder mehreren Ausdrücken auf etwas in der Welt bezieht und mit weiteren Ausdrücken etwas darüber aussagt. Wenn die sprechende Person zum Beispiel sagt, „London ist eine sehr schöne Stadt", dann bezieht sie sich mit dem Ausdruck „London" auf die Stadt London und sagt über diese Stadt aus, dass sie „sehr schön ist" (Searle 1969, 22–29). Im Rahmen dieser Sprachbetrachtung wird angenommen, dass nicht Wörter von sich aus auf etwas Bezug nehmen, sondern Ausdrücke immer im konkreten Äußerungszusammenhang dafür verwendet werden, sich auf etwas zu beziehen. In aktuellen Debatten zur Sprechakttheorie findet sich sowohl Austins als auch Searles Terminologie wieder.

Der illokutionäre Akt
In Bezug auf die Frage, wie fiktionales Erzählen mithilfe der Sprechakttheorie zu analysieren ist, wird in erster Linie die Frage diskutiert, ob und welcher illokutionärer Akt dabei ausgeführt wird. Daher soll im Folgenden etwas ausführlicher auf das Konzept des illokutionären Aktes eingegangen werden. Unglücklicherweise findet sich weder bei Austin noch bei Searle eine Definition für den Terminus ‚illokutionärer Akt', wir müssen uns daher mit Charakterisierungen begnügen, auch wenn sich Kernelemente des Konzepts herausarbeiten lassen.

Es wurden bereits Beispiele für Verben genannt, die illokutionäre Akte bezeichnen. Sie werden auch illokutionäre Verben genannt. Durch die sogenannte Hiermit-Formel kann in einer Äußerung explizit gemacht werden, welche Handlung mit der Äußerung vollzogen werden soll, so zum Beispiel: „Hiermit verspreche ich dir, morgen den Einkauf zu übernehmen." In dieser Äußerung wird durch die Hiermit-Formel deutlich, dass mit der Äußerung ein Versprechen abgegeben wird. An die Stelle des Verbs ‚versprechen' können andere illokutionäre Verben gesetzt werden, die dann entsprechend verdeutlichen, welcher illokutionäre Akt mit der Äußerung vollzogen wird.

Searle (1969, 54–71) und Austin (1975 [1962], insbesondere die ersten Vorlesungen, in denen er allerdings noch eine andere Terminologie benutzt als die hier vorgestellte) untersuchen, unter welchen Bedingungen sprachliche Äußerungen als ein Versuch, einen illokutionären Akt auszuführen, gelten und wann dieser Versuch gelungen ist. Für eine kommunikative sprachliche Handlung ist es essentiell, dass die Äußerung verstanden wird und so gilt sie auch nur dann als erfolgreicher Vollzug eines illokutionären Aktes, wenn die Äußerung als Vollzug des bestimmten illokutionären Aktes erkannt wird. Versucht eine sprechende Person zum Beispiel ihrer Adressatin oder ihrem Adressaten zu drohen, diese fasst die Äußerung aber als Versprechen auf, liegt ein Missverständnis vor und der Versuch, den illokutionären Akt einer Drohung auszuführen, ist gescheitert.

Im Gegensatz zu Austin stellt Searle eine Typologie illokutionärer Akte auf. Er unterscheidet fünf Typen: assertive, deklarative, direktive, kommissive und expressive illokutionäre Akte. Wie genau er diese Typen unterscheidet, muss an dieser Stelle nicht ausgeführt werden. Hilfreich ist aber eine Liste von Beispielen für den jeweiligen Akttyp:
- assertive illokutionäre Akte: behaupten, vorhersagen, vermuten
- deklarative illokutionäre Akte: taufen, den Krieg erklären, verheiraten
- direktive illokutionäre Akte: befehlen, einladen, bitten
- kommissive illokutionäre Akte: versprechen, sich verpflichten
- expressive illokutionäre Akte: danken, sich entschuldigen, gratulieren

Searle nimmt auch an, dass für jeden illokutionären Akttyp ein spezifisches Set an Regeln angegeben werden kann (vgl. Searle 1979b). Ein Versuch, einen bestimmten illokutionären Akt auszuführen, kann also auch scheitern, weil die Sprecherin oder der Sprecher die spezifischen Regeln des entsprechenden illokutionären Aktes nicht befolgt.

Einige dieser Regeln sind konstitutive Regeln. Beispiele für konstitutive Regeln aus anderen Bereichen sind Spielregeln. Bestimmte Regeln des Fußballs oder des Schachspiels sorgen überhaupt erst dafür, dass aus einem bloßen Ballspielen Fußball und aus Figurenverschieben Schach wird. Die konstitutiven Regeln für den Vollzug illokutionärer Akte ermöglichen also überhaupt erst, dass mit einer Äußerung ein illokutionärer Akt eines bestimmten Typs vollzogen wird. Gäbe es diese Regeln in einer Sprechergemeinschaft nicht, könnte zwar ein entsprechender Satz geäußert werden, es könnte damit aber nicht erfolgreich dieser bestimmte illokutionäre Akt ausgeführt werden. In einer Sprechergemeinschaft, in der es keine Wetten gibt, könnte selbstverständlich eine Person die Worte „Top, die Wette gilt" äußern, damit hätte sie aber keine Wette abgeschlossen, sondern für die anderen Sprecher etwas geäußert, was sie zumindest nicht vollständig verstehen. Damit lässt sich ein wesentliches Charakteristikum illokutionärer Akte festhalten: Illokutionäre Akte sind Handlungen, die jeweils nur erfolgreich in einer Sprechergemeinschaft ausgeführt werden können, wenn es in dieser Gemeinschaft konstitutive Regeln für ihren Vollzug gibt.

Auch für assertive illokutionäre Akte, wie das Behaupten, gibt es spezifische Regeln, die den korrekten Vollzug bestimmen. Bei vielen pragmatischen Analysen fiktionaler Äußerungen wird so vorgegangen, dass die fiktionale Verwendung eines Satzes mit dessen assertiver Verwendung verglichen wird. Dahinter steckt die Idee, über diesen Vergleich eine Charakterisierung fiktionalen Erzählens zu erhalten und dabei zu zeigen, inwiefern die Regeln des Behauptens für fiktionales Erzählen Gültigkeit haben oder gerade nicht gültig sind.

3 Fiktionale Äußerungen im Vergleich zu behauptenden Äußerungen

Sehen wir uns für einen solchen Vergleich genauer an, was Autorinnen und Autoren eines Zeitungsartikels tun. Ihre Handlungen wurden oben ‚informieren', ‚berichten' und ‚feststellen' genannt, sie gehören alle der Klasse der assertiven illokutionären Akte an. Das folgende Beispiel ist ein Auszug aus der Reportage „Der Tod kommt von oben" von Wolfgang Bauer: „Das Kindergeschrei, das bis eben von der Straße drang, ist verstummt. Eine Ratte trippelt durch das Treppenhaus. Stille. Fliegen setzen sich auf meine Haut. So viele gibt es jetzt von ihnen. Der Müll zieht sie an. Er bedeckt Plätze und Straßenränder. Die Stadt verfault von innen heraus. [...] Aus dem schmalen Lichtschacht hallt das Triebwerksgeräusch eines Kampfflugzeuges. Hoch oben kreist es wie ein Raubvogel über einem Kaninchenbau" (Wolfgang Bauer, *Die Zeit*, 06. September 2012).

Es ist offenkundig, dass der Autor dieser Reportage einen Eindruck der Situation der Menschen in Aleppo geben möchte, wie sie tatsächlich ist. Seine Äußerungen sind Beispiele für behauptende illokutionäre Akte. Für Behauptungen stellt Searle die folgenden Regeln auf:

1. The essential rule: the maker of an assertion commits himself to the truth of the expressed proposition.
2. The preparatory rule: the speaker must be in a position to provide evidence or reasons for the truth of the expressed proposition.
3. The expressed proposition must not be obviously true to both the speaker and the hearer in the context of utterance.
4. The sincerity rule: the speaker commits himself to a belief in the truth of the expressed proposition. (Searle, 1979a, 62)

Auch wenn Searles Überlegungen zum Sprechakt der Behauptung sicherlich an einigen Stellen zu kritisieren und zu ergänzen sind, weisen sie doch eine gewisse *prima-facie*-Plausibilität auf: Indem Wolfgang Bauer seine Reportage über Aleppo schreibt und veröffentlicht, legt er sich darauf fest, etwas Wahres damit zu schreiben. Wir erwarten auch von ihm, dass er unter Umständen Belege für seine Reportage anführen kann. Mit seinem Text liefert er seiner Leserschaft neue und relevante Informationen und sie sind berechtigt anzunehmen, dass er den Gehalt seiner Reportage selbst auch glaubt.

Nicht zuletzt, weil die Äußerungen, aus denen fiktionale Erzählungen bestehen, sich von nicht-fiktionalen Äußerungen an ihrer Oberfläche nicht voneinander unterscheiden lassen, werden erstere häufig mit assertiven Äußerungen verglichen. Dabei fällt auf, dass offensichtlich fiktionale Äußerungen nicht den oben genannten Regeln des Behauptens unterliegen: Wir nehmen nicht an (zumindest nicht in paradigmatischen Fällen), dass die Autorin oder der Autor fiktionaler Äußerungen sich auf die Wahrheit des Erzählten festlegt. Wir erwarten nicht, dass sie uns Beweise für das Erzählte liefert und genauso wenig legt sich die verfassende Person mit ihren fiktionalen Äußerungen darauf fest, selbst zu glauben, dass das, was sie fiktional erzählt, wahr ist: E. T.A. Hoffmann war nicht überzeugt, dass sich ein junger Nathanael in einen Roboter verliebte, Charles Dickens glaubte nicht, dass es einen Oliver Twist gab, der nach dem Tod seiner Mutter in ein Waisenhaus kommt, und Douglas Adams wird sich sehr sicher gewesen sein, dass es keinen Arthur Dent gibt oder gab, der sich mit lästigen Vogonen herumschlagen muss.

Ein weiteres Merkmal fiktionaler Äußerungen ist, dass sie typischerweise falsch sind, das heißt, ihr Gehalt entspricht keinem tatsächlichen Sachverhalt in der Welt. Während eine assertive Äußerung (wie eine Behauptung) in diesem Fall entweder ein Fehler oder eine Lüge wäre, und so auf die ein oder andere Art misslungen, trifft das auf fiktionale Äußerungen gerade nicht zu. Es ist ein alter Topos, dass Dichter Lügner seien. Doch eine solche Position lässt sich nicht halten, wie nun deutlich wird: Dichterinnen und Dichter, oder eben allgemeiner Personen, die sich fiktional äußern, sind nicht an die Regeln des Behauptens gebunden, auch nicht an die Aufrichtigkeitsbedingung. Aus diesem Grund lügen sie auch nicht, obwohl sie absichtlich etwas äußern, das sie selbst nicht für wahr halten.

Bisher wurden fiktionale Äußerungen im Vergleich zu Behauptungen nur negativ charakterisiert. Dies entspricht Searles Vorgehen. Fiktionales Erzählen scheint in seiner Typologie keinen Platz zu finden. Dies kann als ein Argument gegen seine Typologie verwendet werden, es wird aber, so auch von Searle selbst, als ein Hinweis angesehen, dass fiktionale Äußerungen nicht als illokutionäre Akte beschrieben werden können. Auffällig ist außerdem, dass es zum Beispiel weder im Deutschen noch im Englischen ein gebräuchliches Verb gibt, mit dem die Handlung „fiktionales Erzählen" bezeichnet wird: „Erzählen" schließt auch faktuales Erzählen ein, „Fingieren" meint gewöhnlich, dass etwas vorgetäuscht wird, nicht nur sprachliche Handlungen. Normalerweise unterstellen wir Autorinnen und Autoren fiktionaler Texte aber keine täuschenden Absichten, da in paradigmatischen Fällen für die Leserschaft offenkundig ist, dass es sich um Fiktion handelt. Das Fehlen eines passenden Verbs allein kann aber kein Grund dafür sein, anzunehmen, dass mit einer fiktionalen Äußerung kein illokutionärer Akt vollzogen wird, es zeigt aber doch, dass hier eine Schwierigkeit vorliegt. Die Frage, ob mit fiktionalen Äußerungen illokutionäre Akte vollzogen werden, oder ob die Sprechakttheorie überhaupt geeignet ist, um das fiktionale Erzählen angemessen zu beschreiben, wird kontrovers diskutiert.

4 Systematische Einordnung sprechakttheoretischer Fiktionstheorien

Sprechakttheoretische Ansätze versuchen, die Frage, was eine fiktionale Äußerung ist, zu beantworten, indem sie angeben, welchen illokutionären Akt eine Sprecherin oder ein Sprecher (Autorin oder Autor) vollzieht, der sich fiktional äußert beziehungsweise wie mit der Terminologie der Sprechakttheorie fiktionale Äußerungen hinreichend von anderen Äußerungen abgegrenzt werden können. Damit erheben solche Theorien aber auch den Anspruch, eine Theorie zu formulieren, die die Kriterien dafür liefert, was eine Äußerung zu einer fiktionalen macht. Die vorgestellten Theorien müssen sich daher auch daran messen lassen, ob sie diesem Anspruch gerecht werden. Sowohl bei der Beantwortung der Frage nach dem illokutionären Akt als auch bei der Angabe der Kriterien, die Fiktionalität ausmachen sollen, unterscheiden sich die hier vorgestellten Positionen zum Teil erheblich: Der Schwerpunkt zur Beantwortung beider Fragen kann und wird auf der Seite der Sprecherin oder des Sprechers (Autorin oder Autors), der rezipierenden Person oder des Kontextes gesetzt. Dass die Theorien einen Schwerpunkt setzen, heißt aber nicht, dass andere Aspekte keine Rolle spielen würden. Im Folgenden soll eine kurze überblicksartige Einordnung der vorgestellten Positionen vorgenommen werden.

Ein Beispiel für eine autororientierte Theorie der Fiktion stammt von John R. Searle. Searle vertritt im Rahmen seiner im Folgenden vorgestellten Theorie die Position, dass die Absicht der Autorin oder des Autors, sich fiktional zu äußern, eine notwendige Bedingung für die Fiktionalität der Äußerung ist (vgl. Searle 1979a). Searle kann so verstanden werden, dass diese Bedingung auch eine hinreichende ist. Daher wird hier der Autorin oder dem Autor eine zentrale Bedeutung für die Bestimmung der Fiktionalität der Äußerung beigemessen. Eine weitere Theorie der Fiktion, die den Absichten der Autorin oder des Autors eine große Rolle zu schreibt, stammt von Gregory Currie (vgl. Currie 1985, 1990). Eine textverfassende Person äußere sich fiktional, so Curries von Grice (1957) beeinflusster Ansatz, wenn sie die Absicht habe, mit ihrer Äußerung ihrer Leserschaft einen Grund dafür zu liefern, zu glauben, sie beabsichtige, dass sich die Leserinnen und Leser den Gehalt der fiktionalen Äußerung vorstellen. Wie an dieser Beschreibung zu sehen ist, spielt aber nicht nur das Erkennen der Absicht der Autorin oder des Autors seitens der Leserschaft eine wesentliche Rolle. Die Absicht, die die Leserinnen und Leser erkennen sollen, ist, dass sie eine ganz bestimmte Einstellung zum Gehalt der Äußerung einnehmen sollen. Im Englischen wird diese Haltung ‚make-believe' genannt, ich habe von ‚vorstellen' gesprochen. Dass die Autorin oder der Autor mit einer Äußerung eine Absicht mit diesem Gehalt verfolgt, ist das, was das spezifische für eine fiktionale Äußerung ist. Weil diese Haltung oder Einstellung, die die Leserschaft einnehmen sollen, so zentral ist, könnte Curries Theorie auch als eine rezipientenorientierte Theorie angesehen werden.

Rezipientenorientierte Theorien legen das Hauptaugenmerk auf die Seite der Rezeption. Hier ist die Haltung, die Rezipientinnen und Rezipienten zu dem Gehalt der fiktionalen Äußerung einnehmen (*make-belief*), zentral. Eine frühe rezeptionsorientierte Theorie der Fiktion findet sich bei Samuel Coleridge. In seiner vielzitierten These der „*willing suspension of disbelief*" nennt Coleridge ebenfalls eine mentale Haltung der rezipierenden Person, die spezifisch für die Rezeption fiktionaler Werke sein soll (Coleridge 1997 [1817]). Wie genau diese Haltung verstanden werden muss, ob beispielsweise als aktives Unterdrücken des Fürwahrhaltens der in Frage kommenden Propositionen oder bloßes Vorstellen von Gehalten, ohne diese zu glauben, wird kontrovers diskutiert (vgl. Schaper 1978; Walton 1990, Böcking et al. 2005; Rott 2013).

So genannte ‚horizontale Konventionen' erlauben laut Searle der Autorin oder dem Autor, sich fiktional zu äußern und sich u. a. mit dem, was sie oder er sagt, gerade nicht auf die Wahrheit des Gesagten festzulegen. Aufgrund dieser These ist es wichtig, auf die Nähe von Searles Theorie zu solchen Ansätzen hinzuweisen, die Fiktionalität über den Kontext bestimmen wollen und von Fiktion als Institution sprechen (vgl. Larmarque und Olsen 1994). Als Institution wird im Rahmen dieser Theorien eine soziale Praxis verstanden, die das Wissen um und die geteilte Akzeptanz bestimmter Konventionen und Regeln als Basis hat. Institutionstheoretische und viele sprechakttheoretische Fiktionalitätstheorien beinhalten die These, dass Autorinnen und Autoren wie Rezipientinnen und Rezipienten in irgendeiner Weise über ein Regelwissen verfügen, Regeln, an die sich die Kommunikationsteilnehmerinnen im Erfolgsfall halten.

Gemäß der Vertragstheorie der Fiktion wird zwischen Autorinnen oder Autoren und Rezipientinnen oder Rezipienten ein Vertrag (Fiktionsvertrag) geschlossen und dieser legt grob gesprochen fest, dass sich die Vertragsparteien darüber einig sind, dass es sich bei einem vorliegenden Werk um ein fiktionales handelt. Lejeune (1975) betont in diesem Zusammenhang die Wichtigkeit von Signalen, die der Leserschaft die Fiktionalität des Werkes signalisieren. Auffällig ist, bei allen Unterschieden, dass sich doch in vertragstheoretischen Ansätzen einiges wiederfindet, was auch die Institutionstheorien und Sprechakttheoretiker annehmen. Diese Gemeinsamkeit ließe sich so formulieren: Autorinnen und Autoren und Leserinnen und Leser erhalten im Rahmen der Kommunikation, die durch das fiktionale Werk beziehungsweise die fiktionale Äußerung stattfindet, bestimmte Rechte und/oder Pflichten. Gemäß der Vertragstheorie legt ein Vertrag diese Rechte und Pflichten fest, gemäß der Institutions- und Sprechakttheorie sind es Regeln beziehungsweise Konventionen, die diese Aufgabe übernehmen.

Im Kern ähnelt sich der Gehalt des angenommenen Vertrags und der angenommenen Regeln/Konventionen sehr: Die Autorin oder der Autor wird auf die Wahrheit ihrer oder seiner Äußerungen nicht verpflichtet.

5 Theorien fiktionaler Äußerungen

Es lassen sich in der Debatte um die Frage nach der korrekten Beschreibung fiktionaler Äußerungen zunächst grob die Positionen, die es für möglich halten, fiktionale Äußerungen mithilfe der Sprechakttheorie zu beschreiben, von solchen unterscheiden, die dies, wie Walton, verneinen. Bei der erstgenannten Position müssen solche Ansätze unterschieden werden, die annehmen, dass mit fiktionalen Äußerungen keine illokutionären Akte vollzogen würden (Austin; Searle), von solchen, die fiktionale Äußerungen als den Vollzug illokutionärer Akte verstehen (vgl. Currie 1990; García-Carpintero 2013; Genette 1992; Reicher 2012; Werner 2014, 2016). Zwei Thesen werden hier hauptsächlich vertreten, nämlich zum einen, dass fiktionale Äußerungen als direktive illokutionäre Akte zu verstehen seien und zum anderen, dass sie als deklarative illokutionäre Akte aufzufassen seien.

Kendall Waltons Kritik an sprechakttheoretischen Analysen fiktionaler Äußerungen

Kendall Waltons Theorie der Fiktion gehört wahrscheinlich zu den einflussreichsten und prominentesten Fiktionstheorien überhaupt. In – seinem Buch *Mimesis as Make-Believe* (1990) liefert er eine medienübergreifende Theorie der Fiktion, die im Wesentlichen besagt, dass Fiktion als ‚So-tun-als-ob'-Spiel ähnlich der Spiele von Kindern aufzufassen ist. Wesentlich für diese Spiele sei, dass es Gegenstände gebe, die als Requisiten („*prop*") fungieren würden. Diese Gegenstände seien insofern Requisiten in einem Spiel, als sie im Rahmen des Spiels als etwas anderes gelten würden und die Spielteilnehmer gewissermaßen eingeladen seien, sich den Gegenstand als etwas anderes vorzustellen: Ein Baumstumpf werde als Bär vorgestellt, ein Haufen Sand als Kuchen. Fiktionale Texte würden nun auch als Requisite gelten, wobei – sehr grob gesprochen – Leserinnen und Leser eingeladen seien, sich vorzustellen, es handele sich bei dem fiktionalen Text um einen faktualen. Ein Roman beispielsweise, so die Idee, gelte im Rahmen des So-tun-als-ob-Spiels, das wir als Leserschaft spielen, als ein Bericht oder Ähnliches.

Mit ironischem Unterton argumentiert Walton gegen sprechakttheoretische Versuche, fiktionales Erzählen zu analysieren. Er spricht von einem „,Have theory, will travel' syndrome" und meint damit „the tendency of theorists, when faced with a new problem, to dust off an old theory they know and love, one devised with other questions in mind, shove it into the breach, and pray that it will fit." (Walton 1990, 76)

Sein Hauptargument gegen einen sprechakttheoretischen Ansatz ist, dass es für die Rezeption fiktionaler Texte unerheblich sei, ob die Texte Produkt einer Handlung seien oder nicht. Daher helfe eine Analyse des fiktionalen Erzählens, also der Handlungen, die die Autorinnen und Autoren ausführen, nicht weiter. Insbesondere sei es nicht sinnvoll nach einer illokutionären Bestimmung fiktionalen Erzählens zu suchen, da die Effekte des Erzählens, die von Interesse sind, nur perlokutionäre Effekte seien.

Nun ist es zweifellos so, dass die perlokutionäre Beschreibung fiktionaler Äußerungen von Interesse ist und häufig interessieren uns perlokutionäre Ziele, die mit Texten verfolgt werden, wie das Amüsieren, Erschrecken oder Überzeugen. Damit ist aber kein Argument geliefert, warum es keine illokutionäre Beschreibung fiktionalen Erzählens geben soll. Für fast alle sprachlichen Äußerungen trifft es zu, dass sie als lokutionäre (beziehungsweise propositionale), illokutionäre und perlokutionäre Akte beschrieben werden können. Es ist also keinesfalls eine Besonderheit des fiktionalen Erzählens, dass damit perlokutionäre Ziele verfolgt werden.

Walton nimmt nun an, dass es eine Besonderheit fiktionaler Texte sei, dass sich unser Rezeptionsverhalten nicht ändern würde, wenn wir erfahren würden, dass der Text nicht von einem Menschen verfasst, sondern in irgendeiner Weise zufällig entstanden wäre. Würden wir erfahren, dass *Ulysses* nicht von James Joyce geschrieben wurde, sondern zufällig entstanden ist, als Ameisen, die zuvor in Tinte getreten waren, über Papier gelaufen sind, würden wir den Text genauso rezipieren wie zuvor. Stellen wir uns aber vor, wir finden ein Backrezept, das auf uns den Eindruck macht, sehr vernünftige Angaben zu den Zutaten und Mengen zu machen. Wenn wir Lust haben, einen Kuchen zu backen, probieren wir das Rezept aus. Würden wir es etwa nicht ausprobieren, wenn wir erfahren würden, dass es auf ähnlich kuriose Weise entstanden wäre, wie wir es uns gerade bei dem Roman *Ulysses* vorgestellt haben? Es spricht zumindest nichts grundsätzlich dagegen, dies zu tun. Backrezepte können aber mithilfe der Sprechakttheorie sinnvoll analysiert werden. Der illokutionäre Akt, der damit vollzogen wird, ist ein direktiver. Auch wenn fiktionale Texte gleichermaßen rezipiert werden können, unabhängig davon, ob sie ein Zufallsprodukt sind oder nicht, ist dies kein Alleinstellungsmerkmal. Auch bei anderen Textarten können wir den Text als Zufallsprodukt so behandeln, als wäre er auf gewöhnliche Weise entstanden. Dieser Umstand kann daher nicht als Grund für die These angeführt werden, fiktionales Erzählen sei kein Vollzug eines oder mehrerer illokutionärer Akte. Darüber hinaus spricht Walton selbst davon, dass fiktionale Texte Anleitungen zu Vorstellungen seien (vgl. Walton 1990, 38). Anleitungen sind aber als sprachliche Äußerungen klar einer illokutionären Klasse zuzuordnen, nämlich der Klasse der direktiven illokutionären Akte. So zeigt sich, dass Walton, trotz seiner Einwände gegen sprechakttheoretische Analysen, eine Beschreibung wählt, die eine illokutionäre Klassifizierung ohne Schwierigkeiten zulässt.

Fiktionale Äußerungen als Äußerungen, die keine Vollzüge illokutionärer Akte sind: Searles So-Tun-als-ob-Theorie

Searle vertritt in seinem Aufsatz *The Logical Status of Fictional Discourse* (1979a) die These, dass mit fiktionalen Äußerungen kein eigener illokutionärer Akt vollzogen werde. Vielmehr tue die Autorin oder der Autor nur so, als ob sie oder er illokutionäre Akte vollziehe, typischerweise assertive illokutionäre Akte, indem sie oder er tatsächlich nur Äußerungsakte vollziehe und lediglich so tue, als ob auf einen Gegenstand Bezug genommen würde und etwas über diesen ausgesagt würde.

Das Vorgeben einer Handlung ist immer ein absichtliches Verhalten. Daher sei es laut Searle auch die Absicht der Autorin oder des Autors, die darüber entscheidet, ob eine Äußerung eine fiktionale ist oder nicht. Zum Gelingen der fiktionalen Äußerung seien aber bestimmte, oben bereits erwähnte ‚horizontalen Konventionen' notwendig, die die Autorin oder den Autoren von den Regeln des Vollzugs assertiver illokutionärer Akte entbinden würden. Weil im Rahmen dieses Ansatzes angenommen wird, dass die textverfassende Person nur so tue, als bezöge sie sich auf einen Gegenstand, erwachse auch kein Anlass anzunehmen, es müsse im Fall dieser vorgeblichen Bezugnahme einen Gegenstand geben, auf den referiert wird.

Wie kommt Searle aber zu der Annahme, dass fiktionale Äußerungen nicht zu einem eigenen illokutionären Akttyp gerechnet werden können? Searles gewichtigstes Argument beruht auf der Annahme des so genannten Determinationsprinzips. Dieses Prinzip besagt, dass der illokutionäre Akt, der mit einer sprachlichen Äußerung vollzogen wird, eine Funktion der Bedeutung des Geäußerten ist: „In general the illocutionary act (or acts) performed in the utterance of the sentence is a function of the meaning of the sentence. We know for example, that an utterance of the sentence ‚John runs the mile' is a performance of one kind of illocutionary act, and that an utterance of the sentence ‚Can John run the mile?' is a performance of another kind of illocutionary act, because we know that the indicative sentence form means something different from the interrogative sentence form." (Searle 1979a, 64)

Wie an diesem Zitat deutlich wird, hält Searle die grammatikalische Satzform für ein bedeutungstragendes Element einer Äußerung und darüber hinaus für eines, das determiniere, welcher illokutionäre Akt mit der Äußerung vollzogen werde. Insbesondere die zweite Annahme klingt vor dem Hintergrund Searles eigener Typologie illokutionärer Akte sehr überraschend. Sowohl im Englischen als auch im Deutschen beispielsweise gibt es nur drei grammatikalische Satzformen: Aussagesätze, Fragesätze, Aufforderungssätze. Searles Typologie umfasst aber fünf illokutionäre Akttypen. Auf dieses theorieinterne Problem soll an dieser Stelle nicht weiter eingegangen werden, doch es ist nicht der einzige problematische Aspekt an Searles Determinationsprinzip.

Searle versucht mithilfe des Determinationsprinzips zu erklären, warum ein Satz einmal in einem fiktionalen und ein anderes Mal in einem nicht-fiktionalen Kontext verwendet werden kann, doch, und darauf macht G. Currie aufmerksam, seien es gerade die fiktionalen Verwendungen von Sätzen, die gegen die Gültigkeit des Determinationsprinzips sprechen: „What Searle is saying is that the same sentence with the same meaning can occur in nonfiction as the result of the illocutionary act of assertion, and again in fiction as the result of an act which is not an illocutionary act at all. So sentence meaning does not determine the illocutionary act performed. To put the matter slightly more formally, Searle's determination principle says that there is a function f from sentence meanings to illocutionary acts where f(P) is the act performed in uttering P. But on his own further account there is no such function, because the value of f for a given argument is sometimes an illocutionary act and sometimes (as in the case of fictional utterance) the value is undefined (since the associated act is not an illocutionary act). And a function cannot be both defined and undefined for a given argument." (Currie 1985, 386)

Wenn durch die Bedeutung der Äußerung tatsächlich determiniert wäre, welcher illokutionäre Akt mit der Äußerung vollzogen wird, so hieße dies in der Tat, dass entweder mit einer fiktionalen Äußerung ein assertiver Akt vollzogen wird, oder die verwendeten Ausdrücke nicht ihre übliche Bedeutung haben. Searle sieht dieses Problem: Es seien die horizontalen Konventionen, die ermöglichen, dass bei gleichbleibender Bedeutung kein illokutionärer Akt vollzogen würde. Doch wie Currie richtig bemerkt, kann das nur heißen, dass das Determinationsprinzip nicht zutrifft. So gerät Searles These, fiktionale Äußerungen seien keine illokutionären Akte, erheblich ins Schwanken.

Regeln fiktionaler Äußerungen

Nicht leicht nachzuvollziehen ist an Searles Position, warum die so genannten horizontalen Konventionen nicht als ein Regelset angesehen werden sollten, dem fiktionale Äußerungen unterliegen. Wenn es aber Regeln und Konventionen gibt, die das fiktionale Erzählen festlegen, dann ist nicht zu sehen, warum durch fiktionale Äußerungen keine illokutionären Akte vollzogen werden, denn die Ähnlichkeiten zu den Vollzügen anderer illokutionärer Akte sind frappierend. Allerdings scheint Searle davon auszugehen, dass die horizontalen Konventionen nur die Funktion haben, die Regeln, die für assertive Äußerungen gelten, außer Kraft zu setzen. Damit erscheint es, als wären Autorinnen und Autoren fiktionaler Äußerungen von den Pflichten, die aus den Regeln des Behauptens erwachsen, entbunden und als hätten sie in ihrer Rolle als Verfasser fiktionaler Äußerungen überhaupt keine Pflichten. Wäre dem so, wären fiktionale Äußerungen tatsächlich grundlegend von anderen illokutionären Akten unterschieden.

Aus dem Umstand, dass für fiktionale Äußerungen die Regeln des Behauptens nicht einschlägig sind, folgt aber keineswegs, dass für ihren Vollzug überhaupt keine Regeln gelten und auch nicht, dass für die Autorinnen und Autoren keine Pflichten bestünden. Wer fiktional erzählen will, hat die Absicht, darin sind sich alle hier vorgestellten Positionen einig, etwas Erfundenes zu erzählen, ohne seine Leserschaft zu täuschen. Dieser Auffassung zufolge haben Autorinnen und Autoren fiktionaler Äußerungen im Unterschied zu Lügnern nicht die Absicht, die Leserschaft glauben zu lassen, dass das, was sie äußern, wahr sei. Diese Absicht, also etwas Erfundenes zu erzählen ohne täuschen zu wollen, muss signalisiert werden. Es gibt eine ganze Reihe von Signalen, die gegeben werden können, um der Leserschaft zu verstehen zu geben, dass es sich bei einem vorliegenden Text um Fiktion handelt. Würde eine Autorin oder ein Autor kein einziges Signal senden, das der Leserschaft die Absicht, fiktional zu erzählen, verdeutlicht, ist es sehr wahrscheinlich, dass ihre oder seine Äußerungen als behauptende interpretiert werden würden und der Sprechende damit entweder als Lügner angesehen oder unterstellt würde, der Verfasser hätte zumindest unabsichtlich etwas Falsches behauptet, also einen Fehler gemacht. Sofern man beides verhindern will, muss daher signalisiert werden, dass die Äußerungen fiktionale sind. Solche Signale, manchmal ist von ‚Fiktionalitätssignalen' die Rede (vgl. Zipfel 2001a, 2001b), können stilistische Elemente des Textes sein, auf der inhaltlichen Ebene liegen oder in den Bereich des Paratextes fallen, wie etwa das Wort ‚Roman' auf dem Buchcover unter dem Titel. Das Vorhandensein von Fiktionalitätssignalen alleine macht aber eine Äußerung oder einen Text noch nicht fiktional. So können auch Autorinnen und Autoren nicht-fiktionaler Texte diese Signale verwenden, sozusagen mit ihnen spielen, und an anderer Stelle Signale setzen, die die Wirkung der Fiktionalitätssignale wieder aufheben. Damit also Leserinnen und Leser die Fiktionalität eines Textes oder einer Äußerung erkennen können und damit die Äußerung qua fiktionale gelingen kann, muss die Autorin oder der Autor signalisieren, dass es sich um eine solche handelt. Andererseits erwächst daraus auch eine gewisse Verpflichtung, zu signalisieren, dass man sich fiktional äußert. Würde man der Leserschaft zu verstehen geben, dass man sich fiktional äußert und nichts von dem Geäußerten erfunden wäre, so wäre die Äußerung auch in gewisser Weise misslungen. Als Leserinnen und Leser haben wir die Erwartung, dass wir mit etwas mehr oder weniger Erfundenem konfrontiert werden und sind daher bereit zum Beispiel die Exaktheitsansprüche, die wir an behauptende Äußerungen stellen, deutlich zu minimieren oder sie sogar gar nicht zu stellen. Einen solchen Bonus hätte die Autorin oder der Autor gewissermaßen fälschlicherweise erlangt. Es wird also deutlich, dass auch fiktionales Erzählen reguliert ist und dass mit diesen Regeln, die in der Tat noch genauer zu bestimmen sind, Rechte und Pflichten für Autorenschaft und Leserschaft einhergehen.

Wenn es um fiktionale Äußerungen geht, werden meistens Beispiele angebracht, die aus Werken stammen, denen ein gewisser künstlerischer Wert zugesprochen wird. Nicht jedes literarische Werk muss aber ein fiktionales sein und auch nicht jede fiktionale Äußerung ist eine künstlerisch anspruchsvolle. Witze, die zum Beispiel in einigen Zeitungen abgedruckt werden („Sagt ein Mann zum anderen...") sind fiktionale Äußerungen; die wenigstens dieser kleinen Texte haben aber einen künstlerischen Anspruch. Das heißt, dass es einer Autorin oder einem Autoren gelingt, mit einer Äußerung etwas Fiktionales zu sagen, diese aber nach künstlerischen Maßstäben (welche auch immer dies sein mögen) misslungen ist und tatsächlich auch umgekehrt. Wenn es für den künstlerischen Anspruch einerseits und die Fiktionalität eines Werkes andererseits jeweils eigene Maßstäbe gibt, dann ergibt sich daraus zunächst zumindest die logische Möglichkeit, dass eine Autorin oder ein Autor sowohl die Absicht hat, ein fiktionales Werk zu schreiben, als auch die Absicht, ein künstlerisch anspruchsvolles Werk zu schreiben und es ihr oder ihm zwar gelingt, einen künstlerisch anspruchsvollen Text zu schreiben, aber die Absicht, einen fiktionalen Text zu schreiben, nicht erfolgreich ausgeführt wurde.

Viele Autorinnen und Autoren benutzen es als ein besonderes Stilmittel, die Leserschaft im Unklaren über die Fiktionalität eines Werkes zu lassen. Für einige Genres, wie etwa den Schlüsselroman, Dokusoaps und Autofiktionen, ist es ein typisches Merkmal, dass die Grenzen zwischen Fiktion und Nicht-Fiktion verschwimmen. Wenn hier gesagt wird, dass nach den Regeln für fiktionales Erzählen unter solchen Umständen eine Äußerung qua fiktionale misslingt, so ist dies also gerade keine Aussage über die künstlerische Qualität.

Fiktionale Äußerungen als direktiver Akt: Die Aufforderungsthese

Tatsächlich scheint in der Debatte um fiktionale Äußerungen mehrheitlich die Position vertreten zu werden, dass sie als Vollzüge illokutionärer Akte anzusehen seien. Eine weitverbreitete These lautet, dass Autorinnen und Autoren fiktionaler Werke durch ihre Äußerungen ihre Leserinnen und Leser auffordern, sich das fiktional Erzählte vorzustellen. Diese These soll im Folgenden der Einfachheit halber Aufforderungsthese genannt werden. Sehr detailliert ausgearbeitet findet sich diese Position bei Gregory Currie. Dass fiktionale Äußerungen als Aufforderung, sich etwas vorzustellen, aufzufassen seien, wird nicht nur in der an Grice angelehnten Form vertreten. García-Carpentero formuliert diese Position in einer eher Austinschen Variante (2013), die also eine Charakterisierung fiktionaler Äußerungen enthält, die Regeln eine größere Bedeutung beimisst als den Absichten der Autorinnen und Autoren.

Trotz seiner großen intuitiven Plausibilität und des Zuspruchs, den dieser Ansatz findet, entstehen Schwierigkeiten dadurch, dass Fiktionalität hier sehr eng an Imagination geknüpft wird. Denn das, was eine fiktionale Äußerung von anderen direktiven Sprechakten unterscheidet, ist der Gehalt der Aufforderung, nämlich, sich etwas vorzustellen. Klarerweise sind nicht alle Aufforderungen, sich etwas vorzustellen, solche Äußerungen, die wir gewöhnlich als Fiktion ansehen. Imagination ist eine mentale Handlung (oder ein Zustand), die nicht exklusiv an Fiktion gebunden ist. Es gibt viele Fälle, in denen nicht-fiktional etwas erzählt wird und es Autorinnen und Autoren klarerweise darum geht, so plastisch zu erzählen, dass sich die Leser- oder Hörerschaft das Erzählte sehr gut vorstellen können. Für Reportagen ist genau das ein Qualitätsmerkmal. Das schwerwiegende Problem der These, dass fiktionale Äußerungen direktive illokutionäre Akte sind, mit denen zum Vorstellen aufgefordert wird, ist also, dass die Charakterisierung nicht hinreichend ist, um fiktionales von nicht-fiktionalem Erzählen zu unterscheiden (vgl. Matravers 2014; Werner 2016).

Wenn wir uns etwas vorstellen, dann ist es sowohl möglich, dass wir glauben, dass das, was wir uns vorstellen auch tatsächlich der Fall ist, als auch, dass wir glauben, dass es nicht der Fall ist. Wenn sich die Leserin oder der Leser der oben zitierten Reportage über die aktuelle Situation der Stadt Aleppo vorstellt, was sie oder er liest, wird sie oder er wahrscheinlich auch glauben, dass dies der Lage in Aleppo entspricht beziehungsweise entsprach. Wenn sich jemand eine Situation aus einer fiktionalen Erzählung vorstellt, dann wird sie wahrscheinlich nicht glauben, dass das, was sie liest und sich vorstellt, auch tatsächlich der Fall ist. Nun könnte ein Versuch, die Aufforderungsthese gegen den oben genannten Einwand zu verteidigen, folgendermaßen aussehen: Autorinnen und Autoren fiktionaler Äußerungen fordern die Leserschaft auf, sich das Geäußerte vorzustellen, ohne es zu glauben. Durch den Zusatz, dass das Vorgestellte nicht geglaubt werden soll, würde sich der Gehalt der Aufforderung im fiktionalen Fall hinreichend von dem nicht-fiktionalen Fall unterscheiden. Damit wäre der Einwand entkräftet, die Aufforderungsthese könne nicht hinreichend zwischen fiktionalen und nicht-fiktionalen Äußerungen unterscheiden.

Allerdings, darauf weisen Kritiker der Aufforderungsthese (vgl. Matravers 2014; Friend 2011) hin, gibt es im Rahmen gesamter Werke, die wir als fiktionale einstufen, immer wieder einzelne Äußerungen, die wir doch auch glauben. Das

‚Patchwork'-Problem (vgl. Friend 2011) besteht darin, dass typische fiktionale Texte, wie Romane, häufig zumindest einzelne Sätze, manchmal sogar ganze Passagen enthalten, die von Leserinnen und Lesern auch für wahr gehalten werden beziehungsweise der Eindruck entsteht, dass an diesen Stellen tatsächlich etwas über die Welt erzählt und nicht erfunden wird. Nicht nur für Vertreterinnen und Vertreter der Aufforderungsthese stellt das Patchwork-Problem eine Herausforderung dar, sondern für alle Ansätze, die versuchen, Fiktionalität auf der Ebene der einzelnen Äußerung auszumachen. Es scheint, folgt man diesen Ansätzen, dass Werke aus fiktionalen und nicht-fiktionalen Äußerungen bestehen können. Das ist aber nicht nur bei Romanen der Fall. Auch in Texten, die als nicht-fiktionale eingestuft werden, kann es einzelne Äußerungen (Sätze) oder ganze Passagen geben, die fiktional sind. Daher stellt sich die Frage, woran es liegt, dass ein Werk als ein fiktionales oder nicht-fiktionales gilt. Eine rein quantitative Bestimmung erscheint unsachgemäß: Indem Sätze gezählt werden, die fiktional oder nicht-fiktional sind, lässt sich nicht bestimmen, ob das gesamte Werk ein fiktionales oder ein nicht-fiktionales ist. Naheliegender wäre eine qualitative Bestimmung, dafür müssten aber Kriterien genannt werden und es ist nicht ersichtlich, dass diese Kriterien nur auf der Äußerungsebene zu finden sind.

Eine weitere Schwierigkeit ergibt sich aus der Aufforderungsthese für die Typologie illokutionärer Akte. Wie bereits deutlich wurde, wollen offenbar häufig auch Autorinnen und Autoren nicht-fiktionaler Texte, dass ihre Leserschaft sich das Erzählte vorstellt. Auch diese Personen benutzen für ihre Erzählungen typischerweise Aussagesätze. Wenn Autorinnen und Autoren fiktionaler Texte mit Aussagesätzen ihre Leserschaft auffordern, sich etwas vorzustellen, warum sollte dies nicht bei Verfassenden nicht-fiktionaler Texte ebenso der Fall sein? Damit würden viele assertive Äußerungen plötzlich als direktive illokutionäre Akte eingestuft. Auf dieses Problem könnten Verfechter der Aufforderungs-These reagieren, indem sie darauf verweisen, dass die Autorinnen und Autoren der nicht-fiktionalen Texte sowohl etwas behaupten als auch auffordern, was mit den Annahmen der Sprechakttheorie durchaus vereinbar ist. Jemanden dazu aufzufordern, sich etwas vorzustellen, heißt aber, auffordern, einen bestimmten mentalen Akt zu vollziehen beziehungsweise eine bestimmte mentale Einstellung einzunehmen. Autorinnen und Autoren wollen aber nicht nur, dass sich die Leserschaft etwas vorstellt. Sie wollen manchmal zum Beispiel mit ihren Äußerungen überzeugen, das heißt, sie wollen, dass die Lesenden glauben, was sie erzählen. Glauben ist selbstverständlich auch eine mentale Einstellung. Die Vertreter der Aufforderungsthese müssten nun zeigen, warum Äußerungen, mit denen die Leserschaft dazu gebracht werden soll, etwas zu glauben, nicht als Aufforderung, etwas zu glauben, angesehen werden müssen. Wäre dem so, so wären sehr viele und vielleicht sogar alle bisher als assertive Akte klassifizierte Äußerungen direktive illokutionäre Akte. Eine Konsequenz der Aufforderungsthese scheint daher, dass die Klasse der assertiven illokutionären Akte zu verschwinden droht.

Auch auf diese Einwände könnte der Aufforderungsthese etwas entgegengebracht werden: Jemanden überzeugen zu wollen, so könnte man sagen, sei eine perlokutionäre Beschreibung einer Äußerung. Es sei gerade die zentrale Annahme der Sprechakttheorie, dass mit einer Äußerung verschiedene Handlungen vollzogen würden beziehungsweise dass sich die Äußerung als Vollzüge verschiedener Handlungen beschreiben lasse nämlich typischerweise als Vollzug eines lokutionären Aktes (beziehungsweise propositionalen Akt in Searlescher Terminologie), eines illokutionären und eines perlokutionären Aktes. Es sei also überhaupt nicht verwunderlich, dass eine assertive Äußerung auch als Versuch, jemanden zu überzeugen, beschrieben werden könne.

Dieser Entgegnung ist zuzustimmen. Allerdings wirft sie folgende Frage auf: Wenn das Erreichen einer bestimmten Überzeugung bei der Leser- oder Hörerschaft ein perlokutionärer Akt ist, warum sollte das Erzeugen einer Vorstellung kein perlokutionärer Akt sein? Sicherlich verfolgen viele Autorinnen und Autoren fiktionaler Werke das Ziel, dass sich ihre Leserschaft das Erzählte vorstellt. Das Erzielen bestimmter psychologischer Einstellungen mithilfe sprachlicher Äußerungen ist aber in der Terminologie der Sprechakttheorie der perlokutionäre und nicht der illokutionäre Akt. Es ist daher naheliegend, dass mit fiktionalen Äußerungen (und auch mit vielen nicht-fiktionalen Äußerungen) ein perlokutionärer Akt vollzogen wird, mit dem das Ziel verfolgt wird, dass sich die Leserin oder der Leser etwas vorstellt. Dafür muss aber die Äußerung nicht als eine Aufforderung, das heißt als ein direktiver illokutionärer Akt klassifiziert werden. Damit ist die Frage, wie fiktionale Äußerungen als illokutionäre Akte zu beschreiben sind, aber weiterhin offen.

Fiktionale Äußerungen als deklarative Akte: Die Deklarationsthese
Einer anderen Position zufolge vollziehen die Autorinnen und Autoren fiktionaler Äußerungen deklarative illokutionäre Akte (vgl. Abell im Druck; Genette 1992; Werner 2016). Bevor die eigentliche These erläutert werden kann, muss an dieser Stelle etwas ausgeholt werden, um zu erklären, was deklarative illokutionäre Akte sind. Denn diese illokutionären Akte bilden in Searles Typologie eine ganz besondere Klasse: Mit ihrem erfolgreichen Vollzug verändern Sprecherinnen und Sprecher die Welt, ohne dass noch etwas Weiteres getan werden müsste. Wie ist das aber zu verstehen?

Searle unterscheidet zwischen „*brute facts*" und „*social facts*" (Searle 1969, 50–54). Zu den erst genannten gehören Tatsachen, die rein physikalisch beschrieben werden können. Dass ein Körper ein bestimmtes Gewicht oder eine bestimmte

Größe hat sind hierfür Beispiele. Eigenschaften wie Gewicht und Größe oder auch Farbe können selbstverständlich nicht per Deklaration verliehen werden. Die Eigenschaften ‚verheiratet zu sein' und ‚Bundeskanzlerin zu sein' sind dagegen soziale Eigenschaften. Dementsprechend sind Beispiele für soziale Tatsachen, dass Angelina Jolie mit Brad Pitt verheiratet war und Angela Merkel Bundeskanzlerin der Bundesrepublik Deutschland ist. Nun gibt es nicht wenige Philosophen, die annehmen, dass alles physikalisch beschreibbar ist. Dies klingt zunächst unvereinbar mit der genannten Unterscheidung von *brute facts* und *social facts*. Doch auch wer annimmt, dass soziale Tatsachen letztlich physikalisch beschrieben werden können, wird eine Unterscheidung zwischen diesen beiden Typen von Tatsachen vornehmen können.

Soziale Eigenschaften können nun durch Deklarationen verliehen werden, wodurch soziale Tatsachen erschaffen werden. Beispiele für solche Akte sind das Heiraten und auch das Taufen. Indem diese Akte erfolgreich vollzogen werden, verändert sich die Welt in bestimmter Weise: Zwei Menschen erhalten durch die Hochzeit die Eigenschaft, verheiratet zu sein. Entsprechend ist die soziale Tatsache, dass die beiden Menschen nun verheiratet sind. Ein Schiff erhält durch den Taufakt einen Namen. Die soziale Tatsache ist, dass das Schiff ab diesem Zeitpunkt den entsprechenden Namen trägt. Ein weiteres Beispiel für Deklarationen ist das Definieren eines Begriffs. Indem eine Autorin oder ein Autor festlegt, mit welcher Bedeutung ein Terminus verwendet wird, schafft sie oder er die soziale Tatsache, dass dieser Ausdruck in dieser Weise verwendet wird beziehungsweise werden kann. Klarerweise ist die Tragweite eines solchen Aktes etwas bescheidender als die einer Eheschließung, das Prinzip ist aber in beiden Fällen gleich: Durch den Vollzug der Äußerung entsteht eine soziale Tatsache.

Damit solche Akte erfolgreich vollzogen werden können, muss aber eine ganze Reihe von Rahmenbedingungen gegeben sein. Vielfach ist das Gelingen an das Vorhandensein einer bestimmten Autorität des Sprechenden gebunden (nicht jeder darf eine Ehe schließen, damit sie rechtsgültig ist). Häufig kann eine Deklaration nur dann erfolgreich vollzogen werden, wenn ganz bestimmte Formulierungen verwendet werden. Wie aber das Beispiel des Definierens zeigt, ist nicht bei jeder Deklaration der Erfolg an eine besondere Autorität der sprechenden Person gebunden und es müssen auch keine feststehenden Formulierungen gewählt werden. Die Regeln und die Strenge der Regeln variieren deutlich, je nachdem, um welche Deklaration es sich handelt. Das Vorliegen solcher Bedingungen kann als ein Set von Regeln verstanden werden, die die jeweilige Deklaration regulieren. Ein solches Set von Regeln nennt Searle „Institution" (1969, 51). Nur wenn es eine entsprechende Institution überhaupt gibt, kann jemand mit einer Äußerung eine Deklaration vollziehen. Indem Deklarationen vollzogen werden, so kann man nun festhalten, erhalten Gegenstände, die physikalisch beschreibbar sind, zu den physikalischen Eigenschaften, die sie bereits haben, zusätzlich soziale Eigenschaften, wie ‚verheiratet sein', ‚Träger eines akademischen Titels zu sein' und so weiter.

Searle nennt aber in seinem Buch *Making the Social World* (2010) noch eine zweite Variante der Deklarationen. Mit Deklarationen, so Searle, könnten bestimmte Gegenstände erschaffen werden. Analog zu den Verleihungen von Eigenschaften, könnten durch Deklarationen selbstverständlich keine physikalischen Gegenstände erschaffen werden. Gibt es aber andere als physikalische Gegenstände? Searle beantwortet diese Frage positiv. Eine Korporation oder ein Verein sind Beispiele für Gegenstände, die nicht rein physikalischer Natur sind. In einem Verein können beispielsweise alle Mitglieder ausgetauscht werden, dennoch würden wir von dem gleichen Verein sprechen. Solche Gegenstände, wie ein Verein, können auch Träger von sozialen Eigenschaften sein, wie zum Beispiel Rechte und Pflichten haben. Auch hier ist wichtig zu bemerken, dass soziale Eigenschaften, die beispielsweise ein Verein hat, nicht oder zumindest nicht immer die sozialen Eigenschaften sind, die die einzelnen Mitglieder des Vereins haben. Searle geht nun davon aus, dass solche Gegenstände wie Vereine, Parteien und Korporationen durch Deklarationen erschaffen werden könnten. Sind sie erst einmal erschaffen, könnten ihnen, wie physikalischen Gegenständen auch, soziale Eigenschaften verliehen werden. Wie haben es in diesen Fällen also mit einem zweistufigen Verfahren zu tun: Mit einer ersten Deklaration wird der Gegenstand (zum Beispiel der Verein, die Korporation) erschaffen, in einem zweiten Schritt werden diesem Gegenstand, ebenfalls durch den Vollzug einer Deklaration, soziale Eigenschaften verliehen.

Wie sind solche Akte nun aber in Verbindung zu fiktionalem Erzählen zu bringen? Die grundlegende Idee, die hinter der These, fiktionale Äußerungen seien deklarative Akte, steckt, ist, dass Autorinnen und Autoren fiktionaler Texte etwas erschaffen, nämlich die fiktive Geschichte oder die fiktive Welt und ihre fiktiven Figuren. Im Rahmen dieser These wird daher der Kreativität der textverfassenden Person besondere Bedeutung beigemessen. Nun liegen aber Unterschiede zu anderen Deklarationen klar auf der Hand: heiraten, Krieg erklären oder jemanden entlassen sind deklarative Akte, die tatsächlich Veränderungen in der Welt hervorbringen. Außerdem, darauf wurde bereits hingewiesen, kann dies nur gelingen, wenn bestimmte Rahmenbedingungen gegeben sind. Die Sprecherin oder der Sprecher muss über eine gewisse Autorität verfügen und es muss eine sogenannte Institution geben, die es ermöglicht, dass durch das Äußern bestimmter Worte die Welt verändert wird. Wer aber fiktional erzählt, scheint nicht die ‚reale' Welt zu verändern und es scheint auch nicht so zu sein, dass es eine Institution gibt, die es der Autorin oder dem Autor überhaupt erst ermöglicht, erfolgreich fiktional zu erzählen. Diese Unterschiede zu anderen Deklarationen lassen an der These, fiktionale Äußerungen seien deklarative Akte, zweifeln und stellen damit die größte Herausforderung für die Verteidigung dieser These dar.

Wie bereits erwähnt, geht Searle davon aus, dass mit Deklarationen nicht nur Eigenschaften verliehen, sondern auch neue Gegenstände erschaffen werden könnten. Die Welt wird durch diese Deklarationen also insofern verändert, als es nach dem erfolgreichen Vollzug einen neuen Gegenstand in der Welt gibt. Die Idee der Deklarationsthese bezüglich Fiktion ist es nun, dass auch die Verfassende fiktionaler Werke durch ihr fiktionales Erzählen neue Gegenstände erschaffen, nämlich die fiktiven Figuren, die in ihren Werken vorkommen. So hat E. T. A. Hoffmann die Figur des jungen Studenten Anselmus erschaffen (*Der goldene Topf*) und Bret Easton Ellis die Figur Patrick Bateman (*American Psycho*). Indem sie fiktional erzählen, so diese ontologische Position, erschaffen sie Gegenstände, die tatsächlich in der Welt existieren. Wie ist das aber zu verstehen?

Es gibt eine philosophische Debatte um die Frage, ob fiktive Figuren existieren (siehe dazu Reicher in diesem Band). Grob lassen sich vier Positionen unterscheiden. Possibilisten (vgl. Lewis 1978, 1986; Kripke 1972) argumentieren für die These, dass fiktive Gegenstände zwar nicht in unserer Welt aber in einer möglichen Welt existieren. So existiert Winnie-the-Pooh zwar nicht in unserer Welt, aber in der möglichen Welt, in welcher der Gehalt der Pooh-Geschichten von A. A. Milne Sachverhalten in dieser Welt entsprechen. Meinongianer (vgl. Parsons 1980; Routley 1980; Jacquette 1996; Zalta 1983), in der Nachfolge von Alexius Meinong (1853–1920), vertreten eine weitere Theorie fiktiver Gegenstände. Meinong unterscheidet unterschiedliche Weisen des Seins. Er spricht von ‚existieren' nur bei raum-zeitlichen Gegenständen. Nicht-räumliche Gegenstände existieren dagegen nicht, aber sie ‚bestehen' (vgl. Meinong 1904). Existieren ist, und das unterscheidet diese von den im Folgenden vorgestellten Positionen, ein diskriminierendes Prädikat. Es gibt, so könnte man sagen, Gegenstände die existieren und Gegenstände, die nicht existieren. Fiktive Gegenstände werden demnach als nicht-existierende Gegenstände aufgefasst. Vertreter antirealistischer Positionen argumentieren, insbesondere unter Berufung auf das Gebot der Sparsamkeit, gegen die Annahme, dass es fiktive Gegenstände gibt (vgl. Everett 2005; Currie 1990; Yagisawa 2001). Realistische Positionen dagegen behaupten genau das, nämlich, dass es fiktive Gegenstände gebe. Diese Annahme klingt zunächst äußerst überraschend, doch tatsächlich halten wir beispielsweise die folgenden Sätze für wahr:

Es gibt viele verschiedene Romanfiguren.
Manche Figuren tauchen in mehreren Romanen auf.
Oliver Twist ist eine fiktive Figur.

Solche Sätze sagen nichts über den Gehalt fiktionaler Texte, sondern scheinen etwas über unsere Welt auszusagen. Realisten nehmen nun an, dass Sprechende sich in den oben genannten oder ähnlichen Sätzen mit Ausdrücken wie ‚Figur' oder ‚Romanfigur' tatsächlich auf etwas in unserer Welt beziehen. Nun glauben Realisten selbstverständlich nicht, dass die *Personen* Norman Bates (*Psycho*) oder Mina Harker (*Dracula*) tatsächlich existieren oder existiert haben. Sie nehmen aber an, Romanfiguren würden existieren (vgl. Reicher 2012; Thomasson 1996, 1999, 2003; van Inwagen 1977; Voltolini 2003, 2006, 2010 Werner 2012, 2016). A. Thomasson vertritt beispielsweise die ontologische Position, dass Romanfiguren von Autorinnen und Autoren erschaffene Kunstgegenstände sind, sie spricht von abstrakten Artefakten. Was im Folgenden über fiktive Figuren gesagt wird, bezieht sich allerdings auf fiktive Gegenstände im Allgemeinen, das heißt auch auf fiktive Orte oder fiktive unbelebte Gegenstände. Sherlock Holmes Pfeife ist in diesem Sinne also auch ein fiktiver Gegenstand. Als Beispiele für abstrakte Gegenstände werden üblicherweise Zahlen angeführt. Doch die Gegenstände, um die es hier geht, unterscheiden sich deutlich von dem, was üblicherweise unter einem ‚abstrakten Gegenstand' verstanden wird. Mit ‚abstrakt' ist in diesem Zusammenhang nur ‚nicht-räumlich' gemeint. Romanfiguren (oder andere fiktive Figuren) sind dieser Position gemäß keine physikalischen Gegenstände, sie haben keinen Körper und sind daher auch nicht an irgendeinem bestimmten Ort. Allerdings sind sie keine zeitlosen Gegenstände, denn weil sie erschaffen werden, fangen sie mit dem Zeitpunkt ihrer Erschaffung an zu existieren. Romanfiguren werden hier nicht, wie etwa Zahlen, als etwas verstanden, das unabhängig von Menschen existiert. Ihre Existenz ist zunächst abhängig von einer Person, die sie erschafft. Ist die Figur einmal erschaffen, müssen aber auch bestimmte Bedingungen gegeben sein, damit sie weiterexistieren kann. So muss es irgendein Speichermedium, ein gedrucktes Buch beispielsweise oder auch einen Menschen, der sich an die Figur erinnert, geben, damit die Figur weiter existiert. Demzufolge gäbe es niemanden, der sich an diese Figur erinnert und kein Buch oder Ähnliches, indem von der Figur erzählt wird, würde die Figur aufhören zu existieren.

Wir haben es daher bei fiktiven Figuren mit einer Art von Gegenstand zu tun, die den sozialen Gegenständen (Vereine, Parteien, Korporationen) sehr ähnlich ist. Diese Gegenstände sind ebenfalls keine physikalischen Gegenstände, in dem Sinne, dass sie einen Körper und einen bestimmten Ort hätten. Sie werden aber auch von Menschen erschaffen, daher ist ihre Existenz von Menschen abhängig. Wie wir bereits gesehen haben, vertritt Searle die Position, dass soziale Gegenstände durch sprachliche Äußerungen erschaffen werden könnten. Fiktive Figuren, so die These, würden auch durch sprachliche Äußerungen, nämlich fiktionales Erzählen, erschaffen. Diese Ähnlichkeiten zwischen sozialen Gegenständen und fiktiven Figuren werden als Argument dafür angesehen, dass die Äußerungen, durch die fiktive Figuren erschaffen werden, ebenfalls Deklarationen seien.

Nun muss die Charakterisierung fiktiver Figuren als abstrakte Artefakte aber noch präzisiert werden, wenn die Frage beantwortet werden soll, was das Besondere an fiktiven Figuren ist. Denn abstrakte Artefakte sind dieser Position gemäß Vereine, Parteien und so weiter. Wir benötigen eine Präzisierung, die die Fiktivität der Figuren in den Fokus nimmt.

Ein Vorschlag für eine solche Präzisierung ist es, fiktive Figuren als Rollen zu verstehen. Rollen sind nicht immer absichtlich durch Deklarationen erschaffene Gegenstände (vgl. Werner 2016). Die Entstehung von sozialen Rollen, wie etwa der Vaterrolle, muss anders erklärt werden als etwa die Rolle, die eine Schauspielerin einnehmen kann. Letztgenannte dient aber als Vorbild für die Art von Rolle, um die es uns geht. Wir sprechen von der Rolle des Hamlets oder der Mutter Courage. Diese Rollen werden von Autorinnen und Autoren durch das Verfassen der dramatischen Texte erschaffen und können dann von Schauspielenden bei der Inszenierung des Stückes gespielt werden. Wichtig zu bemerken ist, dass die Rolle ein Gegenstand ist, der sich von der Person unterscheidet, die sie trägt oder im Schauspiel umsetzt. Die Rolle ist ein durch sprachliche Äußerungen erschaffener Gegenstand und auch wenn die schauspielende Person die Rolle spielt, wird sie nicht zu dieser Rolle.

Auch Autorinnen und Autoren narrativer fiktionaler Texte erschaffen, so die These, Rollen, also nicht-räumliche Gegenstände, die durch das Verfassen des Textes zu existieren beginnen. Diese Rollen zeichnen sich aber gegenüber anderen Rollen durch eine Besonderheit aus: Sie sind weder dazu gedacht, von einer Schauspielerin oder einem Schauspieler gespielt zu werden, noch gibt es in der Welt jemanden, der diese Rolle trägt, so wie es zum Beispiel bei der Vaterrolle der Fall ist. Darin liegt ihre Fiktionalität begründet. Als Rolle gibt es fiktive Figuren und sie sind damit genauso Teil unserer Welt wie es Vereine, Parteien oder andere Rollen sind. Während aber andere Rollen eine Trägerin oder einen Träger zumindest typischerweise haben, ist dies bei den fiktiven Rollen, also den fiktiven Figuren, gerade nicht der Fall. Wie genau diese Rollen erschaffen werden und was unter einer Trägerin beziehungsweise einem Träger zu verstehen ist, soll nun im Folgenden geklärt werden.

Das Erschaffen einer fiktiven Rolle

Autorinnen und Autoren fiktionaler Texte verwenden kennzeichnende Ausdrücke, wie zum Beispiel Eigennamen, um sich, so die hier vorgeschlagene These, auf ihre fiktiven Figuren zu beziehen. Das heißt Eigennamen wie ‚Hamlet' und ‚Ophelia' sind keine leeren Eigennamen, wie dies zum Beispiel von antirealistischen Positionen meist angenommen wird, sondern sie sind wie gewöhnliche Eigennamen, die verwendet werden, um auf etwas oder jemanden Bezug zu nehmen. Nun ist es aber so, dass die Autorin oder der Autor sich mit den Namen nicht auf Personen in der Welt bezieht, sondern auf fiktive Figuren, also die Rollen. Indem sie oder er das erste Mal den Eigennamen oder einen anderen entsprechenden kennzeichnenden Ausdruck verwendet, wird eine Rolle erschaffen. Nun verwendet die Autorin oder der Autor selbstverständlich nicht nur einen kennzeichnenden Ausdruck, sondern sagt auch etwas über die Figur. Indem die textverfassende Person dies tut, also eine Prädikation vollzieht, verleiht sie der neu erschaffenen Rolle Eigenschaften, man könnte auch sagen, sie gestaltet diese Rolle. Jedes Mal, wenn sie nun etwas über diese Figur schreibt, werden der Figur neue Eigenschaften verliehen und die Rolle wird immer komplexer (vgl. Werner 2013, 2016).

Unter einer Trägerin oder einem Träger einer Rolle muss nun jemand verstanden werden, die alle die Eigenschaften hat, die die Autorin oder der Autor der Rolle verliehen hat. Nun lässt sich leicht erkennen, warum es keine Trägerinnen oder Träger der Rolle gibt: Die Autorin oder der Autor erfindet schließlich die Eigenschaften der Rolle und beschreibt nicht eine reale Person. Wenn eine reale Person das Vorbild für einen fiktiven Charakter ist, wird es wahrscheinlich einige Überschneidungen geben. Die fiktive Figur hat dann eine Reihe von Eigenschaften, die auch die reale Person hat. Sie wird aber typischerweise auch Eigenschaften haben, die sie nicht mit der realen Person teilt. Aufgrund dieses Unterschiedes ist die reale Person daher auch nicht die Trägerin oder der Träger der entsprechenden Rolle.

Ein Einwand gegen diese Rollen-Theorie ist, dass es im Rahmen dieser Konzeption zwar unwahrscheinlich aber prinzipiell möglich ist, dass es eine Trägerin oder einen Träger einer Rolle gibt. Dies sei nur schwer mit unseren Intuitionen zu Fiktion vereinbar. Wie kann es sich um eine fiktive Figur handeln, wenn es in der Welt eine Person gibt, die alle Eigenschaften hat, die eine Figur gemäß dem entsprechenden Text hat? Bevor auf diesen Einwand eingegangen wird, sei aber Folgendes angemerkt: Auch wenn fiktive Figuren nicht als Rollen aufgefasst werden, besteht für die allermeisten Figuren die Möglichkeit, auch wenn es extrem unwahrscheinlich ist, dass es in der Welt jemanden gibt, der alle Eigenschaften der Figur auch hat. Stellen wir uns vor, Historiker würden herausfinden, dass es tatsächlich einen Thomas Buddenbrook (*Buddenbrooks*) gegeben hat, also eine Person mit exakt allen Eigenschaften, die Thomas Mann in seinem Roman der Figur verliehen hat. Eine Möglichkeit auf diese Entdeckung zu reagieren, wäre, Thomas Buddenbrook nicht mehr als eine fiktive Figur anzusehen. Das hieße aber, und dies gilt unabhängig davon, welche der hier vorgestellten Positionen zutrifft, dass die Frage, ob eine Äußerung fiktional ist oder nicht, alleine von ihrem Wahrheitswert abhängt. Auch wenn es sicher typischerweise so ist, dass fiktionale Äußerungen als Behauptungen verstanden falsch sind, ist es trotzdem nicht sinnvoll, den Wahrheitswert als entscheidendes Kriterium anzunehmen.

Stellen wir uns vor, in einem Text würde eine Figur mit bestimmten Eigenschaften beschrieben, aus dem Text ginge aber nicht hervor, zu welcher Zeit genau die im Text geschilderte Handlung stattfindet. Dieser Text wurde geschrieben in der Absicht, eine erfundene Geschichte zu erzählen und es gibt zu diesem Zeitpunkt auch keine Person mit den entsprechenden Eigenschaften. Würde nun nach Veröffentlichung des Buches und vielleicht sogar nach dem Tod der Autorin oder des Autors eine Person geboren werden, der genau das passiert, was in der Handlung der betreffenden Geschichte vorfällt und die die Eigenschaften, wie sie in dem betreffenden Text beschrieben wurden, aufweist, würde sich der Status des Textes ändern: Aus einem Text, der bis zu diesem Zeitpunkt zurecht als ein fiktionaler galt, würde nun ein nicht-fiktionaler Text werden.

Will man nicht in Kauf nehmen, dass Fiktionalität eine Eigenschaft von Äußerungen ist, die von kontingenten Entwicklungen in der Welt abhängt, darf Fiktionalität nicht nur über den Wahrheitswert der Äußerung bestimmt werden. Searle misst der Absicht der Autorin oder des Autors einen großen Stellenwert bei, um die Fiktionalität einer Äußerung zu bestimmen (vgl. Searle 1979a). Sprachliche Äußerungen fassen wir im Allgemeinen als Handlungen von Sprechenden auf, die sie absichtlich vollziehen, auch wenn es sicherlich dabei auch eine ganze Reihe von Ausnahmen gibt. Doch gerade das Verfassen eines Textes oder auch das mündliche Erzählen einer Geschichte scheint doch etwas zu sein, das bewusst und absichtlich stattfindet. Zu den Kernintuitionen, die wir bezüglich Fiktion haben, gehört es, dass die Geschichten, die erzählt werden, erfunden sind. Wir wollen aber Fiktion auch von Irrtümern unterscheiden. Würde also jemand eine Geschichte erzählen, im Glauben, dass sie wahr ist, und tatsächlich aber alles erfunden haben, würde dies eher als ein Fehler gelten. Die erzählende Person hätte sich über den Status ihrer Äußerung geirrt.

Ist die Absicht, eine fiktionale Geschichte zu erzählen, aber alleine hinreichend, damit die Äußerung als illokutionärer Akt gelingen kann? Mit der Beantwortung dieser Frage gelangen wir auch zu der zweiten, oben angeführten Schwierigkeit der Deklarationsthese. Wir haben bereits gesehen, dass Deklarationen nur gelingen können, wenn es eine bestehende Institution in einer Sprechergemeinschaft gibt, die regelt, dass mit einer bestimmten Äußerung die entsprechende Deklaration vollzogen werden kann. Außerdem wird vielfach festgelegt, wer die Deklaration vollziehen darf. Bei Deklarationen ist es daher klarerweise nicht so, dass die Absicht des Sprechenden einen erfolgreichen Vollzug der Deklaration garantiert. Dafür, dass eine fiktionale Äußerung erfolgreich vollzogen wird, so soll das folgende Beispielszenario zeigen, muss es ebenfalls eine Institution des fiktionalen Erzählens geben. Stellen wir uns eine Gesellschaft vor, in der es das fiktionale Erzählen nicht gibt: Es werden keine Lagerfeuergeschichten oder Märchen erzählt, keine Kurzgeschichten oder Romane geschrieben. Wird etwas erzählt, wird es in dieser Gesellschaft auf seinen Wahrheitswert hin untersucht. Trifft das Erzählte zu, hat die sprechende Person eine wahre Geschichte erzählt, trifft es nicht zu, hat sie sich entweder geirrt oder aber gelogen. Käme nun in diese Gesellschaft eine Sprecherin oder ein Sprecher aus einer Gesellschaft, in der es das fiktionale Erzählen gibt und würde sie versuchen, dort zum Beispiel ein Märchen zu erzählen, würde sie missverstanden. Man würde ihr Märchen entweder als den gescheiterten Versuch ansehen, etwas Wahres zu erzählen, oder aber als eine Lüge. Die Signale, die unsere märchenerzählende Person gesendet hat, sind in dieser Gesellschaft nicht bekannt und können daher nicht als solche erkannt werden. Wir haben es hier also mit einer Situation zu tun, in der eine Sprecherin oder ein Sprecher zwar die Absicht hatte, fiktional zu erzählen. Die Äußerungen sind aber als illokutionäre Akte gescheitert, weil die sprechende Person auf dieser Ebene missverstanden wurde. Die Äußerungen konnten nicht als fiktionales Erzählen erkannt werden. Daran lässt sich erkennen, dass das Vorhandensein von Regeln notwendig ist, die festlegen, dass Äußerungen als fiktionales Erzählen gelten können. Hierin unterscheiden sich fiktionale Äußerungen also nicht von Deklarationen.

6 Schlussbemerkung

Ein großes Problem, mit dem sich Ansätze, die Fiktionalität auf der Ebene der einzelnen Äußerung ausmachen, konfrontiert sehen, ist das im Zusammenhang mit der Aufforderungsthese erwähnte ‚Patchwork'-Problem. Wie kann die Deklarationsthese mit diesem Problem umgehen? Die Beispiele, die Searle für Deklarationen anführt, sind, wie alle seine Beispiele für illokutionäre Akte, Äußerungen einzelner Sätze und nicht ganze Texte. Auch im Zusammenhang mit der Deklarationsthese bezüglich fiktionaler Äußerungen war bisher nur die Rede von einzelnen Äußerungen, die als Deklarationen verstanden werden. Es wurde aber auch bereits betont, dass die Ausgestaltung einer fiktiven Figur durch mehrere Äußerungen geschehen kann. Alles, was die Autorin oder der Autor direkt oder auch indirekt in Bezug auf eine Figur schreibt, trägt zur Ausgestaltung der Rolle bei. Im Zusammenhang mit diesem Prozess kann sie oder er auch Sätze verwenden, die, als Behauptung verstanden, wahr sind. Das bedeutet, dass für die Ausgestaltung der Figuren sowohl Sätze verwendet werden können, deren Gehalt auf die Welt tatsächlich zutrifft als auch solche, bei denen dies nicht der Fall ist. Entscheidend dafür, dass es sich um fiktionale Äußerungen handelt, ist, dass mit ihnen Figuren erschaffen oder gestaltet werden. Die Fiktionalitätssignale, die die verfassende Person in ihrem Text oder aber auch außerhalb des Textes gibt, müssen als Signale verstanden werden, die den Status des gesamten Textes betreffen. Alle Sätze eines fiktionalen Textes sind damit fiktionale Äußerungen, ein Patchwork-Problem entsteht nicht. Selbstverständlich ist es aber so, dass wir beim Lesen oft den Eindruck haben, dass mit einigen Sätzen auch etwas über die Welt gesagt wird. Viele fiktionale Texte können so interpretiert werden, dass sie als gesamtes Werk etwas über die Welt aussagen, Missstände aufdecken oder uns etwas über die menschliche Psyche im Allgemeinen vermitteln. Das ändert aber vor dem Hintergrund der Deklarationsthese nichts an ihrem fiktionalen Status. Äußerungen können gemäß der Sprechakttheorie verwendet werden, um mehr als nur einen illokutionären Akt zu vollziehen. Es kann also durchaus sein, dass eine Autorin oder ein Autor sich mit einer Äußerung in dem hier erläuterten Sinn sowohl fiktional äußert, als auch etwas über die Welt aussagt.

Literaturverzeichnis

Abell, Catharine (noch nicht erschienen). *Fictive Utterances as Declarations*.
Austin, John L. (1975 [1962]). *How to Do Things with Words*. Cambridge.
Bauer, Wolfgang (2012). „Der Tod kommt von oben". *Die Zeit* 6 September 2012. https://www.zeit.de/2012/37/DOS-Syrien-Aleppo (04.09.2019).
Böcking, Saskia et al. (2005). „Suspension of Disbelief. Historie und Konzeptualisierung für die Kommunikationswissenschaft". *Rezeptionsstrategien und Rezeptionsmodalitäten*. Hg. von Volker Gehrau, Helena Bilandzic und Jens Woelke. München: 39–57.
Coleridge, Samuel Taylor (1997 [1817]). *Biographia Literaria*. Hg. von Nigel Leask. London.
Currie, Gregory (1985). „What is fiction?". *The Journal of Aesthetics and Art Criticism* 43.4 (1985): 385–392.
Currie, Gregory (1990). *The Nature of Fiction*. Cambridge.
Everett, Anthony (2005). „Against Fictional Realism". *Journal of Philosophy* 102 (2005): 624–649.
Friend, Stacie (2011). „Fictive Utterance and Imagining II". *Proceedings of the Aristotelian Society Supplementary Volume LXXXV* (2011): 163–180.
Garcia-Carpintero, Manuel (2013) „Norms of Fiction-Making". *British Journal of Aesthetics* 53.3 (2013): 339–357.
Genette, Gérard (1992). *Fiktion und Diktion*. Aus dem Frz. v. Heinz Jatho. München.
Grice, H. Paul (1957). „Meaning". *Philosophical Review* 66 (1957): 377–388.
Jacquette, Dale (1996). *Meinongian Logic: the Semantics of Existence and Nonexistence*. Berlin.
Kripke, Saul A., (1972 [1980]). *Naming and Necessity*, Oxford: Blackwell. Original Vorlesungen erschienen in *Semantics of Natural Language*. Hg. von Donald Davidson and Gilbert Harman. Dordrecht: 253–355.
Lamarque, Peter und Stein Olsen (1994). *Truth, Fiction, and Literature*. Oxford.
Lejeune, Philippe (1975). *Le pacte autobiographique*. Paris.
Lewis, David (1978). „Truth in Fiction". *American Philosophical Quarterly*, 15.1 (1978): 37–46.
Lewis, David (1986). *On the Plurality of Worlds*. Oxford.

Matravers, Derek (2014). *Fiction and Narrative*. Oxford.
Meinong, Alexius (1904 [1960]). „Über Gegenstandtheorie". *Untersuchungen zur Gegenstandtheorie und Psychologie*. Hg. von A. Meinong. Leipzig: 1–50. Nachdruck *Gesammelte Abhandlungen* (Gesamtausgabe, Bd. II). Graz: 481–535.
Parsons, Terence (1980). *Nonexistent Objects*. New Haven.
Reicher, Maria E. (2012). „Knowledge from Fiction". *Understanding Fiction*. Hg. von Eva-Maria Konrad, Thomas Petraschka, Hans Rott und Jürgen Daiber. Paderborn: 114–132.
Rott, Hans (2013). „Von der Mühe, nicht zu glauben. Fiktionale Texte und negative doxastischer Voluntarismus". *Fiktion, Wahrheit, Interpretation. Philologische und philosophische Perspektiven*. Hg. von Eva-Maria Konrad, Thomas Petraschka, Hans Rott und Jürgen Daiber. Paderborn: 65–107.
Routley, Richard (1980). *Exploring Meinong's Jungle and Beyond: An Investigation of Noneism and the Theory of Items*. Canberra.
Schaper, Eva (1978). „Fiction and the Suspension of Disbelief." *The British Journal of Aesthetics*, 18.1 (Winter 1978): 31–44.
Searle, John R (1969). *Speech Acts. An Essay in the Philosophy of Language*. Cambridge.
Searle, John R. (1979a). „The Logical Status of Fictional Discourse". *Expression and Meaning. Studies in the Theory of Speech Acts*. Cambridge: 58–75.
Searle, John R. (1979b). „A taxonomy of illocutionary act". *Expression and Meaning. Studies in the Theory of Speech Acts*. Cambridge: 1–29.
Searle, John R. (2010). *Making the Social World. The Structure of Human Civilization*. Oxford.
Thomasson, Amie (1996). „Fiction, Modality and Dependent Abstracta". *Philosophical Studies* 84.2–3 (1996): 295–320.
Thomasson, Amie (1999). *Fiction and Metaphysics*. Cambridge.
Thomasson, Amie (2003). „Fictional Characters and Literary Practices". *British Journal of Aesthetics* 43 (2003): 138–157.
van Inwagen, Peter (1977). „Creatures of Fiction". *American Philosophical Quarterly* 14.4 (1977): 299–308.
Voltolini, Alberto (2003). „How Fictional Works Are Related to Fictional Entities". *Dialectica* 57 (2003): 225–238.
Voltolini, Alberto (2006). *How Ficta Follow Fiction. A Syncretistic Account of Fictional Entities*. Dordrecht.
Voltolini, Alberto (2010). „Against Against Fictional Realism". *Grazer Philosophische Studien* 80 (2010): 47–63.
Walton, Kendall (1990). *Mimesis as Make-Believe*. Cambridge.
Werner, Christiana (2012). „On referring to Ferraris. The Act of Reference and Predication in Fictional Discourse". *Understanding Fiction*. Hg. von Eva-Maria Konrad, Thomas Petraschka, Hans Rott und Jürgen Daiber. Paderborn: 204–219.
Werner, Christiana (2013). „Making the Fictional World – Fiktionale Äußerungen als deklarative Sprechakte". *Fiktion, Wahrheit, Interpretation. Philologische und philosophische Perspektiven*. Hg. von Eva-Maria Konrad, Thomas Petraschka, Hans Rott und Jürgen Daiber. Paderborn: 171–187.
Werner, Christiana (2014). „Just My Imagination? – Creation for Creationists". *Journal of Literary Theory* 8.2 (2014): 323–342.
Werner, Christiana (2016). *Wie man mit Worten Dinge erschafft*. Göttingen.
Yagisawa, Takashi (2001). „Against Creationism in Fiction". *Philosophical Perspectives* 15 (2001): 153–172.

Zalta, Edward N. (1983). *Abstract Objects: An Introduction to Axiomatic Metaphysics*, Dordrecht.
Zipfel, Frank (2001a). *Fiktion, Fiktivität, Fiktionalität. Analysen zur Fiktion in der Literatur und zum Fiktionsbegriff in der Literaturwissenschaft*. Berlin.
Zipfel, Frank (2001b). „Fiktion als literaturtheoretische Kategorie". *Compass. Mainzer Hefte für Allgemeine und Vergleichende Literaturwissenschaft* 4 (2001): 21–52.

Weiterführende Literatur

Austin, John L. (1975 [1965]). *How to Do Things with Words*. Oxford.
Currie, Gregory (1990). *The Nature of Fiction*. Cambridge.
Eder, Jens, Fotis Jannidis und Ralf Schneider (Hgg., 2016). *Characters in Fictional Worlds*. Berlin.
Pratt, Mary Louise (1977). *Toward a Speech-Act Theory of Literary Discourse*. Bloomington.
Searle, John R. (1979). „The Logical Status of Fictional Discourse". *Expression and Meaning. Studies in the Theory of Speech Acts*. Hg. von John R. Searle. Cambridge: 58–75.
Thomasson, Amie (1999). *Fiction and Metaphysics*. Cambridge.
Werner, Christiana (2016). *Wie man mit Worten Dinge erschafft*. Göttingen.

IV Interdisziplinäre Implikationen und Konzepte

Maria E. Reicher
IV.1 Fiktionalität und Philosophie/ Phänomenologie/Ontologie

1 Einleitung

In diesem Beitrag wird Fiktionalität aus philosophischer Perspektive behandelt. Im Zentrum werden dabei einige Paradoxien stehen. Es wird jeweils zunächst gezeigt, wie diese entstehen, und dann werden verschiedene Lösungsansätze für sie vorgestellt und diskutiert. Den Beginn machen die ontologischen Paradoxien der Fiktion (Abschnitt 2), gefolgt von dem Paradoxon der emotionalen Reaktionen auf Fiktionen (Abschnitt 3). Abschnitt 4 beschäftigt sich mit der erkenntnistheoretischen Frage, ob fiktionale Werke eine Erkenntnisquelle sein können und wenn ja, in welcher Hinsicht und wie das möglich ist.

Zunächst müssen jedoch einige terminologische Klärungen vorgenommen werden. Die erste terminologische Klärung betrifft die Termini ‚fiktional' und ‚fiktiv'. Der Ausdruck ‚fiktional' wird als ein (im weitesten Sinn) sprechakttheoretisches Prädikat für Sprechhandlungen bzw. Sprachwerke gebraucht. Der Terminus ‚fiktiv' fungiert hingegen als ein ontologisches Prädikat für jene Gegenstände, die in fiktionalen Werken repräsentiert werden. In diesem Sinne kann man von fiktionalen Erzählungen, fiktionalen Romanen und fiktionalen Filmen sprechen, im Gegensatz etwa zu Tatsachenberichten, Biografien und Dokumentarfilmen. Hingegen spricht man von fiktiven Figuren, fiktiven Orten und fiktiven Ereignissen. Was genau der Gegensatz zu ‚fiktiv' ist, ist bereits eine ontologische Frage, auf die im Folgenden zurückzukommen sein wird. Kandidaten sind etwa ‚real' bzw. ‚real existierend' und ‚konkret'.

Zweitens ist es im Folgenden wichtig, zwischen *fiktionaler Rede* einerseits und *Rede über Fiktionen* andererseits zu unterscheiden. (Der Ausdruck ‚Rede' wird hier allgemein für sprachliche Äußerungen aller Art verwendet, egal ob mündlich oder schriftlich und unabhängig von ihrer Komplexität). Der Text eines fiktionalen Romans ist ein Fall fiktionaler Rede; wenn sich hingegen Leser über die Figuren, die Schauplätze oder die Handlung eines solchen Romans unterhalten, ist dies ein Fall von Rede *über* Fiktionen.

Der Gegensatz zu fiktionaler Rede ist *ernsthafte Rede*. Das entscheidende Merkmal zur Unterscheidung von ernsthafter und fiktionaler Rede ist nicht der Wahrheitsgehalt der sie konstituierenden Äußerungen. Rede, die aus falschen Äußerungen besteht bzw. falsche Äußerungen enthält, kann durchaus ernsthafte Rede sein. Entscheidend sind die Ansprüche der Sprecher. In nichtfiktionaler

Rede erheben die Sprecher in der Regel Wahrheitsanspruch für ihre Behauptungen; zusätzlich erheben sie epistemische Rechtfertigungsansprüche, d.h., sie beanspruchen, ihre Behauptungen mit guten Gründen für wahr zu halten. Auf der Seite der Adressaten gibt es in der Regel die entsprechenden Erwartungen: Es wird in der Regel erwartet, dass die Äußerungen des Sprechers wahr und epistemisch gerechtfertigt sind.

Freilich werden diese normativen Regeln auch in ernsthafter Rede manchmal gebrochen. Aber wenn das der Fall ist, dann ist das ein Mangel, und wir sind berechtigt, dem Sprecher dies vorzuwerfen. Doch in fiktionaler Rede sind die erwähnten normativen Regeln grundsätzlich außer Kraft gesetzt. Daher wäre es unangemessen (und ein Zeichen dafür, dass jemand das Sprachspiel der fiktionalen Rede nicht verstanden hat), etwa einen Märchenerzähler dafür zu tadeln, dass er Dinge erzählt, die nicht den Tatsachen entsprechen, oder vom Autor eines fiktionalen Romans zu verlangen, dass er Belege für seine Schilderungen beibringt.

Soweit eine Kurzfassung der Standardanalyse fiktionaler Rede. In Abschnitt 4 dieses Beitrags („Das erkenntnistheoretische Paradoxon der Fiktion") wird jedoch gezeigt werden, dass diese Standardanalyse einer Verfeinerung bedarf, um bestimmten Phänomenen gerecht zu werden.

2 Ontologische Paradoxien der Fiktion

Von einer Paradoxie spricht man in der Philosophie, wenn aus anscheinend wahren bzw. unmittelbar einleuchtenden Prämissen etwas offenkundig Falsches oder Unsinniges folgt. Ein besonders deutlicher Fall einer Paradoxie liegt dann vor, wenn aus den anscheinend wahren Prämissen ein logischer Widerspruch folgt. Das Folgende ist ein Beispiel für einen solchen Fall:

OntP1
1. Pegasus ist ein geflügeltes Pferd.
2. Pegasus existiert. (1)
3. Pegasus existiert nicht.

Prämisse 1 scheint eine Feststellung zu sein, die als Antwort auf die Frage „Wer oder was ist Pegasus?" in vielen Kommunikationskontexten vollkommen akzeptabel wäre. (Die Frage könnte etwa bei einem Quiz gestellt werden oder im Zuge einer Prüfung über griechische Mythologie oder von einer Person, die etwas über Pegasus hört oder liest und damit nichts anfangen kann.)

Prämisse 2 folgt logisch aus 1, gemäß weithin anerkannter fundamentaler logischer Prinzipien. (Ich folge hier einer in der Logik verbreiteten Konvention, wonach in einem Argument jeweils durch Zahlen in runden Klammern angegeben wird, aus welchen vorangegangenen Sätzen ein Satz folgt.) Aufgrund welcher Prinzipien bzw. Annahmen diese Folgerungsbeziehung gilt, wird gleich näher erläutert werden.

Prämisse 3 ist anscheinend eine empirische Wahrheit. Wir wissen, dass es keinen Sinn hat, sich auf die Suche nach Pegasus zu machen: Wir können ‚ihn' unter den Dingen in der Welt nicht finden. Prämisse 3 widerspricht jedoch Prämisse 2, welche ihrerseits aus der anscheinend wahren Prämisse 1 logisch folgt, also auch wahr sein müsste. (Denn die logische Folgerungsbeziehung ist wahrheitserhaltend: Jeder Satz, der aus einem wahren Satz logisch folgt, ist selber auch wahr.) Doch von zwei einander widersprechenden Sätzen muss mindestens einer falsch sein.

Ähnlich gelagert – nur auf einem anderen fundamentalen logischen Prinzip basierend – ist folgende Paradoxie:

OntP2
1. Pegasus ist ein geflügeltes Pferd.
2. Es gibt Flügelpferde. (1)
3. Flügelpferde gibt es nicht.

Auch hier folgt 2 aus 1 (unter Anwendung eines weithin akzeptierten logischen Prinzips), widerspricht jedoch einer augenscheinlich wahren empirischen Aussage (3). OntP1 und OntP2 sind *ontologische* Paradoxien, weil sie Fragen der Existenz betreffen. (Die Ontologie ist jene philosophische Disziplin, die sich mit der Frage beschäftigt, was es gibt.)

Die philosophische Herausforderung besteht darin, die Paradoxien aufzulösen und damit die Widersprüche zu vermeiden. Es wurde gesagt, dass die Paradoxien aus allgemein bzw. weithin akzeptierten Annahmen und Prinzipien entstehen. Daher erfordert deren Auflösung, dass wir mindestens eine der relevanten Annahmen aufgeben. Aus dieser Überlegung ergeben sich drei grundsätzlich mögliche Lösungsansätze:

a. Man könnte Prämisse 1 aufgeben, also „Pegasus ist ein geflügeltes Pferd" als falsch verwerfen.
b. Man könnte Prämisse 3 aufgeben, also „Pegasus existiert nicht" bzw. „Flügelpferde existieren nicht" als falsch verwerfen.
c. Man könnte die Schlussfolgerung von Prämisse 1 auf Prämisse 2 verwerfen, also die Annahme aufgeben, dass aus „Pegasus ist ein Flügelpferd" logisch folgt, dass Pegasus existiert bzw. dass Flügelpferde existieren.

Die Lösungsansätze lassen sich grob in *realistische* und *antirealistische Theorien fiktiver Gegenstände* einteilen. Antirealistische Theorien halten daran fest, dass es weder Flügelpferde im Allgemeinen noch Pegasus im Besonderen gibt. Diese Theorien müssen Wege finden, die Ableitung der Existenzsätze (Prämisse 2) zu vermeiden. Dies kann entweder durch ein Aufgeben bzw. Modifizieren von Prämisse 1 geschehen oder durch ein Aufgeben bzw. Modifizieren der betreffenden logischen Prinzipien. Realistische Theorien hingegen erkennen an, dass es fiktive Gegenstände gibt, und müssen daher erklären, warum der Widerspruch zu den empirischen Wahrheiten (Prämisse 3) nur ein scheinbarer ist. Außerdem müssen realistische Theorien eine Reihe von Fragen in Bezug auf die besondere Natur fiktiver Gegenstände klären.

Antirealistische Theorien fiktiver Gegenstände

Vertreter antirealistischer Theorien halten also an der dritten Prämisse („Pegasus existiert nicht" bzw. „Flügelpferde existieren nicht") fest. Diejenigen von ihnen, die zugleich an der ersten Prämisse („Pegasus ist ein Flügelpferd") festhalten wollen, müssen daher Wege finden, die Ableitung von „Pegasus existiert" aus der ersten Prämisse zu blockieren. Um zu verstehen, wie dies gelingen kann, ist es erforderlich, sich genauer anzusehen, aufgrund welcher Annahmen und Prinzipien diese Ableitung zulässig ist.

Einige grundsätzliche Anmerkungen mögen für das Verständnis des Folgenden hilfreich sein: Logische Folgerungsbeziehungen gelten stets im Rahmen eines bestimmten logischen Systems. Logische Systeme enthalten Regeln, die festlegen, welche Sätze man aus einer gegebenen Menge von Sätzen ableiten kann. Für OntP1 und OntP2 ist jeweils eine solche Ableitungsregel relevant. Es gibt jedoch nicht nur *eine* Logik (ein logisches System), sondern viele. Logische Systeme sind Menschenwerk. Es ist letztlich eine Frage der Entscheidung (idealerweise getroffen aufgrund sorgfältiger Überlegung und Abwägung von Vor- und Nachteilen), welches logische System man akzeptiert. Es gibt aber so etwas wie ein ‚Standardsystem', das heute von den meisten Philosophen und Logikern akzeptiert und verwendet wird. Es wird oft als ‚klassische Logik' bezeichnet. Dieses ist der Ausgangspunkt der folgenden Ausführungen.

Zunächst zu OntP1: Warum folgt – in der klassischen Logik – „Pegasus existiert" aus „Pegasus ist ein geflügeltes Pferd"? – Zunächst einmal folgt „Pegasus existiert" in der klassischen Logik aus jedem beliebigen Satz, weil es sich dabei um eine *logische Wahrheit* handelt. D. h., „Pegasus existiert" ist aus logischen Gründen wahr, unabhängig vom Zustand der Welt.

Dies ist auf den ersten Blick überraschend, da es doch eine Frage der Empirie und nicht eine Frage der Logik zu sein scheint, welche Lebewesen und andere

Dinge auf der Welt existieren. Die klassische Logik geht jedoch davon aus, dass Ausdrücke wie „Pegasus" (so genannte „singuläre Terme", von denen Eigennamen eine wichtige Unterkategorie sind) stets einen Gegenstand in der Welt bezeichnen (wobei „Gegenstand" hier im weitesten Sinn zu verstehen ist). In diesem Sinne macht die klassische Logik eine *Existenzvoraussetzung*.

Streng genommen betrifft diese Existenzvoraussetzung freilich nicht solche natürlichsprachliche Namen wie „Pegasus", denn diese sind nicht Bestandteile eines logischen Systems. Logische Systeme bedienen sich vielmehr sogenannter formaler Sprachen. Diese enthalten nicht die Wörter unserer natürlichen Sprachen, sondern an ihrer Stelle etwa einzelne Buchstaben. So werden die Buchstaben a, b, c ... für singuläre Terme verwendet, die Buchstaben F, G, H ... für Prädikatausdrücke (z. B. „ist ein Flügelpferd"), die Buchstaben x, y, z für sogenannte Variablen (deren Bedeutung ungefähr dem deutschen ‚etwas' entspricht). Doch in der Philosophie werden logische Systeme in der Regel dafür verwendet, sich Klarheit über die Struktur philosophischer Argumente zu verschaffen. Diese Argumente sind meist ursprünglich in natürlichen Sprachen formuliert. Dies bedeutet, dass es für eine gründliche logische Analyse oft erforderlich ist, die Prämissen und Konklusionen der natürlichsprachlichen Argumente sozusagen in die formale Sprache des logischen Systems zu ‚übersetzen' (zu ‚formalisieren'). Dazu muss man sich zuerst über die logische Struktur der natürlichsprachlichen Prämissen und Konklusionen klar werden: Handelt es sich um einen einfachen Subjekt-Prädikat-Satz oder ist die Struktur komplexer? Wenn Ersteres, was ist das Subjekt, was das Prädikat? Enthält der Satz singuläre Terme, und wenn ja, welche?

Es scheint nun (zumindest auf den ersten Blick) klar zu sein, dass „Pegasus" in „Pegasus existiert" ein singulärer Term ist. Folglich wäre dieser Satz halbformal als ‚a existiert' darzustellen, und dies muss – aufgrund der erläuterten Existenzvoraussetzung in der klassischen Logik – wahr sein.

Es ist also zunächst die Existenzvoraussetzung der klassischen Logik, die für die problematische Ableitung von „Pegasus existiert" aus Prämisse 1 verantwortlich ist. Daraus könnte man ein Argument gegen diese Existenzvoraussetzung schmieden: Wenn eine bestimmte Annahme in einem logischen System zur Ableitung offensichtlich falscher Sätze aus augenscheinlich wahren Sätzen führt, dann sollte diese Annahme aufgegeben werden.

In der Tat gibt es logische Systeme, die diese Existenzvoraussetzung nicht enthalten. Man nennt sie *existenzfreie Logiken*. In diesen ist nicht vorausgesetzt, dass jeder singuläre Term etwas bezeichnet; daher wäre „Pegasus existiert" in einem solchen System keine logische Wahrheit. Dennoch kann auch in einer existenzfreien Logik „Pegasus existiert" aus „Pegasus ist ein Flügelpferd" abgeleitet werden, und zwar aufgrund eines Prinzips, das – in halbformaler Schreibweise – lautet:

(PP) *a* ist F → *a* existiert.
[Lies: Wenn *a* F ist, dann existiert *a*.]

Ich nenne dieses Prinzip das *Prädikationsprinzip* (kurz: PP). ‚*a*' fungiert hier, wie gesagt, als singulärer Term der formalen Sprache, ‚F' als Prädikatausdruck. Dem Prädikationsprinzip liegt die Intuition zugrunde, dass man einem Gegenstand, der nicht existiert, nicht wahrheitsgemäß ein Prädikat zusprechen kann. Mit anderen Worten: Das Haben einer Eigenschaft scheint Existenz zu implizieren. Daher scheint es, dass jemand, der behauptet, dass Pegasus ein Flügelpferd ist, nicht zugleich leugnen kann, dass Pegasus existiert.

Wenn man also den Schluss von „Pegasus ist ein Flügelpferd" auf „Pegasus existiert" blockieren möchte, genügt es nicht, die Existenzvoraussetzung der klassischen Logik aufzugeben. Man müsste auch das Prädikationsprinzip verwerfen. Wenn man die dem Prädikationsprinzip zugrunde liegende Intuition teilt, wird man das als sehr hohen Preis für die Auflösung von OntP1 empfinden.

Eine andere antirealistische Lösungsstrategie besteht, wie schon erwähnt, darin, Prämisse 1 zu verwerfen. Wenn es falsch ist, dass Pegasus ein Flügelpferd ist, dann ist es unerheblich, was daraus folgt. Denn wenn wir die Prämisse nicht als wahr akzeptieren, müssen wir auch die Konklusion nicht als wahr akzeptieren.

Diese antirealistische Strategie, so wie sie bisher präsentiert wurde (das Verwerfen von Prämisse 1 ohne weitere Begründung), erscheint jedoch als eine Ad-hoc-Lösung, als aus der Not geborener Willkürakt. Als solche wäre sie wenig überzeugend. Sie kann aber an Überzeugungskraft gewinnen, wenn es gelingt, das Verwerfen von Prämisse 1 unabhängig von den Paradoxie-Problemen zu begründen.

Genau das wurde auch versucht. Es wurde argumentiert, dass Sätze wie Prämisse 1 Ellipsen seien, also unvollständige Formulierungen. Um solche Sätze zu vervollständigen, müsse man ihnen etwas voranstellen, das man als ‚Fiktionsoperator' bezeichnen kann. Es gibt verschiedene Fiktionsoperatoren, z. B.: „Gemäß einer (fiktionalen) Geschichte gilt: ..."; „Gemäß der griechischen Mythologie gilt: ..."; „Es ist fiktional, dass...". Allen Varianten gemeinsam ist die Idee, dass die vervollständigten Sätze wahr sind, dass wir aber falsche Sätze erhalten, wenn wir die Fiktionsoperatoren weglassen.

Diese Erklärung ist insofern attraktiv, als sie unseren Sprecherintentionen in der Rede über Fiktionen gut gerecht zu werden scheint – jedenfalls so lange wir es mit einer bestimmten Klasse von Äußerungen über Fiktionen zu tun haben. (Diese Einschränkung wird gleich erläutert werden.) Es scheint, dass wir, wenn wir etwa „Pegasus ist ein Flügelpferd" äußern, in der Tat eigentlich meinen „In der griechischen Mythologie gilt: Pegasus ist ein Flügelpferd" oder Ähnliches. Es ist auch gut nachvollziehbar, dass wir vielfach dazu neigen, den Fiktionsoperator wegzulassen. Sobald allen Beteiligten klar ist, dass die Rede von einer Fiktion ist, erscheint das ganz vernünftig.

Die Strategie der Fiktionsoperatoren erklärt also gut, warum wir intuitiv Sätze wie Prämisse 1 für wahr halten, obwohl diese, genau genommen, nicht wahr sind. Wir tun dies deshalb, weil wir den Fiktionsoperator, den wir nur der Bequemlichkeit halber nicht ausdrücklich mitformuliert haben, stillschweigend dazudenken.

Die Strategie der Fiktionsoperatoren vermag die Paradoxie OntP1 aufzulösen, wie man leicht zeigen kann. Im Folgenden verwende ich „**F**" als Schemabuchstabe für einen beliebigen Fiktionsoperator. Entscheidend ist, dass aus

1⁺. **F**: Pegasus ist ein Flügelpferd.

nicht „Pegasus existiert" folgt. Allenfalls würde hieraus folgen:

2⁺. **F**: Pegasus existiert.

Dies widerspricht aber nicht der Prämisse 3 („Pegasus existiert nicht"). Daher ist der Widerspruch vermieden, die Paradoxie aufgelöst.

Allerdings funktioniert diese Strategie, wie schon angedeutet, nur für manche unserer Äußerungen über fiktive Gegenstände, nämlich für ‚fiktionsinterne' Äußerungen, also Äußerungen, in denen wir diesen Gegenständen Eigenschaften zuschreiben, die diese in der fiktionalen Welt der relevanten fiktionalen Geschichten haben. Es gibt jedoch auch *fiktionsexterne* Äußerungen über fiktive Gegenstände. Z. B.: „Pegasus ist eine Figur aus der griechischen Mythologie". „Pegasus ist ein fiktiver Gegenstand." „Pegasus ist ein häufiges Motiv in der bildenden Kunst."

Es wäre unplausibel, fiktionsexterne Äußerungen nach dem Modell der fiktionsinternen als Ellipsen zu interpretieren, denen ein Fiktionsoperator voranzustellen ist. Das Voranstellen eines Fiktionsoperators würde nämlich in den meisten dieser Fälle aus einem augenscheinlich wahren Satz einen falschen Satz machen. In der griechischen Mythologie ist Pegasus keine Figur aus der griechischen Mythologie; in der fiktionalen Welt der griechischen Mythologie gibt es nämlich das literarische Artefakt der griechischen Mythologie gar nicht. Auch ist in der griechischen Mythologie Pegasus kein fiktiver Gegenstand, sondern ein reales Lebewesen. Usw.

Nun ergeben sich aber Paradoxien in der Art von OntP1 auch aus fiktionsexternen Sätzen, z. B.:

OntP3:
1. Pegasus ist eine Figur aus der griechischen Mythologie.
2. Pegasus existiert. (1)
3. Pegasus existiert nicht.

OntP3 lässt sich aus den genannten Gründen nicht mit Hilfe der Strategie der Fiktionsoperatoren auflösen.

In Bezug auf OntP2 gelten zum Teil analoge Überlegungen wie in Bezug auf OntP1:

OntP2
1. Pegasus ist ein geflügeltes Pferd.
2. Es gibt Flügelpferde. (1)
3. Flügelpferde gibt es nicht.

Der wesentliche Unterschied zu OntP1 besteht darin, dass es hier nicht um die Existenz eines einzelnen Gegenstandes geht, sondern um die Existenz einer *Art* von Gegenständen. Die sich widersprechenden Existenzsätze 2 und 3 sind hier *allgemeine* Existenzsätze (im Gegensatz zu den singulären Existenzsätzen in OntP1). Entsprechend ist auch ein anderes logisches Prinzip für die Ableitung von 2 aus 1 verantwortlich. Dieses Prinzip wird ‚Prinzip der existenziellen Generalisierung' (kurz: EG) genannt und lautet in halbformaler Schreibweise wie folgt:

> (EG) *a* ist F → Es gibt Fs.
> [Lies: Wenn *a* F ist, dann gibt es Fs.]

Diesem Prinzip liegt eine Intuition zugrunde, die jener analog ist, die im Zusammenhang mit dem Prädikationsprinzip erwähnt wurde: Wenn man wahrheitsgemäß von einem bestimmten Gegenstand sagen kann, dass er ein Pferd ist, dann muss es Pferde geben. Allgemein: Wenn man wahrheitsgemäß von einem bestimmten Gegenstand sagen kann, dass ihm ein bestimmtes Prädikat zukommt, dann gibt es mindestens einen Gegenstand, dem dieses Prädikat zukommt. EG scheint also eigentlich eine Trivialität zum Ausdruck zu bringen. Doch andererseits ermöglicht dieses scheinbar triviale Prinzip die Ableitung eines (aus antirealistischer Sicht) falschen Existenzsatzes aus einer anscheinend wahren Prämisse. Manche Philosophen und Logiker haben sich aufgrund dieser Überlegung dafür entschieden, EG aufzugeben.

Vertreter einer antirealistischen Theorie der Fiktionen müssen aber nicht EG verwerfen, um OntP2 aufzulösen. Sie können auch hier mit Hilfe der Strategie der Fiktionsoperatoren bei Prämisse 1 ansetzen. Aus

1⁺. F: Pegasus ist ein Flügelpferd.

folgt nicht, dass Flügelpferde existieren. Auch EG würde diese Schlussfolgerung nicht erlauben. Allenfalls würde folgen:

2⁺. F: Flügelpferde existieren.

Doch das widerspricht nicht 3. Der Widerspruch wäre also vermieden, die Paradoxie aufgelöst. Allerdings stößt die Strategie der Fiktionsoperatoren auch hier an ihre Grenzen, sobald wir es mit fiktionsexternen Sätzen zu tun haben:

OntP4
1. Pegasus ist eine fiktive Figur.
2. Es gibt fiktive Figuren. (1)
3. Fiktive Figuren gibt es nicht.

Aus den oben erläuterten Gründen erscheint es nicht angemessen, der Prämisse 1 in OntP4 einen Fiktionsoperator voranzustellen. EG erlaubt die Ableitung von 2 aus 1, welche offenkundig der Prämisse 3 widerspricht, die ihrerseits wahr zu sein scheint. Freilich ist Prämisse 3 in OntP4 eine andere Art von Wahrheit (dass es tatsächlich eine Wahrheit ist, sei hier zunächst einmal vorausgesetzt) als Prämisse 3 in den Paradoxien OntP1–OntP3. Es handelt sich hierbei nicht um eine *empirische* Wahrheit (die wir durch Erforschung der empirischen Welt herausfinden), sondern um eine *begriffliche* Wahrheit. Es scheint, dass der Begriff der Nichtexistenz wesentlicher Bestandteil des Begriffs des Fiktiv-Seins ist; deshalb ist 2 offenbar nicht zu akzeptieren.

Freilich haben Vertreter antirealistischer Theorien die Option, fiktionsexterne Sätze über Fiktionen auch ohne Anwendung eines Fiktionsoperators in Bausch und Bogen als falsch zu verwerfen. Doch ohne eine alternative Begründung würde dies den Eindruck eines Ad-hoc-Manövers erwecken.

Es gibt Versuche, auf fiktionsexterne Sätze Operatoren anzuwenden, die strukturell analog funktionieren sollen wie die Fiktionsoperatoren. Ein solcher Operator könnte etwa lauten: „Im Diskurs über Literatur gilt: ...". Die Anwendung dieses Operators auf Sätze wie „Pegasus ist eine fiktive Figur" blockiert den Schluss auf „Es gibt fiktive Figuren". Zulässig wäre allenfalls der Schluss auf: „Im Diskurs über Literatur gilt: Es gibt fiktive Figuren." Dies aber steht nicht im Widerspruch zu 3, sodass der Widerspruch vermieden ist.

Diese Strategie – man könnte sie die Strategie der Diskursoperatoren nennen – funktioniert also in formaler Hinsicht reibungslos. Es erhebt sich jedoch die Frage, was die Diskursoperatoren eigentlich ausdrücken sollen. Bei den Fiktionsoperatoren scheint die Sache klar zu sein: Was wir in den Skopus eines Fiktionsoperators stellen, das wollen wir nicht ernsthaft behaupten. Wir insinuieren, dass die Äußerung, die nach dem Fiktionsoperator kommt, für sich allein genommen nicht wahr ist – oder wir legen uns zumindest nicht auf deren Wahrheit fest. Soll es sich bei den Diskursoperatoren auch so verhalten? Wenn ja, dann würde die Strategie der ‚Diskursoperatoren' auf die These hinauslaufen, dass fiktionsexterne Äußerungen grundsätzlich nicht ‚im Ernst' behauptet werden. Dies wäre jedoch eine fragwürdige Auffassung. Es scheint doch, dass man ganz im Ernst behaupten kann, dass Pegasus eine Figur aus der griechischen Mythologie ist usw.

Auch die introspektive Selbstbeobachtung scheint die Strategie des Diskursoperators nicht zu stützen. Während es sofort einleuchtet, dass wir bei fiktionsinternen Äußerungen den Fiktionsoperator implizit gedanklich einschließen, ist es zumindest fraglich, ob wir bei fiktionsexternen Äußerungen stets einen (nicht formulierten) Diskursoperator mitdenken.

Ich fasse die bisherige Diskussion der antirealistischen Strategien wie folgt zusammen: Vertreter antirealistischer Theorien können entweder die jeweils erste Prämisse der angeführten Paradoxien aufgeben oder den Schluss von dieser ersten Prämisse auf den jeweils unter 2. angeführten Existenzsatz blockieren, indem sie bestimmte logische Prinzipien verwerfen. Ersteres ist – mit Hilfe der Strategie der Fiktionsoperatoren – gut plausibel zu machen für fiktionsinterne Sätze. Schwierigkeiten treten jedoch bei fiktionsexternen Sätzen auf. Die Strategie der Diskursoperatoren – obwohl strukturell analog der Strategie der Fiktionsoperatoren – wirkt kaum weniger *ad hoc* als das nicht näher begründete Verwerfen der jeweils ersten Prämisse der ontologischen Paradoxien. Das Aufgeben jener logischen Prinzipien, die für die Ableitung der problematischen Existenzsätze verantwortlich sind, stellt einen schwerwiegenden Eingriff in die klassische Logik dar.

Realistische Theorien fiktiver Gegenstände

Vertreter realistischer Theorien fiktiver Gegenstände erkennen, wie gesagt, die Existenz fiktiver Gegenstände an. Sie akzeptieren also Äußerungen wie „Pegasus existiert" und „Flügelpferde existieren", ja sogar „Fiktive Gegenstände existieren". Sie müssen sich daher nicht mühen, in den dargestellten Paradoxien die Ableitung der unter 2. aufgeführten Existenzsätze zu blockieren. Sie können an den logischen Prinzipien PP und EG festhalten und zumindest in manchen Fällen können sie auch die ersten Prämissen anerkennen. (Die Einschränkung „zumindest in manchen Fällen" wird weiter unten noch erläutert.) Um die Paradoxien aufzulösen, müssen sie konsequenterweise die jeweils dritten Prämissen verwerfen, also „Pegasus existiert nicht", „Es gibt keine Flügelpferde", „Fiktive

Gegenstände existieren nicht". Sie müssen, erstens, erklären, wie das Verwerfen von „Pegasus existiert nicht" und „Es gibt keine Flügelpferde" vereinbar ist mit der Tatsache, dass wir unter den Dingen in der Welt keine Flügelpferde finden können. (Diese Tatsache wird von ihnen nicht geleugnet!) Sie müssen, zweitens, erklären, wie das Verwerfen von „Fiktive Gegenstände existieren nicht" zusammengeht mit der Bedeutung des Ausdrucks „fiktiv".

Für das erste Problem gibt es grundsätzlich zwei Lösungsansätze. Manche vertreten die Auffassung, dass Flügelpferde in anderen möglichen (oder eventuell sogar unmöglichen) Welten existieren. Dem zugrunde liegt die Auffassung, dass es nicht nur eine Welt gibt (nämlich unsere, oft ‚die aktuale Welt' genannt), sondern unendlich viele andere, nämlich alle, die (logisch) möglich sind. Diese Theorie der möglichen Welten hat in der Philosophie eine lange Geschichte und ist durch unterschiedliche Überlegungen motiviert, wobei die ontologischen Paradoxien der Fiktion nur eine untergeordnete Rolle spielen. Manche Philosophen gehen, wie angedeutet, sogar noch einen Schritt weiter und nehmen zusätzlich zu nicht-aktualisierten möglichen auch noch unmögliche Welten an. Die Natur möglicher (und eventuell auch unmöglicher) Welten ist Gegenstand philosophischer Debatten. Manche sind der Meinung, dass sie grundsätzlich von gleicher Art sind wie die aktuale Welt, also Gegenstände in Zeit und Raum, nur eben in einer anderen Zeit und einem anderen Raum. Deshalb sind sie für uns grundsätzlich unerreichbar, und das erklärt, warum noch niemand ein Flügelpferd gesehen hat. Andere fassen sie als eine spezielle Art von abstrakten Gegenständen auf, d. h., als Gegenstände, die nicht materiell, aber dennoch bewusstseinsunabhängig sind; auch das erklärt freilich, warum wir keinen Flügelpferden begegnen können.

Eine Alternative zur ‚Mögliche-Welten-Theorie' fiktiver Gegenstände ist die Auffassung, dass fiktive Gegenstände in der aktualen Welt existieren, aber sie keine körperlichen, sondern abstrakte Gegenstände sind. Die meisten Vertreter einer Abstraktheitstheorie fassen fiktive Gegenstände als Typen auf, also auf einer ontologischen Ebene mit linguistischen Typen (z. B. Buchstabentypen, Worttypen etc.) und anderen abstrakten Artefakten (etwa Musikwerken oder Autotypen). Typen sind abstrakte Gegenstände, die (sofern sie nicht widersprüchlich bestimmt sind) in konkreten Gegenständen *instantiiert* sein können. Pegasus wäre demnach der Typus eines Lebewesens, dessen Instantiierungen, wenn es welche gäbe, pferdeartige Lebewesen mit Flügeln wären.

Abstraktheitstheorien fiktiver Gegenstände lassen sich noch einmal grob in zwei Arten einteilen. Manche fassen sie als platonische Gegenstände im engeren Sinne auf, d. h., als Gegenstände, die ewig und notwendigerweise existieren. Demnach würden fiktive Gegenstände zu keiner Zeit entstehen, sondern wären sozusagen immer schon da. Sie würden auch nicht von Autoren geschaffen, sondern nur – in einem bestimmten Sinn – ‚entdeckt', etwa in dem Sinn, in dem eine Mathematikerin eine Zahl oder ein Schachspieler eine neue Lösung für ein Schachproblem entdecken kann. Nach dieser Auffassung gibt es unendlich viele fiktive Gegenstände – nämlich alle, die denkbar sind. Die Leistung der Autoren bestünde darin, aus der unendlichen Vielfalt der denkbaren Figuren, Dinge, Orte und Ereignisse besonders interessante Exemplare auszuwählen und einem Publikum zur Vorstellung zu bringen. Auch das wäre eine kreative Leistung, wenngleich die Autoren dann nicht in einem ontologischen Sinn die ‚Schöpfer' ihrer Figuren wären, da sie diese ja nicht zur Existenz bringen würden.

Eine Alternative zu den platonischen Abstraktheitstheorien sind *artefaktuelle* Abstraktheitstheorien fiktiver Gegenstände. Demnach werden fiktive Gegenstände im wörtlichen Sinn von ihren Autoren geschaffen, also zur Existenz gebracht. Als Teil des Schöpfungsprozesses können sowohl mentale Akte als auch die Hervorbringung konkreter linguistischer Äußerungen oder anderer Ausdrucksmittel (etwa Bilder) angesehen werden.

Die artefaktuelle Variante der Abstraktheitstheorien hat gegenüber der platonischen vor allem zwei Vorzüge: Erstens nimmt sie die Commonsense-Auffassung ernst, dass fiktive Gegenstände (als Bestandteile von literarischen und anderen Werken) Menschenwerk sind, ihre Existenz bestimmten Akten von mit Bewusstsein ausgestatteten Wesen verdanken. Zweitens ist sie wesentlich ontologisch sparsamer als die platonische Version, d. h., sie nimmt wesentlich weniger Gegenstände als existierend an. (Dass man möglichst wenige Gegenstände als existierend annehmen soll, ist in der Philosophie ein weithin akzeptiertes methodologisches Prinzip.) Anhänger platonischer Abstraktheitstheorien fiktiver Gegenstände führen gegen die artefaktuelle Theorie hingegen oft ins Feld, dass schwer begreiflich sei, wie abstrakte Gegenstände geschaffen werden können. Diesem Einwand liegt die Auffassung zugrunde, dass es zwischen dem Reich des Abstrakten und der Welt des Konkreten keinerlei kausale Beziehungen geben kann. Zugunsten dieser Auffassung ist anzumerken, dass eine Theorie solcher Kausalbeziehungen bislang ausständig ist; ein Beweis für deren Unmöglichkeit ist das freilich nicht.

Alle Abstraktheitstheorien fiktiver Gegenstände – egal ob platonistisch oder artefaktuell – müssen jedoch folgende Frage beantworten: Ausgangspunkt der Paradoxien OntP1–OntP3 war der Satz „Pegasus ist ein Flügelpferd". Wie kann aber ein abstrakter Gegenstand ein Flügelpferd sein? Der Begriff des Flügelpferd-Seins schließt offenbar den Begriff des Lebewesen-Seins ein, und dieser wiederum den Begriff des (räumlichen) Ausgedehnt-Seins. Abstrakte Gegenstände sind jedoch *per definitionem* nicht räumlich ausgedehnt. Verallgemeinert lautet das Problem: Fiktionsinterne Äußerungen über fiktive Gegenstände enthalten sehr oft Prädikate, die abstrakten Gegenständen aufgrund ihrer Abstraktheit grundsätzlich nicht zukommen können. Wie können also Vertreter einer Abstraktheitstheorie solche Äußerungen als wahr akzeptieren?

Die Antwort lautet: Sie können es nicht. Äußerungen wie „Pegasus ist ein Flügelpferd" müssen im Rahmen einer Abstraktheitstheorie als wörtlich genommen falsch zurückgewiesen werden. Allerdings gibt es eine Erklärung dafür, warum wir dazu neigen, solche Äußerungen als wahr zu akzeptieren: Wir können solche Äußerungen als Ellipsen auffassen. Demnach könnte „Pegasus ist ein Flügelpferd" etwa als eine abgekürzte (und wörtlich genommen falsche) Formulierung für „Pegasus ist gemäß einer Geschichte ein Flügelpferd" aufgefasst werden. Der Ausdruck „gemäß einer Geschichte" modifiziert in diesem Kontext das Prädikat „ist ein Flügelpferd" und ist daher nicht zu verwechseln mit dem gleichlautenden Fiktionsoperator, von dem weiter oben die Rede war, und in dessen Skopus der ganze Satz stand. Man könnte auch eine andere Ausdrucksweise dafür wählen, und in der Tat gibt es eine ganze Reihe unterschiedlicher Terminologien (die zum Teil mit im Detail unterschiedlichen metaphysischen Überbau-Theorien und formalen Apparaten verbunden sind). Der grundsätzliche Lösungsansatz besteht jedoch immer darin, das Prädikat zu modifizieren.

Seinsweisentheorien

Im Vorangegangenen wurde stillschweigend angenommen, dass „Es gibt Flügelpferde" gleichbedeutend ist mit „Flügelpferde existieren" (und analog für „Pegasus existiert" und „Es gibt Pegasus"). Doch diese Annahme wird nicht von allen Philosophen geteilt. Manche meinen, dass Existenz nur eine unter mehreren möglichen ‚Seinsweisen' ist. Im Lichte dieser Auffassung könnte man stipulieren, dass „Es gibt Pegasus" zwar impliziert, dass der Name „Pegasus" etwas bezeichnet (also kein leerer Name ist), nicht aber, dass das Bezeichnete ein existierender Gegenstand ist. Analog könnte stipuliert werden, dass „Es gibt Flügelpferde" zwar ausdrückt, dass mindestens ein Gegenstand in der Welt unter den Begriff *Flügelpferd* fällt, nicht aber, dass ein unter diesen Begriff fallender Gegenstand existiert.

Dies eröffnet einen neuen Weg, die ontologischen Paradoxien aufzulösen. Noch einmal OntP1:
1. Pegasus ist ein geflügeltes Pferd.
2. Pegasus existiert. (1)
3. Pegasus existiert nicht.

Vertreter einer Seinsweisentheorie können auf folgende Weise die Ableitung von 2 aus 1 blockieren: Wie oben erläutert, erfolgt diese Ableitung mit Hilfe des Prädikationsprinzips (PP), welches wie folgt formuliert wurde:

(PP) a ist F → a existiert.

Wenn nun aber zwischen ‚a existiert' und ‚Es gibt a' ein semantischer Unterschied stipuliert wird, dann ist es sinnvoll, PP stattdessen wie folgt zu formulieren:

(PP*) a ist F → Es gibt a.

Dann aber würde aus Prämisse 1 nicht mehr folgen, dass Pegasus existiert, sondern nur noch, dass es Pegasus gibt – und das würde nicht Prämisse 3 widersprechen. Die Paradoxie wäre somit aufgelöst.
    Noch einmal OntP2:
1. Pegasus ist ein geflügeltes Pferd.
2. Es gibt Flügelpferde. (1)
3. Flügelpferde gibt es nicht.

Hier bestünde der Lösungsansatz darin, Prämisse 3 zu verwerfen und zu ersetzen durch „Flügelpferde existieren nicht". Da dies – gemäß Annahme – nicht in Widerspruch zu 2 stünde, wäre auch diese Paradoxie aufgelöst.
    Noch einmal OntP3:
1. Pegasus ist eine Figur aus der griechischen Mythologie.
2. Pegasus existiert. (1)
3. Pegasus existiert nicht.

Diese Paradoxie wäre wie OntP1 aufzulösen: Aufgrund der Reformulierung von PP würde aus 1 nicht folgen, dass Pegasus existiert, sondern nur, dass es Pegasus gibt, was – gemäß Annahme – nicht in Widerspruch zu 3 stünde.
    Noch einmal OntP4:
1. Pegasus ist eine fiktive Figur.
2. Es gibt fiktive Figuren. (1)
3. Fiktive Figuren gibt es nicht.

Diese Paradoxie wäre analog zu OntP2 aufzulösen. Prämisse 3 müsste also zugunsten von „Fiktive Figuren existieren nicht" verworfen werden, was – gemäß Annahme – nicht in Widerspruch zu 2 stünde.
    Man kann diese Lösung sowohl als eine realistische als auch als eine antirealistische Theorie der fiktiven Gegenstände auffassen – je nachdem, wie man ‚Realismus' verstehen will (daher der eigene Unterabschnitt für diesen Ansatz). Dies ist letzten Endes nur eine terminologische Frage. Die entscheidende Frage ist, ob der formalen Unterscheidung zwischen ‚existiert' und ‚es gibt' ein tatsächlicher sachlicher Unterschied entspricht. Dies ist umstritten.

3 Das emotionstheoretische Paradoxon der Fiktion

Auch das emotionstheoretische Paradoxon der Fiktion kann in Form eines Widerspruchs dargestellt werden:

EmoP
1. Wir können in Bezug auf fiktive Gegenstände echte Emotionen haben.
2. Echte Emotionen erfordern bestimmte Überzeugungen als Grundlage.
3. In Bezug auf fiktive Gegenstände haben wir die erforderlichen Überzeugungen nicht.
4. Also: Wir können in Bezug auf fiktive Gegenstände keine echten Emotionen haben. (2,3)

Zur Erläuterung: Prämisse 1 scheint eine vielfach geteilte Erfahrung auszudrücken: Als Leser fiktionaler Werke entwickeln wir Sympathien und Antipathien für Figuren; wir können mit ihnen leiden und uns mit ihnen freuen; wir können Angst um sie haben und uns wünschen, dass die Ereignisse, in die sie verwickelt sind, für sie eine gute Entwicklung nehmen. Als Zuschauer etwa eines Horrorfilms können wir uns vor ihnen fürchten oder ekeln. So scheint es jedenfalls.

Prämisse 2 ist ein innerhalb moderner Emotionstheorien weithin akzeptiertes Prinzip. Zur Plausibilisierung dieses Prinzips mag etwa folgendes Gedankenexperiment hilfreich sein: Man stelle sich vor, eine Bekannte erzählt von ihrem Bruder, der unter einer entsetzlichen Krankheit leide, was wiederum die ganze Familie stark belaste. Mitgefühl ist in einem solchen Fall eine natürliche emotionale Reaktion. Doch dann stellt sich heraus, dass die Bekannte gar keinen Bruder hat – oder dass sie zwar einen Bruder hat, dieser sich jedoch bester Gesundheit erfreut. Würde das Mitgefühl dann nicht augenblicklich verschwinden?

Mitleid erfordert, so scheint es, die Überzeugung, dass jemand leidet. Analog scheinen folgende Annahmen *prima facie* plausibel: Furcht erfordert die Überzeugung, dass man selbst (oder jemand anderes) sich in Gefahr befindet. Zorn erfordert die Überzeugung, dass ein Unrecht geschieht. Hoffnung erfordert die Überzeugung, dass ein Ausweg aus einer schlimmen Lage möglich ist. Usw.

Prämisse 3 ist eine Konsequenz aus unserer im Einleitungsabschnitt erläuterten Einstellung zu fiktionalen Äußerungen. Sobald uns klar ist, dass wir es mit einer Fiktion zu tun haben, glauben wir nicht an die Existenz der Personen, von denen die Rede ist und nehmen die Schilderungen von mehr oder weniger dramatischen Ereignissen nicht für bare Münze. Wir können daher die relevanten Überzeugungen nicht haben.

Aus den Prämissen 2 und 3 folgt, dass wir in Bezug auf fiktive Gegenstände keine echten Emotionen haben können, und das steht in offenem Widerspruch zu Prämisse 1.

Auch in diesem Fall legt die Formulierung des Paradoxons in Form eines deduktiven Schlusses eine übersichtliche Darstellung möglicher Lösungswege nahe:

a. Man könnte die Annahme aufgeben, dass wir in Bezug auf fiktive Gegenstände echte Emotionen haben können.
b. Man könnte die emotionstheoretische Annahme aufgeben, dass Emotionen bestimmte Überzeugungen erfordern, also Prämisse 2 verwerfen.
c. Man könnte Prämisse 3 verwerfen, also die Annahme aufgeben, dass wir in Bezug auf fiktive Gegenstände die erforderlichen Überzeugungen nicht haben.

Alle drei genannten Lösungswege wurden beschritten. Vertreter des ersten Lösungswegs müssen, um ihre Auffassung nicht willkürlich erscheinen zu lassen, eine plausible Erklärung dafür anbieten, warum es uns so *scheint*, als hätten wir echte Emotionen in Bezug auf fiktive Gegenstände. Eine Erklärung dafür lautet wie folgt: Es soll gar nicht bestritten werden, dass wir in Bezug auf fiktive Gegenstände emotionale Zustände erleben, die sich (mehr oder weniger) wie echte Gefühle *anfühlen*. Aber diese Zustände sind keine echten Gefühle, sondern nur ‚Phantasiegefühle' oder ‚Quasi-Emotionen'. Der Unterschied zwischen echten Gefühlen und Phantasiegefühlen bestehe wesentlich darin, dass den letzteren die kognitive Basis fehlt, welche erstere aufweisen, d. h., dass im Falle von Phantasiegefühlen die relevanten Überzeugungen nicht vorhanden sind.

Dieser Ansatz führt in eine grundsätzliche Diskussion über den Begriff der Emotion: Wodurch sind Emotionen konstituiert? Sind sie Verhaltensdispositionen? Sind sie spezifische Körperzustände? Sind sie spezifische mentale Zustände? Wenn Letzteres, sind sie ausschließlich durch ihre Phänomenologie (das ‚Sich-auf-eine-bestimmte-Weise-Anfühlen') definiert? Oder enthalten sie wesentlich auch kognitive Bestandteile, und wenn ja, welche?

Es gibt bislang weder unter den Philosophen noch unter den Emotionspsychologen einen Konsens in Bezug auf diese Fragen. Das führt dazu, dass Ausdrücke wie ‚Emotion', ‚Gefühl', ‚Affekt' (und deren englische Entsprechungen) in unterschiedlichen Bedeutungen verwendet werden, die oftmals gar nicht eindeutig identifizierbar sind.

Eine andere Erklärung zur Plausibilisierung des Verwerfens von Prämisse 1 könnte wie folgt lauten: Wir erleben bei der Rezeption fiktionaler Werke tatsächlich echte Emotionen, aber diese sind nicht auf fiktive Gegenstände gerichtet, sondern auf reale Wesen, Dinge, Ereignisse etc. Wenn ich beispielsweise einen fiktionalen Roman lese, in dem das harte Schicksal illegaler mexikanischer Einwanderer in den USA geschildert wird, so ist das von mir dabei empfundene Mitleid durchaus echt. Doch ich bemitleide nicht die fiktiven Figuren des Romans, sondern reale illegale Einwanderer. Da ich glaube, dass es Menschen mit Schicksalen gibt, die den im Roman geschilderten in relevanten Hinsichten ähnlich sind, hat mein Mitleid die von Prämisse 2 geforderte kognitive Grundlage. Der fiktionale Roman kann mein aktuelles Mitgefühl verursacht haben, weil er mir die relevanten Überzeugungen (die meist nur als Dispositionen vorhanden sind) klar zu Bewusstsein bringt und veranschaulicht.

Das Verwerfen von Prämisse 2 von EmoP ist ein Ansatz, der in der Frühzeit der philosophischen Psychologie in Österreich und Deutschland durchaus weit verbreitet war, dann aber für viele Jahrzehnte völlig in Vergessenheit geriet und in jüngerer Zeit unter der Bezeichnung *thought theory* in der angelsächsischen Philosophie wiederauftauchte. Die Idee ist, dass Emotionen zwar irgendeine kognitive Grundlage benötigen, dass diese aber nicht notwendigerweise in Überzeugungen bestehen muss, sondern dass auch bloße Vorstellungen (Annahmen, hinsichtlich ihres Wahrheitswertes nicht bewertete Gedanken) die Grundlage für Emotionen abgeben können. Manchmal wird diese Auffassung mit einer Theorie der Phantasiegefühle kombiniert: Manche meinen, dass etwa Mitleid, das nicht auf Überzeugungen, sondern nur auf (Phantasie-)Vorstellungen beruht, eben nur ‚Phantasie-Mitleid' ist, kein echtes Mitleid. Dies führt zum schon erwähnten Problem der Klärung der Begriffe *Emotion* und *Gefühl* zurück.

Grundsätzlich entspricht es aber der Erfahrung, dass emotionsartige Zustände (mag man diese nun als echte Emotionen oder als Phantasiegefühle klassifizieren) mit Phantasievorstellungen ebenso verbunden sein können wie mit Überzeugungen. So wie die bloße Vorstellung einer ekelerregenden Substanz allein ausreichen kann, um Ekel zu erregen, kann die bloße Vorstellung einer angenehmen Situation positive Gefühle erzeugen. (Manche psychotherapeutischen Ansätze machen sich genau das zunutze.)

Das Verwerfen von Prämisse 3 wirkt auf den ersten Blick als der am wenigsten plausible Lösungsweg. Es interessieren hier ja nicht die Ausnahmefälle, in denen eine Person etwa einen fiktionalen Text für bare Münze nimmt oder das Geschehen auf einer Theaterbühne für echt hält. Vielmehr geht es um die emotionalen Reaktionen von kompetenten Rezipienten fiktionaler Werke, die (normalerweise) mit beiden Beinen fest auf dem Boden der Realität stehen. Manche Philosophen nehmen jedoch an, dass wir bei der Rezeption eines fiktionalen Werks *zeitweilig* den Bezug zur Realität verlieren, also für kurze Momente zwischendurch die Fiktion für wirklich nehmen. In diesen Momenten (die vielleicht so kurz sind, dass wir sie selber gar nicht bewusst bemerken können) wäre die erforderliche kognitive Grundlage für unsere Emotionen also vorhanden.

Abgesehen davon, dass es fragwürdig erscheint, zur Erklärung eines Phänomens grundsätzlich nicht introspektiv erfahrbare psychische Zustände anzunehmen, erhebt sich die Frage, wie es kommt, dass die Emotionen selbst offenbar viel stabiler und langlebiger sind als ihre kognitive Grundlage. Fiktionale Werke können Emotionen wecken, die noch lange nach dem Ende des eigentlichen Rezeptionsprozesses bestehen. Die Gefühle können lange nach dem Verlassen des Kinosaals oder dem Weglegen des Buches nachwirken, wenn man längst wieder – mit voll aufgeblendetem Realitätssinn – seinen Alltagsgeschäften nachgeht.

4 Das erkenntnistheoretische Paradoxon der Fiktion

Fiktionale Werke können unseren Blick auf die Welt verändern und im Idealfall schärfen; sie können unsere Phantasie anregen und unser begriffliches Repertoire erweitern; sie können uns helfen, unser sprachliches Ausdrucksvermögen und unser Gedächtnis zu verbessern, unsere moralischen Intuitionen zu verfeinern, uns mit neuen Handlungsoptionen vertraut zu machen und unsere Aufmerksamkeit auf Fragestellungen zu lenken, denen wir sonst vielleicht niemals Beachtung geschenkt hätten; sie können uns Dinge anschaulich vor Augen führen, die wir vorher nur in unanschaulicher Weise wussten; und nicht zuletzt lehren sie uns etwas über die Gattung der fiktionalen Werke (bzw. deren Subgattungen) selbst. All dies sind (im engeren oder weiteren Sinn) Funktionen, die zum kognitiven Wert fiktionaler Werke beitragen.

Nichts von dem bisher Genannten führt in eine Paradoxie. Anders verhält es sich jedoch mit der Annahme, dass wir aus fiktionalen Werken Tatsachenwissen über die reale Welt gewinnen können. Doch viele Menschen haben den Eindruck, dass genau das der Fall ist. Mir scheint es z. B., dass ich aus den (fiktionalen) Krimis von Arnaldur Indridason einiges über Island und seine Bewohner gelernt habe, etwa, dass es dort heutzutage üblich ist, dass sich jeder duzt (obgleich die isländische Sprache ein ‚Sie' hat); dass es dort im Hochsommer kaum dunkel wird; dass es dort eine Landflucht gibt, weil immer weniger Menschen mit dem Fischfang ihren Lebensunterhalt verdienen können (was wiederum mit einem Missbrauch des Systems von Fangquoten zusammenhängt); dass die traditionelle isländische Küche für Vegetarier und Anhänger leichter Kost wenig zu bieten hat; dass dort im Winter oftmals schwere Stürme vorkommen, in denen Menschen in der Vergangenheit nicht selten spurlos verschwanden – und viele andere Dinge mehr, die teilweise recht trivial erscheinen mögen, aber insgesamt einen Eindruck von einem Land ergeben, von dem ich vorher wenig mehr wusste, als dass es klein ist und im Norden Europas liegt.

Eine Paradoxie entsteht daraus unter anderem aufgrund eines fundamentalen Bestandteils der philosophischen Analyse des Wissensbegriffs. Wissen wird traditionell definiert als gerechtfertigte wahre Überzeugung. Darin steckt der Gedanke, dass es für Wissen zwar notwendig, aber nicht hinreichend ist, etwas Wahres zu glauben; vielmehr ist zusätzlich erforderlich, dass das wahre Glauben gerechtfertigt ist. Um die Frage, unter welchen Umständen genau diese Bedingung der epistemischen Rechtfertigung erfüllt ist (und ob sie überhaupt erfüllbar ist), dreht sich ein großer Teil der Erkenntnistheorie.

Eine Antwort auf diese Frage lautet, dass eine Überzeugung dann gerechtfertigt ist, wenn sie aus einer zuverlässigen Quelle stammt. Dies verschiebt freilich das Problem auf die Frage, welche Quellen zuverlässig sind. Der für das Thema dieses Abschnitts relevante Punkt ist nun, dass man fiktionalen Werken mit guten Gründen den Status einer zuverlässigen Quelle absprechen kann, ja vielleicht sogar absprechen *muss*. Dabei geht es nicht um Fundamentalskepsis, also um den Standpunkt, dass es letztlich überhaupt keine zuverlässigen epistemischen Quellen gibt, jedenfalls nicht für Wissen über die empirische Wirklichkeit außerhalb des eigenen Bewusstseins. Es geht auch nicht um den Standpunkt, dass allenfalls die eigene Erfahrung eine zuverlässige Quelle sein könnte, keinesfalls aber das so genannte ‚Zeugnis anderer'. Vielmehr kann man durchaus zugestehen, dass das Zeugnis anderer unter bestimmten Voraussetzungen eine zuverlässige Wissensquelle sein kann; aber es gibt gute Gründe für die Annahme, dass diese Voraussetzungen im Falle fiktionaler Werke nicht erfüllt sind.

Die Gründe dafür liegen in den im einleitenden Abschnitt erläuterten sprechakttheoretischen Konventionen der fiktionalen Rede: Von Autoren fiktionaler Texte wird weder erwartet, dass ihre Äußerungen wahr sind, noch, dass sie diese selber für wahr halten, noch, dass sie gute Gründe dafür haben, diese für wahr zu halten. Ganz anders verhält sich dies etwa bei Journalisten und Wissenschaftlern: Von diesen erwarten wir grundsätzlich, dass sie keine Behauptungen aufstellen, für die sie keine guten Gründe haben.

Das allein ist freilich noch nicht Grund genug, allen Äußerungen von Journalisten und Wissenschaftlern blind Glauben zu schenken. Manche Journalisten und Wissenschaftler sind – aus verschiedenen Gründen – vertrauenswürdiger als andere. Aber wenn beim Zeugnis anderer schon in den günstigsten Fällen Vorsicht geboten ist, so scheinen aus den genannten Gründen fiktionale Werke als Wissensquellen überhaupt nicht in Frage zu kommen. Es scheint absurd, Äußerungen als Wissensquelle zu verwenden, wenn der Sprecher selbst keinerlei Ansprüche auf Wahrheit und Rechtfertigung stellt.

In übersichtlicher Darstellung könnte das Paradoxon wie folgt formuliert werden:

ErkP
1. Fiktionale Werke können uns Wissen über die Welt vermitteln.
2. Nur zuverlässige Quellen können uns Wissen über die Welt vermitteln.
3. Fiktionale Werke sind keine zuverlässigen Quellen.
4. Fiktionale Werke können uns kein Wissen über die Welt vermitteln. (2,3)

1 ist die oben ausgeführte intuitive Auffassung des ‚naiven' Lesers; 2 ist ein wichtiges Prinzip der Erkenntnistheorie; 3 gilt aus den vorhin erläuterten Gründen. 4 folgt aus 2 und 3. Auch hier gibt es wieder drei grundsätzliche Lösungswege:
a. Man könnte sich dafür entscheiden, aufgrund der dargelegten erkenntnistheoretischen Überlegungen die Konklusion von ErkP zu akzeptieren, also die intuitive Auffassung des naiven Lesers als einen Irrtum abzutun.
b. Man könnte die Bedingung der Zuverlässigkeit in Frage stellen.
c. Man könnte versuchen zu zeigen, dass fiktionale Werke zumindest in manchen Fällen doch zuverlässige Quellen sein können.

In diesem Fall erscheint es allerdings geboten, den zweiten Lösungsweg sofort zu verwerfen. Zuverlässigkeit ist eine graduelle Angelegenheit, und man kann darüber diskutieren, *wie viel* Zuverlässigkeit notwendig ist, damit die Rechtfertigungsbedingung erfüllt ist, aber nicht, ob Zuverlässigkeit überhaupt erforderlich ist.

Es bleiben also faktisch zwei Optionen übrig, nämlich entweder zu akzeptieren, dass fiktionale Werke keine Wissensquelle sein können oder zu zeigen, dass sie doch zuverlässige Quellen sein können. Vertreter der ersten Position (die ich im Folgenden *fiktionalen Nonkognitivismus* nenne) müssen, wenn sie ihre Position plausibel machen wollen, die (aus ihrer Sicht scheinbaren) Beispiele für Weltwissen aus fiktionalen Werken ‚wegerklären'. Die Argumentationsstrategie hierzu besteht in der Regel darin, entweder den Wissensanspruch des naiven Lesers zu bestreiten (unter Hinweis auf mangelnde Rechtfertigung) oder aber dem Leser nachzuweisen, dass er sein Wissen eigentlich anderen Quellen verdankt.

Um auf eines der obigen Beispiele zurückzukommen: Zunächst könnte der fiktionale Nonkognitivist sagen, dass die Tatsache, dass sich in Indridasons Romanen alle Menschen in jeder Situation duzen, kein hinreichender Beleg dafür ist, dass auch reale Isländer sich so verhalten. Es könnte sein, dass Indridason – aus welchen Gründen auch immer – in dieser Hinsicht in der Welt seiner Romane das reale Island verfremdet.

Nun könnte ich in diesem Fall darauf hinweisen, dass die zur Diskussion stehende Überzeugung in der deutschen Übersetzung eines der Romane durch eine Fußnote der Übersetzerin gestützt wird. Darauf könnte der fiktionale Nonkognitivist aber entgegnen, dass diese Fußnote nicht Teil des fiktionalen Textes ist, sondern zum (nichtfiktionalen) Paratext gehöre. Die Anmerkung der Übersetzerin fällt somit nicht unter den generellen Unzuverlässigkeits-Vorbehalt, unter den fiktionale Äußerungen fallen, und kann daher durchaus als Wissensquelle geltend gemacht werden. Der fiktionale Nonkognitivist kann deshalb argumentieren, dass ich im gegenständlichen Fall zwar Wissen erworben habe, aber eben nicht aus einer fiktionalen Quelle.

Paratextuelle Hinweise kommen in bestimmten Genres fiktionaler Literatur häufig vor. Oft erläutern die Autorinnen und Autoren in Vor- oder Nachworten selbst mehr oder weniger detailreich, wo sie sich eng an die Realität gehalten und wo sie ihrer Phantasie freien Lauf gelassen haben; gelegentlich werden sogar Quellen angeführt.

In anderen Fällen können fiktionale Nonkognitivisten plausibel machen, dass das vermeintliche Wissen aus der Fiktion in Wirklichkeit aus Hintergrund-Weltwissen stammt. Im Sinne des Nonkognitivismus könnte ich etwa das Beispiel mit den hellen Sommernächten wie folgt erklären: Das Phänomen der ‚weißen Nächte' im nordeuropäischen Hochsommer war mir schon vor der Lektüre der Romane Indridasons bekannt; und da ich außerdem schon wusste, dass Island im Norden liegt, bedurfte es in diesem Fall nur einer simplen Verknüpfung zweier bereits vorhandener Überzeugungen. Dafür mag die Lektüre den Anstoß gegeben haben; aber die Rechtfertigung stammt aus anderen Quellen.

Nun könnte man darauf entgegnen, dass das Aktualisieren dispositionell vorhandener Wissensbestandstücke und das Herstellen neuer Verbindungen zwischen diesen eine immens wichtige Rolle für den Erkenntnisfortschritt spielt. Wenn man dies anerkennt, erscheint es – so könnte man argumentieren – durchaus nicht willkürlich, dasjenige, was diese Aktualisierungen und Verknüpfungen hervorbringt, als Erkenntnisquelle anzusehen. In diesem Sinn könnten fiktionale Werke als Erkenntnisquelle anerkannt werden, selbst wenn sie als Quelle neuer Informationen nicht zuverlässig wären.

Doch manche *fiktionalen Kognitivisten* gehen noch einen Schritt weiter und versuchen zu zeigen, dass fiktionale Werke unter bestimmten Bedingungen auch zuverlässige Quellen für neue Informationen sein können. Das ist die dritte der oben genannten Lösungsoptionen für ErkP, also das Verwerfen von Prämisse 3.

Hierfür gibt es mindestens zwei Strategien. Man kann, erstens, darauf hinweisen, dass manche Texte, die (in buchhändlerischen oder bibliothekarischen Kontexten) als fiktional klassifiziert werden, in Wirklichkeit Mischformen aus fiktionalen und nichtfiktionalen Texten sind. Fiktionale Romane können philosophische, historische oder naturwissenschaftliche Einschübe enthalten, die durchaus mit Wahrheits- und Rechtfertigungsanspruch verbunden und auch entsprechend zu bewerten sind. Die Autoren unterliegen in diesem Zusammenhang derselben Sorgfaltspflicht wie Journalisten und Wissenschaftler und in vielen Fällen werden sie diesem Anspruch auch gerecht. Sie wenden oft viel Zeit und Mühe für Recherchen auf (oder beschäftigen Mitarbeiter, die das für sie erledigen) und sie können daher durchaus als Experten auf bestimmten Gebieten gelten – und damit als zuverlässige Zeugnisgeber.

Wichtiger ist allerdings die folgende Überlegung: Selbst wenn ein Text rein fiktional ist (also keine Mischung aus fiktionalen und nichtfiktionalen Passagen), kann es sein, dass der Autor auf einer Metaebene durch den fiktionalen Text indirekt Behauptungen aufstellen möchte, für die er sowohl Wahrheitsanspruch als auch Anspruch auf epistemische Rechtfertigung erhebt. Ivo Andric sagt mit seinem Roman *Die Brücke über die Drina* vieles über die Ursachen des Konflikts zwischen Christen und Muslimen in Bosnien; Franz Werfel klagt mit seinem Roman *Die vierzig Tage des Musa Dagh* die Türkei des Völkermords an den Armeniern an; John Steinbeck bringt mit *Früchte des Zorns* seine Ansichten über die Auswirkungen des ungezügelten Kapitalismus in den USA der 1930er Jahre und die Wichtigkeit gewerkschaftlicher Organisation zum Ausdruck.

Die relevanten Thesen und Ansichten werden in den Texten nicht direkt formuliert, sondern eher in der Art gricescher Implikaturen kommuniziert; aber kompetente Leser sind erstaunlich geschickt darin, diese Implikaturen ohne bewusste Anstrengung zu erfassen. Leser sind außerdem erstaunlich geschickt darin, ohne bewusste analytische Anstrengung die ‚realistischen' Elemente einer Fiktion von den ‚unrealistischen' zu unterscheiden. Das liegt daran, dass kompetente Leser mit den Konventionen bestimmter literarischer Genres vertraut sind. Es ist nicht schwer, einen fiktionalen Text als ‚realistisch' zu klassifizieren, und wir wissen, dass es zu den Konventionen ‚realistischer Fiktion' gehört, bei der Darstellung von Städten und Landschaften, sozialen und politischen Verhältnissen, historischen Begebenheiten, Umgangsformen etc. möglichst nahe an der Wirklichkeit zu bleiben. Wenn trotzdem Abweichungen vorkommen, dann muss es für diese einen speziellen Grund geben. In der Tat erwarten wir (in scheinbarem Widerspruch zu den obigen Ausführungen über die Natur fiktionaler Rede) von den Autoren, dass sie sich an diese Konvention halten; wenn sie es nicht tun, betrachten wir das als Mangel des Werks.

Genre-Konventionen, paratextuelle Hinweise, interne Textmerkmale und Übereinstimmung mit vorhandenem Weltwissen können – vor allem im Zusammenspiel – gute Gründe dafür liefern, fiktionale Texte als zuverlässige Erkenntnisquellen anzusehen. Somit ist auch der dritte Lösungsweg für die erkenntnistheoretische Paradoxie gangbar.

Literaturverzeichnis

Bach, Kent (1985/86). „Failed Reference and Feigned Reference: Much Ado about Nothing". *Grazer Philosophische Studien* 25/26 (1985/86): 359–374.
Berto, Francesco (2008). „Modal Meinongianism for Fictional Objects". *Metaphysica* 9 (2008): 205–218.
Bertolet, Rod (1984). „Reference, Fiction, and Fictions". *Synthese* 60 (1984): 413–438.
Braithwaite, R. B. (1933). „Symposium: Imaginary Objects". *Proceedings of the Aristotelian Society*, Supp. vol. 12: 44–54.
Brock, Stuart (2002). „Fictionalism about Fictional Characters". *Noûs* 36 (2002): 1–21.
Carroll, Noël (2007). „Literary Realism, Recognition, and the Communication of Knowledge". *A Sense of the World. Essays on Fiction, Narrative, and Knowledge*. Hg. von John Gibson, Wolfgang Huemer und Luca Pocci. New York: 24–42.
Castañeda, Hector-Neri (1979). „Fiction and Reality: Their Fundamental Connections. An Essay on the Ontology of Total Experience". *Poetics* 8 (1979): 31–62.
Chakrabarti, Arindam (1997). *Denying Existence. The Logic, Epistemology and Pragmatics of Negative Existentials and Fictional Discourse*. Dordrecht.
Crittenden, Charles (1991). *Unreality. The Metaphysics of Fictional Objects*. Ithaca, NY.
Deutsch, Harry (1991). „The Creation Problem". *Topoi* 10 (1991): 209–225.
Devine, Philip E. (1974). „The Logic of Fiction". *Philosophical Studies* 26 (1974): 389–399.
Diffey, T. J. (1995). „What Can We Learn from Art?" *Australasian Journal of Philosophy* 73.2 (1995): 204–211.
Eder, Jens (2008). *Was sind Figuren? Ein Beitrag zur interdisziplinären Fiktionstheorie*. Paderborn.
Everett, Anthony (2013). *The Nonexistent*. Oxford.
Fine, Kit (1984). „Critical Review of Parsons' Non-existent Objects". *Philosophical Studies* 45 (1984): 94–142.
Gabriel, Gottfried (1982). „Fiction and Truth, Reconsidered". *Poetics* 11 (1982): 541–551.
Gaskin, Richard (2013). *Language, Truth, and Literature. A Defence of Literary Humanism*. Oxford.
Gaut, Berys (2003). „Art and Knowledge". *The Oxford Handbook of Aesthetics*. Hg. von Jerrold Levinson. Oxford: 436–450.
Howell, Robert (1979). „Fictional Objects: How they Are and How they Aren't". *Poetics* 8 (1979): 129–177.
Ingarden, Roman (²1960). *Das literarische Kunstwerk*. Tübingen.
Jäger, Christoph und Georg Meggle (Hgg., 2005). *Kunst und Erkenntnis*. Paderborn.
Jaquette, Dale (1996). *Meinongian Logic. The Semantics of Existence and Nonexistence*. Berlin.
Kapitan, Tomis (1990). „Preserving a Robust Sense of Reality". *Thinking and the Structure of the World. Hector-Neri Castañeda's Epistemic Ontology Presented and Criticised*. Hg. von Klaus Jacobi und Helmut Pape. Berlin: 449–458.
Kroon, Frederick (2008). „Much Ado About Nothing: Priest and the Reinvention of Noneism". *Philosophy and Phenomenological Research* 76 (2008): 199–207.
Künne, Wolfgang (1990). „Perception, Fiction, and Elliptical Speech". *Thinking and the Structure of the World. Hector-Neri Castañeda's Epistemic Ontology Presented and Criticised*. Hg. von Klaus Jacobi und Helmut Pape. Berlin: 259–267.
Lambert, Karel (1983). *Meinong and the Principle of Independence. Its Place in Meinong's Theory of Objects and its Significance in Contemporary Philosophical Logic*. Cambridge.

Leblanc, Hugues und Theodore Hailperin (1959). „Nondesignating Singular Terms".
   Philosophical Review 68 (1959): 239–243.
Lejewski, Czeslaw (1954). „Logic and Existence". *British Journal for the Philosophy of Science* 5 (1954): 104–119.
Lihoreau, Franck (Hg., 2011). *Truth in Fiction*. Heusenstamm.
Macdonald, Margaret (1954). „The Language of Fiction". *Proceedings of the Aristotelian Society*, Supp. Vol. 27: 165–184.
Moore, G. E. (1933). „Symposium: Imaginary Objects". *Proceedings of the Aristotelian Society*, Supp. Vol. 12: 55–70.
Murday, Brendan (2015). „Fictional Realism and Indeterminate Identity". *Journal of Philosophical Research* 40 (2015): 205–225.
Niiniluoto, Ilkka (1985). „Imagination and Fiction". *Journal of Semantics* 4 (1985): 209–222.
Parsons, Terence (1980). *Nonexistent Objects*. New Haven.
Pollard, Denis E. B. (1973). „Dichtung und Semantik". *Ratio* 15 (1973): 54–69.
Priest, Graham (2005). *Towards Non-Being. The Logic and Metaphysics of Intentionality*. Oxford.
Prior, A. N. (1971). *Objects of Thought*. Hg. von P. T. Geach und A. J. P. Kenny. Oxford.
Quine, Willard Van Orman (1979). „Was es gibt". *Von einem logischen Standpunkt. Neun logisch-philosophische Essays*. Frankfurt a. M.: 9–25.
Reicher, Maria Elisabeth (2010). „The Ontology of Fictional Characters". *Characters in Fictional Worlds*. Hg. von Jens Eder, Fotis Jannidis und Ralf Schneider. Berlin: 111–133.
Routley, Richard (1979). „The Semantical Structure of Fictional Discourse". *Poetics* 8 (1979): 3–30.
Ryle, Gilbert (1933). „Symposium: Imaginary Objects". *Proceedings of the Aristotelian Society*, Supp. Vol. 12: 18–43.
Salmon, Nathan (1998). „Nonexistence". *Noûs* 32 (1998): 277–319.
Sauchelli, Andrea (2012). „Fictional Objects, Non-existence, and the Principle of Characterization". *Philosophical Studies* 159.1 (2012): 139–146.
Schnieder, Benjamin und Tatjana von Solodkoff (2009). „In Defence of Fictional Realism". *The Philosophical Quarterly* 59 (2009): 138–149.
Scholz, Oliver R. (2001). „Kunst, Erkenntnis und Verstehen. Eine Verteidigung einer kognitivistischen Ästhetik". *Wozu Kunst? Die Frage nach ihrer Funktion*. Hg. von Bernd Kleimann und Reinold Schmücker. Darmstadt: 34–48.
Smith, Barry (1980/81). „Ingarden vs. Meinong on the Logic of Fiction". *Philosophy and Phenomenological Research* 4.1 (1980/81): 93–105.
Thomasson, Amie L. (1999). *Fiction and Metaphysics*. Cambridge.
Urmson, J. O. (1976). „Fiction". *American Philosophical Quarterly* 13 (1976): 153–157.
van Inwagen, Peter (1977). „Creatures of Fiction". *American Philosophical Quarterly* 14.4 (1977): 299–308.
Vision, Gerald (1980). „Fictional Objects". *Grazer Philosophische Studien* 2 (1980): 45–59.
Voltolini, Alberto (2006). *How Ficta Follow Fiction. A Syncretistic Account of Fictional Objects*. Dordrecht.
Wolterstorff, Nicholas (1980). *Works and Worlds of Art*. Oxford.
Woods, John (1974). *The Logic of Fiction. A Philosophical Sounding of Deviant Logic*. The Hague.
Yagisawa, Takashi (2001). „Against Creationism in Fiction". *Philosophical Perspectives* 15 (2001): 153–172.
Zalta, Edward N. (1988). *Intensional Logic and the Metaphysics of Intentionality*. Cambridge.

Weiterführende Literatur

Demmerling, Christoph und İngrid Vendrell Ferran (Hgg., 2014). *Wahrheit, Wissen und Erkenntnis in der Literatur*. Berlin.
Klauk, Tobias und Tilmann Köppe (Hgg., 2014). *Fiktionalität. Ein interdisziplinäres Handbuch*. Berlin.
Köppe, Tilmann (2008). *Literatur und Erkenntnis. Studien zur kognitiven Signifikanz fiktionaler literarischer Werke*. Paderborn.
Reicher, Maria E. (Hg., 2016). *Fiktion. Wahrheit. Wirklichkeit. Philosophische Grundlagen der Literaturtheorie*. Paderborn.
Reicher, Maria Elisabeth (2019). *Werk und Autorschaft. Eine Ontologie der Kunst*. Paderborn.

Mirja Kutzer
IV.2 Fiktionalität und Theologie

1 Einleitung

Theologie als reflektierende Wissenschaft praktizierter Religion hat unweigerlich mit Fiktion zu tun. Bloße Fiktion und damit menschengemachte Erfindung zu sein ist ein Vorwurf, der ‚von außen' an Religionen herangetragen wird und sich gegen ihre Texte, den Gottesgedanken oder ganz grundsätzlich die Annahme richtet, dass der Wirklichkeit in ihrer Gesamtheit so etwas wie Sinn zugesprochen werden kann. In der Folge werden religiöse Weltanschauungen für verschleiernd oder zumindest unwahr erklärt. Der Fiktionsvorwurf richtet sich damit gegen den Wahrheitsanspruch von einzelnen Spielarten des Religiösen oder gegen Religion insgesamt.

Doch auch intern ist Fiktion, nicht immer dem Begriff, sehr wohl aber der Sache nach, ein Thema. Für die christliche Theologie, um die es im Folgenden hier gehen wird, ist zu fingieren deshalb unvermeidbar, weil gemäß dem christlichen Offenbarungsverständnis Gott zwar im sinnlich Erfahrbaren wahrgenommen wird. Doch sind die Gotteserfahrungen, von denen Bibel und christliche Tradition erzählen, keine Geschehnisse, die auf der Hand liegen, quasi objektiv beobachtbar wären oder sich in Gewusstes überführen ließen. Um etwas sprachlich zum Ausdruck zu bringen, das vorhandene Einordnungsmöglichkeiten übersteigt, scheint eine fingierende Sprache oft die einzige Möglichkeit zu sein. Zudem steht der als Schöpfer vorgestellte Gott der Welt nach christlichem Verständnis bleibend gegenüber und entzieht sich der empirischen wie begrifflichen Fixierbarkeit. Um von diesem transzendenten Gott zu sprechen, bedarf es einer Redeweise, die diese Entzogenheit mitsagt und damit die Fiktion in jedes Sprechen von Gott implementiert. Ob und inwiefern der Fiktion Wahrheit zugesprochen werden kann, erweist sich damit als Gretchenfrage von Theologie schlechthin.

2 Der Fiktionsgedanke als Religionskritik

Historisch wird die Entstehung des Fiktionsgedankens denn auch im Kontext der Religionskritik vermutet (vgl. Jauß 1983). Ein früher Beleg ist die Ablehnung der anthropomorphen griechischen Götterdarstellungen durch den Philosophen Xenophanes (um 565–470) in den Fragmenten 14–16. Die Götter seien eben deshalb menschenähnlich, weil sie von Menschen gemacht wären. Etwa zeitgleich erklärt das Buch (*Deutero-*)*Jesaja* (bes. 44,9–29) die Götzenbilder für von Menschen geformt, weshalb sie anzubeten sinnlos sei. Der Fiktionsgedanke vollzieht hier eine Trennung zwischen Wahrheit und Erfundenem und stellt infrage, was als verbindlich gilt. Er bedeutet nicht automatisch die Ablehnung von Religion bzw. religiösen Weltanschauungen generell. Xenophanes vertrat gegenüber dem paganen Götterhimmel die Idee eines einzigen göttlichen Ursprungs. Jesaja ging es um die Durchsetzung des bildlosen JHWH-Glaubens gegenüber konkurrierenden, im Alten Orient selbstverständlich bildhaften Kulten. Der Fiktionsvorwurf dient hier der Abwehr alternativer religiöser Geltungsansprüche (vgl. Berlejung 1998, 383).

Im hellenistischen Raum überschneidet sich der Fiktionsvorwurf gegenüber konkreten Religionen mit einer Missbilligung der poetischen Fiktion, ohne damit deckungsgleich zu sein. Die Kritik am griechisch-römischen Götterhimmel ist gleichzeitig Dichtungskritik, sind doch insbesondere die Texte des Homer wesentliches Medium der Darstellung und eine Instanz, deren Wahrheitsanspruch es in aktualisierender Interpretation zu erweisen galt. Für das frühe Christentum war eine ambivalente Einstellung gegenüber der paganen Dichtung unausweichlich (vgl. Studer 1998, Kap. 3), konkurrierte es doch mit ihr um den Anspruch einer unüberholbaren Offenbarung. Christliche Schriftsteller der ersten Jahrhunderte, die sogenannten Kirchenväter, übernahmen mit den Topoi der philosophischen, insbesondere platonischen Dichtungskritik unter anderem den Fiktionsvorwurf. *Poetae fingunt* ist die wiederkehrende Kritik, die sich gegen die Götterdarstellungen richtet, aber auch gegen die Tätigkeit des Dichtens sowie die Wirkungen der Texte etwa während eines Schauspielbesuchs (u. a. Tatian, *Oratio ad Graecos* 21; Augustinus, *De doctrina christiana* I, 6–10; Augustinus, *De mendacio* 25). Augustinus (354–430), dessen Einfluss auf die spätere Theologie kaum überschätzbar ist, übt in seinen zur Weltliteratur zählenden *Confessiones* (III, 2,2) Selbstkritik, weil er als Zuschauer im Theater zwar grundsätzlich gute Gefühle wie Wohlwollen, Freundschaft und Mitleid entwickelt. Doch diese würden sich eben nicht auf Tatsächliches, sondern lediglich Erfundenes richten (*in rebus fictis et scenicis*). Sie dienten somit allein dem (Selbst-)Genuss und seien verwerflich. Dem gegenüber versäumt etwa Tertullian (nach 150–nach 220) nicht, auf die eigenen Geschichten als Alternative hinzuweisen (*De spectaculis* 29,4), womit offenbar eine Ähnlichkeit zwischen den paganen Dichtungen und den christlichen Narrativen konstatiert wird. Doch im Gegensatz zu diesen handle es sich eben nicht um Fiktion, sondern um Wahrheit.

Durch die Zeiten hindurch bleibt die Haltung des Christentums zur literarischen Fiktion ambivalent (vgl. Kutzer 2006a, Kap. 1). Von der Antike bis zum ausgehenden Mittelalter ist das Christentum wesentlicher Motor der abendländischen Literaturproduktion. Erstaunlich bruchlos rezipieren die christlichen

Schriftstellerinnen und Schriftsteller die literarischen Mittel der nicht-christlichen Umgebung und stellen sie in den Dienst des Eigenen. Wo das Christentum den bestimmenden Rahmen setzt, ist es durchaus opportun zu erfinden, solange die literarische Fiktion im Dienst der Wahrheit steht. Ein eindrückliches Beispiel dafür ist Hrotsvit von Gandersheim, eine Nonne des 10. Jahrhunderts, die als erste deutsche Dichterin gilt. Sie will, so schreibt sie es im Vorwort ihres Dramenbuches, den Stil des Terenz nachahmen und damit ein christliches Alternativangebot machen. So mancher lese aufgrund der schönen Sprache dessen Dramen gerne, setze sich dabei aber auch deren gottlosem Inhalt aus. Sie selbst wolle stattdessen von standhaften, keuschen Jungfrauen schreiben. Dazu müsse sie freilich auch die Sittenlosigkeiten junger Männer ersinnen und zu Papier bringen, so dass sie selbst oft beim Schreiben schamrot werde. Ausdrücklich ist es ihr in der Nachahmung des Terenz um die Wahrheit zu tun, wobei schwer zu entscheiden ist, welche Rolle sie selbst dem literarischen Erfinden zumisst. Auch Theologen wie Thomas von Aquin (um 1225–1274), der einen immensen Einfluss auf die spätere Theologie ausgeübt hat, sehen die literarische *fictio* als Weg der Wahrheit, als *figura veritatis*, wenn sie einem ernsten und tiefen Sinn verpflichtet wird und die Menschen zu Gott führt. Legitimierendes Beispiel dabei ist die Bibel, hatte doch insbesondere Jesus selbst in seinen Gleichnissen mit erfundenen Geschichten gearbeitet (*Summa Theologica* III, q.55 a.4 ad 1). Unterteilt wird somit in einen Bereich wahrer und einen lügnerischer *fictio*.

Zu dieser Grenzziehung zwischen Wahrheit und Lüge sah sich die christliche Theologie auch deshalb imstande, weil sie als vernunftgestützt angesehen wurde. In der Auseinandersetzung mit der antiken Philosophie entwickelte das Christentum das Konzept, selbst *vera philosophia* zu sein, was vereinfachend bedeutet: Bei richtigem Gebrauch der Vernunft erkennt der denkende Geist zwangsläufig die Vernunftgemäßheit der christlichen Offenbarungswahrheiten. Der Nachweis wurde in Auseinandersetzung zunächst v. a. mit platonischen Denksystemen geführt (vgl. Ivánka ²1990; Schupp 2007). Im 12./13. Jahrhundert wird dem lateinischen Westen der Löwenanteil der bisher dort unbekannten aristotelischen Schriften über den arabisch-islamischen Raum vermittelt. Ab da setzt wesentlich die aristotelische Philosophie die Wissensstandards, die das Christentum aufnimmt und adaptiert (vgl. Leinsle 1995; Chenu 2008).

An der Schwelle vom Mittelalter zur Neuzeit wird diese Konzeption der *vera philosophia* allerdings zunehmend in Frage gestellt, und die Grenzziehung zwischen Fiktion und Wahrheit wird problematisch. Erste Spuren zeigen sich im sogenannten Universalienstreit, in dem der Wahrheitsgehalt der sogenannten Allgemeinbegriffe zur Debatte steht. Gemäß den christlichen Aristotelikern galt das, was ein Begriff bezeichnete, als umso seins- bzw. realitätshaltiger, je abstrakter der Begriff war. Diese begrifflich fassbare Ordnung der Welt ankert wiederum in Gott, der als verursachendes Prinzip jeglichem Sein zugrunde liegt. Dem widersprachen die Nominalisten mit dem Fiktionsvorwurf, der hier nicht den künstlerischen Akt des Erfindens meint, sondern die Abstraktionen bzw. Denkgebilde des Verstandes (vgl. Zelter 1994, 21–22; Schupp 2007, Kap. XVII.1). Die Allgemeinbegriffe seien, so formuliert es etwa Wilhelm von Ockham, *purum figmentum intellectus* (*Ordinatio* I, d.2 q.6), also geistige Denkgebilde, die keinerlei reale Wesenheit repräsentieren, sondern lediglich konventionelle Zeichen für eine Anzahl von Einzeldingen sind. Damit formulierte er nicht nur ein Misstrauen in die Fähigkeit von Sprache, Wirklichkeit abzubilden. Er stellte auch die Möglichkeit, von der begrifflich wahrnehmbaren Wirklichkeit auf Gott zu schließen, radikal in Frage. Im Kielwasser der Ockham'schen Kritik ziehen sich Theologie und mit ihr die kirchliche Autorität, die über Jahrhunderte hinweg die Instanzen waren, die über Wahrheit und Lüge geboten, den Vorwurf der (lügnerischen) Fiktion zu. Dass dieser nun auch von einer zunehmend ihre Autonomie behauptenden literarischen Produktion erhoben wird (vgl. Flasch 1992), lässt den anhand der Fiktionslinie ausgetragenen Konflikt zwischen Dichtung und Christentum wieder aufbrechen.

Gelegt ist damit die Basis für das Grundmuster aus ‚Fiktionsbewusstsein', ‚Fiktionskritik' und ‚Wahrheit als Maßgabe und Gegenentwurf zur Kritik', das das neuzeitlich-aufklärende Denken wesentlich bestimmt. Religiöse Gewissheiten werden so ins Wanken gebracht, ohne dass dies in jedem Fall mit einer Ablehnung von Religion generell einherginge. Erkenntnistheoretisch richten sich die Angriffe gegen die klassische Metaphysik und damit die Möglichkeit, mit den Mitteln der Vernunft den Sinn des Gesamten zu erkennen. Namentlich Francis Bacon (1561–1626) qualifiziert bereits im 16. Jahrhundert die Ergebnisse metaphysischen Denkens als „speculative fictions and vanities" (Bacon 1996 [1876], 219). Wo das metaphysische Denken zunehmend einem naturwissenschaftlichen und historischen Denken weicht, geraten die Erzählungen der Bibel und damit die zentralen Zeugnisse der christlichen Offenbarung unter Fiktionsverdacht. Die Religionskritik des 19. Jahrhunderts mit Vertretern wie Friedrich Nietzsche, Ludwig Feuerbach, Karl Marx und Sigmund Freud schließlich markiert Religion schlechthin als verschleiernde Projektion, die der Aufklärung bedarf.

Insbesondere was den Wahrheitsanspruch der Bibel angeht, wird diese Fiktionskritik keineswegs nur theologieextern, sondern auch intern geübt. Im Christentum gelten die Texte der Bibel als von Gott inspiriert: Gott hat bei Abfassung und auch Rezeption in einer Weise mitgewirkt, die die Wahrheit der Texte garantiert. Die die Interpretation lange dominierende allegorische Bibelauslegung verankerte dabei die Wahrheit in der Referenz einzelner Sätze. Jedem Satz wurde neben einem buchstäblichen auch ein spiritueller Sinn und damit eine mitunter mehrfache Referenz zugeschrieben (vgl. Lubac 1952). Diese Konzentration auf die Satzwahrheit blieb auch dort noch bestehen, wo die allegorische Auslegungsmethode verabschiedet und im Gefolge lutherischer Bibelhermeneutik das Bedeutungspotential der Heiligen Schrift auf den Literalsinn reduziert wurde (vgl. Grondin 2001, 59–62). Der Konflikt mit den Ergebnissen naturwissenschaftlicher wie historisch-archäologischer Forschung war damit kaum vermeidlich. Dass die Bibel etwa in den Schöpfungserzählungen von der Wölbung des Himmels über der Erde oder von einer Entstehung der Welt in sieben Tagen spricht (Gen. 1), war angesichts der Erkenntnisse der Astronomie und der Einsichten in die Evolution nicht haltbar. Die wissenschaftlich-theologische wie kirchlich-institutionelle Reaktion auf die Kritik ist geteilt: Im katholischen Bereich beharrt die neuscholastische Inspirationslehre auf der Irrtumslosigkeit (Inerranz) jedes einzelnen Satzes der Heiligen Schrift und findet in der Enzyklika Papst Leos XIII. *Providentissimus Deus* (1893) die Unterstützung der kirchlichen Autorität (vgl. Denzinger und Hünermann [45]2017, 3280–3294). Diese Haltung reglementierte die theologische Forschung immens. Entsprechend wurden die Bibelwissenschaften bis in die zweite Hälfte des 20. Jahrhundert hinein wesentlich im protestantischen Bereich weiterentwickelt. Vermittels der historisch-kritischen Bibelexegese wurde dort versucht, das Historische vom Erfundenen zu trennen, wobei nur das als „theologisch wertvoll galt, was sich als historisch zuverlässig erwies" (Oeming 1984, 255). Ein dieser Art historisches oder auch empiristisches Wahrheits- und Wirklichkeitsverständnis an die Schriften der Bibel anzulegen, bedeutet freilich nicht nur, den biblischen Schriften großflächig die Wahrheit aberkennen zu müssen. Auch zentrale Glaubensaussagen wie etwa die Auferstehung Jesu gerieten ins Kreuzfeuer der Mythologie- und damit letztlich der Fiktionskritik.

Ein allerdings ambivalenter Weg, die Bibel diesen Anfragen zu entziehen, ist ihre prominent von Johann Gottfried Herder ins Spiel gebrachte Qualifizierung als Sammlung poetischer Texte (vgl. Herder 1991). Wo diese ganz offensichtlich keinen faktualen Charakter besitzt, kann sie dennoch als ästhetisches Werk Wertschätzung erfahren. Indem die Bibel dergestalt in die Nähe der literarischen Fiktion rückt, verliert sie freilich ihren Anspruch, exklusives Medium von Offenbarung zu sein. Sie ist lediglich ein literarisches Werk neben anderen. Zudem wird sie in die Diskussion hineingezogen, welchen Wahrheitswert man Dichtung generell zuerkennt. Die Frage nach dem Zugriff von literarischer Fiktionalität auf Wirklichkeit wird damit auch zur theologischen Frage.

3 Offenbarung im fiktionalen Text: Die Bibel

Die neueren Konzepte zur literarischen Fiktionalität sind ein auch theologisch interessanter Weg, eine dichotomische Gegenüberstellung von Faktizität und Fiktivität (vgl. u. a. Iser ⁴1994, ⁶1993; Ricœur ²2007; White 1986) zu durchbrechen und mit diesem Blick unter anderem dem Selbstverständnis der biblischen Texte auf die Spur zu kommen. Die Bibel ist ein besonders eindrückliches Beispiel dafür, dass die Grenzziehung zwischen faktualen und fiktionalen Texten auf der Textebene nicht endgültig entscheidbar ist. Ihre Texte wurden und werden von den einen als Tatsachenberichte gelesen mit Anspruch darauf, wirklich Geschehenes abzubilden, und von den anderen als Weltliteratur, die ihres Geltungsanspruchs entkleidet und ähnlich wie die Geschichten aus Tausend und einer Nacht rezipiert werden kann. Die biblischen Texte bestätigen somit das, was Aleida Assmann einen literaturtheoretischen Gemeinplatz genannt hat, nämlich „dass Fiktionalität kein linguistisches, sondern ein rein rezeptionsspezifisches Phänomen ist" (Assmann 1980, 11). Die Bibelwissenschaft könnte es dabei belassen. Dennoch ist für die Interpretation der Texte durchaus von Belang, welches Verständnis von Wahrheit und Wirklichkeit der Verfassung und historischen Rezeption zugrunde liegt, sofern sich dies in den Strukturen des jeweiligen Textes abschattet.

Um einen Zugang zur Fiktionalität biblischer Texte zu bekommen, bedurfte es freilich zunächst einer Abkehr vom genannten Konzept der Satzwahrzeit. Das katholische Lehramt vollzog diese auf dem Zweiten Vatikanischen Konzil (1963–1965), das vielfach einen Neuaufbruch in der Katholischen Kirche brachte (vgl. Wenzel 2014, 160–176). In der Offenbarungskonstitution *Dei verbum* (vgl. Denzinger und Hünermann ⁴⁵2017, 4201–4235) wurde Offenbarung nun nicht mehr so verstanden, dass Gott in wahren Sätzen fassbare Inhalte mitteilt. Vielmehr wird sie als ein personales Geschehen gefasst, in dem Gott nicht *etwas* mitteilt, sondern „sich selbst" (Abschnitt 2). In den Zeugnissen der Offenbarung tritt Gott mit den Menschen in Beziehung, redet sie an „wie Freunde" und lädt sie ein, mit ihm Gemeinschaft aufzunehmen. Die Texte der Bibel als wesentliches Medium der Offenbarung werden befreit vom Prinzip der Inerranz, das die katholische Bibelwissenschaft dazu verpflichtet hatte, den Wahrheitsnachweis für jeden einzelnen Satz zu führen. Stattdessen wird es als Aufgabe definiert, eine weiter gefasste *veritas* (Abschnitt 11) der Texte zu erkunden. Was Offenbarung ist bzw. wie sie funktioniert, ist dadurch nicht mehr allgemein fassbar, sondern muss in Auseinandersetzung mit den konkreten Texten gesucht werden. Das Konzil hat so der katholischen Theologie ermöglicht, den Anschluss an die bisher protestantisch dominierte Bibelwissenschaft zu finden.

In der biblischen Forschung sind etwa seit den 1980er Jahren neben die weiterhin zentrale historisch-kritische Exegese neue Herangehensweisen getreten. Durch die Einflüsse literaturwissenschaftlicher Strömungen wie des New Criticism oder der Rezeptionsästhetik werden die Bücher und Texte der Bibel als literarische Werke begriffen und sowohl als einzelne wie im Verbund mit anderen biblischen Texten als Gesamtkompositionen interpretiert (vgl. Barton 2015; Clines

2015). Dies ermöglicht eine Rezeption literaturwissenschaftlicher Herangehensweisen strukturalistischer und poststrukturalistischer Provenienz. Dabei werden literargeschichtliche Fragen nach der Entstehung biblischer Texte, wie sie die historische Kritik dominieren, häufig zurückgestellt. In diesem Zusammenhang finden verstärkt literaturtheoretische Reflexionen statt. Hier hat auch die Frage nach den Funktionen fiktionalen Erzählens ihren Ort, die umfassender erst in jüngerer Zeit thematisiert wird (vgl. Schmitz 2013; Thöne 2013; Kutzer 2006a; Bieberstein 2002; Oeming 1984).

Welcher Stellenwert dem Fiktionalen zu biblischer Zeit zugemessen wird, ist freilich aufgrund des großen zeitlichen Abstands zur Entstehung der biblischen Texte schwer zu entscheiden. Zwar können Fiktionalitätssignale, die einen Kontrakt zwischen Text und Leser bilden und sicherstellen, dass der fiktional gemeinte Text auch fiktional aufgefasst wird, bis zu einem gewissen Grad als überzeitlich angesehen werden. Sie bleiben dennoch an den jeweiligen Kontext gebunden. In Bezug auf die Analyse des Fiktionalen in der Bibel ist es damit „gerade die Erkenntnis der historischen Bedingtheit des Kontrakts zwischen Text und Leser bzw. Leserin, der eine Einsicht in den fiktionalen Charakter biblischer Literatur erschwert" (Müllner 2008). Entsprechend können gegenwärtige Konzeptionen und Darstellungsformen von Fiktionalität für die biblischen Texte nicht als direkte Beschreibungs-, sondern als Orientierungskategorien dienen, und es wird bei der konkreten Analyse „– wie immer im Umgang mit Kategorien gegenwärtiger Kulturwissenschaften – eine Wechselbewegung zwischen induktivem und deduktivem, zwischen *bottom-down* [sic] und *bottom-up*-Verfahren zu pflegen sein. Die Kategorie erhellt im Idealfall den einen oder anderen Aspekt des Texts, und umgekehrt verändert die konkrete Textarbeit den Begriff" (Müllner 2016, 91).

Biblische Spielarten des Fiktionalen

Deutlich ist, dass die verschiedenen Textgenera der Bibel in sehr unterschiedlicher Weise den Bezug zur Historizität der erzählten Welt setzen oder durchbrechen. Das Buch *Judit* etwa macht widersprüchliche Orts- und Zeitangaben und legt so die Geschehnisse in ein zeitloses Jederzeit und ortloses Überall. Vergleichbares gilt für das *Ijobbuch*. Das Buch *Deuteronomium* bettet seine Gesetzestexte in die Erzählung von Moses' letztem Lebenstag und dessen Reden ein, in denen er die von Gott empfangenen Gebote an Israel weitergibt. Es sind wiederum die Ortsangaben, die textintern eine bewusste Verwirrung verursachen, darin Fiktionalitätssignale setzen und so den Charakter des Gesetzestextes transformieren: „Aus einem Rechtstext wird ein fiktionaler Text – der Rechtstext wird zur Literatur und damit dem rein juridischen Kontext enthoben" (Liss 2004, 30). Dies durchbricht die unmittelbare Geltung der Texte und macht die Auslegung erforderlich. „Die

Lesenden müssen selbst entscheiden, inwiefern sie den Geboten entsprechen können und wollen" (Geiger 2015, 65). Schließlich begegnen Geschichtserzählungen wie die des Buches *Exodus* oder auch die Evangelien des Neuen Testaments, die durchaus den Anspruch erheben, historische Ereignisse zu repräsentieren, wie insbesondere Lukas (1,1–4) in der Metareflexion zu Beginn seines Evangeliums zu erkennen gibt. Doch sind die Quellen, aus denen die Evangelisten schöpften, disparat, die mündliche wie schriftliche Überlieferung komplex und überdies sind alle historischen Daten quasi überschrieben von der jeweiligen theologischen Interpretation des Evangelisten. In den daraus resultierenden Differenzen, die einen imaginativen Eigenanteil der jeweiligen Autoren erkennen lassen, sind die vier kanonischen Evangelien nicht miteinander harmonisierbar. Inwiefern hier ein Bewusstsein von Fiktionalität vorliegt, ist wiederum schwer auszumachen, sind doch die Standards der biblischen Geschichtsschreibung mit den Ansprüchen moderner Historiografie nicht vergleichbar.

Die Frage nach der historischen Referenz dieser Texte geht über die Diskussion um die fiktionalen Dimensionen gegenwärtiger Geschichtsschreibung hinaus. Es steht nicht nur zur Debatte, ob nicht jegliche narrative Repräsentation von Historischem fiktionale Züge trägt, was zweifellos der Fall ist (vgl. White 1986). Sondern es stellt sich die Frage, inwiefern diese Texte, die sich als Geschichtserzählungen geben, überhaupt eine Referenz auf historische Geschehnisse besitzen oder ob sie Ereignisse entwerfen, die im Extremfall ihr Vorhandensein allein der Welt des Textes verdanken. Mitunter kann textexterne, etwa archäologische Forschung Aufschluss darüber geben, in welchem Bezug einzelne Texte zu realen Geschehnissen stehen. So ist es mittlerweile Stand der Forschung, dass der im Buch *Exodus* beschriebene Auszug des Volkes Israel aus Ägypten so nicht historisch belegbar ist. Etwa ist es nicht denkbar, dass über 600 000 Menschen auf der Halbinsel Sinai einige Jahre gelebt haben (vgl. Ex 12,37; Num 11,21), ohne irgendeine archäologische Spur zu hinterlassen. Dennoch sind die Texte nicht ohne historische Bezüge. Die vermutlich ältesten Zeugnisse des Exodus (Hos 8,11–13; 9,3–4; 11,1–6; 12,8–14) scheinen nicht Zustände des 13. Jahrhunderts in Ägypten zu spiegeln, sondern die Situation in Juda unter assyrischer Vasallität im 8. und 7. Jahrhundert. Offenbar diente der Verweis auf Ägypten als Erklärung der jetzigen Situation: Wie damals in Ägypten straft Gott, der als Herr über die Geschichte angesehen wird, auch jetzt Israel für sein Fehlverhalten mit Oppression. Gleichzeitig stiftet die Vergangenheit Hoffnung: Damals hat Gott in Moses einen Propheten geschickt und Israel befreit, und auch heute tritt ein Prophet auf und somit besteht Hoffnung. In der Situation des babylonischen Exils im 6. Jahrhundert wird das Exodusgeschehen wiederum neu erzählt und fungiert als Motivationserzählung, aufzubrechen und in die Heimat zurückzukehren. „So hat das exilisch-nachexilische Deuterojesajabuch die Rückkehr in das versprochene Land als Exodus beschrieben (Jes 48,20–21; 52,11; 55,12), wobei man trefflich darüber diskutieren kann, ob dieser exilische ‚Exodus' sich an dem älteren, in mythischer Vorzeit liegenden Exodus inspiriert hat, oder ob der exilische Exodus diese Erzählung erst hervorgebracht hat" (Schmitz 2013, 131). Auch wenn nicht festgestellt werden kann, welche Bedeutung die hinter den Texten stehenden Autoren dem Vorgang, eine solche Erinnerung zu konstituieren, zugemessen haben, so wird in den Texten doch ein Bewusstsein davon deutlich, dass diese Geschichtsschreibung ein Akt der Konstruktion und Interpretation ist.

Einen Sonderfall biblischen Erzählens stellen die Schöpfungserzählungen im Rahmen der sogenannten Urgeschichte (Gen 1–11) dar. Als Erzählungen vom Anfang der Geschichte thematisieren sie etwas, das sich jeglicher Erfahrung entzieht und deshalb nur imaginativ besetzt werden kann. Als Ätiologie, also Darstellung des Ursprungs, bieten sie eine narrative Erklärung gegenwärtiger Lebensverhältnisse und werten diese (vgl. Ebach 1990; Schupp 1990). Ihre Wahrheit liegt damit nicht, oder jedenfalls nicht primär in der Darstellung quasi naturwissenschaftlicher Vorgänge, auch wenn sie im Verlauf der Rezeptionsgeschichte immer wieder so gelesen wurden. Auch wo diese aufgrund naturwissenschaftlicher Erkenntnisse desavouiert sind, bleibt als wesentlicher Inhalt der Schöpfungserzählungen die Organisation eines Weltverhältnisses: Die Welt ist von Gott gut geschaffen, worauf die Ordnung von Gen 1 und die Schaffung des Paradiesesgartens (Gen 2) verweisen. Doch erzählt die Urgeschichte in mehreren Erzählungen davon, dass diese ursprünglich „sehr gute" (Gen 1,31) Welt durch das Handeln des Menschen „verdorben" wurde (Gen 6,11–12; vgl. Zenger 1983). Der Mensch lebt entsprechend maximal in der zweitbesten aller möglichen Welten. Das, was ist, ist damit nicht automatisch gut, sondern der Interpretation und Gestaltung des Menschen anheimgegeben.

An dieser Interpretation und Gestaltung der Welt beteiligt sich wiederum ein Text der Bibel, der Fiktionalitätssignale in einer Deutlichkeit setzt, dass er von je als Beispielgeschichte gelesen wurde (vgl. Ebach 2007; Kutzer 2006a, Kap. 3.3.2). Das Buch *Ijob* kann als direkte Reaktion auf das Weltverhältnis gelesen werden, das durch die Schöpfungserzählungen konstituiert wird. Dass die Welt geordnet und alles Widrige auf falsche Freiheitsentscheidungen des Menschen zurückzuführen ist, wird dort einer Überprüfung unterzogen. Dies geschieht durch die Konstruktion eines Protagonisten, der in idealtypischer Weise als rechtschaffen vorgestellt wird und dem es gut geht. Ijob hat zehn Kinder, großen Reichtum und ist gesund. Für die damaligen Leserinnen und Leser ist das erwartbar, denn Rechtschaffenheit und Wohlergehen stehen in der guten Ordnung Gottes in dem sogenannten Zusammenhang von Tun und Ergehen, der biblisches Denken und Handeln weithin bestimmt. Demnach zieht gottgefälliges, gerechtes Verhalten Wohlergehen nach sich. Ungerechtes Verhalten dagegen führt zu dessen Verlust.

Doch der gerechte Ijob verliert seinen Reichtum, seine Kinder und schließlich seine Gesundheit. Am Ende des ersten Teiles sitzt er, von einer Hautkrankheit geplagt, auf einem Schutthaufen und kratzt sich (Hiob 2,7–8).

Mit der Schilderung dieses Einzelschicksals, das den Zusammenhang von Tun und Ergehen und mit ihm die Schöpfungsordnung durchbricht, bildet der *Ijob* das, was Paul Ricœur (²2007/1, 97) als zentrale Funktion literarischer Fiktionalität beschrieben hat: ein Laboratorium, das erlaubt, im Modus des ‚Als-Ob' Experimente an den Werten durchzuführen. Im Rest des Buches werden Ijob und einige Freunde, die ihn trösten wollen, diskutieren, ob und wie Ijobs Schicksal in die Ordnung der Schöpfung eingepasst werden kann. In einer wiederum für die literarische Fiktionalität charakteristischen Polyphonie (vgl. Newsom 2003) bleibt das Buch die endgültige Antwort selbst dann noch schuldig, als schließlich Gott selbst auftritt und das Wort erhebt. Die fiktionale Form scheint hier sehr bewusst gewählt. Das gestellte Problem entzieht sich der begrifflichen Fassbarkeit. Eben dies wird im Text ebenso explizit thematisiert (vgl. u. a. Hi 12,5; 38,1) wie auf fiktionalem Weg dem Publikum vor Augen geführt. In dieser Selbstthematisierung des Fiktionalen, die sich im Ijob vielfach zeigen ließe, lässt das Buch *Ijob* eine Annäherung an die Funktionen des Fiktionalen in der biblischen Textwelt generell zu.

Funktionen des Fiktionalen

Für die Frage nach den Funktionen des Fiktionalen in der Bibel ist von Gewicht, dass Fiktionalität kein Merkmal einzelner Texte ist, sondern dass diese insgesamt den Charakter literarischer Werke haben und darin so etwas wie eine Fiktionalisierung erfahren, was zunächst so viel meint wie: Sie lösen sich aus ihren ursprünglichen historischen Zusammenhängen und werden zu ganz unterschiedlichen Zeiten als bedeutsam angesehen. Während dieses Vorgangs wird weniger wichtig, was sie historisch bezeichnen, denn was sie bei ihrem Publikum in dessen jeweiliger Situation bewirken. In diesem Sinn hat Ricœur (2008) in seiner für gegenwärtige Theologie einflussreichen philosophischen Hermeneutik alle Texte der Bibel als poetisch beschrieben: Keiner der Texte erschöpft sich darin, Gegebenheiten in einem historischen Sinn abbilden zu wollen. Vielmehr werden Erfahrungen in einer Weise dargestellt, dass die jeweils jetzigen Rezipientinnen und Rezipienten ihren Ort in der Welt finden können. Darin geschieht eine Verlagerung von der Referenzfunktion hin auf das, was Wolfang Iser (⁴1994) als die ‚Wirkstrukturen' eines Textes beschrieben hat. Der biblische Text findet seine geschichtliche Verantwortung nicht oder nicht primär in der Darstellung der Vergangenheit, sondern in dem, was er an Wirkungen hervorruft. Diese Verlagerung lässt in den biblischen Texten die Grenzen zwischen Historienbericht und Fiktionserzählung verschwimmen. Die Wahrheit, die in den Texten zum Tragen kommt, ist damit keine Adäquations-Wahrheit, die durch die Regeln von Verifikation und Falsifikation bestimmt ist. Mit Ricœur lässt sich dagegen von einer Manifestations-Wahrheit sprechen, d. h. einem „Sein-Lassen[s] dessen, was sich zeigt. Was sich zeigt, das ist jedesmal ein Entwurf von Welt, einer Welt, wie ich sie bewohnen kann, um in ihr eine meiner ureigensten Möglichkeiten zu entwerfen. In diesem Sinn ist die Sprache in ihrer poetischen Funktion der Sitz einer Offenbarung" (2008, 68–69). Die Philosophie Ricœurs ist für die Theologie auch deshalb wichtig geworden, weil er dieser im Poetischen zum Tragen kommenden Manifestationswahrheit nicht nur Erkenntnisfunktion, sondern sogar den zeitlichen wie systematischen Vorrang gegenüber der begrifflichen Abstraktion zuweist. Sie bestimmt über die Art und Weise, wie wir uns der Welt zugehörig fühlen, sie interpretieren und in ihr wohnen. Jegliche begriffliche Abstraktion ist gegenüber diesem ursprünglichen ‚In-der-Welt-Sein' nachgelagert.

In dieser poetischen Neubeschreibung und Verwandlung von Wirklichkeit, zu der insbesondere die prophetischen Texte der Bibel einschließlich der Evangelien auch explizit aufrufen, appelliert die biblische Sprache zuallererst an die Einbildungskraft und die Kreativität des Menschen. Es geht, wenigstens zunächst, nicht um Zustimmung oder Ablehnung, sondern darum, die Wirklichkeit mit neuen Augen zu sehen und neue Handlungsoptionen zu entwerfen (vgl. Ricœur 1974, 70). Wiederum exemplarisch sind darin die Gleichnisse Jesu, die das verheißene Reich Gottes nicht definieren, sondern mit Erzählungen wie den Arbeitern im Weinberg (Mt 20,1–16) oder dem Barmherzigen Samariter (Lk 10, 25–37) anhand von fiktionalen Einzelfällen vorstellbar machen, wie das Reich Gottes die Welt zu verwandeln vermag. Diese explizit fiktionalen Sprechweisen lenken das Augenmerk darauf, dass die biblische Sprache insgesamt das, was Offenbarung genannt werden kann, zwischen zwei Polen aufspannt: Sie bietet weder eine satzhaft greifbare Doktrin, die im Glauben ‚gewusst' oder vermittels der Vernunft erfasst und damit fixiert werden kann. Sie ist gleichwohl auch nicht in einem inhaltlich unbestimmten Jenseits der Vernunft angesiedelt. Die biblischen Texte halten den Menschen eine Welt vor Augen, vermittels der sie ihre eigene Weltdeutung und ihr Weltverhalten einer Überprüfung unterziehen können. Ob und wie der Leser sich ändert, wird letztlich von der Überzeugungskraft der Texte und der Freiheit des Lesers abhängen.

Wenn Ricœur die Texte der Bibel „in einem gewissen Sinn und bis zu einem gewissen Punkt" (1981, 73) als poetisch bezeichnet, dann hält er damit freilich auch eine Differenz fest zwischen allgemein poetischen Texten und Texten mit dem Anspruch, Offenbarung zu sein. Der Unterschied konzentriert sich um die Nennung Gottes, die die biblischen Texte in verschiedener Weise vollziehen und durch den die biblische Fiktionalität eine Verwandlung erfährt. Das sei noch einmal am Buch *Ijob* verdeutlicht. Nach einem dreifachen Rededurchgang, in dem Ijob und die Freunde aus menschlicher Perspektive Ijobs Schicksal diskutieren, kommt im Buch Gott selbst zu Wort. Die Gottesreden sind so etwas wie eine Fiktion in der Fiktion. Gott redet in einer Vielzahl poetischer Metaphern. Eine der schönsten ist das Bild vom Meer, das als Chaosmacht gilt und dem Gott gleich einem Baby Windeln anlegt (Hiob 38,9b). Figuriert ist dadurch eine Schöpfung, die Gott im Großen und Ganzen im Griff hat, in der aber auch das Chaos sich immer wieder Bahn bricht. Diese Ordnung der Schöpfung ist damit wohl vorstellbar zu machen, aber nicht auf den alles Einzelne umfassenden Begriff zu bringen. Insofern spiegeln die Gottesreden die Unbestimmtheit des fiktionalen Textes.

‚Gott' begegnet hier als literarische Figur. Doch im Kontext des biblischen Kanons, der wiederum von einer Überlieferungsgemeinschaft getragen ist, weist diese Figur ‚Gott' über das Literarische hinaus. Durch ihre Nennung erfährt der Text eine Veränderung, die sich einkreisen lässt. Sie betrifft zunächst die Polyphonie der Stimmen. Wie gesagt hebt auch die Gottesstimme diese Polyphonie des Textes nicht gänzlich auf. Doch wird mit dieser Figur prinzipiell eine Perspektive behauptet, der der Blick auf das Gesamt der Welt zur Verfügung steht. Diese Perspektive ist dem Menschen nicht zugänglich, und auch die Gottesreden vermeiden es, diese Lücke zu schließen. Dennoch ist die Welt, wenn auch Gegenstand permanenter, nicht abschließbarer Deutung, so doch *eine* und von Gott her mit Sinn ausgestattet, sodass weder Weltdeutung noch Weltverhalten als beliebig erscheinen.

Verwandelt wird durch die Nennung Gottes zudem die im Buch figurierte Wirkung der Gottesreden auf Ijob. Sie lässt sich als fiktionale Darstellung einer Katharsis begreifen. Wie der Leser des poetischen Textes nach der Lektüre verändert in die Welt zurückkehrt, lebt auch Ijob, der den Gottesreden gelauscht hat, nun in vorher ungekannter Weise. „Am Ende der Geschichte sehen wir nicht mehr den Hiob, der mit aller Kraft versucht, sich und die Seinen zu ver-sichern [Hiob 1,5], sondern einen Hiob, der Schönheit sieht und Lebensgrundlagen freigebig austeilt" (Ebach 1996, 168). Die Gottesreden finden ihr Ziel damit nicht in einem Inhalt, sondern in einer über Inhalt und poetische Form vermittelten neuen Beziehung, die Ijob zu Gott und zur ihn umgebenden Welt unterhält. Der Text, der sich als Teil des biblischen Kanons an eine Leserschaft wendet, die gleichzeitig die den Text tragende Überlieferungsgemeinschaft ist, macht darin ein Identifikationsangebot. Mit Ijob, an dessen Schicksal der fiktionale Text sie hat teilnehmen lassen, sollen auch die Leserinnen und Leser am Ende dessen Haltung teilen und selbst im Ungewissen vertrauend an Gott und seiner manchmal chaotisch scheinenden Weltordnung festhalten. Die Wirkung, die der fiktionale Text ausübt, wird so bezogen auf einen Grund und ein Ziel dieser Wirkung. Gott wird im Ijob als diejenige Instanz genannt, die die neuen Lebensmöglichkeiten schenkt. Gott ist auch für die gläubigen Rezipientinnen und Rezipienten die Ursache jeder Verwandlung, die die Lektüre des Textes bei ihnen hervorruft. Darin kommt im *Ijobbuch* ein Vermittlungsgeschehen zum Tragen, das die biblischen Texte generell vollziehen, indem sie die durch die Texte vorgestellten Weltdeutungen und Lebensmöglichkeiten auf einen Ursprung zurückführen. Als Geschenk Gottes bedeuten die neuen Lebensmöglichkeiten gleichzeitig den Einbruch des göttlichen, weltjenseitigen Anderen in die Welt. Dieses Andere wird in den Texten freilich nicht an sich wahrnehmbar, sondern insofern es die Wirklichkeit und ihre gängigen Beschreibungen von ihr zu unterbrechen und zu verwandeln vermag.

In dieser fiktionalen Vermittlung zeigt sich der offenbarende Gott nicht als eine in ein Wissen überführbare Entität. „Wenn es eine Sache gibt, die univok von allen analogen Formen der Offenbarung ausgesagt werden kann, dann die, dass die Offenbarung sich unter keiner ihrer Modalitäten in ein Wissen einbegreifen und von ihm beherrschen lässt" (Ricœur 2008, 60). Dieses Mitsagen des Unsagbaren im fiktionalen Text macht die biblische Sprache zu einer permanenten Suche nach dem vollkommenen Wort, das letztlich Gott selbst ist (vgl. Gen 1, Joh 1,1–2) und deshalb nie erreicht werden kann. Es ist darin gleichzeitig eine Suche des Menschen nach der Einheit der Welt und nach sich selbst.

4 Rede vom Transzendenten

Die fiktionale Form, der im religiösen Sprechen zukommt, die Differenz von Gott und menschlichem Erkennen mitzusagen, bleibt auch dort der Sprache eingeschrieben, wo die theologische Reflexion in der Frage nach der Bedeutung der biblischen Texte den Weg zum Begriff nimmt. Noch in der Zeit der Kanonwerdung wurden von den frühen Christen Diskussionen geführt, wie die Überlieferungen vom Leben Jesu zu verstehen seien. Dass diese keineswegs eindeutig sind, trat insbesondere in der Frage nach dem ‚Wer' des Jesus von Nazareth offen zu Tage. Die für die christlichen Kirchen verbindlichen Formulierungen der altkirchlichen Dogmen, wie sie insbesondere das auf den Konzilien von Nizäa (325 n. Chr.) und Konstantinopel (381 n. Chr.) verabschiedete Glaubensbekenntnis festhält, versuchen, die Mehrdeutigkeit der Texte einzuschränken (vgl. Dünzl ²2001). So wurde etwa definiert, dass das in den Evangelien noch verschieden interpretierbare Bekenntnis „Jesus von Nazareth ist der Sohn Gottes" (vgl. u. a. Mk 1,11 par.) in einer Weise zu verstehen ist, dass Jesus Christus selbst Gott ist. Der Begriff, der zur Definition verwandt wurde, entstammt der Wesensmetaphysik zeitgenössischer Philosophie: Jesus Christus ist gleichwesentlich, *homoousios*, mit dem Vater. Sohn und Vater ist die göttliche Substanz als das, was ihnen zugrunde liegt und wesentlich bestimmt, gemeinsam. Diese Definition ist Teil eines Bekenntnisses, also eines Gebets, das seinen Ort in der Liturgie hat. Die begriffliche Rede *über*

Gott wird darin eingebettet in eine hymnische Rede *zu* Gott, die wiederum die Poetizität auch in den Begriff trägt. Flankiert wird das *homoousios* zudem von einer Fülle metaphorischer Aussagen: Christus ist „Licht von Licht", „gezeugt, nicht geschaffen" (Denzinger und Hünermann ⁴⁵2017, 150). Dinge, die im Bereich des Wahrnehmbaren liegen, werden übertragen auf das Verhältnis von Gott Vater zu Gott Sohn, das sich der Erfahrung entzieht. So stammt der Begriff der Zeugung aus dem Bereich der organischen Fortpflanzung und beinhaltet, dass wenn ein Löwe einen Nachkommen zeugt, dieser wiederum ein Löwe sein wird. Dieser Vorgang, nach der Metapherndefinition von Max Black (³1966, 27–28) der Fokus, wird übertragen auf das Zueinander von Gott und Christus (Rahmen), das mit diesen Bildern vorstellbar gemacht wird. Dabei konnotiert Zeugung freilich noch eine ganze Menge mehr, etwa eine wiederum kaum begrifflich fassbare Zugewandtheit eines Vaters zum Sohn und damit eine personale Beziehung. Diese Konnotation wurde später dahingehend weiterentwickelt, das innergöttliche Zueinander von Vater, Sohn und auch Heiligem Geist in personalen Kategorien zu beschreiben (vgl. Greshake 2007). Es ist nicht zuletzt der Poetizität auch des Dogmas zu verdanken, dass es „dialogisch" (Stubenrauch 1995) bleibt: Es schließt ein Interpretationsgeschehen keineswegs ab, sondern schafft Bedingungen, unter denen es fortgeführt wird. So wird das Dogma auch dort nicht obsolet, wo eine philosophische Wesensmetaphysik, auf deren Basis es formuliert wurde, nicht mehr Grundlage philosophischen wie theologischen Denkens ist. Denn die Wahrheit des Dogmas findet ihr Ziel nicht im Begriff.

Analogie und Metapher
Die christliche Tradition hat, um dieser Eigentümlichkeit der theologischen Rede gerecht zu werden, das Prinzip der Analogie formuliert, das auf dem IV. Laterankonzil (1215) verbindlich festgehalten wurde (vgl. Werbick 2013 [1992], 23–38): Von Schöpfer und Geschöpf kann keine Ähnlichkeit ausgesagt werden, ohne dass sie eine größere Unähnlichkeit zwischen beiden einschlösse (vgl. Denzinger und Hünermann ⁴⁵2017, 806). Diese Analogielehre wurde auf den Grundlagen platonischer bzw. aristotelischer Philosophie entwickelt. Der Neuplatonismus lehrt in Weiterentwicklung des platonischen Urbild-Abbild-Denkens eine Einteilung der Wirklichkeit in verschiedene, stufenförmig angeordnete Seinsbereiche, die ihren Ursprung im der Welt transzendenten Einen haben. Insofern dieser Ursprung in den verschiedenen Seinsbereichen präsent ist, kann er aus ihnen erkannt werden. Da diese jedoch an Seinsfülle hinter dem Ursprung zurückstehen, kann dies nur in unvollkommener, analoger Weise geschehen. Das Christentum, dessen Theologie in den ersten Jahrhunderten in Auseinandersetzung mit dem Neuplatonismus entwickelt wurde, hat diese Stufenordnung mit dem biblischen Schöpfungs-

gedanken verbunden. Vermittelt über den Schöpfungsakt fungiert die Schöpfung als Spiegel des Schöpfers, und dessen Spuren können in ihr wahrgenommen werden. Alles Irdische wird dadurch zum Fundus von Analogien: Die Seele mit den drei zusammenwirkenden psychischen Kräften Gedächtnis, Verstand und Wille etwa fungiert für Augustinus (*De trinitate* X) als Modell der Trinität. In den Gliedmaßen des Menschen spiegelt sich nach Hildegard von Bingen (1965, 44–45) das gesamte Universum. Diese in der platonischen Tradition stehende Analogie sieht in allen Dingen Bilder und Zeichen des Himmlischen (Eco 1998). Die Metapher ist als sprachliche Figur der Bildlichkeit und Ähnlichkeit für das Aufspüren der Analogien konstitutiv. Freilich in weiten Teilen lexikalisiert und zur Allegorie geronnen, kommt der Metapher in der christlich-platonischen Analogielehre damit Erkenntnisfunktion zu. Verbunden ist diese Metaphorisierung des Sichtbaren mit einer Dynamisierung des Subjekts. Der Mensch bzw. dessen Seele nähert sich, indem sie die Zeichen erkennt, dem Göttlichen immer weiter an und wird ihm ähnlich.

Die scholastische Theologie und namentlich ihr einflussreichster Vertreter Thomas von Aquin dagegen drängen diese Metaphorizität weitgehend zurück. Die Basis bildet nun das aristotelische Denken, dass sich um die Eindeutigkeit von Begriffen bemüht. Die Bedeutungsrelation der Geschöpfe zur Schöpfung wird bei Thomas zu einer Relation der Verursachung (*Summa Theologica* I, q.1 a.7 ad 1). Gott als das seinerseits nicht verursachte Sein hat die Schöpfung in die Existenz gebracht, weshalb eine Relation zwischen Schöpfer und Geschöpf wie zwischen Ursache und Verursachtem besteht. Dies begründet, dass Prädikate wie ‚gut' oder ‚weise' sowohl Gott als auch dem Menschen zugeschrieben werden können. Doch bleibt auch hier ein Reservoir des Mehrdeutigen und damit Metaphorischen: In der Anwendung auf Gott weisen die Begriffe ein nicht abgrenzbares Mehr an Sinn auf. Entsprechend sind nach Thomas alle Begriffe, selbst der des Seins, von Gott eben nicht identifizierend, sondern analog auszusagen. Die metaphorische Übertragung bleibt damit ein wesentliches Moment der Gottesrede, ihre erkenntnistheoretische Funktion ist gegenüber der platonisch gedachten Analogie allerdings vergleichsweise eingeschränkt. Sie findet ihre Aufgabe weniger in der Neuentdeckung von Zusammenhängen denn darin, die begrifflich identifizierende Rede offen zu halten für die Differenz zwischen Gott und Schöpfung.

An der Schwelle vom Mittelalter zur Neuzeit verliert die analoge Rede ihre epistemologische Basis. Die klassische Metaphysik, der zu Folge es der Vernunft möglich war, die Wirklichkeit als Gesamte zu erkennen, gerät zunehmend in die Kritik und wird durch die Schriften Immanuel Kants endgültig desavouiert. Damit wird es zur offenen Frage, ob bzw. inwiefern eine Relation von Schöpfung und Geschöpf der Vernunft überhaupt noch zugänglich sein kann. Auch innertheologisch gerät die Analogie unter Druck. Insbesondere in der protestantischen Theologie findet die Vorstellung einer *analogia entis*, also einer vermittels der Vernunft erkennbaren Ähnlichkeit zwischen irdischem und himmlischem Sein als Grundlage der analogen Rede vehemente Kritik. Durch die Sünde sei die menschliche Vernunft so stark beeinträchtigt, dass allein vom Menschen her Gott nicht erkannt werden könne. Diese im 20. Jahrhundert wirkmächtig von Karl Barth (1986 [1932], 257) vertretene Position setzt an die Stelle der *analogia entis* eine *analogia fidei*, die allein auf der Zuwendung Gottes in Jesus Christus beruht. Durch Christus erschließt sich das wahre Verhältnis des Menschen in seinen innerweltlichen Bezügen zu Gott. Darin liegt die Ur-Analogie, die alle anderen Analogien zwischen innerweltlichen, insbesondere menschlichen Seinsverhältnissen und Gott überhaupt erst ermöglicht. Das Misstrauen in die autonome Vernunftleistung des Menschen ist auch zeitgeschichtlich begründet. Barth ist Mitbegründer der Bekennenden Kirche, einer Bewegung des Protestantismus, die sich im Widerstand zum Nazi-Regime befand. Dass die Vernunft des Menschen in einer Weise korrumpiert ist, dass sie Gott und seinen Willen gänzlich verstellt, lag für Barth auf der Hand.

Entsprechend dieser Verabschiedung des Analogiedenkens im Rahmen der klassischen Metaphysik behandelt gegenwärtige Theologie die Analogie in aller Regel als eine Erkenntnisrelation, die bereits die Perspektive des Glaubens voraussetzt. Als solche muss sie dennoch der Vernunft zugänglich sein. Um dies zu begründen, wird in jüngerer Zeit versucht, die analoge Gottesrede als metaphorische Rede neu zu denken und ihr auch jenseits der klassischen Analogie erkenntnistheoretischen Wert zuzuweisen (vgl. van Noppen 1988; Macky 1990; Werbick 1992; Crabtree 1991; Tracy 1981; Frey u. a. 2003; Boeve und Fevaerts 2003; Hartl 2008; Gilich 2011). Dies geschieht im Anschluss an neuere Metapherntheorien, die die Metapher nicht auf der Ebene des Wortes und der rhetorischen Einkleidung ansiedeln, sondern auf der des Satzes und sie damit als einer Form der Neuentdeckung von Welt lesen (vgl. u. a. Black ³1966; Blumenberg ⁶1997; Ricœur ³2004). Einflussreich ist hier insbesondere die Metapherntheorie Ricœurs geworden. Die metaphorische Neuentdeckung geschieht nach Ricœur durch das Zusammentreffen zweier semantischer Felder, das einen semantischen *clash* hervorruft und auf der Grundlage der Trümmer der alten Bedeutung neue Bedeutung möglich macht. Da hier die Kategorie der Ähnlichkeit eine zentrale Rolle spielt – denn das ist nach Aristoteles eine gute Metapher: „das Ähnliche sehen" (*Poetik* 1459a), grenzt sie an die klassische, ebenfalls auf Ähnlichkeit beruhende Analogie an.

Als eine der frühen theologischen Rezipientinnen hat Sallie McFague (1982) postuliert, dass die Struktur der Metapher der Struktur der Analogie entspricht, wo diese ihrer metaphysischen Grundlagen entkleidet ist. Die Erkenntnisfunktion der theologischen Metapher rückt McFague in eine pragmatische Perspektive. In Auseinandersetzung mit Ricœur und der Diskussion um den Modellbegriff in den

1980er Jahren stellt sie die Frage nach den Wirkweisen bestimmter metaphorischer Modelle von Gott für das Verhalten des Menschen. So sieht sie etwa die Vorstellung von der Welt als Körper Gottes als eine Grundlage für die Entwicklung einer Schöpfungsspiritualität und eines ökologisch verantwortlichen Verhaltens (vgl. McFague 2009 [1993]; Eckholt 2009). In einem gemeinsam mit Ricœur verfassten programmatischen Band hat Eberhard Jüngel (1974) auf die Abhängigkeit der theologischen Metapher vom biblischen Narrativ hingewiesen. Eine Metapher, die verständlich sein soll, setzt voraus, dass die beiden zueinander in Beziehung gebrachten Bereiche in irgendeiner Weise bekannt sind. Eine metaphorische Redeweise, die etwa Gott als Vater vorstellt, kann nur bedeutungsvoll im Zusammenhang von Erzählungen sein, die die metaphorische Übertragung, Gott als Vater zu sehen, sinnvoll erscheinen lassen. Die theologische Metapher erscheint darin als kondensiertes Narrativ. Die Frage danach, welchen erkenntnistheoretischen Wert man der biblischen Fiktionalität zuzumessen vermag und wie sie sich von allgemein poetisch-fiktionalen Texten abgrenzen lässt, entscheidet damit auch über den epistemologischen Wert der theologischen Metapher. Ebenso brisant wie nach wie vor umstritten dabei ist, dass die poetische Metapher keinen Sonderfall theologischen Sprechens darstellt, sondern die Art und Weise, wie theologische Rede generell funktioniert.

Rede vom Jenseits: eschatologische Aussagen
Die Analogie bzw. die theologische Metapher eröffnet ein Spannungsfeld. Sie hält theologische Rede in der Schwebe zwischen Äquivozität und Univozität und damit zwischen der Unfassbarkeit Gottes und der begrifflichen Fixierung. Dieses Spannungsfeld lässt sich an einem Bereich verdeutlichen, der wie kaum ein anderer mit der Fiktion zu tun hat. In der Eschatologie, also der Lehre vom Äußersten, Letzten entfaltet die Theologie die klassischen Topoi christlicher Jenseitshoffnung: Auferstehung der Toten, jüngstes Gericht, Himmel, Hölle, Fegefeuer, Ende der Zeit etc. Dieses Eschaton entzieht sich schon *qua definitionem* der empirischen Wahrnehmbarkeit des Menschen und kann nur imaginativ besetzt werden. Es scheint damit auf der Hand zu liegen, dass die Theologie hier auf die Formen des Fiktionalen bzw. der die Sprache in der Schwebe haltenden Analogie angewiesen ist.

Von theologischer Seite gab und gibt es unterschiedliche Strategien, diese analoge Schwebe zu bearbeiten, wobei die Tendenz, diese aufzuheben und begrifflich zu fixieren, unverkennbar ist. Eine erste Strategie steht im Zeichen eines fideistischen Offenbarungspositivismus, der Abstand davon nimmt, dass Offenbarung der Vernunft zugänglich sein muss. Bis in die zweite Hälfte des vorigen Jahrhunderts und mitunter noch darüber hinaus wurden die eschatologischen

Fiktionen als deskriptive Aussagen gelesen über einen Ort, den der Mensch nach seinem Tod erreicht (vgl. Ebertz 2004). Daraus entstand eine Art Topografie des Jenseits. Ein Ort, ‚oben', ist der Himmel, in den die erlösten Seelen gelangen. Ein anderer ist die ‚unten' angesiedelte Hölle als Ort der ewig Verdammten. In einer Art Zwischenort, dem im 13. Jahrhundert dogmatisierten Fegefeuer, landen diejenigen, die noch geläutert werden können, bevor sie schließlich in den Himmel aufsteigen. Schließlich wäre da noch ein auch ‚Vorhölle' genannter Limbus, in den diejenigen Kinder kommen, die gestorben waren, bevor sie getauft werden konnten – eine Vorstellung, die mittlerweile nicht mehr als verbindliche Glaubenslehre angesehen wird. In dem über die Jahrhunderte hinweg immer wieder boomenden Genre der Gerichtspredigt konnten diese Orte in allen Einzelheiten ausgemalt werden, ohne dass dies noch in irgendeiner Weise analog verstanden worden wäre. Nachdem dies alles freilich nicht nachzuweisen ist, war es schlicht zu glauben.

Eine andere Strategie, die metaphorische bzw. analoge Schwebe aufzuheben, steht unter den Vorzeichen eines (sprachtheoretisch gewendeten) Rationalismus. Diese wird gegenwärtig insbesondere von Theologinnen und Theologen verfolgt, die von der analytischen Philosophie beeinflusst sind (vgl. Schärtl 2010). Auch sie suchen die Wahrheit der Rede vom Eschaton in der Adäquation. Dazu wird versucht, aus der Analogie einen Bereich herauszufiltern, der nicht übertragen, sondern wörtlich bzw. begrifflich identifizierend funktioniert. So wird etwa aus der Glaubenshoffnung auf Auferstehung destilliert, dass zumindest angenommen werden muss, dass eine Person P_1 identisch ist mit einer sich an einem zweiten (jenseitigen) Ort befindlichen Person P_2. Dies vorausgesetzt, kann im Anschluss überlegt werden, ob eine solche Identität auf dem Körper, dem Ich-Bewusstsein oder Sonstigem beruht. Auferstehung ist dann die Fortexistenz des entsprechenden Identitätsträgers. Auch hier wird, wenn auch intellektuell anspruchsvoller, zumindest partiell die christliche Auferstehungshoffnung als etwas gelesen, das ohne metaphorische Übertragung und damit auch ohne fiktionale Anteile auskommt.

Eine weitere Lesart, die die metaphorische Schwebe nicht aufzuheben sucht, sondern als konstitutiv für die Eschatologie erachtet, hat insbesondere Karl Rahner etabliert. Der wohl bedeutendste katholische Theologe des 20. Jahrhunderts postuliert, dass die eschatologischen Aussagen nicht als ‚Reportagen' gelesen werden können (vgl. Rahner 1962). Sie enthalten keine Informationen über ein Weltjenseits. Vielmehr betont Rahner die Bezogenheit der christlichen Eschatologie auf die Christologie. Die Erfahrungen, die der Mensch mit sich und mit Gott angesichts des Christusereignisses in der Geschichte macht, transportieren die eschatologischen Aussagen in den Modus der Vollendung. Damit sind sie Ergebnis einer metaphorischen Übertragung, die ihren Wirklichkeitsbezug indirekt werden lässt. Die Sätze verweisen quasi nicht ‚hinter sich' auf Wirklichkeit, sondern nach vorne auf Gegenstände, die sie allererst entwerfen. Überdies sind die einzelnen Aussagen nicht für sich zu verstehen, sondern nur im Verbund mit der biblischen Textwelt und haben darin Anteil an deren Poetizität.

Ihre Referenz, dahingehend lässt sich Rahner weiterdenken, ist damit die des fiktionalen Textes (vgl. Valentin 2005). Sie reagieren deutend auf das Christusereignis, indem sie einen Entwurf von Welt vorstellen, der ein Angebot macht, sich selbst zu verstehen und die Gegenwart einer Überprüfung zu unterziehen. Was bereits für die Schöpfungserzählungen festgehalten wurde, gilt auch für die eschatologischen Aussagen: Sie konstituieren ein Weltverhältnis. Darin sind sie auf eine Pragmatik ausgerichtet – ein Sein des Menschen in der Welt und ein ethisches Verhalten. Dieses wird durch die Metaphorik vorstrukturiert, doch enthält sie dieses nicht. Ihre konkrete Bedeutung muss je neu in der Auseinandersetzung mit der jeweiligen geschichtlichen Situation gefunden werden. Auf einer noch sehr formalen Ebene sprechen sie jedem Einzelnen in seinen geschichtlichen Bezügen sowie seinem ethischem Handeln Bedeutung zu. Darin vermögen sie ein kritisches Potential eben dort zu entfalten, wo etwa angesichts in der Gegenwart dominant gewordener ökonomisierender oder technisierender Weltbegegnungen diese Bedeutung verloren zu gehen droht.

Eschatologische Aussagen dahingehend als Metaphern zu lesen, entzieht sie nicht der Begründungspflicht. Um plausibel zu sein und konkret werden zu können, muss die christliche Rede von Vollendung und Heil an etwas anschließen können, das der Mensch als unvollendet und un-heil wahrnimmt. Ebenso sind die Wirkungen, die die geschichtlich wechselnden Interpretationen eschatologischer Aussagen im Handeln von Menschen hervorrufen, der Überprüfung zu unterziehen. Dies verweist die christliche Eschatologie auf die Selbstthematisierungen des Menschen, wie sie unter anderem in Wissenschaft und Kunst greifbar werden, und verpflichtet sie auf die argumentative Auseinandersetzung. Darin ist die eschatologische Metaphorik Teil der Suche des Menschen nach sich selbst.

5 Fiktionen des Inneren

Die platonische Analogie hat, wie vorhin genannt, eine subjektbezogene Komponente. Etwas Irdisches als Bild für etwas transzendentes Anderes zu lesen, trägt das Ich hin zum Göttlichen und verändert damit das Selbst. Julia Kristeva hat eine solche subjektverändernde Komponente generell für die poetische Metapher wie für die fiktionale Form behauptet. Das Subjekt gerät in einen von ihr so beschriebenen metaphorischen Sog, der vermittelt über den Text das Subjekt prozessualisiert und je neu werden lässt (vgl. Kristeva ⁷1989, 263–264). Für die Theologie ist dies nicht zuletzt deshalb von Interesse, weil sich diese Funktion des Fiktionalen religiöse Praktiken zunutze machen. Zu denken ist hier etwa an die Feier der Sakramente, die in der Antike und, wiederentdeckt im 20. Jahrhundert, als Mysterienspiel beschrieben wurden (vgl. Nocke 2013, Kap. 3.5.2 und 4.1.3). In der Taufe etwa wird das Eintauchen in Wasser, das in gegenwärtiger Taufpraxis oft nur ein reduzierendes Benetzen der Stirn ist, metaphorisch übertragen auf die Glaubensannahme des (erwachsenen) Katechumenen. Diese soll körperlich erspürt werden als Abwaschen bzw. Abtöten des alten Lebens (Gal 3,27), das dem neuen Leben in Christus Raum schafft. In die Handlung der deutenden Worte werden Ereignisse der Heilsgeschichte erinnert, die wiederum in Beziehung gesetzt werden zur sakramentalen Handlung am Täufling. Da das Sakrament nach der klassischen Lehre bewirkt, was es beschreibt, ist hier die Fiktion Teil einer performativen Praxis, die das Selbst verändern soll.

Ganz eigene Konzeptionen von Fiktionalität, die eine Dynamisierung des Subjekts zum Ziel haben, finden sich auch in den mystischen Traditionen des Christentums. Insbesondere den Subjektkonstruktionen der Mystik gilt in jüngerer Zeit ein verstärktes theologisches wie philosophisches Interesse (vgl. Wendel 2002; Kristeva ⁷1989, 145–164). Sie dienen als Ressource, um die für die Neuzeit dominant gewordenen und als problematisch empfundenen Dichotomien zwischen Subjekt und Objekt, Verstand und Gefühl, Geist und Körper zu bearbeiten. Texte, die den Titel ‚mystisch' tragen und darin eine Differenz zu anderen zeitgenössischen oder früheren Texten wie etwa theologischen Traktaten oder Bibelkommentaren markieren, begegnen erst an der Schwelle zur Neuzeit (vgl. Certeau 2010, 30–31). Die Wurzeln sind freilich weitaus älter (vgl. Ruh 1990). Sie erwachsen aus der Verbindung der biblischen Rede von Gott als Liebe (Agape), wie sie kondensiert der erste Johannesbrief (1 Joh 4,8) festhält, und dem platonischen Eros-Motiv. Die Gottesliebe wird darin zu einem Aufstiegsweg, den die Seele in ihrer Suche nach Gott nehmen muss. Doch ist in der neuzeitlichen Mystik diese Beziehung nicht mehr vermittelt über die alten Wege platonisch-metaphysischer Analogie, die alles Sichtbare als Bild des Himmlischen begreifen ließ. Die Mystikerinnen und Mystiker sind auf der Suche nach neuen Wegen. Die Gottesliebe wird nun weniger kosmisch, denn personal vorgestellt, die Gottespräsenz nicht mehr im Außen, sondern im Inneren gesucht. In dieser Konzentration auf das Individuum hat die christliche Mystik Teil an einer Bewegung, die man als ‚neuzeitliche Entdeckung der Individualität' bezeichnet hat (vgl. Morris 1972; Gurjewitsch 1994; Walker Bynum 2007). Die Texte kreisen um das Subjekt, das in der Suche nach Gott gleichzeitig sich selbst sucht.

Der fiktionale Text begegnet hier als Form der Repräsentanz innerer Vorgänge und ist Mittel, das Innere zu modellieren, kognitive Strukturen zu schaffen und

Affekte auszubilden. Treffend hat Ineke van't Spijker (2004) für die mönchische Pädagogik des 12. Jahrhunderts, die die spätere Mystik wesentlich vorbereitet hat, von *fictions of the inner life* gesprochen. Material für die affektive Bildung des Inneren lieferte insbesondere das Hohelied der Bibel, das ab dem 12. Jahrhundert breit rezipiert wird. Diese Sammlung von Liebesliedern, in denen das zärtliche, erotische Zueinander zweier Liebender figuriert wird, ist ein Sonderfall im biblischen Kanon. Anders als in allen anderen Texten ist in ihm Gott nicht genannt. Warum es Aufnahme in den biblischen Kanon gefunden hat, ist umstritten (vgl. Schwienhorst-Schönberger 2015). Vermutet wird, dass es seit jeher allegorisch gelesen oder sogar schon konzipiert wurde, wobei die Braut für Israel und der Bräutigam für Gott stand und so das Verhältnis von Gott und Israel als Liebesverhältnis gedeutet wurde. Bernhard von Clairvaux (um 1090–1153), der in Vielem die spätere Mystik grundlegt, hat diese Allegorie, die im Christentum vor allem auf das Verhältnis von Gott und Kirche übertragen wurde, individualisiert und auf Gott und die einzelne Seele bezogen.

Bernhard geht dabei ausdrücklich von der Fiktivität des Dargestellten aus, wie er in der ersten seiner Predigten über das Hohelied postuliert. Es könne König Salomon, der traditionell als Autor angesehen wurde, nicht darum gegangen sein, zwischenmenschliche Erotik abzubilden. Vielmehr habe es ihn *exultans in spirito* zum Singen getrieben. So hat er „die Sehnsucht der heiligen Seele zum Ausdruck gebracht und im Geist frohlockend ein Hochzeitslied in gefälliger, jedoch sinnbildlicher (*elogio, tamen figurato*) Sprache geschaffen" (*Sermones super cantica canticorum* 1,8). Als die primäre Referenz des Textes sieht Bernhard damit den die Textentstehung motivierenden Affekt des Autors. Ebenso ist der Affekt die Wirkung, die vom Text beabsichtigt wird. Ziel der Textlektüre ist, die Gottesliebe Salomos vermittelt über den Text nachzuempfinden, so dass der Leser aus tiefster Seele dasselbe sagen kann wie die Braut des Hohelieds (vgl. Kutzer 2016). Der fiktionale Text soll damit eine Identifizierung anstoßen: des Lesers mit der Braut im Hohelied und Salomon, letztlich aber mit Gott in der liebenden Vereinigung (*unio mystica*). Dass diese sprachlose Vereinigung gleichzeitig die höchste Form des Wissens darstellt, impliziert, dass jede sprachlich verfasste Form von Wahrheit immer nur vorläufig sein kann. Der fiktionale Text zeigt sich darin als Suche nach einer absoluten Sprache, die die Sprache letztlich aufhebt. Diese ist gleichzeitig eine Suche des Subjekts nach sich selbst. Affektiv vom Text getroffen, wird es sich selbst fremd. Es beginnt, sich einem Anderen, was zunächst bedeutet: einer anderen symbolischen Ordnung, anzugleichen.

Auch das Zentralwerk der europäischen Mystik schlechthin, die ‚Seelenburg' der Teresa von Avila, dient der Vermittlung einer Beziehung. Das Denken der spanischen Karmelitin ist deutlich neuzeitlich geprägt. Die das Mittelalter leitende Vorstellung von der Transparenz des Sichtbaren auf das Unsichtbare ist endgültig verloren. An die Stelle des im Außen nicht mehr sprechenden Gottes setzt die Mystikerin ihr eigenes Sprechen – in dem Bewusstsein, dass dieses nur ein Provisorium sein kann. Für die Nonnen ihres Klosters, für die sie vorrangig schreibt, schafft sie eine große Fiktion (vgl. de Certeau 2010, Kap.6.3), für deren Selbstverständnis insbesondere der Prolog aufschlussreich ist. Teresa entwirft eine Burg aus Diamant oder klarem Kristall als Modell der Seele. Diese Burg hat viele Kammern (*moradas*). In sie können die Nonnen, für die Teresa schreibt, eintreten, die Spuren des himmlischen Bräutigams finden und eigene Erfahrungen machen. Der Eintritt in die Kammern ist gleichzeitig Eintritt in das eigene Selbst. Der Text hängt dabei einerseits von Teresa als Autorin ab. Die Figuration der Seele ist ihren eigenen (mystischen) Erfahrungen geschuldet und ihrem schmerzenden Körper abgerungen. Doch tritt das schreibende Ich sofort hinter den Text zurück. Es geht weder um seine Erfahrungen noch um seine Intention, sondern darum, einen Text-Raum zu schaffen für das Ankommen Gottes.

Damit steht im Zentrum des mystischen Textes nicht sein faktualer oder fiktionaler Inhalt, sondern eine durch ihn vermittelte Beziehung. Bei Teresa wie bei Bernhard ist das Ziel des Textes eine Homologierung – eine liebende Angleichung, ja in kurzen Momenten gar liebende Verschmelzung zwischen Text und Hörer, Autor oder Autorin und Leser oder Leserin, schließlich mit dem göttlichen Geliebten. Die Fiktion selbst kann dies nicht abbilden. Sie kann diese Erfahrung nur umkreisen und Bedingungen schaffen, die sie ermöglichen.

6 Schlussbemerkungen

Die Nähe von poetischer und theologischer Fiktion ist im Vorangegangenen deutlich geworden. Biblische und poetische Fiktion, theologische Analogie und poetische Metapher sind strukturanalog. Der fiktionale Text gewinnt in der Bibel seine Funktion darin, die Geltung der Texte durch die Zeiten hindurch zu ermöglichen. Ebenso bringt er Gott zur Darstellung, nicht ohne eine bleibende Verborgenheit Gottes mitzusagen. Überdies machen insbesondere die Texte der mystischen Tradition deutlich, dass der fiktionale Text das Subjekt dynamisiert und eine wiederum textvermittelte Beziehung ermöglicht, die als Gottesbeziehung imaginiert wird. Dies wird freilich in der mystischen Tradition nur besonders explizit und kann auch für die biblischen Texte gelten, insofern sie eine Bindung des Menschen an Gott intendieren. Diese Nähe von poetischer und theologischer Fiktion wird umgekehrt auch dort deutlich, wo in Dichtung quasi-religiöse bzw. theologische Ansprüche begegnen – etwa in der Vorstellung des Dichter-Theologen bei Dante (vgl. Eco 1998, 179–186), der romantischen Sakralisierung der Poesie von Klopstock bis Hölderlin oder gegenwärtig im Werk eines Arnold Stadler, der im *Salvatore* (2007) den Dichter als den besseren Theologen zeichnet.

Nicht zuletzt aufgrund dieser Nähe zwischen poetischer und theologischer Fiktion ist das Verhältnis von Theologie und Dichtung nach wie vor umstritten und umkämpft, jedenfalls keineswegs geklärt. Längst hat sich mit dem zunehmenden Verlust der Bindekräfte kirchlicher Autorität die literarische Produktion von den theologischen Vorgaben gelöst. Wie die lange Liste der von der Kirche auf den Index Librorum Prohibitorum gesetzten Bücher zeigt, ging dies keineswegs kampflos von statten. Der insbesondere von rechtskatholischen Kreisen ausgetragene Streit um *Harry Potter* ist Rest einer Haltung, wonach Literatur inhaltlich wie der Form nach ein christliches Weltbild zu vertreten habe. In der wissenschaftlichen Theologie ist eine solche Auffassung längst obsolet. Durch den Kulturprotestantismus im 19. Jahrhundert, vertieft von Paul Tillich (1968 [1926]) im 20. Jahrhundert, bahnt sich eine Würdigung auch von säkularer literarischer Produktion an. Mittlerweile ist die Beschäftigung mit Literatur, auch wenn sie sich als nichtchristlich, atheistisch oder religionskritisch versteht, etablierter Teil theologischer Forschung und institutionalisiert in den Zeitschriften *Literature and Theology* (Oxford) und *Journal of Religion and Literature* (Notre Dame), im deutschsprachigen Raum durch das Internetportal „Theologie und Literatur" (www.theologie-und-literatur.de) oder jüngst durch eine Poetikdozentur an der Katholisch-Theologischen Fakultät der Universität Wien.

Wie eine theologische Hermeneutik literarischer Texte aussehen soll, ist dabei eine offene Frage. Der theologische Zugriff auf literarische Texte bleibt ambivalent (vgl. Schwens-Harrant und Seip 2012). Naheliegend wird von Seiten theologischer Forschung insbesondere auf diejenigen literarischen Werke zurückgegriffen, die sich in irgendeiner Weise mit Gott, Religion oder Kirche beschäftigen, und sei es auch im Modus der Kritik. Theologie verspricht sich von dort unter anderem Sprachgewinn, wo die eigene Sprache stumpf geworden zu sein scheint, aber auch das Ausloten von zeitgenössischen Lücken bzw. Sehnsüchten, in die die eigene Botschaft eingespeist werden kann. Beides steht in der Gefahr, Literatur mit theologisch Bekanntem zu verrechnen – sie lediglich als Behübschung oder Relevanzausweis des Eigenen zu lesen. Theologinnen und Theologen gleichen mitunter einem „Trüffelschwein" (Tück und Bieringer 2014, 11), wenn sie das Terrain nach theologisch verwertbaren literarischen Delikatessen durchwühlen und dabei den Kontext wie die Eigenart literarischer Fiktion unterbelichtet lassen. Selbstredend wird dabei auch der Löwenanteil literarischer Produktion ausgeblendet.

Ein Ernstnehmen und eine Wertschätzung literarischer Fiktion auch jenseits der unmittelbaren Verwertbarkeit werden der Theologie dann möglich, wenn sie sich Rechenschaft über die eigene Fiktionalität ihrer Texte gibt. Es ist eben diese Fiktionalität des Sprechens, die die theologische Sprache nicht als ein in Begriffe überführbares zeitloses Wissen, sondern als eine permanente Suche qualifiziert. Die christliche Tradition hat die Wurzeln dieser Suche in einem Mangel des Menschen erkannt. Der Mensch genügt sich nicht selbst. Daraus entsteht ein Streben, das die Tradition als *appetitus* oder *desiderium* beschrieben hat. Dieses Begehren richtet das Selbst in der Suche nach Erfüllung aus auf anderes, letztlich auf Gott. Es ist eben jenes Begehren, das psychoanalytisch inspirierte Kultur- und Texttheorien als Motor der literarischen Produktion und Rezeption ausgemacht haben (vgl. u. a. Barthes 1999 [1973]; Kristeva ⁹2010, bes. 35–42). In diesem Begehren verändert der Mensch beständig die symbolische Ordnung in einer fortwährenden Überschreitung und Überprüfung dessen, was ist und gesagt werden kann. Literatur wie Theologie sind darin rückführbar auf dieselbe Wurzel. Sie sind Ausdruck der nie ein Ende findenden Selbstthematisierung des Menschen sowie einer Suche des Subjekts nach sich selbst, das seine Erfüllung in keiner der vorhandenen Ausdrucksweisen und Vergegenständlichungen findet – und eben darin die Würde des Subjekts bewahrt. Die Sorge um die Würde des Subjekts in seiner nicht abschließbaren Frage nach sich selbst kann die Basis sein, die Theologie und Literatur(-wissenschaft) in ein echtes Gespräch treten lässt.

Die theologische Fiktion hat gegenüber der poetischen eine andere Verpflichtung. Sie ist zunächst gebunden an eine Texttradition, eine von einer Gemeinschaft getragene Überlieferung, als deren Fortschreibung und Interpretation sie sich versteht. Vor allem aber hält die theologische Fiktion daran fest, dass diese Suche nicht ins Leere läuft. Sie intendiert ein Ziel, das die Texte selbst nicht verbürgen können, von dem sie aber dennoch nicht ablassen – nicht zuletzt, weil das Subjekt von dort eine unbedingte Würdigung erhält. Sich der eigenen Fiktionalität der Rede bewusst zu werden, bedeutet für die Theologie die Einsicht, dass auch im eigenen Sprechen das Ziel nicht erreicht, sondern lediglich angezielt ist. Es bleibt Suche nach dem absoluten Wort, das Gott selbst ist (Joh 1,1). Die dem Leser angebotene Subjektposition, die darin vorgebildet ist, gleicht der von Michel de Certeau beschriebenen Haltung des Glaubenden, der an der Existenz Gottes zweifeln mag, aber dennoch nicht anders kann: „nicht ohne dich" (2009, 103). Solange Leserinnen und Leser vermittelt über den Text diese Subjektposition einnehmen, bleibt die Fiktion eine theologische.

Literaturverzeichnis

Aristoteles (1982). *Poetik*. Griechisch und deutsch. Hg. und übers. von Manfred Fuhrmann. Stuttgart.
Assmann, Aleida (1980). *Die Legitimität der Fiktion. Ein Beitrag zur Geschichte der literarischen Kommunikation*. München.
Augustinus (1989). *Confessiones – Bekenntnisse*. Hg. und übers. von Kurt Flasch und Burkhard Mojsisch. Stuttgart.
Augustinus (1962). *De doctrina christiana* (CChr.SL 32). Hg. von Joseph Martin und Klaus D. Daur. Turnhout: 1–167.
Augustinus (2013). „De mendacio – Über die Lüge". Eingel., neu übers. und komm. von Alfons Städele. *Augustinus Opera-Werke 50. Kritische zweisprachige Gesamtausgabe*. Hg. von Johannes Brachtendorf und Volker Henning Drecoll. Paderborn. 59–149.
Augustinus (2001). *De trinitate. (Bücher VIII–XI, XIV–XV, Anhang: Buch V). Lateinisch – Deutsch.* Neu übers. und mit einer Einl. hg. von Johann Kreuzer. Hamburg.
Bacon, Francis (1996 [1876]). „Valerius Terminus of the Interpretation of Nature". *Collected Works of Francis Bacon. Philosophical Works*, Bd. III/1. Hg. von James Spedding et al. London: 215–252.
Barth, Karl (1986 [1932]). *Die Kirchliche Dogmatik I/1. Die Lehre vom Wort Gottes. Prolegomena zur Kirchlichen Dogmatik*. Studienausgabe. Zürich.
Barthes, Roland (1999 [1973]). *Die Lust am Text*. Frankfurt a. M.
Barton, John (2015). „The Legacy of the Literary-critical School and the Growing Opposition to Historico-critical Bible Studies: The Concept of ‚History' Revisited – Wirkungsgeschichte and Reception History". *Hebrew Bible, Old Testament. The History of its Interpretation. III/2: The Twentieth Century*. Hg. von Magne Sæbø, Peter Machinist und Jean Louis Ska. Göttingen: 96–124.
Berlejung, Angelika (1998). *Die Theologie der Bilder. Herstellung und Einweihung von Kultbildern in Mesopotamien und die alttestamentliche Bilderpolemik*. Fribourg.
Bernhard von Clairvaux (1994). „Sermones super cantica canticorum. Predigten über das Hohelied". *Sämtliche Werke lateinisch/deutsch*. Bd. 5. Hg. von Gerhard B. Winkler. Innsbruck.
Bieberstein, Klaus (2002). „Geschichten sind immer fiktiv – mehr oder minder. Warum das Alte Testament fiktional erzählt und erzählen muss". *Bibel und Liturgie* 75 (2002): 4–13.
Black, Max (^{3}1966). *Models and Metaphors. Studies in Language and Philosophy*. Ithaca, NY.
Blumenberg, Hans (^{6}1997). *Paradigmen zu einer Metaphorologie*. Frankfurt a. M.
Boeve, Lieven und Kurt Feyaerts (1999). *Metaphor and God-Talk*. Bern.
Certeau, Michel de (2009). *GlaubensSchwachheit*. Stuttgart.
Certeau, Michel de (2010). *Die mystische Fabel. 16. bis 17. Jahrhundert*. Frankfurt a. M.
Chenu, Marie-Dominique (2008). *Die Theologie als Wissenschaft im 13. Jahrhundert*. Ostfildern.
Clines, David J. A (2015). „Contemporary Methods in Hebrew Bible Criticism". *Hebrew Bible, Old Testament. The History of its Interpretation. III/2: The Twentieth Century*. Hg. von Magne Sæbø, Peter Machinist und Jean Louis Ska. Göttingen: 148–169.
Crabtree, Harriet (1991). *The Christian Life. Traditional Metaphors and Contemporary Theologies*. Minneapolis, MN.
Denzinger, Heinrich und Peter Hünermann (Hgg., ^{45}2017). *Enchiridion symbolorum definitionum et declarationum de rebus fidei et morum. Kompendium der Glaubenszeugnisse und kirchlichen Lehrentscheidungen*. Lateinisch – deutsch. Freiburg i. Br.

Die Bibel. Einheitsübersetzung der Heiligen Schrift (2016). Vollständig durchges. u. überarb. Ausg. Stuttgart.
Dünzl, Franz (²2011). *Kleine Geschichte des trinitarischen Dogmas in der Alten Kirche*. Freiburg i. Br.
Ebach, Jürgen (1990). „Schöpfung in der hebräischen Bibel". *Ökologische Theologie. Perspektiven zur Orientierung*. Hg. von Günter Altner. Stuttgart: 98–129.
Ebach, Jürgen (1996). *Streiten mit Gott. Hiob*. Teil 1 u. 2. Neukirchen-Vluyn.
Ebertz, Michael (2004). *Die Zivilisierung Gottes. Der Wandel von Jenseitsvorstellungen in Theologie und Verkündigung*. Ostfildern.
Eckholt, Margit (2009). *Schöpfungstheologie und Schöpfungsspiritualität. Ein Blick auf die Theologin Sallie McFague*. München.
Eco, Umberto (1998). *Kunst und Schönheit im Mittelalter*. München.
Flasch, Kurt und Giovanni Boccaccio (1992). *Poesie nach der Pest. Der Anfang des Decameron*. Neu übers. u. erkl. von Kurt Flasch. Mainz.
Frey, Jörg (2003). *Metaphorik und Christologie*. Berlin.
Geiger, Michaela (2015). „Fiktionalität und die Notwendigkeit der Auslegung. Die Pragmatik des Buches Deuteronomium". *Schriftgemäß. Die Bibel in Konflikten der Zeit*. Hg. von Carsten Jochum Bortfeld und Rainer Kessler. Gütersloh: 53–76.
Gilich, Benedikt (2011). *Die Verkörperung der Theologie. Gottesrede als Metaphorologie*. Stuttgart.
Greshake, Gisbert (2007). *Der dreieine Gott. Eine trinitarische Theologie*. Freiburg i. Br.
Grondin, Jean (2001). *Einführung in die philosophische Hermeneutik*, 2. überarb. Aufl. Darmstadt.
Gurjewitsch, Aaron J. (1994). *Das Individuum im europäischen Mittelalter*. München.
Hartl, Johannes (2008). *Metaphorische Theologie. Grammatik, Pragmatik und Wahrheitsgehalt religiöser Sprache* (Studien zur systematischen Theologie und Ethik, Bd. 51). Wien.
Herder, Johann Gottfried (1991). „Über die ersten Urkunden des Menschlichen Geschlechts. Einige Anmerkungen zum Alten Testament". *Schriften zum Alten Testament*. Werke in 10 Bänden, Bd. 5. Hg. von Rudolf Smend. Frankfurt a. M.: 9–178.
Hildegard von Bingen (1965). *Welt und Mensch. Das Buch „De operatione dei"*. Übers. von Heinrich Schipperges. Salzburg.
Hrotsvit (2013 [2001]). *Opera omnia* (Bibliotheca scriptorum Graecorum et Romanorum Teubneriana). Hg. von Walter Berschin. Berlin.
Iser, Wolfgang (⁶1993). *Das Fiktive und das Imaginäre. Perspektiven literarischer Anthropologie*. Frankfurt a. M.
Iser, Wolfgang (⁴1994). *Der Akt des Lesens, Theorie ästhetischer Wirkung*. München.
Ivánka, Endre von (²1999). *Plato christianus. Übernahme und Umgestaltung des Platonismus durch die Väter*. Einsiedeln.
Jauß, Hans Robert (1983). „Zur historischen Genese der Scheidung von Fiktion und Realität". *Funktionen des Fiktiven*. Hg. von Dieter Henrich und Wolfgang Iser. München: 423–432.
Jüngel, Eberhard (1974). „Metaphorische Wahrheit. Erwägungen zur theologischen Relevanz der Metapher als Beitrag zur Hermeneutik einer narrativen Theologie". *Metapher. Zur Hermeneutik religiöser Sprache. Mit einer Einführung von Pierre Gisel*. Hg. von Eberhard Jüngel und Paul Ricœur. München: 71–122.
Kristeva, Julia (⁷1989). *Geschichten von der Liebe*. Frankfurt a. M.
Kristeva, Julia (⁹2010). *Die Revolution der poetischen Sprache*. Frankfurt a. M.

Kutzer, Mirja (2006a). *In Wahrheit erfunden. Dichtung als Ort theologischer Erkenntnis*. Regensburg.

Kutzer, Mirja (2006b). „Die Gegenwelt des Erfundenen. Fiktionale Texte als Medium biblischer Verheißung". *Protokolle zur Bibel* 15.1 (2006): 25–46.

Kutzer, Mirja (2016). „Die Lust am heiligen Text. Textpraktiken und Subjektpositionen bei Hugo von St. Viktor und Bernhard von Clairvaux". *Bibel und Kultur. Das Buch der Bücher in Literatur, Musik und Film*. Hg. von Ilse Müllner und Paul-Gerhard Klumbies. Leipzig: 79–99.

Leinsle, Ulrich (1995). *Einführung in die scholastische Theologie*. Paderborn.

Liss, Hanna (2004). „Kanon und Fiktion. Zur literarischen Funktion biblischer Rechtstexte." *Biblische Notizen. Neue Folge* 121 (2004): 7–38.

Lubac, Henri de (1952). *Der geistige Sinn der Schrift*. Einsiedeln.

Macky, Peter W. (1990). *The Centrality of Metaphors to Biblical Thought: A Method for Interpreting the Bible*. Lewiston, NY.

McFague, Sallie (1982). *Metaphorical Theology. Models of God in Religious Language*. Philadelphia.

McFague, Sallie (2009 [1993]). *The Body of God. An Ecological Theology*. Michigan.

Morris, Colin (1972). *The Discovery of the Individual 1050–1200*. London.

Müllner, Ilse (2008). Fiktion. *WiBiLex*. Hg. von Michaela Bauks, Klaus Koenen und Stefan Alkier. https://www.bibelwissenschaft.de/stichwort/18377/ (29.08.2019).

Müllner, Ilse (2016). „Die Samuelbücher – Gott in Menschen, Tieren und Dingen erzählen". *Gott als Figur. Narratologische Analysen biblischer Texte und ihrer Adaptionen*. Hg. von Ute E. Eisen und Ilse Müllner. Freiburg i. Br.: 88–132.

Newsom, Carol Ann (2003). *The Book of Job. A Contest of Moral Imaginations*. Oxford.

Nocke, Franz-Josef (2013). „Allgemeine Sakramentenlehre". *Handbuch der Dogmatik*. Bd. 2. Hg. von Theodor Schneider. Ostfildern: 188–225.

Noppen, Jean-Pierre van (Hgg., 1988). *Erinnern, um Neues zu sagen. Die Bedeutung der Metapher für die religiöse Sprache*. Frankfurt a. M.

Ockham, Guillelmi de (1967). *Scriptum in primum librum sententiarum. Ordinatio et distinctio prima* (Opera Theologica, Bd. 1). Hg. von The Franciscan Institute of St. Bonaventure University. St. Bonaventure, NY.

Oeming, Manfred (1984). „Bedeutung und Funktionen von ‚Fiktionen' in der alttestamentlichen Geschichtsschreibung. Ernst Würthwein zum 75. Geburtstag". *Evangelische Theologie* 44.3 (1984): 254–266.

Rahner, Karl (1962). „Theologische Prinzipien der Hermeneutik eschatologischer Aussagen". *Schriften zur Theologie, Bd. IV*. Einsiedeln: 401–428.

Ricœur, Paul (1974). „Stellung und Funktion der Metapher in der biblischen Sprache". *Metapher. Zur Hermeneutik religiöser Sprache. Mit einer Einführung von Pierre Gisel*. Hg. von Eberhard Jüngel und Paul Ricœur. München: 45–70.

Ricœur, Paul (1981). Gott nennen. *Gott nennen. Phänomenologische Zugänge*. Hg. von Bernhard Casper. Freiburg i. Br.: 45–79.

Ricœur, Paul (^{3}2004). *Die lebendige Metapher*. München.

Ricœur, Paul (^{2}2007). *Zeit und Erzählung*. 3 Bde. München.

Ricœur, Paul (2008). „Hermeneutik der Idee der Offenbarung". *An den Grenzen der Hermeneutik. Philosophische Reflexionen über die Religion*. Hg. von Veronika Hoffman. München: 41–83.

Ruh, Kurt (1990). *Geschichte der abendländischen Mystik: Die Grundlegung durch die Kirchenväter und die Mönchstheologie des 12. Jahrhunderts*. München.

Schärtl, Thomas (2010). „In letzter Sekunde. Der Auferstehungsglaube aus der Sicht der gegenwärtigen analytischen Philosophie". *Herder Korrespondenz* 64 (2010): 626–631.
Schmitz, Barbara (2013). „Wahre Geschichte(n). Die biblischen Texte als Geschichte und Geschichten". *Bibel und Kirche* 68 (2013): 128–133.
Schupp, Franz (1990). *Schöpfung und Sünde. Von der Verheißung einer wahren und gerechten Welt, vom Versagen der Menschen und vom Widerstand gegen die Zerstörung*. Düsseldorf.
Schupp, Franz (2007). *Christliche Antike und Mittelalter* (Geschichte der Philosophie im Überblick, Bd. 2). Hamburg.
Schwens-Harrant, Brigitte und Jörg Seip (2012). *Geplünderte Tempel. Kartographie theologisch-literaturwissenschaftlicher Praktiken. Ein Dialog*. Wien.
Schwienhorst-Schönberger, Ludsger (2015). *Das Hohelied der Liebe*. Freiburg i. Br.
Spijker, Ineke van't (2004). *Fictions of the Inner Life. Religious Literature and Formation of the Self in the Eleventh and Twelfth Centuries*. Turnhout.
Stadler, Arnold (2007). *Salvatore*. Frankfurt a. M.
Stubenrauch, Bertram (1995). *Dialogisches Dogma. Der christliche Auftrag zur interreligiösen Begegnung*. Freiburg i. Br.
Studer, Basil (1998). *Schola christiana. Die Theologie zwischen Nizäa (325) und Chalcedon (451)*. Paderborn u. a.
Tatianus (1984 [1914]). Oratio ad Graecos. *Die ältesten Apologeten. Texte mit kurzen Einleitungen*. Hg. von. Edgar J. Goodspeed. Göttingen: 266–305.
Tertullian (2002). *De spectaculis – Über die Spiele. Lateinisch – Deutsch*. Stuttgart.
Thomas von Aquin (1933/1956). *Die Deutsche Thomas-Ausgabe. Vollständige, ungekürzte Ausgabe der Summa theologica*. Übersetzt von Dominikanern und Benediktinern Deutschlands und Österreichs. Hier: Bd. 1 (1933) und Bd. 28 (1956). Hg. von der Albertus-Magnus-Akademie bei Köln. Salzburg.
Thöne, Yvonne (2013). „TextWelten. Grundsätzliches zur Fiktionalität biblischer Texte". *Bibel und Kirche* 68 (2013): 134–137.
Tillich Paul (1968 [1926]). „Die religiöse Lage der Gegenwart". *Die religiöse Deutung der Gegenwart. Schriften zur Zeitkritik*. Stuttgart: 9–93.
Tracy, David (1981). *The Analogical Imagination. Christian Theology and the Culture of Pluralism*. Canterbury.
Tück, Jan-Heiner und Andreas Bieringer (2014). „Einleitung". *‚Verwandeln allein durch Erzählen'. Peter Handke im Spannungsfeld von Literaturwissenschaft und Theologie*. Hg. von Jan-Heiner Tück und Andreas Bieringer. Freiburg i. Br.: 9–16.
Valentin, Joachim (2005). *Zwischen Fiktionalität und Kritik. Zur Aktualität apokalyptischer Motive als Herausforderung theologischer Hermeneutik*. Freiburg i. Br.
Walker Bynum, Caroline (2007). „Did the twelfth century discover the individual?" *Jesus as Mother. Studies in the Spirituality of the High Middle Ages*. Berkeley: 82–109.
Wendel, Saskia (2002). *Affektiv und inkarniert. Ansätze deutscher Mystik als subjekttheoretische Herausforderung*. Regensburg.
Wenzel, Knut (2014). *Das Zweite Vatikanische Konzil. Eine Einführung*. Freiburg i. Br.
Wenzel, Knut (2016). *Offenbarung – Text – Subjekt. Grundlegungen der Fundamentaltheologie*. Freiburg i. Br.
Werbick, Jürgen (1992). *Bilder sind Wege. Eine Gotteslehre*. München.
Werbick, Jürgen (2013 [1992]). Prolegomena. *Handbuch der Dogmatik*. Bd. 1. Hg. von Theodor Schneider. Ostfildern: 1–48.

White, Hayden (1986). *Auch Clio dichtet oder Die Fiktion des Faktischen. Studien zur Tropologie des Historischen Diskurses*. Stuttgart.

Xenophanes (1983). *Die Fragmente*. Hg. u. übers. von Ernst Heitsch. München.

Zelter, Joachim (1994). *Sinnhafte Fiktion und Wahrheit. Untersuchungen zur ästhetischen und epistemologischen Problematik des Fiktionsbegriffs im Kontext europäischer Ideen- und englischer Literaturgeschichte*. Tübingen.

Zenger, Erich (1983). *Gottes Bogen in den Wolken. Untersuchungen zu Komposition und Theologie der priesterschriftlichen Urgeschichte*. Stuttgart.

Weiterführende Literatur

Themenheft „Wie ist die Bibel wahr? Fakt und Fiktion in biblischen Texten". *Bibel und Kirche* 68.3 (2013).

Kutzer, Mirja (2006a). *In Wahrheit erfunden. Dichtung als Ort theologischer Erkenntnis*. Regensburg.

Kutzer, Mirja (2006b). „Die Gegenwelt des Erfundenen. Fiktionale Texte als Medium biblischer Verheißung". *Protokolle zur Bibel* 15.1 (2006): 25–46.

Schwens-Harrant, Brigitte und Jörg Seip (2012). *Geplünderte Tempel. Kartographie theologisch-literaturwissenschaftlicher Praktiken. Ein Dialog*. Wien.

Valentin, Joachim (2005). *Zwischen Fiktionalität und Kritik. Zur Aktualität apokalyptischer Motive als Herausforderung theologischer Hermeneutik*. Freiburg i. Br.

Wenzel, Knut (2016). *Offenbarung – Text – Subjekt. Grundlegungen der Fundamentaltheologie*. Freiburg i. Br.

Brigitte Boothe
IV.3 Fiktionalität und Psychologie: Erinnern, Erzählen, Träumen

1 Fingieren, Fiktion und Fiktionalität in der Psychologie

Lüge und Täuschung, Vorstellen, Erinnern, Erzählen und Imaginieren sind Forschungsgegenstände, die in der Psychologie als Wissenschaft von Erleben, Verhalten und menschlicher Entwicklung bearbeitet werden. Das Feld des normalen und pathologischen ‚Erlebens' differenziert sich in Wahrnehmen, Denken, Fühlen, Wollen und Erinnern. Der Bereich des ‚Verhaltens' ist charakterisiert durch soziales Handeln, durch Kommunikation, Interaktion und das Feld der persönlichen und professionellen, politischen, medialen, kulturellen und wirtschaftlichen Beziehungen sowie der damit verbundenen Konflikte. Die physische, psychische und soziale Entwicklung der Person gilt heute als lebenslanger Prozess mit neurowissenschaftlich und evolutionspsychologisch interessanten Aspekten.

Der Begrifflichkeit des Fiktiven und der Fiktionalität gilt im Handbuch breite Aufmerksamkeit. Für die folgenden Ausführungen sollen Stichworte genügen.

- Beim Fingieren wird Faktualität strategisch und interessegeleitet zu eigenen oder fremden Gunsten mimetisch in Szene gesetzt.
- Fiktive Objekte, Situationen und Darstellungen sind Erzeugnisse der Imagination und werden als gefunden vom Kommunikator der fiktiven Sachverhalte oder von den Rezipienten gekennzeichnet. Das Gestaltungsrepertoire des Fiktiven verfügt über das offene Spektrum vom Realistischen bis zum Fantastischen. Prägnante Ähnlichkeit der fiktiven Präsentation mit wirklichen Gegebenheiten ist möglich, stellt sich aber nicht in den Dienst der Vortäuschung von Realität.
- Als fiktional werden Textsorten, kommunikative Darstellungen oder Formen der Selbstkommunikation bezeichnet, die kenntlich machen, dass ihr Gegenstand im Bereich des Imaginierten zur Darstellung kommt, Bedeutung im imaginativen Raum hat und unabhängig von Realitätstests präsentiert wird.

Wer einen Adressaten mit Strategien der Authentifizierung gewinnt, Sachverhalte als echt, Botschaften als wahr anzuerkennen, die bloß fingiert sind, dem gelingt eine Kommunikation, die beim Rezipienten Affirmationsbereitschaft fördert und kritische Distanz ausschaltet. Dabei kann das jeweilige Täuschungsmanöver vom Scherz bis zur massiven Schädigung gehen, wie bei Hochstapelei und Heiratsschwindel. Der Erfindungs- oder Vorstellungscharakter fiktiver Objekte und Sachverhalte wird im kommunikativen Geschehen häufig explizit deklariert. Beispielsweise beruhigt ein Erwachsener ein Kind: „Hexen gibt es nicht. Du musst keine Angst haben." Auch kann die Frage ‚fiktiv oder real' zum Thema werden; etwa beim autobiografischen Erinnern; das gilt ebenso für Berichte von außergewöhnlichen Eindrücken, Erlebnissen und Bewusstseinsereignissen. Es existiert eine Alltagskommunikation des Fiktionalen: Der Tagtraum, imaginative Übungen, die Artikulation von Wunsch- oder Angstszenarien und auch der Schlaftraum gehören dazu.

Themenfelder und Auswahl
Die Psychologie setzt sich mit den Bereichen des Fingierens, der Fiktion und der Fiktionalität im Rahmen unterschiedlicher Fragestellungen auseinander:
- Strategisches Täuschen, gezieltes Fingieren: Der Erwerb der Kompetenzen rationalen Denkens, Reflektierens und Argumentierens vermittelt zugleich den strategisch manipulativen Gebrauch dieser Fähigkeiten.
- Die Entwicklung moralischen Urteilens und moralischer Reflexivität fordert die Auseinandersetzung mit Lüge und Täuschung heraus.
- Lüge und Täuschung können als Pathologie in Erscheinung treten.
- Der Einfluss des Fiktiven ist bedeutsam: Bereits die Wahrnehmung unterliegt unbewussten Filterprozessen in der Reizaufnahme und -verarbeitung und bei der Gestaltgebung.
- Authentizität des Erinnerns und fiktive Elemente im Erinnern: Das autobiografische Erinnern ist fiktionsaffin.
- Suggestion ermöglicht die Suspendierung kritischer Prüfung zugunsten der Übernahme fiktiver Inhalte: Hier geht es um sozialpsychologische Studien zum Autoritätsgehorsam, um Massenpsychologie und die Psychologie des Gerüchts.
- Fähigkeit zur Bildung von Vorstellungen und Fähigkeit zur Fiktionalisierung: Lernprozesse dienen nicht nur dem Kompetenz- und Wissenserwerb, sondern auch der Entwicklung imaginativer Fähigkeiten.
- Wunschvorstellungen gestalten sich als fiktionale Inszenierungen: Für das Gebiet des Wollens oder der Motivationspsychologie ist imaginatives Geschehen essentiell; das gilt zwanglos für das Wünschen. Im Unterschied dazu geht es bei Planbildung und Zielsetzung um Realitätskontrolle und Antizipation des Wahrscheinlichen, Erreichbaren und Machbaren.

Im Folgenden ist eine thematische Auswahl zu treffen. *Fingieren* wird im Zusammenhang mit aussagepsychologischen Fragestellungen thematisiert. Es geht um die psychologisch und juristisch relevante Problematik einer besonderen Form der erzählenden Mitteilung: der Falschbezichtigung. Von dort geht es weiter zur *Fiktionsbildung* im Verhältnis zu Faktizität. Zentrale Aspekte des Fiktiven werden im Kontext des Erinnerns und Erzählens erörtert. *Fiktionalität* und Psychoanalyse, klinische Narratologie und das Erzählen in der Psychotherapie werden thematisiert. Spezielles Interesse verdient schließlich die Traummitteilung; hier zeigt sich eine Verschränkung der Orientierung am Faktischen, der Thematisierung des Fiktiven und der Wendung zum Fiktionalen.

2 Leistungen des Fingierens und Falschaussagen vor Gericht

Hier geht es um das *Fingieren* als Kommunikation vermeintlicher oder vorgeblicher Sachgerechtigkeit. Auch Einstellungen oder Gemütsverfassungen lassen sich vortäuschen. Zu den Beispielen gehören Betrugsdelikte wie das vorgetäuschte Liebeswerben durch den Heiratsschwindler. Wer fingiert statt informiert, ist bestrebt, den Fiktionscharakter der Kommunikation zu verdecken.

Bis heute prominent ist die Experimentalsituation in Milgrams (1974) Studie zum Autoritätsgehorsam: Die Probanden betreten ein vermeintliches Lernlabor, in dem sie einem angeblichen Lernenden bei jedem Fehler vermeintlich einen Elektroschock versetzen, dessen Intensität sich zunehmend steigert. Die Probanden halten das Arrangement inklusive der Vergabe von Elektroschocks für authentisch; das Experiment testet die Bereitschaft, den Instruktionen zu folgen. Milgrams Studien zum Autoritätsgehorsam (1974; vgl. Blass 2000) sind Meilensteine der sozialpsychologischen Forschung. Dies gilt ebenso für die experimentelle Konformitätsforschung (tradiert seit Asch 1956), bei der man systematisch Bedingungen testet, unter denen Probanden bereit sind, Falschinformationen und Botschaften mit fiktivem Inhalt zu akzeptieren. Theoretische und methodische Herausforderungen bietet die Psychologie der Massen. Man untersucht kollektive Dynamiken in ihrem euphorisierenden, aggressiv-destruktiven oder furchtgeleiteten Charakter (vgl. Freud 1921; Brudermann 2010). Die ethnomethodologische Richtung der Sozialpsychologie analysiert die Mikroorganisation kommunikativer Verständigung (vgl. Ayaß und Meyer 2012), auch im Bereich der fiktionsaffinen Gerüchtebildung und des Klatsches (vgl. Bergmann 1987).

Um eine wissentliche Falschinformation handelte es sich, als eine junge Frau von der Beinah-Entführung des ihr anvertrauten zweijährigen Kindes berichtete. Das Kind war der Entwicklungspsychologe Jean Piaget, die junge Frau sein Kindermädchen, die seinerzeit plastisch und detailreich einen Entführungsversuch schilderte. Das Kind hielt die Geschichte über viele Jahre hinweg für wahr, meinte auch, sich an zahlreiche Details und die Rettung durch das tapfere Kindermädchen genau erinnern zu können. Doch dreizehn Jahre später teilte das Kindermädchen Piagets Eltern brieflich mit, sie habe den Vorfall erfunden (vgl. Kotre 1996, 51). Zunächst hatte die Erzählerin die Geschichte als faktual präsentiert und damit einen Sachverhalt fingiert. Das Kind übernahm die Geschichte bis zum Zeitpunkt ihrer Aufklärung als eigene Erinnerung, reich an Bildeindrücken und dramatischen Einzelheiten. Piaget verwarf die falsche Erinnerung – die fiktiven Bilder – nach der Aufklärung. Man hält – wie Piaget – eigene Erinnerungen für zuverlässig, sie können sich aber als unzuverlässig herausstellen. Das autobiografische Erinnern und Erzählen ist fremd- wie selbstsuggestiven Einflüssen zugänglich.

Aussagepsychologie
Geht es um Lüge und Täuschung, so behandelt die Aussagepsychologie im Kontext der Zeugenschaft vor Gericht exemplarisch die wissentliche Falschbezichtigung. Wer als Zeuge oder Ankläger vor Gericht den Faktenbezug vernachlässigt, riskiert Strafe wegen eines Aussagedelikts (§§ 153, 154, 164 StGB). Ein in der Öffentlichkeit viel beachtetes Delikt ist die wissentliche Falschaussage (§ 164 StGB). Ein fingierter Sachverhalt wird als faktual präsentiert. Spektakuläre Fehlurteile finden mediale Aufmerksamkeit. Bereits von Holzendorff (1875, zitiert nach Püschel) machte, wie unter anderem Püschel (2015, 270) erwähnt, nachdrücklich die Brisanz des Justizirrtums im Strafrecht geltend (vgl. auch Jehle 2013). Fehlurteile kommen sowohl durch wissentliche Irreführung, also Falschbezichtigungen und gezielte Fehlinformationen, als auch durch Verfahrensfehler und Erinnerungstäuschung zustande (vgl. Burgheim und Friese 2006). Elsner und Steffen (2005) kommen in ihrer Studie über Sexualdelinquenz in Bayern bezüglich Falschbezichtigung zu dem Ergebnis, dass die vorgeblichen Opfer in zwei Drittel der Fälle in eigener Initiative Anzeige erstatteten. Doch geschieht das erfahrungsgemäß oft in Bedrängnis: Die Falschbezichtigung beispielsweise eines jungen Mädchens war zunächst als Appell an Aufmerksamkeit gedacht oder diente als Schutzbehauptung oder Ausflucht, beispielsweise, um Vorwürfen und Sanktionen wegen nächtlichen Fernbleibens oder Pflichtversäumnissen zu entkommen. Die Mitteilung richtete sich also ans persönliche Umfeld; erst das Drängen von Kontaktpersonen führte zur Anzeige und nötigte das vermeintliche Opfer zu weiterem Erfindungsaufwand. In Sorgerechtsstreitigkeiten ist die Bezichtigung des sexuellen Missbrauchs verbreitet. Auch das Interesse, einer bestimmten Person Schaden zuzufügen, spielt vor Gericht eine Rolle.

Aussagetüchtigkeit, Glaubhaftigkeit, Vernehmung und kommunikative Beeinflussung: Ein Zeuge oder Ankläger muss einen Sachverhalt so darstellen, dass eine verlässliche faktuale Orientierung für die Ermittlungs- und Verhandlungspraxis möglich wird. Eine aussagetüchtige Person kann davon überzeugen, dass sie zum Zeitpunkt des Geschehens involviert war oder beobachtend von allem, was zur Sachverhaltsdarstellung gehört, direkte Kenntnis hatte. Sie schätzt die Sicherheit, Genauigkeit und Verlässlichkeit ihrer Angaben realistisch ein und verfügt über Sprach- und Darstellungskompetenz. Aussagetüchtigkeit bezieht sich auf Wahrnehmen, Erinnern und Darstellen, Glaubhaftigkeit hingegen auf den zu vermutenden Realitätsgehalt der Mitteilung (vgl. Ludewig et al. 2011). Bender et al. (2014 [2007]) legen einen Kriterienkatalog für eine systematische, sprachliche Analyse vor, der Merkmale wahrheitsgemäßer von denen nicht wahrheitsgemäßer Schilderungen zu unterscheiden helfe. Schilderungen vorgetäuschter Delikte würden, so heißt es, beispielsweise Detailarmut, Ausweichen auf Nebensächliches, konventionelle Glätte, geringen Individualisierungsgrad und emotionale Kargheit aufweisen. Doch seien entsprechende Befunde mit Vorsicht zu behandeln. Auch wahrheitsgetreue Mitteilungen könnten emotional karg sein, etwa, weil der Betroffene zum Erlebten – das ihn verstört hat – Distanz zu wahren sucht. Oder sie seien detailarm, weil entblößende und beschämende Einzelheiten eine Rolle spielen. Auch könnten Fragmente und singuläre Eindrücke an die Stelle eines kohärenten Ganzen treten, nachdem die Person intrusiver Gewalt ausgesetzt war.

Lüge, Täuschung, Falschaussage

Lüge, Täuschung, Falschaussage, Vortäuschung eines Opferstatus: Rede und Verhalten fingieren Ereignisse, Situationen und Verhältnisse, mit dem Ziel, den Adressaten von deren Faktualität zu überzeugen. Die Psychologie der Vernehmung beachtet, dass Zeugenaussagen keine isolierten Texte sind, sondern im kommunikativen Zusammenhang, im Kontext polizeilicher und gerichtlicher Praxis stehen. Befragung und Vernehmung sind Beziehungshandlungen, mit teils festgelegtem, teils flexiblem Repertoire, das dem Befragten ermöglichen soll, dem eigenen Erinnerungs- und Formulierungsprozess Raum zu geben und kooperativ zu kommunizieren. In der Praxis scheint noch immer die manipulative Einflussnahme vorzuherrschen: Suggestivfragen, Vorverurteilung, Direktivität, Abfragetechniken (vgl. Milne und Bull 2003, 13–16).

Bei einer wissentlichen Falschbezichtigung geht es um den Erfolg ihres Täuschungspotentials. Die fingierten Informationen sollen authentisch wirken; die Darstellung eines Geschehens soll so wie geschildert stattgefunden haben. Der mimetische Konstruktions-, Gedächtnis- und Darstellungsaufwand ist hoch. Narrative Schlüssigkeit und Kohärenz der Darbietung begünstigen die Glaubhaftigkeit einer Erzählung – umso mehr, wenn sie emotional wohltemperiert ist. Inkohärenz, Brüchigkeit, befremdliche Inhalte reduzieren die Glaubwürdigkeit einer Erzählung, es sei denn, es geht um die Darstellung von Verstörung und Erschütterung. Der Hörer kann einer Erzählung zu Unrecht glauben und zu Unrecht nicht glauben. Er kann sich von der Überzeugungskraft einer schlüssigen und kohärenten Darbietung zu Unrecht einnehmen lassen und einer befremdlichen Erzählung zu Unrecht den Glauben verweigern. Er kann eine schlüssige und kohärente Darbietung gerade ihrer Glätte und Transparenz wegen zu Unrecht unter Verdacht stellen oder ein Ringen um Worte zu Unrecht als aufrichtiges Darstellungsanliegen begreifen.

3 Pathologisches Lügen

Fingierte Sachverhaltsdarstellungen können die Bedeutung von psychischen Störungen haben und zum Symptom, zum ‚pathologisches Lügen' (vgl. Nedopil 2007, 176), werden. Personen neigen in diesem Fall dazu, systematisch und kontinuierlich die eigene biografische Realität zu entstellen. Sie tun das im Dienst der Regulierung unter anderem eines brüchigen Selbstwertgefühls, aus Geltungsdrang, zur Konfliktvermeidung, als wunscherfüllende Selbstprofilierung, um in Beziehungen Resonanz, Unterstützung und Zuwendung zu erhalten. Biografisches Fingieren ist nach außen ein Eindrucksmanagement, das Anerkennung einbringen sollte, nach innen eine Befindlichkeitsregulierung. Oft ist nicht zweifelsfrei zu ermitteln, was gezielte Lüge und was Selbsttäuschung ist. Plausibel ist die Annahme, dass Selbsttäuschung eine große Rolle spielt. Hierbei geht es gewöhnlich um die Herstellung und Aufrechterhaltung von Vorstellungen über Ereignisse und Sachverhalte, die den eigenen Wünschen und Anliegen günstig sind. Täuschung geht oft mit Selbsttäuschung einher. Wenn die Realitätsentstellung zum Teil nicht bewusst ist, erfüllt sie umso besser ihre Funktion.

Der diagnostische – wertende – Steckbrief kommt dem der histrionischen Persönlichkeitsstörung (siehe auch Boothe 2013) in vielen Punkten nahe: Sie zeichnet sich durch oberflächliche und labile Affektivität, Dramatisierung, einen theatralischen, übertriebenen Ausdruck von Gefühlen, durch Suggestibilität, Egozentrik, Genusssucht, Mangel an Rücksichtnahme, erhöhte Kränkbarkeit und ein dauerndes Verlangen nach Anerkennung, äußeren Reizen und Aufmerksamkeit aus (ICD-10, F60.4, Dilling et al. 2000).

Es ist eine erhöhte Bereitschaft zu vermuten, sich im Kontakt manipulativ zu verhalten und in Bezug auf die Bewertung eigenen Handelns und eigener Leistungen den nüchternen Sachbezug zu vermeiden. Diese Tendenzen spielen eine besondere Rolle, wenn es um unrechtmäßig reklamierte Autorschaft, Übergriff auf fremdes Eigentum, Selbststilisierung und wunschbezogene Selbsterschaffung geht.

Das histrionische Persönlichkeitsbild ist im allgemeinen Verständnis durch eine relativ stabile Konfiguration manifester Dispositionen des Verhaltens und Erlebens bestimmt. Auf kommunikativer Ebene beeindruckt demzufolge die Tendenz zur überschwänglichen Selbstprofilierung. Auf kognitiver Ebene imponiert die Meidung nüchternen Sachbezugs, exploratives Eindringen und (selbst-)kritische Reflexion. Auf emotionaler Ebene fällt die Tarnung des Spontangeschehens auf. Die Person präsentiert sich zwar häufig als passioniert, verhüllt aber authentische Emotionalität. Auf der Ebene praktischer Lebensbewältigung gilt dem Histrionischen das Umsichtig-Sorgfältige als unattraktiv und lästig. Moral dient der Eigen- oder Fremdidealisierung oder -verurteilung, wird aber nicht zur Instanz kritischer Selbstprüfung und zum überpersönlichen Handlungsregulativ. Wenn die Bereitschaft besonders ausgeprägt ist, Selbstprofilierung per Fremdanleihe zu betreiben, Grenzen zu missachten, Übergriffe vorzunehmen, Informationen zu fingieren, Schädigungen anderer gegenüber rücksichtslos unempathisch zu sein, dann stehen hauptsächlich Merkmale eines pathologischen Narzissmus mit latent- oder offen-destruktiven Zügen im Vordergrund. Ansprüche anderer können ignoriert oder missachtet werden, wenn die Kompensation eines brüchigen Selbstgefühls auf dem Spiel steht.

4 Falsche Erinnerungen – zu Recht glauben – zu Recht nicht glauben

Zu Recht glauben – zu Recht nicht glauben: Freud war in den frühen 1890er Jahren in seiner ärztlichen Tätigkeit konfrontiert mit Erzählungen junger Frauen über erlittenen sexuellen Missbrauch durch nahestehende Personen wie Onkel, Brüder oder Nachbarn. Er interpretierte diesen Befund zunächst als Hinweis auf verbreitete familiäre Gewaltverhältnisse. Zum anhaltenden Befremden der Öffentlichkeit differenzierte Freud aber seine Einschätzung der Faktizität von Missbrauchserzählungen ab 1897 im Brief an seinen damaligen Freund Wilhelm Fliess, denn er gewann den Eindruck, dass (mindestens) einige dieser Narrative Ergebnisse von unbewussten Bearbeitungs-, Verschiebungs- und Veränderungsprozessen sein könnten. In dieser Sichtweise werden narrative Mitteilungen durch Freud als manifeste Darstellungsformen unbewusster psychodynamischer Kompromissbildung rekonstruiert. Die Erzählerinnen aber erwarten Glauben für ihre im Bewusstsein biografischer Wahrheit vorgetragene Geschichte; Freuds Skepsis führte zu anhaltender Empörung. Masson (1984), Herausgeber der kompletten

Ausgabe der Briefe von Sigmund Freud an Wilhelm Fliess (1999 [1897]), stellte das im Buch *Was hat man dir, du armes Kind, getan?* mit großem öffentlichen Erfolg als moralischen Skandal dar. Und in der Tat verlangen Erzähler glaubensbereite Bestätigung durch wohlwollend rezeptionsbereite Hörer. Es verwundert nicht, dass Freuds Reserve gegenüber den Erzählungen junger Frauen von sexuellen Übergriffen, die sie in Kindheit oder Jugend erlitten hatten, Irritation und erregte Kontroversen hervorrief. Denn das Risiko, den ‚Neurotica' zu Unrecht Glaubenskredit zu entziehen, ist ernst zu nehmen.

Dass Einzelne bestimmte Erinnerungseindrücke als prägnant, lebhaft und sicher erfahren und dass diese dennoch fiktiv sind, belegt die langjährige experimentelle Forschung von Loftus (1998, 2003) und ihrem Forschungsteam (Garry, Manning, Loftus und Sherman 1996; Loftus 2003). Die experimentelle Forschung zu ‚falschen Erinnerungen' hat weitreichende Bedeutung (vgl. Kühnel und Markowitsch 2009; Loftus 2003, Spitzer 2004). Erinnerungen an die frühe Kindheit sind stark mitorganisiert und -strukturiert durch die erzählenden Angebote der elterlichen Beziehungspersonen (Garry et al. 1996). Die geschichtliche Identität des Kindes entwickelt sich als soziales Geschehen, bei dem Erinnerungserzählungen aus dem familiären Umfeld dem Kind als Erzählungen über dessen eigene Erlebnisse angeboten werden. Je stärker die Kinder von der Autorität und Respektabilität der Erzähler überzeugt sind, umso empfänglicher sind sie für die Übernahme der geschilderten Begebenheiten in das eigene Erinnerungsrepertoire. Auch bei Erwachsenen gelingt die Induktion falscher Erinnerungen umso besser, je seriöser und respektabler die Person auftritt, die als Überbringer der suggerierten Botschaft fungiert (vgl. Kassin und Kiechel 1996). Die Untersuchung falscher Erinnerungen ist von weiterführendem Interesse, insbesondere im Bereich von Psychotherapie, Polizei und Gericht. Die Frage nach Gewalt, Missbrauch, sexuellem Missbrauch und vermeintlichen oder wirklichen Übergriffen in der Kindheit ist bis heute aktuell oder sogar aktueller denn je. In bestimmten therapeutischen Interventionen werden Patienten explizit ermutigt, Erinnerungsarbeit zu leisten und, geführt vom Therapeuten, scheinbar Vergessenes und Verdrängtes an die Oberfläche zu befördern, insbesondere verdrängte Missbrauchserfahrungen (vgl. Loftus und Ketcham 1995; Yapko 1996). Wie bereits erwähnt spielen Suggestionsdruck sowie drängendes und beschwörendes Fragen auch im polizeilichen Verhör eine prekäre Rolle. Man kann von suggestiver Erinnerungs- und Bekenntniskommunikation sprechen, mit malignen Folgen für Betroffene, auch für betroffene Falschbezichtigte.

5 Fiktion und Erinnerung

Wie bedeutsam Fiktion und Imagination für das psychische Leben sind, wird sinnfällig im Kontext des Erzählens, Erinnerns und Träumens. Das Programm einer Narrativen Psychologie mit interdisziplinärer Ausrichtung umspannt Gedächtnis, Narration und Imagination (vgl. Bruner 1986; McAdams 2001, 2006, 2013, 2015; McAdams und Guo 2015; Sarbin 1986, 2000). Zum Forschungsspektrum gehören der kindliche Erwerb der Erzählkompetenz; die Bedeutung narrativer Strukturen im autobiografischen Gedächtnis; Erzählen, Selbsttäuschung und täuschungsbereite Manipulation, etwa im juristischen Kontext; Erzählen als Bewältigung, als Strukturierung der Identität, als Mittel der Verständigung zwischen den Kulturen, als Quelle des Wohlbefindens und als Therapeutikum; schließlich wird das Erzählen auch im evolutionspsychologischen und im neurowissenschaftlichen Zusammenhang thematisiert.

Es ist „die biografische Wahrheit nicht zu haben", konstatiert Freud (1935/1971). Bourdieu behandelt die gleiche Thematik und prägt das Diktum von der ‚biografischen Illusion' (2000). Freud und Bourdieu befinden sich mit dieser Auffassung heute in bester Gesellschaft (vgl. Bruder 2003a, 2003b; Spence 1982). Der fiktionsaffine Charakter des biografischen Gedächtnisses ist erwiesen. Persönliche Erinnerungen sind perspektivierte, motivierte und situationssensible Umarbeitungen der Vergangenheit, zudem suggestionsempfänglich für Fremdbeeinflussung und gelegentlich ohnehin fremdinduziert. Situative und individuelle Bedingungen – kommunikativer Kontext, Orientierung am Adressaten, Beziehungs- und Psychodynamik, Darstellungsanliegen, aktuelle Befindlichkeit – beeinflussen das autobiografische Erinnern (vgl. Habermas 2005; Grimm 2013; Perrig-Chiello und Perrig 2007; Schacter 2001; Welzer 2003). Lucius-Hoene und Deppermann (2004, 30) formulieren bündig, dass Erinnern aufzufassen ist „als selektiver, konstruktiver und aktiver Prozess des Zugriffs auf Informationen zu einem Geschehen, die bereits selektiv kodiert, partiell vergessen und vielfältig transformiert wurden". Die persönliche Erinnerungsarbeit und die Kommunikation von Erinnerungen sind nachweislich anfällig für Suggestion, Persuasion, Umarbeitung hin zum sozial und persönlich Wünschbaren wie zur Identitätsmodellierung (vgl. Bruder 2003b; Kühnel und Markowitsch 2009; Welzer 2002b; Welzer 2002b). Andererseits gehen die Erinnernden von der Authentizität ihrer biografischen Erzählungen aus. Oft geben sie dabei den Grad der Sicherheit, Deutlichkeit und Genauigkeit an: „Ich könnte acht oder neun Jahre alt gewesen sein"; „Ob mein Onkel das gesagt hat oder meine Tante, weiß ich nicht mehr"; „Ich glaube, NN hat sich dann entschuldigt, aber ich bin nicht sicher". Andererseits: „Das weiß ich noch genau"; „Als wäre es gestern gewesen", „Ich sehe sie förmlich noch vor mir". Die Sicherheits- und Unsicherheitsbewertungen sind freilich nicht Maßnahmen der Objektivierung, sondern bleiben im Bereich der subjektiven Eindrucksbildung.

6 Resonanz und ausbleibende Resonanz für biografisches Erzählen

Die Selbstzeugnisse der ‚Neurotica' Freuds sind nicht überliefert. Wir wissen nicht, wie sie kommuniziert wurden und ob sich Freuds spätere Skepsis auf eine kritische Auseinandersetzung mit der Kommunikation selbst bezog. Er könnte in den Mitteilungen ein Muster der Fremdbezichtigung und Selbstentlastung ausgemacht haben, das ihn annehmen ließ, dass die Patientinnen einerseits vom Anliegen bewegt waren, etwas ihnen sehr Wichtiges – endlich – zu bekennen, andererseits etwas Bedeutsames zu verhüllen, sodass, unter Einsatz des Fiktiven, eine Kompromissbildung zustande kam.

Erzählungen mit faktualem Anspruch fordern Glauben und werden vom Sprecher selbst geglaubt. Affirmationsbereite Resonanz für eine Selbstenthüllung ist nachgerade eine Forderung taktvoller Verbindlichkeit. Erst zuhören – danach hinterfragen. Aber nicht immer gibt es wohlwollend rezeptionsbereite Hörer. Personen, die nach dem zweiten Weltkrieg das nationalsozialistische Verfolgungs- und Lagerregime überlebt hatten, fanden in der frühen Nachkriegszeit wenig mitmenschliches Interesse und geringe politische Aufmerksamkeit (vgl. Boothe und Thoma 2012). Noch weniger öffentliche Resonanz als die jüdischen Opfer des Nationalsozialismus erreichten lange Zeit die verfolgten Sinti, Roma und die inhaftierten Homosexuellen (vgl. Sabrow und Frei 2012). Welche Person oder welche Personengruppe narrativen Glaubenskredit genießt und welche nicht, ist situativ, historisch und gesellschaftlich variabel. Kinder, die in familiären Gewaltverhältnissen leben, schweigen häufig und stehen, wenn sie sich mitteilen wollen, oft zu Unrecht unter Fiktionsverdacht. Das gilt ebenso für Personen mit prekärem sozialen Status oder im Zustand gesellschaftlicher Marginalisierung. Asylsuchende, politisch Verfolgte, Kriegs- und Gewaltopfer, beispielsweise weibliche Opfer sexueller Gewalt in vielen Weltgegenden, sind auch heute mit dem Risiko konfrontiert, Skepsis und Zurückweisung zu erfahren, wenn sie Gewalt und Verfolgung schildern.

Flüchtlinge und Asylanten müssen ihre Notlage als Schutzsuchende darlegen, und zwar bei der Asylbehörde des Gastlandes. Die Offenbarung des Erlittenen überfordert Personen, die Verfolgung, massiver Gewalt, Gefängnis und Folter ausgesetzt waren und durch posttraumatische Belastungsstörungen beeinträchtigt sind, häufig. Versuche, sich in der eigenen Notlage mitzuteilen, können grundlegend scheitern; auch besteht ein Retraumatisierungsrisiko bei der Vergegenwärtigung einer Extrembedrohung und destruktiver Überwältigung (vgl. Haenel und Wenk-Ansohn 2005).

7 Ringen um Artikulation und emotionale Resonanz

Um mit Opfern von Gewalt und Missbrauch im juristischen, medizinischen, beratenden und therapeutischen Kontext eine gelingende und hilfreiche Verständigung zu erreichen, ist es wichtig, detailliert zu untersuchen, wie narrative Kommunikation funktioniert, wie Vertrauensbildung im Erzählprozess zustande kommt, ob das Erlittene erzählbar ist und wie die benignen sowie malignen Wirkungen nachträglichen Erzählens beschaffen sind. Die sprachliche Analyse biografischer Narrative, die sprachlichen Formen und Muster in der narrativen Darstellung verstörenden, katastrophalen und peinigenden Erlebens sind in diesem Zusammenhang wichtige Felder der Literaturwissenschaft und Linguistik, der interdisziplinären Medien- und Gesprächsforschung und der klinischen Narratologie. Zur interdisziplinären Narratologie, die Bewältigungsformen von Trauma und Verlust thematisiert, legen Scheidt et al. (2014) eine aktuelle Bestandsaufnahme vor. Deppermann und Lucius-Hoene (2005) zeigen in einer gesprächsanalytischen Studie an vier exemplarischen Erzählungen, wie in der kommunikativen Darbietung trotz aller Unterschiede, was die erlebten Katastrophen angeht, ein Prozess des Ringens um Artikulation stattfindet, sich ein Verlust narrativer Geläufigkeit bei hohem Erregungs- und Spannungsniveau ereignet, im Sinne eines Rededuktus der Verstörung. Die Erzählenden zeigen bei der Thematisierung der traumatisierenden Erfahrungen häufig Fragmentierung im episodischen Gestaltungsprozess, punktuellen Detail-Konkretismus und das Fehlen einer übergreifenden dynamischen Organisation. Hier sind Rezipienten gefordert, an einem interaktiven Geschehen der Vergegenwärtigung teilzunehmen, in dem der Bruch einer tragenden Ordnung zur Darstellung kommt und die Überwältigung durch destruktives Geschehen zur Sprache gelangt. Die narrative Wiedergabe des Geschehens vollzieht sich im Stil des Fragmentarisch-Impressiv-Dekontextualisierten. Zahlreiche Reparaturen und Neuansätze innerhalb episodischer und nicht-episodischer Äußerungseinheiten fallen auf. Diese Rupturen und Reparaturen vermitteln Desintegration oder anders formuliert: ein Verhältnis drohender Kapitulation der sprachlichen Verfügungsmittel vor der darzustellenden Sache.

Doch weisen auch die Darstellungen verstörenden Leids Züge dramaturgischer Organisation auf. In Darstellungen verstörender, invasiv destruktiver, lebensbedrohlicher Ereignisse erscheint eine abweisende, bedrohliche Welt ohne Versorgung, Schutz, Sicherheit und Verbundenheit. Die Protagonisten, die Ich-Figuren, positionieren sich häufig nicht als Akteure oder Handelnde. Sie zeigen sich vielfach als passiv einem destruktiven Geschehen oder einem destruktiven Handeln ausgeliefert, als Träger extrem aversiver Sinneseindrücke und Empfindungen oder auch in dissoziierten, derealisierten Verfassungen.

8 Exemplarische Erzählung einer verstörenden Erfahrung

Erzählungen erlittener Grausamkeit mobilisieren im Kontext der Psychotherapie Teilnahme, zeigen den Erzähler in schuldloser Lage und bieten ein destruktives Faszinosum. In Olgas Erzählung findet sich das Faszinosum in eindrucksvoller symbolischer Dichte. Ein Kind befindet sich jenseits des Hauses in einem Zwischenreich. Das Kind hat die Grenzen des innersten Bezirks überschritten, verbleibt aber im Ambiente des Hauses, und dort findet eine Grenzüberschreitung statt. Es ist eine gesichtslose, unkonturierte, unkontrollierbare Figur, die sich des schutzlosen Kindes handgreiflich zu bemächtigen scheint.

Die Erzählerin, eine fünfzigjährige Frau mit dem Decknamen Olga, hatte über Jahrzehnte hinweg als beruflich erfolgreiche und im Privatleben zufriedene Frau die problematischen Kindheitserfahrungen aus dem lebendigen Gedächtnis verbannt. Eine massive Belastungssituation erschütterte sie; die Erinnerungen an die Kindheit kehrten zurück. Auch bei Olga finden sich Züge des Rededuktus der Verstörung. Die anonymisierte und verfremdete mündliche Erzählung der Patientin wurde als Audiodatei nach den Regeln des Ulmer Transkriptionssystems (Mergenthaler 1990) transkribiert. Die folgende vereinfachte Wiedergabe verzichtet auf die Satzzeichen der Schriftgrammatik und unterteilt die Redesequenz mit Hilfe von Schrägstrichen, orientiert an Subjekt-Prädikat-Einheiten:

> *Olga: „ich wollt' weg"*
> „mit dem Zusammenfahren / ich weiß noch / vor unsrem Haus war so ein Durchgang / man konnte fast nichts sehen / und niemand war dort / wenn's da dunkel war / und ich stand da / und da kommt eine Hand / und ich schreie / ich will's doch nicht / ich wollt' weg / und ich heule / dann wollt ich weg / und er machte sich einen Spaß draus / und ich konnte nicht fort / das das war halt aussichtslos / und jetzt noch werde ich nervös und krieg Angst und fahre zusammen / wenn so im Ungewissen jemand plötzlich in der Nähe ist / und ich bin allein und nicht darauf vorbereitet / dann klopft mir das Herz bis zum Hals / neulich auf einer Bank im Park / ich saß da bloß rum / und ich hatte nicht gehört / wie ein Bekannter herankam / der wollte bloß ganz nett Guten Tag sagen / wieder das Zusammenfahren / ich bin so zusammengezuckt / ich muss ihn ganz verstört angeguckt haben / eigentlich ist mir

schon klar / es ist doch harmlos / es hilft aber nichts / ich kann es mir hundertmal sagen / aber da hab ich schon kalte Hände und bin am Zittern/"

Olga rekonstruiert ein Erlebnis und stattet es vergegenwärtigend mit der Offenheit für das Fiktive aus. Die Erzählerin führt eine isolierte Kindfigur in einem dunklen Gelände außerhalb bergender Häuslichkeit vor. Die Protagonistin wird konfrontiert mit einer anonym bleibenden, nicht-personalen Bemächtigung. Die Ich-Figur verfügt über unzureichende Agentivität; Kampf oder Flucht bleiben aussichtslos. In der erzählenden Weiterführung heißt es, dass die Betroffene bis heute erschrickt und verstört reagiert, wenn sich ihr unvermutet jemand außerhalb ihres Gesichtskreises nähert. Das heißt auch, dass sie die Bereitschaft hat, viele Jahre später, Wahrnehmungseindrücke und Situationen fiktiv zu verwandeln, sie so aufzufassen, als ereigne sich das Gleiche wie damals.

Die Darstellung evoziert das emotionale Engagement der Rezipienten: Die dramatische Verdichtung der Erwartungsangst im Einpersonenstück schafft unheimliche Spannung und macht die Szene einem Angsttraum vergleichbar. Wie im Angsttraum ist die Szenerie auf ihre expressiven Bedrohungsqualitäten konzentriert, denen ein Ich handelnd nichts entgegensetzen kann. Was aber ist geschehen, damals, vielleicht immer wieder? Das bleibt in der narrativen Darstellung eine Leerstelle. Die ausbleibende Detaillierung verstärkt den Charakter des Unheimlichen und Unerhörten, evoziert beim Hörer die Bereitschaft, die Lücke in eigener Phantasietätigkeit auszufüllen und auf diese Weise initiativ am Geschehen dort und damals teilzunehmen.

Die kurze Textpassage macht die persönliche Perspektive der Erzählerin auf das Geschehen eindrucksvoll deutlich. Die Darstellung ist zugeschnitten auf eine Beziehungskonfiguration, in der ein Antagonist zu liebender Nähe einlädt, und zwar so, dass die Ich-Figur Bedenken und Zurückhaltung in gutem Glauben aufgibt. Sie erlebt Kränkung und Zurückweisung und organisiert die Schilderung als Anklage an ihr Gegenüber. Die aus dem Gedächtnis zitierte wörtliche Rede, die Authentizität beansprucht, lässt sich als ‚Alltagsfiktion' (Stempel 1980) verstehen; szenische Rede verleiht der erzählten Sequenz dramatischen oder Aufführungscharakter im Sinne Ehmers (2011). Das Erlebte wird auf das Darstellungsanliegen hin zugespitzt.

Das Ausmaß, die Qualität und Intensität des Leidens ist zugleich die imperative Solidarisierungsnötigung an den Hörer, der sich auf der Seite des Opfers gegen den Täter wenden soll. Die Rhetorik der moralischen Nötigung kann Unwillen innerhalb der psychotherapeutischen Profession (vgl. Rudolf 2012), auch Kontroversen (vgl. Moser 2013), hervorrufen; ebenso politische Kritik, wie bei Welzer angesichts der wohlwollenden Öffentlichkeit für das expansiv publizierte Leiden deutscher Opfer im zweiten Weltkrieg (vgl. Welzer 2002a).

9 Fiktionalität und Imagination

Fiktionalität lässt sich verstehen als kommunikative Präsentation einer Situation, eines Geschehens, eines Sachverhalts ohne Anspruch auf Realitätsbezug und ohne Zugeständnis eines Realitätsbezugs. Es handelt sich um Gestaltungsformen der medialen Vermittlung, die verdeutlichen und markieren, dass eine Darstellung als imaginiert oder erfunden zu gelten hat. Zur konventionellen fiktionalen Alltagskommunikation, die als kommunikative Praxis früh erworben wird, gehört der Witz; hier ein Beispiel, das mit Märchenelementen spielt: „‚Glaubst du, dass die blöde Tante Gerda einmal in den Himmel kommt?‘, fragt die kleine Erna. ‚Glaub ich nicht, sagt Fritz, Drachen kommen höchstens 50 Meter hoch.'" Ein anderes Beispiel zur Witz-Fiktionaliät im Kontext der Moralerziehung: „‚Wir sind auf der Welt, um Gutes zu tun‘, sagt der Lehrer. ‚Und wozu sind die andern da?‘, mault Fritz". In beiden Fällen findet sich eine zugespitzte Struktur des Kurzdialogs, mit je einem Redezug für zwei Sprecher. Der zweite Sprecher nimmt die Mitteilung – im ersten Fall eine Frage, im zweiten Fall ein Statement – des ersten Sprechers auf, jedoch erwartungswidrig. Der feierliche allgemeine Moralappell des Lehrers wird in Fritzens Antwort überraschend als spezifischer Appell an die kleine Schülergruppe aufgefasst, und das kann ja nur eine Zumutung angesichts weitverbreiteter Unbekümmertheit um das Gute sein. Aus Tante Gerdas ‚Drachen'-Persönlichkeit wird die Zugehörigkeit zum Fabelwesen ‚Drache‘, und aus den Fabelwesen wird eine Tierart, deren Flugfähigkeit sich berechnen lässt, im Blick auf die Erreichbarkeit des Himmels, so, als sei das christliche Jenseits zu verorten wie die Planeten. ‚Fritz' und ‚Erna' sind überkommene Witz-Vornamen. Charakteristisch ist, im Unterschied etwa zur Anekdote, der Verzicht auf kontextuelle Rahmung und auf zeitlich-örtliche Versetzungsregie. Typisch ist das Witz-Präsens, oft findet sich auch die Spitzenstellung des konjugierten Verbs: „Kommt ein Pferd in die Bar [...]." Ebenso wie im Märchen sind Naturgesetze nicht bindend, Tiere können bei Bedarf sprechen. Märchen und Witz sind Beispiele für fiktionale Formen, die beim kindlichen Erwerb von Erzählformen und in der Alltagskommunikation eine Rolle spielen.

Ein Beispiel aus dem Spektrum des Emotionalen sind Imaginationen einer Person, die eine Handlung bereut und sich kummervoll ausmalt, wie es anders und besser hätte laufen sollen. Ähnlich verhält es sich mit einem Trauernden, der sich eine Begegnung mit dem geliebten Verstorbenen vorstellt. Die Betroffenen melden keinen Anspruch auf Realitätsbezug an. „Es ist leider nur ein Wunschtraum", mag sich der Trauernde sagen. Ein Beispiel aus dem professionellen Kontext ist die Katathym Imaginative Psychotherapie (vgl. Ullmann und Wilke 2012), begründet 1945 von Hanscarl Leuner. Patienten werden aufgefordert, zu bestimmten Motiven wie Wiese, Berg, Löwe oder Auto tagträumend Bilder und Vorstellungssequenzen zu imaginieren und dem Therapeuten zu schildern. Die Mitteilungen werden in der Analyse auf die psychische Verfassung des Patienten bezogen.

Fiktional sind Darstellungsformen nicht, weil das Inventar vor allem fiktiv wäre, sondern weil die fiktionalen Konstruktionen nicht auf den Realitätstest ausgelegt sind, auch dann nicht, wenn Wissensbestände im fiktionalen Kontext vorkommen. Bekanntlich können in fiktionalen Darstellungen nicht-fiktive Figuren auftreten, wie im Politikerwitz oder in der Imagination einer Person, die sich an einen geliebten Ort mit einem geliebten Menschen träumt und sich eine wunscherfüllende Vorstellung ausmalt.

10 Die Rekonstruktion des Traums als Leistung der Fiktionalität

Als besonders interessanter Fall für fiktionale Leistungen im persönlichen Alltag darf der Traum gelten. Während man in mythisch oder religiös geprägten Zeiten Träume als Botschaften beispielsweise sakralen Charakters deutete, behandelt man sie in säkularisierten Wissensgesellschaften als halluzinierte Fiktiva. Die Traumeindrücke werden während des Schlafs nicht als fiktiv erkannt, der nachträgliche Traumbericht deklariert das Traumgeschehen jedoch als imaginative Konstruktion. Der Traumbericht selbst ist keineswegs fiktional, hier werden vielmehr Fundstücke getreuen Erinnerns sorgfältig zusammengetragen und kommuniziert (vgl. Boothe und Stoijkovic 2014).

Traumkommunikation ist im Blick auf Fiktion und Fiktionalität kunstvoll organisiert: Der Träumer hält das Traumgeschehen während des Schlafs für real. Die erwachte Person ordnet die Traumerinnerungen als Fiktionen ein. Der nachträgliche Traumrapport ist nicht erzählend, sondern berichtend und faktual orientiert: Er ringt um authentische Wiedergabe der Fundstücke des Erinnerns. Diese Wiedergabe präsentiert das Traumgeschehen als fiktionale Struktur. Die Traumkommunikation ist im Zusammenhang mit Fiktionalisierung interessant, weil hier der imaginäre Charakter des Traumgeschehens gerade akzentuiert wird und andererseits die Mitteilung des Traums im Duktus skeptischer Distanz erfolgt.

Einen Traum berichten heißt, ein Ereignis als spurenhafte und enigmatische Erinnerung an ein halluzinatorisches Geschehen im Schlafzustand nachträglich zur Darstellung bringen. Der Mitteilende inszeniert sprachlich den Charakter des Widerfahrnisses, des Nicht-Kontrollierbaren, der Intransparenz, des Ergriffenseins und vermittelt das im Dialog. Man rekapituliert nachträglich die nächtlichen Sinneseindrücke. Man setzt sich zu den Traumerinnerungen ins Verhältnis. Wer seinen Traum mitteilt, macht etwas Privates geltend, verweist auf Körperliches, sucht Worte für Eindrücke, denen er sich ausgesetzt sah, zeigt, dass er angewiesen ist auf kommunikative Resonanz. Der Sprecher pflegt extensive Formulierungsarbeit zu leisten (vgl. Gülich 2005). Er verdeutlicht im Ringen um Artikulation das schwer Sagbare und kaum zu Vermittelnde. Träume sind in der Verständigung des Alltags nicht anschlussfähig. Es existiert eine Spannung zwischen dem Interesse an Resonanz und der Schwierigkeit, die Traumeindrücke sprachlich so einzukleiden, dass sie diskursfähig werden.

11 Narrative Konstruktion von Erfahrung und das Narrativ in der Psychotherapie

Für Psychotherapeuten sind Erzählungen in unterschiedlicher Weise relevant. Je nach professioneller Ausrichtung geht der Therapeut mit Erzählungen seiner Patienten in spezifischer Weise um. Erzählen als Ressource zur nachträglichen Bewältigung dessen, was als traumatisierende, das heißt überwältigende, verstörende, desintegrierende Erfahrung verstanden wird, steht an erster Stelle (vgl. Scheidt et al. 2014). Erzählkompetenz lässt sich in Bezug auf Kohärenz, Prägnanz, Detailreichtum, Gestaltschließung (vgl. Lucius-Hoene 2009) erfassen. Die Beurteilung von Erzählkompetenz gibt Aufschluss über die soziale Intelligenz der Patienten (vgl. de Silveira 2009). Bestimmte Verfahren wie die Methode des ‚Zentralen Beziehungskonflikts (ZBK)' (vgl. Luborsky und Kächele 1988) schließen von der erzählenden Modellierung von Beziehungen auf die handelnde Inszenierung von Beziehungen (vgl. Staats 2009). Erzählungen werden im Zusammenhang mit Identitätskonstitution und Identitätsmodellierung untersucht und in der erinnernden und auf Selbsttherapie (vgl. Pennebaker 2010; Schenk 2009) zielenden Biografiearbeit eingesetzt (vgl. Coleman 2003, 2004; Grimm 2009, 2010, 2013; Hölzle und Jansen 2009). Der Erzähler in der Psychotherapie findet beim professionellen Hörer Interesse für seine mentale Verfassung, seine Wünsche und Anliegen. Psychoanalytisch orientierte Therapeuten gehen von narrativen Konstruktionen der Erzählenden aus, um die Dynamik unbewusster Konflikte zu erschließen (vgl. Luif 2009). Hier geht es um die Thematisierung von Bildern und Imaginationen, die belastenden Charakter haben und die Freiheit des Denkens und Handelns einschränken; wichtig sind ebenfalls unbewusste Wunsch- und Angstvorstellungen. Zugleich ist immer auch die explorierende und reflexive Auseinandersetzung mit Herausforderungen der Lebenspraxis und realistische Urteilsbildung in Bezug auf die eigene Identität bedeutsam.

Ein seit Langem als problematisch geltendes Identitätskonzept, das ein unveränderliches und substantielles Selbst postulierte, wird heute abgelöst durch

Theorien der Identitätsbildung im narrativen Kontext. Die narrativen Selbstentwürfe ändern sich lebenslang in einem Prozess von Konstruktion und Dekonstruktion im sozialen Beziehungsgefüge. Das Selbstverständnis entwickelt sich in der narrativen Selbstpositionierung und im narrativen Austausch (vgl. Lucius-Hoene und Deppermann 2004). Die narrative Strukturbildung stellt eine retrospektive Form der kognitiven Strukturierung dar. Erzählen schafft Historisierung und gibt Denken, Fühlen und Handeln Bedeutung und Gestalt. Der Zuhörer ist in das Geschehen einbezogen.

Erzählungen modellieren psychisches Geschehen und soziale Beziehungen (vgl. Boothe 2010). Sinnfällig sind vier Funktionen: (a) Aktualisierung, (b) soziale Integration, (c) Angstbewältigung und (d) Wunscherfüllung. Erzählen im Alltag ist daher ein Mittel, (a) Erleben zu vitalisieren und zu revitalisieren; (b) sich in die soziale Gemeinschaft zu integrieren, und zwar auf dem Weg, zugleich persönliche Individualität sichtbar zu machen und bestätigen zu lassen; (c) Erzählen baut Angstspannung ab; und (d) Erzählen fungiert als hedonische Regulierung.

(a) Aktualisierung: Das narrative Geschehen wird als Ereignis inszeniert, das mittels Versetzungsregie auf einer imaginären Bühne im Dort und Damals stattfand, aber dramaturgisch revitalisiert wird und emotionale Bewegung neu ermöglicht. Im Sinne der Aktualisierungsleistung stellt eine Person Kontinuität ihres Erlebens her. Vorfälle mit der Wirkung extremer psychischer Destabilisierung gelangen jedoch nicht oder jedenfalls nicht ohne vorausgehende emotionale Distanzierung, die sich dem Narrativen gerade verweigert, in den Prozess der narrativen Revitalisierung.

(b) Soziale Integration: Das narrative Geschehen wird im sozialen Raum einem Publikum unterbreitet, dessen Aufmerksamkeit, Akzeptanz und emotionales Engagement der Erzähler erheischt. Wer eine Geschichte erzählt, stellt Nähe her. Das Erzählen ist ein Mittel, sich in seiner Individualität im sozialen Raum zu positionieren. Die Leistung der sozialen Integration bedeutet Selbstprofilierung vor spezifischem Publikum. Die Verwirklichung dieses Anspruchs im kommunikativen Geschehen ist vielschichtig und variantenreich, abhängig von spezifischen Kontaktregeln und Kontaktinteressen. Die Geschichtenproduktion passt sich geschmeidig dem Adressaten an, auf den hin erzählt wird. Wer die Bezugsgruppe oder die Bezugsperson, um die es gerade geht, ablehnt oder entwertet, kann nicht gleichzeitig zum sozialen Bindemittel des Erzählens greifen.

(c) Angst- und Erregungsbewältigung: Das narrative Geschehen entfaltet sich an einer psychischen Konfliktlage, die unter anderem Angstspannung erzeugt. Die Inszenierung des dramatischen Prozesses dient dem produktiven Durchleben der Angstspannung unter Bedingungen der Kontrolle: die nachträgliche Organisation des Erlebten hat, sowohl physiologisch als auch mental, Selbstheilungscharakter; dies belegen Pennebaker und sein Forschungsteam in langjährigen Studien; nun liegen Arbeitsbücher zum Schreiben als Selbsttherapie vor (vgl. z. B. Pennebaker 2010; Schenk 2009).

(d) Wunscherfüllung: Das narrative Geschehen entwickelt eine Dynamik hin zu Erfüllung oder Katastrophe, zu Happy End, Desaster oder Abschlüssen, die diesbezüglich Kompromissbildungen darstellen. Die Spannung der Erzählung speist sich, sowohl für den Erzähler als auch für den Hörer, aus dem emotionalen Engagement für die Optionen eines glücklichen Ausgangs. Die Fiktionsaffinität verdankt sich der modellierenden Tendenz hin zum Wünschbaren.

Es wird deutlich, wie komplex die Verhältnisse sind. Tagtraum und imaginative Aktivitäten sind für die Regulierung des Befindens unverzichtbar. Begriffliche Arbeit in Bezug auf das, was als ‚real' gelten soll, und das, was zum Spektrum, des ‚Fingierten', ‚Fiktiven' und ‚Fiktionalen' gehören soll, wird zunehmend anspruchsvoll. In Wahrnehmung, Erinnerung und Kommunikation spielen Aspekte unbewusster Regulierung und unbewusster Regieführung eine systematische Rolle. So steht beispielsweise die autobiografische Erinnerung – ein Beispiel ist Piagets Entführungsfiktion – unter dem Einfluss unbewusster Prozesse, die es ermöglichen, das Erzählte der eigenen Erfahrung gleichsam einzuverleiben. Erzählungen von Erwachsenen werden ins erinnernde Gedächtnisrepertoire des Kindes übernommen. Fiktives verbindet sich mit Faktualem. Bei der Modellierung biografischer Erinnerungen spielen unbewusste Darstellungsanliegen eine wichtige Rolle. Biografisches Erzählen ist immer auch Identitätsarbeit, Selbstpositionierung und Selbstprofilierung.

Lebenswirklichkeit transformiert sich zur narrativen Ordnung (vgl. Boothe 2010; Schafer 1995; Spence 1982). Die narrative Ordnung platziert das Individuum als Mittelpunkt eines arrangierten Milieus. Erzähler sind Arrangeure, die Elemente des Gegebenen umschaffen zu Figuren mit umschriebener dramaturgischer Dynamik. Ein konfiguriertes Geschehen wird etabliert, das Sprechern und Hörern erlaubt, *in effigie*, stellvertretungsweise, Positionen, Handlungsvollzüge, Situationen und Zusammenhänge durchzuspielen und zu imaginieren (vgl. Polkinghorne 1995). Welt wird in der Erzählung zum Ereignis nicht im dokumentarischen Sinn, sondern als Bühnenarrangement unter Regie des Autors. Figuren werden konstruiert nach Prinzipien der narrativen Figurengestaltung. Auch das Ich ist eine narrative Figur. Sie wird nach der Erzähldramaturgie des Sprechers positioniert, konturiert und gelenkt.

Eine imaginationsfreundliche Form der Verständigung wird als für die Therapeut-Patient-Dyade angemessen erachtet. In der narrativen Kommunikation geht es um die Mitteilung eigener Anliegen, Darstellung von Wünschen, Aktualisierung des Vergangenen und Engagement für die Anerkennung und die Resonanz durch ein soziales Gegenüber. Die narrative Ordnung von Erfahrung schafft eine selbstzentrierte sinnhafte Daseinsaneignung: Leben bietet in dieser Perspektive Bedingungen und Aussichten der Erfüllung und der Misere. Welt und Person werden zum Ereignis im Akt der Herstellung sinnhaltiger Bezüge zu einem bedeutsamen Ganzen.

Das Leben ist gut, soweit bekömmlich.

„Machen wir es nicht im Wachen wie im Traume? Immer erfinden und erdichten wir erst den Menschen, mit dem wir verkehren — und einen Augenblick nachher schon haben wir das vergessen."
(Friedrich Wilhelm Nietzsche)

Literaturverzeichnis

Adler, Jonathan M. (2008). „Two Modes of Thought: The Narrative/Paradigmatic Disconnect in the Bailey Book Controversy". *Archives of Sexual Behaviour* 37.3 (2008): 422–425. DOI 10.1007/s10508-008-9318-0.

Akoluth, Margarete (2009). „Unordnung und spätes Leid. Bericht über den Versuch, eine misslungene Analyse zu bewältigen. Ein Auszug". *Behandlungsberichte und Therapiegeschichten. Wie Therapeuten und Patienten über Psychotherapie schreiben.* Hg. von Horst Kächele und Friedemann Pfäfflin. Gießen: 165–196.

Asch, Solomon E. (1956). „Studies of independence and conformity: I. A minority of one against a unanimous majority". *Psychological Monographs* 70.9 (1956): 1–70.

Ayaß, Ruth und Christian Meyer (Hgg., 2012). *Sozialität in Slow Motion – Theoretische und empirische Perspektiven*. Wiesbaden.

Bender, Rolf, Armin Nack und Wolf-Dieter Treuer (2014 [2007]). *Tatsachenfeststellung vor Gericht. Glaubwürdigkeits- und Beweislehre, Vernehmungslehre*. München.

Bergmann, Jörg (1987). *Klatsch. Zur Sozialform der diskreten Indiskretion*. Berlin.

Blass, Thomas (2000). *Obedience to Authority. Current Perspectives on the Milgram Paradigm*. Mahwah.

Boothe, Brigitte (2010). *Das Narrativ. Biografisches Erzählen im psychotherapeutischen Prozess*. Stuttgart.

Boothe, Brigitte (2013). „Daseinsmisere und Herkunftstraum. Paul Zech und der schwarze Baal". *Die Psychoanalyse und ihre Bildung*. Hg. von Brigitte Boothe und Peter Schneider. Zürich: 195–226.

Boothe Brigitte und Gisela Thoma (2012). „Defizitäres Erzählen oder Vermittlung grausamer Präsenz? Jüdische Überlebende nationalsozialistischer Konzentrationslager erzählen". *Journal of Literary Theory* 6.1 (2012): 25–40.

Boothe, Brigitte und Dragica Stojković (2014). „Communicating Dreams. On the struggle for reliable dream reporting and the unreliability of dream-reports". *Unreliable Narration and Trustworthiness: Intermedial and Interdisciplinary Perspectives*. Hg. von Vera Nünning. Berlin: 415–428.

Bourdieu, Pierre (2000). „Die biographische Illusion". *Biographische Sozialisation*. Hg. von Erika M. Hoerning. Stuttgart: 51–60.

Brentano, M. (2009): „Unordnung und spätes Leid. Nachdenken über M. Akoluths Therapiebericht". *Behandlungsberichte und Therapiegeschichten. Wie Therapeuten und Patienten über Psychotherapie schreiben.* Hg. von Horst Kächele und Friedemann Pfäfflin. Gießen: 197–200.

Bruder, Klaus-Jürgen (Hg., 2003a). *‚Die biographische Wahrheit ist nicht zu haben'. Psychoanalyse und Biographieforschung.* Gießen.

Bruder, Klaus-Jürgen (2003b). „‚Die biographische Wahrheit ist nicht zu haben' – für wen? Psychoanalyse, biographisches Interview und historische (Re-)Konstruktion". *‚Die biographische Wahrheit ist nicht zu haben'. Psychoanalyse und Biographieforschung.* Hg. von Klaus-Jürgen Bruder. Gießen: 9–37.

Brudermann, Thomas (2010). *Massenpsychologie. Psychologische Ansteckung, Kollektive Dynamiken, Simulationsmodelle.* Wien.

Bruner, Jerome (1986). *Actual minds, possible worlds.* Cambridge.

Burgheim, Joachim und Hermann Friese (2006). *Sexualdelinquenz und Falschbezichtigung. Ein empirischer Vergleich realer und vorgetäuschter Sexualdelikte.* Frankfurt.

Coleman, Peter (2003). „Reflexion zum Potenzial des Projektes ‚Remembering Yesterday, Caring Today' und anderen Erinnerungspflege-Projekten im internationalen Kontext – neue Herausforderungen". *Kuratorium Deutsche Altershilfe 2003: GeroCare-Report – Menschen mit Demenz erreichen.* Köln: 65–68.

Coleman, Peter (2004). „Zur therapeutischen Bedeutung von Erinnern und Lebensrückschau – ein kritischer Überblick". *Psychotherapie im Alter. Forum für Psychotherapie, Psychiatrie, Psychosomatik und Beratung* 4.1 (2004): 9–24.

Deppermann, Arnulf und Gabriele Lucius-Hoene (2005). „Trauma erzählen. Kommunikative, sprachliche und stimmliche Verfahren der Darstellung traumatischer Erlebnisse". *Psychotherapie und Sozialwissenschaft* 7.1 (2005): 35–73.

Dilling, Horst, Werner Mombour und Martin H. Schmidt (Hgg., 2000). *ICD 10 – Internationale Klassifikation psychischer Störungen V (F).* Bern.

Ehmer, Oliver (2011). *Imagination und Animation. Die Herstellung mentaler Räume durch animierte Rede.* Berlin.

Elsner, Erich und Wiebke Steffen (2005). „Vergewaltigung und sexuelle Nötigung in Bayern". *München: Bayerisches Landeskriminalamt / Fortbildungsinstitut der Bayerischen Polizei.* München.

Freeman, Derek (1983). *Margaret Mead and Samoa. The Making and Unmaking of an Anthropological Myth.* Harmondsworth.

Freud, Sigmund (1986 [1897]). „Brief an Wilhelm Fliess vom 21.9.1897". *Sigmund Freud: Briefe an Wilhelm Fliess 1887–1904.* Hg. von Jeffrey Masson. Frankfurt a. M.: 283–285. Auch zugänglich unter: http://www.freud-museum.at/freud/chronolg/1897-d.htm (21.06.2014).

Freud, Sigmund (1921 [1976]). „Massenpsychologie und Ich-Analyse". *Gesammelte Werke.* Bd. 13. Frankfurt a. M.: 71–162.

Freud, Sigmund (1971). „Brief von Freud an Arnold Zweig 31.5.1935". *Briefe.* Hg., ausgewählt und mit Vorwort versehen von Margarete Mitscherlich-Nielsen. Frankfurt a. M.: 178–179.

Garry, Maryanne, Charles G. Manning, Elizabeth F. Loftus und Steven J. Sherman (1996). „Imagination Inflation: Imagining a Childhood Event Inflates Confidence that It Occurred". *Psychonomic Bulletin and Review* 3.2 (1996): 208–214.

Grimm, Geneviève (2009). „Funktionen des Erinnerns im Lebensrückblick älterer Menschen". *Psychoanalyse. Texte zur Sozialforschung* 13.2 (2009): 238–245.

Grimm, Geneviève (2010). „Biografiearbeit". *Gedächtnistraining. Theoretische und praktische Grundlagen*. Hg. von Helga Schloffer, Ellen Prang und Annemarie Frick. Berlin: 153–158.
Grimm, Geneviève (2013). *Funktionen des Erinnerns im erzählten Lebensrückblick älterer Menschen. Narrative Selbstdarstellung und Integration autobiografischer Erfahrungen.* Unpublizierte Doktorarbeit. Universität Zürich.
Grimm, Geneviève und Brigitte Boothe (2007). „Narratives of life: storytelling in the perspective of happiness and disaster". *Journal of Aging, Humanities, and the Arts* 1.3/4 (2007): 137–146.
Grüne, Matthias (2010). „Fiktionsspiele. Überlegungen zu einer fiktionstheoretischen Untersuchung von Kindererzählungen an Beispielen der Leipziger Buchkinder". *Arbeitstitel – Forum für Leipziger Promovierende*, Bd 2.1 (2010): 11–22. http://wissens-werk.de/index.php/arbeitstitel/
Gülich, Elisabeth (2005). „Unbeschreibbarkeit: Rhetorischer Topos – Gattungsmerkmal – Formulierungsressource". *Gesprächsforschung – Online-Zeitschrift zur verbalen Interaktion* 6 (2005): 222–244. http://www.gespraechsforschung-online.de/heft2005/ga-guelich.pdf (28.08.2019).
Habermas, Tilmann (2005). „Autobiographisches Erinnern". *Entwicklungspsychologie des mittleren und höheren Erwachsenenalters*. Hg. von Sigrun-Heide Filip und Ursula M. Staudinger. Göttingen: 683–713.
Haenel, Ferdinand und Mechthild Wenk-Ansohn (Hgg., 2005). *Begutachtung psychisch reaktiver Traumafolgen in aufenthaltsrechtlichen Verfahren*. Weinheim.
Hölzle, Christina und Irma Jansen (Hgg., 2009). *Ressourcenorientierte Biografiearbeit. Grundlagen – Zielgruppen – Kreative Methoden*. Wiesbaden.
Jehle, Jörg-Martin (2013). „Was und wie häufig sind Fehlurteile? – Eine Skizze". *Forensische Psychiatrie, Psychologie und Kriminologie* 7.4 (2013): 220–229.
Jolles, André (1930). *Einfache Formen*. Tübingen.
Kassin, Saul M. und Katherine L. Kiechel (1996). „The Social Psychology of False Confessions: Compliance, Internalization, and Confabulation". *Psychological Science* 7.3 (1996): 125–128.
Kotre, John (1996). *Weiße Handschuhe. Wie das Gedächtnis Lebensgeschichten schreibt*. München.
Krause, Raphael (2014). *Fiktionskompetenz und ihre Bedeutung für das Textverstehen. Theoretische Betrachtung und praktische Umsetzung im Deutschunterricht*. Masterarbeit zur Erlangung des akademischen Grades Master of Education. Philologische Fakultät. Institut für Germanistik Fachbereich Deutschdidaktik. Universität Leipzig.
Kühnel, Sina und Hans J. Markowitsch (2009). *Falsche Erinnerungen. Die Sünden des Gedächtnisses*. Heidelberg.
Laney, Cara und Elizabeth F. Loftus (2005). „Traumatic memories are not necessarily accurate memories". *Canadian Journal of Psychiatry* 50.13 (2005): 823–828.
Loftus, Elizabeth F. (1998). „Falsche Erinnerungen". *Spektrum der Wissenschaft* 1 (1998): 63.
Loftus, Elizabeth F. (2003). „Our changeable memories: legal and practical implications". *Nature Reviews Neuroscience* 4 (2003): 231–239.
Loftus, Elizabeth F. und Katherine Ketcham (1995). *Die therapierte Erinnerung. Vom Mythos der Verdrängung bei Anklagen wegen sexuellen Mißbrauchs*. Hamburg.
Luborsky, Lester und Horst Kächele (1988). *Der zentrale Beziehungskonflikt ZBK*. Ulm.
Lucius-Hoene, Gabriele (2002). „Narrative Bewältigung von Krankheit und Coping-Forschung". *Psychotherapie und Sozialwissenschaft* 4.3 (2002): 166–203.

Lucius-Hoene, Gabriele (2009). „Erzählen als Bewältigung". *Psychoanalyse. Texte zur Sozialforschung* 13.2 (2009): 139–147.

Lucius-Hoene, Gabriele und Arnulf Deppermann (2004). *Rekonstruktion narrativer Identität. Ein Arbeitsbuch zur Analyse narrativer Interviews*. Opladen.

Lucius-Hoene, Gabriele, Anna Stukenbrock und Elisabeth Waller (Hgg., 2014). *Narrative Bewältigung von Trauma und Verlust*. Stuttgart.

Ludewig, Revital, Daphna Tavor und Sonja Baumer (2011). „Wie können aussagepsychologische Erkenntnisse Richtern, Staatsanwälten und Anwälten helfen?" *Aktuelle Juristische Praxis* 11 (2011): 1415–1435.

Luif, Vera (2009). „Narrative im therapeutischen Dialog". *Psychoanalyse. Texte zur Sozialforschung* 13.2 (2009): 218–225.

Markowitsch, Hans J. und Harald Welzer (2005). *Das autobiographische Gedächtnis: Hirnorganische Grundlagen und biosoziale Entwicklung*. Stuttgart.

Masson, Jeffrey M. (1984). *Was hat man dir, du armes Kind, getan? Sigmund Freuds Unterdrückung der Verführungstheorie*. Reinbek.

Masson, Jeffrey M. (Hg., 1999). *Briefe an Wilhelm Fließ 1887–1904*. Deutsche ungekürzte Ausgabe 1999: Frankfurt.

McAdams, Dan P. (2001). „The psychology of life stories". *Review of General Psychology* 5.2 (2001): 100–122.

McAdams, Dan. P. (2006). *The Redemptive Self: Stories Americans Live By*. New York.

McAdams, Dan P. (2013). „The psychological self as actor, agent, and author". *Perspectives on Psychological Science* 8.3 (2013): 272–295.

McAdams, Dan P. (2015). *The Art and Science of Personality Development*. New York.

McAdams, Dan. P. und Jen Guo (2015). „Narrating the generative life". *Psychological Science* 26 (2015): 475–483.

Mead, Margaret (2001 [1928]). *Coming of Age in Samoa. A Psychological Study of Primitive Youth for Western Civilisation*. New York.

Mergenthaler, Erhard E. (1990). *Die Transkription von Gesprächen*. Ulm.

Milgram, Stanley (1974). *Obedience to Authority. An Experimental View*. New York.

Milne, Rebecca und Ray Bull (2003). *Psychologie der Vernehmung. Die Befragung von Tatverdächtigen, Zeugen und Opfern*. Bern.

Moser, Tilmann (2013). „,Opfer-Überzeugungen': Anmerkungen zu Gerd Rudolf". *Forum der Psychoanalyse* 29.3 (2013): 397–399.

Nünning, Vera (2010). „Kulturwissenschaftliche Gedächtnisforschung und Narrationen". Vortrag am 28. April im Rahmen der 60. Lindauer Psychotherapiewochen 2010. http://www.lptw.de/archiv/vortrag/2010/nuenning_1.pdf (21.06.2014).

Nedopil, N. (^{3}2007). *Forensische Psychiatrie: Klinik, Begutachtung und Behandlung zwischen Psychiatrie und Recht*. 3., überarb. und erw. Aufl. Stuttgart.

Pennebaker, James W. (2010). *Heilung durch Schreiben – Ein Arbeitsbuch zur Selbsthilfe*. Bern.

Perrig-Chiello, Pasqualina und Walter J. Perrig (2007). „Die rekonstruierte Vergangenheit. Mechanismen, Determinanten und Funktionen autobiographischer Erinnerung in der zweiten Lebenshälfte". *Altersforschung am Beginn des 21. Jahrhunderts. Alterns- und Lebenslaufkonzeptionen im deutschsprachigen Raum*. Hg. von Hans-Werner Wahl und Heidrun Mollenkopf. Berlin: 42–61.

Polkinghorne, Donald (1995). „Narrative configuration in qualitative analysis". *International Journal of Qualitative Studies in Education* 8.1: 5–23.

Püschel, Christof (2015). „Fehlerquellen in der Sphäre von Staatsanwaltschaft und Polizei". *Strafverteidiger Forum* 7 (2015): 269–278.
Rudolf, Gerd (2012). „Opfer-Überzeugungen. Die ‚neuen' Störungsbilder – Faszination und Schwierigkeiten". *Forum der Psychoanalyse* 28.4 (2012): 359–372
Sabrow, Martin und Norbert Frei (Hgg., 2012). *Die Geburt des Zeitzeugen nach 1945*. Göttingen.
Sarbin, Theodore R. (Hg. 1986). *Narrative Psychology. The Storied Nature of Human Conduct*. London.
Sarbin, Theodore R. (2000). „Worldmaking, self and identity". *Culture and Psychology* 6.2 (2000): 253–258.
Schacter, Daniel L. (2001). *Wir sind Erinnerung*. Reinbek.
Schafer, Roy (1995). *Erzähltes Leben. Narration und Dialog in der Psychoanalyse*. Stuttgart.
Scheidt, Carl Eduard, Gabriele Lucius-Hoene, Anja Stukenbrock und Elisabeth Waller (Hgg., 2014). *Narrative Bewältigung von Trauma und Verlust*. Stuttgart.
Schenk, Herrad (2009). *Die Heilkraft des Schreibens – Wie man vom eigenen Leben erzählt*. München.
Spence, Donald (1982). *Narrative Truth and Historical Truth. Meaning and Interpetation in Psychoanalysis*. New York.
Schultz-Gerstein, Christian (1976). „Satire nicht erwünscht". *ZEIT ONLINE* Archiv 5. März 1976. http://www.zeit.de/1976/11/satire-nicht-erwuenscht (28.08.2019).
Schwenn, Johann (2013). „Merkmale eines Fehlurteils". *Forensische Psychiatrie, Psychologie und Kriminologie* 7.4 (2013): 258–263.
Silveira, Cybèle De (2009). „‚Die Gefühle der Entlastung waren so stark' – Narrative Distanzierung von Müttern mit unsicherer Bindungsrepräsentation". *Psychoanalyse. Texte zur Sozialforschung* 13.2 (2009): 148–153.
Spitzer, Manfred (2004). „Falsche Erinnerungen. Präsident Bush in der Schule und Bugs Bunny in Disneyland". *Nervenheilkunde* 23.3 (2004): 300–304.
Staats, Hermann (2009). „Das zählen, was zählt – Zentrale Beziehungskonfliktthemen in Forschung und Praxis". *Psychoanalyse. Texte zur Sozialforschung* 13.2 (2009): 200–208.
Stempel, Wolf-Dieter (1980). „Alltagsfiktion" *Erzählen im Alltag*. Hg. von Konrad Ehlich. Frankfurt a. M.: 385–402.
Ullmann, Harald und Eberhard Wilke (2012). *Handbuch Katathym Imaginative Psychotherapie*. Bern.
Volbert, Renate (2008). „Glaubhaftigkeitsbegutachtung – mehr als Merkmalsorientierte Inhaltsanalyse". *Forensische Psychiatrie, Psychologie, Kriminologie* 2.1 (2008): 12–19.
Weidenhammer, B. (1988). „Zur Attraktivität der weiblichen Opferrolle im Zusammenleben". *Gruppentherapie und Gruppendynamik* 23.3 (1998): 254–263.
Welzer, Harald (2002a). „Zurück zur Opfergesellschaft. Verschiebungen in der deutschen Erinnerungskultur". *Neue Zürcher Zeitung* 03. 04. 2002. http://www.nzz.ch/aktuell/startseite/article81DU6-1.382381 (21.06.2014).
Welzer, Harald (2002b). *Das kommunikative Gedächtnis: Eine Theorie der Erinnerung*. München.
Welzer, Harald (2003). „Was ist autobiographische Wahrheit? Anmerkungen aus Sicht der Erinnerungsforschung". *Die biographische Wahrheit ist nicht zu haben. Psychoanalyse und Biographieforschung*. Hg. von Klaus-Jürgen Bruder. Gießen: 183–204.
Yapko, Michael D. (1996). *Fehldiagnose: Sexueller Mißbrauch*. München.

Weiterführende Literatur

Hans Delfs, Hans (2017). *False Memory: „Erinnerungen" an sexuellen Missbrauch, der nie stattfand*. Lengerich.
Grave, Tobias, Oliver Decker, Hannes Gießler und Christoph Türcke (Hgg., 2017). *Opfer. Kritische Theorie und Psychoanalytische Praxis*. Gießen.
Gudehus, Christian, Ariane Eichenberg und Harald Welzer (2010). *Gedächtnis und Erinnerung: Ein interdisziplinäres Handbuch*. Stuttgart.
Spiegel, Urs (2012). *Narrative Erwartungen: Wie Alltagserzählungen einen Möglichkeitsraum eröffnen*. Norderstedt.
Wendler, Axel und Helmut Hoffmann ([2]2015). *Technik und Taktik der Befragung. Prüfung von Angaben – Gespräche und Vernehmungen zielorientiert führen. Urteile richtig begründen, Fehler in Urteilen aufdecken. Lüge und Irrtum erkennen*. 2., erweiterte und aktualisierte Auflage. Stuttgart.

Daniel F. Schley
IV.4 Fiktionalität und Geschichtswissenschaft

1 Einleitung

Fiktionalität ist historisch betrachtet ein moderner Begriff, doch über das damit verhandelte Problem, das Verhältnis von Aussagen zu Wirklichkeit und Wahrheit, dachten Menschen zu vielen Zeiten und in unterschiedlichen Weltregionen nach. In Europa erörterten allen voran Philosophen und Historiker wie Aristoteles, Thukyidides, Lukian von Samosata oder Cicero, wie im Schreiben von Geschichte die Balance zwischen einem nützlichen, faktengetreuen Bericht auf der einen und einer ästhetisch ansprechenden Darstellung auf der anderen Seite zu halten sei. Geschichtsschreibung hatte sich an tatsächliches Geschehen zu halten. So formulierte es Aristoteles in einer vielzitierten Passage seiner Poetik: „Denn der Geschichtsschreiber und Dichter unterscheiden sich nicht dadurch, dass sie entweder in gebundener oder in ungebundener Rede sprechen. Man könnte z. B. die Bücher Herodots ins Versmaß bringen und sie wären um nichts weniger Geschichte mit Versmaß als ohne Versmaß. Aber dadurch unterscheiden sie sich, dass der eine erzählt, was geschehen ist, der andere, wie es hätte geschehen können." (1840, 460). Zugleich sollten Geschichtswerke durch fesselnden Stil und entsprechende Auswahl aus dem vergangenen Geschehen unterhalten. Im Mittelalter hielten sich Historiker dann vor allem an Cicero, um die *historia* neben der *fabula* und dem *argumentum* als eine Modalität von Erzählungen (*narratio*) zu begreifen, die sich dadurch auszeichnete, von den Fakten der Vergangenheit eine Geschichte zu erzählen (*narratio rerum gestarum*). Historiografie ist folglich das Ergebnis einer selektiven Interpretation der Vergangenheit. Das blieb bis in die Neuzeit ein geflissentlich wiederholter, epistemologisch je nach Zeit und Ort unterschiedlich begründeter Grundsatz, der für die Wahrheitsfähigkeit historiografischen Arbeitens verpflichtend ist.

Ähnlich berühmt wie Aristoteles für das Verhältnis von Geschichte und Literatur zu Fiktionalität ist in Japan ein Abschnitt im *Genji monogatari*, einem Hauptwerk der höfischen Prosaliteratur, das die Hofdame Murasaki Shikibu im frühen 11. Jahrhundert verfasste. Vergleichbar der zitierten Stelle aus der Poetik geht es Murasaki ebenso wie Aristoteles gar nicht um eine Wesensbestimmung von Geschichtsschreibung, sondern der Dichtkunst. Murasakis Ziel ist es, fiktionale Erzählungen (*monogatari*), vor allem das eigene Werk, gegenüber der von Männern dominierten Bildungsliteratur zu rechtfertigen. Eingebettet in eine mehrdeutige und ironisch gefärbte Dialogszene, deren eigentliches Thema die problematische Einstellung der Hauptfigur Genji zur Liebe ist, wird das „prekäre Verhältnis von Fiktivem und Realität" über eine „emotionsbezogene Argumentation erklärt" (Quenzer 2008, 66–70).

An einem verregneten Frühsommertag sieht Hikaru Genji den Hofdamen zu, wie sie sich die Zeit mit Malerei und Unterhaltungslektüre vertreiben. Einmal mehr auf ein Liebesabenteuer aus, knüpft er ein Gespräch mit der von ihm umworbenen Adoptivtochter Tamakazura an und bemerkt stichelnd zu ihr, solcherlei Erzählungen erfundener Vergangenheiten würden ihre Sinne unnötig verwirren. Das gelinge den Geschichten offenbar deshalb, weil sie „so geschickt geschrieben [seien], daß sie höchst natürlich wirken" und einem darin „das menschliche Gefühl so lebendig entgegen [tritt], dass man es für pure Wahrheit halten könnte", weshalb solche Geschichten wohl „von Leuten stammen, die gerne lügen" (*soragoto*). Als Tamakazura kühl entgegnet, sie selbst halte diese „immer für die volle Wahrheit (*makoto*)", biegt Genji seine Behauptung geschickt um: „Ich habe die Erzählungen (*monogatari*) wohl doch verständnislos und ein wenig verächtlich beurteilt. Nein, sie enthalten von der Götterzeit an bis heute Vorkommnisse, wie sie in der Welt geschehen. In diesem Sinn haben die Geschichtswerke wie die Chronik Japans (*Nihon shoki*) nur einen Teil der Wirklichkeit aufgezeichnet. In den Erzählungen stehen die wichtigen Ereignisse des Lebens in aller Ausführlichkeit!" (Benl 1966, 727).

In beiden Textbeispielen ist Geschichtsschreibung durch ihre Begrenzung ausgewiesen, nur davon zu berichten, was tatsächlich geschah. Auch argumentieren beide unabhängig voneinander im Anschluss für die Vorzüge von fiktionalen Texten, sei es, dass diese für Aristoteles durch Erkundungen des Möglichen philosophisch relevant oder für Murasaki durch das Hervorrufen von Mitgefühl letztlich sogar religiös nützlich seien. Was den Umgang mit Fiktionalität und Fiktivität in der Geschichtsschreibung auszeichnet, ist in den letzten Jahren interdisziplinär diskutiert worden. Die divergierenden Positionen, resultierenden Komplikationen und Implikationen für die historische Forschung bilden den Rahmen des folgenden Überblicks. Im Mittelpunkt steht die wechselvolle Auseinandersetzung mit dem Verhältnis von Realität und Fiktion, beziehungsweise die Bestimmung von Objektivität. Insbesondere die Narrativitätstheorien ließen diese an sich älteren Themen in den Geschichtswissenschaften wieder virulent werden. Überblickt man hingegen die lange und kulturell diverse Geschichte der Geschichtsschreibung, so erweisen sich so manche der unter dem Sammelbegriff Postmoderne subsumierten Kritiken, Entwürfe und Repliken als Weiterentwicklungen früherer Überlegungen. Einleitend sei knapp das hier zugrunde gelegte Verständnis von Fiktionalität und Fiktivität in Bezug auf die Fakten der Geschichte vorgestellt.

Fiktionalität ist eine Eigenschaft des Erzählens, die sowohl literarischen wie historischen Texten zukommt. „Fiktional sind, epistemologisch gesehen, alle historischen Ereignisse," wie Lucian Hölscher ausführt. „Der Begriff der Fiktionalität bezieht sich auf die sprachliche bzw. bildliche Konstruktion aller Ereignisse und ihre mnemotechnische Vermittlung. Fiktivität bezeichnet dagegen das, worüber Geschichtsschreibung gerade nicht zu handeln beansprucht, nämlich erfundene, das heißt nicht reale Ereignisse (vgl. Hölscher 2003, 30–33). Die *res factae* der Geschichte stehen somit in scharfem Kontrast zu den *res fictae* der Literatur, nicht aber zu deren narrativer Vermittlung. Nach der Unterscheidung von Frank Zipfel impliziert nun wiederum die Fiktionalität des Erzählens eben gerade nicht, dass die erzählte Geschichte auch fiktiv ist. Fiktionalität und Fiktivität bleiben aufeinander bezogen und es greife laut Zipfel zu kurz, beide als logisch getrennte Phänomene zu bestimmen. Vielmehr bleibt das „erzähllogische Bedingungsverhältnis zwischen Fiktivität und Fiktionalität" durch die problematischen „Grenzfälle" von „Texte[n], in denen mit den Mitteln des fiktionalen Erzählens tatsächliche Geschehnisse erzählt werden", bestehen (Zipfel 2001, 115–117, 165–169). In diesem Verständnis ist nicht Fiktionalität, aber Fiktivität der Oppositionsbegriff zur erstrebten Faktualität von Geschichte. Wie an Beispielen weiter unten noch deutlich wird, trennen nicht alle in den Geschichtswissenschaften begrifflich stets so scharf wie Hölscher oder Zipfel, wenngleich oft, aber eben nicht immer, gleiches gemeint ist.

Näher betrachtet bezeichnet der kontrastierend gebrauchte Begriff von Fiktivität alles im Bericht von der Vergangenheit Erfundene, subjektiv Hinzugefügte oder auch zur täuschenden Absicht Entworfene. Unter fiktionales Erzählen fallen nach heutigem Verständnis folglich ebenso eine Reihe positiver Faktoren. Wenngleich nicht so bezeichnet, ist der Gebrauch von Fiktionalität zur Vermittlung vergangener Geschehnisse und Verhältnisse von alters her bekannt. Angefangen bei Herodot und Thukydides, über die mittelalterlichen Chronisten wie Otto von Freising und deren frühneuzeitlichen Nachfolger wie Michelet und Edward Gibbon, inklusive der zahlreichen Beispiele aus anderen Kulturräumen, für die stellvertretend hier nur Sima Qian für China und die Hofdame Akazome Emon für Japan genannt seien, haben Historiker immer auch, mit unterschiedlicher Begabung, Intensität, oder Reflexivität, von Vergangenem erzählt. Auch gar nicht im Widerspruch zur aristotelischen Unterscheidung lag für griechische wie römische Historiker in der Symbiose von literarischer Qualität mit wirklichkeitsgetreuem Bericht ihr Ideal und der Erwartungshorizont ihrer Adressaten. Darüber hinaus noch galt die Historiografie damals sogar als leitende Form der Kunstprosa. In China und der sinisierten Kulturregion blieb die offizielle Geschichtsschreibung (*zhèngshǐ*) bei allen Überschneidungen gleichwohl deutlich von kunstvollen Geschichtserzählungen getrennt. Letztere gehörten zu weniger angesehenen

Unterhaltungsliteratur, die nicht zum politischen Bildungskontext der Literatenbeamten gehörte (vgl. Schmidt-Glintzer 1995, 92–96). In Japan hingegen ging die in Phasen starker Orientierung an der chinesischen Kultur gleichfalls übernommene Gattung der offiziellen, höfischen Geschichtsschreibung im Verlauf des 11. Jahrhunderts in einer literarisch erzählenden Historiografie (*rekishi monogatari*) auf. Das im *Genji monogatari* diskutierte Verhältnis von wahren und erfundenen Ereignissen kehrt in diesen Schriften wieder.

Wenn Fiktionalität also eine Eigenschaft des Erzählens ist, dann ist sie gerade nicht der Oppositionsbegriff zum Faktenbezug und Wahrheitsanspruch der Geschichtswissenschaft, sondern diese Funktion kommt der Fiktivität zu. Zum einen weist Fiktionalität auf den grundsätzlichen Konstruktionscharakter aller Vergangenheitsbezüge hin. Zusammen mit den linguistischen Strukturen und literarischen Verfahren, welche die neuere Theoriebildung auszeichnen, steht Fiktionalität zum anderen auch in einem produktiven, mithin konstitutiven Spannungsverhältnis zu den Fakten in den Geschichtswissenschaften. Beispiele dafür finden sich in den meisten vormodernen Historiografien, die im Unterschied zur gegenwärtigen Geschichtsschreibung ohnehin besser als Geschichtserzählungen oder Geschichtsdichtungen zu verstehen sind. Biografien wiederum dürften das älteste und transkulturell verbreitetste Beispiel dafür sein, dass in jeder Beschäftigung mit Vergangenem Fakten und Fiktionen zusammenwirken. Eine daran anschließende, weitere ergiebige Quellengattung sind mittelalterliche Hagiografien und ihr, dem heutigen Wirklichkeitsverständnis nach, hoher Fiktionalitätsgrad.

In Folge der Narrativitätsdebatten experimentieren Historikerinnen und Historiker inzwischen wieder mehr mit den Darstellungstechniken der zeitgenössischen Literatur für die Präsentation ihrer historischen Forschung. Andersherum können ebenso historische Romane oder die Aufbereitungen geschichtlicher Themen in anderen Medien wie dem Fernsehen, Internet oder in Comics und Computerspielen neben ihrem Unterhaltungswert ebenso zur historischen Bildung beitragen. Hierbei ersetzen fließende Übergänge ehemals streng gezogene Genreabgrenzungen. Knüpft die Vermittlung historischen Wissens beispielsweise an bestehende Rezeptionsgewohnheiten an, um historisch vertrauensvolle Informationen etwa durch Fußnoten kenntlich zu machen, bleibt es stillschweigend beim zuerst genannten Verständnis von Fiktionalität als Oppositionsbegriff. Es handelt sich allerdings um ein noch zu erkundendes Begegnungsfeld von Fakt und Fiktion (vgl. Heinze 2012, 77–94, 174–183; Schwabe 2012).

Ohne hier weiter darauf eingehen zu können, dürfte ersichtlich geworden sein, dass es sich lohnt, dem ehemals gängigen und heute reaktivierten Nahverhältnis von Literatur und Geschichte im Begriff der Fiktionalität nachzuspüren. Um im Folgenden dem aktuellen Stand der Fiktionalität und dem Umgang mit ihr in den Geschichtswissenschaften ebenso historisch gerecht zu werden, seien über die Narrativitätsdebatten hinaus die älteren Positionen und wissenschaftstheoretischen Entwicklungen berücksichtigt, die sich in vielerlei Hinsicht sogar als ungebrochen relevant für die vielverzweigten Verbindungslinien zwischen Geschichte und Literatur erweisen. Eine inhaltliche Bestimmung von Fiktionalität für die Geschichtswissenschaft sowie Überlegungen zur Relevanz des Begriffes für den heute verstärkt epochenübergreifend wie transkulturell ausgerichteten Arbeitsalltag beschließen dieses Kapitel.

2 Zwischen objektivem Wissen und ästhetischer Präsentation

Ausgangspunkt des in den letzten Jahrzehnten neu verhandelten Verhältnisses zur Fiktionalität ist die Ausdifferenzierung von Geschichte und Literatur zu separaten Fachdisziplinen. Mit der Verwissenschaftlichung von Geschichte, die Mitte des 18. Jahrhunderts in Reaktion auf die herrschenden Wissenschaftsströmungen der empirischen Naturwissenschaften und des philosophischen Rationalismus begann, erhielt Geschichte als reine Wirklichkeitswissenschaft ein neues epistemologisches Fundament. Sie war nicht mehr gleichzusetzen mit der Sachkenntnis einzelner Begebenheiten und fand nicht mehr in der Figur des weisen Gelehrten ihren Vertreter. Wissen wurde an empirischer Nachprüfung und logischer Gesetzesbildung festgemacht. Fortan garantierten überprüfbare Erforschungsregeln objektive, allgemeingültige Ergebnisse. Derart verifiziertes Faktenwissen rückte dabei in einen engeren Bezug zu den damaligen Konzeptionen von Wirklichkeit und Wahrheit, was dazu führte, ihre antike Bindung an die rhetorische Disziplin zu hinterfragen und sie aus ihrer propädeutischen Funktion für die allgemeine Tugenderziehung (*historia magistra vitae*) zu lösen. Geschichte musste fortan auch methodologisch über eine eloquente Geschichtserzählung (*narratio rei gestae*) hinausgehen. Ihr Kernanliegen war nun die Erkenntnis (*cognitio*) der Vergangenheit gegenüber deren wirklichkeitsgetreuen Repräsentation (*narratio*). Diese Entwicklung begünstigte langfristig die Tendenz, in der Vergangenheitserforschung und ihrer sprachlichen Vermittlung zwei unabhängige Arbeitsbereiche zu sehen, von denen Ersterer in der Folgezeit zunächst größere Beachtung finden sollte (vgl. Hardtwig 1982, 151–156).

Geschichte auf dem Weg zu einer modernen Wissenschaft

Wegweisend für diese Entwicklung war die *Allgemeine Geschichtswissenschaft* (1752) von Johann Martin Chladni (1710–1759). Er hob Geschichte vom bloßen Bericht über Geschehenes als Kollektivsingular des universellen Geschehenszusammenhangs ab. Er legte die Grundlage für das moderne Verständnis von Geschichte, das keine Sammlung disparater Einzelgeschichten mehr bezeichnete, sondern die integrative Einheit aller Ereignisse, die nun im selben temporalen Feld in der einen Geschichte zusammentraten. Auch wies Chladenius auf die unumgängliche Perspektivität der Geschichtsschreibung hin, die sich notwendig aus der jeweils subjektiv vollzogenen Quelleninterpretation ergebe. Johann Christoph Gatterer (1727–1799) wiederum prägte in Göttingen eine Reihe von Hilfswissenschaften zur Prüfung der Quellen, die seitdem an der Ermittlung von Faktenwissen beteiligt sind. Später arbeitete August Ludwig Schlözer (1735–1809) zur Weltgeschichte und suchte Gesetze für den historischen Verlauf aufzuweisen. Der geschichtstheoretische Schwerpunkt verlagerte sich im Bereich der Rhetorik zunehmend von der Geschichtsvermittlung und deren Wirkung auf die Produktion historiografischer Texte und bewegte sich insgesamt hin zur methodologischen Reflexionen der Forschungspraxis (vgl. Hardtwig 1982, 168–170).

Doch auch in Fragen der angemessenen historischen Darstellung hatte die Geschichtsschreibung Nachholbedarf, um den zur selben Zeit gewandelten ästhetischen Ansprüchen zu genügen. In den Theorien zum Kunstschönen ab Alexander Gottlieb Baumgartens Ästhetik (1750) spezifizierte sich das gewandelte Literaturverständnis begrifflich deutlicher in die entgegengesetzte Richtung, indem Poetik jetzt vor allem auch die Phantasie umfasste und das schöpferische Subjekt gegenüber den sprachlichen Gestaltungsmitteln in den Vordergrund rückte. Dadurch löste sich die klassische Verbindung von *historike* und *poietike* in der *techne* als einer Kunst der Beschreibung auf und machte einem ins Ästhetisch-Subjektive verschobenem Bewusstsein vom Kunstschönen Platz (vgl. Fulda 1996, 129, 155–157). Im 19. Jahrhundert knüpften Historiker daran an und etablierten Geschichte an den Universitäten als eine institutionalisierte Profession. Von dort aus sollte sie die idealistische Philosophie als intellektuelle Geltungsdisziplin ablösen und mitbegründen, was unter der Bezeichnung Historismus für eine ganze Epoche steht. Hierzu sind an erster Stelle die Leistungen von Barthold Georg Niebuhr und Leopold von Ranke zu nennen. Die Verbreitung einer quellenkritischen, philologisch basierten, historischen Methode wird vor allem auf Niebuhr zurückgeführt, der dafür vorwiegend an ältere Traditionen der Altphilologie und der theologischen Hermeneutik anknüpfte, diese aber nun für die Rekonstruktion vergangener Geschehnisse neu verband. Wie kaum jemand gilt Ranke als Verfechter der neuen, auf die Ermittlung objektiv gesicherter Fakten gerichteten Geschichte. Als Wissenschaft verfolge sie, so Ranke, von der Kunst wohlgetrennte Ziele und besitze andere Mittel, diese zu erreichen. Zur Ermittlung gesicherter Ergebnisse, die dem damaligen Verständnis nach objektiv gültiges Wissen von der Wirklichkeit garantierten, mussten die in den Quellen brauchbaren Informationen von allen möglichen Tendenzen und Verzerrungen durch die Quellenautoren getrennt werden. Erst nach diesem Prozess ließ sich von historischen Fakten sprechen. Nachweise auf die verwendeten Materialien in Fußnoten und bibliografischen Angaben sichern seitdem den intendierten Wirklichkeitsbezug. Die historische Methode bildete somit eine Synthese damaliger Wissenschaftsströmungen, indem sie die rationale Unterscheidung von wahr und falsch mit einer empirisch überprüfbaren Distanz zur Fiktionalität ermöglichte (vgl. Rüsen 1976, 133).

Zu den wesentlichen Aufgaben des Historikers gehörte neben der kritischen Vergangenheitserforschung zunächst weiterhin die interpretierende Verständigung über die ermittelten Tatsachen und deren ästhetisch gelungene Vermittlung. In Ergänzung zu obiger Abgrenzung blieben für Ranke die historischen Wissenschaften durchaus noch mit der Kunst verbunden und der Erzeugung von Genuss verpflichtet, ohne dadurch fiktional zu werden. So verstand er unter objektiver Erkenntnis der Vergangenheit kein, wie er später oft gelesen wurde, vollständig zu erfüllendes Ideal. Sein wohlbekannter Ausspruch, zeigen zu wollen „wie es eigentlich gewesen" und seine Forderung, der Historiker habe für eine „objektive Darstellung" seiner Ergebnisse und „Vergegenwärtigung der vollen Wahrheit" (Ranke 1872, 114) die eigene Subjektivität zurückzunehmen, ist heute in dieser Hinsicht leicht missverständlich. Ranke leugnete gar nicht den unvermeidbar subjektiven Einfluss persönlicher Ansichten auf jede Geschichtsdarstellung. Woran er hingegen festhielt, war dass durch Selbstdisziplin zur Objektivität, womit er vorrangig wertneutrale Unparteilichkeit meinte, politisch oder religiös tendenziöse Geschichtsschreibung weitgehend vermeidbar sei. „Ich stelle da ein Ideal auf", so schreibt er im Folgesatz weiter, „von dem man mir sagen wird, es sei nicht zu realisieren. So verhält es sich nun einmal. Die Idee ist unermeßlich, die Leistung ihrer Natur nach beschränkt." (Ranke 1872, 114) Seinem eigenen Ideal entsprach er selbst nicht immer, wie es seine Werturteile beispielsweise zu China zeigen. Ähnlich wie sein älterer Zeitgenosse Hegel in dessen Vorlesung zur „Philosophie der Geschichte" ausführte, behauptete auch Ranke, dass die chinesische Geschichte seit dem Altertum keine Entwicklung mehr aufweise, folglich statisch und wesensmäßig eher als „Naturgeschichte" zu denken sei (Ranke 1975, 85).

In der Rückschau möchte es so erscheinen, als ob Geschichte auf ihrem Weg zu einer modernen Wissenschaft in ein Spannungsfeld zwischen den Anforderungen verifizierter Erkenntnis und literarischer Ausgestaltung geriet. Ranke war noch auf die Einheit beider Arbeitsweisen bedacht und löste den drohenden Widerspruch funktional, indem er begriffliche Erkenntnis und anschauliche

Präsentation als zwei unterschiedliche Vermögen für die Geschichtsschreibung konstitutiv setzte (vgl. Rüsen 1990, 3–5). Gustav Droysen ging einen Schritt weiter und behandelte in seiner *Historik* (1857) Forschung und Vermittlung als zwei getrennte Arbeitsschritte. Für die Präsentation der Ergebnisse unterschied er eine analytisch-forschende und eine erzählend-berichtende Darstellungsweise (vgl. Droysen 1977, 464). Noch deutlicher wurde die mögliche Diskrepanz bei Theodor Mommsen, der für seine „Römische Geschichte" einerseits 1902 den Nobelpreis für Literatur erhalten hatte, sich ansonsten aber ganz der Forschungspraxis widmete, die seinen Geschichtserzählungen ihr empirisches Fundament gab.

Hinzu kam noch eine weitere Überzeugung. Für Ranke galt für die Geschichte, mit den späteren Worten Droysens, „wenn Wissenschaft sein soll, so muß zu dem Einzelnen, das die Empirie gibt, ein Allgemeines hinzukommen, woraus sich erklärt, was ist und geschieht, warum es ist und geschieht" (zit. n. Hardtwig 1982, 176). Die einzelnen Fakten bedurften einer regulativen Idee, die eine interpretierende Einordnung in ein geschichtliches Ganzes ermöglichte. Wilhelm von Humboldt hielt in seiner Schrift *Über die Aufgabe des Geschichtsschreibers* (1821) den unvermeidlichen Konstruktionscharakter fest, wenn er die regulative Idee in Analogie zur dichterischen Einbildungskraft begriff (1919 [1821], 9–12, 34–35). Für Humboldt wie für Ranke verbürgte zudem erst der Glaube an das göttliche Wirken die Möglichkeit objektiver Wahrheit in der Geschichte und damit den Erfolg der Syntheseleistung, aus den ermittelten Fakten Einblicke in einen festen Tatsachenzusammenhang zu gewinnen. Geschichte war nicht sinnlos und lief nicht willkürlich ab. Anders betrachtet befand sie sich vielmehr in einem Dreieck von Wahrheit, Fakt beziehungsweise Wirklichkeit und Fiktionalität. Diese für die Geschichtsschreibung notwendige Leistung der individuellen, durch ihren Wirklichkeitsbezug aber begrenzte Einbildungskraft hätten genannte Historiker allerdings keineswegs mit Fiktionalität oder den von ihnen kritisierten subjektiven Tendenzen in Verbindung gebracht, insofern diese Überzeugungen Bestandteil ihrer damaligen Weltwahrnehmungsweisen waren und nicht erdichtet, sondern wirklich.

Wandel des Geschichtsverständnisses zu Beginn des 20. Jahrhunderts
Die weiteren Bemühungen, den wissenschaftlichen Objektivitätsanspruch historischer Erkenntnisse gegenüber der Literatur auf der einen, den Naturwissenschaften auf der anderen Seite diskret zu legitimieren, können vereinfacht unter zwei voneinander verschiedene Theorieperspektiven subsumiert werden. Für ein methodologisch fundiertes Selbstverständnis der Geschichte als Geisteswissenschaft traten besonders Wilhelm Dilthey, Wilhelm Windelband und Max Weber in kritischer Absetzung vom Historismus des 19. Jahrhunderts ein. Windelband

trennte hierzu die das individuelle Faktum der Geschichte beschreibende idiografische Methode von der das Einzelne unter allgemeine Gesetze fassenden nomothetischen Methode. Dilthey machte in dieselbe Richtung zielend im hermeneutischen Verfahren des Sinnverstehens menschlichen Daseins das Wesensmerkmal historischer Erkenntnis aus. Max Weber wiederum sah Geistes- und Naturwissenschaften in einem engeren Bezug stehen und forderte für Erstere, mit rationalen Methoden dem hermeneutischen Verstehen gegenüber die historische Erklärungsfähigkeit zu stärken. Geschichte habe sich als Wirklichkeitswissenschaft auf empirische Forschung und Kausalität zu begrenzen, wobei sie als eine „Wissenschaft ohne Zentrum" offen für die Übernahme neuer Methoden aus dem gesamten Wissenschaftsbereich sein müsse. Er richtete sich hierbei gegen einen einseitigen Faktenpositivismus sowie einseitig wertende Universalgeschichtsschreibungen. Worin Weber die Probleme sah, geht aus seinem wegweisenden Aufsatz von 1904 zur „‚Objektivität' sozialwissenschaftlicher und sozialpolitischer Erkenntnis" hervor, in dem er gegen ein objektivierendes Faktenverständnis antrat. Auch die Vorstellung, historisch-soziale Phänomene unter Gesetze subsumieren zu können, lehnte er ab und bestimmte die Aufgabe der historischen Forschung darin, die Bedeutung der untersuchten Phänomene und deren zeitspezifischen Kulturwerte zu ermitteln. Über sogenannte Idealtypen, die Weber als Gedankenbilder und ideale Grenzbegriffe von der ‚eigentlichen' Wirklichkeit scharf trennte, sollte es seiner Theorie nach gelingen, die in vielen historischen Darstellungen nicht kenntlich gemachten, aber leitenden Werturteile, Ausschmückungen und fiktiven Elemente kenntlich zu machen (vgl. Weber 1988 [1904], 180–181, 194–195). Unmittelbaren Einfluss auf die Historikerzunft übte Weber zwar nicht aus, doch schuf er eine theoretische Basis, auf die sich die Kulturwissenschaften heute umso mehr beziehen. Er teilte damit das Schicksal von Karl Lamprecht, dessen ab den 1890ern entwickelten sozial- wie kulturgeschichtlichen Entwürfe gleichfalls erst viel später und zunächst außerhalb Deutschlands die ihnen gebührende Aufmerksamkeit erhalten sollten.

Auch außerhalb der engeren wissenschaftstheoretischen Erwägungen kamen allgemeinorientierte Überlegungen auf, die gleichfalls aus der Unzufriedenheit mit der Geschichtsschreibung des Historismus ihren Impetus erhielten. Bekannt sind die Einwände, die Friedrich Nietzsche in seiner zweiten Unzeitgemäßen Betrachtung „Vom Nutzen und Nachteil der Historie für das Leben" (1874) vorbrachte. Hinsichtlich der Stellung von Geschichte zur Fiktionalität sprach er an anderer Stelle explizit von der Fiktion der Fakten. In dem kurzen Aphorismus 307, *Facta! Ja Facta ficta*, in der „Morgenröthe" (1881) heißt es: „Alle Historiker erzählen von Dingen, die nie existiert haben, außer in der Vorstellung." Noch weniger beachtet, obgleich in vielerlei Hinsicht auf die späteren Debatten um Hayden White verweisend, sind in diesem Zusammenhang die nach dem ersten Weltkrieg erschienenen essayistischen und psychologisierenden Gegenstimmen zum akademischen Geschichtsdiskurs. Gemeint sind in erster Linie Oswald Spengler, Egon Friedell oder aber Theodor Lessing, die bei allen Unterschieden untereinander gemeinsam wesentliche Gedanken von Nietzsche aufnahmen. Stellvertretend sei hier Lessing herausgegriffen, der in seiner Streitschrift zur „Geschichte als Sinngebung des Sinnlosen" (1919) gegen ein objektives, aber auch insgesamt rationales Wissenschaftsverständnis argumentierte. Von einem lebensphilosophischen Standpunkt aus lehnte Lessing die von Droysen und Dilthey betriebene Frontstellung einer kausal-erklärenden Natur- und einer hermeneutisch-verstehenden Geisteswissenschaft ab. Letztere sei überhaupt gar nicht als Wissenschaft aufzufassen. „Nein", betont er, „sie ist das fließende Bild der Wirklichkeit, erdichtet und geträumt an Hand von Wünschen." (...) „Nur als Mythos ist Geschichte lebendig" (Lessing 1961 [1919], 92). „Niemals aber tritt Klio, so wie jede Wirklichkeitswissenschaft, wunschlosen Auges, an die Phänomene heran, um ‚dahinterzukommen'. Für sie ist die ganze Bewußtseinswelt nur das Sprungbrett zu einer ganz anderen als wissenschaftlich erkennenden, d. h. *des*illusionierenden Tätigkeit. Sie baut gerade umgekehrt an Illusionen" (Lessing 1961 [1919], 88). Anstelle von Erkenntnisgewinn dient Geschichte der Erbauung, womit Lessing den Aspekt der Vergangenheitserforschung einseitig für die rhetorische Wirkung eloquenter Geschichtsschreibung vereinnahmte. Entgegen dem naheliegenden und damals auch gezogenen Schluss, Geschichte sei also nichts anderes als Wissenschaftsfiktion, distanzierte Lessing sich später von etwaigen Parallelen zu gleichzeitigen philosophischen Positionen des Fiktionalismus, wie etwa die Als-ob Philosophie der „nützlichen Fiktionen" von Hans Vaihinger (1911).

Neben dem hermeneutischen Verstehen und dem dagegen methodisch vage belassenen Nachfühlen der Vergangenheit gab es noch einen dritten Reformansatz, der zurück auf wissenschaftstheoretisches Gebiet führt. Seinen prägnantesten Fürsprecher hatte er in Carl Gustav Hempel, der in seinem Beitrag über „The Function of General Laws in History" (1942) forderte, auch die empirischen Einzelfälle der Geschichte unter Gesetze zu subsumieren, um eine wissenschaftliche Erklärung zu ermöglichen. Geschichte sei nur dem Grad nach von den Naturwissenschaften unterschieden, nicht aber in ihrem erkenntnistheoretischen Fundament, das sie mit allen Wissenschaften teilen würde. Mit seinem vom logischen Empirismus inspirierten, einheitswissenschaftlichen Modell rückte Hempel den Objektivitätsanspruch der Geschichtswissenschaft wieder in den Mittelpunkt. Insbesondere gegen Hempel sollten sich später linguistische und kulturwissenschaftliche Vorwürfe richten.

Blickt man auf die damals gängigen Forschungsinteressen und Methoden, so wird wiederum deutlich, dass die meisten praktizierenden Historikerinnen und Historiker weniger von geschichtsphilosophischer denn vielmehr von Seiten der sozialwissenschaftlichen und ethnologischen Praxis ihre Anregungen erhielten. Nicht zu vergessen sind die Erfahrungen seit 1914, die in Europa ganz unterschiedlich die kommenden Generationen prägten. In Frankreich hatten Historiker um Marc Bloch und Lucien Febvre als erste damit begonnen, sich wegweisend von der politischen Ereignisgeschichte (*l'histoire événementielle*) mit ihrer deskriptiven Geschichtsschreibung zu distanzieren. Sie rückten stattdessen übergreifende Strukturen, Prozesse und kollektive Identitäten (*mentalité*) in den Blick. Analytische Methoden, Quantifizierungstechniken und Kausalerklärungen erhielten hierbei den Vorrang vor dem Ziel hermeneutischen Sinnverstehens und narrativer Ausgestaltung. Kritisch lehnten sie die narrative Erzeugung von Kohärenz und die zeitlich lineare Anordnung der Forschungsergebnisse in Form einer Chronik ab. Dazu ist anzumerken, dass ihre scheinbar unnachgiebige Frontstellung gegen das Erzählen auf einer Ablehnung des literarischen Realismus beruhte, der in der zeitgenössischen Literatur damals allerdings kaum noch eine Rolle spielte. Auch blieb es nicht bei einer strikten Absonderung der Forschung vom Erzählen, wie die späteren Vertreter der Annales deutlich machen. Besonders die sogenannte „dritten Generation" um Jacques LeGoff oder Emmanuel Le Roy Ladurie schrieb ästhetisch ebenso fesselnd wie analytisch scharfsichtig (vgl. Rüth 2005, 14, 145, 161, 195). Gerade sie thematisierten in ihrer Mentalitätsforschung sogar noch stärker als vorher Fiktionalität in historischer Perspektive, wenngleich schon Marc Blochs Untersuchung zur den „Rois thaumaturges" (1924) das Untersuchungsfeld abgesteckt hatte.

In Deutschland erfolgte die Rezeption der Annales vergleichsweise spät. Waren frühe kulturwissenschaftliche Versuche um Karl Lamprecht und Max Weber ohne größere Wirkung verblieben, entstand erst ab den 1960ern in den von Hans-Ulrich Wehler und Jürgen Kocka geprägten historischen Sozialwissenschaft ein starker Gegenimpuls zur politischen Ereignisgeschichte. Theorie und empirische Forschung erhielten hier, wie bei der Annales, gegenüber der Hermeneutik und narrativen Vermittlungen den Vorzug. In den Jahren zuvor hatten sich viele Historiker nach den irrationalen Verstrickungen unter dem Nationalsozialismus auf ein Ranke nachempfundenes Ideal unparteilicher Objektivität zurückgezogen. Andere verfolgten verstärkt eine gesellschaftskritische Geschichtsschreibung marxistischer Prägung. Letztere war, das sei nur am Rande erwähnt, besonders in Japan erfolgreich, dessen Geschichtswissenschaft der Nachkriegszeit unter ähnlichen Herausforderungen stand wie die deutsche (vgl. Conrad 1999, 125–131, 192–213).

3 Die Grenzen der Sprache: Neue Argumente zur Fiktionalität in den Geschichtswissenschaften

Zwar trafen genannte Vorstellungen von historischer Objektivität und Faktizität, die während der Hochzeit szientistischer Geschichtstheorie, empirischer Gesellschaftsgeschichte oder der seriellen Strukturgeschichte dominierten, keineswegs auf ungeteilte Zustimmung. Doch abzusehen war zunächst nicht, dass zeitgleich von verschiedenen und voneinander unabhängig entwickelten Positionen die Wiederannäherung der Geschichte an ihre literarischen Möglichkeiten begann. Am Ende entwickelte sie ein heute noch nicht ganz erschöpftes Moment. Herausgegriffen seien hier zunächst die Überlegungen des britischen Spezialisten für die Sowjetgeschichte Edward Hallett Carr und des französischen Althistorikers Paul Veyne. Auf die Frage, „What is History?" veröffentlichte Carr 1961 seine Einwände gegen das, was er die ‚Fetischisierung der Fakten' nannte. Geschichtsschreibung sei vielmehr ein Dialog der Gegenwart mit der Vergangenheit, durch den einzelne Fakten ihre zeitlich abhängige Bedeutung erhielten. Erst die individuelle Auswahl und Wertung im Rahmen eines Geschichtsbildes schaffe aus den Rohdaten historische Ereignisse. Eines von Carrs berühmten Beispielen ist die Durchquerung des Rubicons durch Julius Caesar, die gegenüber den gleichfalls faktischen Durchquerungen zahlreicher anderer Menschen den Rang eines historischen Ereignisses erhielt. Ereignisse liegen demnach nicht fertig in den Quellen vor, sie sind erst das Resultat eines vielfältigen und keineswegs abschließbaren Arbeitsprozesses. Die Objektivität der Fakten ist daher perspektivisch zu verstehen (vgl. Carr 1990 [1961], 11, 28–30). Gleichwohl relativierte Carr dadurch weder die Existenz von Fakten im Besonderen noch die Wissenschaftlichkeit von Geschichte im Allgemeinen, wie es seine Kritiker, darunter Geoffrey Rudolph Elton in seiner eigenen Methodenschrift zur „Practice of History" (1967), bemängelten (vgl. Jenkins 1995, 47–52).

Anders als Carr rückte Paul Veyne in „Comment on écrit l'histoire" (1971) Geschichte in die Nähe zur Literatur, indem er sie vordergründig als erzählte Fabel bestimmte und von den Maßgaben des logischen Empirismus abgrenzte. Erst durch Fabeln würden aus den historischen Zeugnissen in subjektiver Auswahl und Anordnung Ereignisse geformt und erhielten ihren spezifischen Sinn nach individuell-zeitlich bestimmten Gesichtspunkten. Geschichte ist deshalb subjektiv, aber nicht willkürlich (vgl. 1990 [1971], 39–44). Sie ist vielmehr die Kunst, faktisch wahre Geschichten zu erzählen. Bei allen Gemeinsamkeiten mit Romanen müsse Geschichte deshalb nicht literarästhetisch interessant oder schön sein, da ihr Wert sich allein aus ihrem Wahrheitsanspruch bestimme, über wirkliche Geschehnisse zu berichten (vgl. Veyne 1990 [1971], 19–21). An Veynes neuer Konzeption von Geschichte über ihre Narrativität sollte später Paul Ricoeur anschließen, wohingegen andere wie Hayden White oder Lawrence Stone, trotz ihrer ähnlichen Argumentation, Veynes Beitrag zunächst nicht zur Kenntnis nahmen.

Eine weitere Übergangsposition schuf Arthur C. Danto in seiner *Analytical Philosophy of History* (1965). Auch er distanzierte sich vom Faktenpositivismus und dem Logischen Empirismus zu Beginn des 20. Jahrhunderts, ohne dabei das nomologische Modell vollständig abzulehnen. In Auseinandersetzung mit Hempels Deduktionsmethode suchte er sogar darauf aufbauend Narrativität als eine den Geschichtswissenschaften gemäße Methode und Bedingung ihrer Wissenschaftlichkeit zu konstituieren (vgl. Danto 1968 [1965], 207–215). Auf der Grundlage seiner sprachlogischen Untersuchung noch kleinster Bedeutungseinheiten in erzählenden Sätzen weist er das Erzählen nicht als defizitäre, sondern andersherum als geeignete Form historischen Erklärens aus. Daneben integrierte er ebenso empirische Gesetze in seine historische Wissenschaftstheorie, da auch sie zu den möglichen, wenngleich selteneren Faktoren narrativer Erklärungen zählen. Wie Naturwissenschaftler gebrauchen auch Historiker „organizing schemes which go beyond what is given", doch liegt der Unterschied in der Art der anwendbaren Schemata. Seine vielzitierte Formel hierzu lautet „*History* tells stories" (Danto 1968 [1965], 111. Herv. i. O.).

Mehr als andere bereitete Danto dadurch dem Konzept einer ‚narrativen Erklärung' den Weg, doch behauptete er damit noch keine fiktionale Dimension von Geschichtsschreibung, deren Referenz auf vergangenes Geschehen er als ihre Realitätsbindung weiter voraussetzte. Nahm so generell die Aufmerksamkeit für die imaginativen Vermögen der Einbildungskraft und den Einfluss der Sprache auf die Wirklichkeitswahrnehmung zu, so richteten sich die Einwände bemerkenswerterweise weiterhin gegen ein veraltetes Objektivitätsverständnis, das in den dafür als Vorbild angenommenen Naturwissenschaften seit Hermann von Helmholtz, Werner Heisenberg oder Thomas Kuhn längst nuancierter in Relation zum Erkenntnissubjekt betrachtet wurde.

Hinwendung zur Sprache und Postmoderne

Einen folgenreichen Perspektivenwechsel bedingten erst linguistische, semiologische und philosophische Reflexionen zur sprachlichen Konstituierung des Verhältnisses von Wirklichkeit, Repräsentation und Wahrheit. Sensibilisiert für die Macht der Sprache sollte schließlich eine neue Generation von Historikerinnen und Historikern die Ablösung von der analytisch und seriell verfahrenden Sozialwissenschaft als historische Leitdisziplin vorantreiben. Auf mehrere Weise geriet Fiktionalität nun vollends zum epistemologischen Problem und löste geschichtswissenschaftliche Grundlagendebatten aus. Wegbereitend waren die Impulse von Roland Barthes, der in seinem kurzen Aufsatz „Le discours de l'histoire" (1967) gegen die Referentialität auf außertextuelle Erfahrung argumentierte hatte und darin historische Fakten als eine rein textimmanent konstruierte Illusion verstand. In diese Richtung sprach auch Jacques Derrida sein berühmtes Diktum „il n'y a pas de hors-texte" und Richard Rorty fasste frühere sprachphilosophische Thesen zu einem „Linguistic Turn" (1967) zusammen. In Umkehrung der überkommenen Mimesis-Theorie ist es nun die Sprache, die einen sogenannten Realitätseffekt erzeugt, anstatt deren realistische Abbildung bloß passiv zu gestatten. Anders formuliert verschob sich die Perspektive dahingehend, nun die wissenschaftlichen Gegenstände als zuallererst diskursiv verfasst zu betrachten. Das wirkte sich auf das bisherige Verständnis der Opposition von Fakt und Fiktion aus.

Eine der Konsequenzen war, dass die Sprache kein neutrales Instrument mehr zur direkten Darstellung historischer Forschungsergebnisse sein konnte. Dadurch machten Barthes, Derrida, Rorty, aber auch andere bekannte Denker wie Michel Foucault oder Umberto Eco eine erkenntnistheoretisch bislang unhinterfragte Grundlage aller geisteswissenschaftlichen Arbeit zu deren größtem Hindernis im Anspruch auf Objektivität und Wahrheit. Sie gingen über Veyne oder Danto hinaus, indem sie historische Erzählungen als eine unter anderen möglichen Kodierungen für die Darstellung der Wirklichkeit verstanden. Größeren Einfluss auf die damals an strenger Objektivität ausgerichtete Geschichtsforschung und deren analytische Darstellungsform hatten sie jedoch noch nicht. Das gelang erst Hayden Whites polarisierenden Schlussfolgerungen, durch die erst Fiktionalität zu einem virulenten Theorieproblem in der Geschichtswissenschaft geriet.

White sah die Leistung von Barthes oder Derrida darin, dass sie die Wahrheit historischer Aussagen von einem erkenntnistheoretischen und methodologischen zu einem handlungspraktischen Problem verschoben hatten, wodurch selbst Wahrheit sich als abhängig von der pragmatischen Absicht des jeweiligen Sprechers erweisen müsse (vgl. White 1990 [1987], 45). Zunächst aber riefen seine Thesen zur „Metahistory" (1973) und sein „Tropic of Discourse" (1978) Verstörung und Verunsicherung hervor. Letztere Aufsatzsammlung erschien in deutscher Übersetzung unter dem provozierenden Titel „Auch Klio dichtet oder die Fiktion des Faktischen", allerdings mit Verzögerung erst 1986. Sie wurden primär als Bedrohung für die eigene Wissenschaftsposition wahrgenommen und initiierte eine polarisierende Auseinandersetzung. Ähnlich wie Veyne legte White in die individuelle Auswahl, Anordnung und Hervorhebung den Bedingungsgrund dafür, das historische Rohmaterial („data from the *unprocessed historical record*") zu einer sinnvollen Geschichte (*story*) strukturieren zu können (vgl. White 1973, 5–7). Durch die Konstruktion einer Fabel erhielten die einzelnen Fakten erst ihre spezifische Funktion und damit ihre historische Bedeutung. Auf eine griffige Formel mit epistemologischem Impetus hatte diesen Gedanken zu einer ontologischen Differenz von empirischer Vergangenheit und Text bereits Louis Mink gebracht: „Stories are not lived but told. Life has no beginnings, middles, or ends" (Mink 1970, 557). Michel de Certeau wiederum hatte einen entscheidenden Moment der Fiktionalität im *Schreiben der Geschichte* ausgemacht, insofern die Geschichtsschreibung erst dadurch ihre Gegenstände erschaffe, indem sie diese als real bezeichne (vgl. Certeau 1991 [1975], 20–21). Über diese ähnlich von Veyne wie schon Max Weber vertretene Sichtweise ging White noch hinaus und behauptete, Geschichtsschreibung sei nicht von der Quellenforschung, sondern ihrer rhetorischen Modellierung (*emplotment*) bestimmt. Diese Ordnung ermöglichten die aus seinen Beispielen in einem strukturalistischen Verfahren abgeleiteten Tropen.

Die Tropentheorie, die eher einer Typologie verschiedener Tropen zur historischen Darstellung entspricht, bildet den Kern von Whites *Metahistory*. Sie sollen die Geschichtsschreibung hinsichtlich ihrer Erzählstruktur, Argumentationsweise und ideologischen Ausrichtung textintern und narrativ kodieren. Für die ästhetische Modellierung stünden vier Schemata zur Auswahl, Komödie, Romantik, Tragik und Satire, die durch zusätzliche, aber nicht beliebige, Kombinationen mit jeweils vier Kategorien der Schlussfolgerung (formativistisch, mechanistisch, organizistisch, kontextualistisch) und ethischen Implikation (anarchistisch, radikal, konservativ, liberal) eine von insgesamt zwölf möglichen, in sich kohärenten Geschichtsdarstellungen zur Erklärung der Vergangenheit ergäben (vgl. White 1973, 29; 1986, 92). White versteht das *emplotment* als ein spezifisch literarisches Verfahren, was ihn vornehmlich dazu veranlasste, die Grenze zwischen Literatur und Geschichte aufzulösen. So gelangte er zu der provokanten Schlussfolgerung, dass Geschichtsschreibung sich nicht grundlegend von fiktionalen Erzählungen unterscheide, da sie beide „verbal fictions" seien (White 1986, 102).

Die Ergebnisse der historischen Forschung hatte White dadurch zwar nicht gleich zu Fiktionen erklärt, er lehnte aber deren Wahrheitsanspruch, Objektivitätsideal und nomologisches Erklärungsmodell ab. Die Grundlage historischer Erkenntnis liege nicht mehr in der Feststellung von Fakten, sondern in deren sprachlichen Signifikation. Somit „spielt [es] keine Rolle, ob die Welt als real oder lediglich vorgestellt verstanden wird; die Art der Sinnstiftung (making sense) ist die gleiche." (White 1986, 121) Geschichte verfährt demnach nur quasiwissenschaftlich (*protoscientific*) und bleibt den Launen (*vagaries*) der Sprache ausgesetzt. Aussagen über außertextliches Geschehen bleiben überprüfbar, nur sind sie mit einem Relativismus konkurrierender, jedoch gleichberechtigter Geschichtserzählungen sozusagen konterkariert (vgl. White 1973, 428; 1986, 88, 92–94).

Wahrheitsfähige Aussagen sind demzufolge nicht mehr über vergangenes Geschehen, nur noch über historiografische Texte möglich, die als Deutungen von Vergangenheit einen kultur- und zeitabhängigen Grad an Beliebigkeit besitzen würden. Was heute eine gängige Prämisse kulturwissenschaftlicher Geschichtsforschung ist, rührte damals an den Grundüberzeugungen der historischen Disziplin. Wobei man sich inzwischen auch fragen muss, ob so viele Historikerinnen und Historiker damals tatsächlich noch an einem naiven epistemologischen Realismus festhielten, den Whites Argumentation impliziert. Schließlich hatte White, wie es ihm später kritisch vorgehalten wurde, als Quellengrundlage seiner Untersuchungen mit Ranke, Michelet, Tocqueville, Burckhardt historiografische Werke des 19. Jahrhunderts ausgewählt, deren Formate zu seiner Zeit längst nicht mehr verbindlich waren.

Noch pointierter vertritt heute Frank Ankersmit einen antirealistischen Skeptizismus. Ohne auf die Details einzugehen sei nur so viel gesagt, dass Ankersmit die Sprache von einem Referenzmedium zu einer der Malerei vergleichbaren, opaken Entität verdinglicht und vom Erklären als wissenschaftliche Aufgabe der Geschichte dezidiert abrückt. Geschichtsschreibung könne lediglich Perspektiven auf die Vergangenheit vermitteln, die inhaltlich durch intertextuelle Bezüge zwischen unterschiedlichen Repräsentationen der Vergangenheit in einem unabgeschlossenen Kommunikationsprozess entstünden (vgl. Ankersmit 1994, 127). Ankersmits Beitrag ist Teil der sogenannten ‚Krise der Repräsentation', eine Theorierichtung, die vormals gegeben gedachte Vorstellungen, Haltungen und Diskurse auf ihre kulturelle Konstituierung hin untersucht. Analog könne vergangenes Geschehen nicht mehr schlicht *re*präsentiert werden, sondern bedürfe ihrer fiktionalen Präsentation. Auf die damit verbundene ontologische Dimension der Narrativitätsdebatte, also das seit der Antike verhandelte Verhältnis von Empirie (Leben) und sprachlicher Formung (Kunst), sei hier mit Hinweisen auf deren Hauptopponenten David Carr und Alistair MacIntyre gegen Mink und White lediglich verwiesen (vgl. Burns 2006).

Ergiebiger jedoch als diese für weniger theorieaffinen Geschichtswissenschaftlerinnen und Geschichtswissenschaftler weder besonders einsichtigen noch für die eigenen Forschungsinteressen erkennbar relevanten Zuspitzungen erweisen sich heute vermittelnde Positionen, unter denen die von Paul Ricoeur zum Umgang mit Fiktionalität jüngst am meisten Beachtung findet. In seiner Literatur- und Geschichtswissenschaft umspannenden Untersuchung zu *Zeit und Erzählung* (1988, 1989, 1991) arbeitete er das Verhältnis zwischen den verschiedenen Ebenen der Rezeption und Repräsentation an dem auf Aristoteles zurückgehenden Mimesis-Begriff auf, um sie schließlich in ein neues Gleichgewicht zu bringen. Er wies der Fiktionalität eine vermittelnde Funktion zu und ging dadurch, anders als White, über die Dichotomie von Fakten und Fiktionen hinaus. Die entscheidende Wendung Ricoeurs lag darin, die Subjekt-Objekt Dichotomie mit Hilfe seiner triadischen Mimesis-Theorie mit einem wechselseitigen Abhängigkeitsverhältnis zu ersetzen, in dem Fakten ebenso an der Erzeugung von Geschichte beteiligt sind wie Fiktionen. Gegenüber den skeptischen Positionen von Barthes bis Ankersmit vertrat Ricoeur einen kritischen Realismus, für den er den Wahrheitsanspruch und Wirklichkeitsbezug der Geschichte geltend machte, der unverändert durch die „Kraft des Zeugnisses" gegeben sei (2004 [2000], 431).

Heute macht beispielsweise Stephan Jaeger für die Untersuchung zu den performativen Aspekten der Geschichtsschreibung produktiv von Ricoeurs Ansatz Gebrauch (vgl. Jaeger 2011, 47). Unter den theoretisch orientierten Geschichtswissenschaftlern tritt Jörn Rüsen seit langem in seiner an Droysen anschließenden Historik für eine vergleichbare Mittelposition in der Narrativitätsdebatte ein. Für Rüsen bleibt die „Tatsachenrichtigkeit" ein notwendiges Kriterium der Geschichtswissenschaft und Korrektiv von literarischen Repräsentationen der Vergangenheit (vgl. Rüsen 2013, 47). Zusammen mit der „Wissenschaftsspezifik historischer Darstellungen" (Rüsen 1990, 224–225), sichere die Erzeugung von Sinn und eine auf Rationalität rekurrierende, intersubjektive Begründungsfähigkeit ihrer Ergebnisse der Geschichte weiterhin ihren wissenschaftlichen Wahrheitsanspruch. Als Kontrapunkt seien abschließend noch die Einwände von Doris Gerber erwähnt, die in ihrer *Analytischen Metaphysik der Geschichte* gegen die Erzähltheorie und die drohende Fiktionalität der Vergangenheit argumentiert. Sie macht sich darin mit einer logischen Beweisführung für einen historischen Realismus gegen Danto, White und Ankersmit wie aber auch Hans Michael Baumgartner und Jörn Rüsen stark (vgl. Gerber 2012, 198–235).

Gegen übermäßige Theoriebetonung mahnen jedoch immer wieder gerechtfertigte Vorbehalte, dass rationale Erklärungsmodelle dazu tendieren können, ähnlich wie beispielsweise Rankes geschichtsreligiöse oder metaphysische Überzeugungen, fiktive Züge anzunehmen, wenn deren Überprüfung an den Quellen nicht hinreichend erfolgt oder sie der Komplexität des historischen Geschehens nicht gerecht werden. Aus den Quellen, der empirischen Grundlage, können Theorien schließlich nicht abgeleitet werden. Vom heutigen Erkenntnisstand aus rückblickend weist Stephan Jaeger daher gerade der analytisch-empirischen Geschichtstheorie einen nicht zu unterschätzenden Fiktionscharakter zu, insofern diese in ihrer starken Betonung von Faktizität und Wahrheit umgekehrt der Illusion erliege, „dass sie ihre Erkenntnisbedingungen beherrschen könne" (Jaeger 2011, 56).

4 Umgang mit Fiktionalität: Disziplinäre Grenzen und transkulturelle Chancen

Nach der ‚Krise des Historismus' zu Beginn des 20. Jahrhunderts und der Frage, wozu noch Geschichte in den Jahren um 1970, initiierten die narratologischen Debatten der 1990er eine weitere Grundsatzkrise in den Geschichtswissenschaften. Über die Begriffe Fiktion, Fiktionalität und Literarität erneuerte sich sozusagen die ältere Auseinandersetzung um das wissenschaftliche Selbstverständnis. Die dabei ausgetauschten Argumente waren nicht alle neu, viele hatten aber durch die sprachliche Kehre eine andere Ausrichtung erhalten. Bedenken rief hingegen neben dem herausgeforderten Wahrheitsanspruch auch der von Whites Thesen implizierte Relativismus aller Geschichtsdarstellungen hervor. Am wirkmächtigsten polemisierte der britische Historiker Richard J. Evans gegen White und beschwor pathetisch die drohenden Gefahren, wenn selbst eine revisionistische Geschichtsschreibung des Nationalsozialismus epistemologisch gerechtfertigt sein sollte (vgl. Evans 1997, 238–243). „Auschwitz was not a discourse. It trivializes mass murder to see it as a text. The gas chambers were not a piece of rhetoric", heißt es in Evans konservativen Verteidigungsschrift *In Defense of History* (1997, 124) gegen die von ihm als Postmodernisten zusammengefassten Theoretiker wie White, Dominick LaCapra, Keith Jenkins oder Frank Ankersmit. Zwar erkennt auch Evans die Nützlichkeit literarischer Methoden für die Quellenanalyse an und weiß ebenso um den notwendigen Konstruktionscharakter von Geschichtsschreibung, er verweist diese aber gegenüber dem Belegmaterial der Quellen auf den zweiten Platz (vgl. 1997, 70; 2002, 92). Dabei hatte White gar nicht behauptet, Auschwitz sei lediglich ein Diskurs. Er ging nicht einmal soweit, die Geschichtsdarstellung des Holocausts in Form einer ‚Komödie' zuzulassen, wobei es inzwischen mit Roberto Benignis Film „Das Leben ist schön" (1998) einen künstlerischen Versuch dazu gibt.

Bezüglich der Wahrheitsfähigkeit historischer Erkenntnis sieht Evans deren Garant in objektiven Tatsachen jenseits der historiografischen Texte (vgl. 1997, 143, 182). Mit ihm bleiben auch heute noch so manche in den Geschichtswissenschaften diesseits des erreichten linguistisch-rhetorischen Reflexionsniveaus. So konstatiert beispielsweise Werner Paravicini zwar richtig: „[D]aß es Fakten bzw. als deren Unterkategorie Ereignisse gibt, kann platterdings nicht bestritten werden: unsere Geburt, unser Tod erinnern jeden von uns täglich daran", allein um Interpretationen sei fachgerecht zu streiten (2010, 49, 54–55). Doch spielt er damit wieder Fakt gegen Fiktion aus und bleibt bei dem eingangs erwähnten negativen, oppositionellen Verständnis von Fiktionalität im Sinne von Fiktivität stehen. Ähnlich setzt es der Althistoriker Ōto Chiyuki, um ein Beispiel aus der japanischen Geschichtswissenschaft vorzustellen, der Geschichtsforschung gegen ihre postmodernen Kritiker zum Ziel, die Vergangenheit zu rekonstruieren. Entsprechend ablehnend behandelt er Hayden Whites Tropologie und dessen Reduzierung von Geschichte auf ‚verbal fictions' der Literatur. Ōto stimmt hingegen White zu, dass auch literarische Texte wie die von Lew Tolstoi Einsichten in das ‚Wesen' der Geschichte vermitteln können, wie sich andersherum Meisterwerke der Geschichtsschreibung, hier nennt Ōto Johan Huizinga, wie Literatur genießen ließen (2012, 252). Der Geschichtswissenschaft aber gehe es unverändert um Objektivität und Wahrheit, sowie mit Bezug auf Leopold von Ranke, um ‚Fakten' (*jijitsu*) und keinesfalls um ‚Fiktionen' (*fikushon*) (2012, 246). Fiktionalität versteht Ōto durchgehend negativ und hebt diese gerade nicht wie der eingangs erwähnte Lucian Hölscher von dem Begriff der Fiktivität ab, den Ōto eigentlich meint. Die sprachlichen Unterschiede müssen hierbei zwar berücksichtigt werden, denn das aus dem Englischen übernommene *fiction*, welches Ōto zusammen mit dem japanischen Ausdruck *kyokō* (虚構) verwendet, kann im Japanischen sowohl Fiktionalität wie Fiktivität bezeichnen. Doch Ōto definiert *fikushon* explizit als Erfindung und Erdichtung und nimmt, bezeichnend für seine konservative Apologetik der Geschichte, gerade nicht die neueren Ansätze von Literatur- und Geschichtswissenschaftlern zur Kenntnis (vgl. 2012, 254).

Alle diese Einwände mögen veranschaulichen, wie viele Hürden eine sachliche Auseinandersetzung mit der Erzähltheorie und Fiktionalität bisweilen immer noch zu überwinden hat. Auffällig ist hierbei die häufige Verkürzung von Fiktionalität auf ihren negativen Bedeutungsaspekt als Irrtum und Täuschung. Dabei gebraucht die literaturwissenschaftliche Diskussion einen offeneren Fiktionalitätsbegriff und differenziert nuancierter zwischen faktualem und fiktionalem Erzählen (vgl. Klein und Martínez 2009, 2–6). Gegen Whites Nivellierung disziplinärer und rezeptiver Unterschiede von Geschichte und Literatur hat zuvor bereits Ansgar Nünning akribisch argumentiert. Bei allen textlinguistischen Gemeinsamkeiten sind literarische und historiografische Erzählungen letztlich von anderen Konventionen für Produktion, Rezeption und narrativer Vermittlung geprägt (vgl. Nünning 1999, 363–368).

Hieran sei nun ein Minimalkonsens bezüglich der geschichtswissenschaftstheoretischen Einstellung zur Fiktionalität versucht. Mit Axel Rüth lässt sich treffend festhalten, dass Geschichtsschreibung dann mehr ist als Unterhaltung und Fiktion, wenn sie „ein objektives, das heißt intersubjektiv überprüfbares Wissen" produzieren und „mittels Sprache Feststellungen über eine außersprachliche Wirklichkeit" treffen kann (Rüth 2005, 3). Anders formuliert ist Geschichtsschreibung eine gegenwartsbezogene, historische Repräsentation und weder mimetische Wirklichkeitsabbildung noch reine Fiktion. Sie lässt sich vielmehr gut als ein selbst dem Wandel unterworfenes Modell für vergangenes Geschehen verstehen.

Denn wie die neuere Modellforschung erhellt, bilden Modelle ebenfalls keine isomorphen Abbildungen ihrer Originale nach. Sie erzeugen Vorbilder für Vorstellungen vom anvisierten Original, sind aber nicht deren Abbild, womit sie, analog der Geschichtsschreibung, oft verwechselt werden (vgl. Wendler 2013, 149, 152, 161). Damit ist zusätzlich zum Konstruktionscharakter aus einer Fülle überprüfbarer Referenzdaten dem Umstand Rechnung getragen, dass historiografisch-faktuale ebenso wie literarisch-fiktionale Texte eine Eigendynamik entwickeln, die sich der Kontrolle ihrer Produzenten und Rezipienten zu entziehen vermag. Ähnlich schlägt Stephan Jaeger in seiner jüngsten Untersuchung von performativen Aspekten der Geschichtsschreibung vor, die Dichotomie von Geschichte gegen Fiktion besser mit einem triadischen Schema von Geschichte-Text-Fiktion zu ersetzen, insofern Geschichtsschreibung „nicht nur auf etwas Vorläufiges referiert, sondern zugleich explizit im Akt entwirft, erschafft, erschreibt" (Jaeger 2011, 60). Unter anderem am Beispiel von Schillers *Geschichte des Abfalls der Vereinigten Niederlande von der spanischen Regierung* erklärt Jaeger, wie der Dichter, unter Rückgriff auf rhetorische Kunstgriffe des 16. Jahrhunderts, Geschichte seinen Lesern nicht nur als Ergebnis präsentiert, sondern dramatisch inszeniert und erlebbar macht (vgl. Jaeger 2011, 226–234).

Fiktionalität als Forschungsthema und Gestaltungsmittel

In den Geschichtswissenschaften lässt sich nach Abklingen der Fiktionalitätskrise eine größere Offenheit gegenüber dem Nutzen literaturwissenschaftlicher Konzepte für die Vergangenheitserforschung beobachten. Neu sind neben der Erforschung narrativer Techniken in Geschichtsdarstellungen epochenübergreifende wie disziplinverbindende Ansätze, Fiktionalitätskonzepte der Vergangenheit zu erkunden. Denn seit der Antike verstanden Historikerinnen und Historiker sich dazu verpflichtet, Geschichtsschreibung von unglaubwürdigen Fabeln, zweifelhaften Berichten und verfälschenden Intentionen abzugrenzen. Wie sie dies im Einzelnen taten, unterscheidet sich bis heute, weshalb es selbst zur Aufgabe der Geschichtswissenschaften wird, die Quellen auf die zeit- wie kulturabhängigen Formen von Fiktionalität zu prüfen. Für diese Forschungsrichtung hatten schon anthropologische Fragen ab den 1970er Jahren, und parallel zu den sprachphilosophischen Impulsen, den Boden bereitet, indem sie eine Wende zur Mentalitäts- und Alltagsgeschichte einleiteten. Dies hatte zu einer Wiederaufwertung hermeneutischer Methoden geführt, in denen die unhintergehbare Subjektivität und damit die Fiktionalität aller historischen Ereignisse wieder stärker ins Bewusstsein rückten. Die Studien zum kulturellen Gedächtnis von Aleida und Jan Assmann, die vom Mediävisten Hans-Werner Goetz konzeptionierte *Vorstellungsgeschichte* (1979), die von Gert Althoff vorangebrachte Untersuchung mittelalterlicher Symbolhandlungen sind jeweils divergierende kulturwissenschaftliche Ansätze was das Verständnis und den Bezug zu den Fakten der Geschichte betrifft, die aber gemeinsam den Menschen und seine Wahrnehmungsweisen ins Zentrum stellen und bis heute einflussreich sind. Nicht zu vergessen ist das breite Spektrum an Arbeiten zu Prozessen der Identitätsbildung und Sinnstiftung durch Geschichte(n) von beispielsweise Pierre Noras *Lieux de mémoire* (1984–1992), Clifford Geertzs Kulturanthropologie, Eric J. Hobsbawms und Terence O. Rangers *The Invention of Tradition* (1983), Benedict Andersons *Imagined Communities* (1983) oder die jüngeren Überlegungen zum *Schleier der Erinnerung* (2004) von Johannes Fried, die alle auf ihre Weise Fiktionalität thematisieren. Gleichfalls finden im multiperspektivischen und vielstimmigen Erzählen Experimente zur bewussten Anwendung von Fiktionalität für historische Darstellungen statt (Jaeger 2009, 127–132).

Alle gemeinsam rückten derartige kulturwissenschaftliche Studien die handelnden und ihre Wirklichkeit deutenden Individuen wieder in den Brennpunkt der historischen Forschung. Fiktionalität und Imagination wurden dabei vor allem inhaltlich wie aber auch darstellungstechnisch zu wichtigen Themen. Was die Quellenauswahl betrifft, so fordert eigentlich schon die mit den Literaturwissenschaften oder der Philosophie geteilte philologische Grundorientierung dazu auf, prinzipiell alle schriftlichen Texte als gleichberechtigte Quellen auszuwerten. Über die moderne Aufteilung in faktuale und fiktionale Texte hinaus sind alle Texte zusammengenommen erzählende Quellen und können gleichermaßen der Vergangenheitserforschung dienen. Verbindlich bleiben dafür die Methoden der Quellenkritik und ein dezidiert historisches Erkenntnisinteresse, das über die textimmanente wie intertextuelle Analyse und Deutung hinausgeht, um Aufschluss über Geschehnisse, Vorstellungen und Verhältnisse einer anderen Zeit zu erhalten.

Profitierten die Geschichtswissenschaften auf diese Weise für ihre eigenen Belange von den Entwicklungen in den philologisch arbeitenden Nachbardisziplinen, so trugen auch Historikerinnen und Historiker dazu bei, dezidiert historischen Aspekten Aufmerksamkeit zu verschaffen. So lenkte in Ergänzung zur epistemologischen Problematik der Narratologiedebatten beispielsweise Otto Gerhard Oexle den Blick auf deren notwendige wie erhellende Historisierung (vgl. 2003, 7–8). Diesen auf die neuere Zeit gerichteten Erörterungen schlossen sich Untersuchungen zum antiken (vgl. Heldmann 2011) wie mittelalterlichen (vgl. Goetz 2003) Verständnis von Fiktionalität und Historiografie an, die moderne literaturwissenschaftliche Konzeptionen bereichern können.

Welchen Einfluss die kulturelle Standortgebundenheit auf ihre wissenschaftlichen Gegenstände besitzt oder in wie fern die in Europa entwickelten Wissenschaftspraktiken Universalität beanspruchen können, gehört zu den aktuellen Herausforderungen der Geisteswissenschaften. Mit dem Begriff Postkolonialismus ist die generelle Kritik am Vorrang einer Geschichts- und Geisteswissenschaft aus europäischer Perspektive bezeichnet. Dagegen richten sich die Konzepte insbesondere literaturwissenschaftlich arbeitender Theoretiker wie Edward Saids „contrapuntal perspective" (1994 [1993], 36), Dipesh Chakrabartys „Provincializing Europe" (2008 [2000], 238–249) oder, am Beispiel Indiens, Sanjay Seth, der die rationalistischen, anthropologischen und theologischen Prämissen der modernen Geschichtswissenschaft herausarbeitet, die das Verständnis nicht westlicher Historiografie erschweren (vgl. Seth 2007, 79–106). Diese neue Richtung führte zu weiteren Vorbehalten gegenüber obigen Fragestellungen und theoretischen Entwürfen der Postmodernisten. So bleiben etwa Whites Tropentheorie, Ricoeurs Mimesis oder Ankersmits Sprachontologie vorrangig der europäischen Literatur und Geistesgeschichte verhaftet und können nicht ohne regionalwissenschaftliche Vorstudien für die Analyse anderer Geschichtskulturen wie die Indiens, Chinas oder Japans verwendet werden. In diese Richtung formulierte bereits die interkulturelle Germanistik mit ihrer Kritik an der Hermeneutik Gadamers wegweisende Einwände, woran inzwischen Ansätze wie der von Thomas Göller zum „Kulturverstehen" produktiv anschließen (vgl. v2000, 54–66, 357–365). Nicht außer Acht zu lassen sind zudem die gegenwärtig florierenden, interkulturellen Projekte der jüngeren Geschichtsforschung, allen voran die neuen globalgeschichtlichen Perspektiven (gl. Osterhammel 1998, 2009; Conrad und Randeria 2002). Liegen somit erste Erörterungen von Fiktionalität in epochenübergreifenden Studien sowie theoretische Hilfestellungen für interkulturelle Perspektiven vor, so bleibt die gründliche Berücksichtigung von Fiktionalität in anderen Kulturregionen weiterhin ein Desiderat kommender Geschichtsforschung.

5 Schlussbemerkungen

Ziel der oben skizzierten und zwangsläufig aus der Materialfülle selektiv ausgewählten Positionen war es, den gewandelten Umgang mit Fiktionalität in den Geschichtswissenschaften aufzuzeigen. Von den Literaturwissenschaften unterscheiden sie sich durch ihre Ziele und erkenntnistheoretischen Grundlagen, doch dürfen das geteilte philologische Fundament und die über Jahrhunderte gemeinsame Entwicklung von Historiografie und Literatur im Feld der Rhetorik nicht ausgeblendet werden. Geschichte entstand, wie es der Literaturwissenschaftler Daniel Fulda im Titel seiner grundlegenden Studie gelungen resümiert, als moderne *Wissenschaft aus Kunst* (Fulda 1996). Die jüngeren Debatten haben somit auch nicht dazu geführt, den Anspruch auf Faktenerkenntnis in den

Geschichtswissenschaften in eine Fiktion aufzulösen, sondern zu größerer Klarheit verholfen, dass in der Arbeit mit den Quellen allzu scharfe Grenzziehungen oder objektive Eindeutigkeit nicht möglich sind. Anders gesagt sind die Überschneidungen deutlicher geworden, die eine ehemals naive Rekonstruktion der Vergangenheit heute als Erkenntnisziel ausschließen. Gleiche Bedenken gelten dem Existenznachweis historischer Fakten, um den lange gestritten wurde. Denn ob ein solche ontologische Dimension der immer wieder neu mit Bedeutung versehenen und den Ansprüchen einer Zeit gemäß dargestellten Vergangenheit für die Belange der Geschichtsschreibung noch relevant ist, steht zu bezweifeln.

Damit ist auf die eingangs gestellte Frage zurückzukommen, ob Fiktionalität nach allen Erörterungen überhaupt ein hilfreicher Begriff für die Geschichtswissenschaften ist. Fiktionalität hat sich als vielseitig erwiesen und kann heute nicht mehr bloß negativ als Oppositionsbegriff zum Selbstverständnis von Geschichte verstanden werden. Dennoch ist die Frage berechtigt, ob das erweiterte Konzept von Fiktionalität auch mehr und anderes zu leisten vermag als die bereits gängigen Begriffe wie Subjektivität, Imagination, Konstruktion, Fabel oder unbestimmbarer Rest. Als übergreifender Sammelbegriff verliert er schnell an nötiger Konturschärfe und erscheint dann mitunter wenig praktikabel. Versteht man darunter den unvermeidlichen und seit der Antike unter wechselnden Bezeichnungen bekannten Konstruktionscharakter von Geschichtsschreibung, dann führt der Begriff bisweilen sogar in die Irre, da die historiografischen Texte hinsichtlich ihres Inhalts und Aussagewerts, aber auch ihrer zeit- wie ortsgebundenen Funktion und Bedeutung deshalb nicht gleich fiktional im Sinne von unwahr oder unwirklich sein müssen. Abgesehen von bewussten Fälschungen, die durchaus zahlreich waren, glaubten etwa mittelalterliche Historiker und ihre Leser an den Wahrheits- und Wirklichkeitsgehalt ihrer Werke, auch wenn sich die darin geschilderte Vergangenheit nach modernen Erkenntnissen anders zugetragen hat (vgl. Goetz 2003, 232).

Zudem ist zu berücksichtigen, dass Fiktionalität in jeder Zeit und Kultur unterschiedlich austariert wurde und nicht zwingend im Gegensatz zu Wahrheit oder Wirklichkeit stand. Neben Historiografien sind Hagiografien oder Gründungslegenden ein noch sinnfälligeres Beispiel, für das Referenzmaterial in vielen Epochen und Kulturräumen vorliegt und weiterer Erforschung bedarf. Für historische Quellenanalysen, deren Ziel im Verständnis vergangener Verhältnisse und Menschen liegt, empfiehlt sich somit eine moderate Handhabung, die sich nicht an den heutigen Begriff klammert, sondern ergebnisoffen mit Fiktionalität und fiktionalen Darstellungstechniken umgeht, zugleich aber auch der Konstitution von Fakten gebührende Aufmerksamkeit schenkt.

Literaturverzeichnis

Anderson, Benedict (1983). *Imagined Communities. Reflections on the Origin and Spread of Nationalism*. London.
Ankersmit, Frank R. (1994). *History and Tropology. The Rise and Fall of Metaphor*. Berkeley.
Aristoteles (1840). „Poetik". *Werke, Abth. 1. Schriften zur Rhetorik und Poetik*. 3. Bd. Hg. von Karl Zell, Christian Walz et al. Stuttgart.
Baumgarten, Alexander Gottlieb (1750). *Aesthetica*. Frankfurt (Oder).
Barthes, Roland (1967). „Le discours de l'histoire". *Social Science Information* 6.4 (1967): 63–75.
Benl, Oskar (1966). *Genji-Monogatari. Die Geschichte vom Prinzen Genji*. Bd. 1. Zürich.
Bloch, Marc (1924). *Les Rois Thaumaturges*. Straßburg.
Burns, Robert (Hg., 2006). *Historiography*. London.
Carr, Edward Hallet (1990 [1961]). *What is History?* London.
Certeau, Michel de (1991 [1975]). *Das Schreiben der Geschichte*. Frankfurt a. M.
Chakrabarty, Dipesh (2008). *Provincializing Europe. Postcolonial Thought and Historical Difference*. Princeton.
Chladni, Johann Martin (1752). *Allgemeine Geschichtswissenschaft. Worinnen der Grund zu einer neuen Einsicht in allen Arten der Gelahrheit geleget wird*. Leipzig.
Conrad, Sebastian (1999). *Auf der Suche nach der verlorenen Nation. Geschichtsschreibung in Westdeutschland und Japan, 1945–1960*. Göttingen.
Conrad, Sebastian und Shalini Randeria (Hgg., 2002). *Jenseits des Eurozentrismus. Postkoloniale Perspektiven in den Geschichts- und Kulturwissenschaften*. Frankfurt a. M.
Danto, Arthur Coleman (1968 [1965]). *Analytical Philosophy of History*. Cambridge.
Droysen, Johann Gustav (1977). *Historik*. Hg. von Rudolf Hübner. München.
Evans, Richard J. (1997). *In Defence of History*. London.
Evans, Richard J. (2002). „Fiktion". *Lexikon Geschichtswissenschaft. Hundert Grundbegriffe*. Hg. von Stefan Jordan. Stuttgart: 90–93.
Fried, Johannes (2004). *Der Schleier der Erinnerung: Grundzüge einer historischen Memorik*. München.
Fulda, Daniel (1999). *Wissenschaft aus Kunst. Die Entstehung der modernen deutschen Geschichtsschreibung 1760–1860*. Berlin.
Geertz, Clifford (1973). *The Interpretation of Cultures: Selected Essays*. New York.
Gerber, Doris (2012). *Analytische Metaphysik der Geschichte. Handlungen, Geschichten und ihre Erklärung*. Berlin.
Goetz, Hans-Werner (1979). „‚Vorstellungsgeschichte': Menschliche Vorstellungen und Meinungen als Dimension der Vergangenheit. Bemerkungen zu einem jüngeren Arbeitsfeld der Geschichtswissenschaft als Beitrag zu einer Methodik der Quellenauswertung". *Archiv für Kulturgeschichte* 61 (1979): 253–271.
Goetz, Hans-Werner (2003). „‚Konstruktion der Vergangenheit'. Geschichtsbewußtsein und ‚Fiktionalität' in der hochmittelalterlichen Chronistik, dargestellt am Beispiel der Annales Palidenses". *Von Fakten und Fiktionen. Mittelalterliche Geschichtsdarstellungen und ihre kritische Aufarbeitung*. Hg. von Johannes Laudage. Köln: 225–257.
Göller, Thomas (2000). *Kulturverstehen. Grundprobleme einer epistemologischen Theorie der Kulturalität und kulturellen Erkenntnis*. Würzburg.
Hardtwig, Wolfgang (1982). „Die Verwissenschaftlichung der Geschichtsschreibung und die Ästhetisierung der Darstellung". *Formen der Geschichtsschreibung*. Hg. von Reinhart Koselleck. München: 147–192.

Heinze, Carl (2012). *Mittelalter Computer Spiele. Zur Darstellung und Modellierung von Geschichte im populären Computerspiel*. Bielefeld.
Heldmann, Konrad (2011). *Sine ira et studio. Das Subjektivitätsprinzip der römischen Geschichtsschreibung und das Selbstverständnis antiker Historiker*. München.
Hempel, Carl (1942). „The Function of General Laws in History". *The Journal of Philosophy* 39.2 (1942): 35–48.
Hobsbawm, Eric und Terence Ranger (1983). *The Invention of Tradition*. Cambridge.
Hölscher, Lucian (2003). *Neue Annalistik. Göttinger Gespräche zur Geschichtswissenschaft*. Göttingen.
Humboldt, Wilhelm von (1919 [1821]). *Über die Aufgabe des Geschichtsschreibers*. Leipzig.
Jaeger, Stephan (2009). „Erzählen im historiographischen Diskurs". *Wirklichkeitserzählungen. Felder, Formen und Funktionen nicht-literarischen Erzählens*. Hg. von Matías Martínez und Christian Klein. Stuttgart: 110–135.
Jaeger, Stephan (2011). *Performative Geschichtsschreibung. Forster, Herder, Schiller, Archenholtz und die Brüder Schlegel*. Berlin.
Jenkins, Keith (1995). *On „What is history?". From Carr and Elton to Rorty and White*. London.
Klein, Christian und Matías Martínez (2009). „Wirklichkeitserzählungen. Felder, Formen und Funktionen nicht-literarischen Erzählens." *Wirklichkeitserzählungen. Felder, Formen und Funktionen nicht-literarischen Erzählens*. Hg. von Matías Martínez und Christian Klein. Stuttgart: 1–13.
Lessing, Theodor (1961 [1919]). *Geschichte als Sinngebung des Sinnlosen oder Die Geburt der Geschichte aus dem Mythos*. Hamburg.
Mink, Louis (1970). „History and fiction as modes of comprehension". *New Literary History* 1.3 (1970): 541–558.
Nietzsche, Friedrich (1881). *Morgenröthe. Gedanken über die moralischen Vorurtheile*. Leibzig.
Nora, Pierre (1984–1992). *Les lieux de mémoire*. Paris.
Nünning, Ansgar (1999). „‚Verbal Fictions?' Kritische Überlegungen und narratologische Alternativen zu Hayden Whites Einebnung des Gegensatzes zwischen Historiographie und Literatur." *Literaturwissenschaftliches Jahrbuch* 40 (1999): 351–380.
Oexle, Otto Gerhard (2003). „Von Fakten und Fiktionen. Zu einigen Grundsatzfragen der historischen Erkenntnis". *Von Fakten und Fiktionen. Mittelalterliche Geschichtsdarstellungen und ihre kritische Aufarbeitung*. Hg. von Johannes Laudage. Köln: 1–42.
Osterhammel, Jürgen (1998). *Die Entzauberung Asiens. Europa und die asiatischen Reiche im 18. Jahrhundert*. München.
Osterhammel, Jürgen (2009). *Die Verwandlung der Welt. Eine Geschichte des 19. Jahrhunderts*. München.
Ōto, Chiyuki (2012). *Rekishi to jijitsu. Posutomodan no rekishigaku hihan wo koete*. Kyōto.
Paravicini, Werner (2010). *Die Wahrheit der Historiker*. München.
Quenzer, Jörg B. (2008). „Fiktion und Liebe im Genji Monogatari." *NOAG* 183–184 (2008): 61–73.
Ranke, Leopold von (1872). „Englische Geschichte". *Sämtliche Werke*. Bd. 21. Leipzig.
Ranke, Leopold von (1975). *Aus Werk Und Nachlaß*. Bd 4. Hg. von Walther Peter Fuchs. München.
Ricoeur, Paul (1988 [1983], 1989 [1984], 1991 [1985]). *Zeit und Erzählung*. München.
Ricoeur, Paul (2004 [2000]). *Gedächtnis, Geschichte, Vergessen*. München.

Rorty, Richard (1967). *Linguistic Turn*. Chicago.
Rüsen, Jörn (1976). *Für eine erneuerte Historik Studien zur Theorie der Geschichtswissenschaft*. Stuttgart.
Rüsen, Jörn (1990). „Die vier Typen des historischen Erzählens". *Zeit und Sinn. Strategien historischen Denkens*. Frankfurt a. M.: 153–230.
Rüsen, Jörn (2013). „Wahrheit, Sinn und Konstruktion. Über die *wahre* Geschichte, über Grenzen und Möglichkeiten moderner Historiographie, Globalisierung und Ethnozentrismus, im Gespräch mit Ljiljana Heise und Ivonne Meybohm". *Der historische Roman zwischen Kunst, Ideologie und Wissenschaft*. Hg. von Ulrike Ina Paul und Richard Faber. Würzburg: 43–66.
Rüth, Axel (2005). *Erzählte Geschichte. Narrative Strukturen in der französischen Annales-Geschichtsschreibung*. Berlin.
Said, Edward (1994 [1993]). *Culture and Imperialism*. New York.
Schmidt-Glintzer, Helwig (1995). „Herrschaftslegitimation und das Ideal des unabhängigen Historikers im mittelalterlichen China." *Oriens Extremus* 38.1/2 (1995): 91–107.
Schwabe, Astrid (2012). *Historisches Lernen im World Wide Web. Suchen, flanieren oder forschen? Fachdidaktisch-mediale Konzeption, praktische Umsetzung und empirische Evaluation der regionalhistorischen Website Vimu.info*. Göttingen.
Seth, Sanjay (2007). *Subject Lessons. The Western Education of Colonial India*. Durham.
Vaihinger, Hans (1911). *Die Philosophie des Als-Ob. System der theoretischen, praktischen und religiösen Fiktionen der Menschheit auf Grund eines idealistischen Positivismus. Mit einem Anhang über Kant und Nietzsche*. Berlin.
Veyne, Paul (1990 [1971]). *Geschichtsschreibung – und was sie nicht ist*. Frankfurt a. M.
Weber, Max (1988 [1904]). „,Objektivität' sozialwissenschaftlicher und sozialpolitischer Erkenntnis". *Gesammelte Aufsätze zur Wissenschaftslehre*. Hg. von Johannes Winckelmann. Tübingen: 146–214.
Wendler, Reinhard (2013). *Das Modell zwischen Kunst und Wissenschaft*. München.
White, Hayden (1973). *Metahistory. The Historical Imagination in Nineteenth-century Europe*. Baltimore.
White, Hayden (1978). *Tropics of Discourse. Essays in Cultural Criticism*. Baltimore
White, Hayden (1986). *Auch Klio dichtet oder die Fiktion des Faktischen. Studien zur Tropologie des historischen Diskurses*. Stuttgart.
White, Hayden (1990 [1987]). *Bedeutung der Form. Erzählstrukturen in der Geschichtsschreibung*. Frankfurt a. M.
Zipfel, Frank (2001). *Fiktion, Fiktivität, Fiktionalität. Analysen zur Fiktion in der Literatur und zum Fiktionsbegriff in der Literaturwissenschaft*. Berlin.

Weiterführende Literatur

Burns, Robert (Hg., 2006). *Historiography*. London.
Conrad, Sebastian und Shalini Randeria (Hgg., 2002). *Jenseits des Eurozentrismus. Postkoloniale Perspektiven in den Geschichts- und Kulturwissenschaften*. Frankfurt a. M.
Fludernik, Monika (Hg., 2015). *Faktuales und fiktionales Erzählen. Interdisziplinäre Perspektiven*. Würzburg.

Laudage, Johannes (Hg., 2003). *Von Fakten und Fiktionen. Mittelalterliche Geschichtsdarstellungen und ihre kritische Aufarbeitung*. Köln.
Martínez, Matías und Christian Klein (Hgg., 2009). *Wirklichkeitserzählungen. Felder, Formen und Funktionen nicht-literarischen Erzählens*. Stuttgart.
Ricoeur, Paul (2004 [2000]). *Gedächtnis, Geschichte, Vergessen*. München.
Rüsen, Jörn (1990). „Die vier Typen des historischen Erzählens". *Zeit und Sinn. Strategien historischen Denkens*. Frankfurt a. M.: 153–230.

Oliver Kohns
IV.5 Fiktionalität und Politikwissenschaft

1 Eine Fallgeschichte: Trumps Wahlkampf

‚Symbolpolitik' bedeutet in den Diskursen über Politik den rein theatralischen Anteil am politischen Geschehen, der gewissermaßen nur für die Augen der Öffentlichkeit inszeniert wird, ohne ‚realpolitische' Intentionen. Jens Jessen definiert: „Symbolische Politik ist eine Politik der *Zeichen*: der Worte, Gesten und Bilder; sie entfaltet sich im semantischen Raum. Faktische Politik ist eine Politik der *Taten*: der Kriege, Steuern und Zölle; sie entfaltet sich im materiellen Raum." (Jessen 2006, 3) Aus dieser Definition wird erkennbar, warum symbolische Politik oft mit negativen Konnotationen verbunden wird: Symbolische Politik erscheint bestenfalls als ein Schmuck, eine Repräsentation der realen Politik, schlimmstenfalls als deren Ersatz, eine Verdeckung für die Absenz realen Handelns (vgl. Jessen 2006). In diesem Sinn wird in der massenmedialen Berichterstattung vornehmlich dann über ‚Symbolpolitik' gesprochen, wenn die Abwesenheit von tatsächlichem Handeln kritisiert wird (vgl. Blome 2015).

Die Differenzierung zwischen symbolischer und faktischer Politik wurde in den letzten Jahren aus kulturwissenschaftlicher Perspektive grundsätzlich kritisiert. Eine rein faktische Politik kann es demzufolge nicht geben, da auch diese auf Vermittlung und Legitimation angewiesen sei – und insofern notwendigerweise einen symbolischen Anteil habe: „Machtpolitik, wenn sie nicht kommuniziert und dargestellt werden kann, ist weder mächtig noch politisch." (Ellrich, Maye und Meteling 2009, 78) Jede Handlung ist, um als politische Handlung anerkannt und wirksam werden zu können, auf Darstellung und Repräsentation angewiesen. Unter diesen Umständen lässt sich die scharfe Trennung zwischen ‚symbolischer' und ‚faktischer' Politik nicht aufrechterhalten: Eine politische Handlung mag noch so ‚faktisch' sein, sie muss notwendigerweise eine symbolische Dimension aufweisen (vgl. Soeffner und Tänzler 2002).

Die Unterscheidung zwischen symbolischer und faktischer Politik ist darüber hinaus ihrerseits eine politische Differenzierung, präziser: Sie ist von vornherein Teil der politischen Auseinandersetzung und Polemik, sogar Teil tagespolitischer Diskussionen. Als anschauliches Beispiel bietet sich der Wahlkampf des US-Präsidentschaftskandidaten Donald Trump im Jahr 2016 an. Trump legitimierte seine Kampagne vor allem durch sein besonderes Verhältnis zu Wahrheit und Wahrhaftigkeit. Trump beschreibt sich selbst durchgehend als jemand, der „völlig anders ist als alle anderen Politiker" (Trump 2016, 19), insofern er als finanziell unabhängiger Kandidat keine Rücksichten auf Lobbygruppen oder etablierte Ideologien nehmen müsse. Der Anspruch, Dinge auszusprechen, ‚wie sie sind' (‚telling it like it is') implizierte einen forcierten Verzicht auf ‚political correctness' und die Etablierung eines konfrontativen Politikstils. Trumps Kampagne beinhaltete verbale Schlammschlachten mit Journalisten und Konkurrenten ebenso wie Beleidigungen von mexikanischen Arbeitsmigranten, Muslimen und Frauen. Die Kampagne appellierte an Rassismus und Xenophobie: Trump legte nahe, dass alle mexikanischen Immigranten Vergewaltiger und Drogenhändler seien – und versprach den Bau einer Mauer an der Grenze zu Mexiko, um illegale Immigration aufzuhalten.

Was aus Trumps Perspektive nichts als die Äußerung reinster Wahrheiten sein mag, kann in kritischer Sichtweise als Entfaltung eines politischen Spektakels beschrieben werden. In diese Richtung verweist die satirische Auseinandersetzung mit Trump, etwa in Hart Seelys Buch *Bard of the Deal: The Poetry of Donald Trump* (2015). „Trump's powerful verses – written to be shouted at lefties and lowlifes – have changed the way Americans see not only government but their next-door neighbor" (Seely 2015, xi), schreibt Seely im Vorwort des Bandes, im Stil eines Vorworts zu einer lyrischen Anthologie und mit ironischem Seitenhieb auf den Unfrieden, den Trumps polarisierende Kampagne bewirkt hat. Seely hat Aussagen Trumps aus Interviews, Tweets, Reden und Büchern gesammelt und in Verse gegliedert gedruckt, d. h. im „Flattersatz", um einer philologischen Minimaldefinition des Gedichts zu entsprechen (vgl. Lamping 2007, 670). Polemisch erklärt Seely im Vorwort Trumps zentrales Wahlversprechen – die Errichtung der Mauer an der Grenze – zu „his most enduring metaphorical image yet" (Seely 2015, x): Während Trump hervorhebt, die Mauer werde unmittelbar nach seiner Ernennung zum Präsident steinerne Realität, ernennt Seely sie so zu einer sprachlichen Figur, deren Wirkung nicht aus ihrer Referenz auf einen politischen Plan und seine Umsetzung in der Realität resultiert, sondern vielmehr aus ihrer Funktion als rhetorisches Bild. Insofern wird dem Plan, eine Mauer zu bauen, die Qualität einer literarischen Fiktion zugesprochen. Diese Pointe suggeriert bereits der Titel von Seelys Anthologie: Aus dem Titel von Trumps Bestseller *The Art of the Deal* (1987) macht Seely kurzerhand *The Bard of the Deal*. Während Trump Politik strikt als Business darstellt – und sich selbst als unschlagbaren Experten im Aushandeln der besten ‚deals' –, parodiert Seely dieses Vorhaben durch die Veränderung von nur zwei Buchstaben in eine Unternehmung der literarischen Kunst und rhetorischen Gaukelei.

Es fiele nicht schwer, das Phänomen Trump kulturkritisch als Symptom für eine Krise der Demokratie in den Vereinigten Staaten zu interpretieren. Die politische Repräsentation in den Demokratien der westlichen Welt sei zunehmend durch „Ästhetisierung, Erhöhung des Unterhaltungswertes, Schnelllebigkeit und Konsumlogik" (Diehl 2007, 112) geprägt, formuliert Paula Diehl: In dieser Perspektive wird der politische Betrieb immer mehr von der Logik der ‚symbolischen'

Politik bestimmt. Colin Crouch spricht in diesem Sinn von „Postdemokratie", wenn die Wahlen in einem Gemeinwesen zu einem von PR-Profis inszenierten „reinen Spektakel" verkommen, während die „reale Politik" lobbykontrolliert und undemokratisch „hinter verschlossenen Türen" (Crouch 2008, 10) stattfinde. Das Wahlkampfspektakel des Medienprofis Trump ließe sich in dieses Raster einsortieren. In diese Richtung weist zudem das Schlagwort der ‚postfaktischen Politik', das zu Beginn der Amtszeit Trumps geprägt wurde, um den angeblichen Realitätsverlust der politischen Akteure polemisch zu bezeichnen.

2 Symbolpolitik versus politische Fiktion

Wenn man die kulturwissenschaftliche Kritik an dem Konzept der ‚symbolischen Politik' ernst nimmt, kann man sich mit dieser Perspektive nicht zufrieden geben. So wie jede ‚faktische' Politik symbolische Anteile hat, hat auch umgekehrt jede scheinbar ‚symbolische' Politik möglicherweise ‚reale' Bedeutungen und ist potentiell immer mehr als nur bloßes Spektakel. Die Kritik der Ästhetisierung von Politik verfügt über eine lange Geschichte (vgl. Rebentisch 2012, 13). Ihr zentrales Motiv ist, wie Juliane Rebentisch argumentiert, ein konservatives Unbehagen an dem Fehlen „echter sozialer Bindungen" (Rebentisch 2012, 17) in der modernen Gesellschaft, d.h. dem Fehlen von „revisionsresistenten Prinzipien, Gesetzen oder objektiven Realitäten" (Marchart 2010, 15) als dem Fundament der politischen Organisation einer Gesellschaft. „Wo sozial nichts mehr wirklich bindet, wird die Inszenierung des Gemeinwesens zur politisch entscheidenden Kraft." (Rebentisch 2012, 17) In dieser Perspektive ist das Fehlen unveränderlicher Prinzipien oder Gesetze als Fundament der politischen Ordnung die Voraussetzung für das Gemeinwesen, sich selbst die Grundlagen seines Zusammenhalts zu formulieren. Dies geschieht in der Form einer ‚Inszenierung', d.h. mithilfe einer ästhetischen Vorführung und Imagination ihrer bindenden Elemente. Ein wesentliches Motiv in dieser Inszenierung ist in der europäischen Tradition etwa die Metapher des sozialen Körpers, d.h. die Vorstellung eines politischen Gemeinwesens durch das Bild eines menschlichen Körpers, der die gesellschaftliche Einheit anschaulich vorführen kann (vgl. Korschorke et al. 2007, 18 f.). Dadurch wird eine Ganzheit anschaulich, die sich sonst womöglich wohl kaum jemals vorstellen lässt; zugleich kann die metaphorische Perspektive soziale Grenzziehungen ermöglichen und Hierarchien festlegen. Die Metapher kann sichtbar bestimmen, wer Teil dieses Körpers sein soll und wer nicht (vgl. Haltern 2009, 36 f.); sie kann eine ständische Ordnung und Hierarchie visualisieren und legitimieren (vgl. Manow 2008, 41 f.).

Anstelle von *symbolischer Politik* spricht die kulturwissenschaftliche Forschung von *politischen Fiktionen*. Im Zentrum der Aufmerksamkeit steht so nicht mehr die Kritik an einer Theatralisierung von Politik, sondern – nahezu im Gegenteil – die Analyse von sprachlichen oder visuellen Zeichen, die politisches Handeln erst ermöglichen, indem sie die Grundlagen einer politischen Gemeinschaft anschaulich machen. Der Begriff der Fiktion ist für die kulturwissenschaftliche Analyse von Politik daher grundlegend. Die poetologische und literaturwissenschaftliche Tradition des Fiktionsbegriffs kann dabei für das Verständnis von Politik fruchtbar genutzt werden. Indem über politische Fiktionen gesprochen wird, wird zweierlei vorausgesetzt (vgl. Korschorke et al. 2007, 10 f.): 1) Politische Organisationen sind fiktional in dem Sinne, dass sie – auch wenn staatliche Autoritäten durchaus real handeln – niemals ‚real' wahrgenommen werden können (vgl. Matala de Mazza 2011, 167). Sie sind schlichtweg kein Teil unserer physischen Welt und können – insbesondere in ihrer *Ganzheit* – nur als etwas „Erdachtes, Erfundenes, Vorgestelltes" (Barsch 1998, 150) perzipiert werden. 2) Sie sind ferner fiktional in dem Sinne, dass sie *fingiert* sind: Sie sind künstliche Wesen, von Menschenhand erschaffen. Das Gemeinwesen, der Staat, die *civitas* kann nichts anderes denn als „an artificial man" [„ein künstlicher Mensch"] (Hobbes 1998 [1651], 7; Hobbes 1966 [1651], 5), als ein *Automat* vorgestellt werden, schreibt Thomas Hobbes in diesem Sinn zu Beginn des *Leviathan*. Die Fiktionalität der politischen Organisation – die daraus folgt, dass diese weder *real* im strikten Sinn noch *natürlich* ist – garantiert die Absenz von absoluten Fundamenten und eröffnet, positiv gewendet, einen Raum der Freiheit: Eine politische Freiheit, die nicht eine individualistische Freiheit *vom* Sozialen, sondern eine Freiheit zur Veränderbarkeit *des* Sozialen ist (vgl. Rebentisch 2012, 19 f.).

In diesem Sinn kann die These formuliert werden, dass etwa das Format eines Wahlkampfs immer auch der Ort ist, an dem die politischen Fiktionen, durch die ein politisches Gemeinwesen vorstellbar und wahrnehmbar wird, inszeniert und dadurch aktualisiert oder modifiziert werden. Dabei zeigen sich entscheidende Unterschiede zwischen verschiedenen Stilen und Ausrichtungen der Inszenierung von politischen Fiktionen. Um beim Beispiel der Vereinigten Staaten zu bleiben: Sowohl auf der Ebene der politischen Rhetorik wie auch auf der Ebene der Ästhetik der Auftritte inszeniert Barack Obamas Kampagne des Jahres 2008, wie Ulrich Haltern ausführt, eine Aktualisierung der traditionsreichen Imagination des Staates als einen Organismus (vgl. Haltern 2009, 55 f.). Es ging, mit anderen Worten, um die ästhetisch inspirierte Erneuerung einer Identifizierung aller Bürger mit dem Staat, um diesen das Gefühl der Teilhabe an der nationalen Souveränität (‚We the People') zu vermitteln und sie an die damit verbundenen Pflichten und Opfer zu erinnern (vgl. Haltern 2009, 61). Vor diesem Hintergrund lässt sich auch Trumps Vision einer gewaltigen Mauer an den Grenzen der Vereinigten Staaten als Evokation einer politischen Fiktion interpretieren: Auch hier geht es um das Versprechen einer Erneuerung nationaler Identität und Souveränität – allerdings nicht inspiriert durch einen Akt kollektiver Identifikation, sondern durch Akte der Ausgrenzung und Ausschließung der ‚anderen'. Obamas rhetorische Evokation des Staates als Organismus zielt auf die Beteiligung der Bürger an einer – allerdings höchst vage definierten – Aufgabe, Trumps Projekt der Mauer verspricht die Lösung aller Probleme durch das Handeln der Regierung. Während Obamas politische Fiktion, pointiert formuliert, das Versprechen umfassender Inklusion beinhaltet, setzt Trumps politische Fiktion auf Exklusion von Alterität und Fremdheit.

Die folgenden Abschnitte skizzieren eine *Theoriegeschichte* der Idee politischer Fiktionen. Im Zentrum steht dabei die Vorstellung des ‚politischen Körpers', die aus dem mittelalterlichen Modell der ‚zwei Körper des Königs' hervorgeht. Die chronologische Ordnung wird im Folgenden aufgegeben, um eine wesentliche inhaltliche Differenzierung verdeutlichen zu können: Die Unterscheidung zwischen politischen Fiktionen, die staatlich gesteuert sind (und folglich auf offizielle staatliche Akteure zentriert sind) und politischen Fiktionen, die nicht zentral gelenkt sind und gewissermaßen ‚von unten' entstehen.

3 Theoriegeschichte der ‚zwei Körper' (I): Kantorowicz

Eine wichtige Anregung für die kulturwissenschaftliche Analyse politischer Fiktionen stellt Ernst Kantorowicz' vielzitierte Arbeit *Die zwei Körper des Königs* (1957) dar. Kantorowicz beschreibt hier die Genese der „mystische[n] Fiktion von den ‚zwei Körpern des Königs'" (Kantorowicz 1992, 25), die für die Staatstheorie des Mittelalters vor allem in England und Frankreich von zentraler Bedeutung war. Dieser Theorie zufolge verfügte der König über zwei verschiedene Körper; er besitzt neben dem natürlichen (*body natural*) einen politischen Körper (*body politic*) (vgl. Kantorowicz 1992, 29). Während der erste sterblich und fehlbar ist, ist der zweite unsterblich und unfehlbar; er verkörpert „seinen königlichen Status und seine Dignität" (Kantorowicz 1992, 31).

Der Ursprung dieser „merkwürdige[n] Fiktion" (Kantorowicz 1992, 27) liegt Kantorowicz zufolge in der christlichen Vorstellung der Doppelnatur Jesu als sterblicher Mensch und zugleich als Christus, als gesalbter Erlöser. Indem auch ihm ein doppelter Körper zugeschrieben wurde, wurde der König des Mittelalters „zum *christomimētēs*, buchstäblich Schauspieler und Darsteller Christi, das lebende Bild des Zweinaturen-Gottes auf der irdischen Bühne, auch im Hinblick auf die beiden unterscheidbaren Naturen." (Kantorowicz 1992, 66) Kantorowicz rückt, wie Pierre Legendre in seinem Kommentar betont, die „*theatralische Dimension*" (Legendre 1992, 111) mittelalterlicher Politik ins Licht: Der König war niemals nur einfach er selbst, sondern durch seinen physischen Körper stets zugleich die Verkörperung einer aus eigener Kraft niemals sichtbaren oder greifbaren Entität (vgl. Kantorowicz 1992, 29) – sei diese nun die monarchische Dynastie (vgl. Kantorowicz 1992, 282) oder, in der historischen Weiterentwicklung des Modells, die Regierung und der Staat (vgl. Kantorowicz 1992, 386 f.).

Entwickelt wird die Fiktion der zwei Körper wesentlich von den englischen Juristen, die die Legitimation der Monarchie und des Rechts durch die systematische Verwendung einer „halbreligiöse[n] Terminologie [...] faktisch mit christologischen Begriffen" (Kantorowicz 1992, 38) definieren. Die politische Fiktion im Zentrum von Kantorowicz' Analyse wird somit ‚von oben' dekretiert: Die Juristen des Hofs erfinden sie zur Lobpreisung und Legitimation der monarchischen Macht. Der Begriff der Fiktion wird hier in seiner ganzen Bedeutungsbreite eingesetzt: Kantorowicz betont, dass die Zweikörpermetapher zunächst „eine rationale juristische Fiktion" gewesen sei, die jedoch von den Kanonisten zum Zwecke eines „irrationalen Denken[s]" (Kantorowicz 1992, 400) verwendet worden sei. Während die juristische Fiktion – in diesem Sinn ‚rational' – nie aus den Augen verliert, dass ihre Objekte keine Existenz außerhalb ihrer Konstrukte besitzen, gewinnt die Fiktion der zwei Körper – in diesem Sinn ‚irrational' – im Laufe der juristischen Operationen eine Realität, die aus den juristischen Texten im engeren Sinne heraustritt und den Staat insgesamt formt. Ab einem bestimmten Punkt ist es nicht mehr möglich, „von Königtum [zu] reden, ohne auf die große Metapher zurückzugreifen." (Boureau 1992, 131)

Wenn dies so ist, dann ändert sich die Rolle der Fiktion: Sie wird handlungssteuernd und -ermöglichend. Kantorowicz hebt hervor, dass diese Handlungssteuerung nicht unbedingt von dem Monarchen ausgehen musste: Die Fiktion der ‚zwei Körper' ermöglichte auch Kritik an dem König und hatte so einen geradezu „konstitutionalistischen" Effekt (Kahn 2009, 79). Dies belegt der Umstand, dass das englische Parlament sich im Jahr 1642, wie Kantorowicz schreibt, „der gleichen Fiktion" bediente, „um im Namen Karls I., König im politischen Körper, das Heer aufzubieten, das denselben Karl I., König im natürlichen Körper, bekämpfen sollte." (Kantorowicz 1992, 42) Kantorowicz spricht, so gesehen, nicht bloß von einer politischen Metapher oder Fiktion, sondern weitaus eher von einer Grundlegung des Politischen durch Fiktionalität im Laufe des Mittelalters. Die Fiktion der zwei Körper bewirkt dabei nicht allein die Repräsentation einer sonst nicht wahrnehmbaren, mystischen Grundlegung der monarchischen Autorität. Sie eröffnet zudem einen politischen Raum als ein Feld für Entscheidungen, und damit – zumindest in der Perspektive des zurückschauenden Historikers – der

Veränderbarkeit gesellschaftlicher Organisation. Insofern lässt sich sagen, dass die politische Fiktion der ‚zwei Körper' (in der von Kantorowicz analysierten Form) eine doppelte Funktion besaß: zum einen eine Darstellungs- und Repräsentationsfunktion und zum anderen eine handlungssteuernde Funktion.

4 Theoriegeschichte der ‚zwei Körper' (II): Hobbes

Die mittelalterliche Theorie der ‚zwei Körper' wird in einem Gründungsdokument der politischen Theorie der Moderne aufgegriffen und entscheidend transformiert. Thomas Hobbes' *Leviathan* (1651) gilt vielfach als Grundlage der modernen Staatstheorie, weil als Grundlage politischer Organisation hier erstmals nicht mehr von Gott gesprochen wird, sondern von dem vertraglich vereinbarten Willen des Volkes (von Pechmann 2005, 266). Mit dem Begriff der Repräsentation wird ein genuin darstellungstheoretisches (und im engeren Sinne ästhetisches) Konzept zu einem Schlüsselbegriff im Prozess dieser vertraglichen Vereinbarung. Die Einsetzung des Staates erfolgt Hobbes zufolge durch einen grundlegenden Gesellschaftsvertrag: Gegründet wird der Staat, indem sich die Menschen versammeln und einen „covenant of every man with every man" [„Vertrag eines jeden mit jedem"] abschließen, „as if every man should say to every man, I authorize and give up my right of governing myself, to this man, or to this assembly of men, on this condition, that thou give up thy right to him, and authorize all his actions in like manner" [„als hätte jeder zu jedem gesagt: *Ich autorisiere diesen Menschen oder diese Versammlung von Menschen und übertrage ihnen mein Recht, mich zu regieren, unter der Bedingung, daß du ihnen ebenso dein Recht überträgst und alle ihre Handlungen autorisierst*"] (Hobbes 1998 [1651], 114; Hobbes 1966 [1651], 134). Die Menschen verzichten, mit anderen Worten, um des Friedens willen freiwillig auf ihr „natürliches Recht auf alles" und treten es – unter der einzigen Bedingung, dass es auch alle anderen um sie herum machen – an den Souverän ab, der durch diese Abtretung konstituiert wird. Sobald und solange der Staat unter diesen Bedingungen als eine kollektive Persönlichkeit, als eine körperliche Einheit – „a real unity of them all, in one and the same person" [„eine wirkliche Einheit aller in ein und derselben Person"] (Hobbes 1998 [1651], 114; Hobbes 1966 [1651], 134) – und zugleich geistige Einheit (ausgestattet mit „eine[m] Willen": Hobbes 1966 [1651], 134) gedacht wird, erscheint innerer Konflikt zwischen den vormals atomisierten Einzelindividuen nunmehr nur noch als pathologische Störung des Kollektivkörpers denkbar.

Die Möglichkeit der Bildung dieser kollektiven Persönlichkeit ist Hobbes zufolge durch die Errichtung und Anerkennung von *Repräsentation* gegeben, wie im 16. Kapitel des *Leviathan* erklärt wird. „A multitude of men, are made *one* person, when they are by one man, or one person, represented; so that it be done with the consent of every one of that multitude in particular" [„Eine Menge von Menschen wird zu *einer* Person gemacht, wenn sie von einem Menschen oder einer Person vertreten wird und sofern dies mit der besonderen Zustimmung jedes einzelnen dieser Menge geschieht"], schreibt Hobbes: „For it is the *unity* of the representer, not the *unity* of the represented, that maketh the person *one*. And it is the representer that beareth the person, and but one person" [„Denn es ist die *Einheit* des Vertreters, nicht die *Einheit* der Vertretenen, die bewirkt, daß *eine* Person entsteht. Und es ist der Vertreter, der die Person, und zwar nur eine Person verkörpert"] (Hobbes 1998 [1651], 109; Hobbes 1966 [1651], 125 f.). Die Konstruktion einer kollektiven Gemeinschaft und Einheit wird demnach erreicht, indem alle Bürger ihres Staates einen einzigen Menschen als ihren Repräsentanten anerkennen. In der Literatur zu Hobbes wurde gegen seine Theorie des Gesellschaftsvertrags immer wieder der Einwand formuliert, dass sie zirkulär bzw. aporetisch sei (von Pechmann 2005, 266): Hobbes muss die Möglichkeit eines kollektiven Vertragsschlusses voraussetzen, obwohl doch erst die Kreation des Gesellschaftsvertrags (und damit: des Staates) den Naturzustand beendet und Verträge jeglicher Art denkbar werden lässt (Koselleck ⁸1997, 24). Die Menschen handeln, *als ob* sie einen gemeinsamen Willen hätten – obwohl es diesen erst nach dem Abschluss des Gesellschaftsvertrags geben kann –, sie schließen einen „Vertrag eines jeden mit jedem", *als ob* es die Möglichkeit von bindenden Verträgen bereits gäbe – obwohl auch diese erst durch den grundlegenden Vertrag selbst ermöglicht wird –: In dieser Logik der „Selbsterzeugung" des Gemeinwesens „aus Nichts" (Hamacher 2005, 176) beruht Hobbes' Theorie der Repräsentation auf einem emphatischen Konzept von Fiktionalität (welches jederzeit die Möglichkeit eines grundlosen „Als ob" voraussetzt: vgl. Iser 1996, 667 f.).

Hobbes' Verständnis von Repräsentation weicht signifikant von der traditionellen Verwendung des Begriffs ab. Bereits zu Beginn des 17. Jahrhunderts ist es gebräuchlich geworden, das Wort *representation* nicht mehr nur in Bezug auf Kunst, Religion und Theater zu gebrauchen, sondern auch in einem politischen Sinn, insbesondere indem das Parlament als Repräsentant der Nation beschrieben wird (vgl. Pitkin 1967, 247 f.). Einen der ältesten Nachweise bietet Thomas Smiths *De republica anglorum* aus dem Jahr 1583, in dem vom „Parliament of Englande" gesprochen wird, „which representeth and hath the power of the whole realme, both the head and the bodie" (Pitkin 1967, 246). Hobbes' Ausführungen zum Begriff der „representation" knüpfen an diese Aussagen an, reaktivieren aber zugleich auch die älteren Konnotationen zur Sphäre der theatralischen Darstellung. Die Untertanen werden zum „*author*", der Souverän ist ein „*actor*": Hobbes' Beschreibung der staatlichen Repräsentation – und damit der Bedingung der Möglichkeit der Existenz des Staates – rückt diese systematisch in die Nähe ästhetischer Produkte, insbesondere zu Inszenierungen dramatischer Werke. In die Sphäre des Theatralischen weist auch die Etymologie des Begriffs ‚Person', auf die Hobbes ausdrücklich eingeht. „The word person is Latin" [„Das Wort ‚Person' ist lateinischer Herkunft"], schreibt Hobbes: „instead whereof the Greeks have πρόσωπον, which signifies the *face*, as *persona* in Latin signifies the *disguise*, or *outward appearance* of a man, counterfeited on the stage" [„Die Griechen sagen dazu πρόσωπον, was das *Gesicht* bedeutet, wie auch *persona* auf lateinisch eine *Verkleidung* oder die *äußere Erscheinung* eines Menschen bedeutet, der auf der Bühne dargestellt wird"] (Hobbes 1998 [1651], 106; Hobbes 1966 [1651], 123). Der Souverän, der die künstliche Person des Staats erschafft, indem er die Einheit seiner Untertanen repräsentiert, ist wesentlich ein Staatsschauspieler, und der Staat ist wesentlich eine theatralische Fiktion.

Ein wesentlicher Effekt der machterschaffenden Repräsentation ist somit, dass sich der Körper des Souveräns symbolisch verdoppelt, wie in der von Kantorowicz analysierten Logik der ‚zwei Körper' des Königs. Neben seiner Existenz als physisches menschliches Wesen wird der König als *actor* zum Repräsentanten der „eine[n] Person" (Hobbes 1966 [1651], 134), der Gesamtheit des Gemeinwesens. „Der Souverän ist [...] sowohl als ein natürlicher Mensch zu betrachten, der als solcher sein Wohl verfolgt, als auch als die künstliche Person, die das gemeinsame Wohl verfolgt" (von Pechmann 2005, 276 f.), schreibt Alexander von Pechmann. Dass der Souverän in seiner Rolle als Repräsentant des Gemeinwesens einen anderen Willen hat denn als ‚natürlicher Mensch', ist allerdings bestenfalls ein Teil der Fiktion (insofern argumentiert von Pechmann hier aus der Perspektive eines gläubigen Untertanen): Die Konstitution des Gemeinwesens verdankt sich Hobbes zufolge ja der identifikatorischen Unterwerfung der Untertanen mit dem Willen des Souveräns, der seinerseits unverändert und jederzeit ‚natürlich' bleibt. Die Konzeption von Repräsentation, wie Hobbes sie beschreibt, setzt präzise voraus, dass ein Mensch – durch die Macht der Fiktion – *zugleich* als menschliches Wesen und als Repräsentant der ‚Person' des Gemeinwesens bzw. des Staates anerkannt wird. Repräsentation bedeutet, mit anderen Worten: Die symbolische Aufladung einer menschlichen Figur als Personifizierung des Gemeinwesens, wodurch diese mit Macht und Würde – kurzum: mit *Autorität* – ausgestattet wird.

5 Die politische Fiktion des Absolutismus

In der Forschung ist der Mythos absolutistischer Macht oftmals als Versuch interpretiert worden, den Monarchen als symbolische Personifizierung des Gemeinwesens zu imaginieren. In der geschichtswissenschaftlichen Forschung wurde das Konzept des ‚Absolutismus' in den letzten Jahren einer scharfen Kritik unterworfen – die Realität der politischen Machtausübung im vorrevolutionären Frankreich sei stets komplexer gewesen als dieser Begriff suggeriere (vgl. Henshall 1996, 48; Schilling 2008, 16). Nichtdestrotz gab es einen Mythos absolutistischer Macht, der etwa Ludwig IV. als eine Gestalt mit buchstäblich grenzenloser Kraft imaginierte, die selbst die Wirkung der Naturgesetze überstieg (vgl. Burke ³2009, 15). Der Glaube an die Göttlichkeit des französischen Königs schloss, wie Marc Bloch in seiner vielzitierten Studie über *Die wundertätigen Könige* (1924) ausführt, die Vorstellung ein, dass der König zu Wunderheilungen fähig sei (vgl. Bloch 1998, 285 f.). Die Sakralisierung des Herrschers beruhte vollständig auf dem Prinzip der Repräsentation: Die Würde und Macht des Königs wurde, mit anderen Worten, durch die Wirksamkeit einer Abbildung legitimiert.

Die Reden Jacques-Bénigne Boussuets, des Hoftheologen Ludwigs XIV., appellieren daher zentral an den „Glauben an die Repräsentation" (Schmitt 1954, 40) im religiösen, politischen und ästhetischen Sinn. In Bossuets Phantasma absoluter Macht repräsentiert der König die Herrschaft Gottes über die Welt und spricht daher legitim in *seinem* Namen (vgl. Bossuet 1780, 200). Der Fürst repräsentiert Gott als „ein sterbliches Bild seiner unsterblichen Macht" (Bossuet 1780, 203), er ist vollständig Abbild und Repräsentation. Dem katholischen Vertrauen auf die Kraft des sichtbaren Bildes entsprechend betont Bossuet, dass der Monarch seine Kraft der Repräsentation sichtbar zum Ausdruck bringen kann. Während der ‚zweite Körper' des Königs in der von Kantorowicz beschriebenen Tradition als unsichtbar gedacht wurde, erhält er bei Bossuet eine jederzeitige Sichtbarkeit durch besondere Anzeichen der Würde am Körper des Monarchen: „Um diese Macht zu befestigen, welche die seinige vorstellet [*représente*], drücket Gott auf die Stirne der Könige, und in ihr Angesicht ein Merkmahl der Gottheit [*marque de divinité*]." (Bossuet 1780, 203) Die von Ludwig und seinem Hoftheologen Bossuet entwickelte Ideologie der Repräsentation weicht dabei von der Tradition der Zweikörperlehre ab. Während der politische Körper in der Tradition der politischen Theologie gerade von allen Eigenschaften des natürlichen Körpers abgegrenzt wurde, wird er im Frankreich des 17. Jahrhunderts ausdrücklich mit dem biologischen Körper des Königs identifiziert.

Die pikturale Abbildung des Königs gewinnt entsprechend im Frankreich des 17. Jahrhunderts eine entscheidende politische Bedeutung. Hyacinthe Rigauds Porträt Ludwigs aus dem Jahr 1701 wurde zum offiziellen Staatsporträt und musste mit der gleichen Ehrerbietung behandelt werden wie der König selbst (vgl. Burke 2009, 18). Die französische Politik des 17. Jahrhunderts zelebriert „a thoroughgoing political iconolatry" (Schmitter 2002, 414), wie Amy Schmitter formuliert. Der Zusammenfall von natürlichem und politischem Körper im ästhetischen Regime des Absolutismus zwingt den König dazu, sich – wie in Rigauds Bild exemplarisch vorgeführt – fortwährend *als* König zu inszenieren: Er muss jederzeit die „Repräsentation des Glanzes Gottes" (Pornschlegel 2008, 89) vorführen. Je mehr Mühe Ludwig jedoch darauf verwendet, sich *als* König zu inszenieren, seine Rolle als König vorzuführen, das Königtum zu repräsentieren, je mehr er – kurzum – als *Darsteller* des Königs erscheint, desto deutlicher wird, dass er *nicht* der König *ist*. „Wahrhaft König, will sagen Monarch, ist der König nur in Bildern", schreibt Louis Marin: „Sie sind seine *reale Präsenz*: ein Glaube an die Wirksamkeit und Operativität *seiner* ikonischen Zeichen ist obligatorisch, oder der Monarch entleert sich mangels Transsubstantiation all seiner Substanz und von ihm bleibt nur noch das Simulakrum" (Marin 2005, 15). Nur *im Bild* ist Ludwig Monarch, das heißt: Seine Herrschaft setzt den katholischen Glauben an die Realpräsenz göttlicher Kraft in der symbolischen Repräsentation voraus. Keineswegs aber wird man denken, daraus folge, dass die Untertanen Ludwigs jemals eine freie Wahl gehabt hätten, zu glauben oder nicht: „[D]ieser Glaube [wird] notwendig von den Zeichen selbst gefordert; sein Fehlen ist Häresie und Sakrileg, Irrtum und Verbrechen zugleich" (Marin 2005, 15), schreibt Marin. Wer sich vor dem absolutistischen Repräsentationsregime nicht verneigte, konnte sich seiner Strafe sicher sein.

6 Demokratische Fiktionen

Die politische Fiktion des Absolutismus ist damit strikt ‚von oben' gesteuert. Das muss jedoch nicht bedeuten, dass dies auf alle politischen Fiktionen zutrifft. Die Forschung der letzten Jahre hat sich zunehmend auf Modelle von politischer Fiktionalität konzentriert, die gewissermaßen ‚von unten' her konstruiert sind, d. h. die nicht mehr auf eine staatliche Kontrolle und Lenkung angewiesen erscheinen.

Simon Critchley führt aus, dass Rousseau zufolge die Errichtung einer politischen Ordnung „eine Domäne der Fiktion im starken Sinne" (Critchley 2008, 17) voraussetzt. Die Notwendigkeit dieser Fiktion erläutert Critchley in seiner Lektüre von Rousseaus *Contrat Social*. Rousseau beschreibt hier – im Anschluss an die Theorie des Gesellschaftsvertrags bei Hobbes – den Zusammenschluss der Menschen zu einem gesellschaftlichen Körper (vgl. Rousseau 2001, 280 f.). Im Unterschied zu Hobbes sieht Rousseau jedoch keine Figur eines Souveräns vor, der außerhalb des Gesellschaftsvertrags bliebe. Rousseau betont dagegen die Gleichheit aller Bürger, die durch den Zusammenschluss erreicht werde: „Schließlich, wenn sich jeder allen gibt, so gibt er sich niemandem" (Rousseau 2001, 280). Diese (scheinbare) Paradoxie erlaubt es Rousseau zufolge jedem Mitglied eines Gemeinwesens, *zugleich* Staatsbürger und Teilhaber an der staatlichen Souveränität *und* ein gesetzestreuer Untertan seines Staates zu sein (vgl. Rousseau 2001, 281). In seiner Lektüre des *Contrat Social* unterstreicht Critchley, dass die Gemeinschaft, die Allgemeinheit, der sich das Subjekt hier hingibt, „in Wirklichkeit" – d. h. *vor* diesem Akt der Hingabe – „nicht existiert". „Mit anderen Worten", urteilt Critchley, „das Wesentliche von Politik ist ein Akt und eine Fiktion." (Critchley 2008, 23) Es geht um die Ermöglichung eines Raums des ‚als ob', der ein vollständig anderes soziales Verhalten von Menschen zueinander erzwingt: Der dadurch erzeugte kollektive Wille ist nicht einfach die Summe der einzelnen Willen, sondern ein wirklicher Gemeinwille, der wesentlich auf die Aufrechterhaltung der „union" zielt (vgl. Fetscher ³1993, 124). Die *volonté de tous* (der Willen aller) wird dadurch zur *volonté générale* (dem Willen der Gemeinschaft). Das entscheidende an dieser Art von politischer Fiktion ist, dass sie ohne jede Form der Steuerung ‚von oben' gedacht wird, sondern lediglich strikt auf die – wie auch immer geformte – Initiative durch alle einzelnen Mitglieder des Gesellschaftskörpers angewiesen ist. Insofern damit zugleich auf eine souveräne Instanz außerhalb der Gemeinschaft verzichtet wird, formuliert Rousseau hier eine demokratische Variante einer politischen Fiktion.

Rousseaus Formulierung einer politischen Organisation, die auf einer gemeinsam geteilten Fiktion beruht, wird gegen Ende des 18. Jahrhunderts von zahlreichen Autoren auch außerhalb Frankreichs aufgegriffen. Novalis fordert in seinen politischen Fragmenten *Glauben und Liebe* (1798) die Neuorganisation des preußischen Staates durch eine politische Fiktion, innerhalb derer der Monarch eine Rolle als symbolische Figur für die Gemeinschaft zugewiesen bekommt: „Bedarf der mystische Souverain nicht, wie jede Idee, eines Symbols, und welches Symbol ist würdiger und passender, als ein liebeswürdiger trefflicher Mensch?" (Novalis 1999, 293) Indem Novalis in seinen Texten das reale Königspaar zu einem bildhaften, d. h. massenhaft wirksam fiktionalen Zeichen für den Zusammenhalt der politischen Organisation erhebt, formuliert er eine (wenngleich theoretische) Synthese aus Monarchie und Demokratie (vgl. Kohns 2008; Hahn 2016, 77).

Eric Santner entwickelt eine neue theoretische Perspektive auf die demokratischen politischen Fiktionen. Santners These besagt, dass die von Kantorowicz diagnostizierte fiktionale Verdopplung des Königskörpers nach dem Ende der monarchischen Regierung auf den Volkskörper insgesamt übertragen wird. Die Quelle staatlicher Legitimität verschiebt sich grundlegend: An die Stelle der Transzendenz als Quelle monarchischer Regierung tritt in der Moderne eine reine Immanenz: Nicht mehr die Relation zwischen einem Monarch und Gott begründet Politik, sondern das tatsächliche nackte Leben des Volkes (in seiner phantasmagorischen Dimension) (vgl. Santner 2011, 61). An die Stelle der „zwei Körper des Königs" treten Santner zufolge somit die „zwei Körper des Volkes" (*The People's Two Bodies)*: Das Fleisch des Königs migriert „into the bodies and lives of the citizens of modern nation-states." (Santner 2011, 10) Dies schließt an Rousseaus Konstruktion des politischen Körpers als restlose Entäußerung aller an die Gemeinschaft – d. h. die Ersetzung der *volonté de tous* durch einen *volonté générale* – an und verbindet diese Idee mit Foucaults Konzept der „Bio-Macht" (bzw. „Biopolitik"). Mit diesem Begriff bezeichnet Foucault den Umstand, dass politische Macht in der Moderne sich zunehmend über ihren Zugriff auf das Leben definiert und legitimiert: Sie ist eine „Macht, die das Leben verwaltet und bewirtschaftet" (Foucault 1983, 163) und die zu diesem Zweck den Anspruch erhebt, das Leben ihrer Untertanen umfassend zu kontrollieren, zu erforschen und zu verändern – und sich paradoxerweise sogar das Recht nimmt, „den Tod zu fordern" (Foucault 1999, 294).

7 Unbewusste politische Fiktionen

Die politischen Theorien zu Beginn des 20. Jahrhunderts versuchen eine Antwort auf die radikalen politischen und sozialen Umgestaltungen in ihrer Epoche zu finden. Der „Aufstieg der ‚Massen'" ist ein wichtiges Thema dieser Reflexionen; die Formel beschreibt den Umstand, dass durch die Ausdehnung des Wahlrechts in zahlreichen Ländern Europas (ab 1919) zuvor marginalisierte Gruppen (wie Frauen und Arbeiter) eine neue politische Relevanz erhalten (vgl. Müller 2013, 38 f.). Das Phänomen der ‚Masse' wirft zudem die Frage auf, ob Menschen ein anderes Verhalten bzw. eine andere Rationalität aufweisen, wenn sie als Teil einer Gruppe agieren. Die politische Theorie Freuds ist zu weiten Teilen den Reflexionen über die ‚Masse' gewidmet – und seine Theoreme sind eine wesentliche Inspiration für die Überlegungen zur politischen Fiktionalität geworden. Das Verhältnis der Psychoanalyse zur Politik ist allerdings nicht einfach zu bestimmen. In der Forschungsliteratur wird Freud gelegentlich unterstellt, er habe eine gewissermaßen symmetrische Relation zwischen Individual- und Kollektivpsyche angenommen (vgl. Mein 2011, 23). Gegen Ansätze zu einer Kollektivpsychologie wendet Freud jedoch ein, dass der „Gegensatz zwischen sozialen und narzißtischen [...] seelischen Akten" keine Abgrenzung zwischen Individual- und Massenpsychologie ermögliche, weil er „durchaus innerhalb des Bereichs der Individualpsychologie" (Freud 1982a, 65) zu verorten sei. Mit anderen Worten ist soziales und politisches

Verhalten ein wesentlicher Teil der Individualpsychologie – und Freuds Psychoanalyse demzufolge in gewisser Weise von vornherein eine „politische Wissenschaft" (Lacoue-Labarthe und Nancy 1989, 72).

Freuds Auseinandersetzung mit politischer Theorie besticht durch ihre originelle Verbindung von analytischen und literarischen Dimensionen. Diese Vermischung wird für Freud erforderlich, indem er beansprucht, die historischen Ursprünge von sozialer Organisation überhaupt erklären zu können. Freud erfindet dafür politische Mythen, die das *„Einfügen einer im radikalsten Sinne gesellschaftsbegründenden Symbolik ins Reale des Naturzustands"* (Lüdemann 2004, 170) vollziehen. In seinem Essay *Totem und Tabu* (1912/13) erzählt Freud davon, wie sich die Gewaltherrschaft des Vaters in der „Darwinsche[n] Urhorde" (Freud 1982b, 425) in eine politische und religiöse Ordnung verwandeln konnte: Die Söhne ermorden ihren Vater gemeinsam und bereuen diesen Mord jedoch (weil sie nun anfangen, sich untereinander zu bekämpfen), woraufhin sie den toten Vater zu einer göttlichen Instanz erheben. Religiöse und politische Autorität leitet sich demzufolge in Freuds analytischer Erzählung aus einem mythischen Vatermord ab. In seiner Abhandlung über *Massenpsychologie und Ich-Analyse* verweist Freud erneut auf den Mythos der ‚Urhorde' und erklärt, dass das Verhältnis der modernen „Massen" zu ihrem „Führer" das Verhältnis „eines Einzelnen der Urhorde zum Urvater" (Freud 1982a, 119) wiederholt und dadurch vorstellbar macht. Die moderne Masse ist in Freuds Perspektive daher „autoritätssüchtig", sie sucht die Unterwerfung durch den „gefürchtete[n] Urvater" (Freud 1982a, 119). Insofern die Relation des einzelnen zur Masse innerpsychisch durch den Prozess der Identifizierung vermittelt ist, handelt es sich notwendigerweise um einen Akt der Projektion, d. h. der (notwendigen) Einschreibung von Imaginationen in die Realität des Subjekts.

In einer polemischen Rezeption der strukturalistischen Psychoanalyse (d. h. der Freudinterpretation Lacans) entwickelt der politische Philosoph Cornelius Castoriadis sein einflussreiches Konzept des „radikal Imaginären" (vgl. Lüdemann 2004, 170). „Jenseits der bewußten Tätigkeit der Institutionalisierung finden die Institutionen ihren Ursprung im *gesellschaftlichen Imaginären*" (Castoriadis 1990, 225), schreibt Castoriadis. Das Konzept des Imaginären greift auf die psychoanalytische Begrifflichkeit der Phantasie zurück, insofern es nicht einfach einer als gegeben vorausgesetzten ‚Realität' entgegengesetzt werden kann (vgl. ausführlicher Kohns 2014). Castoriadis hebt hervor, dass die politische Einrichtung der Gesellschaft nicht durch eine äußere Realität determiniert wird: Auf „der gesellschaftlichen Ebene [...] ist das Auftauchen neuer Institutionen und Lebensweisen keine ‚Entdeckung', sondern eine Gründung, ein Tun" (Castoriadis 1990, 229). Das soziale Imaginäre ist für Castoriadis entsprechend in erster Linie das kollektiv geteilte Vermögen einer Gesellschaft, sich selbst eine neue Organisation zu geben: Das „Imaginäre" ist, so Castoriadis, eine „unaufhörliche und (gesellschaftlich-geschichtlich und psychisch) wesentlich *indeterminierte* Schöpfung von Gestalten/Formen/Bildern, die jeder Rede *von* ‚etwas' zugrundeliegen" (Castoriadis 1990, 12). Das „Imaginäre" bezeichnet eine politische Phantasie, deren Produkte weder ‚wahr' noch ‚unwahr' sind: Es handelt sich um eine Form von Fiktionalität, die die Dichotomie von Realität/Fiktion durchkreuzt, weil sie als Teil der *Konstruktion* von Realität jeder Unterscheidung zwischen ‚real' oder ‚fiktiv' logisch wie temporal vorausgeht (vgl. Koschorke, Lüdemann, Frank und Matala de Mazza 2007, 10 f.). Diese temporale Logik der Voraussetzungslosigkeit wird bei Castoriadis durch das Konzept der Schöpfung – ebenso wie das des Imaginären aus dem ästhetischen Diskurs abgeleitet – ausgedrückt. Die Herausbildung sozialer Organisation wird Castoriadis zufolge somit nicht allein bewusst betrieben, sondern entspringt wesentlich einem kollektiven Unbewussten, einer produktiven gesellschaftlichen Einbildungskraft.

Der Begriff des Imaginären markiert wesentlich die Kontingenz, d. h. Nichtnotwendigkeit der Politik: ‚imaginär' bedeutet für Castoriadis, dass die politischen Einrichtungen stets *ex nihilo* kreiert wurden, und dass folglich jederzeit auch eine politische Änderung *ex nihilo* möglich sein muss. Es geht Castoriadis folglich an keiner Stelle um *ästhetische* Produkte: Er nutzt lediglich die Analogie zu Diskursen der Einbildungskraft – die Schöpfung des Kunstwerks ex nihilo durch das Genie ist ein Topos der Kunstlehren des 18. Jahrhunderts –, um eine politische Philosophie zu schreiben, in der die Veränderbarkeit und Wandelbarkeit politischer Institutionen hervorgehoben wird. Castoriadis unterscheidet daher kategorial zwischen „instituting social imaginary" und „instituted social imaginary" (Castoriadis 2007, 73): Nur im Moment der gesellschaftlichen und politischen Instituierung ist das radikal Imaginäre originär schöpferisch tätig; danach erstarren („solidify": Castoriadis 2007, 73) sowohl die gesellschaftlichen Instanzen als auch die Kraft des Imaginären, die dann nur noch „repetition of the same forms" hervorbringt, „which henceforth regulate people's live" (Castoriadis 2007, 73). In diesem Sinn muss Castoriadis' Konzept des Imaginären als eine eminent politische Kategorie begriffen werden, die nicht ohne den Kontext des Jahres 1968 begriffen werden kann (vgl. Chihaia 2008, 75).

8 Kulturwissenschaftliche Konzeptionen

In der kulturwissenschaftlichen Forschung stehen Konzeptionen von politischer Fiktionalität seit einigen Jahren im Zentrum. Beispielhaft ließe sich das Forschungsprojekt „Poetologie der Körperschaften" nennen, das von 2000 bis 2006 am Zentrum für Literatur- und Kulturforschung in Berlin angesiedelt war und mit Susanne Lüdemann, Albrecht Koschorke, Thomas Frank und Ethel Matala de Mazza prominente Mitglieder hatte. Die Forschergruppe greift auf das bei Castoriadis formulierte Konzept des „sozialen Imaginären" zurück und interpretiert grundsätzlich neu, insofern es hier wieder zurück auf ästhetische Phänomene bezogen wird (Koschorke, Lüdemann, Frank und Matala de Mazza 2007, 62). Die Semantik des „politischen Imaginären" verschiebt sich hier gegenüber dem Konzept bei Castoriadis auf zwei Ebenen: 1. *Historisierung*: Das soziale Imaginäre wird grundsätzlich in *historischer* Dimension begriffen, die Thematisierung von aktueller Politik und deren Kontingenz (d. h. Änderbarkeit) fällt weg. 2. *Ästhetisierung*: Traditionell entscheidende und Disziplingrenzen begründende Unterscheidungen wie insbesondere die zwischen fiktionalen und faktualen Diskursen werden suspendiert. Dies wird möglich, indem verschiedenste diskursive Phänomene („Bilder", „Narrative", „Mythen", „Texte") als Medien der *Veranschaulichung*, d. h. der Ästhetisierung (buchstäblich: Wahrnehmbarwerdung) einer kollektiven Identität konzipiert werden. Beide Dimensionen der Neuinterpretation des Konzepts des ‚sozialen Imaginären' zeugen von dem geänderten disziplinären Interesse: Hier geht es nicht mehr um politische Philosophie, sondern um Philologie, um einen spezifisch philologischen Zugriff auf verschiedenste Texte, die sich wie literarische Texte lesen lassen.

Ein Beispiel für diese generelle Ästhetisierung stellt die für die Gruppe um Koschorke, Lüdemann und Matala de Mazza zentrale Analyse von Metaphern dar. Diese bilden eine naheliegende Herangehensweise von literaturwissenschaftlicher, d. h. ästhetisch interessierter Methodik auf nicht-ästhetische Texte. Dass Metaphorik auch in faktualen, wissenschaftlichen wie philosophischen Texten erkenntnisleitend sein kann, ist seit Nietzsches sprachkritischem Essay „Über Wahrheit und Lüge im außermoralischen Sinn" und Hans Blumenbergs Begriff der „Hintergrundmetaphorik" (vgl. Blumenberg 1998, 91) keine revolutionäre These mehr. Die methodische Neuerung gegenüber Blumenberg besteht vor allem in dem Axiom, dass die politische Metaphorik für die Gruppe des ZfL Aufschluss über die Verfasstheit des politischen Imaginären zulässt. Entsprechend bietet die Arbeit der Forschergruppe im konkreten ‚Lektüreteil' ihrer Arbeiten nicht mehr – und nicht weniger – als eine Geschichte der politischen Körpermetaphoriken – die ‚zwei Körper des Königs', organische Politikmetaphern – sowie literarische Reflexionen darüber, insbesondere in dramatischer Dichtung (die traditionell eine Affinität zu monarchischem Personal hat). Nichtsdestotrotz war und ist der Ansatz der Gruppe höchst einflussreich und hat eine ganze Reihe von unterschiedlichen kulturwissenschaftlichen Arbeiten zum ‚politischen Imaginären' inspiriert. Zu nennen wäre insbesondere Philip Manows Studie *Im Schatten des Königs* über die politische Symbolik der modernen Demokratie (vgl. Manow 2008).

Notorisch wird dabei der Wert von politischer *Einheitsstiftung* und kultureller *Identitätsfindung* und *-stiftung* betont: Das „soziale Imaginäre" wird verstanden als Sammlung der ästhetischen Repräsentationen der Selbstinszenierung einer Gesellschaft, in der diese ausdrücklich „als *Eines*" (Koschorke, Lüdemann, Frank und Matala de Mazza 2007, 62) vorstellbar werde: Es geht, mit anderen Worten, von vornherein um die Stiftung einer *Einheit* im emphatischen Sinn. Dieser Repräsentation einer geschlossenen, totalen sozialen Einheit wird eine gewissermaßen transzendentale Notwendigkeit zugeschrieben: „*Die Gesellschaft scheint das imaginäre Surplus von Einheitssemantiken durchaus zu brauchen oder zu wollen*" (Lüdemann 2004, 17). Die Bildung einer politischen Gemeinschaft – im Gegensatz zu einer bloß zerstreuten *Ansammlung* von Menschen –, die mehr ist als die Summe ihrer Teile, wird so zu einer ästhetischen Aufgabe von Einheitsbildung. In Iris Därmanns *Figuren des Politischen* heißt es über die gesellschaftliche Funktion politischer Fiktionen: „Die europäische politische Philosophie hat unterschiedliche Figuren, Chiffren, Narrative, Szenen und Repräsentationen von Sozialität und Gesellschaft hervorgebracht. Sie sollen dem Wirrwarr der Singulare, den vielgestaltigen *membra disiecta* des sozialen Körpers, der souveränen Herrschaft, dem Brudersinn oder der amorphen Menschenmasse eine sichtbare Gestalt und visuelle Einheit verleihen, die ihnen von sich aus abgeht." (Därmann 2009, 30 f.) Die Aufgabe der politischen Fiktionen wäre demgemäß, aus einem ‚Wirrwarr' eine ‚Gestalt' und ‚Einheit' zu formen, eine ‚amorphe Menschenmasse' in die Greifbarkeit eines ‚Körpers' zu transformieren. Das Problem dieser Beschreibung ist zunächst, dass die den politischen Fiktionen zugeschriebenen Funktionen (‚Gestalt', ‚Körper') ihrerseits bereits metaphorische Entitäten darstellen. Vor allem aber wird nicht begründet, warum Einheit elementar wertvoller sein sollte als Vielheit, Vielgestaltigkeit und Dissonanz: Warum braucht eine Gesellschaft eine ‚Gestalt', so wäre zu fragen, und nicht vielmehr viele verschiedene Gestalten?

Diese theoretische Axiomatik, die von vornherein Konzepte der Einheit gegenüber solchen der Pluralität bevorzugt, bricht entschieden mit weiten Teilen der Reflexion im Bereich der politischen Philosophie in den letzten Jahrzehnten. Autoren wie Jacques Rancière oder Chantal Mouffe setzen – in jeweils anderer Nuancierung und Begründung – gerade im Gegenteil den Moment des *Konflikts* als notwendigen Ausgangspunkt des Politischen, nicht die Stiftung von *Einheit* und *Identität*. Für Rancière ist Dissens wichtiger für politische Diskurse als Konsens, insofern er einen Streit über die gerechte Verteilung von politischer Teilhabe und Macht ermöglichen kann. „Die Politik existiert, wenn die natürliche Ordnung der Herrschaft unterbrochen ist durch die Einrichtung eines Anteils der Anteillosen" (Rancière 2002, 24), formuliert Rancière. Das ‚soziale Imaginäre' in der kulturwissenschaftlichen Formulierung des Konzepts ist dagegen notwendigerweise nur *eines*, weil „es schließlich und endlich eine *gemeinsame Ver-*

anstaltung ist, an der wir teilnehmen" (Lüdemann 2004, 19), weshalb in diesem Theoriedesign Konsens eine zentralere Rolle spielt als Dissens. Salopp formuliert, ist die theoretische Referenz an dieser Stelle weniger Rancière als vielmehr Friedrich Schiller: Der „ästhetische Staat", wie Schiller ihn gegen Ende der Briefe *Ueber die ästhetische Erziehung des Menschen* (1795) entwirft, ist die Imagination einer idealen Gesellschaft, in der „die Parole der Revolution – ‚liberté, egalité, fraternité' – allein durch das Programm der Erziehung zur Kunst erfüllt zeigt" (Alt 2009, 149). Dies wird möglich durch eine hier verwirklichte harmonische Relation zwischen Individuum und Gesellschaft: Der „ästhetische Staat" kann die Gesellschaft Schiller zufolge „wirklich machen, weil er den Willen des Ganzen durch die Natur des Individuums vollzieht" (Schiller 1993, 667). Den Anklang an die idealistische Ästhetik – und Ästhetisierung – der Politik handelt sich die Gruppe „Poetologie der Körperschaften" durch die Fixierung auf das stets als singulär gedachte „Imaginäre" ein.

Ein Begriff wie der der ‚postfaktischen Politik' greift zu kurz, um die aktuellen politischen Diskurse beschreiben zu können: Darüber kann die Analyse der ‚politischen Fiktionen' aufklären. Nicht allein, dass politische Kommunikation immer schon etwas anderes als reine Wahrhaftigkeit umfasste; ‚politische Fiktionen' können als Imaginationen, Metaphern und Bilder begriffen werden, durch die politische Ordnung vorstellbar wird (und insofern liegen sie jenseits jeder Unterscheidung zwischen ‚wahr' und ‚gelogen'). Einen notwendigen Dissens gibt es in den Forschungsdiskussionen noch über die möglichen politischen und sozialen Funktionen der ‚politischen Fiktionen'. Bonnie Honig unterscheidet allgemein zwischen „virtue theories of politics", welche Konsens favorisieren, Politik mit Verwaltung identifizieren und juristische Konfliktlösungen als Modell von Politik anstreben, und „virtù theories of politics", welche Dissens favorisieren und Politik als disruptive Praxis begreifen (Honig 1993, 2). Diese Unterscheidung kann auch auf die Theorien der ‚politischen Fiktionen' appliziert werden; die Auseinandersetzung zwischen „virtue theories" und „virtù theories" wird noch auszuführen sein.

Literaturverzeichnis

Alt, Peter-André (2009). *Schiller. Leben – Werk – Zeit*. Bd. 2. München.
Barsch, Achim (1998). „Fiktion/Fiktionalität". *Metzler Lexikon Literatur- und Kulturtheorie.*
   Ansätze – Personen – Grundbegriffe. Hg. von Ansgar Nünning. Stuttgart: 149–150.
Bloch, Marc (1998 [1924]). *Die wundertätigen Könige*. Übers. von Claudia Märtl. München.
Blome, Nikolaus (2015). „Alle Macht den Gesten". *Der Spiegel* 5. Januar 2015: 28–29.
Blumenberg, Hans (1998). *Paradigmen zu einer Metaphorologie*. Frankfurt a. M.

Bossuet, Jakob Benignus [Jacques-Bénigne] (1780). „Dritte Predigt. Auf den Palmsonntag, vor dem Könige gehalten, von der Gerechtigkeit". *Gesammelte Predigten*. Aus dem Französischen übersetzt von Wolfgang, Abte des Benediktinerstiftes Gleink, in Oberösterreich. Siebenter Theil. Steyr: 194–225.

Boureau, Alain (1992). *Kantorowicz. Geschichten eines Historikers*. Aus dem Französischen von Annette Holoch. Stuttgart.

Burke, Peter (³2009). *Ludwig XIV. Die Inszenierung des Sonnenkönigs*. Übers. von Matthias Fienbork. Berlin.

Castoriadis, Cornelius (1990). *Gesellschaft als imaginäre Institution. Entwurf einer politischen Philosophie*. Übers. von Horst Brühmann. Frankfurt a. M.

Castoriadis, Cornelius (2007). „Imaginary and Imagination at the Crossroads". *Figures of the Thinkable*. Übers. von Helen Arnold. Stanford: 71–90.

Chihaia, Matei (2008). „Das Imaginäre bei Cornelius Castoriadis und seine Aufnahme durch Wolfgang Iser und Jean-Marie Apostolidès". *Literaturtheorie und „sciences humaines". Frankreichs Beitrag zur Methodik der Literaturwissenschaft*. Hg. von Rainer Zaiser. Berlin: 69–85.

Critchley, Simon (2008). *Der Katechismus des Bürgers. Politik, Recht und Religion in, nach, mit und gegen Rousseau*. Übers. von Christian Strauch. Berlin.

Crouch, Colin (2008). *Postdemokratie*. Aus dem Englischen von Nikolaus Gramm. Frankfurt a. M.

Därmann, Iris (2009). *Figuren des Politischen*. Frankfurt a. M.

Diehl, Paula (2007). „Von ‚Medienkanzler', ‚singender Bundesrätin' und Showman. Körperinszenierung zwischen Unterhaltung und politischer Repräsentation". *Inszenierungen der Politik. Der Körper als Medium*. Hg. von Paula Diehl und Gertrud Koch. München: 106–120.

Ellrich, Lutz, Harun Maye und Arno Meteling (2009). *Die Unsichtbarkeit des Politischen. Theorie und Geschichte medialer Latenz*. Bielefeld.

Fetscher, Iring (³1993). *Rousseaus politische Philosophie. Zur Geschichte des demokratischen Freiheitsbegriffs*. 3. überarb. Aufl. Frankfurt a. M.

Foucault, Michel (1983). *Der Wille zum Wissen. Sexualität und Wahrheit 1*. Übers. von Ulrich Raulff und Walter Seitter. Frankfurt a. M.

Foucault, Michel (1999). *In Verteidigung der Gesellschaft. Vorlesungen am Collège de France (1975–76)*. Übers. von Michaela Ott. Frankfurt a. M.

Freud, Sigmund (1982a). „Massenpsychologie und Ich-Analyse". *Studienausgabe*. Hg. von Alexander Mitscherlich, Angela Richards und James Strachey. Bd. 1–10. Hier Bd. 9. Frankfurt a. M.: 61–134.

Freud, Sigmund (1982b). „Totem und Tabu. Einige Übereinstimmungen im Seelenleben der Wilden und der Neurotiker". *Studienausgabe*. Hg. von Alexander Mitscherlich, Angela Richards und James Strachey, Bd. 1–10. Bd. 9. Frankfurt a. M: 287–444.

Hahn, Torsten (2016). „Der eheförmige Staat. Novalis' politische Fiktionen (*Glauben und Liebe*)". *Perspektiven der politischen Ästhetik*. Hg. von Oliver Kohns. Paderborn: 69–92.

Haltern, Ulrich (2009). *Obamas politischer Körper*. Berlin.

Hamacher, Werner (2005). „Wilde Versprechen. Zur Sprache ‚Leviathan'". *Die Ordnung des Versprechens. Naturrecht – Institution – Sprechakt*. Hg. von Manfred Schneider. München: 171–198.

Henshall, Nicholas (1996). „Early Modern Absolutism 1550–1700: Political Reality or Propaganda?". *Der Absolutismus – ein Mythos? Strukturwandel monarchischer Herrschaft in West- und Mitteleuropa (ca. 1550–1700)*. Hg. von Ronald G. Asch und Heinz Duchhardt. Köln: 25–53.

Hobbes, Thomas (1966 [1651]), *Leviathan oder Stoff, Form und Gewalt eines kirchlichen und bürgerlichen Staates*. Übers. von Walter Euchner, hg. von Iring Fetscher. Frankfurt a. M.
Hobbes, Thomas (1998 [1651]). *Leviathan*. Hg. von J. C. A. Gaskin. Oxford.
Honig, Bonnie (1993). *Political Theory and the Displacement of Politics*. Ithaca.
Iser, Wolfgang (1996). „Fiktion/Imagination". *Fischer Lexikon Literatur*. Bd. 1–3. Bd. 1. Hg. von Ulfert Ricklefs. Frankfurt a. M.: 662–679.
Jessen, Jens (2006). „Symbolische Politik". *Aus Politik und Zeitgeschichte* 20: 3–6.
Kahn, Victoria (2009). „Political Theology and Fictions in *The King's Two Bodies*". *Representations* 106 (2009): 77–101.
Kantorowicz, Ernst H. (1992 [1957]). *Die zwei Körper des Königs. Eine Studie zur politischen Theologie des Mittelalters*. Aus dem Amerikanischen von Walter Theimer. Stuttgart.
Kohns, Oliver (2008). „Der Souverän auf der Bühne. Zu Novalis' politischen Aphorismen". *Weimarer Beiträge* 54.1 (2008): 25–41.
Kohns, Oliver (2014). „Die Politik des ‚Politischen Imaginären'". *Die imaginäre Dimension der Politik*. Hg. von Martin Doll und Oliver Kohns. München: 19–48.
Koschorke, Albrecht, Susanne Lüdemann, Thomas Frank und Ethel Matala de Mazza (2007). *Der fiktive Staat. Konstruktionen des politischen Körpers in der Geschichte Europas*. Frankfurt a. M.
Koselleck, Reinhart (⁸1997). *Kritik und Krise. Eine Studie zur Pathogenese der bürgerlichen Welt*. Frankfurt a. M.
Lacoue-Labarthe, Philippe und Jean-Luc Nancy (1989). „Panik und Politik". *Fragmente. Schriftenreihe zur Psychoanalyse* 29/30 (1989): 63–98.
Lamping, Dieter (2007). „Gedicht". *Reallexikon der deutschen Literaturwissenschaft. Neubearbeitung des Reallexikons der deutschen Literaturgeschichte*. Bd. 1. Hg. von Harald Fricke, Klaus Grubmüller und Jan-Dirk Müller. Berlin: 669–671.
Legendre, Pierre (1992). „Der Tod, die Macht, das Wort. Kantorowicz' Arbeit am Fiktiven und am Politischen". *Tumult. Schriften zur Verkehrswissenschaft* 16 (1992): 109–115.
Lüdemann, Susanne (2004). *Metaphern der Gesellschaft. Studien zum soziologischen und politischen Imaginären*. München.
Manow, Philip (2008). *Im Schatten des Königs. Die politische Anatomie demokratischer Repräsentation*. Frankfurt a. M.
Marchart, Oliver (2010). *Die politische Differenz. Zum Denken des Politischen bei Nancy, Lefort, Badiou, Laclau und Agamben*. Berlin.
Marin, Louis (2005). *Das Porträt des Königs*. Übers. von Heinz Jatho. Berlin.
Matala de Mazza, Ethel (2011). „Body Politics". *Einführung in die Kulturwissenschaft*. Hg. von Harun Maye und Leander Scholz. München: 167–187.
Mein, Georg (2011). *Choreografien des Selbst. Studien zur institutionellen Dimension von Literalität*. Wien.
Müller, Jan-Werner (2013). *Das demokratische Zeitalter. Eine politische Ideengeschichte Europas im 20. Jahrhundert*. Berlin.
Novalis (1999). *Werke, Tagebücher und Briefe Friedrich von Hardenbergs*. Hg. von Hans-Joachim Mähl. Bd. 2. Darmstadt.
Pechmann, Alexander von (2005). „Der Souverän als ‚Träger der Persona'. Zur Konstruktion des Gesellschaftsvertrags in Thomas Hobbes' ‚Leviathan'". *Zeitschrift für philosophische Forschung* 59: 264–283.
Pitkin, Hanna Fenichel (1967). *The Concept of Representation*. Berkeley.

Pornschlegel, Clemens (2008). „,Les Princes sont des dieux'. Zum Religionsbegriff des französischen Staates". *Der Begriff der Religion. Interdisziplinäre Perspektiven*. Hg. von Mathias Hildebrandt und Manfred Brocker. Wiesbaden: 81–98.
Rancière, Jacques (2002). *Das Unvernehmen. Politik und Philosophie*. Frankfurt a. M.
Rebentisch, Juliane (2012). *Die Kunst der Freiheit. Zur Dialektik demokratischer Existenz*. Berlin.
Rousseau, Jean-Jacques (2001). *Sozialphilosophische und Politische Schriften*. Übers. von Eckhart Koch u. a. Düsseldorf.
Santner, Eric L. (2011). *The Royal Remains. The People's Two Bodies and the Endgames of Sovereignty*. Chicago.
Seely, Hart (2015). *Bard of the Deal. The Poetry of Donald Trump*. New York.
Schiller, Friedrich (1993). „Über die ästhetische Erziehung des Menschen in einer Reihe von Briefen". *Sämtliche Werke*, Bd. 5. Hg. von Gerhard Fricke und Herbert G. Göpfert. Darmstadt,
Schilling, Lothar (2008). „Vom Nutzen und Nachteil eines Mythos". *Absolutismus, ein unersetzliches Forschungskonzept? Eine deutsch-französische Bilanz*. Hg. von Lothar Schilling. München: 13–32.
Schmitt, Carl (1954). *Römischer Katholizismus und politische Form*. Stuttgart.
Schmitter, Amy M. (2002). „Representation and the Body of Power in French Academic Painting". *Journal of the History of Ideas* 63 (2002): 399–424.
Soeffner, Hans-Georg und Dirk Tänzler (2002). „Figurative Politik. Prolegomena zu einer Kultursoziologie politischen Handelns". *Figurative Politik. Zur Performanz der Macht in der modernen Gesellschaft*. Hg. von Hans-Georg Soeffner und Dirk Tänzler. Opladen: 17–33.
Trump, Donald J. (2016). *Great Again! Wie ich Amerika retten werde*. Übers. von Matthias Schulz. Kulmbach.

Weiterführende Literatur

Därmann, Iris (2009). *Figuren des Politischen*. Frankfurt a. M.
Ellrich, Lutz, Harun Maye und Arno Meteling (2009). *Die Unsichtbarkeit des Politischen. Theorie und Geschichte medialer Latenz*. Bielefeld.
Koschorke, Albrecht, Susanne Lüdemann, Thomas Frank und Ethel Matala de Mazza (2007). *Der fiktive Staat. Konstruktionen des politischen Körpers in der Geschichte Europas*. Frankfurt a. M.
Manow, Philip (2008). *Im Schatten des Königs. Die politische Anatomie demokratischer Repräsentation*. Frankfurt a. M.
Rebentisch, Juliane (2012). *Die Kunst der Freiheit. Zur Dialektik demokratischer Existenz*. Berlin.

Thorsten Benkel
IV.6 Fiktionalität und Soziologie

> Zur Arbeit des Sozialwissenschaftlers gehört,
> neben vielen anderen Tätigkeiten, [...] auch
> eine wissenschaftlich kontrollierte Art des
> Erzählens. (Gebauer 2000, 447)

Geht es darum, gesellschaftliche Tatsachen jenseits der falschen Antinomie von Subjektivismus und Objektivismus, also abseits einer Bewertung allein am Maßstab der nachdrücklich menschlichen oder der betont ‚übersubjektiven' Erkenntnisweise zu betrachten, so bietet es sich laut Pierre Bourdieu an, „sozialen Sinn" dadurch zu ermitteln, dass entscheidende Erkenntnisetappen im gesellschaftlichen Miteinander vor allem rückblickend (re-)konstruiert und geordnet werden. Eben dies sei ein Verfahren, dass die Soziologie aus der Literatur lernen könne (vgl. Bourdieu 1993 [1980], 7–8). Wissenschaftliche Berichterstattung ist, so darf dies interpretiert werden, also auch eine Art des *Erzählens* – und somit keineswegs strikt von literarischen Verfahren abgetrennt. An anderer Stelle wiederum stellt sich der Kunstbereich – dem die Literatur angehört (vgl. Bourdieu 2001 [1992]) – als produktiver Gegensatz heraus: „Ich glaube", gibt Bourdieu in einem Interview bekannt, „niemand möchte die soziale Welt so sehen, wie sie ist; es gibt viele Arten, sie zu verleugnen; es gibt die Kunst natürlich." (Bourdieu 1991, 282) Eine nähere Auseinandersetzung mit der gesellschaftlichen und der künstlerischen Wirklichkeit offenbart, dass hier kein Gegensatzpaar vorliegt, sondern vielmehr eine Fülle an immer schon ineinander verschlungenen Verweisungszusammenhängen, deren Entwirrung nicht ohne weiteres möglich ist. Ohnehin wäre zu fragen, wer überhaupt ein Interesse daran haben könnte, diese Bande zu lösen. Fiktionalität jedenfalls lässt sich nicht trennen von den sie immer schon prägenden sozialen Subtexten. Sie selbst wirkt sich auf die soziale Welt aus, aus der heraus sie entstanden ist und auf die in ihren Ausgestaltungen referiert wird.

1 Fiktionalität: Ein sozialer Tatbestand?

Dass die Herstellung und Verbreitung von Fiktionen ein exklusives Privileg literarisch-künstlicherer Gesellschaftskontexte ist, dürfte ein immer noch verbreiteter Irrglaube sein. Es wirkt ohne Frage verführerisch einfach, die ‚harten Fakten' der Wirklichkeit von den fluiden und interpretationsabhängigen Leistungen mehr oder weniger professioneller Welterfindungsinstanzen abzugrenzen. Auf diese Weise bleibt ein wichtiges Ordnungsprinzip scheinbar gewahrt: Fakten und Fiktionen sind demnach gewissermaßen Geschwister, die bei der Geburt getrennt wurden und nun nicht mehr zueinander finden können, sondern sich allenfalls auf Distanz, gewissermaßen gedanklich, aber ohne Berührung, miteinander auseinandersetzen, vielleicht sogar auseinander zu setzen haben. Wer nicht im Kinosessel sitzt, keinen Roman in Händen hält und den Fernseher ausgeschaltet hat, kann gemäß der Vorstellung trennscharfer Abgrenzbarkeit des Realen vom Fabrizierten indes sicher sein, dass das, was um einen und mit einem geschieht, hier und jetzt außerfiktional und daher ‚real' ist.

Tatsächlich jedoch kommt man mit diesem naiven Realismusverständnis (das zugleich ein naives Bild von Fiktionalität transportiert) nicht sonderlich weit. Wie beispielsweise schon Hans Vaihinger in seiner umfangreichen *Philosophie des Als-Ob* (1923 [1911]) nachweist, die viele Abstufungen, Schnittmengen und Semi-Fiktionen kennt, sind zahlreiche Handlungsfelder im Alltag und auch in den Wissenschaften von Fiktionselementen geprägt, die dadurch überhaupt erst die Verortung eines Geschehens, Diskurses oder Gegenstandes in der ‚wahren Wirklichkeit' möglich machen. Und gerade weil Fiktionalität nicht in absoluter Abgrenzung oder in starrer Kausalbeziehung zur (ohnehin unüberschaubar ambivalenten) Wirklichkeit gedacht werden kann, sondern selbst einen Teil jener Realität darstellt, aus der sie vermeintlich ihren Gehalt schöpft (um sich sogleich von dieser Quelle ihrer Substanz zu lösen), kann sie weder bloßes Derivat, noch fundamentale Opposition sein. Konkret ist damit gemeint: In der Fiktion ist das Faktum dominierend. Entscheidend ist schließlich nicht, dass Wirklichkeitsmaterial im Dienste einer Täuschung gezielt ‚ummoduliert' wird (um mit Erving Goffman (1980 [1974]) und seiner *Rahmen-Analyse* zu sprechen), damit pauschal der Eindruck einer anderen Realität entsteht, die als solche anerkannt werden kann. Die Fiktion unterscheidet sich von der Nicht-Fiktion bei nüchterner Betrachtung gar nicht so sehr, insofern mindestens so viel Potenzial für kreative Umdeutungen bzw. Weiterführungen in den Erfahrungen und (allemal) in den Beschreibungen des ‚Tatsächlichen' steckt, wie umgekehrt an Tatsächlichkeit noch in der utopischsten Erzählung beherbergt ist. Und doch ist dieses ‚gar nicht so sehr' entscheidend.

Die Verschachtelung von Fakten und Fiktionen hat Wilhelm Schapp (³1985) mit Blick auf die Verstrickung von Geschichte und Geschichten nachgezeichnet. Das Leben wirkt wie in historische Verlaufslinien eingebunden, die indes nicht schlichtweg ‚gegeben', sondern menschgemachte Kultureinrichtungen sind. Eben deshalb wirken Nacherzählungen von Lebensverläufen, schreibt Bourdieu, so geradlinig: sie sind Konstruktionen, die mit Blick auf unkomplizierte Nachvollziehbarkeit errichtet werden (vgl. Bourdieu 1998, 75–82), somit aber der Dichtung ebenso viel Platz einräumen wie der Wahrheit – um diesbezüglich mit Goethe zu sprechen. Schapp geht nun aber nicht lediglich von individuellen Biografien, sondern von Geschichte/n aus. Geschichtsschreibung als Bündelung dessen, was historisch geschieht (genauer: als Sammlung von Berichten über das, was den durchsetzungsfähigen Beobachtern der Zeitgeschichte als ‚kulturbedeutsam' (vgl. Weber 1988 [1904]) erscheint), ist einerseits das Reservoir für jegliche daran anschließende Bemühung, eine buchstäbliche „Lesbarkeit der Welt" (Blumenberg 1989) zu errichten. Inmitten der ‚heterogenen Mannigfaltigkeit' (vgl. nochmals Weber 1988 [1904]) der Wirklichkeit taucht folglich eine strukturierte Linearität des relevanten Weltgeschehens auf, die bereits diverse fiktionale Komponenten aufweist, etwa den Aspekt der Beschreibung von Geschehnissen, die sich nicht genau so, und schon gar nicht in Schriftform ereignet haben. Den Irrglauben, dass sich kulturelle Sachverhalte u. dgl. geradezu bruchlos beobachten und sodann festhalten lassen, hat Clifford Geertz „Textpositivismus" genannt – weil dieser Irrglaube impliziert, dass die Welt und ihre Beschreibungen identisch sind (vgl. Geertz 1990, 139). Überdies sind ‚Gatekeeper' am Werk (insbesondere im Journalismus), die explizit jene Kausalketten zusammenflechten, welche realiter häufig unzusammenhängend und chaotisch wirken. Geschichte wird auf diese Weise ‚geordnet', d.h. in der Rekonstruktion sinnträchtig gemacht, mitunter jedoch lediglich aufgrund einiger weniger Spuren, die einen größeren Zusammenhang allenfalls andeuten (vgl. Goertz 2001). Der Vorteil: so kann Weltgeschehen erzählt werden. Andererseits kommt damit die kommunikative Gattung ‚Erzählung' ins Spiel, und dies vertieft den Graben zwischen dem Geschehen und seiner Beschreibung. Facetten dessen, was vor dem Hintergrund der Geschichte historisch möglich oder denkbar wäre, können sukzessive im Gewand der Fiktion realisiert werden. Dabei werden Sachverhalte, die lediglich *möglich* gewesen sind, fiktional ‚durchgespielt' – gleichsam in medialer Form. Welcher Modus ‚Geschichte' vorliegt, erschließt sich nicht auf den ersten Blick, sondern aufgrund näherer Bestimmungen des Kontextes; und auch dies führt nicht immer auf die ‚richtige' Fährte, zumal dann nicht, wenn explizit der Eindruck von Ambivalenz evoziert werden soll.

Sinnfigurationen außeralltäglicher Welterfahrung

Nun ließe sich vor diesem Hintergrund aus einer dezidiert soziologischen Position heraus argumentieren, dass Fiktionalität eine Art ‚sozialer Tatbestand' einer Gesellschaft ist. Der soziologische Blick stellt Interaktionsgeflechte zwischen Akteuren, Gruppen oder auch ganzen Gesellschaften in den Vordergrund. Entscheidend sind nicht psychische Vorgänge, die dem, unbeobachtbar, vorausgehen, sondern die Handlungen und Handlungseffekte, die sich aus dem sozialen

Miteinander ergeben und die, *on the long run*, die gesellschaftliche Wirklichkeit unmerklich stets neu errichten.

Mit Emile Durkheim sind unter ‚sozialen Tatbeständen' ursprünglich Handlungsformen zu verstehen, die ein Eigenleben jenseits ihrer konkreten Ausprägungen entfalten und sich den Mitgliedern der Gesellschaft beinahe wie ein „Zwang" (Durkheim 1984 [1895], 114) auferlegen. Laut Durkheim sind Sprache, Kleidung, Geldverkehr, Ehe, Fortpflanzung usw. per se nicht unabdingbar; man könnte, theoretisch, auf den diesbezüglich ausgeprägten ‚Mainstream' verzichten und eigene Ausdrucksformen entwickeln bzw. sich gezielt gegen die etablierten Konventionen wenden. Tatsächlich aber setzen sich die sozialen Tatbestände, cum grano salis, in immer neuen Ausprägungen nicht nur singulär, sondern gesamtgesellschaftlich fort. In Anbetracht der reziproken Verstrickung von Geschichte und Geschichten und erst recht angesichts der Vielfalt empirisch vorfindlicher Fiktionalitätsformate in Kunst und Literatur, aber auch in Philosophie, Recht, Naturwissenschaft, Psychologie, Pädagogik und anderen Bereichen, erscheint es nicht unplausibel, von einer grundsätzlichen Relevanz fabrizierter Geschehnisse und Geschehnisvarianten auszugehen, die nicht im individuellen Bewusstsein – im Sinne eines ‚Willens zur Fiktion' – wurzelt, sondern auf einer gesellschaftlichen Ebene aufbaut. Fiktional denken wäre folglich ein dermaßen etablierter Bestandteil des gesellschaftlichen Miteinanders, dass das Vorhandensein des Fiktionalen kaum je mehr hinterfragt wird; und eben dies ist heute die Ausgangslage.

Begreift man Fiktionalität etwas reduktionistisch zunächst als die Fähigkeit, eine erfundene Konzeption realer Elemente sprachlich, schriftlich oder auf andere Weise zu organisieren, so stellt sich die Frage, welche Relevanz diese Kompetenz in einer Welt hat, deren ‚Wirklichkeitsgrad' permanent durch Interaktionen mit anderen als Wissensinhalt bestätigt, verstärkt und weiter tradiert wird (vgl. Berger und Luckmann 1992 [1966]). Vermeintlich werden dabei Fakten oder zumindest kulturbasierte Sichtweisen auf das, was sich sukzessive als ‚Fakten' fassen lässt, durch Sozialisationshandlungen (und natürlich auch im Modus der Erziehung) vermittelt. Zugleich existiert offensichtlich ein sozialer Tatbestand, der der erlebten und besprochenen, vor allem aber: von außen ‚eingebläuten' Welt Varianten und Spielarten zur Seite stellt, die weder ganz klar ‚echt', noch schlichtweg völlig ‚falsch' sind. Auf diese Weise drängen sich Fiktionen in die soziale Wirklichkeit hinein. Als entscheidend für den Umgang mit den konkreten Ausgestaltungen dieses Tatbestandes dürfte gelten, dass Fiktionen erst innerhalb einer kommunikativen Rahmung an Kontur gewinnen. Es genügt nicht, zu denken, was zugleich – als Fiktion – ‚ist', und doch – hinsichtlich mancher Einzelaspekte – ‚nicht ist'; es muss gesagt, gehört und verstanden werden (vgl. Schmitz 1989), ohne dabei indes noch „konsenspflichtig" (Luhmann ²1996, 168) zu sein – denn längst hat sich die Fiktionalität bis ins Uferlose ausdifferenziert. Auch die Einordnung der Fiktion als Fiktion (wo dies überhaupt gelingt und nicht verschleiert wird; vgl. Liptay und Wolf 2005) ist an den sozialen Prozess des kommunikativen Wirklichkeitsabgleichs gebunden, in dessen Verlauf Fiktionen gewissermaßen als eigene Geltungssphäre verhandelt werden (können).

In diesem Sinne liefert die sozialphänomenologische Perspektive von Alfred Schütz (und in seiner Nachfolge von Peter L. Berger und Thomas Luckmann) ein interessantes Angebot. Die Alltagsrealität müsse demnach als „ausgezeichnete Wirklichkeit" (Schütz 1971 [1945], 237) angenommen werden, von der sich diverse „symbolische Sinnwelten" (Berger und Luckmann 1992 [1966], 112) abgrenzen, die auf eigenwilligen Sinnbestimmungen aufbauen. In einer solchen Subsinnwelt sind die Bedingungen, die im Alltag Realität herstellen und bestätigen, mitunter weder präsent, noch überhaupt notwendig. Über einen ‚Sprung' bzw. ‚Schock' werden diese Welten bald kognitiv, bald körperlich betreten und üblicherweise nach einer Weile wieder verlassen; und bei all dem sind sie (etwa über die weiterhin gegebene Geltung von Institutionen wie der Sprache) der überwölbenden Alltagswirklichkeit immer noch verbunden. Fiktionale Geschichten können durchaus als symbolische Sinnwelten beschrieben werden, da die ‚Anerkennung' dieser Welt durch die Rezeption entsprechender medialer Angebote bekräftigt wird. Leser bzw. Zuschauer oder Zuhörer lassen sich schließlich üblicherweise darauf ein, ihre Alltäglichkeit temporär zu verlassen, ohne je die Verbindungslinie zur Außerfiktionalität zu kappen. Sie akzeptieren Fiktionen, so Edmund Husserl in einer von Schütz (1971, 273–274) zitierten Passage, als ‚mögliche Erfahrung', als ‚modifizierte Wirklichkeit' im Als-ob-Modus, die als solche dank der menschlichen Fantasietätigkeit konstituierbar ist. Das Eintauchen in die Sinnwelten der Fiktion ist keine Negation der Wirklichkeit, sondern eine neue Sinnkonfiguration, die sich von der ‚ausgezeichneten Wirklichkeit' nicht trennen lässt – und damit wieder zu ihr zurückführt.

Die Existenz symbolischer Sinnwelten wird im Zuge von Sozialisationshandlungen an nachfolgende Generationen vermittelt, die sie gemeinsam aufgreifen, modifizieren und ergänzen. Auch deshalb erscheint es plausibel, Fiktionalität – zumindest beim Blick durch die soziologische Brille – als sozialen Tatbestand anzusehen; denn so sehr das einzelne fiktionale Datum auch vom ‚Schöpfergenius' des Autors/der Autorin abhängt, so sehr ist doch andererseits die Idee des kreativen Umgangs mit Wirklichkeitsmaterial bereits eine vorjustierte Option, bevor einzelne Akteure darauf kommen, sich ihrer zu bedienen. Theodor W. Adorno möchte Künstler in diesem Sinne lediglich als „Vollzugsorgan" ihrer Werke verstehen, welche in Wahrheit die Kinder jener Gesellschaft sind, die diese Künstler ebenso bewusst wie unbewusst beeinflusst hat. Die Vorstellung, es handele sich um die entäußerlichte Spiegelung innerer Antriebe, sei lediglich „ästhetische[r] Scheincharakter" (Adorno 1973 [1970], 249). Fiktionalität kann als ein spezifischer ‚Ergebnismodus' dieser Beeinflussung gelten. Mit einer Paraphrase nach Niklas Luhmann lässt sich darüber hinaus fragen: Wenn es die Fiktionalität nicht schon von vornherein gäbe – wer käme dann je auf die Idee, sie festzuschreiben, und warum überhaupt?

Fiktionalität: Falsche Wahrheit oder zutreffende Lüge?
Das Verhältnis der fiktiven zur realen (Sozial-)Welt ist spannungsreich. Auch ohne dass bei Fiktionen eine maliziöse Facette im Vordergrund steht, kann die Geschichte der Fiktionalitätsetablierung genealogisch möglicherweise auf die Idee der erfundenen (eigentlich: umgedichteten oder angepassten) Wahrheit(svariante) zum Zweck des subjektiven Vorteilsgewinns, konkret also: auf die Lüge zurückgeführt werden (vgl. Dietz 2003; Mayer 2003; Weinrich 2000). Lügen haben alltagssprachlich kurze Beine, tatsächlich aber einen schlechten Ruf; zugleich sind sie für gewöhnlich gute Beispiele dafür, dass die Gegenüberstellung erfundener und realer Sachverhalte eben nicht nur ein klares Entweder/Oder duldet, sondern erst durch die Verkettung beider Aspekte problematisch wird (oder zumindest werden kann). Das alltagssemantische Urteil über die Lüge fällt üblicherweise recht undifferenziert aus und basiert auf einer normativen Betrachtung: An der Lüge werden die Nachteile stärker betont als die Vorteile. Die Lüge verdammen heißt, abstrakt solidarisch zu sein mit den ‚Opfern' unzutreffender Behauptungen, und darin wiederum wurzelt eine Kritik an jenen, die Fakten vorgeben, welche aber – wie die Vortragenden wissen – nicht zutreffend sind. Indes: Soziologisch betrachtet, ist die Lüge keineswegs per se verdammenswert. Die ‚falsche Wahrheit' verfügt, es ist nicht zu leugnen, über eine eigene Wertstellung (vgl. Mearsheimer 2011), die sie recht eng mit den Qualitäten der Fiktion verbindet. So wie die Fiktion das Bild der Wirklichkeit(en) erhellt, präzisiert, zuspitzt usw. kann die Lüge Faktizität ‚umdichten' und dadurch neue, mitunter sozial brauchbare Anschlusskommunikationen produzieren. Zu berücksichtigen ist ferner, dass die einmal erwachte Fähigkeit von Kindern, zu lügen, nicht ohne Grund der Indikator eines schon recht komplexen Reifestadiums ist, denn schließlich zeigen die kleinen Lügner an, dass sie zu kritischen Reflexionen (und ‚Neubetrachtungen') über ihre ständige ‚Weltkonfrontation' (insbesondere über ihre Abhängigkeit von Erwachsenen) imstande sind (vgl. klassisch Piaget 1983 [1932]). Zumindest ältere Kinder, die lügen, signalisieren demnach jenseits der konkreten Lügensemantik, dass sie registriert haben, wie sehr die gesellschaftliche Wirklichkeit auf sprachlichen Übereinkünften über diese Wirklichkeit aufbaut, ja vielleicht sogar aus diesen Übereinkünften – als soziales Konstrukt – besteht.

Nicht zuletzt ist die Lüge bei Georg Simmel (1999 [1908], 386–392) deshalb alles andere als bösartig, weil sie schließlich Konflikte mit bestimmten Personen vermeiden helfen und damit, gut nietzscheanisch, d. h. außermoralisch gedeutet, letztlich der gesellschaftlichen (Re-)Integration, ja der Stabilisierung sozialer Beziehungsgeflechte dienen soll. Denn schließlich will, wer lügt, die Irrungen und Wirrungen der eigenen Lebenswelt (und häufig genug ihrer Überschneidungen mit anderen) unter Kontrolle halten, damit eine vorab etablierte Ordnung erhalten bleibt. Wer lügt, artikuliert also Stabilisierungsanliegen.

Damit stellt der soziologische Diskurs ein interessantes Gegengewicht zu einer insbesondere in den Kreisen der formalen Logik einstmals (bei Gottlob Frege, Bertrand Russell u. a.) recht verbreiteten Vorhaltung dar. Es wurde kolportiert, dass spezifische Kunstbereiche der Lüge und der Falschaussage näherstehen als einer wie auch immer definierten positiven ästhetischen Qualität (dazu ausführlich Benkel 2008, 83–92). Dieser Gedanke ist eine Zuspitzung jener schon bei Plato kritisierten Abweichung des handwerklich realisierten Kunstwerks von der höherliegenden ‚Idee' dieses Werkes; denn die Idee, eine vom menschlichen Gestaltungsgeschick losgelöste Qualität, schwebt über den Realisierungen, die sie zwar nachahmen, sie aber nicht verwirklichen. Deshalb sind Roman und Theaterstück, aber letztlich auch Gemälde, Lyrik usw., Verfälschungen von Vorbildern, welche sie imitieren, aber nicht erreichen.

Kunst, und insbesondere der Seitenarm der Fiktionalität, errichtet überdies Behauptungen, die keine (zumindest keine vollständige) reale Entsprechungen finden, sodass im Ergebnis elementare Prinzipien einer (positiven) Weltanalyse verletzt werden – so die Beschwerde. Einer im ästhetischen/fiktionalen Rahmen getroffenen Aussage ist nicht allein deshalb zu misstrauen, weil der kritische Abgleich mit den beschriebenen Fakten früher oder später scheitert. Sie ist auch deshalb skeptisch zu betrachten, lautet die Kritik, weil folglich eine wertlose, von den ‚harten Fakten' ablenkende Erfindung Aufmerksamkeit und Energien beansprucht. Die Haltung erinnert an Nietzsches Wort über jenen „Feldmesser", der Goethes *Iphigenie* kritikwürdig fand, denn „es wird nichts darin bewiesen" (Nietzsche 1980 [1882], 437). Gewiss, dieser Diskurs hat sich weitgehend überlebt und Fiktionsproduzenten wie -rezipienten müssen sich mit solcherlei ästhetischem Moralunternehmertum heute nicht mehr herumschlagen. Hans Magnus Enzensbergers Rat, dass man nicht Oden, sondern Fahrpläne lesen solle, weil letztere genauer seien (Enzensberger ⁶1970, 28), ist ein ironischer Rückblick auf überwundene Zeiten. Der Fiktionalität abzusprechen, dass sie ein eigenwilliger Modus der Wirklichkeitsbetrachtung ist, käme der Unfähigkeit gleich, sich von der lebensweltlichen Eigenerfahrung zugunsten abstrakter Weltmodelle distanzieren zu können.

Just dies ist eine Fähigkeit, die fest im Repertoire der sozialen Wirklichkeitsvermittlung verankert ist. Der Mensch kann sich dank seines Selbstreflexionsniveaus eine ‚exzentrische Position' (Plessner ³1975) leisten, die es ihm gestattet, kommunikative Mechanismen zu entwickeln, die nicht nur Identitätsüberzeugungen sozial transportierbar machen, sondern auch Wirklichkeitsabwandlungen und -ergänzungen. Trotz ihrer Antiquiertheit ist es die hier angeschnittene Debatte wert, für einen kurzen Augenblick aus dem kunstphilosophischen Fundus geholt zu werden, denn sie machte klar, dass das Fiktionale nicht immer ‚unschuldig' gewesen ist. Es gab Zeiten, in denen man der Zerstreuung der realen Wirklichkeit durch Surrogatkonzepte noch skeptisch gegenüberstand (dazu fast schon klassisch Horkheimer und Adorno 1984 [1947]). Dies sollte in einer Welt, in der Fiktionalität vollumfänglich akzeptiert scheint, hin und wieder betont werden dürfen.

2 Wirklichkeit als Krise

Weiter oben wurde am Rande bereits auf eine eigenwillige literarische Gattung hingewiesen, die nicht selten im Verdacht steht, das Verhältnis von Realität und Fiktion als ein Spektrum abzubilden, bei dem die Übergänge fließend sind. Biografische Texte, die eine Einheit des Lebenslaufs propagieren, sind als Genre recht populär. In der soziologischen Begutachtung erregen sie aber nicht nur bei Bourdieu, sondern auch bei Niklas Luhmann Missfallen. Dies mag zum einen dem Umstand geschuldet sein, dass beide, Bourdieu wie Luhmann, sich selbst nicht offiziell als ‚Inhaber' einer aufschreibbaren (aber eben wiederum zwangsläufig textpositivistisch verzerrten) Lebensgeschichte betrachten wollten (siehe aber Bourdieu 2002; Luhmann 1987 u. a.). Zum zweiten beruhen die Zweifel am Nutzen einer eben nicht bloß erlebten, sondern a posteriori festgeschriebenen Biografie zumindest im Falle Luhmann darauf, dass in diesem literarischen Bereich doch wohl „eine rhetorische Leistung" geboten werde, die „nicht begründet werden muss, aber erzählt werden kann." (Luhmann 2004 [1997], 267–268) Begründungsfrei und erzählbar: das entspricht weniger dem Charakter eines wahrheitsgemäßen Lebensnarrativs, als vielmehr einer fiktionalisierten ‚Bearbeitung', also einer aus Geschichte gemachten Geschichte. Luhmann hält die Tatsache, dass Literaten die Welt, die sie (er-)leben, für ihr Werk kreativ ausschlachten, prinzipiell nicht für ein Problem. Er verortet entsprechende Strategien im Kunstsystem, das gemäß seiner Systemtheorie nur kunstimmanente Impulse verarbeitet und bei dem zugleich alle potenziell kunsttauglichen Elemente (also: alle Aspekte der Welt, die prinzipiell zu etwas werden können, das von/in der Kunst produktiv verarbeitet werden kann), als ‚Umwelt' des Systems firmieren. Zentral ist, dass in der Kunst eine spezifische Codierung greift, etwa die bipolare Unterscheidung schön/nicht-schön, anhand derer überhaupt systemspezifische Beobachtungen getroffen werden können (vgl. Luhmann 1999 [1995]). Eine erfundene Geschichte kann durchaus als schön oder weniger schön, als langweilig oder interessant, vielleicht sogar als alltagstranszendierend oder eben als nicht alltagstranszendierend genug betrachtet werden. Sie bedient sich jedoch für gewöhnlich ausdrücklich nicht eines Codes wie wahr/unwahr, den Luhmann für das Wissenschaftssystem reserviert (vgl. Luhmann 1990).

Nicht begründungsfrei, sondern geradezu begründungsbedürftig sind Berichte, die einen Wahrheitsanspruch transportieren. Eine „Polizei der Aussagen" (Foucault 1998 [1977], 27), die sie überprüft, eventuell sogar korrigiert, gibt es – etwa im Fall der Geschichtsschreibung – durchaus: sie kommt in Gestalt der Selbstbeobachtung der historischen Wissenschaft bzw. des Journalismus daher, was die Konsequenz mit sich bringt, dass Geschichte genauer gefasst, ja sogar umgeschrieben werden kann, als dies in früheren Entwürfen erfolgt ist. Auch viele Generationen später können sich Wissenschaftler anhand der Codierung wahr/unwahr an Geschehnissen abarbeiten und klären, was davon nun (rückblickend) stimmt – und was nicht. So kann sich selbst Geschichtsschreibung als Sammlung von Faktizitäten noch auf legitime Weise verändern. Ganz anders bei Sachverhalten, „die ausgedacht sind, aber als wirklich vorgegeben werden" (Schmid ²2008, 27). Über sie kann ein ästhetisches Urteil (im Fall der Fiktion) oder, im Fall der Lüge, ein moralisches Verdikt ausgesprochen werden; aber es gibt im engeren Wortsinne nichts zu ‚begründen', weil der tiefere Grund der Erzählung eben innerhalb der Fiktionserzählung (respektive der Lüge) liegt, und nicht außerhalb. Begreift man, wie es in manchen Ansätzen in der Soziologie der Fall ist, eine Beobachtung dann als objektiv, wenn sie dem beschriebenen Gegensatz nichts von dem Beobachter hinzu gibt (siehe etwa Luhmann 2008 [1996], 353, aber auch Latour 2007, 237), so ist klar, dass die Fiktion durchdringend ‚subjektivistisch' ist: Ihre Architektur hängt voll und ganz davon ab, dass ein Beobachter der Welt sich (aus Motiven, die an dieser Stelle vernachlässigt werden können) dazu entschieden hat, Beobachtungen auf kompakte, eingegrenzte Weise neu zu sortieren. Er legt, mit anderen Worten, eine spezifische „Sinnlinie" fest (Schmid ²2008, 257).

Weiterhin stellt sich die Frage, ob eine subjektive Erinnerung, die den tatsächlichen Ereignissen bekanntlich oft wenig ähnelt (etwa weil mit dem persönlichen Altern auch die Reminiszenzen an die Vergangenheit ‚mitreifen'), allein schon deshalb eine fiktionale Spur aufweist. Technische Möglichkeiten zur Hypostasierung des Erlebten (wie etwa Fotografie; vgl. Benkel 2013) helfen nur bedingt, wenn es beispielsweise um die Unterscheidung zwischen beobachtbaren Wirklichkeitstatsachen, die erinnert werden sollen/können, und dem damit assoziierten Gefühl geht, das zum Zeitpunkt der Erinnerung vorherrschte. Für ersteres kann es Aufzeichnungen, Zeugen, ja gewissermaßen eine ‚Archivierung' geben –

letzteres spielt sich hingegen in der Black-Box des subjektiven Bewusstseins ab. Was nun aber, wenn diese Gegenüberstellung zur Ausgangslage eines fiktionalen Textes wird? Dazu soll kurz ein prominenter Beispielfall beleuchtet werden.

In dem Roman *Esra* von Maxim Biller (2003) hat sich, so scheint es, das potenzielle Ineinanderfallen von Wirklichkeits- und Fiktionalitätselementen unter den Bedingungen einer ‚Selbstentfremdung' vollzogen. Biller schreibt in diesem Roman nicht nur über eine Frau und ihre Mutter, sondern er (be-)schreibt die beiden auch: er spielt das Autorenvorrecht aus, seine künstlichen Figuren so zu präsentieren, als seien sie einerseits reale, vernunftbegabte, mehr oder minder nachvollziehbar agierende Menschen, während sie doch andererseits – da er, der Autor, ihre Gedanken, Träume, Hoffnungen und Ängste exakt kennt und ausbreitet – in Wahrheit nichts anderes als Kreaturen seiner Fantasien sein können. Die Vermischung dieser Pole dürfte, wenn denn Schriftsteller ausdrücklich einen ‚realistischen' Roman anstreben, obligatorisch sein. Wie mittlerweile höchstrichterlich festgestellt wurde, hat es Biller indes mit dem Wirklichkeitsgehalt und mit der, um Wayne C. Booth zu zitieren, „implied version of ‚himself'" (nach Schmid ²2008, 50) übertrieben. Eine Ex-Partnerin des Autors hat sich in dem Buch erkannt, auf Auslieferungsstopp geklagt und schlussendlich durch mehrere Instanzen hinweg den Prozess gewonnen. Biller habe, so sinngemäß der Vorwurf, sich nicht hinreichend intensiv mit der Herausforderung einer *creatio-ex-nihilo* befasst, sondern die eigene Lebenswelt, sei es intentional, sei es unbewusst, als Reservoir einer eben nur vermeintlich erdachten Geschichte gebraucht. Damit ist *Esra* im Rechtssystem – wo es eigentlich nicht um Kunst und nicht um Wahrheit, sondern um den Erhalt der sozialen Ordnung geht – als ‚zu realistisches' Werk deklariert worden. Man hat ihm zugesprochen, was nicht wenige Romane vergeblich beanspruchen; man hat in dem Roman eine ‚innere Wahrheit' gefunden, welche die Fiktionalität des Textes hinter sich lässt wie ein bloß ‚technisches' Konstruktionselement.

Zu den Grenzen der Fiktion und darüber hinaus

Fallbeispiele literarischer Grenzüberschreitung in Richtung Wahrheit hat es immer wieder gegeben. Bekannt ist beispielsweise Klaus Manns Roman *Mephisto* (1936), der als Enthüllungsfiktion über die dunklen Seiten im Leben der Theaterpersönlichkeit Gustaf Gründgens angelegt war (vgl. Pohl 2014). Spannend ist daran vielleicht weniger die Frage, wie sehr sich nun genau welche Realitätssplitter mit welcher Ästhetisierungsstrategie verbinden (lassen), als vielmehr die Auseinandersetzung mit dem Bedrohungspotenzial, das einer fiktionalen Geschichte inne liegt, wenn sie die Maske fallen lässt und sich als realitätsverbundener herausstellt, als dies erfundenen Erzählungen gemeinhin zugestanden wird. So wird der Roman, mit Harold Garfinkel formuliert, zum Krisenexperiment. Als ‚breaching experiment' hat Garfinkel (2020 [1967]) seine manipulativen Veränderungen von Alltagssituationen bezeichnet, die er seine Studenten in der Lebenspraxis erproben ließ. Garfinkel geht davon aus, dass es letztlich die geteilten Wirklichkeitsannahmen im Alltag und ihre performativen Umsetzungen in sozialen Situationen sind, die dem sozialen Leben ein stabiles, verlässliches Image geben. Tatsächlich jedoch, meint Garfinkel, handele es sich um Erwartungen, die mit relativ geringem Aufwand aufgedeckt und hinterfragt werden können. Zum einen verwenden Menschen potenziell vieldeutige Begriffe, deren Komplexität in der Praxis reduziert werden muss – mit dem Effekt, dass bestimmte Bedeutungszuweisungen als ‚selbstverständlich' gelten. Werden, beispielsweise bei der Anwendung bestimmter Phrasen, Formulierungen in der Folge wortwörtlich genommen und entsprechend beantwortet, entsteht Verwirrung. (Etwa dann, wenn auf die Frage ‚Wie geht's dir?' eine ausführliche Empfindungsbestimmung in beruflicher, familiärer, finanzieller usw. Hinsicht geliefert wird.) Die Krisenexperimente verbinden diesen sprachlichen Aspekt mit konkreten Situationen. Garfinkels Studierende begegneten ihren Eltern zum Beispiel so, als seien diese ihre Vermieter oder als gäbe es andere Gründe, ihnen mit höflicher Distanz zu begegnen. In einer anderen Experimentalvariante wurden die Studierenden angewiesen, ihr Gegenüber so zu behandeln, als orientiere sich dieses an verborgen gehaltenen Motiven, oder sie wurden gebeten, eine normale Gesprächssituation zu führen, allerdings mit sehr engem Körperkontakt zum Gesprächspartner.

Esra und andere literarische Beispiele können als Erzählvarianten des Krisenexperiments verstanden werden. Zwar gibt es Texte, die absichtsvoll so verschlüsselt sind, dass die zeithistorischen Facetten sich erst bei der näheren Analyse offenbaren. Angesichts der Tatsache, dass ein Fiktionalitätserzeugnis immerzu ein innergesellschaftliches Geschehen ist, ist indes davon auszugehen, dass eine erfundene Geschichte immerzu die Realität oder zumindest einen subjektiven Blick auf die (ohnehin stets durch die lebensweltliche Brille betrachtete) Wirklichkeit in größerer oder kleinerer Konzentration aufweist. Luhmann ist der Ansicht, dass eine gelungene Fiktion davon lebt, dass ihr Autor die reale Welt kennt – und somit „re-imprägniert", was ohnehin existiert (Luhmann ²1996, 108–109). Eine Geschichte, die Fiktion sein will und doch keine ist – oder allenfalls eine, bei der die Fiktionssignale schwächer ausgeprägt sind als die ‚Dokumentationssignale' – ist wiederum das, was Garfinkel mit anderen Mitteln hervorkitzeln wollte. Sie hinterfragt die geordnete Beziehung des Faktischen und des Fiktiven und fordert Rezipienten heraus, zu klären, ob die Form stärker wiegt als der Inhalt, oder ob der Inhalt einer ‚Realitätsprüfung' standhalten kann, muss oder soll. Anders formuliert: Was passiert, wenn eine Fiktion nicht den Anspruch des ‚Andersdenkens' der Welt einhält, den sie qua ‚Formattribut', also: explizit als

Fiktion, für gewöhnlich transportiert? Dann, wenn die Erzähler der Fiktion nicht die Fiktion, sondern mehr oder minder insgeheim sich selbst erzählen, kann das Geschehen als kunstimmanentes Experiment, vielleicht mittlerweile schon als etabliertes Sub-Genre, oder eben – wenn die Aushandlung im Gerichtssaal stattfindet – als Anstoß zur Debatte über die ‚Freiheit der Kunst' beobachtet werden. Fraglich bleibt in jedem Fall, was Vorrang und größeres Bedeutungsgewicht hat: Die ver-, aber eigentlich, im Zuge der Interpretation, doch wieder entschleierte (oder zumindest entschleierbare) Realitätsreferenz? Oder geht es um das ebenfalls präsente, jedoch vorrangig literarischen Regeln folgende Erzählhandeln, also um die subtile Kunst der Neuschöpfung aus dem bereits ‚vorliegenden' Material? Alois Hahn liefert eine Antwort, die berücksichtigt, dass jeder Erzähler *sich selbst* in die Erzählung einbringt und damit beide Richtungen bedient: „Während man redet, ist man ja zunächst jemand, der redet, und erst in zweiter Linie jemand, über den geredet wird." (Hahn 2000, 97)

Fiktionsautoren agieren *diegetisch* (vgl. Schmid ²2008, 86), indem sie erzählte Welten schaffen, die dem textimmanenten Anspruch gemäß häufig (aber nicht immer) der/einer realen Welt entsprechen, unter den Bedingungen der radikalen Verdichtung auf wenige, nämlich die erzählten Weltelemente. Daraus wird lediglich dann eine „Korrespondenzillusion" (Benkel 2012a, 111), wenn die Grenzen unabsichtlich zerfließen. Ein bekanntes Beispiel (und vermutlich im Kern ein moderner Mythos) ist der Kontext von Orson Welles' Radiohörspiel *War of the Worlds* (1938), als Menschen das, was ihnen als geschickt montierte, aber eben doch fiktionale Erzählung technisch vermittelt wurde, zumindest zum Teil als Wirklichkeit annahmen (vgl. Schwartz 2015). Die Folge war, dass sie so handelten, als sei die Fiktion nicht-fiktional. Auch wenn die dramatische Rezeptionsgeschichte womöglich nur gut erfunden ist und sich so nicht zugetragen haben mag, illustriert sie doch anschaulich ein soziologisches Kernprinzip, das als *Thomas-Theorem* bekannt ist: Wenn Menschen eine Situation als wirklich definieren, ist sie wirklich in ihren Konsequenzen. Dieses von William I. Thomas erstmals festgehaltene Prinzip hat später als Inspirationsquelle für Überlegungen von Robert K. Merton geführt, der aus dieser Folie die ‚self-fulfilling prophecy' präparierte: Eine Haltung, aufgrund derer Menschen eine Sache realisieren, weil sie denken, dass die Realisierung ohnehin schon real sei (vgl. Merton 1980).

Dies ergibt auch bei *Esra*, bei *Mephisto* und bei anderen Beispielen die Pointe der Problematisierung: Wäre nicht geklagt worden, dass die Fiktion die Grenzen der Fiktion sprengt, wäre womöglich einer größeren Leserschaft gar nicht bekannt geworden, dass die Autoren sich als klandestine Biografen versucht haben. So aber ergibt die Klage, dass die soziale Realität das Vorbild der fiktionalen gewesen ist, erst den Eindruck, dass der Text nicht ‚nur' Text ist, sondern wirklich die Wirklichkeit beschreibt.

Die umgehbare Flüchtigkeit des Realen

In den 1980er Jahren hat sich im Zuge der Diskussion um die *Postmoderne* eine neue Facette aufgetan, die die Debatte um das Verhältnis des Realen zum Erfundenen auf ambivalente Weise gewissermaßen selbst ‚fiktionalisiert' hat. Der wohl prominenteste Protagonist, Jean-François Lyotard, hat im Zuge einer Bilanz zum Faktenstand des Wissens in der westlichen Welt konstatiert und zugleich gefordert, dass von einer einzigen, gar zuverlässigen, noch gar objektiven Wirklichkeit oder Wahrheit nicht länger zu sprechen sei (vgl. Lyotard 1986). Wie schon Nietzsche, der Ahnherrn postmodernen Denkens, impliziere, verlange das moderne Leben eine Anerkennung der längst heimlich etablierten *Pluralität* und sei dort, wo das Bewusstsein entsprechend justiert ist, folglich *postmodern*. Das dafür erforderliche Empfinden könne aus ästhetischen Kontexten abgeholt werden, wo es – anders als in den Sphären des akademischen ‚Logozentrismus' – gewissermaßen schon zuhause sei. Ohne den Zusammenhang ausführlich darlegen zu können (vgl. dazu Benkel 2007, 213–263): Sein Plädoyer für mehrere Wahrheiten und mehrere Wirklichkeiten, die parallel nebeneinander gelten, hat Lyotards Thesen über den wissenschaftlichen Rezeptionsraum hinaus bekannt gemacht; wohl nicht zuletzt deshalb, weil damit eine Sehnsucht nach der Auflösung hegemonialer Setzungen aus dem Innenraum einer eben solchen ‚großen Erzählung', wie Lyotard sagt, nämlich aus der Wissenschaft heraus, befriedigt wird. Kritiker wie Jürgen Habermas bevorzugten es, von einer „neuen Unübersichtlichkeit" zu sprechen, die sich im Zuge der Hinterfragungsattitüde der Postmoderne am Horizont abzeichne (vgl. Habermas 1985).

Lyotard hat sich zur Ästhetik, insbesondere nach Kant, umfangreich geäußert, er bleibt dabei aber recht abstrakt (vgl. Lyotard 1994). Um Fiktionalität geht es meistens nicht; gleichwohl können Fiktionen als Embryonalformen des postmodernen Denkens verstanden werden, schließlich stellen sie der nüchternen Alltagserfahrung ein Weltenwirrwarr möglicher Alternativen entgegen, die von vielen Rezipienten durchaus als ‚Parallelen' zur Wirklichkeit akzeptiert werden – und nur wenige scheinen sich (siehe oben) daran zu stören, dass der einen Welt eine unüberschaubare Quantität an erfundenen Welten gegenüber steht. Die kämpferische Parole der Postmoderne-Bewegung lautet nun, auf den Punkt gebracht, auch die Wirklichkeit selbst als eine Art Kunstwerk zu begreifen, das nicht mehr und nicht weniger Wahrheits- bzw. Zutreffenheitsansprüche in sich trägt, als ästhetische Werke insgesamt. Fiktion und Wirklichkeit wären damit vielleicht noch unterscheidbar hinsichtlich der *Form ihrer Erfahrung*, aber nicht länger hinsichtlich einer hierarchischen (Unter-)Ordnung, die das eine am anderen abwägt, Berichtigungen abverlangt, ‚Endgültigkeit' beansprucht. Hätte Lyotard in Sachen *Esra* auf der Richterbank gesessen, wäre der Urteil folglich anders ausgefallen; denn dann hätte die Realität, in diesem Fall: die Ebene des subjektiven Realitätserlebens von Personen im Umfeld des Autors, nicht über die Ebene der subjektiven Realitäts(neu)erfindung des Verfassers triumphieren können. Problematisch, vielleicht durchaus in einem produktiven Sinne, erweist sich in diesem Zusammenhang der logische Zirkelschluss: Wenn alle Postulate gleichberechtigt sind, relativiert dies auch die Idee der Postmoderne selbst – sie kann nicht richtiger sein als traditionell-moderne Gegenkonzepte.

Im Verlauf der 1990er Jahre waren die Schlachten in den Feuilletons über Für und Wider des Postmodernismus weitgehend geschlagen, zudem hat der Begriff sich im Sprachgebrauch bis heute zu verankern vermocht, mehr gab es nicht zu gewinnen. In der Soziologie ist die Postmoderne zu dieser Zeit insbesondere von Zygmunt Bauman und von Jean Baudrillard mal mehr, mal weniger ausdrücklich ins Feld geführt worden. Baudrillard hat dabei die wohl langlebigste Ausprägung der Postmoderne initiiert, indem er Realität, Fiktion und Medientechnik zueinander in Beziehung setzte und literarische Formate zugunsten solcher Bilddarstellungen ignorierte, die gewissermaßen ‚wirklichkeitssinnlicher' sind. Seiner Überlegung nach präsentieren spezifische Fiktionen wie etwa der typische Hollywood-Spielfilm eine ‚Hyperrealität', die die Leistungen der realen Wirklichkeit aushebeln. Vor Filmkameras wird intensiver, schöner, nachdrücklicher, mit Musik untermalt gelebt, geliebt, gelitten und gestorben. An diese Überdosis Authentizitätsverlust habe das Publikum sich so sehr gewöhnt, dass die Hyperrealität den Gradmesser der Wirklichkeit abgebe. Vermieden wird nicht, in die Fiktion gesaugt zu werden – vermieden im Gegenteil eher, und mit zunehmender Intensität, die „Agonie des Realen" (Baudrillard 1978). Kino und Fernseher, später natürlich auch das Internet, unterbreiten Angebote, die realistisch wirken, weil sie unrealistisch sind – sie sind Fabrikationen von Lebenserzählungen, die der fiktionslosen Welt erst Glanz verleihen. Unter dieser Prämisse nimmt Baudrillard früheste Formen der TV-Beobachtungen des Alltagslebens (später u. a. bekannt durch die ‚Big Brother'-Formate), aber auch journalistisch relevante Situationen wie den – eben nur als Medienspektakel erfahrbaren – Golfkrieg unter die Lupe. Er spricht von den ‚Simulakren' einer medienfixierten, was immer auch meint: einer fiktionsdurchdrungenen Welt, und er warnt vor ihren Verführungen, jedoch ohne die Existenz eines sicheren Hafens der Wirklichkeit in Betracht zu ziehen. Fiktion ist, in Baudrillards Verständnis, letztlich *alles* – weil alles im Spiegel medialer (Re-)Produktion betrachten werden kann, heutzutage vielleicht sogar betrachtet werden muss. Bei Luhmann taucht der Gedanke in etwas anderer Formulierung auf: „Was wir über unsere Gesellschaft, ja über die Welt, in der wir leben, wissen, wissen wir durch die Massenmedien." (Luhmann ²1996, 9) Für Baudrillard gibt es jedoch kein verlässliches ‚Dahinter' mehr – das Mediale *ist* das Reale. Die Lebensweisen der Menschen seien entsprechend justiert, technisch, aber auch kognitiv; und dies wird bereits für eine Zeit festgehalten, in der Internet und Smartphone noch nicht zur Standardausrüstung für die Alltagsbewältigung zählten. Im Ergebnis führt die Umgehung der Wirklichkeit über den Weg der propagierten Auflösung ihrer Substanz nach Baudrillard dazu, dass weder das Jahr 2000 stattfindet, noch der Terrorismus von 9/11 im engeren Sinne ‚echt' ist (vgl. Baudrillard 1990, 2003). Fiktionalität ist damit einerseits zur Schablone sämtlicher Wirklichkeitserfahrung geworden – und hat doch andererseits auf ganzer Strecke verloren, weil es nichts mehr gibt, was außerfiktional als Inspiration oder Vergleichsfolie dienen könnte. Ohne Gegenpol, der ent- und zugleich widerspricht, ist die Fiktion nicht nur reizlos, sondern nicht mehr greifbar. Aber vielleicht, so offenbar Baudrillards Kalkül, steckt der Reiz im Reizlosen?

3 Literatur als Soziologie

In ihren Lebenswelten sind die Menschen eingebunden in „disparate[] Beziehungen, Orientierungen und Einstellungen" und müssen dabei mit „heterogenen Deutungsschemata" hantieren (Honer 2011, 22). Zum Zweck der Komplexitätsreduktion bedienen sich Alltagsakteure daher bestimmter „Präkonstruktionen" (Bourdieu 1970, 27), die mitunter fiktionale Spurenelemente aufweisen. So werden beispielsweise kontingente Situationen des Alltags auf jene Weise ‚geschlussfolgert', die etwa die ‚Lebenserfahrung' bzw. der ominöse ‚gesunde Menschenverstand' nahezulegen scheinen; also mit Referenz auf verinnerlichte Ablaufmuster, deren Grobstruktur allerdings bei weitem nicht jedem Einzelfalldetail gerecht wird. Komplexe Sachverhalte stoßen dann beispielsweise auf weniger komplexe Erklärungen und Lösungsansätze, aber nicht, weil sie passen, sondern weil sie vermeintlich, nach dem akuten oder dem unterstellten Mehrheitsempfinden, passen *sollten*. Nicht Faktizität, sondern eine Zuschreibung auf Basis des in der Vergangenheit in ähnlichen Fällen Möglichen und Realisierten verleiht solchen Folgerungen ihre Legitimität. Die Konstruktion des ‚Durchschauens' steht dabei auf wackligen Säulen – und solche strittigen Felder wie sogenannte *Fake News* profitieren davon.

Spezialkontexte bringen eine noch größere Nähe zum Erzählen mit sich. Müssen Zeugen vor Gericht aussagen, so kommt es vor, dass das bezeugte Geschehen hinsichtlich mancher Einzelfacetten mittlerweile im Dunkeln des Gedächtnisses ruht, der Zeuge bzw. die Zeugin aber dennoch eine ‚geschlossene' Erzählung bieten will, und sei es auch nur, weil dies vermeintlich erwartet wird. Durch den Einsatz von Abrundungen und Unklarheitsüberspringungen entsteht ein geschlossenes Bild, das tatsächlich – wie alle Alltags(selbst)erzählungen (vgl. Weixler 2012) – Fakt und Fiktion vermengt (zu den dabei virulenten Mechanismen der Plausibilisierung, Beschönigung, Stringenzherstellung und Schließung, siehe ausführlich Benkel 2010). Dieser subjektzentrierte, aber ‚objektivistisch' angelegte Vorgang ähnelt der literarischen Vermittlung einer Geschichte: „Das Geschehen eines Romans ist dem Leser ja nicht als solches zugänglich, sondern nur als Konstrukt, genauer: als Re-Konstrukt, das von ihm auf der Grundlage der erzählten Geschichte gebildet wird." (Schmid ²2008, 258) Die gesellschaftlichen Vorerfahrungen, das sozialisatorisch Eingeprägte, die in Alltagserfahrungen verfestigten Annahmen über die Welt werden vor Gericht (oder in anderen Bekenntniskontexten) durch die Aussagenden benutzt, um die Lücken der ‚Erzählung' plausibel zu stopfen, und hier ist die spezifische „Erfahrungsverarbeitung" (Lucius-Hoene und Deppermann ²2004, 70) im Rahmen dieser Erzählung von erheblichem Gewicht.

Dabei drückt sich, wenn man so will, das „Fiktive der Identität" (Barthes 2010 [1973], 78) aus; in variierter Form schlägt es sich wohl auch in vielen anderen Zusammenhängen mittlerweile Bahn, wenn es darum geht, Elemente der persönlichen Existenzbastelei zu modifizieren (siehe etwa für Facebook: Benkel 2012b). Gewiss dürften bei Anforderungen wie der gerichtlichen Zeugenaussage auch Kenntnisse beispielsweise über Filme, journalistische Texte oder eben Romane helfen, da sie in alltagsuntypischen Situationen eine Art Überbrückungsmotivation zur Verfügung stellen. Sie geben unbestimmten Situationen des Alltags (also solchen, die nicht routiniert durchlebt werden), ein gewisses Maß an Bestimmtheit (vgl. Labitzke 2009). Es sind Situationen, in denen sich offenbart, „wie der Erzähler seine biografische Erfahrung und Identität in der aktuellen Erzählsituation mit Hilfe seiner biografischen und narrativen Ressourcen konstruiert." (Lucius-Hoene und Deppermann ²2004, 91) Was Zeugenaussagen betrifft, so hat auch der rechtswissenschaftliche Diskurs neben den Anlaufstellen *law in books* und *law in action*, der klassischen Gegenüberstellung von Theorie und Praxis, mittlerweile die Sparte *law in literature* ge-/erfunden, weil nicht nur die Fiktion das Recht tangiert, sondern das Recht eben auch die Fiktion (vgl. Posner ³2009).

(Von) sich selbst erzählen kann man am unkompliziertesten unter Unmittelbarkeitsbedingungen, d. h. im Rahmen einer *face-to-face*-Interaktion. Fiktionen benötigen hingegen üblicherweise einen medialen Transfer (sofern es nicht auch hier um *oral history* und dergleichen geht). Die Impulse, die von der frühesten Kindheit an als Sozialisationserfahrungen verinnerlicht werden, sind der entscheidende Schlüssel, um diesen Transfer auf dem Weg der Rückübersetzung in die individuelle Lebenswelt zu einer Geschichte zu machen. Fiktionsproduzenten berücksichtigen dieses Reservoir an Bedeutungen und Codes nolens volens, auch sie entstammen schließlich Sozialisationskontexten und sind von Sozialisationsagenturen beeinflusst worden. Nichts, was sie erzeugen, ist somit losgelöst von spezifischen gesellschaftlichen Bedingungen. Eben dieser Umstand lässt Adorno den ‚Doppelcharakter' der Ästhetik betonen: Das Künstlerische ist einerseits offensiv funktionslos, also eine ganz eigene Sphäre, und doch zugleich immerzu „soziales" Produkt (vgl. Adorno 1973 [1970], 340). Soziologische Relevanz gewinnt dieser Umstand vor allem dadurch, dass Fiktionalität nicht lediglich von der sozialen Welt zehrt, sondern eine Art Rückspiegelung liefert.

Literarische Werke transportieren Gesellschaftsbilder. Sie tun dies in manchen Fällen subtil, in anderen aufdringlich; mal ist die Gesellschaftsskizze nur Nebenwerk, mal Zentrum des Geschehens; mal sind die Grundlagen der Geschichten im realen Geschichtsverlauf zu finden, mal sind es Ausbuchstabierungen des ‚Was wäre wenn...?'-Gedankens, und so fort. Soziologen haben sich dafür immer wieder interessiert, wie eine zweibändige Sammlung mit Ausschnitten bekannter literarischer Texte unter Beweis stellt, in denen jeweils die literarische Evokation eines bestimmten Gesellschaftsbildes evident ist (vgl. Zoll 2005). Noch größer ist die Bandbreite bei Darstellungen, die das Befruchtungs- bzw. Spannungsverhältnis von „literarischer und gesellschaftlicher Wirklichkeit" (Kuzmics und Mozetič 2003) als eine grundsätzliche Konstante des In-der-(sozialen-)Welt-Seins interpretieren und damit gleichsam unterstreichen, dass es nicht um Gegenüberstellungen, sondern um Konvergenzen geht. Häufig stärker an den Spezifika der Literatur als eigenlogische, aber eben doch gesellschaftlich konstituierte Reflexionsmaschine orientiert sind literatursoziologische Darstellungen (etwa Dörner und Vogt 1994).

Literatur kann „als soziologisches Erkenntnismedium" funktionieren (Kuzmics und Mozetič 2003, 288), wenn man entsprechende Texte durch die soziologische Brille betrachtet, weil kein Text im ‚luftleeren Raum' außerhalb der Gesellschaft entsteht. Es lässt sich allerdings nicht leugnen, dass dort, wo formale Strenge im Vordergrund steht (etwa bei Gedichtstrukturen), die sozialen Fingerabdrücke im Textinneren sich besser verbergen können als in jenen Aufklärungsarbeiten, die explizit als erfundene Narrativgeschichten daherkommen, um Aspekte der Realität zuzuspitzen, sie (selten) zu loben oder sie (wesentlich häufiger) anzuprangern. Umgekehrt kann Soziologie als Impulsgeber für fiktionale Weiterentwicklungen in Anspruch genommen werden – sei es in literarischen Sittengemälden, die den gesellschaftlichen Status quo gerade aufgrund der schon geleisteten sozialwissenschaftlichen Diagnosearbeit ausbuchstabieren, oder seien es fantastische Visionen, die in enger Anlehnung an die soziale Wirklichkeit Gegenentwürfe skizzieren. (Beispielsweise hat Max Scheler die Geschichte von *Robinson Crusoe* zum Ausgang für Nachforschungen zum Wesen der Intersubjektivität verwendet.) In der Soziologie geht es um Mechanismen, die der kreativen Reflexion der Welt etwa durch belletristische Autoren ähneln, nur eben unter den Bedingungen wissenschaftlicher Anschlussfähigkeit. Die Welt bzw. ihre selektiven Ausschnitte sind das Analyseobjekt, welches nicht nur deskriptiv beschrieben, sondern mit Blick auf das potenzielle ‚Anderssein' des Gegebenen durchleuchtet werden kann: „Alles könnte auch anders sein." (Luhmann 1971, 44) Wenn Rainald Goetz sich explizit mit dem Werk Niklas Luhmanns befasst, weil es (auch) als Motor schriftstellerischer Kreativität fungieren kann, steht auf der anderen Seite der Soziologe Norbert Elias, der seinen wissenschaftlichen Arbeiten einen Lyrikband (Elias ³1988) an die Seite gestellt hat.

4 Schlussbemerkung

‚Alles könnte auch anders sein' ist eine Devise, die die Geschichte der Soziologie im Prinzip seit ihren Anfängen begleitet. Um zu klären, weshalb der Kapitalismus auf eine beeindruckende Erfolgsgeschichte zurückblicken konnte, hat Max Weber um 1900 herum damit begonnen, Vergleiche zum Konfuzianismus anzustellen – einem konkurrierenden Paradigma, das sich anderswo auf der Welt besser behauptet hat. Beides sind ‚Realisierungen' von Werthaltungen, von denen es zahlreiche weitere gibt, die den Durchbruch zum Stadium des Experimentierens nicht geschafft haben. ‚Alles könnte auch anders sein' – popularisiert durch die gesellschaftspolitische Parole ‚Eine andere Welt ist möglich' – bedeutet vor diesem Hintergrund: Die soziale Realität ist eine Verflechtung von vielfältigen, mal berührungslosen und mal eng verstrickten Entwicklungsschritten, die Weber bereits als undurchsichtige Heterogenität verstanden hat (vgl. Weber 1988 [1904], 171). Eine endliche Anzahl an Worten kann aber nicht die Unendlichkeit aller denkbaren, aller realistischen, oder eben, mit Roman Ingarden, aller in einem fiktionalen „Werk dargestellten Gegenstände" (zit. nach Schmid ²2008, 263) erfassen. Dadurch, dass fiktionale Geschichten der historischen Geschichte weitere Stränge einverleiben, die parallel neben den ohnehin ambivalenten und unüberschaubar pluralen Verlaufslinien als Fiktionalitäten existieren, unterstreichen Literaten, Kreative, Abweichler und Neuschöpfer, dass die Beschreibbarkeit der Welt und ihrer Möglichkeiten nicht an ihr Ende kommen kann. Sie zeigen, mit anderen Worten, dass die soziale Wirklichkeit das Potenzial hat, sich selbst anders zu denken – und die Soziologie, als Wissenschaft von eben dieser Wirklichkeit, tut gut daran, die Wirksamkeit des Unwirklichen in der Wirklichkeit zu berücksichtigen.

Literaturverzeichnis

Adorno, Theodor (1973 [1970]). *Ästhetische Theorie*. Frankfurt a. M.
Barthes, Roland (2010 [1973]). *Die Lust am Text*. Berlin.
Baudrillard, Jean (1978). *Die Agonie des Realen*. Berlin.
Baudrillard, Jean (1990). *Das Jahr 2000 findet nicht statt*. Berlin.
Baudrillard, Jean (2003). *Der Geist des Terrorismus*. Wien.
Benkel, Thorsten (2007). *Die Signaturen des Realen. Bausteine einer soziologischen Topographie der Wirklichkeit*. Konstanz.
Benkel, Thorsten (2008). *Soziale Welt und Fiktionalität. Chiffren eines Spannungsverhältnisses*. Hamburg.
Benkel, Thorsten (2010). „Die Paradoxie der Zeugenschaft. Lebensgeschichte als Konstruktionselement der Interaktionspraxis in Gerichtsverhandlungen". *BIOS. Zeitschrift für Biographieforschung, Oral History und Lebensverlaufsanalysen* 23.1 (2010): 6–27.
Benkel, Thorsten (2012a). „Authentische Erfindungen. Selbstdarstellungsstrategien in Erzählkontexten des sozialen Alltags". *Authentisches Erzählen. Produktion, Narration, Rezeption*. Hg. von Antonius Weixler. Berlin: 95–118.
Benkel, Thorsten (2012b). „Die Strategie der Sichtbarmachung. Zur Selbstdarstellungslogik bei Facebook". *kommunikation@gesellschaft* 13 (2012). https://www.ssoar.info/ssoar/bitstream/handle/document/28270/B3_2012_Benkel.pdf (21.05.2020).
Benkel, Thorsten (2013). „Bilder der Erinnerung. Vom Gedächtniswissen zur Festschreibung durch Fotografie". *Formen und Funktionen sozialen Erinnerns. Sozial- und kulturwissenschaftliche Analysen*. Hg. von René Lehmann, Florian Öchsner und Gerd Sebald. Wiesbaden: 131–151.
Berger, Peter L. und Thomas Luckmann (1992 [1966]). *Die gesellschaftliche Konstruktion der Wirklichkeit*. Frankfurt a. M.
Biller, Maxim (2003). *Esra*. Köln.
Blumenberg, Hans (1989). *Die Lesbarkeit der Welt*. Frankfurt a. M.
Bourdieu, Pierre (1970). *Zur Soziologie der symbolischen Formen*. Frankfurt a. M.
Bourdieu, Pierre (1991). „,Inzwischen kenne ich alle Krankheiten der soziologischen Vernunft'". Pierre Bourdieu, Jean-Claude Passeron, Jean-Claude Chamboredon. *Soziologie als Beruf. Wissenschaftstheoretische Voraussetzungen soziologischer Erkenntnis*. Berlin: 269–283.
Bourdieu, Pierre (1993 [1980]). *Sozialer Sinn. Kritik der theoretischen Vernunft*. Frankfurt a. M.
Bourdieu, Pierre (1998 [1994]). *Praktische Vernunft. Zur Theorie des Handelns*. Frankfurt a. M.
Bourdieu, Pierre (2001 [1992]). *Die Regeln der Kunst. Genese und Struktur des literarischen Feldes*. Frankfurt a. M.
Bourdieu, Pierre (2002). *Ein soziologischer Selbstversuch*. Frankfurt a. M.
Dietz, Simone (2003). *Die Kunst des Lügens. Eine sprachliche Fähigkeit und ihr moralischer Wert*. Reinbek.
Dörner, Andreas und Ludgera Vogt (1994). *Literatursoziologie. Literatur, Gesellschaft, politische Kultur*. Opladen.
Durkheim, Emile (1984 [1895]). *Die Regeln der soziologischen Methode*. Frankfurt a. M.
Elias, Norbert (^{3}1988). *Los der Menschen. Gedichte/Nachdichtungen*. Frankfurt a. M.
Enzensberger, Hans Magnus (^{6}1970). *Die Entstehung eines Gedichts*. Frankfurt a. M.
Foucault, Michel (1998 [1977]). „Der Wille zum Wissen". *Sexualität und Wahrheit*. Bd. 1. Frankfurt a. M.
Garfinkel, Harold (2020 [1967]). Studien zur Ethnomethodologie. Frankfurt a. M.

Gebauer, Gunter (2000). „Die Konstruktion der Gesellschaft aus dem Geist? Searle vs. Bourdieu". *Kölner Zeitschrift für Soziologie und Sozialpsychologie* 52.3 (2000): 428–449.
Geertz, Clifford (1990). *Die künstlichen Wilden. Der Anthropologe als Schriftsteller.* München.
Goertz, Hans-Jürgen (2001). *Unsichere Geschichte.* Stuttgart.
Goffman, Erving (1980 [1974]). *Rahmen-Analyse. Ein Versuch über die Organisation von Alltagserfahrungen.* Frankfurt a. M.
Habermas, Jürgen (1985). *Die neue Unübersichtlichkeit.* Frankfurt a. M.
Hahn, Alois (2000). „Biographie und Lebenslauf". *Konstruktionen des Selbst, der Welt und der Geschichte.* Frankfurt a. M: 97–115.
Honer, Anne (2011). *Kleine Leiblichkeiten. Erkundungen in Lebenswelten.* Wiesbaden.
Horkheimer, Max und Theodor W. Adorno (1984 [1947]). *Dialektik der Aufklärung.* Frankfurt a. M.
Kuzmics, Helmut und Gerald Mozetič (2003). *Literatur als Soziologie. Zum Verhältnis von literarischer und gesellschaftlicher Wirklichkeit.* Konstanz.
Labitzke, Nicole (2009). *Ordnungsfiktionen.* Konstanz.
Latour, Bruno (2007). *Eine neue Soziologie für eine neue Gesellschaft.* Frankfurt a. M.
Liptay, Fabienne und Yvonne Wolf (Hgg., 2005). *Was stimmt denn jetzt? Unzuverlässiges Erzählen in Literatur und Film.* München.
Lucius-Hoene, Gabriele und Arnulf Deppermann (^{2}2004). *Rekonstruktion narrativer Identität.* Wiesbaden.
Luhmann, Niklas (1971). *Politische Planung.* Opladen.
Luhmann, Niklas (1987). *Archimedes und wir.* Berlin.
Luhmann, Niklas (1990). *Die Wissenschaft der Gesellschaft.* Frankfurt a. M.
Luhmann, Niklas (^{2}1996). *Die Realität der Massenmedien.* Opladen.
Luhmann, Niklas (1999 [1995]). *Die Kunst der Gesellschaft.* Frankfurt a. M.
Luhmann, Niklas (2004 [1997]). „Erziehung als Formung des Lebenslaufes". *Schriften zur Pädagogik.* Hg. von Dieter Lenzen. Frankfurt a. M: 260–277.
Luhmann, Niklas (2008 [1996]). „Eine Redeskription ‚romantischer Kunst'". *Schriften zur Kunst und Literatur.* Hg. von Niels Werber. Frankfurt a. M.: 353–371.
Lyotard, Jean-François (1986 [1979]). *Das postmoderne Wissen.* Graz.
Lyotard, Jean-François (1994). *Lessons on the Analytic of the Sublime.* Stanford.
Mann, Klaus (1936). *Mephisto. Roman einer Karriere.* Amsterdam.
Mayer, Mathias (Hg., 2003). *Kulturen der Lüge.* Köln.
Mearsheimer, John J. (2011). *Lüge! Vom Wert der Unwahrheit.* Frankfurt a. M.
Merton, Robert K. (1980 [1965]). „Die Eigendynamik gesellschaftlicher Voraussagen". *Logik der Sozialwissenschaften.* Hg. von Ernst Topitsch. Königstein: 144–161.
Nietzsche, Friedrich (1980 [1882]). „Die fröhliche Wissenschaft". *Kritische Studienausgabe.* Bd. 3. Hg. von Giorgio Colli und Mazzino Montinari. München: 343–651.
Piaget, Jean (1983 [1932]). *Das moralische Urteil beim Kinde.* Stuttgart.
Plessner, Helmuth (^{3}1975). *Die Stufen des Organischen und der Mensch.* Berlin.
Pohl, Gunnar (2014). *Wahre Dichtung. Kriterien zum Ausgleich von Kunstfreiheit und Persönlichkeitsrecht am Beispiel von Esra und Mephisto.* Frankfurt a. M.
Posner, Richard A. (^{3}2009). *Law and Literature.* Cambridge.
Schapp, Wilhelm (^{3}1985). *In Geschichten verstrickt. Zum Sein von Mensch und Ding.* Frankfurt a. M.
Schmid, Wolf (^{2}2008). *Elemente der Narratologie.* Berlin.
Schmitz, Heinz-Gerd (1989). *Wie kann man sagen, was nicht ist? Zur Logik des Utopischen.* Würzburg.

Schütz, Alfred (1971 [1945]). „Über die mannigfaltigen Wirklichkeiten". *Das Problem der sozialen Wirklichkeit* (Gesammelte Aufsätze, Bd. 1). Den Haag: 237–298.
Schwartz, Brad A. (2015). *Broadcast Hysteria. Orson Welles' War of the Worlds and the Art of Fake News*. New York.
Simmel, Georg (1999 [1908]). *Soziologie. Untersuchungen über die Formen der Vergesellschaftung*. Frankfurt a. M.
Vaihinger, Hans (1923 [1911]). *Philosophie des Als-Ob*. Leipzig.
Weber, Max (1988 [1904]). „Die ‚Objektivität' sozialwissenschaftlicher und sozialpolitischer Erkenntnis". *Gesammelte Aufsätze zur Wissenschaftslehre*. Hg. von Johannes Winckelmann. Tübingen: 146–214.
Weinrich, Harald (2000). *Linguistik der Lüge*. München.
Weixler, Antonius (Hg., 2012). *Authentisches Erzählen. Produktion, Narration, Rezeption*. Berlin.
Zoll, Ralf (Hg., 2005). *Gesellschaft in literarischen Texten*. 2 Bde. Wiesbaden.

Weiterführende Literatur

Benkel, Thorsten (2008). *Soziale Welt und Fiktionalität. Chiffren eines Spannungsverhältnisses*. Hamburg.
Benkel, Thorsten (2012). „Authentische Erfindungen. Selbstdarstellungsstrategien in Erzählkontexten des sozialen Alltags." *Authentisches Erzählen. Produktion, Narration, Rezeption*. Hg. von Antonius Weixler. Berlin: 95–118.
Dörner, Andreas und Ludgera Vogt (1994). *Literatursoziologie. Literatur, Gesellschaft, politische Kultur*. Opladen.
Kuzmics, Helmut und Gerald Mozetič (2003). *Literatur als Soziologie. Zum Verhältnis von literarischer und gesellschaftlicher Wirklichkeit*. Konstanz.
Zoll, Ralf (Hg., 2005). *Gesellschaft in literarischen Texten*. 2 Bde. Wiesbaden.

Jens Schröter
IV.7 Fiktionalität und Bildwissenschaft

Es ist leicht vorstellbar, einerseits einen fotografisch aufgenommenen, mit realen Schauspielern gedrehten Film und andererseits einen komplett gezeichneten Film zu machen, die Einstellung für Einstellung die gleiche fiktionale Geschichte erzählen. Anders als bei einem fotografisch aufgenommenen und einem gezeichneten Dokumentarfilm (s. u.) würde man hier kaum auf den fotografischen Charakter des ersteren rekurrieren können, um den fotografischen Film als ‚weniger' fiktional als den gezeichneten zu beschreiben. Wenn aber ein fotografisch aufgenommener und ein komplett gezeichneter Film gleichermaßen dieselbe fiktionale Geschichte erzählen bzw. fiktive Welt aufbauen können – zeigt das nicht, dass den angenommenen oder tatsächlichen medialen Differenzen zwischen Fotografie und Zeichnung (Malerei etc.) überhaupt keine Rolle in Bezug auf Fiktionalität zukommt? Um diese Frage zu beantworten, soll zunächst der Stand der Diskussion zur Frage nach der Fiktionalität mit Bezug auf Bilder dargestellt werden (1). Unter 2. wird es dann um die Ausdifferenzierungen des Bildes gehen und wie sich diese zur Frage nach der Fiktionalität verhalten. Es folgt eine Schlussbemerkung, die die Ergebnisse zusammenfasst.

1 Stand der Diskussion

Der wesentliche aktuelle Überblickstext zum Thema – „Fiktionalität in Kunst- und Bildwissenschaften" – stammt von Regina Wenninger und ist 2014 in *Fiktionalität. Ein interdisziplinäres Handbuch* erschienen. Zu Beginn unterstreicht die Autorin ebenfalls den Befund, dass Diskussionen von Fiktionalität vorrangig in der Literaturwissenschaft und der Philosophie anzutreffen sind, wofür einerseits die begriffsgeschichtliche Verbindung von Fiktion und sprachlicher Narration, andererseits die traditionelle Fokussierung der Kunsttheorie auf die Frage der Mimesis verantwortlich zu machen seien. Auffällig sei, dass auf der einen Seite bildende Kunst in vielen Fiktionalitätstheorien nur eine untergeordnete Rolle spiele, während es auf der anderen Seite eine ganze Reihe detaillierter Fallstudien gebe, die die Rolle von Fiktionalität in spezifischen Werken und künstlerischen Praktiken beschrieben, oft jedoch ohne den Fiktionalitäts-Begriff genauer zu spezifizieren. Im ersten Teil wird die von Kendall Walton in seinem Buch *Mimesis as Make-Believe. On the Foundations of the Representational Arts* (1990) vorgelegte Theorie diskutiert, da diese als eine der wenigen Fiktionalitäts-Theorien gilt, in denen Bilder eine zentrale Rolle einnehmen.

Walton betont, dass nur eine Theorie, die auch bildliche Fiktion einschließt, eine angemessene Theorie der Fiktionalität sei. Der zentrale Begriff, mit dem Walton Fiktionalität bestimmt, ist *Repräsentation*. Repräsentationen sind alle Entitäten, die als Requisiten in *games of make-believe*, d. h. in Spielen des ‚So-tun-als-ob' oder ‚Sich-etwas-Vorstellens' operieren. In solchen Spielen müssten keine Bilder, erst recht keine künstlerischen Bilder vorkommen, man denke an Kinderspiele, in denen z. B. ein Stöckchen ein Schwert darstellen soll, also als eine Repräsentation operiert. Aber künstlerische Bilder können eine solche Funktion ebenfalls einnehmen, wenn z. B. Aussagen über die ‚diegetische' Welt eines Gemäldes getroffen werden. Die Theorie Waltons beschreibt also eine Pragmatik, eine Form des Umgangs mit den Gegenständen – wobei einerseits beliebige Gegenstände Requisiten in *games of make-believe* sein können, es andererseits aber Gegenstände gibt (wie z. B. Romane, Gemälde, Filme etc.), die zu solchen Spielen auffordern (vgl. Carroll 1995, 94). Hier zeigt sich deutlich eine Spannung zwischen einer objektorientierten und einer pragmatischen Perspektive. Wie sich im Folgenden zeigen wird, spielt die Pragmatik für die Fiktionalität von Bildern eine entscheidende Rolle. Aus der pragmatischen Perspektive in Waltons Ansatz folgen zunächst zwei Konsequenzen:

(1) Während viele konventionelle Ansätze argumentieren, dass sich fiktionale von nicht-fiktionalen Bildern dadurch unterscheiden, dass der Gegenstand, den sie darstellen, nicht existiere, ist das für Walton kein Argument. Denn auch ein Foto eines Gegenstandes ist zunächst nur eine mit hellen oder dunklen (oder farbigen) Flecken bedeckte Fläche. Darin z. B. eine Person zu sehen, kann man bereits als imaginative Leistung beschreiben – und in der Tat unterstreicht Wenninger (2014, 473) später, dass Walton mit seinem weiten Fiktionalitätsbegriff im Grunde nur die irreduzible „Vermitteltheit von Darstellungen" bezeichne (und gerade bei dokumentarischen Darstellungen, so könnte man argumentieren, spielt ‚make-believe' eine zentrale Rolle). Daher seien Bilder „fiction by definition" (Walton 1990, 351). Diese panfiktionalistische Annahme wurde kritisiert – u. a. mit dem Hinweis, dass es für viele Typen von Bildern die ganz selbstverständliche Unterscheidung in fiktionale und nicht-fiktionale (oder ‚faktuale' und ‚dokumentarische') Darstellungen gibt, z. B. im Bereich des Films in Spiel- und Dokumentarfilme (siehe Carroll 1995, 97–98; am Beispiel der Fotografie vgl. z. B. Solomon-Godeau 2003). Auch verliert der Begriff der Fiktionalität seinen Sinn, wenn alle Arten von Darstellungen fiktional sind (und dies noch auf dem gleichen Spiel basiert, mit dem Kinder beliebige Gegenstände ‚fiktionalisieren'). Allerdings weist Wenninger (2014, 472) darauf hin, dass eine weitere Unterscheidung möglich wäre, bei der Fiktionalität entweder auf das Medium bezogen würde oder auf den Darstellungsinhalt. Gerade der hier angedeutete Punkt bezüglich einer „Fiktionalität des Mediums" wird uns im zweiten Abschnitt noch beschäftigen.

(2) Im Unterschied zum üblichen Verständnis von Fiktionalität, nach dem nicht-gegenständliche Bilder schon deswegen nicht fiktional oder nicht-fiktional sein können, da sie eben keinen Gegenstand darstellen und folglich die Frage, ob der dargestellte Gegenstand existiert oder nicht, unsinnig ist, sind für Walton auch nicht-gegenständliche Darstellungen fiktional. Denn ebenso wie in dem oben genannten Beispiel des Fotos sieht man auch bei gegenstandslosen Bildern Strukturen in das Bild hinein, vervollständigt es imaginativ. Wenninger erläutert dies: „So vermittelt beispielsweise Kasimir Malevichs *Suprematistisches Gemälde 6* [...] den Eindruck, verschiedene Rechtecke seien im dreidimensionalen Raum hintereinander gestaffelt; tatsächlich befinden sich aber alle Formen auf derselben Ebene der flachen Leinwand. [...] Anders formuliert: Es ist fiktional, dass sich ein gelbes Rechteck vor einem grünen Balken befindet, und das Gemälde hat die Funktion, diese Fiktion zu erzeugen" (472–473). Auch hier scheint, wie die Verfasserin richtig anmerkt, der Begriff der Fiktionalität bedenklich überdehnt – sie nennt als Beispiel Waltons Behauptung, dass das *Action Painting* von Jackson Pollock „fictional truths about drippings and splashings" (Walton 1990, 56) generiere. Dies ist in der Tat kaum nachvollziehbar – da die *drippings* nichts Anderes vorstellen als die schiere indexikalische Faktizität, einfach Spur des Malprozesses selber zu sein. Die Überlegungen Waltons scheinen jedenfalls, gerade in Hinsicht auf künstlerische Bilder, auf Grenzen zu stoßen. Wenninger (2014, 474–475) nennt das Beispiel *Flag* von Jasper Johns: Laut Walton wäre dieses Gemälde eindeutig fiktional, insofern seine Farbigkeit und Textur eben dazu führen, dass wir Betrachter in dem Bild eine Flagge sehen. Doch die eigentliche Pointe von *Flag* ist gerade, die beiden Positionen, ob es eine Flagge *darstellt* oder eine Flagge *ist*, in Schwebe zu versetzen. Das kann mit Waltons Ansatz nicht verstanden werden.

Wenninger beschließt ihre detaillierte Darstellung von Waltons Ansatz mit einer Diskussion der Frage zum Verhältnis von Imagination und Wahrnehmung bei Walton und bezieht dies kontrastiv auf Wollheims Diskussion des ‚seeing-in'. Sie diskutiert knapp andere theoretische Ansätze, die sich für die Diskussion bildlicher Fiktionalität fruchtbar machen lassen, insbesondere den symboltheoretischen Ansatz von Nelson Goodman (1995). Goodman löst das Problem, wie ein fiktionales Bild etwas darstellen kann, was gar nicht existiert, dadurch, dass er den Begriff ‚repräsentieren', der suggeriert, ein Bild stelle etwas Vorgängiges dar, kritisch befragt. Er argumentiert, dass man ‚Bilder-von-x' und ‚x-Bilder' unterscheiden müsse. So könnten z. B. verschiedene Bilder von Einhörnern in die Klasse der ‚Einhorn-Bilder' einsortiert werden, ohne dass man dazu annehmen müsste, sie seien ‚Bilder-von-Einhörnern' (siehe dazu auch Elgin 1983, 43–50). Goodman nimmt also an, dass fiktionale Bilder nichts darstellen – und könnten daher auch, wie Wenninger unterstreicht, gegen jede Theorie, die behauptet, Bilder bezeichneten ihre Objekte durch Ähnlichkeit, in Stellung gebracht werden.

Im zweiten Teil von Wenningers Text wird eine Reihe einzelner Fälle aus der bildenden Kunst diskutiert, in denen eine Bezugnahme auf Fiktionalität unvermeidlich ist: „Das Spektrum der in den Blick genommenen Phänomene reicht von den phantastischen Bilderwelten der frühen Neuzeit bis zu den virtuellen Welten der Computerkunst, von frühen Architekturutopien bis zur ‚inszenierten Fotografie' und vom Fake als künstlerischer Strategie bis hin zu fiktiven Künstlern oder auch den Legendenbildungen der Kunstgeschichtsschreibung" (479; vgl. auch Wulffen 2010).

Wenninger betont, dass die vielfältigen Beispiele entlang einer Unterscheidung im Verständnis von Fiktion gegliedert werden können: Geht es einerseits um ‚Erfundenes', ‚Erdachtes', das sich gerade von der bekannten Wirklichkeit unterscheidet, rücken andererseits Strategien in den Blick – wie etwa die Trompe-l'oeil-Malerei – die eine ‚täuschend echte' Simulation von Wirklichkeit anpeilen. Allerdings kann man sich fragen, ob diese beiden Optionen nicht sozusagen orthogonal zueinander stehen – gerade z. B. das kommerzielle Kino ist reich an Beispielen von Darstellungen, in denen eine andere (z. B. zukünftige) Welt mit möglichst ‚realistischen' Mitteln dargestellt wird. Auch setzen noch die seltsamsten fiktiven Welten einen strukturellen Bezug auf die diffus irgendwie immer schon bekannte Normalwelt voraus, sonst wären sie gar nicht mehr verständlich – wobei es gerade in der Science-Fiction zahlreiche interessante Experimente gibt, mit diesen Grenzen der Verständlichkeit fiktiver Welten, die ‚ganz' anders als unsere Welt sein sollen, zu spielen (vgl. zur Rolle von *possible worlds*' in der Theorie der Fiktionalität Ryan 1991).

Thon (2014) weist zu Beginn seines Textes darauf hin, dass die disziplinäre Abgrenzung der Film- von der Medienwissenschaft zwar insofern einfach ist, als dass erstere – offensichtlich – den Film als Gegenstand hat, während sich letztere – schon weniger klar – um ‚die Medien' dreht. Verkompliziert wird die Lage dadurch, dass die Filmwissenschaft heute als Teil der Medienwissenschaft begriffen wird – und letztere ohnehin durch eine enorme Vielgestaltigkeit gekennzeichnet ist (vgl. Schröter 2014). Jedenfalls stellt der Autor fest, dass es in den zahlreichen Diskussionen von Einzelmedien (wie z. B. Film oder Fotografie etc.) die dezidierte, wenn auch durch zahlreiche Hybrid- und Übergangsformen verkomplizierte, Unterscheidung in fiktionale und nicht-fiktionale Formate gibt (z. B. ‚dokumentarische' vs. ‚inszenierte' Fotografie, vgl. Blunck 2010; Solomon-Godeau 2003). Doch ganz ähnlich wie Wenninger bemerkt Thon, dass diese zahlreichen Einzelstudien, die zudem oft die fiktionalen Formate unthematisiert als Standard setzen und daher explizit meist gerade nur die Operationsweise nicht-fiktionaler (‚dokumentarischer') Formate untersuchen (Thon 2014, 452–459), keinen Bezug auf die ‚transmedialen', allgemeinen Fiktionstheorien nehmen, als deren Beispiele Thon ebenfalls Kendall Walton, aber auch die Arbeiten von Gregory Currie (1990) und Marie Laure Ryan (1991, 2004) nennt. Diese stellen als ‚transmediale' Theorien – zumindest dem Anspruch nach – eben nicht die Literatur als ausschließliches Paradigma der Fiktionalität ins Zentrum, sind also auch Theorien bildlicher Darstellungen. Doch wie Thon bemerkt, bringt das ein neues Problem mit sich: Als ‚transmediale' Theorien sind sie gerade nicht geeignet, die jeweils verschiedenen Medialitäten von z. B. gemalten, fotografischen und filmischen Bildern in ihre Fiktionstheorien einzubeziehen – und sei es ex negativo, also durch die Behauptung, dass diese Medialität für Fiktionalität keine Rolle spiele, was zudem gegen Positionen, die dies explizit bestreiten, argumentiert werden müsste (eine Position, die etwa vertritt, dass die Fotografie qua ihrer Medialität prinzipiell nicht fiktional sein könne, ist Scruton 1981).

Man kann zusammenfassen: Thon benennt wie Wenninger als die beiden zentralen Befunde *erstens*, dass es in verschiedenen disziplinären Feldern eine Kluft zwischen den je fachspezifischen Einzelfallstudien zum Thema bildlicher Fiktionalität und den (oft aus anderen Feldern kommenden) transmedialen, generellen Fiktionstheorien gebe. *Zweitens* beschreiben beide die generelle Paradoxie transmedialer Theorien, einerseits zwar die Dominanz der Literatur aufzuheben, andererseits aber gerade damit die für Kunst- wie für Medienwissenschaft wichtigen medialen Differenzen unthematisierbar zu machen. Diese Einsicht führt Thon (2014, 460) zu einem Fazit. Hier benennt er folgerichtig als Forschungsdesiderate drei Punkte:

1) Die transmedialen Fiktionstheorien könnten durch die – wie Thon formuliert – „medienspezifischen Darstellungstheorien" ausdifferenziert werden. Eine Anschlussfrage wäre also, wie das theoriearchitektonisch aussehen könnte (dies wird im nächsten Abschnitt diskutiert werden).

2) Umgekehrt könnte die Berücksichtigung genereller, transmedialer Theorien in medienspezifischen Theorien fiktionaler wie nicht-fiktionaler Darstellungen zu mehr begrifflicher Klarheit und Homogenität führen.

3) Schließlich akzentuiert Thon, dass die aus der Film- und Medienwissenschaft stammenden Studien oft die „Hybridität (nicht-)fiktionaler Darstellungen in unterschiedlichen Medien" betonen würden. Damit ist gemeint, dass es in Kunst und Medien zahlreiche Fälle gibt, die nicht eindeutig Fiktion oder Nicht-Fiktion zugeordnet werden können (z. B. weil sie partiell fiktional und nicht-fiktional sind, wie im neueren Dokumentarfilm anzutreffen) und/oder explizit mit dieser Differenz spielen (wie etwa das oben schon genannte Beispiel *Flag* von Jasper Johns oder sogenannte ‚Mockumentaries' bzw. ‚Docufiction', vgl. Rhodes und Springer 2006). Allerdings ist dieser dritte Punkt im Grunde Teil von Punkt 1), insofern die Frage nach den hybriden Formen Teil der Frage ist, ob und inwiefern

die medienspezifischen Darstellungsweisen Ausdifferenzierungen der generellen Fiktionstheorien ermöglichen oder erzwingen. Dies ist die zentrale Frage, die im nächsten Abschnitt diskutiert wird.

2 Ausdifferenzierungen des Bildes und die Frage nach der Fiktionalität

Definition des Bildes

Der im Titel dieses Kapitels enthaltene Begriff ‚Bildwissenschaft' wirft die Frage nach dem Bildbegriff auf. Spricht man von künstlerischen Bildern oder von Bildern überhaupt (Differenz Kunstgeschichte – Bildwissenschaft)? Welche Rolle spielt die Medialität (Differenz z. B. Malerei – Fotografie, was auch eine Differenz etwa zwischen Kunstgeschichte und Medienwissenschaft sein kann)? Ist Fiktionalität etwas, das von diesen Differenzen überhaupt berührt wird – es gibt fiktionale künstlerische wie nicht-künstlerische Bilder; es gibt fiktionale Gemälde wie Fotografien? Kann man sagen, dass diese (und andere) Differenzen der Bilder zumindest verschiedene Formen, Verfahren und Strategien der Fiktionalität bedingen? Setzt also die Frage nach der Fiktionalität des Bildes voraus, dass man den Bildbegriff genauer binnendifferenziert?

Die Vielfalt der Formen und Verwendungsweisen von Phänomenen, die ‚Bild' genannt werden, hat bislang die Ausbildung eines allseits akzeptierten Bildbegriffs verhindert (vgl. Mersch 2014). Es ist sogar fraglich, ob ein einheitlicher, alle relevanten Phänomene umfassender Bildbegriff überhaupt möglich ist, oder ob ‚Bild' nicht eher eine historisch wandelbare Sammelbezeichnung von über Wittgensteinsche Familienähnlichkeiten gruppierten Entitäten ist. Nichtsdestotrotz gibt es bewundernswerte Versuche synthetischer Definitionen – so hat Stefan Majetschak (2003a, 43) vorgeschlagen, ‚Bild' wie folgt zu definieren: „Ein Bild [...] ist eine in die Formungslatenzen eines beliebigen Mediums eingelassene Textur von Markierungen, die eine interne Differenzierung aufweist, welche wir unter gegebenen Kontextbedingungen als analogisch notierte Verwirklichung einer möglichen Ordnung des Sichtbaren betrachten." Damit versucht Majetschak verschiedene Ansätze zur Definition des Bildes zu synthetisieren: Erstens muss ein Bild eine Form in einem Medium sein. Zweitens ist die Bilderscheinung hochgradig kontextabhängig. Wenn sie gelingt, kann sie – die Bilderscheinung – drittens auf gegebene Vorstellungen und Praktiken des Sehens bezogen werden, und zwar in einer analogischen Weise.

Diese Formulierung zeigt die Schwierigkeiten der Definition von ‚Bild' an, jedenfalls sind alle allzu einfachen Versuche problematisch: So hält die etwa im

Alltagsverständnis, wie auch in einer vulgärsemiotischen Perspektive populäre These, Bilder seien Zeichen, die anders etwa als sprachliche Zeichen wesentlich durch *Ähnlichkeit* zum Abgebildeten bezeichnen, einer genaueren Prüfung nicht stand (was mitnichten bedeutet, semiotische Perspektiven auf Bilder seien per se vulgär, vgl. vielmehr Barthes 1990). So sind sich auch zwei Eier sehr ähnlich, dennoch ist keines ein Bild des anderen – und vor allem, wie oben bereits gezeigt, kann eine solche Theorie fiktionale Bilder gerade nicht erklären, da die Entitäten, die fiktionale Bilder zeigen, in der Wirklichkeit nicht existieren (vgl. Goodman 1995, 15–17).

Nach seiner vernichtenden Kritik der Ähnlichkeitstheorie hat Nelson Goodman (1995, 128–130) einen *symboltheoretischen* Zugang zur Definition des Bildes vorgeschlagen. Er beschreibt Bilder (im Unterschied zu Sprache und Schrift) als Zeichen, die ein *syntaktisch dichtes Symbolschema* aufweisen (was sich bei Majetschak in der Formulierung der ‚analogisch notierten Verwirklichung' wiederfindet). Damit ist gemeint, dass es in (zumindest westlichen) Sprachen (anders als bei Bildern) ein Alphabet gibt, das definiert, welche Arten von Markierungen zulässig sind und welche nicht. So gibt es die ‚Charaktere' A und B, aber keinen Charakter zwischen A und B (syntaktische Differenziertheit). Auch muss jede Markierung eindeutig einem Charakter zugeordnet werden können, es gibt keine Markierung, die sowohl A als auch B entspricht (syntaktische Disjunktheit). D.h. jede gegebene Markierung kann und muss einem Charakter zugeordnet werden – es ist aber dafür ganz gleichgültig, ob das ‚A' etwa in grüner Farbe oder in einem exotischen Schriftsatz dargestellt ist oder gar aus Kartoffeln auf dem Boden gelegt wurde. Das Alphabet als ‚Repertoire' fehlt jedoch bei Bildern, jeder noch so feine Unterschied in der Dicke einer Linie, in einem Farbton, könnte relevant sein: Während das disjunkte und differenzierte *syntaktische Symbolschema* der Schrift ‚digital' ist, ist das im Prinzip und möglicherweise unendlich fein abgestufte syntaktische Symbolschema des Bildes ‚dicht' bzw. ‚analog'. Auch wenn Goodmans Vorschlag wahrscheinlich eine der belastbarsten Definitionen des Unterschieds von Bild und Text darstellt, so wird doch auch deutlich, dass die syntaktische Differenz keinen Unterschied im prinzipiellen Fiktionspotential von Bild und Text begründen kann, da Fiktionalität auf der Ebene der Semantik statthat – und auf der semantischen Ebene sind Bild und Text gleichermaßen ‚dicht' (Goodman 1995, 144–149). Man kann festhalten, dass bildliche Fiktionen, da Bilder syntaktisch dicht sind, *andere* Informationen für den kognitiven Prozess des Verstehens von Fiktionen (vgl. Branigan 1992, Kap. 7) bereitstellen als Texte. Denn fiktive Entitäten zeichnen sich durch eine prinzipielle „incompleteness" aus (Crittenden 1982; vgl. Branigan 1992, 194–196). Wenn kein fiktionaler Text z. B. Informationen über Muttermale von James Bond gibt, kann prinzipiell nicht in Erfahrung gebracht werden, ob James Bond Muttermale hat, während bei realen

Personen dies in Erfahrung zu bringen zumindest im Prinzip möglich ist, selbst wenn es empirisch nicht gelingt. In verschiedenen medialen Kontexten tauchen fiktive Figuren aber auf je andere Weise auf, d. h. durch differente Informationen repräsentiert – so wird durch Bilder und Töne ihre Unvollständigkeit je spezifisch ‚aufgefüllt': Selbst wenn die einschlägigen Romane offenlassen, welches Timbre die Stimme von James Bond genau hat oder wie seine Haar- oder Augenfarbe genau sind, so wird eine Verfilmung doch diese Leerstellen irgendwie ausfüllen. Bei diesen Konkretionsprozessen spielt die Materialität der Medien eine Rolle: Die fotografische Aufzeichnung bindet die fiktive Entität an einen realen Körper, z. B. den Starkörper, und die akustische Aufzeichnung bindet die fiktive Entität an eine spezifische Stimme (die dann z. B. wiederum in der Werbung genutzt werden kann).

a) Eine erste Schlussfolgerung muss also lauten: Eine der ‚medienspezifischen' Differenzierungen, hier noch auf sehr genereller Ebene zwischen Bild und Text, ist, dass Bilder (partiell) andere Informationen über die fiktiven Entitäten bereitstellen als Texte. Dies deckt sich auch mit ansonsten ganz anderen bildtheoretischen Perspektiven: *Phänomenologische* Theorien betonen stärker die Beziehung des Bildes zum Sehen (ohne in die Ähnlichkeitstheorien zurückzufallen). Sie beschreiben Bilder nicht wie semiotische Ansätze als Zeichen für (sichtbare) Gegenstände, sondern als selbst wesentlich sichtbare Gegebenheiten und lehnen sich dabei etwa an Edmund Husserls phänomenologische Beschreibung des Wahrnehmungsprozesses an (vgl. z. B. Wiesing 2005). Auch aus der Betonung der Sichtbarkeit und ihrer eigenen Qualitäten folgt derselbe Unterschied von bildlichen Fiktionsleistungen gegenüber Texten (ein Text beschreibt z. B. die Haarfarbe eines Charakters als ‚blond'; das Bild zeigt genau eine spezifische Abstufung der Farbe).

Ausdifferenzierungen des Bildes

Unabhängig davon, ob eine generelle Definition von ‚Bild' möglich ist, kann der Begriff des Bildes durch eine Reihe von Binnendifferenzierungen präzisiert werden. So hat man z. B. *natürliche* von *künstlichen* Bildern unterschieden, wobei mit ersteren Phänomene wie Schatten und Spiegelungen gemeint sind. Können solche Bilder auch fiktional sein? Zunächst drängt sich der Gedanke auf, dass das nicht sein kann, insofern es sich ja um bloße physikalische Effekte des Gegenstands handelt (weswegen z. B. Eco bestreitet, dass Spiegelbilder überhaupt Bilder sind, vgl. Eco 1985). Doch im Theater gibt es gar keine bildliche Vermittlung und dennoch stellen Theateraufführungen fiktionale Szenarien vor – und es gibt auch das Schattenspiel, das zweifellos fiktionale Geschichten erzählen kann. Offenbar sind zeitlich ausgedehnte narrative Prozesse eine wichtige Quelle von Fiktionalität und können auch natürliche Bilder wie Schatten nutzen.

Innerhalb des Feldes der ‚künstlichen', also von Menschen verfertigten Bilder, kann man wiederum etwa zwischen *technischen* und *nicht-technischen* Bildern trennen. Mit ‚technischen Bildern' sind dann zumeist die Bilder seit Erfindung der Fotografie um 1839 gemeint – über Film und Fernsehen bis zu heutigen computergenerierten Bildern (die Unterscheidung *technisch/nicht-technisch* ist aber fragwürdig, insofern alle ‚künstlichen' Bilder unvermeidbar auch ‚technisch' sind). Dieser Unterschied ist näher besehen für die Frage nach der Fiktionalität von Bildern durchaus relevant, denn mit dieser Unterscheidung entsteht auch jene zwischen *stillen* und *bewegten* Bildern (wenn man Schattenspiele, die natürlich älter sind, nicht dazu rechnet und die Tableaus des Theaters nicht als Bewegungsbilder begreift). Der Unterschied beschreibt Bilder, die sich in der Zeit verändern, wie jene des Kinos oder Fernsehens.

b) Eine zweite Schlussfolgerung ist, dass – insofern die Konstruktion fiktiver Welten und Entitäten in der Regel über Erzählungen erfolgt – zeitlich ausgedehnte Bewegungsbilder oder räumlich erstreckte Bildsequenzen (wie z. B. in der *graphic novel*, siehe dazu Thon 2014) leichter fiktionale Welten und Entitäten vorstellen können als isolierte Einzelbilder (bei denen ohnehin zumeist, siehe unten, Fiktionalität nur durch para- und kontextuelle Information in Form von Texten hergestellt werden kann). Durch die narrative Ausdehnung in der Zeit oder die seriell-räumliche Ausdehnung, die in der Zeit rezipiert wird, können Schritt für Schritt Informationen geliefert werden, die den Zuschauern den Aufbau einer fiktionalen Welt – einer ‚Diegese' – erlauben. Mutmaßungen über den weiteren Aufbau dieser Welt können angestellt und mit dem zeitlichen Fortschreiten der Narration bestätigt, verworfen und durch andere Annahmen ersetzt werden. Mit der Zeit wird die fiktionale Welt immer detailreicher und dichter – was schließlich beispielsweise ‚Spin-offs' als eigenständige Abzweigungen erlaubt.

Eine weitere – und zeitweise sehr stark betonte – Unterscheidung im Feld technischer Bilder ist jene zwischen *analogen* und *digitalen* Bildern, eine Differenz, die sich auf die technische Speicherung und Übertragung der Bildinformationen bezieht und ersichtlich völlig verschieden ist von Goodmans Verwendung der analog/digital-Differenz, die sich auf die Ebene der Symbolkonstitution bezieht (vgl. Schröter 2004a zu den verschiedenen Weisen, analog und digital zu definieren). Auch wenn evident ist, dass die Frage nach der Speicherung und Übertragung der Bildinformation kategorial nichts mit der Frage nach ihrer potentiellen Fiktionalität zu tun haben kann (ein fiktionaler Film wird nicht mehr oder weniger fiktional, wenn ich ihn einmal als 35mm-Projektion im Kino, ein anderes Mal von einer DVD schaue), so ist im Zusammenhang mit der Unterscheidung analog/digital eine andere, verwandte, aber durchaus nicht identische Unterscheidung diskutiert worden, die für die Frage nach der Fiktionalität relevant zu sein scheint. So gibt es im Feld der Diskussion der technischen Bilder auch die Unterscheidung in *indexikalische* und *nicht-indexikalische Bilder*, eine aus der Semiotik von Charles Sanders Peirce hergeleitete Differenz, die beschreibt, ob Bilder kausal mit dem Abgebildeten verbunden sind (wie z. B. in der Fotografie, insofern das vom fotografierten Objekt reflektierte Licht den Film verändert) oder nicht (wie in der Malerei). In der frühen Diskussion um digitale Fotografie wurde die digitale Speicherung und Übertragung umstandslos mit dem Verlust des (in der chemischen Fotografie gegebenen) indexikalischen Charakters gleichgesetzt (zu dieser im Einzelnen komplizierten Diskussion vgl. Schröter 2004b). Eine typische Aussage, in der explizit der Begriff ‚fiktional' fällt, ist: „The main difference seems to be that, whereas photography still claims some sort of objectivity, digital imaging is an overtly fictional process" (Batchen 2000, 15). Das Argument dreht sich (implizit) um die Definition fiktionaler als nicht-existenter Entitäten – in dem Sinne, dass sie außerhalb ihrer medialen Präsentationen, die natürlich existieren, nicht angetroffen werden können, siehe dazu auch grundlegend die Position des Artefaktualismus in der Fiktionstheorie (die auf der (medialen) Artefaktgebundenheit fiktionaler Darstellungen insistiert, vgl. Thomasson 1999). Da Fotografien qua ihres indexikalischen Charakters nur existente Entitäten aufzeichnen können, wurde geschlussfolgert, sie könnten keine fiktionalen Entitäten darstellen (explizit, wenn auch ohne Bezug auf den Index-Begriff, der schon genannte Scruton 1981). Digitale Fotografien hingegen seien strukturell manipulierbar und daher gehe der indexikalische Charakter verloren. An diesem Argument ist problematisch, dass auch analoge Bilder schon immer manipulierbar waren. Dann speichern natürlich auch digitale Fotografien das vom Objekt reflektierte Licht (wenn auch nicht chemisch, sondern quantenelektronisch) und sind mithin immer noch indexikalisch. Zentral ist hier, dass nicht einleuchtet, warum aus der Annahme, fiktive Entitäten seien (im oben präzisierten Sinne) nicht existent, geschlussfolgert werden kann, dass die Aufzeichnung existierender Entitäten prinzipiell die Möglichkeit ausschließe, dass diese fiktive, also nicht existente, Entitäten bezeichnen können. Z. B. besteht ein James-Bond-Film aus abgefilmten existierenden Körpern und Objekten, bezeichnet aber nicht existierende Entitäten – der abgefilmte reale Körper von Sean Connery bezeichnet die nicht-existierende Entität ‚James Bond' (siehe detaillierter zur Frage der Fotografie und der Einordnung dieser Frage in den Diskurs der Medientheorie Schröter 2016). An diesem Beispiel zeigt sich: Selbst das uninszenierteste, dokumentarische Fotomaterial kann durch Einbindung in eine entsprechende Inszenierung und Narration ‚fiktionalisiert' werden.

Umgekehrt gibt es mittlerweile animierte Dokumentarfilme (siehe *Waltz with Bashir*, Folman 2008; dazu, dass animierte bzw. computergenerierte Sequenzen schon lange wichtige dokumentarische Funktionen erfüllen, siehe Adelmann 2004). Statt dass die Unterscheidung indexikalisch vs. nicht-indexikalisch etwas über das Fiktionspotential der Bilder aussagt, ist es wohl eher anders herum – die Existenz von Fiktionalität zeigt, dass diese Differenz bei weitem nicht so wichtig ist, wie einstmals angenommen.

c) Als dritte Schlussfolgerung kann festgehalten werden: Sowohl die Differenzen analog/digital als auch indexikalisch/nicht-indexikalisch machen keinen Unterschied in Bezug auf die Unterscheidung fiktionale/nicht-fiktionale Bilder.

Eine andere Differenzierung hinsichtlich der Bezeichnungsfunktion ist jene in *singuläre* und *generelle Bilder*, also hinsichtlich der Frage, ob ein Bild eine konkrete Entität oder eine allgemeine Klasse von Entitäten darstellt – z. B. Bilder in einem Lexikon zu einem Artikel über eine Klasse von Entitäten. So zeigt das Foto eines Pferdes zu einem Lexikonartikel über Pferde nicht nur *dieses* Pferd, sondern steht für alle Pferde, auch für solche, die z. B. eine andere Farbe haben oder solche, die erst noch geboren werden. In Pilzbüchern werden oft Zeichnungen vor Fotos bevorzugt, da man das Typische an einer gegebenen Art besser herausstellen kann als in Fotos, die vielleicht ein zufällig etwas aus der Art geschlagenes Exemplar zeigen (was man oft an begleitenden Kommentaren zu den Fotos in solchen Büchern sehen kann, z. B. ‚das abgebildete Exemplar ist etwas zu rötlich' etc.). Dennoch kann man solche Zeichnungen nutzen, um ggf. real vorfindliche Exemplare zu identifizieren. Auch in der Werbung werden Bilder oft generell genutzt, so stellt z. B. ein Mann in einer Autowerbung in der Regel nicht *diesen* Mann, sondern Männer allgemein dar (oder beides zugleich, indem einerseits ein spezifischer Starkörper gezeigt wird, dessen z. B. erotische Konnotationen wiederum andererseits auf alle potentiell zu adressierenden Männer übertragen werden sollen). Wie verhält sich das nun zur Frage nach der Fiktionalität? Sind ideale Pilzbilder fiktional? Sicher: Der ideale, sagen wir, Steinpilz existiert nicht (ebenso wenig wie ein ideales Dreieck etc.), aber Steinpilze existieren und können mithilfe des Musters des idealen Steinpilzes identifiziert werden. Bei, sagen wir, Elfen würde das so nicht funktionieren – denn selbst wenn man einen Lexikonartikel über Elfen (bei Wikipedia z. B. gibt es einen) mit einem ‚typischen' oder ‚idealen' Elfenbild hätte, könnte man dieses nicht nutzen, vorfindliche Phänomene als Elfen zu klassifizieren – da es anders als Steinpilze keine Elfen gibt. Fiktionen sind weder wahr noch falsch, können also auch nicht an realen Phänomenen bestätigt oder widerlegt werden. Dieses Beispiel legt nahe, dass der Unterschied singuläre/generelle Bilder quer zur Differenz fiktionale/faktuale Bilder steht – auch Bilder, die fiktive Entitäten zeigen, wie z. B. ein Foto von Sean Connery als James Bond (s. u. Abbildung 1) kann einmal *diesen* James Bond (der-aussieht-wie-Connery) zeigen, aber auch in einem Lexikonartikel über James Bond als Stellvertreter aller Bonds bzw. in einem Lexikonartikel über Actionhelden überhaupt als generelles Bild für alle Actionhelden operieren. Auch könnte das Bild eines spezifischen Monsters als generelles Bild in einem Artikel über Spezialeffekte operieren. Und schließlich kann ein Bild einer spezifischen fiktiven Figur wie James Bond einerseits in einem Artikel über die Fiktionalität von Bildern (wie dem vorliegenden) als Beispiel für bestimmte Operationen fiktionaler Bilder überhaupt dienen, also generelles Bild sein, während es andererseits in einem Artikel über die Karriere von Sean Connery als singuläres Bild *dieses* James Bond (der-aussieht-wie-Connery) funktioniert etc.

d) Aus dem vorangegangenen Abschnitt folgt als vierte Schlussfolgerung, dass die Differenz singuläre/generelle Bilder quer zur Differenz fiktionale/faktuale Bilder liegt. Daher hängt das Fiktionspotential von Bildern nicht daran, ob sie singulär oder generell sind, auch wenn die größere referentielle Unbestimmtheit genereller Bilder der Unvollständigkeit fiktionaler Referenz zu ähneln scheint.

Eine weitere, eher soziologisch gelagerte Differenz, die aber zugleich auf den disziplinären Unterschied zwischen Bildwissenschaft und Kunstgeschichte verweist, ist jene in *künstlerische* und *nicht-künstlerische Bilder* (oder in der Diktion Niklas Luhmanns: Bilder, die im Kunstsystem operieren und solche, die im Mediensystem operieren, vgl. generell Majetschak 2003b). Künstlerische Bilder haben keinen Zweck, außer ihre eigene Bildlichkeit auszustellen und zu reflektieren (das ist jedenfalls in der Ästhetik der Moderne zentral), während nicht-künstlerische Bilder funktional in kommunikativen Prozessen (z. B. der Werbung) genutzt werden. Ersichtlich können sowohl künstlerische wie nicht-künstlerische Bilder fiktional sein, insofern sie z. B. fiktive Figuren zeigen. Der Unterschied ist allerdings, dass künstlerische Bilder (sei es durch ihre immanente Form oder ihren diskursiven Kontext) stärker selbstreferentiell sind und die fiktiven Welten und Figuren, die sie präsentieren, wesentlich nutzen, um die Form ihrer Gemachtheit auszustellen. Es ist vorstellbar, dass in künstlerischen Bildern gerade die Verfahren der Konstruktion fiktiver Entitäten ausgestellt werden – etwa durch Illusionsbrechungen, z. B. wenn Charaktere, die eben noch eine fiktive Figur verkörpert haben, sich plötzlich an das Publikum wenden und sich über das Schicksal der Figur oder das schlechte Drehbuch etc. beklagen. Im Extremfall wird dadurch die Fiktionalität so stark gestört, dass sie zusammenbricht. Allerdings werden solche Verfahren auch in der Werbung eingesetzt, um durch Verfremdungseffekte Aufmerksamkeit zu generieren.

Weiterhin gibt es in der Kunst die schon diskutierten gegenstandslosen Bilder, die eben keinen und folglich auch keinen fiktiven Gegenstand darstellen können (außer man vertritt einen so weiten Begriff von Fiktionalität wie Walton, bei dem alle konstruktiven Leistungen der Wahrnehmung bereits Fiktionalität begründen). Solche Bilder sind weder fiktional noch dokumentarisch (oder ‚faktual'), was die interessante Frage aufwirft, ob denn überhaupt alle ästhetischen Phänomene mit der Dichotomie fiktional/dokumentarisch beschrieben werden können, oder ob es nicht noch die dritte Kategorie des ‚Weder-noch' gibt. Allerdings gibt es gegenstandslose Bildlichkeit auch in Formen, die als nicht-künstlerisch klassifiziert werden, z. B. Ornamentik, oder in bestimmten Musikvideos. Überdies ändert sich historisch immer wieder, was als künstlerisch oder als nicht-künstlerisch gilt.

e) Zusammenfassend lässt sich festhalten: Es scheint, dass der Unterschied zwischen künstlerischen und nicht-künstlerischen Bildern keine Relevanz für die Frage nach dem Fiktionalitätspotential hat.

Bild und Text
Die vielfältigen Diskussionen um das Bild stimmen oft darin überein, dass Bilder genuine Potentiale, ‚ikonische Logiken', haben, die nicht auf die Bezeichnungsleistungen von Sprache und Schrift zurückgeführt werden können, auch wenn viele Bilder nur durch sprachliche Prätexte (z. B. die Bibel für die christlich geprägte okzidentale Malerei) ihre Bedeutung erhalten – ein zentrales Forschungsgebiet der Ikonografie und Ikonologie (vgl. Kaemmerling 1979). Aber dennoch kann man argumentieren, dass kein Bild aus sich heraus sicherstellen kann, fiktional verstanden zu werden, und in der Regel sprachliche Paratexte dies ermöglichen oder nahelegen – es sei denn, eine etablierte Ikonografie (die eine historisch-systematische Nähe zur Sprache hat) übernimmt diesen Part. Gerade Fotografien sind trotz (oder wegen) ihres indexikalischen Charakters hochgradig kommentarbedürftig (vgl. Barthes 1990). Ein Beispiel:

Abb. 1: Sean Connery als James Bond, Dreharbeiten zu *Diamonds are forever*, abgedruckt mit freundlicher Erlaubnis des niederländischen Nationalarchivs (http://www.gahetna.nl/en/ collectie/afbeeldingen/fotocollectie/zoeken/weergave/detail/start/0/tstart/0/q/zoekterm/ 924-7001/q/commentaar/1, 06.04.18, CC0 1.0 Public Domain).

Abbildung 1 zeigt Sean Connery, und sie zeigt James Bond. Das Foto wurde im Netz bei einer Suche nach ‚James Bond' gefunden. Was es zeigt, hängt allerdings von seiner Kontextualisierung ab. Schreibt man daneben: ‚Wie man sieht, war Sean Connery ein attraktiver Mann', dann zeigt das Foto Sean Connery (offenbar kann jede fiktionale auch als nicht-fiktionale Darstellung verstanden werden). Schreibe ich daneben: ‚007 besticht wie immer durch seine Eleganz', dann zeigt das Foto den fiktiven Charakter James Bond (und selbst ohne weiteren Kommentar würden viele Betrachter das Bild als Bond-Bild identifizieren, eben weil die konventionelle Bond-Ikonografie kulturell stabilisiert ist – sie kann aber auch verlorengehen, dann kann das Bild nicht mehr als fiktionales verstanden werden). Es ergibt jedenfalls keinen Sinn zu sagen: ‚Nein, es ist falsch, dies ist nicht Bond, sondern Sean Connery'. Die Lage wird verkompliziert dadurch, dass Bond in verschiedenen Körperbildern erscheinen kann, auch ein Foto von Roger Moore oder Daniel Craig kann als Bond-Bild fungieren (aber auch Fotos von unbekannten Privatpersonen mit entsprechenden Attributen können zumindest als ironische Bezugnahme auf Bond-Bilder operieren). Das zeigt aber letztlich nur, dass die Fiktionalisierung sogar verschiedene fotografisch-indexikalische Aufzeichnungen (von Körpern) unter ein und dasselbe fiktionale Label subsumieren kann (sonst könnte man nicht einmal diskutieren, wer von den verschiedenen Schauspielern, also z. B. Connery, Moore oder Craig, der ‚bessere Bond' ist).

f) Die fünfte Schlussfolgerung ist: Fiktionalität ist keine Eigenschaft isolierter Bilder (welcher Medialität auch immer) oder Bildsequenzen, sondern von intermedialen Bild-Text oder (Bild-Klang)-Konfigurationen (außer in dem Fall, dass der Kontext sich in eine Ikonografie sedimentiert hat). Offenbar ist der pragmatische Kontext von zentraler Bedeutung.

3 Schlussbemerkung

Man kann zum Komplex Fiktionalität und Bild abschließend die folgenden Punkte zusammenfassen:

(a) Eine der ‚medienspezifischen' Differenzierungen ist, dass Bilder (partiell) andere Informationen über die fiktiven Entitäten bereitstellen als Texte.

(b) Es scheint, insofern die Konstruktion fiktiver Welten und Entitäten in der Regel über Narrationen erfolgt, dass zeitlich ausgedehnte Bewegungsbilder oder räumlich erstreckte Bildsequenzen leichter fiktionale Welten und Entitäten vorstellen können als isolierte Einzelbilder.

(c) Sowohl die Differenzen analog/digital als auch indexikalisch/nicht-indexikalisch machen keinen Unterschied in Bezug auf die Unterscheidung fiktional/nicht-fiktional bzgl. des Bildes.

(d) Die Differenz singuläre/generelle Bilder liegt quer zur Differenz fiktionale/faktuale Bilder, daher hängt das Fiktionspotential von Bildern nicht daran, ob sie singulär oder generell sind (auch wenn die größere referentielle Unbestimmtheit genereller Bilder der Unvollständigkeit fiktionaler Referenz zu ähneln scheint).

(e) Der Unterschied zwischen künstlerischen und nicht-künstlerischen Bildern hat keine Relevanz für die Frage nach dem Fiktionalitätspotential. Die Diskussion dieser Frage eröffnet aber die Möglichkeit, dass es Bilder gibt, die weder fiktional noch faktual (oder dokumentarisch) sind.

(f) In der Regel ist Fiktionalität keine Eigenschaft isolierter Bilder (welcher Medialität auch immer) oder Bildsequenzen, sondern von intermedialen Bild-Text oder (Bild-Klang)-Konfigurationen.

Dabei ist zu beachten, dass (a) auf die Text/Bild-Differenz bezogen ist, (b)–(e) Differenzierungen des Bildes beschreiben, während (f) generell darauf verweist, dass die Frage nach der Fiktionalität des Bildes in der Regel übersieht, dass Bilder nur in intermedialen Konfigurationen fiktional sein können.

Abschließend sei vor dem Hintergrund dieser, keineswegs als erschöpfend gemeinten Liste von Ergebnissen, nochmals auf die von Wenninger und Thon formulierte Frage nach dem Verhältnis von generellen und transmedialen Fiktionstheorien zu – wie Thon formuliert – „medienspezifischen Darstellungstheorien" eingegangen. Es scheint, dass überhaupt nur (a) und (b) Unterschiede sind, die in Bezug auf die Fiktionalität von Bildern einen Unterschied machen. Offensichtlich ist die Pragmatik, also die Benutzung von letztlich beliebigen Objekten für *games of make-believe* im Sinne Waltons, die zentrale Weise, wie Fiktionalität entsteht, auch wenn Bilder (und andere Entitäten) durch ihren Kontext oder bestimmte konventionalisierte Fiktionssignale (wie z. B. ‚es war einmal ...' bei Texten) eine entsprechende Auffassung nahelegen können. Offenbar ist Fiktionalität tatsächlich eine wesentlich pragmatische und transmediale Eigenschaft, sodass spezifische mediale Differenzen nur eine untergeordnete Rolle spielen. Dass die transmedialen Theorien von Walton, Currie oder Ryan zwar den Unterschied zwischen Text und Bild, aber sonst (eher) keine medialen Differenzen thematisieren, ist also kein Defizit, sondern der Sache selbst geschuldet.

Dass sich z. B. gemalte Bilder und Fotografien gleichermaßen zur Produktion von Fiktionen eignen (wenn man etwa an Zeichentrick und im Vergleich fotografisch aufgenommene Filme mit fiktionalen Handlungen denkt), bedeutet aber nicht, dass in der Pragmatik keine unterschiedlichen Zuschreibungen existieren. Da Fotografien aufgrund ihres (im Prinzip) indexikalischen Charakters für die Dokumentation von Sachverhalten geeigneter sind, stehen sie in der Regel – auch wenn dies mit dem Aufkommen digitaler Bilder ins Wanken geraten ist – weniger unter ‚Fiktionsverdacht' als gemalte Bilder. Das heißt, es gibt unabhängig von der theoretisch bestimmbaren Fiktionsfähigkeit verschiedener Medien Diskurse *über* Medien, die eine Eigendynamik besitzen. Das sieht man besonders deutlich an der bereits erwähnten Diskussion der frühen 1990er Jahre, in der digitale Bilder generell unter Fiktionalitätsverdacht gestellt wurden, obwohl zahlreiche digitale Bildpraktiken (wie z. B. die Familienfotografie) dokumentarische Praktiken in der Tradition der analogen Fotografie waren. Dieses Beispiel zeigt aber: In Phasen medialer Umbrüche kann es zur Verunsicherung etablierter medialer Pragmatiken kommen, die offenbar mit einer Verunsicherung der referentiellen Funktion einhergehen. So gesehen ist die Fiktionalitätsanmutung verschiedener Medien zentral von ihrer historischen Verortung geprägt.

Literaturverzeichnis

Adelmann, Ralf (2004). „Digitale Animationen in dokumentarischen Fernsehformaten". *Analog/Digital – Opposition oder Kontinuum? Zur Theorie und Geschichte einer Unterscheidung.* Hg. von Jens Schröter und Alexander Böhnke. Bielefeld: 387–406.

Barthes, Roland (1990). „Die Rhetorik des Bildes". *Der entgegenkommende und der stumpfe Sinn.* Frankfurt a. M.: 28–46.

Batchen, Geoffrey (2000). „Ectoplasm. Photography in the Digital Age". *Over Exposed. Essays on Contemporary Photography.* Hg. von Carol Squiers. New York: 9–23.

Blunck, Lars (Hg., 2010). *Die fotografische Wirklichkeit. Inszenierung – Fiktion – Narration.* Bielefeld.

Branigan, Edward (1992). *Narrative Comprehension and Film.* London.

Carroll, Noël (1995). „Review. Mimesis as Make Believe". *The Philosophical Quarterly* 45.178 (1995): 93–99.

Crittenden, Charles (1982). „Fictional Characters and Logical Completeness". *Poetics* 11 (1982): 331–344.

Currie, Gregory (1990). *The Nature of Fiction.* Cambridge.

Eco, Umberto (1985). „Über Spiegel". *Über Spiegel und andere Phänomene.* München: 26–61.

Elgin, Catherine Z. (1983). *With Reference to Reference.* Indianapolis.

Goodman, Nelson (1995). *Sprachen der Kunst.* Frankfurt a. M.

Kaemmerling, Ekkehard (Hg., 1979). *Bildende Kunst als Zeichensystem 1: Ikonographie und Ikonologie. Theorien, Entwicklung, Probleme.* Köln.

Majetschak, Stefan (2003a). „Bild und Sichtbarkeit. Überlegungen zu einem transdisziplinären Bildbegriff". *Zeitschrift für Ästhetik und allgemeine Kunstwissenschaft* 48.1 (2003): 27–45.

Majetschak, Stefan (2003b). „Sichtvermerke. Über Unterschiede zwischen Kunst- und Gebrauchsbildern". *Bild-Zeichen. Perspektiven einer Wissenschaft vom Bild.* Hg. von Stefan Majetschak. München: 97–121.

Mersch, Dieter (2014). „Bildbegriffe und ihre Etymologien". *Bild. Ein interdisziplinäres Handbuch.* Hg. von Stephan Günzel und Dieter Mersch. Stuttgart: 1–7.

Rhodes, Gary Don und John Parris Springer (Hgg., 2006). *Docufictions. Essays on the Intersection of Documentary and Fictional Filmmaking.* Jefferson.

Ryan, Marie-Laure (1991). *Possible Worlds, Artificial Intelligence, and Narrative Theory.* Bloomington, IN.

Ryan, Marie-Laure (Hg., 2004). *Narrative across Media. The Languages of Storytelling.* Lincoln, NE.

Schröter, Jens (2004a). „Analog/Digital – Opposition oder Kontinuum?". *Analog/Digital – Opposition oder Kontinuum? Zur Theorie und Geschichte einer Unterscheidung.* Hg. von Jens Schröter und Alexander Böhnke. Bielefeld: 7–30.

Schröter, Jens (2004b). „Das Ende der Welt. Analoge vs. digitale Bilder – mehr und weniger ‚Realität'?" *Analog/Digital – Opposition oder Kontinuum? Zur Theorie und Geschichte einer Unterscheidung.* Hg. von Jens Schröter und Alexander Böhnke. Bielefeld: 335–354.

Schröter, Jens (2014). „Einleitung". *Handbuch Medienwissenschaft.* Hg. von Jens Schröter. Stuttgart: 1–11.

Schröter, Jens (2016). „Fiktionalität und Medientheorie". *Fiktion im Vergleich der Künste und Medien.* Hg. von Anne Enderwitz und Irina Rajewsky. Berlin: 97–124.

Scruton, Roger (1981). „Photography and Representation". *Critical Inquiry* 7.3 (1981): 577–603.

Solomon-Godeau, Abigail (2003). „Wer spricht so? Einige Fragen zur Dokumentarfotografie". *Diskurse der Fotografie. Fotokritik am Ende des fotografischen Zeitalters*. Bd. 2. Hg. von Herta Wolf. Frankfurt a. M.: 53–74.
Thomasson, Amie L. (1999). *Fiction and Metaphysics*. Cambridge.
Thon, Jan Noël (2014). „Fiktionalität in Film- und Medienwissenschaft". *Fiktionalität. Ein interdisziplinäres Handbuch*. Hg. von Tobias Klauk und Tillmann Köppe. Berlin: 443–466.
Walton, Kendall (1990). *Mimesis as Make-Believe. On the Foundations of the Representational Arts*. Cambridge, MA.
Waltz with Bashir. Reg. Ari Folman (2008). Production Company.
Wenninger, Regina (2014). „Fiktionalität in Kunst- und Bildwissenschaften". *Fiktionalität. Ein interdisziplinäres Handbuch*. Hg. von Tobias Klauk und Tillmann Köppe. Berlin: 467–495.
Wiesing, Lambert (2005). *Artifizielle Präsenz. Studien zur Philosophie des Bildes*. Frankfurt a. M.
Wulffen, Thomas (Hg., 2010). „Fiktion der Kunst der Fiktion. Eine Dokumentation in zwei Teilen". *Artforum International* 202 und 204 (2010): 36–213 und 36–211.

Weiterführende Literatur

Ryan, Marie-Laure (1991). *Possible Worlds, Artificial Intelligence, and Narrative Theory*. Bloomington, IN.
Schröter, Jens (2016). „Fiktionalität und Medientheorie". *Fiktion im Vergleich der Künste und Medien*. Hg. von Anne Enderwitz und Irina Rajewsky. Berlin: 97–124.
Thomasson, Amie L. (1999). *Fiction and Metaphysics*. Cambridge.
Thon, Jan Noël (2014). „Fiktionalität in Film- und Medienwissenschaft". *Fiktionalität. Ein interdisziplinäres Handbuch*. Hg. von Tobias Klauk und Tillmann Köppe. Berlin: 443–466.
Walton, Kendall (1990). *Mimesis as Make-Believe. On the Foundations of the Representational Arts*. Cambridge, MA.

Jan-Noël Thon
IV.8 Fiktionalität in Film- und Medienwissenschaft

1 Einleitung

Am Anfang des vorliegenden Beitrags zu Fiktionalität im Kontext der Film- und Medienwissenschaft soll die Frage stehen, was hier eigentlich mit ‚Film- und Medienwissenschaft' gemeint ist und wie sich die Film- und Medienwissenschaft zur Literatur- und Kommunikationswissenschaft verhält. Grundsätzlich spricht zunächst einiges dafür, die Filmwissenschaft als Teilbereich der Medienwissenschaft zu verstehen, wobei filmwissenschaftliche Fragestellungen zumindest im deutschsprachigen Raum die medienwissenschaftliche Landschaft nachhaltig geprägt haben. Während es der Filmwissenschaft aber – wenig überraschend – vor allem um die Theorie, Analyse und Geschichte ‚des Films' geht, beschäftigt sich die Medienwissenschaft allgemeiner mit der Theorie, Analyse und Geschichte ‚der Medien' (vgl. insbesondere Hickethier ²2010 [2003], 336–383; sowie aktueller Grampp 2016; oder die einschlägigen Beiträge in Schröter 2014). Trotz eines Methodenpluralismus, der durchaus auch Platz für sozialwissenschaftlich-empirische Perspektiven bietet, begreift sich die deutschsprachige Medienwissenschaft aufgrund ihrer Entwicklung aus der Literaturwissenschaft und in Abgrenzung zur Kommunikationswissenschaft heute in erster Linie als Geistes- bzw. Kulturwissenschaft (vgl. z. B. Hickethier ²2010 [2003], 6–8). Dies gilt nicht weniger für die Filmwissenschaft als Teilbereich der Medienwissenschaft, der aus historischen und epistemologischen Gründen eine besondere Nähe zu literatur- und kulturwissenschaftlichen Theorien und Methoden erkennen lässt (vgl. z. B. Bordwell 1985; Bordwell und Thompson ¹¹2016 [1979]; Monaco ⁴2009 [1977]; oder die Beiträge in Hill und Gibson 2000; sowie noch ausgeprägter Lange 2007, deren Einführung in die Filmwissenschaft bezeichnenderweise in einer ‚Germanistik'-Reihe erschienen ist). Die Fernsehwissenschaft zeichnet sich demgegenüber sowohl aufgrund ihres Gegenstandsbereichs als auch mit Blick auf ihr methodisches Spektrum insgesamt durch eine größere Nähe zur Kommunikationswissenschaft aus (vgl. aber auch die Zusammenstellung ‚klassischer' Texte in Adelmann et al. 2002; sowie die integrativer angelegten Einführungen von Borstnar et al. ²2008 [2002]; Hickethier ⁵2012 [1994]; Mikos ³2015 [2003]).

So oder so lässt sich jedoch festhalten, dass die Medienwissenschaft nicht nur durch einen gewissen Methodenpluralismus geprägt ist, sondern dass sie darüber hinaus auch eine große Bandbreite an ‚konventionell distinkten Einzelmedien' abdeckt (für eine knappe Diskussion mit einem Schwerpunkt auf der Frage der ‚Medialität', vgl. z.B. Thon 2014b; sowie ausführlicher Rajewsky 2002; Schmidt 2000; Thon 2016b; Vogel 2001; und die Beiträge in Münker und Roesler 2008; Schröter 2014), in denen wiederum häufig sowohl fiktionale als auch nicht-fiktionale Angebote realisiert werden. So beschäftigt sich die Filmwissenschaft mit fiktionalen Spielfilmen ebenso wie mit nicht-fiktionalen Dokumentarfilmen, die Comicforschung ebenso mit fiktionalen *graphic novels* wie mit nicht-fiktionalen *graphic memoirs* – und selbst die Computerspielforschung versteht das Computerspiel nicht mehr grundsätzlich als fiktionale Form, sondern beginnt sich zunehmend für im weiteren Sinne nicht-fiktionale *serious games* oder gar sogenannte *documentary games* zu interessieren. Weitere Teilbereiche der Medienwissenschaft, die sich zwar ebenfalls sowohl mit fiktionalen ‚Unterhaltungsangeboten' als auch mit nicht-fiktionalen ‚Informationsangeboten' beschäftigen, im vorliegenden Beitrag aber aus Platzgründen nicht im Detail behandelt werden können, wären etwa die Fernsehwissenschaft, die Hörfunk- oder die Journalismusforschung, wobei insbesondere letztere wiederum in erster Linie durch kommunikationswissenschaftliche Methoden geprägt ist.

Fragt man nun aber weiter, inwiefern die skizzierten Gegenstandsbereiche der Film- und Medienwissenschaft im Sinne des vorliegenden Bandes fiktionstheoretisch fundiert diskutiert werden, so muss die Antwort doch eher ernüchternd ausfallen: Zwar lässt sich insbesondere in der Filmwissenschaft seit etwa den 1980er Jahren eine gewisse Wirkmächtigkeit filmphilosophischer Ansätze beobachten, aber die Überschneidungen zwischen den in der vor allem philosophisch und literaturwissenschaftlich geprägten Fiktionstheorie diskutierten Problemstellungen und der filmwissenschaftlichen Auseinandersetzung mit Spiel- oder Dokumentarfilmen erscheinen nach wie vor als recht gering. Das gilt umso mehr für den umfassenderen Bereich der Medienwissenschaft: Blickt man etwa auf die deutschsprachige Comicforschung oder Computerspielforschung, so lässt sich zwar durchaus von einem ausgeprägten Interesse am Spannungsfeld von Fiktionalität und Nicht-Fiktionalität aber eben in der Regel kaum von einer fiktionstheoretisch fundierten Diskussion der sich daraus ergebenden Fragen sprechen. Um also einerseits an die fiktionstheoretische Orientierung des vorliegenden Bandes anzuschließen und andererseits der methodischen und theoretischen Vielfalt in der Film- und Medienwissenschaft Rechnung zu tragen, sollen im Folgenden zunächst einige einflussreiche Versuche in Richtung einer medienübergreifenden Fiktionstheorie skizziert und der Zusammenhang zwischen medienspezifischen Fiktionstheorien und medienspezifischen Darstellungstheorien an ausgewählten exemplarischen Beispielen aus dem Bereich der transmedialen Narratologie beleuchtet werden, bevor im Anschluss ein kurzer Überblick über jeweils spezifische Perspektiven auf (Nicht-)Fiktionalität in der Filmwissenschaft, der Comicforschung und der Computerspielforschung gegeben wird (vgl. auch Thon 2014a für eine frühere Version der folgenden Überblicksdarstellung).

2 Transmediale Fiktionstheorie(n) als transmediale Darstellungstheorie(n)

Für die Film- und Medienwissenschaft erscheinen zunächst insbesondere jene Fiktionstheorien als relevant, die sich nicht – oder zumindest nicht ausschließlich – auf sprachlich verfasste Fiktionen konzentrieren. Es geht hier, in anderen Worten, um zumindest im Ansatz *transmediale Fiktionstheorien*, deren – meist recht abstrakte – Argumentation grundsätzliche Gültigkeit für eine Vielzahl ganz unterschiedlicher Medien beansprucht. Nicht zuletzt angesichts des Umstandes, dass mit Kendall L. Walton, Gregory Currie und Marie-Laure Ryan drei zentrale Vertreter solcher medienübergreifend angelegten Fiktionstheorien aber durchaus auch nicht-fiktionale Darstellungen als Teil des Gegenstandsbereichs ihrer jeweiligen Theorien begreifen, lassen sich derartige transmediale Fiktionstheorien auch grundsätzlicher als *transmediale Darstellungstheorien* verstehen, insofern sie umfangreiche darstellungstheoretische Elemente enthalten (vgl. z. B. Currie 1990, 90–98; 1995, 12–16; 2010, 1–26; Ryan 1991, 13–30; Walton 1990, 70–105; sowie die ausführliche Rekonstruktion in Thon 2016b).

Bestimmend für Waltons vor allem in *Mimesis as Make-Believe* (1990) entwickelte Fiktionstheorie ist zunächst die Annahme, dass es sich bei Darstellungen (*representations*) wie etwa Gemälden, Romanen, oder Theaterstücken um Artefakte handelt, deren Funktion es ist, als Requisiten (*props*) in Imaginationsspielen (*games of make-believe*) zu dienen. Allerdings betont Walton, dass einerseits auch andere Objekte wie etwa Baumstümpfe oder Steine als Requisiten in derartigen Imaginationsspielen fungieren können und dass andererseits unsere Imaginationsspiele sich nicht auf ‚autorisierte' Imaginationen (*mandated imaginings*) beschränken müssen. Entsprechend unterscheidet er zunächst zwischen ‚autorisierten' Werkwelten (*work worlds*) und ‚nicht-autorisierten' Vorstellungswelten (*game worlds*), um sich anschließend im Detail mit Prinzipien der Generierung (‚autorisierter') fiktiver Tatsachen auseinanderzusetzen. Zentrale Generierungsprinzipien (*principles of generation*) sind dabei insbesondere das Realitätsprinzip (*reality principle*) und das Prinzip der allgemeinen Überzeugungen (*mutual belief principle*). Nach dem Realitätsprinzip ist mindestens die fiktive Werkwelt einer fiktionalen Darstellung so nah wie möglich an unserer ‚realen Welt' zu konstruieren (und werden also beispielsweise mit Blick auf unsere ‚reale Welt' gültige Schlüsse grundsätzlich auch für die Werkwelten fiktionaler Darstellungen gültig sein).

Das das Realitätsprinzip historisierende Prinzip der allgemeinen Überzeugungen besagt demgegenüber, dass mindestens die fiktive Werkwelt einer fiktionalen Darstellung so nah wie möglich an den zur Entstehungszeit selbiger durch historische Autoren und Autorinnen bzw. Rezipienten und Rezipientinnen geteilten Überzeugungen über *ihre* ‚reale Welt' zu konstruieren ist (und also beispielsweise zur Entstehungszeit einer fiktionalen Darstellung als gültig betrachtete Schlüsse über die ‚reale Welt' grundsätzlich auch für die Werkwelt der fraglichen fiktionalen Darstellung gültig sein werden). Trotz gewisser terminologischer Eigenwilligkeiten, die nicht zuletzt in der weitgehenden Gleichsetzung von ‚Fiktion' (*fiction*) und ‚Darstellung' (*representation*) resultieren, erscheint die Walton'sche Fiktions- bzw. Darstellungstheorie aufgrund ihrer transmedialen Anlage – Walton behandelt vor allem Literatur und Kunst, aber auch Filme, Comics und verschiedene andere Darstellungsformen – von besonderer Relevanz für die Film- und Medienwissenschaft.

Tatsächlich schließt mit Currie ein insbesondere für die Filmwissenschaft zentraler Fiktionstheoretiker explizit an Waltons Überlegungen zu Fiktion bzw. Darstellung als eine durch Imaginationsspiele bestimmte kulturelle Praxis an, die Currie weiterentwickelt und auch für kognitionstheoretisch informierte Überlegungen anschlussfähig macht. Dabei vertritt Currie – anders als Walton – eine dezidiert intentionalistische Theorie, die grundsätzlich davon ausgeht, dass Darstellungen im Allgemeinen und narrative Darstellungen im Besonderen durch das Ziehen von Schlüssen auf die Intentionen ihrer Produzentinnen und Produzenten verstanden werden. In *The Nature of Fiction* (1990) konzentriert sich Currie noch weitgehend auf literarische fiktionale Texte, obwohl bildende Kunst, Theater und insbesondere Film gelegentlich erwähnt werden und Currie seinen Ansatz zur Erklärung von Fiktionen als auf ‚alle Medien' anwendbar verstanden wissen möchte. In *Image and Mind* (1995) setzt sich Currie dann jedoch umfassend mit filmischen Fiktionen auseinander und erweitert darüber hinaus seine intentionalistisch-pragmatische Fiktionstheorie durch neuere Überlegungen zur Imagination aus der Kognitionswissenschaft (vgl. auch Currie und Ravenscroft 2002), um schließlich in *Arts and Minds* (2004) die medienübergreifende Perspektive bereits im Titel explizit auf ‚darstellende Künste' im Allgemeinen zu beziehen. Zwar setzt sich Currie zumindest in seinen frühen Arbeiten noch recht ausführlich mit dem Problem der Fiktionalität von Darstellungen bzw. mit dem Unterschied zwischen fiktionalen und nicht-fiktionalen Darstellungen auseinander, es handelt sich bei seinen Überlegungen aber wiederum in weiten Teilen eher um eine allgemeine Darstellungstheorie als um eine spezifische Fiktions- bzw. Fiktionalitätstheorie. Besonders deutlich wird das in Curries aktuellstem Buch, *Narratives and Narrators* (2010), in dem es ihm ausdrücklich um eine die Grenzen von fiktionaler und nicht-fiktionaler Darstellung überschreitende, transmedial und narratologisch orientierte Darstellungstheorie geht.

Noch stärker als Currie integriert Ryan narratologische Theoriebestände in ihre fiktionstheoretischen Überlegungen, die sie in *Possible Worlds, Artificial Intelligence, and Narrative Theory* (1991) wiederum zunächst vor allem anhand literarischer Texte entwickelt, dann aber insbesondere in *Narrative as Virtual Reality* (2001) und *Avatars of Story* (2006) im Kontext einer transmedialen Narratologie auf eine Vielzahl weiterer medialer Formen wie Reality-Formaten im Fernsehen, Live-Übertragungen im Rundfunk, multimodalen Erzählungen im Internet oder interaktiven Erzählungen im Computerspiel überträgt. Den Großteil ihrer Fiktionstheorie entwickelt Ryan allerdings bereits in *Possible Worlds, Artificial Intelligence, and Narrative Theory*, wobei ihr Ansatz – ebenso wie Curries Überlegungen in *The Nature of Fiction* – bereits grundlegend transmedial angelegt ist, sie ihre Beispiele aber in erster Linie aus dem literarischen Bereich wählt. So bemerkt sie zu ihrer theoretischen und methodischen Orientierung etwa: „Following this trend, I propose to explore fictionality and narrativity as distinct properties, and to address both issues from an interdisciplinary perspective – a perspective which may be called semiotic, since my approach is largely formalist, and my concern is signification in all kinds of texts, not just in literary ones" (Ryan 1991, 2–3). Ähnlich wie Walton beschäftigt sich Ryan zunächst vor allem mit der darstellungstheoretischen Frage, wie sich die ‚Leerstellen' in prinzipiell unvollständigen narrativen Darstellungen füllen lassen, was sie zur Formulierung eines – mit Waltons Realitätsprinzip vergleichbaren – Prinzips der minimalen Abweichung (*principle of minimal departure*) führt, demzufolge „[w]e will project upon these worlds everything we know about reality, and we will make only the adjustments dictated by the text" (Ryan 1991, 51; vgl. auch bereits Lewis 1978; Ryan 1980; Walton 1990). Ähnlich wie Currie knüpft Ryan zudem an Waltons Überlegungen zur Fiktion als Imaginationsspiel an, betont dabei aber vor allem das Spannungsverhältnis zwischen unserer Realität als einziger „*actually* actual world" und einer potentiell unendlichen Zahl von „*pretended* actual worlds" (Ryan 1991, 24, Herv. im Original), die sie im Anschluss an einschlägige Arbeiten von Thomas G. Pavel, Lubomír Doležel und anderen als eine besondere Form möglicher Welten versteht (vgl. z. B. Pavel 1986; Doležel 1998; sowie die Kritik in Ronen 1994; Zipfel 2001), auf die wir unsere Aufmerksamkeit während der Rezeption narrativer Darstellungen in einem Prozess der Neu-Zentrierung (*recentering*) verlagern (vgl. auch Gerrig 1993; Herman 2002; Ryan 2001).

Bereits dieser kurze Blick auf die von Walton, Currie und Ryan erarbeiteten, transmedial ausgerichteten Fiktionstheorien sollte nun – neben zumindest einigen Gemeinsamkeiten und Unterschieden in ihren jeweiligen Argumentationsweisen – vor allem zwei Aspekte verdeutlicht haben, die auch mit Blick auf die Frage nach der (Nicht-)Fiktionalität unterschiedlicher medialer Formen von einiger Relevanz sind: Erstens können transmediale Fiktionstheorien auch oder gar in erster Linie als transmediale Darstellungstheorien verstanden werden, was wiederum die Frage aufwirft, inwiefern medienspezifische Darstellungstheorien zumindest bis zu einem gewissen Grad als medienspezifische Fiktionstheorien verstanden werden können. Zweitens lässt sich ein Zusammenhang zwischen fiktionalen und narrativen Darstellungen konstatieren, der zwar keineswegs ein Zusammenfallen von Fiktionalität und Narrativität, aber doch eine gewisse Nähe der Fiktions- zur Erzähltheorie impliziert (vgl. hierzu auch grundsätzlicher Bunia 2007; Cohn 1999; Martínez und Scheffel 2003; Ryan 1991; Schaeffer 2010 [1999]; Zipfel 2001). Zwar handelt es sich bei der Narratologie in der gegenwärtigen Medienwissenschaft – zumindest im Vergleich zur deutlich ausdifferenzierteren literaturwissenschaftlichen Erzähltheorie – noch um ein verhältnismäßig junges Forschungsfeld, aber gerade in den letzten Jahren hat es zunehmend Bemühungen gegeben, einerseits medienspezifische narratologische Modelle jenseits der bereits seit den 1980er Jahren etablierten Filmnarratologie zu erarbeiten und diese andererseits innerhalb des mediale wie disziplinäre Grenzen transzendierenden Projekts einer genuin transmedialen Narratologie zu verorten (zu unterschiedlich umfassenden Perspektiven auf das Projekt einer transmedialen Narratologie, vgl. z. B. Herman 2004; 2009; Ryan 2005; 2006; Thon 2015b; 2016b; Wolf 2005; 2011; sowie die Beiträge in Meister 2005; Ryan 2004; Ryan und Thon 2014). Vor diesem Hintergrund sollen im Folgenden – wiederum in der gebotenen Kürze – einige ausgewählte medienspezifisch angelegte und narratologisch orientierte Darstellungstheorien aus der Filmwissenschaft, der Comicforschung und der Computerspielforschung auf ihren fiktionstheoretischen Gehalt hin befragt werden.

3 Medienspezifische Darstellungstheorie(n) als medienspezifische Fiktionstheorie(n)

Wie bereits erwähnt, handelt es sich bei der Filmtheorie um den sowohl fiktionstheoretisch als auch narratologisch fundiertesten Bereich neben der Literaturtheorie. Dabei haben nicht nur fiktionstheoretisch orientierte Studien zum Film häufig einen narratologischen Einschlag (vgl. z. B. Currie 1990; 1995; 2010), sondern auch filmnarratologische Arbeiten kommen selten ohne eine Auseinandersetzung mit fiktionalen Darstellungen aus (vgl. z. B. Bordwell 1985; Branigan 1992; Kuhn 2011; sowie die figurentheoretischen Arbeiten von Eder 2008a; 2008b). Als beispielhaft für die kognitionswissenschaftlich informierte Behandlung darstellungs- wie fiktionstheoretischer Fragen innerhalb der Filmnarratologie mag etwa Edward Branigans *Narrative Comprehension and Film* (1992) gelten, das sogar mit einem separaten, durchaus theoretisch fundierten Kapitel zur filmischen Fiktion endet, in dem Branigan – im Einklang mit dem gegenwärtigen Konsens sowohl in der literaturwissenschaftlichen als auch in der transmedialen Narratologie – betont, dass „our ability to *understand* a narrative, or nonnarrative, is distinct from our *beliefs* as to its truth, appropriateness, plausibility, rightness, or realism" (Branigan 1992, 192, Herv. im Original; vgl. ähnlich auch Gerrig 1993; Herman 2002; Thon 2016b). Jedoch ist selbst für filmnarratologische Studien ein dezidiert auf das Fiktionalitätsproblem abzielendes Kapitel recht ungewöhnlich und auch Branigans Studie ist letztlich – trotz eines ausgeprägten metatheoretischen Interesses und der erwähnten kognitionstheoretisch informierten Grundhaltung – vor allem narratologisch bzw. eben darstellungstheoretisch ausgerichtet. Entsprechend lässt sich bereits für die Filmnarratologie festhalten, dass medienspezifische Darstellungstheorien zwar Elemente medienspezifischer Fiktionstheorien enthalten mögen, der Schwerpunkt der Theoriebildung aber eher auf darstellungs- denn auf fiktionstheoretischen Überlegungen liegt.

Zwar ist die Comicforschung bislang nicht in einem mit der Filmwissenschaft vergleichbaren Maße institutionalisiert, aber auch hier finden sich inzwischen eine Reihe narratologisch ausgerichteter Studien, die meist vor allem die medienspezifischen Darstellungsmittel des Comics zu systematisieren suchen (vgl. z. B. Groensteen 2013 [2011]; Hescher 2016; Kukkonen 2013; Mikkonen 2011; Postema 2013; Schüwer 2008; zu aktuellen narratologischen Ansätzen, vgl. auch die Beiträge in Gardner und Herman 2011; Stein und Thon 2013; für weitere einflussreiche darstellungstheoretische, dabei aber nicht explizit narratologische Arbeiten zum Comic, vgl. z. B. Carrier 2000; Groensteen 2007 [1999]; Labarre 2020; Marion 1993; Packard 2006; Peeters 1998). Ein gutes Beispiel hierfür ist Martin Schüwers *Wie Comics erzählen* (2008), das sich ausführlich mit darstellungstheoretischen Detailfragen etwa der piktorialen Perspektive und des Arrangements von Panels in Panelfolgen auseinandersetzt, bevor es den Zusammenhang zwischen sprachlichem und nicht-sprachlichem Erzählen im Comic aus einer klassisch-narratologischen Perspektive zu fassen versucht. Zwar lässt sich immer wieder eine Bezugnahme Schüwers auf filmnarratologische und filmphilosophische Theoriebestände, dabei aber letztlich kaum eine Auseinandersetzung mit im engeren Sinne fiktionstheoretischen Fragestellungen konstatieren. Allerdings lassen sich Schüwers darstellungstheoretische Überlegungen wiederum in einem allgemeineren Sinne (auch) als fiktionstheoretische Überlegungen verstehen, insofern nicht nur jede Fiktionstheorie Elemente einer Darstellungstheorie voraussetzt, sondern eben auch jede Darstellungstheorie in gewisser Hinsicht als Fiktionstheorie verstanden werden kann, was sich im Übrigen in ähnlicher Weise auch für den Großteil der sonstigen vorliegenden – nach wie vor primär an fiktionalen Darstellungen interessierten – comicnarratologischen Arbeiten sagen lässt, zumal das Medium des Comics noch einmal deutlich stärker als das Medium des Films oder das Medium des Computerspiels durch narrative Formen dominiert ist und etwa Stephan Packard konstatiert, „daß nicht-narrative Comics tatsächlich so gut wie nicht auffindbar sind" (Packard 2006, 97).

Anders als bei Filmen und Comics (bzw. den entsprechenden darstellungstheoretischen Diskussionen in der Filmwissenschaft und der Comicforschung) war die Narrativität des Computerspiels innerhalb der Computerspielforschung lange umstritten. Hier wäre insbesondere die äußerst polemisch ausgetragene sogenannte ‚Ludologie vs. Narratologie-Debatte' zu nennen, die der Computerspielforschung einiges an Arbeit am eigenen Selbstverständnis ermöglicht hat. Dass es sich bei dieser Debatte wohl vor allem um ein wissenschaftspolitisch motiviertes Scheingefecht selbsternannter ‚Ludologen' gegen weitgehend imaginierte ‚Narratologen' handelte, ist inzwischen freilich ebenfalls gut dokumentiert, sodass sich die ‚Debatte' heute als weitgehend erledigt betrachten lässt (vgl. z. B. Eskelinen 2004; Frasca 2003; Jenkins 2004; sowie die Überblicksdarstellung in Neitzel 2014; Ryan 2006, 181–203; Thon 2015a). Dabei wird eine pauschale Charakterisierung von Computerspielen als ‚narrativ' oder ‚nicht-narrativ' den vielfältigen Möglichkeiten des Mediums oder auch nur dessen ‚narrativen' Vertretern kaum gerecht, da sich auch letztere eher als komplexe Kombinationen aus narrativen und ludischen Elementen erweisen (für eine ausführlichere Diskussion dieser für zahlreiche Vertreter des Mediums konstitutiven Hybridität, vgl. z. B. Backe 2008; Domsch 2013; Engelns 2014; sowie Thon 2015a; 2016a; 2016b). Nicht unwesentlichen Anteil daran, dass Computerspiele inzwischen aber zunehmend *auch* auf ihre Narrativität hin untersucht werden, hatte beispielsweise Jesper Juul, der in *Half-Real* (2005) zwar immer noch kaum von narrativen Elementen zu sprechen wagt, aber zumindest das für Computerspiele konstitutive Spannungsverhältnis zwischen ‚Spielregeln' und ‚Fiktion' in den Mittelpunkt seiner Überlegungen stellt. Freilich bezieht sich Juul zwar explizit auf einschlägige Fiktionstheorien, setzt sich dann aber wiederum nahezu ausschließlich mit darstellungstheoretischen Fragestellungen auseinander und kann also – durchaus stellvertretend für vergleichbare Ansätze innerhalb der Computerspielforschung – ebenfalls nur in einem allgemeinen Sinne als Beitrag zu einer Fiktionstheorie des Computerspiels verstanden werden, in dem jegliche Darstellungstheorie auch als Beitrag zur Fiktionstheorie gelesen werden kann (und *vice versa*).

Anzumerken ist hier jedoch mindestens noch, dass Darstellungstheorien des Computerspiels mit sich aus der Interaktivität und Nonlinearität ihrer Objekte ergebenden Problemen konfrontiert sind, die besondere Gelegenheit zu auch fiktionstheoretisch relevanten Reflexionen über den Zusammenhang von Darstellung und Dargestelltem geben *sollten*. Für ein Verständnis dieses Zusammenhangs ist es dabei nicht nur hilfreich, mit Walton (1990) zwischen den Werkwelten (*work worlds*) von fiktionalen Darstellungen (*representations*) einerseits sowie den durch die Rezipientinnen und Rezipienten letzterer imaginierten Vorstellungswelten (*game worlds*) andererseits zu unterscheiden. Darüber hinaus lassen sich vielmehr die durch fiktionale Darstellungen dargestellten fiktiven Welten im Anschluss an Eder (2008a; 2008b) genauer als intersubjektive kommunikative Konstrukte mit einer normativen Komponente bestimmen, die weder mit den Darstellungen, durch die sie dargestellt werden, noch mit den Vorstellungen, die sich Rezipientinnen und Rezipienten von ihnen machen, zusammenfallen (für eine ausführlichere Rekonstruktion dieser Konzeptualisierung von fiktiven Welten bzw. allgemeiner von *storyworlds*, vgl. Thon 2016b, 2017). Vor diesem Hintergrund wäre dann etwa danach zu fragen, inwiefern die (obligatorische) Interaktivität und (fakultative) Nonlinearität von Computerspielen zu einer grundlegenden intersubjektiven Instabilität des Spielgeschehens führt, welches folglich nur bedingt als zur Darstellung einer als intersubjektives kommunikatives Konstrukt konzeptualisierten fiktiven Welt beitragend verstanden werden kann (vgl. auch ausführlicher Thon 2015a; 2016a). Allerdings gilt bei genauerer Betrachtung auch für Filme und Comics, dass das etwa mit Currie (2010) als darstellerische Entsprechung (*representational correspondence*) zu beschreibende Verhältnis zwischen Darstellung und Dargestelltem alles andere als ‚direkt' ist und Computerspiele hier also ein besonders auffälliges, aber keineswegs singuläres Beispiel bilden (vgl. wiederum Thon 2016b, 2017).

Zusammenfassend sei noch einmal betont, dass sich einerseits medienspezifische Darstellungstheorien narratologischen oder nicht-narratologischen Zuschnitts zwar grundsätzlich auch als Beiträge zur Fiktionstheorie verstehen lassen, insofern jede Fiktionstheorie Elemente einer Darstellungstheorie voraussetzt, dass aber andererseits Fiktionalität in der Film- und Medienwissenschaft vor allem *ex negativo*, d. h. in der mit nicht-fiktionalen Darstellungen beschäftigten Theoriebildung thematisiert wird (dies wohl auch, da es sich zumindest in sogenannten ‚Unterhaltungsmedien', für die sich die Film- und Medienwissenschaft traditionell in besonderem Maße interessiert, bei fiktionalen Darstellungen eher um den ‚unmarkierten Fall' handelt). Freilich lässt sich auch hier nur bedingt von einer fiktionstheoretischen Fundierung der verschiedenen film- und medienwissenschaftlichen Diskussionen sprechen und in einigen Fällen mag man sich in der Tat „des Eindrucks kaum erwehren [können], daß viele Differenzen darauf zurückzuführen sind, daß die jeweiligen Begriffe, vor allem die des Fiktionalen und Nichtfiktionalen, in vielen Fällen ungenau bestimmt" (Kessler 1998, 63) oder zumindest nicht immer in einem ähnlich technischen Sinne verwendet werden, wie das in der philosophischen oder literaturwissenschaftlichen Fiktionstheorie gemeinhin der Fall ist. Zwar scheint es kaum möglich, der Vielfalt heterogener Ansätze in der Film- und Medienwissenschaft im Rahmen eines kurzen Beitrags gerecht zu werden, aber es soll im Folgenden dennoch versucht werden, anhand der Dokumentarfilmtheorie in der Filmwissenschaft, der Auseinandersetzung mit *graphic memoirs* in der Comicforschung und der Diskussion um sogenannte *documentary games* in der Computerspielforschung zumindest die Umrisse eines film- bzw. medienwissenschaftlichen Verständnisses von Nicht-Fiktionalität (und damit im Umkehrschluss letztlich auch: von Fiktionalität) schlaglichtartig sichtbar zu machen.

4 (Nicht-)Fiktionalität und Dokumentarfilme in der Filmwissenschaft

Die Frage nach der (Nicht-)Fiktionalität filmischer Darstellungen wird im Rahmen der Film- und Medienwissenschaft vor allem mit Bezug auf den Dokumentarfilm und also als Bestandteil unterschiedlicher Dokumentarfilmtheorien diskutiert, wobei mit Margrit Tröhler festzustellen ist, dass letztere durchaus andere Akzente setzen als das Fiktionstheorien in der Regel tun: „Stark vereinfacht behandeln die Fiktionstheorien die Frage der konstruierten *Realität des Films* unter dem Aspekt der Eigengesetzlichkeit der fiktionalen Welt und deren semantisch-logischem Verhältnis zur Wirklichkeit, während in der Dokumentarfilmtheorie der medial beglaubigte Wirklichkeitsbezug dominant in ethischen Begriffen verhandelt wird" (Tröhler 2004, 152, Herv. im Original). Auch hier lässt sich allerdings eine ausgeprägte Heterogenität der Theoriebildung konstatieren: Von John Griersons ebenso einflussreicher wie offener Bestimmung des Dokumentarischen als „creative treatment of actuality" (Hardy 1966 [1947], 13) über verschiedene Versuche synthetisierender Begriffsklärungen durch analytische Philosophen (vgl. z. B. Carroll 1996; 1999; Currie 1995; 1999; Plantinga 1987; 1997) bis hin zu stärker kulturwissenschaftlich ausgerichtete Ansätzen, die angesichts der Vielfalt möglicher Formen und dokumentarischer Modi die prinzipielle Unmöglichkeit einer solchen Synthese nahe legen (vgl. z. B. Nichols 1991; 1994; Renov 1993; 2004; Winston 1995) hat sich der Begriff des Dokumentarischen als äußerst umstritten erwiesen, was letztlich zu einer immer umfassenderen Erweiterung dessen geführt hat, was in der Forschung als ‚dokumentarisch' verstanden wird (vgl. z. B. Bruzzi 2006; Nash et al. 2014; Ward 2005).

Am ehesten anschlussfähig an die bereits skizzierten transmedialen und medienspezifischen Darstellungs- bzw. Fiktionstheorien erscheinen dabei pragmatische Ansätze zum nicht-fiktionalen Film im Allgemeinen und zum Dokumentarfilm im Besonderen, die nicht so sehr die indexikalische Beziehung zwischen fotografischem Bild und ‚abgebildeter' Welt hervorheben, sondern vielmehr davon ausgehen, dass Dokumentarfilme solche Filme sind, die als ‚dokumentarisch' verstanden werden sollen (vgl. insbesondere Odin 1990; 2000; sowie z. B. Eitzen 1998 [1995]; Mundhenke 2016; Weber 2013). Aufschlussreich sind in diesem Zusammenhang auch die Arbeiten von Currie, der (zuletzt unter Rekurs auf die in Currie 2010 ausführlicher entwickelte Unterscheidung zwischen *representation-by-origin* und *representation-by-use*) die indexikalische Qualität des fotografischen Bildes nachdrücklich betont und daran anschließend ein eher ‚enges' Verständnis von Dokumentarfilmen vertritt: „In cinema we may have events and characters presented not as fact but as the material for make-believe, we may have actors and sets artfully contrived to inform us of actual events or we may have straightforward documentary film" (Currie 1995, 16). Während in der Forschung inzwischen auch von ‚animierten Dokumentarfilmen' die Rede ist (vgl. z. B. Roe 2013; aber auch die begriffskritischen Überlegungen in Formenti 2014; Roe 2016), lässt sich wohl in der Tat davon ausgehen, dass zumindest der *Eindruck* fotografischer Indexikalität auch im Zeitalter digitaler Filmbilder nach wie vor ein wirkmächtiges, wenn auch kein notwendiges oder hinreichendes, Signal für das Vorliegen ‚dokumentarischer' Referentialitätsansprüche ist.

Ebenfalls stark an traditionellen philosophischen Fiktionstheorien orientiert erscheinen die Arbeiten von Noël Carroll (1996; 1999) und Carl R. Plantinga (1987; 1997), die beide – durchaus kompatibel zu intentionalistisch-pragmatischen und institutionellen Fiktionstheorien – davon ausgehen, dass mit Dokumentarfilmen behauptet werden kann bzw. Aussagen getroffen werden können, wobei die Kommunikation dieser nicht-fiktionalen Kommunikationsintention durch konventionalisierte Markierungen innerhalb von institutionalisierten Produktions- und Rezeptionsprozessen erfolgt. Zwar stehen weder Carroll noch Plantinga für eine ‚essentialistische' Bestimmung der (Nicht-)Fiktionalität filmischer Darstellungen, wie sie sich etwa in der frühen filmtheoretischen Rede vom Film als „Vollendung der fotografischen Objektivität in der Zeit" (Bazin 1975 [1948], 25) bei André Bazin oder der dieser diametral entgegengesetzten Charakterisierung des Films als ‚immer schon fiktional' bei Christian Metz finden (vgl. Metz 2000 [1977], 45: „Jeder Film ist ein fiktionaler Film"; sowie Hediger 2009, der beide Essentialismen bereits in Cavell 1979 zusammen geführt sieht). Doch pragmatische Positionen, die von der grundsätzlichen Unterscheidbarkeit fiktionaler und nicht-fiktionaler Filme auf Grundlage der von ihnen kommunizierten kommunikativen Intentionen ausgehen, sind angesichts neuerer filmgeschichtlicher Entwicklungen durchaus auch jenseits eines ‚postmodernen Skeptizismus' (vgl. z. B. Carroll 1996; Ryan 1997) als ‚zu starr' kritisiert worden. Insbesondere in neueren filmwissenschaftlichen Arbeiten wird zunehmend ein Spiel mit dem Überschreiten und Unterlaufen der konventionalisierten bzw. institutionalisierten Grenzen zwischen ‚Fakt' und ‚Fiktion' bzw. zwischen ‚nicht-fiktionaler' und ‚fiktionaler' Darstellung konstatiert (vgl. z. B. Hight 2010; Paget 1998; Roscoe und Hight 2001; sowie wiederum

Mundhenke 2016; und auch Thon 2019), was einerseits der gestiegenen Relevanz verschiedener ‚hybrider' Dokumentarfilme und Mockumentaries wie Michael Moores *Fahrenheit 9/11* (2004), Harald Bergmanns *Brinkmanns Zorn* (2006), Larry Charles' *Borat* (2006), Brett Morgens *Chicago 10* (2007), Ari Folmans *Waltz with Bashir* (2008), Neill Blomkamps *District 9* (2009), Banksys *Exit through the Gift Shop* (2010) oder Lars Jessens *Fraktus* (2012) angemessen sein dürfte, andererseits aber an der einen oder anderen Stelle einen – jedenfalls aus Sicht einer intentionalistisch-pragmatischen bzw. institutionellen Fiktionstheorie – problematischen ‚graduellen' Fiktionalitätsbegriff vorauszusetzen scheint. Unabhängig von der Beobachtung, dass fiktive Welten sich mehr oder weniger stark von unserer Welt unterscheiden können, gehen philosophische Fiktionstheorien häufig davon aus, dass es sich bei Fiktionalität nicht um ein ‚graduelles' Phänomen handelt (vgl. z. B. Currie 1990, 90–92; Doležel 1998, 24–28; Zipfel 2001, 292–297). Ebendies ist aber in der Film- und Medienwissenschaft äußerst strittig, wobei sich die durch die genannten ‚Hybridformen' kommunizierten komplexen Kommunikationsintentionen in der Tat kaum angemessen als ausschließlich ‚fiktional' oder ‚nicht-fiktional' beschreiben lassen.

Als in der Film- und Medienwissenschaft besonders einflussreich und anschlussfähig haben sich vor diesem Hintergrund die semio-pragmatischen Arbeiten Roger Odins herausgestellt, der zunächst grundsätzlich die rezeptions-ästhetisch gefasste Möglichkeit nicht nur einer ‚fiktionalisierenden' sondern eben auch einer ‚dokumentarisierenden' Lektüre beschreibt, zugleich aber davon ausgeht, „daß es ein Ensemble von Filmen gibt, das ausdrücklich verlangt, auf diese Weise gelesen zu werden" (Odin 1990, 126; und die aktuelle Überblicksdarstellung in Mundhenke 2016). Odin betont dabei – durchaus kompatibel mit grundlegenden fiktions- bzw. dokumentarfilmtheoretischen Annahmen bei Carroll und Plantinga – die institutionalisierte Produktion von ‚dokumentarisierenden' Lektüren ebenso wie den Umstand, dass die ‚Erwünschtheit' einer solchen Lektüre paratextuell oder textuell markiert werden muss, wenn er Dokumentarfilme als jene Filme definiert, die in ihrer „Struktur explizit (auf die eine oder andere Weise) die Anweisung zur Durchführung einer dokumentarischen Lektüre integriert" (Odin 1990, 135) haben (vgl. auch Zipfel 2001 zu Fiktionssignalen in literarischen Texten). Ein wichtiger Unterschied zu stärker in der analytisch-philosophischen Tradition verorteten Fiktions- bzw. Nicht-Fiktionstheorien des Films besteht allerdings darin, dass Odin davon ausgeht, dass die entsprechenden Rezeptionshaltungen (oder ‚Lektüren') sich auf verschiedene Teile des Films beziehen können, die dann entsprechend ‚dokumentarisch' und ‚nicht-dokumentarisch' bzw. ‚nicht-fiktional' und ‚fiktional' zu verstehen wären. Hier geht es also nicht (nur) darum, dass ursprünglich als nicht-fiktional intendierte und rezipierte Darstellungen nachträglich als fiktional rezipiert werden können, was auch in der etablierten Fiktionstheorie weitgehend unstrittig ist. Insbesondere, wenn man – wie weite Teile der gegenwärtigen Filmwissenschaft – (Nicht-)Fiktionalität weder als intrinsische Eigenschaft der Medialität bestimmter Darstellungen wie etwa des fotografischen Bildes begreifen noch als ausschließlich durch unproblematische Zuschreibungen ‚stabiler' kommunikativer ‚Makro-Intentionen' bestimmt verstehen möchte, scheint ein semio-pragmatisch bzw. rezeptionsästhetisch gewendetes Verständnis von (Nicht-)Fiktionalität fraglos reizvoll. Festzuhalten bleibt aber dennoch, dass Odins Semio-Pragmatik des Dokumentarfilms – anders als die Arbeiten von Carroll oder Plantinga – mit traditionellen, (sprach-)philosophisch geprägten Fiktionstheorien nur begrenzt kompatibel ist, die in der Regel nicht davon ausgehen, dass ein (filmisch oder sprachlich verfasster) Text an verschiedenen Textstellen im Wechsel als fiktional bzw. nicht-fiktional verstanden werden kann.

5 (Nicht-)Fiktionalität und *graphic memoirs* in der Comicforschung

Zwar finden sich immer wieder auch Comics (bzw. *graphic novels*) wie etwa Joe Saccos *Palestine* (1996) und *Safe Area Goražde* (2000), die offenkundig einen journalistischem oder gar dokumentarischen Anspruch verfolgen (vgl. z. B. Adams 2008, 121–160; Gadassik und Henstra 2012; Woo 2010; sowie aktuell und umfassend Chute 2016; Mickwitz 2016; Schlichting und Schmid 2019), aber der Schwerpunkt ‚nicht-fiktionaler' Comics wie auch der entsprechenden Diskussion in der Comicforschung liegt ohne Frage auf sogenannten *graphic memoirs*, also autobiografischen Comics, deren Autoren ‚aus ihrem Leben erzählen'. Obwohl sich *graphic memoirs* wie Art Spiegelmans *Maus* (1986/1991), David B.s *L'Ascension du Haut Mal* (1996–2003), Marjane Satrapis *Persepolis* (2000–2003), Craig Thompsons *Blankets* (2003), Alison Bechdels *Fun Home* (2006), oder David Smalls *Stitches* (2009) aus Sicht einer intentionalistisch-pragmatischen bzw. institutionellen Fiktionstheorie wohl als ‚nicht-fiktional' verstehen lassen, betont die Comicforschung – ähnlich wie bestimmte Teile der neueren filmwissenschaftlichen Forschung zu dokumentarischen Formen – nicht selten die vermeintliche ‚Fiktionalität' der entsprechenden Werke (vgl. z. B. Chute 2010; Horstkotte und Pedri 2016; Miller 2011; Pedri 2013; Rüggemeier 2016; sowie die Beiträge in Chaney 2011). Dabei lassen sich zwei zentrale Argumentationsmuster unterscheiden: Einerseits wird im Anschluss an einschlägige Arbeiten aus der literaturwissenschaftlichen Autobiografieforschung von einer prinzipiellen ‚Subjektivität' und ‚Unzuverlässigkeit' autobiografischen Erzählens ausgegangen und vor diesem Hintergrund die prinzipielle Unmöglichkeit nicht-fiktionalen autobiografischen Erzählens *auch* im Medium des Comics konstatiert. Andererseits wird gelegentlich – im Rahmen einer mit älteren Positionen zum privilegierten Status des fotografischen Bildes in der (Dokumentar-)Filmtheorie vergleichbaren Argumentation – davon ausgegangen, dass das Medium des Comics selbst aufgrund seiner spezifischen semiotischen Möglichkeiten und Grenzen ‚nicht-fiktionales' Erzählen unmöglich macht, insofern eine gezeichnete Darstellung grundsätzlich keine ‚indexikalische' Relation zum Dargestellten realisieren könne. Der Begriff der ‚Indexikalität' wird hier ebenso wie in der Dokumentarfilmtheorie in der Regel als „natural or causal connection" (Merell 1997, 53) zwischen Darstellung und Dargestelltem (bzw. zwischen Bezeichnendem und Bezeichnetem) verwendet (vgl. zur vermeintlichen Fiktionalität von Bildern auch allgemeiner Walton 1990, 351: „Pictures are fictions by definition"; im Gegensatz etwa zu Ryan 2010, 20: „some pictures are fictional, some are non-fictional, and for some of them the decision is irrelevant").

Beide skizzierten Einwände gegen die Nicht-Fiktionalität von *graphic memoirs* scheinen in der Sache zunächst berechtigt: Einerseits neigen *graphic memoirs* – freilich ganz ähnlich wie moderne literarische Autobiografien – zur ausgeprägten Selbstreflexion und Problematisierung allzu simpler ‚Wahrheitsansprüche'. Andererseits ist es durchaus nicht falsch, dass das für den Comic charakteristische Set an Darstellungsstrategien einer ‚transparenten' Darstellung auf unterschiedliche Weise entgegensteht. Allerdings gehen eben auch die Leserinnen und Leser von *graphic memoirs* in der Regel davon aus, dass die Autorin oder der Autor nur von Geschehnissen erzählt, von denen sie oder er annimmt, dass diese sich tatsächlich zugetragen haben. Wiederum aus Sicht einer intentionalistisch-pragmatischen oder institutionellen Fiktionstheorie spricht nun einiges dafür, Fiktionalität weder über ‚wahre Aussagen über die Welt' noch über eine indexikalische Relation zwischen Dargestelltem und Darstellung, sondern eben als Eigenschaft von Darstellungen zu verstehen, die den Anspruch kommunizieren, ‚wahre Aussagen über die Welt' zu machen – zumal es wenig plausibel erscheint, Fiktionalität im Umkehrschluss über das Vorliegen ‚falscher Aussagen über die Welt' bzw. die Abwesenheit einer indexikalischen Beziehung zwischen Dargestelltem und Darstellung zu bestimmen, was in wenig intuitiver Weise wahlweise jede Lüge oder Falschmeldung bzw. die überwiegende Mehrzahl visueller wie verbaler Darstellungen zu ‚Fiktionen' werden lassen würde: „Fictional statements need not actually be untrue because it would not make any difference to a work's fictional status whether any of the statements made in it turned out to be true by coincidence [...]. Likewise factual discourse is intended to be true, although it may not be: mistaken statements are still factual ones" (Gorman 2005, 163). Insofern lässt sich einerseits also wiederum nur bedingt von einer fiktionstheoretischen Fundierung der Comicforschung auch in Bezug auf nicht-fiktionale Comics sprechen. Andererseits ließe sich hier einmal mehr konstatieren, dass die (sich erst noch im Prozess der Institutionalisierung befindende) Comicforschung und die (deutlich etabliertere) Fiktionstheorie einiges voneinander lernen könnten: Erstere hätte sich von einer stärkeren Berücksichtigung der fiktionstheoretischen Diskussionen eine terminologische Präzisierung insbesondere mit Blick auf Begriffe wie ‚Fiktionalität' und ‚Nicht-Fiktionalität' bzw. ‚fiktiv' und ‚nicht-fiktiv' zu versprechen, während letztere sich angesichts der mit autobiografischen und anderen nicht-fiktionalen Comics verbundenen darstellungstheoretischen Probleme – etwa der metaphorischen Darstellung in *Maus* und *L'Ascension du Haut Mal*, der Inanspruchnahme ‚dichterischer Freiheit' in *Persepolis* und *Blankets* oder der medienspezifischen Formen des Realismus gezeichneter Bilder in *Fun Home* und *Stitches* – stärker als bisher um eine Ausdifferenzierung und punktuelle Hinterfragung vermeintlicher Gewissheiten über das ‚Wesen' (nicht-)fiktionaler Darstellungen jenseits des literarischen Textes bemühen könnte.

6 (Nicht-)Fiktionalität und sogenannte *documentary games* in der Computerspielforschung

Die medienwissenschaftliche Computerspielforschung ist ein immer noch verhältnismäßig junges Feld und nach wie vor lässt sich konstatieren, dass „die trans-, multi- und interdisziplinären Zugriffe auf das Computerspiel jung, disparat und noch keineswegs im Sinne einer Disziplin konsistent" (Neitzel und Nohr 2006, 10; vgl. auch die ‚Neuauflage' dieser Standortbestimmung in Neitzel und Nohr 2010; sowie die wiederum aktuelleren Überblicksdarstellungen in Sachs-Hombach und Thon 2015) sind. Dass zwischen dem Ende der 1990er Jahre und dem Anfang der 2000er Jahre der Fokus in erster Linie auf darstellungstheoretischen Fragestellungen und dem Computerspiel als fiktionaler Form lag (vgl. z. B. Aarseth 1997; Atkins 2003; Murray 1997; Walker 2003), hat dabei einerseits mit den Konsolidierungsprozessen eines noch recht jungen Forschungsfeldes, andererseits aber auch mit der historischen Entwicklung des Mediums selbst zu tun. Nachdem seit der Jahrtausendwende zunehmend auch ein Markt für *serious games*, Computerspiele mit historischem Setting und andere in einem weiteren Sinne nicht-fiktionale Computerspiele entstand, hat sich dann aber auch die Computerspielforschung verstärkt der (Nicht-)Fiktionalität von Computerspielen gewidmet. Nicht zuletzt aus fiktionstheoretischer Sicht besonders interessant sind dabei sogenannte *documentary games*, also Computerspiele wie *Waco Resurrection* (2003), *JFK Reloaded* (2004), *Kuma\War* (2004 ff.), *Under Siege* (2005) oder *Super Columbine Massacre RPG!* (2005), die einen mehr oder weniger dezidiert ‚dokumentarischen' Anspruch kommunizieren (vgl. programmatisch z. B. Bogost und Poremba 2008; Fullerton 2008; Galloway et al. 2007; Poremba 2009; Raessens 2006; Sørensen und Thorauge 2013).

Allerdings führt die spezifische Medialität des Computerspiels auch und gerade bei derartigen *documentary games* zu einer Reihe besonderer darstellungs- und fiktionstheoretischer Probleme, die nur teilweise mit den im Kontext nicht-fiktionaler Comics oder Filme auftauchenden Problemen vergleichbar sind. So stellt bereits William Uricchio in einer frühen Auseinandersetzung mit Geschichtsdarstellungen im Computerspiel zutreffend fest: „One might be tempted to conclude that computer games, in sharp contrast to media such as print, photography, audio recording, and television, are somehow incapable of being deployed for purposes of historical accuracy, documentation, and thus representation. Although they can integrate all of these earlier media, computer games might seem closest to historical documentation only when emulating them, in the process suppressing games' defining interactive relationship with the gamer" (Uricchio 2005, 327; vgl. auch die aktuelle Überblicksdarstellung in Schwarz 2015). Kein Computerspiel verwendet ausschließlich dokumentarisches Material, wenn es auch durchaus gängige Praxis ist, digitalisierte ‚dokumentarische' Fotografien, Filmausschnitte oder Audioaufnahmen z. B. in Form von Cut-Scenes in neuere Computerspiele zu integrieren. Insofern es sich hier also nicht oder zumindest nicht ausschließlich um fotografische Bilder, sondern eben vor allem um in Echtzeit computergenerierte Darstellungen handelt, lassen sich *documentary games* nicht im selben Maße als ‚indexikalisch' verstehen bzw. erzeugen nicht im selben Maße den *Eindruck* von Indexikalität, wie das etwa bei den fotografischen (Film-) Bildern bestimmter Dokumentarfilme der Fall sein mag.

Nicht nur aus darstellungs- sondern durchaus auch aus fiktionstheoretischer Perspektive wichtiger als diese – auch für *graphic memoirs* und andere nicht-fiktionale Comics sowie nicht-fotografische Bilder allgemein geltende – Einschränkung ist aber, wie bereits erwähnt, die in Computerspielen aufgrund ihrer (obligatorischen) Interaktivität und (fakultativen) Nonlinearität grundsätzlich prekäre Relation zwischen Darstellung und Dargestelltem. Insofern Computerspiele zwar ‚dokumentarisches' Material in Cut-Scenes einbinden und realweltliche Räume zunehmend ‚realistisch' simulieren können, das Spielgeschehen aber notwendigerweise von Person zur Person und von Spieldurchgang zu Spieldurchgang variiert, lässt sich kaum davon sprechen, dass es sich bei *documentary games* durchgängig um Darstellungen mit genuin dokumentarischem Charakter handelt. Auch in sich selbst als ‚dokumentarisch' verstehenden oder von anderen als ‚dokumentarisch' verstandenen Computerspielen wie *JFK Reloaded* (2004), dem aktuelleren *The Cat and the Coup* (2011) oder dem stärker auf den Einsatz ‚dokumentarischer' Filmbilder setzenden *Fort McMoney* (2013) gilt vielmehr in aller Regel, dass sich das Spielgeschehen nicht auf eine vorgegebene Abfolge von Ereignissen reduzieren lässt, sondern immer auch zumindest teilweise während der Interaktion der Spielerin oder des Spielers mit dem Spiel generiert wird, so dass kaum von einer für das Vorliegen dokumentarischer Referentialitätsansprüche hinreichend hohen intersubjektiven Stabilität der dargestellten Begebenheiten ausgegangen werden kann (vgl. wiederum Thon 2015a, 2016a, 2019). Während also neuere filmwissenschaftliche Theorien davon ausgehen, dass insbesondere die Zuschauerinnen und Zuschauer hinsichtlich der Unterscheidung zwischen fiktionaler und nicht-fiktionaler Darstellung hybrider Filme zwischen einer ‚fiktionalisierenden' und einer ‚dokumentarisierenden Lektüre' oszillieren können und die Comicforschung sowohl die spezifische Medialität gezeichneter Darstellungen in *graphic memoirs* als auch die ‚künstlerische Freiheit' ihrer Autorinnen und Autoren betont, wird die Computerspielforschung durch ihren Gegenstand mit in gewisser Hinsicht grundlegenderen darstellungs- und eben durchaus auch fiktionstheoretischen Fragen konfrontiert: Was wird in einem vermeintlichen *documentary game* (oder einem anderen fiktionalen oder nicht-fiktionalen Computerspiel) eigentlich dargestellt und welche Elemente des Dargestellten sind über verschiedene Spieldurchgänge stabil genug, um sie mit einer ‚Aussageintention' im Sinne der intentionalistisch-pragmatischen bzw. institutionellen Fiktionstheorie zu verbinden?

7 Schlussbemerkungen

Abschließend sei noch einmal festgehalten, dass sich die Film- und Medienwissenschaft zwar schon aufgrund ihres Gegenstandsbereichs durchaus für Fiktionalität und Nicht-Fiktionalität in unterschiedlichen Medien interessiert, die entsprechenden Überlegungen dabei aber bislang nur selten als im analytisch-philosophischen Sinne fiktionstheoretisch fundiert erscheinen. Nun handelt es sich bei einer solchen Fundierung offensichtlich keineswegs um eine notwendige Bedingung für das Gelingen film- bzw. medienwissenschaftlicher Forschung. Bereits die vorangegangene grobe Skizze der Rolle, die Überlegungen zu Fiktionalität und Nicht-Fiktionalität etwa in der Filmwissenschaft, der Comicforschung und der Computerspielforschung spielen, dürfte aber verdeutlicht haben, dass es durchaus wünschenswert sein könnte, wenn philosophische und literaturwissenschaftliche Fiktions- oder Darstellungstheorien sowie medienwissenschaftliche

Darstellungs- oder Medientheorien sich stärker als bislang gegenseitig zur Kenntnis nähmen. Dabei lassen sich – bei aller gebotenen Vorläufigkeit – im Sinne weiter bestehender Forschungsdesiderata drei Bereiche skizzieren, in denen die (geistes- bzw. kulturwissenschaftliche) Medienwissenschaft und die (philosophische bzw. literaturwissenschaftliche) Fiktionstheorie stärker als bislang aufeinander Bezug nehmen könnten:

1. Medienspezifische Darstellungstheorien (wie sie bislang vor allem in der Film- und Medienwissenschaft entwickelt werden) können grundsätzlich zur Ausdifferenzierung transmedialer Fiktionstheorien (wie sie bislang vor allem in der Philosophie und Literaturwissenschaft entwickelt werden) beitragen.
2. Dezidierte Fiktionstheorien (wie sie bislang vor allem in der Philosophie und Literaturwissenschaft entwickelt werden) können zur fiktionstheoretischen Fundierung und terminologischen Präzisierung film- und medienwissenschaftlicher Studien zu fiktionalen wie nicht-fiktionalen Formen beitragen.
3. Film- und medienwissenschaftliche Studien mit ihrer Betonung der Hybridität (nicht-)fiktionaler Darstellungen in unterschiedlichen Medien können dazu beitragen, dass etablierte Fiktionstheorien ihre Prämissen hinterfragen und zu differenzierteren Analysen insbesondere von hybriden Formen ‚zwischen Fiktion und Nicht-Fiktion' finden.

(1) geht also davon aus, dass es die zur Kenntnisnahme von in der Medienwissenschaft entwickelten, medienspezifisch ausdifferenzierten Darstellungstheorien etwa des Films, des Comics oder des Computerspiels insbesondere transmedial ausgerichteten philosophischen Fiktionstheorien ermöglichen würden, ihre darstellungstheoretischen Anteile ‚medienbewusster' zu gestalten. Demgegenüber betont (2) den Wert, den allgemeinere begriffliche Reflexionen etwa aus der philosophischen Fiktionstheorie auch für in erster Linie an der Analyse konkreter Medienangebote und mediengeschichtlicher Entwicklungen interessierte medienwissenschaftliche Arbeiten haben. Dies gilt insbesondere für die in einigen dieser Arbeiten nach wie vor zu beobachtenden terminologischen Schwierigkeiten etwa mit Blick auf die Unterscheidung der Begriffspaare ‚Fiktion/Nicht-Fiktion', ‚fiktiv/nicht-fiktiv' und ‚fiktional/nicht-fiktional', die in der Fiktionstheorie meist längst als geklärt betrachtet werden. Schließlich wäre im Sinne von (3) aber auch zu fragen, inwiefern die medienwissenschaftliche Analyse konkreter Medienangebote ihrerseits dazu führen kann, dass vermeintlich ‚geklärte' fiktionstheoretische Begriffe angesichts neuerer mediengeschichtlicher Entwicklungen in Richtung einer zunehmenden ‚Hybridisierung' fiktionaler und nicht-fiktionaler Formen neu zu denken, zu hinterfragen und etwa mit Blick auf die zunehmend

als Bestandteil gegenwärtiger Medienkompetenz vorauszusetzende Möglichkeit zu modifizieren wären, bei der Rezeption von Filmen, Comics und Computerspielen auf differenzierte Weise zwischen ‚fiktionalen' und ‚nicht-fiktionalen' Rezeptionshaltungen zu oszillieren (vgl. auch die weiterführenden Überlegungen zu post/dokumentarischen Medienformen in Thon 2019). Auch wenn ein solches Programm einer stärkeren Annäherung von (geistes- bzw. kulturwissenschaftlicher) Medienwissenschaft und (philosophischer bzw. literaturwissenschaftlicher) Fiktionstheorie hier nur angedeutet werden kann, sollte doch deutlich gemacht worden sein, dass es sich dabei um eine für alle Beteiligten lohnende Unternehmung handeln dürfte.

Literaturverzeichnis

Aarseth, Espen (1997). *Cybertext: Perspectives on Ergodic Literature*. Baltimore.
Adams, Jeff (2008). *Documentary Graphic Novels and Social Realism*. Oxford.
Adelmann, Ralf, Jan-Otmar Hesse, Judith Keilbach, Markus Stauff und Matthias Thiele (Hgg., 2002). *Grundlagentexte zur Fernsehwissenschaft*. Köln.
Atkins, Barry (2003). *More than a Game: The Computer Game as Fictional Form*. Manchester.
B., David (1996–2003). *L'Ascension du Haut Mal*. Vol. I–VI. Paris.
Backe, Hans-Joachim (2008). *Strukturen und Funktionen des Erzählens im Computerspiel: Eine typologische Einführung*. Würzburg.
Bazin, André (1975 [1948]). „Ontologie des photographischen Bildes." *Was ist Kino? Bausteine zur Theorie des Films*. Köln: 21–27.
Bechdel, Alison (2006). *Fun Home: A Family Tragicomic*. Boston.
Bogost, Ian und Cindy Poremba (2008). „Can Games Get Real? A Closer Look at ‚Documentary' Digital Games." *Computer Games as a Sociocultural Phenomenon: Games Without Frontiers – War Without Tears*. Hg. von Andreas Jahn-Sudmann und Ralf Stockman. Basingstoke: 12–21.
Borat. Reg. Larry Charles (2006). 20th Century Fox.
Bordwell, David (1985). *Narration in the Fiction Film*. Madison, WI.
Bordwell, David und Kristen Thompson (^{11}2016 [1979]). *Film Art: An Introduction*. New York.
Borstnar, Nils, Eckhard Pabst und Hans-Jürgen Wulff (^{2}2008 [2002]). *Einführung in die Film- und Fernsehwissenschaft*. Konstanz.
Brinkmanns Zorn. Reg. Harald Bergmann (2006). Harald Bergmann Filmproduktion.
Branigan, Edward (1992). *Narrative Comprehension and Film*. London.
Bruzzi, Stella (^{2}2006 [2000]): *New Documentary*. Abingdon.
Bunia, Remigius (2007). *Faltungen: Fiktion, Erzählen, Medien*. Berlin.
Carrier, David (2000). *The Aesthetics of Comics*. University Park, PA.
Carroll, Noël (1996). „Nonfiction Film and Postmodernist Skepticism." *Post-Theory: Reconstructing Film Studies*. David Bordwell und Noel Carroll. Madison, WI: 283–306.
Carroll, Noël (1999). „Fiction, Non-Fiction, and the Film of Presumptive Assertion: A Conceptual Analysis." *Film Theory and Philosophy*. Hg. von Richard Allen und Murray Smith. Oxford: 173–202.

The Cat and the Coup. Peter Brinson and Kurosh ValaNejad (2011). PC.
Cavell, Stanley (1979). *The Wold Viewed: Reflections on the Ontology of Film.* Cambridge, MA.
Chaney, Michael A. (Hg. 2011). *Graphic Subjects: Critical Essays on Autobiography and Graphic Novels.* Madison.
Chicago 10. Reg. Brett Morgen (2007). Roadside Attractions.
Chute, Hillary (2010). *Graphic Women: Life Narrative and Contemporary Comics.* New York.
Chute, Hillary (2016). *Disaster Drawn: Visual Witness, Comics, and Documentary Form.* Cambridge, MA.
Cohn, Dorrit (1999). *The Distinction of Fiction.* Baltimore.
Currie, Gregory (1990). *The Nature of Fiction.* Cambridge.
Currie, Gregory (1995). *Image and Mind: Film, Philosophy, and Cognitive Science.* Cambridge.
Currie, Gregory (1999). „Visible Traces: Documentary and the Contents of Photographs". *Journal of Aesthetics and Art Criticism* 57.3 (1999): 285–297
Currie, Gregory (2004). *Arts and Minds.* Oxford.
Currie, Gregory (2010). *Narratives and Narrators: A Philosophy of Stories.* Oxford.
Currie, Gregory und Ian Ravenscroft (2002). *Recreative Minds.* Oxford.
District 9. Reg. Neill Blomkamp (2009). TriStar Pictures.
Doležel, Lubomír (1998). *Heterocosmica: Fiction and Possible Worlds.* Baltimore.
Domsch, Sebastian (2013). *Storyplaying: Agency and Narrative in Video Games.* Berlin.
Eder, Jens (2008a). *Die Figur im Film: Grundlagen der Figurenanalyse.* Marburg.
Eder, Jens (2008b). *Was sind Figuren? Ein Beitrag zur interdisziplinären Fiktionstheorie.* Paderborn.
Eitzen, Dirk (1998 [1995]). „Wann ist ein Dokumentarfilm? Der Dokumentarfilm als Rezeptionsmodus". *montage AV* 7.2 (1998): 13–44.
Engelns, Markus (2014). *Spielen und Erzählen: Computerspiele und die Ebenen ihrer Realisierung.* Heidelberg.
Eskelinen, Markku (2004). „Towards Computer Game Studies." *FirstPerson: New Media as Story, Performance, and Game.* Hg. von Noah Wardrip-Fruin und Pat Harrigan. Cambridge, MA: 36–44.
Exit through the Gift Shop. Reg. Banksy (2010). Revolver Entertainment/Producers Distribution Agency.
Fahrenheit 9/11. Reg. Michael Moore (2004). Fellowship Adventure Group/Lions Gate Films/IFC Films.
Formenti, Cristina (2014). „The Sincerest Form of Docudrama: Re-Framing the Animated Documentary". *Studies in Documentary Film* 8.2 (2014): 103–115.
Fort McMoney. David Dufresne (2013). arte.
Fraktus. Reg. Lars Jessen (2012). Pandora Film.
Frasca, Gonzalo (2003). „Ludologists Love Stories, Too: Notes from a Debate that Never Took Place". *Level Up: Digital Games Research Conference Proceedings.* Hg. von Marinka Copier und Joost Raessens. Utrecht: o. S. http://www.ludology.org/articles/Frasca_LevelUp2003.pdf (01.12.2016).
Fullerton, Tracy (2008). „Documentary Games: Putting the Player in the Path of History". *Playing the Past: Nostalgia in Videogames and Electronic Literature.* Hg. von Zach Whalen und Laurie Taylor. Nashville: 1–28.
Gadassik, Alla und Sarah Henstra (2012). „Comics (as) Journalism: Teaching Joe Sacco's Palestine to Media Students". *Teaching Comics and Graphic Narratives: Essays on Theory, Strategy and Practice.* Hg. von Lan Dong. Jefferson: 243–260.

Galloway, Dana, Kenneth McAlpine und Paul Harris (2007). „From Michael Moore to *JFK Reloaded*: Towards a Working Model of Interactive Documentary". *Journal of Media Practice* 8.3 (2007): 325–339.
Gardner, Jared und David Herman (Hgg., 2011): *Graphic Narratives and Narrative Theory*. Sonderausgabe von *SubStance* 40.1 (2011).
Gerrig, Richard J. (1993). *Experiencing Narrative Worlds: On the Psychological Activities of Reading*. New Haven, CT.
Gorman, David (2005). „Fiction, Theories of". *Routledge Encyclopedia of Narrative Theory*. Hg. von David Herman, Manfred Jahn und Marie-Laure Ryan. London: 163–167.
Grampp, Sven (2016). *Medienwissenschaft*. Konstanz.
Groeensteen, Thierry (2007 [1999]). *The System of Comics*. Jackson.
Groensteen, Thierry (2013 [2011]). *Comics and Narration*. Jackson.
Hardy, Forsyth (²1966 [1947]). *Grierson on Documentary*. Los Angeles.
Hediger, Vinzenz (2009). „Vom Überhandnehmen der Fiktion: Über die ontologische Unterbestimmtheit filmischer Darstellung". *Es ist, als ob: Fiktionalität in Philosophie, Film- und Medienwissenschaft*. Hg. von Gertrud Koch und Christiane Voss. München: 164–184.
Herman, David (2002). *Story Logic: Problems and Possibilities of Narrative*. Lincoln, NE.
Herman, David (2004). „Toward a Transmedial Narratology". *Narrative across Media: The Languages of Storytelling*. Hg. von Marie-Laure Ryan. Lincoln, NE: 47–75.
Herman, David (2009). *Basic Elements of Narrative*. Chichester.
Hescher, Achim (2016). *Reading Graphic Novels: Genre and Narration*. Berlin.
Hickethier, Knut (²2010 [2003]). *Einführung in die Medienwissenschaft*. Stuttgart.
Hickethier, Knut (⁵2012 [1994]). *Film- und Fernsehanalyse*. Stuttgart.
Hight, Craig (2010). *Television Mockumentary: Reflexivity, Satire and a Call to Play*. Manchester.
Hill, John und Pamela Church Gibson (Hgg., 2000). *Film Studies: Critical Approaches*. Oxford.
Horstkotte, Silke und Nancy Pedri (2016). „The Body at Work: Subjectivity in Graphic Memoir". *Subjectivity across Media: Interdisciplinary and Transmedial Perspectives*. Hg. von Maike Sarah Reinerth und Jan-Noël Thon. New York: 77–91.
Jenkins, Henry (2004). „Game Design as Narrative Architecture". *FirstPerson: New Media as Story, Performance, and Game*. Hg. von Pat Harrigan und Noah Wardrip-Fruin. Cambridge, MA: 118–130.
JFK Reloaded. Traffic Games (2004). PC.
Juul, Jesper (2005). *Half-Real: Video Games between Real Rules and Fictional Worlds*. Cambridge, MA.
Kessler, Frank (1998). „Fakt oder Fiktion? Zum pragmatischen Status dokumentarischer Bilder". *montage AV* 7.2 (1998): 63–78.
Kuhn, Markus (2011). *Filmnarratologie: Ein erzähltheoretisches Analysemodell*. Berlin.
Kukkonen, Karin (2013). *Contemporary Comics Storytelling*. Lincoln, NE.
Kuma\War. Kuma Reality Games (2004 ff.). PC.
Labarre, Nicolas (2020). *Understanding Genres in Comics*. Cham.
Lange, Sigrid (2007). *Einführung in die Filmwissenschaft*. Darmstadt.
Lewis, David (1978). „Truth in Fiction". *American Philosophical Quarterly* 15.1 (1978): 37–46.
Marion, Philippe (1993). *Traces en cases: Figuration narrative et participation du lecteur*. Louvain-la-Neuve.
Martínez, Matías und Michael Scheffel (2003). „Narratology and Theory of Fiction: Remarks on a Complex Relationship". *What Is Narratology? Questions and Answers Regarding the Status of a Theory*. Hg. von Tom Kindt und Hans-Harald Müller. Berlin: 221–238.

Meister, Jan Christoph (Hg., 2005). *Narratology beyond Literary Criticism: Mediality – Disciplinarity*. Berlin.
Merrell, Floyd (1997). *Peirce, Signs, and Meaning*. Toronto.
Metz, Christian (2000 [1977]). *Der imaginäre Signifikant: Psychoanalyse und Kino*. Münster.
Mickwitz, Nina (2016). *Documentary Comics: Graphic Truth-Telling in a Skeptical Age*. Basingstoke.
Mikkonen, Kai (2017). *The Narratology of Comic Art*. New York.
Mikos, Lothar (³2015 [2003]). *Film- und Fernsehanalyse*. Konstanz.
Miller, Ann (2011). „Autobiography in Bande Dessinée". *Textual and Visual Selves: Photography, Film, and Comic Art in French Autobiography*. Hg. von Natalie Edwards, Amy L. Hubbell und Ann Miller. Lincoln, NE: 235–262.
Monaco, James (⁴2009 [1977]). *Film verstehen: Kunst, Technik, Sprache, Geschichte und Theorie des Films und der Medien*. Reinbek.
Mundhenke, Florian (2016). *Zwischen Dokumentar- und Spielfilm: Zur Repräsentation und Rezeption von Hybrid-Formen*. Wiesbaden.
Münker, Stefan und Alexander Roesler (Hgg., 2008). *Was ist ein Medium?* Frankfurt a. M.
Murray, Janet H. (1997). *Hamlet on the Holodeck: The Future of Narrative in Cyberspace*. New York.
Nash, Kate, Craig Hight und Catherine Summerhayes (Hgg., 2014). *New Documentary Ecologies: Emerging Platforms, Practices and Discourses*. Basingstoke.
Neitzel, Britta (2014). „Narrativity in Computer Games". *The Living Handbook of Narratology*. Hg. von Peter Hühn et al. Hamburg. http://www.lhn.uni-hamburg.de/article/narrativity-computer-games (01.12.2016).
Neitzel, Britta und Rolf F. Nohr (2006). „Das Spiel mit dem Medium: Partizipation – Immersion – Interaktion". *Das Spiel mit dem Medium: Partizipation – Immersion – Interaktion: Zur Teilhabe an den Medien von Kunst bis Computerspiel*. Hg. von Britta Neitzel und Rolf F. Nohr. Marburg: 9–17.
Neitzel, Britta und Rolf F. Nohr (2010). „Game Studies". *MEDIENwissenschaft* 4 (2010): 416–435.
Nichols, Bill (1991). *Representing Reality*. Bloomington, IN.
Nichols, Bill (1994). *Blurred Boundaries: Questions of Meaning in Contemporary Culture*. Bloomington, IN.
Odin, Roger (1990). „Dokumentarischer Film – dokumentarisierende Lektüre". *Sprung im Spiegel: Filmisches Wahrnehmen zwischen Fiktion und Wirklichkeit*. Hg. von Christa Blüminger. Wien: 125–146.
Odin, Roger (2000). *De la fiction*. Brüssel.
Packard, Stephan (2006). *Anatomie des Comics: Psychosemiotische Medienanalyse*. Göttingen.
Paget, Derek (1998). *No Other Way to Tell It. Dramadoc/Docudrama on Television*. Manchester.
Pavel, Thomas G. (1986). *Fictional Worlds*. Cambridge, MA.
Pedri, Nancy (2013). „Graphic Memoir: Neither Fact Nor Fiction". *From Comic Strips to Graphic Novels: Contributions to the Theory and History of Graphic Narrative*. Hg. von Daniel Stein und Jan-Noël Thon. Berlin: 127–153.
Peeters, Benoît (1998). *Case, planche, récit: Lire la bande dessinée*. Tournai.
Plantinga, Carl R. (1987). „Defining Documentary: Fiction, Non-Fiction, and Projected Worlds". *Persistence of Vision* 5 (1987): 44–54.
Plantinga, Carl R. (1997). *Rhetoric and Representation in Nonfiction Film*. Cambridge.

Poremba, Cindy (2009). „*JFK Reloaded*: Documentary Framing and Simulated Document". *Loading…* 3.4: 1–12. http://journals.sfu.ca/loading/index.php/loading/article/viewArticle/61 (1.2.2016).

Postema, Barbara (2013). *Narrative Structure in Comics: Making Sense of Fragments*. Rochester, NY.

Raessens, Joost (2006). „Reality Play: Documentary Computer Games beyond Fact and Fiction". *Popular Communication* 4 (2006): 213–224.

Rajewsky, Irina O. (2002). *Intermedialität*. Stuttgart.

Renov, Michael (2004). *The Subject of Documentary*. Minneapolis.

Renov, Michael (Hg. 1993). *Theorizing Documentary*. New York.

Roe, Annabelle Honess (2013). *Animated Documentary*. New York.

Roe, Annabelle Honess (2016). „Against Animated Documentary?". *International Journal of Film and Media Arts* 1.1 (2016): 20–27.

Ronen, Ruth (1994). *Possible Worlds in Literary Theory*. Cambridge.

Roscoe, Jane und Craig Hight (2001). *Faking It: Mock-Documentary and the Subversion of Factuality*. Manchester.

Rüggemeier, Anne (2016). „,Posing for All the Characters in the Book': The Multimodal Processes of Production in Alison Bechdel's Relational Autobiography *Are You My Mother?*". *Journal of Graphic Novels and Comics* 7.3 (2016): 254–267.

Ryan, Marie-Laure (1980). „Fiction, Non-Factuals, and the Principle of Minimal Departure". *Poetics* 9.4 (1980): 403–422.

Ryan, Marie-Laure (1991). *Possible Worlds, Artificial Intelligence, and Narrative Theory*. Bloomington.

Ryan, Marie-Laure (1997). „Postmodernism and the Doctrine of Panfictionality". *Narrative* 5.2 (1997): 165–187.

Ryan, Marie-Laure (2001). *Narrative as Virtual Reality: Immersion and Interactivity in Electronic Media*. Baltimore.

Ryan, Marie-Laure (Hg. 2004). *Narrative across Media: The Languages of Storytelling*. Lincoln, NE.

Ryan, Marie-Laure (2005). „On the Theoretical Foundations of Transmedial Narratology". *Narratology beyond Literary Criticism: Mediality – Disciplinarity*. Hg. von Jan Christoph Meister. Berlin: 1–23.

Ryan, Marie-Laure (2006). *Avatars of Story*. Minneapolis.

Ryan, Marie-Laure (2010). „Fiction, Cognition, and Non-Verbal Media". *Intermediality and Storytelling*. Hg. von Marina Grishakova und Marie-Laure Ryan. Berlin: 8–26.

Ryan, Marie-Laure und Jan-Noël Thon (Hgg., 2014). *Storyworlds across Media: Toward a Media-Conscious Narratology*. Lincoln, NE.

Sacco, Joe (1996). *Palestine*. Seattle, WA.

Sacco, Joe (2000). *Safe Area Goražde*. Seattle, WA.

Sachs-Hombach, Klaus und Jan-Noël Thon (Hgg., 2015). *Game Studies: Aktuelle Ansätze der Computerspielforschung*. Köln.

Satrapi, Marjane (2000). *Persepolis*. Vol. I–IV. Paris.

Schaeffer, Jean-Marie (2010 [1999]). *Why Fiction?* Lincoln, NE.

Schlichting, Laura und Johannes C.P. Schmid (2019). „Graphic Realities: Comics as Documentary, History, and Journalism". *ImageTexT* 11.1 (2019). http://imagetext.english.ufl.edu/archives/v11_1/graphic_realities_introduction/ (27.05.2020).

Schmidt, Siegfried J. S. (2000). *Kalte Faszination: Medien, Kultur, Wissenschaft in der Mediengesellschaft*. Weilerswist.

Schröter, Jens (Hg. 2014). *Handbuch Medienwissenschaft*. Stuttgart.
Schüwer, Martin (2008). *Wie Comics erzählen: Grundriss einer intermedialen Erzähltheorie der grafischen Literatur*. Trier.
Schwarz, Angela (2015). „Game Studies und Geschichtswissenschaft". *Game Studies: Aktuelle Ansätze der Computerspielforschung*. Hg. von Klaus Sachs-Hombach und Jan-Noël Thon. Köln: 398–447.
Small, David (2009). *Stitches*. New York.
Sørensen, Inge E. und Anne Mette Thorhauge (2013). „Documentary at Play". *Online Credibility and Digital Ethos: Evaluating Computer-Mediated Communication*. Hg. von Moe Folk und Shawn Apostel. Hershey: 353–367.
Spiegelman, Art (1986). *Maus: A Survivor's Tale*. Vol. I: *My Father Bleeds History*. New York.
Spiegelman, Art (1991). *Maus: A Survivor's Tale*. Vol. II: *And Here My Troubles Began*. New York.
Stein, Daniel und Jan-Noël Thon (Hgg., 2013). *From Comic Strips to Graphic Novels: Contributions to the Theory and History of Graphic Narrative*. Berlin.
Super Columbine Massacre RPG! Danny Ledonne (2005). PC.
Thompson, Craig (2003). *Blankets*. Marietta, GA.
Thon, Jan-Noël (2014a). „Fiktionalität in Film- und Medienwissenschaft". *Fiktionalität: Ein interdisziplinäres Handbuch*. Hg. von Tobias Klauk und Tilmann Köppe. Berlin: 443–466.
Thon, Jan-Noël (2014b). „Mediality". *Johns Hopkins Guide to Digital Media*. Hg. von Marie-Laure Ryan, Lori Emerson und Benjamin J. Robertson. Baltimore: 334–337.
Thon, Jan-Noël (2015a). „Game Studies und Narratologie". *Game Studies: Aktuelle Ansätze der Computerspielforschung*. Hg. von Klaus Sachs-Hombach und Jan-Noël Thon. Köln: 104–164.
Thon, Jan-Noël (2015b). „Narratives across Media and the Outlines of a Media-Conscious Narratology." *Handbook of Intermediality: Literature – Image – Sound – Music*. Hg. von Gabriele Rippl. Berlin: 439–456.
Thon, Jan-Noël (2016a). „Narrative Comprehension and Video Game Storyworlds". *Video Games and the Mind: Essays on Cognition, Affect and Emotion*. Hg. von Bernard Perron und Felix Schröter. Jefferson: 15–31.
Thon, Jan-Noël (2016b). *Transmedial Narratology and Contemporary Media Culture*. Lincoln, NE.
Thon, Jan-Noël (2017). „Transmedial Narratology Revisited: On the Intersubjective Construction of Storyworlds and the Problem of Representational Correspondence in Films, Comics, and Video Games". *Narrative* 25.3 (2017): 286–320.
Thon, Jan-Noël (2019). „Post/Documentary: Referential Multimodality in ‚Animated Documentaries' and ‚Documentary Games'". *Poetics Today* 40.2 (2019): 269–297.
Tröhler, Magrit (2004). „Filmische Authentizität: Mögliche Wirklichkeiten zwischen Fiktion und Dokumentation". *montage AV* 13.2 (2004): 149–169.
Under Siege. Afkar Media/Dar al-Fikr (2005). PC.
Uricchio, William (2005). „Simulation, History, and Computer Games". *Handbook of Computer Games Studies*. Hg. von Jost Raessens und Jeffrey Goldstein. Cambridge, MA: 327–338.
Vogel, Matthias (2001). *Medien der Vernunft: Eine Theorie des Geistes und der Rationalität auf Grundlage einer Theorie der Medien*. Frankfurt a. M.
Waco Resurrection. C-level (2003). PC.
Walker, Jill (2003). *Fiction and Interaction: How Clicking a Mouse Can Make You Part of a Fictional World*. Bergen.
Walton, Kendall L. (1990). *Mimesis as Make-Believe: On the Foundations of the Representational Arts*. Cambridge, MA.

Waltz with Bashir. Reg. Ari Folman (2008). Sony Pictures Classics.
Ward, Paul (2005). *Documentary: The Margins of Reality.* London.
Weber, Thomas (2013). „Documentary Film in Media Transformation". *InterDisciplines – Journal of History and Sociology* 4.1 (2013): 103–126.
Winston, Brian (1995). *Claiming the Real: The Documentary Film Revisited.* London.
Wolf, Werner (2005). „Metalepsis as a Transgeneric and Transmedial Phenomenon: A Case Study of the Possibilities of ‚Exporting' Narratological Concepts". *Narratology beyond Literary Criticism: Mediality – Disciplinarity.* Hg. von Jan Christoph Meister. Berlin: 83–107.
Wolf, Werner (2011). „Narratology and Media(lity): The Transmedial Expansion of a Literary Discipline and Possible Consequences". *Current Trends in Narratology.* Hg. von Greta Olson. Berlin: 145–180.
Woo, Benjamin (2010). „Reconsidering Comics Journalism: Information and Experience in Joe Sacco's ‚Palestine'". *The Rise and Reason of Comics and Graphic Literature: Critical Essays on the Form.* Hg. von Joyce Goggin und Dan Hassler-Forest. Jefferson: 166–177.
Zipfel, Frank (2001). *Fiktion, Fiktivität, Fiktionalität: Analysen zur Fiktion in der Literatur und dem Fiktionsbegriff in der Literaturwissenschaft.* Berlin.

Weiterführende Literatur

Bareis, J. Alexander und Lene Nordrum (Hgg., 2015). *How to Make Believe: The Fictional Truths of the Representational Arts.* Berlin.
Eder, Jens (2008). *Was sind Figuren? Ein Beitrag zur interdisziplinären Fiktionstheorie.* Paderborn.
Fludernik, Monika und Marie-Laure Ryan (Hgg., 2020). *Narrative Factuality: A Handbook.* Berlin.
Hartmann, Britta et al. (Hgg., 2020). *Handbuch Filmwissenschaft: Theorie – Geschichte – Analyse.* Stuttgart.
Klauk, Tobias und Tilmann Köppe (Hgg., 2014). *Fiktionalität: Ein interdisziplinäres Handbuch.* Berlin.
Mundhenke, Florian (2016). *Zwischen Dokumentar- und Spielfilm: Zur Repräsentation und Rezeption von Hybrid-Formen.* Wiesbaden.
Schröter, Jens (Hg., 2014). *Handbuch Medienwissenschaft.* Stuttgart.
Thon, Jan-Noël (2016). *Transmedial Narratology and Contemporary Media Culture.* Lincoln, NE.
Walton, Kendall L. (1990). *Mimesis as Make-Believe: On the Foundations of the Representational Arts.* Cambridge, MA.

Wouter Schrover
IV.9 Fiktionalität und Ethnologie

1 Einleitung

In der Anthropologie haben sich in den vergangenen Jahrzehnten zwei bedeutsame Entwicklungen im Verhältnis zur Fiktionalität vollzogen. Erstens wird fiktionale Erzählprosa (Romane, Erzählungen) zunehmend als Quelle für anthropologischen Erkenntnisgewinn betrachtet, zweitens bedienen Anthropologen sich selbst in zunehmendem Maße fiktionaler Strategien, um ihre Erkenntnisse darzulegen (vgl. Rhodes und Brown 2005, 469). Beide Entwicklungen werden in diesem Beitrag näher beleuchtet, ebenso wie die wechselseitige Beziehung zwischen ihnen. Dabei wird einerseits auf die internationale theoretische Forschungsliteratur eingegangen, in der diese Entwicklungen thematisiert werden, andererseits werden konkrete Texte, in denen über diese Forschungspraktiken berichtet wird, ausführlich behandelt. Diese Arbeit beschränkt sich hierbei hauptsächlich auf niederländische Beispiele, da es anhand der Situation in den Niederlanden sehr gut möglich ist, sich einen Überblick über die beschriebenen Entwicklungen zu verschaffen. Publikationen niederländischer Forscher sind zudem umfangreich in die internationale Forschungsliteratur eingebettet.

Dieser Beitrag widmet sich zunächst der Erzählprosa, die als anthropologische Erkenntnisquelle gilt, bevor im Anschluss Ethnografien mit fiktionalen Elementen näher betrachtet werden. Anschließend soll erläutert werden, warum journalistische Berichte als Zwischenform ethnografischen Schreibens betrachtet werden können. Bevor am Ende Schlussfolgerungen in Bezug auf ethnografisch relevante Fiktion und Ethnografien mit fiktionalen Elementen gezogen werden, wird zunächst ein Fallbeispiel behandelt, das einen differenzierten Blick auf die Beziehung zwischen beiden ermöglicht. Dabei geht es um die Forschung des Amsterdamer Professors für politische Anthropologie, Mart Bax: Es hat sich herausgestellt, dass es mehreren seiner Texte an Transparenz bezüglich der von ihm erzielten Forschungsergebnisse mangelt. Dies hat letztlich sogar zur Einrichtung einer speziellen Kommission geführt, die dem zunehmenden Betrugsverdacht nachgehen sollte. Die Frage, die dieser aufsehenerregende Fall aufwirft, ist, was er uns über das Verhältnis zwischen Fiktion und Ethnografie verrät und ob er das Potenzial hat, Überlegungen zu Ethnografien mit fiktionalen Elementen und ethnografisch relevanter Fiktion jede Grundlage zu entziehen.

https://doi.org/10.1515/9783110466577-022

2 Das Ethnografische in fiktionaler Erzählprosa

Die Arbeit von Anthropologen kann, vereinfacht gesagt, in die von ihnen durchgeführte Feldforschung und in die schriftliche Berichterstattung über diese Forschung unterteilt werden. Diese Feldforschung umfasst grundsätzlich mehrere Aktivitäten, u. a. die teilnehmende Beobachtung, das Durchführen von Interviews und auch das Studium schriftlicher Quellen. Die Berichterstattung über diese Forschung nennen wir Ethnografie, definiert als „a written account of the cultural life of a social group, organisation or community which may focus on a particular aspect of life in that setting" (Watson, zitiert in Humphreys und Watson 2009, 40). Neben dem Sammeln von Daten und der Berichterstattung über die jeweilige Forschung lässt sich noch eine dritte Phase abgrenzen: Das Echo, das die Ethnografie bei den unterschiedlichen Lesergruppen, von Forschungskollegen bis hin zu interessierten Laien, findet (vgl. Van Maanen 1995, 7–12).

Wenn Anthropologen sich im Rahmen wissenschaftlicher Diskussionen über Fiktion und Ethnografie die Frage stellen, ob auch narrative Fiktion der Anthropologie als Erkenntnisquelle dienen kann, dann meinen sie damit für gewöhnlich nicht Erzählungen, die mündlich überliefert sind (beispielsweise in oralen Kulturen) – solche Erzählungen haben im Rahmen ethnografischer Forschung nämlich traditionell einen hohen Stellenwert (vgl. De Blécourt 1984, 118). Ihnen geht es vielmehr um geschriebene fiktionale Erzählungen, zum Beispiel Romane. Die Bedeutsamkeit dieser Erzählungen erschließe sich aus ihrer Fähigkeit, dass sie, genauso wie die Anthropologie, Erkenntnisse über den Menschen und seine Welt bereitzustellen in der Lage seien (vgl. Meijers 1996, 9). Für Ethnografen könnten sie demzufolge von großer Bedeutung sein, so die amerikanische Anthropologin Janet Tallmann: „They can use novels as field notes and uncover rich ethnographic data from a careful analysis of the vision presented by the creative insider, the novelist" (2002, 13). Autoren von Erzählprosa könnten laut Tallmann Stimmen („voices") Gehör verschaffen, die durch traditionelle Feldforschung möglicherweise überhört würden, die aber für das Verständnis einer bestimmten Kultur notwendig seien. Sie betrachtet fiktionale Erzählungen somit vor allem als Informationsquelle. Selbiges galt bereits in den 1970er Jahren für ihre Kollegen James Spradley und George McDonough. Sie schätzen Erzählungen vor allem deshalb, weil diese die Details und Ereignisse des täglichen Lebens sichtbar machten: „They do not interrupt the stream of behavior to build a dam of analytic concepts. The reader is left with the same task faced by every ethnographer: to analyze the implicit categories and cultural rules that people in the stories are using to organize their behavior" (1973, xv). Erzählungen versetzen den Leser im Grunde in die Rolle des Ethnografen. Für die Ethnografie sind Erzählungen Rohmaterial. In den Niederlanden vergleichen zwei Forscher Romane und andere

Erzählungen aus den gleichen Erwägungen mit „informanten uit [...] veldwerk" [Informanten aus [...] der Feldforschung] (Van der Geest und Oderwald 2001, 1). Ähnliche Aussagen finden sich auch in anderen Publikationen (vgl. Phillips 1995, 639–640; Rhodes und Brown 2005, 471–472).

Der Anthropologe Vincent Erickson stellt allerdings fest, dass fiktionalen Erzählungen ein entscheidendes Problem inhärent sei: „[A] novelist has no duty to adhere to a strict code of descriptive honesty. [...] Realism may be the goal of some writers of fiction, but realism is not the same as descriptive accuracy, and descriptive accuracy should be the requirement of all ethnographies" (1988, 97; vgl. Meijers 1996, 9; Fassin 2014, 46). Auch wenn wir davon ausgehen, dass individuellen Romanen ein ethnografischer Wert zugeschrieben werden kann, so stellt sich noch immer die Frage, wie glaubwürdig Fiktion ist (vgl. Van der Geest 1984, 46–53; Winner 1988, 61). Der französische Anthropologe Didier Fassin unterscheidet in diesem Zusammenhang in einem Artikel über „the boundaries between ethnography and fiction" (2014) zwischen zwei möglichen charakteristischen Merkmalen eines (fiktionalen oder eines Sach-)Textes, zwischen dem Horizontalen und dem Vertikalen. Ersteres beschreibt seiner Ansicht nach das, was existiert oder was geschehen ist, Letzteres „that which has to be regained from deception or convention. Reality is horizontal, existing on the surface of fact. Truth is vertical, discovered in the depths of inquiry" (Fassin 2014, 41). Dabei geht Fassin nicht von einer einfachen Eins-zu-eins-Beziehung zwischen Text und Welt aus, sondern davon, dass sowohl die Wirklichkeit als auch die Wahrheit konstruierter Natur sind. Für den französischen Wissenschaftler ist vor allem der Kontrast zwischen dem Horizontalen und dem Vertikalen von Bedeutung, womit er faktisch die aristotelische Unterscheidung zwischen Poesie und Geschichte wieder aufgreift, wobei Erstere das Allgemeine und Letztere das Besondere thematisiert (vgl. Aristoteles 1976; Schaeffer 2013, Kap. 2.3). In der Poesie geht es laut Aristoteles um eine charakteristische Darstellung, bei Geschichte um eine genaue Beschreibung der Wirklichkeit: Der Dichter und der Geschichtsschreiber unterscheiden sich dadurch, dass „der eine das wirklich Geschehene mitteilt, der andere, was geschehen könnte. Daher ist Dichtung (*poíesis*) etwas Philosophischeres und Ernsthafteres als Geschichtsschreibung; denn die teilt mehr das Allgemeine (*ta kathólu*), die Geschichtsschreibung hingegen das Besondere (*ta kath' hékaston*) mit" (Aristoteles 1976, 58–59, Kursivsetzung im Original). Aristoteles ist der Ansicht, dass das Allgemeine und das Besondere einander nicht zwangsläufig ausschließen würden. Grund dafür sei, dass ein Autor im Besonderen, in spezifischen Ereignissen das Allgemeine erkennen und hierdurch „Dichter derartiger Geschehnisse" werden könne (Aristoteles 1976, 60).

Die Art und Weise, wie Fassin Ethnografien charakterisiert, hat Ähnlichkeit mit der aristotelischen Kombination des Besonderen und des Allgemeinen. Ethnografien würden sich seiner Ansicht nach durch Referenzialität auszeichnen. Dass Texte immer referenziell sind, bedarf keiner weiteren Erklärung, da sie ohne die Beziehung zur Wirklichkeit überhaupt nicht verständlich wären (vgl. Jacoby 2005, 60–61, Anm. 30), aber Referenzialität wird hier als Verweis auf spezifische Ereignisse aus der Wirklichkeit verstanden. Zusätzlich zu diesem wirklichen (oder: horizontalen) Aspekt zeichnen Ethnografien sich auch durch ‚Wahrheit' (oder: das Vertikale) aus: Mit Ethnografien wird eine Beschreibung der Wirklichkeit angestrebt, die nicht nur Genauigkeit, sondern auch tiefer liegende Erkenntnisse anbietet. Im Unterschied dazu, so Fassin, seien fiktionale Erzählungen weniger stark an das Referenzielle gebunden: „more than reproducing the real, fiction aspires to unveil profound truths about the state of the world" (2014, 52). Er sieht also keinen radikalen Unterschied zwischen narrativer Fiktion und Ethnografie – in dem Sinne, dass das eine auf das *Wahre*, das andere auf das *Wirkliche* ausgerichtet ist – sondern geht von einer Abgrenzung in der Akzentuierung aus. Fiktionale Texte bewegen sich primär im Spektrum der Wahrheit (in der Bedeutung, die Fassin diesem Begriff zuschreibt), und auch wenn Wahrheit in der Ethnografie als wichtig gilt, so ist doch die Versicherung, dass eine Beschreibung mit dem übereinstimmt, was erzählt oder wahrgenommen wurde, entscheidend „in establishing the credibility of a text" (Fassin 2014, 52). Fassin führt weiter aus, dass Letzteres auch wichtige ethische und politische Konsequenzen habe: Ein ethnografisches Dokument strahle eine gewisse Autorität aus und könne gegebenenfalls Einfluss (auf wissenschaftliche und öffentliche Debatten) haben, insbesondere aufgrund des Bezugs zu spezifischen Ereignissen in der realen Welt (vgl. Fassin 2014, 52).

Fiktion und Wirklichkeit

Fassin unterscheidet also zwischen fiktionaler Erzählung und Ethnografie, soweit es um Referenzialität bzw. um das Horizontale geht. Das ist eine plausible Unterscheidung: Romane streben schließlich keine genaue Abbildung der Realität an – richten sich in Bezug auf den Leser nicht auf *belief*, sondern auf *make-believe* (vgl. Swirski 2010, 66–86) –, können aber nichtsdestotrotz wertvolle Erkenntnisse über die Wirklichkeit enthalten. Tallman verwendet in diesem Zusammenhang den Begriff „ethnographic novel"; ein Buch „that conveys significant information about the culture or cultures from which the novel originates" (2002, 12). Ein Ethnograf, der sich für das alltägliche Leben in medizinischen Einrichtungen interessiert, kann beispielsweise in einem Roman wie *One Flew Over the Cuckoo's Nest* (1962) „plenty of productive themes, parallels, and contrasts" finden (Hammersley und Atkinson 2007, 192). Diesbezüglich ließe sich eine ganze Reihe von Beispielen anführen. Mitunter nutzen Autoren von Romanen – so wie eine Reihe amerikanischer Autoren im Chicago der 1930er Jahre – ganz bewusst wissenschaftliche Erkenntnisse für ihre Arbeit. Die Anglistin Carla Cappetti beschreibt, wie diese Autoren auf die Arbeit von Soziologen zurückgriffen, die sich für dasselbe gesellschaftliche Milieu interessierten: „Characters in books by Farrell, Algren, and Wright walk along streets that the sociologists charted, join gangs that they studied, encounter problems that they explained, and come to the sorry ends they foretold" (1993, 2).

Die Verankerung von Erzählprosa in der Realität kann allerdings noch wesentlich deutlicher ausfallen. In der niederländischen Debatte über fiktionale Erzählungen und Ethnografie widmet der Medizinanthropologe Sjaak van der Geest sich diesem Sachverhalt ausdrücklich. Er geht dabei auf die von Sonja Pos (1985) verfasste Novelle *Een paar woorden per dag* [Ein paar Worte am Tag] ein, in der die niederländische Autorin ihre Erfahrungen als Patientin in einem Krankenhaus verarbeitet. Im Buch tritt eine Reinigungskraft als Erzählerin auf, über die Pos anmerkt: „Mijn razende woede over wat *mij* overkwam en over het medische systeem... dat heb ik *haar* laten zeggen in kleine bijzinnetjes zoals: ‚ach die zieken als ze nog kunnen kijken dan zien ze het plafond, of een meeuw die voorbij vliegt', ... als een herinnering aan je verloren vrijheid" [Meine rasende Wut darüber, was *mir* wiederfahren ist und über das Gesundheitssystem... das habe ich durch *sie* in kleinen Nebensätzen zum Ausdruck gebracht: ‚Ach die Kranken, wenn sie denn noch sehen können, sehen die Decke oder eine vorbeifliegende Möwe', ... wie eine Erinnerung an die eigene verlorene Freiheit] (zitiert in Van der Geest 2009, 123, Kursivierung W.S.). Pos beschreibt mit anderen Worten, wie sie ihre eigenen Erfahrungen u. a. mittels einer fiktiven Reinigungskraft zum Ausdruck bringt. Diese Krankenhausangestellte erzählt in *Een paar woorden per dag* von den Abläufen an ihrem Arbeitsplatz, von den Kollegen (von Reinigungskräften, aber auch von Krankenpflegern und Ärzten) und von Patienten – ihr Buchcharakter Sara, eine Patientin, Mitte 30, soll von der Autorin des Buches inspiriert worden sein (vgl. Van der Geest 2009, 123). Auch wenn das Buch zweifelsohne als Fiktion charakterisiert werden kann, gilt es zu berücksichtigen, dass das Leben der Autorin ihr beim Schreiben dieses Werkes als Ausgangspunkt gedient hat.

Schriften wie die von Pos genießen unter Sozialwissenschaftlern hohes Ansehen, meint Sjaak van der Geest: „Veel antropologen en sociologen erkennen nu dat ervaringsdeskundigheid inderdaad meer gezag heeft – ook wetenschappelijk gezag – dan de beschrijving en analyse van de participerende niet-zieke professionele onderzoeker" [Viele Anthropologen und Soziologen erkennen nun an, dass Erfahrungswissen in der Tat mehr Gewicht hat – auch in der Wissenschaft – als die Beschreibung und die Analyse des teilnehmenden, nicht kranken professionellen Wissenschaftlers] (2009, 129). Als Grund hierfür nennt er, dass der Kranke selbst am besten in der Lage sei, „de authentieke ervaring van pijn, angst en onzekerheid onder woorden te brengen en in een breder kader te plaatsen van levensloop, carrière, familieleven of ziekenhuis" [die authentische Erfahrung von Schmerz, Angst und Unsicherheit in Worte zu fassen und diese in einem größeren Rahmen von Lebenslauf, Karriere, Familienleben oder Krankenhaus einzuordnen] (2009, 129) und er sagt außerdem, dass die Teilnahme des Wissenschaftlers eine unvollständige Teilnahme sei: Die Anteilnahme des Wissenschaftlers „bij een ziekbed levert bijvoorbeeld zelden tot nooit de authentieke ervaring van een patiënt op" [am Krankenbett ermöglicht selten bis nie die authentische Erfahrung eines Patienten] (2009, 127). Pos' Erfahrung wird somit als ursprünglichere Erfahrung betrachtet, als jene von Van der Geest. Unabhängig davon, wie dessen Aussage über das wissenschaftliche Gewicht von Erfahrungswissen genau evaluiert werden muss gilt, dass Pos auf Grundlage ihrer Erfahrung tatsächlich eine Repräsentation des medizinischen Systems gelingt, die als erkenntnisbringend bezeichnet werden kann (vgl. Nijhof 2002, 21).

Van der Geest vertritt somit eine Auffassung, welche die mögliche Bedeutung von fiktionaler Erzählprosa für die Anthropologie vor allem in deren Ausdruck von Erfahrungswissen sucht. Das entscheidende Kriterium zur Bestimmung des Wertes eines Textes ist in diesem Fall außerhalb des Textes selbst verortet, nämlich in dessen Entstehungsphase. Dass Erzählungen für die Anthropologie auch dann interessant sein können, wenn sie nicht auf Erfahrungswissen beruhen – wofür Didier Fassin plädiert – wird dabei nicht berücksichtigt. Allgemeinere Erkenntnisse sind – oder, um es mit Fassins Worten zu sagen, Vertikalität ist – weder notwendigerweise an die konsequente Einhaltung von Verweisen auf spezifische Ereignisse und Personen aus der Wirklichkeit, noch an die eigenen Erfahrungen des Autors gebunden. Die Frage, ob das Geschriebene auf eigener Erfahrung, auf teilnehmender Beobachtung und/oder auf mündlichen und schriftlichen Quellen basiert, ist zwar entscheidend für die Art von Wissen, die darin repräsentiert wird, im Hinblick auf den Faktor Relevanz ist die Frage, ob und wie ein Autor sich dokumentiert, allerdings nicht weiter von Belang.

Die Unterscheidung, die Fassin zwischen fiktionaler Erzählprosa und Ethnografie vornimmt, wird darüber hinaus durch Texte, die sich stark an der Realität orientieren, nicht obsolet. Ein Unterschied zu Texten, die von Ethnografen verfasst werden, bleibt bestehen, da diese sich letztlich im Rahmen des Wirklichen bewegen, ohne dabei Fiktionalisierungsstrategien anzuwenden. Mit anderen Worten: Wo die Aufmerksamkeit für das Horizontale in Erzählprosa nicht zu einer konsequenten Referenz an die Realität führt, wird laut Fassin von ethnografischen Publikationen eine entsprechende Wahrheitstreue erwartet. Es stellt sich allerdings die Frage, ob diese Einschätzung korrekt ist. Dieser Frage wird sich der nächste Abschnitt widmen.

3 Das Fiktionale in Ethnografie

Um einen ethnografischen Text schreiben zu können, verrichtet ein Anthropologe Feldforschung. Die im Rahmen der Feldforschung ermittelten Daten und deren Analyse erhalten in einem Text ihre definitive Form; Analyse und Art der Darstellung sind hierdurch eng miteinander verknüpft. Vor allem seit dem sogenannten *literary turn* ist man sich in der Anthropologie stärker denn je der Relevanz der formellen – kompositorischen, rhetorischen, stilistischen – Eigenschaften ethnografischer Texte bewusst (vgl. Bakker 1989, 10; Clifford 1986; Geertz 1988). Diese Veränderung beschränkt sich nicht allein auf den Bereich der Anthropologie: In der Historiografie gab es ähnliche Entwicklungen (vgl. White 1978; Martinich und Stroll 2007, 69–79). In *Ethnography. Principles in Practice* schreiben Martyn Hammersley und Paul Atkinson: „Each mode of writing can produce complementary or even contrasting analyses. While ethnographic texts do not have an arbitrary relationship to the ethnographic field, it is important to recognize as early as possible that there is no single best way to represent any aspect of the social world" (2007, 191). Hammersley und Atkinson sind einerseits der Ansicht, dass die Art, wie geschrieben wird, von zentraler Bedeutung für die abschließende Analyse sei, sagen andererseits aber auch, dass die Beziehung zwischen Text und Wirklichkeit dadurch nicht als willkürlich charakterisiert werden könne; der Text ist zurückführbar auf eine Wirklichkeit, die nicht beliebig manipulierbar ist. Hierdurch ist der ethnografische Text auch prinzipiell falsifizierbar.

Im Jahr 1986 erschien der Essay-Band *Writing Culture*, der unter Anthropologen für die Bewusstwerdung der Tatsache, wie wichtig die Art der schriftlichen Berichterstattung in der Ethnografie ist (Clifford und Marcus 1986), eine wichtige Rolle spielte. In einem Rückblick auf die Veröffentlichung der Sammlung schreibt die Anthropologin Kim Fortun, dass diese verdeutlicht habe, wie die bestimmende Rolle der Art der schriftlichen Berichterstattung u. a. in der Formulierung von Notizen im Rahmen von Feldforschung sowie in den Arten und Weisen, wie ethnografische Texte Techniken von anderen Textgattungen übernehmen, zum Ausdruck kam (2010, viii). Mehrere Autoren äußerten sich in *Writing Culture* kritisch über den Aufbau ethnografischer Autorität in Texten und plädierten für eine selbstreflexive, polyphone, dialogische Form des Schreibens (vgl. Clifford 1986, 14–15). Hierdurch wurden in dem Band wichtige epistemologische Fragestellungen behandelt und Vorschläge für neue Formen des wissenschaftlichen Arbeitens unterbreitet. Am Ende seiner Einleitung zu dieser Sammlung betont Herausgeber James Clifford jedoch, dass „[t]o recognize the poetic dimensions of ethnography does not require that one give up facts and accurate accounting for the supposed free play of poetry" (1986, 26). Clifford hat den Begriff „fiction" zwar als Beschreibung für ethnografische Texte verwendet, diesen aber nicht in dessen Bedeutung als erfundene Erzählung oder eine damit einhergehende zu erwartende Haltung des *make-believe* aufseiten des Lesers genutzt. Fiktionalität bedeutet laut Clifford, dass Ethnografien trotz der häufig vorliegenden Genauigkeit grundsätzlich unvollständig und mit Vorurteilen behaftet seien „based on systematic, and contestable, exclusions. These may involve silencing incongruent voices [...] or deploying a consistent manner of quoting, ‚speaking for', translating the reality of others" (1986, 6–7; vgl. Rhodes und Brown 2005).

Eine Typologie für Ethnografien
Davon unberührt bleibt die Tatsache, dass innerhalb der Anthropologie in den vergangenen Jahrzehnten durchaus Fiktionalisierungsstrategien eingesetzt wurden, was über Signale innerhalb des Textes (oder im Verhältnis zwischen Text und Paratext) zum Ausdruck kommt, welche deutlich werden lassen, dass es sich um Fiktion handelt. Die beiden Forscher Michael Humphreys und Tony Watson haben eine Typologie vorgestellt, in der sie zwischen vier unterschiedlichen Formen der Ethnografie unterscheiden. Als ersten Typus nennen sie die reine (*plain*) Ethnografie, bei der eine Betrachtung des Textes hinsichtlich der Übereinstimmung mit der Wirklichkeit erfolgt. Der Text zeichnet sich durch eine traditionell sozialwissenschaftliche Art des Schreibens aus, mit der das Ziel verfolgt wird, einen so wirklichkeitsgetreuen Augenzeugenbericht des Geschehenen zu verfassen wie irgend möglich. Humphreys bezeichnet diese Auffassung übrigens als naiven Realismus (vgl. Humphreys und Watson 2009, 44). Beim zweiten Typus, der sogenannten *enhanced ethnography*, wird an der Korrespondenztheorie festgehalten, der erzählende Charakter des Textes laut Humphreys und Watson aber auf eine Art und Weise ausgestaltet, die dem Vorgehen von Romanautoren ähnelt: „descriptive scene-setting; use of dialogues; author as a character in the narrative; inclusion of emotional responses by author and subjects; attention to the perspectives and stories of subjects" (2009, 43). Für die nun folgenden letzten beiden der von den beiden Wissenschaftlern unterschiedenen Typen gilt, dass jeweils eine Form der Fiktionalisierung vorliegt. Der dritte Typus, den sie *semi-fictionalized ethnography* nennen, beinhaltet ein „restructuring of events occurring within one or more ethnographic investigations into a single narrative" (2009, 43). Ein solcher Ansatz kann sich als sehr wertvoll erweisen, da er einen sorgfältigen Umgang mit hochsensiblen oder vertraulichen Informationen ermöglicht: Beispielsweise kann durch die Verwendung ‚zusammengefügter' Personen die Privatsphäre von einzelnen Informanten geschützt werden. Die Beziehung zwischen Text und Wirklichkeit wird im Zusammenhang mit diesem Ansatz weniger hinsichtlich einer Übereinstimmung sondern eher pragmatisch betrachtet. Das Urteil über dieses Verhältnis ist dabei nicht absolut, sondern relativ: Ein Text wird als mehr oder

als weniger informativ angesehen als andere Texte. Selbiges gilt für den letzten Typus, die *fictionalized ethnography*. Bei dieser Form der Ethnografie konzentriert man sich auf das Verfassen eines „entertaining and edifying narrative": In einer solchen Erzählung basieren Charaktere und Ereignisse auf Erfahrungen des Ethnografen, die aber nicht zwangsläufig auf eine bestimmte Studie zurückführbar sein müssen (Humphreys und Watson 2009, 43). Die Ethnografie beruht auf theoretischem Wissen, welches allerdings im Text häufig nicht explizit erwähnt wird. Dieser Typus der Ethnografie hat einen deutlich persönlicheren Charakter. Viel stärker als dies beim dritten Typus der Fall ist, drückt der Ethnograf dem Ganzen hierbei seinen Stempel auf.

Diese vier Formen der Ethnografie stellen selbstverständlich keine starren Kategorien dar; sie lassen sich vielmehr entlang einer Achse anordnen die sich, um es mit Humphreys und Watson zu sagen, auf einem Kontinuum bewegt, das von minimaler bis zu maximaler Manipulation reicht (2009, 43). Nichtsdestotrotz haben sie mit ihrer Typologie einen wertvollen Beitrag geleistet, da diese eindeutige Markierungspunkte bietet, anhand derer individuelle Ethnografien entlang der Achse eingeordnet werden können. Den Autoren gelingt es, die innerhalb der Ethnografie vorliegenden Unterschiede sehr gut zu veranschaulichen, anstatt – wie z. B. Rinehart (1998, 203–205) dies tut – nur eine grobe Unterteilung in akademische Ethnografie, fiktionale Ethnografie und Fiktion vorzunehmen. Ein gutes Beispiel für eine ethnografische Schrift, die nah am Bereich der maximalen Manipulation verortet ist, ist die von Watson verfasste „Caroline and Terry story". Diese Erzählung handelt von einer fiktiven *Human-Resource*-Managerin mit dem Namen Caroline, die in einer Kneipe ein Gespräch mit Terry führt, einem Organisationswissenschaftler, der in Form von teilnehmender Beobachtung in der Fabrik forscht, in der Caroline arbeitet. Terry tritt hierbei als Erzähler auf und teilt mit dem Leser dabei auch seine Gedanken. Im Gespräch in der Kneipe geht es unter anderem um Carolines Beziehung zu anderen – ausnahmslos männlichen – Managern und um die Rolle, die Sexismus dabei spielt; Terrys Haltung während dieses Gesprächs und seine Gedanken dazu bieten gleichzeitig eine Reflexion zu der Frage, wie Forscher sich im Rahmen ihrer Forschungsarbeit gegenüber unterschiedlichen Informanten (zu) verhalten (haben). Die Erzählung ist mit einer ausführlichen Erklärung zu deren Entstehung versehen – der Artikel, in den die „Caroline and Terry story" eingebettet ist, dient nämlich sowohl als Rechtfertigung als auch als Plädoyer in Bezug auf die in der Erzählung zur Anwendung gebrachten Art zu schreiben. Laut Watson geht es bei guter Ethnografie darum, die Vielfalt der während der Feldforschung gemachten Erfahrungen in einem Muster oder in einer inneren Logik zu erfassen. Der Ethnograf, der sich bewusst für das Verfassen einer fiktionalisierten Ethnografie entscheidet, ist eine Person, die sich selbst ein höheres Mandat gibt, einen bestimmten Inhalt zu konstruieren, indem sie explizit erklärt, dass sie dies tut. Hierdurch kann der Ethnograf auf ein wesentlich größeres Spektrum an Erfahrungen aus der Feldforschung zurückgreifen, als wenn er sich auf „telling the story of one particular set of circumstances and informants" (Watson 2000, 498) beschränken würde. Watson hat bei der Erzählung über Caroline und Terry auf eine immense Zahl an Erfahrungen sowie auf eine Vielzahl ihm bekannter Theorien und Konzepte zurückgegriffen, die er umgeformt hat „into a story which helps the writer and reader alike make sense of aspects of managerial processes and organizational research work" (2000, 498). Begriffsbildung, bzw. – nach Fassin – das Vertikale oder Wahre, steht im Vordergrund: Watson plädiert dementsprechend auch für eine grundsätzliche Verbindung zwischen dem Erzählenden einerseits und dem Theoretischen und Reflexiven andererseits (vgl. 2000, 499). Das Horizontale oder Wirkliche ist dann – obwohl die Erzählung in der Realität verwurzelt ist – weniger bedeutsam.

Zwar verfügt Watson als Wissenschaftler über einen vollkommen anderen Wissensstand als eine Person wie Sonja Pos, aber in diesem Zusammenhang stellt sich die Frage, ob die Freiheit, die er sich im Umgang mit der Wirklichkeit gestattet, eine fundamental andere ist als die der Autorin von *Een paar woorden per dag*. Watson kann darüber hinaus auf eine wesentlich größere Vielfalt an Erfahrungen zurückgreifen.

Zwei Beispiele

Zwecks genauerer Deutung der Fiktionalität in Ethnografien lohnt sich ein Blick auf zwei niederländische ethnografische Dissertationen: Eine der beiden entscheidet sich sehr bewusst für eine fiktionale Art der Repräsentation, die andere tut dies nicht und stellt genau aus diesem Grund interessantes Vergleichsmaterial dar. Die Betrachtung beginnt mit der Wissenschaftlerin, die explizit sagt, dass sie sich des Mittels des fiktionalen Erzählens bedient. Hanneke Duijnhoven schreibt in ihrer Dissertation *For Security Reasons. Narratives about Security Practices and Organizational Change in the Dutch and Spanish Railway Sector* (2010) über den Umgang mit sozialer Sicherheit im Rahmen der Arbeit des Eisenbahnpersonals in den Niederlanden und in Spanien. Dabei geht um Aspekte wie Kriminalität und Vandalismus, aber auch um Terrorismus; ein Thema, dessen Bedeutung nach den Anschlägen vom 11. März 2004 auf vier Madrider Nahverkehrszüge stark gestiegen ist. Es versteht sich, dass Duijnhoven in beiden Ländern geforscht hat. Über die Verarbeitung ihrer Ergebnisse schreibt sie: „My approach to the presentation of the empirical data consists of writing fictionalized narratives, based upon and composed out of different data sources" (2010, 79). Für diese Entscheidung führt sie mehrere Gründe an, wovon nachfolgend drei für die Beziehung zur Fiktionalität relevante Aspekte diskutiert werden sollen. Zuallererst kann die Privatsphäre von Studienteilnehmern gewahrt bleiben, da im Text fiktive Charaktere verwendet werden, die stellvertretend für größere Gruppen von Menschen stehen. Zuvor wurde schon darauf eingegangen, dass dies für Humphrey und Watson der wichtigste Grund dafür ist, eine, wie sie es nennen, *semi-fictionalized ethnography* zu schreiben. Mit der Schaffung fiktiver Charaktere, die mehrere Personen repräsentieren, ist außerdem die vertikale Dimension (in der Terminologie Fassins) abgedeckt. Duijnhoven nennt noch weitere Aspekte. Durch das Loslassen gewisser konventioneller Beschränkungen ist es zweitens möglich, „to demonstrate tensions, conflicting perspectives, and contradictory (counter-) narratives [sic] by creating dialogues or interfaces between different actors, including the researcher" (Duijnhoven 2010, 78). Dadurch könnten – so ihre Argumentation unter Verweis auf den Organisationswissenschaftler Nelson Phillips (1995, 628) – unterschiedliche Sichtweisen involvierter Personen berücksichtigt werden und man kann verhindern, dass die Ethnografie eine reduktionistische Sichtweise vertritt. Folgt man diesem Gedankengang, dann würde der fiktionale Text drittens auch Raum lassen für Unsicherheiten, Zweifel und Widersprüche – und somit für Aspekte von Organisationen – um es mit dem erneut von Duijnhoven zitierten Philipps zu sagen – „that necessarily disappear under ‚rigorous analysis'" (zitiert in Duijnhoven 2010, 79). Mit anderen Worten: Die Entscheidung für eine fiktionale Repräsentation erweitert ihrer Ansicht nach die Möglichkeiten der dem Ethnografen zur Verfügung stehenden narrativen Mittel. Trotz der Fokussierung auf allgemeine Erkenntnisse anstelle von referenzieller Genauigkeit und die dieser – zu Recht oder zu Unrecht – zugeschriebenen Qualitäten, weist ihre Dissertation nicht ausschließlich narrativ-fiktionale Elemente auf. Ganz im Gegenteil. Die Einleitung, die theoretische Abgrenzung, der Methodenteil und die Reflexion über die Ergebnisse und angewandte Methodologie in der Dissertation sind alles andere als fiktional. Nur in den drei Kapiteln, in denen die Ergebnisse dargestellt werden, machen fiktionale Textpassagen einen substanziellen Teil des Textes aus. Sie werden jedoch in nicht-fiktionalen Textpassagen, die ungefähr ebenso lang sind, erklärt. Duijnhoven selbst sagt über die von ihr verfassten Textpassagen mit fiktionalen Elementen, dass sie in dem Sinne wissenschaftlich sind, „that they are based upon fieldwork and careful analysis, and they are (usually) part of a larger text in which the findings are further theorized in order to highlight the knowledge that may be derived from the findings" (2010, 79). Teilnehmende Beobachtung und Interviews in Kombination mit einer jeweils sorgfältigen Berichterstattung und Analyse sorgen dafür, dass, so Duijnhoven, fiktionale Erzählungen nicht als einfache Erfindungen abgetan werden können (2010, 64–65, 72–74).

Die fiktionalen Textpassagen aus *For Security Reasons* stimmen mit Watsons „Caroline and Terry story" insofern überein, dass in ihnen die gleiche wissenschaftliche Methode und fiktionale Art der Repräsentation zur Anwendung kommt. Auch Watson kombiniert nämlich „fictional ‚making it up' with the use of material systematically collected through rigorous fieldwork procedures and the application of social scientific techniques" (2000, 507). Beide streben durch die Anwendung fiktionaler Strategien danach, inhaltlich so nah wie möglich an der Wirklichkeit zu bleiben. Was beide Werke voneinander unterscheidet ist, dass Duijnhoven sich naturgemäß auf die Berichterstattung über ihre Doktorarbeit beschränkt, während Watson in seiner Erzählung Ergebnisse aus mehreren von ihm durchgeführten Studien verarbeitet. Hinzu kommt noch, dass Duijnhoven wesentlich präziser auf das Zustandekommen ihres fiktionalen Berichts eingeht. Auf der Achse von Watson und Humphreys ist *For Security Reasons* in der Nähe des Bereichs *semi-fictionalized ethnography* zu verorten. Sie selbst betont diesbezüglich: „The story is dramatized but, and that is my main point here, the core of the story remains the same" (Duijnhoven 2010, 79). Zuvor bringt sie die Tatsache, dass die meisten Charaktere in den Erzählungen ihrer Dissertation „composite, fictionalized characters" sind, erneut in Zusammenhang mit der Notwendigkeit, die Anonymität der involvierten Personen zu gewährleisten (Duijinhoven 2010, (83). Mit anderen Worten: Duijnhoven ist einerseits davon überzeugt, dass Fiktionalisierung einen Mehrwert bieten könne – sie hätte sich, was in Ethnografien durchaus üblich ist, wenn die Wahrung der Vertraulichkeit wichtig ist (vgl. O'Reilly 2009, 62), beispielsweise auch für eine Anonymisierung der Informanten entscheiden und die identifizierbaren Details (Namen, Ortsnamen) ändern können –, andererseits betont sie aber auch das stabile empirische Fundament ihrer Ethnografie.

Der Unterschied zwischen Watson und Duijnhoven wird noch deutlicher, wenn wir uns der anderen zu besprechenden Dissertation aus der Feder der Medizinanthropologin Anne-Mei The zuwenden. Sie geht in ihrer Studie, *Palliatieve behandeling en communicatie* [Palliative Behandlung und Kommunikation] – über die Hoffnung auf Heilung bei Lungenkrebspatienten – unter anderem auf den Unterschied zwischen wissenschaftlichen und nicht-wissenschaftlichen Erzählungen ein. The führt aus: „Wat de wetenschap aan het (journalistieke) verhaal kan toevoegen is een systematische en expliciete beschrijving met de daarbijbehorende [sic] uitleg" [Der Mehrwert, den die Wissenschaft der (journalistischen) Erzählung zu bieten hat, ist eine systematische und explizite Beschreibung, einschließlich der zugehörigen Erklärung] (The 1999, 24). Hierdurch stellt sie Ethnografien journalistischen Texten und auch Romanen gegenüber, die dem Leser ihrer Ansicht nach keinen Einblick geben „in de wijze waarop de beschreven werkelijkheid tot stand is gekomen" [in die Art und Weise, wie die beschriebene Wirklichkeit zustande gekommen ist], wodurch auch deren „geloofwaardigheid ter discussie staat" [Glaubwürdigkeit infrage gestellt werden kann] (The 1999, 23).

The hingegen gewährt diesen Einblick in ihrer Dissertation: Sie geht in aller Ausführlichkeit auf ihre Daten und auf ihre Analyse ein. Die akademische Ausprägung ihres Vorgehens zeigt sich beispielsweise, wenn sie davon spricht, für Triangulation (in diesem Fall, die Ermittlung von Sichtweisen verschiedener Personen innerhalb der involvierten Gruppen) und für *respondent validation* (die Interpretationen des Forschers mit den Befragten besprechen) gesorgt zu haben (The 1999, 17; für die genannten Begriffe siehe Hammersley und Atkinson 2007, 181–185). Mit ihrer Anmerkung zur Problematik der Glaubwürdigkeit journalistischer und literarischer Erzählungen und der dieser gegenübergestellten eigenen Vorgehensweise bietet The allerdings keine erklärende Auslegung ihrer Strategie, die Duijnhoven im Gegensatz dazu im weiteren Verlauf ihrer Dissertation anbietet und die da lautet: sowohl eine fiktionale Art der Darstellung nutzen als auch eine sorgfältige methodologische Rechtfertigung anbieten.

Gleichzeitig stellt sich allerdings die Frage, ob die Vorgehensweisen von The und Duijnhoven sich tatsächlich so fundamental voneinander unterscheiden. The spricht im Zusammenhang mit ihrer Ethnografie nicht über Fiktion, wie Duijnhoven dies mit Nachdruck tut, allerdings lassen sich in der Beschreibung ihrer Vorgehensweise auffallende Parallelen zu *For Security Reasons* ziehen. The sagt unter anderem: „De personages van meneer Dekker en meneer Wiersema zijn geanonimiseerd. Uiteraard zijn hun namen, persoonskenmerken en sociale omstandigheden veranderd" [Die Charaktere von Herrn Dekker und Herrn Wiersema wurden anonymisiert. Ihre Namen, persönlichen Merkmale und sozialen Umstände wurden selbstverständlich geändert] (1999, 22). Im Interesse der Wahrung der Anonymität werden zu spezifische Verweise vermieden. Wichtig ist jedoch, dass es nicht dabei bleibt: „Daarnaast heb ik in de ziektegeschiedenissen van de twee centrale patiënten [d.i. Dekker en Wiersema] wijzigingen aangebracht, sommige elementen uit hun ziekteverhalen heb ik wat versterkt en andere juist afgezwakt" [Darüber hinaus habe ich die Krankengeschichte der beiden wichtigsten Patienten [d.h. Dekker und Wierse] etwas geändert, wobei ich manche Elemente ihrer Krankengeschichte etwas überzeichnet, andere wiederum abgeschwächt habe] (The 1999, 22). Dies tut The, weil sie diese beiden Patienten als repräsentative Fälle darstellt. Sie zielt darauf ab, anhand der beiden Fälle den wichtigsten Unterschied zwischen Patienten mit einem unterschiedlichen Krankheitsverlauf sichtbar zu machen. Die Änderungen werden somit mit einem Plädoyer für Repräsentativität begründet. Aus demselben Grund ist es ihrer Ansicht nach hilfreich, Krankheitsgeschichten miteinander zu kombinieren: The hat nach eigener Aussage an verschiedenen Stellen „stukjes uit de ziektegeschiedenissen van andere patiënten ingevoegd. Dit heb ik overigens niet alleen met het oog op de anonimiteit gedaan, maar ook om bepaalde accenten te leggen en nuanceringen te kunnen maken" [Teile aus den Krankheitsgeschichten anderer Patienten eingefügt. Das habe ich im Übrigen nicht nur im Dienste der Anonymität getan, sondern auch, um bestimmte Akzente setzen und nuancieren zu können] (The

1999, 22). Kurz gesagt, auf unterschiedliche Arten und Weisen wird – in der Terminologie Fassins – das Horizontale dem Vertikalen, beziehungsweise werden Verweise auf spezifische Ereignisse aus der Wirklichkeit allgemeinen Erkenntnissen untergeordnet.

So wie bei Duijnhoven kann bei The – mit den Worten Humphreys' und Watsons – deshalb von einer *semi-fictionalized ethnography* gesprochen werden. Obwohl beide den wissenschaftlichen Charakter ihrer jeweiligen Schrift betonen, unterscheidet sie, dass The für ihren Text, unter dem Vorbehalt der von ihr genannten Änderungen, Referenzialität beansprucht (im Sinne von Verweisen auf spezifische Ereignisse und Personen), wohingegen beim von Duijnhoven verfassten Text das fiktive Element im Vordergrund steht: Erstere richtet sich auf *belief*, Letztere auf *make-believe*. In der Typologie Humphreys' und Watsons würde diese Nuance nicht berücksichtigt: In beiden Fällen würden sie von einer Form der Fiktionalisierung sprechen. Die Unterscheidung zwischen *belief* und *make-believe* ist in diesem Fall allerdings subtil, auch weil The in einer – wenige Jahre später erschienenen – populärwissenschaftlich aufbereiteten Version ihrer Dissertation schreibt: „De mensen die ik in dit boek beschrijf, *zijn niet echt*. Wel heb ik in het ziekenhuis mensen leren kennen die mij sterk hebben *geïnspireerd tot het creëren van de personages*" [Die in diesem Buch beschriebenen Personen sind keine real existierenden Personen. Im Krankenhaus habe ich jedoch Menschen kennengelernt, die *bei der Entwicklung der Charaktere als wesentliche Inspirationsquellen dienten*] (The 2006, 123, Kursivierung W.S.). In diesem Abschnitt ist eher noch die Rede von einem fiktionalen Rahmen des von ihr verfassten Textes, wodurch oben genannte Zitate aus der Dissertation in einem größeren Zusammenhang gesehen werden können – möglicherweise kann man an dieser Stelle sogar von einer ambivalenten Absicht reden, was so viel heißt wie: The ist sich selbst nicht ganz im Klaren darüber, ob sie auf der Grundlage ihrer Erfahrungen einen Text geschrieben hat, der zwar in hohem Maße in der tatsächlichen Welt verankert ist, der aber in erster Linie eine fiktive Welt beschreibt, oder ob sie eine Beschreibung der Wirklichkeit anbietet, deren Referenzialität in vielen Punkten unterbrochen ist. Was in jedem Fall heraussticht ist, dass sie sich im Umgang mit der Wirklichkeit viele Freiheiten gestattet.

Bei den Unterschieden zwischen den Dissertationen von Van Duijnhoven und The geht es also – ganz offensichtlich – um Nuancen. Beide gehen in ihrer Argumentation auf unterschiedliche Aspekte im Verhältnis zwischen Ethnografie und Fiktionalität ein: Erstere macht deutlich, dass Ethnografien durch die Anwendung von Fiktionalität nichts an Wissenschaftlichkeit einbüßen müssen, wohingegen Letztere zeigt, dass der wissenschaftliche Charakter der Ethnografie ein distinktives Merkmal gegenüber narrativen Texten wie Romanen darstellt, die wir grundsätzlich mit Fiktionalität assoziieren. Duijnhoven liefert eine Übersicht der unterschiedlichen theoretischen Positionen bezüglich ethnografischer Forschung und positioniert sich selbst als Wissenschaftlerin mit einem Ansatz, der sich an der sozial-konstruktivistischen Ontologie und einer interpretativen Epistemologie orientiert (2010, 61–65). Die Präsentation von Daten unter Anwendung fiktionaler Strategien ist vor diesem Hintergrund logisch und konsequent. Der Arbeitsweise Duijnhovens wurde übrigens bis zum heutigen Tage nur wenig Beachtung geschenkt: Einige niederländische Autoren verweisen darauf, mal in zustimmender (vgl. Koerten und Veenswijk 2010, 53), mal in kritischer (vgl. Merkus 2014, 78) Art und Weise, aber in der internationalen Literatur wird auf Duijnhoven ausschließlich in Bezug auf andere Aspekte verwiesen, welche mehr mit dem Thema ihrer Studie zusammenhängen (vgl. Eski 2016, 30, 65). Im Gegensatz zu Duijnhoven hebt The vor allem die Unterschiede zwischen wissenschaftlichen und anderen Formen des Schreibens hervor. Obwohl sie Andeutungen zu der Verwobenheit von Daten mit deren Interpretation macht, reflektiert sie nicht ausdrücklich unterschiedliche Standpunkte in der wissenschaftlichen Debatte über ethnografisches Schreiben.

Ethnografie, fiktionale Erzählprosa, Journalismus

Die oben genannten Beispiele zeigen, dass auch Autoren von Ethnografien ab und an, indem sie sich explizit für eine fiktionale Art der Repräsentation entscheiden, den Verweis auf spezifische Ereignisse aus der Wirklichkeit im Interesse allgemeingültigerer Erkenntnisse unterlassen; was im Übrigen nicht bedeuten soll, dass beide nicht gut miteinander zu kombinieren wären. Der zentrale Unterschied zwischen ethnografischen Schriften einerseits und fiktionaler Erzählprosa andererseits ist eher methodologischer und theoretischer Natur. Ethnografen liefern eine Beschreibung zu den verwendeten Methoden und zur Art der Berichterstattung, und auch wenn eine solche methodologische Diskussion fehlt, wie es bei *fictionalized ethnography* der Fall ist, basiert der Text grundsätzlich auf den Forschungserfahrungen und dem theoretischen Wissen des Wissenschaftlers. Bei fiktionalen Erzählungen verhält es sich anders, auch wenn ihre Autoren benennen können, wie der Text zustande gekommen ist: Die oben zitierte Anmerkung von Sonja Pos über das Zustandekommen von *Een paar woorden per dag* ist hierfür ein gutes Beispiel. In diesem Fall sind es paratextuelle Daten – Aussagen in Interviews, der Text auf der Rückseite eines Buches, die Angebotsbroschüre des Verlegers –, welche die Beziehung zwischen der Wirklichkeit und dem Geschriebenen verdeutlichen können.

Der Unterschied zwischen Ethnografien mit fiktionalen Elementen einerseits und ethnografisch relevanter Erzählprosa andererseits ist, mit anderen Worten, auf einen methodologischen Unterschied zurückzuführen. Die Eigenart des Textes wird häufig ausdrücklich erwähnt, sodass der Leser sich dem Text in der Folge mit entsprechend geschärftem Bewusstsein widmet. Zur genaueren Betrachtung des Unterschieds zwischen den oben genannten Textformen ist es empfehlenswert, die Arbeit von Journalisten zu betrachten, die, ähnlich den Ethnografen, bestrebt sind, das Funktionieren einer bestimmten sozialen Gruppe, Organisation oder Gemeinschaft zu beschreiben.

Niederschriften eines Journalisten weisen naturgemäß nicht die gleiche methodologische und theoretische Gründlichkeit auf wie die eines Wissenschaftlers. Gleichzeitig gilt aber auch, dass Journalisten, anders als Autoren fiktionaler Erzählungen, gewissen journalistischen Standards wie Genauigkeit und Verifizierbarkeit verpflichtet sind. Dabei haben sie stets die Rolle von Erzählungen in ihrer Arbeit sowie den konstruierten Charakter dieser Erzählungen im Blick (vgl. Fakazis 2006; Schudson und Anderson 2009; Harbers 2014; Mitchell 2014). Allerdings sind Gattungsunterschiede zwischen fiktionaler Erzählprosa und journalistischen Beschreibungen letztlich relativ. Der Vergleich zwischen Sonja Pos' *Een paar woorden per dag* und Jorie Horsthuis' *Op de tram. Een jaar als conducteur in Amsterdam* [In der Straßenbahn. Ein Jahr als Schaffnerin in Amsterdam] (2011) verdeutlicht dies.

Op de tram basiert auf teilnehmender Beobachtung: Horsthuis hat ein Jahr lang für den städtischen Verkehrsbetrieb der niederländischen Hauptstadt (GVB) in der Amsterdamer Straßenbahn gearbeitet. In der Einleitung zu der von ihr in der Ich-Form geschriebenen Erzählung schreibt sie: „Zij die in dit boek voorkomen, doen dit onder een andere naam. Om hun anonimiteit te waarborgen heb ik hier en daar karakters samengevoegd en situaties verdicht" [Die Namen der in diesem Buch auftauchenden realen Personen wurden geändert. Zur Wahrung ihrer Anonymität habe ich hin und wieder Charaktere zusammengefügt und Situationen verdichtet] (Horsthuis 2011, 5). Kurz gesagt, das Beschreiben der Realität dient zweifelsohne als Ausgangspunkt, Horsthuis hat sich aber vor dem Hintergrund des Schutzes der Privatsphäre ihrer ehemaligen Kollegen entschieden, in manchen Punkten Verweise auf spezifische Personen und Ereignisse zu vermeiden. Das ist im Übrigen vollkommen nachvollziehbar, da die Mitarbeiter in *Op de tram* reichlich Kritik an den Abläufen beim GVB äußern und ihren Interessen geschadet werden könnte, wenn sie mit Klarnamen genannt werden würden. In diesem Fall wird selbstverständlich davon ausgegangen, dass die allgemeingültigeren Erkenntnisse durch das Zusammenfügen von Charakteren und durch das Verdichten von Ereignissen keinen Schaden nehmen. Dies geschieht nichtsdestotrotz auf Kosten der Transparenz und somit auf Kosten der Verifizierbarkeit.

Sowohl Sonja Pos (*Een paar woorden per dag*) als auch Jorie Horsthuis (*Op de tram*) haben beim Verfassen ihrer Texte auf eigene Erfahrungen zurückgegriffen. Erstere gestattet sich dabei größere Freiheiten als Horsthuis – das wird unter anderem durch ihre Entscheidung ersichtlich, eine andere Erzählperspektive zu wählen – aber auch Horsthuis' Buch zeichnet sich, wenn wir der Typologie von Humphreys und Watson folgen, durch einen gewissen Grad an Fiktionalisierung aus. Pos richtet sich allerdings auf eine *make-believe-*, Horsthuis hingegen auf eine *belief-*Haltung beim Leser. Die Grenze zwischen fiktionaler Erzählung und Sachtext verläuft aber (unter dem Vorbehalt weiterer Änderungen) eingedenk der Dissertationen von Duijnhoven und The fließend. Hinzu kommt noch, dass die Grenzen zwischen fiktionaler Erzählung und Sachtext im zeitgenössischen Roman im Vergleich zu früher häufiger aufgesucht werden (vgl. Jacoby 2005; Vaessens 2010, 43–45).

Obwohl also im Allgemein davon ausgegangen werden kann, dass der Journalismus sich durch seine Standards von Erzählprosa und durch seine nicht-wissenschaftliche Vorgehensweise von der Ethnografie unterscheidet, besteht in Bezug auf Fiktionalität im Vergleich zu Ethnografien und fiktionalen Erzählungen kein grundlegender Unterschied. Diesbezüglich ist des Weiteren vor allem interessant, sich einerseits die Beziehung zwischen der Anforderung der Verifizierbarkeit (oder Transparenz) und andererseits die Bedingung der Vertraulichkeit anzusehen. Diese beiden lassen sich häufig schwer miteinander kombinieren; und das gilt sowohl für den Journalismus (*Op de tram*) als auch für die Ethnografie (siehe die Dissertationen von Duijnhoven und The). Wer sich für eine Anonymisierung, eine Unterbrechung der Referenzialität oder für Fiktionalisierung entscheidet, der verringert damit automatisch die Überprüfbarkeit der gebotenen Darstellung (vgl. O'Reilly 2009, 61–62).

4 Verifizierbarkeit versus Vertraulichkeit

Ein Prüfstein für den Interessenkonflikt zwischen Vertraulichkeit und Transparenz ist die Affäre um die Arbeit des Amsterdamer Anthropologen Mart Bax in den Niederlanden, der von 1988 bis 2002 als außerplanmäßiger Professor für Politische Anthropologie an der Vrije Universiteit Amsterdam tätig war. Anhand einer Publikation von Bax – in der die Ethnografie dem fiktionalen Erzählen gegenübergestellt wird und gleichzeitig das Problem der Überprüfbarkeit eine Rolle spielt – wird dargelegt, wie diese Problematik sich zur Frage der Fiktionalität verhält. Aufgrund des umstrittenen, potenziell betrügerischen Charakters von Bax' Arbeit ist sie für dieses Anliegen besonders gut geeignet.

Bezüglich Bax' Studie über einen Pilgerort in Brabant (den er „Neerdonk" nannte) und bezüglich seiner Studie über das Dorf Medjugorje (in Herzegowina, im ehemaligen Jugoslawien) waren bereits während seiner wissenschaftlichen

Laufbahn Zweifel aufgekommen, die nach seiner Emeritierung noch größer wurden (vgl. Van Kolfschooten 2012, 190–202; Baud et al. 2013). Der Diskurs nahm nach einigen journalistischen Publikationen zu dieser Frage (vgl. Van Kolfschooten 2012; De Boer 2013a) derart Fahrt auf, dass die Vrije Universiteit Amsterdam sich dazu entschloss, eine unabhängige, dreiköpfige Professorenkommission mit der Untersuchung des Falles zu beauftragen. Die Kommission kommt in diesem Bericht zu dem abschließenden Urteil, dass Bax' wissenschaftliche Arbeit methodologische Mängel aufweise und wirft ihm zudem einen Mangel an Transparenz in Bezug auf seine Arbeitsweise vor, der „des te meer [klemt] omdat er twijfel bestaat over de validiteit van de interpretaties en vooronderstellingen in het werk van Bax" [umso schwerwiegender ist, da Zweifel in Bezug auf die Validität der Interpretationen und Annahmen in Bax' Arbeit bestehen] (Baud et al. 2013, 41). Gleichzeitig teilte die Kommission mit, dass man keine unumstößlichen Beweise für Wissenschaftsbetrug gefunden habe, da dies erst dann der Fall gewesen wäre, „als ondubbelzinnig zou kunnen worden vastgesteld dat Bax ‚bewust' elementen heeft verzonnen" [wenn eindeutig festgestellt werden würde, dass Bax Elemente ‚bewusst' erfunden hat] (Baud et al. 2013, 41).

Die Publikation, auf die im Folgenden näher eingegangen wird, ist ein Beitrag von Bax in einem im Jahr 1990 erschienenen Band mit dem Titel *True Fiction. Artistic and Scientific Representations of Reality*. In diesem Buch werden von einigen ausgewählten Sozialwissenschaftlern unterschiedliche Arten der Repräsentation diskutiert. Der Herausgeber dieses Bandes, der Anthropologe Peter Kloos, erklärt in seiner Einleitung, dass die Wissenschaftler „were asked to select an artistic representation of reality (a novel, a story, or a poem) in which phenomena which they themselves had investigated are described. They were asked to compare the two approaches to reality, and assess the differences" (Kloos 1990, 3). Bax geht in seinem Beitrag, „A Monastic Community Between ‚Fiction' and ‚Non-Fiction'", auf seine Befunde bezüglich des Klosters „Elsendal" in der Provinz Brabant ein. Er kommt zu dem Ergebnis, dass die Sichtweise auf das Klosterleben, wie dies in seiner Studie präsentiert wird, in scharfem Kontrast steht zu den Bildern, die in fiktionalen Texten gezeichnet werden. In Volkssagen und Romanen erfolgt die Repräsentation des Klosters seiner Ansicht nach vor dem Hintergrund von „[t]radition, order, continuity, harmony, peace, devotion, brotherly love, a general withdrawal from worldly affairs" (Bax 1990, 7). Bax hingegen behauptet, dass das Klosterleben stattdessen von „conflict and rivalry" (1990, 19) gekennzeichnet sei. Dieses Ergebnis bringt er in Zusammenhang mit theoretischer Literatur und verweist dabei insbesondere auf die Soziologen Erving Goffman und Max Weber. Er stützt seine Aussage in diesem Artikel durch den Rückgriff auf einen Aspekt aus seiner Studie über das Kloster Elsendal: die Veränderungen, die sich dort zwischen 1967 und 1974 im Verhältnis zwischen den Klosterpfarrern und Laienbrüdern vollzogen haben. Aus einem strikt hierarchischen wurde in dieser Zeit ein wesentlich egalitäreres Verhältnis. Bax sagt, dass er die Wirklichkeit beschreibt, verdeutlicht aber bereits im ersten Satz seines Beitrages, dass er anonymisiert: „Somewhere in rural Dutch society, there is a monastery, which is here called Elsendal" (1990, 7). Ein solcher, eher für die Verwendung in Märchen typischer Einstiegssatz fällt im Hinblick auf Fiktionalität durchaus ins Auge (Nickel-Bacon et al. 2000, 285). Außerdem wird der Leser in einer Anmerkung zum Titel darüber informiert, dass die meisten Informanten anonym bleiben wollten und aus diesem Grund fiktive Namen verwendet wurden (vgl. Bax 1990, 7). Trotzdem ist Bax' Sorgfalt in Bezug auf das Horizontale und das Vertikale in diesem Text nicht zu übersehen: Er ist bestrebt, eine Beschreibung der Wirklichkeit zu liefern, die sowohl faktisch genau als auch erkenntnisbringend ist. Das geht unter anderem aus der Art und Weise hervor, wie Bax auf den von ihm verwendeten Eingangssatz eingeht: Direkt nach diesem Eröffnungssatz behauptet er nämlich, dass das Kloster in lokalen Volkserzählungen und Romanen beschrieben wird „like a piece of eternity or a fairy-like building, untouched by the turbulence of time" (1990, 7) – letztlich also genauso, wie er es mit dem von ihm gewählten Eingangssatz tut. So macht er diesen Satz zu einem Element der fiktionalen Abhandlung über das Kloster. Bax beschreibt die lokalen Volkserzählungen und Romane über das Kloster – von denen er insgesamt zehn aufführt – als irreführend, um im Anschluss, laut eigener Aussage, eine wirklichkeitsgetreue Darstellung der Abläufe zu liefern. Wie gesagt, wurde Bax später vorgeworfen, dass er – was angesichts der Thematik des oben diskutierten Artikels nicht einer gewissen Ironie entbehrt – Daten erfunden bzw. die beschriebene Wirklichkeit entsprechend seiner Theorie über die Wirklichkeit angepasst haben soll. Obwohl die Kritik sich in erster Linie auf andere Elemente der Brabanter Studie bezog, wurden bereits mit der ersten Publikation über diese Studie Zweifel bezüglich der Qualität von Bax' Feldforschung und bezüglich der von ihm gelieferten historischen Beweisführung laut (Baud et al. 2013, 15). Der Historiker Marc Wingens stellt in seiner Dissertation über die Arbeit von Bax die These auf, dass die gewöhnliche Praxis unter Anthropologen, „om informanten anoniem te laten en locaties van een gefingeerde naam te voorzien [...] als gevaar [heeft] dat het, door de oncontroleerbaarheid van de gepresenteerde gegevens, als dekmantel kan dienen voor een ontoelaatbare vermenging van feit en fictie" [Informanten zu anonymisieren und Orten ausgedachte Namen zu geben [...] die Gefahr [berge], dass diese aufgrund der Unüberprüfbarkeit der aufgeführten Daten als Deckmantel für eine unzulässige Vermischung von Fakten und Fiktion dienen kann] (zitiert in Van Kolfschooten 2012, 194). In Bax' Fall haben sich die Indizien für die Existenz eines solchen Deckmantels im Laufe der Zeit immer stärker verdichtet. Die Schlussfolgerungen der bereits erwähnten Kommission waren für die Redaktion der Zeitschrift *Sociologie* Grund genug, zwei von Bax in den 1980er Jahren über die Brabanter Studie veröffentlichten Artikel einzuziehen („Van de redactie" 2014, 3–4) – von denen einer die Grundlage bildete für „A Monastic Community Between ‚Fiction' and ‚Non-Fiction'" (Baud et al. 2013, 33). Auf dem internationalen Parkett haben sich zahlreiche Integritätsforscher mit dem Fall Bax beschäftigt (vgl. Israel 2015, 156; Israel und Drenth 2016, 793) und laut der Website *Retraction Watch* wurden mehrere Artikel eingezogen.

Bax und Ethnografien mit fiktionalen Elementen

Eine echte Diskussion über das Verhältnis zwischen Fiktionalität und Ethnografie hat im Nachgang zur Affäre Bax bisher nicht stattgefunden. Nichtsdestotrotz ist die Frage interessant, wie sich die Arbeit von Bax zur Arbeit von Anthropologen verhält, die sich ganz bewusst unterschiedlicher Fiktionalisierungsstrategien bedienen (u. a. dem Zusammenfügen von Charakteren und dem Verdichten von Ereignissen; siehe z. B. Duijnhoven). Wäre es nicht denkbar, dass Fiktionalisierung diesen in gleichem Maße als Deckmantel dienen kann? Richard de Boer, einer jener Journalisten, die sich kritisch mit Bax' Arbeit auseinandergesetzt haben, beschreibt das Experimentieren mit „fictieve verhaalelementen" [fiktiven Erzählelementen] in anthropologischen Schriften als Merkmal einer Forschungskultur, in der relativ kreativ mit der Wirklichkeit umgegangen wurde (De Boer 2013a). Bax, so die Vermutung, habe in dieser Kultur gut gedeihen können. Im Rahmen einer Befragung mit der Forschungskommission sagte De Boer: „In die tijd experimenteerden VU-antropologen met literaire fictie als stijlmiddel. [...] Zoiets had toch in de ban gemoeten?" [In jener Zeit haben VU-Anthropologen mit literarischer Fiktion als Stilmittel experimentiert. [...] Das hätte eigentlich verboten werden müssen, oder?] (De Boer 2013b). Eines der Kommissionsmitglieder, der Professor für Anthropologie Peter Pels, geht auf diese Frage zwar in gewissem Sinne ein, weicht ihr gleichzeitig aber auch aus, indem er sagt, dass „de ficties van de statistiek of van de kwalitatieve generalisatie" [die Fiktionen der Statistik oder der qualitativen Generalisierung] in den Sozialwissenschaften unvermeidlich seien (zitiert in De Boer 2013b). Dabei handelt es sich nun allerdings um theoretische und nicht um künstlerische Fiktionen (vgl. Schaeffer 2013, Kap. 2.2), wodurch die Debatte über Fiktion in der Bedeutung, die Watson, Duijnhoven und andere dieser zuschreiben, letztlich nicht geführt wird.

Das Problematische an der Frage des Journalisten De Boer ist, dass er damit suggeriert, der bewusste Einsatz von Fiktionalität und betrügerische Forschungspraktiken würden in einer irgendwie gearteten Beziehung zueinanderstehen. Er übersieht dabei die Tatsache, dass die Arbeit von Anthropologen wie z. B. Duijnhoven durchaus eine Kritik auf traditionelle ontologische und epistemologische Standpunktbestimmungen in der ethnografischen Tradition beinhaltet. Das zeugt eher nicht von einem laxen, sondern, ganz im Gegenteil, von einem höchst bewussten Umgang mit der Wirklichkeit. Laut den Sozialwissenschaftlern Carl Rhodes und Andrew D. Brown kommt darin „a heightened, rather than reduced, sense of researcher-author responsibility" (2005, 469) zum Ausdruck. Im Gegensatz zu Bax ist Duijnhoven in den narrativen Teilen ihrer Dissertation nicht auf eine *belief-*, sondern auf eine *make-believe*-Haltung beim Leser gerichtet. Gleichzeitig zielt der fiktionale Bericht, den Duijnhoven über ihre Erkenntnisse anbietet, darauf ab – mehr noch als die traditionelle Beschreibung –, die von ihr untersuchte Wirklichkeit sehr realitätsnah abzubilden. Sie betrachtet ihre Art der Berichterstattung nämlich „as a way to raise and discuss a number of issues and to present a great variety of situational practices, from different perspectives, within their natural context, while doing justice to the ambiguity and complexity of the lifeworlds of these organizations" (2010, 77). Verweise auf spezifische Personen oder Ereignisse werden modifiziert, um die Befunde so adäquat wie möglich darstellen zu können. Bax' Vorgehensweise hingegen fügt sowohl der Empirie als auch der Theorie Schaden zu, bzw. scheint beiden Schaden zuzufügen. Die kritische Frage, wie man sich denn sicher sein könne, dass bei fiktionalen Arten der Berichterstattung nicht ebenfalls eine irreführende Beeinflussung der Ergebnisse stattfindet, ist berechtigt, stellt sich aber nicht unbedingt dringender als in Fällen, in denen der Autor sich ausschließlich dafür entscheidet, identifizierende Details (zwecks Wahrung der Vertraulichkeit) zu ändern, wie es in eher traditionellen Ethnografien üblich ist. Die Überzeugung, dass von einer irreführenden Repräsentation keine Rede sein kann, beruht vor allem auf der sorgfältigen Darlegung der durch den Wissenschaftler angewandten Methoden: Wie wurden die Daten gesammelt und wie wurde auf deren Grundlage die Berichterstattung aufgebaut? Die Beschreibung der eigenen Arbeitsweise fällt sowohl bei Duijnhoven als auch bei The relativ umfangreich aus. Diese Tatsache ist für die Glaubwürdigkeit und für die Verifizierbarkeit ihrer Schriften von großer Bedeutung. Nicht ganz zufällig ist genau diese detaillierte Beschreibung der eigenen Arbeitsweise, woran es Bax' Schrift fehlt: Aufgrund eines Mangels an Transparenz im ethnografischen Text hinsichtlich der von ihm verrichteten Feldforschung haftet seinen Studien das Problem der Unüberprüfbarkeit an. Die Darstellung ruft Fragen auf, da nicht deutlich ist, wie diese zustande gekommen ist. Bax' Arbeit fällt demnach nicht in erster Linie in den Bereich der sozialwissenschaftlichen Debatten über die Frage, inwieweit die forschende Person und die von ihr verwendete Sprache bestimmend sind für den angebotenen Blick auf die Wirklichkeit (vgl. Van Maanen 1995; O'Reilly 2009, 168–174), sondern muss sich eher noch einer wesentlich fundamentaleren Frage stellen, nämlich: Existiert eine empirische Grundlage für die formulierten Ergebnisse? Dieselbe Frage stellt sich natürlich für ethnografische Texte mit fiktionalen Elementen, die keine klaren Einblicke in das Verhältnis zwischen Text und Wirklichkeit gewähren. Bei Ethnografien ist es – mit anderen Worten – in allen Fällen Aufgabe des Autors, dieses Verhältnis so zu gestalten, dass die Erwartungen, die diesbezüglich bei den Lesern geweckt werden, von ihm auch erfüllt werden, ganz gleich, ob eine Form der Fiktionalisierung vorliegt oder nicht und unabhängig davon, ob es sich um eine *belief-* oder um eine *make-believe*-Abhandlung handelt.

5 Schlussbemerkung

Bei Romanen und fiktionalen Erzählungen ist die Frage nach der empirischen Grundlage einerseits unwichtig, andererseits aber – wenn auf die anthropologische Relevanz geachtet wird – besonders wichtig. Das Interesse der Anthropologie an fiktionalen Erzählungen ist groß, was keine Selbstverständlichkeit ist. Nur anhand von Informationen über das Zustandekommen eines Textes und über den Vergleich mit anderen Quellen ist eine Einschätzung möglich, ob solche Erzählungen als erkenntnisbringend bezeichnet werden können. Mart Bax führt in seinem Artikel aus, dass es keineswegs so sei, dass grundsätzlich Erkenntnisse präsentiert würden – angesichts der Entwicklungen nach der Publikation seiner Werke mutet diese Argumentation etwas ironisch an. Allerdings ist der Gedanke, dass die Wissenschaft das in fiktionaler Erzählprosa gezeichnete Bild über eine bestimmte Kultur, Gemeinschaft oder Organisation nuancieren oder korrigieren kann (unter der Bedingung der Anwendung von Genauigkeit), für sich genommen richtig. Häufig ist es aber so, dass Anthropologen von der Relevanz der Informationen in einem Roman oder einer fiktionalen Erzählung überzeugt sind.

Auch in anderer Hinsicht haben Ethnografen alles andere als eine negative Einstellung zur Fiktionalität. Für einen ethnografischen Text, in dem eine fiktionale Art der Darstellung gewählt wird, lässt sich ohne Probleme eine methodologische Rechtfertigung formulieren; Umgekehrt kann es so sein, dass es eher traditionellen Ethnografien an einer überzeugenden Rechtfertigung fehlt, wo diese von entscheidender Bedeutung ist, gerade in einer wissenschaftlichen Disziplin, in der Daten, Interpretationen der Daten und die Wiedergabe der Interpretation untrennbar miteinander verbunden sind. Die Anwendung fiktionaler Erzählstrategien in Ethnografien bedeutet, dass in (den erzählenden Teilen von) ethnografischen Schriften – entgegen der Behauptung Fassins – nicht notwendigerweise ein anderes Verhältnis zwischen dem Wirklichen (der Verweis auf spezifische Ereignisse) und dem Wahren (tiefer liegende Erkenntnisse) herrscht als in fiktionalen Erzählungen. Genauso wie in Romanen wird auch in manchen Ethnografien keine faktische Wiedergabe der Wirklichkeit angestrebt. Hinzu kommt noch, dass der Unterschied zwischen Ethnografien, die sich auf *make-believe* und Ethnografien, die sich auf *belief* richten, letztendlich relativ ist, wie der Vergleich (unter dem Vorbehalt eventueller Änderungen) zwischen Duijnhoven und The gezeigt hat. In der Typologie von Humphreys und Watson spielt die Unterscheidung zwischen *belief* und *make-believe* hingegen überhaupt keine Rolle: Sie wären somit nicht in der Lage, zwischen den beiden Ethnografien hinsichtlich der angewandten Fiktionalisierung zu unterscheiden.

Der grundsätzliche Unterschied zwischen Ethnografie und fiktionalem Erzählen muss demnach vielmehr im methodischen und systematischen Charakter der Forschung gesucht werden, welche die Grundlage für Ethnografien bildet. Vom Ethnografen wird ohne Ausnahme ein systematisches Vorgehen erwartet, das wissenschaftlichen Standards entspricht. Das kommt naturgemäß auch im endgültigen Text zum Ausdruck: Das Wissen, das in Ethnografien (mit oder ohne fiktionale Elemente) verarbeitet ist, hat eine andere Qualität als das Wissen, das man üblicherweise in fiktionalen Erzähltexten vorfindet. Es gibt allerdings hinsichtlich des Verhältnisses zwischen Text und Wirklichkeit entscheidende Unterschiede zwischen der semi-fiktionalisierten (Duijnhoven) und der fiktionalisierten (Watson) Ethnografie: In der letztgenannten Form der Ethnografie gestattet der Ethnograf sich mehr Freiheiten, was jedoch auch ausdrücklich erwähnt wird.

Des Weiteren kann die Behauptung aufgestellt werden, dass für Ethnografen theoretisches Wissen als Leitfaden dient und dieses Wissen in den von ihnen verfassten Texten auch auf die eine oder andere Art zum Tragen kommt (vgl. Hammersley und Atkinson 2007, 193). Romane und fiktionale Erzählungen werden oft sogar für ihre Eigenschaft geschätzt, dass Vieles der Interpretationsfähigkeit des Lesers überlassen bleibt – das ethnografische Potenzial des Textes kann dann erst beim Lesen ausgeschöpft werden. Dieses Merkmal der Erzählprosa hängt allerdings nicht mit deren fiktionalem Charakter zusammen: Aus diesem Grund können Ethnografen sich für eine fiktionale Art der Darstellung entscheiden, ohne dadurch den wissenschaftlichen Charakter ihres Textes zu gefährden.

Literaturverzeichnis

Aristoteles (1976). *Poetik*. Griechisch/Deutsch. Eingel., übers. und erläutert von Manfred Fuhrmann. München.
Bakker, Jan-Willem (1989). „Inleiding". *De antropoloog als schrijver*. Hg. von Clifford Geertz. Übers. Meile Snijders. Kampen: 7–13.
Baud, Michiel, Susan Legêne und Peter Pels (2013). *Draaien om de werkelijkheid. Rapport over het antropologisch werk van prof. em. M.M.G. Bax*. Amsterdam.
Bax, Mart (1990). „A Monastic Community Between ‚Fiction' and ‚Non-Fiction'". *True Fiction: Artistic and Scientific Representations of Reality*. Hg. von Peter Kloos. Amsterdam: 7–20.

Blécourt, Willem de (1984). „Antropologen en verhalen". *Romantropologie II. Essays over antropologie en literatuur*. Hg. von Jojada Verrips, Jan van Bremen und Sjaak van der Geest. Amsterdam: 113–131.

Boer, Richard de (2013a). „Het kaartenhuis van hoogleraar Bax". *de Volkskrant*, 13. April.

Boer, Richard de (2013b). „De affaire-Bax waarschuwt ons hoe het systeem kan ontsporen". *de Volkskrant*, 3. Oktober.

Cappetti, Carla (1993). *Writing Chicago. Modernism, Ethnography, and the Novel*. New York.

Clifford, James (1986). „Introduction: Partial Truths". *Writing Culture. The Poetics and Politics of Ethnography*. Hg. von James Clifford und George E. Marcus. Berkeley: 1–26.

Clifford, James und George E. Marcus (Hgg., 1986). *Writing Culture. The Poetics and Politics of Ethnography*. Berkeley.

Duijnhoven, Hanneke (2010). *For Security Reasons. Narratives about Security Practices and Organizational Change in the Dutch and Spanish Railway Sector*. Amsterdam.

Erickson, Vincent O. (1988). „Buddenbrooks, Thomas Mann, and North German Social Class: An Application of Literary Anthropology". *Literary Anthropology. A New Interdisciplinary Approach to People, Signs and Literature*. Hg. von Fernando Poyatos. Amsterdam: 95–125.

Eski, Yarin (2016). *Policing, Port Security and Crime Control. An Ethnography of the Port Securityscape*. London.

Fakazis, Elizabeth (2006). „Janet Malcolm. Constructing Boundaries of Journalism". *Journalism* 7.1 (2006): 5–24.

Fassin, Didier (2014). „True life, real lives. Revisiting the Boundaries between Ethnography and Fiction". *American Ethnologist* 41.1 (2014): 40–55.

Fortun, Kim (2010). „Foreword to the 25th Anniversary Edition". *Writing Culture. The Poetics and Politics of Ethnography*. Hg. von James Clifford und George E. Marcus. Berkeley: vii–xxii.

Geertz, Clifford (1988). *Works and Lives. The Anthropologist as Author*. Cambridge.

Geest, Sjaak van der (1984). „De antropoloog als toneelschrijver". *Romantropologie II. Essays over antropologie en literatuur*. Hg. von Jojada Verrips, Jan van Bremen und Sjaak van der Geest. Amsterdam: 45–87.

Geest, Sjaak van der (2009). „Het onbenul van gezonde mensen". *Opname. Ziek tussen vier muren*. Hg. von Arko Oderwald, Koos Neuvel und Willem van Tilburg. Utrecht: 117–132.

Geest, Sjaak van der und Arko Oderwald (2001). „Dichter bij ziekte: Ten geleide". *Medische Antropologie* 13.1 (2001): 1–8.

Hammersley, Martyn und Paul Atkinson (^{3}2007). *Ethnography. Principles in Practice*. London.

Harbers, Mark (2014). *Between Personal Experience and Detached Information. The Development of Reporting and the Reportage in Great Britain, the Netherlands and France, 1880–2005*. Groningen.

Horsthuis, Jorie (2011). *Op de tram*. Amsterdam.

Humphreys, Michael und Tony Watson (2009). „Ethnographic practices: From ‚writing-up ethnographic research' to ‚writing ethnography'". *Organizational Ethnography. Studying the Complexities of Everyday Life*. Hg. von Sierk Ybema, Dvora Yanow, Harry Wels und Frans Kamsteeg. London: 40–55

Israel, Mark (^{2}2015). *Research Ethics and Integrity for Social Scientists. Beyond Regulatory Compliance*. Los Angeles.

Israel, Mark und Pieter Drenth (2016). „Research Integrity: Perspectives from Australia and the Netherlands". *Handbook of Academic Integrity*. Hg. von Tracey Bretag. Singapore: 789–808.

Jacoby, Nathalie (2005). *Mögliche Leben. Zur formalen Integration von fiktiven und faktischen Elementen in der Literatur am Beispiel der zeitgenössischen fiktionalen Biographie*. Bern.

Kloos, Peter (Hg., 1990). *True Fiction: Artistic and Scientific Representations of Reality*. Amsterdam.

Kloos, Peter (1990). „Reality and Its Representations". *True Fiction: Artistic and Scientific Representations of Reality*. Hg. von Peter Kloos. Amsterdam: 1–6.

Koerten, Henk und Marcel Veenswijk (2010). „The Social Construction of Public Infrastructure: The Case of the Dutch National Geo-information Clearinghouse Project". *International Journal of Business Anthropology* 1.2 (2010): 48–69.

Kolfschooten, Frank van (2012). *Ontspoorde wetenschap. Over fraude, plagiaat en academische mores*. Amsterdam.

Maanen, John van (1995). „Style as Theory". *Organization Science* 6.1 (1995): 133–143.

Martinich, A.P. und Avrum Stroll (2007). *Much Ado About Nonexistence. Fiction and Reference*. Lanham.

Meijers, Daniël (1996). „Inleiding: aan de ene kant". *Ware fictie. Een experiment in antropologie en literatuur*. Hg. von Daniël Meijers. Leuven: 7–15.

Merkus, Sander (2014). *Struggling for Meaning in the Dutch Infrastructure Sector. An Interpretative Analysis of Political-Executive Decision Making Practices Concerning Infrastructure Development in the Netherlands*. Amsterdam.

Mitchell, Philip (2014). „The Ethics of Speech and Thought Representation in Literary Journalism". *Journalism* 15.5 (2014): 533–547.

Nickel-Bacon, Irmgard, Norbert Groeben und Margrit Schreier (2000). „Fiktionssignale Pragmatisch. Ein medienübergreifendes Modell zur Unterscheidung von Fiktion(en) und Realitäten". *Poetica* 32 (2000): 267–299.

Nijhof, Gerhard (2002). *Ziekenwerk. Een kleine sociologie van alledaags ziekenleven*. Amsterdam.

O'Reilly, Karen (2009). *Key Concepts in Ethnography*. Los Angeles.

Phillips, Nelson (1995). „Telling Organizational Tales: On the Role of Narrative Fiction in the Study of Organizations". *Organization Studies* 16.4 (1995): 625–649.

Pos, Sonja (1985). *Een paar woorden per dag*. Amsterdam.

Rinehart, Robert (1998). „Fictional Methods in Ethnography: Believability, Specks of Glass, and Chekhov". *Qualitative Inquiry* 4.2 (1998): 200–224.

Rhodes, Carl und Andrew D. Brown (2005). „Writing Responsibly: Narrative Fiction and Organization Studies". *Organization* 12.4 (2005): 467–491.

Schaeffer, Jean-Marie (2013). „Fictional vs. Factual Narration". *The Living Handbook of Narratology*. Hg. von Peter Hühn et al. http://www.lhn.uni-hamburg.de/article/fictional-vs-factual-narration (25.06.2017).

Schudson, Michael und Chris Anderson (2009). „Objectivity, Professionalism, and Truth Seeking in Journalism". *Handbook of Journalism Studies*. Hg. von Karin Wahl-Jorgensen und Thomas Hanitzsch. New York: 88–101.

Spradley, James P. und George E. McDonough (1973). „Introduction". *Anthropology Through Literature. Cross-Cultural Perspectives*. Hg. von James P. Spradley und George E. McDonough. Boston: xi–xviii.

Swirski, Peter (2010). *Literature, Analytically Speaking. Explorations in the Theory of Interpretation, Analytic Aesthetics, and Evolution*. Austin.

Tallman, Janet (2002). „The Ethnographic Novel. Finding the Insider's Voice". *Between Anthropology and Literature. Interdisciplinary discourse*. Hg. von Rose De Angelis. London: 11–22.

The, Anne-Mei (1999). *Palliatieve behandeling en communicatie. Een onderzoek naar het optimisme op herstel van longkankerpatiënten*. Houten.

The, Anne-Mei (2006). *Tussen hoop en vrees. Palliatieve behandeling en communicatie in ziekenhuizen*. Houten.

Vaessens, Thomas (2010). „De romanschrijver als journalist. Arnon Grunberg tussen fictie en non-fictie". *Het leven volgens Arnon Grunberg. De wereld als poppenkast*. Hg. von Johan Goud. Kampen.

„Van de redactie" (2014). *Sociologie* 10.1 (2014): 3–4.

Watson, Tony J. (2000). „Ethnographic Fiction Science: Making Sense of Managerial Work and Organizational Research Processes with Caroline and Terry". *Organization* 7.3 (2000): 489–510.

White, Hayden (1978). *Tropics of Discourse. Essays in Cultural Criticism*. Baltimore.

Winner, Thomas G. (1988). „Literature as a Source for Anthropological Research. The Case of Jaroslav Hašek's Good Soldier Švejk". *Literary Anthropology. A New Interdisciplinary Approach to People, Signs and Literature*. Hg. von Fernando Poyatos. Amsterdam: 51–62.

Weiterführende Literatur

Clifford, James und George E. Marcus (Hgg., 2010). *Writing Culture. The Poetics and Politics of Ethnography*. 25th Anniversary Edition. Berkeley.

Fassin, Didier (2014). „True Life, Real Lives. Revisiting the Boundaries between Ethnography and Fiction". *American Ethnologist* 41.1 (2014): 40–55.

Geertz, Clifford (1988). *Works and Lives. The Anthropologist as Author*. Cambridge.

Hammersley, Martyn und Paul Atkinson (³2007). *Ethnography. Principles in Practice*. London.

Humphreys, Michael und Tony Watson (2009). „Ethnographic practices: From ‚writing-up ethnographic research' to ‚writing ethnography'". *Organizational Ethnography. Studying the Complexities of Everyday Life*. Hg. von Sierk Ybema, Dvora Yanow, Harry Wels und Frans Kamsteeg. London: 40–55.

Watson, Tony J. (2000). „Ethnographic Fiction Science: Making Sense of Managerial Work and Organizational Research Processes with Caroline and Terry". *Organization* 7.3 (2000): 489–510.

Claudia Lieb
IV.10 Fiktionalität und Rechtswissenschaft

1 Einleitung

Maxim Billers Roman *Esra* löste kurz nach seiner Veröffentlichung 2003 einen Rechtsstreit aus, der zum Verbreitungsverbot des Romans führen sollte: Billers Ex-Freundin und deren Mutter hatten gegen den Roman geklagt, weil sie sich in fiktionalen Romanfiguren wiedererkannt hatten, sich aber entstellt sahen. Der Fall ging durch alle Instanzen; das Münchner Landgericht, das Münchner Oberlandesgericht und der Bundesgerichtshof entschieden für die Klägerinnen, woraufhin Billers Verlag Kiepenheuer & Witsch Verfassungsbeschwerde einlegte. In dem 2007 ergangenen und hoch umstrittenen Urteil verbot das Bundesverfassungsgericht das Erscheinen des Romans endgültig: Das Gericht sah es als erwiesen an, dass der fiktionale Text *Esra* auf die reale Ex-Freundin referiert und deren Persönlichkeitsrechte verletze. In der gerichtlichen Diskussion für und wider ein Verbot von *Esra* stand die Fiktionalität des Textes bzw. der Figur im Zentrum der Argumentation.

Richterliche Lesarten literarischer Texte und die Debatte um deren Angemessenheit sind, was das Thema ‚Fiktionalität und Rechtswissenschaft' angeht, nur die Spitze des Eisbergs. Dass Angeklagte und Zeugen vor Gericht lügen und fiktionale Aussagen machen bzw. fiktive Geschichten erzählen, gehört zum juristischen Alltag. Dass auch Juristen vor Gericht mitunter auf Fiktionen zurückgreifen, ist seit alters her belegt. Obwohl die Rechtswissenschaft das Faktuale als ihren Gegenstandsbereich betrachtet, ist Fiktionalität ihr also keineswegs fremd: Seit ihrer Ausbildung als universitäres Fach hat die Rechtswissenschaft über Fiktionalität geurteilt, mit Fiktionen gearbeitet und Fiktionalität hervorgebracht. Die Rechtsfiktion lässt sich historisch bis in die Antike zurückverfolgen (2). Als epistemologisches Problem wird Fiktionalität in der deutschsprachigen Jurisprudenz unter verschiedenen Stichworten diskutiert: Sprachlichkeit des Rechts (3), Rhetorik (4), juristische Narrativität (5). Und nicht zuletzt wurden Fiktionalität und fiktionale Literatur wie *Esra* in Gerichtsprozessen thematisiert (6).

2 Juristische Fiktion, Rechtsfiktion

Der juristische Begriff der *Fiktion* (*legal fiction, fictio iuris*) ist außerordentlich eng gefasst und bezeichnet eine falsche Annahme, die als Hilfsmittel zur Begründung juristischer Entscheidungen dient. „Fiktion ist ein Rechtssatz, der eine in Wahrheit nicht bestehende Tatsache als bestehend behandelt" (Köbler 1997, 115). In diesem Sinn kennt schon das antike römische Recht die juristische Fiktion, z. B. die Fiktion des ungeborenen Kindes (*nasciturus*) (vgl. Kerr 1999). Ein solches Kind wurde ursprünglich nicht als *persona*, als juristische Person, sondern als *res*, als Sache, aufgefasst. Da man davon ausging, dass Rechtssubjekte nur Menschen sein können, deren Leben mit der Geburt anfängt und mit dem Tod endet, konnte das ungeborene Kind nicht dazugezählt werden und musste folglich als Sache behandelt werden. Weil dies jedoch zu Problemen in der Erbfolge führen konnte, wenn der Vater des noch ungeborenen Kindes starb und das Kind als Sache nicht erbberechtigt war, führten römische Juristen die *nasciturus*-Fiktion ein: Starb der Vater, so musste der Richter das ungeborene Kind als geborenes Kind behandeln, damit es nach seiner Geburt sein Erbe antreten konnte. Die juristische Fiktion des römischen Rechts ist also dadurch gekennzeichnet, dass sie fiktive Sachverhalte als tatsächliche behandelt (1.), dass die Fiktivität des Sachverhalts offensichtlich ist (2.), dass die Fiktion nicht angefochten werden kann (3.) und sie eine erwünschte Rechtsfolge ermöglicht, die ohne die Fiktion nur durch aufwendige Änderungen im Rechtssystem möglich wäre (4.). „Juristische Fiktionen sind also für erwünschte Urteilsmöglichkeiten benötigte und auch vom Gesetzgeber unterstützte Als-ob-Annahmen beschränkter Reichweite und Wirkung. Im Gegensatz zu literarischen Fiktionen folgen aus ihrer Fiktionalität jedoch Handlungen im Justizsystem" (Hejl 1990, 225). Auch im modernen Recht sind juristische Fiktionen anzutreffen. Das meistzitierte Beispiel aus dem deutschen Rechtskreis lautet: „Ein uneheliches Kind und dessen Vater gelten nicht als verwandt" (Bürgerliches Gesetzbuch § 1589 Absatz 2 in der Fassung vom 1.1.1900, gültig bis zum 30.06.1970). Hier dient die juristische Fiktion dazu, das Kind vom Erbe des leiblichen Vaters auszuschließen.

 In Jurisprudenz und Rechtsphilosophie wurde die juristische Fiktion im Laufe der Zeit unterschiedlich bewertet (vgl. Kerr 1999; Haferkamp 2006). Während William Blackstone sie in seinen *Commentaries on the Laws of England* (1768) rühmte und für unverzichtbar erklärte, stellte dessen Zeitgenosse Jeremy Bentham die Möglichkeiten des Missbrauchs und des Rechtsbruchs heraus und forderte, juristische Fiktionen zu verbieten. Bis ins späte 20. Jahrhundert wurde die Rechtsfiktion immer wieder kritisiert, da sie „ein Mittel sachverhaltsbezogener Manipulation oder bewußter Täuschung sein könnte, eine wahrheitswidrige Behauptung, auf deren Grundlage der Richter einen Sachverhalt quasi umdenkt, um eine Wahrheit zu verschleiern" (Jachmann 1998, 42).

 In der deutschsprachigen Jurisprudenz kam der Philosophie Hans Vaihingers diesbezüglich eine besondere Bedeutung zu (Vaihinger 2013 [1911]). Sie wurde breit rezipiert, da Vaihinger sie u. a. am Beispiel der juristischen Fiktion entfaltet. Vaihinger fragt danach, wie sich Richtiges mit bewusst falschen Annahmen erreichen lässt, und bestimmt Fiktionen als wissenschaftliche Gedankengebilde von großem praktischem Wert: Sie ermöglichen das Denken. „Unter der fiktiven Tätigkeit [...] ist die Produktion und Benutzung solcher logischen Methoden zu verstehen, welche mit Hilfe von Hilfsbegriffen – denen die Unmöglichkeit eines ihnen irgendwie entsprechenden objektiven Gegenstandes [...] an die Stirn geschrieben steht – die Denkzwecke zu erreichen sucht" (Vaihinger ³2013 [1918], 19). Von Nietzsche ausgehend, entwickelt Vaihinger einen differenzierten Fiktionalismus des ‚Als Ob'. Dabei ist das fünfte Kapitel der juristischen Fiktion gewidmet: „Der Name der Fiktionen ist bis jetzt nirgends besser bekannt als in der Rechtswissenschaft" (Vaihinger ³2013 [1918], 46). Neben der juristischen Fiktion im engeren Sinn behandelt Vaihinger auch die juristische Subsumption als Fiktion, wenn also „ein einzelner Fall unter ein für ihn nicht eigentlich bestimmtes Vorstellungsgebilde subsumiert wird [...]. Wer mit der Methode der Rechtswissenschaft bekannt ist, kann ermessen, wie ungeheuer wichtig dieser Kunstgriff für die juristische Praxis ist" (Vaihinger ³2013 [1918], 46). Tatsächlich gehört der juristische Grundsatz der Subsumption zum Alltagsgeschäft eines jeden Juristen: Um einen Fall zu lösen, werden etwa menschliche Handlungen (Sachverhalte, z. B. Streitfälle) einer Rechtsnorm untergeordnet (z. B. Tatbeständen des Kriminalrechts oder des Zivilrechts). Die abstrakte Rechtsnorm wird auf diesem Weg konkretisiert, der konkrete Fall hingegen wird abstrahiert, um die Norm und den Fall argumentativ zu verbinden. Diese Technik der Falllösung bezeichnet Vaihinger als Fiktion.

Vaihingers Thesen erregten heftigen Widerstand und lösten in den 1920er Jahren eine hitzige Debatte aus. Der Jurist und Rechtstheoretiker Hans Kelsen setzte sich seit 1919 intensiv mit Vaihinger auseinander. Er entwickelte die rechtstheoretische Figur der ‚Grundnorm', die er zunächst als ‚Hypothese' und später als ‚Fiktion' im Sinne Vaihingers bezeichnete (vgl. Kelsen 1919 und 1960). Es handelt sich bei der ‚Grundnorm' um eine Annahme, die nicht beweisbar ist, für Kelsen aber die Bedingung zur Erkenntnis des Rechts bildet: Nur unter der Voraussetzung, dass die Grundnorm Geltung hat, gilt auch die auf ihr beruhende Rechtsordnung. Die Grundnorm stellt also kein gesetztes Recht dar, sondern wird theoretisch vorausgesetzt. Mit diesem Zuschnitt dient sie dazu, die Verbindlichkeit des Rechts zu begründen. Die Grundnorm liefert den Geltungsgrund, nicht aber den Inhalt von Rechtsnormen. Daher kann die Rechtsordnung inhaltlich verändert und weiterentwickelt werden. Lon L. Fuller, ein Bewunderer Vaihingers, sah die juristische Fiktion in *Legal Fictions* (1967) als linguistisches Phänomen, das dem juristischen Denken genuin angehöre.

Nachdem die *Zeitschrift für Semiotik* der „Fiktion im Recht" im Jahr 1990 ein ganzes Heft gewidmet hatte, lässt sich erst in jüngerer Zeit wieder ein verstärktes juristisches Interesse an der Thematik verzeichnen: 2015 erschienen die Bände *Legal Fictions in Theory and Practice*, herausgebracht von Maksymilian Del Mar und William Twining, sowie *Les fictions en droit. Les artifices du droit: les fictions* der Herausgeberinnen Marie Bassano und Anne-Blandine Caire.

3 Sprachlichkeit des Rechts

„Rechtsetzen und Recht durchsetzen ist stets ein Vorgang des Sprechens", sei er mündlicher oder schriftlicher Natur (Kirchhoff 2013, 15). Das materielle Recht, d. h. die geltenden Gesetze, und das formelle Recht der Verfahren zur Durchsetzung des materiellen Rechts sind schriftlich in Texten niedergelegt und werden darin reflektiert. „Um sprachliche Äußerungen handelt es sich sowohl bei Gesetzen, wie bei Gerichtsentscheidungen und Verwaltungsakten, regelmäßig auch bei Verträgen" (Larenz ³1983, 195). Mit der Sprachlichkeit des Rechts wird nicht nur die Tatsache reflektiert, dass Sprache einen wesentlichen Beitrag zur Weltwahrnehmung leistet. Wer die Sprachlichkeit des Rechts betont, der betont auch die Medialität des Rechts und zeigt sich misstrauisch gegen eine einfache Vorfindlichkeit der Realität.

Frühere Versuche, Recht jenseits seiner sprachlichen Materialität als wesenhaft, substanziell, organisch o. ä. zu bestimmen, können heute selbst als fiktional verstanden werden. In diesem Sinn rügt Sten Gagnér (2004, 276) die „metaphysische Ideensuche" der historischen Rechtsschule, die um 1800 einen „organischen Zusammenhang des Rechts mit dem Wesen und Charakter des Volkes" konstruierte (Savigny 2002, 66). Friedrich Carl von Savigny, der Begründer der historischen Rechtsschule, hatte 1814 von einem „körperlichen Daseyn" des Rechts gesprochen und dessen Ursprung auf symbolische Handlungen zurückgeführt. Die „sinnliche Anschaulichkeit" dieser Handlungen verlieh dem Recht einst Würde und Gestalt, so Savigny, und wurde erst durch „bedeutende Abstraction" in jüngeren Zeiten durch Schrift und mündliche Rede ersetzt (Savigny 2002, 66).

Sprachlichkeit wirft Fragen nach Textbedeutung, Textverstehen und Auslegung auf. Dies ist besonders augenfällig, wenn Gesetzestexte wie das lateinische *Corpus iuris civilis* fremdsprachlich sind oder aber deutschsprachige Normtexte von einer anonymen Ministerialbürokratie schwer verständlich formuliert worden sind. Mit Blick auf das lateinische *Corpusiuris civilis* hatte Savigny im 19. Jahrhundert definiert, „die Jurisprudenz ist eine rein philologische Wissenschaft" (Savigny 1951, 15), während Karl Larenz sie im 20. Jahrhundert als ‚verstehende' Wissenschaft bestimmte: „Es geht [...] in der Jurisprudenz weithin um das Verstehen von sprachlichen Äußerungen, des ihnen zukommenden normativen Sinns. [...] Dabei ist stets die Vermittlung durch die sinnliche Wahrnehmung (der Laute oder Schriftzeichen) schon vorausgesetzt" (Larenz ³1983, 195). In diesem

Kontext hat die Jurisprudenz im Anschluss an Larenz' *Methodenlehre der Rechtswissenschaft* (^{5}1983 [1960]) lange die Vorstellung gehegt, dass Bedeutung im Recht selbst enthalten ist und demzufolge auch ermittelt werden kann. Matthias Klatt geht sogar von einer „Objektivität sprachlicher Bedeutung" aus (Klatt 2004, 285). Ein solches Hermeneutikverständnis ist aus linguistischer Perspektive nicht plausibel und in jüngerer Zeit scharf kritisiert worden (Müller et al. 1997; Felder 2003; Busse 2010; Felder 2013). Demnach können Wortbedeutungen nicht ‚ermittelt', sondern lediglich ‚festgesetzt' werden. Wissenschaftliche Ansätze, die von einer Bedeutungsfestsetzung ausgehen, nähern sich dem Thema über konkrete Kommunikationssituationen, in denen juristische Sachverhalte konstituiert werden. So wird zum einen die Perspektivität des sprachlichen Zugriffs auf Wirklichkeit deutlich. Zum anderen kann analysiert werden, wie Sprachhandlungen auf die juristische Wirklichkeitsbearbeitung bzw. „Wirklichkeitsherstellung" einwirken (Felder 2013, 89). Pointiert gesagt: Ein jeder Sprecher und Schreiber, auch der Jurist, „erwortet, ertextet, bildet, erdichtet, entwirft, ersemantisiert, fingiert" (Reichmann 2013, 104).

Aus der sprachlichen Verfasstheit des Rechts wurden mitunter panfiktionalistisch anmutende Positionen abgeleitet. Panfiktionalismus ist eine in den 1990er Jahren begründete poststrukturalistische Theorie, wonach alle Texte gleichermaßen fiktional sind. In der Regel wird dieses Theorem damit begründet, dass Referenzen auf die Wirklichkeit grundsätzlich unmöglich seien; daher macht es keinen Unterschied, ob sprachliche Äußerungen faktual oder fiktional sind. So schreibt Thomas-M. Seibert (1990, 177): „‚Real' im Betrieb des Rechts ist nur der Fortgang des Verfahrens selbst, ‚fiktiv' sind alle Vorstellungen, die sich über angebliche Ergebnisse ausbilden; Fiktion im Recht ist insbesondere die verfahrensunabhängige Rechtswahrheit, von der Juristen wie Nichtjuristen reden." Gerhard Struck notiert: „Juristische Begriffe haben immer mehr oder minder stark Fiktionscharakter" (Struck 1990, 183). Indessen reflektiert Michael Stolleis die Fiktionalität der Rechtsgeschichte: „Nur in der Sprache kann Geschichte als geistiges Konstrukt entstehen; denn die Welt, die wir erfahren und begreifen, ist sprachlich konstituiert. Indem wir einen historischen Sachverhalt formulieren, erschaffen wir ihn als selbstverantwortete Abbreviatur von Informationen und Interpretationen. Er existiert nur als Sprache und kann nur durch sie vermittelt werden" (Stolleis 2008, 29). Geschichtsschreibung sei folglich kein direkter Zugang zu einer hinter der Sprache liegenden Realität, sondern sprachliche Aneignung von lediglich sprachlich vermittelbaren Botschaften. Zwar geht Stolleis gleichzeitig davon aus, dass Sprache auf die außertextuelle Realität bezogen sein müsse; er unterläuft jedoch die Differenz zwischen fiktionaler Literatur und faktualer Rechtsgeschichtsschreibung und resümiert, dass die Analyse von Geschichte „ein fiktives, sprachliches und schöpferisches Produkt des Autors ist" (Stolleis 2008, 33).

4 Rhetorik

Historisch war die römische Rhetorik, die für Europas Bildungsgeschichte prägend wurde, vor allem Rechtsrhetorik: Die Gerichtsrede steht im Mittelpunkt der antiken Rhetoriklehre. Sie thematisiert die Sprache bzw. das Sprechen als Anwendungspraxis. Es geht in der Rhetorik also nicht so sehr um die Sprache selbst, sondern um deren Einsatz, d. h. das Sprechen als juristische und gesellschaftliche Machtinstanz.

Bis zum Anfang des 19. Jahrhunderts war die römisch-lateinische Rhetorik grundlegend für jedes universitäre Studium: Sie war allen Gebildeten vertraut. Als Fundament des rhetorischen Unterrichts an den Universitäten Europas darf die umfassendste Darstellung der antiken Rhetorik gelten, das Lehrbuch *Institutio oratoria* (Ausbildung des Redners) des Quintilian. Da es um die Gerichtsrede zentriert ist, vermittelt es ein großes Pensum rechtsrhetorischer Bildung. Parallel dazu verfolgt Quintilian ein literaturwissenschaftliches Bildungsprogramm, indem er Gerichtsrede und Literatur miteinander verzahnt: Die Gerichtsrede sei so vorbildlich wie die Poesie, der Redner Demosthenes sei dem Literaten Homer ebenbürtig (vgl. Quint. X 1, 24–25). Gerichtsrede und Literatur teilen die rhetorische Verfasstheit ebenso wie die Wirkabsicht, so Quintilian: Sie sollen „*belehren, erregen und unterhalten*" (Quint. III 5, 2). Indessen ist es die Gerichtsrede, auf die die rednerische Erfindungskunst (*inventio*) und die Lehre von den Redeteilen zugeschnitten sind, das heißt die Fünfteilung der Rede in Einleitung (*prooemium*), Sachverhaltsschilderung (*narratio*), Beweisführung (*argumentatio*), Widerlegung der gegnerischen Argumente (*refutatio*) und Schluss (*peroratio*) (vgl. Hohmann 1996). Die rhetorische *narratio* wandelte sich im juristischen Diskurs der Frühen Neuzeit zum juristischen Fachwort *narratio facti* und meinte in dieser Neuprägung die Sachverhaltsfeststellung, etwa den Tathergang, in Prozessberichten und Urteilen.

Zwar kannte die Antike mimetische Konzepte von (Rede-)Kunst und keine Fiktionalität im heutigen Sinn (vgl. Rösler 2014), doch erscheint die antike Rhetoriklehre für das Thema ‚Fiktionalität und Rechtswissenschaft' besonders attraktiv: Sprechen vor Gericht basiert auf Erfindungskunst, Recht und Literatur haben vieles gemein. Darüber hinaus ist die Rhetorik seit alters her sprachreflexiv. Sie geht davon aus, dass Recht sprachlich verfasst ist, und trachtet ihre Sprecher so auszubilden, dass sie ihre Position überzeugend und wirksam vertreten können.

Neue Anwendungsbereiche finden rhetorische Kategorien und Begrifflichkeiten seit dem *rhetorical turn*, der in den 1960er Jahren zu einem kulturwissenschaftlich erweiterten Rhetorikverständnis führte. Unter dem Stichwort *Law and Literature* wird denn auch seit Mitte der 1970er Jahre die rhetorische Verfasstheit des Rechts analysiert – ein Forschungsschwerpunkt, der zunächst in der U.S.-

amerikanischen Rechtswissenschaft und seit den 1990er Jahren auch in Europa bearbeitet wurde. Inzwischen liegen zahlreiche Studien zu zwei wesentlichen Forschungsrichtungen innerhalb dieses Schwerpunkts vor: Recht als Thema in der Literatur (*law in literature*) und Recht als Literatur (*law as literature*). Hier wie dort geht es darum, eine poetisch-ästhetisch-rhetorische Qualität des Rechts freizulegen. Die U.S.-amerikanische Forschung spricht diesbezüglich auch von einer *Law as rhetoric*-Strömung, wie Guyora Binder und Robert Weisberg unter dem Stichwort „Rhetorical Criticisms of Law" herausstellen (Binder und Weisberg 2000, 292–377). Rechtstheoretische Studien mit rhetorischem Schwerpunkt ergänzen dieses Feld (Vieweg 1974; von Schlieffen 2005; von Schlieffen und Ballweg 2009).

Das Grundproblem, das sich in der *Law and Literature*-Forschung stellt, ist die Vergleichbarkeit von Literatur- und Rechtssprache. Daher bedient sich die Forschung u. a. der Figurenlehre der Rhetorik (Tropik) zur Beschreibung rechtlicher Texte. Dies widerspricht der seit der Antike verbreiteten Meinung, dass die Rechtssprache ohne den Schmuck der Tropen, vor allem ohne Metaphorik auskäme oder auskommen sollte: „Gute Juristen halten sich an das Gesetz und die vereinbarte Fachsprache. Sie meiden daher Beispiele, Bilder und Metaphern" (Hattenhauer 2002, 279). Die Metapher wurde traditionell in der Jurisprudenz als Regelverstoß, als Gegenstück zu Wahrheit und Erkenntnis und somit als Fiktionsindiz betrachtet. Allerdings ist die Metaphorik keineswegs nur schmückendes und folglich verzichtbares Beiwerk, sondern sie ist für die Rechtssprache prägend: „Metaphern sind genuine Bausteine der Rechtssemantik. Ohne Metaphern gäbe es keine Fachwortschätze, demnach weder eine Rechtsterminologie noch eine Rechtssprache" (Lobenstein-Reichmann 2013, 382). Vor dem Hintergrund der linguistischen Metapherntheorie hat Anja Lobenstein-Reichmann die Metaphorik der deutschen Rechtssprache untersucht, z. B. ‚Anspruch', ‚Aussprache', ‚Spruchkörper', ‚das angerufene Gericht' oder auch ‚Arm des Gesetzes', ‚öffentliche Hand' und ‚Treuhänder'. Hier geht die Metaphorik einerseits auf das mündliche Sprechen, andererseits auf den Körper als Bildspender zurück (Lobenstein-Reichmann 2013, 385–388). Die Liste lässt sich um etliche andere Metaphern ergänzen. Dabei skizziert Lobenstein-Reichmann eine ‚Archäologie' juristischer Metaphern für den deutschsprachigen und den weiteren europäischen Raum. So konkurrieren im Mittelalter und der Frühen Neuzeit zwei unterschiedliche Rechtsverständnisse, die sich auf zwei Metaphern zurückführen lassen: einerseits auf die Metapher des Rechts als etwas Niedergelegtes (*lag / low / law*), wie sie im angelsächsischen, aber auch im norddeutschen Raum vorkommt, andererseits auf die Metapher ‚Recht' im Sinne von „das Rechte, das Richtige, das Wahre" (vgl. Lobenstein-Reichmann 2013, 394–396).

5 Juristische Narrativität

Texte sind als narrativ einzustufen, wenn sie Ereignisse schildern bzw. Berichtsequenzen enthalten, wobei der Ereignisbericht bestimmte Handlungsträger aufweist und zeitlich sowie örtlich gebunden ist. Diese Minimaldefinition trifft sowohl auf fiktionale als auch auf faktuale Erzähltexte (Narrationen, Erzählungen) zu. Viele zusätzliche Formen von Narrativität existieren in der fiktionalen Literatur, sind in faktualen Texten jedoch nicht üblich oder gelten als fiktionalisierend, z. B. der Einblick in die Gedankenwelt von Handlungsträgern und der Einsatz von direkter Rede im Dialog.

Man kann davon ausgehen, dass in der Jurisprudenz faktuales Erzählen als Regelfall, fiktionales Erzählen hingegen als Abweichung angesehen wird. Bei den vielfältigen Möglichkeiten fiktionalen und faktualen Erzählens existieren jedoch Interferenzen, Überschneidungen und Hybridformen zwischen Fiktionalität und Faktualität. Dies gilt auch für Rechtstexte: Zwischen dem Erzählen eines Falls und dem fiktionalen Erzählen besteht notwendig eine Parallele. Dies trifft auf die phänomenologische Beschreibungsform der Fallgeschichte ebenso zu wie auf andere juristische Formate. Dadurch öffnet sich die theoretische Diskussion einmal mehr für Fragen nach Ähnlichkeiten und Differenzen zwischen rechtlichen Texten und fiktionaler Literatur. Das betrifft v. a. das weite Feld, auf dem es um die narrative Rekonstruktion von Rechtsverstößen, die Aufklärung von Straftaten und um deren Bestrafung geht. Dies hat zur Bildung des Kriminalromans geführt, einer der erfolgreichsten Gattungen der modernen Literatur.

Fallgeschichten nehmen insofern einen Sonderstatus ein, als ihnen traditionell eine Mittelstellung zwischen Fakt und Fiktion zugeschrieben wird (vgl. Košenina 2014; Düwell und Pethes 2014; Pethes 2016). So zeichnen sich literarische Fallgeschichten um 1800 dadurch aus, dass, obwohl sie mithilfe dokumentarischer Quellen komponiert sind, der Unterhaltungscharakter des Verbrechens in den Mittelpunkt rückt. Umgekehrt lassen sich in juristischen Fallgeschichten Erzähltechniken identifizieren, die gemeinhin dem fiktionalen Erzählen der Literatur vorbehalten sind. Beide Arten von Fallgeschichten beziehen sich auf reale Gegebenheiten und lassen sich folglich als „Wirklichkeitserzählungen" bezeichnen. Christian Klein und Matías Martínez (2009) unterscheiden diesbezüglich zwischen faktualen Erzähltexten, die vom Leser als wahrheitsgetreu verstanden werden (sollen), und fiktionalen Erzähltexten, in denen ein erfundener, fiktiver Erzähler mit dem Leser kommuniziert. Demzufolge gibt es verschiedene Typen von Wirklichkeitserzählungen: faktuale Erzählungen mit fiktionalisierenden Erzählverfahren (1.), faktuale Erzählungen mit erfundenen, fiktiven Inhalten (2.), fiktionale Erzählungen mit faktualen Inhalten (3.) und fiktionale Erzählungen mit faktualem Redemodus (4.) (Klein und Martínez 2009, 4–5). Zwei weitere Termini von Klein und Martínez (2009, 6) kommen für die juristische Narrativität allgemein in Betracht: die ‚deskriptive Wirklichkeitserzählung', die beansprucht, von tatsächlich stattgefundenen Ereignissen zu berichten (z. B. die Fallgeschichte, die Rechtsgeschichte), sowie ferner die ‚normative Wirklichkeitserzählung', die beansprucht, dass reale Ereignisse stattfinden sollten (z. B. Gesetze).

Als epistemologisches Problem hielt Narrativität zunächst Einzug in die anglo-amerikanische Rechtswissenschaft. „The Narrative Imagination and the Claim of Meaning": Unter dieser Überschrift hat James Boyd White, ein Begründer der *Law and Literature*-Bewegung, dem Thema Narrativität ein Kapitel in seinem berühmten Buch *The legal imagination* aus dem Jahr 1975 gewidmet (White ²1985, 242–296). Die Frage, ob Rechtswissenschaftler und -praktiker Texte erzeugen, die nicht nur faktische, sondern auch narrative Elemente aufweisen, die möglicherwiese fiktional sind, wird dann im anglo-amerikanischen Raum seit den 1980er Jahren breiter diskutiert: „narrative [has] become an important and recurring theme in legal scholarship", so Kim Lane Scheppele 1989 (Scheppele 1989, 2073; vgl. auch Bennet und Feldmann 1981; Brooks und Gewirtz 1996; Bruner 2002; Rideout 2008). Eine repräsentative Sammlung der einzelnen Positionen, ja einen resümierenden Schlussstrich unter die einschlägigen Diskussionen im U.S.-amerikanischen Raum zu setzen, versuchen bereits Binder und Weisberg in *Literary criticisms of law* (2000). Sie halten fest, „1. That human perception and thought inevitably rely on narrative. 2. That competing narratives may be told about the same events, reflecting the divergent interests and experiences of the tellers. 3. That legal argument and decision rely on the selective rendition of events in narrative form. [...]", bevor sie an zehnter Stelle der fiktionalen Erzählung einen hohen moralischen Wert zuweisen: „10. That the inclusion of narratives, whether fictional or factual, in legal scholarship can morally improve the law, subvert its claims to impartiality, and advance the interests of subordinated groups" (Binder und Weisberg 2000, 201).

Für den deutschsprachigen Raum muss der von Jörg Schönert herausgegebene Band *Erzählte Kriminalität* (1991) als grundlegend erachtet werden. Schönert selbst stellt dar, dass die Lösung eines Kriminalfalls von unterschiedlichen Erzählungen abhänge: von Zeugenaussagen, Verhörprotokollen, verschiedensten Schriftsätzen und Akten, von Reden und Gegenreden der Anwälte vor Gericht, von richterlichen Urteilen und Urteilsbegründungen. Daher könne der Strafprozess als ein „geregeltes ‚Erzählspiel'" verstanden werden, in dem der Vorsitzende – als Vollzugsinstanz der rechtlichen Vorschriften – den Beteiligten die Erzählhaltungen vorgibt, sodann die unterschiedlichen Perspektiven gewichtet und einander zuordnet" (Schönert 1991, 12–13). Diese müssten schließlich zu „Sachverhaltsschilderungen" zusammengefasst werden, damit „die perspektivgebundenen Berichte zu *einer* Erzählung" werden. „Eine solche Erzählung kann durchaus ‚mehrstimmig' bzw. ‚mehrperspektivisch' angelegt sein", so Schönert (1991, 13). Für die deutschsprachige Rechtswissenschaft wegweisend ist Andreas von Arnaulds Beitrag „Was war, was ist – und was sein soll. Erzählen im juristischen Diskurs" aus dem Jahr 2009. Vor dem Hintergrund von Gérard Genettes Erzähltheorie (1994) analysiert auch er, welche juristischen Textsorten narratologisch untersucht werden können, beschränkt sich aber nicht auf den Strafprozess: „Rechtstexte im engeren Sinn, Aussagen von Behörden und Gerichten, aber auch rechtswissenschaftliche Texte und die juristische Ausbildungsliteratur" (Arnauld 2009, 14). Unter den gerichtlichen Texten sind es vor allem Urteile – genauer die Schilderung eines Sachverhalts im Tatbestand eines Urteils –, in denen erzählt wird. Die Darstellungen sind, wie Arnauld herausstellt, von der jeweiligen Rechtskultur eines Landes geprägt. „Die Folge ist ein spezifischer ‚Sound' der Urteile: der distanzierten Knappheit à la française, die Narratives meidet, steht in England eine involvierte narratio gegenüber" (Arnauld 2009, 16).

Auch Gesetzestexte lassen sich mit narratologischen Kategorien wie Autor, Erzähler, Handlung, Figur und Fokalisierung beschreiben. Besonders augenfällig wird dies im Blick auf das Verfassungsrecht, wo die fiktionalen Gründungsmythen eines Gemeinwesens erzählt werden. So lautet der erste Satz der Präambel des Grundgesetzes für die Bundesrepublik Deutschland in der Fassung vom 29. September 1990: „Im Bewußtsein seiner Verantwortung vor Gott und den Menschen, von dem Willen beseelt, als gleichberechtigtes Glied in einem vereinten Europa dem Frieden der Welt zu dienen, hat sich das Deutsche Volk kraft seiner verfassungsgebenden Gewalt dieses Grundgesetz gegeben" (Grundgesetz für die BRD). Das deutsche Volk erscheint hier als fiktionale, psychologisch motivierte Figur, genauer als intern fokalisierte, sprechende und handelnde Erzählerfigur: Die gesamte Darstellung wird durch die eingeschränkte Wahrnehmung und Gefühlswelt dieser Figur geprägt. Im zweiten Satz der Präambel vervielfacht sich die Figur und nimmt die Form unterschiedlicher Landesbewohner an, die wiederum als handelnde Figuren, ja Helden der deutschen Wiedervereinigung agieren: „Die Deutschen in den Ländern Baden-Württemberg, Bayern, Berlin, Brandenburg, Bremen, Hamburg, Hessen, Mecklenburg-Vorpommern, Niedersachsen, Nordrhein-Westfalen, Rheinland-Pfalz, Saarland, Sachsen, Sachsen-Anhalt, Schleswig-Holstein und Thüringen haben in freier Selbstbestimmung die Einheit und Freiheit Deutschlands vollendet" (Grundgesetz für die BRD). Ähnlich psychologisch motiviert sprechen in der Präambel zur Verfassung der U.S.A. aus dem Jahr 1787 „We the people of the United States". Doch nicht nur das Verfassungsrecht, auch die Gesetze anderer Rechtsbereiche weisen narrative Strukturen auf, indem sie beispielsweise das Muster aus Geschädigtem vs. Schädiger (Opfer vs. Täter / Held vs. Widersacher), aus „Wiederherstellung und Wiedergutmachung" bedienen (Arnauld 2009, 30).

Weit narrativer – und fiktiver – als das heutige Recht erscheinen historische Rechtstexte. Sie nehmen mitunter die Form faktualer Erzählungen mit erfundenen, fiktiven Inhalten an. Als Beispiel sei das Bahrrecht genannt, das sowohl durch literarische Quellen (z. B. das *Nibelungenlied*) als auch durch Rechtsquellen überliefert ist. Es sieht vor, dass übersinnliche Ereignisse am Körper eines aufgebahrten Mordopfers stattfinden sollten, sobald der Mörder sein Opfer berührt: Der des Mordes Beschuldigte sollte „nackt oder in einem neuen Unterkleid an die Bahre treten, den Leichnam des Erschlagenen berühren und seine Unschuld beschwören. Das Einsetzen von Blutungen [...] der Wunden deuteten auf den Beschuldigten als Täter hin", so heißt es im *Handwörterbuch zur deutschen Rechtsgeschichte* (Ogris 1971, 283). Der ursprünglich nicht unbedingt als fiktiv empfundene Inhalt eines Rechtstextes erfährt im Laufe der Zeit eine Umdeutung hin zur Fiktion; so wird die Glaubwürdigkeit des Bahrrechts bereits im 17. Jahrhundert in Zweifel gezogen.

Im Blick auf historische Rechtstexte muss überdies gefragt werden, ob es sich um faktuale oder fiktive Rechtstexte handelt. Dies betrifft z. B. die frühmittelalterlichen *Leges*. Als *Leges* werden die lateinisch verfassten „Germanenrechte" der Westgoten (*Lex Visigothorum*, 5./6. Jh. n. Chr.), Burgunder (*Lex Burgundionum*, um 480–501), Salfranken (*Lex Salica*, um 507–511), Ribuarier (*Lex Ribuaria*, 7. Jh.), Langobarden (*Edictus Rothari*, 643), Alemannen (*Lex Alamannorum*, um 725), Bayern (*Lex Baiuvariorum*, um 742), Sachsen (*Lex Saxonum*, um 802/803), Thüringer (*Lex Thuringorum*, um 802/3) und Friesen (*Lex Frisionum*, 8./9. Jh.) bezeichnet. Sie sind dem römischen Recht nachgebildet, weil die frühmittelalterlichen Herrscher sich nach dem Vorbild der römischen Kaiser mit eigenen Rechtscodices schmücken wollten. Im 19. Jahrhundert las man diese Texte als Rechtstexte. Viele Germanenrechte sind jedoch rein symbolische Texte ohne Geltungsanspruch: Das ‚Gesetzbuch' der Bayern, *Lex Baiwariorum*, hält man heute „für ein literarisches Produkt", genauso das der Alemannen (vgl. Kroeschell 2005, 27). Sie haben dieselbe Funktion wie mancher poetischer Text: Sie dienen der Verherrlichung eines Herrschers. Wahrscheinlich sind sie nie vor Gericht benutzt worden, um Streitigkeiten zu entscheiden.

Bei gerichtlichen Prozessen kann die Erzählung seit jeher als zentrales Moment erachtet werden. An diesem Punkt setzen zahlreiche Studien aus dem anglo-amerikanischen Raum an, die den *courtroom narratives* gewidmet sind (grundlegend Bennett und Feldman 1981). Prinzipiell gilt es vor Gericht mindestens zwei konkurrierende Narrationen zu unterscheiden: Kläger vs. Beklagter bzw. Anklage vs. Verteidigung. Sie werden im deutschen Rechtskreis vom Richter in ein „Masternarrativ" verwandelt, da dieser autoritative Sachverhaltsfeststellungen trifft (Arnauld 2009, 32). In U.S.-amerikanischen Juryprozessen fehlt das Masternarrativ. Darüber hinaus ist die Zeugenschaft, das Auftreten als Zeuge vor Gericht, ein Akt des Erzählens. Dieser steht jedoch „unter dem Vorbehalt der Unzuverlässigkeit", wie Thomas Weitin (2009, 10) herausstellt: Nirgendwo werden so viele fiktive Geschichten erzählt wie im gerichtlichen Zeugenstand. Jacques Derrida hat diese Position mit der Behauptung zugespitzt, dass jeder Zeugnisakt die Möglichkeit von Fiktion und Literatur impliziere (Derrida 1998, 31).

Nicht nur vor Gericht, auch im Hörsaal müssen gute Geschichten erzählt werden. Dies zeigt Arnauld am Beispiel fiktionaler Fallgeschichten im Jurastudium, wo Erzählungen eine zentrale Rolle bekleideten. „Den Ausbildungsfällen liegen reale Fälle zu Grunde, die zum Zwecke der Ausbildung jedoch regelmäßig fiktionalisiert werden." Durch die Fiktionalisierung werde eine ausbildungsorientierte Reduktion von Komplexität ermöglicht (Arnauld 2009, 22). Im Anschluss an die Narrativitätstheorie von Hayden White hat Michael Stolleis (2008) schließlich die Narrativität der Rechtsgeschichtsschreibung diskutiert.

6 Fiktionale Literatur als Gegenstand rechtlicher Regelung

Rechtliche Auseinandersetzungen über Romane, Theaterstücke, Satiren, Rapsongs und sonstige Werke der Literatur sind inner- und außerhalb Deutschlands allgegenwärtig und teilweise äußerst prominent; historisch lassen sie sich bis in die Antike zurückverfolgen (vgl. Wilson 2000). Im Blick auf die moderne Rechtspraxis lassen sich gerichtliche Streitfälle über Dichtungen damit begründen, dass Fiktionalität hier eher nicht literatur- oder erkenntnistheoretisch betrachtet wird. Trotz oder gerade wegen der Aufhebung eines direkten Wirklichkeitsbezugs rücken in der Rechtspraxis vielmehr das anthropologische Moment der Wirkung und die durch sie ausgelösten Gefühle in den Vordergrund. Gerichte gehen davon aus, dass fiktionalen Texten eine definite außerliterarische Wirkung zukommt, Literaturwissenschaftler und Literaten bestreiten dies.

Für Literaturwissenschaftler sind literarische Texte von nichtliterarischen Texten u. a. dadurch zu unterscheiden, dass ihnen Fiktionalität unterstellt wird. In einem fiktionalen Text wird nicht beansprucht, die Individuen oder Handlungen seien in dem Sinn real, dass sie nach anerkannten Verfahren der Überprüfung als ‚Wahrheit' oder Gegebenheit der außerliterarischen Welt betrachtet werden können. Auch wenn sie von den Lebenserfahrungen eines Autors beeinflusst sein mögen, ist „die Grundlage fiktionaler Vorstellungen in der Literatur [...] die Vorstellung selbst", so Peter M. Hejl: Ein fiktionaler Text verlangt, dass Leser am Leitfaden ein- und desselben Textes unterschiedliche Vorstellungen kultivieren und folglich unterschiedliche Bedeutungen konstruieren. Diese Bedeutungskonstruktionen werden in der Regel nicht überprüft – was zu der Freiheit des Lesers führt, sich seinen eigenen Reim auf einen Text zu machen (vgl. Hejl 1990, 224). Literarische Fiktionen sind demnach „erfunden und folgenlos": Die Hauptfigur eines Romans kann man sich zwar vorstellen, „daraus folgt aber nur, was man daraus folgern möchte" (Hejl 1990, 225).

Im Blick auf Prosatexte unterscheiden sich fiktionale literarische Texte von nichtliterarischen Texten zudem durch eine schreibtechnische Eigenart: Sie haben einen erfundenen Erzähler, der nicht identisch mit dem Autor ist. Nicht der Autor kommuniziert hier direkt mit dem Leser, sondern sein erfundener Erzähler. „Und der reale Autor eines fiktionalen Textes kann nicht für den Wahrheitsgehalt der in seinem Text aufgestellten Aussagen verantwortlich gemacht werden, weil er diese zwar produziert, aber nicht behauptet – vielmehr ist es der imaginäre Erzähler, der diese Sätze mit Wahrheitsanspruch behauptet" (Klein und Martínez 2009, 2). In einem Theaterstück ist es analog dazu die Person, die Sätze mit Wahrheitsanspruch spricht, nicht der Autor. Dies ist die Position der Literaturtheorie. Sie wird von Juristen selten geteilt. Werden fiktionale Texte zum Gegenstand gerichtlicher Auseinandersetzungen, so ist es in der Regel das Gericht, das die Bedeutungsangebote eines Textes überprüft und festschreibt, dessen Wirkung auf einen fiktiven – meist naiven und literarisch ungebildeten – Leser konstruiert und daraus Rechtsfolgen ableitet.

Zwar ist die Freiheit des Autors von Literatur prinzipiell durch Artikel 5 des Grundgesetzes geschützt, demzufolge die Kunst frei ist (vgl. Artikel 5 Absatz 3 des Grundgesetzes). Auch die Verfassungen Österreichs, der Schweiz, Italiens, Spaniens, Portugals und Südafrikas garantieren die Kunstfreiheit (vgl. Grüttemeier 2016, 8). Trotzdem wird in der nationalen und internationalen Rechtswissenschaft argumentiert, die künstlerische Darstellung müsse auf die Freiheits- und Rechtsansprüche anderer Personen Rücksicht nehmen. Da die Schranken der Kunstfreiheit meist im Gesetz nicht benannt sind, werden sie in laufender Rechtsprechung festgelegt. In Deutschland können ein Schriftsteller und sein Werk strafrechtlich verfolgt werden durch Gerichtsverfahren, die der Staatsanwalt anstrengt, und zivilrechtlich durch Prozesse, die Bürger oder Firmen anstrengen. Überdies ist es die Bundesprüfstelle für jugendgefährdende Schriften, die Indizierungen von Literatur erwirken kann.

Abhängig von der inhaltlichen Ausrichtung bietet das deutsche Recht mehrere Grundlagen, um gegen Autoren und deren Texte vorzugehen: Strafrechtlich verfolgen lässt sich z. B. gewaltverherrlichende Literatur nach § 131 Strafgesetzbuch und blasphemische Literatur nach § 166 Strafgesetzbuch. In der juristischen Diskussion um die Blasphemie wird in der Regel das Recht auf freie Meinungsäußerung dem Recht auf Schutz religiöser Empfindungen gegenübergestellt. Die als ‚blasphemisch' inkriminierte Literatur ist typischerweise satirisch; in diesem

Kontext spielt Fiktionalität vor Gericht entweder keine Rolle oder sie wird schlicht geleugnet. Das belegt z. B. der Jahrhundertprozess um das satirische Theaterstück *Das Liebeskonzil* des deutschen Schriftstellers Oskar Panizza, der 1895, kurz nach Veröffentlichung des Stücks, vor dem Landgericht München I stattfand. *Das Liebeskonzil* ist als Satire auf die katholische Sexualmoral angelegt, und Panizza wurde auf der Grundlage von § 166 wegen „Vergehens wider die Religion, verübt durch die Presse" zu einem Jahr Gefängnis verurteilt. Wie der Wortlaut des 1895 ergangenen Urteils verdeutlicht, wurde dem Theaterstück nicht nur seine Fiktionalität, sondern sogar seine Literarizität abgesprochen, indem es als Presseerzeugnis behandelt wurde (vgl. Lieb 2014 und Lieb 2016). Rund hundert Jahre später wurde die filmische Adaption einer Theateraufführung des *Liebeskonzils* durch den Regisseur Werner Schröter im österreichischen Innsbruck verboten und beschlagnahmt, da der Film blasphemisch sei. 1994 wurde der Fall schließlich vor dem Europäischen Gerichtshof für Menschenrechte entschieden. Das Urteil schlug in der Jurisprudenz hohe Wellen, da der Europäische Gerichtshof für Menschenrechte entgegen seiner bisherigen Rechtsprechung das Verbot als zulässig erachtete und dem gläubigen Bürger das Recht zugestand, nicht in seinen religiösen Gefühlen durch blasphemische Äußerungen verletzt zu werden (vgl. Keller und Cirigliano 2010). Obwohl auch hier mit dem Recht auf Kunstfreiheit argumentiert wurde, diskutierte das Gericht die Fiktionalität des Films nicht.

Ausdrücklich erörtert wurde das Thema Fiktionalität durch das Bundesverfassungsgericht, so in dem 1971 ergangenen Urteil zum Verbot von Klaus Manns Roman *Mephisto* sowie, darauf aufbauend, in der 2007 gefällten Entscheidung zum Verbot von Maxim Billers Roman *Esra*. In beiden Fällen wurden zunächst zivilrechtliche Prozesse angestrengt, in denen das Recht auf Schutz der Persönlichkeit gegen das Recht auf Kunstfreiheit ausgespielt wurde. Hier wie dort musste die Freiheit der Kunst hinter den Schutz der Persönlichkeit zurücktreten. Gegen die Verbreitung der Romane geklagt hatten Privatpersonen, die sich selbst oder nahe Verwandte ‚erkennbar' in den Hauptfiguren der Romane porträtiert, aber entstellt sahen: der Adoptivsohn des Schauspielers Gustaf Gründgens, der seinen Vater Gründgens mit Klaus Manns Hauptfigur Hendrik Höfgen gleichsetzte, und die Ex-Freundin Billers sowie deren Mutter, die sich mit den Romanfiguren Esra und Lale identifizierten. Nachdem die zuständigen Landesgerichte und der Bundesgerichtshof diese Identifizierungen bestätigt und Verbote der Romane bewirkt hatten, legten die Verlage Verfassungsbeschwerde ein. Verfassungsrechtlich geprüft wurde daraufhin die Fiktionalität der Hauptfiguren, die von Seiten der Kläger und Klägerinnen bestritten, von den Verlagen und von Biller selbst hingegen bekräftigt worden war. Daneben stand die soziale Wirkung der Romane im Vordergrund, die im Folgenden nicht näher betrachtet wird.

Weder 1971 noch 2007 gestand das Bundesverfassungsgericht dem Roman zu, dass er fiktional ist. Stattdessen wurde 1971 eine graduelle Fiktionalität – bzw. Faktualität – konstruiert, die aus der Vermengung fiktionaler und faktualer Elemente herrühre und je nach Verteilung dieser Elemente stärker oder schwächer ausgeprägt sei: Juristisch sei relevant, inwieweit das ‚Abbild' gegenüber dem ‚Urbild' durch die künstlerische Gestaltung und deren Einordnung in den Gesamtzusammenhang des Kunstwerks so autonom erscheine, dass das Individuelle zugunsten des Allgemeinen, des Zeichenhaften der Figur zurücktrete. „Wenn eine solche das Kunstspezifische berücksichtigende Betrachtung jedoch ergibt, daß der Künstler ein ‚Portrait' des ‚Urbildes' gezeichnet hat oder gar zeichnen wollte, kommt es auf das Ausmaß der künstlerischen Verfremdung oder den Umfang und die Bedeutung der ‚Verfälschung' für den Ruf des Betroffenen oder für sein Andenken an", heißt es im Urteil (BVerfG 1971, 1647). Hier wird Fiktionalität als Verfremdung bzw. Verfälschung realer Menschen bzw. Ereignisse verstanden, was in der richterlichen Argumentation zu dem Widerspruch führte, Höfgen sei zu wenig verfremdet, da Gründgens in ihm erkennbar sei, aber zu stark verfremdet, weil Höfgen und Gründgens nicht identisch seien. Das Gericht entschied schließlich, dass Höfgens Fiktionalität in *Mephisto* nicht ausreichend ersichtlich und Gründgens durch Höfgen beleidigt und verleumdet, ja geschmäht worden sei. Folglich sei es gerechtfertigt, die Verbreitung des Romans zu verbieten.

Methodisch bediente sich das Gericht 1971 der biografischen Interpretation, die einen Abgleich von Figurenzeichnung und Romanhandlung mit den mutmaßlichen, der Biografie des Autors entnommenen ‚realen' Vorbildern und Geschehnissen vorsieht. Diese Methode, die die Fiktionalität von Romanfiguren ignoriert, wurde zur Zeit des Verfahrens auch an deutschen Universitäten und Schulen angewandt, wenig später aber im Zuge strukturalistischer Theoriebildung problematisiert und schließlich literaturwissenschaftlich verworfen. Juristisch wurde diese Interpretationsmethode bereits in den Sondervoten zur *Mephisto*-Entscheidung gerügt. Hier heißt es, die Kunstfreiheit sei im Urteil nicht genug berücksichtigt worden, da die Richter „ein Kunstwerk in der Form eines Romans mit der Elle der Realität gemessen haben" (BVerfG 1971, 1653). Richter Stein suchte in seinem Sondervotum Fiktionalität zu definieren und unterschied die „reale Wirklichkeit" von der „ästhetischen Realität", welche eine „wirklichere Wirklichkeit" darstelle. Daher sei für die Wirklichkeitstreue des Romans „ein Vergleich zwischen Hendrik Höfgen und Gustaf Gründgens [...] grundsätzlich irrelevant" (BVerfG 1971, 1649).

In dem 36 Jahre später stattgefundenen Verfahren zu *Esra* bediente sich das Gericht dieser Methodik erneut, wandelte sie aber insofern ab, als es die sog. ‚Fiktionalitätsvermutung' als Ausgangspunkt einer Romaninterpretation bestimmte: „Ein literarisches Werk, das sich als Roman ausweist, ist daher zunächst einmal als Fiktion anzusehen, das keinen Faktizitätsanspruch erhebt. Ohne eine Vermutung für die Fiktionalität eines literarischen Textes würde man die Eigenarten eines Romans und damit die Anforderungen der Kunstfreiheit verkennen" (BVerfG 2007, 13). Diese literaturwissenschaftliche Grundannahme hatten die Klägerinnen, die sich mit den Romanfiguren Lale und Esra identifizierten, bestritten. Trotzdem folgte das Gericht der 1971 konstruierten Vorstellung einer graduellen Fiktionalität und kam zu dem Ergebnis, dass die eine Figur als fiktional, die andere hingegen als faktual zu verstehen sei: Während die (zu) negativ gezeichnete Ex-Schwiegermutter des Romans durch die Kunstfreiheit geschützt sei, gelte dies nicht für die Hauptfigur Esra, die „unmittelbar der Wirklichkeit" entstamme (BVerfG 2007, 16). Da der Roman sexuelle Szenen zwischen Esra und ihrem Freund, der Erzählerfigur Adam, skizziert, müsse natürlich auch Adam unmittelbar der Wirklichkeit entstammen – er sei laut Gericht mit dem Autor identisch. Im Blick auf Esra müsse die Kunstfreiheit nun gegenüber den Persönlichkeitsrechten zurücktreten, da das Intimleben von Billers Ex-Freundin und deren Beziehung zu ihrem Kind direkt betroffen seien. So blieb es beim Verbot des Romans. In den von der Mehrheitsmeinung abweichenden Sondervoten wurde allerdings ein anderer rechtlicher Umgang mit literarischen Texten gefordert und mitunter auch die uneingeschränkte Fiktionalität des Romans anerkannt. In der bis heute andauernden wissenschaftlichen Rezeption wetteifern Kritik und Zustimmung (z. B. Bünnigmann 2013, Wittreck 2009).

7 Schlussbemerkungen

Es bleibt festzuhalten, dass die seit der Antike belegte Rechtsfiktion (*fictio iuris*) weder das einzige noch das entscheidende Paradigma ist, auf das sich die Diskussion um Fiktionalität und Rechtswissenschaft stützt. Auch rhetorische und narratologische Konzepte, die im 20. Jahrhundert neu aufleben oder aber neu entwickelt werden, finden Eingang in den deutschsprachigen juristischen Diskurs. Dies liegt mithin an der anglo-amerikanischen Forschung, wo Studien zu *rhetorical criticism of law* und *courtroom narratives* prominent vertreten sind und als Impulsgeber für die europäische Forschung dienen. Studien dieses Zuschnitts werfen allerdings Fragen auf, die die Forschung vor neue Herausforderungen stellen. Dazu zählt z. B. die Frage nach der Reichweite des gegenwärtigen narratologischen Modells – könnte die Erschließung narrativer Texte aus der Rechtswissenschaft und der juristische Umgang mit Erzähltexten möglicherweise dazu führen, dass die traditionelle Erzählforschung literaturwissenschaftlicher Provenienz künftig erweitert bzw. modifiziert wird? Hinzu tritt, dass kulturelle und historische Aspekte für die Analyse von Fiktionalität eine wichtige Rolle spielen. So zeigt das Beispiel der frühmittelalterlichen *Leges* die Möglichkeit einer Umdeutung: Rechtstexte, die im

19. Jahrhundert als faktuale Texte interpretiert worden sind, wurden im 20. Jahrhundert als fiktionale rezipiert. Dabei wird deutlich, dass die Ermittlung des Fiktionalitäts- bzw. Faktualitätsstatus eines Textes eine ebenso komplexe Interpretationstätigkeit erfordern kann wie das eigentliche Textverstehen.

Hat die Forschung bei der Analyse von Rechtstexten mit Imponderabilien zu kämpfen, so ergeht es der Rechtswissenschaft ähnlich, wenn sie nach der Fiktionalität von literarischen Texten fragt. Diese Frage wird für die Rechtsprechung praxisrelevant, wenn etwa Privatpersonen gegen die Verbreitung von Romanen klagen, weil sie sich selbst oder nahe Verwandte in Romanfiguren fälschlich porträtiert sehen. Wie die viel zitierten Prozesse um Maxim Billers Roman *Esra* und Klaus Manns Roman *Mephisto* zeigen, tut sich das Recht außerordentlich schwer damit, die Fiktionalität des Romans anzuerkennen. So bedurfte es im Jahr 2007 der verfassungsrechtlichen Klarstellung, dass im Roman nicht etwa faktuales, sondern fiktionales Sprechen den Regelfall darstellt („Fiktionalitätsvermutung'). Trotzdem suchte das Gericht nach Gründen, um wenigstens Teile des Romans als faktual einzustufen und konstatierte somit nicht den Regelfall, sondern die Abweichung: Das Gericht ging davon aus, dass bestimmte Passagen von *Esra* Texteigenschaften besitzen, die den Normen fiktionaler Darstellung widersprechen und daher der ‚Wirklichkeit' zuzuordnen sind. Diese Passagen wurden als so entscheidend bewertet, dass sie zum Romanverbot führten – *in dubio pro factis et contra fictiones*.

Literaturverzeichnis

Arnauld, Andreas von (2009). „Was war, was ist – und was sein soll. Erzählen im juristischen Diskurs". *Wirklichkeitserzählungen. Felder, Formen und Funktionen nicht-literarischen Erzählens*. Hg. von Christian Klein und Matías Martínez. Stuttgart: 14–50.

Bennett, W. Lance und Martha S. Feldman (1981). *Reconstructing Reality in the Courtroom. Justice and Judgment in American Culture*. New Brunswick, NJ.

Biller, Maxim (2003). *Esra*. Köln.

Binder, Guyora und Robert Weisberg (2000). *Literary Criticisms of Law*. Princeton.

Blackstone, William (1768). *Commentaries on the Laws of England*. Oxford.

Brooks, Peter und Paul Gewirtz (Hgg., 1996). *In Law's Stories: Narrative and Rhetoric in the Law*. New Haven.

Bruner, Jerome (2002). *Making Stories. Law, Literature, Life*. Cambridge, MA.

Bünnigmann, Kathrin (2013). *Die „Esra"-Entscheidung als Ausgleich zwischen Persönlichkeitsschutz und Kunstfreiheit. Rechtsprechung im Labyrinth der Literatur*. Tübingen.

Bürgerliches Gesetzbuch vom 18. August 1896. Lexetius.com. https://lexetius.com/leges/BGB (23. Juli 2019).

Busse, Dietrich (2010). *Juristische Semantik. Grundfragen der juristischen Interpretationstheorie in sprachwissenschaftlicher Sicht*. Berlin.

BVerfG (1971). Bundesverfassungsgericht. Beschluss vom 24.02.1971, 1 BvR 435/68. *Neue juristische Wochenschrift* 1971 (37): 1645–1655.
BVerfG (2007). Bundesverfassungsgericht. Beschluss vom 13. Juni 2007, 1 BvR 1783/05, (1–151), http://www.bundesverfassungsgericht.de/SharedDocs/Entscheidungen/DE/2007/06/rs20070613_1bvr178305.html (01.04.2017).
Derrida, Jacques (1998). *Demeure*. Paris.
Düwell, Susanne und Nicolas Pethes (Hgg., 2014). *Fall – Fallgeschichte – Fallstudie: Theorie und Geschichte einer Wissensform*. Frankfurt a. M.
Felder, Ekkehard (2003). *Juristische Textarbeit im Spiegel der Öffentlichkeit*. Berlin.
Felder, Ekkehard (2013). „Juristische Fachsprache – oder wie Bedeutung im Recht entsteht." *Historische Rechtssprache des Deutschen. Mit einem Geleitwort von Paul Kirchhoff*. Hg. von Andreas Deutsch. Heidelberg: 81–99.
Fuller, Lon L. (1967). *Legal Fictions*. Stanford.
Gagnér, Sten (2004). „Die Wissenschaft des gemeinen Rechts und der Codex Maximilianeus Bavaricus Civilis (1974)." *Abhandlungen zur europäischen Rechtsgeschichte*. Hg. von Joachim Rückert, Michael Stolleis und Maximiliane Kriechbaum. Goldbach bei Aschaffenburg: 213–346.
Genette, Gérard (1994). *Die Erzählung*. Aus dem Französischen von Andreas Knop. München.
Grundgesetz für die Bundesrepublik Deutschland vom 23. Mai 1949. *Lexetius.com*. http://lexetius.com/GG/-0 (5. April 2017).
Grüttemeier, Ralf (2016). „Literary Trials as Mirrors. An Introduction". *Literary Trials. Exceptio Artis and Theories of Literature in Court*. Hg. von Ralf Grüttemeier. New York: 1–18.
Haferkamp, Hans-Peter (2006). „‚Methodenehrlichkeit'? – Die juristische Fiktion im Wandel der Zeiten." *Zivil- und Wirtschaftsrecht im Europäischen und Globalen Kontext. Private and Commercial Law in a European and Global Context. Festschrift f. Norbert Horn z. 70. Geburtstag*. Hg. von Klaus Peter Berger, Georg Borges, Harald Herrmann, Andreas Schlüter und Ulrich Wackerbarth. Berlin.
Hattenhauer, Hans (2002). „Wie der Rechtsstaat zur Sprache kam: 1854-1881-1930-1937-1986." *Sprache und Recht. Jahrbuch des Instituts für deutsche Sprache 2001*. Hg. von Ulrike Hass-Zumkehr. Berlin: 266–282.
Hejl, Peter M. (1990). „‚Nicht alle Realitäten sind gleich wirklich'. Wirklichkeitskonstruktionen im Recht und in der Literatur." *Zeitschrift für Semiotik* 12.3 (1990): 221–228.
Hohmann, Hans (1996). „Gerichtsrede". *Historisches Wörterbuch der Rhetorik*. Bd. 3. Hg. von Gert Ueding. Tübingen: 770–815.
Jachmann, Monika (1998). *Die Fiktion im öffentlichen Recht*. Berlin.
Keller, Helen und Luca Cirigliano (2010). „Die Krux mit der Blasphemie – Analyse zweier richterlicher Lösungsansätze." *Zeitschrift für ausländisches öffentliches Recht und Völkerrecht* 70 (2010): 403–431.
Kelsen, Hans (1919). „Zur Theorie der juristischen Fiktionen. Mit besonderer Berücksichtigung von Vaihingers Philosophie des Als Ob." *Annalen der Philosophie* 1 (1919): 630–658.
Kelsen, Hans (1960). *Reine Rechtslehre*. Wien.
Kerr, Ian R. (1999). „Fictions and Deemings". *The Philosophy of Law*. Hg. von Christopher Berry Gray. New York: 300–303.
Kirchhoff, Paul (2013). „Zum Geleit: Recht lebt in Sprache". *Historische Rechtssprache des Deutschen. Mit einem Geleitwort von Paul Kirchhoff*. Hg. von Andreas Deutsch. Heidelberg: 13–20.

Klatt, Matthias (2004). *Theorie der Wortlautgrenze. Semantische Normativität in der juristischen Argumentation*. Baden-Baden.
Klein, Christian und Matías Martínez (2009). „Wirklichkeitserzählungen. Felder, Formen und Funktionen nicht-literarischen Erzählens". *Wirklichkeitserzählungen. Felder, Formen und Funktionen nicht-literarischen Erzählens*. Hg. von Christian Klein und Matías Martínez. Stuttgart: 1–13.
Köbler, Gerhard (1997). *Lexikon der europäischen Rechtsgeschichte*. München.
Košenina, Alexander (Hg., 2014). *Kriminalfallgeschichten*. München.
Kroeschell, Karl (2005). *Deutsche Rechtsgeschichte*. Bd. 1. Köln
Larenz, Karl (⁵1983). *Methodenlehre der Rechtswissenschaft*. Berlin.
Lieb, Claudia (2014). „,Der Fall Oskar Panizza'. Skandalisierung des Skandals um *Das Liebeskonzil* durch Recht und Bild." *Skandalautoren. Zu repräsentativen Mustern literarischer Provokation und Aufsehen erregender Autorinszenierungen*. Hg. von Andrea Bartl und Martin Kraus. Würzburg: 349–372.
Lieb, Claudia (2016). „Freedom of Satire? Oskar Panizza's play *Das Liebeskonzil* in a series of trials in Germany and Austria." *Literary Trials. Exceptio Artis and Theories of Literature in Court*. Hg. von Ralf Grüttemeier. New York: 107–122.
Lobenstein-Reichmann, Anja (2013). „Die Metapher im Recht – ein linguistischer Versuch." *Historische Rechtssprache des Deutschen. Mit einem Geleitwort von Paul Kirchhoff*. Hg. von Andreas Deutsch. Heidelberg: 381–405.
Mann, Klaus (2013). *Mephisto. Roman einer Karriere. Text und Dokumentation*. Hg. von Bodo Plachta. Berlin.
Müller, Friedrich, Ralph Christensen und Michael Sokolowski (1997). *Rechtstext und Textarbeit*. Berlin.
Ogris, Werner (1971). „Bahrprobe, Bahrrecht". *Handwörterbuch zur deutschen Rechtsgeschichte*. Bd. 1. Hg. von Adalbert Erler und Ekkehard Kaufmann. Berlin: 283–286.
Pethes, Nicolas (2016). *Literarische Fallgeschichten: Zur Poetik einer epistemischen Schreibweise*. Paderborn.
Quintilianus, Marcus Fabius (1988). *Ausbildung des Redners. Zwölf Bücher. Erster Teil, Buch I–VI*. Hg. und übers. von Helmut Rahn. Darmstadt.
Reichmann, Oskar (2013). „Zur Bedeutungserläuterung im Deutschen Rechtswörterbuch." *Historische Rechtssprache des Deutschen. Mit einem Geleitwort von Paul Kirchhoff*. Hg. von Andreas Deutsch. Heidelberg: 101–121.
Rideout, J. Christopher (2008). „Storytelling, Narrative Rationality, and Legal Persuasion". *The Journal of the Legal Writing Institute* 14 (2008): 53–86.
Rösler, Wolfgang (2014). „Fiktionalität in der Antike". *Fiktionalität. Ein interdisziplinäres Handbuch*. Hg. von Tobias Klauk und Tilmann Köppe. Berlin: 363–384.
Savigny, Friedrich Karl [sic!] von (1951). *Juristische Methodenlehre. Nach der Ausarbeitung des Jakob [sic!] Grimm*. Hg. von Gerhard Wesenberg. Stuttgart.
Savigny, Friedrich Carl von (2002). „Vom Beruf unsrer Zeit für Gesetzgebung und Rechtswissenschaft". *Thibaut und Savigny, Ihre programmatischen Schriften*. Hg. von Hans Hattenhauer. München: 61–127.
Scheppele, Kim Lane (1989). „Foreword: Telling Stories." *Michigan Law Review* 87 (1989): 2073.
Schlieffen, Katharina von (2005). „Rhetorische Rechtstheorie". *Rhetorik. Begriff – Geschichte – Internationalität*. Hg. von Gert Ueding. Tübingen 2005: 313–324.
Schlieffen, Katharina von und Ottmar Ballweg (Hgg., 2009). *Analytische Rhetorik. Rhetorik, Recht und Philosophie*. Frankfurt a. M.

Schönert, Jörg (1991). „Zur Einführung in den Gegenstandsbereich und zum interdisziplinären Vorgehen." *Erzählte Kriminalität. Zur Typologie und Funktion von narrativen Darstellungen in Strafrechtspflege, Publizistik und Literatur zwischen 1770 und 1920*. Hg. von Jörg Schönert. Tübingen: 11–55.

Seibert, Thomas-M. (1990). „Einleitung: Fiktion im Recht". *Zeitschrift für Semiotik* 12.3 (1990): 175–178.

Stolleis, Michael (2008). *Rechtsgeschichte schreiben. Rekonstruktion, Erzählung, Fiktion?* Basel.

Struck, Gerhard (1990). „‚Die Menschenwürde ist unantastbar'. Zur Rhetorik der juristischen Fiktion". *Zeitschrift für Semiotik* 12.3 (1990): 179–186.

Vaihinger, Hans (³2013 [1911]). *Die Philosophie des Als Ob. System der theoretischen, praktischen und religiösen Fiktionen der Menschheit auf Grund eines idealistischen Positivismus. Mit einem Anhang über Kant und Nietzsche*. Paderborn.

Vieweg, Theodor (1974). *Topik und Jurisprudenz. Ein Beitrag zur rechtswissenschaftlichen Grundlagenforschung*. München.

Weitin, Thomas (2009). *Zeugenschaft. Das Recht der Literatur*. München.

White, James Boyd (²1985). *The legal imagination. Abridged Edition*. Chicago.

Wilson, Peter (2000). „Powers of Horror and Laughter: The Great Age of Drama". *Literature in the Greek and Roman Worlds: A New Perspective*. Hg. von Oliver Taplin. Oxford: 88–132.

Wittreck, Fabian (2009). „Persönlichkeitsbild und Kunstfreiheit – Grundrechtskonflikte Privater nach den Entscheidungen *Esra* und *Contergan* des Bundesverfassungsgerichts." *Archiv für Presserecht* (2009): 6–14.

Weiterführende Literatur

Grüttemeier, Ralf (Hg., 2016). *Literary Trials. Exceptio Artis and Theories of Literature in Court*. New York.

Bassano, Marie und Anne-Blandine Caire (Hgg., 2015). *Les fictions en droit. Les artifices du droit: les fictions. Actes du Colloque intitulé „Les artifices du droit : les fictions" et organisé par Marie Bassano et Anne-Blandine Caire le 20 mai 2014 à Clermont-Ferrand*. Clermont-Ferrand.

Del Mar, Maksymilian und William Twining (Hgg., 2015). *Legal Fictions in Theory and Practice*. Cham.

Hiebaum, Christian, Susanne Knaller und Doris Pichler (Hgg., 2015). *Recht und Literatur im Zwischenraum. Aktuelle inter- und transdisziplinäre Zugänge / Law and Literature In-Between. Contemporary Inter- and Transdisciplinary Approaches*. Bielefeld.

Klein, Christian und Matías Martínez (Hgg., 2009). *Wirklichkeitserzählungen. Felder, Formen und Funktionen nicht-literarischen Erzählens*. Stuttgart.

White, James Boyd (1985). *Heracles' Bow. Essays on the Rhetoric and Poetics of Law*. Madison.

Thomas-M. Seibert (Hg., 1990). *Fiktion im Recht. [Themenheft der] Zeitschrift für Semiotik* 12, Heft 3 (1990).

V **Anhang**

Beiträgerinnen und Beiträger

Gerd Bayer, apl. Prof. Dr., Akademischer Direktor am Institut für Anglistik und Amerikanistik der FAU Erlangen. Forschungsschwerpunkte: Gattungsgeschichte des Romans; Epistolarität in der frühen Neuzeit; zeitgenössische britische und postkoloniale Literatur; Holocaust Literatur und Film; Heavy Metal. Publikationen: *Heavy Metal at the Movies* (Routledge, 2019). *Novel Horizons: The Genre Making of Restoration Fiction* (Manchester UP, 2016). *Early Modern Constructions of Europe: Literature, Culture, History*, hrsg. mit F. Kläger (Routledge, 2016). *Holocaust Cinema in the Twenty-First Century: Memory, Images, and the Ethics of Representation*, hrsg. mit O. Kobrynskyy (Columbia UP, 2015). *Narrative Developments from Chaucer to Defoe*, hrsg. mit E. Klitgard (Routledge, 2011). *Literatur und Holocaust*, hrsg. mit R. Freiburg (Königshausen und Neumann, 2009). *Heavy Metal Music in Britain* (Ashgate, 2009).

Thorsten Benkel, Dr., Akademischer Rat für Soziologie an der Philosophischen Fakultät der Universität Passau. Forschungsschwerpunkte: Mikrosoziologie, Qualitative Sozialforschung, Soziologie des Wissens, der Medizin, des Körpers und des Rechts. Publikationen: *Der Glanz des Lebens*, mit T. Klie und M. Meitzler (Vandenhoeck und Ruprecht, 2019). *Autonomie der Trauer. Zur Ambivalenz des sozialen Wandels*, mit M. Meitzler und D. Preuß (Nomos, 2019). *Zwischen Leben und Tod. Sozialwissenschaftliche Grenzgänge*, hrsg. mit M. Meitzler (Springer, 2018). *Die Zukunft des Todes*, hrsg. (transcript, 2016). *Die Verwaltung des Todes* (2. Aufl., Logos, 2013). *Das Frankfurter Bahnhofsviertel. Devianz im öffentlichen Raum*, hrsg. (Springer, 2010). *Soziale Dimensionen der Sexualität*, hrsg. mit F. Akalin (Psychosozial, 2010). *Soziale Welt und Fiktionalität. Chiffren eines Spannungsverhältnisses* (Kovač, 2008). *Die Signaturen des Realen. Bausteine einer soziologischen Topographie der Wirklichkeit* (UVK, 2007). *Inszenierte Wirklichkeiten. Erfahrung, Realität, Konstitution von Konformität* (Ibidem, 2003).

Brigitte Boothe, Prof. em. Dr., vormals Professorin für Klinische Psychologie am Psychologischen Institut für Psychologie an der Universität Zürich. Forschungsschwerpunkte: Klinische Narratologie, psychotherapeutische Beziehung und Kommunikation, Psychologie des Wünschens, Traumfunktionen und Traumanalyse. Derzeit psychoanalytische und psychotherapeutische Praxis, Supervision, Coaching, Schreib- und Biografiearbeit. Publikationen: *Das Narrativ: Biografisches Erzählen im psychotherapeutischen Prozess* (Schattauer, 2010). *Wenn doch nur – ach hätt ich bloß. Die Anatomie des Wunsches*, hrsg. (rüffer und rub, 2013). „Nachträglichkeit und Neubeginn." Themenheft der Zeitschrift *Psychosozial* 41, hrsg. mit M.-L. Hermann (Giessen, 2018). „Erzählen, Träumen und Erinnern. Erträge klinischer Erzählforschung." *Psychoanalyse, Texte zur Sozialforschung*, hrsg. mit G. Grimm, N. Kapfhamer, H. Mathys und S. Michel (Pabst Science Publisher, 2009). *Textwelt – Lebenswelt*. Band 10 der Reihe Interpretation Interdisziplinär, hrsg. mit P. Bühler, P. Michel und Ph. Stoellger (Königshausen und Neumann, 2012). *Psychische Regulierung, kollektive Praxis und der Raum der Gründe. Ein Problemaufriss*. Band 9 der Reihe Interpretation Interdisziplinär, hrsg. mit A. Cremonini und G. Kohler, Mitarbeit von D. Lätsch (Königshausen und Neumann, 2012).

Adam Czirak, Dr., wissenschaftlicher Mitarbeiter am Institut für Theaterwissenschaft an der Freien Universität Berlin. Forschungsschwerpunkte: Theorie und Ästhetik des Gegenwartstheaters, Konzepte der Partizipation, Theorien der Repräsentation, zeitgenössische Formen der Dramaturgie, Habilitationsprojekt zur Geschichte und Ästhetik der Performancekunst in den staatssozialistischen Ländern Europas. Publikationen: Mitherausgabe des Sammelbandes

Performance zwischen den Zeiten. Reenactments und Preenactments in Kunst und Wissenschaft (transcript, 2019). *Dramaturgien des Anfangens*, hrsg. mit G. Egert (Neofelis, 2015). *Partizipation der Blicke. Szenerien des Sehens und Gesehenwerdens in Theater und Performance* (Diss., transcript 2012). *Performance Art in the Second Public Sphere. Event-based Art in Late Socialist Europe*, hrsg. mit K. Cseh-Varga (Routledge, 2018). *Left Performance Histories*, hrsg. mit J. Bodor, A. Hackel, B. Hock, A. Mirčev und A. Richter (ngbk, 2018).

Beatrix van Dam, Dr., wissenschaftliche Mitarbeiterin für moderne niederländische Literatur am Institut für Niederländische Philologie an der WWU Münster. Forschungsschwerpunkte: Fiktionalität, historisches Erzählen im fiktionalen und faktualen Kontext, postmoderne Literatur, Reiseliteratur des 19. Jahrhunderts, Habilitationsprojekt zur Repräsentation von Nicht-Wissen in niederländischsprachiger Literatur um 1800. Publikationen: *Travel Writing in Dutch and German, 1790–1930: Modernity, Regionality, Mobility*, hrsg. mit A. E. Martin und L. Missinne (Routledge, 2017). *Geschichte erzählen: Repräsentation von Vergangenheit in deutschen und niederländischen Texten der Gegenwart* (Diss., De Gruyter, 2016). "Belegen und beleben? Geschichtserfahrung und Metahistoriografie in populären Geschichtserzählungen der Gegenwart." *Vergegenwärtigte Vergangenheiten. Romanhaftes Geschichtserzählen im beginnenden 21. Jahrhundert*. Hrsg. D. Fulda, S. Jaeger und E. Agazzi (De Gruyter, 2019): 57–79. „Ignorant Dutch Boys Reading German Philosophy? The Concept of Ignorance in Rhijnvis Feith's *Brieven aan Sophie* (1806) and Johannes Kinker's *Brieven van Sophie aan Mr. Rhynvis Feith* (1807)." *Journal of Dutch Literature* 9.1 (2018): 22–35. „Geschiedenis vertellen: De representatie van historische kennis in niet-fictionele en fictionele teksten." *Internationale Neerlandistiek* 55.2 (2017): 171–187.

Stefan Feddern, PD Dr., Akademischer Rat am Institut für Klassische Altertumskunde (Abteilung Lateinische Philologie) der CAU zu Kiel. Forschungsschwerpunke: antike Rhetorik, antike (und moderne) Literaturtheorie, insbesondere Erzähl- und Fiktionstheorie, Rezeption in der frühen Neuzeit. Publikationen: *Die Suasorien des älteren Seneca. Einleitung, Text und Kommentar* (De Gruyter, 2013). *Der antike Fiktionalitätsdiskurs* (De Gruyter, 2018). „Die Rezeption des antiken Fiktionalitätsdiskurses durch den spanischen Humanisten Juan Luis Vives." *Gymnasium* 125 (2018): 327–354.

Helmut Galle, Prof. Dr., Professor für Deutsche Literatur an der Universität São Paulo (USP). Gastdozenturen an den Universitäten Aveiro, Recife, Buenos Aires und Bern. Forschungsschwerpunkte: Gegenwartsliteratur, Holocaustliteratur, Autobiografie, Fiktionalität. Publikationen: *Ficcionalidade. Uma prática cultural e seus contextos*, hrsg. mit V. S. Pereira und J. P. Perez (Univ. São Paulo, 2018). *Fausto e a América Latina*, hrsg. mit M. Mazzari (Humanitas, 2010). *Em primeira pessoa. Abordagens de uma teoria da autobiografia*, hrsg. mit A.C. Olmos u. a. (Annablume, 2009). „Die Welt von Gestern als Autobiografie, Memoirenwerk und Zeugnis." *Stefan-Zweig-Handbuch* (De Gruyter, 2018). „O testemunho como ensaio – o ensaio como testemunho: Jean Améry nos limites do intelecto." *Remate de males* 37 (2017). „Fiktionalität in hybriden Gattungen. Tatsachenroman und Dokudrama versus Reportage und Dokumentarfilm." *Fiktion im Vergleich der Künste und Medien* (De Gruyter, 2016). „Vom Zeugnis zur Fiktion: Zur Holocaustliteratur in deutscher Sprache seit 1990." *Romanhaftes Erzählen von Geschichte. Vergegenwärtigte Vergangenheiten im beginnenden 21. Jahrhundert* (De Gruyter, 2019).

Rüdiger Heinze, Prof. Dr., Professor für amerikanistische Literatur- und Kulturwissenschaft am Institut für Anglistik und Amerikanistik der TU Braunschweig. Forschungsschwerpunkte: Migrationsliteratur, Kulturgeschichte, postklassische und transmediale Narratologie, Film und Comics, dystopische Literatur. Publikationen: *Melting Pots und Mosaics: Children of Immigrants in US-American Literature* (transcript, 2018). *Remakes und Remaking: Concepts – Media – Practices*, hrsg. mit L. Krämer (transcript, 2015). *Unnatural Narratives, Unnatural Narratology*, hrsg. mit J. Alber (De Gruyter, 2011). „Through a Glass, Darkly: Contemporary Young Adult Dystopias." *Tell Freedom I Said Hello. Issues in Contemporary Young Adult Dystopian Fiction*. Hrsg. Ch. Ludwig und N. Maruo-Schröder (Winter, 2018): 27–46. „Ist die Kamera schon an? Selbstreflexion, Wirklichkeit und Authentizität im Handkamerafilm." *Film. Bild. Wirklichkeit. Reflexion von Film – Reflexion im Film*. Hrsg. Th. Metten und M. Meyer (Herbert von Halem, 2016): 206–227. „This Makes No Sense At All: Heterarchy in Fictional Universes." *StoryWorlds: A Journal of Narrative Studies* 7.2 (2015): 76–91.

Susanne Knaller, Prof. Dr., Professorin für Romanistik und Allgemeine und Vergleichende Literaturwissenschaft an der Karl-Franzens-Universität Graz. Leiterin des Zentrums für Kulturwissenschaften der Universität Graz. Gründerin und Sprecherin des Forschungs- und Lehrbereichs AVL. Forschungsschwerpunkte: Theorien zu Authentizität, Realitätskonzepte in der Moderne sowie Schreib- und Emotionsforschung. Neuere Publikationen: *Ein Wort aus der Fremde. Geschichte und Theorie des Begriffs Authentizität* (Winter, 2007). *Realitätsbegriffe in der Moderne. Beiträge zu Literatur, Kunst, Philosophie und Wissenschaft*, hrsg. mit H. Müller (Fink, 2011). *Die Realität der Kunst. Programme und Theorien zu Literatur, Kunst und Fotografie seit 1700* (Fink, 2015). *Writing Emotions. Theoretical Concepts and Selected Case Studies*, hrsg. mit I. Jandl, S. Schönfellner und G. Tockner (Winter, 2017). *Schreibprozesse im Zwischenraum. Zur Ästhetik von Textbewegungen*, hrsg. mit J. Clare, R. Stauf, R. Rieger und T. Tholen (Winter, 2018). „Realismus und Realismen. Unter besonderer Berücksichtigung der gegenwärtigen französischen Diskussion." *Germanisch-Romanische Monatsschrift* 67: 232–337. *Schreibforschung interdisziplinär. Praxis – Prozess – Produkt*, hrsg. mit D. Pany und M. Scholger (transcript, erscheint 2020).

Oliver Kohns, Prof. Dr., Professor für Literaturwissenschaft an der Faculty of Humanities, Social and Educational Sciences der Universität Luxemburg. Forschungsschwerpunkte: Ästhetik und Politik, Literatur der Romantik, Habilitationsprojekt zur Geschichte des Schurken in der englischen und deutschen Literatur. Publikationen: *Die Verrücktheit des Sinns. Wahnsinn und Zeichen bei Kant, E.T.A. Hoffmann und Thomas Carlyle* (transcript, 2007). *Mythos Atlantis. Texte von Platon bis J.R.R. Tolkien*, hrsg. mit O. Sideri (Reclam, 2009). *Politik und Ethik der Komik*, hrsg. mit S. Kaul (Fink, 2012). *Die imaginäre Dimension der Politik*, hrsg. mit M. Doll (Fink, 2014). *Figurationen des Politischen*, 2 Bde., hrsg. mit M. Doll (Fink, 2016). *Autorität. Krise, Konstruktion und Konjunktur*, hrsg. mit T. van Rahden und M. Roussel (Fink, 2016). *Perspektiven der politischen Ästhetik*, hrsg. (Fink, 2016). *Der Erste Weltkrieg in der Literatur und Kunst. Eine europäische Perspektive*, hrsg. mit J. E. Glesener (Fink, 2017). *Politische Tiere. Zoologie des Kollektiven*, hrsg. mit M. Doll (Fink, 2017).

Mirja Kutzer, Prof. Dr., Professorin für Systematische Theologie mit dem Schwerpunkt Dogmatik und Fundamentaltheologie am Institut für Katholische Theologie an der Universität Kassel. Forschungsschwerpunkte: Theologie und Literatur, Fiktionalität, Theologie und Kulturwissenschaft, Theologische Anthropologie, Theologische Erkenntnislehre, Liebe,

Mystik. Publikationen: „Die Lust am heiligen Text. Textpraktiken und Subjektpositionen bei Hugo von St. Viktor und Bernhard von Clairvaux." *Bibel und Kultur. Das Buch der Bücher in Literatur, Musik und Film.* Hrsg. I. Müllner und P. -G. Klumbies (Leipzig, 2016): 79–99. „Gottesliebe – Menschenliebe. Zum Zusammenhang von Theologie und Anthropologie." *Theologisch Praktische Quartalsschrift* 163 (4/2015): 368–378. „Zwischen Sprachkritik und Weltentwurf. Poetische Texte und ihr theologisches Potential." *Münchener Theologische Zeitschrift* 67 (2009): 327–337. *In Wahrheit erfunden. Dichtung als Ort theologischer Erkenntnis* (Regensburg, 2006). „Die Gegenwelt des Erfundenen. Fiktionale Texte als Medium biblischer Verheißung." *Protokolle zur Bibel* 15 (1/2006): 25–46.

Claudia Lieb, PD Dr., Privatdozentin für neuere deutsche Literatur am Germanistischen Institut der WWU Münster. Forschungsschwerpunkte: Recht und Literatur, Literatur und Wissenschaftsgeschichte, Geschichte der Philologie, Romantik, Literarische Moderne, Literatur- und Medientheorie. Publikationen: Mitherausgabe des Handbuchs Literatur und Recht in der Reihe „Handbücher zur kulturwissenschaftlichen Philologie" (De Gruyter, erscheint 2021). „Digitale Literaturanalyse im Test: Ein Vergleich ausgewählter Übersetzungen von William Shakespeares Sonett 66" (mit E. Zimmermann). *PhiN. Philologie im Netz* 88 (2019): 34–54. „Freedom of Satire? Oskar Panizza's play ‚Das Liebeskonzil' in a series of trials in Germany and Austria." *Exceptio Artis and Theories of Literature in Court.* Hrsg. Ralf Grüttemeier (Bloomsbury, 2016): 107–122. *Philologie als Literatur- und Rechtswissenschaft: Germanistik und Romanistik 1730–1870*, hrsg. mit Ch. Strosetzki (Winter, 2013). *Crash: Der Unfall der Moderne* (Aisthesis, 2009).

Gunther Martens, Dr., Professor für deutsche Literaturwissenschaft an der Universität Gent. 2005 Gastforscher an der Universität Hamburg. 2007 bis 2010 Professor an den Universitäten Brüssel (VUB) und Antwerpen (UA), seit 2010 an der Universität Gent. Vorsitzender des *European Narratology Network* (ENN, 2015–2017), Vorstandsmitglied der Internationalen Robert-Musil-Gesellschaft (IRMG). Redaktionsmitglied der Zeitschriften *Alexander Kluge-Jahrbuch; Authorship; Cahier voor Literatuurwetenschap* und *Frontiers of Narrative Studies* (De Gruyter). Forschungsschwerpunkte: österreichische Literatur des 20. Jahrhunderts, Computerphilologi, enzyklopädische Literatur, Narratologie, Stilistik. Publikationen: „Dokumentarliteratur zwischen Affekt und Effekt" (mit Th. Festjens). *Grote gevoelens in de literatuur.* Hrsg. G. Martens u. a. (Lannoo und Academia Press, 2015): 43–56. *Narrative Unreliability in the Twentieth-Century First-Person Novel*, hrsg. mit E. D'hoker, Narratologia 14. *Beobachtungen der Moderne in Hermann Brochs „Die Schlafwandler" und Robert Musils „Der Mann ohne Eigenschaften". Rhetorische und narratologische Aspekte von Interdiskursivität* (Fink, 2006).

Lut Missinne, Prof. Dr., Professorin für moderne niederländische Literatur am Institut für Niederländische Philologie an der WWU Münster. Forschungsschwerpunkte: Autobiografie, Autofiktion, Fiktionalität, Kulturtransfer Niederlande, Flandern und Deutschland, Literarisches Übersetzen Niederländisch-Deutsch, Literatur der Zwischenkriegszeit, Reiseliteratur. Chefredakteurin der Zeitschrift *Internationale Neerlandistiek*. Publikationen: *Wege nach Translantis*. Mit L. Mensing (Waxmann, 2020). *Tussen twee stoelen, tussen twee vuren. Nederlandse literatuur op weg naar de buitenlandse lezer*, hrsg. mit J. Grave (Academia Press, 2018). *Travel Writing in Dutch and German, 1790–1930: Modernity, Regionality, Mobility*, hrsg. mit A. E. Martin und B. van Dam (Routledge, 2017). *Oprecht gelogen. Autobiografische romans en autofictie in de Nederlandse literatuur na 1985* (Vantilt, 2013). *Gerard Walschap. Regionalist of*

Europeeër, hrsg. mit H. Vandevoorde (Garant, 2007). *Albert Vigoleis Thelen. Mittler zwischen Sprachen und Kulturen*, hrsg. mit H. Eickmans (Waxmann, 2005).

Henrik Skov Nielsen, Prof. Dr., Professor an der Universität Aarhus und von 2014 bis 2018 Gastprofessor an der Universität Tampere. Forschungsschwerpunkte in der Erzähltheorie: Ich-Erzählung, unnatürliche Narratologie und Fiktionalität. Leiter des „Narrative Research Lab" und des „Centre for Fictionality Studies". Publikationen in englischer Sprache, Auswahl: „The Impersonal Voice in First-Person Narrative Fiction". *Narrative* 12.2 (2004): 133–150. *A Poetics of Unnatural Narrative*, hrsg. mit J. Alber und B. Richardson (Ohio State University Press, 2013). „Ten Theses about Fictionality" (mit J. Phelan und R. Walsh). *Narrative* 23.1 (2015): 61–73. *Narratology and Ideology*, hrsg. mit D. Dwivedi und R. Walsh (Ohio State University Press, 2018). *Distinguishing Fictionality*, mit S. Zetterberg Gjerlevsen (im Erscheinen). Nielsens Band *Fiktionalitet* (2013) gewann den überdisziplinär verliehenen Preis von Samfundslitteratur für das beste dänische Handbuch.

Doris Pichler, Dr., Hertha-Firnberg Projektleiterin Zentrum für Kulturwissenschaften der Karl-Franzens-Universität Graz. Forschungsschwerpunkte: Metafiktionalität, Interdisziplinarität, Recht, Wirtschaft und Literatur, Textbegriff, italienische Literatur und Film (19. und 20. Jahrhundert), Literatur und Film des *impegno*. Publikationen: *Inszenierungen des Fanatischen in der italienischen Literatur. La messa in scena del fanatico nella letteratura italiana,* hrsg. mit A. Göschl, *lettere aperte* 4/2017. *Recht und Literatur im Zwischenraum. Aktuelle inter- und transdisziplinäre Zugänge/Law and Literature In-Between. Contemporary Inter- and Transdisciplinary Approaches,* hrsg. mit S. Knaller und Ch. Hiebaum (transcript, 2015). *Literaturwissenschaft heute. Gegenstand, Positionen, Relevanz,* hrsg. mit S. Knaller (vundr unipress, 2013). *Das Spiel mit Fiktion. Ästhetische Selbstreflexion in der italienischen Gegenwartsliteratur* (Winter, 2011).

Maria Elisabeth Reicher, Prof. Dr., Professorin für Philosophie der Kulturellen Welt an der RWTH Aachen. Forschungsschwerpunkte: Ontologie, Philosophie der Logik, Geschichte der analytischen Philosophie und Phänomenologie, Ästhetik, Theorie der Artefakte, Fiktionalitätstheorien. Mitherausgeberin der *Grazer Philosophischen Studien*. Publikationen: *Referenz, Quantifikation und ontologische Festlegung* (Ontos, 2005). *Einführung in die philosophische Ästhetik* (Wissenschaftliche Buchgesellschaft, 3. Aufl. 2015). *Fiktion. Wahrheit. Wirklichkeit. Philosophische Grundlagen der Literaturtheorie* (Mentis, 3. Aufl. 2016). „Nonexistent Objects". *Stanford Encyclopedia of Philosophy* (2018). *Werk und Autorschaft. Eine Ontologie der Kunst* (Mentis, 2019). „Non-sensory Beauty and Meaning Qualia." *Beauty. New Essays in Aesthetics and the Philosophy of Art*. Hrsg. W. Huemer und Í. Vendrell Ferran (Philosophia, 2019). „Routley's Theory of Fiction." *Noneist Explorations I. The Sylvan Jungle – Volume 2.* Hrsg. Dominic Hyde (Cham, 2019).

Daniel F. Schley, Dr., Juniorprofessor für japanische Geschichte am Institut für Japanologie und Koreanistik der Rheinischen Friedrich-Wilhelms-Universität Bonn. Forschungsschwerpunkte: Geschichte Japans des 10.–14. Jahrhunderts, Sakralität von Herrschaft, Geschichtsschreibung, Religion und Gewalt. Habilitationsprojekt zu höfischen Ordnungskonzepten. Publikationen: „Zwischen Himmel und Erde. Bemerkungen zur mittelalterlichen Herrschaftskosmologie in Japan." *Sakralität und Macht*, Hrsg. K. Herbers, A. Nehring und K. Steiner (Franz Steiner Verlag, 2019): 47–75. „*Yōroppa to Nihon no chūsei ni okeru shinsei ōken no kanōsei wo megutte.*

Freising no Otto to Jien no rekishi shisō o chūshin ni."Chūsei Nihon no ōken to zen, sōgaku. Hrsg. K. Tsuyoshi (Kyūko Shoin, 2018): 95–136. „Zum Wandel der japanischen Geschichtsschreibung im 10. Jahrhundert am Beispiel der Erzählung von Taira no Masakado im Shōmonki." *Bochumer Jahrbuch zur Ostasienforschung* 38 (2016): 171–200. *Herrschersakralität im frühmittelalterlichen Japan. Eine Untersuchung der politisch-religiösen Vorstellungswelt des 13.–14. Jahrhunderts* (Diss., LIT-Verlag, 2014).

Christian Schneider, Prof. Dr., Professor für Ältere deutsche Literatur am Department of Germanic Languages and Literatures der Washington University in St. Louis. Forschungsschwerpunkte: Historische Erzählforschung, Poetik und Fiktionstheorie, Denk- und Wissensgeschichte des Mittelalters und der Frühen Neuzeit, Höfische Kultur und Didaxe, Rezeptions- und Mediengeschichte. Publikationen: *Logiken des Erzählens. Kohärenz und Kognition in früher mittelhochdeutscher Epik* (De Gruyter, erscheint 2020). *Hovezuht. Literarische Hofkultur und höfisches Lebensideal um Herzog Albrecht III. von Österreich und Erzbischof Pilgrim II. von Salzburg (1365–1396)* (Winter, 2008). *Erzähllogiken in der Literatur des Mittelalters und der Frühen Neuzeit. Akten der Heidelberger Tagung vom 17. bis 19. Februar 2011*, hrsg. mit F. Kragl (Winter, 2013). „Cosmic Dreams: Fiction, Non-Fiction, and Metaphor in Early-Modern Lunar Travel Narratives (Johannes Kepler, ‚Somnium' – Cyrano de Bergerac, ‚Voyage dans la Lune' – Athanasius Kircher, ‚Iter exstaticum')." *Daphnis. Zeitschrift für Mittlere Deutsche Literatur und Kultur der Frühen Neuzeit (1400–1750)* 45.3–4 (2017): 541–562. „Textstruktur und Illustrationsprinzipien im ‚Welschen Gast' des Thomasin von Zerklaere." *Beiträge zur Geschichte der deutschen Sprache und Literatur* 139.2 (2017): 191–220.

Ralf Schneider, Prof. Dr., Professor für Anglistische Literaturwissenschaft am Institut für Anglistik, Amerikanistik und Romanistik an der RWTH Aachen University. Forschungsschwerpunkte: kognitive Ansätze in der Literaturwissenschaft und empirische Rezeptionsforschung, literarische Figuren, Männlichkeitsdarstellungen in der britischen Literatur, Viktorianismus. Publikationen: *Characters in Fictional Worlds: Understanding Imaginary Beings in Literature, Film and Other Media*, hrsg. mit J. Eder und F. Jannidis (De Gruyter, 2010). *Blending and the Study of Narrative: Approaches and Applications*, hrsg. mit M. Hartner (De Gruyter, 2012). „Making Sense: Ziele, Möglichkeiten und Grenzen einer kognitiven Rezeptionstheorie." *Konstruktionsgeschichten: Narrationsbezogene Ansätze in der Religionsforschung*. Hrsg. G. Brahier, D. Johannsen (Ergon, 2013): 37–53. „The Fate of Heroism after Industrialisation: The Working-Class Male in the British 19th Century Realist Novel and Beyond." *Heroes and Heroism in British Fiction Since 1800*. Hrsg. B. Korte und S. Lethbridge (Palgrave Macmillan, 2016): 67–84.

Jens Schröter, Prof. Dr., Inhaber des Lehrstuhls „Medienkulturwissenschaft" an der Universität Bonn. Professor für Multimediale Systeme an der Universität Siegen 2008–2015. Leiter der Graduiertenschule „Locating Media" an der Universität Siegen 2008–2012. Seit 2012 Antragssteller und Mitglied des DFG-Graduiertenkollegs 1769 „Locating Media", Universität Siegen. 2010–2014 Projektleiter (zusammen mit Prof. Dr. Lorenz Engell, Weimar) des DFG-Projekts: „Die Fernsehserie als Projektion und Reflexion des Wandels". 2016–2018 Sprecher des Projekts „Die Gesellschaft nach dem Geld – Eröffnung eines Dialogs", VW Stiftung. Ab 1.4.2018 Leiter (mit Anja Stöffler, FH Mainz) des DFG-Projekts: „Van Gogh TV. Erschließung, Multimedia-Dokumentation und Analyse ihres Nachlasses" (Laufzeit 3 Jahre). Ab 1.11.2018 Sprecher des Projekts „Die Gesellschaft nach dem Geld – Eine Simulation", VW Stiftung (Laufzeit 4 Jahre). Forschungsschwerpunkte: Digitale Medien, Photographie, Fernsehserien, Dreidimensionale

Bilder, Intermedialität, Kritische Medientheorie. Jüngste Publikationen: „Marx. Geld. Digitale Medien", mit T. Heilmann. *Maske und Kothurn* 64, 1/2, 2018. (als Teil des Projekts ‚Gesellschaft nach dem Geld'): *Society after Money. A Dialogue* (Bloomsbury, 2019). *Markets*, mit A. Beverungen, Ph. Mirowski und E. Nik-Khah (University of Minnesota Press, 2019). *Medien und Ökonomie. Eine Einführung* (Springer, 2019).

Wouter Schrover, Dr., Referent für Studium und Lehre an der Fakultät für Geisteswissenschaften und der Fakultät für Religion und Theologie, Vrije Universiteit Amsterdam. Forschungsschwerpunkte: Thanatologie, Literatur und Medizin/Wissenschaft, Fiktionalität, Moderne niederländische Literatur. Publikationen: „Literatuur en de normatieve aspecten van wetenschappelijke kennis. Aan de hand van het fasetheoretisch denken van Elisabeth Kübler-Ross." *Internationale Neerlandistiek* 57.2 (2019): 127–143. „Reading Literature through Medical Sociology: The Doctor-Patient Relationship in Thomas Rosenboom's *Public Works* and a Poem by Neeltje Maria Min." *Illness and Literature in the Low Countries. From the Middle Ages until the 21st Century*. Hrsg. J. Grave, R. Honings und B. Noak (VundR unipress, 2015): 217–229. „Representing Life's End in *Dancing with Mister D*. Literature and the Dutch Debate on Euthanasia and Assisted Suicide." *Death in Literature*. Hrsg. O. Hakola und S. Kivistö (Cambridge Scholars, 2014): 217–233. „Tussen fictie en non-fictie. Paratekstuele strategieën en de receptie van *Het refrein is Hein*." *Tijdschrift voor Nederlandse Taal- en Letterkunde* 130.3 (2014): 261–280.

Sven Strasen, apl. Prof. Dr., außerplanmäßiger Professor für anglistische Literaturwissenschaft am Institut für Anglistik, Amerikanistik und Romanistik der RWTH Aachen University. Forschungs- und Interessenschwerpunkte: Rezeptionstheorie, kognitive Narratologie und Stilistik, Emotionen und *Experientiality*, Narrative Konstruktion von Identität. Publikationen: *Rezeptionstheorien: Literatur-, sprach- und kulturwissenschaftliche Ansätze und kulturelle Modelle* (WVT, 2008). „Literaturwissenschaftliche Rezeptionsforschung. Auf dem Weg von der Produkt- zur Prozessästhetik." *Der Deutschunterricht* (3/2017): 19–27. „Models of Experientiality. Or, When Russian Formalism Meets Embodied Cognition and Empirical Literary Studies." *Modelle in der Literatur- und Sprachwissenschaft und Ihrer Didaktik/Models in Literary Studies and Linguistics*, hrsg. mit J. Vaeßen (WVT, 2019). „Empirical Methods in Literary Studies" (mit J. Alber und C. Kutsch). *Methods of Analysis in Literary Studies: Approaches, Concepts and Case-Studies*. Hrsg. V. und A. Nünning (WVT, im Erscheinen). „A Cognitive and Cultural Reader Response Theory of Character Construction" (mit J. Vaeßen). *Style and Response: Minds Media Methods*. Hrsg. A. Bell et al. (Benjamins, im Erscheinen).

Jan-Noël Thon, Prof. Dr., Professor für Medienwissenschaft an der Technisch-Naturwissenschaftlichen Universität Norwegens (NTNU), Gastprofessor für Medienwissenschaft an der Universität zu Köln und Professorial Fellow an der University for the Creative Arts in Großbritannien. Forschungsschwerpunkte: Comicforschung, Game Studies, Medienkonvergenz in digitalen Kulturen, transmediale Figuren, transmediale Narratologie. Publikationen: *From Comic Strips to Graphic Novels*, hrsg. mit Daniel Stein (De Gruyter, 2013/²2015). *Storyworlds across Media*, hrsg. mit Marie-Laure Ryan (University of Nebraska Press, 2014). *Game Studies*, hrsg. mit Klaus Sachs-Hombach (Herbert von Halem Verlag, 2015). *Transmedial Narratology and Contemporary Media Culture* (University of Nebraska Press 2016/²2018). *Subjectivity across Media*, hrsg. mit Maike Sarah Reinerth (Routledge, 2017/²2019). *Ästhetik des Gemachten*, hrsg. mit H.-J. Backe, J. Eckel, E. Feyersinger und V. Sina (De Gruyter, 2018). *Comicanalyse: Eine Einführung*, mit S. Packard, A. Rauscher, V. Sina, L. Wilde und J. Wildfeuer

(Metzler, 2019). *Comics and Videogames*, hrsg. mit A. Rauscher und D. Steinoutledge (Routledge 2020).

Christiana Werner, Dr., wissenschaftliche Mitarbeiterin an der Graduiertenschule für Geisteswissenschaften Göttingen, seit 2019 am Philosophischen Seminar der Georg-August-Universität Göttingen. Forschungsschwerpunkte: Philosophie des Verstehens, Philosophie der Fiktion, Literaturtheorie und Philosophische Emotionstheorie, Habilitationsprojekt zu der Rolle von Affekten beim interpersonalen Verstehen. Leitung (mit Th. Petraschka) des interdisziplinären DFG-Netzwerks „Fühlen und Verstehen. Die Rolle empathischer Emotionen beim Verstehen von Personen und Literatur." Publikationen: *Wie man mit Worten Dinge erschafft. Die sprachliche Konstruktion fiktiver Gegenstände* (VundR unipress, 2015). *The Paradox of Fiction*, hrsg. mit E.-M. Konrad und Th. Petraschka, Special Issue des *Journal of Literary Theory* 12.2 (2018). „How can we perceive something that does not exist? Direct Social Perception and fictional characters." *Topoi* Special Issue „Empathy, Fiction, and Imagination" (DOI : 10.1007/s11245-019-09634-9; TOPO-D-18-00084.). „Are emotional reactions necessary for an adequate understanding of literary texts?", mit E.-M. Konrad und Th. Petraschka. *Debates in Aesthetics* 14.1 (2019).

Personenregister

Achill 53
Adams, Douglas 329
Adeimantos 56
Admont, Engelbert von 88
Adorno, Theodor W. 485, 488, 496
Aelian
    Varia Historia 67
Agamemnon 53
Agatharchides 62, 73
    Über das rote Meer 64–66
Agathon
    Antheus 60
Aiolos 53, 64
Albee, Edward
    Tiny Alice 218
Alber, Jan 254f., 310
Alighieri, Dante 401
    La Commedia 106
Alter, Robert 269, 281
Althoff, Gert 452
Amis, Martin
    Time's Arrow 255
Anderegg, Johannes 278, 279
Anderson, Benedict
    Imagined Communities 453
Andree, Martin 235
Andric, Ivo
    Die Brücke über die Drina 376
Ankersmit, Frank 448–450, 454
Annuß, Evelyn 222
Antoine, André 214
Aquin, Thomas von 382, 394
Ariosto, Ludovico 285
    Orlando furioso 106, 288
Aristoteles 8, 9, 24, 27, 29, 40, 54, 104, 123, 179, 206, 209, 210, 395, 433, 434, 448, 547
    Poetik 58f.
Arnauld, Andreas von 580, 582
Arnheim, Rudolf 165
Artaud, Antonin 215
Artus 32, 89f., 97, 287
Ascham, Roger 110
Asklepiades 70

Assmann, Aleida 385
Assmann, Jan 452
Atkinson, Paul
    Ethnography 551
Atticus 71–73
Attila 88
Aue, Hartmann von 91
    Iwein 287
Auerbach, Berthold 122, 128
    Auf Wache 131f.
Augustinus 83, 86, 211, 381, 394
Aurelius, Marc 74, 172
Auster, Paul 6, 263
    Leviathan 169f.
    Timbuktu 255
Austin, John L. 21, 145, 216f., 325–327, 338
Avila, Teresa von 400

Bachleitner, Norbert 131
Bacon, Francis 116, 383
Bakhtin, M. 106
Ballestra, Silvia
    La guerra degli Antò 283
Balzac, Honoré de
    Sarrasine 141
Banfield, Ann 185, 191
Banksy
    Exit through the Gift Shop 531
Bareis, Alexander J. 31, 271, 278
Barth, John
    Lost in the Funhouse 290
Barth, Karl 395
Barthes, Roland 137, 140f., 285
    Le discours de l'histoire 445f.
Bassano, Marie 574
Baßler, Moritz 135f.
Baudrillard, Jean 494f.
Bauer, Wolfgang
    Der Tod kommt von oben 328
Bauman, Zygmunt 494
Baumgarten, Alexander Gottlieb 6
    Aesthetica 41, 438
    Meditatio 124, 125
Baumgartner, Hans Michael 449

Bax, Mart 545, 561f.
Bazin, André 530
Bechdel, Alison
   Fun Home 532
Becker, Sabina 236
Beckert, Jens 248
Behn, Aphra
   Love-Letters between a Nobleman and His Sister 114, 115
Bender, Rolf 413
Benigni, Roberto
   Das Leben ist schön 450
Bentham, Jeremy 572
Berger, Peter L. 485
Bergin, Michael 173
Bergmann, Harald
   Brinkmanns Zorn 531
Bernardus Silvestris 83
Berthold, Christian 125, 128
Biebuyck, Benjamin 240
Biller, Maxim
   Esra 490, 571, 584, 586, 587
Binder, Guyora 30, 577, 579
Bingen, Hildegard von 394
Birkenhauer, Theresia 206f.
Bismarck, Otto von 143
Black, Max 393
Blackstone, William
   Commentaries on the Laws of England 572
Bloch, Marc 443
   Die wundertätigen Könige 469
Blomkamp, Neill
   District 9, 531
Blumenberg, Hans 475
Bobrowski, Johannes 291
Bodel, Jean
   Chanson des Saisnes 88–90
Boer, Richard de 564
Bontempelli, Massimo
   La vita intensa. Romanzo dei romanzi 289
Booth, Wayne C. 490
Borges, Jorge Luis
   Ficciones 290
Borgeson, Scott 248f.
Bourdieu, Pierre 417, 481f.

Boussuet, Jacques-Bénigne 469
Bradbury, Malcom 269
Brahm, Otto 214
Brandom, Robert 144
Brandt, Max von 144
Branigan, Edward
   Narrative Comprehension and Film 525, 526
Braun, Volker 291
Brecht, Bertolt 113, 215
Breitinger, Johann Jakob
   Critische Dichtkunst 125
Breton, André
   Amour fou 159
Brooks, Peter 29, 179
Brown, Andrew D. 565
Bunia, Remigius 280, 525
   Faltungen 141
Bunyan, John 116
Burckhardt, Jacob 448
Burden, Chris
   Shoot 224
Burrichter, Brigitte 96
Busse, Dietrich 136, 575
Butler, Judith 219, 220
Byrne, Richard
   Hilfe, dieses Buch hat meinen Hund gefressen 291

Caesar, Julius 444
Caire, Anne-Blandine 574
Calderón, Pedro
   Das große Welttheater 213
Calle, Sophie
   Prenez soin de vous 168f.
Calvino, Italo
   Se una notte d'inverno un viaggiatore 283, 290
Capote, Truman
   In Cold Blood 37, 240
Cappetti, Carla 549
Caracciolo, Marco 238, 239
Carey, Stephen Mark 82, 87
Carr, David 448
Carr, Edward Hallett 444
Carroll, Noël 530–532
Castelvetro, L. 107

Castoriadis, Cornelius 473–475
Catull
　carmen 73, 74
Certeau, Michel de 399, 403
　Schreiben der Geschichte 447
Cervantes, Miguel de
　El Quixote 10, 106, 288
Chakrabarty, Dipesh 454
Charles, Larry
　Borat 531
Chladni, Johann Martin
　Allgemeine Geschichtswissenschaft 438
Cicero 17, 66–68, 70f., 83, 433
Clairvaux, Bernhard von 400
Clifford, James 551, 552
Cohn, Dorrit 14, 185, 189f., 233, 234, 246, 255, 271
Coleridge, Samuel Taylor 20, 208, 331
Conches, Wilhelm von 83
Cook, Guy
　Discourse and Literature 315–317, 319
Coover, Robert
　The Babysitter 255, 263
Cortázar, Julio
　Rayuela 290
Cosmides, Leda 317
Craig, Daniel 515, 516
Craig, Edward Gordon 215
Critchley, Simon 470, 471
Croce, Benedetto 232
Crouch, Colin 462
Culler, Jonathan 163
Currie, Gregory 7, 19, 330, 331, 335, 338, 506, 517, 522f.
Currie, Mark 269
Curtius, Ernst Robert 128

Damasio, Antonio 306
Damerau, Burghard 125
Dante → Alighieri, Dante
Danto, Arthur C.
　Analytical Philosophy of History 445, 446, 449
Därmann, Iris
　Figuren des Politischen 476
Darwin, Charles 247
Dawson, Paul 186

Defoe, Daniel 126
　Robinson Crusoe 114
Deinias 64
DeLillo, Don 263
Del Mar, Maksymilian 573
Demosthenes 576
Deppermann, Arnulf 419
Derrida, Jacques 144, 216f., 446, 582
Descartes, René 126
Deutz, Thioderich von
　Chronicon universale brevissimum 88
Dick, Philip K. 256
Dickens, Charles 329
Diderot, Denis
　Paradox über den Schauspieler 214
　Jacques le fataliste 288
Diehl, Paula 461
Dijk, Teun van 301, 309
Dilthey, Wilhelm 440–442
Diomedes 73
Doležel, Lubomír 524
Doll, Martin 438f.
Dositheus 73
Dreher, Thomas 167
Dreyfus, Hubert
　Die Wiedergewinnung des Realismus 145, 146
Droysen, Gustav 440, 442, 449
Dryden, John 113
Duijnhoven, Hanneke
　For Security Reasons 554f.
Dunton, John
　The Athenian Mercury 115, 116
Durkheim, Emile 444

Eberwein, Tobias 240
Ebner-Eschenbach, Marie von 128, 130
Eco, Umberto 17, 123, 273, 274, 446, 509
Eder, Jens 528
Ehmer, Oliver 421
Eibl, Karl 313f.
Ekhof, Conrad 214
Elias, Norbert 498
Ellis, Bret Easton
　American Psycho 343
Elsner, Erich 412

Elton, Geoffrey Rudolph
  Practice of History 444
Empedokles 59
Ennius 69
Ensslin, Gudrun 221, 222
Enzensberger, Hans Magnus 487
Eratosthenes 53 f.
Erickson, Vincent 547
Ermanarich 88
Eschenbach, Wolfram von
  Parzival 90, 95
Evans, Richard J. 450
Even-Zohar, Itamar 188, 189

Fassin, Didier 547 f.
Faulkner, William 6, 263
Febvre, Lucien 443
Federman, Raymond 269
Feuerbach, Ludwig 383
Fielding, Henry 126
Fish, Stanley 116
Flaubert, Gustave 134, 285
  L'Éducation sentimentale 239
Flesch, William 247
Fletcher, John 269
Fliess, Wilhelm 415, 416
Fludernik, Monika 22, 29 f.
Folman, Ari
  Waltz with Bashir 512, 531
Fontane, Theodor 13, 122, 128, 130, 135 f., 158
Fortun, Kim 551
Foucault, Michel 446, 472
Fowles, John
  The French Lieutenant's Woman 283, 290
Frank, Dirk 269
Frank, Thomas 475
Frege, Gottlob 487
Freud, Sigmund 383, 415 f., 472, 473
Frey, James 261
Freytag, Gustav 131
Fricke, Harald 268, 286
Fried, Johannes 453
Friedell, Egon 442
Friedrich, Hans-Edwin 124

Fulda, Daniel
  Wissenschaft aus Kunst 454
Fuller, Lon L. 573

Gabriel, Gottfried 4, 279
Gadamer, Hans-Georg 146, 454
Gagnér, Sten 574
Galle, Helmut 240
Gandersheim, Hrotsvit von 382
Garfinkel, Harold 491
Gass, William 268, 269
Gatterer, Johann Christoph 438
Geertz, Clifford 25, 453, 483
Geest, Sjaak van der 549, 550
Genette, Gérard 35, 57, 185, 191, 193, 194, 231, 241, 248, 276, 277, 580
Genji, Hikaru 434
Geppert, Hans Vilmar 140
Gerber, Doris 449
Gibbon, Edward 435
Gildon, Charles
  The Post-boy Rob'd of his Mail 115
Glauch, Sonja 82, 96, 287
Goethe, Johann Wolfgang von 40, 132, 231, 483
  Iphigenie 487
  Die Leiden des jungen Werther 115, 126
  Wilhelm Meisters Lehrjahre 127, 483
Goetz, Hans-Werner
  Vorstellungsgeschichte 452
Goetz, Rainald 498
Goffman, Erving 482, 562
Göller, Thomas 454
González Iñárritu, Alejandro
  21 Grams 255
Goodman, Nelson 158, 317, 504 f.
Gorman, David 278
Gottsched, Johann Christoph
  Critische Dichtkunst 213, 214
Green, Dennis Howard 96
Grice, Herbert Paul 123, 182, 304, 330, 338
Grierson, John 529
Grimminger, Rolf 125, 127
Großklaus, Götz 167
Grube, Karl 214

Grubmüller, Klaus 92
Gründgens, Gustaf 490, 584, 585
Gutenberg, Johannes 110

Haas, Wolf
   Das Wetter vor 15 Jahren 291
Habermas, Jürgen 493
Hadrian [Kaiser] 172
Haeckel, Ernst 128
Hahn, Alois 492
Hakemulder, Jèmeljan Frank 320
Hamburger, Käte 14, 157, 185, 191, 232 f., 276, 307
Hammersley, Martyn
   Ethnography 551
Haug, Helgard 227, 242
Haug, Walter 9, 286, 287
   Literaturtheorie im deutschen Mittelalter 80 f.
Hauthal, Janine 281
Hayward, Jennifer 246
Heidegger, Gotthard 124
Heidegger, Martin 145
Heisenberg, Werner 445
Hejl, Peter M. 582
Heliodor 109
   Aithiopika 107
Helmholtz, Hermann von 128, 445
Hempel, Carl Gustav 442, 445
Hempfer, Klaus W. 15, 36, 231, 232, 269, 274, 275, 288
Herder, Johann Gottlieb 384
Herman, David 29, 179, 233, 234, 255, 308, 309, 525
Herodot 59, 67, 72, 433, 435
Herrmann, Max 212
Herweg, Mathias 91
Hesiod 56, 64
   Theogonie 53
Heyse, Paul 128
Hildesheimer, Wolfgang 277
Hobbes, Thomas 169, 463 f.
Hobsbawm, Eric J.
   The Invention of Tradition 453
Hoffmann, Ernst T. A. 329
   Lebensansichten des Katers Murr 289
   Der goldene Topf 343

Hofstadter, Douglas R. 280
Hölderlin, Friedrich 402
Hölscher, Lucian 435, 451
Homer 53 f., 285, 286, 381, 576
Honig, Bonnie 477
Horsthuis, Jorie
   Op de tram 560, 561
Huizinga, Johan 451
Humboldt, Alexander von
   Kosmos 129
Humboldt, Wilhelm von
   Über die Aufgabe des Geschichtsschreibers 440
Humphrey, Michael 552 f.
Husserl, Edmund 485, 509
Hutcheon, Linda 16, 269 f.

Ibsen, Henrik 113
Ijob 386 f.
Imhof, Rüdiger 269
Indridason, Arnaldur 372, 374, 375
Ingarden, Roman 300, 498
Iser, Wolfgang 15, 18, 31, 239, 271 f., 299 f., 385, 389, 467
Isidor von Sevilla 73, 83, 87, 94
Iversen, Stefan 246, 254 f.

Jaeger, Stephan 31, 449, 452
Jakobson, Roman 136, 140
Jelinek, Elfriede
   Ulrike Maria Stuart 221 f.
Jenkins, Keith 450
Jesaja 381
Jessen, Jens 460
Jessen, Lars
   Fraktus 531
Jesus von Nazareth 196, 211, 382, 392 f., 464
Johns, Jasper 504, 506
Jong, Irene J. F. de 57
Jong-un, Kim 26
Joyce, James
   Ulysses 315, 333
Julius [Proculus] 72
Jüngel, Eberhard 396
Juul, Jesper 527

Kablitz, Andreas 5, 29, 35, 61, 97, 98, 157, 158
Kaegi, Stefan 227, 242
Kafka, Franz 161, 162, 182, 196
Kant, Immanuel 144, 394, 493
Kantorowicz, Ernst 464 f.
Karenina, Anna 246
Karl der Große 88
Keller, Gottfried 122, 128, 131, 139 f.
  Züricher Novellen 130, 134, 138
Kelsen, Hans 573
Kindt, Tom 235
Kintsch, Walter 299, 309
Klatt, Matthias 575
Klauk, Tobias 157
Klein, Christian 32, 247, 578, 579
Klio 442, 446
Kloos, Peter 562
Klopstock, Friedrich Gottlieb 402
Kloss, Gerrit 61
Knapp, Fritz Peter 82, 96, 97
Kocka, Jürgen 443
Konrad, Eva-Maria 157
Köppe, Tilmann 17, 123, 124, 157, 275, 281
Korten, Lars 139
Koschorke, Albrecht 475
  Wahrheit und Erfindung 248
Kracht, Christian 240
  Faserland 241
Kristeva, Julia 398
Kuhn, Thomas 445
Kuiken, Don 320
Kummer, Thomas 240, 241

LaCapra, Dominick 450
Lahiri, Jhumpa
  The Namesake 255
Lahn, Silke 237
Lamprecht, Karl 441, 443
Landolt, Salomon 139, 142
Larenz, Karl 574, 575
Lauwers, Jan 215
Lavocat, Françoise 43, 245, 246
Legendre, Pierre 465
LeGoff, Jacques 443
Lehmann, Hans-Thies 208, 210, 211, 215

Leibniz, Gottfried Wilhelm 124
Lejeune, Philippe 17, 40, 234, 331
LeRoy, J. T. 261
Le Roy Ladurie, Emmanuel 443
Lesbia 74
Lessing, Theodor 442
Leuner, Hanscarl 422
Livingston, Jennie
  Paris is Burning 220
Lobenstein-Reichmann, Anja 577
Locke, John 126
Loftus, Elizabeth F., 416
Lucius-Hoene, Gabriele 258, 417, 419
Luckmann, Thomas 485
Lüdemann, Susanne 475
Ludwig, Otto 131
Luhmann, Niklas 141, 272, 486, 488 f., 513
Lukas [Evangelist] 387
Lukács, Georg 160
Luther, Martin 110
Lüthi, Max 96
Lyotard, Jean-François 493

MacIntyre, Alistair 448
Majetschak, Stefan 507, 508
Mäkelä, Maria 257, 259
Malerba, Luigi 279, 290
Malevich, Kasimir 504
Mallarmé, Stéphane 215
Man, Paul de 220 f., 227
Mann, Klaus
  Mephisto 490, 584, 587
Mann, Thomas
  Buddenbrooks 346
Manow, Philip 475
Mariana
  Les Lettres Portugaises 115
Marin, Louis 470
Marius [Gaius] 71, 72
Martens, Gunther 240
Martínez, Matías 32, 247, 277, 285, 578, 579
Marx, Karl 110, 383, 443
Masson, Jeffrey M. 415
Matala de Mazza, Ethel 475
McDonough, George 546
McDowell, John 144

McFague, Sallie 395
McHale, Brian 186 f.
McInerney, Jay
    Bright Lights, Big City 255
Meincke, Anne Sophie 287
Meinhof, Ulrike 221–223
Meinong, Alexius 343
Melanchthon, Philipp 108
Merleau-Ponty, Maurice 145
Merton, Robert K. 492
Metz, Christian 530
Meyer, Conrad Ferdinand 128
    Die Versuchung des Pescara 130
Meyerhold, Wsewolod 215
Miall, David 320
Michelet 435, 448
Milgram, Stanley 411
Milne, A.A. 343
Milton, John 116
Mink, Louis 447, 448
Minturno, A.S.
    De poeta 107
Moholy-Nagy, László 166
Mommsen, Theodor
    Römische Geschichte 440
Moody, Rick
    The Ice Storm 255
Moore, Michael
    Fahrenheit 9/11, 531
Moretti, Franco 249
Morgen, Brett
    Chicago 10, 531
Morgner, Irmtraud 291
    Die wundersamen Reisen Gustavs des
        Weltfahrers 284
Moritz, Karl Philipp
    Anton Reiser 126
Morselli, Guido
    Contro-passato prossimo 291
Morus, Thomas
    Utopia 10, 110, 315
Moses 386–387
Motteux, Peter
    Gentleman's Journal 115
Mouffe, Chantal 476
Müller, Ivana
    How Heavy Are My Thoughts 226, 227

Müller, Jan-Dirk 285
Munro, Alice
    Jakarta 324

Nachtigal, Gustav 128
Neu, Stefanie 237
Neumann, Gerhard 165
Nickel-Bacon, Irmgard 276, 277
Niebuhr, Barthold Georg 438
Nielsen, Henrik Skov 183, 246, 258, 307
Niesner, Manuela 82
Nietzsche, Friedrich 383, 427, 441, 442, 475,
    487, 493
Nikolaos 73
Nora, Pierre
    Lieux de mémoire 453
Novalis 471
Nünning, Ansgar 269, 270, 281, 282, 451
Nünning, Vera 299
    Reading Fictions, Reading Minds 319

Obama, Barack 178, 198, 463, 464
O'Brien, Flann
    At swim two birds 289–290
Ockham, William von 383
Odin, Roger 531, 532
Odysseus 53, 62 f., 286
Oexle, Otto Gerhard 453
Olsen, Stein Haugom 140
Ort, Claus-Michael 139, 140
Ōto, Chiyuki 450

Packard, Stephan 527
Pacuvius, Marcus
    Medus 69
Panizza, Oskar 584
Paravicini, Werner 450
Pavel, Thomas G. 524
Pechmann, Alexander von 468
Peirce, Charles Sanders 511
Pels, Peter 564
Pennebaker, James W. 426
Penzenstadler, Frank 274
Peters, Ursula 82
Petronius
    Satyricon 107
Pfister, René 233

Phelan, James 29, 183, 192, 194
Phillips, Nelson 555
Photius 64
Piaget, Jean 411, 412, 426
Pilkington, Adrian 307, 320
   Poetic Effects 306
Piper, Andrew 248, 249
Pirandello, Luigi
   La tragedia di un personaggio 289
   Colloqui coi personaggi 289
Plantinga, Carl R. 530–532
Platon 5, 24, 39, 40, 54 f., 63, 66, 73, 108, 206, 209–211, 286, 365, 366, 381, 382, 393, 394, 398, 399
Pollock, Jackson 504
Polybios 53, 62 f.
Pope, Alexander
   Essay on Criticism 105
Pos, Sonja 550, 561
   Een paar woorden per dag 549, 554, 559, 560
Püschel, Christof 412
Putnam, Hilary 144

Quendler, Christian 269, 289
Quintilian 83, 210, 576
Quintus 71–73

Raabe, Wilhelm 130, 140
Rahner, Karl 397, 398
Ramus, Petrus 108
Rancière, Jacques 208, 476, 477
Ranger, Terence O.
   The Invention of Tradition 453
Ranke, Leopold von 438–440, 443, 448 f.
Rau, Milo 242
Rebentisch, Juliane 462
Reuvekamp-Felber, Timo 82
Rhodes, Carl 565
Richardson, Brian 255, 258, 259, 262
Richardson, Samuel 126
   Pamela: or, Virtue Rewarded 115
Ricœur, Paul 29, 31, 179, 246, 389 f., 444, 448, 449, 454
Riffaterre, Michael 185, 273, 276, 278
Rigaud, Hyacinthe 469–470
Rinehart, Robert 553

Robbe-Grillet, Alain 161
Rodenberg, Julius 128, 130
Rodtschenko, Aleksander Michajlovitsch 166
Romulus 71, 72
Rorty, Richard 446
Rösler, Wolfgang 123
Rössler, Otto E. 167
Rüsen, Jörn 449
Russell, Bertrand 280, 487
Rüth, Axel 451
Ryan, Marie-Laure 7, 11, 12, 19, 233, 299, 308 f., 317, 506, 517, 522
   Possible Worlds, Artificial Intelligence, and Narrative Theory 524

Sacco, Joe
   Palestine 532
Said, Edward 454
Salomon [König] 232, 400
Samosanto, Lukian von
   Wahre Geschichten 286
Santner, Eric 471, 472
Satrapi, Marjane
   Persepolis 532
Savigny, Friedrich Carl von 574
Scaliger, J. C.
   Poetices libri septem 107
Scarpetta, Guy 170
Schaeffer, Jean-Marie 185, 245, 274
Schäfer, Christian 236
Schapp, Wilhelm 482, 483
Scheffel, Michael 277, 284, 285
Scheidt, Carl Eduard 419
Scheppele, Kim Lane 579
Scherer, Wilhelm 142
Schiller, Friedrich 127, 131
   Über die ästhetische Erziehung des Menschen 125, 477
   Geschichte des Abfalls der Vereinigten Niederlande von der spanischen Regierung 452
Schleef, Einar 215
Schlegel, Friedrich 289
Schlözer, August Ludwig 438
Schmid, Hans-Jörg 301
Schmid, Wolf 58, 185, 277
Schmidgen, Wolfram 116

Schmidt, Julian 127, 129, 131
Schmidt, Siegfried J. 235, 273, 277
Schmitter, Amy 470
Schnabel, Johann Gottfried
   Wunderliche Fata einiger See-Fahrer 126
Schneider, Ralf 311
Scholes, Robert 268, 269
Schönert, Jörg 579, 580
Schröter, Werner 584
Schütz, Alfred 485
Schüwer, Martin
   Wie Comics erzählen 526
Scudéry, Madeleine de 114
Searle, John R. 18, 70, 144, 273, 325 f.
Seely, Hart
   Bard of the Deal: The Poetry of Donald Trump 461
Seibert, Thomas-M. 575
Semino, Elena 316
Seth, Sanjay 454
Shaw, G. B. 113
Shaw, Jeffrey 167
Shikibu, Murasaki 433
Sidney, Philip 40, 110, 117
   Defence of Poesie 40, 108
   Arcadia 109, 110
Siegmund, Gerald 209
Simmel, Georg 486
Simon, Claude 161
Šklovskij, Viktor 297, 298, 306, 315, 320
Small, David
   Stitches 532
Smith, Thomas
   De republica anglorum 467
Sokrates 55, 56
Spengler, Oswald 442
Spenser, Edmund
   Fairie Queene 109
Sperber, Dan 182, 304
Spiegelman, Art
   Maus 532
Spielhagen, Friedrich 129, 137, 138, 142
Spijker, Ineke van't 400
Spolsky, Ellen 314
Spradley, James 546
Sprat, Thomas 119

Sprenger, Mirjam 269
Stadler, Arnold
   Salvatore 402
Stanislawski, Konstantin 214
Steinbeck, John
   Früchte des Zorns 376
Steffen, Wiebke 412
Stemann, Nicolas 221–223
Stephens, Anthony 284, 291
Sterne, Laurence
   Tristram Shandy 288
Stolleis, Michael 575, 582
Stone, Lawrence 445
Storm, Theodor 128, 139, 140
   Der Schimmelreiter 130
   Aquis submerses 138
Stötzer, Gabriele 224–226
Strabo 53, 54, 62 f.
Straßburg, Gottfried von
   Tristan 91
Struck, Gerhard 575
Stuart, Maria 221, 222
Stuckrad-Barre, Benjamin von 240
Suerbaum, Ulrich 299
Sybel, Heinrich von 132–134

Talbot, W. F., 165, 166
Tallmann, Janet 546
Tamakazura 434
Tarski, Alfred 269
Tasso, Torquato
   Gerusalemme liberata 106
Taylor, Charles 146
   Die Wiedergewinnung des Realismus 145
Terenz 68, 382
   Andria 69
Tertullian 381
The, Anne-Mei 556 f.
   Palliatieve behandeling en communicatie 556
Theopomp 67, 72
Thomas von Britannien 91
Thomas, William I. 492
Thomasson, Amie 344
Thompson, Craig
   Blankets 532

Thompson, Hunter S. 241
Thon, Jan Noël 505–506, 510, 516–517
Thoreau, Henry David 169
Thukydides 66, 435
Tillich, Paul 402
Tillmans, Wolfgang 173
Tocqueville, Alexis de 448
Tolkien, John R. R. 140
Tolstoi, Lew 451
    Der Leinwandmesser 255
Tooby, John 317
Traxler, Hans
    Die Wahrheit über Hänsel und Gretel:
        Die Dokumentation des Märchens
        der Gebrüder Grimm 277
Treitschke, Heinrich von 128
Tröhler, Margrit 529
Troyes, Chrétien de 9, 81, 89, 90, 286
    Erec 287
Trump, Donald 26, 178, 198, 460 f.
Tschechow, A. P. 113
Twining, William
    Legal Fictions in Theory and
        Practice 573, 574

Uricchio, William 535

Vaihinger, Hans 40, 442, 482, 572, 573
Vassalli, Sebastiano
    Abitare il vento 283, 290
Veiel, Andres
    Der Kick 242
Veronesi, Sandro
    Venite venite B-52, 284, 291
    Gli sfiorati 291
Veyne, Paul 444 f.
Virchow, Rudolf 128
Vogl, Joseph 274
    Das Gespenst des Kapitals 247

Walsh, Richard 4, 5, 20, 178, 181 f., 193, 194, 307
Walton, Kendall 7, 8, 19, 31, 123, 245, 271, 332–334, 502 f., 513, 517, 522–524, 527
    Mimesis as Make-Believe 502

Warning, Rainer 82
Watson, Tony 546, 552 f., 561, 564, 567
Watt, Ian 126
Waugh, Patricia 269, 270, 284
Weber, Max 440 f., 447, 498, 562
Wehler, Hans-Ulrich 443
Weibel, Peter 167
Weinrich, Harald 14, 15, 275
Weisberg, Robert 577
    Literary Criticisms of Law 30, 579
Weitin, Thomas 582
Welles, Orson
    War of the Worlds 492
Wenninger, Regina 502 f., 516
    Fiktionalität 502
Werfel, Franz
    Die vierzig Tage des Musa Dagh 376
Werth, Paul 309, 319
Wetzel, Daniel 227, 242
White, Hayden 28, 237, 441, 445 f., 454, 582
    Metahistory 447
White, James Boyd 579
Whitehead, Alfred North 280
Wieland, Christoph Martin
    Der Sieg der Natur über die Schwärmerei
        oder die Abenteuer des Don Sylvio
        von Rosalva 289
Wildekamp, Ada 275
Wilder, Billy
    Manche mögen's heiß 220
Wilkomirski, Binjamin 261
Wilson, Deirdre 182, 304
Wilson, Robert 215
Windelband, Wilhelm 440
Wingens, Marc 563
Wolf, Christa
    Kindheitsmuster 291
Wolf, Werner 17, 37, 269, 281
Wolff, Susanne 222, 223
Wollheim, Richard 504
Wünsch, Marianne 140

Xenophanes 380, 381

Yourcenar, Marguerite
    Mémoires d'Hadrien 172

Zaiser, Rainer 281, 285, 288
Zatzikhoven, Ulrich von
   Lanzelet 90
Zemanek, Evi 247
Zerklaere, Thomasin von 84

Zetterberg Gjerlevsen, Simona 183
Zipfel, Frank 5, 15, 17, 123, 124, 142, 157, 238, 241, 275, 276, 435
Zunshine, Lisa 18, 313 f.
   Why We Read Fiction 247

Sachregister

Abbild; Abbildung; abbilden 13, 24, 25, 58, 164, 205, 213, 215, 221, 231, 305, 389, 393, 401, 446, 451, 452, 469, 548, 585
Adressat 193, 194, 326, 356, 409, 413, 417, 425, 435
Affekt; affektiv 108, 207, 209, 242, 370, 400, 414
Ähnlichkeitstheorie 508, 509
Akt des Fingierens 31, 209, 271
Akttyp (Sprechakttheorie) 327, 334, 335
Allegorese 87
Allegorie; allegorisch 6, 9, 27, 56, 84, 87, 93, 94, 98, 108, 109, 212, 213, 238, 259, 383, 394, 400
Alltagsgeschichte 452
Alltagskommunikation 4, 37, 195, 410, 422
Alltagsrealismus 144 f.
Alltagssprache 124, 315
Als-Ob (Als-Ob-Philosophie; So-tun-als-ob-Spiel) 19, 31, 84, 206, 213, 224, 332, 334, 389, 442, 482, 485, 503, 572
Alternative Fakten 261
Altphilologie 438
Anachronismus 55
Analepse 14, 53, 276
Analogie 23, 134, 143, 393, 394 f., 440, 474
analytische Philosophie 11, 144, 234, 239, 397, 529
Anonymisierung 27, 117, 556, 561
Anthropologie; anthropologisch 18, 125, 216, 305, 452–454, 545, 546, 550–552, 561, 564, 566, 582
Antifiktion 269
Antike 8, 25, 53–75, 83, 103, 105, 123, 286, 381, 399, 448, 452, 455, 571, 576, 577, 582, 586
antike Rhetorik 68, 82, 210, 221, 576
Anti-Mimesis 259
antinovel 268
Aphorismus 441
argumentum 68, 69, 70, 83, 433
aristotelisch 59, 66, 73, 104, 197, 210, 382, 393, 394, 435, 547

Artefakt 5, 16, 19, 21, 39, 180, 238–240, 243, 270, 278, 344, 345, 361, 365, 366, 511, 522
Artefaktualismus; artefaktuell 366, 511
Artusroman **89–92,** 97, 287
Ästhetik 17, 25, 37, 40, 80, 106, 107, 112, 116, 195, 205, 208, 210, 215, 221, 226, 234
Ästhetikkonvention 273, 276
ästhetische Differenz 272, 279
Aufrichtigkeit; aufrichtig 109, 112, 125, 189, 300, 329, 414
Augenzeugenbericht 179, 552
auktorial 137, 173, 186, 195
Authentifizierung 90, 165, 207, 165, 207, 409
authentisch 28, 92, 126, 143, **155–174,** 206, 214, 244, 411, 413, 415, 423, 550
Authentizität 10, 11, 22, 27, 28, 36, 115, **155–174,** 242, 410, 417, 421
Authentizitätssignal 282
Autobiografie; autobiografisch 17, 35, 36, 40, 41, 114, 126, 156, 159, 168–170, 179, 226, 233, 234, 244, 261, 410, 412, 417, 426, 532–534
autobiografisches Erinnern 410, 412, 417
autobiografisches Gedächtnis 417
autobiografischer Pakt 17
autodiegetisch 93, 138, 291
Autofiktion; autofiktional 28, 30, 32–34, 36, 37, 43, 160, 179, 233, 234, 337
Automatisierung
autonome Fiktionalität 91, 96
Autonomieästhetik; autonomieästhetisch 41, 235
Autonomisierung 231, 235, 285
Autonomist, autonomistisch 12, 141, 249
Autor-Erzähler-Unterscheidung 95
Autoreferentialität; autoreferenziell (siehe auch → Selbstreferentialität; selbstreferentiell) 139, 215
Autoreflexivität; autoreflexiv (siehe auch → Selbstreflexivität; selbstreflexiv) 226, 269

Autorität 85, 93, 94, 131, 212, 283, 341, 342, 383, 384, 402, 416, 463, 465, 468, 473, 548, 551
Autoritätsgehorsam 410, 411
Avantgarde; avantgardistisch 30, 122, 156, 159, 160, 166, 215, 216, 230, 240, 243

Barock 114, 116, 124, 212
Bedeutungshorizont 210
Beglaubigung (Fremdbeglaubigung, Selbstbeglaubigung) 85, 90, 96, 126, 162 f., 171, 236, 282, 529
Beglaubigungsprozess 163
Beglaubigungsstrategie 126, 282
belief (siehe auch → *disbelief*; *make-belief*) 272, 328, 522, 526, 548, 558, 561, 565–567
Beobachtung (teilnehmende) 546, 550, 555, 553, 560
Betrug; betrügerisch 411, 545, 561, 562, 564
Bewusstseinsdarstellung 14, 22, 98, 186, 190, 232, 233, 238
Bewusstseinsrepräsentation 233
Bibel 82, 85, 86, 380, 382 f., 388–390, 399–401, 514
Bibelexegese 82, 384
Big data 320
Bild (analog vs. digital) 511, 512, 516, 517, 530
Bild (indexikalisch vs. nicht-indexikalisch) 165, 511, 512, 514, 516, 517, 529, 530, 533, 535
Bild (natürlich vs. künstlich) 509, 510
Bild (technisch vs. nicht-technisch) 510, 511
Bildlichkeit 165, 394, 513, 514
Bildwissenschaft **502–517**
Binnenerzählung 92, 138–140
Biografie 28, 126, 160, 170, 172, 179, 277, 355, 424, 436, 483, 488, 585
Biopoetik 246
Blending-theorie 12, 23, 43, 310–312
Botschaft (moralische) 245, 410
Briefroman 35, 115, 118, 164, 168, 232
Buchdruck 110, 111, 115, 235, 236
Buchgeschichte 235

bürgerlicher Realismus; bürgerlich-realistisch 122, 127, 130, 158, 160, 242, 249
bürgerliches Trauerspiel 232

chanson de geste 88
China 144, 435, 439, 454
Christentum 123, 381–383, 393, 399, 400
christlich (innerchristlich, nichtchristlich) 82, 117, 143, 146, 211, 212, 247, 380 f., 392–394, 396 f., 402, 403, 422, 464, 514
Christus 392, 393, 395, 397–399, 464
Chronistik (Weltchronistik) 85, 88
chronologisch (vs. a-chronologisch) 14, 276
cognition 437
Comic 436, 521, 523, 525 f., **532–534**
computergeneriert 167, 510, 511, 535
Computerspiel 43, 156, 246, 250, 436, 521, 522, 524, 525, 527–529, 534 f.
cosplaying 246

Dada; Dadaismus; Dadaisten 160, 167
Deduktionsmethode 445
dekonstruktivistisch 210, 217, 425
Desillusionierung; desillusionierend 112, 442
Detail; Detaillierung 39, 124, 126, 127, 129, 136, 139, 143, 144, 168, 237, 239, 256, 260, 276, 308, 337, 367, 375, 411–413, 419, 421, 424, 448, 495, 502, 504, 510, 521, 522, 526, 546, 556, 565
Detektiv 169, 170, 247
deutscher Realismus 130
Dialog; dialogisch 15, 39, 71, 116, 207, 211, 212, 229, 236, 248, 255, 257, 291, 393, 422, 423, 434, 444, 551, 552, 555, 578
Dichotomisierung; dichotomisch 30, 31, 43, 89, 155, 157 f., 166, 167, 173, 224, 270, 271, 287, 384, 399, 448, 452, 474, 514
Dichtkunst 125, 213, 433
Dichtungstheorie 70, 81 f.
Diegese; *Diegesis* 38, 74, 135, 137, 138, 206, 227, 510
diegetic overkill 276
Differenzbegriff 22, 157, 159, 165, 271, 278
digital humanities 231, 248, 249
disbelief 20, 89, 208, 331
distant reading 130, 248

Distanz; distanzieren 17, 29, 37, 57, 74, 98, 129, 131, 137, 207, 213, 216, 222, 229, 246, 281, 282, 409, 413, 423, 425, 439, 442, 443, 445, 482, 487, 491, 580
documentary game 28, 521, 529, 534–536
Dokudrama 242
Doku-Fakes 244
Dokufiktion; dokufiktional 28, 243, 244
Dokumentarfilm 13, 28, 195, 355, 502, 503, 506, 511, 521, 529 f., 535
Dokumentarismus 160, 169, 236, 244
dokumentarisch 11, 156, 159, 160, 164, 169, 207, 209, 221, 227, 228, 241 f., 426, 503, 505, 511, 512, 514, 516, 517, 529 f., 535, 536, 538, 578
dokumentarischer Realismus 160
dokumentarisches Theater 209, 242
doppelte Fiktionalität 25, 205, 244

echt (vs. falsch; fiktiv; unecht) 4, 5, 11, 12, 38, 40, 44, 56, 65, 81, 109, 163, 171, 173, 183, 186, 199, 211, 212, 217, 218, 260, 261, 264, 270, 272, 329, 336, 346, 370, 484, 505
Echtheit 10, 164, 287
Echtheitsstatus 287
Eigenname 221, 345, 346, 359
Einbildung 211
Einbildungskraft 126, 129, 134, 164, 390, 440, 445, 474
Eine-Welt-Semantik 12, 158
Elisabethanisches Theater 112, 113
embodied cognition 38, 238, 245
embodiment 238
Emotion; emotional 20, 38, 39, 43, 112, 115, 134, 137, 183, 214, 228, 243, 244, 249, 261, 264, 313, 320, 355, 369 f., 413, 415, 419, 421, 422, 425, 426, 434, 552
Emotionstheorie 369
Empathie; empathisch (unempathisch) 38, 134, 137, 245, 247, 319, 415
Empirie; empirisch 9, 11, 27, 28, 38, 41, 86, 92, 93, 125, 133, 135, 155, 157–159, 163, 164, 167, 191, 275, 205, 320, 357, 358, 363, 373, 380, 384, 396, 437, 439 f., 447–449, 484, 509, 520, 554, 556, 565, 566

empirischer Leser 301
Empirismus (logischer) 442, 444, 445
emplotment 447
Entautomatisierung 43, 298, 302, 306, 307, 315
Entdeckung der Fiktionalität 54, 81, 89, 286
episches Präteritum 14, 276
epistemologisch 29, 30, 86, 140, 155, 159, 160, 174, 206, 211, 394, 396, 433, 435, 437, 445, 446, 448, 450, 453, 520, 551, 564, 571, 579
epistemologischer Zweifel 140
epitextuell 15, 276, 277
das Erdachte(s); erdacht 4, 6, 108, 116, 124, 463, 490, 505
Erfahrungshaftigkeit (siehe auch → *experientiality*) 29, 38, 39, 98, 127, 179
Erfahrungswissen 549, 550
Erfindung 4, 5, 8, 9, 26, 28, 29, 42, 44, 55, 75, 83, 93, 116, 124, 126, 164, 178, 180, 181, 183, 185, 186, 188, 189, 191–193, 200, 235, 242, 248, 254, 380, 410, 412, 451, 482, 487, 494, 510, 555, 576
das Erfundene(s) 4 f., 26, 80, 118, 124, 126, 178, 179, 180, 185, 186, 189–191, 196, 198, 223, 258, 260, 270, 284, 324, 336, 337, 381, 384, 435, 463, 493, 505
Erinnerungen (autobiografische; falsche) 244, 410, 412, 415–417, 426
Erkenntnisfunktion 129, 390, 394, 395
Erkenntnisquelle 355, 375, 376, 545, 546
Erkenntnistheorie 81, 144, 373, 374
erlebte Rede 14, 15, 37, 186 f., 276
Erster Weltkrieg 441
Erzähler (auktorialer; heterodiegetischer; homodiegetischer; unzuverlässiger) 14, 137, 186, 193, 194, 234, 238, 240, 255, 276
Erzählprosa 41, 545, 546, 549, 550, 559–561, 566, 567
Erzählstrategien 39, 258, 566
Erzählstruktur 89, **135–140**, 447
Erzählzeit (vs. erzählte Zeit) 14, 276
Essentialismus; essentialistisch 15, 259, 273, 274, 530
Ethik; ethisch 9, 41, 57, 62, 66, 104, 174, 188, 189, 210, 247, 398, 447, 529, 548

ethnographic novel 548
Ethnologie; ethnologisch; Ethnologe 8, 443, **545–570**
evolutionär 18, 247, 299, 313, 317–319
evolutionsbiologisch 41, 312, 316, 317
Evolutionstheorie 247
exemplarisch 27, 41, 89, 241, 245, 300, 390, 412, 419, 420, 470, 521
experientiality 29, 38, 179, 238, 320
Experiment; experimentell 22, 24, 36, 105, 122, 127, 136, 178, 212, 218, 221, 224, 226, 240, 316, 369, 389, 411, 416, 436, 453, 491, 492, 498, 505, 564
experimental fiction 268
extratextuell 14, 94, 260, 276

Fabel 6, 9, 14, 56, 83, 84, 87, 93, 94, 98, 127, 132, 422, 444, 446, 452, 455
Fabelwesen 422
fabula 68–70, 72, 82, 83, 88, 433
fabulös 85
fake news 44, **198–200,** 495
Faktenpositivismus 441
Faktenwissen 437, 438
faktisch 5, 20, 23, 27, 32 f., 44, 83 f., 93, 129, 155, 160, 166, 171, 173, 178, 200, 205, 219, 223, 240, 254, 260, 263, 308, 312, 374, 411, 444, 446, 460, 462, 465, 477, 492, 547, 563, 566, 579
faktisch (vs. fiktiv) 23, 27, 32 f., 44, 66, 83, 155, 160, 171, 173, 219, 223, 260, 446, 491, 579
Faktizität 22, 27, 66, 84, 91, 93, 94, 139, 157, 159, 164, 165, 206, 226, 241, 254, 384, 411, 415, 444, 449, 486, 489, 495, 504, 585
faktual 7, 8, 10, 12, 21–23, **25–29,** 31 f., 66, 69, 70, 85, 87, 89, 96, 97, 98, 103, 104, 106, 107, 111, 112, 114 f., 124, 126, 130, 131, 133, 136, 141, 158, 232, 233, 237, 238, **240–241,** 244, 249, 260, 262, 274–276, 329, 332, 384, 385, 401, 412, 413, 418, 423, 426, 451–453, 475, 503, 512 f., 571, 575, 578, 581, 585–587
Faktualität 10, 12, 21–23, **25–29,** 30 f., 44, 81, 89, 97–98, 104, 106, 109 f., 118, 231, 232, 235, 237, 238, **240–241,** 246, 250, 409, 413, 435, 578, 585, 587
Falschaussage; Falschbezichtigung 260, 411–413, 487
Fälschung 163, 455
Falsifikation 390
Falsifizierung 319
Fantasie(tätigkeit) 485, 490
Fantastik (Phantastik) 94, 109, 112, 142
Fehlurteil 412
Feldforschung 546, 547, 551, 553, 554, 563, 565
Fernsehen 43, 167, 436, 510, 524
Fetischisierung 444
Feuilleton 130, 494
figmenta 6, 124
figura veritatis 83, 382
Figürlichkeit 240
fiktional (vs. nicht-fiktional) 32
fiktionale Ethnografie **545–567**
fiktionale Rede 66, 260, 263, 277, 355, 356, 373, 376
Fiktionalisierungsgrad 105
Fiktionalisierungsprozess 205, 208
Fiktionalisierungsstrategie 550, 552, 564
Fiktionalitätsbewusstsein 81, 96, 123, 127, 287
Fiktionalitätsgrad 113, 118, 237, 248
Fiktionalitätsmarkierung 182
Fiktionalitätsmerkmal 103, 277, 307
Fiktionalitätssignal 14–16, 81, 87, **184–191,** 260, 262, 336, 348, 386, 388
Fiktionalitätsspiele 171
Fiktionalitätsverbot 110
Fiktionalitätsverständnis 93, 106, 108, 109, 111, 112, 279
fiktionsintern (vs. fiktionsextern) 264, 361, 364, 366
Fiktionsmerkmal 16, 122, 273, 275, 277
Fiktionspakt 17, 123, 124
Fiktionssignal 15, 16, 36, 85, 93 f., 236, 273 f., 282, 284, 287, 491, 517, 531
Fiktionsvertrag 67, 71, 273, 331
fiktiv (vs. faktisch) 23, 27, 32 f., 44, 66, 83, 155, 160, 171, 173, 219, 223, 260, 446, 491, 579

Fiktivität 3, 5–7, 11, 14, 17, 26, 32, 53, 69, 157–159, 162, 241, 243, 246, 276, 277, 284, 286, 287, 345, 400, 434, 435, 436, 450, 451, 572
Fiktivum; Fiktiva 423
Filmnarratologie 525, 526
Filmwissenschaft; filmwissenschaftlich 19, 36, 505, **520–538**
Fingieren; *fingere* 4, 18, 24, 31, 58, 62, 72, 73, 81, 96, 207 f., 213, 222, 223, 240, 271, 329, 380, 381, **409–415**, 575
Fingiertheit; fingiert 4, 10, 39, 114, 116, 139, 198, 207, 217, 218, 240, 262, 409, 412–414, 426, 463, 563
Fokalisierung; fokalisiert 95, 137, 186, 190, 239, 307, 308, 580
Fotografie 25, 28, 164–166, 169, 170, 173, 224, 226, 236, 489, **502–517**, 529, 530, 532, 533, 535
frame 136, 182, 309, 311
Fremdbeglaubigung 163
Fremdwahrnehmung (vs. Selbstwahrnehmung) 164, 165
Frühmittelalter 88, 581, 586
Frühmoderne 9, **103–121**, 238

Gattungsbegriff 16, 216, **231–250**
Gattungsbezeichnung 5, 15, 131, 276, 277
Gattungstheorie; gattungstheoretisch 22, 184, **231–250**, 312
Gedächtnis 42, 67, 137, 282, 302, 372, 394, 413, 417, 420, 421, 426, 452, 495
Gedankenbild 441
Gender; *gender* 219, 220, 224, 226, 235
Genderidentität 220
Genderpolitik 224
Genderrolle 226
Genre 21, 27, 36, 87, 103, 122, 173, 180, 181, 186, 223, 226, 229, 232, 238, 256, 258, 262, 337, 375, 376, 397, 436, 488, 492
Gericht 33, 34, 39, 54, 396, 397, 411–413, 416, 492, 495, 496, 571, 574, 576, 577, 580 f.
Gerichtsprozess 571
Germanistik (interkulturelle) 454

Geschichtswissenschaft 35, **433–455**, 469
Geschlechterdichotomie; Geschlechterdifferenz 219, 224
Geschlechtsidentität 219, 220, 226
gesellschaftskritisch 443
Glaubhaftigkeit; glaubhaft 64, 196, 205, 412, 413
Glaubwürdigkeit; (un)glaubwürdig 10, 37, 90, 164, 414, 452, 547, 556, 557, 565, 581
Globalisierung 174
Gonzo 240, 241
göttlich 86, 104, 381, 392–394, 398, 401, 440, 469, 470, 473
graduelle Fiktionalität; gradueller Fiktionsbegriff (siehe auch → skalierbare, skalierte) 239, 274, 531, 585, 586
graphic memoir 28, 521, 529, 532, 533, 535, 536
graphic novel 510, 521, 532
griechisch 53, 70, 109, 123, 209, 210, 356, 360–362, 364, 368, 380, 381, 435

Heldenepik; Heldensage 88, 89
hellenistisch 107, 116, 381
Herausgeberfiktion 10, 44, 114, 126, 280, 282
Hermeneutik; hermeneutisch 8, 80, 87, 108, 305, 320, 384, 389, 402, 438, 441–447, 452, 454, 575
heterodiegetisch 137, 193, 234, 255
histoire 6, 14, 27, 29, 30, 32, 33, 38, 82, 94, 135, 140, 142, 172, 270, 276, 282, 283, 443–445
historia; historia magistra vitae 66, 68, 69, 70, 83, 88, 433, 437
historike 438
historischer Roman 28, 33, 34, 172, 179, 436
Historisierung 90, 91, 168, 285, 425, 453, 475
Historismus 438, 440, 441, 450
Historizität 54, 70, 71, 74, 90, 91, 93, 97, 114, 161, 386
histrionisch 414, 415
Horizontverschmelzung 146
Hörspiel 242, 492
Humanismus 105

Hybridisierung; Hybridität; hybrid 25, 28, 32,
    33, 36, 43, 44, 129, 156, 171, 231, 234,
    240, 243, 246, 248, 272, 287, 505 f., 527,
    531, 536, 537, 578
Hypostasierung 489

Ich-Erzähler; Ich-Erzählung 92, 93, 172, 242,
    255, 257, 262, 283
Ich-Origo 242
idealistische Philosophie 438
Idealleser 301
Identifikation; identifikatorisch 164, 243,
    248, 249, 391, 464, 468
Identitätskonstitution 424
Identitätsmodellierung 417, 424
Idealismus; idealistisch; idealisieren 41, 130,
    131, 134, 219, 245, 288, 415, 438, 477
Idealtyp; idealtypisch 277, 388, 441
Ideologie; ideologisch 9, 26, 82, 132, 199,
    215, 447, 460, 469
idiografisch 441
ikonisch 470, 514
Ikonografie 514–516
illokutionär(er) Akt 18, 325 f., 332 f., 347–349
Illudierung 216, 224, 229
Illusion, ästhetische 37, 281
Illusionierung 161, 209, 213, 214, 230
illusionistisch (vs. anti-illusionistisch;
    desillusionistisch) 16, 38, 134, 135, 207,
    213, 214, 216, 222, 281
Illusionsbrechung; Illusionsbruch 11, 16,
    268, 280–282, 288, 513
Illusionshaftigkeit 17, 281, 289
Illusionsstörung 239, 281
Illusionstheater 112, 212, 243
Imaginäre (soziale; politische) 18, 31, 208,
    210, 262, 271, 272, 473 f.
imaginäres Universum 25, 205
imaginäre Welt 208
Imagination; imaginativ 19, 31, 38, 71, 125,
    127, 133–135, 139, 144, 146, 181, 183,
    194, 272, 283, 338, 387, 388, 396, 409,
    410, 417, 422–424, 426, 445, 453, 455,
    462, 463, 473, 477, 503, 504, 522–524,
    579
imaginieren 41, 127, 136, 410, 423, 426, 469
Immanenz 289

Immersion; immersiv 22, 30, 38, 39, 98, 113,
    135, 137 f., 207, 228, 229, 236, 237, 239,
    244–246, 278
impliziter Leser 283
Indexikalität; indexikalisch 165, 504, 511,
    512, 514 f., 529, 530, 533, 535
Installation 167, 168, 171, 290
institutionelle (Fiktionstheorie) Fiktionalitäts-
    theorie 11, 17, 236, 237, 272, 530 f., 536
Institutionstheorie; institutionstheoretisch
    331
Institution (Fiktionalität als) 7, 11, **17–21**, 98,
    123, 260, 263, 264, 331, 341, 342, 347
Inszenierung 160, 163–165, 207, 208, 213,
    215, 216, 219–221, 224, 227, 228, 242,
    243, 245, 345, 410, 424, 425, 462, 463,
    468, 476, 511
Integumentum 83, 84
Intention 11, 17, 18, 123, 146, 156, 157, 185,
    192, 218, 272, 304, 313, 314, 360, 401,
    452, 460, 523, 532, 536
Intentionalität; intentionalistisch 17, 19, 40,
    144, 216, 218, 234, 245, 271–273, 275,
    277, 279, 490, 523, 530, 531–533, 536
Interaktivität; interaktiv 43, 165, 167, 245,
    246, 419, 524, 527, 528, 535
Internet 43, 167, 402, 436, 494, 524
Intermedialität; intermedial 21, 44, 207, 224,
    516
intersubjektiv 449, 451, 497, 528, 536
Intertextualität; intertextuell 159, 171, 172,
    448, 453
Interview 15, 240–242, 277, 461, 481, 546,
    555, 559
intratextuell 260
Inventio 68, 69, 576
Ironie; ironisch; Ironisierung 15, 96, 115, 132,
    140, 145, 181, 183, 184, 274, 280, 284,
    286 f., 332, 434, 461, 487, 515, 563, 566
Ironiesignal 274, 287, 288
Isomorph 125, 452

Japan 144, 433 f., 443, 451, 454
Journalismus; journalistisch 26, 32, 117, 118,
    233, 236, 240, 241, 244, 248, 324, 373,
    376, 461, 483, 489, 494, 496, 521, 532,
    545, 556, 557, 559 f., 564

Jurist; juristisch 4, 8, 13, 15, 29, 40, 104, 247, 276, 411, 417, 419, 465, 477, **571–590**
Justiz 117, 412, 572

Kanon 106, 116, 122, 130, 242, 244, 247, 387, 391, 392, 400, 465
Katholizismus; katholisch 108, 384, 385, 397, 402, 469, 470, 584
Kausalität; kausal 29, 61, 127, 134, 145, 179, 255, 257, 262, 367, 441–443, 482, 483, 511
Klassik 25, 134
Klassizismus 24, 103, 105
klinisch 411, 419
Kognitionswissenschaft 41, 523, 525
kognitive Funktion 42, 299, 301, 303
kognitive Linguistik 233
kognitive Narratologie 41, 238, 319
kollektive Identität 443
Kommunikationsakt; kommunikativer Akt 181, 260–262, 305
Kommunikationsmodus 7, 8, 27, 28, 32, 34, 35, 37, 39, 54, 55, 168, 318
Kommunikationssituation 194, 272, 273, 575
Kommunikationswissenschaft 34, 520, 521
kommunikatives Handeln; kommunikative Handlung 192, 272, 326
Komödie 57, 60, 61, 69, 103, 117, 220, 447, 450
Kompositionalismus; Kompositionalisten 12, 13, 23, 141
kompositorisch 551
Konfession 126
Konstruktionscharakter 25, 436, 440, 450, 452, 455
kontext(un)abhängig 182, 263, 507
Kontextualisierung; kontextualisiert 261, 515
kontextuell 276, 277, 283, 298, 422, 510
Kontrafaktizität; kontrafaktisch 94, 178, 308, 312
Konvention 5, 7, 16, 17, 21, 22, 81, 84, 105, 107, 109, 123, 127, 159, 180, 186, 187, 189, 207, 210, 216, 218, 219, 227, 230, 233, 240, 243, 255, 257f., 262, 263, 273, 275, 278, 282, 284, 300, 308, 331, 332, 334–336, 357, 373, 376, 383, 413, 422, 451, 484, 503, 515, 517, 520, 530, 555

konventionalisiert 5, 180, 246, 260, 262, 278, 282, 284, 307, 517, 530
Korrespondenztheorie 109
Kreativität 342
Krimi; Kriminalroman 247, 372, 578, 579
Krise der Repräsentation 448
Krisenexperiment 24, 36, 491
Kulturverstehen 454
Kulturwissenschaft; kulturwissenschaftlich 141, 156, 206, 216, 235, 386, 441–443, 448, 453, 461f., 474–476, 520, 529, 537, 538, 576
Kunst (vs. nicht-Kunst) 157
Kunstauthentizität 28, 163, 164, 173
Kunstfreiheit 583f.
Künstlichkeit, künstlich 10, 25, 113, 139, 179, 270, 298, 463, 468, 482, 490, 509, 510

lateinisch 4, 70, 83–85, 88, 91, 110, 210, 382, 468, 574, 576, 581
Leerstelle (siehe auch → Unbestimmtheitsstelle) 14, 142, 239, 276, 300, 421, 509, 524
Legende; legendarisch 72, 85, 89, 91, 97, 455, 505
Legitimierung 4, 25, 58, 62, 155, 162, 233
Lektüreprozess 301, 307
linguistic turn 160, 237, 446
literarische Fiktion 37, 54, 55, 56, 62–64, 66, 70, 71, 81, 129, 146, 158, 239, 300, 381, 382, 384, 389, 402, 461, 523, 564, 572, 583
Literarizität 157, 584
literary turn 551
Logos 210, 211
lokutionär(er) Akt 325, 333, 340
Ludologie 527
Lyrik; lyrisch 22, 73–75, 82, 92, 93, 103, 112, 118, 231, 238, 242, 268–270, 461, 487, 498

magischer Realismus 255
make believe (make-believe) 7, 19, 123, 245, 265, 272, 330–332, **502–505**, 517, 522, 530, 548, 552, 558, 561, 565–567
Malerei 28, 165, 434, 448, 502, 505, 507, 511, 514

Manipulation; manipulativ 316, 410, 413, 414, 417, 491, 553, 572
Märchen 181, 347, 348, 422, 563
marxistisch 110, 443
Materialität 21, 111, 160, 166, 173, 509, 574
mechanistisch 447
Medialität 19, 21, 164–166, 235, 272, 506, 507, 516, 521, 532, 535, 536, 574
mediävistisch 80–82, 94, 97
medienübergreifend 16, 19, 250, 268, 332, 521–523
Medienwissenschaft; medienwissenschaftlich 159, 235, 236, 246, 505–507, **520–538**
Memoiren 126, 133, 172, 261
Metabiografie 268
Metadrama 268–270
Metafiktion; *metafiction* 16, 95, 268 f.
Metafiktionalität; metafiktional 16, 96, 106, 127, 139, 140, 159, 171, 239, **268–292**
Metafilm 268–270
metahistory 446, 447
metakommunikativ 276
Meta-Kunst 167
Metalepse 16, 30, 98, 278, 288
Metalyrik 268–270
Metamorphose 215, 220
Metanarration 16, 95, 96, 269, 270, 282, 287, 292
Metanarrativität; metanarrativ 16, 96, 239, 282, 287
Metapher; metaphorisch; Metaphorisierung 136, 209, 269, 279, 312, 393 f., 461, 462, 475, 534, 577
Metaphysik (klassische); metaphysisch 367, 383, 385, 394, 395, 449, 574
Metasprache 186, 269
Metonymie; metonymisch 136
Mimesis 8, 9, 19, 24, 25, 31, 57–59, 62, 73, 75, 103, 123, 166, 205, **209–215**, 219, 224, 227, 242, 259, 332, 446, 448, 454, 502, 522
mimetisch 38, 105, 107, 108, 114, 207, 210–212, 216, 224, 227, 228, 242, 254, 257, 258, 290, 409, 413, 451, 576
mimetisch (vs. anti-mimetisch) 205–207, 254, 256, 257, 259, 290, 310
Minnerede 93

mirabilia; Mirabilien 9, 85, 86
miracula; Mirakel 9, 85
Mehrdeutigkeit 136, 189, 221, 392
Mittelalter 4, 9, 60, **80–98,** 104, 211, 285–287, 381, 382, 394, 400, 433, 577
mittelalterlich 9, 80 f., 92–98, 111, 212, 287, 288, 435, 453, 464, 465
mnemotechnisch 435
mockumentary 28, 244, 506, 531
Moderne (literarische Moderne) 28, 53, 57, 58, 60, 105, 106, 124, 136, 155, 163, 167, 168, 171, 255, 290, 291, 314, 466, 471, 472, 513
Modernismus 159
mögliche Welt(en) (siehe auch → *possible world(s)*) 158, 302, **308–310,** 365
moralisch 9, 25, 41, 42, 56, 83, 84, 88, 104, 108; 114, 208, 213, 244, 245, 247, 261, 286, 372, 410, 416, 421, 489, 579
multiperspektivisch 453
Mündlichkeit; mündlich 68, 88, 90, 104, 186, 237, 287, 347, 355, 387, 420, 546, 550, 574, 577
mutual reality principle 133
Mystik; mystisch 94, 399, 400
Mythos 60, 89, 97, 211, 285, 286, 442, 469, 473, 492

Nachahmung 24, 41, 58, 59, 62, 105, 107, 123, 126, 130, 206, 209–211, 315, 382
naiver Realismus 552
narcissistic narrative 16, 269, 280
narratio; narratio rei gestae; narratio rerum gestarum 68, 433, 437, 576, 580
Narration; *narrationes* 83, 88, 170, 191, 194, 257, 258, 282, 417, 502, 510, 511, 516, 578
Narrativ 178, 396, 424
Narrativität 19, 24, 28–30, 98, 133, 139, 179, 180, 231, 238, 242, 444, 445, 525, 527, 571, 578, 579, 582
Narrativitätsdebatte 448, 449, 436, 437
Narrativitätstheorie 582
Narratologie 19, 22, 41, 98, 231 f., 256, 309, 310, 319, 411, 419, 453, 521, 524–527
Nationalsozialismus 418, 443, 450

natural narratology; unnatural narratology 237, 246, 254 f., 310
naturalisieren; naturalisierbar 191, 219, 256, 262, 263
Naturwissenschaft; naturwissenschaftlich 59, 145, 376, 383, 384, 388, 437, 440–442, 445, 484
Neuer Realismus 122, 123
Neuplatonismus 393
(Frühe) Neuzeit; (früh)neuzeitlich 9, 10, 21, 24, 25, 41, 44, 80, 83, 85, 95, **103–119**, 122, 124, 212, 213, 220, 285, 287, 382, 383, 394, 399, 400, 433, 435, 505, 576, 577
new journalism 240
Niederlande, die 452, 545, 546, 554, 561
nouveau roman 161
Novelle 128, 130 f., 289, 549

Objektauthentizität 163
Objektivität 31, 164, 165, 434, 439, 441, 443, 444, 446, 451, 530, 575
Objektivitätsanspruch 440, 442
Ontologie; ontologisch 6, 11, 12, 17, 23, 24, 28, 43, 58, 81, 87, 124, 155, 156, 159, 184, 189, 191, 210, 219, 226, 236, 246, 261, 263, 271–273, 343, 344, **355–376**, 448, 455, 559, 564
Oppositionsbegriff 435, 436, 45
Orientierungssignale 15, 275
Originalität, Original 28, 115, 138, 163, 222, 452

Panfiktionalismus; panfiktionalistisch 11, 12, 13, 231, 237, 265, 503, 575
Panfiktionalisten 12, 141
Paradoxie 16, 224, 239, 278, 356, 357, 360, 361, 363, 368, 372, 373, 376, 471, 506
Paradoxon der Fiktion 38, 356, 369, 372
Parallelwelt 12, 271
Paratext; paratextuell 14, 35, 87, 94, 96, 113, 114, 116, 180, 182, 186, 231, 236, 260, 262, 276, 277, 284, 286, 287, 307, 336, 375, 376, 514, 531, 552, 559
Pathologie; pathologisch 409, 410, 414, 415, 466
Performance 15, **205–230**, 242, 244, 334

Performancekunst 15, 205, 207, 215, 224, 230
Performanz 21, 206, **216–223**, 244, 263
performative turn 240
Performativität 167, 216 f., 219
Peritext; peritextuell 241, 260, 276
perlokutionär(er) Akt 325, 333, 340
Personifizierung 428, 469
Phänomenologie; phänomenologisch 235, 239, 370, 509, 578
Phantasie (Fantasie) 31, 42, 125–127, 129, 134, 143, 178, 186, 371, 372, 375, 438, 473, 474, 485, 490
Phantasma; phantasmagorisch; phantasmatisch 219, 223, 226, 241, 469, 472
Phantastik (Fantastik) 94, 109, 112, 142
phantastisch 6, 69, 94, 109, 142, 162, 256, 505
phantastische Fiktion 94
platonisch 24, 39, 55–57, 73, 108, 211, 286, 365, 366, 381, 382, 393, 394, 398, 399
poetischer Realismus 41, 122, 130, 134, 140, 147
Poetizität 124, 393, 398
Poetologie 61, 82, 83, 474, 477
Politikwissenschaft **460–477**
Polyphonie; polyphon 221, 229, 389, 391, 551
populäre Kunst; populäre Literatur 111, 291
populärwissenschaftlich 558
possible worlds (siehe auch → mögliche Welten) 11, 12, 23, 158, 271, 299, 308, 505, 524
postdramatisches Theater 21, 207, 215, 218, 242–244
postfaktisch 5, 462, 477
postklassisch 248, 256
Postkolonialismus 454
Postmoderne; postmodern; Postmodernismus 10, 11, 21, 23, 55, 220, 255, 256, 241, 255, 256, 268, 269, 284, 285, 289, 290, 434, 445, 451, 493, 494, 530
Poststrukturalismus; poststrukturalistisch 12, 206, 216, 240, 244, 290, 386, 575
Pragmatik 231, 282, 304, **324–349**, 398, 503, 517

principle of minimal departure 12, 20, 310, 524
Prolepse 14, 276
propositionaler Akt 325, 333, 340
prop(s) 19, 265, 272, 332, 522
Prosopopoiia 221–223
Protestantismus; protestantisch 125, 384, 394, 395
Prototyp; prototypisch 122, 190, 231, 314
Prozessästhetik 298, 302, 314
Psychoanalyse; psychoanalytisch 403, 411, 424, 472, 473

Qualia 238, 306, 307, 320

Rahmenerzählung 138, 270, 286, 287
Rationalismus 20, 397, 437
Rationalität 449, 472
Realismus 10, 28, 104, 112, 114, **122–147**, 158, 159–161, 236, 290, 368, 443, 448, 449, 534
Realistik 142, 144, 145, 147
realistische Fiktion 66, 122
Realitätsbegriff 43, 158–160, 166, 167
Realitätseffekt 143, 164, 229, 446
Realitätsprinzip 141, 142, 522, 523, 524
rechtlich 117, 118, 164, **571–587**
Rechtsfiktion **571–574**
Referentialität 24, 36, 41, 164, 190, 446
referentiell 33, 43, 87, 92, 126, 127, 137, 140, 163, 164, 174, 180, 183, 193, 223, 286, 513, 516, 517
Referenz 87–89, 92, 98, 108, 139, 146, 174, 222, 227, 271, 383, 387, 398, 400, 445, 461, 477, 495, 513, 516, 550
Referenzauthentizität 28, 163, 164, 173
res gestae 437
Reisebericht; Reiseliteratur 85, 114, 118, 241
relationaler (Differenz)begriff 22, 159, 174
Relativismus 447, 450
Relevanztheorie 42, 182, 304, 305, 307, 308, 311
Religion 117, 211, 236, 380, 381, 383, 402, 467, 584
Renaissance **103–119**, 123, 212
Reportage 7, 33, 34, 233, 328, 338

Repräsentation; *representation* 7, 26, 31, 166, 168, 194, 213, 214, 221, 228, 239, 299, 302, 303, 310, 313, 387, 437, 445, 448, 451, 460, 461, 465 f., 503, 523, 530, 535, 550, 554, 555, 559, 562, 565
repräsentativ 134, 160, 163, 557, 579
Requisit 19, 221, 227, 332, 503, 522
res factae 83, 435
res fictae 124, 435
revisionistisch 450
Rezeptionsästhetik; rezeptionsästhetisch 19, 108, 109, 208, 222, 239, 385, 531, 532
Rezeptionshaltung; Rezeptionsweise 14, 20, 36, 94, 97, 208, 243, 273–275, 277, 531, 538
Rezeptionsprozess 38, 107, 114, 118, 162, 275, 278, 281, 372, 530
Rhetorik 54, 68, 107, 124, 181, 199, 210, 221, 223, 226, 421, 438, 454, 463, 571, 576, 577
Rimini Protokolle 209, 227, 228, 242–244
rise of fiction 235
Rollenspiel 207, 213
Romance 126
Romantik 112, 127, 131, 138, 268, 285, 289, 447
romantische Ironie 280, 289
Romanze 103, 106, 109, 110, 114
römisch 82, 381, 435, 440, 572, 576, 581
russischer Formalismus 300, 315

Sachtext 192, 274, 561
Sage 69, 86, 88–90, 97, 562
Satire; Nachrichtensatire 44, 117, 198–200, 240, 447, 582, 584
satura 107
Schattenspiel 510
Schemata 20, 27, 42, 130, 146, 255, 276, 303, 306, 310, 313, 315, 316, 319, 445, 447
Schlüsselroman 37, 114, 117, 337
scholastisch 116, 394
Schriftlichkeit; schriftlich; verschriftlicht 68, 87, 90, 104, 115, 139, 287, 355, 387, 453, 484, 546, 550, 551, 574
Science-Fiction 256, 263, 505
selbstironisch 286, 287

Selbstreferentialität; selbstreferentiell; Selbstreferenz (siehe auch → Autoreferentialität; autoreferentiell) 16, 91, 165, 166, 215, 262, **268–296**, 291, 292, 513

Selbstreflexivität; Selbstreflexion; selbstreflexiv 16, 171, 244, 246, **268–296**, 533, 550, 551

Selbstwahrnehmung (vs. Fremdwahrnehmung) 164, 165

Semantik; semantisch 11–14, 136, 155–157, 159, 171, 186, 187, 215, 219, 233, 248, 249, 260, 262, 276, 277, 297, 302, 306, 325, 368, 395, 450, 475, 508, 529

Semiotik; semiotisch; *semiotic* 32, 109, 117, 119, 140, 142, 166, 174, 508, 509, 511, 524, 533, 573

serious games (vs. computer games) 521, 534, 535

Simulakrum 241, 470

Simulation 167, 245, 505

skalierte; skalierbare Fiktionalität (siehe auch → graduelle) **30–31**, 36, 97, 274

Skeptizismus; skeptisch 71, 86, 245, 423, 448, 449, 487, 488, 530

soziale Praktiken; soziale Praxis 17, 20, 21, 71, 75, 97, 123, 205, 213, 260, 264, 331

Sozialisation; Sozialisationshandlung; Sozialisationskontext 216, 219, 235, 484, 485, 496

Sozialwissenschaft; sozialwissenschaftlich; Sozialwissenschaftler 216, 441, 443, 445, 483 f., 520, 549, 552, 562 f.

Soziologie; soziologisch 23, 24, **481–499**, 513

Sprachhandlung 14, 18, 217, 276, 575

Sprechakt; Sprechakttheorie; sprechakttheoretisch 18, 19, **216–223**, 231, 238, 260, 263, **324–349**

sprechende Namen 14, 276

Stereotyp 69, 133, 141, 143, 303, 310

stilistisch 168, 255, 315, 336, 551

storyworld 233, 239, 246, 258, **308–310**

Strukturalismus; strukturalistisch 160, 231, 232, 235, 248, 386, 447, 473, 585

Sturm und Drang 158

Subjektauthentizität 28, 159, 163, 164, 173

Subjektivismus 481

Subjektivität 31, 172, 174, 233, 240, 281, 290, 439, 452, 532

Surrealismus; surrealistisch 158, 160, 169

symbolisch 10, 127, 142, 159, 219, 224, 226, 400, 403, 420, 460 f., 485, 574, 581

syntaktisch 14, 237, 260, 262, 302, 508

Systemtheorie 141, 488

szientistisch 10, 107, 116, 444

Tagebuch 126, 169

Tagtraum 245, 410, 426

Tatsachenroman 37, 240

Täuschung; täuschen 40, 126, 178, 183, 207, 210, 213, 214, 216, 281, 329, 336, **409–415**

textimmanent 14, 17, 94, 109, 248, 272, 276, 299, 446, 453, 492

Theater 112, 113, **205–230**, 242–244, 381, 467, 509, 523

Theologie; theologisch 9, 24, 81, 107, **380–403**, 438, 454

theoretical fiction 269

theory of mind 247, 299, **313–314**, 316, 319

Tragik 447

Tragikomödie 117

Tragödie 15, 57, **58–62**, 69, 103, 207, 209–211, 232, 247

transformieren 106, 386, 417, 426, 466, 476

transkulturell 34, 231, 436, 437, 450

transmedial 7, 19, 235, 236, 246, 268, 506, 517, 521, **522–525**, 526, 529, 537

Traum 93, 94, 178, 259, 263, 279, **409–427**, 490

Trauma; traumatisch; traumatisiert 258, 261, 262, 419, **424–427**

Trompe l'oeil 505

Trope 136, 222, 307, 447, 577

Tropentheorie 447, 454

Typologie 218, 237, 327, 329, 335, 339, 340, 447, 552, 553, 558, 561, 567

Typen 127, 327, 365

übernatürlich 9, 20, 85, 106, 112, 143

Überprüfbarkeit (Un-); überprüfbar 191, 217, 320, 437, 439, 447, 451, 452, 561, 563, 565

Unbestimmtheitsstelle (siehe auch →
 Leerstelle) 300, 302
unnatürliches Erzählen; *unnatural narration;
 unnatural narratology* 191, 310,
 254–265
Utopie; *utopia* 10, 110, 117, 134, 314, 315

verbal fiction 447, 451
Verfälschung, verfälschen 110, 452, 487,
 585
Verfremdung 42, 43, 298, 302, 306, 316, 585
Verfremdungseffekt 215, 315, 513
Verifikation 89, 390
Verifizierbarkeit; verifizierbar; verifiziert 40,
 133, 223, 241, 437, 439, 560, 561 f.
veritas 71, 385
Vertragstheorie 331
Vertraulichkeit; vertraulich 556, 561 f.
vierte Wand 214, 229
Virtualität; virtuell 39, 44, 113, 167, 174, 215,
 229, 238, 245–247, 505
visualisierend; visuell 25, 39, 164, 197, 207,
 215, 221, 462, 463, 476, 533
Volkserzählung 111, 563
Volkskultur 111, 211
vormodern 9, 80, 235, 245, 436

Wahrhaftigkeit; wahrhaftig 28, 40, 41, 163,
 164, 182, 214, 460, 477
Wahrheitsanspruch 10, 26, 41, 88, 91, 94,
 129, 174, 356, 376, 380, 381, 383, 436,
 444, 447, 449, 450, 489, 433, 583
Wahrheitsbegriff 10, 41, 109, 125, 163
Wahrheitsdiskurs 9, 90, 93, 104
Wahrscheinlichkeit 9, 24, **59–62**, 211, 214
willing suspension of disbelief 20, 89, 208,
 331
Wirklichkeitsbezug 24, 27, 37, 44, 397, 439,
 440, 449, 529
wirklichkeitsgetreu 10, 124, 435, 437, 552,
 563
Wirklichkeitsillusion 30, 98
Wirklichkeitskorrespondenz 10, 23, 25, 34,
 41
Wirklichkeitswahrnehmung 165, 445
Wissensbestand 297, 302, 303, 311
Witz 37, 74, 90, 337, 422, 423
wunderbar, wunderhaft 9, 85, 86, 97, 126,
 127, 142

Zeugenaussage 179, 413, 496, 579
Zuschauer 21, 25, 36, 39, 112, 197, 208, 210,
 212, 215–217, 243, 369, 381, 485, 536

Grundthemen der Literaturwissenschaft

Herausgegeben von Klaus Stierstorfer

Rainer Emig, Lucia Krämer (Hrsg.)
Grundthemen der Literaturwissenschaft: **Adaption**
ISBN 978-3-11-040781-5
e-ISBN (PDF) 978-3-11-041066-2
e-ISBN (EPUB) 978-3-11-041079-2

Michael Wetzel (Hrsg.)
Grundthemen der Literaturwissenschaft:
Autorschaft
ISBN 978-3-11-029692-1
e-ISBN (PDF) 978-3-11-029706-5
e-ISBN (EPUB) 978-3-11-038908-1

Andreas Englhart, Franziska Schößler (Hrsg.)
Grundthemen der Literaturwissenschaft: **Drama**
ISBN 978-3-11-037956-3
e-ISBN (PDF) 978-3-11-037959-4
e-ISBN (EPUB) 978-3-11-037963-1

Martin Huber, Wolf Schmid (Hrsg.)
Grundthemen der Literaturwissenschaft: **Erzählen**
ISBN 978-3-11-040118-9
e-ISBN (PDF) 978-3-11-041074-7
e-ISBN (EPUB) 978-3-11-041080-8

Lut Missinne, Ralf Schneider, Beatrix Theresa van Dam (Hrsg.)
Grundthemen der Literaturwissenschaft:
Fiktionalität
ISBN 978-3-11-046602-7
e-ISBN (PDF) 978-3-11-046657-7
e-ISBN (EPUB) 978-3-11-046633-1

Robert Matthias Erdbeer, Florian Kläger, Klaus Stierstorfer (Hrsg.)
Grundthemen der Literaturwissenschaft: **Form**
ISBN 978-3-11-036433-0
e-ISBN (PDF) 978-3-11-036438-5
e-ISBN (EPUB) 978-3-11-038578-6

Eric Achermann (Hrsg.)
Grundthemen der Literaturwissenschaft:
Interpretation
ISBN 978-3-11-040782-2
e-ISBN (PDF) 978-3-11-057771-6
e-ISBN (EPUB) 978-3-11-057585-9

Rolf Parr, Alexander Honold (Hrsg.)
Grundthemen der Literaturwissenschaft:
Lesen
ISBN 978-3-11-036467-5
e-ISBN (PDF) 978-3-11-036525-2
e-ISBN (EPUB) 978-3-11-039128-2

Norbert Otto Eke, Stefan Elit (Hrsg.)
Grundthemen der Literaturwissenschaft:
Literarische Institutionen
ISBN 978-3-11-036469-9
e-ISBN (PDF) 978-3-11-036530-6
e-ISBN (EPUB) 978-3-11-039129-9

Christiane Lütge (Hrsg.)
Grundthemen der Literaturwissenschaft:
Literaturdidaktik
ISBN 978-3-11-040120-2
e-ISBN (PDF) 978-3-11-041070-9
e-ISBN (EPUB) 978-3-11-041084-6

Rainer Grübel, Gun-Britt Kohler (Hrsg.)
Grundthemen der Literaturwissenschaft:
Literaturgeschichte
ISBN 978-3-11-035968-8
e-ISBN (PDF) 978-3-11-035975-6
e-ISBN (EPUB) 978-3-11-038687-5

Ralf Simon (Hrsg.)
Grundthemen der Literaturwissenschaft:
Poetik und Poetizität
ISBN 978-3-11-040780-8
e-ISBN (PDF) 978-3-11-041064-8
e-ISBN (EPUB) 978-3-11-041081-5

Vittoria Borsò, Schamma Schahadat (Hrsg.)
Grundthemen der Literaturwissenschaft:
Weltliteratur
ISBN 978-3-11-040119-6
e-ISBN (PDF) 978-3-11-041072-3
e-ISBN (EPUB) 978-3-11-041078-5

Alle Bände der Reihe sind auch als eBook erhältlich

www.ingramcontent.com/pod-product-compliance
Lightning Source LLC
Chambersburg PA
CBHW030557230426
43661CB00053B/1757